Computer-Fachlexikon

Microsoft Press

Computer
Fachlexikon

mit Fachwörterbuch
(deutsch-englisch/englisch-deutsch)

Microsoft Press

Dieses Buch ist die deutsche Übersetzung von:
Microsoft Press: Computer Dictionary, Third Edition
Microsoft Press, Redmond, Washington 98052-6399
Copyright © 1997 by Microsoft Press

Das in diesem Buch enthaltene Programmaterial ist mit keiner Verpflichtung oder Garantie irgendeiner Art verbunden. Autor, Übersetzer und der Verlag übernehmen folglich keine Verantwortung und werden keine daraus folgende oder sonstige Haftung übernehmen, die auf irgendeine Art aus der Benutzung dieses Programmaterials oder Teilen davon entsteht.

Das Werk einschließlich aller Teile ist urheberrechtlich geschützt. Jede Verwertung außerhalb der engen Grenzen des Urheberrechtsgesetzes ist ohne Zustimmung des Verlags unzulässig und strafbar. Das gilt insbesondere für Vervielfältigungen, Übersetzungen, Mikroverfilmungen und die Einspeicherung und Verarbeitung in elektronischen Systemen.

15 14 13 12 11 10 9 8 7 6 5 4 3 2 1
98 97

ISBN: 3-86063-808-4
© Microsoft Press Deutschland
(ein Unternehmensbereich der Microsoft GmbH)
Edisonstraße 1 – D-85716 Unterschleißheim
Alle Rechte vorbehalten

Deutsche Bearbeitung
Projektleitung: Christian Taube
Terminologie: Ursula Schwalbach
Übersetzung: Andreas Barge, Michael Fuchs
Grafiken: Wolfgang Götz
Korrektur: Helmut Hornig, Irmi Michel
Umschlaggestaltung: Hommer DesignProduction, München
Produktion: Roland Heindle
Layout und Gesamtherstellung: Kösel, Kempten

Inhalt

Vorwort
7

Über die CD-ROM
10

Computer-Fachlexikon mit Fachwörterbuch
(deutsch-englisch)
11

Fachwörterbuch (englisch-deutsch)
731

Der ASCII-Zeichensatz
817

Erweiterter IBM-Zeichensatz
819

Erweiterter Apple-Macintosh-Zeichensatz
821

EBCDIC-Zeichensatz
825

Numerische Umrechnung
831

Vorwort

Das Microsoft Press Computer-Fachlexikon dient als umfassende Quelle und Referenz für die Definitionen von Begriffen und Abkürzungen aus der Computerwelt. Zusätzlich bietet es als Fachwörterbuch die englischsprachigen Entsprechungen aller deutschen Begriffe sowie ein komplettes englisch-deutsches Glossar. Es enthält Begriffe aus einer Vielzahl von Themenbereichen:

Anwendungen
    Datenbanken
    DTP
    Multimedia
    Tabellenkalkulation
    Textverarbeitung

Daten und Datenspeicherung

Geschichte der Computertechnik

Grafik

Hardware
    Architekturen
    Schaltkreise, Module und Leiterplatten
    Computer
    Disketten, Festplatten und andere Medien
    Peripheriegeräte
    Prozessoren

Informationsverarbeitung
    Allgemeine EDV
    Eingabe/Ausgabe
    Speicher und Speichermanagement

Internet
    Protokolle
    Sicherheit
    Werkzeuge (für Benutzer und Entwickler)
    World Wide Web

Kommunikation und Netzwerke
    E-Mail
    Intranet

Normen

Organisationen

Softwareentwicklung
    Konzepte
    Programmiersprachen
    Werkzeuge und Verfahren

Spiele

Systeme und Systemumgebungen
    Betriebssysteme

Wenngleich dieses Buch fast alle Aspekte der Computertechnik behandelt, enthält es keine Einträge über Hersteller oder Softwareprodukte. Die wenigen Ausnahmen dieser Regel bilden wichtige Firmen und Produkte, die eine historische oder allgemeine Bedeutung in der Computerbranche einnehmen.

Dieses Lexikon verwendet bevorzugt die Terminologie, die der durchschnittliche Computerbenutzer in Dokumentationen, Online-Hilfen, Computer-Handbüchern, Marketing und Werbematerial, den öffentlichen Medien und der Fachpresse begegnet. Da die meisten Computerbenutzer zu Hause oder am Arbeitsplatz mit PCs oder Desktop-Systemen arbeiten, behandelt die Mehrzahl der Einträge in diesem Lexikon die Terminologie, die zur Beschreibung dieser Systeme verwendet wird. Es sind jedoch einige spezielle oder hochtechnische Begriffe mit aufgenommen worden, die aus dem Bereich der Technik, der Universitäten oder der Entwicklung und Forschung von Hardware und Software stammen. Dies ist damit zu begründen, daß diese Begriffe sich auf die allgemeinere Fachterminologie auswirken oder eine historische Bedeutung haben.

Änderungen in der vorliegenden Auflage

Die vorliegende Auflage des Microsoft Press Computer-Fachlexikons wurde überarbeitet und aktualisiert, um den großen Fortschritten im Computerbereich gerecht zu werden und Bereiche aufzunehmen, die in den Vordergrund des öffentlichen Interesses gerückt sind, wie etwa das Internet. Über 2 500 neue Einträge wurden hinzugefügt, die das Internet, das World Wide Web, Netzwerk-Technologie, Hardware- und Software-Neuentwicklungen, virtuelle Realität, Multimedia und Workgroup Computing behandeln.

Die bestehenden Einträge aus der vorangegangenen Auflage des Microsoft Press Computer-Fachlexikons wurden aktualisiert, um den Änderungen in den jeweiligen Fachgebieten zu entsprechen.

Alle Einträge wurden umformuliert, so daß sie stilistisch nun eher einem traditionellen Lexikon entsprechen, als dies in den früheren Auflagen der Fall war. Für alle Begriffe ist die Wortart angegeben.

Reihenfolge der Einträge

Die Einträge sind in alphabetischer Reihenfolge angeordnet. Leerzeichen werden nicht beachtet, ebensowenig Binde- und Schrägstriche. So kommt beispielsweise das Stichwort *Baudot-Code* nach *Baud* und vor *Baudrate*. Zahlen und Symbole sind am Anfang des Buches in aufsteigender Folge des entsprechenden ASCII-Codes eingeordnet. Beginnt ein Eintrag mit einem oder mehreren Buchstaben, enthält jedoch eine Zahl, wird er nach alphabetischer Reihenfolge der ersten Buchstaben eingeordnet und dann nach dem ASCII-Code der Zahl. *V20* kommt daher vor *V.2x* und beide Einträge vor *VAB*.

Einträge

Bei den Einträgen werden zwei Arten unterschieden: Haupteinträge, die vollständige Definitionen enthalten, und Querverweise auf Synonyme, die auf entsprechende Haupteinträge verweisen. Die Querverweise haben beim Aufsuchen eines Haupteintrages nur eine sekundäre oder weniger übliche Bedeutung. Die Definition des Haupteintrages kann als Ersatz für die Definition des Querverweiseintrages verwendet werden.

Schreibweisen

Die Informationen in den Haupteinträgen liegen in einem einheitlichen Format vor: Der Name des Eintrages im Fettdruck, gefolgt von Wortart, Definition und, soweit vorhanden, Abbildungs- oder Tabellenverweisen, Abkürzungen, alternativen Bezeichnungen sowie Querverweisen.

Haupteinträge

Bei Einträgen, die aus Abkürzungen von Wörtern bestehen oder aus durch Aneinanderreihung mehrerer Wortteile gebildeten Akronymen, sind diese Wörter zu Beginn des Definitionsabschnittes ausgeschrieben dargestellt, wobei die Buchstaben, die zu der Abkürzung oder dem Akronym führen, fettgedruckt sind.

Wortarten

Bei den Einträgen werden fünf Wortarten unterschieden und den Definitionen die folgenden Abkürzungen vorangestellt:

Subst.   Substantiv

Vb.   Verb

Adj.   Adjektiv

Adv.   Adverb

Präfix   Präfix

Englischer Begriff

Auf die Nennung der Wortart folgt in Klammern die englischsprachige Entsprechung des Stichwortes, sofern es nicht mit diesem identisch ist.

Definitionen

Jeder der Einträge ist in klarem Deutsch geschrieben. Bei vielen sind über die Definition hinausgehend zusätzliche Details beschrieben, die den Begriff für den typischen Computerbenutzer verständlicher werden lassen. Hat ein Eintrag mehr als eine Bedeutung oder Definition, werden die Definitionen in einer numerierten Liste aufgeführt. Auf diese Weise lassen sich die speziellen, manchmal schwer zu unterscheidenden Bedeutungsunterschiede besser erkennen.

Abbildungs- und Tabellenverweise

Einigen Einträgen sind Abbildungen oder Tabellen zugeordnet, die bei der Definition des Begriffes behilflich sind. In den meisten Fällen erscheinen diese Abbildungen und Tabellen auf der gleichen Seite wie der zugehörige Eintrag. In machen Fällen mußten sie jedoch des Seitenlayouts wegen auf eine Folgeseite verschoben werden. Bei Einträgen mit Abbildungen oder Tabellen ist in der Regel am Ende der Definition ein Verweis vermerkt, der wie folgt aussehen kann:

Siehe Abbildung ...

Siehe Tabelle ...

Alternative Bezeichnungen

Für einige Elemente oder Konzepte der Computertechnik gibt es mehr als eine Bezeichnung. Eine davon wird jedoch im allgemeinen bevorzugt; diese bildet den Haupteintrag. Die alternativen Bezeichnungen werden nachstehend zu den Abkürzungen aufgeführt, sind diese nicht vorhanden, folgen sie unmittelbar der Definition. Die Darstellungsweise ist:

Auch genannt:

Querverweise

Bei den Querverweisen lassen sich anhand ihrer Kennzeichnung drei Arten unterscheiden:

Siehe Verweise mit dieser Kennzeichnung zeigen auf ein synonymes Stichwort und damit auf einen anderen Eintrag, unter dem sich die gesuchten Informationen befinden.

Siehe auch Verweise mit dieser Kennzeichnung zeigen auf einen oder mehrere Einträge, die zusätzliche oder ergänzende Informationen zu einem Thema enthalten; sie sind nach den eventuell vorhandenen Abkürzungen oder alternativen Bezeichnungen aufgeführt.

Vgl. Verweise mit dieser Kennzeichnung zeigen auf einen anderen Eintrag mit gegensätzlicher Bedeutung; sie sind nach den eventuell vorhandenen *Siehe auch*-Verweisen, Abkürzungen oder alternativen Bezeichnungen aufgeführt.

Das Fachwörterbuch

Im ersten Teil dieses Buches, der auch die Definitionen enthält, finden Sie jeweils nach dem deutschen Stichwort die englische Übersetzung (in Klammern gesetzt). Bei Begriffen, die in beiden Sprachen identisch sind, wird auf die Nennung verzichtet. Der zweite Teil des Buches besteht aus einem englisch-deutschen Glossar, wo Sie zu jedem englischen Begriff in diesem Lexikon die deutsche Übersetzung finden. Die jeweiligen Definitionen zu den englischsprachigen Begriffen finden Sie unter dem entsprechenden deutschen Begriff im ersten Teil dieses Lexikons.

Zukünftige Auflagen und Ausgaben

Es wurde alles versucht, um die Richtigkeit und Vollständigkeit der Einträge dieses Buches zu gewährleisten. Bitte teilen Sie es uns mit, falls Sie einen Fehler finden, falls Sie meinen, daß ein Eintrag nicht genügend Informationen bietet, oder falls Sie einen Eintrag suchen, der in dieser Auflage nicht vorhanden ist. Wenden Sie sich bitte schriftlich an: Microsoft Press, Stichwort: Computer-Fachlexikon, Edisonstr. 1, 85716 Unterschleißheim oder senden Sie eine E-Mail-Nachricht an: presscd@microsoft.com.

Online-Aktualisierungen

Das *Microsoft Press Computer-Fachlexikon*, wird über die Website von Microsoft Press in vierteljährlichen Abständen aktualisiert. Diese Aktualisierungen dienen als Nachtrag zum Inhalt dieses Lexikons und halten es auf dem neuesten Stand in einem Gebiet, das sich rasch fortentwickelt. Klicken Sie auf die Aktualisierungsschaltfläche der elektronischen (CD-ROM-)Version des Lexikons oder gehen Sie mit Ihrem Web-Browser zur Aktualisierungs-Adresse für das Lexikon:

http://www.microsoft.com/germany/mspress/produkte/1031.

Über die CD-ROM

Die CD-ROM, die sich in diesem Buch befindet, enthält eine elektronische Version des *Microsoft Computer-Fachlexikons* und erlaubt eine elektronische Suche nach gewünschten Begriffen. Das Lexikon verwendet zur Anzeige des Textes Funktionen von Microsoft Internet Explorer. Sie benötigen daher Internet Explorer, um den Inhalt anzuzeigen und die Suchfunktion verwenden zu können. Falls diese Anwendung nicht bereits auf Ihrem Computer installiert ist, wird eine automatische Installation von der CD durchgeführt.

Das Installationsprogramm für diese CD-ROM wird automatisch nach dem Einlegen der CD in Ihr CD-ROM-Laufwerk gestartet. Sollte das nicht der Fall sein, lesen Sie bitte die Datei Readme.txt auf der CD-ROM.

Das *Microsoft Press Computer-Fachlexikon*, wird über die Website von Microsoft Press in vierteljährlichen Abständen aktualisiert. Diese Aktualisierungen dienen als Nachtrag zum Inhalt dieses Lexikons und halten es auf dem neuesten Stand in einem Gebiet, das sich rasch fortentwickelt. Klicken Sie auf die Aktualisierungsschaltfläche der elektronischen (CD-ROM-) Version des Lexikons oder gehen Sie mit Ihrem Web-Browser zur Aktualisierungsadresse für das Lexikon:

http://www.microsoft.com/germany/mspress/produkte/1031.

Bitte beachten Sie, daß diese Aktualisierungen nur auf der Website von Microsoft Press vorliegen und nicht automatisch in den Inhalt der CD-ROM aufgenommen werden können.

Falls Sie uns Ihre Meinung über dieses Produkt zukommen lassen möchten, senden Sie bitte eine E-Mail-Nachricht an: presscd@microsoft.com. Über diese E-Mail-Adresse können Sie allerdings keine Produktunterstützung anfordern.

?

&
Bei UNIX ein Befehlssuffix, um das mit dem Befehl aufgerufene Programm als Hintergrundprozeß auszuführen. → *siehe auch Hintergrund.*
Außerdem ein Befehlssuffix, das vom Superuser verwendet wird, um einen Dämon im Hintergrund zu starten. Der Dämon-Prozeß ist dann auch nach dem Abmelden des Superuser noch aktiv. → *siehe auch Dämon.*
Des weiteren ist »&« das Standardzeichen für die Kennzeichnung eines Sonderzeichens in einem HTML- oder SGML-Dokument. → *siehe auch HTML, SGML.*
In Tabellenkalkulationen ist »&« ein Operator zum Einfügen von Text in eine Formel für die Beziehungen zwischen den Zellen.

*
→ *siehe Sternchen.*

.
→ *siehe Stern Punkt Stern.*

..
Die Syntax für das übergeordnete Verzeichnis bei DOS und UNIX. Ein einzelner Punkt verweist auf das aktuelle Verzeichnis.

/
Ein Zeichen, das bei einer Pfadangabe in UNIX oder FTP zur Trennung der einzelnen Verzeichnisnamen dient oder bei einem Web-Browser zur Trennung der Bestandteile einer Internet-Adresse. Außerdem ein Zeichen, das Befehlsoptionen oder Parametern vorangeht, durch welche die Ausführung eines über die Befehlszeile aufgerufenen Programms gesteuert wird. → *siehe auch Befehlszeilen-Schnittstelle.*

//
Eine Notation, die bei einer URL-Adresse zusammen mit einem Doppelpunkt zur Trennung des Protokollnamens (z. B. »http« oder »ftp«) vom Hostnamen dient. Ein Beispiel ist »http://www.yahoo.com«. → *siehe auch URL.*

:
Ein Symbol, das bei einer URL-Adresse dem Namen des Protokolls nachgestellt wird. → *siehe auch URL.*

< >
Ein Symbolpaar zur Trennung der »Tags« vom normalen Text in einem HTML- oder SGML-Dokument. → *siehe auch HTML.*
In einem Kanal des Internet Relay Chat (IRC) oder in einem Multi-User Dungeon (MUD) ein Symbolpaar zur Kennzeichnung einer Aktion oder Reaktion, z. B. <kicher> → *siehe auch Emotag, IRC, MUD.*
Außerdem ein Symbolpaar zur Hervorhebung der Absenderadresse im Kopf einer E-Mail-Nachricht.

>
Ein Symbol, das in den Betriebssystemen DOS und UNIX zur Umleitung der Ausgabe eines Befehls in eine Datei dient.
Außerdem ein Symbol, das in E-Mail-Nachrichten üblich ist, um Einfügungen (Zitate) aus anderen Nachrichten zu kennzeichnen.

?
→ *siehe Fragezeichen.*

@
Das Trennzeichen zwischen dem Benutzernamen und der Domänennamenadresse (DNA) in den E-Mail-Adressen des Internet. @ wird wie das englische Wort »at« ausgesprochen. → *auch genannt at-Zeichen, Klammeraffe.*

****
→ *siehe umgekehrter Schrägstrich.*

0 Waitstates *Subst.* (0 wait state)
→ *siehe ohne Waitstates.*

100BaseT *Subst.*
Ein Ethernet-Standard für lokale Netzwerke im Basisband, der Twisted-Pair-Kabel (verdrillte Leiter) bei 100 Megabit pro Sekunde (Mbit/s) einsetzt. → *auch genannt Fast Ethernet.*

101-Tasten-Tastatur *Subst.* (101-key keyboard)
Eine Computertastatur, die der erweiterten Tastatur nachgebildet ist, die von IBM für den IBM-PC/AT eingeführt wurde. Die 101-Tasten-Tastatur und die erweiterte Tastatur ähneln sich bezüglich Anzahl und Funktion ihrer Tasten; sie unterscheiden sich hingegen unter Umständen in der Art und Weise ihres Tastenlayouts, dem Anschlagverhalten sowie der Form und Oberfläche der Tasten. → *siehe auch erweiterte Tastatur.*

101-Tasten-Tastatur

1024×768 *Subst.*
Eine Standardbildauflösung von SVGA-Computerbildschirmen mit einer Breite von 1024 und einer Höhe von 768 Bildpunkten. → *siehe auch SVGA.*

10Base2 *Subst.*
Der Ethernet- und IEEE 802.3-Standard für lokale Basisband-Netzwerke mit Verbindungen über ein dünnes, bis zu 200 Meter langes Koaxialkabel, das 10 Megabit pro Sekunde (Mbit/s) innerhalb einer Bus-Topologie transportiert. Die Netzwerkknoten werden mit dem Koaxialkabel über eine BNC-Steckverbindung auf der Adapterkarte verbunden. → *siehe auch BNC-Stecker, Bus-Netzwerk, Ethernet, IEEE 802-Standards, Koaxialkabel.* → *auch genannt Cheapernet, Thin Ethernet, ThinNet, ThinWire.*

10Base5 *Subst.*
Der Ethernet- und IEEE 802.3-Standard für lokale Basisband-Netzwerke mit Verbindungen über ein dickes, bis zu 500 Meter langes Koaxialkabel, das 10 Megabit pro Sekunde (Mbit/s) innerhalb einer Bus-Topologie transportiert. Die mit einem Transceiver ausgestatteten Netzwerkknoten werden an das Koaxialkabel über einen 15poligen AUI-Verbinder auf der Adapterkarte und Verbindungskabel angeschlossen. → *siehe auch Ethernet, IEEE 802-Standards, Koaxialkabel.* → *auch genannt Thick Ethernet, ThickNet, ThickWire.*

10BaseF *Subst.*
Der Ethernet-Standard für lokale Basisband-Netzwerke mit Verbindungen über Glasfaserkabel, die 10 Megabit pro Sekunde (Mbit/s) innerhalb einer Stern-Topologie transportieren. Jeder Netzwerkknoten ist mit einem Repeater oder einem zentralen Konzentrator verbunden. Ein Netzwerkknoten ist mit einem faseroptischen Transceiver ausgestattet, der an einen AUI-Verbinder auf der Adapter-Karte und an das Kabel mit einem optischen ST- oder SMA-Steckverbinder angeschlossen ist. Der 10BaseF-Standard beinhaltet die Standards 10BaseFB für Backbones, 10BaseFL für die Verbindung zwischen zentralem Konzentrator und einer Station sowie 10BaseFP für ein Stern-Netzwerk. → *siehe auch Ethernet, Glasfasertechnik, Stern-Netzwerk.*

10BaseT *Subst.*
Der Ethernet-Standard für lokale Basisband-Netzwerke mit Verbindungen über Twisted Pair-Kabel, die 10 Megabit pro Sekunde (Mbit/s) innerhalb einer Stern-Topologie transportieren. Alle Netzwerkknoten sind mit einem zentralen Punkt verbunden, dem sog. Multiport Repeater. → *siehe auch Stern-Netzwerk, Twisted-pair-Kabel.*

1:1-Kopie *Subst.* (disk copy)
Das Duplizieren von Daten und den Organisationsstrukturen der Daten von einer Quelldiskette auf eine Zieldiskette. → *siehe auch Sicherungskopie.*

1,2 MB (1.2M)
Kurzform für 1,2 Megabyte. Bezieht sich auf die Speicherkapazität von 5,25-Zoll-Disketten hoher Schreibdichte.

12-Stunden-Uhr *Subst.* (12-hour clock)
Eine Uhr, die die Zeit über einen Zeitraum von 12 Stunden anzeigt, d.h. nach der Anzeige 12:59 (Mit-

tag oder Mitternacht) auf 01:00 umspringt. → *Vgl. 24-Stunden-Uhr.*

14.4
Ein Modem mit einer maximalen Datenübertragungsrate von 14,4 Kilobit pro Sekunde (Kbit/s).

1,44 MB (1.44M)
Kurzform für 1,44 Megabyte. Bezieht sich auf die Speicherkapazität von 3,5-Zoll-Disketten hoher Schreibdichte.

16-Bit (16-bit)
→ *siehe 8 Bit, 16 Bit, 32 Bit, 64 Bit.*

16-Bit-Anwendung *Subst.* (16-bit application)
Eine Anwendung, die für eine Computerarchitektur oder ein Betriebssystem mit 16 bit geschrieben wurde, z.B. für MS-DOS oder Windows 3.x.

16-Bit-Computer *Subst.* (16-bit machine)
Ein Computer, der Datengruppen von 16 bit gleichzeitig verarbeitet. Ein Computer kann als 16-Bit-Computer bezeichnet werden, weil entweder sein Mikroprozessor intern mit Wortbreiten von 16 bit arbeitet oder sein Datenbus 16 bit gleichzeitig transportieren kann. Der IBM-PC/AT und ähnliche Modelle, die auf dem Intel 80286 Mikroprozessor basieren, sind 16-Bit-Computer, sowohl was die Wortbreite des Mikroprozessors als auch die Breite des Datenbus betrifft. Der Apple Macintosh Plus und der Macintosh SE verwenden einen Mikroprozessor (Motorola 68000) mit einer Wortbreite von 32 bit, haben jedoch 16-Bit-Datenbusse und werden im allgemeinen als 16-Bit-Computer bezeichnet.

16-Bit-Farbtiefe *Subst.* (16-bit color)
Bezeichnet eine Bildschirmanzeige, die 2^{16} (65 536) unterschiedliche Farben anzeigen kann. → *Vgl. 24-Bit-Farbtiefe, 32-Bit-Farbtiefe.*

1NF *Subst.*
Kurzform für erste Normalform. → *siehe Normalform.*

24-Bit-Farbtiefe *Subst.* (24-bit color)
Eine RGB-Farbqualität, bei der der Farbwert der drei Grundfarben eines Bildpunktes durch eine 8-Bit-Information dargestellt wird. Ein Bild mit

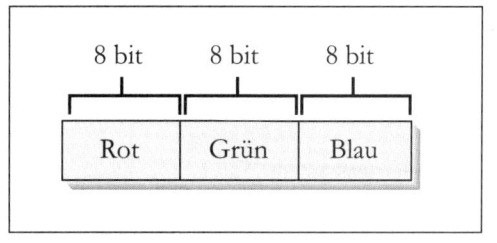

24-Bit-Farbtiefe: 8 bit werden benötigt, um die Ebene jeder primären Farbe in einem 24 bit tiefen Farbpixel darzustellen

24-Bit-Farbtiefe kann über 16 Millionen verschiedene Farben enthalten. Diese Farbtiefe wird nicht von allen Grafiksystemen unterstützt. In solchen Fällen kann eine 8-Bit-Farbtiefe (256 Farben) oder 16-Bit-Farbtiefe (65 536 Farben) verwendet werden. → *siehe auch Bit-Tiefe, Pixel, RGB.* → *auch genannt Echtfarbe.* → *Vgl. 16-Bit-Farbtiefe, 32-Bit-Farbtiefe.*

24-Stunden-Uhr *Subst.* (24-hour clock)
Eine Uhr, die die Zeit über einen Zeitraum von 24 Stunden anzeigt, d.h. von 00:00 Uhr (Mitternacht) bis 23:59 Uhr (eine Minute vor Mitternacht des folgenden Tags). → *Vgl. 12-Stunden-Uhr.*

256 Bit (256-bit)
Ein Datenpfad mit einer Breite von 256 bit.

286
→ *siehe 80286.*

287
→ *siehe 80287.*

28.8
Ein Modem mit einer maximalen Datenübertragungsrate von 28,8 Kilobit pro Sekunde (Kbit/s).

2NF *Subst.*
Kurzform für zweite Normalform. → *siehe Normalform.*

2.PAK *Subst.*
Eine Programmiersprache für den Bereich der künstlichen Intelligenz.

32-Bit (32-bit)
→ *siehe 8 Bit, 16 Bit, 32 Bit, 64 Bit.*

32-Bit-Anwendung *Subst.* (32-bit application)
Eine Anwendung, die für eine Computerarchitektur oder ein Betriebssystem mit 32 bit geschrieben wurde, z.B. für Mac OS oder Windows 95.

32-Bit-Betriebssystem *Subst.* (32-bit operating system)
Ein Betriebssystem, das 4 Byte bzw. 32 bit auf einmal verarbeiten kann. Beispiele sind Windows NT, Linux und OS/2. → *siehe auch Befehlssatz, Protected Mode.*

32-Bit-Computer *Subst.* (32-bit machine)
Ein Computer, der Datengruppen von 32 bit gleichzeitig verarbeitet. Der Apple Macintosh II und seine Nachfolger sowie Computer, die auf dem Intel 80386 und höheren Mikroprozessoren basieren, sind 32-Bit-Computer, sowohl was die Wortbreite des Mikroprozessors als auch die Breite des Datenbus betrifft.

32-Bit-Farbtiefe *Subst.* (32-bit color)
Eine RGB-Farbqualität, die der 24-Bit-Farbtiefe ähnlich ist und weitere 8 bit für die schnellere Übertragung der Farben eines Bildes verwendet. → *siehe auch Bit-Tiefe.* → *Vgl. 16-Bit-Farbtiefe, 24-Bit-Farbtiefe, RGB.*

32-Bit-Treiber *Subst.* (32-bit driver)
Eine Betriebssystemkomponente, die entweder ein Hardware-Gerät (Gerätetreiber) oder eine andere Programmkomponente steuert. Liegen diese Treiber als 32-Bit-Version vor, können sie die Leistungsfähigkeit der Prozessoren 486 und Pentium in Richtung höchster Verarbeitungsgeschwindigkeit voll ausschöpfen. → *siehe auch Befehlssatz, Treiber.*

34010, 34020
Grafik-Coprozessor der Firma Texas Instruments (TI), der ein De-facto-Standard für programmierbare Grafikprozessoren geworden ist. Er wird hauptsächlich auf PC-Grafikkarten des oberen Leistungsbereichs eingesetzt. Beide Chips verfügen über 32-Bit-Register, jedoch verwendet der 34010 einen 16-Bit-Datenbus und der 34020 einen 32-Bit-Datenbus. Der 34020 ist mit dem früheren 34010 kompatibel, und beide Chips arbeiten mit TIGA (Texas Instruments Graphical Architecture) zusammen, einem Standard der Firma Texas Instruments. Alle Grafikkarten, die auf diesem Standard beruhen, können durch einen einzigen Gerätetreiber angesteuert werden. → *siehe auch De-facto-Standard, TIGA, Video-Grafikkarte.*

3,5-Zoll-Diskette *Subst.* (3.5-inch floppy disk)
→ *siehe Mikrodiskette.*

360K
Kurzform für 360 Kilobyte. Die Kapazität von Standarddisketten im Format 5,25 Zoll.

.386
Eine Dateinamenerweiterung für virtuelle Gerätetreiber unter Windows 3.1. → *siehe auch virtueller Gerätetreiber.*

386
→ *siehe 80386DX.*

386BSD
Eine Version des BSD UNIX mit Unterschieden zur BSD386 von BSDI. → *siehe auch BSD UNIX.*

386DX
→ *siehe 80386DX.*

386SL
→ *siehe 80386SL.*

386SX
→ *siehe 80386SX.*

387
→ *siehe 80387.*

387SX
→ *siehe 80387SX.*

3D *Adj.* (3-D)
Kurzform für »dreidimensional«. Bezeichnet ein Objekt oder ein Bild, das alle drei Raumdimensionen (Länge, Breite und Höhe) aufweist oder nachbildet.
Außerdem eine Eigenschaft, bei der räumliche Tiefe oder variierende Entfernungen simuliert werden, z.B. bei einer 3D-Audiowiedergabe.

3D-Audio *Subst.* (3-D audio)
Kurzform für dreidimensionales Audiosystem. Durch 3D-Audio, das als Stereoklang aufgezeich-

net wird, fühlt sich der Zuhörer vom Schall umschlossen, und er kann die genaue Position einer Quelle (oben, unten, rechts, links, vorn oder hinten) lokalisieren. Diese Technologie wird in Videospielen, Virtual-Reality-Systemen sowie in einigen Internet-Anwendungen eingesetzt. → *auch genannt 3D-Sound, binauraler Klang.*

3D-Grafik *Subst.* (3-D graphic)
Eine Grafik, die ein oder mehrere Objekte in drei Dimensionen – Länge, Breite und Tiefe – darstellt. Eine 3D-Grafik wird durch Rendering auf einem zweidimensionalen Medium erzeugt; die dritte Dimension- die Tiefe- wird dabei durch Mittel der Perspektive und durch Techniken wie beispielsweise Schattierung oder fließenden Farbverlauf vermittelt.

3D-Grafik

3D-Matrix *Subst.* (3-D array)
Eine Matrix, in der jedes Element durch drei unterschiedliche Indizes eindeutig gekennzeichnet wird.

3D-Metadatei *Subst.* (3-D metafile)
Eine geräteunabhängige Datei zum Speichern einer 3D-Grafik. → *siehe auch Metadatei.*

3DMF *Subst.*
→ *siehe QuickDraw 3-D.*

3D-Modell *Subst.* (3-D model)
→ *siehe dreidimensionales Modell.*

3D-Sound *Subst.* (3-D sound)
→ *siehe 3D-Audio.*

3GL *Subst.*
Kurzform für »3rd-Generation Language« (Programmiersprache der dritten Generation). Eine Programmiersprache, die eine Stufe über der Assemblersprache liegt und vom Menschen unmittelbar gelesen werden kann. Beispiele sind C, Pascal und Basic. → *auch genannt höhere Programmiersprache.* → *Vgl. 4GL, Assembler-Sprache.*

3NF *Subst.*
Kurzform für dritte Normalform. → *siehe Normalform.*

3Station *Subst.*
Der Archetyp einer Arbeitsstation ohne Festplatte, entwickelt von Bob Metcalfe von 3Com Corporation. → *siehe auch Arbeitsstation ohne Laufwerk.*

400
Im Protokoll HTTP der Statuscode für »Bad Request« (»Anforderung ungültig«). Eine Meldung eines HTTP-Servers, die angibt, daß eine Client-Anforderung nicht bedient werden kann, weil deren Syntax ungültig ist. → *siehe auch HTTP-Statuscodes.*

401
Im Protokoll HTTP der Statuscode für »Unauthorized« (»Nicht autorisiert«). Eine Meldung eines HTTP-Servers, die angibt, daß eine Client-Anforderung nicht bedient werden kann, weil die Transaktion eine Autorisationsinformation erfordert, die nicht angegeben wurde. → *siehe auch HTTP-Statuscodes.*

402
Im Protokoll HTTP der Statuscode für »Payment Required« (»Gebührenpflichtig«). Eine Meldung eines HTTP-Servers, die angibt, daß eine Client-Anforderung nicht bedient werden kann, weil die Transaktion gebührenpflichtig ist und keine Kontoinformationen (»ChargeTo«) angegeben wurden. → *siehe auch HTTP-Statuscodes.*

403
Im Protokoll HTTP der Statuscode für »Forbidden« (»Gesperrt«). Eine Meldung eines HTTP-Servers, die angibt, daß eine Client-Anforderung nicht bedient werden kann, weil der Zugang gesperrt ist. → *siehe auch HTTP-Statuscodes.*

404
Im Protokoll HTTP der Statuscode für »Not Found« (»Nicht gefunden«). Eine Meldung eines HTTP-

Servers, die angibt, daß eine Client-Anforderung nicht bedient werden kann, weil der Server keine Entsprechung zur angeforderten URL-Adresse finden kann. → *siehe auch HTTP-Statuscodes, URL.*

486
→ *siehe i486DX.*

486DX
→ *siehe i486DX.*

486SL
→ *siehe i486SL.*

486SX
→ *siehe i486DX.*

4GL *Subst.*
Eine Sprache für die Interaktion mit einem Programmierer. Die Bezeichnung wird oft für Sprachen gebraucht, die zusammen mit relationalen Datenbanken verwendet werden. Sie soll darauf hinweisen, daß solche Sprachen eine Verbesserung der üblichen höheren Programmiersprachen wie C, Pascal und COBOL darstellen. → *siehe auch Anwendungs-Programmiersprache, höhere Programmiersprache.* → *Vgl. 3GL, Assembler-Sprache.*

4GL-Architektur *Subst.* (4GL architecture)
→ *siehe Zwei-Schichten-Client-Server.*

4-mm-Band *Subst.* (4mm tape)
→ *siehe Digital Audio Tape.*

4NF *Subst.*
Kurzform für vierte Normalform. → *siehe Normalform.*

5,25-Zoll-Diskette *Subst.* (5.25-inch floppy disk)
→ *siehe Floppy Disk.*

56K
Eine Verfügbarkeit einer Datenrate von 56 Kilobit pro Sekunde (Kbit/s) zur Übertragung über einen Kommunikationsschaltkreis. Ein Sprachkanal kann bis zu 64 Kbit/s befördern (ein sog. T0-Träger), davon werden 8 Kbit/s für die Signalübertragung verwendet und 56 Kbit/s sind für die Datenübertragung verfügbar. → *siehe auch T-Carrier.*

586
Der inoffizielle Name, der dem Nachfolger des Mikroprozessors i486 der Firma Intel vor seiner Freigabe von Branchenanalytikern und von der Computerpresse gegeben wurde. Im Interesse einer Namensgebung, deren Warenzeichen einfacher zu schützen ist, entschied Intel jedoch, den Mikroprozessor Pentium zu nennen. → *siehe auch Pentium.*

5NF *Subst.*
Kurzform für fünfte Normalform. → *siehe Normalform.*

5×86
Eine von der Firma Cyrix hergestellte Nachbildung (»Klon«) des Pentium-Prozessors von Intel. → *siehe auch 586, 6×86, CPU, Klon, Pentium.*

64-Bit (64-bit)
→ *siehe 8 Bit, 16 Bit, 32 Bit, 64 Bit.*

64-Bit-Computer *Subst.* (64-bit machine)
Ein Computer, der Datengruppen von 64 bit gleichzeitig verarbeitet. Ein Computer kann als 64-Bit-Computer bezeichnet werden, weil entweder seine CPU intern mit Wortbreiten von 64 bit arbeitet oder sein Datenbus 64 bit gleichzeitig transportieren kann. Eine 64-Bit-CPU arbeitet mit einer Wortbreite von 64 bit (8 Byte); ein 64 bit breiter Datenbus hat 64 Datenleitungen, über die Informationen in Gruppen von 64 bit gleichzeitig durch das System transportiert werden. Beispiele für eine 64-Bit-Architektur sind der Alpha AXP der Firma Digital Equipment Corporation, die Ultra Workstation der Firma Sun Microsystems und der PowerPC 620.

6502
Ein 8-Bit-Mikroprozessor, der von der Firma Rockwell International entwickelt und in den Mikrocomputern Apple II und Commodore 64 eingesetzt wurde.

65816
Ein 16-Bit-Mikroprozessor der Firma Western Digital Design, der im Apple IIGS eingesetzt wurde. Durch seine Fähigkeit zur Emulation des 6502 bietet er eine Kompatibilität zu älterer Software des Apple II. → *siehe auch 6502.*

6800
Ein 8-Bit-Mikroprozessor, der von der Firma Motorola in den frühen 70er Jahren entwickelt wurde, aber keine weite Verbreitung fand.

68000
Der ursprüngliche Mikroprozessor der 680×0-Familie, den die Firma Motorola 1979 einführte und der in den ersten Macintosh-Computern der Firma Apple, in deren LaserWriter IISC und in den LaserJet-Druckern der Firma Hewlett-Packard eingesetzt wurde. Der 68000 hat interne 32-Bit-Register, transportiert die Daten aber über einen 16-Bit-Datenbus. Mittels echter 24-Bit-Adressierung kann der 68000 eine Speichergröße von 16 Megabyte adressieren (16mal mehr Speicher als der Intel 8088 im IBM-PC). Darüber hinaus vereinfacht die Architektur des 68000 die Programmierung durch den linearen Adreßraum (im Gegensatz zum segmentierten Adreßraum des 8088) und die gleiche Funktionsweise aller Adreß- und Datenregister. → *siehe auch lineare Adressierung, segmentierte Adressierungsarchitektur.*

68020
Ein Mikroprozessor der 680×0-Familie, den die Firma Motorola 1984 einführte. Der Chip besitzt eine 32-Bit-Adressierung und einen 32-Bit-Datenbus. Er ist in Geschwindigkeiten von 16 bis 33 MHz erhältlich. Der 68020 ist der Prozessor des ursprünglichen Macintosh II und des LaserWriter IINT, beide von der Firma Apple.

68030
Ein Mikroprozessor der 680×0-Familie, den die Firma Motorola 1987 einführte. Der Chip besitzt eine 32-Bit-Adressierung und einen 32-Bit-Datenbus. Er ist in Geschwindigkeiten von 20 bis 50 MHz erhältlich. In den 68030 ist ein Funktionsmodul zur Speicherverwaltung (PMMU) eingebaut. Es werden daher keine zusätzlichen Chips benötigt, um diese Funktion zu unterstützen.

68040
Ein Mikroprozessor der 680×0-Familie, den die Firma Motorola 1990 einführte. Der Chip besitzt eine 32-Bit-Adressierung und einen 32-Bit-Datenbus. Er arbeitet mit einer Taktfrequenz von 25 MHz, beinhaltet eine integrierte Gleitkomma-Einheit und Speicherverwaltungsmodule (MMU) sowie voneinander unabhängige Cache-Speicher mit 4 Kilobyte für Befehle und Daten. Zusätzliche Chips zur Unterstützung dieser Funktionen werden nicht benötigt. Darüber hinaus ist der 68040 dank paralleler, unabhängiger Befehlskanäle (Pipelines), paralleler, interner Busse und getrennter Cache-Speicher für Daten und für Befehle fähig zu paralleler Befehlsausführung.

6845
Ein programmierbarer Grafikcontroller der Firma Motorola für die Grafikstandards MDA (Monochrome Display Adapter) und CGA (Color/Graphics Adapter). Der 6845 wurde ein integraler Bestandteil des IBM- und kompatibler PCs, so daß spätere Generationen der Grafikstandards wie EGA und VGA die Funktionen des 6845 weiterhin unterstützen. → *siehe auch CGA, EGA, MDA, VGA.*

68881
Ein Gleitkomma-Coprozessor der Firma Motorola für die Mikroprozessoren 68000 und 68020. Der 68881 bietet Befehle für eine leistungsstarke Gleitkomma-Arithmetik, einen Satz von Gleitkomma-Datenregistern und 22 eingebaute Konstanten inklusive und Zehnerpotenzen. Der 68881 entspricht der Norm ANSI/IEEE 754-1985 für binäre Gleitkomma-Arithmetik. Mit Hilfe entsprechender Software, die auf die Befehle ausgelegt ist, kann der 68881 eine enorme Steigerung der Systemleistung bewirken. → *siehe auch Gleitkomma-Prozessor.*

68K
→ *siehe 68000.*

6×86
Ein von der Firma Cyrix Corporation entwickelter, zur Architektur 8086 kompatibler Mikroprozessor. Er weist eine Anschlußkompatibilität mit verschiedenen Pentium-Mikroprozessoren des Herstellers Intel auf und kann alternativ zu diesen verwendet werden. → *siehe auch 8086, Mikroprozessor, Pentium.*

7-Bit-ASCII *Subst.* (7-bit ASCII)
Ein ASCII-Zeichensatz aus Zeichen mit 7 bit, wie er für E-Mail-Nachrichten unter UNIX standardmäßig verwendet wird. Das verbleibende achte Bit dient als Paritätsbit zur Fehlerkorrektur. → *siehe auch ASCII, Paritätsbit.*

7-Spur-System *Subst.* (7-track)
Ein Verfahren zur Datenspeicherung, bei dem die Daten auf sieben getrennten, parallelen Spuren eines Halbzoll-Magnetbandes aufgezeichnet werden. Dieses ältere Aufzeichnungsformat wird bei Computern verwendet, die sechs Datenbit auf einmal übertragen können. Dabei werden die Daten in Form von sechs Datenbit und einem Paritätsbit aufgezeichnet. Die heutigen, mit PCs verwendeten Verfahren arbeiten mit 9-Spur-Systemen. → *siehe auch 9-Spur-System.*

80286
Ein 16-Bit-Mikroprozessor, den die Firma Intel 1982 einführte und der ab 1984 in den IBM-PC/AT und in IBM-kompatible PC eingebaut wurde. Der 80286 besitzt ein 16-Bit-Register, transportiert Informationen über einen 16-Bit-Datenbus und verwendet 24 bit zur Adressierung des Speichers. Der 80286 arbeitet in zwei Betriebsmodi: im Real Mode und im Protected Mode. Der Real Mode ist kompatibel mit dem 8086 und unterstützt MS-DOS. Der Protected Mode ermöglicht der CPU den Zugriff auf eine Speichergröße von 16 Megabyte und schützt das Betriebssystem vor falschen Speicherzugriffen durch fehlerhafte Anwendungen, die im Real Mode zum Systemzusammenbruch führen könnten. → *siehe auch Protected Mode, Real Mode.* → *auch genannt 286.*

80287
Ein Gleitkomma-Coprozessor der Firma Intel für die Mikroprozessor-Familie des 80286. Der 80287 ist in Geschwindigkeiten von 6 bis 12 MHz erhältlich und bietet die gleichen mathematischen Fähigkeiten, wie sie der Coprozessor 8087 für den 8086 bereitstellt. Da die Speicherverwaltungs- und Speicherschutzverfahren des 80286 und des 80287 übereinstimmen, kann der 80287 sowohl im Real Mode als auch im Protected Mode des 80286 eingesetzt werden. Der 80287 kann auch zusammen mit einem 80386-Mikroprozessor in einem System verwendet werden, wenn dies beim Entwurf der Systemplatine berücksichtigt wird. → *siehe auch Gleitkomma-Prozessor.*

802.x-Standards *Subst.* (802.x standards)
→ *siehe IEEE 802-Standards.*

80386
→ *siehe 80386DX.*

80386DX
Ein 32-Bit-Mikroprozessor, den die Firma Intel 1985 einführte. Der 80386 ist ein echter 32-Bit-Mikroprozessor; d.h., er verfügt über 32-Bit-Register, kann gleichzeitig Informationen von 32 bit über seinen Datenbus transportieren und 32 bit für die Speicheradressierung verwenden. Wie der ältere 80286, arbeitet auch der 80386 in zwei Betriebsmodi: dem Real Mode und dem Protected Mode. Der Real Mode ist kompatibel mit dem 8086-Chip und unterstützt MS-DOS. Der Protected Mode ermöglicht der CPU den direkten Zugriff auf 4 Gigabyte Speicher, unterstützt Multitasking und schützt das Betriebssystem vor Systemzusammenbrüchen durch falsche Speicherzugriffe aufgrund fehlerhafter Anwendungsprogramme. Der 80386 beinhaltet auch einen virtuellen 8086-Modus (einen sog. virtuellen Real Mode), der sich der Software gegenüber zwar wie ein 8086 verhält, dessen effektiver Adressierungsbereich von 1 Megabyte jedoch überall im physikalischen Speicher und unter den gleichen Schutzvorkehrungen wie im Protected Mode belegt werden kann. Die MS-DOS-Eingabezeile unter Windows basiert auf dem virtuellen 8086-Modus. → *siehe auch Protected Mode, Real Mode, virtueller Real Mode.* → *auch genannt 386, 386DX, 80386.*

80386SL
Ein Mikroprozessor der Firma Intel, der für den Einsatz in tragbaren Computern gedacht ist. Der 80386SL verfügt über ähnliche Funktionen wie der 80386SX, ist jedoch mit Stromsparfunktionen erweitert worden. Insbesondere ist im Ruhezustand eine Absenkung der Taktfrequenz auf Null möglich, wobei alle Registerinhalte erhalten bleiben. Der Prozessor kann dadurch jederzeit die Verarbeitung wieder aufnehmen. Hierzu wird der Takt wieder auf die Arbeitsfrequenz eingestellt. → *siehe auch 80386SX, grüner PC, i486SL.* → *auch genannt 386SL.*

80386SX
Ein Mikroprozessor, den die Firma Intel 1988 als kostengünstige Alternative zum 30386DX einführte. Der 80386SX ist im Grunde ein 80386DX-Prozessor, dessen Leistungsfähigkeit jedoch durch einen 16-Bit-Datenbus begrenzt wird. Durch das 16-Bit-Design können 80386SX-Systeme aus den günstigeren Bauelementen der AT-Klasse zusam-

mengesetzt werden, was sich in einem deutlich niedrigeren Preis für das Gesamtsystem niederschlägt. Der 80386SX bietet gegenüber dem 80286 eine verbesserte Leistung und einen Zugriff auf Software, die für den 80386DX programmiert wurde. Der 80386SX bietet auch die Funktionen des 80386DX, wie das Multitasking und den virtuellen 8086-Modus. → *siehe auch 80386DX.* → *auch genannt 386SX.*

80387
Der Gleitkomma-Coprozessor der Firma Intel für die Mikroprozessor-Familie 80386. Der 80387 ist in Geschwindigkeiten von 16 bis 33 MHz erhältlich und bietet die gleichen mathematischen Fähigkeiten, wie sie der Coprozessor 8087 für den 8086 bereitstellt. Außerdem sind die transzendenten Funktionen Sinus, Cosinus, Tangens, Arcustangens und Logarithmus enthalten. Der 80387 entspricht der Norm ANSI/IEEE 754-1985 für binäre Gleitkomma-Arithmetik. Der 80387 arbeitet, unabhängig vom Modus des 80386 (Real Mode, Protected Mode oder virtueller 8086-Modus), mit konstanter Leistung. → *siehe auch 80386DX, Gleitkomma-Prozessor.* → *auch genannt 387.*

80387SX
Der Gleitkomma-Coprozessor der Firma Intel für den Mikroprozessor 80386SX. Er bietet die gleichen Fähigkeiten wie sie der 80387 für den 80386 bereitstellt, ist jedoch nur in einer 16-MHz-Version erhältlich. → *siehe auch 80386SX, Gleitkomma-Prozessor.* → *auch genannt 387SX.*

80486
→ *siehe i486DX.*

80486SL
→ *siehe i486SL.*

80486SX
→ *siehe i486SX.*

8080
Einer der ersten Chips, die als Grundlage für einen PC dienen konnten. Er wurde von der Firma Intel 1974 eingeführt und im Altair 8800 eingesetzt. Der 8080 verfügte über 8-Bit-Datenoperationen und 16-Bit-Adressierung. Er beeinflußte das Design des Z80. Die Mikroprozessoren der 80×86-Familie basieren auf einem Satz von Registern, die vergleichbar mit denen des 8080 organisiert sind. Sie bilden die Grundlage für den IBM-PC, seine Nachfolger und die IBM-kompatiblen PCs. → *siehe auch Altair 8800, Z80.*

8086
Der ursprüngliche Mikroprozessor der 80x86-Familie, der 1978 von der Firma Intel eingeführt wurde. Der 8086 verfügt über ein 16-Bit-Register, einen 16-Bit-Datenbus und eine 20-Bit-Adressierung, die einen Zugriff auf eine Speichergröße von 1 Megabyte ermöglicht. Seine internen Register sind teilweise vergleichbar mit denen des 8080 angelegt. Die Geschwindigkeit beträgt zwischen 4,77 und 10 MHz. → *siehe auch 8080.*

8086-Modus, virtueller *Subst.* (virtual 8086 mode)
→ *siehe virtueller Real Mode.*

8087
Ein Gleitkomma-Coprozessor der Firma Intel für die Mikroprozessoren 8086/8088 und 80186/80188, erhältlich in Geschwindigkeiten von 5 MHz bis 10 MHz. Der 8087 bietet Befehle für arithmetische, trigonometrische, exponentielle und logarithmische Operationen mit 16-, 32- und 64-Bit-Integer-Zahlen, 32-, 64- und 80-Bit-Gleitkomma-Zahlen sowie 18-stelligen binärcodierten Dezimalzahlen (BCD). Diese Befehle gab es beim 8086/8088 nicht. Mit den entsprechenden Anwendungsprogrammen, die für diese Befehle ausgelegt sind, kann der 8087 die Systemgeschwindigkeit enorm steigern. Der 8087 entspricht dem Normenentwurf IEEE 754 für binäre Gleitkomma-Arithmetik. → *siehe auch 8086, 8088, Gleitkomma-Prozessor.*

8088
Der Mikroprozessor, der 1978 von der Firma Intel eingeführt wurde und auf dem der ursprüngliche IBM-PC basierte. Der 8088 ist identisch mit dem 8086, transportiert aber gleichzeitig nur 8 bit über einen 8-Bit-Datenbus und nicht 16 bit (über einen 16-Bit-Datenbus). → *siehe auch 8086, Bus.*

80×86 *Subst.*
→ *siehe 8086.*

? **80 Zeichen pro Zeile** *Subst.* (80-character line length)
Eine Standardzeilenlänge für zeilenorientierte Darstellung. Diese Zeilenlänge, die sich in den ersten IBM-PCs und in professionellen Datensichtgeräten der 70er und 80er Jahre findet, ist ein Vermächtnis der Lochkarte und der Großcomputer-Betriebssysteme, bei denen jede Zeile einer Datei, die auf einem Bildschirm dargestellt wurde, dem Computer über eine einzelne Karte eines Kartensatzes vermittelt wurde. Grafische Benutzeroberflächen unterstützen, abhängig von der gewählten Schrift, längere oder kürzere Zeilen. Werden z.B. E-Mail-Nachrichten mit Hilfe eines grafikorientierten Programms erstellt, das längere Zeilen ermöglicht, sind die Nachrichten für einen Benutzer, der sie lediglich mit einem Terminalemulationsprogramm und einem Shell-Zugang zu lesen versucht, schwer entzifferbar, da die Zeilen auf seinem System umbrochen werden.

82385
Ein Cache-Controller-Baustein der Firma Intel, der parallel zu den Cache-Zugriffen des Prozessors (oder durch DMA) eine Wiederherstellung modifizierter Cache-Speicherblöcke im Hauptspeicher ermöglicht. → *siehe auch Cache, Controller, CPU, DMA.*

8.3
Das Standardformat für Dateinamen bei MS-DOS/Windows 3.x: ein Dateiname aus bis zu acht Zeichen, gefolgt von einem Punkt und einer Dateinamenerweiterung mit drei Zeichen. → *Vgl. lange Dateinamen.*

8514/A
Ein Grafikcontroller, der von der Firma IBM im April 1987 eingeführt und im Oktober 1991 zurückgerufen wurde. Der 8514/A wurde entwickelt, um die Auflösung des VGA-Adapters bestimmter IBM-Computer vom Typ PS/2 von 640×480 Bildpunkten (Pixel) mit 16 gleichzeitig darstellbaren Farben auf 1024×768 Punkte (fast eine Vervierfachung der dargestellten Informationen auf dem Bildschirm) mit 256 Farben zu erhöhen. Der 8514/A arbeitete nur mit IBM PS/2-Computern zusammen, die auf der Micro Channel-Architektur basierten. Er verwendete das Interlace-Verfahren, welches bei höherer Auflösung ein wahrnehmbares Flimmern verursachen kann. Aus diesem Grund erlangte er keine große Verbreitung. Der SVGA-Adapter dominierte, weil er mit den gebräuchlicheren ISA- und EISA-Bus-Architekturen zusammenarbeiten konnte. → *siehe auch EISA, ISA, Mikrokanal-Architektur, ohne Zeilensprung, SVGA, VGA, Zeilensprungverfahren.*

88000
Ein Chipsatz für RISC-Prozessoren (Reduced Instruction Set Computing), den die Firma Motorola 1988 eingeführt hat und der auf der Harvard-Architektur basiert. Der 20-MHz-Chipsatz 88000 beinhaltet eine CPU des Typs 88100 und mindestens zwei CMMUs (Cache-Speicherverwaltungseinheiten) des Typs 88200 – eine Einheit als Datei- und eine Einheit als Befehlsspeicher. Die RISC-CPU 88100 verfügt über Prozessoren für Integer- und Gleitkommaverarbeitung sowie über zweiunddreißig 32-Bit-Mehrzweck-Register, 21 Steuerregister und 32 bit breite Datenpfade und Adressen. Der 88100 kann 4 Gigabyte externer Daten sowie 1 Gigabyte 32-Bit-Befehle im Speicher adressieren. In einer Parallelprozessor-Konfiguration können bis zu vier Chipsätze mit dem gleichen Speicher arbeiten. → *siehe auch Gleitkomma-Prozessor, Harvard-Architektur, Prozessor, RISC.*

88100
→ *siehe 88000.*

88200
→ *siehe 88000.*

8 Bit, 16 Bit, 32 Bit, 64 Bit (8-bit, 16-bit, 32-bit, 64-bit)
Im Zusammenhang mit einer Datenbusleitung eine Eigenschaft, die angibt, daß in einem Durchgang entweder 8, 16, 32 oder 64 bit über die Leitung übertragen werden können. Beispielsweise beinhaltet die IBM Micro Channel-Architektur einen oder mehrere 32-Bit-Datenbusse mit zusätzlichen 16-Bit- und 8-Bit-Leitungen. → *siehe auch 16-Bit-Computer, 32-Bit-Computer, 64-Bit-Computer, 8-Bit-Computer.*
Bei einer Grafikkarte eine Eigenschaft, die angibt, daß in einem Durchgang entweder 8, 16, 32 oder 64 bit je Datenpfad übertragen werden können. Eine *n*-Bit-Grafikkarte ist fähig zur Darstellung von bis zu 2^n Farben. So kann eine 8-Bit-Grafik-

karte bis zu 256 Farben darstellen, eine 16-Bit-Karte bis zu 65.536 Farben und ein 24-Bit-Karte über 16 Millionen Farben. (Eine 24-Bit-Grafikkarte hat einen 32-Bit-Datenpfad, obwohl die oberen 8 bit nicht direkt zur Erzeugung einer Farbe verwendet werden.) → *siehe auch Alpha-Kanal.*

8-Bit-Computer *Subst.* (8-bit machine)
Ein Computer, der Datengruppen von 8 bit gleichzeitig verarbeitet. Ein Computer kann als 8-Bit-Computer bezeichnet werden, weil entweder sein Mikroprozessor intern mit Wortbreiten von 8 bit arbeitet oder sein Datenbus 8 bit gleichzeitig transportieren kann. Der ursprüngliche IBM-PC basierte auf einem Mikroprozessor (dem 8088), der intern mit Wortbreiten von 16 bit arbeitete, davon aber nur 8 bit gleichzeitig transportierte. Derartige Computer werden im allgemeinen 8-Bit-Computer genannt, da die Größe des Datenbus die Gesamtgeschwindigkeit des Computers begrenzt.

8-mm-Band *Subst.* (8mm tape)
Eine Magnetbandkassette für Sicherungskopien, die den Kassetten für Videokameras ähnelt, jedoch ein spezielles Datenmagnetband enthält. Die Datenkapazität beträgt 5 Gigabyte oder mehr (bei komprimierten Daten).

8-N-1
Kurzform für **8** bit, **N**o (Keine) Parität, **1** Stopbit. Typische Standardwerte für die serielle Datenübertragung bei Modemverbindungen.

9600
Ein Modem mit einer maximalen Datenübertragungsrate von 9600 bit pro Sekunde (bit/s).

9-Spur-System *Subst.* (9-track)
Ein Verfahren zur Datenspeicherung, bei dem die Daten auf neun getrennten, parallelen Spuren eines Halbzoll-Magnetbandes aufgezeichnet werden (eine Spur für jedes der acht Datenbit eines Byte und eine Spur für ein Paritätsbit). → *siehe auch 7-Spur-System.*

Å
→ *siehe Angström.*

A

A:
In Windows und einigen anderen Betriebssystemen die Bezeichnung für das erste – oder primäre – Diskettenlaufwerk. Auf diesem Laufwerk sucht das Betriebssystem zuerst nach Boot-Befehlen, vorausgesetzt, es wurde kein anderes Boot-Laufwerk durch entsprechende Änderungen im CMOS-Setup definiert.

Abbild *Subst.* (image)
Ein Duplikat, eine Kopie oder eine Darstellung des Gesamtinhalts oder eines Bestandteils einer Festplatte oder einer Diskette bzw. eines Abschnitts von einem Speicher oder einer Festplatte, einer Datei, einem Programm oder von Daten. Eine RAM-Disk kann z.B. ein Abbild des Gesamtinhalts oder eines Bestandteils eines Datenträgers im Hauptspeicher halten. Ein RAM-Programm kann ein Abbild eines Teils des Hauptspeichers des Computers auf einem Datenträger erstellen. → *siehe auch RAM-Disk*.

abbrechen *Vb.* (abort, break)
Allgemein das vorzeitige Beenden. Der Begriff wird häufig in bezug auf ein Programm verwendet, bei dem es im laufenden Betrieb zu einem Abbruch kommt.
Bei der Programmierung die vorzeitige Beendigung eines fehlerhaft arbeitenden Programms oder Programmteils (wie einer Routine oder eines Moduls), um dieses zu korrigieren.
Beim Einsatz eines Debuggers auch das Stoppen der Programmausführung an einer vorgegebenen Stelle, gewöhnlich zum Zwecke der Fehlerbehebung (Debugging). → *siehe auch Haltepunkt*.

Abbremszeit *Subst.* (deceleration time)
Die für das Abbremsen des Zugriffsarms bei der Annäherung an den gewünschten Teil einer Diskette oder Platte benötigte Zeit. Je schneller sich ein Zugriffsarm bewegt, desto höher ist auch der durch die Masse bedingte Kraftimpuls.

Abbruch *Subst.* (break)
Allgemein die vorzeitige Beendigung der Programmausführung, indem der Benutzer die entsprechende Unterbrechungstaste drückt (bei IBM-kompatiblen Tastaturen die Tastenkombination Strg+Untbr [Unterbrechen]).
In der Kommunikationstechnik die ungewollte Beendigung einer Datenübertragung, die dadurch bedingt ist, daß die empfangende Station oder die Sendestation den Vorgang vorzeitig stoppt.

ABC *Subst.*
Abkürzung für »Atanasoff Berry Computer«. Der erste elektronische, digitale Computer überhaupt. Er wurde 1942 von John Atanasoff und Clifford Berry an der Universität des US-amerikanischen Bundesstaates Iowa entwickelt.
Abkürzung für »Automatic Brightness Control«, zu deutsch »automatische Helligkeitssteuerung«. Ein Schaltkreis, der die Leuchtdichte eines Monitors automatisch variiert, um die spezifischen Beleuchtungsverhältnisse am Arbeitsplatz auszugleichen.
Eine imperative Programmiersprache und Programmierumgebung von der Firma CWI, Niederlande. Die interaktive, strukturierte Hochsprache ist leicht zu erlernen und anzuwenden. Sie stellt keine Sprache zur Systementwicklung dar, eignet sich jedoch gut für Lehrzwecke und die Herstellung von Prototypen.

.ab.ca
Im Internet ein Kürzel für die übergreifende Länder-Domäne, die eine Adresse in Alberta in Kanada angibt.

abdocken *Vb.* (undock)
In Verbindung mit tragbaren Computern das Abtrennen des Computers von der Basisstation. → *siehe auch Docking Station, Laptop*.
Im Zusammenhang mit grafischen Benutzeroberflächen das Wegziehen der Systemleiste von der

A

Innenseite eines Anwendungsfensters, so daß die Leiste zu einem eigenständigen, frei beweglichen Bildschirmfenster wird. → *siehe auch Symbolleiste.*

Abdunkeln *Subst.* (shade)
Erzeugen einer bestimmten Farbvariation durch Mischen einer reinen Farbe mit Schwarz. → *siehe auch Helligkeit, IRGB.*

abend *Subst.*
Kurzwort für »**ab**normal **end**«, wörtlich übersetzt »normwidriges Ende«. Das vorzeitige Beenden eines Programms aufgrund bestimmter Programm- oder Systemfehler. → *siehe auch abbrechen, crashen.*

Abenteuerspiel *Subst.* (interactive fiction)
Ein Computerspiel, bei dem der Benutzer an einer Handlung teilnimmt. Diese Handlung wird vom Benutzer durch Befehle gesteuert. Die Handlung basiert in der Regel auf dem Erreichen eines bestimmten Ziels, das nur dann erreicht werden kann, wenn die Aktionen in der richtigen Reihenfolge ausgeführt werden.

Abfrage *Subst.* (query)
Das Extrahieren von Daten aus einer Datenbank und die Darstellung dieser Daten für die spätere Nutzung.
»Abfrage« bezeichnet auch einen spezifischen Satz von Befehlen für das wiederholte Extrahieren bestimmter Daten.

Abfrage durch Beispiel *Subst.* (query by example)
Englisch »query by example«, abgekürzt QBE. Eine einfach anzuwendende Abfragesprache, die in mehreren relationalen Datenbank-Managementsystemen implementiert ist. Mit Hilfe von QBE legt der Benutzer anzuzeigende Felder, Verknüpfungen zwischen Tabellen und Abfragekriterien direkt in Formularen auf dem Bildschirm fest. Diese Formulare stellen eine direkte bildliche Repräsentation der Zeilenstruktur dar, aus denen sich die Datenbank aufbaut. Damit wird die Konstruktion einer Abfrage aus der Sicht des Benutzers zu einem einfachen »Abhaken«.

abfragen *Vb.* (interrogate)
Informationen mit der Aussicht auf eine sofortige Antwort einholen. Beispielsweise kann der Hauptcomputer eines Netzwerks ein angeschlossenes Terminal abfragen, um dessen Status zu bestimmen (bereit zum Senden oder bereit zum Empfangen).

Abfrage, natürlichsprachliche *Subst.* (natural language query)
→ *siehe natürlichsprachliche Abfrage.*

Abfragesprache *Subst.* (query language)
Eine Untermenge der Datenmanipulations-Sprache (Data Manipulation Language), insbesondere der Teil, der sich auf das Abrufen und die Anzeige von Daten aus einer Datenbank bezieht. Manchmal verwendet man diesen Begriff auch für die gesamte Datenmanipulations-Sprache. → *siehe auch Datenmanipulations-Sprache.*

Abfragesprache, strukturierte *Subst.* (structured query language)
→ *siehe strukturierte Abfragesprache.*

abgeblendet *Adj.* (dimmed)
Inaktive Elemente einer grafischen Benutzeroberfläche werden abgeblendet, d.h., grau unterlegt. Die Zeichen werden also nicht schwarz, sondern grau angezeigt. Abgeblendete Menübefehle können unter den gegebenen Umständen nicht aktiviert werden. So ist z.B. der Befehl *Ausschneiden* abgeblendet, wenn kein Text markiert ist. Der Befehl *Einfügen* ist abgeblendet, wenn kein Text in die Zwischenablage kopiert wurde.

abgeleitete Klasse *Subst.* (derived class)
In der objektorientierten Programmierung eine Klasse, die aus einer anderen Klasse, der sog. Basisklasse, erzeugt wird und deren gesamte Merkmale erbt. Die abgeleitete Klasse kann dann Datenelemente und Routinen hinzufügen, Routinen der Basisklasse neu definieren und den Zugriff auf Merkmale der Basisklasse einschränken. → *siehe auch Basisklasse, Klasse, objektorientierte Programmierung.*

abgeleitete Schrift *Subst.* (derived font)
Eine Schrift, die aus einer bereits vorhandenen Schrift skaliert oder modifiziert wurde. Das Betriebssystem von Macintosh ist z.B. in der Lage, Zeichen in Schriftgrößen zu generieren, die im installierten Größenbereich nicht vorkommen. → *siehe auch Schrift.* → *Vgl. eingebaute Schrift.*

abgesicherter Modus *Subst.* (safe mode)
Bei einigen Windows-Versionen, z. B. Windows 95, ein Startmodus, bei dem die meisten Treiber und Peripheriegeräte deaktiviert sind, um Probleme im System lösen zu können. Der abgesicherte Modus wird automatisch vorgeschlagen, wenn das System bei der letzten Sitzung nicht ordnungsgemäß beendet wurde oder starten konnte. → *siehe auch booten.*

abgesichertes Hochfahren *Subst.* (clean boot)
Das Booten oder Starten eines Computers mit einem Minimum an Systemdateien des Betriebssystems. Das abgesicherte Hochfahren wird als Problembehandlungsmethode verwendet, um das Programm, das den Fehler verursacht, einzugrenzen. Typische Fehler sind darin begründet, daß Programme dieselben Ressourcen gleichzeitig aufrufen, Konflikte verursachen, die die Leistungsfähigkeit des Systems reduzieren, den Betrieb von anderen Programmen stören oder gar zum Systemabsturz führen. → *siehe auch Betriebssystem, booten, crashen.*

abhängige Variable *Subst.* (dependent variable)
Eine Variable in einem Programm, deren Wert vom Ergebnis einer anderen Operation abhängt.

Abhängigkeit *Subst.* (dependence)
Der Zustand, in der eine Entität hinsichtlich der eigenen Definition oder Funktionalität von spezieller Hardware, spezieller Software oder speziellen Ereignissen abhängt. → *siehe auch abhängige Variable, Geräteabhängigkeit, hardwareabhängig, kontextabhängig, softwareabhängig.*

abholen *Vb.* (fetch)
Das Abfragen einer Anweisung oder eines Datenelements aus dem Speicher und das Ablegen dieses Elements in ein Register. Fetching ist Bestandteil des Ausführungszyklus eines Mikroprozessors. Das Element muß zuerst aus dem Speicher abgeholt und in ein Register geladen werden. Wenn das Element eine Anweisung ist, kann diese ausgeführt werden. Wenn es Datenelemente sind, können daran Aktionen ausgeführt werden.

Abholzeit *Subst.* (fetch time)
→ *siehe Befehlsausführungszeit.*

ABI *Subst.*
→ *siehe binäre Anwendungsschnittstelle.*

ABIOS *Subst.*
Abkürzung für »Advanced Basic Input/Output System«. Ein Satz von Routinen mit Eingabe-Ausgabe-Diensten. Sie wurden entwickelt, um Multitasking und Protected Mode der PS/2-PCs von IBM zu unterstützen. → *siehe auch BIOS.*

Abklingen *Subst.* (decay)
Die zeitliche Abnahme der Signalamplitude.

Abkömmling *Subst.* (descendant)
In der objektorientierten Programmierung eine Klasse (Gruppe), die eine weiter spezialisierte, auf höherer Ebene liegende Klasse darstellt. → *siehe auch Klasse, objektorientierte Programmierung.*
In der Rechentechnik bezeichnet der Begriff einen Prozeß (etwa ein Programm oder einen Task), der durch einen anderen Prozeß aufgerufen wird und bestimmte Eigenschaften des Urhebers erbt, z. B. geöffnete Dateien. → *siehe auch Child, Vererbung.* → *Vgl. Client.*

Ablenkspule *Subst.* (yoke)
Der Bestandteil einer Kathodenstrahlröhre (CRT – Cathode-Ray Tube), der den Elektronenstrahl ablenkt, damit dieser auf einem bestimmten Bereich des Bildschirms auftrifft. → *siehe auch CRT.* → *auch genannt Ablenkspulen.*

Ablenkspulen *Subst.* (deflection coils)
→ *siehe Ablenkspule.*

abmelden *Vb.* (close, log off)
Das Beenden einer Sitzung mit einem Computer, auf den über eine Kommunikationsverbindung zugegriffen wurde. Dabei handelt es sich im allgemeinen um einen Computer, der sich sowohl an einem anderen Ort als der Benutzer befindet als auch vielen Benutzern offensteht. → *auch genannt ausloggen.* → *Vgl. anmelden.*
Im Zusammenhang mit Netzwerken bedeutet »schließen«, daß die Verbindung eines Computers mit den übrigen Computern des Netzwerks beendet wird.

Abmelden *Subst.* (logout)
→ *siehe Ausloggen.*

A

Abnahme *Subst.* (acceptance test)
Die durch den Kunden – gewöhnlich in der Herstellerfirma – durchgeführte formelle Beurteilung, mit der überprüft wird, ob das Produkt die mit dem Hersteller vereinbarten Spezifikationen erfüllt.

abnormal end *Subst.*
→ *siehe abend.*

Abonnement kündigen *Vb.* (unsubscribe)
In Verbindung mit einem Newsreader-Client das Entfernen eines Newsgroup-Eintrags aus der Liste der abonnierten Newsgroups. → *siehe auch Newsgroup.*
Außerdem das Entfernen eines Empfängers von einer Verteilerliste. → *siehe auch Verteilerliste.*

abonnieren *Vb.* (subscribe)
Eine Newsgroup auf die Liste der Gruppen setzen, von denen ein Benutzer jeweils alle neuen Artikel erhält.
Außerdem das Setzen eines Namens auf eine LISTSERV-Verteilerliste. → *siehe auch LISTSERV.*

abrufbasierende Verarbeitung *Subst.* (demand-driven processing)
Das Verarbeiten von Daten, sobald diese verfügbar sind. Durch diese Echtzeit-Verarbeitung brauchen keine Daten gespeichert zu werden, die noch nicht verarbeitet wurden. → *Vgl. datengesteuerte Verarbeitung.*

abrufen *Vb.* (retrieve)
Bestimmte, angeforderte Elemente oder Datensätze lokalisieren und an ein Programm oder den Benutzer zurückgeben. Computer können Informationen von beliebigen Speicherquellen abrufen – Festplatten, Magnetbändern oder aus dem Hauptspeicher.

Absatz *Subst.* (paragraph)
In der Textverarbeitung jeder Teil eines Dokuments, dem eine Absatzmarke vorangeht und der mit einer Absatzmarke endet. Für das Programm stellt ein Absatz eine Informationseinheit dar, die sich als Ganzes auswählen läßt und deren Formatierung sich von den umgebenden Absätzen unterscheiden kann.

Absatzteile, alleinstehende *Subst.* (widow)
→ *siehe Hurenkind, Schusterjunge.*

abschalten *Vb.* (disable)
Etwas unterdrücken oder verhindern. Abschalten bezeichnet eine Methode zur Steuerung der Systemfunktionen, wobei bestimmte Aktivitäten unterbunden werden. Ein Programm kann z.B. vorübergehend unwesentliche Interrupts (Anforderungen von Diensten der Systemgeräte) abschalten, um Unterbrechungen kritischer Prozeßabschnitte zu vermeiden. → *Vgl. einschalten.*

Abschirmung *Subst.* (RF shielding)
Eine Vorrichtung – im allgemeinen aus einem Metallblech oder einer metallischen Folie bestehend – die den Durchlaß von elektromagnetischer Strahlung im Hochfrequenzbereich (HF) verhindert. Durch Abschirmung soll sowohl das Austreten von Strahlung aus einem Gerät als auch das Eindringen derselben in ein Gerät unterbunden werden. Ohne geeignete Abschirmung können sich Geräte, die hochfrequente Energie erzeugen oder aussenden, gegenseitig stören. Eine elektrische Küchenmaschine kann beispielsweise Störungen in einem Fernsehgerät verursachen. Auch Computer erzeugen hochfrequente Energie und müssen geeignet abgeschirmt sein, um das Austreten hochfrequenter Strahlung zu verhindern und die Störstrahlungsnormen zu erfüllen. Dabei trägt das Metallgehäuse eines PCs bereits weitgehend zur erforderlichen Abschirmung bei. Nach den amerikanischen FCC-Störstrahlungsnormen werden Typ A (für Bürogeräte) und die strengere FCC-Norm Typ B (für den Wohnbereich) unterschieden. → *siehe auch Hochfrequenz, RFI.*

Abschlußkappe *Subst.* (terminator cap)
Eine spezielle Steckverbindung, die an jedes Ende eines Ethernet-Buskabels angeschlossen werden muß. Fehlen eine oder gar beide Abschlußkappen, kann das Ethernet-Netzwerk nicht in Betrieb genommen werden.

Abschlußwiderstand *Subst.* (terminator)
Ein Bauelement, das als letztes Gerät in einer Gerätekette (z.B. SCSI) oder einem Busnetzwerk (z.B. Ethernet) angeschlossen werden muß. → *siehe auch Abschlußkappe.*

abschneiden *Vb.* (truncate)
Den Anfang oder das Ende einer Folge von Zeichen oder Zahlen entfernen; insbesondere eine oder mehrere der niederwertigsten Ziffern (in der Regel die am weitesten rechts stehenden) eliminieren. Durch das Abschneiden werden die Ziffern einfach eliminiert. Beim Runden hingegen wird die verbleibende, am weitesten rechts stehende Ziffer gegebenenfalls um 1 erhöht, um Genauigkeitsverluste zu vermeiden. → *Vgl. runden.*

absolute Adresse *Subst.* (absolute address)
Eine Adresse, die die genaue, numerische Position im Arbeitsspeicher angibt, im Gegensatz zu einem Ausdruck, der die Adresse berechnet. → *siehe auch absolute Codierung.* → *auch genannt direkter Zugriff, echte Adresse, Maschinenadresse.* → *Vgl. relative Adresse, virtuelle Adresse.*

absolute Codierung *Subst.* (absolute coding)
Die Codierung eines Programms, bei der eine absolute Adressierung erfolgt, im Gegensatz zur indirekten Adressierung. → *siehe auch absolute Adresse, indirekte Adresse.*

absolute Koordinaten *Subst.* (absolute coordinates)
Koordinaten in Form von Werten, die sich auf die Entfernung vom Ursprung beziehen, also dem Punkt, in dem sich die Achsen schneiden. In mathematischen Graphen und Computergrafiken werden absolute Koordinaten verwendet, um Punkte in einem Diagramm oder Anzeigeraster zu adressieren. Beispielsweise werden Punkte eines zweidimensionalen Graphen in bezug auf die x- und y-Achse angegeben und die Position eines dreidimensionalen Grafikobjektes in Relation zur x-,y- und z-Achse. → *siehe auch kartesische Koordinaten.*

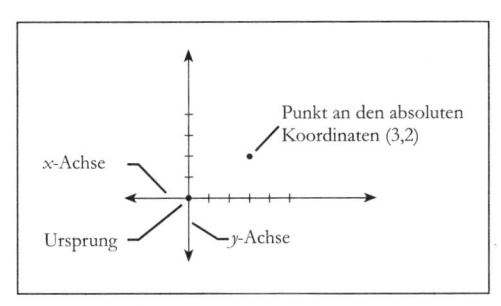

Absolute Koordinaten

absoluter Pfad *Subst.* (absolute path)
Form der Pfadangabe zu einer Datei, die von der höchsten Ebene der Baumstruktur des Laufwerks ausgeht (also dem Stammverzeichnis). Beispiel: »C:\Dokumente\Arbeit\Vertrag.txt«. → *siehe auch Pfad.* → *Vgl. relativer Pfad.*

absoluter Wert *Subst.* (absolute value)
Die Größe einer Zahl ohne Berücksichtigung des Vorzeichens (+ oder -). Ein absoluter Wert ist immer größer oder gleich Null. Beispielsweise ist der absolute Wert von 10 und von -10 jeweils 10. Programmiersprachen und Tabellenkalkulationsprogramme stellen in der Regel Funktionen bereit, die den absoluten Wert einer Zahl berechnen.

absolutes Zeigegerät *Subst.* (absolute pointing device)
Ein Zeigegerät, dessen Lage mit der Position des Bildschirmcursors verknüpft ist. Bewegt der Anwender z.B. den Stift eines Grafiktabletts in die rechte obere Ecke des Tabletts, bewegt sich der Cursor in die rechte obere Ecke des Bildschirms bzw. des entsprechenden Fensters. → *siehe auch absolute Koordinaten, Grafiktablett.* → *Vgl. relatives Zeigegerät.*

Absolutwert *Subst.* (magnitude)
Die Größe einer Zahl ohne Berücksichtigung ihres Vorzeichens (+ oder -). Beispielsweise ist der Absolutwert von 16 als auch von -16 gleich 16. → *siehe auch absoluter Wert.*

absteigende Sortierung *Subst.* (descending sort)
Ein Sortiervorgang, bei dem die Elemente in fallender Reihenfolge angeordnet werden, z.B. von Z bis A und größere Zahlen vor kleineren Zahlen. → *siehe auch alphanumerische Sortierung.* → *Vgl. aufsteigende Sortierung.*

Abstract Syntax Notation One *Subst.*
Abkürzung: ASN.1. Von der ISO genormte Notation, die unabhängige Spezifikationen von Datentypen und Strukturen für die Syntax-Konvertierung definiert. → *siehe auch Datentyp, ISO, Syntax.*

abstrakt *Adj.* (abstract)
In bezug auf Zeichenerkennungssysteme die Eigenschaft eines Symbols, das, im Gegensatz zu

einem Buchstaben und einer Ziffer, keine eigentliche Bedeutung aufweist und zunächst definiert werden muß, bevor es interpretiert werden kann. Bei der Programmierung die Eigenschaft eines Datentyps, der durch die Operationen definiert ist, die mit Objekten dieses Typs durchgeführt werden können, nicht aber durch die Eigenschaften der Objekte selbst. → *siehe auch abstrakter Datentyp.*

abstrakte Klasse *Subst.* (abstract class)
In der Programmiersprache C++ das Gegenstück zu einer konkreten Klasse (einer Klasse, in der Objekte angelegt werden können). In einer abstrakten Klasse können dagegen keine Objekte erzeugt werden. Vielmehr werden abstrakte Klassen dazu verwendet, Unterklassen zu definieren; die Objekte werden dann von den Unterklassen angelegt. → *siehe auch Objekt.*

abstrakte Maschine *Subst.* (abstract machine)
Ein Prozessordesign, das nicht für die tatsächliche Umsetzung (im Sinne eines greifbaren, physischen Prozessors) gedacht ist. Es repräsentiert vielmehr das Modell der Verarbeitung einer Zwischensprache, die als »abstrakte Maschinensprache« bezeichnet wird und bei einem Interpreter oder Compiler zum Einsatz kommt. Der Befehlssatz einer abstrakten Sprache kann Befehle verwenden, die der kompilierten Sprache stärker ähneln als den Maschinenbefehlen des jeweiligen Computers. Außerdem kann die abstrakte Sprache eingesetzt werden, um die Implementierung einer Programmiersprache so zu gestalten, daß diese einfacher auf andere Rechnerplattformen portiert werden kann.

abstrakter Datentyp *Subst.* (abstract data type)
In der Programmierung ein Datentyp, der durch die Informationen, die er aufnehmen kann, und die Operationen, die mit ihm durchgeführt werden können, definiert ist. Ein abstrakter Datentyp ist allgemeiner als ein Datentyp, der durch die Eigenschaften der Objekte festgelegt ist, die er enthalten kann. Beispielsweise ist der Datentyp »Tier« allgemeiner als die Datentypen »Tier Hund«, »Tier Vogel« und »Tier Fisch«. Das Standardbeispiel für die Veranschaulichung eines abstrakten Datentyps ist der Stapel, ein kleiner Speicherbereich, der für die – in der Regel temporäre – Aufnahme von Informationen benutzt wird. Bezogen auf einen abstrakten Datentyp, stellt der Stapel eine Struktur dar, in der Werte abgelegt (hinzugefügt) und aus der Werte entnommen (entfernt) werden können. Der Typ des Wertes, z.B. Integer, ist für die Definition des Datentyps belanglos. Die Art und Weise, in der mit den abstrakten Datentypen Operationen durchgeführt werden, ist vom Rest des Programms gekapselt oder versteckt. Die Kapselung ermöglicht es dem Programmierer, die Definition des Datentyps oder dessen Operationen zu ändern, ohne daß Fehler in dem bestehenden Code entstehen, der den abstrakten Datentyp verwendet. Abstrakte Datentypen stellen einen Zwischenschritt zwischen konventioneller und objektorientierter Programmierung dar. → *siehe auch Datentyp, objektorientierte Programmierung.*

abstrakter Syntaxbaum *Subst.* (abstract syntax tree)
Eine baumähnliche Darstellung von Programmen, die in vielen integrierten Programmierumgebungen und strukturorientierten Editoren verwendet wird.

abstrakte Syntax *Subst.* (abstract syntax)
Eine Beschreibung einer Datenstruktur, die unabhängig von Hardwarestrukturen und Codierungsarten ist.

abstürzen *Vb.* (blow up, bomb)
Vollständiges, abruptes Zusammenbrechen eines Systems oder Programms. Das System oder Programm reagiert nicht mehr auf Benutzereingaben. Um wieder weiterarbeiten zu können, muß das System oder Programm neu gestartet werden. → *siehe auch abend, Bug, crashen, hängen.*
Die Ursache für einen Absturz liegt meist in einem schweren Programmfehler. Typischerweise wird ein derartiger Fehler hervorgerufen, wenn ein Programm versucht, einen zulässigen Wertebereich zu verlassen oder über die Grenze eines Speichers hinauszuschreiben und gleichzeitig keine Methode existiert, die das unterbindet. Ein typischer Ausspruch eines Programmierers, der einen derartigen Fehler verursacht hat, lautet: »Ich versuchte, außerhalb des Fensters zu zeichnen, und die Grafikroutinen stürzten ab.«. → *siehe auch abbrechen, abend.*

abtasten *Vb.* (scan)
In der Fernsehtechnik und bei Computerbildschirmen die zeilenweise Bewegung des Elektronenstrahls über die Leuchtstoffschicht auf der Innenseite des Bildschirms, um durch Anregung der Leuchtstoffe ein sichtbares Bild zu erzeugen.

Abtastrate *Subst.* (sampling rate)
Die Frequenz, mit der Proben einer physikalischen Variablen, wie beispielsweise Schall, entnommen werden. Je höher die Abtastrate (d.h., je höher die Anzahl der entnommenen Proben pro Zeiteinheit), um so mehr ähnelt das digitalisierte Ergebnis dem Original. → *siehe auch Sampling.*

abtrennen *Vb.* (burst)
Beim Druck mit Endlospapier das Abreißen eines Einzelblatts an der Perforation, typischerweise, wenn dieses fertig bedruckt und aus dem Drucker herausgeschoben wurde.

A/B-Umschaltbox *Subst.* (A/B switch box)
Eine Einrichtung mit einem Wählschalter, der zwei Positionen einnehmen kann. Wenn der Benutzer eine Position wählt, wird das Signal entweder vom Eingang der Umschaltbox zu einem der beiden Ausgänge geleitet oder vom gewählten Eingang zum Ausgang. → *siehe auch Schalter.*

Abwärtskompatibilität *Subst.* (downward compatibility)
Quellcode oder Programme, die auf einer neueren, verbesserten Systemumgebung bzw. Compiler-Version entwickelt wurden, die sich aber dennoch mit einer einfacheren (älteren) Version ausführen bzw. kompilieren lassen. → *Vgl. aufwärtskompatibel.*

Abweichen *Subst.* (bias)
Allgemein eine konstante oder systematische Differenz zwischen einem Wert und einem Bezugspunkt.
Bei der Datenübertragung eine Form einer Verzerrung mit der Länge der übertragenen Bits. Sie ist durch eine Verzögerung bedingt, die auftritt, wenn die Spannung beim Signalwechsel von 0 auf 1 und umgekehrt ansteigt oder fällt.

Abweichung (math.) *Subst.* (bias)
In der Mathematik eine Maßzahl, die den Betrag angibt, um den der Mittelwert einer Gruppe von Werten von einem Bezugspunkt divergiert.

abziehen *Vb.* (pull)
Das Abrufen von Daten von einem Netzwerk-Server. → *siehe POP.* → *Vgl. push.*

AC *Subst.*
→ *siehe Wechselstrom.*

AC-Adapter *Subst.* (AC adapter)
Ein externes Netzteil, das die übliche 220- oder 110-Volt-Wechselspannung in Gleichstrom-Niedrigspannung umwandelt, wie sie zum Betrieb von elektronischen Halbleitergeräten benötigt wird. Externe AC-Adapter werden in Verbindung mit Geräten eingesetzt, die nicht über ein eingebautes Netzteil verfügen (z.B. Laptop-Computer).

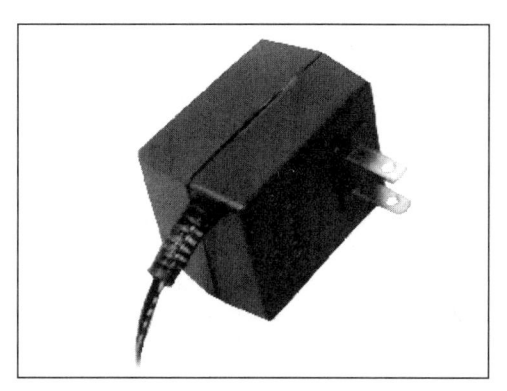

AC-Adapter

ACCESS.bus *Subst.*
Ein bidirektionaler Bus, der zum Anschluß von Peripheriegeräten an den PC dient. Der ACCESS.bus erlaubt es, bis zu 125 Geräte der niedrigen Geschwindigkeitsklasse wie Drucker, Modems, Mäuse und Tastaturen an einen einzigen Mehrzweck-Port anzuschließen. Peripheriegeräte, die den ACCESS.bus unterstützen, verfügen über eine Steckverbindung (Stecker oder Buchse), die Ähnlichkeiten mit einem Telefonstecker (mit dem amerikanischen Mikrostecker, nicht mit dem in Deutschland üblichen TAE-Stecker) aufweist. Die Geräte werden dabei hintereinander in Reihe verbunden, hängen also an einer Kette. Dennoch kommuniziert der PC direkt mit jedem einzelnen Peripheriegerät und umgekehrt. Wird ein Gerät (z.B. ein Drucker) über den ACCESS.bus mit dem System verbunden, wird das Gerät automatisch identifiziert und so konfiguriert, daß eine optimale Leistungsfähigkeit erreicht wird. Peripheriegeräte

können während des laufenden Betriebs an den Computer angeschlossen werden *(Hot Plugging)*, wobei dem neuen Gerät automatisch eine eindeutige Adresse zugewiesen wird (Auto-Adressierung). Der ACCESS.bus wurde von DEC entwickelt und steht in Konkurrenz mit dem USB von Intel. → *siehe auch bidirektional, Bus, Daisy Chain, Einbau im laufenden Betrieb, Peripherie, portieren.* → *Vgl. USB.*

Account *Subst.* (account)
In einem Online-Dienst eine Einrichtung, die dazu dient, den Benutzer zu identifizieren und dessen Aktivitäten zum Zwecke der Abrechnung zu protokollieren. In diesem Zusammenhang wird »Account« (wörtlich übersetzt: »Konto, Guthaben«) auch als »Benutzerkonto« bezeichnet.
In lokalen Netzwerken und Mehrbenutzer-Betriebssystemen stellt der Account eine vergleichbare Einrichtung dar. Da die Benutzung jedoch in der Regel nicht mit Kosten verbunden ist, wird der Account dort zum Zwecke der Identifikation, Verwaltung und Sicherheit angelegt, nicht aber zur Abrechnung.

ACCU *Subst.*
→ *siehe Association of C and C++ Users.*

Achse *Subst.* (axis)
In einem Diagramm oder einem anderen zweidimensionalen System, das Koordinaten verwendet, entweder die horizontale Linie (x-Achse) oder vertikale Linie (y-Achse), die als Bezug für die darzustellenden Werte dient. In dreidimensionalen Koordinatensystemen wird die Tiefe durch eine dritte Linie (z-Achse) repräsentiert. → *siehe auch kartesische Koordinaten.*

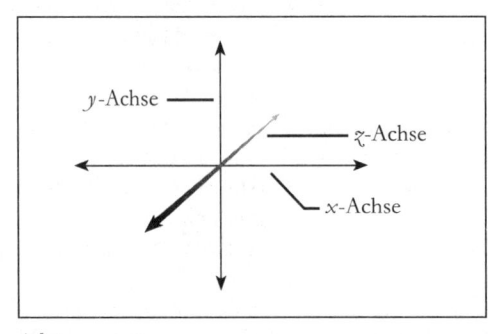

Achse

ACIS *Subst.*
Abkürzung für »Andy, Charles, Ian's System«. Ein objektorientiertes Toolkit zur geometrischen Modellierung. Es dient als »geometrische Engine« im Bereich von 3D-Modellierungsanwendungen. ACIS stellt ein offenes System für die Erzeugung von Draht-, Oberflächen- und Volumenmodellen mit Hilfe einer allgemeinen, einheitlichen Datenstruktur dar. Das System wird im allgemeinen als der De-facto-Standard für die Herstellung von Volumenmodellen betrachtet. ACIS wurde von der Firma Spatial Technology, Inc. entwickelt.

ACK *Subst.*
Abkürzung für »**ack**nowledgment« (positive Quittung). Eine Nachricht, die von der Empfangseinheit an die Sendestation oder den Computer übermittelt wird, um entweder die Empfangsbereitschaft zu signalisieren oder die fehlerfreie Übertragung zu bestätigen. → *Vgl. NAK.*

ACL *Subst.*
→ *siehe Zugriffskontroll-Liste.*

ACM *Subst.*
→ *siehe Association for Computing Machinery.*

Acrobat *Subst.*
Ein kommerzielles Programm der Firma Adobe, das ein formatiertes Dokument, welches unter Windows, mit dem Macintosh, unter MS-DOS oder UNIX angelegt wurde, in eine sog. PDF-Datei umwandelt. PDF steht für »Portable Document Format«, zu deutsch »portables Dokumentformat«. Acrobat ermöglicht es den Benutzern, Dokumente, die unterschiedliche Schriftarten, Farben, Grafiken und Fotografien aufweisen, an die Empfänger zu übermitteln, unabhängig davon, mit welcher Anwendung das Originaldokument angefertigt wurde. Der Empfänger benötigt zum Betrachten des Dokuments lediglich den Acrobat Reader, der für diverse Rechnerplattformen erhältlich ist und kostenlos verteilt wird.

ACSE *Subst.*
→ *siehe Association Control Service Element.*

Active Framework for Data Warehousing *Subst.*
Eine Data-Warehousing-Anwendung, die von den Firmen Microsoft sowie Texas Instruments ent-

wickelt wurde und eine Umsetzung des Microsoft-Standards zum Umgang mit Metadaten darstellt. → *siehe auch ActiveX, Metadaten.*

ActiveMovie *Subst.*
Eine plattformübergreifende Technologie für digitales Video. Sie wurde von Microsoft für den Multimedia-Einsatz, auch im Online-Bereich, entwickelt.

ActiveX *Subst.*
Ein Satz von Technologien, der es Softwarekomponenten ermöglicht, in einer vernetzten Umgebung miteinander zu kommunizieren, unabhängig von der Programmiersprache, mit der sie entwickelt wurden. ActiveX – von Microsoft Mitte der 90er Jahre mit der Intention entwickelt, einen Standard zu schaffen, und heute von der Open Group verwaltet – basiert auf dem Component Object Model (COM) von Microsoft. Derzeit wird ActiveX überwiegend eingesetzt, um interaktive Elemente für das World Wide Web zu entwickeln, obgleich ActiveX auch für Desktop-Anwendungen und andere Programme verwendet werden kann. ActiveX-Kontrollelemente lassen sich in Web-Seiten einbetten, um Animationen und andere multimediale Effekte, interaktive Objekte und hochentwickelte Anwendungen herzustellen. → *siehe auch ActiveX-Steuerelemente, COM.* → *Vgl. Applet, Plug-In.*

ActiveX-Steuerelemente *Subst.* (ActiveX controls)
Wiederverwendbare Softwarekomponenten auf Basis der ActiveX-Technologie. Derartige Komponenten können dazu verwendet werden, spezialisierte Funktionalität zu integrieren, z. B. Animationen und Pop-up-Menüs in Web-Seiten, Desktop-Anwendungen und Software-Entwicklungswerkzeuge. ActiveX-Steuerelemente lassen sich mit einer Vielzahl von Programmiersprachen entwickeln, beispielsweise mit C, C++, Visual Basic und Java. → *siehe auch ActiveX.* → *Vgl. Hilfsprogramm.*

ACTOR *Subst.*
Eine objektorientierte Programmiersprache, die von der Firma The Whitewater Group, Ltd., entwickelt wurde. Sie wurde hauptsächlich dafür konzipiert, die Programmierung unter Microsoft Windows zu vereinfachen. → *siehe auch objektorientierte Programmierung.*

.ad
Im Internet ein Kürzel für die übergreifende Länder-Domäne, die eine Adresse in Andorra angibt.

Ada *Subst.*
Eine Hochsprache, die auf der Programmiersprache Pascal basiert und unter der Führung des US-amerikanischen Verteidigungsministeriums (U.S. Department of Defense, DoD) in den späten 70er Jahren entwickelt wurde. Die Absicht bestand darin, eine Sprache zu schaffen, die nahezu die komplette Software-Entwicklung für das Verteidigungsministerium abdeckt. Ada wurde nach Augusta Ada Byron benannt, der Assistentin von Charles Babbage, die ihn bei der Entwicklung von Programmen für seine Analytical Engine unterstützte, den ersten mechanischen Computer (19. Jahrhundert). → *siehe auch Pascal.*

Adapter *Subst.* (adapter)
Eine Steckkarte für einen PC, die es ermöglicht, Peripheriegeräte – z. B. ein CD-ROM-Laufwerk, ein Modem oder einen Joystick – zu nutzen, für die standardmäßig nicht die notwendigen Buchsen, Ports und Platinen vorhanden sind. Eine einzige Steckkarte kann dabei über mehrere integrierte Adapter verfügen. → *siehe auch Controller, Erweiterungskarte, Netzwerkadapter, portieren, Video-Adapter.* → *auch genannt Schnittstellenkarte.*

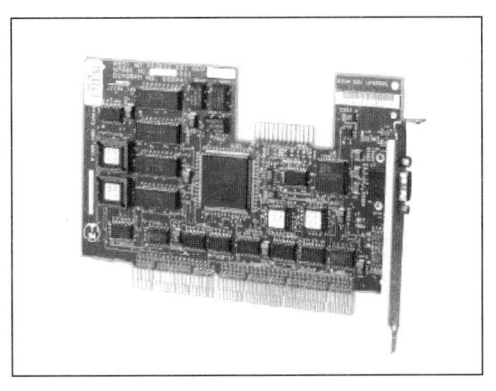

Adapter

adaptive Delta-Puls-Code-Modulation *Subst.* (adaptive delta pulse code modulation)
Abkürzung: ADPCM. Eine Klasse von Codierungs- und Decodierungsalgorithmen für komprimierte Signale, die in der Audio-Kompression und anderen Anwendungen in der Datenkompression ein-

gesetzt werden. ADPCM speichert digital abgetastete Signale (Samples) als Folge von Wertänderungen, wobei der Änderungsbereich mit jedem Sample bei Bedarf angepaßt wird und sich demzufolge die effektive Bitauflösung der Daten erhöhen kann. → *siehe auch Pulscode-Modulation.* → *Vgl. adaptive differentielle Puls-Code-Modulation.*

adaptive differentielle Puls-Code-Modulation *Subst.* (adaptive differential pulse code modulation)
Ein digitaler Audio-Kompressionsalgorithmus, der die Samples (also die abgetasteten Signale) als Differenz zwischen der linearen Kombination vorangehender Samples und dem aktuellen Sample speichert, nicht also in Form des Meßwertes selbst. Die Formel zur linearen Kombination wird jeweils nach wenigen Samples geändert, um den Dynamikbereich des erzeugten Signals zu verkleinern mit dem Zweck, die Daten effizienter zu speichern. → *siehe auch Pulscode-Modulation.* → *Vgl. adaptive Delta-Puls-Code-Modulation.*

adaptives Anwortverhalten *Subst.* (adaptive answering)
Die Fähigkeit eines Modems, festzustellen, ob es sich bei einem eintreffenden Anruf um ein Fax oder aber um eine Datenübertragung handelt, und sich entsprechend korrekt darauf einzustellen. → *siehe auch Modem.*

adaptives System *Subst.* (adaptive system)
Ein System, das fähig ist, sein Verhalten anzupassen, basierend auf bestimmten Merkmalen seiner »Erfahrung« oder der Umgebung. → *siehe auch Expertensystem.*

ADB *Subst.*
→ *siehe Apple Desktop Bus.*

ADC *Subst.*
→ *siehe Analog-Digital-Wandler.*

Addierer *Subst.* (adder)
Ein Bestandteil der zentralen Verarbeitungseinheit (central processing unit, CPU), der zwei durch entsprechende Befehle an ihn übermittelte Zahlen addiert. → *siehe auch CPU.*
Ein Schaltkreis, der die Amplituden zweier Eingangssignale addiert, wird ebenfalls als »Addierer« bezeichnet. → *siehe auch Halbaddierer, Volladdierer.*

Addierer, paralleler *Subst.* (parallel adder)
→ *siehe paralleler Addierer.*

Addierer, serieller *Subst.* (serial adder)
→ *siehe serieller Addierer.*

Add-In *Subst.* (add-in)
→ *siehe Add-On.*

Add-On *Subst.* (add-on)
Im Zusammenhang mit Hardware eine Einrichtung, z.B. eine Steckkarte oder ein Chip, die in den Computer eingebaut werden kann, um seine Fähigkeiten zu erweitern. → *siehe auch offene Architektur.*
Im Bereich der Software ein Zusatzprogramm, das die Fähigkeiten eines Anwendungsprogramms erweitert. → *siehe auch Utility-Programm.*

ADJ *Subst.*
Abkürzung für »**adj**acent«, zu deutsch »benachbart«. Ein Boolescher Operator, der bewirkt, daß nur Fälle berücksichtigt werden, bei denen Elemente direkt nebeneinander stehen. In bezug auf einen Suchstring führt die Eingabe »Microsoft ADJ Word« dazu, daß nur Textstellen gefunden werden, in denen sich die Begriffe »Microsoft« und »Word« unmittelbar nebeneinander befinden.

ADN *Subst.*
→ *siehe Advanced Digital Network.*

Adobe Type Manager *Subst.*
Software der Firma Adobe Systems, die PostScript-Schriften auf einem Computersystem verwaltet. → *siehe auch PostScript.*

ADP *Subst.*
→ *siehe Datenverarbeitung.*

ADPCM *Subst.*
→ *siehe adaptive Delta-Puls-Code-Modulation.*

Adreßänderung *Subst.* (address modification)
Der Vorgang, bei dem eine Adresse während einer Berechnung aktualisiert wird.

Adreßauflösung *Subst.* (address resolution)
Die Identifizierung eines Computers anhand seiner (numerischen) Hardware-Adresse, indem der zugehörige Eintrag in einer Adreß-Zuordnungstabelle ausfindig gemacht wird. → *siehe auch Adreß-Zuordnungstabelle.*

Adreßauflösungs-Protokoll *Subst.* (Address Resolution Protocol)
→ *siehe ARP.*

Adreßbuch *Subst.* (address book)
In einem E-Mail-Programm eine Liste mit E-Mail-Adressen und den zugehörigen wirklichen Namen der Empfänger.
Auf Web-Seiten ein informelles Verzeichnis mit E-Mail-Adressen oder URLs.

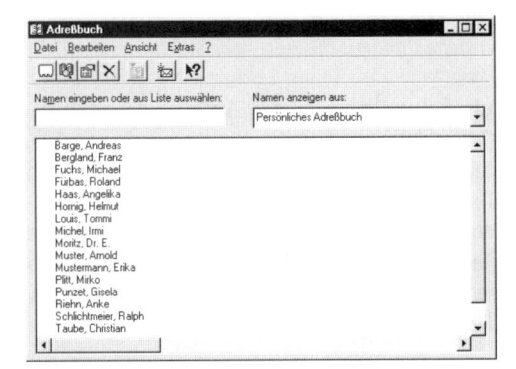

Adreßbuch

Adreßbus *Subst.* (address bus)
Ein Leitungssystem im Computer mit typischerweise 20 bis 64 separaten Leitungen für die Übertragung der Signale, die die Positionen im Arbeitsspeicher spezifizieren. → *siehe auch Bus.*

Adreßdecoder *Subst.* (address decoder)
Ein elektronisches Bauelement, das eine numerische Adresse so konvertiert, daß eine Speicherstelle in einem oder mehreren RAM-Chips ausgewählt wird.

Adresse *Subst.* (address)
Im Zusammenhang mit dem Arbeitsspeicher eine Zahl, die die Stelle im Speicher angibt, an der sich die entsprechenden Daten befinden oder an der Daten geschrieben werden sollen. → *siehe auch absolute Adresse, Adreßraum, physikalische Adresse, virtuelle Adresse.*

Im Bereich des Internet oder eines anderen Netzwerks ein Name oder ein abgekürzter Name, der eine bestimmte Site angibt.
In Verbindung mit E-Mail ein Code, der das Ziel für die E-Mail angibt.

Adresse, absolute *Subst.* (absolute address)
→ *siehe absolute Adresse.*

Adresse, aufgeschobene *Subst.* (deferred address)
→ *siehe aufgeschobene Adresse.*

Adresse, echte *Subst.* (real address)
→ *siehe echte Adresse.*

Adresse, indirekte *Subst.* (indirect address)
→ *siehe relative Adresse.*

Adresse, indizierte *Subst.* (indexed address)
→ *siehe indizierte Adresse.*

Adresse, physikalische *Subst.* (physical address)
→ *siehe physikalische Adresse.*

Adresse, relative *Subst.* (relative address)
→ *siehe relative Adresse.*

Adresse, relozierbare *Subst.* (relocatable address)
→ *siehe relozierbare Adresse.*

Adresse, symbolische *Subst.* (symbolic address)
→ *siehe symbolische Adresse.*

Adresse, virtuelle *Subst.* (virtual address)
→ *siehe virtuelle Adresse.*

adressierbarer Cursor *Subst.* (addressable cursor)
Ein Cursor, der so programmiert wurde, daß er zu einer beliebigen Position auf dem Bildschirm bewegt werden kann, gewöhnlich mit Hilfe der Tastatur oder der Maus.

adressieren *Vb.* (address)
Auf ein einzelnes Element im Speicher (also eine Speicherstelle) verweisen. → *siehe auch absolute Adresse, Adreßraum, physikalische Adresse, virtuelle Adresse.*

Adressierung *Subst.* (addressing)
Die Zuweisung einer Adresse oder der Verweis auf eine Adresse. In der Programmierung ist die

Adresse typischerweise ein Wert, der einen Ort im Speicher angibt. → *siehe auch adressieren.*

Adressierung, lineare *Subst.* (linear addressing architecture)
→ *siehe lineare Adressierung.*

Adressierung, punktweise *Subst.* (dot-addressable mode)
→ *siehe punktweise Adressierung.*

Adressierungsarchitektur, segmentierte *Subst.* (segmented addressing architecture)
→ *siehe segmentierte Adressierungsarchitektur.*

Adressierungsmaske *Subst.* (address mask)
Eine Nummer, die bewirkt, daß alle Informationen aus der Netzwerkadreßnummer, mit Ausnahme der wirklich notwendigen, herausgefiltert werden, wenn sie vom Computer mit einer Netzwerkadreßnummer verglichen wird. Dazu ein Beispiel: Ein Netzwerk verwendet das Adreßschema XXX.XXX.XXX.YYY, und alle Computer im Netzwerk weisen dieselben ersten Adreßzahlen auf. Mit Hilfe der Maske wird der Adreßbestandteil XXX.XXX.XXX entfernt, so daß nur noch die signifikanten Ziffern der Adressen übrigbleiben, also YYY. → *siehe auch adressieren.*

Adressierungsmodus *Subst.* (address mode)
Die Methode, um eine Adresse im Speicher anzugeben. → *siehe auch absolute Adresse, indizierte Adresse, relative Adresse, Seitenadresse.*

Adreßmarke *Subst.* (address mark)
→ *siehe Indexmarke.*

Adreßraum *Subst.* (address space)
Der Gesamtbereich an Positionen im Arbeitsspeicher, die von einem Computer adressiert werden können.

Adreßraum, linearer *Subst.* (flat address space)
→ *siehe linearer Adreßraum.*

Adreßraum, segmentierter *Subst.* (segmented address space)
→ *siehe segmentierter Adreßraum.*

Adreßregister *Subst.* (address register)
Ein Hochgeschwindigkeits-Schaltkreis, in dem eine Speicheradresse zum Zwecke der Informationsübertragung zwischengespeichert wird.

Adreßübergabe *Subst.* (pass by address)
Auch »Übergabe als Zeiger« genannt. Eine Methode zur Übergabe eines Arguments oder Parameters an ein Unterprogramm. Die aufrufende Routine übergibt die Adresse (Speicherort) des Parameters an die aufgerufene Routine, die dann unter Verwendung dieser Adresse den Wert des Parameters abrufen oder modifizieren kann. → *siehe auch Argument, aufrufen.* → *auch genannt Referenzübergabe.* → *Vgl. Wertübergabe.*

Adreß-Übersetzung *Subst.* (address translation)
Der Vorgang, bei dem eine bestimmte Art einer Adresse in eine andere Art konvertiert wird, z.B. eine virtuelle Adresse in eine physikalische.

Adreßumsetzung, dynamische *Subst.* (dynamic address translation)
→ *siehe dynamische Adreßumsetzung.*

Adreß-Zuordnungstabelle *Subst.* (address mapping table)
Eine Tabelle, die von Routern oder DNS-Servern (Domain Name System) verwendet wird, um – numerische – IP-Adressen (Internet Protocol) in einen ausgeschriebenen Text, z.B. einen Namen aufzulösen. → *siehe auch DNS-Server, IP-Adresse, Router.*

ADSL *Subst.*
→ *siehe asymmetric digital subscriber line.*

Advanced Digital Network *Subst.*
Abkürzung: ADN. Ein Standleitungs-Service für die Übertragung von Daten, Video und anderen digitalen Signalen. ADN weist eine außerordentlich hohe Zuverlässigkeit auf und wird als Hauptdienst von Kommunikationsgesellschaften angeboten. Gewöhnlich erreicht ADN eine Übertragungsgeschwindigkeit von 56 Kilobit pro Sekunde oder darüber. → *siehe auch Standleitung.*

Advanced Power Management *Subst.*
Abkürzung: APM. Eine Programmierschnittstelle für Anwendungsprogramme, die von Microsoft und Intel entwickelt wurde. APM dient dazu, den Stromverbrauch eines PCs, im besonderen von akkubetriebenen Laptop-Computern, zu überwachen und zu reduzieren. Dabei wird es Programmen ermöglicht, das System hinsichtlich des von

ihnen initiierten Stromverbrauchs zu informieren, so daß das System die Stromversorgung unbenutzter Hardwarekomponenten abstellen kann. → *siehe auch Anwendungs-Programmierschnittstelle.*

Advanced Program-to-Program Communication *Subst.*
→ *siehe APPC.*

Advanced Research Projects Agency Network *Subst.*
→ *siehe ARPANET.*

Advanced RISC *Subst.*
Abkürzung für »**A**dvanced **R**educed **I**nstruction **S**et **C**omputing«. Eine Spezifikation für eine Mikrochiparchitektur und Systemumgebung auf RISC-Basis. Sie wurde von der Firma MIPS Computer Systems entwickelt, um die Binärkompatibilität zwischen Programmen sicherzustellen. → *siehe auch RISC.*

Advanced-RISC-Spezifikation *Subst.* (Advanced RISC Computing Specification)
Die minimalen Hardware-Anforderungen für ein System auf RISC-Basis, so daß dieses den Standard Advanced Computing Environment erfüllt. → *siehe auch Advanced RISC.*

Advanced-SCSI-Programmierschnittstelle *Subst.* (Advanced SCSI Programming Interface)
Eine Schnittstellenspezifikation, die von der Firma Adaptec entwickelt wurde, um Befehle an SCSI-Host-Adapter zu senden. Die Schnittstelle stellt eine Abstraktionsschicht (Abstraction Layer) zur Verfügung, die den Programmierer davon befreit, die Eigenheiten bestimmter Host-Adapter berücksichtigen zu müssen. → *siehe auch Adapter, SCSI.*

A/D-Wandler *Subst.* (A-D converter)
→ *siehe Analog-Digital-Wandler.*

.ae
Im Internet ein Kürzel für die übergreifende Länder-Domäne, die eine Adresse in den Vereinigten Arabischen Emiraten angibt.

Änderungsdatei *Subst.* (change file)
Eine Datei, in der Transaktionen aufgezeichnet werden, die in einer Datenbank durchgeführt werden. Auf diese Weise wird eine Basis geschaffen, um später die Stammdatei zu aktualisieren und die Technik des Überwachens und Aufzeichnens (audit trail) zu ermöglichen. → *siehe auch Ergänzungsdatensatz.* → *auch genannt Transaktionsprotokoll.*

.af
Im Internet ein Kürzel für die übergreifende Länder-Domäne, die eine Adresse in Afghanistan angibt.

AFDW *Subst.*
→ *siehe Active Framework for Data Warehousing.*

AFIPS *Subst.*
Abkürzung für »**A**merican **F**ederation of **I**nformation **P**rocessing **S**ocieties«. Ehemaliger Verband, der 1961 zum Zwecke der Förderung von computer- und informationsorientierten Unternehmen gegründet wurde. AFIPS stellte die US-amerikanische Vertretung der IFIP (International Federation of Information Processing) dar und wurde 1990 durch FOCUS (Federation on Computing in the United States) ersetzt.

AFK *Adv.*
Abkürzung für »**a**way **f**rom **k**eyboard«, zu deutsch »bin (kurz) weg von der Tastatur«. Ein Ausdruck, der gelegentlich in Live-Chats (Internet und Online-Dienste) verwendet wird und angibt, daß der Anwender derzeit nicht antworten kann. → *siehe auch chatten.*

.af.mil
Im Internet ein Kürzel für die übergreifende Länder-Domäne, die eine Adresse der Luftwaffe der Vereinigten Staaten angibt.

AFS *Subst.*
Abkürzung für »**A**ndrew **F**ile **S**ystem«. Verteiltes Dateisystem, das an der Carnegie-Mellon-Universität entwickelt wurde und die Verwaltung von Dateien in großen Netzwerken erleichtert.

.ag
Im Internet ein Kürzel für die übergreifende Länder-Domäne, die eine Adresse auf Antigua und Barbuda angibt.

Agent *Subst.* (agent)
Allgemein ein Programm, das einen Hintergrund-Task durchführt und den Anwender darüber informiert, wenn der Task beendet wurde oder ein erwartetes (vorher definiertes) Ereignis eingetreten ist.
Im Bereich der Datenrecherche ein Programm, das Archive und andere Informationsquellen nach einem Thema durchsucht, das vom Anwender vorgegeben wurde. Agenten dieser Art werden sehr häufig im Internet verwendet und sind gewöhnlich für die Suche nach einem ganz bestimmten Typ an Informationen konzipiert, z. B. Nachrichten innerhalb von Usenet-Gruppen. Eine besondere Art von Agenten sind die im Internet eingesetzten Spinnen (Spider). → *siehe auch Spinne.* → *auch genannt intelligenter Agent.*
Im Bereich von Client-Server-Anwendungen stellt ein Agent einen Prozeß dar, der eine Vermittlerrolle zwischen dem Client und dem Server einnimmt.
Im Bereich von SNMP (Simple Network Management Protocol) bezeichnet »Agent« ein Programm, das den Netzwerkverkehr überwacht. → *siehe auch SNMP.*

Agent, intelligenter *Subst.* (intelligent agent)
→ *siehe Agent.*

aggressive Neuinstallation *Subst.* (clean install)
Neuinstallation einer Software in einer Art und Weise, die sicherstellt, daß keine Anwendungs- oder Systemdateien aus der vorherigen Installation erhalten bleiben. Diese Vorgehensweise schützt davor, daß Installationsprogramme Dateien überspringen, da bereits Dateien unter demselben Namen vorhanden sind. Bereits vorhandene Dateien können jedoch defekt sein oder eine inzwischen nicht mehr aktuelle Version darstellen. Bei der aggressiven Neuinstallation werden nach Möglichkeit sämtliche Dateien der jeweiligen Software – mit Ausnahme etwaiger Datendateien – vor der eigentlichen Installation entfernt.

.ai
Im Internet ein Kürzel für die übergreifende Länder-Domäne, die eine Adresse auf Anguilla angibt.

.aiff
Eine Dateinamenerweiterung zur Kennzeichnung von Audiodateien mit einem Format, das ursprünglich in Computern von Apple und Silicon Graphics (SGI) verwendet wurde.

AIFF *Subst.*
Das Soundformat, das ursprünglich auf Computern von Apple und Silicon Graphics (SGI) eingesetzt wurde. Die Sounddateien werden dabei als Wellenformen mit einer Abtasttiefe von 8 Bit Mono gespeichert. → *siehe auch Wellenform.*

AIX *Subst.*
Abkürzung für »**A**dvanced **I**nteractive E**x**ecutive«. Ein Derivat des Betriebssystems UNIX, das von IBM für die eigenen UNIX-Workstations und PCs angeboten wird.

Akkumulator *Subst.* (accumulator)
Ein Register, das für logische und arithmetische Operationen konzipiert ist, gewöhnlich zum Zählen von Elementen und zur Berechnung von Summen.

Akkumulator, alternativer *Subst.* (reserve accumulator)
→ *siehe alternativer Akkumulator.*

Akronym *Subst.* (acronym)
Ein Ausdruck, der sich aus den Anfangsbuchstaben oder den relevanten Buchstaben einer aus mehreren Wörtern bestehenden Umschreibung bzw. eines anderen Begriffs ableitet und häufig als Gedächtnisstütze dient, deren Buchstaben auf die eigentlichen Wörter im Begriff schließen lassen. Beispiele: RAM (**R**andom **A**ccess **M**emory) und AUTOEXEC.BAT (**autom**atically **exec**uted **bat**ch file).

Aktenkoffer *Subst.* (Briefcase, My Briefcase, suitcase)
Ein Dienstprogramm von Windows 95, das zum Datenabgleich von Dateien zwischen zwei Computern dient, typischerweise zwischen einem Desktop-PC und einem tragbaren Computer wie einem Laptop oder Notebook. Dies ist besonders empfehlenswert für Benutzer, die oft außer Haus an einem Computer arbeiten.
Der Datenabgleich erfolgt dabei über den Systemordner »Aktenkoffer«. Der Inhalt des Aktenkoffers kann per Diskette, Wechselplatte, PC-Direktverbindung oder Netzwerk an einen anderen Compu-

ter übertragen werden. Beim Rückübertragen der Daten werden die Dateien miteinander verglichen und auf den neuesten Stand gebracht.
Beim Apple Macintosh eine Datei, die verschiedene Schriften oder Schreibtischprogramme enthalten kann. Bei den früheren Versionen des Betriebssystems sind diese Dateien mit einem Koffersymbol gekennzeichnet. → *siehe auch Font-Koffer.*

aktiv *Adj.* (active)
Das Element – Gerät, Programm, Datei oder Bestandteil des Bildschirms -, das momentan Operationen durchführt oder auf die Durchführung von Operationen wartet. In bezug auf den Bildschirm ist das aktive Element gewöhnlich daran zu erkennen, daß sich dort der Cursor oder ein hervorgehobenes Auswahlelement befindet.

aktive Datei *Subst.* (active file)
Die Datei, auf die sich der aktuelle Befehl bezieht – typischerweise handelt es sich um eine Datendatei.

aktive Matrix *Subst.* (active-matrix display)
Technik bei Flüssigkristall-Displays (LCD), bei der sich das Display aus einem großen Raster von LCD-Zellen zusammensetzt. Jedes Pixel wird durch eine Zelle dargestellt, wobei die in den Zellen erzeugten elektrischen Felder durch Dünnfilmtransistoren (thin-film transistor, TFT) unterstützt werden (daher auch »*aktive* Matrix«) – in der einfachsten Form durch genau einen Dünnfilmtransistor pro Zelle. Displays mit aktiver Matrix werden hauptsächlich in Laptops und Notebooks eingesetzt, da sie eine geringe Dicke aufweisen, hochqualitative Farbdarstellungen bieten und das Display aus allen Blickwinkeln gut erkennbar ist, im Gegensatz zu Displays mit passiver Matrix. → *sie-*

he auch Flüssigkristall-Display, TFT. → *auch genannt TFT, TFT-Display, TFT LCD.* → *Vgl. passive Matrix.*

aktiver Hub *Subst.* (active hub)
Der zentrale Computer, der sämtliche Signale in einem aktiven Stern-Netzwerk regeneriert und neu überträgt. → *siehe auch aktiver Stern.*

aktiver Inhalt *Subst.* (active content)
Ein Bestandteil einer Web-Seite, der sich zeitabhängig oder in Abhängigkeit von Benutzeraktionen verändert. Aktive Inhalte werden mit Hilfe von ActiveX-Kontrollelementen erzeugt. → *siehe auch ActiveX-Steuerelemente.*

aktiver Stern *Subst.* (active star)
Eine Variante der Stern-Netzwerk-Topologie, bei der der zentrale Computer aktiv sämtliche Signale regeneriert und neu überträgt. → *siehe auch Stern-Netzwerk.*

aktives Fenster *Subst.* (active window)
In einer Umgebung, in der mehrere Fenster auf dem Bildschirm dargestellt werden, das Fenster, das das Dokument bzw. Element enthält, auf das sich momentan Cursorbewegungen, Befehle sowie Texteingaben beziehen. → *siehe auch grafische Benutzeroberfläche.* → *Vgl. inaktives Fenster.*

aktives Programm *Subst.* (active program)
Das Programm, das momentan vom Prozessor ausgeführt wird.

aktive Zelle *Subst.* (active cell)
Die hervorgehobene Zelle in einem Tabellenblatt. Es ist die Zelle, auf die sich Eingaben, Formatie-

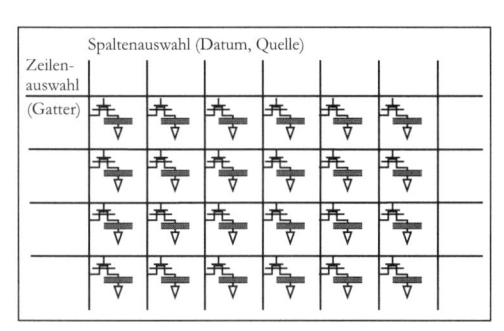

Display mit aktiver Matrix

Aktive Zelle

rungen und andere Operationen beziehen. → *siehe auch Bereich.* → *auch genannt aktuelle Zelle, selektierte Zelle.*

aktualisieren *Vb.* (reload)
Eine erneute Kopie der gerade in einem Web-Browser betrachteten Web-Seite anfordern.

Aktualisierer *Subst.* (Installer)
Ein Programm, das mit dem Apple Macintosh-Betriebssystem mitgeliefert wird. Der Aktualisierer erlaubt es dem Benutzer, System-Upgrades zu installieren und bootfähige (System-)Disketten zu erstellen.

Aktualisierung der Bildschirmanzeige *Subst.* (redraw)
→ *siehe Refresh.*

Aktuator *Subst.* (actuator)
Ein Mechanismus in einem Diskettenlaufwerk oder einer Festplatte, der den bzw. die Schreib-Lese-Köpfe über der gewünschten Spur der Diskette oder Magnetplatte positioniert. → *siehe auch Diskettenlaufwerk, Linearmotor, Schrittmotor.*

Aktuator: Ein Schrittmotor-Aktuator

aktuelles Verzeichnis *Subst.* (current directory)
Das Verzeichnis, das sich im aktiven Verzeichnispfad ganz hinten befindet. Im aktuellen Verzeichnis wird zuerst nach einer angeforderten Datei gesucht. Außerdem wird eine neue Datei in diesem Verzeichnis gespeichert, wenn kein anderes Verzeichnis angegeben ist. → *siehe auch Pfad.*

aktuelle Zelle *Subst.* (current cell)
→ *siehe aktive Zelle.*

.ak.us
Im Internet ein Kürzel für die übergreifende Länder-Domäne, die eine Adresse in Alaska in den Vereinigten Staaten angibt.

Akustikkoppler *Subst.* (acoustic coupler)
Ein Kommunikationsgerät mit zwei isolierten Plastikmuscheln, an denen der Telefonhörer befestigt wird, um eine Verbindung zwischen einem sendenden und einem empfangenden Computer herzustellen. → *siehe auch Modem.*

.al
Im Internet ein Kürzel für die übergreifende Länder-Domäne, die eine Adresse in Albanien angibt.

Alarm *Subst.* (alarm, alert)
Bei der Programmierung eine asynchrone Benachrichtigung, die ein Thread (also ein Teilprozeß) an einen anderen Thread sendet. Der Alarm unterbricht an genau festgelegten Punkten die Ausführung des empfangenden Thread, der daraufhin einen asynchronen Prozeduraufruf (APC) durchführt. → *siehe auch asynchroner Prozeduraufruf, Thread.*

Alarm-Box *Subst.* (alert box)
Ein Dialogfeld in einer grafischen Benutzeroberfläche, über das eine Nachricht oder Warnung vermittelt wird. → *Vgl. Dialogfeld.*

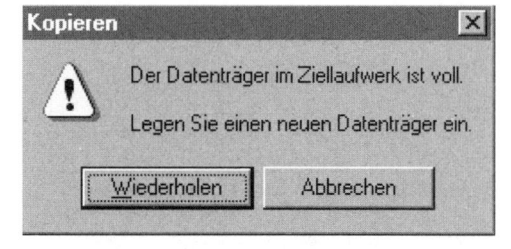

Alarm-Box: Eine Alarm-Box von Windows

Alert *Subst.* (alert)
Beim Macintosh und in vielen anderen grafischen Benutzeroberflächen ein akustisch oder visuell wahrnehmbares Signal, das auf einen Fehler hinweist oder als Warnung irgendeiner Art dient.
→ *siehe auch Alarm-Box.*

ALGOL *Subst.*
Abkürzung für »**Algorithmic Language**«. Die erste strukturierte, prozedurale Programmiersprache überhaupt. Sie wurde in den späten 50er Jahren entwickelt und erreichte früher eine große Verbreitung – vor allem in Europa.

algorithmische Sprache *Subst.* (algorithmic language)
Eine Programmiersprache (z.B. Ada, Basic, C und Pascal), bei der zur Problemlösung Algorithmen eingesetzt werden.

Algorithmus *Subst.* (algorithm)
Eine finite (also endliche) Folge von Schritten zur Lösung eines logischen oder mathematischen Problems.

Algorithmus, paralleler *Subst.* (parallel algorithm)
→ *siehe paralleler Algorithmus.*

Algorithmus, sequentieller *Subst.* (sequential algorithm)
→ *siehe sequentieller Algorithmus.*

Alias *Subst.* (alias)
Allgemein ein alternativer Name für ein Objekt, z.B. eine Datei oder eine anderweitige Gruppe zusammengehöriger Daten.
Im Zusammenhang mit dem E-Mail-Versand in Netzwerken ein Name, der, stellvertretend für eine Person oder eine Gruppe von Personen, als Empfängername verwendet werden kann.
Im Bereich der Kommunikation ein fehlerhaftes Signal, das durch die Digitalisierung eines analogen Audio-Samples bedingt ist.

Aliasing *Subst.* (aliasing)
Im Bereich der Computergrafik ein unerwünschter Effekt, der sich durch ein gezacktes oder stufenartiges Erscheinungsbild von Kurven und diagonalen Linien bemerkbar macht. Die Ursache dafür liegt in der zu geringen Bildschirmauflösung.
→ *Vgl. Anti-Aliasing.*

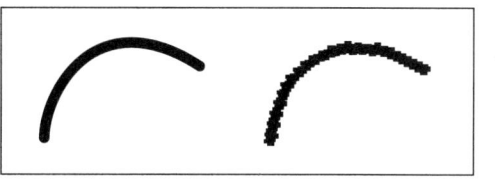

Aliasing: Die niedrigere Auflösung der rechten Grafik verdeutlicht den Aliasing-Effekt → *vgl. Anti-Aliasing.*

Aliasing-Bug *Subst.* (aliasing bug)
Ein heikler Fehler in einem Programmcode, der entstehen kann, wenn mit dynamischer Allozierung gearbeitet wird. Angenommen, es verweisen verschiedene Zeiger (Pointer) auf denselben Speicherbereich, und das Programm gibt mit Hilfe eines der Zeiger den Speicher frei. Greift das Programm dann aber auf einen der anderen – gleichwertigen – Zeiger (also einen Alias, daher auch die Bezeichnung »Aliasing-Bug«) zurück, verweist dieser nicht mehr auf die gewünschten Daten; eine schwere Fehlfunktion ist die Folge. Der Fehler ist vermeidbar, indem Allozierungsstrategien verwendet werden, die verhindern, daß mehr als eine Kopie eines Zeigers zur Speicherallozierung existiert. Bei Hochsprachen kann der Fehler verhindert werden, indem eine Programmiersprache wie LISP eingesetzt wird, die über eine automatische Speicherbereinigung (Garbage Collection) verfügt.
→ *siehe auch Alias, dynamische Allozierung, Speicherbereinigung.* → *auch genannt toter Link.*

alle anordnen *Vb.* (tile)
In einer grafischen Benutzeroberfläche mit mehreren Fenstern das (automatische) erneute Anordnen der Fenster bei gleichzeitigem Anpassen der Größe, so daß die Fenster den Bildschirm vollständig ausfüllen, ohne sich zu überlappen.

alleinstehende Absatzteile *Subst.* (widow)
→ *siehe Hurenkind, Schusterjunge.*

allozieren *Vb.* (allocate)
Bei der Programmierung das Reservieren einer Ressource, z.B. eines ausreichend großen Speicherbereichs, für die Verwendung eines Programms. → *Vgl. deallozieren.*

Allozierung *Subst.* (allocation)
Im Zusammenhang mit Betriebssystemen der Vorgang, bei dem Speicher für die Verwendung eines Programms reserviert wird.

Allozierung, dynamische *Subst.* (dynamic allocation)
→ *siehe dynamische Allozierung.*

Allozierungs-Blockgröße *Subst.* (allocation block size)
Die Größe eines einzelnen Blocks auf einem Speichermedium wie einer Festplatte. Die genaue Größe eines Blocks hängt von diversen Faktoren ab wie der Gesamtkapazität und den eingestellten Partitionsparametern.

All Points Addressable *Subst.* (all points addressable)
Abkürzung: APA. Ein Modus im Bereich der Computergrafik, bei dem alle Punkte (Pixel) einer Grafik einzeln verändert werden können. → *siehe auch Grafikmodus.*

Alpha *Subst.*
Interne Produktbezeichnung für eine Prozessorreihe von Digital Equipment Corporation (DEC). Die Prozessoren basieren auf der 64-Bit-RISC-Technologie. Das erste Modell, der DECchip 21064, wurde im Februar 1992 eingeführt. Aus warenzeichenrechtlichen Gründen erweiterte DEC den Namen zu »Alpha AXP«, der jetzt formell für die DECchip-Technologie verwendet wird. Der Ausdruck »Alpha« ist gelegentlich in der Literatur als Synonym für »DECchip« zu finden, z. B. in der Formulierung »Alpha-basierter Computer«. → *siehe auch DECchip 21064.*

alpha *Adj.*
Eigenschaft einer Software, die sich im ersten Entwicklungsstadium befindet, also eine Alpha-Version darstellt.

Alpha AXP
Name für die Technologie der 64-Bit-RISC-Prozessoren von Digital Equipment Corporation (DEC). Die Technologie kommt in der DECchip-Prozessorreihe zur Anwendung. Die Bezeichnung AXP wird von DEC in Verbindung mit den eigenen Personal Computern verwendet, um anzugeben, daß das Gerät über einen DECchip-Prozessor verfügt.
→ *siehe auch Alpha, DECchip 21064, RISC.*

Alphabet *Subst.* (alphabet)
Jede Zeichenmenge, die die Buchstaben einer Schriftsprache umfaßt.

In der Kommunikation und Datenverarbeitung versteht man unter »Alphabet« die Untermenge eines kompletten Zeichensatzes, inklusive Buchstaben, Ziffern, Satzzeichen und anderen üblichen Symbolen, gleichzeitig aber auch die Codes, die diese repräsentieren. → *siehe auch ASCII, CCITT, EBCDIC, ISO, Zeichensatz.*

alphabetisch *Adj.* (alphabetic)
Eigenschaft von Wörtern oder Zeichenketten, die gemäß der Reihenfolge der Buchstaben des Alphabets sortiert sind.

Alpha-Box *Subst.* (Alpha box)
Ein Computer, der zum Einbau des DECchip-21064-Prozessors (auch kurz als »Alpha« bezeichnet) konzipiert ist. → *siehe auch DECchip 21064.*

Alpha-Chip *Subst.* (Alpha chip)
→ *siehe DECchip 21064.*

alphageometrisch *Adj.* (alphageometric)
Im Bereich der Computergrafik, speziell bei Videotext- und Teletextsystemen, die Eigenschaft einer Darstellungsmethode, bei der zur Darstellung von Texten Codes für alphanumerische Zeichen verwendet werden. Für Grafiken stehen geometrische Primitiven zur Verfügung. Dabei handelt es sich beispielsweise um Formen wie horizontale bzw. vertikale Linienstücke und Eckstücke. → *siehe auch alphamosaikbezogen.*

Alpha-Kanal *Subst.* (alpha channel)
Bei einer 32 Bit breiten Darstellung eines Grafikpunktes (Pixel) die höherwertigen 8 Bit. Diese übernehmen Farbmanipulations- und Maskierungsfunktionen; der eigentliche Bildpunkt wird in den verbleibenden 24 Bit gespeichert.

alphamosaikbezogen *Adj.* (alphamosaic)
Im Bereich der Computergrafik, speziell bei Videotext- und Teletextsystemen, die Eigenschaft einer Darstellungsmethode, bei der zur Darstellung von Texten Codes für alphanumerische Zeichen verwendet werden. Grafiken werden mit Hilfe von identischen rechteckigen Elementen erzeugt, jedes Element bildet einen Bildpunkt. Mehrere Bildpunkte zusammen bilden eine Form, gewissermaßen ein Mosaik, daher auch die Bezeichnung.
→ *siehe auch alphageometrisch.*

alphanumerisch *Adj.* (alphanumeric)
Eigenschaft, die sowohl auf Buchstaben als auch auf Ziffern zutrifft. Manchmal werden auch Steuerzeichen, Leerzeichen und andere Spezialzeichen zu den alphanumerischen Zeichen gerechnet. → *siehe auch ASCII, EBCDIC, Zeichensatz.*

alphanumerischer Modus *Subst.* (alphanumeric mode)
→ *siehe Textmodus.*

alphanumerisches Display *Subst.* (alphanumeric display terminal)
Ein Terminal, das nur Zeichen darstellen kann, aber keine Grafiken.

alphanumerische Sortierung *Subst.* (alphanumeric sort)
Eine Methode bei der Sortierung von Daten, z.B. von Datensätzen, bei der folgende Sortierfolge gilt: Satzzeichen, Ziffern, Buchstaben (dabei Großbuchstaben vor Kleinbuchstaben), verbleibende Symbole.

Alphatest *Subst.* (alpha test)
Der Benutzertest, der mit einem Teil einer Alpha-Software durchgeführt wird.

Alpha-Version *Subst.* (alpha)
Ein Softwareprodukt, das fertig entwickelt wurde und jetzt im Labor einer ersten Testphase unterzogen wird. → *Vgl. Betaversion.*

Altair 8800 *Subst.*
Ein 1975 von der Firma Micro Instrumentation Telemetry Systems of New Mexico eingeführter Kleincomputer, der überwiegend als Bausatz verkauft wurde. Der Altair 8800 basierte auf dem 8-Bit-Prozessor 8080 von Intel und verfügte lediglich über 256 Byte (nicht: Kilobyte) RAM. Eingangswerte wurden über eine Schalterbank an der Frontplatte entgegengenommen; Ausgangssignale wurden über eine Reihe von Leuchtdioden angezeigt. Obwohl der Computer nur kurze Zeit auf dem Markt angeboten wurde, war er der erste erfolgreiche »persönliche« Computer, der dann als »Heimcomputer« bezeichnet wurde.

Altair 8800

AltaVista *Subst.*
Eine Suchmaschine im World Wide Web, die von Digital Equipment Corporation (DEC) betrieben wird. AltaVista ist über den URL http://www.altavista.digital.com erreichbar.

Altdaten *Subst.* (legacy data)
Daten, die von einer anderen Organisation kompiliert wurden. Die erwerbende Organisation erhält somit die vorhandenen Daten als »Vermächtnis« vom früheren Eigentümer der Daten.

Altdaten-Konvertiersystem *Subst.* (legacy system)
Computer, Softwareprogramme, Netzwerke oder andere Computerausstattungen, die auch dann weiter verwendet werden, wenn ein Unternehmen oder eine Organisation ein neues System installiert. Die Kompatibilität mit Altdaten-Konvertiersystemen ist ein wichtiger Aspekt beim Installieren von neuen Systemen. Es ist z.B. wichtig, ob ein neues Tabellenkalkulationsprogramm in der Lage ist, die vorhandenen Unternehmensdaten ohne kostspieligen und zeitintensiven Aufwand in ein neues Format umzuwandeln. Viele Altdaten-Konvertiersysteme basieren auf Großrechnern, die in vielen Organisationen durch Client/Server-Architekturen ersetzt werden. → *siehe auch Großrechner.* → *Vgl. Client-Server-Architektur.*

alternativer Akkumulator *Subst.* (reserve accumulator)
Ein Hilfsrechenregister eines Prozessors, das in der Regel die Zwischenergebnisse einer umfassenden Berechnung aufnimmt.

Alternativschlüssel *Subst.* (alternate key)
Jeder alternative Schlüssel in einer Datenbank, der nicht als Primärschlüssel vorgesehen ist. → *siehe Alt-Taste.*

alt.-Newsgroups *Subst.* (alt. newsgroups)
Internet-Newsgroups, die zur alt.-Hierarchie (»al-

A ternative«, zu deutsch »alternativ«) gehören und das Präfix »alt« aufweisen. Im Gegensatz zu den sieben Usenet-Newsgroup-Hierarchien (comp., misc., news., rec., sci., soc., und talk.), bei denen erst eine formelle Abstimmung zwischen den Anwendern der jeweiligen Hierarchie stattfinden muß, damit offizielle Newsgroups eingerichtet werden können, ist es jedermann erlaubt, eine alt.-Newsgroup einzurichten. Daher sind Newsgroups, die sich Diskussionen über obskure und bizarre Themen widmen, im allgemeinen Bestandteil der alt.-Hierarchie.

Alt-Taste *Subst.* (Alt key)
Abkürzung für »**Alt**ernate key«, zu deutsch »Wechseltaste«. Taste auf der Tastatur von PCs und anderen Computern. Die Alt-Taste wird zusammen mit anderen Tasten gedrückt, wodurch letztere eine alternative Bedeutung erhalten, typischerweise zum Abruf von bestimmten Programmfunktionen. Die Taste ist gewöhnlich mit dem Text »Alt« bedruckt.

ALU *Subst.*
→ *siehe arithmetisch-logische Einheit.*

.am
Im Internet ein Kürzel für die übergreifende Länder-Domäne, die eine Adresse in Armenien angibt.

AM *Subst.*
→ *siehe Amplitudenmodulation.*

American Federation of Information Processing Societies *Subst.*
→ *siehe AFIPS.*

American National Standards Institute *Subst.*
→ *siehe ANSI.*

American Standard Code for Information Interchange *Subst.*
→ *siehe ASCII.*

America Online *Subst.*
Abkürzung: AOL. Ein Online-Dienst mit Sitz in Vienna (Virginia). Er stellt E-Mail-, Nachrichten-, Bildungs- und Unterhaltungsdienste zur Verfügung und arbeitet mit einer grafischen Benutzeroberfläche. AOL ist einer der größten US-amerikanischen Internet-Provider.

AMI BIOS *Subst.*
Ein ROM-BIOS, das vom US-amerikanischen Hersteller American Megatrends (AMI) entwickelt wurde und von diesem auch vertrieben wird. Es kommt in IBM-kompatiblen Computern zum Einsatz. Ein beliebtes Leistungsmerkmal ist, daß die Konfigurationssoftware für das BIOS zusammen mit den eigentlichen BIOS-Routinen in ROM-Chips gespeichert ist, so daß der Anwender keine separate Konfigurationsdiskette benötigt, um Systemeinstellungen – wie die Größe des Arbeitsspeichers oder die Anzahl und Typen von Festplatten – zu ändern. → *siehe auch BIOS, Phoenix BIOS, ROM-BIOS.*

Amiga *Subst.*
Ein Desktop-Computer, der 1985 von der Firma Commodore eingeführt wurde. Der Amiga bot besonders große Fähigkeiten im Bereich Sound und Video, was ihn sehr beliebt bei Musik-, Rundfunk- und Multimedia-Herstellern machte. Der Computer wurde jedoch von den IBM-PCs (und dessen Klons) und dem Apple Macintosh überschattet. Die Eigentumsrechte des Amiga wechselten bereits mehrmals zwischen verschiedenen US-amerikanischen und deutschen Firmen.

Amiga

amp *Subst.*
→ *siehe Ampere.*

Ampere *Subst.* (ampere)
Abkürzung: A (im englischen Sprachraum auch »a« oder »amp«). Die Einheit der elektrischen Stromstärke. 1 Ampere entspricht dem Fluß von 1 Coulomb pro Sekunde.

Amplitude *Subst.* (amplitude)
Das Maß der Stärke eines Signals, z. B. eines Klan-

ges oder einer elektrischen Spannung, bestimmt durch die vertikale Entfernung von der Grundlinie bis zum Scheitelwert der Welle. → *siehe auch Wellenform.*

Amplitudenmodulation *Subst.* (amplitude modulation)
Abkürzung: AM. Eine Methode zur Codierung von Informationen bei einer Übertragung (z. B. Radio), bei der eine Trägerwelle mit konstanter Frequenz, aber variierender Amplitude verwendet wird.

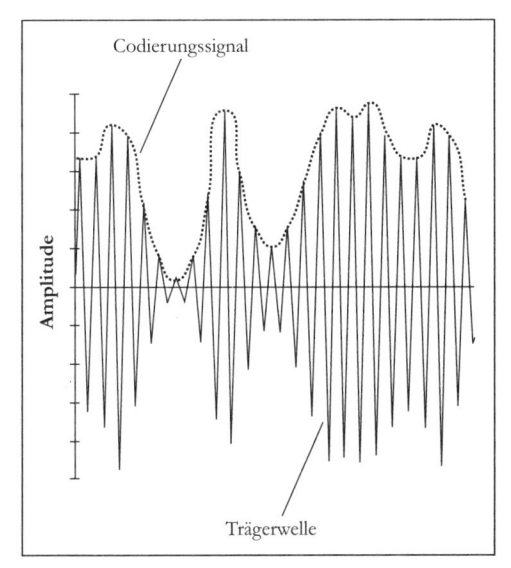

Amplitudenmodulation

AMPS *Subst.*
Abkürzung für Advanced Mobile Phone Service. Einer der ursprünglichen Mobilfunkdienste. AMPS basiert auf dem Frequenzdivisions-Multiplexing.

AMPS/NAMPS *Subst.*
→ *siehe AMPS, NAMPS.*

AMT *Subst.*
→ *siehe Adreß-Zuordnungstabelle.*

Amtsleitung *Subst.* (local loop)
Die vom Telefonanschluß eines Fernsprechteilnehmers zur Ortsvermittlungsstelle führende Anschlußleitung.

.an
Im Internet ein Kürzel für die übergreifende Länder-Domäne, die eine Adresse auf den Niederländischen Antillen angibt.

analog *Adj.*
Eigenschaft eines Gerätes oder Signals, das sich durch kontinuierliche (übergangslose) Veränderungen in der Stärke oder Größe auszeichnet. Beispiele für analoge Signale sind der elektrische Strom und Schallwellen. → *Vgl. digital.*

Analogcomputer *Subst.* (analog computer)
Ein Computer, der Daten mißt, die sich durch kontinuierliche (übergangslose) Veränderungen im Wert auszeichnen, z. B. Geschwindigkeit oder Temperatur.

Analogdaten *Subst.* (analog data)
Daten, die durch kontinuierliche (übergangslose) Veränderungen in bezug auf bestimmte physikalische Eigenschaften repräsentiert werden, z. B. elektrische Spannung, Frequenz oder Druck. → *Vgl. digital.*

Analog-Digital-Wandler *Subst.* (analog-to-digital converter)
Abkürzung: A/D-Wandler, ADC. Ein Gerätebestandteil, der ein kontinuierlich (übergangslos) variierendes Signal wie eine Schallwelle oder einen elektrischen Strom mit Hilfe eines überwachenden Instruments in einen binären Code für die Verwendung im Computer umwandelt. → *siehe auch Modem.* → *auch genannt A/D-Wandler.* → *Vgl. Digital-Analog-Wandler.*

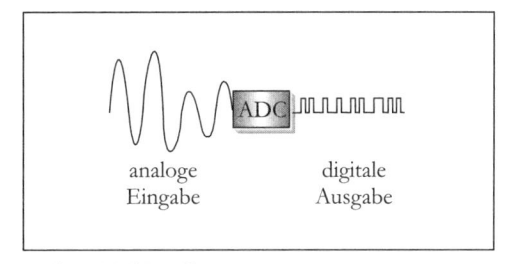

Analog-Digital-Wandler

Analogdisplay *Subst.* (analog display)
Ein Video-Display, das kontinuierliche (übergangslose) Farbtonänderungen darstellen kann, im Gegensatz zu einem Video-Display, das auf eine genau festgelegte, endliche Anzahl von Abstufungen fixiert ist. → *Vgl. digitales Display.*

analoger Signalgenerator *Subst.* (analog signal generator)
Ein Gerätebestandteil, der ein kontinuierlich (übergangslos) variierendes Signal erzeugt und gelegentlich zur Steuerung eines Aktuators in einem Laufwerk eingesetzt wird. → *siehe auch Aktuator.*

Analogkanal *Subst.* (analog channel)
Ein Kommunikationskanal, z.B. eine sprachbezogene Telefonleitung, bei dem Signale übermittelt werden, die sich durch kontinuierliche (übergangslose) Veränderungen auszeichnen und daher jeden Wert innerhalb eines festgelegten Bereichs einnehmen können.

Analogleitung *Subst.* (analog line)
Eine Kommunikationsleitung, z.B. eine Telefonleitung, bei der sich das übertragene Signal durch kontinuierliche (übergangslose) Veränderungen auszeichnet.

Analyse *Subst.* (analysis)
Die Bewertung einer Situation oder eines Problems, einschließlich der Überprüfung nach verschiedenen Aspekten oder Standpunkten. In der Computertechnik schließt eine Analyse Aufgaben wie Flußsteuerung, Fehlerkontrolle und Effektivitätsbetrachtungen mit ein. Häufig wird ein größeres Problem in kleinere Bestandteile zerlegt, die einfacher zu untersuchen und zu behandeln sind. → *siehe auch Flußanalyse, numerische Analyse, Systemanalyse.* → *Vgl. Synthese.*

Analyse, numerische *Subst.* (numerical analysis)
→ *siehe numerische Analyse.*

Analyse, objektorientierte *Subst.* (object-oriented analysis)
→ *siehe objektorientierte Analyse.*

Analytical Engine *Subst.*
Eine mechanische Rechenmaschine, die vom britischen Mathematiker Charles Babbage 1833 konstruiert, aber nie fertiggestellt wurde. Die Analytical Engine ist als erster Mehrzweck-Digitalcomputer überhaupt anzusehen. → *siehe auch Differenz-Maschine.*

AND *Subst.*
Eine logische Operation zur Verknüpfung von zwei Bit (0, 1) oder zwei Booleschen Werten (falsch, wahr), bei der der Wert 1 (wahr) zurückgegeben wird, wenn beide Eingangswerte 1 (wahr) sind. In allen anderen Fällen wird der Wert 0 (falsch) zurückgegeben. Die einzelnen Kombinationen sind aus der folgenden Tabelle ersichtlich.

a	b	a AND b
0	0	0
0	1	0
1	0	0
1	1	1

AND-Gatter *Subst.* (AND gate)
Ein digitaler Schaltkreis, dessen Ausgabe 1 ist, wenn alle Eingangswerte 1 betragen. → *siehe auch Wahrheitstabelle.*

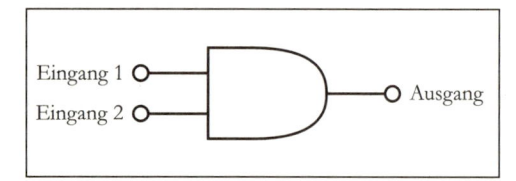

AND-Gatter

andocken *Vb.* (dock)
Das Anschließen eines Laptop oder eines Notebooks an eine Docking Station. → *siehe auch Docking Station, Laptop, Notebook-Computer.*

Andocken im laufenden Betrieb *Subst.* (hot docking)
Das Anschließen eines Laptop an eine Docking Station (während der Computer in Betrieb ist) und das automatische Aktivieren der Video-Display-Funktion sowie anderer Funktionen. → *siehe auch Docking Station, Laptop.*

Andock-Mechanismus *Subst.* (docking mechanism)
Der Bestandteil einer Docking Station, der den portablen Computer mit der Station verbindet. → *siehe auch Docking Station.*

Andrew File System *Subst.*
→ *siehe AFS.*

Andruckrolle *Subst.* (pinch roller)
Eine kleine zylindrische Rolle, die ein Magnetband an die Antriebswelle des Laufwerks preßt, um das

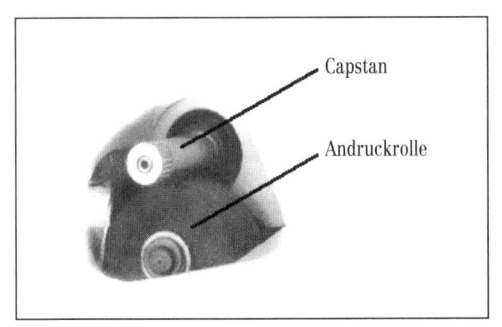

Andruckrolle

Band über die Köpfe des Bandlaufwerks zu ziehen. → *siehe auch Capstan.*

Anfrage *Subst.* (inquiry)
Ein Anforderung von Informationen. → *siehe auch Abfrage.*

Anfragezeichen *Subst.* (enquiry character)
Abgekürzt ENQ. Ein in der Datenübertragung verwendetes Steuerzeichen, mit dem die Sendestation bei der Empfangsstation anfragt, ob diese empfangsbereit ist. Im ASCII-Codierungsschema ist dem Anfragezeichen der Dezimalwert 5 (hexadezimal 05) zugeordnet.

anfügen *Vb.* (append)
Das Hinzufügen von Daten am Ende; meist das Hinzufügen von Daten am Ende einer Datei bzw. Datenbank oder das Erweitern einer Zeichenkette, indem ihr am Ende Zeichen angehängt werden. → *siehe auch Datei, String.* → *Vgl. abschneiden.*

Anführungszeichen, senkrechte *Subst.* (dumb quotes)
→ *siehe senkrechte Anführungszeichen.*

Anführungszeichen, typografische *Subst.* (smart quotes)
→ *siehe typografische Anführungszeichen.*

angehängtes Dokument *Subst.* (attached document)
Eine ASCII-Textdatei oder eine binäre Datei, z.B. ein mit einem Textverarbeitungsprogramm angefertigtes Dokument, die in eine E-Mail-Nachricht integriert wurde. Die angehängte Datei ist kein direkter Bestandteil der E-Mail-Nachricht und wird im allgemeinen mit Hilfe eines der Verfahren uuencoding, MIME oder BinHex codiert. Die meisten E-Mail-Programme codieren automatisch ein angehängtes Dokument, so daß dieses zusammen mit der Nachricht übertragen wird. Damit der Empfänger das angehängte Dokument lesen kann, muß dieser entweder ein E-Mail-Programm einsetzen, das die Decodierung von angehängten Dokumenten unterstützt, oder ein separates, geeignetes Hilfsprogramm, das die empfangene E-Mail decodiert. → *siehe auch ASCII, Binärdatei, BinHex, MIME, uuencoden.*

Angström *Subst.* (angstrom)
Abkürzung: Å. Eine Längeneinheit. 1 Å entspricht einem Zehnmilliardstel (10^{-10}) eines Meters. Beispielsweise wird die Wellenlänge des Lichtes gewöhnlich in Ångström gemessen.

anhängen *Vb.* (attach)
Das Integrieren eines externen Dokuments als Teil einer E-Mail-Nachricht. Zu diesem Zweck kommt MIME oder ein anderes Codierungsverfahren zum Einsatz. Die meisten modernen E-Mail-Clients sind sowohl in der Lage, an zu versendende E-Mail Dokumente anzuhängen als auch E-Mail mit angehängten Dokumenten zu empfangen und entsprechend zu decodieren.

Animation *Subst.* (animation)
Die Illusion eines bewegten Bildes, die durch die Ausgabe einer Sequenz statischer Einzelbilder hervorgerufen wird. Im Bereich der Computergrafik werden alle Bilder entweder einzeln gezeichnet, oder es werden Start- und Endpunkte definiert, wobei die Zwischenbilder von der Software berechnet werden. → *siehe auch 3D-Grafik, Drahtmodell, Oberflächenmodellierung, tween.*

animierter Cursor *Subst.* (animated cursors)
Ein Leistungsmerkmal von Windows 95 und Windows NT, das es erlaubt, anstelle eines festen, unveränderlichen Mauszeigers eine Sequenz von kontinuierlich sich wiederholenden Einzelbildern anzuzeigen, so daß eine kurze Animation entsteht. Dateien, die einen animierten Cursor enthalten, weisen die Dateierweiterung ».ani« auf.

animiertes GIF *Subst.* (animated GIF)
Eine Sequenz von Einzelbildern innerhalb einer GIF-Datei, die nacheinander angezeigt werden, so

A

daß der Eindruck eines bewegten Bildes entsteht. → *siehe auch GIF.*

Anker *Subst.* (anchor)
Im Bereich des Desktop Publishing und der Textverarbeitung ein Formatcode in einem Dokument, der dazu dient, ein Element – z.B. eine Abbildung, eine Marginalüberschrift oder eine beschriftete Zeichnung – an einer bestimmten Position zu halten. Das verankerte Objekt ist im allgemeinen mit einem anderen Element verknüpft, z.B. einem Textbestandteil (häufig einem Absatz), einer Grafik oder aber einer festen Stelle im Dokument. Werden dem Dokument Textbestandteile und andere Objekte hinzugefügt oder aus diesem entfernt, wird das verankerte Objekt relativ zu dem Objekt verschoben, mit dem es verknüpft ist. Verankerte Elemente mit einer festen Position bleiben dagegen an ihrer Originalposition stehen. → *siehe Hyperlink.*
In einem HTML-Dokument stellt ein Anker einen speziellen Tag dar, der einen Textabschnitt, ein Symbol oder ein anderes Element als Link (Querverweis) definiert. Der Link verweist auf eine andere Stelle in demselben Dokument oder auf ein anderes Dokument bzw. eine andere Datei. → *siehe Hyperlink.*

Anker, benannter *Subst.* (named anchor)
→ *siehe benannter Anker.*

anklickbare Map *Subst.* (clickable maps)
→ *siehe Imagemap.*

anmelden *Vb.* (jack in, log on, logon, mount)
Ein Prozeß, mit dem sich ein Benutzer nach dem Herstellen einer Kommunikations- oder Netzwerkverbindung gegenüber einem Computer identifiziert. Man spricht dabei auch vom »Einloggen«. Während der Anmeldeprozedur fragt der Computer in der Regel den Benutzernamen und ein persönliches Kennwort ab. → *Vgl. abmelden.*
Im Zusammenhang mit dem Aufbauen einer Verbindung zu einem Netzwerk oder einer Mailbox (BBS), um auf diese Weise einen IRC-Channel oder eine Simulation aus der virtuellen Realität, z.B. ein MUD, zu betreten, spricht man ebenfalls von »anmelden«. Das Verlassen eines derartigen Systems wird als »jack out« bezeichnet. → *siehe auch IRC, MUD.*

Des weiteren stellt »anmelden« einen Prozeß dar, der es dem Dateisystem eines Computers ermöglicht, auf ein physikalisches Diskettenlaufwerk oder Magnetbandgerät zuzugreifen. Der Begriff wird in diesem Kontext am häufigsten für die Beschreibung des Datenträgerzugriffs in Apple-Macintosh- und UNIX-Computern verwendet.
→ *auch genannt Einloggen.*

Anmerkung *Subst.* (annotation)
Ein Hinweis oder Kommentar, der einem bestimmten Bestandteil eines Dokuments hinzugefügt wird, um weiterführende Informationen anzubringen. Einige Anwendungen unterstützen gesprochene Anmerkungen sowie Anmerkungen, die durch Symbole repräsentiert werden. → *siehe auch Kommentar.*

ANN *Subst.*
→ *siehe künstliches neuronales Netzwerk.*

Annahme *Subst.* (assertion)
Eine Boolesche Anweisung in einem Programm zum Testen einer Bedingung, die bei korrekter Arbeit des Programms den Ergebniswert Wahr zurückgeben sollte. Andernfalls bricht das Programm typischerweise mit einer entsprechenden Fehlermeldung ab. Annahmen werden beim Debuggen von Programmen (also bei der Fehlersuche und -korrektur) sowie zur Dokumentation der Funktionsweise eines Programms eingesetzt.

Annoybot *Subst.* (annoybot)
Wörtlich: »beschimpfender Roboter«. Ein softwaremäßiger Roboter in einem Internet Relay Chat (IRC) oder einem Multi-User Dungeon (MUD), der mit dem Benutzer auf anstößige Weise kommuniziert. → *siehe auch IRC, MUD, Roboter.*

Anode *Subst.* (anode)
Im Bereich der Elektronik die positiv geladene Anschlußklemme oder Elektrode, zu der Elektronen fließen. → *Vgl. Kathode.*

anonymer Artikel *Subst.* (anonymous post)
Eine Nachricht in einer Newsgroup- oder einer E-Mail-Verteilerliste, die nicht zum Absender zurückverfolgt werden kann. Im allgemeinen werden derartige Nachrichten mit Hilfe eines anonymen Servers (für Newsgroup-Beiträge) oder eines ano-

nymen Remailers (für E-Mail) versendet. → *siehe auch anonymer Remailer.*

anonymer Remailer *Subst.* (anonymous remailer)
Ein E-Mail-Server, der Nachrichten empfängt, den Kopf, der Rückschlüsse auf die Quelle der Nachricht zuläßt, gegen einen entsprechend modifizierten Kopf austauscht und die Nachrichten schließlich zu ihrem endgültigen Ziel weiterleitet. Der Zweck eines anonymen Remailers liegt darin, die Identität des Absenders der E-Mail geheimzuhalten.

anonymer Server *Subst.* (anonymous server)
Die Software, die von einem anonymen Remailer eingesetzt wird. → *siehe anonymer Remailer.*
→ *siehe auch anonymer Remailer.*
Außerdem eine Software, die einen Anonymous-FTP-Service zur Verfügung stellt. → *siehe anonymer Remailer.* → *siehe auch Anonymous FTP.*

Anonymität *Subst.* (anonymity)
Im Bereich der Kommunikation der Versand von E-Mail-Nachrichten oder die Übermittlung von Beiträgen an eine Newsgroup, ohne daß die Identität des Absenders bekannt wird. Gewöhnlich wird die E-Mail-Adresse des Absenders automatisch in den Kopf der Nachricht eingefügt, der von der Client-Software erzeugt wird. Um die Anonymität zu gewahren, muß die Nachricht an einen anonymen Remailer gesendet werden. Damit Rückantworten ermöglicht werden, setzt der anonyme Remailer eine Ersatz-Rückadresse ein, aus der der reale Name des Absenders nicht hervorgeht. → *siehe auch anonymer Remailer.*

anonymous *Subst.*
Wörtlich: »anonym«. Im Internet der standardmäßige Anmeldename, um Zugang zu einem öffentlichen FTP-Dateiarchiv zu erhalten. → *siehe auch Anonymous FTP.*

Anonymous FTP *Subst.* (anonymous FTP)
Wörtlich: »anonymes FTP«. Der Zugang zu einem entfernten Computersystem, für das der Anwender keinen Account besitzt, mit Hilfe des im Internet verbreiteten File Transfer Protocol (FTP). Anwender, die sich per Anonymous FTP Zugang verschaffen, haben auf dem entfernten Computersystem eingeschränkte Zugriffsrechte und können gewöhnlich nur Dateien aus einem öffentlichen Verzeichnis – oft mit »/pub« benannt (für »public«, zu deutsch »öffentlich«) – empfangen (Download) oder Dateien in dieses Verzeichnis stellen (Upload). Typischerweise lassen sich auch FTP-Befehle verwenden, um z. B. Dateien zu betrachten oder den Inhalt eines Verzeichnisses einzusehen. Um sich per Anonymous FTP an einem entfernten Computersystem anzumelden, setzt der Anwender ein FTP-Programm ein und verwendet im allgemeinen als Anmeldenamen »anonymous« oder »ftp«. Als Paßwort muß üblicherweise die E-Mail-Adresse des Anwenders verwendet werden, obwohl es häufig möglich ist, das Paßwort zu überspringen oder eine falsche E-Mail-Adresse einzugeben. In bestimmten Fällen lautet das Paßwort jedoch »anonymous«. Viele FTP-Sites erlauben keine Zugriffe per Anonymous FTP, um die Sicherheit des Systems zu gewährleisten. Aber auch einige der Sites, die Anonymous FTP gestatten, erlauben aus Sicherheitsaspekten nur den Empfang von Dateien, nicht aber das Senden. → *siehe auch Einloggen, FTP, /pub.*

anpassen *Vb.* (customize)
Modifizieren und Zusammenstellen von Hardware oder Software an die Kundenanforderungen. Die herkömmliche Hardware-Anpassung reicht von der Entwicklung kundenspezifischer ICs bis zur Zusammenstellung eines Computersystems, das auf besondere Kundenwünsche zugeschnitten ist. Die Software-Anpassung umfaßt gewöhnlich die Modifikation und die Entwicklung von Software für bestimmte Kunden.

anrufen *Vb.* (call)
Im Bereich der Datenfernübertragung das Herstellen einer Verbindung über ein Telekommunikations-Netzwerk.

Anschaltgebühr *Subst.* (connect charge)
Der Geldbetrag, den Benutzer für die Teilnahme an einem kommerziellen Online-Dienst oder Kommunikationsservice entrichten müssen. Einige Anbieter verlangen eine monatliche Pauschale. Andere Anbieter berechnen die Gebühren abhängig von den in Anspruch genommenen Diensten oder in Abhängigkeit von den übertragenen Informationseinheiten. Wiederum andere rechnen mit Hilfe eines zeitbasierten oder entfernungsabhängigen

Tarifs oder abhängig von der genutzten Bandbreite ab. Häufig wird die Anschaltgebühr aber auch aus einer Kombination dieser Kriterien berechnet. → siehe auch *Verbindungsdauer*.

Anschlag *Subst.* (stroke)
Bei der Dateneingabe eine Tastenbetätigung – ein Signal an den Computer, das die Betätigung einer Taste meldet.

Anschlagdrucker *Subst.* (impact printer)
Jeder Drucker, der Markierungen (Zeichen) auf Papier erzeugt, indem ein Farbband gegen das Papier drückt. Nadeldrucker (Matrixdrucker) und Typenraddrucker sind die bekanntesten Vertreter der Anschlagdrucker. → siehe auch *Matrixdrucker, Typenraddrucker*. → Vgl. *anschlagfreier Drucker*.

anschlagfreier Drucker *Subst.* (nonimpact printer)
Jeder Drucker, der das Papier auf nichtmechanischem Wege markiert. Die gebräuchlichsten Typen sind Tintenstrahl-, Thermo- und Laserdrucker. → siehe auch *Laserdrucker, Thermodrucker, Tintenstrahldrucker*. → Vgl. *Anschlagdrucker*.

Anschlaghammer *Subst.* (hammer)
Das mechanische Teil in einem Drucker, das den Abdruck des Farbbandes auf dem Papier bewirkt. In Nadeldruckern stellen die Nadeln selbst den Anschlaghammer dar. Bei Typenraddruckern trifft der Anschlaghammer auf das Typenrad.

Anschlagton *Subst.* (ToggleKeys)
Eine Option von Windows 95, die hohe oder tiefe Töne ausgibt, wenn eine der verriegelbaren Tasten (FESTSTELLTASTE, NUM oder ROLLEN) aktiviert oder deaktiviert wird. → siehe auch *Wiederholautomatik*. → Vgl. *Anschlagverzögerung, Eingabehilfen, ShowSounds, SoundSentry, StickyKeys, Tastaturmaus*.

Anschlagverzögerung *Subst.* (BounceKeys)
Ein Leistungsmerkmal in Windows 95, das den Prozessor anweist, doppelte Anschläge der gleichen Taste und andere unbeabsichtigte Tastenanschläge zu ignorieren.

Anschluß *Subst.* (junction)
Eine Stelle, an der mehrere elektronische Komponenten miteinander verbunden sind.

Außerdem der Kontakt zwischen zwei unterschiedlichen Halbleitertypen, z.B. einem N-leitenden und einem P-leitenden Halbleiter. → siehe auch *Halbleiter, n-leitender Halbleiter, p-leitender Halbleiter*.

Anschlußkontakt *Subst.* (lead)
In der Elektronik die metallischen Anschlüsse bestimmter Bauelemente, z.B. Widerstände oder Kondensatoren.

ANSI *Subst.*
Abkürzung für »American National Standards Institute«. Unabhängiger, nicht profitorientierter Verband, der sich aus US-amerikanischen Unternehmens- und Industriegruppen zusammensetzt und 1918 zur Entwicklung von Handels- und Kommunikationsstandards gegründet wurde. ANSI ist die US-amerikanische Vertretung der ISO (International Standards Organization) und hat Empfehlungen für Programmiersprachen, so z.B. FORTRAN, C und COBOL, entwickelt. → siehe auch *ANSI C, ANSI.SYS, SCSI*.

ANSI C *Subst.*
Eine Version der Programmiersprache C, die von ANSI standardisiert wurde. → siehe auch *K&R-C, K&R-C*.

Ansicht *Subst.* (view)
Allgemein die Anzeige von Daten oder einer Grafik aus einer vorgegebenen Perspektive.
In relationalen Datenbank-Managementsystemen eine logische Tabelle, die über die Festlegung einer oder mehrerer Operationen auf eine oder mehrere Tabellen erzeugt wurde. Eine Ansicht ist im relationalen Modell gleichbedeutend mit einer geteilten Relation. → siehe auch *relationale Datenbank, relationales Modell*.

ANSI/SPARC *Subst.*
Abkürzung für »American National Standards Institute Standards Planning and Requirements Committee«. Ein Komitee der ANSI, das in den 70er Jahren eine verallgemeinerte Drei-Schema-Architektur vorschlug, die als Gerüst für einige Datenbank-Managementsysteme dient.

ANSI.SYS *Subst.*
Ein installierbarer Gerätetreiber für MS-DOS-Computer. Er verwendet ANSI-Befehle (Escape-Se-

quenzen), die die Steuerungsvarianten für die Konsole (Bildschirm und Tastatur) erweitern. → *siehe auch ANSI, Escape-Sequenz, installieren, Treiber.*

anständig *Adj.* (well-behaved, well-mannered)
Eigenschaft eines Programms oder Systems, das die Regeln einer bestimmten Umgebung befolgt. Außerdem die Eigenschaft eines Programms, das selbst bei extremen oder fehlerhaften Eingabewerten ordnungsgemäß ausgeführt wird.

Anti-Aliasing *Subst.* (anti-aliasing, dejagging)
Eine Software-Technik, die das gezackte oder stufenartige Erscheinungsbild von Kurven und diagonalen Linien, das durch eine zu geringe Auflösung des Bildschirms bedingt ist, durch spezielle Glättungsverfahren entschärft. Derartige Verfahren ändern die Farbtöne der an den Linien- und Kurvenumrissen liegenden Bildpunkte (Pixel) so, daß ein weicherer Farbübergang erzielt wird, und verändern die Größe sowie die horizontale Ausrichtung bestimmter Pixel. → *siehe auch Dithering.* → *Vgl. Aliasing.*

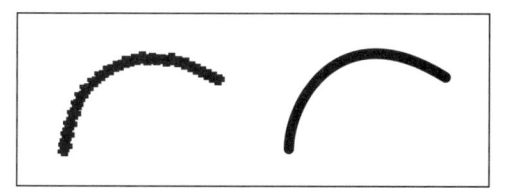

Anti-Aliasing: Die rechte Grafik verdeutlicht das Ergebnis des Anti-Aliasing durch die Verwendung einer höheren Auflösung → *Vgl. Aliasing.*

Antistatik-Einrichtung *Subst.* (antistatic device)
Eine Vorrichtung, die elektrische Entladungen verringert, die durch den Aufbau statischer Elektrizität bedingt sind. Elektrostatische Entladungen können elektronische Geräte wie Computer und Peripheriegeräte zerstören und Datenausfälle verursachen. Zu den Antistatik-Einrichtungen gehören spezielle Bodenmatten oder Teppichböden, Armbänder (an denen eine geerdete Leitung befestigt ist), Sprays, Lotionen und andere Spezialvorrichtungen. → *siehe auch statisch, statische Elektrizität.*

Antivirus-Programm *Subst.* (antivirus program)
Ein Programm, das den Arbeitsspeicher des Computers sowie die Massenspeicher durchscannt, um Viren zu lokalisieren, einzugrenzen und zu entfernen. Optional werden eingehende Dateien auf Viren überprüft, während der Computer die Dateien empfängt.

Antizensur-Software *Subst.* (censorware)
Software, mit der sich Restriktionen hinsichtlich der Sites, Newsgroups und Dateien im Internet, auf die die Benutzer zugreifen dürfen, umgehen lassen.

Antwortmodus *Subst.* (answer mode)
Eine Einstellung, bei der ein Modem eingehende Anrufe automatisch entgegennimmt. Diese Einstellung wird außerdem in allen Faxgeräten verwendet. → *auch genannt Auto-Antwortfunktion.*

Antwortverhalten, automatisches *Subst.* (automatic answering)
→ *siehe Auto-Antwortfunktion.*

Antwort-Wähl-Modem *Subst.* (answer/originate modem)
Ein Modem, das sowohl senden als auch empfangen kann – der gebräuchlichste Modemtyp.

Antwortzeit *Subst.* (response time)
Allgemein die Zeitspanne – meist der Mittelwert – zwischen dem Auslösen einer Anforderung und der Bereitstellung der abgefragten Daten (bzw. der Mitteilung, daß sie nicht verfügbar sind). Im Zusammenhang mit einem Prozessor die Zeit, die ein Speicherschaltkreis oder ein Speichergerät benötigt, um die vom Prozessor angeforderten Daten bereitzustellen.

Anweisung *Subst.* (statement)
Die kleinste ausführbare Einheit in einer Programmiersprache.

Anweisung, iterative *Subst.* (iterative statement)
→ *siehe iterative Anweisung.*

Anweisung, nicht ausführbare *Subst.* (nonexecutable statement)
→ *siehe nicht ausführbare Anweisung.*

Anweisung, zusammengesetzte *Subst.* (compound statement)
→ *siehe zusammengesetzte Anweisung.*

Anwender-Agent *Subst.* (user agent)
In der Terminologie des OSI-Referenzmodells für lokale Netzwerke (LAN) ein Programm, das für einen Client eine Verbindung zu einem Server herstellt. → *siehe auch Agent, ISO/OSI-Schichtenmodell, LAN.*

Anwenderunterstützung *Subst.* (help desk)
Mitarbeiter des Software Service, die den Benutzer bei der Lösung von Problemen mit Hardware oder Softwaresystemen beraten oder zu anderen Quellen verweisen. Help Desks werden in der Regel von größeren Unternehmen (z. B. Unternehmen oder Universitäten) bzw. von Zulieferern größerer Unternehmen angeboten, um die Benutzer des Unternehmens zu unterstützen.

Anwendung *Subst.* (application)
Ein Programm, das dazu konzipiert ist, den Benutzer bei der Ausführung bestimmter Aufgaben zu unterstützen, z. B. beim Schreiben von Texten, bei der Buchhaltung und bei der Lagerverwaltung. → *Vgl. Utility.*

Anwendungsdatei *Subst.* (application file)
→ *siehe Programmdatei.*

Anwendungs-Entwicklungssystem *Subst.* (application development system)
Eine Programmierumgebung, die speziell zur Herstellung von Anwendungen vorgesehen ist. Normalerweise befinden sich im Lieferumfang ein Texteditor, ein Compiler, ein Linker und häufig auch eine Bibliothek mit fertigen, allgemeinen Softwareroutinen, die in das zu entwickelnde Programm übernommen werden können.

Anwendungs-Entwicklungsumgebung *Subst.* (application development environment)
Eine integrierte Reihe von Programmen, die für Software-Entwickler konzipiert sind. Typische Bestandteile sind ein Compiler, ein Datei-Browser, ein Debugger sowie ein Texteditor zur Eingabe des Programmcodes.

Anwendung, serverbasierte *Subst.* (server-based application)
→ *siehe serverbasierte Anwendung.*

Anwendungs-Heap *Subst.* (application heap)
Ein Bereich im RAM, der von einem Anwendungsprogramm verwendet wird, um Programmcode, Ressourcen, Datensätze, Dokumentdaten und andere Daten zu speichern. → *siehe auch Heap, RAM.*

Anwendungsprogramm *Subst.* (application program)
→ *siehe Anwendung.*

Anwendungsprogrammierer *Subst.* (application developer)
Eine Person, die das Aussehen und die Funktion eines Anwendungsprogramms entwirft, festlegt und analysiert.

Anwendungs-Programmierschnittstelle *Subst.* (application programming interface)
Abkürzung: API. Ein Satz an Routinen, die vom Betriebssystem des Computers für die Verwendung aus Anwendungsprogrammen heraus angeboten werden und diverse Dienste zur Verfügung stellen.

Anwendungs-Programmiersprache *Subst.* (application development language)
Eine Programmiersprache zur Entwicklung von Anwendungsprogrammen. Der Ausdruck bezieht sich im engeren Sinn nur auf solche Programmiersprachen, die spezielle Hochsprachen-Konstrukte für den Entwurf von Datenstrukturen und Formularlayouts, die Abfrage und Aktualisierung von Datenbanken sowie für ähnliche Aufgaben umfassen. → *siehe auch Anwendung, Programmgenerator, vierte Sprachgeneration.*

Anwendungsschicht *Subst.* (application layer)
Die höchste Schicht im ISO/OSI-Schichtenmodell (Open Systems Interconnection). Sie stellt anwendungsspezifische Grunddienste bereit – z. B. zur Übertragung von Dateien oder zum Zugriff auf einen entfernten Computer –, im Gegensatz zu den niedrigeren Schichten, die den Datenaustausch zwischen Sender und Empfänger steuern. → *siehe auch ISO/OSI-Schichtenmodell.*

Anwendungs-Schnelltaste *Subst.* (application shortcut key)
Eine Taste oder Tastenkombination, mit der sich auf besonders schnelle Weise bestimmte Funktio-

nen aus einem Anwendungsprogramm abrufen lassen, die gewöhnlich mehrere Schritte erfordern (z. B. eine Auswahl über ein Menü). → *auch genannt Tastenkombination.*

Anwendungsschnittstelle, binäre *Subst.* (application binary interface)
→ *siehe binäre Anwendungsschnittstelle.*

Anwendungs-Software *Subst.* (application software)
→ *siehe Anwendung.*

anwendungsspezifisch *Adj.* (application-centric)
Eigenschaft eines Betriebssystems, in dem der Benutzer zum Öffnen und Anlegen von Dokumenten (z. B. Textdokumenten oder Arbeitsblättern) Anwendungsprogramme einsetzt. Zu den anwendungsspezifischen Betriebssystemen gehören sowohl befehlszeilenorientierte Systeme als auch bestimmte Systeme mit grafischer Benutzeroberfläche wie Windows 3.x (dort dient der Programm-Manager zum Aufruf von Anwendungsprogrammen). → *Vgl. dokumentorientiert.*

anwendungsspezifischer Prozessor *Subst.* (application processor)
Ein Prozessor, der für eine einzelne Anwendung bestimmt ist.

anwendungsspezifisches IC *Subst.* (application-specific integrated circuit)
→ *siehe Gatter-Array.*

Anwendungs-Suite *Subst.* (application suite)
→ *siehe Office-Paket.*

Anwendungs-Symbol *Subst.* (generic icon)
Ein grafisches Bild, das für die Darstellung eines Programms oder einer Anwendung verwendet wird. Das Symbol ist in der Regel nicht einer bestimmten ausführbaren Datei zugeordnet.

Anwendungsübergang *Subst.* (application gateway)
Software, die auf einem Computer läuft, der die Sicherheit in einem Netzwerk gewährleistet, das zwar abgegrenzt ist, jedoch bestimmte Arten von Datenverkehr mit der Außenwelt erlaubt. → *siehe auch Firewall.*

Anwortverhalten, adaptives *Subst.* (adaptive answering)
→ *siehe adaptives Anwortverhalten.*

Any-to-Any Connectivity *Subst.* (any-to-any connectivity)
Wörtlich: »Verbindung von jedem Punkt zu jedem«. Eigenschaft einer integrierten Netzwerkumgebung, die es erlaubt, Daten ohne Einschränkungen gemeinsam im Netzwerk zu nutzen, unabhängig davon, daß unterschiedliche Protokolle, Host-Typen und Netzwerktopologien existieren.

Anzeige-Element *Subst.* (indicator)
Eine Skala oder Signallampe zur Anzeige von Informationen über den Status eines Gerätes. Ein Diskettenlaufwerk verfügt z. B. über eine LED, die auf Diskettenzugriffe hinweist.

anzeigen *Vb.* (view)
Das Anzeigen bestimmter Informationen einer Anwendung auf dem Bildschirm.

.ao
Im Internet ein Kürzel für die übergreifende Länder-Domäne, die eine Adresse in Angola angibt.

AOL *Subst.*
→ *siehe America Online.*

APA *Subst.*
→ *siehe All Points Addressable.*

APC *Subst.*
→ *siehe asynchroner Proceduraufruf.*

API *Subst.*
→ *siehe Anwendungs-Programmierschnittstelle.*

APL *Subst.*
Abkürzung für »A Programming Language«, zu deutsch »eine Programmiersprache«. Eine Hochsprache, die 1968 für wissenschaftliche und mathematische Anwendungen eingeführt wurde. APL stellt eine unterprogrammorientierte Interpretersprache dar. Weitere Charakteristika sind die große Menge an speziellen Symbolen und die sehr knappe Syntax. APL ist für PC-kompatible Computer verfügbar. → *siehe auch Interpretersprache.*

APM *Subst.*
→ siehe Advanced Power Management.

app *Subst.*
→ siehe Anwendung.

APPC *Subst.*
Abkürzung für »Advanced Program-to-Program Communication«. Ein Protokoll, das als Teil der IBM Systems Network Architecture (SNA) entwickelt wurde und die direkte Kommunikation sowie den Datenaustausch zwischen Anwendungsprogrammen ermöglicht, die auf unterschiedlichen Computern laufen.

Apple Desktop Bus *Subst.*
Abkürzung: ADB. Eine serielle Kommunikationsleitung, die im Apple Macintosh und im Apple IIGS zu finden ist. Der Apple Desktop Bus ist für die Kommunikation von Eingabegeräten im unteren Geschwindigkeitsbereich wie Tastatur und Maus konzipiert. Die Geräte werden in der Regel mit einem flexiblen Kabel angeschlossen. Der Bus verhält sich funktional wie ein einfaches lokales Netzwerk und kann bis zu 16 Geräte ansteuern – so auch Lichtgriffel, Trackballs und Grafiktabletts. Obwohl nur zwei externe Ports vorhanden sind, können mehr als 2 Geräte betrieben werden, indem diese in Reihe geschaltet werden, also in Form einer Kette (Daisy-Chain-Prinzip). → siehe auch Bus, Daisy Chain, Gerätetreiber, portieren, serielle Kommunikation.

AppleDraw *Subst.*
Ein Zeichenprogramm für den Apple Macintosh. Es ist als Shareware verfügbar.

Apple Events *Subst.*
Ein Leistungsmerkmal, das in das Macintosh-Betriebssystem System 7 aufgenommen wurde und es einer Anwendung ermöglicht, einen Befehl – wie »Datei speichern« oder »Datei öffnen« – an eine andere Anwendung zu senden. → siehe auch Mac OS.

Apple Extended Keyboard *Subst.*
Eine Tastatur mit 105 Tasten, die beim Macintosh SE, Macintosh II und beim Apple IIGS zum Einsatz kommt. Mit dieser Tastatur führte Apple erstmalig Funktionstasten (F-Tasten) ein; das Fehlen von Funktionstasten wurde bis dahin von den Benutzern als ein Nachteil gegenüber den IBM-PCs und kompatiblen PCs angesehen. Diese Neuerung sowie die Aufnahme einiger weiterer Tasten und Anzeigelämpchen führten dazu, daß das Apple Extended Keyboard in etwa der erweiterten Tastatur IBM-kompatibler PCs entspricht. → siehe auch erweiterte Tastatur.

Apple Extended Keyboard

Apple II *Subst.*
Der zweite Computer von der Firma Apple. Er wurde im April 1977 eingeführt und verfügte über einen Arbeitsspeicher von 4 Kilobyte dynamischem RAM, der auf 48 Kilobyte erweitert werden konnte (mit 16-Kilobyte-Chips). Als Prozessor kam der 6502 zum Einsatz. Der Apple II war der erste Computer, der über einen Anschluß für ein Fernsehgerät verfügte, so daß eine Alternative zu einem Computer-Farbmonitor bestand. Weitere Leistungsmerkmale des Apple II waren die Soundausgabe und die 8 Erweiterungssteckplätze. → siehe auch 6502.

Apple Macintosh *Subst.*
→ siehe Macintosh.

Apple Newton *Subst.*
→ siehe Newton.

AppleScript *Subst.*
Eine Skriptsprache, die in Verbindung mit Macintosh-Computern, die unter dem Betriebssystem System 7 laufen, eingesetzt wird, um Befehle auszuführen und Funktionen zu automatisieren. → siehe auch Skript.

AppleShare *Subst.*
Datei-Server-Software, die in Verbindung mit dem Betriebssystem Mac OS arbeitet und es Mac-

intosh-Computern erlaubt, Dateien gemeinsam im Netzwerk zu nutzen. → *siehe auch Datei-Server, Mac OS.*

Applet *Subst.* (applet)
Ein kleiner Codebestandteil, der über das Internet übertragen wird und auf dem Computer des Empfängers (also in der Regel auf dem lokalen Computer) ausgeführt wird. Der Ausdruck wird hauptsächlich in bezug auf Programme verwendet, die in Form von Objekten zeilenweise in HTML-Dokumente eingebettet sind und über das World Wide Web abgerufen werden.

AppleTalk *Subst.*
Ein preiswertes lokales Netzwerk, das von Apple entwickelt wurde. Es erlaubt Apple-Computern, aber auch Fremdcomputern, miteinander zu kommunizieren und Ressourcen wie Drucker und Datei-Server gemeinsam zu nutzen. Fremdcomputer müssen zunächst mit entsprechender AppleTalk-Hardware und geeigneter Software ausgestattet werden. Das Netzwerk verwendet einen schichtenorientierten Satz an Protokollen – ähnlich wie das ISO/OSI-Schichtenmodell – und überträgt Informationen in Form von Datenpaketen, die in diesem Zusammenhang als Frames bezeichnet werden. AppleTalk unterstützt Verbindungen zu anderen AppleTalk-Netzwerken, die über Brücken (Bridges) gekoppelt werden. Auch Verbindungen zu Fremdnetzwerken sind vorgesehen, wobei diese mit Hilfe von Gateways (Übergängen) zusammengeschlossen werden. → *siehe auch Brücke, Frame, Gateway.*

Apple-Taste *Subst.* (Apple key)
Eine Taste auf Tastaturen von Apple, die mit den Umrissen des Apple-Logo bedruckt ist. Auf dem Apple Extended Keyboard ist die Taste mit der Befehlstaste identisch, welche wiederum mit der Strg-Taste (Steuerungstaste, auf englischsprachigen Tastaturlayouts mit »Control« oder »Ctrl« gekennzeichnet) vergleichbar ist, wie sie auf IBM-Tastaturen und kompatiblen Tastaturen zu finden ist. Die Apple-Taste wird gewöhnlich in Verbindung mit einer Buchstabentaste gedrückt, um einen Shortcut zu starten. Auf diese Weise lassen sich Menüs und Makros besonders schnell aufrufen.

applikationsübergreifende Kommunikation *Subst.* (interapplication communication)
Das Senden von Nachrichten von einem Programm an ein anderes. Bei einigen E-Mail-Programmen können Benutzer z.B. in der Nachricht auf einen URL klicken. Nachdem der Benutzer auf den URL geklickt hat, wird ein Browser automatisch gestartet, der auf den URL zugreift.

.aq
Im Internet ein Kürzel für die übergreifende Länder-Domäne, die eine Adresse in der Antarktis angibt.

.ar
Im Internet ein Kürzel für die übergreifende Länder-Domäne, die eine Adresse in Argentinien angibt.

Arbeitsablaufsteuerung *Subst.* (workflow application)
Eine Gruppe von Programmen, die die Überwachung und Verwaltung eines Projekts von Anfang bis Ende unterstützen.

Arbeitsblatt *Subst.* (worksheet)
→ *siehe Tabellenblatt.*

Arbeitsgruppe *Subst.* (workgroup)
Eine Gruppe von Benutzern, die während der Arbeit an einem gemeinsamen Projekt Computerdateien gemeinsam verwendet – oft über ein lokales Netzwerk (LAN). → *siehe auch Groupware.*

Arbeitsmappe *Subst.* (workbook)
In einer Tabellenkalkulation eine Datei, die eine Anzahl zusammenhängender Tabellen enthält.
→ *siehe auch Tabellenblatt.*

Arbeitsspeicher, konventioneller *Subst.* (conventional memory)
→ *siehe konventioneller Arbeitsspeicher.*

Arbeitsstation *Subst.* (workstation)
Eine Hardware-Kombination zur Eingabe, Ausgabe und Verarbeitung von Daten, die durch eine Einzelperson zur Arbeit eingesetzt wird.
Ein Mikrocomputer oder ein Terminal mit Netzwerkanbindung.

Arbeitsstation ohne Laufwerk *Subst.* (diskless workstation)
Eine Station in einem Computernetzwerk, die nicht mit einem Laufwerk ausgerüstet ist und mit Daten arbeitet, die auf einem Datei-Server gespeichert sind. → *siehe auch Datei-Server.*

Arbeitsverteilung, dynamische *Subst.* (dynamic scheduling)
→ *siehe dynamische Arbeitsverteilung.*

Arbitration *Subst.* (arbitration)
Ein Satz an Regeln für die Auflösung konkurrierender (gleichzeitiger) Anforderungen einer Ressource durch mehrere Anwender oder Prozesse.
→ *siehe auch Konkurrenz.*

.arc
Eine Dateinamenerweiterung, die ein komprimiertes Dateiarchiv im ARC-Format (Advanced RISC Computing Specification) kennzeichnet. → *siehe auch komprimierte Datei.*

Arcade-Spiel *Subst.* (arcade game)
Ein Computerspiel (z.B. für einen Heimcomputer), das Action-Elemente beinhaltet und eine vergleichbare Atmosphäre schafft wie ein Computerspielautomat in Spielhallen. → *siehe auch Computerspiel.*

Archie *Subst.*
Abgeleitet aus »archive«, zu deutsch »Archiv«. Ein Internet-Hilfsprogramm, das dazu dient, Dateien in öffentlichen Verzeichnissen zu finden, die per Anonymous FTP zugänglich sind. Archie funktioniert nach folgendem Prinzip: Der Archie-Haupt-Server, der sich an der McGill-Universität in Montreal (Kanada) befindet, lädt in regelmäßigen Abständen Inhaltsverzeichnisse von am Archie-Projekt beteiligten FTP-Servern und generiert daraus eine Hauptliste. Die aktualisierte Hauptliste wird täglich zu den einzelnen Archie-Servern übertragen und dient dort dem Benutzer als Suchdatenbank. → *siehe auch FTP.* → *Vgl. Jughead, Veronica.*

Archie-Client *Subst.* (Archie client)
→ *siehe Archie.*

Archie-Server *Subst.* (Archie server)
Im Internet ein Server, der die Archie-Inhaltsverzeichnisse zur Verfügung stellt, aus denen die in öffentlichen FTP-Archiven angebotenen Dateien (Dateinamen und zugehörige Adressen) hervorgehen.
→ *siehe auch Archie, FTP, Server.*

Architektur *Subst.* (architecture)
Allgemein die Konstruktion und der Aufbau eines Computersystems sowie der dazugehörigen Komponenten. → *siehe auch Cache, CISC, geschlossene Architektur, Netzwerkarchitektur, offene Architektur, Pipelining, RISC.*
Bei einem Mikroprozessor bezieht sich die Architektur vor allem auf das technische Prinzip, nach dem Daten und Programme verarbeitet werden.
Im Bereich der Software ist mit »Architektur« der Aufbau von Programmen gemeint, mit eingeschlossen die beteiligten Protokolle, die Erweiterungsmöglichkeiten und die schnittstellenbasierte Kommunikation mit anderen Programmen.

Architektur, geschlossene *Subst.* (closed architecture)
→ *siehe geschlossene Architektur.*

Architektur, offene *Subst.* (open architecture)
→ *siehe offene Architektur.*

Archiv *Subst.* (archive)
Im Bereich der Datensicherung ein Datenträger, meist eine Magnetbandkassette, Diskette oder Wechselplatte, auf den Dateien von einem anderen Speichermedium kopiert wurden.
Im Bereich der Datenkompression eine alternative Bezeichnung für eine komprimierte Datei.
Im Internet ein Verzeichnis, auf das per FTP (File Transfer Protocol) zugegriffen werden kann, oder allgemein ein Internet-Verzeichnis, über das Dateien verbreitet werden.

Archiv-Bit *Subst.* (archive bit)
Ein Bit, das mit einer Datei verknüpft ist und angibt, ob die Datei bereits gesichert wurde. → *siehe auch Bit, Sicherungskopie.*

Archivdatei *Subst.* (archive file)
Eine Datei, in der mehrere Einzeldateien zusammengefaßt sind, z.B. ein Anwendungsprogramm inklusive der Dokumentation und Beispieldateien oder zusammengehörige Beiträge einer Newsgroup. Auf UNIX-Systemen lassen sich Archivdateien mit Hilfe des Programms »tar« erzeugen.

Auf diese Weise entstandene Dateien können anschließend zusätzlich komprimiert werden, indem einer der Befehle »compress« oder »gzip« verwendet wird. Die meisten Programme außerhalb des UNIX-Betriebssystems, z.B. PKZIP (MS-DOS und Windows) oder StuffIt (Mac OS), legen Archivdateien an, die bereits standardmäßig komprimiert sind. → *siehe auch gzip, Komponente, PKZIP, StuffIt, tar.*

archivieren *Vb.* (archive)
Im Bereich der Datensicherung das Kopieren von Dateien auf ein Magnetband, auf eine Wechselplatte oder auf Disketten, um die Dateien für einen längeren Zeitraum aufzubewahren.
Im Bereich der Datenkompression eine alternative Bezeichnung für das Komprimieren einer Datei.

Archiv, selbstentpackendes *Subst.* (self-extracting archive)
→ *siehe selbstentpackende Datei.*

Archiv-Site *Subst.* (archive site)
Eine Site im Internet, in der Dateien gespeichert sind. Die Dateien lassen sich gewöhnlich entweder per Anonymous FTP empfangen, per Gopher abrufen oder über das World Wide Web betrachten.
→ *siehe auch Anonymous FTP, Gopher.*

arg *Subst.*
→ *siehe Argument.*

Argument *Subst.* (argument)
Eine unabhängige Variable, die in Verbindung mit einem Operator verwendet oder einem Unterprogramm übergeben wird, das, abhängig vom Wert der Variablen, bestimmte Operationen durchführt und abschließend das Ergebnis zurückgibt. → *siehe auch Algorithmus, Operator, Parameter, Unterprogramm.*

Arithmetik *Subst.* (arithmetic)
Zweig der Mathematik, der sich mit der Addition, Subtraktion, Multiplikation und Division von reellen Zahlen beschäftigt.

arithmetisch *Adj.* (arithmetic)
Eigenschaft einer Operation, die eine der Grundrechenarten (Addition, Subtraktion, Multiplikation oder Division) durchführt.

arithmetische Operation *Subst.* (arithmetic operation)
Jede Operation, die sich auf eine der Grundrechenarten – Addition, Subtraktion, Multiplikation oder Division – bezieht. Der Begriff wird auch in bezug auf negative Zahlen und absolute Werte verwendet.

arithmetischer Ausdruck *Subst.* (arithmetic expression)
Eine Folge von Elementen – symbolische Namen, Konstanten und Zahlen –, die mit arithmetischen Operatoren wie + und - verknüpft sind und nach der Auswertung einen Ergebniswert liefern.

arithmetischer Operator *Subst.* (arithmetic operator)
Ein Operator, der eine der Grundrechenarten durchführt: +, -, *, oder / (Addition, Subtraktion, Multiplikation oder Division). Ein arithmetischer Operator benötigt gewöhnlich ein oder zwei Argumente. → *siehe auch Argument, binary, logischer Operator, Operator, unär.*

arithmetisch-logische Einheit *Subst.* (arithmetic logic unit)
Abkürzung: ALU. Einheit eines Prozessors, die arithmetische, vergleichende und logische Funktionen durchführt. → *siehe auch Gate.*

.arj
Eine Dateinamenerweiterung von MS-DOS für Dateiarchive, die mit Hilfe des Komprimierungsprogramms ARJ erstellt wurden.

.army.mil
Im Internet ein Kürzel für die übergreifende Länder-Domäne, die eine Adresse der Armee der Vereinigten Staaten angibt.

ARP *Subst.*
Abkürzung für »Address Resolution Protocol«, zu deutsch »Adreßauflösungsprotokoll«. Ein TCP/IP-Protokoll zur Ermittlung der Hardware-Adresse (der physikalischen Adresse) eines Knotens in einem lokalen Netzwerk, das an das Internet angeschlossen ist. Es wird eingesetzt, wenn nur die IP-Adresse (die logische Adresse) bekannt ist. Die Ermittlung der Hardware-Adresse geschieht, indem eine ARP-Anfrage (ARP request) an das

Netzwerk gesendet wird, woraufhin der Knoten, der die angefragte IP-Adresse besitzt, antwortet und seine Hardware-Adresse zurückgibt. Obwohl sich ARP, streng technisch betrachtet, nur auf die Ermittlung der Hardware-Adresse bezieht – die umgekehrte Prozedur wird als RARP bezeichnet (für »Reversed ARP«, zu deutsch »umgekehrte ARP«) –, wird ARP gewöhnlich in beiden Zusammenhängen verwendet. → *siehe auch IP-Adresse, TCP/IP.*

ARPANET *Subst.*
Ein großes Weitbereichsnetz, das in den 60er Jahren von der ARPA (Advanced Research Projects Agency), einer Behörde des US-amerikanischen Verteidigungsministeriums (U.S. Department of Defense), eingerichtet wurde. (Die ARPA wurde in den 70er Jahren in DARPA umbenannt für »Defense Advanced Research Projects Agency«). Die Intention für das ARPANET lag darin, einen freien Informationsaustausch zwischen Universitäten und Forschungseinrichtungen zu ermöglichen, aber auch das Militär verwendete das Netz zur Kommunikation. In den 80er Jahren wurde das ARPANET von der militärischen Nutzung befreit, indem ein separates militärisches Netzwerk, das MILNET, errichtet wurde. Aus dem ARPANET entstand später das Internet. → *siehe auch Internet, MILNET.*

ARP request *Subst.*
Abkürzung für »Address Resolution Protocol request«. Ein ARP-Datenpaket, das die Internet-Adresse (IP-Adresse) eines Host-Computers enthält. Der empfangende Computer antwortet mit der zugehörigen Ethernet-Adresse (Hardware-Adresse) oder gibt diese weiter. → *siehe auch ARP, Ethernet, Internet-Adresse, Paket.*

Array *Subst.* (array)
In der Programmierung eine Liste von Datenwerten, die allesamt den gleichen Datentyp aufweisen. Auf jedes dieser Elemente kann mit Hilfe eines Ausdrucks, der aus dem Namen des Arrays und der Indexnummer des Elements besteht, zugegriffen werden. Arrays, gelegentlich auch als »Felder« oder »Variablenfelder« bezeichnet, gehören zu den fundamentalen Datenstrukturen, letztere wiederum stellen eine wesentliche Grundlage bei der Programmierung dar. → *siehe auch Array-Element, aufzeichnen, indizieren, Vektor.*

Array, dreidimensionales *Subst.* (three-dimensional array)
→ *siehe dreidimensionales Array.*

Array, dünn besetztes *Subst.* (sparse array)
→ *siehe dünn besetztes Array.*

Array-Element *Subst.* (array element)
Ein Datenwert in einem Array.

Array-Prozessor *Subst.* (array processor)
Eine Gruppe identischer Prozessoren, die miteinander verbunden sind und synchron arbeiten. Häufig stehen die Einzelprozessoren unter der Kontrolle eines Zentralprozessors.

Array, zweidimensionales *Subst.* (two-dimensional array)
→ *siehe zweidimensionales Array.*

.ar.us
Im Internet ein Kürzel für die übergreifende Länder-Domäne, die eine Adresse in Arkansas in den Vereinigten Staaten angibt.

.as
Im Internet ein Kürzel für die übergreifende Länder-Domäne, die eine Adresse im amerikanischen Teil von Samoa angibt.

.asc
Eine Dateinamenerweiterung, die in der Regel eine Datei mit ASCII-Text bezeichnet, der von allen Textverarbeitungsprogrammen verarbeitet werden kann, darunter MS-DOS Edit, Windows Notepad, Windows-95/NT WordPad und Microsoft Word. Bei einigen Systemen wird mit dieser Dateinamenerweiterung eine Bilddatei gekennzeichnet. → *siehe auch ASCII.*

ASCII *Subst.*
Abkürzung für »American Standard Code for Information Interchange«, zu deutsch »amerikanischer Standardcode zum Informationsaustausch«. Ein Codierungsschema, das jedem Zeichen aus einem Zeichensatz eine eindeutige Nummer zuordnet. Zur Codierung werden 7 oder 8 Bits verwendet, wodurch bis zu 256 Zeichen (Buchstaben, Ziffern, Satzzeichen, Steuerzeichen und andere Symbole) dargestellt werden können. ASCII wurde

1968 mit der Intention entwickelt, Datenübertragungen zwischen divergierenden Hardware- und Softwaresystemen zu standardisieren. ASCII ist in den meisten Minicomputern und in allen Personal Computern eingebaut. → *siehe auch ASCII-Datei, erweitertes ASCII, Steuerzeichen, Zeichen, Zeichencode.* → *Vgl. EBCDIC.*

ascii *Subst.*
Innerhalb eines FTP-Clients der Befehl, der den FTP-Server anweist, Dateien im ASCII-Format (also als reine ASCII-Texte) zu senden und zu empfangen. → *siehe auch ASCII, FTP.* → *Vgl. binary.*

ASCII-Datei *Subst.* (ASCII file)
Eine Dokumentdatei im ASCII-Format. Eine derartige Datei enthält Buchstaben, Ziffern, Leerzeichen, Satzzeichen, Wagenrücklaufzeichen (Carriage Return), gelegentlich auch Tabulatoren und ein Dateiendezeichen, aber grundsätzlich keine Formatierungen. → *siehe auch ASCII, Textdatei.* → *auch genannt Nur-Text-Datei, Textdatei.* → *Vgl. Binärdatei.*

ASCII-EOL-Wert *Subst.* (ASCII EOL value)
Abkürzung für »ASCII End Of Line value«, zu deutsch »ASCII-Zeilenendewert«. Die Folge von Bytes, die das Ende einer Textzeile kennzeichnen. Unter Windows und MS-DOS handelt es sich dabei um die hexadezimale Folge 0D 0A (dezimal 13 10). Datendateien, die aus anderen Computersystemen importiert wurden, werden u.U. nicht korrekt dargestellt, wenn die eingesetzte Software etwaige Unterschiede hinsichtlich des Zeilenendezeichens nicht erkennt und entsprechend umwandelt. → *siehe auch ascii, EOL.*

ASCII, erweitertes *Subst.* (extended ASCII)
→ *siehe erweitertes ASCII.*

ASCII-Übertragung *Subst.* (ASCII transfer)
Der für den elektronischen Austausch von Textdateien konzipierte Modus. Im ASCII-Modus werden Zeichenkonvertierungen zwischen dem Netzwerk-Zeichensatz und dem ASCII-Zeichensatz durchgeführt, so daß Textdateien unverfälscht übertragen werden. → *siehe auch ASCII.* → *Vgl. binäre Übertragung.*

ASCII-Zeichensatz *Subst.* (ASCII character set)
Ein standardisierter 7-Bit-Code für die Darstellung von Zeichen. Die Zeichen werden dabei binär codiert und liegen im Wertebereich von 0 bis 127. Bei den meisten PC-basierten Systemen kommt eine erweiterte Form des ASCII-Codes zum Einsatz, die auf 8 Bit basiert, wodurch 128 zusätzliche Zeichen zur Verfügung stehen. Diese werden zur Darstellung von Sonderzeichen, fremdsprachlichen Zeichen und grafischen Symbolen verwendet. Eine Tabelle mit dem ASCII-Zeichensatz ist in Anhang A zu finden. → *siehe auch ASCII, EBCDIC, erweitertes ASCII, Zeichen.*

ASCIIZ-String *Subst.* (ASCIIZ string)
Auch »nullterminierter String« genannt. In der Programmierung ein ASCII-String, der mit dem NULL-Zeichen abgeschlossen ist. Das NULL-Zeichen enthält ein Byte mit dem ASCII-Wert 0. → *auch genannt Null-terminierter String.*

ASIC *Subst.*
Abkürzung für »Application Specific Integrated Circuit« → *siehe Gatter-Array.*

ASN.1 *Subst.*
→ *siehe Abstract Syntax Notation One.*

ASPI *Subst.*
→ *siehe Advanced-SCSI-Programmierschnittstelle.*

ASR *Subst.*
→ *siehe automatische Systemneukonfiguration.*

Assembler *Subst.* (assembler)
Ein Programm, das in einer Assembler-Sprache geschriebene Programme (diese bestehen aus ausgeschriebenen Befehlsnamen und Bezeichnern und sind daher vom Programmierer leicht zu verstehen) in die ausführbare Maschinensprache umwandelt. → *siehe auch Assembler-Listing, Assembler-Sprache, assemblieren, Compiler, Maschinencode.*

Assembler-Listing *Subst.* (assembly listing)
Eine von einem Assembler erzeugte Datei, die die Befehle des Assembler-Programms, das generierte Maschinenspracheprogramm und eine Liste der im Programm verwendeten Symbole enthält. → *siehe auch Assembler, Assembler-Sprache.*

Assembler-Sprache *Subst.* (assembly language)
Eine niedrige (also systemnahe) Programmiersprache, die Abkürzungen oder mnemonische Codes verwendet; jeder dieser Codes entspricht dabei einem bestimmten Maschinensprachebefehl. Zur Umwandlung der Assembler-Sprache in die Maschinensprache dient ein Assembler. Die Assemblersprache hängt vom eingesetzten Prozessor ab. Die Vorteile beim Einsatz einer Assembler-Sprache sind u.a. eine höhere Geschwindigkeit und die Möglichkeit, direkt auf die Hardware des Systems zugreifen zu können. → *siehe auch Assembler, Compiler, höhere Programmiersprache, Maschinencode, niedrige Sprache.*

assemblieren *Vb.* (assemble)
In der Programmierung das Umwandeln eines in einer Assembler-Sprache geschriebenen Programms in die entsprechenden Maschinensprache-Anweisungen; letztere werden als »Objektcode« bezeichnet. → *siehe auch Assembler, Assembler-Sprache, Linker, Objektcode.*

Assistent *Subst.* (wizard)
Ein interaktives Hilfe-Dienstprogramm innerhalb einer Anwendung, das dem Benutzer schrittweise Anleitungen zur Bewältigung einer bestimmten Aufgabe vermittelt, um beispielsweise in einem Textverarbeitungsprogramm das richtige Dokumentformat für einen Geschäftsbrief zu öffnen.

Association Control Service Element *Subst.*
Abkürzung: ACSE. Eine OSI-Methode (Open Systems Interconnection), mit der eine Verbindung zwischen zwei Anwendungs-Arbeitseinheiten aufgebaut wird, wobei die Identität und der Kontext der Anwendungs-Arbeitseinheiten überprüft und eine sicherheitsrelevante Authentifizierung durchgeführt wird. → *siehe auch offenes System.*

Association for Computing Machinery *Subst.*
Abkürzung: ACM. Ein 1947 gegründeter US-amerikanischer Verband, der auf dem Gebiet der Informatik und Computertechnik tätig ist und seinen Mitgliedern entsprechende Angebote zur Aus- und Weiterbildung zugänglich macht.

Association of C and C++ Users *Subst.*
Abkürzung: ACCU. Eine Verband, der sich mit der Programmiersprache C und entsprechenden Varianten davon beschäftigt. Die Mitglieder setzen sich aus professionellen Programmierern, nicht professionellen Entwicklern, die sich in ihrer Freizeit begeistert mit der Programmierung auseinandersetzen, sowie Herstellern und Lieferanten von Compilern zusammen.

assoziativer Speicher *Subst.* (associative storage)
Eine Speichermethode, bei der die Datenelemente nicht über eine feste Adresse oder Position im Arbeitsspeicher angesprochen werden, sondern durch die Auswertung ihres Inhalts. → *auch genannt inhaltsbezogene Speicherung.*

assoziatives Wertepaar *Subst.* (name-value pair)
Im Bereich der CGI-Programmierung eines der Datenelemente aus einem HTML-Formular, das von einem Browser ermittelt und an den Server an ein CGI-Skript für die Verarbeitung weitergeleitet wurde. → *siehe auch CGI, CGI-Skript, HTML.*
In Verbindung mit der Programmiersprache Perl eine Datengruppe, in der Daten einem Namen zugeordnet sind. → *siehe auch Perl.*

Assoziativität *Subst.* (associativity, operator associativity)
Ein Merkmal von Operatoren, das die Reihenfolge der Auswertung in einem Ausdruck festlegt, wenn benachbarte Operatoren den gleichen Vorrang haben. Die Auswertung kann entweder von links nach rechts oder von rechts nach links erfolgen, wobei die Assoziativität der meisten Operatoren die Abarbeitung von links nach rechts vorschreibt. → *siehe auch Ausdruck, Operator, Operator-Rangfolge.*

asymmetric digital subscriber line *Subst.*
Abkürzung: ADSL. Technologie und Hardwarekomponenten, die Hochgeschwindigkeitsübertragungen von digitalen Signalen, Videosignale inbegriffen, über ein gewöhnliches, verdrilltes (Twisted Pair) Kupfertelefonkabel erlaubt. Die Übertragungsgeschwindigkeit erreicht beim Empfang – also bei der Übertragung zum Kunden – bis zu 9 Megabit pro Sekunde (Mbps), beim Senden von bis zu 800 Kilobit pro Sekunde (kbps). → *auch genannt asymmetric digital subscriber loop.* → *Vgl. Symmetric Digital Subscriber Line.*

asymmetric digital subscriber loop *Subst.*
→ *siehe asymmetric digital subscriber line.*

asymmetrische Übertragung *Subst.* (asymmetrical transmission)
Form bei der Datenübertragung, die bei Hochgeschwindigkeitsmodems eingesetzt wird, typischerweise bei Modems, die eine Übertragungsgeschwindigkeit von 9600 bps (Bit pro Sekunde) und mehr erreichen. Die asymmetrische Übertragung erlaubt gleichzeitige Übertragungen in beide Richtungen, indem die Bandbreite der Telefonleitung auf zwei Kanäle aufgeteilt wird, wobei die Übertragungsgeschwindigkeit des einen Kanals im Bereich von 300 bis 450 bps und des anderen bei 9.600 bps und mehr liegt.

asynchrone Operation *Subst.* (asynchronous operation)
Eine Operation, die außerhalb eines festen Zeitschemas (wie es durch einen Taktgeber vorgegeben wird) durchgeführt wird. Beispielsweise arbeiten zwei Modems dann asynchron, wenn die Modems Start- und Stoppsignale senden, um die Gegenstelle auf den Beginn und das Ende einzelner Dateneinheiten hinzuweisen; Start- und Stoppsignale fungieren dabei als Schrittmacher für den Datenaustausch. → *Vgl. synchrone Operation.*

asynchroner Prozeduraufruf *Subst.* (asynchronous procedure call)
Abkürzung: APC. Ein Funktionsaufruf, der unabhängig von einem laufenden Programm ausgeführt wird, wenn ein Satz von Freigabebedingungen existiert. Sobald die Bedingungen zutreffen, löst der Kernel des Betriebssystems einen Software-Interrupt aus und weist das laufende Programm an, den asynchronen Prozeduraufruf auszuführen. → *siehe auch Funktionsaufruf.*

asynchrones Gerät *Subst.* (asynchronous device)
Ein Gerät, dessen interne Funktionsabläufe nicht auf andere Systemkomponenten zeitlich abgestimmt sind oder – anders ausgedrückt – nicht mit dem Timing anderer Systemkomponenten synchronisiert sind.

Asynchronous Protocol Specification *Subst.*
Der X.445-Standard. → *siehe CCITT X series.*

Asynchronous Transfer Mode *Subst.*
→ *siehe ATM.*

asynchronous transmission *Subst.*
Eine Form der Datenübertragung bei einem Modem, bei der die Zeichen intermittierend (also mit Unterbrechungen, stoßweise) hintereinander gesendet werden, im Gegensatz zu einem kontinuierlichen Datenstrom, der auf einem festen Zeitschema beruht. Das Prinzip der asynchronen Übertragung basiert auf der Verwendung von Start- und Stopbits, die den eigentlichen Datenbits hinzugefügt werden (also den Bits, die die Daten repräsentieren; optional ist noch ein Paritätsbit vorhanden), um die einzelnen Zeichen voneinander zu trennen.

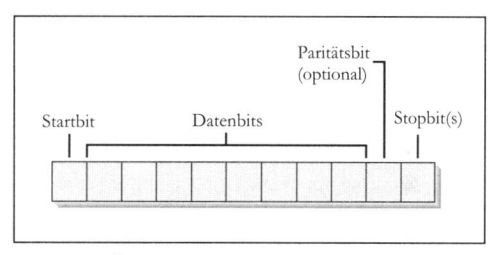

Asynchrone Übertragung: Die Kodierung eines Zeichens, das mittels asynchroner Übertragung geschickt wird.

.at
Im Internet ein Kürzel für die übergreifende Länder-Domäne, die eine Adresse in Österreich angibt.

ATA *Subst.*
Abkürzung für »Advanced Technology Attachment«. Der offizielle, von der ANSI-Gruppe X3T10 vergebene Name für einen Festplatten-Schnittstellenstandard, der allgemein unter dem Namen »Integrated Drive Electronics« (IDE) bekannt ist. → *auch genannt AT Attachment.*

ATA-Festplattenkarte *Subst.* (ATA hard disk drive card)
Erweiterungssteckkarte, die dazu dient, eine ATA-Festplatte anzusteuern. Eine derartige Karte ist gewöhnlich eine ISA-Karte. → *siehe auch ATA, ISA.*

ATA/IDE-Festplatte *Subst.* (ATA/IDE hard disk drive)
Bei IDE (Abkürzung für »Integrated Drive Electronics« – es gibt aber auch andere Deutungen) und ATA (AT Attachment) handelt es sich um verschiedene Ausdrücke, die jedoch beide denselben Fest-

A plattenstandard bezeichnen. Dieser Festplattenstandard wurde entwickelt, um den Festplatten-Controller direkt auf dem Festplattenlaufwerk zu integrieren, wodurch die Kosten von Festplatte und Schnittstelle reduziert werden und Implementationen der Firmware sich einfacher gestalten.

ATAPI *Subst.*
Die Schnittstelle, die in IBM-PC/AT-Systemen dazu dient, CD-ROM-Laufwerke anzusteuern.

AT Attachment *Subst.*
→ *siehe ATA.*

AT-Bus *Subst.* (AT bus)
Leitungssystem im IBM AT und dazu kompatiblen Computern, über das die Hauptplatine und die Peripheriegeräte untereinander verbunden werden. Der AT-Bus arbeitet mit 16 Datenbits, wohingegen der ursprüngliche PC-Bus nur 8 Bit unterstützt. → *siehe auch EISA, ISA, Mikrokanal-Architektur.* → *auch genannt Erweiterungsbus.*

aTdHvAaNnKcSe *Subst.*
→ *siehe TIA.*

ATDP *Subst.*
Abkürzung für »**At**tention **D**ial **P**ulse«. Ein Befehl, der bei einem Hayes- oder Hayes-kompatiblen Modem eine Telefonnummer wählt und dabei auf das Pulswahlverfahren (Gegenstück: Frequenzwahlverfahren) zurückgreift. → *Vgl. ATDT.*

ATDT *Subst.*
Abkürzung für »**At**tention **D**ial **T**one«. Ein Befehl, der bei einem Hayes- oder Hayes-kompatiblen Modem eine Telefonnummer wählt und dabei auf das Frequenzwahlverfahren (Gegenstück: Pulswahlverfahren) zurückgreift. → *Vgl. ATDP.*

.atl.ga.us
Im Internet ein Kürzel für die übergreifende Länder-Domäne, die eine Adresse in Atlanta im Bundesstaat Georgia in den Vereinigten Staaten angibt.

ATM *Subst.*
Abkürzung für »**A**synchronous **T**ransfer **M**ode«, zu deutsch »asynchroner Übertragungsmodus«. Eine Netzwerktechnologie, mit der sich Daten, Sprache, Video und Frame-Relay-Daten in Echtzeit übertragen lassen. Die Daten, Frame-Relay-Daten eingeschlossen, werden dabei in Pakete aufgeteilt, die jeweils 53 Byte umfassen und zwischen allen Knoten mit einer Geschwindigkeit im Bereich von 1,5 bis 622 Mbps (Megabit pro Sekunde) übertragen werden. ATM ist im Breitband-ISDN-Protokoll auf den Schichten definiert, die den Schichten 1 und 2 des ISO/OSI-Schichtenmodells entsprechen. ATM wird derzeit in lokalen Netzwerken verwendet, die sich aus Workstations und Personal Computern zusammensetzen. Aber es wird erwartet, daß die Technologie von den Telefongesellschaften übernommen wird, die dann in der Lage sein werden, ihren Kunden die Kosten abhängig von der übertragenen Datenmenge und nicht von der Verbindungszeit zu berechnen. → *siehe Adobe Type Manager.* → *siehe auch Breitband-, ISDN, ISO/OSI-Schichtenmodell.*

ATM Forum *Subst.*
Forum, das 1991 gegründet wurde und dem inzwischen mehr als 750 Mitglieder angehören. Die Mitglieder setzen sich sowohl aus Firmen zusammen, die auf dem Gebiet der Telekommunikation und der Computertechnik tätig sind, als auch aus Regierungsorganen sowie Firmen, die sich mit der Forschung befassen. Das Ziel des Forums besteht darin, die ATM-Technologie (Asynchronous Transfer Mode) als Standard für die Datenübertragung zu propagieren.

Atto- *Präfix* (atto-)
Metrische Vorsilbe, die für den Faktor 10^{-18} (ein Trillionstel) steht.

Attribut *Subst.* (attribute)
In Datenbanken der Name oder eine Struktureigenschaft eines Datenfeldes. Attribute beziehen sich stets auf alle Datensätze der Datenbank. Beispielsweise könnte es in einer Datenbank, die ein Telefonverzeichnis darstellt, die Feldnamen (oder Attribute) »Nachname«, »Vorname« und »Telefonnummer« geben. Die Größe eines Datenfeldes und der Datenfeldtyp, also die Art der darin gespeicherten Daten (z.B. alphanumerisch), gehören ebenfalls zu den Attributen.
Bei der Bildschirmanzeige bezeichnet »Attribut« eine besondere Eigenschaft, die zusammen mit dem eigentlichen, dargestellten Zeichen im Video-

puffer eines Video-Adapters gespeichert wird. Attribute sind nur im Textmodus verfügbar und beeinflussen die Vorder- und Hintergrundfarbe des Zeichens sowie spezielle Formatierungen wie Unterstreichen und Blinken.
In Auszeichnungssprachen wie SGML und HTML stellt ein Attribut eine Angabe dar, die eine Kombination aus Name und Wert darstellt und die Wirkungsweise eines Tags näher bestimmt. Beispiel: <FONTSIZE = 2>; In diesem Fall ist FONT der Tag, und SIZE=2 stellt das Attribut dar. → *siehe auch HTML, SGML.*

AT&T System V *Subst.*
→ *siehe System V.*

ATX *Subst.*
Eine Spezifikation für PC-Hauptplatinen-Architekturen mit eingebauten Sound- und Video-Fähigkeiten. Sie wurde 1995 von Intel eingeführt. ATX unterstützt USB sowie Steckkarten mit voller Länge in allen Sockeln. → *siehe auch Hauptplatine, Platine, Spezifikation, USB.*

at-Zeichen *Subst.* (at sign)
→ *siehe @.*

.au
Im Internet ein Kürzel für die übergreifende Länder-Domäne, die eine Adresse in Australien angibt.

Audio *Adj.* (audio)
Bezieht sich auf den Frequenzbereich, den das menschliche Ohr wahrnehmen kann – von etwa 15 bis etwa 20000 Hertz (Schwingungen pro Sekunde). → *siehe auch Sprachausgabe, Synthesizer.*

Audioausgabe *Subst.* (audio output)
→ *siehe Sprachausgabe.*

Audio-Ausgabeport *Subst.* (audio output port)
Ein Schaltkreis, der aus einem Digital-Analog-Wandler besteht und im Computer erzeugte Audiosignale in akustisch wahrnehmbare Töne umwandelt. Der Audio-Ausgabeport wird in Verbindung mit einem Verstärker und einem Lautsprecher eingesetzt. → *siehe auch Digital-Analog-Wandler.*

Audiocast *Subst.* (audiocast)
Die Übertragung eines Audiosignals mit Hilfe von IP-Protokollen. → *siehe auch IP.*

Audiokarte *Subst.* (audio board, audio card)
Eine Erweiterungskarte, die analoge, von einem Mikrofon, einer Audiokassette oder einem anderen Tonträger stammende Audiosignale in eine digitale Form umwandelt, so daß diese als Sounddateien im Computer gespeichert werden können. Beim umgekehrten Vorgang werden im Computer gespeicherte Sounds in analoge Signale umgewandelt, so daß diese abgespielt werden können. Die Soundausgabe erfolgt dabei entweder über Lautsprecherboxen oder Kopfhörer, die jeweils an den Ausgabeport der Soundkarte angeschlossen werden. An den Eingabeport läßt sich ein Mikrofon anschließen. Die meisten Audiokarten unterstützen MIDI. Fertige Sounds lassen sich von CD-ROMs, anderen Speichermedien oder über das Internet abspielen. → *siehe auch MIDI.* → *auch genannt Soundkarte, Soundkarte.*

Audiokomprimierung *Subst.* (audio compression)
Eine Methode, um die gesamte Lautstärke eines Audiosignals zu reduzieren. Der Zweck liegt darin, die scheinbaren Verfälschungen zu reduzieren, wenn ein Signal über einen Lautsprecher ausgegeben oder über eine Kommunikationsverbindung übertragen wird.

Audiotex *Subst.* (audiotex)
Eine Anwendung, die es dem Benutzer erlaubt, mit Hilfe eines gewöhnlichen Telefonapparates Informationen zu senden und zu empfangen. Nachdem der Benutzer ein Audiotex-System angewählt hat, werden ihm typischerweise von einer Computerstimme eine Reihe an Wahlmöglichkeiten angeboten oder Fragen gestellt. Der Benutzer kommuniziert mit dieser Art eines Voice-Mail-Systems, indem er – je nach System – entsprechende Tasten auf der Telefontastatur drückt (Wählscheibentelefone können nicht verwendet werden) oder indem er Kennwörter, einzelne Buchstaben und Ziffern laut und deutlich in den Telefonhörer spricht. Der hinter dem Voice-Mail-System stehende Datenbank-Host reagiert darauf, indem er die angefragten Informationen an das Voice-Mail-System überträgt, das diese in gesprochener Form an den Benutzer weitergibt, oder die vom Benutzer empfangenen Informationen zur Verarbeitung speichert. → *siehe auch Voice Mail.* → *auch genannt Audiotext.*

Audiotext *Subst.* (audiotext)
→ *siehe Audiotex.*

Audio Video Interleaved *Subst.*
→ *siehe AVI.*

audiovisuell *Adj.* (audiovisual)
Eigenschaft von Systemen, die Informationen in einer Kombination aus akustischen und optischen Elementen präsentieren.

auf dem Stand der Technik *Adj.* (state-of-the-art)
Auf der Höhe der Zeit; den neuesten Entwicklungen in der Hardware- oder Softwaretechnologie entsprechend.

Auffrischspeicher *Subst.* (refresh)
→ *siehe Refresh.*

Auffrisch-Zyklus *Subst.* (refresh cycle)
→ *siehe Refresh-Zyklus.*

aufgeblähte Software *Subst.* (bloatware)
Software, die extrem viel Speicherplatz auf der Festplatte benötigt, speziell im Vergleich zu früheren Versionen desselben Produkts.

aufgehängt *Adj.* (hung)
→ *siehe hängen.*

aufgeschobene Adresse *Subst.* (deferred address)
Eine indirekte Adresse (eine Speicherstelle), deren Berechnung bis zum Start eines Programms hinausgeschoben wird. → *siehe auch relative Adresse.*

Auflicht *Subst.* (incident light)
Das auf eine Oberfläche auftreffende Licht bei Computer-Grafiken. → *siehe auch Beleuchtungsstärke.*

auflösen *Vb.* (resolve)
In Verbindung mit Datenbanken und Tabellen das Suchen einer Informationseinheit, die zu einer anderen paßt.
Im Zusammenhang mit dem Einbau von Hardwarekomponenten das Ausfindigmachen einer Einstellung, bei der kein Hardwarekonflikt auftritt.
Bei der Adressierung das Umwandeln einer logischen Adresse in eine physikalische Adresse oder umgekehrt.

Auflösung *Subst.* (resolution)
Die mit einem Bildschirm oder Drucker bei der Ausgabe eines Bildes erreichbare Feinzeichnung von Details. Die Auflösung von Druckern, die Zeichen aus kleinen, eng beieinanderliegenden Punkten bilden, wird in Punkten pro Zoll bzw. dpi (= dots per inch) gemessen und reicht von ungefähr 125 dpi bei Punktmatrixdruckern geringerer Qualität bis zu etwa 600 dpi bei Laser- oder Tintenstrahldruckern. (Im Vergleich dazu erreicht eine Fotosatz-Anlage Auflösungen von 1000 dpi und mehr.) Die Anzahl der Bildpunkte (Pixel) bei Computerbildschirmen ist vom Grafikmodus und dem Grafikcontroller abhängig. Häufig verwendet man den Begriff Auflösung auch zur Angabe der auf einem Bildschirm in horizontaler und vertikaler Richtung darstellbaren Gesamtzahl von Bildpunkten (Pixel). Hierzu die folgende Tabelle: → *siehe auch hohe Auflösung, niedrige Auflösung.*

Gebräuchliche Bildschirmauflösungen für PersonalComputer	
IBM-kompatible Computer	
MDA (Monochrome Display Adapter)	720 Pixel horizontal 350 Pixel vertikal
CGA (Color/Graphics Adapter)	640 Pixel horizontal 200 Pixel vertikal
EGA (Enhanced Graphics Adapter)	640 Pixel horizontal 350 Pixel vertikal
PGA (Professional Graphics Adapter)	640 Pixel horizontal 480 Pixel vertikal
MCGA (Multi-Color Graphics Array)	640 Pixel horizontal 480 Pixel vertikal
VGA (Video Graphics Array)	720 Pixel horizontal 400 Pixel vertikal im Textmodus bzw. 640 Pixel horizontal 480 Pixel vertikal im Grafikmodus
XGA (eXtended Graphics Array)	1024 Pixel horizontal 768 Pixel vertikal
SVGA (Super Video Graphics Array)	1024 Pixel horizontal 768 Pixel vertikal oder 1280 Pixel horizontal 1024 Pixel vertikal

Apple Macintosh	
Macintosh Classic	512 Pixel horizontal 342 Pixel vertikal
Macintosh-II-Familie	640 Pixel horizontal 480 Pixel vertikal auf dem Apple 12-Zoll-Schwarzweiß- monitor und 13-Zoll-Farb- monitor

In Verbindung mit dem Internet bezeichnet »Auflösung« die Übersetzung zwischen dem Namen einer Domäne und einer IP-Adresse. → *siehe auch DNS.*

Auflösung, gerätespezifische *Subst.* (device resolution)
→ *siehe Auflösung.*

Auflösung, hohe *Subst.* (high resolution)
→ *siehe hohe Auflösung.*

Auflösung, niedrige *Subst.* (low resolution)
→ *siehe niedrige Auflösung.*

auf Null setzen *Vb.* (zero out)
Einen Variablenwert oder eine Bitfolge auf Null setzen.

aufrollen *Adj.* (unroll)
→ *siehe inline.*

Aufruf *Subst.* (call)
Bei der Programmierung ein Befehl, der die Programmausführung an einen anderen Code-Abschnitt übergibt, z.B. an ein Unterprogramm, um eine bestimmte Aufgabe durchzuführen. Nachdem diese Aufgabe abgeschlossen ist, wird die Ausführung an der Stelle im Programm fortgesetzt, an der der Aufruf erfolgte. → *siehe auch Aufruffolge.*

aufrufen *Vb.* (call, invoke)
Bei der Programmierung im weiteren Sinn das Aktivieren oder Ausführen eines Befehls, einer Unterroutine oder einer vergleichbaren Einheit im Programm.
Im engeren Sinn das Übergeben der Programmausführung an einen anderen Code-Abschnitt (gewöhnlich an ein Unterprogramm), wobei notwendige Informationen gespeichert werden, um nach Beendigung des aufgerufenen Abschnitts an der Aufrufstelle fortfahren zu können. Einige Programmiersprachen wie FORTRAN verfügen über eine explizite CALL-Anweisung; andere Sprachen wie C und Pascal führen den Aufruf durch, wenn sie auf den entsprechenden Namen der Prozedur oder Funktion im Programm treffen. In der Assemblersprache gibt es unterschiedliche Typen von CALL-Anweisungen. Allen Sprachen ist gemein, daß häufig ein oder mehrere Werte (sog. Argumente oder Parameter) an das aufgerufene Unterprogramm übergeben werden können, das diese verarbeitet und gelegentlich auch modifiziert. → *siehe auch Argument, Parameter.*

Aufruffolge *Subst.* (calling sequence)
In der Programmierung eine Vereinbarung, die zwischen einer Routine und einer Unterroutine, die von dieser Routine aufgerufen wird, getroffen wird. Dabei wird festgelegt, auf welche Weise und in welcher Reihenfolge Argumente übergeben werden, wie die Rückgabe der Werte erfolgt und welche Routine die erforderlichen Verwaltungsarbeiten (z.B. das Löschen des Stacks) übernimmt. Die Aufruffolge ist vor allem dann wichtig, wenn die aufrufende und die aufgerufene Routine mit unterschiedlichen Compilern erstellt wurden oder eine von beiden Routinen in einer Assemblersprache verfaßt wurde. Allgemein gebräuchlich sind die C-Aufruffolge und die Pascal-Aufruffolge. In der C-Aufruffolge legt die aufrufende Routine die im Aufruf angegebenen Argumente in umgekehrter Reihenfolge (von rechts nach links) auf dem Stack ab und führt die Stack-Löscharbeiten durch. Daher darf die Anzahl der übergebenen Argumente beliebig variieren. In der Pascal-Aufruffolge legt die aufrufende Routine dagegen alle Argumente in der angegebenen Reihenfolge (von links nach rechts) auf dem Stack ab, und von der aufgerufenen Routine wird erwartet, daß diese den Stack löscht. → *siehe auch Argument, aufrufen, Stack.*

aufsteigende Reihenfolge *Subst.* (ascending order)
Die Anordnung von Elementen einer Liste vom niedrigsten bis zum höchsten Wert, z.B. von 1 bis 10 oder von A bis Z. Die Regeln für eine aufsteigende Sortierung können in Verbindung mit bestimmten Anwendungen sehr komplex sein: Großbuchstaben vor Kleinbuchstaben, erweiterte ASCII-Zeichen in ASCII-Reihenfolge usw.

aufsteigende Sortierung *Subst.* (ascending sort)
Eine Sortierung, bei der Elemente in aufsteigender Reihenfolge angeordnet werden. → *siehe auch alphanumerische Sortierung, aufsteigende Reihenfolge.* → *Vgl. absteigende Sortierung.*

aufwärtskompatibel *Adj.* (upward-compatible)
Bezeichnet ein Computerprodukt, insbesondere Software, das so entworfen ist, daß es mit Produkten zusammenarbeiten kann, die voraussichtlich in nächster Zeit eine größere Verbreitung finden werden. Das Einhalten von Standards und Konventionen erleichtert das Erreichen von Aufwärtskompatibilität.

Aufzählungstyp *Subst.* (enumerated data type)
Ein Datentyp, der aus einer Folge von benannten Werten besteht, denen eine bestimmte Reihenfolge zugeordnet ist.

Aufzählungszeichen *Subst.* (bullet)
Ein typografisches Symbol, z.B. ein gefüllter oder leerer Kreis, eine Raute, ein Quadrat oder ein Stern. Derartige Symbole werden häufig vor die Einträge einer Liste oder die Textabsätze einer Aufzählung gesetzt, um diese optisch hervorzuheben. Bei Einträgen mit unterschiedlichen Hierarchien werden üblicherweise verschiedene Symbole verwendet, z.B. Kreise für die erste Hierarchie und Quadrate für die zweite Hierarchie. → *siehe auch Dingbat.*

aufzeichnen *Vb.* (record)
Informationen sichern, meist in einer Datei.

Aufzeichnung, digitale *Subst.* (digital recording)
→ *siehe digitale Aufzeichnung.*

Aufzeichnung, magnetooptische *Subst.* (magneto-optical recording)
→ *siehe magnetooptische Aufzeichnung.*

Aufzeichnung, vertikale *Subst.* (vertical recording)
→ *siehe vertikale Aufzeichnung.*

aufzugsorientierte Suche *Subst.* (elevator seeking)
Eine Methode für die Einschränkung der Zugriffszeit auf eine Festplatte, in der mehrere Datenanfragen in Prioritäten unterteilt sind, die auf dem Speicherort der Daten in bezug auf den Schreib-Lese-Kopf basieren. Dadurch wird die Bewegung des Kopfes minimiert. → *siehe auch Festplatte, Schreib-Lese-Kopf, Zugriffszeit.*

AUP *Subst.*
→ *siehe Benutzungsrichtlinien.*

ausblenden *Vb.* (blank)
Eine Bildschirmgrafik teilweise oder insgesamt nicht anzeigen bzw. darstellen.

Ausdruck *Subst.* (expression, printout)
→ *siehe Hardcopy.*
Eine Kombination von Symbolen – Bezeichnern, Werten und Operatoren – deren Auswertung ein Ergebnis liefert. Der resultierende Wert kann dann einer Variable zugewiesen, als Argument übergeben oder in einem anderen Ausdruck verwendet werden.

Ausdruck, arithmetischer *Subst.* (arithmetic expression)
→ *siehe arithmetischer Ausdruck.*

Ausdruck, bedingter *Subst.* (conditional expression)
→ *siehe Boolescher Ausdruck.*

Ausdruck, Boolescher *Subst.* (Boolean expression)
→ *siehe Boolescher Ausdruck.*

Ausdruck, konstanter *Subst.* (constant expression)
→ *siehe konstanter Ausdruck.*

Ausdruck, logischer *Subst.* (logical expression)
→ *siehe Boolescher Ausdruck.*

Ausdruck, mathematischer *Subst.* (mathematical expression)
→ *siehe mathematischer Ausdruck.*

Ausdruck, relationaler *Subst.* (relational expression)
→ *siehe relationaler Ausdruck.*

Ausdruck, variabler *Subst.* (variable expression)
→ *siehe variabler Ausdruck.*

Ausfall *Subst.* (failure)
Die Unfähigkeit eines Computersystems oder vergleichbarer Geräte, zuverlässig oder überhaupt zu funktionieren. Eine häufige Ursache dafür sind Netzstörungen, die sich aber mittels einer batteriegepufferten Notstromversorgung überbrücken lassen, bis alle Geräte betriebsgerecht abgeschaltet sind. Im Lebenszyklus eines Systems oder Bauelements treten elektronische Störungen gehäuft zu Beginn auf, die man durch einen sog. »Burn-In« (Dauerbetrieb eines Gerätes über Stunden oder Tage hinweg) bewußt produzieren kann. Von mechanischen Ausfällen sind vor allem Geräte mit sich bewegenden Teilen betroffen, z. B. Diskettenlaufwerke.

ausfallgesichertes System *Subst.* (fail-soft system)
Ein Computersystem, das so ausgelegt ist, daß es beim Versagen einzelner Hardware- oder Softwarekomponenten über einen gewissen Zeitraum ohne einschneidende Einschränkungen funktionsfähig bleibt. Ein ausfallgesichertes System beendet unwesentliche Funktionen und arbeitet mit verringerter Kapazität weiter, bis das Problem behoben ist. → *Vgl. ausfallsicheres System.*

Ausfallhäufigkeit *Subst.* (failure rate)
Die Anzahl von Fehlern in einem festgelegten Zeitraum. Die Ausfallhäufigkeit dient als Maß für die Zuverlässigkeit eines Gerätes, z. B. einer Festplatte. → *siehe auch MTBF.*

Ausfallquote *Subst.* (fallout)
Jeder Bauelementeausfall, der im Prozeß des Burn-In auftritt, insbesondere, wenn der Test beim Hersteller durchgeführt wird. → *siehe auch einbrennen.*

ausfallsicheres System *Subst.* (fail-safe system)
Ein Computersystem, das so ausgelegt ist, daß es ohne Verlust oder Schaden an Programmen und Daten weiterarbeiten kann, wenn ein Teil des Systems zusammenbricht oder ernsthafte Störungen auftreten. → *Vgl. ausfallgesichertes System.*

Ausfallzeit *Subst.* (downtime)
Die absolute oder prozentuale Zeitspanne, die ein Computersystem oder zugehörige Hardware nicht betriebsbereit ist. Ausfallzeiten können sowohl durch Hardwareausfälle hervorgerufen werden als auch planmäßig entstehen, wenn z. B. ein Netzwerk aufgrund von Wartungsarbeiten abgeschaltet wird.

ausführbar *Adj.* (executable, executable)
Eigenschaft einer Datei, die direkt aus dem Betriebssystem gestartet werden kann, meist durch Eingabe des Dateinamens in der Befehlszeile oder durch einen Doppelklick auf das Symbol, das die Datei repräsentiert. Das Gegenstück ist eine Datendatei.
Ausführbare Dateien weisen in der Regel eine der Erweiterungen .bat, .com und .exe auf. Beispiele für Namen von ausführbaren Dateien sind file0.bat, file1.exe und file2.com.

ausführbares Programm *Subst.* (executable program)
Ein Programm, das direkt aus dem Betriebssystem gestartet werden kann, meist durch Eingabe des Dateinamens in der Befehlszeile oder durch einen Doppelklick auf das Symbol, das das Programm repräsentiert. Der Ausdruck bezieht sich in der Regel auf ein kompiliertes Programm, das in Maschinencode übersetzt wurde und in einem Format vorliegt, mit dem es sich in den Speicher laden und starten läßt. In Interpreter-Sprachen kann bereits der Quellcode im entsprechenden Format als »ausführbares Programm« bezeichnet werden. → *siehe auch Compiler, Computerprogramm, Interpreter, kodieren, Quellcode.*

ausführen *Vb.* (execute)
Eine Anweisung aufrufen oder starten. In der Programmierung versteht man unter »ausführen« das Laden eines Maschinencodes eines Programms in den Speicher und das Abarbeiten der entsprechenden Befehle.

ausführlich *Adj.* (verbose)
Das Anzeigen von Nachrichten im Volltext ohne knappe, verschlüsselte Code-Formulierungen.

Ausführung, parallele *Subst.* (concurrent execution)
→ *siehe parallele Ausführung.*

Ausführungsbefehl *Subst.* (action statement)
→ *siehe Anweisung.*

Ausführungsdatensatz *Subst.* (activation record)
Eine Datenstruktur, die den Zustand einiger programmspezifischer Konstrukte (z.B. Prozeduren, Funktionen, Blöcke, Ausdrücke oder Module) im laufenden Programm angibt. Der Ausführungsdatensatz ist für die Laufzeitverwaltung nützlich, sowohl im Hinblick auf die Daten als auch auf die Abarbeitungsreihenfolge. → *siehe auch Datenstruktur.*

Ausführung, sequentielle *Subst.* (sequential execution)
→ *siehe sequentielle Ausführung.*

Ausführungszeit *Subst.* (execution time)
Die Anzahl von Taktimpulsen (Impulsen des internen Computer-Timers), die ein Mikroprozessor zum Decodieren und Ausführen eines Befehls benötigt, nachdem er ihn aus dem Speicher geholt hat. → *siehe auch Befehlsausführungszeit.* → *auch genannt E-time.*

Ausgabe *Subst.* (output)
Die Ergebnisse der Verarbeitung von Daten. Die Ausgabe wird entweder an den Bildschirm oder Drucker gesendet, auf einem Datenträger als Datei gespeichert oder an andere Computer im Netzwerk übertragen.

Ausgabebereich *Subst.* (output area)
→ *siehe Ausgabepuffer.*

ausgabeintensiv *Subst.* (output-bound)
→ *siehe Eingabe-Ausgabe-intensiv.*

Ausgabekanal *Subst.* (output channel)
→ *siehe Eingabe-Ausgabe-Kanal, Kanal.*

Ausgabepuffer *Subst.* (output buffer)
Ein Teil eines Speichers, der für die zeitweilige Aufnahme von Daten reserviert wird, während der größere Teil weiterhin für die eigentliche Datenspeicherung, die Anzeige, das Drucken oder die Übertragung zur Verfügung steht. → *siehe auch puffern.*

Ausgabestrom *Subst.* (output stream)
Ein Informationsfluß, der ein Computersystem verläßt und mit einer bestimmten Aufgabe oder einem bestimmten Ziel verbunden ist. In der Programmierung kann ein Ausgabestrom eine Zeichenfolge sein, die aus dem Speicher des Computers an ein Display oder eine Datei gesendet wird. → *Vgl. Eingabestrom.*

ausgeben *Vb.* (output)
Das Senden von verarbeiteten Daten an eine Einheit, z.B. einen Bildschirm, oder das Senden von Tönen an einen Lautsprecher.

Ausgleichsschaltkreis *Subst.* (tiebreaker)
Eine Schaltung, die zwischen anderen, miteinander konkurrierenden Schaltungen vermittelt und Engpässe beseitigt, indem sie einer Schaltung zu einem bestimmten Zeitpunkt den Vorrang gibt.

Ausgleichsschaltung *Subst.* (transient suppressor)
Eine Schaltung zur Reduzierung oder Beseitigung unerwünschter, transienter elektrischer Signale oder Spannungen.

auskommentieren *Vb.* (comment out)
Das vorübergehende Deaktivieren einer oder mehrerer Zeilen eines Quellcodes, indem diese in Kommentaranweisungen eingeschlossen werden. → *siehe auch bedingte Kompilierung, Kommentar, verschachteln.*

auslagern *Vb.* (swap)
Programm- oder Datensegmente zwischen Arbeits- und Plattenspeicher verschieben. → *siehe auch virtueller Speicher.*

Auslagerungsdatei *Subst.* (swap file)
Eine versteckte Datei auf der Festplatte, die von Windows zur Speicherung von nicht in den Hauptspeicher passenden Programmteilen und Dateien verwendet wird. Je nach Bedarf, verschiebt das Betriebssystem die Daten aus der Auslagerungsdatei zurück in den Hauptspeicher. Der umgekehrte Vorgang erfolgt, wenn im Hauptspeicher Platz für neue Daten benötigt wird. Die Auslagerungsdatei ist eine Form des virtuellen Speichers. → *siehe auch Speicher, virtueller Speicher.*

Auslagerungsdatei, permanente *Subst.* (permanent swap file)
→ *siehe permanente Auslagerungsdatei.*

Auslassungszeichen *Subst.* (ellipsis)
Drei aufeinanderfolgende Punkte (...), die in der Regel eine Unvollständigkeit anzeigen. In vielen

fensterorientierten Anwendungen wird durch die Wahl eines Befehls, dem ein Auslassungszeichen folgt, ein Untermenü oder ein Dialogfeld geöffnet. In den Referenzhandbüchern zu Programmiersprachen und den Handbüchern für Anwendersoftware verwendet man Auslassungszeichen bei der Syntaxbeschreibung, um auf die Wiederholung bestimmter Elemente hinzuweisen. → *siehe auch Dialogfeld, Syntax.*

Ausloggen *Subst.* (logoff)
Das Beenden einer Sitzung mit einem Computer, auf den über eine Kommunikationsverbindung zugegriffen wurde. → *auch genannt Abmelden.*

ausloggen *Vb.* (log out)
→ *siehe abmelden.*

Ausnahme *Subst.* (exception)
In der Programmierung ein Problem oder eine Veränderung der Bedingungen, die den Mikroprozessor veranlassen, die momentane Programmausführung zu stoppen und die Situation in einer separaten Routine zu behandeln. Eine Ausnahme ist einem Interrupt ähnlich, da sie den Mikroprozessor anweist, einen separaten Satz von Befehlen auszuführen. → *siehe auch Interrupt.*

Ausnahmebehandlung *Subst.* (exception handling)
→ *siehe Fehlerbehandlung.*

Ausnahmefehler 12 *Subst.* (exception error 12)
Ein Fehler in DOS-Umgebungen, der durch einen Stapelüberlauf verursacht wird. Dieses Problem kann behoben werden, indem die Einträge STACKS= in der Datei CONFIG.SYS geändert werden.

ausrichten *Vb.* (align, justify)
In einem Anwendungsprogramm wie einem Textverarbeitungsprogramm das horizontale Verschieben einer Gruppe von Textzeilen, so daß jede einzelne Zeile mit einer senkrechten Bezugslinie (wie dem Seitenrand) bündig abschließt. Die folgende Übersicht zeigt die gebräuchlichsten Ausrichtungsvarianten.

Linksbündig	*Zentriert*
am	in
linken	der
Rand	Mitte
ausgerichtet	ausgerichtet
Rechtsbündig	*Dezimal*
am	0.9999
rechten	10.99
Rand	10000.99
ausgerichtet	1.999

Beim Blocksatz geschieht die Ausrichtung durch Einfügen zusätzlicher Leerzeichen oder Mikroschritte zwischen den Wörtern. Zu große Abstände zwischen den Wörtern lassen sich ausgleichen, indem man entweder den Text verändert oder die Wörter am Ende einer Zeile trennt. → *Vgl. Flattersatz.*
Bei mechanischen Geräten das Justieren einer Komponente innerhalb vorgegebener Toleranzen, z.B. das Einstellen des Schreib-Lese-Kopfes eines Diskettenlaufwerks in bezug auf eine Spur der Diskette.
Im Bereich der systemnahen Datenmanipulation das Speichern von Dateneinheiten, die aus mehreren Bytes bestehen, so daß die jeweiligen Einzel-Bytes korrespondierende Speicherpositionen bilden (z.B. das Ablegen von 2-Byte-Werten, so daß das erste Byte immer eine ungerade Adresse im Speicher belegt).

Ausrichtung *Subst.* (alignment, orientation)
→ *siehe Hochformat, Querformat.*
Im Bereich grafischer Benutzeroberflächen und Grafikprogramme das Positionieren von Objekten an festen oder vorher definierten Rasterpunkten, Zeilen oder Spalten. Beispielsweise erlaubt es der Finder des Macintosh, daß Symbole innerhalb eines Ordners oder des Desktop automatisch ausgerichtet werden.

Ausrichtung, linksbündige *Subst.* (left justification)
→ *siehe linksbündige Ausrichtung.*

A

Ausrichtung, rechtsbündige *Subst.* (right justification)
→ siehe *rechtsbündige Ausrichtung*.

ausschalten *Vb.* (power down)
Das Abschalten (eines Computers), also das Trennen von der Netzspannung.

ausschneiden *Vb.* (cut)
Das Entfernen eines Teils eines Dokuments. Der gelöschte Teil wird gewöhnlich vorübergehend in der Zwischenablage (einem speziellen Bereich im Arbeitsspeicher) gespeichert und kann aus dieser an einer anderen Stelle im selben oder einem anderen Dokument eingefügt werden. → *Vgl. löschen.*

Ausschneiden und Einfügen *Subst.* (cut and paste)
Ein Vorgang, bei dem der Computer zum Verschieben und Umorganisieren von Teilen eines Dokuments oder zum Zusammenstellen eines Dokuments aus unterschiedlichen Quellen eingesetzt wird – der Computer ersetzt damit Schere und Klebstoff. Beim Ausschneiden und Einfügen wird zunächst der Bereich im Dokument markiert, der entfernt werden soll. Daraufhin wird dieser in der Zwischenablage (einem speziellen Bereich im Arbeitsspeicher) oder anderweitig zwischengespeichert (z. B. auf der Festplatte). Abschließend wird der entfernte Bereich an einer anderen Stelle im selben Dokument oder in ein anderes Dokument eingefügt.

Außenband-Übertragung *Subst.* (out-of-band signaling)
Übertragung bestimmter Signale, z. B. Steuerinformationen, auf Frequenzen außerhalb der Bandbreite, die für die Sprach- und Datenübertragung auf einem Kommunikationskanal zur Verfügung stehen.

außer Kraft setzen *Vb.* (override)
Eine Aktion in einem Programm oder einem Betriebssystem verhindern oder auf eine Situation mit einer anderen Antwort reagieren. Beispielsweise läßt sich in einem Datenbankprogramm ein längerer Sortiervorgang meist durch Druck auf die Escape-Taste abbrechen.

Austastlücke *Subst.* (vertical blanking interval)
Die für den vertikalen Strahlenrücklauf des Elektronenstrahls benötigte Zeit in einem Raster-Scan-Display. → *siehe auch Austastung, vertikaler Strahlrücklauf.*

Austastlücke, horizontale *Subst.* (horizontal blanking interval)
→ siehe *horizontales Zurücksetzen (des Elektronenstrahls).*

Austastung *Subst.* (blanking)
Die kurzzeitige Unterdrückung eines Display-Signals, während der Elektronenstrahl in einem Raster-Scan-Monitor in die Ausgangsposition für den Aufbau der nächsten Zeile gebracht wird. Dies geschieht nach folgendem Prinzip: Nachdem eine Scanzeile aufgebaut wurde, befindet sich der Elektronenstrahl am rechten Rand des Bildschirms und muß nach links zurückbewegt werden (horizontales Zurücksetzen), um eine neue Zeile zu beginnen. Während des Zurücksetzens muß das Display-Signal abgeschaltet werden (horizontale Austastlücke), um das Überschreiben der gerade dargestellten Zeile zu vermeiden. Analog dazu muß der Elektronenstrahl nach dem Aufbau der untersten Scanzeile in die linke obere Ecke des Schirms zurückgesetzt werden (vertikales Zurücksetzen), wobei der Elektronenstrahl während dieser Zeit ebenfalls abgeschaltet werden muß (vertikale Austastlücke), um zu verhindern, daß die Rücksetzbewegung Spuren auf dem Schirm hinterläßt.

austauschbarer Datenträger *Subst.* (exchangeable disk)
→ siehe *wechselbarer Datenträger.*

Austausch-Sortierung *Subst.* (exchange sort)
→ siehe *Bubble Sort.*

auswählen *Vb.* (choose)
Das Ansteuern eines Elements auf dem Bildschirm und die abschließende Bestätigung, mit der die Festlegung auf dieses Element signalisiert wird. Typischerweise werden Befehle und Optionen in einer grafischen Benutzeroberfläche ausgewählt. Beispielsweise läßt sich eine Schaltfläche in einem Dialogfeld auswählen, indem auf die gewünschte Schaltfläche geklickt wird. Zum Auswählen eines Menüpunkts wird zunächst das Menü heruntergeklappt, dann der Mauszeiger bei gedrückt gehaltener Maustaste auf den gewünschten Menüpunkt

bewegt und abschließend die Maustaste losgelassen. → *siehe auch wählen.*

Auswahl *Subst.* (Chooser)
Beim Apple Macintosh ein Schreibtischzubehör, das es erlaubt, einen lokalen Drucker oder ein Netzwerk-Gerät auszuwählen, z.B. einen Datei-Server oder Drucker.

Auswahlerweiterung *Subst.* (Chooser extension)
Ein Programm, das die Auswahl (ein Schreibtischzubehör beim Apple Macintosh) um Einträge erweitert. Beim Systemstart werden die Erweiterungen, die sich im Erweiterungs-Ordner befinden, dem Auswahl-Menü hinzugefügt. Soll z.B. das Betriebssystem um einen bestimmten Drucker erweitert werden, wird die entsprechende Chooser-Erweiterung für dieses Druckermodell benötigt. Nachdem diese in den Erweiterungs-Ordner kopiert und der Computer neu gestartet wurde, ist der neue Drucker verfügbar. → *siehe auch Auswahl, Erweiterung.*

auswerfen *Vb.* (unload, unmount)
Ein Speichermedium (Magnetband oder Diskette) aus dem Laufwerk herausnehmen.
Eine Diskette, Festplatte oder ein Magnetband aus der aktiven Benutzung ausschließen. → *Vgl. anmelden.*

Auswertung *Subst.* (evaluation)
Die programmierte Bestimmung des Wertes eines Ausdrucks oder die Aktion, die eine Programmanweisung spezifiziert. Auswertungen können zur Kompilierungszeit oder zur Laufzeit stattfinden.

Auszeichnungssprache *Subst.* (markup language)
Ein Code-Satz in einer Textdatei, der den Computer anweist, wie die Datei für einen Drucker oder ein Video-Display formatiert bzw. wie der Inhalt indiziert und verknüpft werden soll. Beispiele für Auszeichnungssprachen sind die Hypertext Markup Language (HTML), die bei Web-Seiten verwendet wird, und die Standard Generalized Markup Language (SGML), die für den Schriftsatz und DTP sowie für elektronische Dokumente eingesetzt wird. Diese Auszeichnungssprachen sind konzipiert worden, damit Dokumente und andere Dateien von Plattformen unabhängig sind und zwischen verschiedenen Anwendungen bewegt werden können. → *siehe auch HTML, SGML.*

Auszeichnungssprache, deklarative *Subst.* (declarative markup language)
→ *siehe deklarative Auszeichnungssprache.*

Authentifizierung *Subst.* (authentication)
In einem Mehrbenutzer- oder Netzwerkbetriebssystem der Bestätigungsprozeß des Systems für die Login-Informationen des Benutzers. Dazu gehört der Vergleich des eingegebenen Benutzernamens und Kennwortes mit der Liste der autorisierten Benutzer. Stellt das Betriebssystem eine Übereinstimmung fest, erhält der Benutzer den Zugriff zu dem System, allerdings nur in dem Umfang, wie es in der Erlaubnisliste des entsprechenden Benutzer-Accounts festgelegt ist. → *siehe auch anmelden, Benutzerkonto, Benutzername, Erlaubnis, Kennwort.*

Auto-Antwortfunktion *Subst.* (auto answer)
→ *siehe Antwortmodus.*

AUTOEXEC.BAT *Subst.*
Eine spezielle Stapeldatei (Sammlung von Befehlsaufrufen), die vom Betriebssystem MS-DOS automatisch nach einem Kalt- oder Warmstart des Computers ausgeführt wird. Die Datei wird entweder durch den Benutzer erstellt oder in neueren MS-DOS-Versionen bereits bei der Installation des Systems angelegt. Die Datei enthält grundlegende Startbefehle für die Anpassung des Systems an die vorhandenen Geräte und für die vom Benutzer gewünschten Voreinstellungen.

AutoKorrektur *Subst.* (AutoCorrect)
Eine Funktion in Microsoft Word, die automatisch Tippfehler korrigiert und bestimmte Ersetzungen vornimmt, wobei die Korrektur und die Ersetzung bereits während der Eingabe erfolgt. Beispielsweise kann die Funktion so konfiguriert werden, daß bestimmte, besonders häufige Tippfehler wie »dei« statt »die« korrigiert oder gerade Anführungszeichen (») in die typografischen (» am Wortanfang und « am Wortende) ausgetauscht werden. Welche Teilfunktionen aktiv sind, können die Benutzer frei festlegen. → *siehe auch typografische Anführungszeichen.*

Automatentheorie *Subst.* (automata theory)
Die Untersuchung von Rechenprozessen, ihren Fähigkeiten und ihren Einschränkungen; d.h., die

A Art und Weise, mit der Systeme Eingaben empfangen, diese verarbeiten und Ausgaben produzieren.
→ *siehe auch zellularer Automat.*
Auch die Untersuchung der Beziehungen zwischen Verhaltenstheorien und Arbeitsweise sowie Einsatz von automatisierten Geräten.

Automatic Sequence Controlled Calculator *Subst.*
→ *siehe Mark I.*

automatische Datenverarbeitung *Subst.* (automatic data processing)
→ *siehe Datenverarbeitung.*

automatische Fehlerkorrektur *Subst.* (automatic error correction)
Ein Prozeß, der bei Erkennen eines internen Verarbeitungsfehlers oder eines Datenübertragungsfehlers eine für die Fehlerkorrektur oder die Wiederholung der Operation vorgesehene Routine aufruft.

automatische Größenanpassung *Subst.* (autosizing)
Die Fähigkeit eines Monitors, Signale einer Auflösung zu verarbeiten, das Bild aber in einer anderen Auflösung darzustellen. Der Vorteil liegt darin, daß der verfügbare Platz auf dem Bildschirm besser ausgenutzt wird, indem das Bild entsprechend verkleinert oder vergrößert wird. Das Seitenverhältnis des Bildes bleibt dabei erhalten, es treten also keine Verfälschungen (Stauchung oder Streckung) auf. → *siehe auch Auflösung, Monitor.*

automatischer Neustart *Subst.* (autorestart)
Ein Prozeß oder ein Leistungsmerkmal des Systems, bei dem das System automatisch einen Neustart durchführt, nachdem bestimmte Arten von Fehlern im System oder Unterbrechungen bzw. Unregelmäßigkeiten bei der Stromversorgung aufgetreten sind.

automatisches Antwortverhalten *Subst.* (automatic answering)
→ *siehe Auto-Antwortfunktion.*

automatisches Speichern *Subst.* (autosave)
Ein Leistungsmerkmal eines Programms, das die derzeit in Bearbeitung befindliche Datei automatisch in voreingestellten Intervallen oder nach einer bestimmten Anzahl von Tastenschlägen auf der Festplatte oder einem anderen Speichermedium speichert. Dadurch ist gewährleistet, daß Änderungen an einem Dokument regelmäßig gesichert werden.

automatisches Wählen *Subst.* (automatic dialing)
→ *siehe Selbstwählfunktion.*

automatische Systemneukonfiguration *Subst.* (automatic system reconfiguration)
Funktion, bei der das System automatisch bestimmte Anpassungen an seiner Konfiguration vornimmt, nachdem Änderungen an der Software oder Hardware durchgeführt wurden.

automatische Wiederholung *Subst.* (auto-repeat)
→ *siehe Wiederholautomatik.*

automatisiertes Büro *Subst.* (automated office)
Ein relativ unscharfer Begriff zur Charakterisierung eines Büros, in dem die Arbeit mit Hilfe von Computern, Telekommunikationseinrichtungen und anderen elektronischen Geräten abgewickelt wird.

Automat, zellularer *Subst.* (cellular automata)
→ *siehe zellularer Automat.*

AutoPlay *Subst.*
Ein Leistungsmerkmal in Windows 95, das es erlaubt, eine CD-ROM automatisch zu starten. Nachdem eine CD-ROM in das CD-ROM-Laufwerk eingelegt wurde, sucht das Betriebssystem nach der Datei AUTORUN.INF auf der CD-ROM. Wenn die Datei gefunden wurde, öffnet das Betriebssystem diese und führt die darin enthaltenen Befehle aus. Diese sind gewöhnlich dazu gedacht, das auf der CD-ROM enthaltene Installationsprogramm aufzurufen, so daß das dazugehörige Anwendungsprogramm auf der Festplatte des Computers installiert wird. Ist die Anwendung bereits installiert, wird diese in der Regel aufgerufen. Falls eine Audio-CD in das CD-ROM-Laufwerk eingelegt wird, startet Windows 95 automatisch das Programm »CD-Wiedergabe« und spielt die CD ab.

Autopolling *Subst.* (autopolling)
Der Prozeß, bei dem der Status jedes Gerätes in einer Reihe von Geräten periodisch ermittelt wird,

so daß das aktive Programm die Ereignisse, die von jedem Gerät erzeugt werden, auswerten und entsprechende Reaktionen darauf durchführen kann, Ereignisse sind z.B. ein Druck auf eine Maustaste oder neue am seriellen Port anliegende Daten. Die Methode des Autopollings unterscheidet sich von der sog. ereignisgesteuerten Verarbeitung, bei der das Betriebssystem, ein Programm oder eine Routine auf das Eintreten eines Ereignisses hinweist, indem ein Interrupt durchgeführt oder eine Nachricht an das Programm bzw. die Routine gesendet wird. Im anderen Fall muß jedes Gerät der Reihe nach abgefragt werden. → *auch genannt Pollen.* → *Vgl. ereignisgesteuerte Verarbeitung, interruptgesteuerte Verarbeitung.*

Autorensprache *Subst.* (authoring language)
Eine Programmiersprache oder ein Anwendungs-Entwicklungssystem, die bzw. das vornehmlich zum Erzeugen von Anwendungsprogrammen, Datenbanken und weiteren Systemen im Bereich des computerunterstützten Unterrichts (Computer-Aided Instruction, CAI) konzipiert ist. Ein bekanntes Autorensystem im Mikrocomputerbereich ist PILOT, eine Programmiersprache zur Entwicklung von Lernprogrammen. → *siehe auch CAI, PILOT.*

Autorensystem *Subst.* (authoring system)
Eine Anwendung, mit der der Benutzer Dokumente für Schulungs- und ähnliche Zwecke erzeugen und formatieren kann. Insbesondere für Multimedia-Aufgaben konzipierte Autorensysteme setzen sich häufig aus mehreren Anwendungen zusammen, die unter der Regie eines einzelnen Rahmenprogramms arbeiten. → *siehe auch Autorensprache.*

Autorisierung *Subst.* (authorization)
Insbesondere bei Ferncomputern in einem Netzwerk das an den Benutzer des Systems übertragene Recht, das System zu nutzen und Daten in diesem zu speichern. Die Autorisierung wird in der Regel durch einen Systemadministrator definiert. Wenn sich der Benutzer Zugang zum System verschaffen will, werden bestimmte Angaben, mit denen sich der Benutzer ausweist, z.B. eine Codenummer und ein Paßwort, vom Computer überprüft. Auf diese Weise wird dem Benutzer der Zugriff gewährt oder – bei ungültigen Angaben – verwehrt. → *siehe auch Netzwerk, System-*

administrator. → *auch genannt Erlaubnis, Zugriffsrechte.*

Autorisierungscode *Subst.* (authorization code)
→ *siehe Kennwort.*

Autostart-Anwendung *Subst.* (startup application)
Auf dem Apple Macintosh das Anwendungsprogramm, das die Steuerung des Systems beim Einschalten des Computers übernimmt.

Autostart-Routine *Subst.* (autostart routine)
Ein Prozeß, bei dem ein System oder Gerät automatisch eine Operation durchführt, wenn dieses eingeschaltet, das System in Betrieb genommen wird oder ein anderes vordefiniertes Ereignis eintritt. → *siehe auch AUTOEXEC.BAT, automatischer Neustart, einschalten, urladen.*

Autotrace *Subst.* (autotrace)
Ein Leistungsmerkmal eines Zeichenprogramms, bei dem die in einer Bitmap-Grafik enthaltenen, relevanten Linien (Umrisse der einzelnen Elemente der Grafik usw.) automatisch nachgezeichnet werden, wodurch die Bitmap-Grafik in eine vektororientierte (objektorientierte) Form umgewandelt wird. → *siehe auch Bitmap-Grafik, objektorientierte Grafik.*

A/UX *Subst.*
Eine Version des Mehrbenutzer- und Multitasking-Betriebssystems UNIX. Sie wird von Apple Computer für verschiedene Macintosh-Modelle angeboten und basiert auf dem UNIX-Derivat AT&T System V, Version 2.2, weist aber noch einige Erweiterungen auf. A/UX verfügt über eine Reihe von Apple-spezifischen Leistungsmerkmalen. Dabei wird auch das Toolbox-System des Macintosh unterstützt, so daß unter A/UX laufende Anwendungen den Benutzern die für diesen Computer typische grafische Benutzeroberfläche bieten können. → *siehe auch System V.*

AUX *Subst.*
Abkürzung für »**aux**iliary«, zu deutsch »Hilfs-«. Der logische Gerätename für das Hilfsgerät; unter dem Betriebssystem MS-DOS der Name für das standardmäßige Hilfsgerät. AUX bezieht sich in der Regel auf den ersten seriellen Port eines Systems, unter MS-DOS als COM1 bezeichnet.

Avatar *Subst.* (avatar)
In Umgebungen im Bereich der virtuellen Realität – z.B. bestimmten Arten von Chat-Räumen im Internet – die grafische Darstellung des Benutzers, mit der der Benutzer seine »virtuelle« Identität schafft. Der Benutzer wird typischerweise durch ein allgemeines Bild oder eine Animation eines Menschen (aus einer Liste fest vorgegebener weiblicher und männlicher Darstellungen), durch eine Fotografie oder Karikatur des Benutzers, durch ein Bild oder eine Animation eines Tieres oder ein völlig anderes, vom Benutzer frei gewähltes Objekt repräsentiert. → *siehe Superuser.*

.avi
Eine Dateinamenerweiterung für audiovisuelle Daten im Interleave-Dateiformat Microsoft RIFF.

AVI *Subst.*
Abkürzung für »Audio Video Interleaved«. Ein Multimedia-Dateiformat unter Windows zur Speicherung von Video, inklusive Ton. Das Format nutzt die RIFF-Spezifikation (Resource Interchange File Format) von Microsoft.

AVI-Kabel *Subst.* (AVI cable)
→ *siehe Transceiver-Kabel.*

.aw
Im Internet ein Kürzel für die übergreifende Länder-Domäne, die eine Adresse in Aruba angibt.

.az
Im Internet ein Kürzel für die übergreifende Länder-Domäne, die eine Adresse in Aserbaidschan angibt.

B

b
Abkürzung für »**b**inär«.
Abkürzung für »**b**it«.
Selten verwendete Abkürzung für »**B**aud«.

B *Subst.*
Abkürzung für »**B**yte«.

B: *Subst.*
In MS-DOS und einigen anderen Betriebssystemen die Bezeichnung für das zweite Diskettenlaufwerk. Falls nur ein Diskettenlaufwerk vorhanden ist, kann dieses Laufwerk sowohl mit »A:« als auch mit »B:« angesprochen werden.

.ba
Im Internet ein Kürzel für die übergreifende Länder-Domäne, die eine Adresse in Bosnien und Herzegowina angibt.

Backbone *Subst.* (backbone)
Ein Netzwerk, das den hauptsächlichen Datenverkehr zwischen kleineren Netzwerken trägt. Die Backbones im Internet, Netzbetreiber wie die US-amerikanischen Gesellschaften Sprint und MCI eingeschlossen, sind in der Lage, Tausende von Kilometern mit Hilfe von Funkverbindungen (im Mikrowellenbereich) und Standleitungen zu überbrücken.
Als »Backbones« werden auch die kleineren Netzwerke (im Vergleich zum kompletten Internet) bezeichnet, die den Großteil der Paketvermittlung im Internet durchführen. Heute setzen sich diese kleineren Netzwerke aus den Netzwerken zusammen, die ursprünglich zur Bildung des Internet entwickelt wurden. Dabei handelt es sich um die Netzwerke der Bildungs- und Forschungseinrichtungen der USA, insbesondere um NSFnet, das Netzwerk der National Science Foundation (wissenschaftliche Stiftung mit Sitz in Oak Ridge, Tennessee). → *siehe auch NSFnet, Paketvermittlung.*

Auch die Leitungen, die den hauptsächlichen Datenverkehr in einem Netzwerk tragen, werden als »Backbone« bezeichnet. In einem lokalen Netzwerk übernimmt häufig der Netzwerkbus die Funktion des Backbones. → *auch genannt zusammengebrochener Backbone.*

Backbone Cabal *Subst.* (backbone cabal)
Ehemalige Gruppe von Netzwerkadministratoren im Internet, die für die Namensvergabe der Hierarchien von Usenet-Newsgroups und die Verfahren beim Anlegen neuer Newsgroups zuständig waren.

Back-End *Subst.* (back end)
In einer Client-Server-Anwendung der Teil eines Programms, der auf dem Server läuft. → *siehe auch Client-Server-Architektur.* → *Vgl. Front End.*
In der Programmierung der Teil eines Compilers, der den Quellcode (also die für den Menschen verständlichen Befehle) in den Objektcode (also den maschinenlesbaren Code) umwandelt. → *siehe auch Compiler, Objektcode, Quellcode.*

Back-end-Prozessor *Subst.* (back-end processor)
Ein Slave-Prozessor (zu deutsch: Sklave), der den Hauptprozessor entlastet, indem er Spezialaufgaben übernimmt, z.B. die Realisierung eines schnellen Datenbankzugriffs. Eine derartige Aufgabe wird als »Back-End« (zu deutsch etwa »rückwärtige Dienste«) bezeichnet, da sie der Hauptfunktion des Computers untergeordnet ist.
Der Begriff kann sich auch auf einen Prozessor beziehen, der von einem anderen Prozessor bereitgestellte Daten manipuliert. Beispielsweise operiert ein Hochgeschwindigkeits-Grafikprozessor, der dazu konzipiert ist, Grafiken auf einem Video-Display zu zeichnen, als Reaktion auf Befehle, die der Hauptprozessor an ihn sendet.
→ *Vgl. Coprozessor.*

Backplane *Subst.* (backplane)
Eine Leiterplatte oder ein Basisgerät, die bzw. das den Einbau von Erweiterungskarten, Platinen, Geräten und die Verbindung von Geräten untereinander ermöglicht sowie den eingebauten Komponenten eine Stromversorgung und Datensignale zur Verfügung stellt.

Backus-Naur-Form *Subst.* (Backus-Naur form)
Abkürzung: BNF. Eine Metasprache zur Syntaxbeschreibung formaler Programmiersprachen. Sie ist sowohl für den Sprachentwickler als auch für den Programmierer konzipiert, der die entsprechende Sprache einsetzt. Die Beschreibung einer Sprache setzt sich aus einem Satz von Befehlen zusammen; jeder Befehl definiert ein Sprachelement, das als »Metavariable« bezeichnet und in spitze Klammern gesetzt wird. Die Metavariable wird dabei als ein Ausdruck eigentlicher Symbole (sog. Terminals) und anderer Metavariablen (inklusive sich selbst, falls erforderlich) dargestellt.
→ *siehe auch Metasprache, Normalform.*

.bak
Eine Hilfsdatei, die entweder automatisch oder auf Befehl angelegt wird und die vorletzte Version einer Datei enthält. Sie trägt denselben Namen wie die Originaldatei, verwendet jedoch ».bak« als Dateinamenerweiterung. → *siehe auch Sicherungskopie.*

Bakterie *Subst.* (bacterium)
Eine Form eines Computervirus, der sich wiederholt selbst reproduziert und möglicherweise über das komplette System verbreitet. → *siehe auch Virus.*

Balkendiagramm *Subst.* (bar chart, histogram)
Typ einer Geschäftsgrafik, bei der jedes Datenelement als rechteckiger Balken dargestellt wird. Die Balken lassen sich in der Regel sowohl vertikal als auch horizontal anzeigen bzw. drucken, wobei sie farblich oder durch verschiedene Muster voneinander abgegrenzt werden können. Außerdem ist die Darstellung von positiven und negativen Werten in bezug auf eine Nullinie möglich. Balkendiagramme sind in zwei Formen gebräuchlich: als Standard-Balkendiagramm, bei dem jeder Wert durch einen eigenen Balken dargestellt wird, und als gestapeltes Balkendiagramm, bei dem mehrere voneinander abhängige Datenelemente aufeinandergesetzt und so zu einem Balken vereint werden. → *auch genannt Balkengrafik.*

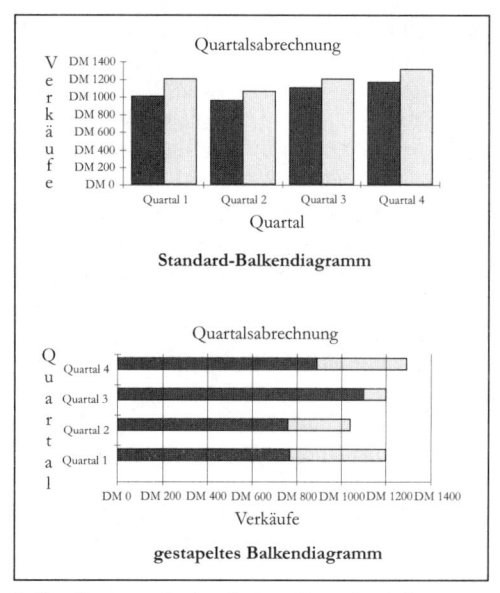

Balkendiagramm: Zwei verbreitete Typen des Balkendiagramms.

Balkengrafik *Subst.* (bar graph)
→ *siehe Balkendiagramm.*

Band *Subst.* (band)
Beim Druck von Grafiken ein rechteckiger Bereich (Streifen) einer Grafik, der vom Computer an den Drucker gesendet wird. Die Technik, bei der die Grafik in mehrere Bänder aufgeteilt wird, hat den Vorteil, daß der Drucker nicht die komplette Grafik in seinem Speicher aufbauen muß, bevor er mit dem Druckvorgang beginnen kann.
In der Kommunikationstechnik ein zusammenhängender Frequenzbereich, der für einen bestimmten Zweck eingesetzt wird, z. B. für Rundfunk- oder Fernsehübertragungen.

Bandbreite *Subst.* (bandwidth)
In der Kommunikationstechnik die Differenz zwischen der höchsten und der niedrigsten Frequenz in einem analogen Übertragungskanal. Beispielsweise arbeitet ein Telefon mit einer Bandbreite von 3 000 Hz. Sie ergibt sich aus der Differenz zwischen der höchsten (3 300 Hz) und der niedrigsten (300 Hz) übertragbaren Frequenz.

In einem digitalen Kommunikationssystem stellt die Bandbreite die Datenübertragungskapazität dar.

Bandbreite auf Anforderung *Subst.* (bandwidth on demand)
In der Telekommunikation ein Leistungsmerkmal, mit dem die Bandbreite (und damit die mögliche Übertragungsgeschwindigkeit) verändert werden kann, abhängig davon, welche Bandbreite von dem Dienst benötigt wird, der auf einem Kanal genutzt werden soll. → *siehe auch Bandbreite, Durchsatz, Kanal.*

Bandbreiten-Filter *Subst.* (bandpass filter)
Ein elektronischer Schaltkreis, der nur Signale innerhalb eines bestimmten Frequenzbereichs (Frequenzbandes) ungehindert durchläßt. Frequenzen oberhalb und unterhalb des Frequenzbandes werden dagegen unterdrückt oder abgeschwächt. → *siehe auch Dämpfung.* → *Vgl. Hochpaßfilter, Tiefpaßfilter.*

Bandbreite, vertikale *Subst.* (vertical bandwidth)
→ *siehe vertikale Bandbreite.*

Bandkassette *Subst.* (tape cartridge)
Ein Modul, das äußerlich einer Musikkassette ähnlich ist. Das darin enthaltene Magnetband kann mit Hilfe eines Bandlaufwerks gelesen oder beschrieben werden. Bandkassetten werden hauptsächlich für die Datensicherung von Festplatten eingesetzt.

Bandkassette

Bandlaufwerk *Subst.* (tape drive)
Ein Gerät zum Lesen und Beschreiben von Magnetbändern. → *siehe auch Magnetband.*

Bank *Subst.* (bank)
Eine Gruppe gleichartiger elektrischer Geräte oder elektronischer Bauelemente, die miteinander verbunden sind und als eine Einheit eingesetzt werden. Beispielsweise sind Transistoren innerhalb eines Chips zeilen- und spaltenweise in einer Matrix verschaltet und bilden in dieser Anordnung einen Speicherbereich; mehrere Speicherchips können zu einem Speichermodul wie einem SIMM zusammengeschlossen werden. → *siehe auch SIMM.*
»Bank« bezeichnet außerdem ein Speichersegment, dessen Größe gewöhnlich in Übereinstimmung mit den Adressierungsmöglichkeiten des Prozessors gewählt wird. Beispielsweise kann ein 8-Bit-Prozessor auf einen Adreßraum von 65 536 Byte zugreifen, so daß in diesem Fall eine Speicherbank mit maximal 64 Kilobyte direkt adressierbar ist. Um eine weitere 64-Kilobyte-Bank einbeziehen zu können, muß dem Prozessor mit Hilfe einer Logikschaltung vorgetäuscht werden, daß er es mit einem separaten Speicherblock zu tun hat. → *siehe auch Bank-Umschaltung, Seite.*

Bank-Umschaltung *Subst.* (bank switching)
Eine Methode zur Erweiterung des verfügbaren Arbeitsspeichers (RAM) durch Umschalten zwischen mehreren Speicherbänken mit RAM-Chips. Dabei kann nicht auf mehrere Bänke gleichzeitig zugegriffen werden. Die einzelnen Bänke verwenden alle denselben Speicherbereich, der vor der Umschaltung jeweils ausgeblendet wird. Auch wenn eine Bank nicht aktiv ist, bleiben die gespeicherten Informationen erhalten. Bevor auf eine andere Bank zugegriffen werden kann, muß das Betriebssystem, ein Treiber oder ein Programm explizit einen Befehl an die Hardware erteilen, um die Umschaltung zu bewerkstelligen. Da dieser Vorgang eine gewisse Zeit in Anspruch nimmt, sind speicherintensive Operationen mit Bank-Umschaltung langsamer als vergleichbare mit ausschließlicher Verwendung des Hauptspeichers. Die Realisierung von Speicher mit Bank-Umschaltung erfolgt gewöhnlich in Form einer Erweiterungskarte, die in einen Steckplatz auf der Hauptplatine gesteckt wird.

Banner *Subst.* (banner)
Ein streifenförmiger Bereich auf einer Web-Seite, der eine Werbebotschaft enthält und typischer-

B weise über die komplette Seitenbreite reicht. Ein Banner enthält einen Link zu der Site der Firma, die die Anzeige geschaltet hat. → *siehe auch Web-Seite, Website.*

Barcode *Subst.* (bar code)
Ein spezieller Identifizierungscode, der in Form von vertikalen Balken unterschiedlicher Breite auf Büchern, Lebensmitteln und anderen Handelsgütern aufgedruckt ist und für die schnelle, fehlerfreie Eingabe in Einrichtungen wie Büchereien, Krankenhäusern und Supermärkten eingesetzt wird. Der Barcode stellt binäre Informationen dar, die sich mit einem optischen Scanner lesen lassen. Im Code können sowohl Ziffern als auch Buchstaben enthalten sein; einige Codes verwenden eine integrierte Prüfsumme und sind in beiden Richtungen lesbar. Ein bekannter Barcode ist der EAN (Europäische Artikel-Numerierung), der in Europa auf Lebensmitteln und anderen Handelsgütern verwendet wird. Das US-amerikanische Gegenstück zum EAN ist der UPC (Universal Product Code).

Barcode-Lesegerät *Subst.* (bar code reader)
→ *siehe Barcode-Scanner.*

Barcode-Scanner *Subst.* (bar code scanner)
Ein optisches Gerät, das einen Laserstrahl verwendet und dazu dient, Barcodes einzulesen und zu interpretieren – z. B. den EAN-Code, der in Europa auf Handelsgütern eingesetzt wird. → *siehe auch Barcode, Universal Product Code.*

Basic *Subst.*
Abkürzung für »Beginner's All-purpose Symbolic Instruction Code« (zu deutsch »Allzweckprogrammiersprache für Anfänger«). Eine höhere Programmiersprache, die Mitte der 60er Jahre von John Kemeny und Thomas Kurtz am Dartmouth College (in Hanover, New Hampshire, USA) entwickelt wurde. Sie gilt als eine der am einfachsten erlernbaren Programmiersprachen überhaupt. → *siehe auch True BASIC, Visual Basic.*

Basic Rate Interface *Subst.*
→ *siehe BRI.*

Basis *Subst.* (base, radix)
In der Mathematik die Grundzahl eines Zahlensystems.
Die Basis gibt dabei die Anzahl der verschiedenen Ziffern des jeweiligen Zahlensystems an. Bei Mikrocomputern spielen vier Zahlensysteme eine Rolle: Binärsystem, Oktalsystem, Dezimalsystem und Hexadezimalsystem. Jedes dieser Zahlensysteme basiert auf einer unterschiedlichen Anzahl an Ziffern. Das Binärsystem (auch als »Dualsystem« bezeichnet), das System zur Basis 2, wird zur Darstellung der Zustände von elektronischen Logikschaltungen verwendet und weist 2 Ziffern auf: 0 und 1. Das Oktalsystem, das System zur Basis 8, verfügt über 8 Ziffern: 0 bis 7. Das gewohnte Dezimalsystem, das System zur Basis 10, besitzt 10 Ziffern: 0 bis 9. Das Hexadezimalsystem, das System zur Basis 16, arbeitet mit 16 Ziffern: 0 bis 9, A bis F. Falls Zahlen in bezug auf eine besondere Basis geschrieben werden, wird letztere häufig in eingeklammerter und tiefgestellter Form hinter die Werte gesetzt, z. B. in $24AE_{(16)}$. Der Wert 24AE ist also ein hexadezimaler Wert (dezimal 9390). → *siehe auch binary, Dezimalsystem, hexadezimal, oktal.*

In der Mathematik außerdem eine Zahl, die mit Hilfe des angegebenen Exponenten potenziert, also mit sich selbst multipliziert wird. Dazu ein Beispiel: $2^3 = 2 \times 2 \times 2 = 8$. In diesem Beispiel ist 2 die Basis und 3 der Exponent.

In der Elektronik stellt die Basis einen der drei Anschlüsse eines bipolaren Transistors dar. Die anderen beiden Anschlüsse werden als »Emitter« und »Kollektor« bezeichnet. Über den durch die Basis fließenden Steuerstrom wird der Hauptstrom zwischen Emitter und Kollektor beeinflußt. → *siehe auch Transistor.*

Auch das isolierende Grundmaterial einer gedruckten Leiterplatte wird als »Basis« bezeichnet. → *siehe auch Leiterplatte.*

Basis 10 *Adj.* (base 10)
→ *siehe Dezimalsystem.*

Basis 16 *Adj.* (base 16)
→ *siehe hexadezimal.*

Basis 2 *Adj.* (base 2)
→ *siehe binary.*

Basis 8 *Adj.* (base 8)
→ *siehe oktal.*

Basisadresse *Subst.* (base address)
Der Teil einer zweiteiligen Speicheradresse, der konstant ist und als Bezugspunkt (Basis) für die Berechnung der Position eines Datenbytes dient. Eine Basisadresse wird von einem Offset-Wert begleitet, der zur Basis addiert wird, um den genauen Ort (die absolute Adresse) von Daten zu bestimmen. Dieses Konzept ist vergleichbar mit einem Straßen-Adreßsystem (wie es z.B. in US-amerikanischen Großstädten verwendet wird). Beispielsweise besteht die Adresse »2010 Main Street« aus einer Basis (der Block 2000 in der Main Street) plus einem Offset (10 von Beginn des Blocks gerechnet). Bei IBM-PCs und kompatiblen PCs werden Basisadressen als »Segmentadressen« bezeichnet. Bei diesen Computern werden die Positionen von Daten als relative Offset-Werte angegeben, bezogen auf den Start eines Speichersegments. → *siehe auch absolute Adresse, Offset, relative Adresse, Segment.*

Basisband- *Adj.* (baseband)
Eigenschaft eines Kommunikationssystems, in dem das Übertragungsmedium (z.B. ein gewöhnliches Kabel oder ein Glasfaserkabel) genau eine digitale Nachricht transportiert. Erst nachdem die Übertragung beendet ist, kann eine neue Nachricht übertragen werden. Basisband-Übertragungen werden in lokalen Netzwerken wie Ethernet und Token Ring eingesetzt. → *siehe auch Ethernet, Glasfasertechnik, Token-Ring-Netzwerk.* → *Vgl. Breitband-.*

Basisband-Netzwerk *Subst.* (baseband network)
Typ eines lokalen Netzwerks, bei dem der Nachrichtenverkehr in digitaler Form auf einem einzelnen Übertragungskanal abgewickelt wird und bei dem die beteiligten Geräte durch Koaxialkabel oder verdrillte Leitungen miteinander verbunden sind. Geräte in einem Basisband-Netzwerk senden nur, wenn der Kanal nicht belegt ist, obwohl sich durch das sog. Zeitmultiplex-Verfahren eine gemeinsame Kanalnutzung realisieren ließe. Jede Meldung wird als »Paket« verschickt, das sowohl die eigentlichen Daten als auch Informationen über die Quell- und Zielgeräte enthält. Basisband-Netzwerke arbeiten über kurze Entfernungen bei Geschwindigkeiten im Bereich von 50 Kilobit pro Sekunde (Kbps) bis zu 16 Megabit pro Sekunde (Mbps). Empfang, Verifizierung und Konvertierung einer Nachricht erhöhen den eigentlichen Zeitbedarf allerdings erheblich bzw. verringern den Durchsatz. Die empfohlene Maximalentfernung für ein derartiges Netzwerk beträgt etwa 3 km, sollte aber bei stark frequentierten Netzwerken deutlich darunter liegen. → *siehe auch Durchsatz, Koaxialkabel, Multiplexing, Paket, Twisted-pair-Kabel, Zeit-Multiplexing.* → *Vgl. Breitband-Netzwerk.*

Basisklasse *Subst.* (base class)
In der Programmiersprache C++ eine Klasse, von der andere Klassen durch Vererbung abgeleitet wurden (oder abgeleitet werden können). → *siehe auch abgeleitete Klasse, Klasse, objektorientierte Programmierung, Vererbung.*

Basis-minus-1-Komplement *Subst.* (radix-minus-1 complement)
In einem Zahlensystem bei gegebener fester Stellenzahl ein Komplement einer Zahl. Dabei wird jede ihrer Stellen von der höchsten im Zahlensystem darzustellenden Ziffer (entspricht der Basis minus 1) subtrahiert. Bei einem System aus fünf Dezimalstellen ist das Basis-minus-1-Komplement von 1234 die Zahl 98765 (d.h. 99999 – 1234). Die Addition einer Zahl zu ihrem Basis-minus-1-Komplement ergibt die höchstmögliche Zahl in diesem System (in diesem Beispiel wieder 99999). Wird eine weitere 1 zu dieser Zahl addiert, würde sich im Beispiel 100000 ergeben, da jedoch nur fünf Stellen berücksichtigt werden, lautet das Ergebnis Null. Auf diese Weise läßt sich in diesem System die negative Form einer Zahl durch Addition einer 1 zum Basis-minus-1-Komplement darstellen, da folgendes gilt: $-a + a = 0$. Im Binärsystem ist das Basis-minus-1-Komplement das Einerkomplement, das sich einfach durch Invertieren aller Bits (binären Stellen) gewinnen läßt.

Basis-RAM *Subst.* (base RAM)
→ *siehe konventioneller Arbeitsspeicher.*

Basis-Sortieralgorithmus *Subst.* (radix sorting algorithm)
Ein Sortieralgorithmus, der Elemente entsprechend aufeinanderfolgender Teile ihrer Schlüssel gruppiert. Ein einfaches Beispiel stellt das Sortieren einer Liste von Zahlen im Bereich 0–999 dar. Zuerst sortiert man die Liste nach der Hunderter-

stelle in (bis zu) 10 Listen. Diese Listen werden jede für sich auf Basis der Zehnerstellen wiederum in (bis zu) 10 Listen sortiert. Als abschließenden Schritt ordnet man jede dieser Listen nach der Einerstelle. Dieser Algorithmus arbeitet gewöhnlich effizienter, wenn die Sortierung auf Basis binärer Werte erfolgt, wodurch sich die Vergleiche vereinfachen (Ist ein gegebenes Bit gesetzt oder nicht?) und sich die Anzahl der Listen reduziert (jeder Durchlauf produziert höchstens zwei Listen).

Basissortierung *Subst.* (radix sort)
→ *siehe numerische Sortierung.*

Basisspeicher *Subst.* (base memory)
→ *siehe konventioneller Arbeitsspeicher.*

.bat
Die Endung eines Dateinamens, die eine Stapeldatei kennzeichnet. Unter MS-DOS sind .bat-Dateien ausführbare Programmdateien, die andere Programmdateien aufrufen. → *siehe auch Stapeldatei.*

Batch-Job *Subst.* (batch job)
Ein Programm oder eine Befehlsfolge, das bzw. die ohne Mitwirkung des Benutzers abgearbeitet wird. → *siehe auch Stapelverarbeitung.*

Batterie *Subst.* (battery)
Ein Stromspeicher, der aus einem Gehäuse besteht, in dem sich zwei oder mehr Zellen befinden. Jede dieser Zellen enthält ein Elektrolyt und eine darin eingelassene Elektrode. In Personal Computern werden Batterien als Hilfsstromquelle verwendet, mit der vor allem die Echtzeituhr mit Strom versorgt wird, wenn der Computer ausgeschaltet oder anderweitig vom Netz getrennt ist. In Laptops und Notebooks werden Batterien als Stromquelle eingesetzt, um einen Betrieb ohne Steckdose zu ermöglichen. Bei diesen Computern kommen in aller Regel wiederaufladbare Batterien wie Nickel-Cadmium-, Nickel-Hydrid- und Lithium-Batterien zum Einsatz. Neben der Versorgung der Echtzeituhr werden auch bestimmte Formen von Speicherchips, die typischerweise wichtige Systeminformationen puffern (z. B. das CMOS), mit Hilfe einer Batterie dauerhaft mit Strom versorgt. Strenggenommen werden im Deutschen nur die nicht wiederaufladbaren Stromspeicher als »Batterien« bezeichnet. Wiederaufladbare Stromspeicher werden dagegen »Akkus« genannt. In der Praxis wird dieser Unterschied jedoch häufig nicht beachtet. → *siehe auch Bleiakku, Lithium-Akku, Nickel-Cadmium-Akkumulator, Nickel-Hydrid-Akku, RAM.*

Batterie-Backup *Subst.* (battery backup)
Eine batteriebetriebene Hilfsstromversorgung zur Überbrückung von Netzausfällen.
Auch der Einsatz von Batterien, um bestimmte Schaltkreise (z. B. die Echtzeituhr eines Computers) weiterzubetreiben, wenn die Hauptstromversorgung abgeschaltet ist, oder spezielle Speicherchips mit Strom zu versorgen – typischerweise solche Chips, die wichtige Systeminformationen puffern (z. B. das CMOS) –, wird als »Batterie-Backup« bezeichnet. → *siehe auch UPS.*

Batterieprüfer *Subst.* (battery meter)
Ein Gerät, das dazu dient, die Kapazität einer elektrischen Zelle zu messen.

Baud *Subst.* (baud)
Einheit der Schrittgeschwindigkeit. 1 Baud = 1 Signaländerung pro Sekunde. Die Einheit wurde nach dem französischen Techniker und Telegrafen Jean-Maurice-Emile Baudot benannt und ursprünglich dazu verwendet, die Übertragungsgeschwindigkeit von Telegrafie-Einrichtungen zu bestimmen. Heute wird die Einheit meist in bezug auf die Datenübertragung bei Modems verwendet. → *siehe auch Baudrate.*

Baudot-Code *Subst.* (Baudot code)
Ein 5-Bit-Code, der hauptsächlich in der Fernschreibtechnik zum Einsatz kommt. Die Entwicklung dieses Codes geht auf den französischen Techniker und Telegrafen Jean-Maurice-Emile Baudot zurück. Obwohl es nicht ganz korrekt ist, wird der Baudot-Code manchmal mit dem Internationalen Alphabet Nummer 2 gleichgesetzt, das vom CCITT (Comité Consultatif Internationale de Télégraphique et Téléphonique) vorgeschlagen wurde.

Baudrate *Subst.* (baud rate)
Die Geschwindigkeit, mit der ein Modem Daten überträgt. Die Baudrate ist die Anzahl an Signaländerungen, die pro Sekunde durchgeführt wer-

den, nicht die Anzahl der pro Sekunde übertragenen Bits (bps). In der Hochgeschwindigkeitskommunikation kann eine Signaländerung nämlich mehrere Bits codieren, so daß Modems besser über die Einheit bps, die exakte Rückschlüsse zuläßt, als über die Baudrate charakterisiert werden sollten. Beispielsweise ist es denkbar, daß ein – fälschlicherweise – als »9600-Baud-Modem« bezeichnetes Modem tatsächlich mit 2400 Baud arbeitet, aber 9.600 bit pro Sekunde überträgt, indem mit jeder Signaländerung 4 bit codiert werden (2400 * 4 = 9600), so daß das Modem korrekterweise als »9600-bps-Modem« bezeichnet werden muß. → *Vgl. Bitrate, Transferrate.*

Baum *Subst.* (tree)
Eine Datenstruktur, die in einer hierarchischen Anordnung miteinander verknüpfte Knoten enthalten kann. Den obersten Knoten bezeichnet man als Wurzel. Mit Ausnahme der Wurzel gibt es zu jedem Knoten genau einen Elternknoten, und jeder Knoten kann wiederum mehrere Kind-Knoten aufweisen. → *siehe auch Blatt (eines Logikbaums), Graph, Graph, Kante, Knoten.*

baumartige Bandverteilung *Subst.* (tape tree)
Eine Verteilungsmethode für Musikaufnahmen, wie sie bei Musik-Newsgroups und Verteilerlisten im Usenet verwendet wird. Dabei wird eine Aufnahme kopiert und an eine Anzahl von Teilnehmern (den *Ästen*) verschickt, die wiederum weitere Kopien verschicken (an *Kinder* bzw. *Blätter* des Baums). → *siehe auch Baumstruktur, Blatt (eines Logikbaums), Child, Verzweigung.* → *Vgl. Vine.*

Baum, binärer *Subst.* (binary tree)
→ *siehe binärer Baum.*

Baum-Netzwerk *Subst.* (tree network)
Eine Topologie eines lokalen Netzwerks (LAN), bei der eine Maschine mit mehreren anderen verbunden ist, und diese Maschinen wiederum mit weiteren verbunden sind usw., so daß die sich ergebende Struktur des Netzwerks einem Baum ähnelt. → *siehe auch Bus-Netzwerk, Ring-Netzwerk, Stern-Netzwerk, Token-Ring-Netzwerk, Topologie, verteiltes Netzwerk.*

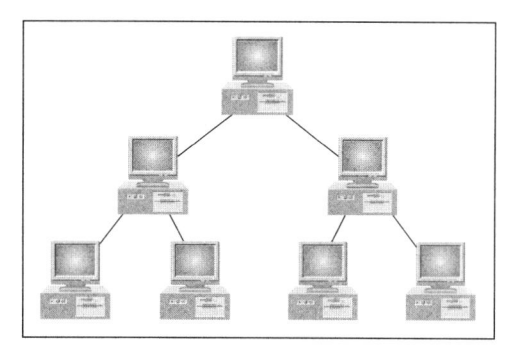

Baum-Netzwerk

Baumstruktur *Subst.* (tree structure)
Eine Datenstruktur, die in Grundzügen die organisatorischen Eigenschaften eines Baums aufweist. → *siehe auch Baum.*

Baumsuche *Subst.* (tree search)
Eine Suchprozedur für Daten, die in einer Baumstruktur vorliegen. Bei jedem einzelnen Suchschritt kann dabei anhand des Kennwertes eines einzelnen Knotens bestimmt werden, ob der Knoten zu durchsuchen ist oder die darunter liegenden Äste eliminiert werden können. Die Äste selbst müssen für diese Entscheidung nicht durchsucht werden. → *siehe auch Baumstruktur, Verzweigung.*

Bauteil, gepoltes *Subst.* (polarized component)
→ *siehe gepoltes Bauteil.*

.bb
Im Internet ein Kürzel für die übergreifende Länder-Domäne, die eine Adresse auf Barbados angibt.

B-Baum *Subst.* (B-tree)
Eine Baumstruktur für die Speicherung von Datenbankindizes. Das Prinzip des B-Baumes erlaubt es, sehr große Indexdateien schnell zu durchsuchen. Zu diesem Zweck ist der Index nicht sequentiell aufgebaut (das sequentielle Durchsuchen des Index dauert bei großen Datenbeständen sehr lange), sondern als Baum. Jeder Knoten des Baumes enthält dabei mehrere aufsteigend sortierte Schlüsselwerte, die die höchsten Schlüsselwerte des jeweiligen untergeordneten Knotens darstellen. Davon ausgehend, daß von einem aufzufindenden Datensatz der Schlüssel bekannt ist (im

folgenden als »Suchschlüssel« bezeichnet), läßt sich die physikalische Datensatzposition nach folgendem Prinzip ermitteln: Das Programm liest den ersten Knoten (die Wurzel) von der Festplatte ein und vergleicht die enthaltenen Schlüsselwerte mit dem Suchschlüssel. Der erste Schlüsselwert, der größer als der Suchschlüssel oder mit diesem identisch ist, führt zum untergeordneten Knoten, an dem die Vergleichsprozedur wiederholt wird. Dieser Vorgang wird so lange fortgesetzt, bis die unterste Schicht erreicht ist. Die Schlüsselwerte der Knoten dieser Schicht (diese besonderen Schlüsselwerte werden als »einfache Indizes« bezeichnet) enthalten Zeiger auf die gesuchten physikalischen Datensatzpositionen.

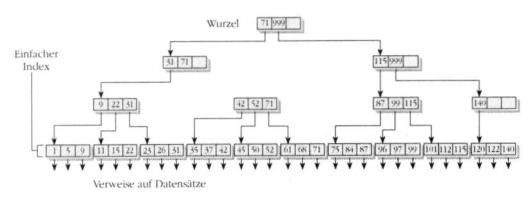

B-Baum: Eine B-Baum-Indexstruktur

BBL *Subst.*
Abkürzung für »**b**e **b**ack **l**ater«, zu deutsch »Bin später wieder da«. Ein Ausdruck, der gewöhnlich in Livechats im Internet und anderen Online-Diensten verwendet wird und angibt, daß ein Teilnehmer das Diskussionsforum vorübergehend verläßt.
→ *siehe auch chatten.*

BBS *Subst.*
Abkürzung für »**b**ulletin **b**oard **s**ystem« (wörtlich übersetzt »Schwarzes-Brett-System«. Im Deutschen wird synonym zu »BBS« sehr häufig der Ausdruck »Mailbox« verwendet). Ein Computersystem, das mit einem oder mehreren Modems oder mit besonderen Netzwerkzugängen ausgerüstet ist und als Informations- und Nachrichtenübergabe-Zentrale dient, in die sich die Benutzer einwählen können. Mailboxen konzentrieren sich häufig auf besondere Interessen – z. B. Science-fiction, Kinofilme, das Betriebssystem Windows oder den Macintosh – und sind kostenlos zugänglich oder aber gebührenpflichtig, wobei bei gebührenpflichtigen Systemen oftmals zumindest bestimmte Dienste kostenlos angeboten werden. Benutzer wählen sich in eine Mailbox mit Hilfe ihres Modems ein und legen Nachrichten und Beiträge in bestimmten Bereichen (Foren) ab, in denen sich die Teilnehmer über diverse Themen unterhalten. Entfernt ist eine Mailbox mit einem schwarzen Brett vergleichbar (daher auch die Bezeichnung BBS), wie es z. B. an Schulen und Universitäten zu finden ist, und an das Notizzettel geheftet werden, um Informationen auszutauschen und Kontakte zu knüpfen. Viele Mailboxen erlauben es den Benutzern, sich mit anderen Benutzern zu unterhalten (Online Chat), E-Mail zuzusenden sowie Dateien herunter- und hochzuladen, wobei häufig eine Softwarebibliothek mit Freeware und Shareware zur Verfügung steht. Einige Mailboxen bieten außerdem einen Internet-Zugang an. Viele Software- und Hardwarefirmen betreiben herstellereigene Mailboxen, über die sich ihre Kunden über Produkte informieren, technische Anwenderunterstützung in Anspruch nehmen sowie Software-Upgrades und -Patches beziehen können.
»BBS« ist außerdem die Abkürzung für »**b**e **b**ack **s**oon«, zu deutsch »Bin bald zurück«. Sie wird häufig in Internet-Diskussionen als Grußformel von einem Teilnehmer verwendet, der sich auf diese Weise vorübergehend von der Runde verabschiedet.

bcc *Subst.*
Abkürzung für »**b**lind **c**ourtesy **c**opy«, zu deutsch »Blinddurchschlag«. Ein Leistungsmerkmal eines E-Mail-Programms, das es dem Benutzer erlaubt, eine Kopie einer E-Mail an einen Empfänger zu senden, ohne daß die anderen Empfänger dieser E-Mail darüber Kenntnis erhalten. Im allgemeinen wird der Empfänger der »Blindkopie« in ein mit »bcc:« beschriftetes Feld im Mailkopf eingetragen.
→ *siehe auch E-Mail, Kopf.* → *auch genannt Blind Carbon Copy.* → *Vgl. cc.*

.bc.ca
Im Internet ein Kürzel für die übergreifende Länder-Domäne, die eine Adresse in Britisch-Kolumbien in Kanada angibt.

BCD *Subst.*
→ *siehe binär-codierte Dezimalzahlen.*

BCNF *Subst.*
Abkürzung für »**B**oyce-**C**odd **n**ormal **f**orm«. → *siehe Normalform.*

.bd
Im Internet ein Kürzel für die übergreifende Länder-Domäne, die eine Adresse in Bangladesch angibt.

.be
Im Internet ein Kürzel für die übergreifende Länder-Domäne, die eine Adresse in Belgien angibt.

Beachtung der Groß-/Kleinschreibung *Subst.* (case sensitivity)
Unterscheidung zwischen Klein- und Großbuchstaben in einem Programm oder in Verbindung mit einer Programmiersprache. → *siehe auch CASE.*

bearbeiten *Vb.* (edit)
Den Inhalt einer bestehenden Datei oder eines Dokuments verändern. Änderungen an einem vorhandenen Dokument werden zunächst im Speicher oder einer temporären Datei gespeichert, werden aber erst dann im Dokument wirksam, wenn man das Programm anweist, sie zu speichern. Bei den meisten Bearbeitungsprogrammen sind Schutzmaßnahmen gegen unbeabsichtigte Änderungen vorgesehen. Die Bearbeitungsprogramme erwarten z.B. eine Bestätigung, bevor sie ein Dokument unter einem existierenden Dateinamen speichern, sie bieten dem Benutzer die Möglichkeit einer Kennwortvergabe oder ermöglichen die Zuweisung des Nur-Lese-Status an eine Datei.
Auch beim Ausführen von spezieller Software, die umfangreiche, vorhersehbare Änderungen an einer Datei automatisch vornimmt (z.B. ein Linker oder ein Grafikfilter), spricht man von »bearbeiten«.

Bearbeitungsmodus *Subst.* (edit mode)
Der Modus eines Programms, in dem ein Benutzer Änderungen an einem Dokument vornehmen kann, z.B. das Einfügen oder Löschen von Daten oder Text. → *Vgl. Befehlsmodus.*

Bearbeitungstaste *Subst.* (edit key)
Eine vordefinierte Taste oder eine Tastenkombination in einer Software-Anwendung, die die Anwendung in den Bearbeitungsmodus versetzt.

Bearbeitungstasten *Subst.* (editing keys)
Eine Gruppe von Tasten auf einigen Tastaturen zur Unterstützung der Textbearbeitung. Die Bearbeitungstasten sind zwischen der Haupttastatur und dem numerischen Tastenblock angeordnet. In beiden Fällen umfaßt dieser Satz drei Tastenpaare: Einfügen und Entfernen, Position 1 und Ende sowie Bild nach oben und Bild nach unten.

BeBox *Subst.*
Ein Hochleistungs-Mehrprozessor-Computer (RISC-basierte PowerPC-Prozessoren), der von der Firma Be angeboten wurde und mit dem eigenen Betriebssystem BeOS arbeitet. Der BeBox-Computer wurde bis Anfang 1997 als Instrument für Software-Entwickler vertrieben. Be hat die Produktion des BeBox-Computers inzwischen eingestellt und konzentriert sich auf die Entwicklung des Betriebssystems BeOS für andere Plattformen. → *siehe auch BeOS, PowerPC, RISC.*

Bedienkomfort *Subst.* (accessibility)
Die Qualität eines Systems, eingeschlossen die Hardware und Software, die den Computer für Personen nutzbar machen, die eine oder mehrere körperliche Behinderungen aufweisen, z.B. eingeschränkte Beweglichkeit, Blindheit oder Taubheit.

bedingt *Adj.* (conditional)
Eigenschaft einer Aktion oder Operation, die abhängig von dem Ergebnis einer bestimmten Bedingung (wahr oder falsch) ausgeführt wird. → *siehe auch Bedingungsanweisung, Boolescher Ausdruck.*

bedingte Kompilierung *Subst.* (conditional compilation)
Die Kompilierung oder Übersetzung eines Quellcodes in Abhängigkeit von bestimmten Bedingungen oder Flags. Beispielsweise läßt sich erreichen, daß bei der Programmierung festgelegte Programmabschnitte nur dann kompiliert werden, wenn ein DEBUG-Flag zum Zeitpunkt der Kompilierung gesetzt ist. → *siehe auch auskommentieren.*

bedingter Ausdruck *Subst.* (conditional expression)
→ *siehe Boolescher Ausdruck.*

bedingter Sprung *Subst.* (conditional jump)
In einem Programm ein Sprungbefehl, dessen Ausführung vom Ergebnis eines bestimmten Bedingungscodes (entweder wahr oder falsch) ab-

hängig ist. Der Begriff wird gewöhnlich in bezug auf maschinennahe Sprachen verwendet. → *siehe auch Bedingungscode, Sprungbefehl.*

bedingte Übergabe *Subst.* (conditional transfer)
Die Übergabe des Programmablaufs an eine festgelegte Stelle im Programm in Abhängigkeit vom Ergebnis einer bestimmten Bedingung (wahr oder falsch). Der Begriff wird gewöhnlich in bezug auf Hochsprachen verwendet. → *siehe auch Bedingungsanweisung.*

bedingte Verzweigung *Subst.* (conditional branch)
In einem Programm ein Verzweigungsbefehl, dessen Ausführung vom Ergebnis eines bestimmten Bedingungscodes (entweder wahr oder falsch) abhängig ist. Der Begriff wird gewöhnlich in bezug auf maschinennahe Sprachen verwendet. → *siehe auch Bedingungscode, Verzweigungsbefehl.*

Bedingung *Subst.* (condition)
Logischer Ausdruck, der das Ergebnis eines eingebetteten Ausdrucks oder den Wert einer Variable überprüft (z. B. darauf, ob der Ausdruck wahr oder falsch bzw. ob zwei Elemente gleich oder ungleich sind).

Bedingungsanweisung *Subst.* (conditional statement)
Ein Befehl in einer Programmiersprache, der einen Ausführungspfad auf der Grundlage einer Bedingung (wahr oder falsch) auswählt. Die IF-Anweisung ist ein Beispiel für eine Bedingungsanweisung. → *siehe auch Anweisung, bedingt, Case-Befehl, IF-Anweisung.*

Bedingungscode *Subst.* (condition code)
Ein Bit aus einer Bitmenge, das stellvertretend für das Ergebnis eines vorangegangenen Maschinenbefehls auf »ein« (1 oder »wahr«) bzw. »aus« (0 oder »falsch«) gesetzt wird. Der Begriff wird überwiegend im Assembler- und Maschinensprachenbereich verwendet. Bedingungscodes sind spezifisch für die jeweilige Hardware; sie umfassen aber in der Regel Codes für Übertrag, Überlauf, Null-Ergebnis und Negativ-Ergebnis. → *siehe auch bedingte Verzweigung.*

beenden *Vb.* (quit, terminate)
Allgemein das Anhalten eines Systems oder Programms.
Meist wird dabei assoziiert, daß das Programm auf ordnungsgemäßem Weg verlassen und die Steuerung an das Betriebssystem zurückgegeben wird. → *Vgl. abbrechen, abstürzen, crashen, hängen.*
Das Beenden kann allerdings auch irregulär erfolgen. Die Ursache dafür liegt meist in einem Eingriff des Benutzers oder in einem Hardware- bzw. Softwarefehler.
Der Befehl oder Menüpunkt, der zum Verlassen eines Programms dient, lautet meist »Beenden« oder – bei englischsprachigen Programmen – »quit«.

Befehl *Subst.* (command, instruction)
In Verbindung mit Anwendungen eine auf der Benutzerebene initiierte Anweisung an ein Computerprogramm, die das Ausführen einer Aktion bewirkt. Befehle werden entweder über die Tastatur eingegeben oder aus einem Menü gewählt.
In der Programmierung eine Ausführungsanweisung in einer beliebigen Computersprache (Maschinen- oder Assemblersprache). Die meisten Programme lassen sich in zwei Anweisungstypen aufteilen: Deklarationen und Befehle. → *siehe auch Anweisung, Deklaration.*

Befehl, eingebetteter *Subst.* (embedded command)
→ *siehe eingebetteter Befehl.*

Befehl, externer *Subst.* (external command)
→ *siehe externer Befehl.*

Befehl, interner *Subst.* (internal command)
→ *siehe interner Befehl.*

Befehl, privilegierter *Subst.* (privileged instruction)
→ *siehe privilegierter Befehl.*

Befehlsadressierung, segmentierte *Subst.* (segmented instruction addressing)
→ *siehe segmentierte Adressierungsarchitektur.*

Befehlsausführungszeit *Subst.* (instruction time)
Die Anzahl von Taktzyklen (Impulsen des internen Computer-Timer), die benötigt wird, um einen Befehl aus dem Speicher abzurufen. Die Befehlsausführungszeit bildet den ersten Teil eines Befehlszyklus, die Ausführungszeit (Übertragen und Ausführen) den zweiten Teil. → *auch genannt I-time.*

Befehlscode *Subst.* (instruction code)
→ *siehe Operation Code.*

Befehlsinterpreter *Subst.* (command interpreter)
Ein Programm – gewöhnlich ein Bestandteil des Betriebssystems –, das über die Tastatur eingegebene Befehle entgegennimmt und die entsprechenden Befehle ausführt. Der Befehlsinterpreter ist für das Laden von Anwendungen und die Steuerung des Informationsflusses zwischen Anwendungen verantwortlich. In den Betriebssystemen OS/2 und MS-DOS erlaubt der Befehlsinterpreter außerdem die Durchführung einfacher Aufgaben, z.B. das Verschieben und Kopieren von Dateien und die Anzeige des Inhaltsverzeichnisses. → *siehe auch Shell.*

Befehlsmix *Subst.* (instruction mix)
Die in einem Programm vorkommende Mischung von Befehlstypen, z.B. Zuweisungen, mathematische (Gleitkomma- oder Integer) Anweisungen, Steueranweisungen, Indexanweisungen usw. Anhand des Befehlsmix eines typischen Programms können die Entwickler von CPUs Rückschlüsse ziehen, welche Befehle zum Erreichen der größten Geschwindigkeit gekürzt werden sollen. Ähnlich hilfreich ist die Kenntnis des Befehlsmix für die Gestaltung von Benchmarks, um relevante Aussagen für reale Aufgaben treffen zu können.

Befehlsmodus *Subst.* (command mode, command state)
Allgemein eine Betriebsart, in der ein Programm auf die Eingabe eines Befehls wartet. → *Vgl. Bearbeitungsmodus, Einfügemodus.*
Bei einem Modem eine Betriebsart, in der das Modem Befehle akzeptiert, z.B. einen Befehl, der eine Telefonnummer wählt. → *Vgl. Online-Status.*

befehlsorientierte Benutzerschnittstelle *Subst.* (programmatic interface)
Eine Benutzeroberfläche, die im Gegensatz zu einer grafischen Benutzeroberfläche von Befehlen oder von einer speziellen Programmiersprache abhängig ist. UNIX und MS-DOS verfügen über befehlsorientierte Benutzerschnittstellen. Apple Macintosh und Microsoft Windows besitzen grafische Benutzeroberflächen. → *siehe auch Befehlszeilen-Schnittstelle, grafische Benutzeroberfläche, symbolorientierte Oberfläche.*

Befehlsprozessor *Subst.* (command processor)
→ *siehe Befehlsinterpreter.*

Befehlspuffer *Subst.* (command buffer, history)
Ein Speicherbereich, in dem die von den Benutzern eingegebenen Befehle zwischengespeichert werden. Mit Hilfe des Befehlspuffers können bereits gesendete Befehle erneut abgeschickt werden, ohne sie ein weiteres Mal eingeben zu müssen. Außerdem ist es möglich, bereits gesendete Befehle zu editieren, um bei diesen Parameter zu ändern oder Eingabefehler zu korrigieren. Des weiteren lassen sich Befehle zurücknehmen (Undo-Funktion), und es kann eine Liste der zuletzt eingegebenen Befehle angefordert werden. → *siehe auch Schablone.*
Neben Befehlen, die in der Shell eines Betriebssystems eingegeben werden, werden in einem Befehlspuffer abhängig vom eingesetzten Programm auch andersartige Informationen gespeichert, z.B. die Menüs, die im Gopher durchlaufen werden, oder die Verknüpfungen, die über einen Web-Browser aufgerufen werden.

Befehlsregister *Subst.* (instruction register)
Ein Register in einer CPU, das die Adresse des nächsten auszuführenden Befehls aufnimmt.

Befehlssatz *Subst.* (instruction set)
Die Menge der Maschinenbefehle, die ein Prozessor versteht und ausführen kann. → *siehe auch Assembler, Mikrocode.*

Befehlsschaltfläche *Subst.* (command button)
Ein Steuerelement in einem Dialogfeld innerhalb einer grafischen Benutzeroberfläche, das einen ausführenden Charakter besitzt. Durch einen Klick auf eine Befehlsschaltfläche wird der Computer angewiesen, eine Aktion durchzuführen, z.B. das Öffnen einer Datei, die bereits mit Hilfe anderer Steuerelemente im Dialogfeld ausgewählt wurde.

Befehls-Shell *Subst.* (command shell)
→ *siehe Shell.*

Befehlssprache *Subst.* (command language)
Die Menge der Schlüsselwörter und Ausdrücke, über die ein bestimmter Befehlsinterpreter verfügt. → *siehe auch Befehlsinterpreter.*

Befehlstaste *Subst.* (Command key)
Auf der ursprünglichen Tastatur des Apple Macintosh eine Taste, die mit einem speziellen, kleeblattähnlichen Symbol beschriftet ist. Die Taste ist entweder zweimal vorhanden – links und rechts neben der Leertaste – oder nur einmal, abhängig von der Version des Tastaturmodells. Die Befehlstaste ist mit der Strg-Taste (Steuerungstaste, auf englischsprachigen Tastaturlayouts mit »Control« oder »Ctrl« gekennzeichnet) vergleichbar, wie sie auf IBM-Tastaturen und kompatiblen Tastaturen zu finden ist. → *siehe auch Steuerungstaste.*

Befehlswort *Subst.* (instruction word)
Eine Anweisung in der Maschinensprache. Sie enthält einen Code zur Identifizierung des Befehlstyps, einen oder zwei Operanden (zur Festlegung von Adressen), Bits für die Indizierung oder andere Zwecke und gelegentlich Daten. → *siehe auch Assembler, Maschinencode.*
Außerdem bezeichnet »Befehlswort« die Länge eines Maschinensprache-Befehls.

Befehlszähler *Subst.* (instruction counter, instruction pointer)
→ *siehe Programmzähler.*
→ *siehe Befehlsregister.*

Befehlszeile *Subst.* (command line)
Eine Zeichenkette, die in einer Befehlssprache geschrieben ist und an den Befehlsinterpreter zur Ausführung übergeben wird. → *siehe auch Befehl.*

befehlszeilenorientiert *Adj.* (command-driven)
Eigenschaft eines Systems, das Befehle erwartet, die in Form von Codewörtern oder -buchstaben eingegeben werden. Die Befehle müssen entweder auswendig gelernt oder nachgeschlagen werden.
→ *Vgl. menügesteuert.*

befehlszeilenorientiertes System *Subst.* (command-driven system)
Ein System, bei dem die Operationen durch Befehle ausgelöst werden, die über die Konsole eingegeben werden. → *Vgl. grafische Benutzeroberfläche.*

Befehlszeilen-Schnittstelle *Subst.* (command-line interface)
Eine Form der Schnittstelle zwischen dem Betriebssystem und der Benutzerebene, bei der die Befehle unter Verwendung einer speziellen Befehlssprache über die Tastatur eingegeben werden. Systeme mit Befehlszeilenschnittstelle sind zwar im allgemeinen schwerer zu erlernen und weniger komfortabel anzuwenden als grafische Benutzeroberflächen, bieten aber den Vorteil, daß sie programmierbar sind, wodurch im allgemeinen eine höhere Flexibilität erreicht wird. → *Vgl. grafische Benutzeroberfläche.*

Befehlszeilen-Verarbeitung *Subst.* (command processing)
→ *siehe befehlszeilenorientiertes System.*

Befehlszeilenzugriff *Subst.* (shell account)
Eine Einrichtung eines Computersystems, die es einem Benutzer ermöglicht, Betriebssystembefehle über eine Befehlszeilenschnittstelle (üblicherweise eine der UNIX-Shells) auf dem System des Dienstanbieters einzugeben, statt dies über eine grafische Benutzeroberfläche durchzuführen. Befehlszeilenzugriffe können mit textbasierenden Tools (z. B. Lynx) auf das Internet zugreifen, um das World Wide Web zu durchsuchen.

Befehlszyklus *Subst.* (instruction cycle)
Der Zyklus, in dem ein Prozessor einen Befehl aus dem Speicher holt, ihn dekodiert und ausführt. Die für einen Befehlszyklus erforderliche Zeit setzt sich aus der Summe der Befehlsausführungszeit (Abholzeit) und der Ausführungszeit (übersetzen und ausführen) zusammen und wird nach der Anzahl der Prozessor-Ticks (Impulse des internen Timers eines Prozessors) gemessen.

begrenzen *Vb.* (delimit)
Die Begrenzungen eines Objekts festlegen. In der Regel verwendet man dafür ein spezielles Symbol, das sog. Begrenzungszeichen. In Programmiersprachen werden in der Regel Elemente mit variabler Länge, z. B. Kommentare, Zeichenfolgen und Programmblöcke, begrenzt. → *siehe auch Begrenzungszeichen.*

begrenzt *Adj.* (bound)
Eine Eigenschaft, die Einschränkungen in bezug auf Leistung oder Geschwindigkeit charakterisiert. Beispielsweise bedeutet »eingabe-ausgabe-begrenzt«, daß ein System hinsichtlich der Geschwindigkeit der Eingabe- und Ausgabegeräte

(Tastatur, Laufwerke usw.) limitiert ist, obwohl der Prozessor oder das Programm eine höhere Geschwindigkeit zulassen würden.

Begrenzungszeichen *Subst.* (delimiter)
Ein spezielles Zeichen, das einzelne Elemente in einem Programm oder in einem Satz von Daten voneinander abhebt oder trennt. Im folgenden Beispiel werden die Felder eines Datenbank-Datensatzes durch Kommas getrennt (jedes nicht numerische Feld ist in doppelte Anführungszeichen eingeschlossen).
»Schmidt«, »Leopoldstr. 1«, 81234, »München«; »Mustermann«, »Hauptstr. 3«, 82345, »München«; → *siehe auch aufzeichnen, begrenzen, Feld.*

Behandlungsroutine *Subst.* (handler)
→ *siehe Handler.*

beidseitige Diskette *Subst.* (double-sided disk)
Eine Floppy-Disk, die Daten sowohl auf der Ober- als auch der Unterseite speichern kann.

Beitrag *Subst.* (article)
Eine Nachricht, die in einer Internet-Newsgroup veröffentlicht wird. → *siehe auch Newsgroup.*
→ *auch genannt POST.*

belastete Verbindung *Subst.* (loaded line)
Ein Übertragungskabel mit Ladespulen, die ungefähr 1,5 km voneinander entfernt sind und die Amplitudenverzerrung in einem Signal reduzieren, indem der Verbindung Induktanz (Widerstand gegen Änderungen im aktuellen Fluß) hinzugefügt wird. Belastete Verbindungen minimieren die Verzerrung innerhalb des Frequenzbereichs, der von den Ladespulen beeinflußt wird. Die Spulen reduzieren jedoch auch die Bandbreite, die für die Übertragung verfügbar ist.

Belastungstest *Subst.* (stress test)
Ein Test der funktionalen Grenzwerte eines Software- oder Hardwaresystems, bei dem das System extremen Bedingungen ausgesetzt wird, um z.B. das Verhalten bei maximalem Datenaufkommen oder extremen Temperaturen zu testen.

Belegungseinheit *Subst.* (allocation unit)
→ *siehe Cluster.*

Beleuchtungsstärke *Subst.* (illuminance)
Das Maß für die auf eine Oberfläche einfallende Lichtenergie. Auch der von einer Lichtquelle ausgehende Lichtstrom.
Außerdem ein Maß für die Leuchtintensität, das für Geräte, z.B. Fernsehgeräte und Computermonitore, verwendet wird. Die Beleuchtungsstärke wird z.B. in der Einheit Watt pro Quadratmeter angegeben. → *Vgl. Leuchtdichte.*

Belichter *Subst.* (imagesetter)
Eine Satzmaschine, die reprofähige Texte und Grafiken von Computer-Dateien direkt auf Papier oder Film übertragen kann. Belichter drucken im allgemeinen mit einer hohen Auflösung (über 1000 dpi) und sind in der Regel PostScript-kompatibel.

beliebige Taste *Subst.* (any key)
Eine wahlfreie Taste auf der Computertastatur. Einige Programme fordern den Benutzer auf, »eine beliebige Taste« zu drücken, um fortzusetzen (in englischsprachigen Programmen »press any key to continue«). Es kann dabei irgendeine Taste gedrückt werden (Buchstabentaste, Zifferntaste usw.), nur bestimmte Sondertasten wie die Umschalttaste oder Alt-Taste funktionieren im allgemeinen nicht.

Bell-Kommunikationsstandards *Subst.* (Bell communications standards)
Eine Reihe von Standards zur Datenübertragung, die von der Firma AT&T während der späten 70er und frühen 80er Jahre entwickelt wurden. Durch ihre breite Akzeptanz in Nordamerika wurden sie zu De-facto-Standards für Modemhersteller. Der inzwischen weitgehend veraltete Standard Bell 103 regelt die Übertragung bei 300 Bit pro Sekunde (bps) für asynchrone Vollduplex-Übertragungen über Telefon-Wählleitungen. Als Modulationsverfahren kommt FSK (frequency-shift keying) zum Einsatz. Bell 212A regelt den Modembetrieb bei 1 200 bps und verwendet im Unterschied zu Bell 103 das Modulationsverfahren PSK (phase-shift keying). Mittlerweile haben sich die internationalen CCITT-Empfehlungen als Schrittmacher bei der Standardisierung durchgesetzt; die Bell-Standards besitzen nur noch bei Übertragungsgeschwindigkeiten von 1.200 bps und weniger eine gewisse Bedeutung. → *siehe auch CCITT V series, FSK, PSK.*

Bell-kompatibles Modem *Subst.* (Bell-compatible modem)
Ein Modem, das die Bell-Kommunikationsstandards einhält. → *siehe auch Bell-Kommunikationsstandards.*

Bemaßung *Subst.* (dimensioning)
In CAD-Anwendungen ein Werkzeug, mit dem sich die Abmessungen und räumlichen Beziehungen der Elemente in einem modellierten Objekt festlegen und möglicherweise steuern lassen, z.B. die Verwendung von Linien, Pfeilen und Text (d.h. Maßzahlen) zur Kennzeichnung von Länge, Höhe, Dicke von Wänden in einem modellierten Zimmer oder Haus. → *siehe auch CAD.*

benannter Anker *Subst.* (named anchor)
Ein Begriff der HTML-Terminologie. Ein Tag innerhalb eines Dokuments, das als Ziel für einen Hyperlink dient. Benannte Anker ermöglichen eine Verknüpfung zu einer bestimmten Position innerhalb eines Dokuments. → *siehe auch HTML, Hyperlink.* → *auch genannt benanntes Ziel.*

benanntes Ziel *Subst.* (named target)
→ *siehe benannter Anker.*

Benchmark *Subst.* (benchmark)
Zu deutsch »Maßstab«. Ein Test, der zur Messung der Leistungsfähigkeit von Hardware und Software verwendet wird. Bei Hardware-Benchmarks kommen Programme zum Einsatz, die die Fähigkeiten von bestimmten Hardwarekomponenten feststellen – z.B. die Geschwindigkeit, mit der ein Prozessor Befehle ausführt oder Gleitkommazahlen verarbeitet. Software-Benchmarks ermitteln die Effektivität, Genauigkeit und Geschwindigkeit bei der Durchführung bestimmter Aufgaben, z.B. der Neuberechnung von Daten in einem Tabellenblatt. Beim Test werden immer dieselben Daten verarbeitet, so daß durch einen Vergleich der Ergebnisse Rückschlüsse darauf gezogen werden können, wie hoch die Leistungsfähigkeit eines Programms auf einem bestimmten Gebiet ist. Die Entwicklung von aussagekräftigen, objektiven Benchmarks ist sehr schwierig, da verschiedene Hardware-Software-Kombinationen unter wechselnden Bedingungen stark divergierende Leistungswerte hervorrufen können. Nachdem ein Benchmark-Verfahren zum Standard geworden ist, kommt es häufig vor, daß die Herstellerfirma ein Produkt so modifiziert, daß es im Benchmark besser als die Konkurrenz abschneidet, wobei jedoch die praxisrelevante Leistungsfähigkeit dabei nicht unbedingt erhöht wird. Mit den besseren Benchmark-Ergebnissen wirbt aber die Herstellerfirma, um die Verkäufe anzukurbeln. → *siehe auch Sieb des Eratosthenes.*

benchmarken *Vb.* (benchmark)
Das Messen der Leistungsfähigkeit von Hardware oder Software.

benutzerdefinierte Funktionstaste *Subst.* (user-defined function key)
→ *siehe programmierbare Funktionstaste, Tastaturerweiterung.*

benutzerdefinierter Datentyp *Subst.* (user-defined data type)
Ein Datentyp, der in einem Programm festgelegt wird. Benutzerdefinierte Datentypen sind normalerweise Kombinationen der in der jeweiligen Programmiersprache definierten Datentypen und werden häufig für die Erstellung von Datenstrukturen verwendet. → *siehe auch Datenstruktur, Datentyp.*

Benutzergruppe *Subst.* (user group)
Eine Personengruppe, die sich aufgrund eines gemeinsamen Interesses am gleichen Computersystem oder Softwareprodukt zusammengeschlossen hat. Benutzergruppen, darunter große und einflußreiche Organisationen, unterstützen Neueinsteiger und bieten ihren Mitgliedern ein Forum zum Austausch von Ideen und Informationen.

Benutzerkonto *Subst.* (user account)
Auf einem Sicherheits- oder Mehrbenutzersystem eine Einrichtung, die einer Einzelperson den Zugriff auf ein System und seine Ressourcen ermöglicht. Ein Benutzerkonto wird im allgemeinen durch den Systemverwalter eingerichtet und enthält Angaben über den Benutzer (wie Kennwort, Rechte und Befugnisse). → *siehe auch anmelden, Benutzerprofil, gruppieren.*

Benutzername *Subst.* (user name, username)
Der Name, unter dem eine Person in einem Kommunikationsnetzwerk registriert und adressierbar ist. → *siehe auch Alias.*

Außerdem der Name, durch den sich der Benutzer eines Computersystems oder eines Netzwerks ausweist. Während des Anmeldungsvorgangs muß der Benutzer den Benutzernamen und das richtige Paßwort eingeben. Ist das System bzw. Netzwerk mit dem Internet verbunden, entspricht der Benutzername in der Regel dem ganz links stehenden Teil der E-Mail-Adresse des Benutzers. → *siehe auch anmelden, E-Mail-Adresse.*

Benutzeroberfläche *Subst.* (interface, user interface)
Bestandteil eines Betriebssystems oder einer Software, die es dem Benutzer ermöglicht, mit dem Computer in Wechselwirkung zu treten. Meist wird mit einer Benutzeroberfläche eine grafische Darstellung (»grafische Benutzeroberfläche«) assoziiert, bei der die Kommunikation vor allem über Symbole, Fenster und andere grafische Elemente erfolgt.
Etwas weiter gefaßt stellt jede Einrichtung, die der Kommunikation mit dem Benutzer dient – also auch eine Befehlszeilen-Schnittstelle oder eine textbasierende, einfache Menüsteuerung – eine Benutzeroberfläche dar.

Benutzeroberfläche, grafische *Subst.* (graphical user interface)
→ *siehe grafische Benutzeroberfläche.*

Benutzeroberflächen-Toolbox *Subst.* (User Interface Toolbox)
→ *siehe Toolbox.*

Benutzeroberfläche, zeichenorientierte *Subst.* (character user interface)
→ *siehe zeichenorientierte Benutzeroberfläche.*

Benutzerprofil *Subst.* (user profile)
Ein computerbasierender Datensatz, der über einen autorisierten Benutzer eines Mehrbenutzersystems verwaltet wird. Ein Benutzerprofil wird hauptsächlich aus Gründen der Sicherheit benötigt und kann Informationen wie persönliche Zugriffsbeschränkungen, Standort der Mailbox, Terminalart usw. enthalten. → *siehe auch Benutzerkonto.*

Benutzerschnittstelle, befehlsorientierte *Subst.* (programmatic interface)
→ *siehe befehlsorientierte Benutzerschnittstelle.*

Benutzerstatus *Subst.* (user state)
Die Betriebsart eines Motorola 680×0-Mikroprozessors mit der niedrigsten Bevorrechtigung. Es handelt sich um die Betriebsart, in der die Anwendungsprogramme ausgeführt werden. → *siehe auch 68000.* → *Vgl. Supervisor-Status.*

benutzungsfreundlich *Adj.* (friendly, user-friendly)
Die in Hardware oder Software integrierten Merkmale, die im Sinne von »leicht zu erlernen und einfach anzuwenden« die Bedienung und den Einsatz von Computern oder Computerprogrammen erleichtern sollen. Die Benutzerfreundlichkeit wird von den meisten Herstellern besonders hervorgehoben und ist bei den meisten Benutzern gefragt.

Benutzungsrichtlinien *Subst.* (acceptable use policy)
Von einem Internet-Service-Provider oder einem Online-Dienst verbreitete Vorschriften, die angeben, welche Aktivitäten vom Benutzer durchgeführt werden dürfen und welche dagegen zu unterlassen sind, wenn dieser mit dem Netz verbunden ist. Beispielsweise verbieten einige Provider ihren Teilnehmern, das Netz für kommerzielle Zwecke zu nutzen. → *siehe auch Internet Service-Provider, Online-Dienst.*

BeOS *Subst.*
Abkürzung für »**Be** operating system«. Ein objektorientiertes Betriebssystem der Firma Be, das ursprünglich für BeBox- und Power-Macintosh-Systeme konzipiert wurde. BeOS unterstützt symmetrischen Mehrprozessorbetrieb, Multitasking und Protected Memory. Es besitzt außerdem besondere Funktionen für die Bereiche Multimedia-Animation und Datenkommunikation. → *siehe auch BeBox, Multitasking, Protected Mode, Symmetric Multiprocessing.*

berechnen *Vb.* (compute)
Das Durchführen von mathematischen und anderen verarbeitenden Operationen.
Etwas allgemeiner auch das Einsetzen eines Computers oder das Ausführen von Arbeiten durch den Computer.

berechnete Relation *Subst.* (derived relation)
Eine Relation, die als Ergebnis einer oder mehrerer Operationen der relationalen Algebra auf an-

B dere Relationen erzeugt wurde. → *siehe auch Ansicht, relationale Algebra.*

Bereich *Subst.* (range)
In einem Tabellenblatt ein Block von Zellen, die für eine gleichartige Bearbeitung ausgewählt wurden. Ein Zellbereich kann sich über eine Zeile, eine Spalte oder eine Kombination aus beiden erstrecken. Dabei müssen alle Zellen des Bereichs zusammenhängend sein, d. h. aneinander angrenzen. Mit Hilfe von Bereichen kann der Benutzer mehrere Zellen mit einem einzelnen Befehl beeinflussen – z. B. sie in gleicher Weise formatieren, in alle Zellen die gleichen Daten eingeben, sie benennen und als eine Einheit behandeln, oder sie auswählen und in eine Formel einfügen.
Im weiteren Sinne die Spanne zwischen festgelegten Maximal- und Minimalwerten. Bereichsüberprüfung ist eine wichtige Methode, um die in eine Anwendung eingegebenen Daten auf Gültigkeit zu prüfen.

Bereichsfüllung *Subst.* (region fill)
Bezeichnet in der Computergrafik das Ausfüllen eines definierten Bereichs auf dem Bildschirm durch eine Farbe, ein Muster oder ein anderes ausgewähltes Attribut. → *siehe auch Region.*

Bereichssuche *Subst.* (area search)
Im Bereich des Informations-Managements die Untersuchung einer Gruppe von Dokumenten, um diejenigen Dokumente zu ermitteln, die sich auf ein bestimmtes Thema oder eine bestimmte Kategorie beziehen.

Bereichsüberprüfung *Subst.* (range check)
In der Programmierung eine Überprüfung der oberen und unteren Schranken eines Wertes, um zu bestimmen, ob der Wert im zulässigen Intervall liegt. → *siehe auch Grenzprüfung.*

bereit *Adj.* (idle)
Bezeichnet die Zeit, während der ein Gerät zwar in Betrieb ist, aber keine eigentlichen Operationen ausführt.
In diesem Sinne bezieht man sich auch auf den Zustand eines Geräts, das auf einen Befehl wartet, um mit der Arbeit zu beginnen.

Bereitschaftszustand *Subst.* (idle state)
Der Zustand, bei dem ein Gerät zwar in Betrieb ist, aber nicht verwendet wird.

Bericht *Subst.* (report)
Die Präsentation von Informationen über ein gegebenes Thema – meist in gedruckter Form. Per Computer mit entsprechender Software aufbereitete Berichte können Text, Grafiken und Diagramme umfassen. Datenbank-Programme enthalten meist spezielle Funktionen für die Erstellung von Berichtformularen und die Erzeugung von Berichten. Mit Software für Desktop Publishing sowie Laserdruckern bzw. Satzmaschinen lassen sich Ausgaben in veröffentlichungsreifer Druckqualität produzieren.

Berichtsgenerator *Subst.* (report generator, report writer)
Ein Anwendungstyp, der häufig Bestandteil eines Datenbank-Managementprogramms ist und der anhand eines durch den Benutzer erstellten Berichtsformulars den Ausdruck für den Inhalt einer Datenbank samt Layout erzeugt. Ein Berichtsgenerator wird zur Auswahl spezifischer Datensatzfelder oder Bereiche von Datensätzen verwendet, um die Ausgabe ansprechend zu gestalten und Details wie Überschriften, lebende Kolumnentitel, Seitenzahlen und Schriftarten festzulegen.

Bernoulli-Box *Subst.* (Bernoulli box)
Ein Wechselplattensystem für Personal Computer, das Daten permanent speichert und eine hohe Speicherkapazität aufweist. Die Wechselplatten sind in speziellen Kassetten untergebracht, die in das Laufwerk geschoben werden. Das System wurde nach dem Physiker Daniel Bernoulli benannt, der im 18. Jahrhundert lebte und als erster das Prinzip der aerodynamischen Hubkraft nachwies. Dieses Prinzip kommt auch bei der Bernoulli-Box zum Einsatz. Dabei wird die flexible, in der Kassette befindliche Magnetscheibe auf eine hohe Rotationsgeschwindigkeit gebracht, wodurch diese nach oben gedrückt und damit in die Nähe des darüber befindlichen Schreib-Lese-Kopfes gebracht wird. → *siehe auch Schreib-Lese-Kopf.*

Bernoulli-Prozeß *Subst.* (Bernoulli process)
Ein mathematisches Verfahren, das auf den Bernoulli-Versuch zurückgreift – eine Wiederholung eines Experiments, bei dem es nur zwei mögliche Ergebnisse gibt, z. B. »Erfolg« und »Mißerfolg«. Dieses Verfahren wird hauptsächlich bei der statistischen Analyse eingesetzt. → *siehe auch Bernoulli-Sampling-Prozeß, Binominalverteilung.*

Bernoulli-Sampling-Prozeß *Subst.* (Bernoulli sampling process)
In der Statistik eine Folge von n unabhängigen und identischen Versuchen eines Zufallsexperiments, bei dem jeder Versuch eines von zwei möglichen Ergebnissen hat. → *siehe auch Bernoulli-Prozeß, Binominalverteilung.*

Bernoulli-Verteilung *Subst.* (Bernoulli distribution)
→ *siehe Binominalverteilung.*

berührungssensitives Display *Subst.* (touch-sensitive display)
→ *siehe Touchscreen.*

berührungssensitives Tablett *Subst.* (touch-sensitive tablet)
→ *siehe Touchpad.*

Beschleuniger *Subst.* (accelerator)
Ein Gerät, das die Geschwindigkeit eines oder mehrerer Teilsysteme beschleunigt oder andere Merkmale verbessert, um die Gesamtleistung des Systems zu erhöhen. → *siehe auch Beschleunigerkarte, Windows-Beschleuniger.*

Beschleunigerkarte *Subst.* (accelerator board, accelerator card)
Eine Platine, die den Hauptprozessor des Computers durch einen schnelleren ersetzt oder in der Arbeit unterstützt, um die Gesamtleistung des Systems zu verbessern. → *siehe auch Erweiterungskarte, Grafikbeschleuniger.*

Beschleunigerkarte, Windows-basierte *Subst.* (Windows-based accelerator card)
→ *siehe Windows-Beschleuniger.*

Beschnittmarken *Subst.* (crop marks)
Markierungslinien an den Seitenecken eines Druckbogens oder eines Grafikausdrucks. Sie dienen in diesem Zusammenhang zur Kennzeichnung, an welcher Position das Papier geschnitten werden muß, um das endgültige Dokument herzustellen. → *siehe auch Paßkreuze.*
→ *siehe auch freistellen.*

Bestes seiner Klasse *Adj.* (best of breed)
Ein Ausdruck, mit dem ein Produkt charakterisiert wird, das das beste Produkt in einer bestimmten Kategorie von Produkten darstellt.

bestücken *Vb.* (populate)
Einstecken von Chips in die Sockel einer Leiterplatte.

Beta *Adj.* (beta)
Eigenschaft einer Software oder Hardware, die sich im zweiten Entwicklungsstadium befindet, also eine Betaversion darstellt. → *Vgl. Alpha.*

Betatest *Subst.* (beta test)
Ein Test einer Software, die sich noch im Entwicklungsstadium befindet. Der Betatest wird von Personen durchgeführt, die bereits mit der Software arbeiten. Beim Betatest wird das Softwareprodukt an potentielle Kunden und einflußreiche Endanwender verteilt, die als »Betatester« bezeichnet werden und die Funktionalität testen sowie Fehler (Bugs) in bezug auf die Betriebssicherheit und Gebrauchsfähigkeit dokumentieren. Der Betatest stellt gewöhnlich einen der letzten Schritte dar, den ein Software-Entwickler durchführen läßt, bevor das Produkt auf den Markt kommt. Wenn allerdings der Betatest zeigt, daß der Einsatz der Software zu Problemen führt oder die Software außergewöhnlich viele Fehler enthält, muß der Entwickler nach der Überarbeitung des Programms in der Regel eine weitere Betatest-Phase einleiten, bevor das Produkt veröffentlicht wird.

Betatester *Subst.* (beta site)
Eine Person oder eine Organisation, die Software testet, bevor diese für die Öffentlichkeit freigegeben wird. Der Softwarehersteller wählt die Betatester in der Regel aus einem Pool von bestehenden Kunden und freiwillig gemeldeten Benutzern aus. Die meisten Betatester werden für ihre Arbeit nicht bezahlt; trotzdem ist der Test für viele Betatester lukrativ, da sie auf diese Weise vor der Marktveröffentlichung einen ersten Blick auf eine Software werfen können und häufig nach der Veröffentlichung des Produkts ein Freiexemplar erhalten.

Betaversion *Subst.* (beta)
Ein neues oder überarbeitetes Software- bzw. Hardwareprodukt, das sich im zweiten Entwicklungsstadium befindet und jetzt an Benutzer verteilt wird, die das Produkt einem Test unterziehen (Betatest). → *siehe auch Betatest.*

Betriebssystem *Subst.* (operating system)
Abkürzung: OS, BS. Die Software, die die Belegung und die Verwendung von Hardwareressourcen, z.B. Arbeitsspeicher, Prozessorzeit, Datenträgerplatz und Peripheriegeräten, steuert. Das Betriebssystem stellt das Fundament dar, auf dem die Anwendungen aufgebaut sind. Zu den bekanntesten Betriebssystemen gehören Windows 95, Windows NT, Mac OS und UNIX. → *auch genannt Executive.*

Betriebssystem, datenträgerorientiertes *Subst.* (disk operating system)
→ *siehe DOS.*

Betriebssystem, objektorientiertes *Subst.* (object-oriented operating system)
→ *siehe objektorientiertes Betriebssystem.*

Betriebszeit *Subst.* (uptime)
Die absolute oder prozentuale Zeitspanne, während deren ein Computersystem oder die angeschlossene Hardware funktionsfähig und betriebsbereit ist. → *Vgl. Ausfallzeit.*

Betweening *Subst.* (betweening)
→ *siehe tween.*

Bezeichner *Subst.* (identifier)
In der Regel jede Textzeichenfolge, die als Kennzeichnung, z.B. der Name einer Prozedur oder eine Variable in einem Programm, verwendet wird. Ein Bezeichner ist außerdem der Name, der einer Festplatte oder einem Floppy-Laufwerk zugewiesen wurde. → *Vgl. Deskriptor.*

Bézier-Kurve *Subst.* (Bézier curve)
Eine Kurve, deren Verlauf mathematisch berechnet wird, um einzelne Punkte zu glatten Freihandkurven sowie Oberflächen zu verbinden, wie sie für die Verwendung in Illustrationsprogrammen und CAD-Modellen benötigt werden. Bézier-Kurven kommen mit nur wenigen Punkten aus, um eine große Anzahl an Formen zu erzeugen, woraus ihre Überlegenheit gegenüber anderen mathematischen Methoden in bezug auf den Grad der Annäherung an eine vorgegebene Figur resultiert.
→ *siehe auch CAD.*

BFT *Subst.*
→ *siehe binäre Dateiübertragung, Stapel-Dateiübertragung.*

.bg
Im Internet ein Kürzel für die übergreifende Länder-Domäne, die eine Adresse in Bulgarien angibt.

BGP *Subst.*
→ *siehe Border Gateway Protocol.*

.bh
Im Internet ein Kürzel für die übergreifende Länder-Domäne, die eine Adresse in Bahrain angibt.

Bibliothek *Subst.* (library)
In der Programmierung versteht man unter »Bibliothek« eine Sammlung von Routinen, die in einer Datei gespeichert sind. Jeder Befehlssatz kann sich über einen Namen ansprechen lassen und führt jeweils eine andere Aufgabe aus.
Mit »Bibliothek« bezeichnet man im herkömmlichen Sinne eine Sammlung von Programmen oder Datendateien.

Bibliothek, dynamische *Subst.* (dynamic-link library)
→ *siehe dynamische Bibliothek.*

Bibliotheksroutine *Subst.* (library routine)
In der Programmierung eine Routine, die in einer Sammlung von Routinen (einer Bibliothek) gespeichert ist und sich durch jedes Programm nutzen läßt, das einen Verweis auf die Bibliothek herstellen kann. → *siehe auch Bibliothek, Funktionsbibliothek.*

bidirektional *Adj.* (bidirectional)
Eigenschaft, die angibt, daß ein Gerät in beiden Richtungen arbeitet. Ein bidirektionaler Drucker

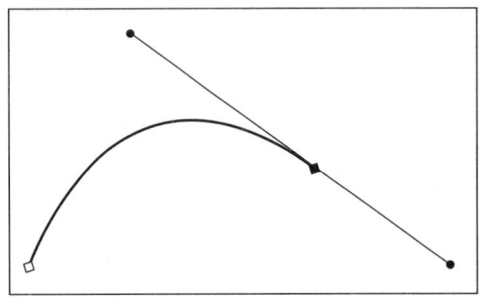

Bézier-Kurve

kann von links nach rechts und von rechts nach links drucken; ein bidirektionaler Bus ist in der Lage, Signale zwischen zwei Geräten in beiden Richtungen zu übertragen.

bidirektionaler Druck *Subst.* (bidirectional printing)
Die Fähigkeit eines Anschlagdruckers oder Tintenstrahldruckers, von links nach rechts und von rechts nach links drucken zu können. Der bidirektionale Druck erhöht die Druckgeschwindigkeit wesentlich, da die Leerlaufbewegung des Druckkopfes zurück an den Zeilenanfang wegfällt. Allerdings kann ein bidirektionaler Druck zu Lasten der Druckqualität gehen.

bidirektionaler Port *Subst.* (bidirectional parallel port)
Eine parallele Schnittstelle, die zwischen einem Gerät und einem Computer in beiden Richtungen Daten übertragen kann.

bi-endian *Adj.*
Eigenschaft eines Prozessors oder eines anderen Chips, der wahlweise im Big-endian- oder Little-endian-Modus arbeiten kann. Über eine derartige Fähigkeit verfügt z.B. der Prozessor PowerPC, der entweder im Little-endian-Modus (für das Betriebssystem Windows NT) oder im Big-endian-Modus (für das Betriebssystem Mac OS/PPC) betrieben werden kann. → *siehe auch big endian, Little-Endian, PowerPC.*

Big Blue *Subst.*
Wörtlich übersetzt »der große Blaue«. Ein Slangbegriff, mit dem die Firma »IBM« (International Business Machines) alternativ bezeichnet wird. Der Name kommt von der Identifikationsfarbe, die sich IBM auserkoren hat: Die Farbe Blau wurde auf den frühen IBM-Großrechnern verwendet und findet sich noch heute im Firmenlogo.

big endian *Adj.*
Eine Speichermethode, bei der das höchstwertige Byte einer Zahl an erster Stelle erscheint. Beispielsweise wird der Wert A02B im Big-Endian-Format als Folge A0 2B im Speicher abgelegt, bei der gegensätzlichen Methode – der Little-Endian-Methode – dagegen in der Form 2B A0 (also mit dem niederwertigen Byte zuerst). Prozessoren von Motorola verwenden das Big-Endian-Format, Prozessoren von Intel dagegen das Little-Endian-Format. Die Ausdrücke gehen auf den Roman »Gullivers Reisen« von Jonathan Swift zurück. Die Big Endians (»Breit-Endigen«) waren eine Gruppe von Leuten, die sich einem kaiserlichen Edikt widersetzten, das allen Untertanen bei schwerer Strafe untersagte, das breite Ende eines Eies zu öffnen, bevor es gegessen wird. → *Vgl. Little-Endian.*

Big Red Switch *Subst.* (big red switch)
Abkürzung: BRS. Zu deutsch »großer roter Schalter«. Der Netzschalter eines Computers. Bei IBM-PCs und vielen anderen Computern ist er in der Tat groß und rot. Die Verwendung des Netzschalters ist der letzte Ausweg, einen Vorgang oder ein Programm abzubrechen, da alle Daten im RAM gelöscht werden und die Gefahr besteht, daß die Festplatte beschädigt wird.

Bild-ab-Taste *Subst.* (Page Down key, PgDn Key)
Eine Standardtaste, die auf den meisten Computertastaturen zu finden ist. Die spezielle Funktion dieser Taste wird vom jeweiligen Anwendungsprogramm bestimmt. Diese Taste bewegt jedoch in der Regel den Cursor zum Anfang der nächsten Seite oder zu einer bestimmten Zeilennummer.

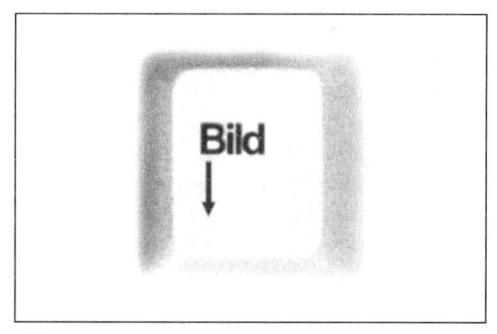

Bild-ab-Taste

Bild aktualisieren *Vb.* (refresh)
Das periodische Neuzeichnen eines Bildschirmbildes, das auch bei gleichbleibenden Bildinhalten erforderlich ist, da die Leuchtstoffe des Bildschirms laufend neu angeregt werden müssen.

Bild-auf-Taste *Subst.* (Page Up key, PgUp key)
Eine Standardtaste, die auf den meisten Computertastaturen zu finden ist. Die spezielle Funktion

Bildbearbeitung

B dieser Taste wird vom jeweiligen Anwendungsprogramm bestimmt. Diese Taste bewegt jedoch in der Regel den Cursor zum Anfang der vorherigen Seite oder zu einer bestimmten Zeilennummer.

Bild-auf-Taste

Bildbearbeitung *Subst.* (image editing, image enhancement)
Die Verbesserung der Qualität grafischer Darstellungen. Die Bildbearbeitung läßt sich entweder mit Hilfe von Software oder manuell über die Anwendung von Zeichenprogrammen ausführen. → *siehe auch Anti-Aliasing, Bildverarbeitung.*
Der Prozeß für das Modifizieren von Bitmaps, der in der Regel in einem Bildbearbeitungsprogramm ausgeführt wird.

Bildbearbeitungsprogramm *Subst.* (image editor, photo editor)
Ein Anwendungsprogramm, das zur Bearbeitung von Bitmap-Grafiken, vor allem von eingescannten Grafiken und Fotos, dient. Zur Bearbeitung stehen in der Regel eine Vielzahl an Funktionen zur Filterung, Farbreduktion, zum Zuschneiden und für anderweitige Retuschierarbeiten zur Verfügung. Neue Bilder werden in der Regel nicht mit einem Bildbearbeitungsprogramm, sondern mit einem Zeichenprogramm angefertigt. → *siehe auch Bitmap-Grafik, Filter, Malprogramm.*

Bilder pro Sekunde *Subst.* (frames per second)
→ *siehe Bildwiederholgeschwindigkeit.*

Bildkomprimierung *Subst.* (image compression)
Eine Technik der Datenkomprimierung, die bei Grafiken angewendet wird. Da nicht komprimierte Grafikdateien u.U. äußerst umfangreich sein können, empfiehlt sich die Bildkomprimierung, damit auf einem System mehr Speicherplatz zur Verfügung steht. → *siehe auch Datenkomprimierung, komprimierte Datei, Videokomprimierung.*

Bildlaufleiste *Subst.* (scroll bar, scroll box)
In verschiedenen grafischen Benutzeroberflächen ein vertikaler oder horizontaler Balken, der sich meist am rechten oder unteren Rand eines Fensters befindet und mit der Maus bedient wird, um Bewegungen in einem Dokument auszuführen. Eine Bildlaufleiste weist drei aktive Bereiche auf. Beispielsweise verfügt eine vertikale Bildlaufleiste in einem Textverarbeitungsprogramm über zwei Bildlaufpfeile für die zeilenweise Aufwärts- und Abwärtsbewegung und ein Bildlauffeld für die Bewegung an eine beliebig festzulegende Position im Dokument. Klickt man auf einen der grauen Bereiche in der Bildlaufleiste, kann man sich fensterweise durch das Dokument nach oben oder unten bewegen.

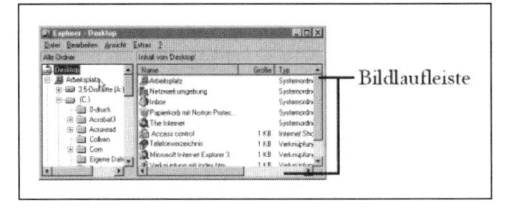

Bildlaufleiste

Bildlaufpfeil *Subst.* (scroll arrow)
→ *siehe Bildlaufleiste.*

Bildpuffer *Subst.* (screen buffer)
→ *siehe Videopuffer.*

Bildrate *Subst.* (scan rate)
→ *siehe Bildwiederholfrequenz.*

Bildschirmauszug *Subst.* (screen dump)
Ein Duplikat des Bildschirminhalts in Form einer Momentaufnahme, die entweder an einen Drucker geschickt oder als Datei auf dem Datenträger gespeichert wird.

Bildschirmflimmern *Subst.* (screen flicker)
→ *siehe Flimmern.*

Bildschirm, geteilter *Subst.* (split screen)
→ *siehe geteilter Bildschirm.*

Bildschirm-Grabber *Subst.* (screen grabber)
→ *siehe Grabber.*

Bildschirmhintergrund *Subst.* (display background)
In der Computergrafik der statische Teil eines Bildschirmbildes im Gegensatz zu den veränderlichen Elementen, beispielsweise Fensterrahmen auf dem Schirm oder eine Palette von Figuren oder Mustern in einem Zeichenprogramm.

Bildschirmkarte *Subst.* (display board)
→ *siehe Video-Adapter.*

Bildschirmschoner *Subst.* (screen saver)
Ein Dienstprogramm, das den Bildschirm ausblendet bzw. ein bestimmtes Bild einblendet, wenn eine vorgegebene Zeit verstrichen ist, ohne daß die Tastatur oder die Maus betätigt wurde. Der Bildschirmschoner wird durch die Berührung einer Taste oder durch die Bewegung der Maus wieder deaktiviert. Bildschirmschoner wurden ursprünglich verwendet, um zu verhindern, daß sich Zeichen für immer in die Bildschirmoberfläche einbrennen. Obwohl moderne Bildschirme gegenüber diesem Problem unempfindlich sind, sind Bildschirmschoner aufgrund ihres dekorativen und unterhaltenden Aspekts weiterhin beliebt.

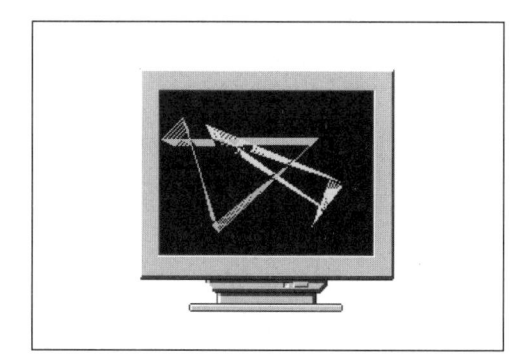

Bildschirmschoner

Bildschirmschrift *Subst.* (screen font)
Eine Schriftart für die Anzeige auf einem Computerbildschirm. Oft hat eine Bildschirmschrift eine korrespondierende PostScript-Schrift für den Ausdruck auf einem PostScript-kompatiblen Drucker.
→ *siehe auch abgeleitete Schrift, eingebaute Schrift.* → *Vgl. Druckerschrift, PostScript-Schrift.*

Bildschirmtelefon *Subst.* (screen phone)
Ein Gerät für das Internet, das aus einer Kombination von Telefon, LCD-Bildschirm, digitalem Fax-Modem und Tastatur besteht und Anschlüsse für Maus, Drucker sowie weitere Peripheriegeräte aufweist. Bildschirmtelefone können wie übliche Telefone zur Sprachübertragung verwendet werden, aber auch als Terminals für den Zugang zum Internet und anderen Online-Diensten.

Bildschirm-Terminal *Subst.* (display terminal)
→ *siehe Terminal.*

Bildschirm, virtueller *Subst.* (virtual screen)
→ *siehe virtueller Bildschirm.*

Bildschirmzyklus *Subst.* (display cycle)
Die vollständige Ereigniskette, die für die Anzeige eines Computerbildes auf dem Bildschirm erforderlich ist. Dazu gehört sowohl die softwareseitige Erstellung eines Bildes im Videospeicher des Computers als auch die hardwareseitigen Operationen für den korrekten Bildaufbau auf dem Display.
→ *siehe auch Refresh-Zyklus.*

Bildspeicherseite *Subst.* (display page)
Eine komplette Bildschirmseite, die im Videospeicher eines Computers gespeichert ist. Bei ausreichender Größe des Videospeichers lassen sich auch mehrere Seiten gleichzeitig ablegen. In diesem Fall kann der Programmierer – insbesondere bei der Erstellung von Animationssequenzen – den Bildschirm schnell aktualisieren, indem er eine Bildschirmseite erstellt oder modifiziert und gleichzeitig eine andere Seite anzeigt. → *siehe auch Animation.*

Bildverarbeitung *Subst.* (image processing, imaging)
Allgemein ein Überbegriff für die Prozesse, die das Erfassen, Speichern, Anzeigen und Drucken grafischer Darstellungen umschließen.
Etwas konkreter umfaßt die Bildverarbeitung die computergestützte Analyse, Manipulierung, Speicherung und Anzeige grafischer Darstellungen, die aus unterschiedlichen Quellen, z.B. Fotografien, Zeichnungen sowie Videoaufnahmen, stammen können. Der Bildverarbeitung liegt dabei eine dreistufige Folge zugrunde – Eingabe, Verarbeitung und Ausgabe. Bei der Eingabe (Bilderfassung und Digitalisierung) wird das Bild mit den Grau-

stufen und der Färbung in binäre Werte umgewandelt, die der Computer verarbeiten kann. Zur Verarbeitung gehören u.a. die Bildbearbeitung und die Datenkomprimierung. Die Ausgabe umfaßt die Anzeige oder das Drucken des verarbeiteten Bildes. Die Bildverarbeitung wird z.B. in den Bereichen Fernseh- und Filmindustrie, Medizin, Meteorologie (Satelliten-Wetterkarten), in der automatisierten Fertigung sowie in der computergestützten Mustererkennung eingesetzt. → *siehe auch Bildbearbeitung, Video-Digitizer.*

Bildwiederholfrequenz *Subst.* (refresh rate)
Bei Grafikhardware bezeichnet dieser Begriff die Frequenz, mit der der gesamte Bildschirminhalt neu gezeichnet wird. Diese Frequenz sollte möglichst hoch sein, um ein konstantes und flimmerfreies Bild zu gewährleisten. Bei den Fernseh- und Raster-Scan-Bildschirmen zeichnet der Elektronenstrahl der Bildschirmröhre meist mit einer Frequenz von etwa 60 Hz das komplette Bild erneut auf die Leuchtstoffbeschichtung der Innenseite des Schirms auf, d.h. 60mal in der Sekunde. (Bei sog. Interlaced-Bildschirmen, bei denen während jedem Durchgang nur jede zweite Bildzeile neu gezeichnet wird, wird die einzelne Bildzeile nur 30mal in der Sekunde aufgefrischt. Da allerdings die Bildzeilen mit geraden Nummern während des einen, und die mit ungeraden Nummern während des folgenden Durchgangs aufgefrischt werden, beträgt die effektive Bildwiederholrate 60 Hz.)

Bildwiederholgeschwindigkeit *Subst.* (frame rate)
Die Geschwindigkeit, bei der vollständige Einzelbilder an einem Raster-scan-Monitor übertragen und von diesem angezeigt werden. Die in Hertz angegebene Bildwiederholgeschwindigkeit errechnet sich aus der Häufigkeit, mit der der Elektronenstrahl den Bildschirm pro Sekunde durchläuft. In der Animationstechnik bezeichnet die Wiederholgeschwindigkeit die Häufigkeit, mit der ein Bild pro Sekunde aktualisiert wird. Wenn die Wiederholgeschwindigkeit 14 Bilder pro Sekunde überschreitet, geht die Animation scheinbar in eine glatte Bewegung über. → *siehe auch Animation.*

Bildzeile *Subst.* (scan line)
Eine der horizontalen Zeilen eines Grafikbildschirms, wie beispielsweise eines Fernseh- oder Rasterbildschirms.

Außerdem eine einzelne Pixelzeile, wie sie von einer Abtastvorrichtung gelesen wird.

Billion *Subst.* (billion)
Die britische »billion« umfaßt dagegen 1000 Milliarden (10^{12}), also 1 Billion. Die amerikanische Bezeichnung für die deutsche oder britische »Billion« ist »trillion«.

.bin
Eine Dateinamenerweiterung für eine mit MacBinary codierte Datei. → *siehe auch MacBinary.*

binär *Adj.* (binary)
Eigenschaft, die das Vorhandensein von genau zwei Komponenten, Möglichkeiten oder Ergebnissen charakterisiert. Das Binärsystem (auch als »Dualsystem« bezeichnet) ist das Zahlensystem zur Basis 2 – Werte werden daher als Kombination von 2 Ziffern – 0 und 1 – dargestellt. Diese beiden Ziffern können sowohl die logischen Werte »wahr« und »falsch« repräsentieren als auch Zahlenwerte. Die binären Werte 0 und 1 werden in einem elektronischen Gerät durch die beiden Zustände »ein« und »aus« dargestellt, die anhand zweier Spannungswerte erkannt werden. Durch die enge Verbindung mit der digitalen Schaltungstechnik ist das Binärsystem das grundlegende Zahlensystem in der Computertechnik. Binäre Werte eignen sich zwar ideal für die interne Verarbeitung im Computer, sind aber für den Menschen schwer lesbar, da die Werte nur aus Nullen und Einsen bestehen. Als Alternative zum Binärsystem wird daher häufig das Hexadezimalsystem (Basis 16) oder das Oktalsystem (Basis 8) eingesetzt (vor allem von Programmierern und anderen Technikern, die mit den Interna der digitalen Verarbeitung konfrontiert werden), da sich Konvertierungen zwischen einem dieser Zahlensysteme und dem Binärsystem deutlich einfacher gestalten als zwischen dem Dezimalsystem und dem Binärsystem. Umrechnungstabellen für die einzelnen Zahlensysteme finden sich im Anhang E. → *siehe auch Basis, binär-codierte Dezimalzahlen, Binärziffer, Bit, Boolesche Algebra, Byte, Digitalcomputer, dyadisch, logischer Schaltkreis, zyklischer Binärcode.* → *Vgl. ASCII, Dezimalsystem, hexadezimal, oktal.*

Binärcode, zyklischer *Subst.* (cyclic binary code)
→ *siehe zyklischer Binärcode.*

binär-codierte Dezimalzahlen *Subst.* (binary-coded decimal)
Abkürzung: BCD. Ein System für die binäre Codierung von Dezimalzahlen, das Rundungs- und Konvertierungsfehler vermeidet. In der BCD-Codierung wird jede Stelle einer Dezimalzahl separat als Binärzahl codiert, wobei die Darstellung der Dezimalziffern 0 bis 9 jeweils mit 4 bit erfolgt. Aus Gründen der leichteren Lesbarkeit werden die einzelnen 4-Bit-Gruppen durch ein Leerzeichen getrennt. Dieses nach der Wertigkeit der vier Bitpositionen benannte »8-4-2-1-Format« verwendet die folgenden Codes: 0000 = 0; 0001 = 1; 0010 = 2; 0011 = 3; 0100 = 4; 0101 = 5; 0110 = 6; 0111 = 7; 1000 = 8; 1001 = 9. Die Darstellung der Dezimalzahl 12 ergibt in der BCD-Notation damit 0001 0010. → *siehe auch Basis, binary, Binärziffer, Dezimalsystem, EBCDIC, gepackte Dezimalzahl, runden.*

Binärdatei *Subst.* (binary file)
Eine Datei, die aus einer Folge von 8-Bit-Daten oder ausführbarem Code besteht und sich damit von einer Datei unterscheidet, die für den Menschen lesbaren ASCII-Text enthält. Binärdateien sind gewöhnlich so aufgebaut, daß sie nur von einem Programm gelesen werden können. Außerdem sind sie häufig komprimiert oder weisen eine Struktur auf, die speziell auf die Interpretation durch ein bestimmtes Programm zugeschnitten ist. → *Vgl. ASCII-Datei.*

binäre Anwendungsschnittstelle *Subst.* (application binary interface)
Ein Satz von Richtlinien, die festlegen, wie eine ausführbare Datei mit der Hardware kommuniziert und auf welche Art und Weise Informationen gespeichert werden. → *Vgl. Anwendungs-Programmierschnittstelle.*

binäre Dateiübertragung *Subst.* (binary file transfer)
Übertragung einer Datei, die aus beliebigen Bytes und Datenwörtern besteht, im Gegensatz zu einer Textdatei, die nur druckbare Zeichen enthält (z.B. die ASCII-Zeichen mit den Codes 10, 13 und 32-126). Bei modernen Betriebssystemen ist eine Textdatei im Prinzip auch eine Binärdatei, die aber eben nur druckbare Zeichen enthält. In bestimmten älteren Betriebssystemen werden jedoch für Binärdateien und Textdateien verschiedene Dateitypen eingesetzt, die von einem Programm entsprechend unterschiedlich verarbeitet werden müssen.

binärer Baum *Subst.* (binary tree)
In der Programmierung eine spezielle Baumstruktur, bei der jeder Knoten höchstens zwei Unterbäume – einen linken und einen rechten – besitzt. Binäre Bäume werden häufig zur Sortierung von Informationen eingesetzt. Jeder Knoten im binären Suchbaum enthält dabei einen Schlüssel, dessen Wert kleiner als der dem einen Unterbaum hinzugefügten und größer als der dem anderen Unterbaum hinzugefügten Schlüssel ist. → *siehe auch Baum, binäre Suche.*

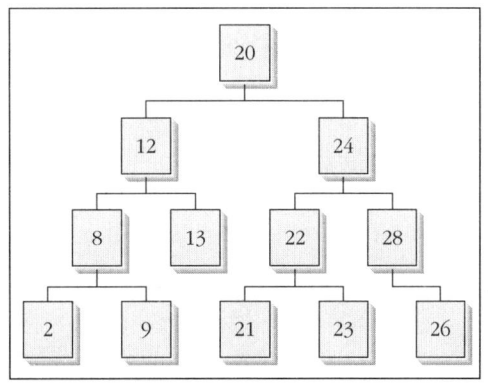

Binärer Baum

binäres Abschneiden *Subst.* (binary chop)
→ *siehe binäre Suche.*

binäres Gerät *Subst.* (binary device)
Jedes Gerät, das Informationen als Kombinationen der elektrischen Zustände »ein/aus« oder »high/low« verarbeitet. → *siehe auch binary.*

binäres synchrones Protokoll *Subst.* (binary synchronous protocol)
→ *siehe BISYNC.*

binäre Suche *Subst.* (binary search)
Ein Suchalgorithmus, der auf einer sortierten Liste basiert, die das gesuchte Element enthält. Zunächst wird das gesuchte Element mit dem Element in der Mitte der Liste verglichen. Daraufhin wird die Liste in der Mitte in zwei Teile unterteilt,

wobei in dem Teil weitergesucht wird, der das Element enthalten muß (abhängig davon, ob das gesuchte Element kleiner oder größer als das mittlere Element ist). Der verbleibende Teil wird nach demselben Prinzip erneut unterteilt, wobei der Vorgang so lange fortgesetzt wird, bis das gesuchte Element gefunden ist. → *siehe auch Suchalgorithmus.* → *auch genannt binäres Abschneiden, dichotomierende Suche.* → *Vgl. Hash-Suche, lineare Suche.*

binäre Übertragung *Subst.* (binary transfer)
Der für den elektronischen Austausch von ausführbaren Dateien, Datendateien aus Anwendungsprogrammen und verschlüsselten Dateien konzipierte Modus. → *Vgl. ASCII-Übertragung.*

binäre Umwandlung *Subst.* (binary conversion)
Die Umwandlung einer Zahl in das oder aus dem Binärsystem. Umrechnungstabellen finden sich in Anhang E. → *siehe auch binary.*

Binärformat *Subst.* (binary format)
Ein Format, bei dem Daten in Gruppen von jeweils 8 bit strukturiert sind. Das Binärformat wird gewöhnlich für die Darstellung von Objektcode (in maschinenlesbare Form übersetzten Programmbefehlen) oder für Daten in einem Übertragungsstrom verwendet. → *siehe auch Binärdatei.*

Binärkompatibilität *Subst.* (binary compatibility)
Portabilität (Übertragbarkeit) von ausführbaren Programmen (binären Dateien) von einer Rechnerplattform zu einer anderen. → *siehe auch Derivat, portabel.*

Binärschreibweise *Subst.* (binary notation)
Die Verwendung der Binärziffern 0 und 1 für die Darstellung von Zahlen. → *Vgl. Gleitkomma-Notation.*

Binärziffer *Subst.* (binary digit, binary number)
Eine der beiden Ziffern des Binärsystems, also 0 oder 1. → *siehe auch Bit.*
Auch eine in binärer Form ausgedrückte Zahl. Da Binärzahlen auf 2er-Potenzen beruhen, lassen sie sich wie folgt interpretieren: → *siehe auch binary.*

Ziffernpositionen von Binärwerten:					
2^6	2^5	2^4	2^3	2^2	2^1	2^0

Zugehörige Dezimalwerte:					
64	32	16	8	4	2	1

Die binäre Zahl 1001101 bedeutet z.B.:

2^6	2^5	2^4	2^3	2^2	2^1	2^0
64	32	16	8	4	2	1
1	0	0	1	1	0	1

oder als Summe:

1	* 64	64 +
0	* 32	0 +
0	* 16	0 +
1	* 8	8 +
1	* 4	4 +
0	* 2	0 +
1	* 1	1

woraus sich dezimal **77** ergibt.

binary *Subst.*
In einem FTP-Client der Befehl, der den FTP-Server anweist, Dateien in binärer Form zu senden und zu empfangen. → *siehe auch FTP-Client, FTP-Server.* → *Vgl. ASCII.*

binauraler Klang *Subst.* (binaural sound)
→ *siehe 3D-Audio.*

binden *Vb.* (bind)
Die Verknüpfung zweier Informationsteile. Der Ausdruck wird häufig in bezug auf das Verbinden eines Symbols (wie etwa des Namens einer Variablen) mit einer zu beschreibenden Information (wie etwa einer Speicheradresse, einem Datentyp oder einem aktuellen Wert) verwendet. → *siehe auch Bindungszeit, dynamisches Binden, statische Bindung.*

Binden, dynamisches *Subst.* (dynamic binding)
→ *siehe dynamisches Binden.*

Bindestrich *Subst.* (hyphen)
Ein Satzzeichen (-), das zur Silbentrennung eines Wortes am Ende einer Zeile oder zur Trennung von einzelnen Wörtern einer Zusammensetzung verwendet wird. Textverarbeitungsprogramme mit intelligenter Trennhilfe kennen drei Arten von Bindestrichen: normal, optional und nichttrennend. Normale Bindestriche (auch *erforderliche* oder *harte Bindestriche* genannt) sind Teil der Rechtschreibung und immer sichtbar (z. B. in *x-beliebig*. Optionale Bindestriche (auch *diskrete* oder *weiche Bindestriche* genannt) sind nur sichtbar, wenn ein normalerweise nicht getrenntes Wort am Ende einer Zeile getrennt werden muß. Textverarbeitungsprogramme tragen diese Bindestriche in der Regel selbst ein. Nichttrennende Bindestriche sind, wie normale Bindestriche, immer sichtbar, erlauben jedoch keinen Zeilenumbruch.
→ *siehe auch Silbentrennprogramm.*

Bindestrich, gewöhnlicher *Subst.* (normal hyphen)
→ *siehe Bindestrich.*

Bindestrich, harter *Subst.* (hard hyphen)
→ *siehe Bindestrich.*

Bindestrich, unbedingter *Subst.* (required hyphen)
→ *siehe Bindestrich.*

Bindestrich, wahlweiser *Subst.* (optional hyphen)
→ *siehe Bindestrich.*

Bindestrich, weicher *Subst.* (soft hyphen)
→ *siehe Bindestrich.*

Bindung, frühe *Subst.* (early binding)
→ *siehe statische Bindung.*

Bindung, späte *Subst.* (late binding)
→ *siehe dynamisches Binden.*

Bindung, statische *Subst.* (static binding)
→ *siehe statische Bindung.*

Bindungszeit *Subst.* (binding time)
Beim Einsatz eines Programms der Zeitpunkt, an dem das Binden von Informationen erfolgt, gewöhnlich in bezug auf Programmelemente, die an ihre Speicherorte und Werte zu binden sind. Man unterscheidet das Binden während der Kompilierung, während des Linkens und während der Programmausführung. → *siehe auch binden, Kompilierungszeit, Laufzeitbindung, Link-time Binding.*

BinHex *Subst.*
Ein Code für die Konvertierung von binären Datendateien in einen reinen ASCII-Text, so daß die Daten per E-Mail an einen anderen Computer oder an eine Newsgroup übertragen werden können. Diese Methode kann eingesetzt werden, wenn standardmäßige ASCII-Zeichen für die Übertragung benötigt werden, wie es beim Internet der Fall ist. BinHex wird vor allem von Macintosh-Benutzern verwendet. → *siehe auch MIME.*
Daneben ist »BinHex« der Name für das Apple-Macintosh-Programm, das zum Konvertieren binärer Datendateien in einen ASCII-Text und umgekehrt dient und dabei den BinHex-Code einsetzt. → *Vgl. uudecode, uuencode.*
»BinHex« ist außerdem die Bezeichnung für das Konvertieren einer binären Datei in einen druckbaren 7-Bit-ASCII-Text oder das Konvertieren der dadurch erzeugten ASCII-Textdatei zurück in das binäre Format, jeweils mit Hilfe des Programms BinHex. → *Vgl. uudecoden, uuencoden.*

Binominalverteilung *Subst.* (binomial distribution)
Auch als »Bernoulli-Verteilung« bezeichnet. In der mathematischen Statistik eine Liste oder eine Funktion, die die Wahrscheinlichkeiten von möglichen Werten einer nach dem Bernoullischen Schema gewählten Zufallsvariablen angibt. Für einen Bernoulli-Prozeß sind die drei folgenden Eigenschaften charakteristisch: Jeder Versuch hat nur zwei mögliche Ergebnisse – Erfolg oder Mißerfolg, jeder Versuch ist unabhängig von allen anderen Versuchen, und die Wahrscheinlichkeit für Erfolg und Mißerfolg jedes Versuchs ist konstant. Mit Hilfe der Binominalverteilung läßt sich die Wahrscheinlichkeit berechnen, mit der man eine bestimmte Anzahl von Erfolgen in einem Bernoulli-Prozeß erhält. Ein Beispiel dafür ist die Wahrscheinlichkeit für das dreimalige Würfeln von 7 Augen, wenn ein Paar von Würfeln 20 Mal geworfen wird. → *auch genannt Bernoulli-Verteilung.*

Bionik *Subst.* (bionics)
Die Untersuchung von lebenden Organismen – ihrer Eigenschaften und Funktionsweisen – im Hinblick auf die Entwicklung von Hardware, mit der

die Simulation oder die Nachbildung der Aktivitäten eines biologischen Systems möglich ist.
→ *siehe auch Kybernetik.*

BIOS *Subst.*
Abkürzung für »**b**asic **i**nput/**o**utput **s**ystem«, zu deutsch »grundlegendes Eingabe-Ausgabe-System«. Bei PC-kompatiblen Computern ein Satz von wichtigen Softwareroutinen, die nach dem Start des Computers einen Hardwaretest durchführen, das Betriebssystem laden und Routinen für den Datentransfer zwischen den Hardwarekomponenten zur Verfügung stellen. Das BIOS befindet sich im Nur-Lese-Speicher, dem ROM, so daß der Inhalt nach dem Abschalten des PCs nicht verlorengeht. Der Computerbenutzer kommt mit dem BIOS gewöhnlich nicht in Berührung, wenngleich es für die Leistung eines Systems mitbestimmend ist. → *siehe auch AMI BIOS, CMOS-Setup, Phoenix BIOS, ROM-BIOS.* → *Vgl. Toolbox.*

bipolar *Adj.*
Allgemein eine Eigenschaft, die zwei gegensätzliche Zustände bezeichnet wie positiv und negativ. Bei der Informationsübertragung und -verarbeitung die Eigenschaft eines Signals, das entgegengesetzte Spannungspegel aufweist. Die beiden Pegel repräsentieren die Wertepaare »ein/aus«, »wahr/falsch« oder ein anderes Wertepaar. → *siehe auch Nonreturn to Zero.* → *Vgl. unipolar.*
In der Elektronik die Eigenschaft eines Transistors, der zwei Arten von Ladungsträgern verwendet. → *siehe auch Transistor.*

BIS *Subst.*
→ *siehe Business Information System.*

bistabil *Adj.* (bistable)
Eigenschaft eines Systems oder Bauelements, das zwei mögliche Zustände einnehmen kann wie »ein« und »aus«. → *siehe auch Flipflop.*

bistabiler Multivibrator *Subst.* (bistable multivibrator)
→ *siehe Flipflop.*

bistabiler Schaltkreis *Subst.* (bistable circuit)
Ein Schaltkreis, der nur zwei stabile Zustände annehmen kann. Der Übergang zwischen diesen Zuständen muß außerhalb des Schaltkreises ausgelöst werden. Ein bistabiler Schaltkreis kann genau eine Informationseinheit, also 1 bit, speichern.

BISYNC *Subst.*
Abkürzung für »**bi**nary **sync**hronous communications protocol«. Ein von IBM entwickelter Kommunikationsstandard. Die Codierung in BISYNC-Übertragungen erfolgt entweder in ASCII oder EBCDIC. Die Nachrichten, deren Länge beliebig ist, werden in speziellen Einheiten – sog. »Frames« (zu deutsch »Rahmen«) – gesendet, denen optional ein Nachrichtenkopf vorangeht. Da es sich bei BISYNC um eine synchrone Übertragung handelt, bei der Nachrichtenelemente durch spezifische Zeitintervalle getrennt werden, muß jeder Frame in spezielle Zeichen eingeschlossen sein, die den Sendern und Empfängern eine Taktsynchronisation ermöglichen. Beginn und Ende des Nachrichtentextes werden dabei mit den Steuerzeichen STX und ETX markiert. Eine weitere wichtige Rolle spielt dabei BCC, ein Satz von Zeichen, die für die Verifizierung einer erfolgreichen Übertragung verwendet werden. → *auch genannt BSC.*

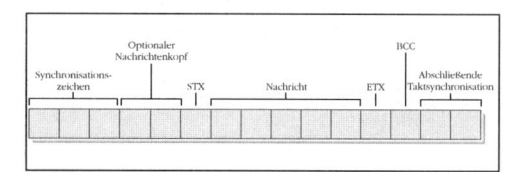

BISYNC: Die Struktur eines BISYNC-Rahmens

Bit *Subst.* (bit)
Abkürzung für »**bi**nary digi**t**«, zu deutsch »binäre Ziffer«. Die kleinste Informationseinheit, die von einem Computer verarbeitet werden kann. Ein Bit nimmt im Binärsystem entweder den Wert 0 oder 1 ein, bei logischen Operationen einen der Werte »wahr« oder »falsch«. Die physikalische Darstellung eines Bits erfolgt bei Schaltkreisen durch zwei verschiedene Spannungspegel (niedriger oder hoher Pegel, je nachdem, ob die Information 0 oder 1 repräsentiert wird) oder – bei der Speicherung auf einem magnetischen Datenträger – durch magnetische Ladungen, die je nach Beschaffenheit entweder den Wert 0 oder 1 darstellen. Ein einzelnes Bit stellt nur eine vergleichsweise unbedeutende Information dar. Erst durch die Zusammenfassung mehrerer Bit zu einem Byte, wobei 8 bit ein Byte bilden, können vielfälti-

ge Arten von Informationen übermittelt werden. Mit einem Byte läßt sich z.B. genau ein Buchstabe, eine Ziffer oder ein anderes Zeichen darstellen.
→ *siehe auch ASCII, binary, Byte.*

Bitbild *Subst.* (bit image)
Eine sequentielle Sammlung von Bits, die im Speicher ein Bild für die Anzeige auf dem Bildschirm repräsentieren, insbesondere in Systemen mit einer grafischen Benutzeroberfläche. Jedes Bit in einem Bitbild entspricht einem Pixel (Bildpunkt) auf dem Bildschirm. Beispielsweise stellt der Bildschirm selbst ein vollständiges, einzelnes Bitbild dar. Ebenso repräsentieren die Punktmuster für alle Zeichen in einer Schrift ein Bitbild der Schrift. Bei einer Schwarzweißdarstellung ist jedes Pixel entweder weiß oder schwarz, so daß es von einem einzelnen Bit dargestellt werden kann. Das »Muster« von Einsen und Nullen im Bitbild bestimmt dann das Muster von weißen und schwarzen Punkten, die ein Bild auf dem Bildschirm erzeugen. Bei einer Farbdarstellung wird die entsprechende Beschreibung von Bildschirm-Bits als »Pixelbild« bezeichnet, da mehr als 1 bit für die Darstellung jedes Pixel erforderlich ist. → *siehe auch Bitmap, Pixelgrafik.*

Bit-Block *Subst.* (bit block)
In der Computergrafik eine als Einheit behandelte Gruppe von Pixel. Der Ausdruck kommt daher, daß in der Tat Blöcke von Bits die Anzeige-Eigenschaften wie Farbe und Intensität beschreiben. Programmierer setzen Bit-Blöcke in Verbindung mit der sog. Bit-Blocktransfer-Technik (BitBlt) ein, um Grafiken und Animationen mit hoher Geschwindigkeit darzustellen. → *siehe auch Bit-Blocktransfer.*

Bit-Blocktransfer *Subst.* (bit block transfer)
Abkürzung: BitBlt. Bei grafischen Darstellungen und Animationen eingesetzte Programmiertechnik, bei der im Speicher abgelegte Bit-Blöcke manipuliert werden. Diese Bit-Blöcke repräsentieren die einzelnen Pixel eines rechteckigen Bildteiles, enthalten also Informationen über Farbwerte und andere Attribute der einzelnen Pixel. Der durch einen Bit-Block beschriebene Bildteil kann meist eine beliebige Größe einnehmen – von einem (kleinen) Cursor bis zu einem Bildausschnitt, der weite Teile des Bildschirms umfaßt. Ein Bit-Block läßt sich innerhalb des Video-RAMs als Einheit bewegen (und nicht jedes Pixel einzeln), so daß der repräsentierte Bildteil sehr schnell auf einer neuen Bildschirmposition angezeigt werden kann. Die Bits lassen sich außerdem verändern, wodurch z.B. eine Invertierung des Bildteiles möglich ist. Daneben läßt sich das Erscheinungsbild einer Grafik durch kontinuierlich wechselnde Darstellungen verändern, oder die Grafik wird nach diesem Prinzip auf dem Bildschirm hin und her bewegt. Einige Computer verfügen über spezielle Grafik-Hardware, mit denen Bit-Blöcke verändert werden können, ohne daß der verbleibende Teil des Bildschirms betroffen ist. Auf diese Weise läßt sich die Animation kleiner Figuren, sog. »Shapes«, beschleunigen, da das Programm nicht mehr kontinuierlich den Bereich, den das Shape umgibt, vergleichen, berechnen und neu zeichnen muß.
→ *siehe auch Sprite.*

bitblt *Subst.*
→ *siehe Bit-Blocktransfer.*

Bit Bucket *Subst.* (bit bucket)
Ein imaginärer Ort zum »Vernichten« von Daten (Bucket = Eimer). Ein Bit Bucket ist ein Null-Eingabe-Ausgabe-Gerät, von dem keine Daten gelesen werden können und bei dem das Schreiben von Daten ohne Wirkung bleibt. Ein Beispiel für einen Bit Bucket ist das NUL-Gerät unter MS-DOS. Wird z.B. die Ausgabe eines Verzeichnisses auf das NUL-Gerät umgeleitet, wird sie unterdrückt – das Verzeichnis ist also weder auf dem Bildschirm noch auf einem anderen Ausgabegerät sichtbar.

Bitdichte *Subst.* (bit density)
Ein Maß für die Anzahl von Informationen pro Längen- oder Oberflächeneinheit (bei einem Speichermedium) oder pro Zeiteinheit (bei einer Kommunikationsleitung).

Bit, dirty *Subst.* (dirty bit)
→ *siehe dirty Bit.*

Bit-Ebene *Subst.* (bit plane)
Eine Schicht aus einer Einheit mehrerer Bitmaps, die zusammen eine Farbgrafik bilden. Jede Bit-Ebene enthält die Werte für ein Bit aus einer Gruppe von Bits, die das entsprechende Pixel beschreiben. Eine Bit-Ebene erlaubt dabei die Dar-

stellung von 2 Farben (gewöhnlich Schwarz und Weiß), 2 Bit-Ebenen $2^2 = 4$ Farben, 3 Bit-Ebenen $2^3 = 8$ Farben usw. Der Ausdruck »Bit-Ebene« stammt daher, daß die jeweiligen Bereiche wie separate Ebenen behandelt werden, die, in Gedanken übereinandergelegt, das entsprechende Bild ergeben. Beim gegensätzlichen Verfahren werden die einzelnen Bits, die ein Pixel darstellen, durchgehend, also gemeinsam in einem Byte, gespeichert. Bei der Verwendung von Bit-Ebenen zur Darstellung von Farben kommt häufig auch eine Farb-Indextabelle oder Farbzuordnungstabelle zum Einsatz, mit der die Zuweisung von Farben an bestimmte Bitmuster erfolgt. Bit-Ebenen werden in den 16-Farb-Grafikmodi von EGA- und VGA-Karten verwendet; die Einheit aus 4 bit (aus den 4 Bit-Ebenen) entsprechen dabei den 4 bit des IRGB-Codes. → *siehe auch EGA, Farb-Indextabelle, Farbzuordnungstabelle, IRGB, Schichtung, VGA.* → *Vgl. Farb-Bits.*
Gelegentlich wird der Ausdruck »Bit-Ebene« auch für eine Schicht aus einem Satz übereinandergelegter Grafiken (z.B. Schaltbilder) verwendet, die auf dem Bildschirm dargestellt werden.

Bit, höchstwertiges *Subst.* (most significant bit)
→ *siehe höchstwertiges Bit.*

Bit-Manipulation *Subst.* (bit manipulation)
Ein Vorgang, bei dem ein Bit oder einzelne Bits verändert werden, im Gegensatz zur gebräuchlicheren und im allgemeinen einfacher durchführbaren Änderung kompletter Bytes oder Datenwörter. → *siehe auch Maske.*

Bitmap *Subst.* (bit map)
Eine Datenstruktur im Speicher, die Informationen in Form einer Sammlung einzelner Bits repräsentiert. Eine Bitmap dient dazu, ein Bitbild darzustellen. Auf einigen Systemen dienen Bitmaps außerdem zur Repräsentation der Belegung von Blöcken (Speichereinheiten) auf einem Datenträger. Ein gesetztes Bit (also der Wert 1) gibt dabei an, daß der jeweilige Block frei ist und ein ungesetztes Bit (0), daß der entsprechende Block belegt ist. → *siehe auch Bitbild, Pixelgrafik.*

Bitmap, geräteunabhängige *Subst.* (device-independent bitmap)
→ *siehe DIB.*

Bitmap-Grafik *Subst.* (bitmapped graphics)
Eine Computergrafik, die als Ansammlung von Bits im Speicher repräsentiert wird. Bei Schwarzweißgrafiken wird jedes Pixel (Bildpunkt) durch genau 1 bit beschrieben; bei Farbgrafiken und Grafiken mit Graustufen wird dagegen ein Pixel durch mehrere Bits repräsentiert, die die unterschiedlichen Aspekte des Pixel (vor allem den Farbton) angeben. Grafikprogramme, die mit Bitmap-Grafiken arbeiten – dazu gehören vor allem Malprogramme –, behandeln Grafiken als Sammlung von Punkten, nicht als Sammlung von Objekten wie Linien, Kreise usw. → *siehe auch Bitbild, Bitmap, Pixelgrafik.* → *Vgl. objektorientierte Grafik.*

bitmaporientierte Dokumentenbearbeitung *Subst.* (document image processing)
Ein System zum Speichern und Abrufen von Informationen für ein Unternehmen als Bitmap-Grafiken von gescannten Papierdokumenten. Für die bitmaporientierte Dokumentenbearbeitung wird zwar mehr Speicher als für die reine elektronische Datenverarbeitung benötigt, dafür können jedoch Signaturen, Zeichnungen und Fotos einbezogen werden. Außerdem ist diese Technik benutzerfreundlicher. → *siehe auch papierloses Büro.*

Bitmap-Schrift *Subst.* (bitmapped font)
Ein Satz von Zeichen in einem bestimmten Schriftgrad und Schriftstil, in dem jedes Zeichen als separate Bitmap (Punktmuster) beschrieben wird. Ein Beispiel für Bitmap-Schriften sind die Bildschirmschriften des Apple Macintosh. → *siehe auch Konturschrift, ladbare Schrift, TrueType.* → *Vgl. PostScript-Schrift, Vektorschrift.*

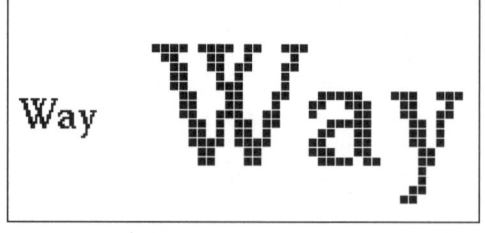

Bitmap-Schrift: Jedes Zeichen besteht aus einem Punktmuster

Bitmuster *Subst.* (bit pattern)
Eine Kombination aus Bits, mit der häufig die möglichen eindeutigen Kombinationen einer be-

stimmten Anzahl von Bits angegeben wird. Beispielsweise erlaubt ein Muster aus 3 bit genau $2^3 = 8$ Kombinationen und ein Muster aus 8 bit genau $2^8 = 256$ Kombinationen.
In Verbindung mit Computersystemen, die Bitmap-Grafiken unterstützen, wird mit »Bitmuster« auch ein Muster aus schwarzen und weißen Pixel bezeichnet. → *siehe auch Pixel.*

BITNET *Subst.*
Abkürzung für »Because It's Time Network«. Ein Weitbereichsnetz, das 1981 gegründet wurde und von der CREN (Corporation for Research and Educational Networking) mit Sitz in Washington, D.C. betrieben wird. Es dient dazu, E-Mail und Dateien zwischen Großrechnern auszutauschen, die in Bildungs- und Forschungseinrichtungen in Nordamerika, Europa und Japan eingesetzt werden. BITNET verwendet das NJE-Protokoll (Network Job Entry) von IBM, nicht das Internet-Protokoll TCP/IP, erlaubt aber dennoch einen E-Mail-Austausch mit dem Internet. Das Programm LISTSERV, das E-Mail-Verteilerlisten verwaltet, hat seinen Ursprung im BITNET.

bit.-Newsgroups *Subst.* (bit. newsgroups)
Eine Hierarchie von Internet-Newsgroups, die eine Spiegelung einiger Verteilerlisten aus dem BITNET darstellt. → *siehe auch BITNET.*

Bit, niederwertigstes *Subst.* (least significant bit)
→ *siehe niederwertigstes Bit.*

bitorientiertes Protokoll *Subst.* (bit-oriented protocol)
Ein Kommunikationsprotokoll, das die Übertragung von Daten in Form eines kontinuierlichen Bitstroms definiert und nicht als Folge von Einzelzeichen. Da sich die übertragenen Bits nicht in logisch unterscheidbare Zeichen in bezug auf einen bestimmten Zeichensatz (z.B. ASCII) trennen lassen, verwendet ein bitorientiertes Protokoll zur Steuerung der Übertragung spezielle Bitfolgen anstelle reservierter Zeichen. Ein Beispiel für ein bitorientiertes Protokoll ist das von der ISO genormte HDLC (High-level Data Link Control).

Bitrate *Subst.* (bit rate)
Die Geschwindigkeit, mit der binäre Informationen übertragen werden. → *siehe auch Transferrate.*

Bit-Slice-Prozessor *Subst.* (bit slice microprocessor)
Ein Logikchip für Mikroprozessoren, die nach Kundenwünschen für Spezialzwecke entwickelt werden. Diese Chips können programmiert werden, um dieselben Aufgaben wie andere Prozessoren durchzuführen, arbeiten aber im Unterschied dazu mit kleineren Informationseinheiten, typischerweise mit 2 oder 4 bit. Damit größere Datenwörter verarbeitet werden können, werden einzelne Bit-Slice-Prozessoren zu Prozessoreinheiten zusammengeschlossen.

Bits pro Sekunde *Subst.* (bits per second)
→ *siehe bps.*

Bits pro Zoll *Subst.* (bits per inch)
Abkürzung: BPI. Ein Maß für die Datenspeicherkapazität. Es gibt die Anzahl der Bit an, die sich auf einer Länge von einem Zoll (etwa 2,54 cm) auf einer Diskette bzw. Festplatte oder einem Magnetband speichern lassen. Bei einer Diskette bezieht sich die Einheit auf den Kreisumfang einer bestimmten Spur. → *siehe auch Packungsdichte.*

Bitstrom *Subst.* (bit stream)
Allgemein eine Folge binärer Ziffern, die den Fluß von Informationen repräsentieren, die über ein bestimmtes Medium übertragen werden.
Bei der synchronen Datenübertragung stellt ein Bitstrom einen kontinuierlichen Datenfluß dar, bei dem die Zeichen im Strom durch die Empfangsstation voneinander getrennt werden – im Gegensatz zu dem Verfahren, bei dem den Daten zusätzliche Markierungen hinzugefügt werden, z.B. Start- und Stoppbits.

Bit Stuffing *Subst.* (bit stuffing)
Das Einfügen zusätzlicher Bits (Stuffing = Stopfen) in einen Strom von übertragenen Daten. Durch Bit Stuffing wird sichergestellt, daß eine spezielle Bitfolge nur an einer erlaubten Stelle auftaucht. Beispielsweise dürfen in den Kommunikationsprotokollen HDLC, SDLC und X.25 sechs aufeinanderfolgende 1-Bits nur zu Beginn und zum Ende eines Daten-Frame (Blocks) auftreten. Erscheinen jedoch fünf 1-Bits in Folge, wird dabei ein 0-Bit in den Rest des Stromes eingefügt. Die hinzugefügten 0-Bits werden von der Empfangsstation entfernt, um die Daten in ihrer ursprünglichen Form wiederherzustellen. → *siehe auch HDLC, SDLC, X.25.*

Bit-Tiefe *Subst.* (bit depth)
Die Anzahl von Bits, die in einer Grafikdatei verwendet werden, um die Farbinformationen eines einzelnen Bildpunktes (Pixel) zu speichern.

Bit-Übertragungsrate *Subst.* (bit transfer rate)
→ *siehe Transferrate.*

Bit-Verdreher *Subst.* (bit twiddler)
Umgangssprachliche Bezeichnung für jemanden, der sich ganz und gar der Computerei verschrieben hat, insbesondere jemand, der leidenschaftlich in Assembler programmiert. → *siehe auch Hacker.*

bitweise Invertierung *Subst.* (bit flipping)
Die Umkehr von Bits, d. h., aus einer 0 wird eine 1 und umgekehrt. Um z. B. eine Schwarzweißgrafik zu invertieren (also die Farben Weiß und Schwarz untereinander auszutauschen) – man spricht dabei auch von einer »Negativdarstellung« –, muß ein Grafikprogramm lediglich die einzelnen Bits, die diese Grafik repräsentieren, invertieren.

bitweise parallel *Adj.* (bit parallel)
Eigenschaft einer Datenübertragung, bei der ein Satz von Bits (typischerweise ein Byte) übertragen wird, wobei jedes Bit dieser Einheit über eine separate Leitung im Kabel übermittelt wird. → *siehe auch parallele Übertragung.*

bitweise seriell *Subst.* (bit serial)
Eigenschaft einer Datenübertragung, bei der die Bits eines Bytes nacheinander über eine einzige Leitung übertragen werden. → *siehe auch serielle Übertragung.*

BIX *Subst.*
Abkürzung für »*BYTE* Information Exchange«. Ein Online-Dienst, der vom US-amerikanischen *BYTE*-Magazin gestartet wurde, heute der Firma Delphi Internet Services Corporation gehört und auch von dieser betrieben wird. BIX bietet einen E-Mail-Dienst, Software-Bibliotheken sowie Konferenzen zu den Themen Hardware und Software an.

biz.-Newsgroups *Subst.* (biz. newsgroups)
Usenet-Newsgroups, die Teil der biz.-Hierarchie sind und das Präfix »biz.« aufweisen. Die Diskussionen in diesen Newsgroups widmen sich geschäftlichen Themen. Im Gegensatz zu den meisten anderen Newsgroup-Hierarchien ist es den Benutzern erlaubt, Werbe- und anderes Marketing-Material zu verbreiten. → *siehe auch Newsgroup, traditionelle Newsgroup-Hierarchie.*

.bj
Im Internet ein Kürzel für die übergreifende Länder-Domäne, die eine Adresse in Benin angibt.

B-Kanal *Subst.* (bearer channel)
Einer der 64-Kbps-Kanäle (Kilobit pro Sekunde) bei ISDN. Ein ISDN-Basisanschluß verfügt über zwei B-Kanäle und einen Datenkanal (D-Kanal). Ein Primär-Multiplexanschluß weist dagegen 30 B-Kanäle (Europa) bzw. 23 B-Kanäle (Nordamerika) und jeweils einen D-Kanal auf. → *siehe auch Basic Rate Interface, ISDN, Kanal.*

Blackbox *Subst.* (black box)
Zu deutsch »schwarzer Kasten«. Eine Einheit von Hard- oder Software mit unbekannter innerer Struktur, deren Funktion aber dokumentiert ist. Die internen Funktionsmechanismen spielen für einen Entwickler, der die Funktionen nutzen will, keine Rolle. Beispielsweise kann ein Speicherchip als Blackbox angesehen werden. Viele Personen verwenden Speicherchips und bauen diese in Computer ein, aber im allgemeinen benötigen nur die Entwickler von Speicherchips Kenntnisse über deren interne Operationen.

Blackout *Subst.* (blackout)
Ein Zustand, bei dem der Energiepegel auf Null abfällt; ein vollständiger Ausfall der Stromversorgung. Zu den Ursachen eines Blackout gehören u. a. Naturkatastrophen (Sturm, Erdbeben) oder Störungen im Elektrizitätswerk – beispielsweise ein defekter Transformator oder eine gerissene Hochspannungsleitung. Je nach Betriebszustand, in dem sich der Computer zum Zeitpunkt des Blackout befand, kann es in bestimmten Fällen zu Beschädigungen des Computers kommen. Waren z. B. noch nicht alle Daten gesichert, führt ein Blackout genau wie das versehentliche Ausschalten des Computers zu einem unwiederbringlichen Verlust aller nicht gespeicherten Daten. Kritisch kann sich ein Blackout eventuell dann auswirken, wenn ein Diskettenlaufwerk oder eine Festplatte gerade Informationen liest oder schreibt. Die gerade verarbeitete Information wird mit ziemlicher

Sicherheit zerstört, was den Verlust eines kleinen Teiles einer Datei, der gesamten Datei bis hin zur Zerstörung des Datenträgers nach sich zieht. Auch das Laufwerk kann durch den plötzlichen Stromausfall beschädigt werden. Das einzig zuverlässige Mittel, Schäden infolge eines Blackout zu vermeiden, ist der Einsatz einer akkugestützten, unterbrechungsfreien Stromversorgung (UPS, Uninterruptible Power Supply). → *siehe auch unterbrechungsfreie Stromversorgung.* → *Vgl. Brownout.*

blättern *Vb.* (browse)
Das Durchsuchen einer Datenbank, einer Dateiliste oder des Internet, wobei entweder nach einem bestimmten Eintrag gesucht wird oder allgemein nach etwas, das von Interesse sein könnte (Grobrecherche). Im allgemeinen impliziert der Begriff, daß Informationen nur angezeigt, aber nicht verändert werden. In der illegalen Hackerszene bezeichnet das englische Originalwort eine (vermutlich) nicht zerstörerische Methode, um etwas über einen unbekannten Computer herauszufinden, nachdem der Hacker illegal in das System eingedrungen ist.

Blasengrafik *Subst.* (bubble chart)
Eine Grafik mit kommentierten Ellipsen (Blasen), die durch Linien oder Pfeile miteinander verbunden sind. Die in den Blasen beschriebenen Kategorien, Operationen oder Prozeduren beziehen sich auf die Daten, die ein Programm oder System bearbeitet oder verschiebt. Blasengrafiken werden in der Systemanalyse verwendet, um den Datenfluß auszuwerten. Im Vergleich zu einem Blockdiagramm oder Flußdiagramm beschreibt die Blasengrafik vorrangig die Verbindungen zwischen Konzepten oder Teilen eines Ganzen, ohne dabei strukturelle, sequentielle oder prozedurale Beziehungen zwischen den Teilen hervorzuheben. → *Vgl. Blockdiagramm, Flußdiagramm.*

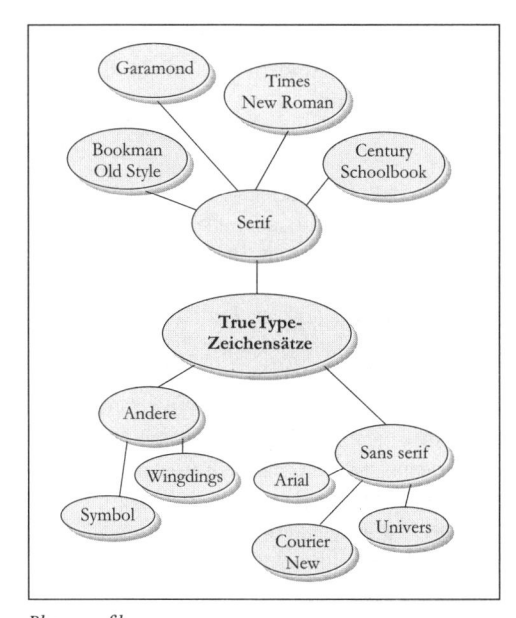

Blasenspeicher *Subst.* (bubble memory, bubble storage)
Ein Speichertyp, der durch eine Reihe von ständig magnetischen »Blasen« in einem dünnen Filmsubstrat gebildet wird. Im Gegensatz zum ROM, können auch Daten in den Speicher geschrieben werden. Im Unterschied zum RAM, bleibt der Speicherinhalt so lange erhalten, bis er geändert wird, selbst nach Wegfall der Betriebsspannung. Aus diesem Grund hatte der Blasenspeicher historisch einige Anwendungen in Umgebungen, in denen Computersysteme nach einem Stromausfall mit minimalem Datenverlust schnell wiederhergestellt sein müssen. Mit Einführung des Flash-Speichers, eines Speichertyps, der deutlich billiger und einfacher zu produzieren ist, ging jedoch die Bedeutung des Blasenspeichers praktisch auf Null zurück. → *siehe auch Flash-Speicher, nichtflüchtiger Speicher.*

Blatt (eines Logikbaums) *Subst.* (leaf)
Jeder Knoten (Ort) in einer Baumstruktur, der am weitesten von der Wurzel (erster Knoten) entfernt ist, wobei der gewählte Pfad keine Rolle spielt. In einem beliebigen Baum ist ein Blatt demzufolge ein Knoten am Ende eines Zweiges, der keine Nachfolger hat. → *siehe auch Baum, Unterbaum, Wurzel.*

Bleiakku *Subst.* (lead ion battery)
Ein Energiespeicher, der auf der Umwandlung von chemischer in elektrische Energie basiert, bei der Ionen von einem Terminal zum anderen über einen Blei- und Kupferlösung enthaltenden Säureleiter transportiert werden. Dieser Akku wird für Laptops und Notebooks verwendet.

Blasengrafik

Blind Carbon Copy *Subst.* (blind carbon copy)
→ *siehe bcc.*

Blind Courtesy Copy *Subst.* (blind courtesy copy)
→ *siehe bcc.*

blinde Suche *Subst.* (blind search)
Ein Suchvorgang im Speicher oder auf einem Speichergerät, der ohne Vorkenntnisse – etwa bezüglich der Reihenfolge oder der Position der Daten – ausgeführt wird. → *siehe auch lineare Suche.* → *Vgl. binäre Suche, Indexsuche.*

Blindtext *Subst.* (greek text, greeking)
Die Verwendung von grauen Balken oder anderen Grafiken zur Darstellung von Text, der bei der Anzeige auf dem Bildschirm mit der gewählten Auflösung zu klein erscheint und damit nicht lesbar ist, z.B. die Layoutansicht einer ganzen Seite oder von gegenüberliegenden Seiten.

blinken *Vb.* (blink)
Das abwechselnde Aufleuchten und Abblenden. Auf dem Bildschirm wird vor allem der Cursor blinkend dargestellt, um das Auffinden zu erleichtern. Aber auch bestimmte andere wichtige Elemente, wie z.B. Fehlermeldungen, werden häufig blinkend angezeigt. Die Blinkgeschwindigkeit kann in einigen grafischen Benutzeroberflächen vom Benutzer frei eingestellt werden.

Blinkgeschwindigkeit *Subst.* (blink speed)
Die Geschwindigkeit, mit der ein Cursor – also das Element, das in einem Textfenster die Stelle kennzeichnet, auf die sich die Eingabe bezieht – oder ein anderes Anzeige-Element aufleuchtet und abblendet.

Blip *Subst.* (blip)
Eine kleine, optisch erkennbare Marke auf einem Aufzeichnungsmedium, beispielsweise auf Mikrofilm, die zum Zählen zu anderweitiger Identifizierung benutzt wird.

Block *Subst.* (block)
Allgemein eine Gruppe ähnlicher Elemente, die zusammenhängend gespeichert sind und als Einheit behandelt werden.
Im Zusammenhang mit Anwendungsprogrammen ein Bereich eines Textes, der markiert (ausgewählt) werden kann, um daraufhin eine Aktion durchzuführen, die diesen Bereich als Ganzes behandelt.
Bei der Bildschirmanzeige ein rechteckiger Bereich von Pixel (Bildpunkten), die als Einheit behandelt werden.
Bei der Speicherung von Daten eine Sammlung aufeinanderfolgender Bytes, die als Gruppe von Daten von einem Datenträger (z.B. der Festplatte) gelesen oder auf ihn geschrieben werden.
In der Kommunikationstechnik eine Einheit von übertragenen Informationen, die aus den Identifizierungs-Codes, den eigentlichen Daten sowie den Fehlerprüfungs-Codes besteht.
In der Programmierung eine Gruppe von Anweisungen, die als Einheit behandelt werden. Ist z.B. ein Block mit einer Bedingung versehen, werden alle Befehle des Blocks ausgeführt, wenn die Bedingung erfüllt ist. Bei nicht erfüllter Bedingung wird dagegen der komplette Block ignoriert.
Bei der Speicherverwaltung ein Bereich im RAM (Random Access Memory), den das Betriebssystem einem Programm zeitweise zuordnet.

Block-Cursor *Subst.* (block cursor)
Ein Cursor, der durch ein gefülltes Rechteck repräsentiert wird. Die Größe des Cursors entspricht einer Zeichenzelle, also dem Platz, der für ein Textzeichen zur Verfügung steht. Ein Block-Cursor wird in Anwendungen verwendet, die im Textmodus betrieben werden. Speziell der Mauscursor wird in derartigen Anwendungen als Block-Cursor dargestellt. → *siehe auch Cursor, Mauszeiger, Zeichenzelle.*

Blockdiagramm *Subst.* (block diagram)
Ein Schaubild eines Computers oder eines anderen Systems, bei dem die Darstellung der prinzipiellen Systemkomponenten durch beschriftete Rechtecke (Blöcke) erfolgt. Die Blöcke sind durch mit Richtungspfeilen versehene Linien verbunden, wodurch die Verbindungen und Beziehungen der Komponenten untereinander optisch kenntlich gemacht werden. Ein Blockdiagramm ist ein Gesamtschema, das aufzeigt, aus welchen Bestandteilen sich ein System zusammensetzt und wie es arbeitet. Um die verschiedenen Komponenten eines Systems hinsichtlich ihrer detaillierten Funktionsweise darzustellen, werden verschiedene Arten von Diagrammen eingesetzt, z.B. Fluß-

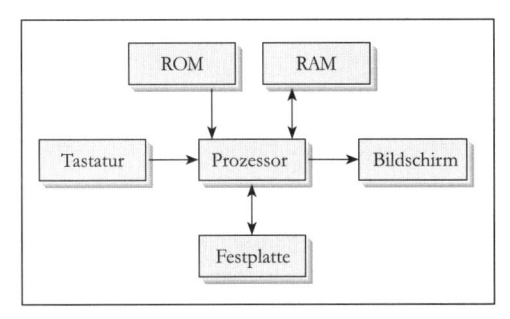

Blockdiagramm

diagramme und Schaltpläne. → *Vgl. Blasengrafik, Flußdiagramm.*

Blockfaktor *Subst.* (blocking factor)
Die Anzahl der Datensätze in einem Block (also der zusammengehörenden Gruppen von Daten auf einem Datenträger). Beträgt die Datensatzlänge einer Datei z.B. 170 Byte und die Blockgröße 512 Byte, ergibt sich (davon ausgehend, daß keine blockübergreifenden Datensätze unterstützt werden) ein Blockfaktor von 3 (512/170 = 3, Rest 2). Jeder Block enthält damit 510 Byte, es bleiben also 2 Byte ungenutzt.

Block, freier *Subst.* (free block)
→ *siehe freier Block.*

Block Gap *Subst.* (block gap)
Zu deutsch »Blocklücke«. Bei einem Magnetband der ungenutzte Raum zwischen Datenblöcken oder physikalischen Datensätzen. Bei einer Diskette oder Festplatte der ungenutzte Raum zwischen formatierten Sektoren. → *auch genannt Blocklücke, IBG.*

Blockgröße *Subst.* (block size, blocking factor)
Bei der Datenkommunikation die Größe eines Blocks von Daten, die innerhalb eines Computers, per FTP oder mit Hilfe eines Modems übertragen werden. Die Größe wird meist so gewählt, daß unter Berücksichtigung aller an der Übertragung beteiligten Hardwarekomponenten eine höchstmögliche Effizienz erreicht wird.
In Verbindung mit blockorientierten Geräten (wie einer Festplatte) die Größe der zusammengehörenden Gruppe von Daten, die jeweils als Einheit an ein Gerät übertragen oder von diesem übermittelt werden. Auch wenn nicht alle Bytes des Blocks benötigt werden, wird stets der komplette Block vom Laufwerk gelesen. Im Bereich der Personal Computer sind Blockgrößen von 128, 256 und 512 Byte gebräuchlich.

blockieren *Vb.* (block)
In der Kommunikationstechnik der Vorgang, der das Aussenden eines Signals verhindert.

Blocklänge *Subst.* (block length)
Die gewöhnlich in Byte angegebene Länge eines Datenblocks. Typische Blocklängen liegen, je nach Anwendungsgebiet, im Bereich von 512 Byte bis 4096 Kilobyte.

Blocklücke *Subst.* (interblock gap)
→ *siehe Satzzwischenraum.*

blockorientiertes Gerät *Subst.* (block device)
Ein Gerät, z.B. eine Festplatte, das Informationen in Blöcken – Gruppen von Bytes – verarbeitet, im Gegensatz zu einem Gerät, das zeichenweise (byteweise) arbeitet. → *Vgl. zeichenorientiertes Gerät.*

Blocksatz *Subst.* (full justification)
In der Textverarbeitung, im Schriftsatz und im Desktop Publishing bezieht sich Blocksatz auf die gleichmäßige Ausrichtung der Textzeilen bezüglich beider Ränder einer Spalte oder Seite. → *siehe auch ausrichten.*

Blocksatz

Block, schadhafter *Subst.* (bad block)
→ *siehe schadhafter Sektor.*

Blockstruktur *Subst.* (block structure)
Bei der Programmierung die Organisation eines Programms in Gruppen von Anweisungen, die als »Blöcke« bezeichnet und jeweils als Einheit behandelt werden. Viele Programmiersprachen – insbesondere Ada, C und Pascal – sind eng mit dem Konzept der Blockstruktur verbunden. Ein Block stellt einen Codebereich dar, der von bestimmten Begrenzungszeichen oder Begrenzungsbefehlswörtern umgeben ist (wie { und } oder BEGIN und END), die angeben, daß der eingeschlossene Codebereich als zusammengehörige Gruppe von Befehlen verwendet werden kann. Beispielsweise ist in C jede Funktion ein separater Block. Ein Block begrenzt außerdem den Gültigkeitsbereich von Konstanten, Datentypen und Variablen, wobei diese im allgemeinen nur in dem Block gültig sind, in dem sie deklariert wurden. → *siehe auch Funktion, Geltungsbereich, Prozedur.*

blockweiser Aufbau *Subst.* (building-block principle)
→ *siehe modulares Design.*

blockweise speichern *Vb.* (block)
Das Speichern einer Datei in Blöcken mit fester Größe.

blockweise Übertragung *Subst.* (block transfer)
Die Übertragung von Daten in Gruppen von Bytes (Blöcken).

blockweise Verschiebung *Subst.* (block move)
Ein Vorgang, bei dem eine bestimmte Anzahl von zusammengehörigen Daten als Einheit an einen anderen Ort verschoben wird. Ein Beispiel ist das Verschieben eines Textblocks in einem Textverarbeitungsprogramm, um ein Dokument umzuorganisieren. Ein weiteres Beispiel stellt das Verschieben von Zellbereichen in einem Tabellenkalkulationsprogramm dar. Die meisten Prozessoren verfügen über Befehle, mit denen sich Blöcke auf einfache Weise verschieben lassen.

blockweise Verschlüsselung *Subst.* (block cipher)
Ein Verschlüsselungsverfahren, das auf einem privaten Schlüssel basiert und bei dem die Daten in Blöcken fester Größe (gewöhnlich 64 bit) verschlüsselt werden. Der verschlüsselte Datenblock enthält dieselbe Anzahl an Bits wie das unverschlüsselte Original. → *siehe auch privater Schlüssel, Verschlüsselung.*

Blueboxing *Subst.* (blue screen)
Zu deutsch: »blauer Raum«. Eine Technik, die vor allem bei Film und Fernsehen für Spezialeffekte eingesetzt wird und bei der ein Bild von einem anderen Bild überlagert wird. Die Szenen werden dabei in einem vollständig blau ausgekleideten Studio gefilmt. Der Hintergrund wird separat aufgenommen. Beide Aufnahmen werden in einem speziellen Prozeß zusammengeführt, bei dem alle blauen Elemente der Vordergrundaufnahme durch den Hintergrund ersetzt werden. Das Ergebnis ist eine einzige Aufnahme – die Vordergrundszene spielt sich dann vor dem neuen Hintergrund ab. Das Blueboxing wird z.B. in Nachrichtensendungen eingesetzt, um den Moderator vor einer Wetterkarte einzublenden.

.bm
Im Internet ein Kürzel für die übergreifende Länder-Domäne, die eine Adresse auf den Bermudas angibt.

.bmp
Eine Dateinamenerweiterung, die eine im Bitmap-Dateiformat gespeicherte Rastergrafik kennzeichnet. → *siehe auch Bitmap.*

.bn
Im Internet ein Kürzel für die übergreifende Länder-Domäne, die eine Adresse in Brunei angibt.

BNC-Stecker *Subst.* (BNC connector)
Eine Steckverbindung für Koaxialkabel, bei der der Stecker in eine Buchse geführt und durch eine

BNC-Stecker: Stecker (links) und Steckerbuchse

anschließende Drehbewegung um 90 Grad im Uhrzeigersinn arretiert wird. BNC-Stecker werden häufig bei Bildschirmkabeln sowie bei Ethernet-Netzwerk-Kabeln eingesetzt. → *siehe auch Koaxialkabel.*

.bo
Im Internet ein Kürzel für die übergreifende Länder-Domäne, die eine Adresse in Bolivien angibt.

Body *Subst.* (body)
In E-Mail und in Nachrichten innerhalb von Internet-Newsgroups der eigentliche Inhalt der Nachricht. Der Body beginnt unter dem Kopf der Nachricht. Letzterer enthält im wesentlichen den Empfänger und Absender. → *siehe auch Kopf.*
→ *auch genannt Textkörper.*

BOF *Subst.*
Abkürzung für »birds of a feather«. Treffen von Leuten, die sich mit dem gleichen Fachgebiet beschäftigen, im Rahmen von Veranstaltungen, Messen, Konferenzen und Kongressen. Derartige Treffen stellen eine Möglichkeit dar, Erfahrungen mit Leuten auszutauschen, die in anderen Firmen und Forschungseinrichtungen arbeiten. → *siehe Dateianfang.*

Bombe *Subst.* (bomb)
Ein Programm, das zu dem Zweck entwickelt wurde, ein System zu beschädigen oder zu zerstören. Bomben werden meist in ein System eingeschleust, ohne daß die Benutzer etwas davon bemerken. Typischerweise löschen Bomben die Festplatte oder manipulieren diese so, daß das Betriebssystem nicht mehr darauf zugreifen kann. → *siehe auch Trojanisches Pferd, Virus, WORM.*

Bomben-Schaltfläche *Subst.* (button bomb)
Auf einer Web-Seite eine Schaltfläche, die in Form einer Bombe dargestellt wird.

Boolesch *Adj.* (Boolean)
Eigenschaft eines logischen Wertes, also eines Wertes, der nur einen der Werte »wahr« oder »falsch« annehmen kann. Viele Programmiersprachen unterstützen einen speziellen Booleschen Datentyp, der vordefinierte Werte für »wahr« und »falsch« zur Verfügung stellt. Andere Sprachen kennen zwar keinen Booleschen Datentyp, erlauben es aber, als Ersatz den Integer-Datentyp ein-

zusetzen, wobei im allgemeinen der Wert »falsch« durch 0 und der Wert »wahr« durch »NOT 0« (also ungleich 0) repräsentiert wird. → *siehe auch Boolesche Algebra, Boolescher Operator.*

Boolesche Algebra *Subst.* (Boolean algebra)
Form der Algebra, die fundamentale Bedeutung für Computeroperationen hat, obgleich sie bereits Mitte des 19. Jahrhunderts vom englischen Mathematiker George Boole entwickelt wurde. Gegenstand der Booleschen Algebra sind logische Behauptungen, die entweder »wahr« oder »falsch« anstelle von numerischen Werten zum Ergebnis haben. In der Booleschen Algebra müssen Variablen einen der beiden Werte »wahr« oder »falsch« annehmen, Beziehungen zwischen den Variablen werden mit logischen Operatoren wie AND (Und), OR (Oder) und NOT (Nicht) hergestellt. Eine Aussage in der Booleschen Algebra könnte z.B. so aussehen: »C = A AND B«. Dies bedeutet, daß »C« nur dann wahr ist, wenn sowohl »A« als auch »B« wahr sind. Nach diesem Prinzip können Informationen verarbeitet und Probleme gelöst werden. Die Boolesche Logik kann außerdem leicht auf elektronische Schaltungen übertragen werden, die in digitalen Computern eingesetzt werden. Analog zu den binären Ziffern 1 und 0, lassen sich auch die Werte »wahr« und »falsch« leicht durch die

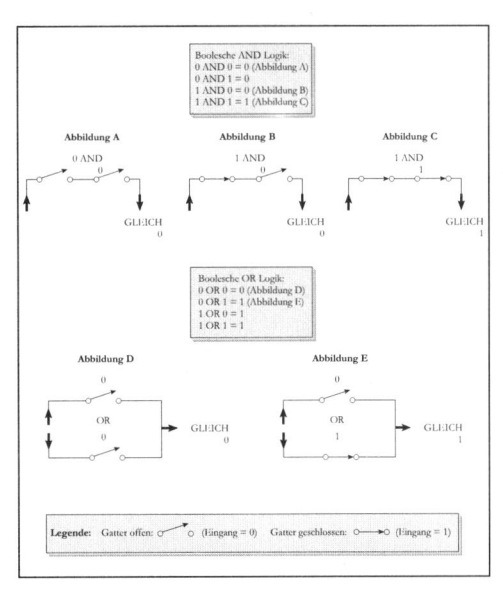

Boolesche Algebra: Die Booleschen Schaltungen. In den schattierten Feldern werden die möglichen Ergebnisse der verschiedenen Eingabekombinationen angegeben.

gegensätzlichen physikalischen Zustände eines Schaltkreises repräsentieren, z. B. durch zwei Spannungspegel. Schaltungen, die als »Logikgatter« bezeichnet werden, steuern den Fluß des elektronischen Stromes (der Datenbits) und repräsentieren auf diese Weise die Booleschen Operatoren wie AND, OR und NOT. Durch Kombination mehrerer Logikgatter wird die Ausgabe eines Gatters zur Eingabe eines anderen Gatters, so daß das endgültige Ergebnis (weiterhin nichts anderes als eine Folge von Einsen und Nullen) bereits relevante Daten darstellt, z. B. die Summe von zwei Zahlen. → *siehe auch Addierer, binary, Boolescher Operator, Gate, logischer Schaltkreis, Wahrheitstabelle.*

Boolesche Logik *Subst.* (Boolean logic)
→ *siehe Boolesche Algebra.*

Boolescher Ausdruck *Subst.* (Boolean expression)
Eine Verarbeitungsvorschrift, die einen Booleschen Wert (»wahr« oder »falsch«) zurückgibt. Ein Boolescher Ausdruck setzt sich aus Booleschen Operatoren (wie AND [Und], OR [Oder], NOT [Nicht] und XOR [exklusives Oder]), Vergleichsoperatoren (wie = [gleich], < [kleiner], <= [kleiner gleich], > [größer] und >= [größer gleich]) sowie den Operanden (also den zu überprüfenden und zu kombinierenden Werten) zusammen. → *siehe auch Boolesch, Boolesche Algebra, Boolescher Operator, relationaler Operator.* → *auch genannt bedingter Ausdruck, logischer Ausdruck.*

Boolescher Operator *Subst.* (Boolean operator)
Ein Operator, der zur Verarbeitung von Booleschen Werten, also den Werten »wahr« und »falsch«, dient. Die vier gebräuchlichsten Booleschen Operatoren in der Programmierung sind AND (Und [logische Konjunktion]), OR (Oder [logischer Einschluß]), XOR (exklusives Oder) und NOT (Nicht [logische Negation]). Boolesche Operatoren werden außerdem in Datenbankrecherchen verwendet – z. B. »Suche alle Datensätze, in denen ABTEILUNG = »Marketing« OR ABTEILUNG = »Verkauf« AND FACH = »Textverarbeitung««. → *siehe auch AND, exklusives ODER, NOT, OR.* → *auch genannt logischer Operator.*

Boolesche Suche *Subst.* (Boolean search)
Eine Datenbankrecherche, in der Boolesche Operatoren verwendet werden. → *siehe auch Boolescher Operator.*

Boot-Block *Subst.* (boot block)
Ein Bereich auf einer Diskette oder Festplatte, der den Bootstrap-Loader (Urlader) enthält (dieser initiiert das Laden des Betriebssystems) sowie andere grundlegende Informationen, die für den Start des Computers wichtig sind. → *siehe auch markieren.*

Boot-Diskette *Subst.* (boot disk)
Eine Diskette, die die grundlegenden Dateien des Betriebssystems eines PCs enthält und über die der Computer gestartet (gebootet) werden kann. Die Diskette muß gewöhnlich in das erste Diskettenlaufwerk (in aller Regel Laufwerk A:) eingelegt werden. Bei den heute üblichen Systemen startet der Computer von der Festplatte. Die Boot-Diskette wird allerdings benötigt, wenn beim Start von der Festplatte Probleme auftreten. → *siehe auch A:, Booten, Boot-Laufwerk, Festplatte.* → *auch genannt bootfähige Diskette.*

Booten *Subst.* (boot)
Der Prozeß, bei dem ein Computer gestartet wird. Nachdem der Computer eingeschaltet oder durch einen Reset zurückgesetzt wurde, führt der Computer die Software (den sog. Urlader oder Bootstrap Loader) aus, die das Betriebssystem lädt, startet und für die Anwendung durch den Benutzer vorbereitet. → *siehe auch BIOS, Kaltstart, Urlader, Warmstart.* → *auch genannt urladen.*

booten *Vb.* (boot)
Das Starten des Computers. Dies ist im allgemeinen auf folgende Art und Weise möglich: durch Einschalten des Computers, durch Druck auf den Reset-Schalter (der am Computergehäuse angebracht ist), durch Betätigung der dafür reservierten Tastenkombination auf der Tastatur oder durch Anwahl des entsprechenden Menüpunktes. → *siehe auch neu starten.* → *auch genannt hochfahren, urladen.*
Beim Booten wird der Bootstrap Loader (Urlader) ausgeführt. → *siehe auch Urlader.* → *auch genannt urladen.*

bootfähig *Adj.* (bootable)
Eigenschaft einer Diskette oder Festplatte, die alle zum Booten (Starten) eines PCs erforderlichen Dateien enthält.

bootfähige Diskette *Subst.* (bootable disk)
→ siehe *Boot-Diskette*.

Boot-Fehler *Subst.* (boot failure)
Das Scheitern des Starts des Computers. Der Computer kann das Betriebssystem nicht finden oder aus anderen Gründen nicht laden.

Boot-Laufwerk *Subst.* (boot drive)
Bei einem PC das Laufwerk, von dem das BIOS automatisch das Betriebssystem lädt, nachdem der Computer eingeschaltet oder zurückgesetzt wurde. Bei PCs, die mit einem der Betriebssysteme MS-DOS, Windows 3.x oder Windows 95 arbeiten, ist das standardmäßige Boot-Laufwerk das erste Diskettenlaufwerk (A:). Wenn sich in diesem Laufwerk keine Diskette befindet, versucht das BIOS, vom ersten Festplattenlaufwerk (C:) zu booten. Bei den meisten PCs kann das BIOS so umkonfiguriert werden, daß zuerst versucht wird, von Laufwerk C: zu booten. → *siehe auch A:, BIOS, Diskettenlaufwerk, Festplatte*.

BOOTP *Subst.*
→ siehe *Boot-Protokoll*.

Boot-Partition *Subst.* (boot partition)
Die Partition auf einer Festplatte, die das Betriebssystem und weitere unterstützende Dateien enthält. Von dieser Partition lädt der Computer das Betriebssystem in den Arbeitsspeicher, nachdem der Computer eingeschaltet oder neu gestartet wurde.

Boot-Protokoll *Subst.* (Boot Protocol)
Ein Protokoll, das in den RFC-Dokumenten 951 und 1084 beschrieben ist und beim Booten von Arbeitsstationen eingesetzt wird, die weder über ein Diskettenlaufwerk noch über eine Festplatte verfügen. → *siehe auch RFC*. → *auch genannt BOOTP*.

Boot-Record *Subst.* (boot record)
Der Bereich auf einer Diskette oder Festplatte, der das Betriebssystem enthält.

Boot-Sektor *Subst.* (boot sector)
Der Sektor einer Diskette oder Festplatte, in dem sich der Urlader (Bootstrap Loader) des Betriebssystems befindet. Der Urlader initiiert das Laden des Betriebssystems. Der Boot-Sektor enthält typischerweise ein kurzes Maschinenspracheprogramm, das das Betriebssystem lädt.

Bootstrap *Subst.* (bootstrap)
→ siehe *Booten*.

Border Gateway Protocol *Subst.*
Abkürzung: BGP. Ein Protokoll, das im NSFnet verwendet wird und auf dem External Gateway Protocol (EGP) basiert. → *siehe auch External Gateway Protocol, NSFnet*.

bot *Subst.*
Die visualisierte Darstellung eines Menschen oder eines anderes Wesens, dessen Handlungen und Bewegungen programmgesteuert ablaufen.

Bottom-Up-Design *Subst.* (bottom-up design)
Eine Methode bei der Programmentwicklung, bei der zunächst die Aufgaben der unteren Ebenen eines Programms festgelegt werden. Die Entwicklung der darüberliegenden Funktionen baut auf dem Entwurf der niederen Ebenen auf. → *siehe auch Bottom-Up-Programmierung, Top-down-Programmierung*. → *Vgl. Top-down-Design*.

Bottom-Up-Programmierung *Subst.* (bottom-up programming)
Eine Technik bei der Programmierung, bei der die Funktionen niederer Ebenen zuerst entwickelt und getestet werden und damit die Grundlage für den Aufbau von Funktionen der jeweils darüberliegenden Ebene bilden. Viele Programmentwickler sehen die ideale Programmiermethode in einer Kombination von Top-down-Design und Bottom-Up-Programmierung. → *siehe auch Top-down-Design*. → *Vgl. objektorientierte Programmierung, Top-down-Programmierung*.

bouncen *Vb.* (bounce)
Das Zurücksenden an den Absender. Der Ausdruck wird in Verbindung mit unzustellbarer E-Mail verwendet.

Bourne-Shell *Subst.* (Bourne shell)
Die erste wichtige Shell (Befehlsinterpreter) für das Betriebssystem UNIX. Sie ist Bestandteil des UNIX-Derivates AT&T System V. Sie wurde 1979 von Steve Bourne an den AT&T Bell Laboratories

entwickelt. Obwohl einige Leistungsmerkmale fehlen, die in anderen UNIX-Shells üblich sind (z.B. das Editieren in der Befehlszeile und das Abrufen bereits abgesendeter Befehle), sind die meisten Shell-Skripten nach wie vor für die Bourne-Shell konzipiert. → *siehe auch AT&T System V, Shell, Shell-Skript, UNIX.* → *auch genannt sh.* → *Vgl. C-Shell, Korn-Shell.*

Boyce-Codd-Normalform *Subst.* (Boyce-Codd normal form)
→ *siehe Normalform.*

Bozo *Subst.* (bozo)
Umgangssprachliche Bezeichnung für eine dumme, alberne oder exzentrische Person. Sie wird häufig im Internet verwendet, vor allem in Newsgroups. Die Bezeichnung stammt von dem in den USA bekannten TV-Clown »Bozo«.

Bozo-Filter *Subst.* (bozo filter)
Im Internet eine umgangssprachliche Bezeichnung für ein Leistungsmerkmal in einigen E-Mail Clients und Newsgroup Readers oder für ein separates Hilfsprogramm, das es erlaubt, eingehende E-Mail oder Newsgroup-Beiträge auszufiltern, die von bestimmten Benutzern stammen. Im allgemeinen wird man diejenigen Benutzer ausfiltern, mit denen man nichts mehr zu tun haben will. Die Bezeichnung kommt daher, daß typischerweise »Bozos« ausgefiltert werden. → *siehe auch Bozo.* → *auch genannt Kill-File.*

BPI *Subst.*
→ *siehe Bits pro Zoll, Bytes pro Zoll.*

bps *Subst.*
Abkürzung für »**b**its **p**er **s**econd«, zu deutsch »Bit pro Sekunde«. Ein Maß für die Geschwindigkeit, mit der ein Gerät – beispielsweise ein Modem – Daten übertragen kann. Die Einheit »bps« ist nicht zu verwechseln mit der Baudrate. → *siehe auch Baud, Baudrate.*

.br
Im Internet ein Kürzel für die übergreifende Länder-Domäne, die eine Adresse in Brasilien angibt.

Brain Dump *Subst.* (brain dump)
Wörtlich übersetzt »Gehirn-Auszug«. Umgangssprachlicher Ausdruck für eine sehr große, unstrukturierte Menge an Informationen, die schwierig zu verarbeiten oder zu interpretieren sind, übermittelt als Reaktion auf eine Anfrage per E-Mail oder auf einen Newsgroup-Beitrag.

Branchenanwendung *Subst.* (vertical application)
Eine spezielle Anwendung für den Bedarf einer bestimmten Berufsgruppe oder Branche – beispielsweise eine Anwendung für die Gastronomiebranche, in der u.a. Einnahmen und Trinkgelder verwaltet werden können.

BRB
Abkürzung für »(I'll) **b**e **r**ight **b**ack«, zu deutsch »Komme gleich wieder«. Ein Ausdruck, der in Livechats im Internet und anderen Online-Diensten verwendet wird und angibt, daß ein Teilnehmer die Runde kurzzeitig verläßt.

Breadboard *Subst.* (breadboard)
Zu deutsch »Brettschaltung«. Eine gelochte Platte, die zum Aufbau provisorischer elektronischer Schaltungen dient, typischerweise für Experimentalschaltungen und Prototypen. Die Lochungen erlauben es, die Bauelemente auf einer Seite unterzubringen und die Verbindungsdrähte an der Unterseite der Platte zu führen. Heute übliche Breadboards bestehen in aller Regel aus Plastik. Die Löcher sind kleiner, so klein, daß die Pins der Chips paßgenau Halt finden. Die Verbindungen zwischen den Bauteilen werden durch Metallstreifen hergestellt, die in die Löcher gesteckt werden. → *Vgl. Wirewrap-Technik.*

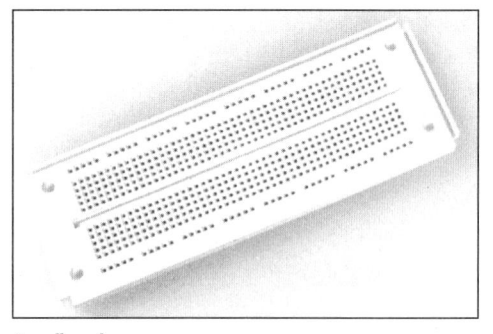

Breadboard

Breakout-Box *Subst.* (breakout box)
Ein kleiner Hardwarezusatz, der zwischen zwei Geräte geschaltet werden kann, z.B. einen Com-

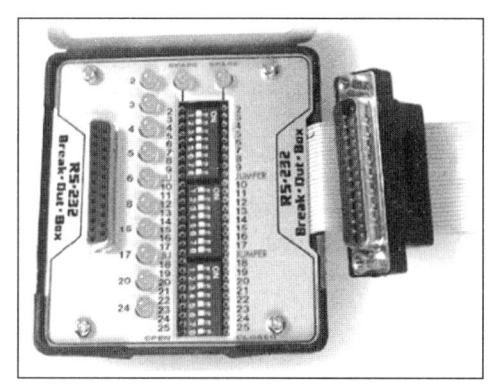

Breakout-Box

puter und ein Modem, um die übertragenen Signale zu überprüfen und bei Bedarf einzelne Verbindungen des Kabels umzuleiten.

Breitband- *Präfix* (broadband)
Eigenschaft eines Kommunikationssystems, in dem das Übertragungsmedium (z. B. Kupferkabel oder Glasfaserkabel) gleichzeitig mehrere Nachrichten transportiert. Es stehen also mehrere Übertragungskanäle zur Verfügung. Jede Nachricht wird dabei mit Hilfe von Modems auf eine eigene Trägerfrequenz moduliert. Dieses Verfahren wird als »Frequenz-Multiplexverfahren« bezeichnet. Breitbandübertragungen werden in Weitbereichsnetzen eingesetzt. → *Vgl. Basisband-.*

Breitband-Modem *Subst.* (broadband modem)
Ein Modem für den Einsatz in einem Breitband-Netzwerk. Die Breitbandtechnologie erlaubt die gleichzeitige Übertragung von mehreren Diensten, auch aus unterschiedlichen Netzwerken. Der Datenverkehr eines Netzwerks gerät nicht in Konflikt mit dem Datenverkehr eines anderen Netzwerks, da die Übertragungen auf unterschiedlichen Frequenzen ablaufen. Ein Beispiel sind Radioübertragungen; jeder Radiosender verwendet dabei eine eigene Frequenz, so daß mehrere Radioprogramme gleichzeitig übertragen werden können. → *siehe auch Breitband-Netzwerk.*

Breitband-Netzwerk *Subst.* (broadband network)
Ein lokales Netzwerk, bei dem die Einzelübertragungen als Hochfrequenz-Signale über getrennt ankommende und abgehende Kanäle transportiert werden. Die Verbindung der Netzwerkstationen erfolgt durch Koaxial- oder Glasfaserkabel. In Breitband-Netzwerken können Daten, Sprache und Video mit Hilfe mehrerer Übertragungskanäle gleichzeitig transportiert werden. Jeder Datenstrom wird dabei auf eine eigene Frequenz moduliert (Frequenz-Multiplexverfahren). Mit einem Breitband-Netzwerk lassen sich sehr hohe Geschwindigkeiten (20 Megabit pro Sekunde und mehr) erreichen. Allerdings sind Breitband-Netzwerke teurer und zum Teil auch schwieriger zu installieren als Basisband-Netzwerke. Breitband-Netzwerke basieren auf einer Technologie, die auch beim Kabelfernsehen eingesetzt wird. → *auch genannt Breitbandübermittlung.* → *Vgl. Basisband-Netzwerk.*

Breitbandübermittlung *Subst.* (wideband transmission)
→ *siehe Breitband-Netzwerk.*

Breitschrift *Adj.* (expanded)
Ein Schriftstil, bei dem die Zeichen mit einem größeren Zwischenraum als normal gesetzt werden. → *Vgl. Schmalschrift.*

Brenndatei *Subst.* (physical-image file)
Eine Festplattenkopie des Datenmaterials, das auf eine CD-ROM gebrannt werden soll. Wenn zuvor eine vollständige Kopie angefertigt wird, wird ein entscheidendes Problem beim Brennen von CD-ROMs beseitigt: Es treten nämlich keine Verzögerungen beim Vorbereiten des Datenmaterials auf. → *siehe auch CD-ROM.* → *Vgl. virtuelle Brenndatei.*

brennen *Vb.* (blast, blow, burn)
Das elektronische Schreiben von Programmen in ein PROM (programmable read-only memory) oder EPROM (erasable programmable read-only memory) mit Hilfe eines speziellen Gerätes, das als »Brenner« oder »Programmiergerät« (englisch »programmer«, »blower« oder »blaster«) bezeichnet wird. Auch das Beschreiben einer – einmal beschreibbaren – optischen Disc wie einer CD-ROM wird als »brennen« bezeichnet. → *siehe auch PROM.*

Brenner *Subst.* (programmer)
In bezug auf die Hardware eines Computers bezieht sich der Ausdruck Programmierer auf ein Gerät, mit dem sich ROM-Speicherchips programmieren lassen. → *siehe auch PROM, ROM.*

BRI *Subst.*
Abkürzung für »Basic Rate Interface«. Der ISDN-Basisanschluß. Er stellt zwei B-Kanäle (64 Kilobit pro Sekunde, Kbps) und einen D-Kanal (16 Kbps) zur Übertragung von Sprache, Video und Daten zur Verfügung. → *siehe auch ISDN.*

Bridge Router *Subst.* (bridge router)
Ein Gerät, das die Funktionen einer Brücke (Bridge) und eines Routers vereint. Ein Bridge Router verbindet zwei Segmente eines lokalen Netzwerks oder eines Weitbereichsnetzes. Daten werden nur zwischen den beiden Netzwerksegmenten übertragen, wenn dies wirklich notwendig ist (werden Daten von einem Knoten eines Segments an einen anderen Knoten im gleichen Segment gesendet, wird ein unnötiges Übertragen an das andere Segment mit anschließender Rückübertragung verhindert). Beim Routing kommen Level-2-Adressen zum Einsatz. → *siehe auch Brücke, Router.* → *auch genannt Brouter.*

Bridgeware *Subst.* (bridgeware)
Hardware oder Software, die Datendateien in eine Form umwandelt, so daß diese in Verbindung mit verschiedenen Computersystemen und Rechnerplattformen verwendet werden können.

broadcast *Adj.*
Bei der Datenübertragung – z.B. in Netzwerken – ist damit das Übertragen einer Nachricht an alle Stationen gemeint. → *siehe auch elektronische Post.*

Broadcast *Subst.* (broadcast)
→ *siehe Rundspruch.*

Broadcast Storm *Subst.* (broadcast storm)
Zu deutsch »Übertragungs-Sturm«. Eine Netzwerkübertragung, die dazu führt, daß mehrere Host-Computer gleichzeitig antworten, wodurch das Netzwerk überbelastet wird. Die Ursache dafür kann darin liegen, daß ältere TCP/IP-Router und Router, die ein neues Protokoll unterstützen, gemischt wurden. → *siehe auch Protokoll, Router, TCP/IP.* → *auch genannt Netzwerk-Zusammenbruch.*

Brotschrift *Subst.* (body face)
Schrift, mit der der Fließtext eines Dokuments gesetzt wird. Aufgrund ihrer besseren Lesbarkeit werden für den Fließtext in der Regel serifenbetonte Schriften wie Times und Palatino verwendet. Serifenlose Schriften wie Helvetica werden dagegen hauptsächlich für Überschriften eingesetzt. Der Ausdruck »Brotschrift« kommt aus der Zeit des Bleisatzes. Setzer, die im Akkord arbeiteten, also nach der Textmenge bezahlt wurden, erreichten beim Setzen des Fließtextes eine weitaus höhere Geschwindigkeit als beim Setzen von Überschriften. Sie verdienten gewissermaßen mit dem Fließtext ihr Brot. → *siehe auch serifenbetont, serifenlos.* → *Vgl. Titelschrift.*

Brouter *Subst.*
→ *siehe Bridge Router.*

Brownout *Subst.* (brownout)
Ein Zustand, bei dem der elektrische Pegel über einen gewissen Zeitraum hinweg merklich reduziert ist. Im Gegensatz zu einem Blackout (oder einem Totalausfall des Stroms), fließt bei einem Brownout weiterhin Strom zu allen angeschlossenen elektrischen Verbrauchern, wenn auch mit geringerer Spannung als unter gewöhnlichen Bedingungen (220 Volt in Europa, 110 Volt in den USA.) Ein Brownout kann bei empfindlichen elektronischen Geräten – insbesondere bei Computern – zerstörerisch wirken, da durch die reduzierte und häufig schwankende Spannung bestimmte Bauelemente über längere Zeit außerhalb des für sie vorgesehenen Bereichs betrieben werden. Auf einem Computer macht sich ein Brownout durch einen kleineren, dunkleren und ein wenig schwankenden Anzeigebereich auf dem Monitor und in einem fehlerhaften Verhalten der Systemeinheit bemerkbar. Das einzig zuverlässige Mittel, um Schäden infolge eines Brownouts zu vermeiden, ist der Einsatz einer akkugestützten, unterbrechungsfreien Stromversorgung (UPS, Uninterruptible Power Supply). → *siehe auch unterbrechungsfreie Stromversorgung.* → *Vgl. Blackout.*

Browser *Subst.* (browser)
→ *siehe Web-Browser.*

Browser-Box *Subst.* (browser box)
→ *siehe Web-TV.*

Browser, Java-konformer *Subst.* (Java-compliant browser)
→ *siehe Java-konformer Browser.*

Browser, zeilenorientierter *Subst.* (line-based browser)
→ siehe *zeilenorientierter Browser*.

BRS *Subst.*
→ siehe *Big Red Switch*.

Brücke *Subst.* (bridge)
Im weiteren Sinn ein Gerät, das zwei lokale Netzwerke verbindet, unabhängig davon, ob sie die gleichen Protokolle verwenden. Eine Brücke arbeitet in der Sicherungsschicht des ISO/OSI-Schichtenmodells. → *siehe auch Sicherungsschicht*. → *Vgl. Router*.
Im engeren Sinn ein Gerät, das zur Verbindung von Netzwerken dient, die die gleichen Kommunikationsprotokolle verwenden. Die Daten können in diesem Fall ohne Umwandlung von einem Netzwerk an ein anderes übergeben werden. → *Vgl. Gateway*.

.bs
Im Internet ein Kürzel für die übergreifende Länder-Domäne, die eine Adresse auf den Bahamas angibt.

BSC *Subst.*
→ siehe *BISYNC*.

BSD UNIX *Subst.*
Abkürzung für »Berkeley Software Distribution UNIX.«. Eine UNIX-Version, die an der Universität von Kalifornien in Berkeley entwickelt wurde. Sie zeichnete sich damals u.a. durch folgende Neuerungen aus: Netzwerkbetrieb, erweiterte Unterstützung von Peripheriegeräten und die Möglichkeit, lange Dateinamen verwenden zu können. BSD UNIX hat wesentlich dazu beigetragen, daß UNIX eine weite Akzeptanz erreichte und akademische Einrichtungen an das Internet angeschlossen wurden. BSD UNIX wird mittlerweile von der Firma Berkeley Software Design, Inc., weiterentwickelt. → *siehe auch UNIX*.

.bt
Im Internet ein Kürzel für die übergreifende Länder-Domäne, die eine Adresse in Bhutan angibt.

BTW
Abkürzung für »by the way«, zu deutsch »Übrigens«. Ein Ausdruck, mit dem häufig Kommentare in E-Mail und Newsgroup-Beiträgen im Internet eingeleitet werden.

Bubble-Jet-Drucker *Subst.* (bubble-jet printer)
Ein anschlagfreier Drucker, der wie ein Drucker mit Ink-Jet-Technologie zu den Tintenstrahldruckern gehört. Fundamentaler Bestandteil eines Tintenstrahldruckers ist ein Mechanismus, der Tintentropfen aus Düsen auf das Papier schießt und auf diese Weise Zeichen und andere Muster erzeugt. Im Unterschied zu einem Ink-Jet-Drucker, der mit piezoelektrischen Kristallen arbeitet, befinden sich bei einem Bubble-Jet-Drucker vor den Düsen spezielle Heizelemente. Durch das Erhitzen der Tinte verdampft ein Teil vor ihr, und der andere Teil wird in Tropfenform auf das Papier geschleudert. → *siehe auch anschlagfreier Drucker, Tintenstrahldrucker*. → *Vgl. Laserdrucker*.

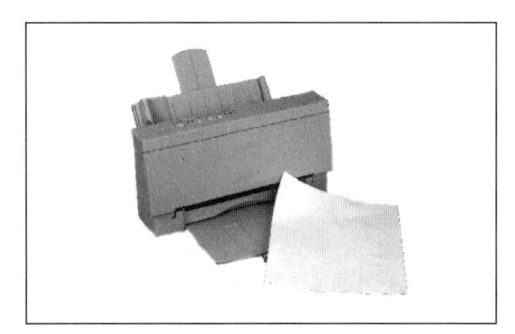

Bubble-Jet-Drucker

Bubble Sort *Subst.* (bubble sort)
Ein Sortieralgorithmus, der zunächst eine Liste mit *n* Elementen vom Ende her durchgeht, dabei jeweils zwei benachbarte Werte miteinander vergleicht und diese vertauscht, wenn sie sich nicht in der richtigen (aufsteigenden) Reihenfolge befinden. Im nächsten Durchlauf wiederholt sich der Prozeß für die verbleibenden *n*-1 Listenelemente. Dieser Vorgang wird so lange wiederholt, bis die Liste vollständig sortiert ist, wobei der größte Wert am Ende der Liste steht. Der Name des Algorithmus leitet sich davon ab, daß zuerst die »leichtesten« (die kleinsten) Elemente in der Liste wie »Blasen« (englisch »bubbles«) nach oben an die Spitze der Liste aufsteigen, dann die nächstleichteren Elemente nach oben auf ihre Position gelangen usw. → *siehe auch Algorithmus, sortieren*. → *auch genannt Austausch-Sortierung*. → *Vgl.*

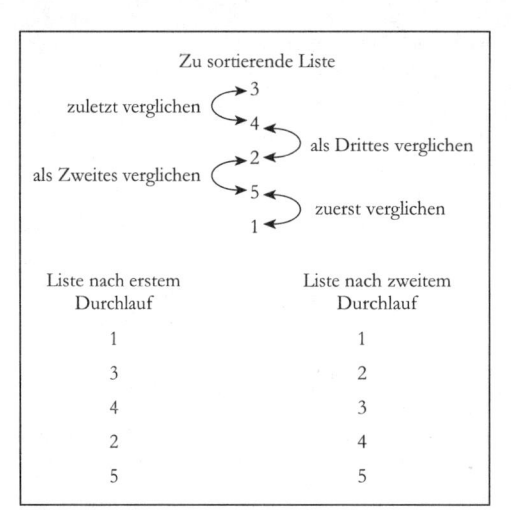

```
          Zu sortierende Liste
zuletzt verglichen  ┌─► 3
                    │ ►4
                    │       als Drittes verglichen
als Zweites verglichen  2 ◄─┐
                    │ ►5 ◄─┐
                    │ 1 ◄─┘  zuerst verglichen

Liste nach erstem      Liste nach zweitem
   Durchlauf               Durchlauf
      1                       1
      3                       2
      4                       3
      2                       4
      5                       5
```

Bubble Sort

einfügendes Sortieren, einfügendes Sortieren, Quicksort.

Buchhaltungscomputer *Subst.* (accounting machine)
Später wurden Computer für Buchhaltungszwecke eingesetzt. Heute bezeichnet man mit »Buchhaltungsmaschine« Computer, die ausschließlich für die Buchhaltung eingesetzt werden. Derartige Computer sind in der Regel so konfiguriert, daß nach dem Einschalten automatisch entsprechende Buchhaltungssoftware geladen wird.

Buchhaltungsmaschine *Subst.* (accounting machine)
Eine der frühesten Anwendungen der automatischen Datenverarbeitung, die hauptsächlich im Bereich der geschäftlichen Buchhaltung während der 40er und 50er Jahre eingesetzt wurde. Die ersten Buchhaltungsmaschinen arbeiteten rein mechanisch und verwendeten Lochkarten sowie Drähte, die in Stecktafeln angeordnet waren.

Buchse *Subst.* (jack)
Eine Steckverbindung zur Aufnahme eines Steckers. Eine Buchse wird im allgemeinen für die Herstellung von Audio- und Video-Verbindungen verwendet.

bündeln *Vb.* (bundle)
Das Zusammenstellen von Produkten, um diese in einem Paket zu verkaufen. In der Praxis werden Computer häufig zusammen in einem Paket mit dem Betriebssystem und einigen weitverbreiteten Anwendungen verkauft.

bündig *Adj.* (flush)
Bezeichnet die Art und Weise der Ausrichtung von Text oder Bildern auf dem Bildschirm oder auf Papier. Beispielsweise bedeutet linksbündig die Ausrichtung am linken Rand und rechtsbündig die Ausrichtung am rechten Rand. → *siehe auch ausrichten.*

Büroautomatisierung *Subst.* (office automation)
Der Einsatz von elektronischen Geräten und Kommunikationstechnik, z.B. Computer, Modems und Faxgeräte, sowie dazugehöriger Software, um auf diese Weise Bürotätigkeiten automatisch durchzuführen.

Bug *Subst.* (bug)
Wörtlich übersetzt »Wanze«. Ein Fehler in der Software oder Hardware. In bezug auf Software ist ein Bug ein Fehler im Code oder ein logischer Fehler, der zu Fehlfunktionen oder zur Ausgabe falscher Ergebnisse führt. Kleinere Fehler, z.B. ein Cursor, der sich nicht wie erwartet verhält, sind zwar störend, bewirken aber keinen Informationsverlust. Bei schwereren Bugs kann ein Programm abstürzen, so daß der Benutzer das Programm oder den Computer neu starten muß. Nicht gespeicherte Daten sind in diesem Fall verloren. Sehr problematisch sind außerdem Bugs, die bereits gespeicherte Daten zerstören und nicht einmal entsprechende Warnungen anzeigen. All diese Fehler sollten vom Softwarehersteller lokalisiert und behoben werden, man spricht dabei auch vom »Debugging« (wörtlich: »entwanzen«). Aufgrund des Risikos, daß wichtige Daten zerstört werden, werden kommerzielle Programme in aller Regel getestet und fehlerbereinigt, bevor sie auf den Markt kommen. Nachdem das Programm veröffentlicht wurde, befinden sich meist noch eine Vielzahl – meist kleinerer – Fehler im Programm, die in der Regel mit dem nächsten Update weitgehend beseitigt werden. Bei schwereren Bugs verbreitet der Hersteller häufig einen sog. »Patch« (einen korrigierten Codeteil), durch den der Fehler beseitigt oder zumindest seine Auswirkungen gemildert werden. → *siehe auch abstürzen, Betatest, crashen, debuggen, Debugger, hängen, inhärenter*

Fehler, Logikfehler, semantischer Fehler, Syntaxfehler.
Ein Bug auf Hardware-Ebene äußert sich in einem immer wiederkehrenden physikalischen Problem, das ein System oder eine Einheit mehrerer Systemkomponenten an der ordnungsgemäßen Funktion oder Zusammenarbeit hindert. Der Ursprung des Begriffs »Bug« ist umstritten. Weitverbreitet im Computerbereich ist die Annahme, daß der Begriff auf die frühen Tage der Rechentechnik zurückgeht, als ein Hardwareproblem im Computer Mark I (Harvard-Universität) oder ENIAC (Universität von Pennsylvania) durch eine Motte hervorgerufen wurde, die sich zwischen Relaiskontakten verfangen hatte. (Entomologen werden zweifellos anmerken, daß es sich bei einer Motte eigentlich nicht um eine Wanze handelt.)

buggy *Adj.*
Eigenschaft einer Software, die besonders fehlerhaft ist. → *siehe auch Bug.*

Bundling-Software *Subst.* (bundled software)
Programme, die zusammen mit einem Computer als Teil eines kombinierten Hardware-Software-Pakets verkauft werden.
Der Ausdruck kann sich auch auf kleinere Programme beziehen, die dem eigentlichen Produkt beiliegen, um seine Funktionalität oder Attraktivität zu erhöhen.

Bundsteg *Subst.* (gutter)
Der freie Raum oder innere Rand zwischen zwei sich gegenüberliegenden Seiten eines gebundenen Dokuments.

Burn-In *Subst.* (burn in)
Zu deutsch »einbrennen«. Der Betrieb eines neuen Systems oder Gerätes für eine längere Zeitdauer. Typischerweise wird ein derartiger Test vom Hersteller in der Produktionsstätte oder vom Händler, der das Gerät zusammenbaut, durchgeführt, bevor das Gerät ausgeliefert wird. Erfahrungsgemäß fallen fehlerhafte Teile aus, insbesondere Schaltungen, wenn sie das erste Mal für einen längeren Zeitraum betrieben werden. (Man spricht auch davon, daß die Schaltungen »durchbrennen«, daher die Bezeichnung.) Defekte Teile können somit noch rechtzeitig ausgetauscht werden.

Burst *Subst.* (burst)
Die Übertragung eines Datenblocks ohne Unterbrechung. Bestimmte Mikroprozessoren und Bussysteme verfügen über diverse Burst-Transfermodi. → *siehe auch Burst-Geschwindigkeit.*

Burster *Subst.* (burster)
In Verbindung mit Endlospapier ein mechanisches Gerät, das zum Abtrennen von Einzelblättern an der Perforation dient.

Burst-Geschwindigkeit *Subst.* (burst speed)
Die höchste Geschwindigkeit, mit der ein Gerät ohne Unterbrechungen arbeiten kann. Beispielsweise sind verschiedene Geräte der Kommunikationstechnik – z. B. in Netzwerken –, in der Lage, Daten im Burst-Modus zu senden. Als Maß für die Geschwindigkeit derartiger Einrichtungen wird manchmal die Burst-Geschwindigkeit angegeben, also die Geschwindigkeit des Datentransfers bei aktivem Burst-Modus. → *auch genannt Burst-Rate.*
Bei einem zeichenweise arbeitenden Drucker bezieht sich die Burst-Geschwindigkeit auf die Anzahl der Zeichen pro Sekunde, die der Drucker pro Zeile drucken kann. Wagenrücklauf und Zeilenvorschub sind dabei nicht berücksichtigt. Die in der Praxis erzielte Druckgeschwindigkeit ist infolgedessen niedriger. Dennoch geben fast alle Hersteller als Druckgeschwindigkeit die Burst-Geschwindigkeit an. Im Gegensatz dazu, gibt der Durchsatz die Anzahl der Zeichen pro Sekunde an, die beim Druck einer oder mehrerer kompletter Textseiten erreicht werden. Der Durchsatz entspricht daher in etwa dem tatsächlich in der Praxis erreichbaren Wert.

Burst-Modus *Subst.* (burst mode)
Ein Verfahren bei der Datenübertragung, bei dem die Daten gesammelt und als eine Einheit mit Hilfe eines Hochgeschwindigkeitsmodus übertragen werden. Im Burst-Modus übernimmt ein Eingabe-Ausgabe-Gerät während des für die Datenübertragung benötigten Zeitraums die Steuerung eines Multiplexer-Kanals. In dieser Betriebsart nimmt der Multiplexer, der gewöhnlich die Eingangssignale mehrerer Quellen in einem Hochgeschwindigkeits-Datenstrom bündelt, gewissermaßen die Eigenschaften eines reservierten Kanals an, der den Bedarf eines einzigen Gerätes erfüllt, bis die

komplette Datenübertragung beendet ist. Der Burst-Modus kommt sowohl in der Kommunikationstechnik als auch zwischen Geräten in einem Computersystem zur Anwendung. → *siehe auch abtrennen.*

Burst-Rate *Subst.* (burst rate)
→ *siehe Burst-Geschwindigkeit.*

bursty *Adj.*
Eigenschaft einer Datenübertragung, die im Burst-Modus erfolgt.

Bus *Subst.* (bus)
Ein Leitungssystem zur Datenübertragung zwischen den Komponenten eines Computersystems. Ein Bus ist im wesentlichen ein gemeinsam genutztes »Verkehrssystem«, das verschiedene Teile des Systems – einschließlich Mikroprozessor, Controller, Arbeitsspeicher und Eingabe-Ausgabe-Ports – miteinander verbindet und ihnen den Informationsaustausch ermöglicht. Der Bus besteht aus speziellen Gruppen von Leitungen, die unterschiedliche Arten von Informationen übertragen. Man unterscheidet dabei den Datenbus, der Daten transportiert, den Adreßbus, der die Adressen im Speicher übermittelt, an denen sich die zu übertragenden Daten befinden, und den Steuerbus, der Steuersignale überträgt. Eine wesentliche Eigenschaft eines Busses ist die Anzahl der Bits, die dieser gleichzeitig übertragen kann. Diese Anzahl ist mit der Anzahl der Leitungen, aus denen der Bus besteht, identisch. Ein Computer mit einem 32-Bit-Adreßbus und einem 16-Bit-Datenbus kann z.B. 16 Datenbit gleichzeitig übertragen, die sich in einem aus maximal 2^{32} Speicheradressen (= 4 Gigabyte) umfassenden Speicher befinden. Die meisten Mikrocomputer besitzen einen oder mehrere Erweiterungssteckplätze, über die zusätzliche Platinen mit dem Bus verbunden werden können.

Bus-Enumerator *Subst.* (bus enumerator)
Ein Gerätetreiber, der Geräte, die an einem bestimmten Bus angeschlossen sind, identifiziert und jedem Gerät einen eindeutigen Identifizierungscode zuweist. Der Bus-Enumerator ist verantwortlich dafür, daß die Informationen über die Geräte an den Hardware-Baum (eine Datenbank mit hardwarebezogenen Informationen) übermittelt werden. → *siehe auch Bus, Gerätetreiber, Hardwarebaum.*

Bus-Extender *Subst.* (bus extender)
Ein Gerät, das die Kapazität eines Busses erweitert. Beispielsweise verfügen IBM-PC/AT-Computer über eine derartige Einrichtung, die auf dem früheren PC-Bus aufsetzt und sowohl die Verwendung der neuen 16-Bit-AT-Bus-Karten als auch den Einsatz der alten 8-Bit-Karten erlaubt, die für den PC-Bus konzipiert sind. → *siehe auch Bus.*
Als »Bus-Extender« wird auch eine spezielle – von Technikern benutzte – Platine bezeichnet, mit deren Hilfe sich Arbeiten an einer Zusatzkarte außerhalb des Computergehäuses durchführen lassen, während die Karte weiterhin mit dem Bus verbunden bleibt.

Business Information System *Subst.* (business information system)
Abkürzung: BIS. Eine Kombination von Computern, Druckern, Kommunikationseinrichtungen und anderen Geräten, die für den Umgang mit Daten konzipiert sind. Zu einem vollständig automatisierten BIS gehören Empfang, Verarbeitung und Speicherung von Daten sowie die Informationsübertragung und die Anfertigung von Berichten oder Ausdrucken auf Anforderung. → *siehe auch Management-Informationssystem.*

Busmaus *Subst.* (bus mouse)
Eine Maus, die mit Hilfe einer speziellen Karte oder eines speziellen Port an den Bus des Computers angeschlossen wird. Das Gegenstück ist eine Maus, die über den seriellen Port angeschlossen wird. → *siehe auch Maus.* → *Vgl. serielle Maus.*

Bus-Netzwerk *Subst.* (bus network)
Eine Topologie (Konfiguration) für ein lokales Netzwerk, bei dem alle Knoten mit einer Haupt-Kommunikationsleitung (Bus) verbunden sind. In einem Bus-Netzwerk überwacht jeder Knoten die Aktivitäten in der Leitung. Nachrichten werden von allen Knoten erkannt, aber nur von denjenigen Knoten entgegengenommen, an die sie gerichtet sind. Falls ein Knoten ausfällt, kann er zwar nicht mehr mit dem Netzwerk kommunizieren, die Funktionsfähigkeit des verbleibenden Netzwerkes wird jedoch nicht beeinträchtigt (im Gegensatz zu einem Ring-Netzwerk, bei dem die Nachrichten

von einem Knoten zum nächsten reihum weitergereicht werden). Um Kollisionen zu vermeiden, wenn zwei oder mehr Knoten versuchen, die Leitung gleichzeitig zu benutzen, werden in Bus-Netzwerken gewöhnlich Verfahren wie Kollisionserkennung oder Token Passing eingesetzt, um den Datenverkehr zu regeln. → *siehe auch CSMA/CD, Kollisionserkennung, Konkurrenz, Token-Bus-Netzwerk, Token Passing.* → *Vgl. Ring-Netzwerk, Stern-Netzwerk.*

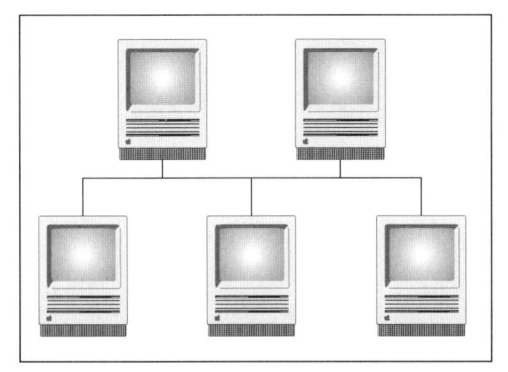

Bus-Netzwerk: Konfiguration eines Bus-Netzwerks

Bussystem *Subst.* (bus system)
Die Schnittstellen-Schaltung, die die Busoperationen steuert und den Bus mit dem übrigen Computersystem verbindet. → *siehe auch Bus.*

Bus-Topologie *Subst.* (bus topology)
→ *siehe Bus-Netzwerk.*

.bw
Im Internet ein Kürzel für die übergreifende Länder-Domäne, die eine Adresse in Botswana angibt.

Bypass *Subst.* (bypass)
In der Telekommunikation der Einsatz anderer Verbindungen als der lokalen Telefongesellschaften, z.B. Satelliten oder Funknetze im Hochfrequenzbereich.

Bypass, kompletter *Subst.* (total bypass)
→ *siehe kompletter Bypass.*

Bypass, lokaler *Subst.* (local bypass)
→ *siehe lokaler Bypass.*

Byte *Subst.* (byte)
Abkürzung für »binary term«, zu deutsch »binäres Wort«. Abkürzung: B. Eine Informationseinheit, die heute in aller Regel aus 8 bit besteht. Ein Byte repräsentiert genau ein Zeichen, z.B. einen Buchstaben, eine Ziffer oder ein Satzzeichen. Da ein Byte nur eine vergleichsweise kleine Informationsmenge darstellen kann, werden die üblichen Speichermengen wie Bereiche im Arbeitsspeicher oder Bereiche auf Datenträgern meist in Kilobyte (1 024 Byte), Megabyte (1 048 576 Byte) oder Gigabyte (1 073 741 824 Byte) angegeben. → *siehe auch Bit, Gigabyte, Kilobyte, Megabyte.* → *Vgl. Octet, Wort.*

Byte-Code *Subst.* (bytecode)
Eine Codierung eines Computerprogramms, die der Compiler während der Verarbeitung des Quellcodes erzeugt. Diese Codierung ist eine abstrakte, prozessorunabhängige Form, die von den meisten Prozessoren nicht direkt ausgeführt werden kann. Sie ist jedoch besonders geeignet für die spätere Analyse (z.B. für die Compiler-Optimierung), für die Verarbeitung durch einen Interpreter (z.B. für die Ausführung eines Java-Applet innerhalb eines Web-Browsers) oder für die Erzeugung der binären Anweisungen für den Zielprozessor. Die Erzeugung dieser Art eines Zwischencodes ist ein Leistungsmerkmal von Pascal- und Java-Compilern. → *siehe auch Compiler, CPU, Interpreter, Java, Java-Applet, Pascal.*

Byte, höherwertiges *Subst.* (high byte)
→ *siehe höherwertiges Byte.*

BYTE-Informationsaustausch *Subst.* (BYTE Information Exchange)
→ *siehe BIX.*

byte-orientiertes Protokoll *Subst.* (byte-oriented protocol)
Ein Kommunikationsprotokoll, bei dem die Daten in Form einer Zeichenfolge (String) aus einem bestimmten Zeichensatz – wie ASCII – übertragen werden, im Gegensatz zu einem Bitstrom in einem bitorientierten Protokoll. Um die Steuerinformationen von den eigentlichen Daten unterscheiden zu können, stützt sich ein byte-orientiertes Protokoll auf bestimmte Steuerzeichen, die meist im verwendeten Codierungsschema definiert sind. Sowohl die asynchronen Kommunikationsprotokolle, die gewöhnlich bei Modems eingesetzt werden, als auch das synchrone BISYNC-Protokoll von IBM sind byte-orientierte Protokolle. → *Vgl. bitorientiertes Protokoll.*

Byte-Sortierung, umgekehrte *Subst.* (reverse byte ordering)
→ *siehe Little-Endian.*

Bytes pro Zoll *Subst.* (bytes per inch)
Abkürzung: BPI. Ein Maß für die Datenspeicherkapazität. Es gibt die Anzahl der Bytes an, die sich auf einer Länge von einem Zoll (etwa 2,54 cm) auf einer Diskette bzw. Festplatte oder einem Magnetband speichern lassen.

.bz
Im Internet ein Kürzel für die übergreifende Länder-Domäne, die eine Adresse in Belize angibt.

C

C *Subst.*
Eine Programmiersprache, die 1972 von Dennis Ritchie an den Bell Laboratories entwickelt wurde. Der Name geht auf den unmittelbaren Vorgänger, die Sprache B, zurück. Obwohl viele Programmierer in der Sprache C eher eine maschinenunabhängige Assemblersprache als eine Hochsprache sehen, kann die Sprache aufgrund ihrer engen Anlehnung an das Betriebssystem UNIX, ihrer hohen Beliebtheit und ihrer Standardisierung durch das ANSI-Institut durchaus als Standardprogrammiersprache im Mikrocomputer- und Workstation-Bereich angesehen werden. C ist eine Compiler-Sprache mit einem kleinen Satz eingebauter, maschinenabhängiger Funktionen. Die übrigen C-Funktionen sind maschinenunabhängig und befinden sich in Bibliotheken, die der Programmierer aus C-Programmen heraus nutzen kann. C-Programme bestehen aus einer oder mehreren Funktionen, die der Programmierer definiert. Folglich handelt es sich bei C um eine strukturierte Programmiersprache. → *siehe auch Bibliothek, C++, Compiler-Sprache, Objective-C, strukturierte Programmierung.*

C++ *Subst.*
Eine objektorientierte Variante der Programmiersprache C. Sie wurde in den frühen 80er Jahren von Bjarne Stroustrup an den Bell Laboratories entwickelt und von einer Reihe von Herstellern implementiert, so auch von Apple Computer und Sun Microsystems. → *siehe auch C, Objective-C, objektorientierte Programmierung.*

C2 *Subst.*
Die niedrigste Ebene in den Sicherheitsstandards, die von der Sicherheitsabteilung der amerikanischen Regierung (U.S. National Computer Security Center) festgelegt wurden. C2 definiert die Datensicherheit in Computersystemen, in denen vertrauliche Daten verarbeitet werden. Fundamentale Bestandteile von C2 sind eine Paßwortabsicherung für den Zugang des Benutzers zum System sowie ein Überwachungsmechanismus. C2 ist im Orange Book beschrieben. → *siehe auch Orange Book.*

.ca
Im Internet ein Kürzel für die übergreifende Länder-Domäne, die eine Adresse in Kanada angibt.

.cab
Eine Dateinamenerweiterung für Cabinet-Dateien, die aus mehreren komprimierten Dateien zusammengesetzt sind und mit dem Dienstprogramm »extract.exe« extrahiert werden können. Dateien dieser Art finden sich häufig auf den Programm-CDs von Microsoft (z. B. bei Windows 95).

Cache *Subst.* (cache)
Ein spezielles Speicher-Subsystem, in dem häufig angeforderte Daten zum Zwecke einer hohen Zugriffsgeschwindigkeit zwischengespeichert (gepuffert) werden. Ein Speicher-Cache nimmt die Inhalte häufig angesprochener RAM-Speicherzellen sowie die Adressen, an denen diese Daten gespeichert sind, auf. Wenn der Prozessor auf eine Adresse im Speicher referenziert (verweist), prüft der Cache, ob er diese Adresse enthält. Wenn dies zutrifft, werden die Daten aus dem Cache an den Prozessor übertragen, andernfalls findet ein regulärer Speicherzugriff statt. Ein Cache ist immer dann sinnvoll, wenn die RAM-Zugriffe im Vergleich zur Geschwindigkeit des Mikroprozessors langsamer ablaufen, da ein Cache schneller arbeitet als der RAM-Hauptspeicher. → *siehe auch Disk-Cache, Waitstate.* → *auch genannt Zwischenspeicher.*

Cache-Karte *Subst.* (cache card)
Eine Erweiterungskarte, die den Cache-Speicher des Systems vergrößert. → *siehe auch Cache, Erweiterungskarte.*

Cache-Speicher *Subst.* (cache memory)
→ siehe Cache.

Caching, dynamisches *Subst.* (dynamic caching)
→ siehe dynamisches Caching.

CAD *Subst.*
Abkürzung für »**c**omputer-**a**ided **d**esign«, zu deutsch »computerunterstützte Konstruktion«. Oberbegriff für den Einsatz von Programmen und Computern zur Konstruktion, vor allem in Verbindung mit den Bereichen Technik, Architektur und Wissenschaft. Die dabei konstruierten Modelle reichen von einfachen Werkzeugen bis hin zu Gebäuden, Flugzeugen, integrierten Schaltkreisen und Molekülen. Verschiedene CAD-Anwendungen erzeugen Objekte in zwei oder drei Dimensionen und stellen die Ergebnisse als Drahtmodelle, als wirklichkeitsnähere Modelle mit schattierten Oberflächen oder als feste Objekte dar. Einige Programme erlauben es ferner, die Modelle zu drehen, zu skalieren (in der Größe zu ändern), Innenansichten zu zeigen und Stücklisten mit den für die Herstellung benötigten Materialien zu erzeugen sowie andere, verwandte Funktionen durchzuführen. CAD-Programme sind mathematisch orientiert und benötigen meist viel Rechenleistung. Typischerweise werden CAD-Programme auf Hochleistungs-PCs oder speziellen Grafik-Workstations eingesetzt. → *siehe auch CAD/CAM, I-CASE.*

CAD/CAM *Subst.*
Abkürzung für »**c**omputer-**a**ided **d**esign/**c**omputer-**a**ided **m**anufacturing«, zu deutsch »computerunterstützte Konstruktion/computerunterstützte Fertigung«. Oberbegriff für den Einsatz von Computern sowohl zur Konstruktion als auch zur Herstellung eines Produkts. Produkte – z.B. ein Maschinenteil – werden dabei zunächst mit Hilfe eines CAD-Programms konstruiert. Anschließend wird der fertige Entwurf in eine Befehlsfolge übersetzt und diese an die Fertigungsanlagen übertragen. Die Befehlsfolge steuert dann die an der Herstellung, Montage und Prozeßkontrolle beteiligten Maschinen. → *siehe auch CAD, I-CASE.*

CADD
→ siehe computerunterstütztes Zeichnen und Konstruieren.

Caddy *Subst.* (caddy)
Eine Plastikschutzhülle, in die eine CD-ROM eingelegt wird. Der Caddy wird dann mit der darin befindlichen CD-ROM in das CD-ROM-Laufwerk geschoben. Einige Personal Computer, insbesondere ältere Modelle, verfügen über CD-ROM-Laufwerke, die die Verwendung eines Caddys erfordern. Die meisten heute verkauften CD-ROM-Laufwerke benötigen dagegen keinen Caddy.

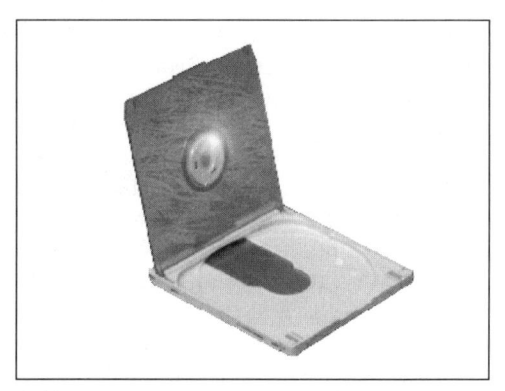

Caddy

CAE *Subst.*
Abkürzung für »**c**omputer-**a**ided **e**ngineering«, zu deutsch »computerunterstütztes Ingenieurwesen«. Eine Anwendung, die es dem Benutzer erlaubt, ingenieursmäßige Prüfungen und Analysen an Konstruktionen durchzuführen, die mit dem Computer angefertigt wurden. In einigen Fällen sind Funktionen wie logische Testprozeduren, die gewöhnlich den CAE-Anwendungen zugeschrieben werden, auch Bestandteil von CAD-Programmen, so daß die Grenzen zwischen CAD und CAE fließend sind. → *siehe auch CAD, I-CASE.*

CAI *Subst.*
Abkürzung für »**c**omputer-**a**ided (or **c**omputer-**a**ssisted) **i**nstruction«, zu deutsch »computerunterstützter Unterricht«. Oberbegriff für Programme, die im Unterricht und in der Ausbildung eingesetzt werden. Wichtige Bestandteile von CAI-Programmen zur Darstellung der Themen und zur Überprüfung, ob das vermittelte Wissen vom Schüler adäquat verstanden wurde, sind Tutorials, Übungen sowie Frage-und-Antwort-Sitzungen. CAI-Programme stellen ein exzellentes Hilfsmittel für die Präsentation von faktenbezogenem Material dar und erlauben es den Schülern, ihre Lerngeschwin-

digkeit individuell festzulegen. Der Schwierigkeitsgrad kann sehr stark differieren und reicht z.B. im mathematischen Bereich von der einfachen Arithmetik bis zur höheren Mathematik. Weitere typische Anwendungsgebiete sind Wissenschaft, Geschichte, Informatik und Spezialthemen. → *siehe auch I-CASE.* → *Vgl. CBT, CMI.*

CAL *Subst.*
Abkürzung für »computer-assisted (oder computer-augmented) learning«, zu deutsch »computerunterstütztes Lernen«. → *siehe CAI.*

.calgary.ca
Im Internet ein Kürzel für die übergreifende Länder-Domäne, die eine Adresse in Calgary in der Provinz Alberta in Kanada angibt.

CALL-Befehl *Subst.* (CALL instruction)
Bei der Programmierung eine Form eines Befehls, der die Programmausführung an einen anderen Bereich im Speicher (in dem sich ebenfalls Befehlsfolgen befinden) übergibt und die Rückkehr an die Stelle erlaubt, von der aus der Aufruf erfolgte.

CALS *Subst.*
Abkürzung für »Computer-Aided Acquisition and Logistics Support«, zu deutsch »computerunterstützte Anschaffung und Logistik«. Ein vom amerikanischen Verteidigungsministerium (U.S. Department of Defense, DoD) entwickelter Standard für den elektronischen Austausch von Daten – vor allem technischen Dokumentationen – mit kommerziellen Zulieferern.

CAM *Subst.*
Abkürzung für »computer-aided manufacturing«, zu deutsch »computerunterstützte Fertigung«. Einsatz von Computern bei der Automatisierung von Produktion, Montage und Fertigungssteuerung im Herstellungsprozeß. Das Anwendungsgebiet von CAM erstreckt sich von der Kleinstserienherstellung bis hin zum Einsatz von Robotern in der Fließbandproduktion. CAM bezieht sich mehr auf den Einsatz spezieller Programme und Einrichtungen als auf die Verwendung von Mikrocomputern in der Produktionsumgebung. → *siehe Common Access Method.* → *siehe auch CAD/CAM, I-CASE.*

Cancelbot *Subst.* (cancelbot)
Abkürzung für »**cancel ro**bot«, zu deutsch »Lösch-Roboter«. Ein Programm, das Beiträge in Newsgroups anhand einer Reihe von Kriterien aufspürt und die Verbreitung derartiger Beiträge stoppt bzw. die Beiträge löscht. Obwohl die Löschkriterien vom Benutzer des Cancelbot frei vergeben werden können, werden die meisten Cancelbots eingesetzt, um Massensendungen mit irrelevantem Inhalt (»spam messages«, zu deutsch etwa »Wegwerf- oder Müll-Sendungen«), die an Dutzende oder Hunderte Newsgroups versendet werden, zu erkennen und zu löschen. → *siehe auch Spam.*

Cancel-Nachricht *Subst.* (cancel message)
Eine Nachricht, die an einen News-Server im Usenet gesendet und mit der signalisiert wird, daß ein bestimmter Artikel vom Server zu löschen ist.
→ *siehe auch Beitrag, News-Server, Usenet.*

Cancel-Zeichen *Subst.* (cancel)
Ein Steuerzeichen, das bei der Kommunikation zwischen Computer und Drucker oder zwischen zwei Computern verwendet wird. Es wird in der Regel mit CAN bezeichnet (für »cancel«, zu deutsch »abbrechen, streichen«). Es gibt gewöhnlich an, daß die gesendete Textzeile verworfen werden soll. Im ASCII-Zeichensatz – der Basis für die Zeichensätze der meisten Mikrocomputer – besitzt das Cancel-Zeichen die Codenummer 24.

Capstan *Subst.* (capstan)
Die polierte, metallische Antriebswelle bei einem Magnetbandgerät – z.B. einem Streamer –, die dazu dient, das Magnetband zu transportieren und auf diese Weise mit einer bestimmten Geschwindigkeit am Schreib-Lese-Kopf vorbeizuziehen. Dabei wird das Magnetband mittels einer Gummi-

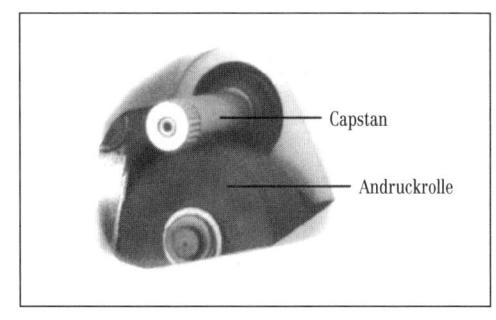

Capstan

C Andruckrolle gegen den Capstan gedrückt und durch die auf sie einwirkenden Reibungskräfte in Längsrichtung bewegt. → *siehe auch Andruckrolle*.

Capture Board *Subst.* (capture board)
→ *siehe Video-Capture-Karte*.

Capture Card *Subst.* (capture card)
→ *siehe Video-Capture-Karte*.

Carbon Copy *Subst.* (carbon copy)
→ *siehe cc*.

Caret *Subst.* (caret)
Das kleine, nach oben zeigende Symbol (^), das bei Mikrocomputer-Tastaturen meist gemeinsam mit dem Grad-Zeichen (°) in der ersten Tastenreihe ganz links untergebracht ist (vor der Ziffer »1«). Bei englischsprachigen Tastaturen ist das Zeichen in der Regel mit den Tasten Umschalt+6 zu erreichen. In einigen Programmiersprachen dient das Zeichen als Exponentialzeichen (3 ^ 2 bedeutet z.B., daß die Zahl 3 mit 2 potenziert, also mit sich selbst multipliziert wird). Das Caret steht außerdem stellvertretend für die Strg-Taste (englisch »Ctrl« für »Control«). ^Z bedeutet z.B., daß die Z-Taste bei gedrückt gehaltener Strg-Taste zu betätigen ist.

Careware *Subst.* (careware)
Software, die von einem einzelnen Programmierer oder einem kleinen Programmierteam entwickelt wird und kostenlos bezogen werden kann. Allerdings werden die Benutzer aufgefordert, einen Geldbetrag an eine wohltätige Stiftung zu spenden, nachdem sie sich nach einer Probierphase für eine dauerhafte Nutzung der Software entschieden haben. An welche Stiftung das Geld überwiesen werden soll, wird häufig vom Softwarehersteller vorgegeben.

Carrier Detect *Subst.*
→ *siehe cd*.

Carry-Bit *Subst.* (carry bit)
Das Bit, das von einer Addierer-Schaltung übergeben wird und signalisiert, daß eine Addition zu einem Übertrag geführt hat (z.B. bei 9 + 7). → *auch genannt Carry-Flag*.

Carry-Flag *Subst.* (carry flag)
→ *siehe Carry-Bit*.

Cascading-Style-Sheet-Mechanismus *Subst.* (Cascading Style Sheet mechanism)
→ *siehe Cascading Style Sheets*.

Cascading Style Sheets *Subst.* (cascading style sheets)
Abkürzung: CSS. Eine HTML-Spezifikation, die vom World Wide Web Consortium (W3C) entwickelt wurde und es sowohl dem Gestalter von HTML-Seiten als auch dem Benutzer erlaubt, HTML-Dokumente mit Dokumentvorlagen (Style Sheets) zu verknüpfen. Die Dokumentvorlagen enthalten typografische Informationen in bezug auf das Erscheinungsbild der Seite, z.B. hinsichtlich der Schriftart, der Zeilenabstände, der Einrückungen, usw. Die Spezifikation bestimmt außerdem die Art und Weise, mit der die Dokumentvorlage eines HTML-Dokuments mit der vom Benutzer definierten Dokumentvorlage in Einklang gebracht wird. Cascading Style Sheets sind für alle HTML-Standards und vorgeschlagenen HTML-Standards ab der Version 2.0 anwendbar. → *siehe auch Formatvorlage, HTML*. → *auch genannt Cascading-Style-Sheet-Mechanismus, CSS1*.

CASE *Subst.*
Abkürzung für »computer-aided software engineering«, zu deutsch »computergestützte Software-Entwicklung bzw. computergestützte Systementwicklung«. Oberbegriff für Software, die für den Einsatz von Computern in allen Phasen der Entwicklung von Computerprogrammen – von der Planung und Modellierung bis zur Codierung und Dokumentation – konzipiert ist. CASE stellt eine Arbeitsumgebung aus Programmen und anderen Entwicklungswerkzeugen dar, die Manager, Systemanalytiker, Programmierer und andere Beteiligte bei der Automatisierung des Entwurfs und der Implementation von Programmen und Prozeduren für geschäftliche, technische und wissenschaftliche Computersysteme unterstützt.

Case-Befehl *Subst.* (case statement)
In Programmiersprachen, z.B. Ada, Pascal und C, ein Steuerbefehl, der, in Abhängigkeit von Schlüsselwerten, die Ausführung eines von mehreren vorgegebenen Anweisungsblöcken bewirkt. Eine derartige Konstruktion wird auch als »Fallunter-

scheidung« bezeichnet. Case-Befehle werden dann eingesetzt, wenn, in Abhängigkeit von mehr als zwei Werten oder Wertebereichen, unterschiedliche Aktionen ausgeführt werden sollen. Ein Case-Befehl ist damit eine Verfeinerung einer herkömmlichen IF-THEN-ELSE-Bedingung, die nur zwei Fälle berücksichtigt (z. B. »wenn X = Y, dann führe A aus, andernfalls führe B aus«) und entspricht damit einer ineinandergeschachtelten Folge von mehreren IF-THEN-ELSE-Bedingungen (z. B. »wenn X = Y1, führe A aus, andernfalls überprüfe, ob X = Y2 und führe bei Zutreffen B aus, andernfalls überprüfe, ob X = Y3 und führe bei Zutreffen C aus usw.«). Bei der Ausführung einer Fallunterscheidung wird der Inhalt einer Variablen (z. B. einer Zahl oder einer Zeichenkette) mit verschiedenen Folgen konstanter Werte oder Wertebereiche verglichen, die im Programm vorgegeben sind. Jeder Abschnitt in der Fallunterscheidung untersucht dabei einen anderen konstanten Wert oder Wertebereich. Entspricht der Inhalt der Variablen dem konstanten Wert oder dem Wertebereich, wird der entsprechende Anweisungsblock ausgeführt, ansonsten ignoriert. → *siehe auch Konstante, Steueranweisung, Variable.*

CAT *Subst.*
Abkürzung für »**c**omputer-**a**ided **t**esting«, zu deutsch »computerunterstütztes Testen«. Ein Verfahren, das von Ingenieuren für die Überprüfung und Analyse von Entwürfen eingesetzt wird, insbesondere von Entwürfen, die mit CAD-Programmen angefertigt wurden. CAT wird außerdem von Software-Entwicklern für automatisierte Regressionstests eingesetzt. → *siehe CAI.*
Außerdem ist CAT die Abkürzung für »**c**omputer-**a**ssisted **t**eaching«, zu deutsch »computerunterstütztes Unterrichten«. → *siehe CAI.*
Ferner ist CAT die Abkürzung für »**c**omputerized **a**xial **t**omography«, zu deutsch »computerunterstützte Axial-Tomographie«, ein medizinisches Röntgenverfahren, das ein dreidimensionales Bild eines Körperteils erzeugt. Es setzt sich aus Einzelbildern zusammen, die als Querschnitte entlang einer Achse aufgenommen werden. → *siehe CAI.*

.ca.us
Im Internet ein Kürzel für die übergreifende Länder-Domäne, die eine Adresse in Kalifornien in den Vereinigten Staaten angibt.

CBEMA *Subst.*
Abkürzung für »**C**omputer and **B**usiness **E**quipment **M**anufacturers **A**ssociation«. US-amerikanischer Verband aus Hardwarelieferanten und -herstellern, der sich mit der Standardisierung von informationsverarbeitenden und damit verwandten Einrichtungen befaßt.

CBL *Subst.*
Abkürzung für »**c**omputer-**b**ased **l**earning«, zu deutsch »computerunterstütztes Lernen«. Ein Begriff, der sich entweder auf den computerunterstützten Unterricht im Bildungswesen (computer-aided instruction, CAI) oder den Einsatz von Lernprogrammen im Bereich der anwendungs- oder berufsspezifischen Ausbildung (computer-based training, CBT) bezieht. → *siehe auch CAI, CBT.*

CBT *Subst.*
Abkürzung für »**c**omputer-**b**ased **t**raining«, zu deutsch »computerunterstützte Ausbildung bzw. computerunterstützte Schulung«. Der Einsatz von Computern und speziellen Lernprogrammen in der Ausbildung und Schulung. Ein zentrales Prinzip in CBT-Programmen ist der Einsatz von Farben, Grafiken und anderen Aufmerksamkeit erregenden Hilfsmitteln, die das Interesse des Auszubildenden wecken. Das Einsatzgebiet von CBT reicht von einfachen bis hin zu sehr anspruchsvollen Themen. Beispielsweise sind CBT-Lektionen in einem Anwendungsprogramm denkbar, die dem Benutzer ein erstes Gefühl für das zu erlernende Programm vermitteln. Ein weiteres Beispiel ist die Schulung des Führungsnachwuchses auf Seminaren, wobei in diesem Fall sehr umfangreiche und komplexe CBT-Programme zum Einsatz kommen.

.cc
Im Internet ein Kürzel für die übergreifende Länder-Domäne, die eine Adresse auf den Kokosinseln angibt.

cc *Subst.*
Abkürzung für »**c**ourtesy **c**opy«, zu deutsch »Durchschlag« oder »Kopie«. Eine Anweisung an ein E-Mail-Programm, eine Kopie einer Mail an eine weitere Person zu senden. Im Unterschied zum eigentlichen Empfänger der E-Mail, erhält der cc-Empfänger die Mail nur zur Information, muß also nicht unbedingt auf die Mail reagieren.

Der cc-Empfänger erscheint im Kopf der Mail, so daß alle Empfänger der Mail darüber Kenntnis erhalten, daß dieser eine Kopie der Mail erhalten hat. → *siehe auch E-Mail, Kopf.* → *auch genannt Courtesy Copy.* → *Vgl. bcc.*

CCD *Subst.*
→ *siehe Charge-Coupled Device.*

CCI *Subst.*
→ *siehe Common Client Interface.*

CCITT *Subst.*
Abkürzung für »Comité Consultatif International Télégraphique et Téléphonique«, zu deutsch »internationales Komitee für das Telefon- u. Telegrafie-Wesen«. Auch unter dem Namen »International Telegraph and Telephone Consultative Committee« bekannt. Ein Verband mit Sitz in Genf (Schweiz), der als Bestandteil der ITU (International Telecommunications Union) – eines Organs der Vereinten Nationen – gegründet wurde. Die Funktionen der CCITT wurden mittlerweile von der ITU übernommen. Die ITU gibt Empfehlungen für Kommunikationsstandards heraus, die in der ganzen Welt anerkannt werden. Die von der ITU entwickelten Protokolle finden bei Modems, Netzwerken und Faxgeräten Anwendung. → *siehe auch CCITT Groups 1-4, CCITT V series, CCITT X series.*
→ *siehe my two cents.*

CCITT Groups 1-4 *Subst.*
Ein Satz von vier Standards, der von der CCITT für die Codierung und Übertragung von Schriftstücken mit Hilfe von Faxgeräten empfohlen wird. Die Standards sind grafisch ausgelegt – alle Seiten werden als Grafiken übertragen, unabhängig davon, ob sie Texte, Grafiken oder eine Kombination daraus enthalten. Group 1 und Group 2, zwei Standards für analoge Geräte, sind heute nahezu bedeutungslos. Group 3 und Group 4 sind für digitale Geräte konzipiert und werden im folgenden beschrieben: Group 3 ist ein weitverbreiteter Standard, der im Normalmodus mit einer Auflösung von horizontal 203 dpi (dots per inch) und vertikal 98 dpi arbeitet sowie im Feinmodus mit horizontal 203 dpi und vertikal 198 dpi. Der Standard unterstützt zwei Verfahren bei der Datenkomprimierung. Das erste Verfahren basiert auf der Huffman-Codierung und reduziert die Datenmenge auf 10 bis 20 Prozent. Das zweite Verfahren – es ist mit READ (Abkürzung für »relative element address designate«) bezeichnet – erreicht eine Reduzierung der Datenmenge auf 6 bis 12 Prozent. Des weiteren sind ein Paßwortschutz sowie eine Abruffunktion (Polling) vorgesehen, so daß ein Empfangsgerät Dokumente von einem anderen Gerät anfordern kann. Group 4, ein neuerer Standard, unterstützt eine Auflösung von bis zu 400 dpi. Bei der Komprimierung wird jede Zeile als Reihe von Veränderungen in bezug auf die jeweils vorangehende Zeile codiert. Auf diese Weise gelingt es, eine Komprimierung der Datenmenge auf 3 bis 10 Prozent zu erzielen. Die übertragenen Daten enthalten keine Informationen zur Fehlerkorrektur. Zum Betrieb eines Group-4-Faxgerätes ist ein ISDN-Anschluß notwendig.

CCITT V series *Subst.*
Ein Satz von Empfehlungen, die von der CCITT entwickelt wurden und die Konstruktion sowie den Betrieb von Modems standardisieren. Die vollständige Serie umfaßt eine Reihe von Empfehlungen, die sowohl Signalisierung, Codierung und Schaltungseigenschaften als auch Modems betreffen. Die folgende Auflistung erläutert die für die Benutzer wichtigsten Empfehlungen:

- **V.21**: 300-bps-Modems für Wählverbindungen; Vollduplex-Übertragung. Nicht identisch mit Bell 103 (in Nordamerika).
- **V.22**: 1200-bps-Modems für Wählverbindungen und Standleitungen; Vollduplex-Übertragung. Nicht identisch mit Bell 212A (in Nordamerika).
- **V.22bis**: 2400-bps-Modems für Wählverbindungen und Standleitungen; Vollduplex-Übertragung.
- **V.23**: 600/1200-bps-Modems synchrone oder asynchrone Übertragung; für Wählverbindungen und Standleitungen; Halbduplex-Übertragung.
- **V.26**: 2400-bps-Modems für Vierdraht-Standleitungen; Vollduplex-Übertragung.
- **V.26bis**: 1200/2400-bps-Modems für Wählverbindungen; Vollduplex-Übertragung.
- **V.26ter**: 2400-bps-Modems für Wählverbindungen und Zweidraht-Standleitungen; DPSK-Modulation; Fallback auf 1200 bps; Echo-Unterdrückung auf Telefonleitungen; Vollduplex-Übertragung.

- **V.27**: 4800-bps-Modems für Standleitungen; manueller Entzerrer; Vollduplex-Übertragung.
- **V.27bis**: 2400/4800-bps-Modems für Standleitungen; automatischer Entzerrer; Vollduplex-Übertragung.
- **V.27ter**: 2400/4800-bps-Modems für Wählverbindungen; Vollduplex-Übertragung.
- **V.29**: 9600-bps-Modems für Punkt-zu-Punkt-Standleitungen; Halbduplex- oder Vollduplex-Übertragung.
- **V.32**: 9600-bps-Modems für Wählverbindungen; Echo-Unterdrückung auf Telefonleitungen; Vollduplex-Übertragung.
- **V.32bis**: 4800/7200/9600/12000/14400-bps-Modems für Wählverbindungen; Echo-Unterdrückung; Vollduplex-Übertragung.
- **V.33**: 12000/14400-bps-Modems für Vierdraht-Standleitungen; synchrone Übertragung; QAM-Modulation; Zeit-Multiplexing; Vollduplex-Übertragung.
- **V.34**: 28800-bps-Modems; Vollduplex-Übertragung.
- **V.35**: Gruppenband-Modems die die Bandbreite mehrerer Telefonkanäle kombinieren können.

CCITT X series *Subst.*
Ein Satz an Empfehlungen, die von der ITU-T (International Telecommunications Union), vormals CCITT, sowie der ISO übernommen wurden und Geräte sowie Protokolle standardisieren, die sowohl in öffentlichen als auch in privaten Netzwerken zum Einsatz kommen. Die folgende Auflistung erläutert einige dieser Empfehlungen:

- **X.25** dokumentiert die Schnittstelle, die für den Anschluß eins Computers an ein paketvermitteltes Netzwerk z. B. das Internet erforderlich ist.
- **X.200**: Die Empfehlungen dieser Reihe dokumentieren den weithin akzeptierten 7-Schichten-Satz von Protokollen, der als »ISO/OSI-Schichtenmodell« bekannt ist und der Standardisierung von Verbindungen zwischen Computern dient.
- **X.400** dokumentiert das Format der Anwendungsschicht im ISO/OSI-Schichtenmodell für den Transport von E-Mail-Nachrichten über verschiedene Netzwerke einschließlich Ethernet X.25 und TCP/IP. Um E-Mail-Nachrichten zwischen X.400 und Internet-Formaten zu übersetzen, müssen Gateways eingesetzt werden.
- **X.445** auch bekannt als »Asynchronous Protocol Specification« (zu deutsch »asynchrone Protokoll-Spezifikation«) regelt die Übertragung von X.400-Nachrichten über Einwahl-Telefonverbindungen.
- **X.500** dokumentiert die Protokolle für Client-Server-Systeme, die Directory Services (für Benutzer und Ressourcen) gemäß X.400 einsetzen.

ccNUMA *Subst.*
Abkürzung für »Cache-Coherent Non-Uniform Memory Access«. Eine Technologie, die es erlaubt, eine Vielzahl von symmetrischen Multiprozessorsystemen mit Hilfe einer Hochgeschwindigkeits-Breitband-Hardware zusammenzuschließen, so daß die Einzelsysteme als einzige Maschine fungieren. → *siehe auch Symmetric Multiprocessing.*

CCP *Subst.*
Abkürzung für »Certificate in Computer Programming«. Ein angesehenes Programmierzertifikat, das vom US-amerikanischen Verband ICCP (Institute for Certification of Computer Professionals) an Programmierer verliehen wird, die eine umfassende Reihe an Prüfungen bestanden haben.

cd *Subst.*
Abkürzung für »**c**hange **d**irectory«, zu deutsch »wechsle das Verzeichnis«. In Verbindung mit den Betriebssystemen MS-DOS und UNIX sowie FTP-Client-Programmen ein Befehl, der das Verzeichnis wechselt. Das gewünschte Verzeichnis wird in Form eines Pfades hinter dem Befehl »cd« übergeben. → *siehe auch Pfad, Verzeichnis.*

CD
Abkürzung für »**C**arrier **D**etect«, zu deutsch »Trägersignal festgestellt«. Ein Signal, das von einem Modem an den angeschlossenen Computer gesendet wird, um anzugeben, daß eine Telefonverbindung hergestellt werden konnte. → *siehe auch DCD.*
Außerdem ist »CD« die Abkürzung für »Compact Disc«. → *siehe auch CD-I, CD-ROM, Compact Disc.*

CD-Brenner *Subst.* (CD burner)
→ *siehe CD-R.*

CD-E
→ *siehe Compact Disc, löschbar.*

Cdev *Subst.* (cdev)
Abkürzung für »control panel **device**«. Ein Hilfsprogramm für den Macintosh, das es erlaubt, Grundeinstellungen einer bestimmten Systemkomponente zu ändern. Bei Macintosh-Computern, auf denen das Betriebssystem System 6 eingesetzt wird, sind Cdevs im System-Ordner zu finden. Tastatur- und Maus-Cdevs sind bereits vorinstalliert. Weitere Cdevs werden mit Anwendungsprogrammen und Hilfsprogrammpaketen ausgeliefert. Im Betriebssystem System 7 werden »Cdevs« als »Kontrollfelder« bezeichnet. → *siehe auch Systemordner, Systemsteuerung.* → *Vgl. INIT.*

CDFS *Subst.*
Abkürzung für »**CD-ROM** File System«, zu deutsch »CD-ROM-Dateisystem«. Unter Windows 95 ein 32-Bit-Dateisystem für den Protected Mode, das den Zugriff auf CD-ROM-Laufwerke steuert. → *siehe auch Protected Mode.*
In Verbindung mit UNIX-Computern ist »CDFS« eine Bezeichnung, die angibt, daß sich ein Dateisystem auf einem wechselbaren, Nur-Lese-Datenträger befindet (gemeint ist eine CD-ROM). Gewöhnlich wird damit impliziert, daß die CD-ROM mit dem ISO-9660-Standard kompatibel ist. CDFS wird außerdem mit Befehlen in Verbindung gebracht, die Speichermedien anmelden (Festplatten, Bandlaufwerke, entfernte Netzwerklaufwerke und CD-ROMs), um auf diese vom Computer zugreifen zu können. → *siehe auch CD-ROM, ISO 9660.*

CD-I *Subst.*
Abkürzung für »**c**ompact **d**isc-interactive«. Ein hardware- und softwarebezogener Standard für optische Discs. CD-I erlaubt die Kombinierung von Audio, Video und Texten auf hochkapazitiven CDs (Compact Discs). Zu CD-I gehören Leistungsmerkmale wie Darstellung und Auflösung von Bildern, Animation, Spezialeffekte und Audio. Der Standard umfaßt Methoden zur Codierung, Komprimierung, Dekomprimierung und Anzeige der gespeicherten Informationen. → *siehe auch CD-ROM.*

CDMA *Subst.*
→ *siehe Code Division Multiple Access.*

CDP *Subst.*
Abkürzung für »Certificate in Data Processing«. Ein Zertifikat, das vom US-amerikanischen Verband ICCP (Institute for Certification of Computer Professionals) an Personen verliehen wird, die eine Reihe von Prüfungen im Computerbereich und in verwandten Bereichen – wie Programmierung, Bedienung von Software sowie Systemanalyse – bestanden haben.

CDPD *Subst.*
→ *siehe Cellular Digital Packet Data.*

CD Plus *Subst.*
Ein Codierungsformat für CDs (Compact Discs), das es erlaubt, auf einer CD Audioaufnahmen und Computerdaten zu mischen. Bei diesem Format besteht keine Gefahr, daß die Audio-Abspielgeräte Schaden nehmen, wenn versehentlich versucht wird, den Datenbereich der CD abzuspielen.

CD-R *Subst.*
Abkürzung für »**c**ompact **d**isc-recordable«. Eine Form einer CD-ROM, die mit einem CD-Recorder beschrieben und auf einem CD-ROM-Laufwerk gelesen werden kann. → *siehe auch CD-Rekorder, CD-ROM.*

CD-R/E *Subst.*
→ *siehe Compact Disc, beschreibbar und löschbar.*

CD-Rekorder *Subst.* (CD recorder)
Ein Gerät, das zum Beschreiben von CD-ROMs dient. Da eine CD-ROM nur einmal beschrieben werden kann, werden CD-ROM-Rekorder in der Praxis vor allem zur Datenarchivierung eingesetzt sowie zur Herstellung von CD-ROM-Mastern, die dann im Rahmen einer CD-ROM-Serienproduktion

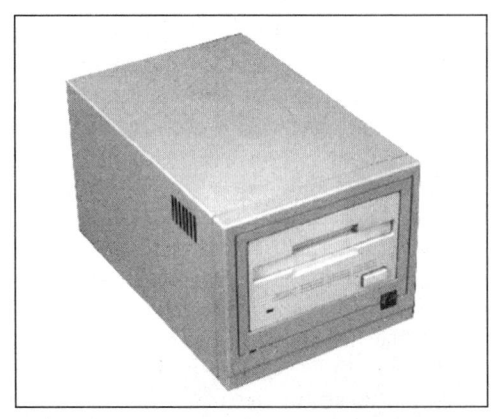

CD-Rekorder

entsprechend dupliziert werden. → *siehe auch CD-ROM.* → *auch genannt CD-R machine, CD-ROM-Brenner.*

CD-R machine *Subst.*
→ *siehe CD-Rekorder.*

CD-ROM *Subst.*
Abkürzung für »compact disc read-only memory«. Ein Datenträger, der sich durch hohe Kapazität (etwa 650 Megabyte) und die Verwendung einer Laseroptik anstelle einer magnetischen Abtastung für das Lesen der Daten auszeichnet. Obwohl CD-ROM-Laufwerke Datenträger nur lesen, jedoch nicht beschreiben können, gibt es große Gemeinsamkeiten mit CD-R-Laufwerken und optischen WORM-Laufwerken (die jeweils einen Datenträger einmal beschreiben, jedoch mehrfach lesen können) sowie optischen Laufwerken, die auch das mehrfache Beschreiben erlauben. → *siehe auch CD-I, CD-R, WORM.*
Als »CD-ROM« wird ferner eine individuell angefertigte, optische Disc (CD, compact disc) bezeichnet, die zur Verwendung mit dem Computer dient und bis zu 650 Megabyte Daten speichern kann. → *siehe auch Compact Disc, Disc.*

CD-ROM-Brenner *Subst.* (CD-ROM burner)
→ *siehe CD-Rekorder.*

CD-ROM Extended Architecture *Subst.*
→ *siehe CD-ROM/XA.*

CD-ROM File System *Subst.*
→ *siehe CDFS.*

CD-ROM-Jukebox *Subst.* (CD-ROM jukebox)
Ein Gerät, das bis zu 200 CD-ROMs aufnehmen kann und mit einem CD-ROM-Laufwerk verbunden ist, das sich in einem Personal Computer oder einer Workstation befindet. Die Benutzer können dabei beliebige Daten anfordern, die sich auf einer der in der Jukebox aufbewahrten CD-ROMs befinden. Das Gerät sucht die CD, die die entsprechenden Daten enthält und spielt diese ab. Gewöhnlich kann immer nur eine CD-ROM abgespielt werden. Wenn jedoch mehrere Jukeboxen an separate, hintereinander geschaltete CD-ROM-Laufwerke angeschlossen sind, können auf einem Computer mehrere CDs zur gleichzeitig benutzt werden.

→ *siehe auch CD-ROM, CD-ROM-Laufwerk, Daisy Chain.*

CD-ROM-Laufwerk *Subst.* (CD-ROM drive)
Ein Laufwerk, das mit der Compact-Disc-Technologie arbeitet. → *siehe auch CD-ROM, Compact Disc.*

CD-ROM, mit hoher Kapazität *Subst.* (high-capacity CD-ROM)
→ *siehe DVD.*

CD-ROM/XA *Subst.*
Abkürzung für »**CD-ROM** Extended Architecture«. Ein erweitertes Format für CD-ROMs, das von den Firmen Philips, Sony und Microsoft entwickelt wurde. CD-ROM/XA ist mit dem Standard ISO 9660 (High Sierra) kompatibel, wurde aber um die Spezifikation ADPCM (adaptive differential pulse code modulation) für Audio, Bilder und dazwischenliegende Daten erweitert. → *siehe auch adaptive differentielle Puls-Code-Modulation, CD-ROM, High-Sierra-Spezifikation.*

CD-RW *Subst.*
→ *siehe Compact Disc, wiederbeschreibbar.*

CDS *Subst.*
→ *siehe Circuit Data Services.*

CDV *Subst.*
Abkürzung für »compressed digital video«. Die Komprimierung von Videos für Hochgeschwindigkeitsübertragungen.
Außerdem die Abkürzung für »compact disc video«. Eine Videodisc mit einem Durchmesser von 5 Zoll (dem üblichen Durchmesser für CDs, etwa 12,7 cm). → *siehe auch Videodisc.*

CD Video *Subst.*
→ *siehe CDV.*

Cellular Digital Packet Data *Subst.*
Abkürzung: CDPD. Ein Standard für die drahtlose Übertragung von Daten. CDPD stellt eine paketorientierte Zweiwegeübertragung dar; die Übertragungsgeschwindigkeit beträgt 19,2 Kbps. Bei der Übertragung werden die bereits vorhandenen Mobiltelefon-Kanäle genutzt. → *siehe auch drahtlos, Paket.*

Centronics-Schnittstelle *Subst.* (Centronics parallel interface)
Ein De-facto-Standard für den parallelen Datenaustausch zwischen Computern und Peripheriegeräten. Die Schnittstelle wurde vom Druckerhersteller Centronics, Inc., entwickelt und umfaßt 8 parallele Leitungen sowie zusätzliche Leitungen für Steuersignale und Status-Informationen. → *siehe auch parallele Schnittstelle.*

CERN *Subst.*
Abkürzung für »Conseil Européen pour la Recherche Nucléaire«, zu deutsch »europäisches Kernforschungszentrum«. Forschungszentrum für Teilchenphysik mit Sitz in Genf (Schweiz). 1989 wurde am CERN eine für den Computerbereich sehr bedeutende Entwicklung begonnen – der CERN-Mitarbeiter Tim Berners-Lee schuf die Urform des World Wide Web, damals noch unter dem Gesichtspunkt, die Kommunikation zwischen den Mitgliedern der wissenschaftlichen Gemeinde zu erleichtern. → *siehe auch NCSA.*

CERN-Server *Subst.* (CERN server)
Einer der ersten HTTP-Server (HyperText Transfer Protocol). Er wurde von Tim Berners-Lee am CERN entwickelt. Das Produkt ist weiterhin sehr verbreitet und wird kostenlos abgegeben. → *siehe auch CERN, HTTP-Server.*

CERT *Subst.*
Abkürzung für »Computer Emergency Response Team«. Ein Verband, der einen 24-Stunden-Beratungsservice für Internet-Benutzer anbietet. CERT kümmert sich dabei um Aspekte, die die Datensicherheit betreffen, und gibt den Benutzern Hilfestellung, wenn neue Viren oder andere Sicherheitslücken entdeckt werden.

.cf
Im Internet ein Kürzel für die übergreifende Länder-Domäne, die eine Adresse in der Zentralafrikanischen Republik angibt.

.cg
Im Internet ein Kürzel für die übergreifende Länder-Domäne, die eine Adresse im Kongo angibt.

CGA *Subst.*
Abkürzung für »Color/Graphics Adapter«. 1981 von IBM eingeführte Video-Adapterkarte. CGA verfügt über mehrere Text- und Grafikmodi. Die wichtigsten Modi sind ein Textmodus mit 40 bzw. 80 Spalten mit jeweils 25 Zeilen und 16 Farben sowie die Grafikmodi mit 640 Pixel horizontal mal 200 Pixel vertikal bei 2 Farben und 320 Pixel horizontal mal 200 Pixel vertikal bei 4 Farben. → *siehe auch Grafikadapter, Video-Adapter.*

CGI *Subst.*
Abkürzung für »Common Gateway Interface«. Die Spezifikation, die die Kommunikation zwischen Informationsservern (z.B. HTTP-Servern) und den Ressourcen (z.B. Datenbanken und anderen Programmen) auf den jeweiligen Host-Computern definiert. Schicken Benutzer z.B. ausgefüllte Formulare über einen Web-Browser ab, führt der HTTP-Server ein Programm aus (das häufig als »CGI-Skript« bezeichnet wird) und übergibt die Benutzereingaben per CGI an das Programm. Das Programm verarbeitet die Daten und gibt die Ergebnisdaten per CGI an den Server zurück. Die Verwendung von CGI erlaubt es, Web-Seiten in höherem Maße dynamisch zu gestalten und mit interaktiven Elementen zu versehen. → *siehe Computer Graphics Interface.* → *siehe auch CGI-Skript, HTTP-Server.*

cgi-bin *Subst.*
Abkürzung für »Common Gateway Interface-**binaries**«. Ein Verzeichnis, in dem externe Anwendungen gespeichert sind, die von HTTP-Servern per CGI ausgeführt werden. → *siehe auch Common Gateway Interface.*

CGI-Skript *Subst.* (CGI script)
Abkürzung für »Common Gateway Interface **script**«. Eine externe Anwendung, die von einem HTTP-Server als Reaktion auf eine Anfrage durch einen Client (z.B. einen Web-Browser) ausgeführt wird. Im allgemeinen werden CGI-Skripten aufgerufen, wenn Benutzer auf ein Element auf einer Web-Seite klicken, z.B. auf einen Link oder eine Grafik. Die Kommunikation zwischen einem CGI-Skript und dem Server wird durch die CGI-Spezifikation geregelt. CGI-Skripten können in einer Vielzahl von Programmiersprachen angefertigt werden, z.B. in C, C++ und Visual Basic. Die am häufigsten eingesetzte Programmiersprache für CGI-Skripten ist jedoch Perl, da diese Sprache überschaubar ist, vergleichsweise wenig Ressour-

cen benötigt und die damit verfaßten Skripten stabil laufen. Außerdem ist Perl im UNIX-Bereich sehr verbreitet; UNIX wiederum ist die Plattform, auf der die überwiegende Anzahl an Websites laufen. Auch wenn der Name »CGI-Skript« darauf hindeutet, lassen sich nicht nur Skripten einsetzen, auch Stapelprogramme und kompilierte Programme können die Funktion eines CGI-Skripts übernehmen. CGI-Skripten kommen zur Anwendung, um Web-Seiten mit interaktiven Elementen zu versehen, z. B. um Formulare zu realisieren, die die Benutzer ausfüllen und absenden können, Imagemaps zu erzeugen, die auf andere Web-Seiten oder Ressourcen verweisen, sowie Links zu ermöglichen, die die Benutzer anklicken können, um eine E-Mail an eine bestimmte Adresse zu senden. Mit Hilfe von ActiveX-Steuerelementen und Java-Applets läßt sich eine ähnliche Funktionalität wie über CGI-Skripten erreichen, aber die Art und Weise bei der Realisierung und Ausführung ist eine andere. → siehe auch CGI, cgi-bin, Imagemap, Perl. → Vgl. ActiveX-Steuerelemente, Java-Applet.

CGM *Subst.*
→ siehe *Computer Graphics Metafile*.

.ch
Im Internet ein Kürzel für die übergreifende Länder-Domäne, die eine Adresse in der Schweiz angibt.

Chalkware *Subst.* (chalkware)
→ siehe *Vaporware*.

Challenge Handshake Authentication Protocol *Subst.*
Abkürzung: CHAP. Ein Authentifizierungsschema, das von PPP-Servern verwendet wird, um die Identität des Initiators der Verbindung zu überprüfen – beim Verbindungsaufbau und zu einem beliebigen Zeitpunkt später. → siehe auch *Authentifizierung, PPP*.

Channel-Hopping *Vb.* (channel hop)
Das mehrmalige Umschalten von einem IRC-Kanal zu einem anderen. → siehe auch *IRC*.

Channel Op *Subst.* (channel op)
Abkürzung für »**channel op**erator«. Ein Benutzer oder eine Benutzerin auf einem IRC-Kanal, der

bzw. die das Privileg hat, unerwünschte Teilnehmer hinauszuwerfen. → siehe auch *IRC*.

CHAP *Subst.*
→ siehe *Challenge Handshake Authentication Protocol*.

Charakteristika-Extraktion *Subst.* (feature extraction)
Die Auswahl wichtiger Perspektiven eines Computerbilds, die als Richtlinien für den computergestützten Mustervergleich und die Bilderkennung eingesetzt werden. → siehe auch *Bildverarbeitung*.

Charge-Coupled Device *Subst.* (charge-coupled device)
Zu deutsch: »ladungsgekoppeltes Gerät«; Abkürzung: CCD. Eine integrierte Schaltung, in der einzelne Halbleiter-Bauelemente so miteinander verbunden sind, daß eine elektronische Ladung vom Ausgang des einen Elements auf den Eingang des nächsten gelangt. CCDs werden als lichtaufnehmende Bauelemente in digitalen Kameras sowie in vielen Videokameras eingesetzt.

Chat *Subst.* (chat)
Unterhaltung mit anderen Benutzern über den Computer. Die Unterhaltung läuft dabei in Echtzeit ab, also live. Geben Teilnehmer eine Textzeile ein und schließen die Eingabe mit der Eingabetaste ab, erscheint die Zeile wenige Augenblicke danach auf den Bildschirmen der anderen Teilnehmer, die dann entsprechend darauf antworten können. Die meisten Online-Dienste bieten eine Chat-Funktion an. Im Internet ist IRC das gebräuchliche System. → siehe auch *IRC*.
»Chat« ist außerdem der Name eines Internet-Hilfsprogramms, das Chats (also Unterhaltungen mit anderen Benutzern) ermöglicht. Das Programm wurde inzwischen weitgehend durch IRC verdrängt.

chatten *Vb.* (chat)
Das Führen einer Unterhaltung mit anderen Benutzern über den Computer. Die Unterhaltung läuft dabei in Echtzeit ab, also live. → siehe auch *IRC*.

Cheapernet *Subst.*
→ siehe *10Base2*.

Chef-Bildschirm *Subst.* (boss screen)
Eine »falsche« Bildschirmmaske, die gewöhnlich geschäftliche Daten (z. B. ein Tabellenblatt) zeigt. Eine derartige Bildschirmmaske findet sich in diversen Spielen und kann mit einem Tastendruck blitzschnell eingeblendet werden. Der Zweck liegt darin, daß ein Angestellter, der sich unerlaubterweise mit einem Spiel beschäftigt, sehr schnell vorgeben kann, daß er seiner Arbeit nachgeht, wenn sich sein Chef nähert. Chef-Bildschirme waren bei MS-DOS-Spielen sehr beliebt, da man dort nicht so ohne weiteres in eine andere Anwendung umschalten konnte. Heute übliche Spiele, die unter einem Multitasking-Betriebssystem laufen, z. B. dem Betriebssystem des Macintosh oder Windows 95, enthalten in aller Regel keinen Chef-Bildschirm, da bereits das Betriebssystem das Umschalten zu einer anderen Anwendung erlaubt, so daß sich ein Spielbildschirm sehr schnell verstecken läßt.

chiffrieren *Vb.* (encipher)
→ *siehe Verschlüsselung.*

Child *Subst.* (child)
Zu deutsch »Kind«. Ein Prozeß, der durch einen anderen Prozeß, den Elternprozeß (Parent), initiiert wird. Diese Startaktion wird häufig als »Verzweigung« bezeichnet. Der Elternprozeß wird häufig so lange ausgesetzt, bis der Child-Prozeß die Ausführung beendet hat.
In einer Baumstruktur bezeichnet »Child« die Beziehung eines Knotens zu seinem unmittelbaren Vorgänger. → *siehe auch Baumstruktur.*

Child-Prozeß *Subst.* (child process)
→ *siehe Child.*

Chimes of Doom *Subst.* (chimes of doom)
Wörtlich: »Glockenspiel des Todes«. Beim Macintosh eine Reihe von akustischen Signalen, die aufgrund eines schweren Systemfehlers ertönen.

Chip *Subst.* (chip)
→ *siehe integrierter Schaltkreis.*

Chipanbringung, pinlose *Subst.* (leadless chip carrier)
→ *siehe pinlose Chipanbringung.*

Chipsatz *Subst.* (chip set)
Eine Sammlung von Chips, die als Einheit fungiert und eine gemeinsame Aufgabe durchführt. Der Ausdruck bezieht sich in aller Regel auf einen Satz von integrierten Schaltkreisen, z. B. auf einen programmierbaren Interrupt-Controller (PIC), der einen Prozessor unterstützt, wobei dann die Einheit von PIC und Prozessor als »Chipsatz« bezeichnet wird. Häufig sind die Funktionen eines Chipsatzes auf einem Chip zusammengefaßt. → *siehe auch Chip, CPU, integrierter Schaltkreis, programmierbarer Interrupt-Controller.*

Choke *Subst.* (choke)
→ *siehe Induktor.*

Chroma *Subst.* (chroma)
Farbeigenschaft, die den Farbton und die Farbsättigung beschreibt. → *siehe auch Farbton, Sättigung.*

CHRP *Subst.*
→ *siehe Common Hardware Reference Platform.*

Churn Rate *Subst.* (churn rate)
Der Umsatzrückgang einer Telefongesellschaft in bezug auf die Anzahl der Telefoneinheiten, die die Kunden in Anspruch nehmen. Im Pager-, Mobilfunk- und Online-Bereich zeigt sich, daß der Kundenumsatz im Mittel kontinuierlich leicht zurückgeht, wodurch sich üblicherweise eine Churn Rate von 2 bis 3% pro Monat ergibt. Eine hohe Churn Rate ist für eine Telefongesellschaft sehr problematisch, da das Gewinnen neuer Kunden kostenintensive Werbe- und verkaufsfördernde Maßnahmen erfordert.

.ci
Im Internet ein Kürzel für die übergreifende Länder-Domäne, die eine Adresse in Elfenbeinküste angibt.

CIDR *Subst.*
→ *siehe Classless Interdomain Routing.*

CIFS *Subst.*
→ *siehe Common Internet File System.*

CIM *Subst.*
Abkürzung für »computer-integrated manufacturing«, zu deutsch »mit Computerhilfe zusammen-

geführte Planung und Fertigung«. Der Einsatz von Computern, Kommunikationsleitungen und spezialisierter Software, um sowohl die Handhabungsfunktionen als auch die am Herstellungsprozeß beteiligten Bearbeitungsaktivitäten zu automatisieren. Die Basis bildet dabei eine gemeinsame Datenbank, die für alle Aspekte des Prozesses genutzt wird, vom Entwurf über die Montage bis zur Buchhaltung und Betriebsmittelverwaltung. Hochentwickelte CIM-Systeme integrieren CAD/CAE (Computer-Aided Design/Computer-Aided Engineering), Materialplanungsprogramme (Material Requirements Planning, MRP) und die Steuerung der Robotermontage, um die vollelektronische (»papierlose«) Verwaltung des gesamten Herstellungsprozesses zu realisieren.
Abkürzung für »computer-input microfilm«, zu deutsch »Einlesen von Mikrofilmen mit dem Computer«. Ein Verfahren, bei dem die auf Mikrofilmen gespeicherten Informationen eingescannt und die Daten (sowohl Texte als auch Grafiken) in Codes konvertiert werden. Die Daten lassen sich daraufhin mit dem Computer verarbeiten. CIM weist Ähnlichkeiten mit der optischen Zeichenerkennung (Optical Character Recognition, OCR) auf, bei der allerdings, im Unterschied zu CIM, Papiervorlagen eingelesen werden. → Vgl. COM.

Cinch-Stecker *Subst.* (RCA connector)
Ein Steckverbinder zum Anschluß von Audio- und Videogeräten (z.B. einer Stereoanlage oder eines Kompositmonitors) an einen Computer. → *siehe auch Composite-Video-Display.* → *Vgl. Klinkenstecker.*

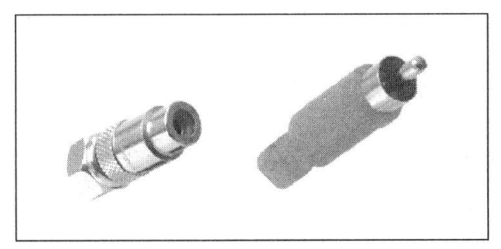

Cinch-Stecker: Weiblich (links) und männlich

.cincinnati.oh.us
Im Internet ein Kürzel für die übergreifende Länder-Domäne, die eine Adresse in Cincinnati im Bundesstaat Ohio in den Vereinigten Staaten angibt.

Cipher *Subst.* (cipher)
oder die Ziffer Null (0).

Circuit Data Services *Subst.*
Abkürzung: CDS. Ein von der US-amerikanischen Telefongesellschaft GTE angebotener Datenübertragungsdienst. Die Datenübertragung erfolgt mit Hilfe eines tragbaren Computers, z.B. eines Laptops oder Notebooks, in Verbindung mit einem Mobiltelefon. CDS setzt die Technik der Leitungsvermittlung ein, um eine hohe Übertragungsgeschwindigkeit zu erreichen. → *siehe auch Leitungsvermittlung.*

CISC *Subst.*
Abkürzung für »complex instruction set computing«, zu deutsch: »Computer mit komplexem Befehlssatz«. Eigenschaft eines Prozessors, der über einen großen, komplexen Satz an Befehlen verfügt, die direkt auf der Assemblerebene zur Verfügung stehen. Die Befehle können sehr mächtig sein und erlauben komplexe sowie flexible Wege bei der Berechnung von Elementen, z.B. Speicheradressen. Der Nachteil liegt allerdings darin, daß die Ausführung eines Befehls aufgrund der großen Komplexität viele Taktzyklen erfordert. → *Vgl. RISC.*

CIX *Subst.*
→ *siehe Commercial Internet Exchange.*

.ck
Im Internet ein Kürzel für die übergreifende Länder-Domäne, die eine Adresse auf den Cookinseln angibt.

.cl
Im Internet ein Kürzel für die übergreifende Länder-Domäne, die eine Adresse in Chile angibt.

ClariNet *Subst.*
Ein kommerzieller Dienst, der Nachrichtenartikel von United Press International (UPI) und anderen Nachrichtenagenturen aus den Newsgroups umfaßt, die Teil der clari.-Hierarchie sind. Im Unterschied zu den meisten anderen Newsgroups ist der Zugriff auf die clari.-Newsgroups auf diejenigen Internet Service-Provider beschränkt, die diesen kostenpflichtigen Dienst abonniert haben.

clari.-Newsgroups *Subst.* (clari. newsgroups)
Newsgroups im Internet, die von der US-amerikanischen Firma ClariNet Communications, Inc., angeboten werden. Das Angebot umfaßt Nachrichtenartikel, die u. a. von den Nachrichtendiensten »Reuters« und »United Press International«, »SportsTicker« und »Commerce Business Daily« zur Verfügung gestellt werden. Im Unterschied zu den meisten anderen Newsgroups, sind die clari.-Newsgroups nur über Internet Service-Provider verfügbar, die diesen kostenpflichtigen Dienst abonniert haben. → *siehe auch ClariNet, Internet Service-Provider, Newsgroup.*

Class-A-Netzwerk *Subst.* (Class A network)
Eine Adressierungsklasse für einen Netzwerkverbund, der am Internet angeschlossen ist. Class A erlaubt dabei die Definition von bis zu 16 777 215 Host-Computern. Bei der Bezeichnung des jeweiligen Netzwerks im Verbund wird das erste Byte der IP-Adresse verwendet, wobei das erste (höchstwertige) Bit generell auf 0 gesetzt wird. Dadurch sind bis zu 2^7 = 128 Netzwerke möglich. Der jeweilige Host-Computer im Verbund wird mit Hilfe der letzten 3 Byte angegeben. Class-A-Netzwerke sind sehr gut geeignet für Sites, die nur aus wenigen Netzwerken bestehen, dafür aber viele Host-Computer aufweisen, und sind im allgemeinen für große Regierungsbehörden und Bildungseinrichtungen vorgesehen. → *siehe auch Host, IP-Adresse.*

Classless Interdomain Routing *Subst.* (classless interdomain routing)
Abkürzung: CIDR. Ein Internet-Adressierungsschema, das zusammenfassende Strategien verwendet, um die Größe von Top-level-Routing-Tabellen zu reduzieren. Die Übertragungswege werden dabei gruppiert, um die Anzahl der von den Routern zu übertragenden Informationen zu reduzieren. Die Hauptanforderung für dieses Schema ist der Einsatz von Routing-Protokollen, die CIDR unterstützen, z.B. Border Gateway Protocol (BGP), Version 4, und RIP, Version 2. → *siehe auch Border Gateway Protocol, Protokoll, RIP, Router.*

Clean Interface *Subst.* (clean interface)
Eine Benutzeroberfläche mit einfachen Funktionen und intuitiven Befehlen. → *siehe auch Benutzeroberfläche.*

Clear To Send *Subst.*
→ *siehe CTS.*

Clickstream *Subst.* (clickstream)
Der Weg, den Benutzer nehmen, wenn sie durch eine Website surfen. Jede separate Auswahl, die auf einer Web-Seite vorgenommen wird, fügt diesem Weg einen Klick hinzu. Je größer die Anzahl der Klicks wird, ohne daß Benutzer die gewünschten Informationen gefunden haben, desto größer wird die Wahrscheinlichkeit, daß sie die Website verlassen und zu einem anderen Anbieter wechseln. Die Analyse von Clickstreams hilft Web-Designern, benutzungsfreundliche Strukturen, Links und Suchfunktionen anzufertigen. → *siehe auch Website.*

Client *Subst.* (client)
Zu deutsch: »Kunde«. In der objektorientierten Programmierung ein Mitglied einer Klasse (Gruppe), das die Dienste einer anderen Klasse benutzt, mit der es nicht verwandt ist. → *siehe auch Vererbung.*
»Client« bezeichnet außerdem einen Prozeß, z.B. ein Programm oder einen Task, der einen von einem anderen Programm bereitgestellten Dienst anfordert – z.B. ein Textverarbeitungsprogramm, das eine Sortierroutine eines anderen Programms aufruft. Der Client-Prozeß kann den angeforderten Dienst nutzen, ohne daß ihm funktionelle Details über das andere Programm oder den Dienst bekannt sein müssen. → *Vgl. Abkömmling, Child.*
In einem lokalen Netzwerk und im Internet stellt ein Client einen Computer dar, der auf die von einem anderen Computer (dem sog. *Server*) bereitgestellten, gemeinsam genutzten Netzwerk-Ressourcen zugreift. → *siehe auch Client-Server-Architektur, Server.*

clientbezogene Imagemaps *Subst.* (client-side image maps)
Eine Grafik auf einer Web-Seite, die in mehrere Bereiche eingeteilt ist. Auf diese Bereiche kann mit der Maus geklickt werden, um eine der durch die Bereiche repräsentierten Optionen auszuwählen. Dieses Vorgehen ist mit dem Klicken auf ein Symbol in einer Symbolleiste vergleichbar. Im Unterschied zu den frühesten Imagemap-Implementationen (um 1993), übertragen clientbezogene Imagemaps die Koordinaten, die die angeklickte

Stelle angeben, nicht an den Web-Server, um sie von ihm verarbeiten zu lassen. Statt dessen erfolgt die Verarbeitung vollständig mit dem Client-Programm, also dem Web-Browser, wodurch das Antwortverhalten in der Regel beschleunigt wird.
→ *siehe auch Imagemap.*

Client-Fehler *Subst.* (client error)
Eine Meldung eines HTTP-Client-Moduls (Hypertext Transfer Protocol), die auf Schwierigkeiten bei der Interpretation eines Befehls oder dem Herstellen einer Verbindung zum Fern-Host hinweist.

Client-Server-Architektur *Subst.* (client/server architecture)
In lokalen Netzwerken eingesetzte Anordnung, die von der »verteilten Intelligenz« Gebrauch macht, um sowohl den Server als auch die individuellen Arbeitsstationen als intelligente, programmierbare Geräte zu behandeln. Dadurch läßt sich die volle Rechenleistung aller angeschlossenen Geräte nutzen. Dazu wird die Verarbeitung einer Anwendung zwischen zwei selbständigen Komponenten aufgeteilt: dem »Front-end-Client« und dem »Back-end-Server«. Die Client-Komponente stellt dabei einen vollständigen, eigenen Personal Computer dar (im Gegensatz zu einem »dummen« Terminal) und bietet den Benutzern uneingeschränkt alle Leistungen und Funktionen für den Betrieb von Anwendungen. Die Server-Komponente, bei der es sich um einen Personal Computer, einen Minicomputer oder einen Großrechner handeln kann, erweitert die Möglichkeiten der Client-Komponente durch Bereitstellung der konventionellen Leistungsmerkmale, die für Minicomputer und Großrechner in einer Time-Sharing-Umgebung typisch sind: Datenverwaltung, gemeinsame Nutzung von Informationen zwischen Client-Computern sowie intelligente Netzwerkverwaltung und Sicherheitseinrichtungen. Der Vorteil der Client-Server-Architektur gegenüber älteren Architekturen liegt darin, daß die Verarbeitung der eingesetzten Anwendung von den Client- und Server-Computern gemeinsam realisiert wird. Dadurch erhöht sich nicht nur die verfügbare Verarbeitungsleistung, sondern diese Leistung wird auch effizienter genutzt. Der Client-Teil der Anwendung ist in der Regel für die Interaktion mit den Benutzern optimiert, während der Server-Teil die zentralisierte Mehrbenutzer-Funktionalität zur Verfügung stellt.
→ *siehe auch verteilte Intelligenz.*

Clipart *Subst.* (clip art)
Eine Sammlung von urheberrechtlich geschützten oder aber frei verwendbaren Fotografien, Diagrammen, Karten, Zeichnungen und ähnlichen Grafiken. Die Sammlung liegt als gedrucktes Buch vor oder in Form von Dateien auf einem Datenträger. Die Grafiken können der Sammlung entnommen und in ein Dokument eingebunden werden.

clippen *Vb.* (clip)
Bei der Grafikbearbeitung das Löschen eines Teils einer Grafik, der außerhalb eines bestimmten Bereichs liegt, z.B. den Begrenzungen eines Fensters. Einige Grafikprogramme erlauben es außerdem, einen bestimmten Bereich innerhalb einer Grafik zu isolieren. Die Verwendung eines Zeichenwerkzeugs wirkt sich dann nur auf diesen Bereich aus.
Der Ausdruck bezeichnet außerdem das Entnehmen einer Fotografie, einer Zeichnung oder einer Illustration aus einer Clipart-Sammlung, die entweder in einem Buch oder als Datei auf der Festplatte vorliegt. → *siehe auch Clipart.*
Des weiteren bezeichnet »clippen« das Herausfiltern von Signalspitzen in einem elektronischen Schaltkreis.

Clipper-Chip *Subst.* (Clipper Chip)
Ein integrierter Schaltkreis, der eine Implementierung des SkipJack-Algorithmus darstellt. SkipJack ist ein Verschlüsselungsalgorithmus, der von der US-amerikanischen Sicherheitsbehörde National Security Agency (NSA) entwickelt wurde. Die Daten werden dabei in Blöcken mit je 64 bit verschlüsselt, wobei ein Schlüssel mit einer Länge von 80 bit eingesetzt wird. Der Clipper-Chip wird von der US-Regierung hergestellt, um ihn im Bereich der Verschlüsselung von Telefongesprächen einzusetzen. Der Clipper-Chip besitzt eine spezielle Zusatzfunktion, die es der US-Regierung ermöglicht, Daten jederzeit entschlüsseln zu können. Die US-Regierung wollte ursprünglich den Einsatz des Clipper-Chips in den USA vorschreiben, scheiterte aber mit diesem Versuch. → *siehe auch Verschlüsselung.*

clobbern *Vb.* (clobber)
Das Zerstören von Daten, im allgemeinen durch ihr versehentliches Überschreiben mit anderen Daten.

close *Subst.*
Ein FTP-Befehl, der den Client anweist, die Verbindung mit dem Server zu beenden. → *siehe auch FTP, Website.*

Closed Shop *Subst.* (closed shop)
Eine Computerumgebung, in der die Benutzung des Computers Programmierern und anderen Spezialisten vorbehalten ist. → *Vgl. Open Shop.*

Cluster *Subst.* (cluster)
Im weitesten Sinne eine Ansammlung, z. B. eine zusammengehörige Gruppe von Datenpunkten auf einem Grafen.
In der Datenkommunikation stellt ein Cluster die Einheit aus einem Computer und den daran angeschlossenen Terminals dar.

Cluster-Controller *Subst.* (cluster controller)
Ein Gerät, das als Vermittler zwischen einem Computer und einer Gruppe (Cluster) von untergeordneten Geräten (z. B. Terminals in einem Netzwerk) angeordnet ist und die Steuerung des Clusters übernimmt.

.cm
Im Internet ein Kürzel für die übergreifende Länder-Domäne, die eine Adresse in Kamerun angibt.

CMI *Subst.*
Abkürzung für »computer-managed instruction«, zu deutsch »mit Computerhilfe durchgeführte Ausbildung«. Oberbegriff für alle Ausbildungsformen, bei denen der Computer als Lernhilfe eingesetzt wird. → *siehe auch CAI, CBT.*

CMOS *Subst.*
Abkürzung für »complementary metal-oxide semiconductor«, zu deutsch »komplementärer Metalloxidhalbleiter«. Ein Halbleiterbauelement, dessen Grundstruktur aus komplementären MOSFETs (Metal-Oxide Semiconductor Field Effect Transistor) besteht, die paarweise (jeweils ein n-Typ und ein p-Typ) auf einem Silizium-Chip integriert sind. Einsatzgebiete der CMOS-Technologie sind z. B. RAMs und Schalteinrichtungen. CMOS-Chips arbeiten mit einer sehr hohen Geschwindigkeit und weisen einen äußerst niedrigen Stromverbrauch auf. Allerdings sind sie sehr empfindlich gegen statische Elektrizität. → *siehe auch MOSFET, n-leitender Halbleiter, p-leitender Halbleiter.*

Mit »CMOS« wird außerdem der akkugespeiste Speicher bezeichnet, in dem fundamentale Parameter eines IBM Personal Computers oder eines kompatiblen Computers gespeichert werden. Die Informationen werden vor allem beim Booten des Computers benötigt und umfassen u. a. den Typ der Festplatte, die Größe des Arbeitsspeichers sowie die aktuelle Zeit und das aktuelle Datum. Der Speicher basiert, wie es der Name andeutet, in aller Regel auf der CMOS-Technologie.

CMOS-RAM *Subst.* (CMOS RAM)
Speichertyp, der auf der CMOS-Technologie basiert. CMOS-Chips weisen einen äußerst niedrigen Stromverbrauch auf und zeichnen sich durch ein tolerantes Verhalten bei Schwankungen in der Stromzufuhr aus. Durch diese Eigenschaften sind CMOS-Chips – einschließlich der CMOS-RAM-Chips – für akkugespeiste Hardwarekomponenten prädestiniert. So werden z. B. die meisten Echtzeituhren von Mikrocomputern sowie bestimmte Arten des Scratchpad-RAMs, das vom Betriebssystem verwaltet wird, mit Hilfe der CMOS-Technologie realisiert. → *siehe auch CMOS, Parameter-RAM, RAM.*

CMOS-Setup *Subst.* (CMOS setup)
Ein Hilfsprogramm, mit dem sich ein Computersystem konfigurieren läßt. Das CMOS-Setup wird zu Beginn der Bootphase angeboten. Es erlaubt das Einstellen diverser Systemoptionen, z. B. Datum und Uhrzeit, der installierten Laufwerkstypen sowie die Konfiguration der Ports. → *siehe auch CMOS.*

CMS *Subst.*
→ *siehe Farbmanagementsystem.*

CMY *Subst.*
Abkürzung für »cyan-magenta-yellow«, zu deutsch »Cyan (Türkis), Magenta (Pink), Gelb«. Ein Farbmodell, das bei vielen Druckverfahren eingesetzt wird. Es basiert auf absorbierendem Licht, wie

dies bei bedrucktem Papier der Fall ist, im Gegensatz zu ausgesendetem Licht wie bei einem Videomonitor. Die drei Arten von Farbzäpfchen im Auge sprechen auf rotes, grünes und blaues Licht an, das von cyanfarbenen, magentafarbenen und gelben Pigmenten – in dieser Reihenfolge – absorbiert (von weißem Licht abgezogen) wird. Die Farbmischung erfolgt demnach bei CMY subtraktiv, im Gegensatz zur additiven Farbmischung beim RGB-Farbmodell. CMY geht von Weiß aus und subtrahiert bestimmte Anteile der drei Primärfarben Cyan, Magenta und Gelb. Ein Anteil von jeweils 0 Prozent der Primärfarben erzeugt folglich Weiß, ein Anteil von jeweils 100 Prozent Schwarz. → *Vgl. CMYK, RGB.*

CMYK *Subst.*
Abkürzung für »cyan-magenta-yellow-black«, zu deutsch »Cyan (Türkis), Magenta (Pink), Gelb, Schwarz«. Ein Farbmodell, das auf dem CMY-Modell aufbaut. Im Unterschied dazu wird jedoch Schwarz nicht durch jeweils 100 Prozent Cyan-, Magenta- und Gelbanteile erzeugt, sondern durch eine separate Schwarz-Komponente. → *siehe auch CMY.*

.cn
Im Internet ein Kürzel für die übergreifende Länder-Domäne, die eine Adresse in China angibt.

.co
Im Internet ein Kürzel für die übergreifende Länder-Domäne, die eine Adresse in Kolumbien angibt.

COBOL *Subst.*
Abkürzung für »Common Business-Oriented Language«, zu deutsch »allgemeine, geschäftlich orientierte Sprache«. Eine Compiler-Programmiersprache, die einen sehr umfangreichen Befehlssatz aufweist und sich an der Alltagssprache (Englisch) orientiert. Obgleich COBOL bereits zwischen 1959 und 1961 entwickelt wurde, ist ihre Verbreitung immer noch groß. COBOL wird vor allem für geschäftliche Anwendungen eingesetzt, die typischerweise auf Großrechnern laufen. COBOL-Programme bestehen aus vier Abschnitten: Der Abschnitt »Identification Division« legt den Namen des Programms fest und enthält weitere dokumentierende Angaben (Name des Programmierers, allgemeine Kommentare zum Programm usw.). Der zweite Abschnitt ist mit »Environment Division« benannt und spezifiziert den oder die zu verwendenden Computer sowie die für die Ein- und Ausgabe verwendeten Dateien. Der Abschnitt »Data Division« beschreibt das Format der im Programm benutzten Datenstrukturen. Der vierte und letzte Abschnitt wird als »Procedure Division« bezeichnet und enthält die Prozeduren, die die Aktionen des Programms bestimmen. → *siehe auch Compiler-Sprache.*

Cobweb Site *Subst.* (cobweb site)
Bezeichnung für eine veraltete, unmoderne Website. → *siehe auch Website.*

CODASYL *Subst.*
Abkürzung für »Conference on Data Systems Languages«, zu deutsch »Verband für Programmiersprachen«. Ein vom US-amerikanischen Verteidigungsministerium (U.S. Department of Defense) gegründeter Verband, der sich die Entwicklung von Systemen und Programmiersprachen im Datenverwaltungsbereich zur Aufgabe gemacht hat. CODASYL war maßgeblich an der Entstehung der Programmiersprache COBOL beteiligt und hat die Weiterentwicklung der Sprache kontinuierlich vorangetrieben.

Code *Subst.* (code)
Auch als »Kode« bezeichnet. Die Sammlung von Befehlen, die in ihrer Gesamtheit ein Programm darstellen. Ein derartiger Code kann zum einen aus für den Menschen leicht verständlichen Befehlen bestehen, die bei der Programmierung mit einer Hochsprache eingegeben werden. Ein derartiger Code wird auch als »Quellcode« bezeichnet. Zum anderen kann ein Code einen sog. Maschinencode darstellen – ein Programm, das aus numerischen Maschinenanweisungen besteht, die der Prozessor ohne Umwandlung direkt ausführen kann. Ein Maschinencode wird im allgemeinen erzeugt, indem ein Quellcode mit Hilfe eines Compilers oder Assemblers übersetzt wird. → *siehe auch Daten, Programm.*
Ein Code stellt außerdem ein Zuordnungssystem dar, das aus Symbolen besteht, die dazu verwendet werden, Informationen von einer Form in eine andere zu übersetzen. Ein Code, der dazu dient, Informationen zu verschlüsseln, wird häufig als »Zifferncode« (englisch »cipher«) bezeichnet.

C Des weiteren wird als »Code« ein Symbol aus einem Satz von Symbolen bezeichnet, das eine Information repräsentiert.

Code-Abschnitt *Subst.* (code snippet)
In einer grafischen Benutzeroberfläche eine Einheit von Programmbefehlen, die einer Menü-Option oder einer Schaltfläche zugewiesen werden können. Der Code-Abschnitt besteht aus einer oder mehreren Quellcodezeilen und bestimmt, welche Aktionen ausgeführt werden, wenn die Menü-Option oder die Schaltfläche angewählt bzw. angeklickt wird.
Als »Code-Abschnitt« wird außerdem ein kleiner, zusammengehöriger Teil eines größeren Programms bezeichnet. Ein derartiger Code-Abschnitt führt im allgemeinen eine spezifische Funktion oder Aufgabe durch.

Codec *Subst.* (codec)
Abkürzung für »**co**mpressor/**dec**ompressor«, zu deutsch »Kompressor/Dekompressor«. Hard- oder softwaremäßige Einrichtung, die Audio- und Videodaten komprimieren sowie dekomprimieren kann. → *siehe auch dekomprimieren.*
»Codec« ist außerdem die Abkürzung für »**co**der/**dec**oder«, zu deutsch »Codierer/Decodierer«. Dabei handelt es sich um eine Hardware-Einrichtung, die analoge Audio- bzw. Videosignale in digitale konvertiert und umgekehrt.
Als »Codec« wird ferner eine Hardware-Einrichtung bezeichnet, die die Funktionen der ersten beiden Bedeutungsvarianten kombiniert.

Code Division Multiple Access *Subst.*
Abkürzung: CDMA. Eine Form des Multiplexing, bei der der Sender die Signalcodierung mit Hilfe einer Pseudo-Zufallsfolge vornimmt, die dem Empfänger ebenfalls bekannt ist und mit der dieser das empfangene Signal decodieren kann. Jede Zufallsfolge entspricht dabei einem separaten Kommunikationskanal. CDMA wird z.B. von Motorola für digitale Mobiltelefone eingesetzt. → *siehe auch Multiplexing, Transmitter.* → *auch genannt Streuspektrum.*

Code, geradliniger *Subst.* (straight-line code)
→ *siehe geradliniger Code.*

Code, gewichteter *Subst.* (weighted code)
→ *siehe gewichteter Code.*

Code-Konvertierung *Subst.* (code conversion)
Der Vorgang, bei dem Daten von einer Darstellungsform in eine andere übersetzt werden, z.B. von ASCII nach EBCDIC oder von einem Zweierkomplement in einen binär codierten Dezimalwert (BCD).

Code, nativer *Subst.* (native code)
→ *siehe nativer Code.*

Coder *Subst.* (coder)
→ *siehe Programmierer.*

Code, redundanter *Subst.* (redundant code)
→ *siehe redundanter Code.*

Code, reentranter *Subst.* (reentrant code)
→ *siehe reentranter Code.*

Code, relozierbarer *Subst.* (relocatable code)
→ *siehe relozierbarer Code.*

Codesegment *Subst.* (code segment)
Im weiteren Sinn ein Bereich im Arbeitsspeicher, der Programmbefehle enthält.
Im engeren Sinn ein mit einem Namen versehener, abgetrennter Teil eines Programmcodes, der gewöhnlich eine spezifische Klasse von Operationen ausführt. Derartige Codesegmente werden häufig wie Speichersegmente in den Arbeitsspeicher geladen. Das Hauptprogramm bleibt dabei im Arbeitsspeicher, und Hilfssegmente werden nur bei Bedarf geladen.

Codeseite *Subst.* (code page)
Eine Tabelle im Betriebssystem MS-DOS ab Version 3.3, die der länderspezifischen Anpassung des Zeichensatzes und des Tastaturlayouts dient. In einer Codeseite wird definiert, welche von einem Programm verwendeten binären Zeichencodes welchen Tasten auf der Tastatur und welchen auf dem Bildschirm angezeigten Zeichen entsprechen. Geräte wie der Bildschirm und die Tastatur lassen sich für die Verwendung einer spezifischen Codeseite konfigurieren und für die Umschaltung von einer Codeseite (z.B. USA) auf eine andere (z.B. Portugal) vorbereiten.

Code, selbstdokumentierender *Subst.* (self-documenting code)
→ *siehe selbstdokumentierender Code.*

Code, selbstmodifizierender *Subst.* (self-modifying code)
→ *siehe selbstmodifizierender Code.*

Code, selbstprüfender *Subst.* (self-validating code)
→ *siehe selbstprüfender Code.*

Code, vererbter *Subst.* (inheritance code)
→ *siehe vererbter Code.*

codieren *Vb.* (encode)
Ein Begriff in der Programmierung. Etwas codieren, das häufig dadurch ein anderes Format annimmt (z.B. das Umwandeln einer Dezimalzahl in einen Binärcode). → *siehe auch binär-codierte Dezimalzahlen, EBCDIC.*

Codieren, symbolisches *Subst.* (symbolic coding)
→ *siehe symbolisches Codieren.*

Codierung, absolute *Subst.* (absolute coding)
→ *siehe absolute Codierung.*

Codierung, fehlererkennende *Subst.* (error-detection coding)
→ *siehe fehlererkennende Codierung.*

Codierung, fehlerkorrigierende *Subst.* (error-correction coding)
→ *siehe fehlerkorrigierende Codierung.*

Coercion *Subst.* (coercion)
→ *siehe Datentypkonvertierung.*

Cold Fault *Subst.* (cold fault)
Zu deutsch »Fehler (im) kalten (Zustand)«. Ein schwerwiegender Fehler, der unmittelbar beim oder kurz nach dem Start eines Computers auftritt und folgende Ursache hat: Ein fundamentales physikalisches Prinzip besagt, daß sich Gegenstände bei Erwärmung ausdehnen und bei Absenkung der Temperatur zusammenziehen. Nach dem Einschalten eines Computers steigt die Temperatur kontinuierlich an, bis eine bestimmte Betriebstemperatur erreicht wird. Nach dem Abschalten sinkt die Temperatur wieder auf die gewöhnliche Zimmertemperatur ab. Durch das ständige Ein- und Ausschalten des Computers sind die Bauteile ständigen räumlichen Veränderungen ausgesetzt, die mit der Zeit z.B. zu winzigen Rissen in einem Chip oder zu einem Wackelkontakt eines Pins im Sockel führen können. Derartige Fehler wiederum können zur Folge haben, daß das System im kalten Zustand massive Fehlfunktionen zeigt, aber nach Erreichen der gewöhnlichen Betriebstemperatur ordnungsgemäß arbeitet (da z.B. Kontakte durch die räumliche Ausdehnung wieder sicher geschlossen werden). Aus diesem Grund lassen manche Anwender ihren Computer (mit Ausnahme des Monitors) rund um die Uhr laufen, anstatt daß sie den Computer nur bei Bedarf einschalten.

Colorcycling *Subst.* (color cycling)
In der Computergrafik eingesetzte Technik, mit der sich die Farbe eines oder mehrerer Pixel auf dem Bildschirm ändern läßt, indem die vom Video-Adapter verwendete Farbpalette manipuliert wird. Das Gegenstück besteht darin, die Farbe jedes einzelnen Pixels zu ändern. Das Colorcycling eignet sich für einfache Animationen sowie für das Ein- und Ausblenden von Bildschirmobjekten. Das Verfahren weist einige Vorteile auf, erlaubt z.B. flüssigere Bewegungen und erfordert weniger Rechenzeit, da nur einige wenige Werte in der Farbpalette geändert werden müssen, nicht aber jedes einzelne Pixel. Soll z.B. ein roter Kreis auf einem schwarzen Hintergrund ausgeblendet werden, muß lediglich der Wert, der den entsprechenden Rot-Ton repräsentiert, in der Farb-Indextabelle geändert werden. Dabei wird der Rot-Ton schrittweise dunkler geschaltet, bis er dem schwarzen Hintergrund entspricht. Auf diese Weise lassen sich sofortige Farbänderungen erreichen; das Bildschirmobjekt muß nicht laufend neu gezeichnet werden, was gerade bei langsamen Systemen zu einem unschönen Flimmern führen kann. Geschwindigkeit und Grad beim Ein- und Ausblenden können bei der Programmierung frei gewählt werden.

Color/Graphics Adapter *Subst.*
→ *siehe CGA.*

.columbus.oh.us
Im Internet ein Kürzel für die übergreifende Länder-Domäne, die eine Adresse in Columbus im Bundesstaat Ohio in den Vereinigten Staaten angibt.

.com
Im Domain Name System (DNS) des Internet eine Top-Level-Domäne, die Adressen kommerzieller Unternehmen bezeichnet. Der Domänenname .com steht als Suffix am Ende der Adresse. → *siehe COM*. → *siehe auch DNS, Domäne*. → *Vgl. .edu, .gov, .mil, .net, .org*.
Unter MS-DOS eine Dateinamenerweiterung, die eine Befehlsdatei kennzeichnet. → *siehe COM*. → *siehe auch COM*.

COM *Subst.*
Im Betriebssystem MS-DOS ein Gerätename, mit dem die seriellen Ports angesprochen werden. Der erste serielle Port ist dabei unter COM1 zu erreichen, der zweite unter COM2 usw. An einem seriellen Port wird typischerweise ein Modem, eine Maus oder ein serieller Drucker angeschlossen.
»COM« ist außerdem die Abkürzung für »Component Object Model«, zu deutsch »allgemeines Objektmodell«. Dabei handelt es sich um eine von Microsoft entwickelte Spezifikation, die die Entwicklung von Softwarekomponenten beschreibt, die sich in Programme einbauen oder zum Zweck einer vergrößerten Funktionalität auch bestehenden Programmen hinzufügen lassen. COM-Komponenten sind für den Einsatz unter Microsoft Windows-Plattformen konzipiert und können in einer Vielzahl von Programmiersprachen entwickelt werden, obgleich meist C++ zum Einsatz kommt. Das Entfernen von COM-Komponenten ist während der Laufzeit möglich, ohne daß dazu das Programm erneut kompiliert werden muß. COM stellt die Grundlage für die Spezifikationen OLE (Object Linking and Embedding), ActiveX und DirectX dar. → *siehe auch ActiveX, DirectX, Komponente, OLE*.
»COM« ist ferner eine Dateierweiterung im Betriebssystem MS-DOS, mit der ausführbare, binäre Programmdateien gekennzeichnet werden. Die Größe einer COM-Datei darf 64 Kilobyte (KB) – die Größe eines Speichersegments – nicht überschreiten. COM-Dateien werden häufig für kleinere Hilfsprogramme verwendet. Das Betriebssystem OS/2 unterstützt keine COM-Dateien.
Des weiteren ist »COM« die Abkürzung für »computer-output microfilm«, zu deutsch »Computerausgabe auf Mikrofilm«. Dabei handelt es sich um eine Technik, bei der Mikrofilme mit Hilfe des Computers belichtet werden.

COM1 *Subst.*
Gerätename für den ersten seriellen Port in einem Wintel-System. Der Eingabe-Ausgabe-Bereich von COM1 befindet sich gewöhnlich an der Adresse 03F8H. In der Regel ist dem COM1-Port der IRQ 4 zugewiesen. In vielen Systemen wird an COM1 eine serielle RS232-Maus angeschlossen. → *siehe auch IRQ*.

COM2 *Subst.*
Gerätename für den zweiten seriellen Port in einem Wintel-System. Der Eingabe-Ausgabe-Bereich von COM2 befindet sich gewöhnlich an der Adresse 02F8H. In der Regel ist dem COM2-Port der IRQ 3 zugewiesen. In vielen Systemen wird an COM2 ein Modem angeschlossen. → *siehe auch IRQ*.

COM3 *Subst.*
Gerätename für einen seriellen Port in einem Wintel-System. Der Eingabe-Ausgabe-Bereich von COM3 befindet sich gewöhnlich an der Adresse 03E8H. In der Regel ist dem COM3-Port der IRQ 4 zugewiesen. In vielen Systemen wird COM3 als Alternative für COM1 oder COM2 verwendet, falls an COM1 und COM 2 bereits Peripheriegeräte angeschlossen wurden. → *siehe auch IRQ*.

COMDEX *Subst.*
Reihe von Computermessen, die von der Firma Softbank COMDEX, Inc., jährlich veranstaltet werden. Eine dieser Messen findet jeden November in Las Vegas statt und stellt die größte Computermesse in den USA dar.

Comité Consultatif Internationale de Télégraphie et Téléphonie *Subst.* → *siehe CCITT*. → *auch genannt International Telegraph and Telephone Consultative Committee*.

COMMAND.COM *Subst.*
Der Befehlsinterpreter beim Betriebssystem MS-DOS. → *siehe auch Befehlsinterpreter*.

Commercial Internet Exchange *Subst.*
Abkürzung: CIX. Ein nichtprofitorientierter Verband, der sich aus bekannten Internet Service-Providern zusammensetzt. Zusätzlich zu den gewöhnlichen repräsentativen und gesellschaftlichen Veranstaltungen betreibt CIX einen Internet Back-

bone Router, der den Mitgliedern zur Verfügung steht. → *siehe auch Backbone, Internet Service-Provider, Router.*

Common Access Method *Subst.*
Abkürzung: CAM. Ein Standard, der von der Firma Future Domain und anderen SCSI-Herstellern entwickelt wurde und es SCSI-Adaptern erlaubt, mit SCSI-Peripheriegeräten zu kommunizieren, ohne daß Rücksicht auf die spezifisch verwendete Hardware genommen werden muß. → *siehe auch SCSI.*

Common Client Interface *Subst.*
Abkürzung: CCI. Eine Steuerschnittstelle, die das erste Mal in der X-Window-Version von NCSA Mosaic eingesetzt wurde und die es anderen Programmen erlaubt, die lokale Kopie eines Web-Browsers zu steuern. Die X-Window- und Windows-Versionen von NCSA Mosaic können mit anderen Programmen per TCP/IP kommunizieren. Die Windows-Version ist zudem OLE-fähig. → *siehe auch Mosaic, OLE, TCP/IP, X Windows.*

Common Gateway Interface *Subst.*
→ *siehe CGI.*

Common Hardware Reference Platform *Subst.*
Abkürzung: CHRP. Eine Spezifikation, die eine Reihe von Computern beschreibt, die mit einem PowerPC-Prozessor ausgestattet sind und dazu fähig sind, mit verschiedenen Betriebssystemen (z. B. Mac OS, Windows NT, AIX und Solaris) zu arbeiten. → *siehe auch PowerPC.*

Common Internet File System *Subst.*
Abkürzung: CIFS. Ein von Microsoft vorgeschlagener Standard, der direkt mit dem Web Network File System von Sun Microsystems konkurriert. CIFS ist ein System, das die gemeinsame Benutzung von Internet- oder Intranet-Dateien regelt.

Common LISP *Subst.*
Abkürzung für »**Common List Processing**«, zu deutsch »allgemeine Listenverarbeitung«. Eine formalisierte und standardisierte Variante der Programmiersprache LISP. Da LISP als Public Domain verfügbar ist, sind inzwischen eine Reihe unterschiedlicher Versionen von LISP entstanden. Common LISP wurde mit dem Ziel entwickelt, einen Standard für die LISP-Programmierung zu schaffen, der als Richtlinie für die Programmierung dient. → *siehe auch LISP, Programmiersprache, Standard.*

Common Object Request Broker Architecture *Subst.*
→ *siehe CORBA.*

Common User Access *Subst.*
Abkürzung: CUA. Eine Reihe von Standards für die Handhabung von Benutzeroberflächen. CUA ist Teil des SAA-Konzepts (Systems Application Architecture) von IBM und wurde geschaffen, um die Entwicklung von Anwendungen zu erleichtern, die eine plattformübergreifende Kompatibilität und Konsistenz aufweisen sollen. → *siehe auch Benutzeroberfläche, Standard.*

Communications Act of 1934 *Subst.*
→ *siehe FCC.*

Communications Terminal Protocol *Subst.*
Abkürzung: CTERM. Ein Terminal-Protokoll, das es den Benutzern erlaubt, auf einen entfernten Computer so zuzugreifen, als wäre dieser direkt (mit einem Kabel) an den eigenen Computer angeschlossen.

Compact Disc *Subst.* (compact disc)
Abkürzung: CD. Ein optisches Speichermedium für digitale Daten. Die CD besteht aus einer nichtmagnetischen, polierten Metallplatte mit einer schützenden Kunststoffbeschichtung. Die Audio-CD, die häufig kurz als »CD« bezeichnet wird, kann bis zu rund 74 Minuten Sound in Hifi-Qualität enthalten. Die CD wird von einem optischen Abtastmechanismus gelesen, der im wesentlichen aus einer intensiven Lichtquelle – z. B. einem Laser – und einem Spiegel besteht. → *auch genannt optische Disc.*
»Compact Disc« ist außerdem der Oberbegriff für Technologien, die die Basis für optische Medien wie CD-ROM, CD-ROM/XA, CD-I, CD-R, DVI und PhotoCD bilden. Diese Medien gehören alle zu den CDs – unterscheiden sich jedoch hinsichtlich des Datenformats und der Möglichkeiten beim Lesen und Beschreiben. Die Formate der einzelnen CD-Typen sind in speziellen »Büchern« (englisch »Books«) dokumentiert, die anhand der Farbe des Covers bezeichnet werden. Beispielsweise ist das

Format für Audio-CDs im Red Book beschrieben. → *siehe auch CD-I, CD-R, CD-ROM, CD-ROM/XA, DVI, Green Book, Orange Book, PhotoCD, Red Book.*

Compact Disc, beschreibbar und löschbar *Adj.* (compact disc-recordable and erasable)
Eigenschaft von Hardware und Software, die den Anschluß von Geräten charakterisiert, die CDs sowohl beschreiben als auch löschen können.

Compact Disc, interaktiv *Subst.* (compact disc-interactive)
→ *siehe CD-I.*

Compact Disc, löschbar *Subst.* (compact disc-erasable)
Eine Erweiterung der herkömmlichen Technologie für Compact Discs (CD), die das mehrmalige Ändern der auf der CD gespeicherten Daten erlaubt. Heute verbreitete CDs können mit dem Attribut »einmal schreiben, mehrfach lesen« (englisch »write once, read many«) charakterisiert werden. Dies bedeutet, daß sich die Daten, die bereits geschrieben wurden, nicht mehr ändern lassen. Allerdings können CDs bei bestimmten Formaten in mehreren Sitzungen beschrieben werden – es lassen sich also Daten hinzufügen.

Compact-Disc-Player *Subst.* (compact disc player)
Abkürzung: CD-Player. Ein Gerät, mit dem sich die auf einer Compact Disc (CD) gespeicherten Informationen lesen lassen. Ein CD-Player enthält sowohl die optischen Einrichtungen, um den Inhalt der CD zu lesen, als auch die elektronische Schaltungstechnik für die Interpretation der Daten beim Lesevorgang.

Compact Disc, wiederbeschreibbar *Subst.* (compact disc-rewritable)
Oberbegriff für die Technologie, Geräte, Software und Speichermedien, die bei der Produktion mehrfach beschreibbarer Compact Discs (CD) eingesetzt werden.

Compact-Speichermodell *Subst.* (compact model)
Ein Speichermodell, das in der Prozessorfamilie 80×86 von Intel zum Einsatz kommt. Der Programmcode darf bei diesem Speichermodell nur bis zu 64 Kilobyte (KB) umfassen; für die Daten des Programms steht allerdings bis zu 1 Megabyte (MB) Speicherplatz zur Verfügung. → *siehe auch Speichermodell.*

Compiler *Subst.* (compiler)
Im weiteren Sinn jedes Programm, das nach bestimmten syntaktischen und semantischen Regeln eine Einheit von Symbolen in eine andere übersetzt.
Meist bezieht sich »Compiler« jedoch auf ein Programm, das den gesamten Quellcode eines in einer Hochsprache formulierten Programms in den Objektcode übersetzt. Erst nach diesem Vorgang kann das Programm ausgeführt werden. → *siehe auch Assembler, höhere Programmiersprache, Interpretersprache, kompilieren, Objektcode, Sprachprozessor.*

Compiler-Basic *Subst.* (compiled Basic)
Jede Version der Programmiersprache Basic, bei der das Programm vor der Ausführung durch einen Compiler in den Maschinencode übersetzt wird. Basic ist zwar eine traditionelle Interpretersprache (das Programm wird befehlsweise übersetzt und ausgeführt). Da aber kompilierte Programme im allgemeinen schneller laufen, werden Varianten von Basic, die auf einem Compiler basieren, von professionellen Programmierern häufig bevorzugt. → *siehe auch Basic, Compiler-Sprache, Interpretersprache.*

Compiler, nativer *Subst.* (native compiler)
→ *siehe nativer Compiler.*

Compiler, optimierender *Subst.* (optimizing compiler)
→ *siehe optimierender Compiler.*

Compiler-Sprache *Subst.* (compiled language)
Eine Programmiersprache, bei der der Quellcode vor der Ausführung in den Maschinencode übersetzt werden muß (mit Hilfe eines Compilers). Das Gegenstück ist die Interpretersprache, bei der der Quellcode – mit Hilfe eines Interpreters – befehlsweise übersetzt und ausgeführt wird. → *siehe auch Compiler.* → *Vgl. Interpretersprache.*

Complex Instruction Set Computing *Subst.* (complex instruction set computing)
→ *siehe CISC.*

comp.-Newsgroups *Subst.* (comp. newsgroups)
Newsgroups im Usenet, die zur comp.-Hierarchie gehören und das Präfix »comp« aufweisen. Diese Newsgroups widmen sich den Themen Hardware, Software und anderen Aspekten der EDV. Die comp.-Newsgroups stellen eine der sieben originalen Newsgroup-Hierarchien im Usenet dar. Die übrigen sechs heißen misc., news., rec., sci., soc. und talk. → *siehe auch Newsgroup, traditionelle Newsgroup-Hierarchie, Usenet.*

Component Object Model *Subst.*
→ *siehe COM.*

Componentware *Subst.* (componentware)
→ *siehe Modulbibliothek.*

COM-Port *Subst.* (COM port)
Abkürzung für »**com**munications **p**ort«, zu deutsch »Kommunikationsport«. Unter den Betriebssystemen MS-DOS (ab Version 3.3) und Microsoft Windows (inklusive Windows 95 und Windows NT) die logische Adresse eines der 4 seriellen Ports bei einem IBM Personal Computer oder dazu kompatiblen PC. »COM-Port« ist außerdem eine alternative Bezeichnung für »serieller Port«. Mit Hilfe serieller Ports werden Peripheriegeräte an den PC angeschlossen, z.B. Drucker, Scanner und externe Modems. → *siehe auch COM, portieren, serieller Port.*

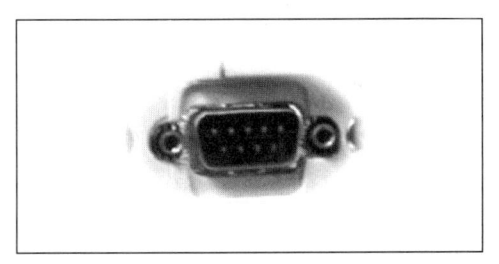

COM-Port

Composite-Display *Subst.* (composite display)
Ein Display, wie es in Fernsehgeräten und in einigen Computermonitoren eingesetzt wird. Das Bild wird dabei mit Hilfe eines Composite-Signals (das auch als »PAL-Signal« bzw. »NTSC-Signal« bezeichnet wird) erzeugt, einem Signal, bei dem die Bilddaten über lediglich eine Leitung transportiert werden. Das Signal enthält dabei nicht nur die codierten Informationen, die für den eigentlichen Bildaufbau erforderlich sind (Bildinhalt), sondern auch die Impulse zur Synchronisation der horizontalen und vertikalen Bewegungen des Elektronenstrahls über den Bildschirm. Composite-Monitore können entweder für farbige oder monochrome Darstellungen ausgelegt sein. Das Composite-Signal faßt die drei primären Video-Farben (Rot, Grün und Blau) in einem Farb-Burst-Anteil zusammen, der den angezeigten Farbton bestimmt. Der Nachteil eines Composite-Displays liegt in der gegenüber anderen Monochrommonitoren sowie RGB-Farbmonitoren geringeren Darstellungsschärfe. RGB-Monitore arbeiten mit separaten Signalen (und Leitungen) für die Farbanteile Rot, Grün und Blau. → *siehe auch Farbmonitor, Farbsynchronsignal, Monochrom-Bildschirm, NTSC, RGB-Monitor.*

Composite-Video-Display *Subst.* (composite video display)
Ein Display, bei dem alle codierten Video-Informationen (einschließlich der Farbe und der horizontalen sowie vertikalen Synchronisation) über ein Signal transportiert werden. Für den Betrieb von Fernsehgeräten und Videorekordern ist z.B. ein Composite-Videosignal nach dem PAL-Standard (Phase Alternation Line) erforderlich. → *siehe auch NTSC.* → *Vgl. RGB-Monitor.*

compress *Subst.*
Ein proprietäres Hilfsprogramm für UNIX, mit dem sich die Größe von Datendateien reduzieren läßt. Dateien, die mit diesem Programm komprimiert wurden, sind an der Dateierweiterung .Z zu erkennen.

Compressed Digital Video *Subst.* (compressed digital video)
→ *siehe CDV.*

Compressed SLIP *Subst.*
Abkürzung für »**Compressed** Serial Line Internet Protocol«, zu deutsch »mit Komprimierung arbeitendes Internet-Protokoll für serielle Leitungen«. Eine Variante von SLIP, bei der komprimierte Internet-Adreßinformationen verwendet werden, wodurch das Protokoll schneller arbeitet als die gewöhnliche Version von SLIP. → *siehe auch SLIP.*

CompuServe *Subst.*
Einer der weltweit größten kommerziellen Online-Dienste. Er bietet Informationen und Kommunikationsfunktionen an, einschließlich Internet-Zugang. Der Dienst ist vor allem für seine Foren mit technischer Hilfestellung zu kommerziellen Hardware- und Softwareprodukten bekannt. Daneben betreibt CompuServe verschiedene Dienste für private Netzwerke.

Computer *Subst.* (computer)
Eine Maschine, die im wesentlichen drei Aufgaben ausführt: die Entgegennahme strukturierter Eingaben, die Verarbeitung der Eingabedaten nach festgelegten Regeln und die Ausgabe der erzeugten Ergebnisse. Die folgende Tabelle zeigt verschiedene Ansätze bei der Kategorisierung der einzelnen Computerarten. → *siehe auch analog, digital, Hohe Integrationsdichte, integrierter Schaltkreis, sehr hohe Integrationsdichte.*

Klassen
Computer können in Supercomputer Großrechner Superminicomputer Minicomputer Arbeitsstationen und Mikrocomputer eingeteilt werden. Werden alle anderen Kriterien (z.B. das Alter des Computers) außer acht gelassen gibt eine derartige Unterteilung einen Anhaltspunkt für Geschwindigkeit Größe Preis und Fähigkeiten des Computer.
Generationen
Computer der ersten Generation z.B. der UNIVAC die in den frühen 50er Jahren eingeführt wurden basierten auf Elektronenröhren. Bei den Computern der zweiten Generation (Anfang der 60er Jahre) wurden die Röhren durch Transistoren ersetzt. Die nachfolgende dritte Generation (in den 60er Jahren) verwendete bereits integrierte Schaltungen anstelle von einzelnen Transistoren. Mitte der 70er Jahre erschienen die Computer der vierten Generation (z.B. Mikrocomputer) bei denen die LSI-Technologie (Large-Scale Integration) die Unterbringung tausender Schaltungen ermöglichte. Von Computern der fünften Generation wird erwartet daß bei diesen die VLSI-Technologie (Very-Large-Scale Integration) mit intelligenten Lösungen in der Rechentechnik einschließlich künstlicher Intelligenz und echter verteilter Verarbeitung kombiniert werden.
Verarbeitungsmodi
Computer arbeiten entweder analog oder digital. Analoge Computer die vor allem in wissenschaftlichen Bereichen eingesetzt werden können durch stetig veränderbare Signale jeweils eine unendliche Anzahl von Werten innerhalb eines begrenzten Bereichs zu jeder beliebigen Zeit

darstellen. Digitale Computer arbeiten dagegen mit einer genau festgelegten endlichen Anzahl von Signalen die durch binäre Ziffern dargestellt werden. Wird von »Computern« gesprochen sind in aller Regel damit digitale Computer gemeint.

Computer and Business Equipment Manufacturers Association *Subst.*
→ *siehe CBEMA.*

Computerbefehl *Subst.* (computer instruction)
Ein Befehl, den ein Computer versteht und auf den er entsprechend reagieren kann. → *siehe auch Maschinenbefehl.*

Computer-Benutzergruppe *Subst.* (computer users' group)
→ *siehe Benutzergruppe.*

Computerbrief *Subst.* (computer letter)
→ *siehe Formbrief.*

Computereinsatz in Unternehmen *Subst.* (enterprise computing)
Die Verwendung von Computern in größeren Firmen (z.B. eine Aktiengesellschaft). Der Computereinsatz erfolgt z.B. über ein Netzwerk oder eine Serie von miteinander verbundenen Netzwerken und umfaßt in der Regel eine Vielzahl verschiedener Plattformen, Betriebssysteme, Protokolle und Netzwerkarchitekturen. → *auch genannt Netzwerkeinsatz in Unternehmen.*

Computer Emergency Response Team *Subst.*
→ *siehe CERT.*

Computerentwicklung *Subst.* (computer engineering)
Der Bereich, der den Entwurf von Computerhardware und die zugrundeliegenden Methoden bei der Konstruktion und dem Bau umschließt.

Computerfamilie *Subst.* (computer family)
Ein Begriff, der sich allgemein auf eine Gruppe von Computern bezieht, die denselben oder einen ähnlichen Prozessortyp aufweisen und in signifikanten Funktionen Übereinstimmungen besitzen. Beispielsweise stellen die Apple-Macintosh-Computer – vom ursprünglichen Macintosh (1984 eingeführt) bis hin zum Modell Quadra – eine Compu-

terfamilie dar. All diese Modelle arbeiten mit einem der Prozessoren 68000, 68020, 68030 oder 68040 von Motorola. Computerfamilien verfügen jedoch nicht immer über dieselbe Prozessorreihe. Bei den neueren Modellen der Apple-Macintosh-Familie kommen z.B. keine 680×0-Prozessoren mehr zum Einsatz, sondern Prozessoren einer neuen Generation, die Prozessorreihe PowerPC. Die Modelle, die mit einem PowerPC-Prozessor arbeiten, werden als »Power Mac« bezeichnet. Trotzdem können alle Macintosh-Modelle, unabhängig vom Prozessortyp, als eine Computerfamilie angesehen werden, zumal sie untereinander kompatibel sind.

Computerfreak *Subst.* (computerphile)
Eine Person, die sich mit der »Computerei« verbunden fühlt, die Computer und Zubehör sammelt oder deren Hobby der Computer ist.

computergestützte axiale Tomographie *Subst.* (computerized axial tomography)
→ *siehe CAT.*

Computergrafik *Subst.* (computer graphics)
Die Darstellung von Bildern auf dem Computerbildschirm, im Gegensatz zur reinen Textdarstellung, die sich aus alphanumerischen Zeichen zusammensetzt. Der Begriff »Computergrafik« schließt unterschiedliche Methoden bei der Erzeugung, Anzeige und Speicherung der grafischen Informationen ein. Er kann sich sowohl auf die Erzeugung von Geschäftsgrafiken und Diagrammen als auch auf die Anzeige von Zeichnungen, der Darstellung von Kursivschrift und eines Mauspfeils auf dem Bildschirm beziehen (bei der reinen Textdarstellung läßt sich keine Kursivschrift darstellen; der Mauszeiger kann ferner dort nicht als – grafischer – Pfeil, sondern z.B. nur als Block angezeigt werden). Unter »Computergrafik« kann aber auch die Art und Weise gemeint sein, mit der Bilder erzeugt und auf dem Bildschirm dargestellt werden. → *siehe auch Grafikmodus, Präsentationsgrafik, Rastergrafik, Vektorgrafik.*

Computer Graphics Interface *Subst.*
Abkürzung: CGI (nicht zu verwechseln mit »Common Gateway Interface«, ebenfalls mit »CGI« abgekürzt). Ein Softwarestandard, der bei grafischen Geräten Anwendung findet, z.B. Druckern und Plottern. CGI wurde aus dem weithin anerkannten Grafikstandard GKS (Graphical Kernel System) abgeleitet, der Anwendungsprogrammierern genormte Methoden zur Erstellung, Manipulation, Anzeige und zum Druck von Computergrafiken zur Verfügung stellt. → *siehe auch Graphical Kernel System.*

Computer Graphics Metafile *Subst.*
Abkürzung: CGM. Ein Softwarestandard, der mit dem weithin anerkannten Grafikstandard GKS (Graphical Kernel System) verwandt ist und Anwendungsprogrammierern ein genormtes Werkzeug für die Beschreibung von Grafiken als Satz von Befehlen zur Verfügung stellt. Mit diesen Befehlen ist der Neuaufbau der jeweiligen Grafik möglich. Eine CGM-Datei läßt sich sowohl auf einem Datenträger speichern als auch an ein Ausgabegerät senden. CGM stellt eine allgemeine Sprache für die Beschreibung derartiger Dateien in bezug auf den Standard GKS dar. → *siehe auch Graphical Kernel System.*

Computerhilfsprogramm *Subst.* (computer utility)
→ *siehe Utility.*

Computer, hybrider *Subst.* (hybrid computer)
→ *siehe hybrider Computer.*

computer-input microfilm *Subst.*
→ *siehe CIM.*

computer-integrated manufacturing *Subst.*
→ *siehe CIM.*

computerisierte Post *Subst.* (computerized mail)
→ *siehe elektronische Post.*

Computerkenntnis *Subst.* (computer literacy)
Oberbegriff, der den Wissensstand von Computerbenutzern charakterisiert. Zu den Kenntnissen gehören nicht nur das Allgemeinwissen, sondern auch das Verstehen der Arbeitsweise von Computern und die Fähigkeit, Computer in der Praxis effektiv einzusetzen. Auf der untersten Ebene beinhaltet der Ausdruck Grundkenntnisse bei der Benutzung eines Computers, z.B. das Einschalten des Gerätes, das Aufrufen und Beenden von einfachen Computeranwendungen sowie das Speichern und Drucken von Daten. Auf höheren Ebenen wird

gemeinhin detailliertes Wissen bei der Bedienung von komplexen Programmen sowie Erfahrung in Programmiersprachen wie Basic oder C umschrieben. Benutzer, die einen derartigen Wissensstand besitzen, werden häufig als »Poweruser« bezeichnet. Die höchste Ebene umschließt fundierte Kenntnisse in der Elektronik und in der Assemblersprache. → *siehe auch Power-User.*

Computerkonferenz *Subst.* (computer conferencing)
Kommunikation zwischen Benutzern, die sich an unterschiedlichen Orten befinden, mit Hilfe von Computern. Die Computer sind durch Kommunikationseinrichtungen miteinander verbunden.

Computerkriminalität *Subst.* (computer crime)
Die illegale Anwendung eines Computers durch eine nichtautorisierte Person. Derartige Personen gehen ihrer kriminellen Tätigkeit entweder aus reinem Vergnügen nach (Computerhacker) oder sie wollen sich finanziell bereichern (z. B. durch Umleiten von Buchungen auf das eigene Bankkonto). → *siehe auch Hacker.*

Computerkunst *Subst.* (computer art)
Ein weitgefaßter Begriff, der sich zunächst auf den Bereich der Kunst bezieht, bei dem der Computer als unterstützendes Werkzeug eingesetzt wird, als Ersatz für herkömmliche, von Grafikern und Künstlern verwendete Werkzeuge. Für künstlerische Arbeiten kommen z. B. Malprogramme zum Einsatz, die umfangreiche Werkzeuge zum Zeichnen von Linien sowie Pinselformen, Figuren, Muster und Farben zur Verfügung stellen. Einige Programme bieten auch vorgefertigte Figuren an und erlauben das Erzeugen von Animationen. Inwieweit Grafiken und andere Arbeiten, die mehr oder weniger selbständig vom Computer erzeugt werden, z. B. fraktale Grafiken, als Kunst angesehen werden können, ist strittig.

Computername *Subst.* (computer name)
In Netzwerken der Name, der einen Computer eindeutig identifiziert. Der Name darf dabei nicht mit dem Namen eines anderen Computers oder mit einem Domänennamen im selben Netzwerk identisch sein. Der Computername unterscheidet sich von einem Benutzernamen dadurch, daß er für die Identifizierung eines bestimmten Computers und aller seiner gemeinsam benutzten Ressourcen (Dateien, Peripheriegeräte usw.) zur Abgrenzung vom restlichen System verwendet wird, so daß der Zugriff auf diese Ressourcen ermöglicht wird.
→ *Vgl. Alias, Benutzername.*

Computernetzwerk *Subst.* (computer network)
→ *siehe Netzwerk.*

computerorientierte Schulung *Subst.* (computer-based training)
→ *siehe CBT.*

computerorientiertes Lernen *Subst.* (computer-based learning)
→ *siehe CBL.*

Computer-Output Microfilm *Subst.* (computer-output microfilm)
→ *siehe COM.*

Computer, portabler *Subst.* (portable computer)
→ *siehe portabler Computer.*

Computer Press Association *Subst.*
Abkürzung: CPA. Ein Verband, der sich aus Journalisten, Rundfunkmoderatoren und Autoren zusammensetzt, die über Computertechnologien und die Computerindustrie schreiben oder berichten.

Computer Professionals for Social Responsibility *Subst.*
→ *siehe CPSR.*

Computerprogramm *Subst.* (computer program)
Eine Einheit von Befehlen in einer bestimmten Programmiersprache, die auf einem Computer zur Realisierung einer Aufgabe ausgeführt werden sollen. Der Begriff impliziert gewöhnlich, daß es sich bei einem Programm um ein eigenständiges Objekt handelt, im Gegensatz zu einer Routine oder Bibliothek. → *siehe auch Computersprache.*
→ *Vgl. Bibliothek, Routine.*

Computer-Revolution *Subst.* (computer revolution)
Ein Ausdruck, der das soziale und technologische Phänomen der schnellen Entwicklung und der inzwischen weitverbreiteten Anwendung und Akzeptanz von Computern charakterisiert – insbesondere im Hinblick auf Einzelplatz-PCs. Der Ein-

fluß dieser Geräte ist aus zwei Gründen als revolutionär anzusehen: Erstens vollzog sich ihr erfolgreicher Durchbruch innerhalb sehr kurzer Zeit. Der zweite und entscheidende Grund liegt in der Genauigkeit und der Geschwindigkeit der Computer, die völlig neue Wege der Verarbeitung, Speicherung und Übertragung von Informationen eröffneten.

Computersatz *Subst.* (computer typesetting)
Eine Form des Schriftsatzes, der teilweise oder vollständig über Computer erfolgt. Bei einem teilweise mit Computerhilfe durchgeführten Schriftsatz wird z.B. auf die herkömmliche Montage verzichtet. Der Text wird statt dessen direkt vom Computer an den Belichter übertragen. Bei einem vollständig computerisierten Satz entfallen alle herkömmlichen Satzvorgänge. Beispielsweise werden die Grafiken in allen Stadien in digitaler Form verarbeitet.

Computerschnittstelle *Subst.* (computer interface unit)
→ *siehe Schnittstelle.*

Computersicherheit *Subst.* (computer security)
Die Maßnahmen, die zum Schutz eines Computers und der auf diesem gespeicherten Daten getroffen werden. Auf großen Systemen und auf Systemen, auf denen Finanzdaten oder vertrauliche Daten verarbeitet werden, ist eine professionelle Überwachung notwendig, die sowohl juristische als auch technische Fachkenntnisse voraussetzt. Auf einem Mikrocomputer läßt sich die Datensicherheit aufrechterhalten, indem Daten regelmäßig gesichert und die Sicherheitskopien an einem anderen Ort als dem Standort des Computers aufbewahrt werden. Die Integrität der Daten auf dem Computer läßt sich aufrechterhalten, indem Dateien mit Paßwörtern gesichert werden, Dateien mit einem Schreibschutzattribut versehen werden (um Änderungen zu verhindern), die Festplatte mit Hilfe eines Schlosses vor der unberechtigten Entnahme gesichert wird und vertrauliche Daten auf Wechseldatenträgern aufbewahrt und diese in einem abgeschlossenen Schrank aufbewahrt werden. Außerdem empfiehlt sich die Installation von Spezialprogrammen zum Schutz vor einem Virenbefall. Auf Computern, an denen mehrere Benutzer arbeiten, kann zur Wahrung der Sicherheit von jedem Benutzer ein Paßwort angefordert werden, wodurch nur registrierten Benutzern mit entsprechenden Rechten der Zugriff auf vertrauliche Daten gestattet wird. → *siehe auch Bakterie, Verschlüsselung, Virus.*

Computersimulation *Subst.* (computer simulation)
→ *siehe Simulation.*

Computerspiel *Subst.* (computer game)
Ein Computerprogramm, das der Unterhaltung dient und bei dem ein oder mehrere Spieler gegen andere Mitspieler oder den Computer antreten. Der Bereich der Computerspiele deckt die unterschiedlichsten Unterhaltungsformen und Altersgruppen ab, von einfachen Buchstabenspielen für Kleinkinder über Schatzsuchspiele, Kriegsspiele, Simulationen von Weltereignissen bis hin zu professionellen Schachprogrammen. Die Steuerung von Spielen erfolgt mit Hilfe der Tastatur, eines Joysticks oder eines anderen Eingabegerätes. Die Spiele werden auf Disketten, CD-ROMs oder Einsteckmodulen ausgeliefert. Spiele sind für nahezu alle Computermodelle erhältlich; es gibt aber auch spezielle, auf Spiele reduzierte Geräte, sog. Videospielkonsolen.

Computersprache *Subst.* (computer language)
Eine künstliche Sprache, die dazu dient, Befehle festzulegen, die vom Computer auszuführen sind. Der Ausdruck umfaßt ein weites Spektrum, von der binär codierten Maschinensprache bis hin zu Hochsprachen. → *siehe auch Assembler-Sprache, höhere Programmiersprache, Maschinencode.*

Computersystem *Subst.* (computer system)
Die Konfiguration, die alle funktionellen Komponenten eines Computers und die zugehörige Hardware umfaßt. Zu einem grundlegenden Mikrocomputersystem gehören eine Konsole (oder Systemeinheit) mit einem oder mehreren Disketten- oder Festplattenlaufwerken, einem Monitor und einer Tastatur. Als Zusatzhardware – die sog. Peripheriegeräte – lassen sich ein Drucker, ein Modem und eine Maus anschließen. Software wird gewöhnlich nicht als Bestandteil eines Computersystems betrachtet, obwohl das auf der Hardware laufende Betriebssystem auch als »Systemsoftware« bezeichnet wird.

Computer, transportabler *Subst.* (transportable computer)
→ *siehe portabler Computer.*

Computer, ultraleichter *Subst.* (ultralight computer)
→ *siehe portabler Computer.*

Computerunterricht *Subst.* (computer instruction)
Der Einsatz von Computern im Unterricht und bei der Ausbildung. → *siehe auch CAI.*

computerunterstützte Diagnose *Subst.* (computer-assisted diagnosis)
Der Einsatz von Computern durch Ärzte bei der Diagnose von Patientenbefunden. Medizinische Anwendungen können sowohl bei der Bestimmung der Ursachen, der Symptome und Behandlungsmethoden einer Krankheit als auch bei der Verwaltung der Anamnese-Daten (Vorgeschichte des Patienten) und Testergebnisse eines Patienten hilfreich sein. → *siehe auch Expertensystem.*

computerunterstützte Entwicklung *Subst.* (computer-aided engineering)
→ *siehe CAE.*

computerunterstützte Fertigung *Subst.* (computer-aided manufacturing)
→ *siehe CAM.*

computerunterstützte Konstruktion *Subst.* (computer-aided design)
→ *siehe CAD.*

computerunterstützte Konstruktion/computerunterstützte Fertigung *Subst.* (computer-aided design/computer-aided manufacturing)
→ *siehe CAD/CAM.*

computerunterstützter Unterricht *Subst.* (computer-aided instruction, computer-assisted instruction, computer-assisted teaching)
→ *siehe CAI.*
→ *siehe CAT.*

computerunterstützter Unterricht *Subst.* (computer-managed instruction)
→ *siehe CMI.*

computerunterstütztes Lernen *Subst.* (computer-assisted learning)
Der Einsatz von Computern und ihrer Multimedia-Fähigkeiten, um Informationen im Unterricht und bei der Ausbildung zu präsentieren.

computerunterstütztes Testen *Subst.* (computer-aided testing)
→ *siehe CAT.*

computerunterstütztes Zeichnen und Konstruieren *Subst.* (computer-aided design and drafting)
Abkürzung: CADD. Ein System aus Hardware und Software, das mit CAD-Systemen große Gemeinsamkeiten aufweist, jedoch zusätzliche Funktionen im Bereich technischer Konventionen besitzt, z.B. Bemaßung und Texteingabe. → *siehe auch CAD.*

Computervirus *Subst.* (computer virus)
→ *siehe Virus.*

COM-Rekorder *Subst.* (COM recorder)
Abkürzung für »computer output microfilm recorder«. Ein Gerät, das Computerdaten auf Mikrofilm aufzeichnet.

CON *Subst.*
Im Betriebssystem MS-DOS der logische Gerätename für die Konsole. Die Konsole ist unter MS-DOS die Einheit aus dem Nur-Eingabegerät Tastatur und dem Nur-Ausgabegerät Bildschirm. Tastatur und Bildschirm stellen unter MS-DOS die primären Eingabe- und Ausgabegeräte dar.

Conference on Data Systems Languages *Subst.*
→ *siehe CODASYL.*

CONFIG.SYS *Subst.*
Eine spezielle Textdatei, mit der sich bestimmte Bestandteile des Betriebssystems MS-DOS und OS/2 konfigurieren lassen. Dazu dienen eine Reihe von Befehlen, die in die Datei eingetragen werden. Auf diese Weise können Funktionen ein- und ausgeschaltet, Obergrenzen für Ressourcen festgelegt (z.B. die maximale Anzahl gleichzeitig geöffneter Dateien) und das Betriebssystem durch Laden von Gerätetreibern (die die hardwarespezifischen Komponenten des Betriebssystems steuern) individuell erweitert werden.

Connectivity *Subst.* (connectivity)
Die Eigenschaft einer Verbindung zwischen einem Computer – der Arbeitsstation – und einem anderen Computer, z. B. dem Server oder dem Host im Internet oder einem anderen Netzwerk. »Connectivity« kann dabei die Güte der Kabel oder der Telefonleitung, den Grad der Störungsfreiheit oder die Bandbreite beschreiben, mit der die Kommunikationsgeräte arbeiten.
»Connectivity« bezeichnet außerdem die Fähigkeit von Hardwaregeräten, Softwarepaketen oder des Computers selbst, mit Netzwerk-Einrichtungen oder anderen Hardwaregeräten, Softwarepaketen oder einem per Netzwerk verbundenen Computer zusammenarbeiten zu können.
Des weiteren ist »Connectivity« die Fähigkeit von Hardwaregeräten oder Softwarepaketen, Daten zwischen anderen Geräten oder Softwarepaketen übertragen zu können.

Container *Subst.* (container)
In der OLE-Terminologie eine Datei, die verlinkte oder eingebettete Objekte enthält. → *siehe auch OLE.*
Im Standard SGML ein Element, das einen Inhalt aufweist, im Gegensatz zu einem Element, das ausschließlich aus dem Namen der Marke (»Tag«) und den jeweiligen Attributen besteht. → *siehe auch Element, Marke, SGML.*

Content *Subst.* (content)
Die Daten, die sich zwischen der Start- und Endemarke in einem Element eines SGML- oder HTML-Dokumentes befinden. Bei diesen Daten kann es sich um reinen Text oder um andere Elemente handeln. → *siehe auch Element, HTML, SGML.*
Der Teil in einer E-Mail oder einem Newsgroup-Beitrag mit der eigentlichen Nachricht.

Contents Directory *Subst.* (contents directory)
Eine Folge von Warteschlangen, die die Deskriptoren und Adressen der Routinen enthalten, die sich in einem Bereich im Arbeitsspeicher befinden.

Control Break *Subst.* (control break)
Ein Übergang bei der Steuerung des Computers, wobei typischerweise die Kontrolle über den Prozessor an die Benutzerkonsole oder an ein anderes Programm übertragen wird.

Controller *Subst.* (controller)
Eine Gerätekomponente, über die andere Geräte auf ein Subsystem des Computers zugreifen. Ein Disk-Controller steuert z. B. den Zugriff auf Festplatten- und Diskettenlaufwerke und ist dabei sowohl für die physikalischen als auch die logischen Laufwerkszugriffe verantwortlich.

Controller, eingebetteter *Subst.* (embedded controller)
→ *siehe eingebetteter Controller.*

Control Strip *Subst.* (control strip)
Ein Kalibrierungswerkzeug, das die erforderlichen Korrekturen ermittelt, die zur Wiederherstellung der korrekten Werte erforderlich sind. Zu diesem Zweck werden die aufgezeichneten Daten mit den bekannten Werten verglichen.
Ein Control Strip ist außerdem ein Hilfsprogramm, das häufig benötigte Verknüpfungen (Shortcuts) – z. B. Zeitanzeige, Akkukapazitäts-Anzeige und Desktop-Elemente – an eine leicht erreichbare Stelle plaziert. → *siehe auch Verknüpfung.*

Cooked Mode *Subst.* (cooked mode)
Einer der beiden Modi (der andere wird als »Rohmodus« bezeichnet), die die Art und Weise tangieren, mit der ein Betriebssystem, z. B. UNIX oder MS-DOS, den Handler für ein zeichenorientiertes Gerät behandelt. Wenn sich der Handler im Cooked Mode befindet, speichert das Betriebssystem jedes Zeichen in einem Puffer und behandelt Wagenrücklaufzeichen, Dateiendezeichen sowie Zeilenvorschub und Tabulatorzeichen besonders. Eine Zeile wird in diesem Fall nur dann an ein Gerät gesendet, z. B. an den Bildschirm, wenn das Betriebssystem beim Lesen auf ein Wagenrücklauf- oder Dateiendezeichen trifft. Im Cooked Mode werden die vom Standard-Eingabegerät gelesenen Zeichen häufig automatisch auf dem Bildschirm angezeigt (man spricht dabei vom »Echo-Modus«). → *Vgl. Rohmodus.*

Cookie *Subst.* (cookie)
Im weiteren Sinn ein Block von Daten, den ein Server als Reaktion auf eine Anforderung vom Client zurückgibt.
Im World Wide Web ein Block von Daten, den ein Web-Server auf dem Client speichert. Begeben sich Benutzer auf eine bereits zu einem früheren

Zeitpunkt angewählte Seite, sendet der Browser eine Kopie des Cookies an den Server zurück. Cookies dienen dazu, Benutzer zu identifizieren, den Server anzuweisen, eine benutzerspezifische Version einer angeforderten Web-Seite zu senden, Konteninformationen für Benutzer anzufordern sowie der Durchführung weiterer Verwaltungsaufgaben.

Im ursprünglichen Sinn ist »Cookie« eine Anspielung auf das UNIX-Programm »fortune cookie«, das beim Start nach dem Zufallsprinzip (»fortune« bedeutet »Zufall«) ein Zitat, einen Spruch, eine Weisheit oder einen Scherz ausgibt und auf einigen Systemen automatisch bei der Benutzeranmeldung ausgeführt wird.

Cookie-Filter *Subst.* (cookie filtering tool)
Ein Hilfsprogramm, das verhindert, daß ein Web-Browser mit Hilfe eines Cookies benutzerspezifische Informationen beim Zugriff auf eine Website an den Server überträgt. → *siehe auch Cookie.*

Coordinated Universal Time Format *Subst.* (coordinated universal time format)
→ *siehe Universal Time Coordinate.*

Coprozessor *Subst.* (coprocessor)
Ein Prozessor, der getrennt vom Hauptprozessor arbeitet und zusätzliche Funktionen ausführt oder den Hauptprozessor unterstützt. Die gebräuchlichste Art eines Coprozessors ist der Gleitkomma-Prozessor, der auch als »numerischer Coprozessor« oder »mathematischer Coprozessor« bezeichnet wird. Mit Hilfe eines mathematischen Coprozessors lassen sich numerische und mathematische Berechnungen deutlich beschleunigen und mit höherer Genauigkeit ausführen, da dieser für derartige Berechnungen spezialisiert ist, im Gegensatz zu einem Allzweckprozessor, wie ihn der Hauptprozessor in der Regel darstellt. → *siehe auch Gleitkomma-Prozessor.*

Coprozessor, mathematischer *Subst.* (math coprocessor)
→ *siehe Gleitkomma-Prozessor.*

Coprozessor, numerischer *Subst.* (numeric coprocessor)
→ *siehe Gleitkomma-Prozessor.*

Copyleft *Subst.* (copyleft)
→ *siehe General Public License.*

Copyright *Subst.* (copyright)
Eine Methode, mit der sich Urheber ihre Rechte an einer kreativen Arbeit gesetzlich schützen lassen können. Schützenswert sind z. B. Texte, Musikstücke, Zeichnungen und Computerprogramme. In vielen Ländern erhält der Urheber bereits das Copyright an seiner Arbeit, sobald er diese auf einem greifbaren Medium (z. B. auf Papier oder auf einem Datenträger) fixiert hat. In den USA gilt diese Regelung für alle nach 1977 angefertigten Arbeiten. Die Eintragung eines Copyrights oder die Verwendung eines Copyright-Symbols ist nicht notwendig, um ein Copyright zu begründen, verstärkt allerdings die Rechte an der Arbeit. Das unautorisierte Kopieren und Vertreiben von durch Copyright geschütztem Material wird mit zum Teil hohen Strafen geahndet, auch wenn die angeklagte Person keine kommerziellen Interessen verfolgt hat (typisches Beispiel: das Verschenken eines kommerziellen Computerprogramms). Das Copyright tangiert den Computersektor auf drei Arten: der Copyright-Schutz von Software, die Verbreitung von Materialien (z. B. Songtexten), die durch ein Copyright geschützt sind, über ein Netzwerk (z. B. das Internet) und die Verbreitung von Materialien, die innerhalb eines Netzwerks entstanden sind (z. B. Newsgroup-Beiträge). Während die Verbreitung von geschütztem Material über herkömmliche Medien (z. B. Zeitschriften, Rundfunk und Fernsehen) detailliert juristisch geregelt ist, herrscht bei der Verbreitung über elektronische Medien, vor allem das Internet, in den meisten Ländern noch Rechtsunsicherheit. Daher sind noch entsprechende Gesetze zu erwarten, die diese Verbreitung regeln. → *siehe auch Fair Use, General Public License.*

CORBA *Subst.*
Abkürzung für »Common Object Request Broker Architecture«, zu deutsch »gemeinsame Architektur für Objektanforderungs-Vermittler«. Eine 1992 von der OMG (Object Management Group) entwickelte Spezifikation, bei der Teile von Programmen (Objekte) mit anderen Objekten anderer Programme kommunizieren. Die Kommunikation ist auch dann möglich, wenn zwei Programme in verschiedenen Programmiersprachen geschrieben

wurden oder auf unterschiedlichen Plattformen laufen. Bei CORBA fordert ein Programm Objekte mit Hilfe eines ORB (Object Request Broker) an. Kenntnisse hinsichtlich der Strukturen des Programms, aus dem das Objekt stammt, sind dabei nicht erforderlich. CORBA wurde für den Einsatz in objektorientierten Umgebungen entwickelt.
→ *siehe auch Object Management Group, Objekt, objektorientiert.*

Coulomb *Subst.* (coulomb)
Maßeinheit der elektrischen Ladung. 1 Coulomb entspricht der Ladung von etwa $6{,}26 * 10^{18}$ Elektronen. Eine negative Ladung stellt dabei einen Elektronenüberschuß und eine positive Ladung ein Elektronendefizit dar.

Courseware *Subst.* (courseware)
Software, die für den Unterricht und die Schulung konzipiert ist.

Courtesy Copy *Subst.* (courtesy copy)
→ *siehe cc.*

CPA *Subst.*
→ *siehe Computer Press Association.*

cpi *Subst.*
→ *siehe Zeichen pro Zoll.*

CP/M *Subst.*
Abkürzung für »Control **P**rogram/**M**onitor«, zu deutsch »Steuerprogramm/Überwachung«. Oberbegriff für eine Reihe von Betriebssystemen, die von der ehemaligen Firma Digital Research, Inc., für Mikrocomputer mit Intel-Prozessoren entwickelt wurden. Das erste System – CP/M-80 – war gleichzeitig das bekannteste Betriebssystem für Mikrocomputer mit 8080- oder Z80-Prozessor. Digital Research entwickelte außerdem CP/M-86 für Computer mit einem 8086- bzw. 8088-Prozessor, CP/M-Z8000 für Computer mit einem Z8000-Prozessor von Zilog und CP/M-68K für Computer mit einem 68000-Prozessor von Motorola. Als der IBM-PC und das Betriebssystem MS-DOS eingeführt wurden, ging der Einsatz von CP/M im Endanwenderbereich zurück. Dennoch erweiterte Digital Research die CP/M-Reihe durch die multitaskingfähigen Varianten Concurrent CP/M und MP/M. → *siehe auch MP/M.*

CPM *Subst.*
→ *siehe Netzplanmethode.*

cps *Subst.*
→ *siehe Zeichen pro Sekunde.*

CPSR *Subst.*
Abkürzung für »**C**omputer **P**rofessionals for **S**ocial **R**esponsibility«, zu deutsch »Computerspezialisten mit sozialer Verantwortung«. Ein öffentlicher Verband, der sich aus Computerspezialisten zusammensetzt. CPSR wurde ursprünglich im Hinblick auf den Einsatz von Computertechnologien im militärischen Bereich gegründet, hat aber inzwischen seine Interessengebiete um Problemstellungen wie bürgerliche Freiheiten und die Auswirkung von Computern auf Arbeiter und Angestellte erweitert.

CPU *Subst.*
→ *siehe Prozessor.*

CPU-Cache *Subst.* (CPU cache)
Ein schneller Speicher, der als Mittler zwischen Prozessor (CPU) und Hauptspeicher fungiert. Der CPU-Cache speichert Daten und Befehle zwischen, die der Prozessor für die Ausführung nachfolgender Befehle und Programme benötigt. Der CPU-Cache ist beträchtlich schneller als der Hauptspeicher und arbeitet mit blockweise übertragenen Daten, wodurch die Geschwindigkeit gesteigert wird. Bei der Ermittlung, welche Daten benötigt werden, setzt das System Algorithmen ein. → *siehe auch Cache, CPU, VCACHE.* → *auch genannt Cache-Speicher, Speicher-Cache.*

CPU-Geschwindigkeit *Subst.* (CPU speed)
Ein relatives Maß für die Leistungsfähigkeit eines bestimmten Prozessors (CPU) in bezug auf die Datenverarbeitung. Die CPU-Geschwindigkeit wird gewöhnlich in Megahertz gemessen. → *siehe auch Prozessor.*

CPU-Lüfter *Subst.* (CPU fan)
Ein elektrischer Ventilator, der gewöhnlich direkt auf dem Prozessor (CPU) oder nahe am Prozessor – an dem Ort, an dem sich die Hitze staut – angebracht wird. Der CPU-Lüfter leitet die Hitze durch Luftzirkulation ab und schützt dadurch den Prozessor vor Überhitzung. → *siehe auch CPU, Kühlkörper.*

CPU-Zeit *Subst.* (CPU time)
Beim Multiprocessing die Zeitspanne, innerhalb der ein bestimmter Prozeß die aktive Kontrolle über den Prozessor (CPU) hat. → *siehe auch Multiprocessing, Prozessor.*

CPU-Zyklus *Subst.* (CPU cycle)
Die kleinste Zeiteinheit, die ein Prozessor (CPU) erkennen kann – typischerweise einige Hundertmillionstel Sekunden.
Außerdem bezeichnet »CPU-Zyklus« die Zeitspanne, die der Prozessor benötigt, um den trivialsten Befehl auszuführen, z.B. das Holen des Inhalts eines Registers oder die Durchführung eines NOP-Befehls (Abkürzung für »**no**-peration«, ein Befehl ohne Auswirkung). → *auch genannt Prozessor-Tick.*

.cr
Im Internet ein Kürzel für die übergreifende Länder-Domäne, die eine Adresse in Costa Rica angibt.

CR *Subst.*
→ *siehe Wagenrücklauf.*

Cracker *Subst.* (cracker)
Eine Person, die die Sicherheitseinrichtungen eines Computersystems umgeht und auf diese Weise unautorisierten Zugriff zum System bekommt. Das Ziel einiger Cracker liegt darin, auf illegalem Weg an Informationen heranzukommen oder Computerressourcen zu nutzen. Doch bei den meisten Crackern liegt der Reiz ausschließlich darin, die Zugangskontrolle des Systems zu überwinden. → *siehe auch Hacker.*

Crash *Subst.* (crash)
Zu deutsch »Absturz«. Ein schwerwiegender Programm- oder Festplattenfehler. Bei einem Programm-Crash reagiert das Programm nicht mehr auf Benutzereingaben; alle nichtgesicherten Daten sind in der Regel verloren. In Einzelfällen kann auch die Stabilität der anderen Tasks und des Betriebssystems beeinträchtigt werden oder der komplette Computer abstürzen, so daß ein Neustart des Computers erforderlich wird. Bei einem Festplatten-Crash (»Disk Crash«) berührt der Schreib-Lese-Kopf, der gewöhnlich auf einem dünnen Luftpolster über der Magnetplatte schwebt, die Plattenoberfläche und beschädigt diese. Der Kopf stürzt gewissermaßen auf die Platte ab, daher der Ausdruck. Der Disk Crash führt zu einer dauerhaften Beschädigung der Festplatte und zieht in der Regel den Verlust der darauf gespeicherten Daten nach sich. → *siehe auch abend, Headcrash.*

crashen *Vb.* (crash)
Bei einem Programm oder einem Betriebssystem das Auftreten eines schweren Fehlers, der zum Abbruch der gerade durchgeführten Operation führt. → *siehe auch abend.*
Bei einer Festplatte das Berühren der Plattenoberfläche durch den Schreib-Lese-Kopf. Dabei können sowohl der Schreib-Lese-Kopf als auch die Platte beschädigt werden.

Crawler *Subst.* (crawler)
→ *siehe Web-Browser.*

Cray-1 *Subst.*
Ein früher Supercomputer, der 1976 von Seymour Cray entwickelt wurde. In Relation zu den damals verbreiteten Computern war die Cray-1 extrem leistungsfähig. Sie arbeitete mit 64 bit, war mit 75 MHz getaktet und konnte 160 Millionen Gleitkommaoperationen (MFLOPS) pro Sekunde ausführen. → *siehe auch Supercomputer.*

CRC *Subst.*
Abkürzung für »cyclical (oder cyclic) redundancy check«, zu deutsch »zyklische Redundanz-Überprüfung«. Eine Prozedur, die zur Fehlerprüfung bei Datenübertragungen eingesetzt wird. Die Sendestation berechnet dabei vor der eigentlichen Übertragung mit Hilfe eines komplexen Algorithmus aus den zu sendenden Daten eine Art Prüfsumme und übermittelt das Ergebnis an die Empfangsstation. Nach der Übertragung führt die Empfangsstation mit den empfangenen Daten die gleiche Berechnung aus und vergleicht die beiden Ergebnisse. Stimmen diese überein, wird von einer fehlerfreien Übertragung ausgegangen. Der Ausdruck »Redundanz-Überprüfung« stammt daher, daß neben den eigentlichen Daten zusätzliche (redundante) Daten übertragen werden. CRC kommt in diversen Kommunikationsprotokollen, z.B. XMODEM und Kermit, zum Einsatz.

Creator *Subst.* (creator)
Zu deutsch »Erzeuger«. Das Programm auf dem Apple Macintosh, das Dateien erzeugt. Dateien

sind mit dem jeweiligen Creator durch einen Creator-Code verknüpft. Anhand dieser Verknüpfungen kann das Betriebssystem die entsprechende Creator-Anwendung starten, wenn ein Dokument geöffnet wird.

Cross-Assembler *Subst.* (cross-assembler)
Ein Assembler, der auf einer bestimmten Hardware-Plattform läuft, aber Maschinencode für eine andere Plattform erzeugt. → *siehe auch Assembler, Compiler, Cross-Compiler, Cross-Entwicklung.*

Cross-Compiler *Subst.* (cross-compiler)
Ein Compiler, der auf einer bestimmten Hardware-Plattform läuft, aber Maschinencode für eine andere Plattform erzeugt. → *siehe auch Assembler, Compiler, Cross-Assembler, Cross-Entwicklung.*

Cross-Entwicklung *Subst.* (cross development)
Der Einsatz eines Systems für die Entwicklung von Programmen, die für ein anderes System (z. B. ein anderes Betriebssystem) bestimmt sind. Diese Methode wird u. a. angewendet, wenn auf dem Entwicklungssystem bessere Werkzeuge als auf dem Zielsystem zur Verfügung stehen.

cross-posten *Vb.* (cross-post)
Das Senden einer Nachricht oder eines Beitrags von einer Newsgroup, einer Konferenz, einem E-Mail-System oder einem vergleichbaren Kommunikationssystem an ein anderes – z. B. von einer Usenet-Newsgroup an ein CompuServe-Forum oder von einem E-Mail-System an eine Newsgroup.

CRT *Subst.*
Abkürzung für »cathode-ray tube«, zu deutsch »Kathodenstrahlröhre«. Hauptbestandteil eines Fernsehgeräts oder eines Standard-Computerbildschirms. Eine Kathodenstrahlröhre besteht aus einer Vakuumröhre, in die eine oder mehrere Elektronenkanonen eingebaut sind. Jede Elektronenkanone erzeugt einen horizontalen Elektronenstrahl, der auf der Vorderseite der Röhre – dem Schirm auftrifft. Die Innenfläche des Schirms ist mit einer Phosphorschicht versehen, die durch das Auftreffen der Elektronen zum Leuchten gebracht wird. Jeder der Elektronenstrahlen bewegt sich zeilenweise von oben nach unten. Um ein Flimmern zu verhindern, wird der Bildschirminhalt mindestens 25 Mal pro Sekunde aktualisiert. Die Schärfe des Bildes wird durch die Anzahl der Leuchtpunkte (Pixel) auf dem Schirm bestimmt. → *siehe auch Auflösung, Pixel, Raster.*

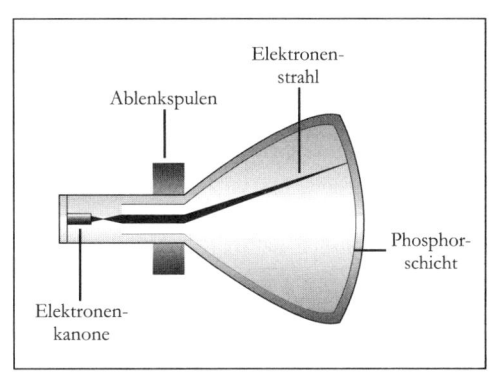

CRT: Schnittbild einer Kathodenstrahlröhre.

CRT-Controller *Subst.* (CRT controller)
Der Teil einer Video-Adapterkarte, der für die Erzeugung des Videosignals, einschließlich der horizontalen und vertikalen Synchronisationsimpulse verantwortlich ist. → *siehe auch Video-Adapter.*

cruisen *Vb.* (cruise)
→ *siehe surfen.*

crunchen *Vb.* (crunch)
Das Verarbeiten von Informationen. → *siehe auch Number Crunching.*

.cs
Im Internet ein Kürzel für die übergreifende Länder-Domäne, die eine Adresse in der früheren Tschechoslowakei angibt.

C-Shell *Subst.* (C shell)
Eine der unter dem Betriebssystem UNIX verfügbaren Shells (Befehlsinterpreter). Die C-Shell ist sehr brauchbar, befindet sich jedoch nicht im Lieferumfang jedes UNIX-Systems. → *Vgl. Bourne-Shell, Korn-Shell.*

CSLIP *Subst.*
→ *siehe Compressed SLIP.*

CSMA/CD *Subst.*
Abkürzung für »Carrier Sense Multiple Access with Collision Detection«, zu deutsch »trägeremp-

findliche Mehrfachzugriffstechnik mit Kollisionserkennung«. Ein Netzwerkprotokoll für die Behandlung von Situationen, in denen zwei oder mehr Knoten (Arbeitsstationen) zur selben Zeit senden und damit eine Kollision verursachen. Mit Hilfe von CSMA/CD überwacht jeder Knoten des Netzwerks die Leitung und sendet, wenn diese als frei erkannt wird. Sollte eine Kollision auftreten, weil ein anderer Knoten diese Gelegenheit zum Senden ebenfalls wahrnimmt, stellen beide Knoten ihre Sendeaktivität ein. Um eine weitere Kollision zu vermeiden, warten beide Knoten eine unterschiedliche, nach dem Zufallsprinzip bestimmte Zeitspanne ab, bevor sie einen erneuten Sendeversuch unternehmen. → *Vgl. Token Passing.*

CSO *Subst.*
Abkürzung für »Computing Services Office«. Ein Internet Directory Service (Verzeichnisdienst), der Namen von Benutzern in die entsprechenden E-Mail-Adressen umwandelt. CSO wird gewöhnlich an Colleges sowie Universitäten eingesetzt und kann über das Internet-Hilfsprogramm Gopher erreicht werden. CSO wurde ursprünglich am Computing Services Office der Universität von Illinois (Bundesstaat in den USA) entwickelt.

CSO-Name-Server *Subst.* (CSO name server)
Eine Einrichtung, die E-Mail-Verzeichnisinformationen mit Hilfe des CSO-Systems zur Verfügung stellt. → *siehe auch CSO.*

CSS *Subst.*
→ *siehe Cascading Style Sheets.*

CSS1 *Subst.*
→ *siehe Cascading Style Sheets.*

CTERM *Subst.*
→ *siehe Communications Terminal Protocol.*

CTI *Subst.*
Abkürzung für »computer-telephony integration«, zu deutsch »Computer-Telefonintegration«. Der Einsatz von Computern zur Steuerung von Telefon- und Kommunikationsfunktionen.

CTL *Subst.*
Abkürzung für »control.«, zu deutsch »Steuerung (gemeint ist die Strg-Taste)«. → *siehe Steuerungstaste, Steuerzeichen.*

Ctrl-C *Subst.*
→ *siehe Strg-C.*

Ctrl-S *Subst.*
→ *siehe Strg-S.*

CTS *Subst.*
Abkürzung für »Clear To Send«, zu deutsch »Sendebereitschaft«. Ein Signal bei der seriellen Datenübertragung, das von einem Modem an den angeschlossenen Computer gesendet wird, um damit die Bereitschaft zum Fortsetzen der Übertragung anzuzeigen. CTS ist ein Hardwaresignal, das über die Leitung Nummer 5 nach dem Standard RS-232-C übertragen wird. → *Vgl. RTS.*

.cu
Im Internet ein Kürzel für die übergreifende Länder-Domäne, die eine Adresse auf Kuba angibt.

CUA *Subst.*
→ *siehe zeichenorientierte Benutzeroberfläche.*

CUI *Subst.*
→ *siehe zeichenorientierte Benutzeroberfläche.*

CUL8R
Eine skurrile Abkürzung, die beim Buchstabieren genauso wie »See you later« (zu deutsch »Bis später«) klingt und auch stellvertretend dafür steht. Die Abkürzung wird gelegentlich in Internet-Diskussionen als Grußformel von Teilnehmern verwendet, die sich auf diese Weise vorübergehend von der Runde verabschieden.

Current Location Counter *Subst.* (current location counter)
→ *siehe Programmzähler.*

Cursor *Subst.* (cursor)
Ein spezielles Zeichen auf dem Bildschirm, z.B. ein blinkender Unterstrich oder ein Rechteck, das die Stelle angibt, an der das nächste eingegebene Zeichen erscheint.
Bei Anwendungen und Betriebssystemen, bei denen eine Maus zu Einsatz kommt, ist der Cursor ein Pfeil oder ein anderes Zeichen (z.B. ein ausgefülltes Quadrat), das analog zu den Bewegungen mit der Maus am Bildschirm hin und her wandert. Bei Digitalisiertabletts stellt der Cursor das Eingabegerät dar – den Griffel (Zeiger oder Stift).

Cursor, adressierbarer *Subst.* (addressable cursor)
→ siehe *adressierbarer Cursor*.

Cursor, animierter *Subst.* (animated cursor)
→ siehe *animierter Cursor*.

Cursor-Blinkgeschwindigkeit *Subst.* (cursor blink speed)
Die Geschwindigkeit, mit der ein Cursor auf dem Bildschirm ein- und ausgeblendet wird. → *siehe auch Cursor*.

Cursorsteuerung *Subst.* (cursor control)
Grundlegende Technik, die es erlaubt, eine Bildschirmposition anzusteuern, indem der Cursor an die gewünschte Position bewegt wird. Zur Cursorsteuerung sind diverse Tasten vorhanden, die den Cursor nach links, rechts, oben und unten bewegen – die sog. »Cursortasten« oder »Pfeiltasten« (auf diesen sind Pfeile aufgedruckt, die die jeweilige Richtung angeben, daher die Bezeichnung). Daneben gibt es weitere Tasten zur Cursorsteuerung, z.B. die Rücktaste (Backspace), Pos1 (Home) und Ende (End). Mit Hilfe von Zeigegeräten wie der Maus kann der Cursor ebenfalls positioniert werden, wobei damit das Zurücklegen größerer Entfernungen innerhalb eines Dokuments in aller Regel schneller und komfortabler vor sich geht als mit der Tastatur.

Cursortaste *Subst.* (cursor key)
→ siehe *Pfeiltaste*.

CUSeeMe *Subst.*
Ein Videokonferenz-Programm, das an der Cornell University (in Ithaca, Bundesstaat New York) entwickelt wurde. Es stellt das erste Programm für die Betriebssysteme Windows und Mac OS dar, das die Durchführung von Echtzeit-Videokonferenzen über das Internet erlaubt. CUSeeMe benötigt allerdings eine große Bandbreite – mindestens 128 Kilobit pro Sekunde (Kbps) –, damit es sinnvoll eingesetzt werden kann.

.cv
Im Internet ein Kürzel für die übergreifende Länder-Domäne, die eine Adresse auf den Kapverdischen Inseln angibt.

CV *Subst.*
→ siehe *visuelle Verarbeitung*.

CWIS *Subst.*
→ siehe *Universitäts-Informationssystem*.

.cy
Im Internet ein Kürzel für die übergreifende Länder-Domäne, die eine Adresse auf Zypern angibt.

Cybercafé *Subst.* (cybercafe)
Ein Café oder Restaurant, das den Gästen PCs oder Terminals anbietet, die an das Internet angeschlossen sind. Die Benutzung der Geräte ist kostenpflichtig, wobei in der Regel stunden- oder minutenweise abgerechnet wird. Die Gäste werden angeregt, während sie im Internet surfen, Getränke und Speisen zu bestellen und zu konsumieren. »Cybercafé« bezeichnet außerdem ein virtuelles Café im Internet, das gewöhnlich zur Kommunikation zwischen Benutzern dient. Die Benutzer unterhalten sich dabei mit Hilfe eines Chat-Programms oder kommunizieren über Beiträge, die in einem Schwarzen-Brett-System (bulletin board system), z.B. einer Newsgroup oder einem vergleichbaren System in einer Website, abgelegt werden.

Cybercash *Subst.* (cybercash)
→ siehe *E-Money*.

Cyberchat *Subst.* (cyberchat)
→ siehe *IRC*.

Cyberdog *Subst.*
Web-Browser von Apple, der E-Mail unterstützt und auf der Objekttechnologie OpenDoc basiert, wodurch die Integration in andere Anwendungen erleichtert wird. → *siehe auch OpenDoc*.

Cybernaut *Subst.* (cybernaut)
Eine Person, die sehr viel Zeit online verbringt. Der Begriff ist eine Anspielung auf »Astronaut« bzw. »Kosmonaut«; der Cybernaut »erforscht« jedoch nicht das All, sondern das Internet. → *siehe auch Cyberspace*. → *auch genannt Internaut*.

Cyberpolizist *Subst.* (cybercop)
Eine Person, die kriminelle Handlungen aufdeckt, die im Internet und anderen Netzwerken begangen werden, insbesondere Betrügereien und Belästigungen.

Cyberpunk *Subst.* (cyberpunk)
Eine Literaturgattung, die in der nahen Zukunft spielt und bei der Konflikte und Handlungen in einer Umgebung mit virtueller Realität stattfinden. Die Romancharaktere müssen sich dabei in einem globalen Computernetzwerk behaupten, innerhalb einer weltweiten Kultur dystopischer Entfremdung. Der prototypische Cyberpunk-Roman ist »Neuromancer« von William Gibson (1982).
»Cyberpunk« ist auch der Oberbegriff für eine populäre Kulturform, die dem Ethos der Cyberpunk-Fiktion ähnelt.
Mit »Cyberpunk« wird außerdem eine reale oder fiktive Person bezeichnet, die das Heldenbild der Cyberpunk-Fiktion verkörpert.

Cybersex *Subst.* (cybersex)
Kommunikation mit elektronischen Hilfsmitteln, z.B. E-Mail, Chat oder Newsgroups, zum Zwecke der sexuellen Anregung und Befriedigung. → *siehe auch chatten, Newsgroup.*

Cyberspace *Subst.* (cyberspace)
Ein Netzwerk, das der Science-fiction-Autor William Gibson in seinem Roman »Neuromancer« (1982) beschrieben hat. Der Cyberspace ist dort ein riesiges Netzwerk mit einer vom Computer generierten Welt, also einer virtuellen Realität.
»Cyberspace« ist außerdem der Oberbegriff für weltumspannende Netzwerke, z.B. das Internet, in denen Benutzer mit Hilfe von Computern miteinander kommunizieren. Eine der Grundeigenschaften des Cyberspace ist, daß Entfernungen bei der Kommunikation keine Rolle spielen.

Cybrarian *Subst.* (cybrarian)
Software, die an einigen – öffentlichen – Bibliotheken eingesetzt wird und es erlaubt, Datenbankabfragen mit Hilfe einer interaktiven Suchmaschine durchzuführen.

Cycle Power *Vb.* (cycle power)
Das Abschalten eines Computers und das sofortige Wiedereinschalten, um den Inhalt des Arbeitsspeichers zu löschen. Außerdem ein Computer-Neustart (Reboot) nach einem Absturz.

Cycolor *Subst.*
Eine Farbdrucktechnik, bei der ein spezieller Film verwendet wird, der Millionen von Kapseln mit cyanfarbenem, magentafarbenem und gelbem Farbstoff enthält. Wird der Film rotem, grünem oder blauem Licht ausgesetzt, werden die jeweiligen Kapseln hart und unzerbrechlich. Der Film wird daraufhin gegen ein speziell behandeltes Papier gedrückt, und die Kapseln, die im vorangegangenen Prozeßschritt nicht hart geworden sind, setzen Farbe auf dem Papier frei. → *siehe auch CMY.*

.cz
Im Internet ein Kürzel für die übergreifende Länder-Domäne, die eine Adresse in der Tschechischen Republik angibt.

D

DA *Subst.*
→ siehe *Schreibtischzubehör*.

DAC *Subst.*
→ siehe *Digital-Analog-Wandler*.

Dämon *Subst.* (daemon)
Ein Programm, das bei UNIX-Systemen verwendet wird. Ein Dämon führt eine Utility-Funktion (zur Verwaltung oder Koordinierung) aus, die nicht vom Benutzer aufgerufen wird. Dieses Programm läuft im Hintergrund ab und wird nur bei Bedarf aktiviert. Dies ist z.B. der Fall, wenn ein Fehler korrigiert wird, der von einem anderen Programm nicht korrigiert werden kann.

Dämpfung *Subst.* (attenuation, damping)
Die Abschwächung eines übertragenen Signals mit zunehmender Entfernung vom Entstehungsort, z.B. die Verzerrung eines digitalen Signals oder die Verringerung der Amplitude eines analogen Signals. Die Dämpfung wird gewöhnlich in Dezibel gemessen. Auch wenn die Dämpfung meist ein unerwünschter Effekt ist, wird sie in der Praxis auch häufig bewußt herbeigeführt. Beispielsweise wird in bestimmten Fällen die Signalstärke reduziert, um eine Überbelastung von elektronischen Bauteilen zu vermeiden. Auch der Lautstärkeregler eines Radioapparates stellt eine Dämpfungseinrichtung dar.
»Dämpfung« bezeichnet außerdem eine Technik, die den »Überschuß« in einem Stromkreis oder einem Gerät kompensiert bzw. abschwächt.

Daisy Chain *Subst.* (daisy chain)
Ein Satz von Geräten, die in einer Art Reihenschaltung miteinander verbunden sind. Zur Vermeidung von Konflikten bei der Nutzung des Kanals (Bus), an den alle Geräte letztendlich angeschlossen sind, wird jedem Gerät eine unterschiedliche Priorität zugewiesen, oder – wie beim Apple Desktop Bus – »hört« jedes Gerät den Kanal ab und sendet Informationen nur bei freier Leitung.

DAP *Subst.*
→ siehe *Directory Access Protocol*.

Dark Fiber *Subst.* (dark fiber)
Nicht verwendete Kapazität bei faseroptischen Kommunikationstechniken.

Darlington-Paar *Subst.* (Darlington pair)
→ siehe *Darlington-Schaltung*.

Darlington-Schaltung *Subst.* (Darlington circuit)
Manchmal auch Darlington-Pärchen genannt. Eine Verstärkerschaltung aus zwei Transistoren, die häufig im selben Gehäuse untergebracht sind. Die Kollektoren beider Transistoren sind miteinander verbunden, und der Emitter des ersten Transistors ist auf der Basis des zweiten geführt. Mit Darlington-Schaltungen wird eine sehr hohe Stromverstärkung erreicht. → *auch genannt Darlington-Paar*.

DARPA *Subst.*
→ siehe *Defense Advanced Research Projects Agency*.

DARPANET *Subst.*
Abkürzung für Defense Advanced Research Projects Agency NETwork. → siehe *ARPANET*.

Darstellungsattribut *Subst.* (display attribute)
Eine Eigenschaft, die einem auf dem Bildschirm angezeigten Zeichen oder Bild zugeordnet ist. Zu den Darstellungsattributen gehören Merkmale, beispielsweise Farbe, Intensität und Blinken. Der Benutzer kann die Darstellungsattribute einstellen, wenn in der jeweiligen Anwendung die Farbe und andere Bildschirmelemente geändert werden können.

Darstellungselement *Subst.* (display element, display entity)
→ *siehe grafische Primitive.*
→ *siehe Entität, grafische Primitive.*

Darstellungsgerät *Subst.* (display device)
→ *siehe Display.*

Darstellungsschicht *Subst.* (presentation layer)
Die sechste Schicht des OSI-Sieben-Schichten-Modells für die Standardisierung der Kommunikation zwischen Computern. Die Darstellungsschicht ist verantwortlich für die Aufbereitung (Formatierung) der Informationen, damit diese angezeigt oder gedruckt werden können. Zu dieser Aufgabe gehören im allgemeinen die Interpretation von darstellungsbezogenen Codes (z. B. Tabulatorzeichen), aber auch die Konvertierung von Verschlüsselungs- und anderen Code-Zeichen sowie die Übersetzung unterschiedlicher Zeichensätze. → *siehe auch ISO/OSI-Schichtenmodell.*

DASD *Subst.*
Abkürzung für **D**irect **A**ccess **S**torage **D**evice, zu deutsch »Gerät für den direkten Speicherzugriff«. Ein Datenspeichergerät, bei dem man direkt auf Informationen zugreifen kann, anstatt sich über alle Speicherbereiche sequentiell bis zum gewünschten Element durcharbeiten zu müssen. Während es sich bei einem Diskettenlaufwerk um eine DASD-Einheit handelt, ist das beim Magnetbandgerät nicht der Fall, da hier die Daten als lineare Blöcke gespeichert werden. → *siehe auch direkter Zugriff.* → *Vgl. sequentieller Zugriff.*

.dat
Eine allgemeine Dateinamenerweiterung für eine Datendatei.

DAT *Subst.*
→ *siehe Digital Audio Tape, dynamische Adreßumsetzung.*

Data Carrier Detected *Subst.*
→ *siehe DCD.*

datacom *Subst.*
Abkürzung für **Data Com**munications. → *siehe Kommunikation.*

Data Encryption Standard *Subst.* (data encryption standard)
→ *siehe DES.*

Datagramm *Subst.* (datagram)
Ein Informationspaket (Einheit) und damit verknüpfte Zustellinformationen, z. B. Zieladresse, das über ein Paketvermittlungs-Netzwerk weitergeleitet wird. → *siehe auch Paketvermittlung.*

Data Mart *Subst.* (data mart)
Eine kleinere Version eines Data Warehouse, das darauf zugeschnitten ist, einer Zielgruppe bestimmte Informationen zur Verfügung zu stellen. → *siehe auch Data Warehouse.*

Data Processing Management Association *Subst.*
→ *siehe DPMA.*

Data Set Ready *Subst.*
→ *siehe DSR.*

Data Terminal Ready *Subst.*
→ *siehe DTR.*

Data Warehouse *Subst.* (data warehouse)
Eine in der Regel sehr große Datenbank, die auf alle Daten einer Firma zugreifen kann. Das Warehouse kann auf verschiedene Computer verteilt sein und unter Umständen verschiedene Datenbanken und Daten von zahlreichen Quellen in unterschiedlichen Formaten enthalten. Der Zugriff auf das Warehouse ist für den Benutzer über einfache Befehle zugänglich, mit denen alle Daten abgerufen und analysiert werden können. Das Data Warehouse enthält außerdem Daten über die interne Struktur, über den Speicherort der Daten sowie über die entsprechenden Verbindungen zwischen den Daten. Data Warehouses werden häufig als Entscheidungshilfe innerhalb einer Organisation eingesetzt und ermöglichen es Unternehmen, die Daten zu verwalten, Aktualisierungen zu koordinieren sowie die Beziehungen zwischen den Informationen aus verschiedenen Teilen der Organisation zu überblicken. → *siehe auch Datenbank, Entscheidungshilfe-System, Server, transparent.*

Datei *Subst.* (file)
Eine vollständige, benannte Sammlung von Informationen, z. B. ein Programm, ein von einem Pro-

gramm verwendeter Satz von Daten oder ein vom Benutzer erstelltes Dokument. Eine Datei ist eine grundlegende Einheit der Speicherung, die einem Computer die Unterscheidung einzelner Sätze von Informationen ermöglicht. Man kann sich eine Datei als Bindemittel vorstellen, die ein Konglomerat aus Befehlen, Zahlen, Wörtern oder Bildern zu einer kohärenten Einheit zusammenfaßt, die ein Benutzer abfragen, ändern, löschen, speichern oder an ein Ausgabegerät senden kann.

Dateiabstand *Subst.* (file gap)
→ *siehe Block Gap.*

Datei, aktive *Subst.* (active file)
→ *siehe aktive Datei.*

Dateianfang *Subst.* (beginning-of-file, top-of-file)
Im weiteren Sinn das erste Zeichen einer Datei. Im engeren Sinn ein Code (Abkürzung: BOF), den ein Programm vor das erste Byte einer Datei schreibt und den das Betriebssystem eines Computers auswertet, um die Positionen innerhalb einer Datei relativ zum ersten Byte (Zeichen) verfolgen zu können.
Der Dateianfang ist auch die Startposition einer Datei auf einem Datenträger relativ zur ersten Speicherposition des Datenträgers. Der Dateianfang geht aus dem Datenverzeichnis oder -katalog hervor. → *Vgl. Dateiende-Zeichen.*

Dateianfangssymbol *Subst.* (top-of-file)
Ein Zeichen, mit dem ein Programm den Anfang einer Datei kennzeichnet – das erste Zeichen in der Datei oder – in einer indizierten Datenbank – der erste indizierte Datensatz. → *siehe auch Dateianfang.*

Dateiangabe *Subst.* (file specification)
Häufig als »filespec« abgekürzt. Der Pfad zu einer Datei, ausgehend vom Diskettenlaufwerk über eine Kette von Verzeichnisdateien bis zum Dateinamen, der zur Lokalisierung einer bestimmten Datei dient.

Dateiattribut *Subst.* (file attribute)
Einer Datei zugeordnetes Kennzeichen, das deren Verwendung beschreibt und regelt, z.B. versteckt, System, schreibgeschützt (read-only), Archiv usw. Im Betriebssystem MS-DOS werden diese Informationen als Teil des Verzeichniseintrags der Datei gespeichert.

Dateiaufruf *Subst.* (file retrieval)
Das Übertragen von Datendateien von einem Speicherort an die Maschine, die die Daten benötigt.

Dateibearbeitungsroutine *Subst.* (file-handling routine)
Eine Routine, die das Erstellen, das Öffnen, den Zugriff und das Schließen von Dateien unterstützt. Die meisten Hochsprachen verfügen über integrierte Dateibearbeitungsroutinen, die jedoch meist vom Programmierer durch intelligentere oder komplexere Routinen in einer Anwendung ersetzt oder erweitert werden.

Dateiende-Zeichen *Subst.* (end-of-file)
Abgekürzt EOF. Von einem Programm nach dem letzten Byte einer Datei angefügter Code, um dem Betriebssystem eines Computers anzuzeigen, daß keine weiteren Daten folgen. Das EOF-Zeichen wird im ASCII-Zeichensatz durch den dezimalen Wert 26 (hexadezimal 1A) oder das Steuerzeichen Control-Z dargestellt.

Dateien, öffentliche *Subst.* (public files)
→ *siehe öffentliche Dateien.*

Dateien, querverbundene *Subst.* (cross-linked files)
→ *siehe querverbundene Dateien.*

Dateierweiterung *Subst.* (file extension)
→ *siehe Erweiterung.*

Dateiformat *Subst.* (file format)
Die Struktur einer Datei, die die Art und Weise ihrer Speicherung sowie die Ausgabe auf dem Bildschirm oder beim Drucken festlegt. Das Format kann recht einfach und allgemein gehalten sein, wie bei den Dateien, die als »reiner« ASCII-Text gespeichert sind. Das Format kann aber auch kompliziert sein und bestimmte Arten von Steueranweisungen und Codes enthalten, die von Programmen, Druckern oder anderen Geräten verwendet werden. Zu den Beispielen gehören RTF (Rich Text Format), DCA (Document Content Architecture), PICT, DIF (Data Interchange Format), DXF, TIFF (Tagged Image File Format) und EPSF (Encapsulated PostScript Format).

Dateiformat, natives *Subst.* (native file format)
→ *siehe natives Dateiformat.*

Dateiformat zum Datenaustausch *Subst.* (Interchange Format)
→ *siehe Rich-Text-Format.*

Dateifragmentierung *Subst.* (file fragmentation)
Die Aufteilung von Dateien in kleinere, getrennte Abschnitte zur Speicherung auf einem Datenträger. Dieser Zustand ergibt sich naturgemäß aus der Vergrößerung der Dateien und deren Speicherung auf einer bereits (zum Teil) gefüllten Diskette, auf der für die fortlaufende Ablage der vollständigen Datei nicht mehr genügend freie Blöcke vorhanden sind. Die Dateifragmentierung stellt kein Integritätsproblem dar. Allerdings verlangsamen sich die Lese- und Schreibzugriffe, wenn der Datenträger sehr voll ist und der Speicher schlecht fragmentiert ist. Software-Produkte sind für die Neuverteilung (Optimierung) der gespeicherten Dateien verfügbar, um die Fragmentierung zu reduzieren.

Bei einer Datenbank spricht man von »Dateifragmentierung«, wenn Datensätze durch häufiges Hinzufügen oder Löschen von Datensätzen mit der Zeit nicht mehr in der optimalen Zugriffsreihenfolge gespeichert sind. Die meisten Datenbanksysteme verfügen über entsprechende Dienstprogramme, mit denen sich die Datensatzfolge reorganisieren läßt, um die Effizienz des Zugriffs zu verbessern und den von gelöschten Datensätzen belegten freien Platz zusammenzufassen.

Datei, geöffnete *Subst.* (open file)
→ *siehe geöffnete Datei.*

Datei, geschlossene *Subst.* (closed file)
→ *siehe geschlossene Datei.*

Datei, gesperrte *Subst.* (locked file)
→ *siehe gesperrte Datei.*

Dateigröße *Subst.* (file size)
Die gewöhnlich in Byte angegebene Länge einer Datei. Praktisch weist eine Computerdatei, die auf einem Datenträger gespeichert ist, zwei Dateigrößen auf – eine logische und eine physikalische Größe. Die logische Größe entspricht dabei der wirklichen Größe einer Datei – der Anzahl der enthaltenen Byte. Die physikalische Größe bezieht sich auf den Speicherplatz, der einer Datei auf dem Datenträger zugeteilt ist. Da der Platz für eine Datei in Blöcken von Byte vergeben wird, müssen die letzten Zeichen nicht unbedingt den für sie reservierten Block (Belegungseinheit) vollständig ausfüllen. In diesem Fall ist die physikalische Größe größer als die logische Größe der Datei.

Datei, invertierte *Subst.* (inverted file)
→ *siehe invertierte Liste.*

Dateikennziffer *Subst.* (file handle)
In MS-DOS, OS/2 und Windows ein »Token« (Nummer), den das System für die Bezeichnung oder Bezugnahme auf eine offene Datei oder manchmal auch für ein Gerät verwendet.

Datei, kommagetrennte *Subst.* (comma-delimited file)
→ *siehe kommagetrennte Datei.*

Datei, komprimierte *Subst.* (compressed file)
→ *siehe komprimierte Datei.*

Dateikomprimierung *Subst.* (file compression)
Eine Methode zur Reduzierung der Dateigröße für die Übertragung oder Speicherung. → *siehe auch Datenkomprimierung.*

Dateikonvertierung *Subst.* (file conversion)
Die Umwandlung der Daten in einer Datei aus einem Format in ein anderes, ohne dabei den Dateninhalt zu verändern, z.B. die Konvertierung einer Datei aus einem Format der Textverarbeitung in ein äquivalentes ASCII-Format.

Dateikopf *Subst.* (file header)
→ *siehe Kopf.*

Datei, lineare *Subst.* (flat file)
→ *siehe lineare Datei.*

Datei, logische *Subst.* (logical file)
→ *siehe logische Datei.*

Datei-Manager *Subst.* (file manager)
Modul eines Betriebssystems oder einer Umgebung, das die physische Anordnung einer Gruppe

von Programmdateien und den Zugriff darauf steuert.

Dateiname *Subst.* (filename)
Eine Bezeichnung aus Buchstaben, Ziffern und zulässigen Symbolen, die einer Datei zugewiesen wird, um sie von allen anderen Dateien in einem bestimmten Verzeichnis auf dem Datenträger zu unterscheiden. Der Computerbenutzer verwendet den Dateinamen praktisch als »Handle«, um Informationsblöcke zu speichern und anzufordern. Sowohl Programme als auch Daten verfügen über einen Dateinamen, der häufig durch eine Erweiterung zur näheren Kennzeichnung von Typ oder Zweck der Datei ergänzt wird. Die Namenskonventionen, z.B. die maximale Länge und die zulässigen Zeichen eines Dateinamens, sind von Betriebssystem zu Betriebssystem unterschiedlich.
→ *siehe auch Pfad, Verzeichnis.*

Dateinamenerweiterung *Subst.* (filename extension)
→ *siehe Erweiterung.*

Dateinamen, lange *Subst.* (long filenames)
→ *siehe lange Dateinamen.*

Dateinutzung, gemeinsame *Subst.* (file sharing)
→ *siehe gemeinsame Dateinutzung.*

Dateiorganisation *Subst.* (file structure)
Die Beschreibung einer Datei oder einer Gruppe von Dateien, die für bestimmte Aufgaben als Einheit behandelt werden. Dazu gehört die Dateianordnung und der Standort der betreffenden Dateien.

Dateischutz *Subst.* (file protection)
Ein Verfahren oder ein Gerät zum Schutz der Existenz und Integrität einer Datei. Die Methoden des Dateischutzes reichen vom Einrichten von schreibgeschütztem Zugriff und Zuweisen von Kennwörtern bis zum Verschließen der Schreibschutzkerbe auf einer Diskette und dem Aufbewahren von Disketten mit empfindlichen Daten.

Datei, selbstentpackende *Subst.* (self-extracting file)
→ *siehe selbstentpackende Datei.*

Datei-Server *Subst.* (file server)
Ein Datei-Speichergerät in einem lokalen Netzwerk, das allen Netzteilnehmern zugänglich ist. Im Gegensatz zu einem Disk-Server, der sich dem Benutzer als entferntes Diskettenlaufwerk darstellt, handelt es sich bei einem Datei-Server um ein intelligentes Gerät, das neben der Speicherung auch die Verwaltung der Dateien realisiert und die Aktivitäten der Netzwerkbenutzer in bezug auf die Anforderung und Manipulierung der Dateien koordiniert. Zur Bewältigung der – manchmal gleichzeitig – eingehenden Dateianforderungen ist ein Datei-Server sowohl mit einem Prozessor und entsprechender Steuerungssoftware als auch mit einem Diskettenlaufwerk zur Speicherung ausgerüstet. In lokalen Netzwerken übernimmt oft ein Computer, der über eine große Festplatte verfügt und ausschließlich für die Verwaltung gemeinsam genutzter Dateien vorgesehen ist, die Funktion eines Datei-Servers. → *Vgl. Disk-Server.*

Dateisicherung *Subst.* (file backup)
→ *siehe Sicherungskopie.*

Dateispezifikation *Subst.* (file specification)
Ein Dokument, das die Organisation der Daten innerhalb einer Datei beschreibt.

Dateisteuerblock *Subst.* (file control block)
Abgekürzt FCB. Ein kleiner Speicherblock, der durch das Betriebssystem eines Computers für die Aufnahme von Informationen über eine geöffnete Datei zugewiesen wird. Ein Dateisteuerblock enthält typischerweise Informationen, z.B. die Kennung einer Datei, deren Standort auf dem Datenträger und einen Zeiger auf die aktuelle (oder letzte) vom Benutzer angesprochene Position in der Datei.

Datei, streamorientierte *Subst.* (stream-oriented file)
→ *siehe streamorientierte Datei.*

Dateistruktur *Subst.* (file layout)
Bei der Speicherung von Daten die Organisation der Datensätze innerhalb einer Datei. Häufig sind Beschreibungen der Datensatzstruktur ebenfalls Bestandteil der Dateistruktur.

Dateisystem *Subst.* (file system)
In einem Betriebssystem die Gesamtstruktur, auf

deren Grundlage Dateien benannt, gespeichert und organisiert werden. Ein Dateisystem besteht aus Dateien, Verzeichnissen sowie den für die Lokalisierung bzw. den Zugriff auf diese Elemente erforderlichen Informationen. Der Begriff Dateisystem kann sich auch auf den Teil eines Betriebssystems beziehen, das die von einem Anwendungsprogramm angeforderten Dateioperationen in maschinennahe, sektororientierte Tasks übersetzt, die von den Treibern zur Steuerung der Diskettenlaufwerke verstanden werden. → *siehe auch Treiber.*

Dateisystem, hierarchisches Subst. (hierarchical file system)
→ *siehe hierarchisches Dateisystem.*

Dateisystem, lineares Subst. (flat file system)
→ *siehe lineares Dateisystem.*

Dateisystem, verteiltes Subst. (distributed file system)
→ *siehe verteiltes Dateisystem.*

Datei, temporäre Subst. (temporary file)
→ *siehe temporäre Datei.*

Dateityp Subst. (file type)
Die Kennzeichnung der funktionellen oder strukturellen Charakteristika einer Datei. Der Typ einer Datei läßt sich oft bereits anhand des Dateinamens erkennen – in MS-DOS wird der Dateityp normalerweise in der Dateinamenserweiterung angegeben. → *siehe auch Dateiformat.*

Datei, übersetzte Subst. (translated file)
→ *siehe übersetzte Datei.*

Dateiübertragung, binäre Subst. (binary file transfer)
→ *siehe binäre Dateiübertragung.*

Datei, versteckte Subst. (hidden file)
→ *siehe versteckte Datei.*

Dateiverwalter Subst. (file librarian)
Eine Person bzw. ein Prozeß mit der Aufgabe, Sammlung von Daten zu verwalten, zu archivieren, Kopien anzufertigen und den Zugriff auf diese Daten zu unterstützen.

Dateiwartung Subst. (file maintenance)
Allgemein das Verändern von Informationen in einer Datei, das Ändern der Steuerinformationen oder der Struktur einer Datei oder das Kopieren oder Archivieren von Dateien. Beispiele für Arbeiten zur Dateiwartung sind die Eingabe von Daten durch einen Bediener über ein Terminal, die Übernahme der Daten aus dem Terminal und deren Aufzeichnung in einer Datendatei durch ein Programm und die von einem Datenbank-Administrator mit Hilfe eines Dienstprogramms vorgenommene Formatänderung einer Datenbank.

Dateiwiederherstellung Subst. (file recovery)
Die Rekonstruktion verlorengegangener oder unlesbarer Dateien auf einem Datenträger. Dateien können z.B. verlorengehen, wenn man sie unbeabsichtigt löscht, wenn auf dem Datenträger untergebrachte Informationen zum Speicherort unlesbar sind oder wenn der Datenträger selbst beschädigt wird. Für die Dateiwiederherstellung existieren spezielle Hilfsprogramme, mit denen man die auf der Diskette befindlichen Verzeichnisinformationen zu den einzelnen Speicherstellen gelöschter Dateien ggf. wieder aufbauen kann. Da bei einem Löschvorgang der Platz auf der Diskette zwar freigegeben ist, die Daten aber weiterhin vorhanden sind, lassen sich noch nicht überschriebene Daten wiederherstellen. Im Fall der Beschädigung von Dateien oder Datenträgern lesen die Wiederherstellungsprogramme sämtliche noch »greifbare« Rohdaten und speichern diese auf einem neuen Datenträger oder in einer neuen Datei im ASCII-Code oder in numerischer (binärer oder hexadezimaler) Form. In einigen Fällen können rekonstruierte Dateien allerdings unzumutbar viele nichtzugehörige oder vermischte Informationen enthalten, daß sie nicht gelesen werden können. Der beste Weg zur Wiederherstellung einer Datei führt über das Zurücklesen von einer Sicherungskopie.

Dateizuordnungstabelle Subst. (file allocation table)
Von einigen Betriebssystemen geführte Tabelle oder Liste zum Verwalten von Speicherplatz, die für die Speicherung von Dateien verwendet wird. Die auf einer Diskette gespeicherten Dateien liegen nicht als nahtlose, zusammenhängende Folgen von Text oder Zahlen vor, sondern werden als

Gruppen mit einer festen Anzahl von Byte (Zeichen) je nach vorhandenem Platz abgelegt. Eine einzelne Datei kann demzufolge stückweise über viele Speicherbereiche »zerstreut« sein. Die Dateizuordnungstabelle stellt eine »Karte« aller verfügbaren Speicherstellen auf einer Diskette dar, so daß beschädigte und damit nicht mehr verwendbare Segmente markiert sind und Teile einer Datei gesucht und wieder zusammengesetzt werden können. Im Betriebssystem MS-DOS bezeichnet man eine Dateizuordnungstabelle häufig als FAT. → *siehe auch FAT-Dateisystem.*

Daten *Subst.* (data)
Plural des lateinischen *Datum,* d.h. ein Informationselement. Der Begriff *Daten* wird in der Praxis häufig sowohl im Singular als auch im Plural verwendet. → *Vgl. Information.*

Datenattribute *Subst.* (data attribute)
Strukturinformationen über Daten, die ihren Kontext und ihre Bedeutung beschreiben.

Datenaustausch, dynamischer *Subst.* (Dynamic Data Exchange)
→ *siehe DDE.*

Datenaustausch, elektronischer *Subst.* (electronic data interchange)
→ *siehe EDI.*

Datenaustauschformat *Subst.* (data interchange format)
Ein Format, das aus ASCII-Codes besteht. In diesem Format können Datenbanken, Tabellen und vergleichbare Dokumente strukturiert werden, um die Nutzung und Übertragung bezüglich anderer Programme zu erleichtern. → *siehe auch ascii.*

Datenautobahn *Subst.* (Information Superhighway)
Das vorhandene Internet und die dazugehörige allgemeine Infrastruktur. Dazu gehören private Netzwerke, Online-Dienste usw. → *siehe National Information Infrastructure.* → *auch genannt Information Superhighway.*

Datenbank *Subst.* (data bank, database)
Im weiteren Sinn jede wesentliche Datensammlung.

Im engeren Sinn eine Datei, die aus Datensätzen besteht, die jeweils aus Feldern aufgebaut ist. Zu einer Datenbank gehören weiterhin Operationen zum Suchen, Sortieren, Bilden neuer Kombinationen und andere Funktionen.

Datenbank-Administrator *Subst.* (database administrator)
Abgekürzt DBA. Ein Person oder eine Personengruppe, die für die Verwaltung einer Datenbank zuständig ist. Zu den typischen Aufgaben eines Datenbank-Administrators zählen die Bestimmung des Informationsgehalts einer Datenbank, die Festlegung der internen Speicherstruktur und die Zugriffsstrategie für die Datenbank, die Definition von Datensicherheit und Integrität sowie die Überwachung der Datenbankleistung. → *auch genannt Datenbank-Manager.*

Datenbank-Analytiker *Subst.* (database analyst)
Ein Person, die die erforderlichen analytischen Funktionen für die Konstruktion und/oder die Wartung von datenbankorientierten Anwendungen bereitstellt.

Datenbank-Computer *Subst.* (database machine)
Ein Datenbank-Server, der nur Datenbankfunktionen ausführt.

Datenbank-Designer *Subst.* (database designer)
Eine Person, die die Entwurfs- und Implementierungs-Funktionen entwickelt, die für Anwendungen erforderlich sind, die eine Datenbank verwenden.

Datenbank-Engine *Subst.* (database engine)
Programm-Module, die den Zugriff auf die Funktionen eines Datenbank-Managementsystems (DBMS) bereitstellen.

Datenbank, föderierte *Subst.* (federated database)
→ *siehe föderierte Datenbank.*

Datenbank, hierarchische *Subst.* (hierarchical database)
→ *siehe hierarchische Datenbank.*

Datenbank, intelligente *Subst.* (intelligent database)
→ *siehe intelligente Datenbank.*

Datenbank, invertierte *Subst.* (inverted-list database)
→ *siehe invertierte Datenbank.*

Datenbank, lineare *Subst.* (flat-file database)
→ *siehe lineare Datenbank.*

Datenbank-Managementsystem *Subst.* (database management system)
Abgekürzt DBMS. Eine Softwareebene zwischen der Datenbank und dem Benutzer. Ein Datenbank-Managementsystem handhabt Anforderungen von Benutzern für Datenbank-Aktionen und ermöglicht die Kontrolle hinsichtlich Sicherheit und Datenintegrität. → *siehe auch Datenbank-Engine.*
→ *auch genannt Datenbank-Manager.*

Datenbank-Managementsystem, hierarchisches *Subst.* (hierarchical database management system)
→ *siehe hierarchisches Datenbank-Managementsystem.*

Datenbank-Manager *Subst.* (database manager)
→ *siehe Datenbank-Administrator, Datenbank-Managementsystem.*

Datenbank-Maschine *Subst.* (database machine)
Ein peripheres Gerät, das datenbankbezogene Aufgaben ausführt und damit den Hauptcomputer von diesen Arbeiten befreit.

Datenbank, objektorientierte *Subst.* (object-oriented database)
→ *siehe objektorientierte Datenbank.*

Datenbank, parallele *Subst.* (parallel database)
→ *siehe parallele Datenbank.*

Datenbank-Publizierung *Subst.* (database publishing)
Das Anwenden von DTP- oder Internet-Technologie zum Erstellen von Berichten mit Informationen aus einer Datenbank.

Datenbank, relationale *Subst.* (relational database)
→ *siehe relationale Datenbank.*

Datenbank, sehr große *Subst.* (Very Large Database)
→ *siehe sehr große Datenbank.*

Datenbank-Server *Subst.* (database server)
Ein Knoten (Station) in einem Computernetzwerk, der hauptsächlich für die Speicherung einer gemeinsam genutzten Datenbank sowie den Zugriff darauf vorgesehen ist. → *auch genannt Datenbank-Maschine.*

Datenbankstruktur *Subst.* (database structure)
Eine allgemeine Beschreibung des Formats von Datensätzen in einer Datenbank, das die Anzahl der Felder, die Spezifikationen bezüglich des Datentyps für die Eingabe in die Felder sowie die verwendeten Feldnamen enthält.

Datenbanksystem, relationales *Subst.* (relational database management system)
→ *siehe relationale Datenbank.*

Datenbanksystem, verteiltes *Subst.* (distributed database management system)
→ *siehe verteiltes Datenbanksystem.*

Datenbank, verteilte *Subst.* (distributed database)
→ *siehe verteilte Datenbank.*

Datenbankverzeichnis *Subst.* (data dictionary)
Eine Datenbank, die Informationen über alle Datenbanken enthält, aus denen ein Datenbanksystem aufgebaut ist. Datenbankverzeichnisse speichern die verschiedenen Schemata und Dateispezifikationen sowie deren Standorte. Zu einem Datenbankverzeichnis gehören auch Informationen, welche Programme welche Daten verwenden und welche Benutzer an welchen Berichten interessiert sind.

Datenbearbeitung *Subst.* (data manipulation)
Die Verarbeitung von Daten mit einem Programm, das Befehle vom Benutzer entgegennimmt, Möglichkeiten zur Behandlung von Daten anbietet und die Hardware anweist, was zu tun ist.

Datenbeschreibungssprache *Subst.* (data description language)
Eine Sprache, die speziell für die Deklaration von Datenstrukturen und Dateien entwickelt wurde.
→ *siehe auch Datendefinitionssprache.*

Datenbibliothek *Subst.* (data library)
Eine Sammlung katalogisierter Datendateien auf Diskette oder in einem anderen Speichermedium.

Datenbit *Subst.* (data bit)
Bei der asynchronen Datenübertragung eine Gruppe von 5 bis 8 bit zur Darstellung eines einzelnen Zeichens. Datenbit werden von einem vorausgehenden Startbit und nachfolgend von einem optionalen Paritätsbit sowie einem oder mehreren Stopbits eingeschlossen. → *siehe auch asynchronous transmission, Bit, Kommunikationsparameter.*

Datenblock-Kopf *Subst.* (block header)
Spezielle Informationen, die sich am Anfang eines Datenblocks befinden. Der Datenblock-Kopf signalisiert den Blockanfang, ermöglicht die Identifizierung des Blocks und stellt Informationen zur Fehlerprüfung zur Verfügung. Außerdem gehen aus dem Datenblock-Kopf die Eigenschaften des Blocks hervor, z.B. seine Länge und die Art der im Block enthaltenen Daten. → *siehe auch Kopf.*

Datenbus *Subst.* (data bus)
→ *siehe Bus.*

Datendatei *Subst.* (data file)
Eine Datei, die aus Daten in der Form von Text, Zahlen oder Grafiken besteht und sich damit von einer Programmdatei für Befehle und Anweisungen unterscheidet. → *Vgl. Programmdatei.*

Datendefinitionssprache *Subst.* (data definition language)
Abgekürzt DDL. Eine Sprache, die für die Definition aller Attribute und Eigenschaften einer Datenbank verwendet wird – insbesondere für Datensatzlayouts, Felddefinitionen, Schlüsselfelder, Dateistandorte und Speicherstrategien.

Datendeklaration *Subst.* (data declaration)
Eine Anweisung in einem Programm, mit der die Eigenschaften einer Variable festgelegt werden. Die Anforderungen für Datendeklarationen unterscheiden sich bei den verschiedenen Programmiersprachen, können jedoch Werte enthalten, beispielsweise den Variablennamen, den Datentyp, den Anfangswert sowie die Festlegung der Größe. → *siehe auch Array, aufzeichnen, Datentyp, Variable.*

Dateneingabe *Subst.* (data entry)
Das Schreiben neuer Daten in den Computer-Speicher.

Dateneinheit *Subst.* (data set)
Eine Sammlung aufeinander bezogener Informationen, die zwar aus separaten Elementen besteht, sich jedoch bei der Datenverarbeitung als Einheit behandeln läßt.

Datenelement *Subst.* (data element, data item)
Eine einzelne Dateneinheit. → *siehe auch Datenfeld.*

Datenerfassung *Subst.* (data acquisition, data capture, data collection)
Das Erfassen von Quelldokumenten oder Daten. Außerdem das Beschaffen von Daten aus einer anderen Quelle, die sich in der Regel außerhalb des Systems befindet.
Des weiteren bezeichnet »Datenerfassung« das Auflisten von Informationen bei einer Transaktion.

Daten-Fax-Modem *Subst.* (data/fax modem)
Ein Modem, das sowohl serielle Daten als auch Fax-Dokumente senden oder empfangen kann.

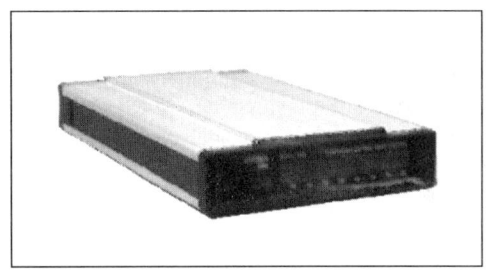

Daten-Fax-Modem

Datenfeld *Subst.* (data field)
Ein genau definierter Abschnitt eines Datensatzes, z.B. eine Spalte in einer Datenbanktabelle.

Datenfeld-Maskierung *Subst.* (data field masking)
Das Filtern oder die anderweitige Auswahl von Teilen eines Datenfeldes, um die Art und Weise zu kontrollieren, in der es zurückgegeben und angezeigt wird.

Datenfeld, mit variabler Länge *Subst.* (variable-length field)
Zu einem Datensatz gehörendes Feld, dessen Länge, je nach den darin enthaltenen Daten, variieren kann.

Datenfernübertragung *Subst.* (remote communications)
Der Dialog mit einem entfernten Computer über eine Telefonverbindung oder eine andere Übertragungsstrecke.

Datenfilterung *Subst.* (data mining)
Das Erkennen wirtschaftlich relevanter Muster oder Beziehungen in Datenbanken oder anderen Computer-Repositories. Eine Datenfilterung wird mit fortgeschrittenen Statistik-Tools vorgenommen.

Datenfluß *Subst.* (data flow)
Den Weg, den die Daten in einem System zurücklegen – von ihrem Eintrittspunkt bis zum Bestimmungspunkt.
In der parallelen Verarbeitung bezieht sich der Begriff »Datenfluß« auf einen Entwurfstyp, bei dem eine Berechnung erfolgen kann, wenn entweder alle notwendigen Informationen verfügbar sind (datengesteuerte Verarbeitung) oder wenn andere Prozesse die Daten anfordern (anforderungsgesteuerte Verarbeitung). → *siehe auch parallele Verarbeitung.*

Datenformat *Subst.* (data format)
Die von einer Anwendung vorgenommene Strukturierung der Daten. Das Datenformat legt den Kontext fest, in dem die Interpretation der Daten erfolgt.

datengesteuerte Verarbeitung *Subst.* (data-driven processing)
Eine Form der Verarbeitung, bei der der Prozessor oder das Programm den Eingang der Daten abwarten muß, bevor mit dem nächsten Schritt einer Sequenz fortgefahren werden kann.

Datenhandschuh *Subst.* (data glove)
Dateneingabegeräte oder Controller in der Form eines Handschuhs, die mit Sensoren für die Umwandlung von Hand- und Fingerbewegungen in Befehle versehen sind. → *siehe auch virtuelle Realität.*

Datenintegrität *Subst.* (data integrity)
Die Genauigkeit von Daten und ihre Übereinstimmung mit der erwarteten Bedeutung, insbesondere nachdem sie übertragen oder verarbeitet wurden.

Datenkabel *Subst.* (data cable)
Glasfaser- oder Drahtkabel zur Übertragung von Daten von einem Gerät zu einem anderen.

Datenkanal *Subst.* (data channel)
→ *siehe Kanal.*

Datenkommunikation *Subst.* (data communications)
→ *siehe Kommunikation.*

Datenkomprimierung *Subst.* (data compression)
Ein Verfahren zum Verringern des Volumens oder der Bandbreite, die zum Speichern bzw. Übertragen eines Datenblocks erforderlich ist. Die Datenkomprimierung wird bei der Datenkommunikation, bei der Fax-Übertragung und bei der CD-ROM-Herstellung eingesetzt. → *auch genannt Datenreduktion.*

Datenkonferenz *Subst.* (data conferencing)
Gleichzeitige Datenkommunikation zwischen geographisch getrennten Teilnehmern einer Besprechung. Bei Datenkonferenzen werden Whiteboards sowie andere Software eingesetzt, mit der einzelne Dateimengen eines Speicherorts von allen Teilnehmern aufgerufen werden können. → *siehe auch Desktop-Konferenz, Whiteboard.* → *Vgl. Videokonferenz.*

Datenkonferenz

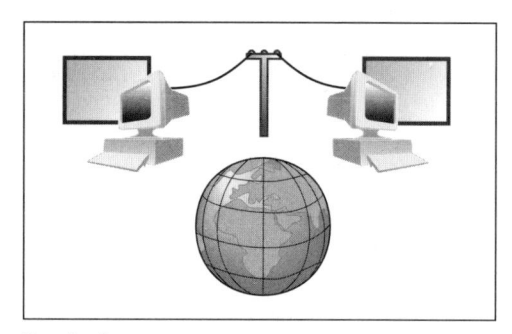

Datenkontrolle *Subst.* (data control)
Bezeichnet in der Datenverwaltung das Protokollieren, wie und durch wen Daten genutzt, angefordert, verändert, in Besitz gebracht oder bekanntgegeben werden.

Datenmanipulations-Sprache *Subst.* (data manipulation language)
Abgekürzt DML. Eine Sprache, die in der Regel

Bestandteil eines Datenbank-Managementsystems ist und dazu verwendet wird, Daten einzufügen, zu aktualisieren und eine Datenbank abzufragen. Datenmanipulations-Sprachen können häufig mathematische und statistische Berechnungen ausführen, die das Generieren von Berichten erleichtern. → *siehe auch strukturierte Abfragesprache.*

Datenmigration *Subst.* (data migration)
Das Verschieben von Daten aus einem Repository oder einer Quelle (z. B. eine Datenbank) an ein Ziel. Dies wird in der Regel von automatisierten Skripten oder Programmen durchgeführt. Eine Daten-Migration bezieht häufig das Übertragen von Daten von einem Computersystem an ein unterschiedliches System ein.
»Datenmigration« ist außerdem ein Begriff aus dem Bereich der Supercomputing-Anwendungen. Er bezeichnet einen Mechanismus, bei dem ein nicht vorhandenes Speichermedium simuliert wird.

Datenmodell *Subst.* (data model)
Eine Sammlung aufeinander bezogener Objekttypen, Operatoren und Integritätsregeln, die die vom Datenbank-Managementsystem (DBMS) unterstützte Entität bilden. In Abhängigkeit vom jeweils implementierten Datenmodell spricht man daher von einem relationalen DBMS oder einem Netzwerk-DBS usw. Im allgemeinen unterstützt ein DBMS mehr aus praktischen als aus theoretischen Einschränkungen nur ein Datenmodell.

Datennetzwerk *Subst.* (data network)
Ein Netzwerk für die Übertragung von Daten, die in der Regel als digitale Signale codiert sind. Im Gegensatz dazu werden in einem Voice-Netzwerk im allgemeinen analoge Signale übertragen.

Datenpaket *Subst.* (data frame, data packet, frame, information packet)
Allgemein jede Informationseinheit, die als Ganzes in einem Netzwerk übertragen wird. Datenpakete werden durch die Sicherungsschicht des Netzwerks definiert und existieren nur auf den Leitungen zwischen den Netzwerk-Knoten. → *siehe auch Frame, Sicherungsschicht.*
Bei der synchronen Kommunikation ein Informationspaket, das als selbständige Einheit übertragen wird. Jedes Datenpaket ist nach dem gleichen grundlegenden Organisationsschema aufgebaut und enthält Steuerinformationen, z. B. Synchronisationszeichen, Stationsadressen und Werte zur Fehlerprüfung sowie eine variable Datenmenge. Beispielsweise beginnt und endet ein Datenpaket im weitverbreiteten HDLC- und dem ihm verwandten SDLC-Protokoll mit einem eindeutigen Flag (01111110). → *siehe auch HDLC, SDLC.*
Bei der asynchronen seriellen Kommunikation eine Übertragungseinheit. Als Maß für ein Datenpaket dient manchmal die Zeitdauer zwischen dem Startbit, das einem Zeichen vorangeht, und dem letzten Stopbit, das dem Zeichen folgt.
→ *siehe Paket.*

Datenprotokollierung *Subst.* (data capture)
Das Speichern des Datenaustauschs zwischen einem Benutzer und einer entfernten Informationseinheit auf einem Speichermedium.

Datenpuffer *Subst.* (data buffer)
Ein Speicherbereich zur vorübergehenden Aufnahme von Daten, wenn sie von einem Ort zu einem anderen verschoben werden. → *siehe auch puffern.*

Datenpunkt *Subst.* (data point)
Jedes in einem Diagramm dargestellte numerische Wertepaar x.

Datenquelle *Subst.* (data source)
Der Ursprung von Computerdaten. Eine Datenquelle ist häufig ein analoges oder digitales Datensammelsystem.
In der Kommunikationstechnik der Teil eines Datenterminals (DTE – Data Terminal Equipment), der Daten sendet.

Datenrate *Subst.* (data rate)
Die Geschwindigkeit, mit der ein Schaltkreis oder eine Kommunikationsleitung Informationen übertragen kann. Die Datenrate wird in Bit pro Sekunde (bps) gemessen.

Datenreduktion *Subst.* (data compaction, data reduction)
Die Umwandlung von Rohdaten in eine brauchbare Form durch Skalierung, Glättung, Anordnung oder andere Bearbeitungsprozeduren.
→ *siehe Datenkomprimierung.*

Datensätze, verbundene *Subst.* (concatenated data set)
→ siehe verbundene Datensätze.

Daten sammeln *Vb.* (data collection)
Das Gruppieren von Daten mittels Klassifikation, Sortiervorgängen, Ordnung oder anderen Methoden zur Strukturierung.

Datensammlung *Subst.* (data aggregate)
Eine Sammlung von Datensätzen, die in der Regel eine Beschreibung für die Unterbringung der Datenblöcke und ihre Beziehung zur gesamten Menge einschließt.

Datensatz *Subst.* (data record, record)
Eine Datenstruktur, die eine Sammlung von Feldern (Elementen) darstellt, von denen jedes einen eigenen Namen und Typ aufweist. Im Gegensatz zu einem Array, dessen Elemente alle dem gleichen Datentyp angehören und über einen Index angesprochen werden, repräsentieren die Elemente eines Datensatzes verschiedene Datentypen, und der Zugriff erfolgt über ihre Namen. Auf einen Datensatz kann man sowohl in seiner Gesamtheit als auch durch Referenzierung einzelner Elemente zugreifen. → siehe auch Array, Datenstruktur, eingeben.
→ siehe aufzeichnen.

Datensatzformat *Subst.* (record format)
→ siehe Datensatzstruktur.

Datensatzlänge *Subst.* (record length)
Der für die Speicherung eines Datensatzes benötigte Platz. Die Datensatzlänge wird meist in Byte angegeben.

Datensatzlayout *Subst.* (record layout)
Die Organisation von Datenfeldern innerhalb eines Datensatzes.

Datensatz, logischer *Subst.* (logical record)
→ siehe logischer Datensatz.

Datensatz mit variabler Länge *Subst.* (variable-length record)
Ein Datensatz, dessen Länge sich ändern kann, da er Felder mit variabler Länge enthält und/oder gewisse Felder nur unter bestimmten Bedingungen aufnimmt. → siehe auch Datenfeld, mit variabler Länge.

Datensatznummer *Subst.* (record number)
Eine eindeutige Zahl, die einem Datensatz in einer Datenbank zugeordnet ist. Eine Datensatznummer kann einen vorhandenen Datensatz direkt über seine Position kennzeichnen (z.B. den zehnten Datensatz in einer Datenbank) oder es kann sich dabei um einen verschlüsselten Code handeln, der dem Datensatz zugewiesen wird (z.B. könnte dem zehnten Datensatz einer Datenbank auch die Nummer »00742« zugewiesen werden).

Datensatzsperre *Subst.* (record locking)
Ein Verfahren für verteilte Verarbeitung und andere Mehrbenutzer-Umgebungen, das den gleichzeitigen Zugriff durch mehrere Benutzer beim Schreiben von Daten in einen Datensatz verhindert.

Datensatzstruktur *Subst.* (record structure)
Eine Liste, die sowohl die Anordnung der Felder, aus denen ein Datensatz gebildet wird, als auch eine Definition der Domäne (zulässige Werte) für jedes Feld enthält.

Datenschlüssel *Subst.* (data encryption key)
Eine Folge von Daten, die zum Verschlüsseln und Entschlüsseln anderer Daten verwendet wird.
→ siehe auch Entschlüsselung, Verschlüsselung.

Datenschutz *Subst.* (data protection)
Die Erhaltung, Integrität und Zuverlässigkeit von Daten sicherstellen. → siehe auch Datenintegrität.

Datensegment *Subst.* (data segment)
Teil eines Speichers oder eines Hilfsspeichers, der die von einem Programm benötigten Daten enthält.

Datensenke *Subst.* (data sink, sink)
Ein Begriff für Vorrichtungen oder Geräte, die zur Aufnahme oder zum Empfang von Daten vorgesehen sind.
Außerdem jedes Aufzeichnungsmedium, auf dem Daten so lange gespeichert werden können, bis sie benötigt werden.
In der Kommunikationstechnik bezeichnet »Datensenke« den Teil eines Datenterminals (DTE –

Data Terminal Equipment), der übertragene Daten empfängt.

Datenstrom *Subst.* (data stream)
Ein undifferenzierter, byteweiser Fluß von Daten.

Datenstruktur *Subst.* (data structure)
Ein Organisationsschema, z.B. ein Datensatz oder ein Array, das auf die Daten angewendet werden kann, so daß man sie interpretieren und spezifische Operationen darauf ausführen kann.

Datenstruktur, fortlaufende *Subst.* (contiguous data structure)
→ *siehe fortlaufende Datenstruktur.*

Datenstruktur, unterbrochene *Subst.* (noncontiguous data structure)
→ *siehe unterbrochene Datenstruktur.*

Datensystem, räumliches *Subst.* (spatial data management)
→ *siehe räumliches Datensystem.*

Datenträger *Subst.* (data medium)
Der physikalische Träger, auf dem Computerdaten gespeichert werden.

Datenträger, austauschbarer *Subst.* (exchangeable disk)
→ *siehe wechselbarer Datenträger.*

Datenträger, komprimierter *Subst.* (compressed disk)
→ *siehe komprimierter Datenträger.*

Datenträgername *Subst.* (volume label)
Der Name für eine Diskette, Festplatte oder ein Magnetband. MS-DOS-Systeme verwenden für Diskettennamen, die hier außer in Verzeichnislistings nur selten zum Einsatz kommen, den Begriff *Datenträgernamen*. Apple Macintosh-Systeme, die einen Bezug auf Datenträger oft nach dem Namen herstellen, benutzen die Bezeichnung *Volumennamen*.

Datenträgernummer *Subst.* (volume reference number)
→ *siehe Datenträger-Seriennummer.*

datenträgerorientiertes Betriebssystem *Subst.* (disk operating system)
→ *siehe DOS.*

Datenträger-Seriennummer *Subst.* (volume serial number)
Die optionale Nummer zur Kennzeichnung einer Diskette, Festplatte oder eines Magnetbandes. MS-DOS-Systeme verwenden den Begriff *Datenträger-Seriennummer*. Apple Macintosh-Systeme verwenden einen ähnlichen Bezeichner, die sog. *Datenträgernummer*. Eine Datenträger-Seriennummer ist nicht identisch mit einem Datenträgernamen oder Volumennamen. → *Vgl. Datenträgername.*

Datenträgersignal *Subst.* (data carrier)
→ *siehe Trägersignal.*

Datenträger, softsektorierter *Subst.* (soft-sectored disk)
→ *siehe softsektorierter Datenträger.*

Datenträger, virtueller *Subst.* (virtual disk)
→ *siehe RAM-Disk.*

Datenträger, wechselbarer *Subst.* (removable disk)
→ *siehe wechselbarer Datenträger.*

Datentransfer *Subst.* (data transfer, file transfer)
Die Bewegung von Informationen von einem Ort zu einem anderen, entweder innerhalb eines Computers (z.B. von einem Diskettenlaufwerk in den Speicher) oder zwischen einem Computer und einem externen Gerät (z.B. zwischen zwei Computern oder zwischen einem Datei-Server und einem Netzwerk-Computer).
In bezug auf Dateien die Verschiebung oder die Übertragung einer Datei von einem Ort zu einem anderen – z.B. zwischen zwei Programmen oder über ein Netzwerk.

Daten-Transferrate *Subst.* (data transfer rate)
→ *siehe Datenrate.*

Datentyp *Subst.* (data type)
In der Programmierung eine Definition, die für eine Menge von Daten den möglichen Wertebereich, die mit den Werten ausführbaren Operationen und das Speicherformat dieser Werte fest-

legt. Der Computer kann erst durch die Kenntnis des Datentyps die Daten geeignet manipulieren. Die Unterstützung von Datentypen findet man vor allem in Hochsprachen, wobei meistens Typen wie Ganzzahl (Integer), Gleitkommazahl (Real), Zeichen, Boolesche Werte und Zeiger verwendet werden. Die Art und Weise der Implementierung von Datentypen gehört zu den grundlegenden Eigenschaften einer Sprache. → *siehe auch Aufzählungstyp, benutzerdefinierter Datentyp, Datentypkonvertierung, Konstante, schwache Typisierung, strikte Typisierung, Typprüfung, Variable.*

Datentyp, abstrakter *Subst.* (abstract data type)
→ *siehe abstrakter Datentyp.*

Datentyp, benutzerdefinierter *Subst.* (user-defined data type)
→ *siehe benutzerdefinierter Datentyp.*

Datentypkonvertierung *Subst.* (cast)
Bei der Programmierung die Umwandlung eines Datentyps in einen anderen, z.B. die Umwandlung einer ganzen Zahl in eine Gleitkommazahl. → *siehe auch Datentyp.* → *auch genannt Coercion.*

Datentyp, skalarer *Subst.* (scalar data type)
→ *siehe skalarer Datentyp.*

Datenüberprüfung *Subst.* (data validation)
Die Überprüfung von Daten im Hinblick auf Genauigkeit von Daten.

Datenübertragung *Subst.* (data transmission)
Der elektronische Transfer von Informationen von einem sendenden Gerät zu einem empfangenden Gerät.

Datenübertragung, digitale *Subst.* (digital data transmission)
→ *siehe digitale Datenübertragung.*

Datenübertragungseinrichtung *Subst.* (data set)
In der Kommunikationstechnik eine andere Bezeichnung für »Modem« . → *siehe auch Modem.*

Datenunabhängigkeit *Subst.* (data independence)
In Datenbanken die Trennung der Daten von den Programmen, mit denen die Daten manipuliert werden. Datenunabhängigkeit ist die Fähigkeit, gespeicherte Daten so zugänglich wie möglich zu machen.

Datenverarbeitung *Subst.* (data processing)
Die von Computern ausgeführten allgemeinen Arbeiten. → *siehe auch dezentrale Datenverarbeitung, verteilte Datenverarbeitung, zentrale Datenverarbeitung.* → *auch genannt ADP, automatische Datenverarbeitung, EDP, elektronische Datenverarbeitung.*
Im engeren Sinne die Änderung von Daten, um sie in ein beliebiges Ergebnis umzuwandeln.

Datenverarbeitung, automatische *Subst.* (automatic data processing)
→ *siehe Datenverarbeitung.*

Datenverarbeitung, dezentrale *Subst.* (decentralized processing)
→ *siehe dezentrale Datenverarbeitung.*

Datenverarbeitung, elektronische *Subst.* (electronic data processing)
→ *siehe Datenverarbeitung.*

Datenverarbeitung, verteilte *Subst.* (distributed processing)
→ *siehe verteilte Datenverarbeitung.*

Datenverarbeitung, zentrale *Subst.* (centralized processing)
→ *siehe zentrale Datenverarbeitung.*

Datenverbindung *Subst.* (data link)
Eine Verbindung zwischen zwei beliebigen Geräten, die Informationen senden und empfangen können, z.B. zwischen einem Computer und dem angeschlossenen Drucker oder einem Hauptcomputer und einem Terminal. Zu einer Datenverbindung rechnet man manchmal auch alle Einrichtungen hinzu, die einem Gerät das Senden und/oder Empfangen ermöglichen (z.B. ein Modem). Die an einer Datenverbindung beteiligten Geräte folgen Protokollen, die die Datenübertragung festlegen. → *siehe auch DCE, DTE, Kommunikationsprotokoll, Sicherungsschicht.*

Datenverfälschung *Subst.* (data corruption)
→ *siehe Verfälschung.*

Datenverkehr *Subst.* (data traffic)
Der Austausch elektronischer Nachrichten – Steuerinformationen sowie Daten – über ein Netzwerk. Die Kapazität wird in Bandbreiten, die Geschwindigkeit in Bit pro Zeiteinheit gemessen.

Datenverkettung *Subst.* (data chaining)
Das Speichern von Datensegmenten in nichtzusammenhängenden Bereichen, wobei gleichzeitig die Möglichkeit zur Wiederherstellung durch Verbinden der Teile in entsprechender Reihenfolge gewährleistet bleibt.

Datenverschlüsselung *Subst.* (data encryption)
→ *siehe Verschlüsselung.*

Datenverteiler *Subst.* (data switch)
Ein Gerät in einem Computersystem, das die eingehenden Daten an verschiedene Orte weiterleitet.

Datenverwaltung *Subst.* (data management)
Die Kontrolle von Daten vom Erfassen und der Eingabe über die Verarbeitung, Ausgabe und Speicherung. In Mikrocomputern ist die Hardware dafür verantwortlich, die Daten einzuholen, sie von einer Stelle zur anderen zu verschieben und Befehle zu ihrer Verarbeitung auszuführen. Das Betriebssystem verwaltet die Hardware und folglich auch die Daten, indem es die harmonische Zusammenarbeit der Systemkomponenten sowie die sichere und korrekte Speicherung der Daten gewährleistet. Anwendungsprogramme verwalten Daten, indem sie die Eingaben entgegennehmen, diese entsprechend den Befehlen des Benutzers verarbeiten und die Ergebnisse an ein Ausgabegerät senden oder auf Diskette speichern. Die Datenverwaltung liegt ebenso in der Verantwortlichkeit des Benutzers, der u. a. folgende Aufgaben hat: die Erfassung und Organisation der Daten, die Beschriftung der Disketten, das Anfertigen von Sicherungskopien der Daten, die Archivierung der Dateien und die periodische »Säuberung« einer Festplatte von nicht benötigtem Material.

Datenverzeichnis *Subst.* (data directory)
→ *siehe Datenbankverzeichnis, Katalog.*

Datenwert *Subst.* (data value)
Die eigentliche oder übertragene Bedeutung eines Datenelements (z. B. eines Eintrags in einer Datenbank) oder eines Typs (z. B. Integer), die für eine Variable verwendet werden kann.

Datenzweig *Subst.* (data fork)
Bei Dateien auf dem Macintosh der Teil eines gespeicherten Dokuments, der die vom Benutzer gelieferten Informationen enthält, z. B. den Text eines Textverarbeitungsdokuments. Eine Macintosh-Datei kann über einen Datenzweig, einen Ressourcenzweig (der Informationen, z. B. Programmcodes, Schriftartdaten, digitalisierte Klänge bzw. Symbole, enthält) und einen Kopf verfügen. Das Betriebssystem verwendet diese drei Teile beim Verwalten und Speichern von Dateien. → *siehe auch Ressource, Ressourcenzweig.*

Datum *Subst.* (datum)
Singular von *Daten*, ein einzelnes Informationselement. → *siehe auch Daten.*

Datumsabdruck *Subst.* (date stamping)
Eine Softwarefunktion, die das aktuelle Datum automatisch in ein Dokument einfügt.

dauerhafte Übertragungsgeschwindigkeit *Subst.* (sustained transfer rate)
Ein Maß der Datenübertragungsrate eines Massenspeichergerätes, z. B. einer Festplatte oder eines Magnetbandes. Die dauerhafte Übertragungsgeschwindigkeit ist die Rate, die vom Gerät über eine längere Zeit aufrechterhalten werden kann.

Dauerton-Trägersignal *Subst.* (continuous carrier)
In der Kommunikationstechnik ein Trägersignal, das während der gesamten Dauer der Übertragung gesendet wird, unabhängig davon, ob eine Informationsübertragung im eigentlichen Sinne stattfindet oder nicht.

DAV-Stecker *Subst.* (DAV connector)
→ *siehe Digital Audio/Video Connector.*

dB *Subst.*
→ *siehe Dezibel.*

DB *Subst.*
→ *siehe Datenbank.*

DBA *Subst.*
→ *siehe Datenbank-Administrator.*

D

.dbf
Eine Dateinamenerweiterung für eine dBASE-Datenbankdatei.

DBMS *Subst.*
→ *siehe Datenbank-Managementsystem.*

DB-Stecker *Subst.* (DB connector)
Einer der verschiedenen Stecker, mit denen sich parallele Eingabe- und Ausgabegeräte einfach an den Computer anschließen lassen. Die auf die Kennbuchstaben DB (für Data Bus) folgende Zahl gibt die Anzahl der Anschlußleitungen innerhalb eines Steckers an. Ein DB-9-Stecker kann z.B. bis zu neun Leitungen aufnehmen, von denen jede an ein Pin im Stecker angeschlossen werden kann.

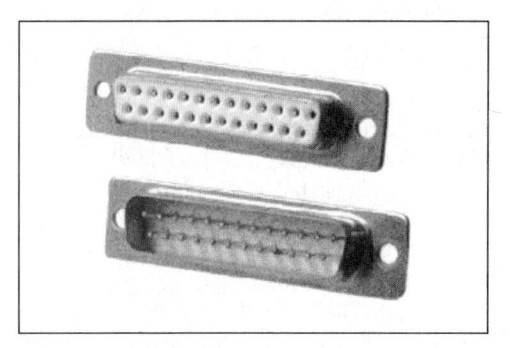

DB-Stecker: Weiblich (oben) und männlich

DC *Subst.*
→ *siehe Gleichstrom.*

DCA *Subst.*
Abkürzung für **D**ocument **C**ontent **A**rchitecture. Eine Formatierungsrichtlinie, die in der Systems Network Architecture (SNA) von IBM verwendet wird und den Austausch von Nur-Text-Dokumenten zwischen unterschiedlichen Computertypen ermöglicht. DCA bietet zwei Arten der Dokumentformatierung: Die sog. RFTDCA (Revisable-Form-Text DCA), deren Formatierung geändert werden kann, und FFTDCA (Final-Form-Text DCA), deren Formatierung sich nicht ändern läßt. → *siehe DUA.* → *siehe auch DIA, SNA.*
Außerdem die Abkürzung für »Directory Client Agent«. → *siehe DUA.*

DCD *Subst.*
Abkürzung für **D**ata **C**arrier **D**etected. In der seriellen Kommunikation verwendetes Signal, das ein Modem an den eigenen Computer sendet, um anzuzeigen, daß es für die Übertragung bereit ist.
→ *siehe auch RS-232-C-Standard.*

DCE *Subst.*
Abkürzung für **D**ata **C**ommunications **E**quipment. Eine der beiden Gerätearten, die über eine serielle Verbindung nach RS-232-C miteinander kommunizieren. Bei der anderen Geräteart handelt es sich um Data Terminal Equipment (DTE). Eine DCE fungiert als zwischengeschaltetes Gerät, das die Eingaben von einer DTE zuerst umwandelt, bevor sie an einen Empfänger gesendet werden. Bei einem Modem handelt es sich z.B. um eine DCE, die Daten von einem Mikrocomputer (DTE) moduliert und über eine Fernsprechleitung überträgt. → *siehe Distributed Computing Environment.*
→ *siehe auch RS-232-C-Standard.* → *Vgl. DTE.*

DCOM *Subst.*
Abkürzung für **D**istributed **C**omponent **O**bject **M**odel. Die Version der Component Object Model-(COM-)Spezifikation von Microsoft, die festlegt, wie die Komponenten mit fensterbasierten Netzwerken kommunizieren. DCOM läßt die Verteilung von verschiedenen Komponenten für eine einzelne Anwendung über mehrere Netzwerk-Computer zu, die eine Anwendung über ein Netzwerk ausführen, so daß die Verteilung der Komponenten dem Benutzer nicht angegeben und die Anwendung entfernt angezeigt wird. → *siehe auch COM, Komponente.* → *auch genannt Distributed COM.*

DCTL *Subst.*
→ *siehe direkt gekoppelte Transistorlogik.*

DDBMS *Subst.*
→ *siehe verteiltes Datenbanksystem.*

DDC *Subst.*
Abkürzung für **D**isplay **D**ata **C**hannel. Ein VESA-Standard, der die Software-Steuerung von grafischen Computerbildschirmen ermöglicht. Unter DDC werden die Bildschirmcharakteristika dem Grafik-Teilsystem zur Verfügung gestellt, das die Daten für das Konfigurieren der Anzeige verwendet und einen Kommunikationskanal in beide Richtungen zwischen dem Monitor und dem Computer zur Verfügung stellt. → *siehe auch VESA.* → *auch genannt VESA DDC.*

DDE *Subst.*
Abkürzung für **D**ynamic **D**ata **E**xchange. Eine Methode der in Microsoft Windows und OS/2 implementierten Interprozeß-Kommunikation. Wenn mehrere Programme gleichzeitig laufen, können sie Daten und Befehle austauschen. In Windows 3.1 wurde DDE weitgehend von OLE verdrängt (eine Erweiterung von DDE). In Windows 95 und Windows NT werden OLE und ActiveX am häufigsten verwendet. → *siehe auch ActiveX, Interprozeß-Kommunikation, OLE.*

DDL *Subst.*
→ *siehe Datendefinitionssprache.*

.de
Im Internet ein Kürzel für die übergreifende Länder-Domäne, die eine Adresse in Deutschland angibt.

Dead-Letter-Box *Subst.* (dead-letter box)
Eine Datei in E-Mail- oder Nachrichtensystemen, an die nicht zustellbare Nachrichten gesendet werden.

Deadlock *Subst.* (deadlock)
Eine Situation, die auftritt, wenn zwei Programme oder Geräte jeweils auf die Antwort des anderen warten, bevor sie selbst weiterarbeiten. → *auch genannt Verklemmung.*
Im Zusammenhang mit Betriebssystemen bezeichnet »Deadlock« eine Situation, in der mehrere Prozesse am Fortfahren gehindert werden, während jeder Prozeß darauf wartet, daß Ressourcen des anderen Prozesses freigegeben werden.

deallozieren *Vb.* (deallocate)
Vorher belegten Speicher wieder frei machen.
→ *siehe auch Zeiger.* → *Vgl. allozieren.*

debuggen *Vb.* (debug)
Das Erkennen, Lokalisieren und Korrigieren von Fehlern – betrifft im Softwarebereich logische und syntaktische Fehler von Programmen, im Hardwarebereich Fehlfunktionen. Der auch im Deutschen verwendete Begriff *Troubleshooting* bezieht sich mehr auf die Fehlersuche bei Hardwareeinrichtungen – insbesondere, wenn man von einem größeren Problem ausgehen muß. → *siehe auch Bug, Debugger.*

Debugger *Subst.* (debugger)
Ein Programm für die Fehlersuche in einem anderen Programm, das dem Programmierer die schrittweise Abarbeitung des Programms, das Überprüfen von Daten und das Testen von Bedingungen, z.B. die Werte von Variablen, ermöglicht.
→ *siehe auch Bug, debuggen.*

DECchip 21064 *Subst.*
Auch als DEC Alpha oder DEC Alpha AXP bezeichnet. Ein 1992 von der Firma DEC (Digital Equipment Corporation) eingeführter Mikroprozessor. Der DECchip 21064 ist ein 64-Bit superskalarer, superpipelined Mikroprozessor-Chip auf RISC-Basis mit 64-Bit-Registern, einem 64-Bit-Datenbus, einem 64-Bit-Adreßbus und einem 128-Bit-Datenpfad zwischen dem Mikroprozessor und dem Speicher. Zusätzlich verfügt der DECchip 21064 über einen integrierten 8-KB-Befehlscache, einen integrierten 8-KB-Datencache und einen Gleitkomma-Prozessor. Der DECchip 21064 enthält 1,7 Millionen Transistoren und arbeitet bei einer Betriebsspannung von 3,3 Volt. Die 200-MHz-Version ist mit einer Spitzenrate von 400 MIPS verfügbar. Da die Architektur des Chips SMP-kompatibel ist, lassen sich mehrere Chips in einer parallelen (Mulitprozessor-)Konfiguration einsetzen.
→ *siehe auch Gleitkomma-Prozessor, MIPS, Pipelining, RISC, Superpipelining, superskalar.*

Deck *Subst.* (deck)
Bezeichnung für ein Speichergerät, z.B. ein Cassetten-Deck, oder eine Gruppe derartiger Geräte.

Decoder *Subst.* (decoder)
Ein Gerät oder eine Programmroutine zur Rückverwandlung codierter Daten in ihre ursprüngliche Form. Codieren kann das Überführen unlesbarer oder verschlüsselter Codes in lesbaren Text bedeuten. Ein Decoder wird manchmal auch für die Umsetzung eines Codes in einen anderen verwendet. Diese Art der Decodierung wird allerdings meist als Konvertierung bezeichnet. → *Vgl. Konvertierung.*
Im elektronischen und hardwaretechnischen Bereich stellt ein Decoder eine Schaltung dar, die für bestimmte Kombinationen von empfangenen Eingangssignalen ein oder mehrere Ausgangssignal(e) erzeugt.

Decompiler *Subst.* (decompiler)
Ein Programm, das den Versuch unternimmt, aus Assemblercode oder Maschinencode den zugehörigen Quellcode in einer Hochsprache zu erzeugen. Dabei handelt es sich um eine schwierige Aufgabe, da man z.B. Assemblercode schreiben kann, für den es keinen entsprechenden Hochsprachen-Quellcode gibt. → *siehe auch Disassembler.* → *Vgl. Compiler.*

.de.co.us
Im Internet ein Kürzel für die übergreifende Länder-Domäne, die eine Adresse in Denver im Bundesstaat Colorado in den Vereinigten Staaten angibt.

DECstation *Subst.*
Ein kleines Computersystem, das vorwiegend für die Textverarbeitung eingesetzt wird, und von der Digital Equipment Corporation 1978 auf den Markt gebracht wurde.
Eine PC-Serie der Digital Equipment Corporation, die 1989 auf den Markt gekommen ist.
Eine Serie von Einbenutzer-Arbeitsstationen von UNIX, die auf RISC-Prozessoren basieren und von der Digital Equipment Corporation 1989 auf den Markt gebracht wurden. → *siehe auch RISC.*

dediziert *Adj.* (dedicated)
Ein Gerät, ein Programm oder eine Prozedur, die einen einzigen Task oder eine einzige Funktion ausübt.

dedizierter Kanal *Subst.* (dedicated channel)
Auch als Standleitung bezeichnet. Eine Kommunikationsverbindung, die zur besonderen Verwendung oder für einen bestimmten Benutzer reserviert ist.

Deep Copy *Subst.* (deep copy)
Eine Kopie des Inhalts einer Datenstruktur mit allen Teilstrukturen.

Deep Hack *Subst.* (deep hack)
Der Zustand der vollen Konzentration beim Programmieren.

De-facto-Standard *Subst.* (de facto standard)
Konstruktionen, Programme oder Sprachen, die durch weite Verbreitung und Nachahmungen fast konkurrenzlos sind, deren Status aber nicht durch eine anerkannte Standardisierungsorganisation, z.B. ANSI (American National Standards Institute) oder ISO (International Organization for Standardization), für offiziell erklärt wurde. → *siehe auch Standard.* → *Vgl. De-jure-Standard.*

default *Vb.*
In bezug auf Programme eine Auswahl vornehmen, wenn der Benutzer keine Alternative spezifiziert.

Defekt *Subst.* (fault)
Ein Störfaktor (z.B. ein Wackelkontakt), durch den ein System oder Gerät nicht richtig ausgeführt werden kann.

Defense Advanced Research Projects Agency *Subst.*
Eine Behörde des Verteidigungsministeriums der Vereinigten Staaten, die ursprünglich die Unterstützung für die Entwicklung der verbundenen Netzwerke leistete, die den Grundstein für das heutige Internet gelegt haben. → *siehe auch ARPANET.*

Deformation *Subst.* (deformation)
Ein Begriff aus dem Bereich der Multimedia-Programme und computergestützten Design-Anwendungen. Das Umformen eines Modells über bestimmte Werkzeuge, z.B. strecken, biegen und krümmen. → *siehe auch CAD, Multimedia.*

Defragmentierung *Subst.* (defragmentation)
Das Neuschreiben von Bestandteilen einer Datei an fortlaufende Sektoren auf einer Festplatte, um die Zugriffs- und Abfragegeschwindigkeit zu erhöhen. Wenn Dateien aktualisiert werden, werden diese vom Computer in der Regel auf dem größten zusammenhängenden Speicherplatz auf der Festplatte abgelegt, der sich häufig auf einem anderen Sektor wie die anderen Bestandteile der Datei befindet. Wenn Dateien auf diese Weise »zerstückelt« bzw. fragmentiert werden, muß der Computer die Festplatte bei jedem Zugriff auf die Datei durchsuchen, um alle Bestandteile zu ermitteln. Dadurch wird die Antwortzeit erhöht. Windows 95 und Windows NT enthalten eigene Dienstprogramme für die Defragmentierung. Für die Systeme MAC OS, Windows 3.x und DOS sind die Dienst-

programme für die Defragmentierung jedoch nur separat erhältlich. → *siehe auch Optimierung.* → *Vgl. Fragmentierung.*

deinstallieren *Vb.* (deinstall, uninstall)
Software von einem System vollständig entfernen, einschließlich der Dateien und Komponenten in den systemeigenen Strukturen, z. B. in der Systemregistrierung von Windows 95 oder Windows NT. Einige Anwendungen verfügen hierzu über eingebaute Dienstprogramme, in den anderen Fällen kann ein separates Deinstallationsprogramm verwendet werden.

De-jure-Standard *Subst.* (de jure standard)
Ein Standard für die Hardware- oder Software-Entwicklung. Dieser Standard wurde über einen formalen Prozeß von einem Institut für Normung festgelegt oder genehmigt. → *siehe auch Standard.* → *Vgl. De-facto-Standard.*

DEK *Subst.*
→ *siehe Datenschlüssel.*

Deka- *Präfix* (deka-)
Ein metrisches Präfix mit dem Wert 10^1 (der Faktor 10).

Deklaration *Subst.* (declaration)
Das Binden eines Bezeichners an die Informationen, auf die er sich bezieht. Beim Deklarieren einer Konstanten verbindet man z. B. den Namen einer Konstanten mit ihrem Wert. Während man die Deklaration im Quellcode eines Programms vornimmt, kann die eigentliche Bindung zur Kompilierungszeit oder zur Laufzeit erfolgen. → *siehe auch Befehl, Bezeichner, binden, Datendeklaration, Datentyp, Konstante, Routine, Typdeklaration, Variable.*

deklarative Auszeichnungssprache *Subst.* (declarative markup language)
Ein Begriff aus dem Bereich der Textverarbeitung. Ein System mit Textformatierungscodes, das lediglich angibt, daß es sich bei einer Texteinheit um den bestimmten Bestandteil eines Dokuments handelt. Die Formatierung des Dokuments wird anschließend von einem anderen Programm – einem Parser – übernommen. Beispiele für deklarative Auszeichnungssprachen sind SGML und HTML. → *siehe auch HTML, SGML.*

deklarieren *Vb.* (declare)
Die Angabe des Namens und des Typs einer Variable, die in einem Programm verwendet wird. In den meisten hochentwickelten Programmiersprachen werden Variablen am Anfang von Code-Abschnitten deklariert. → *siehe auch Variable.*

dekomprimieren *Vb.* (decompress, uncompress)
Den Inhalt einer komprimierten Datei in seiner ursprünglichen Form wiederherstellen. → *Vgl. komprimieren.*

Dekrement *Subst.* (decrement)
Der Betrag, um den eine Zahl dekrementiert wurde. → *Vgl. Inkrement.*

dekrementieren *Vb.* (decrement)
Das Verringern einer Zahl um einen bestimmten Betrag. → *Vgl. inkrementieren.*

Deletia *Subst.* (deletia)
Ausgelassenes Material. Dieser Begriff wird bei Antworten auf Nachrichten im Usenet oder auf Verteilerlisten verwendet, um anzugeben, daß unwichtiges Material aus der beantworteten Nachricht ausgelassen wurde.

Delphi Information Service *Subst.*
Ein Online-Dienst und Internet-Provider mit Sitz in Boston (USA).

Delta-Puls-Code-Modulation, adaptive *Subst.* (adaptive delta pulse code modulation)
→ *siehe adaptive Delta-Puls-Code-Modulation.*

Demo *Subst.* (demo)
Abkürzung für **Demo**nstration. Eine Teilversion bzw. eine eingeschränkte Version eines Softwarepakets, das zu Werbezwecken kostenlos verfügbar ist. Demos enthalten häufig animierte Präsentationen, die die Funktionen des Programms beschreiben oder demonstrieren. → *siehe auch verkrüppelte Version.*

Demodulation *Subst.* (demodulation)
Ein Begriff aus dem Bereich der Kommunikation. Die Methode, nach der ein Modem die Daten von modulierten Trägersignalfrequenzen (Wellen, die so geändert wurden, daß unterschiedliche Amplituden und Frequenzen sinnvolle Informationen

darstellen) über eine Telefonleitung in das vom Computer benötigte digitale Format mit möglichst geringer Verzerrung umwandelt. → *Vgl. Modulation.*

Demonstrationsprogramm *Subst.* (demonstration program)
Kurz »Demo-Programm«. Ein Prototyp, der das Aussehen auf dem Bildschirm und manchmal auch die versprochenen Fähigkeiten eines in der Entwicklung befindlichen Programms illustriert. → *siehe auch Prototyping.*
Auch eine reduzierte Version eines proprietären Programms, das als Marketing-Tool angeboten wird.

Denizen *Subst.* (denizen)
Ein Teilnehmer einer Usenet-Newsgroup.

Depth Queuing *Vb.* (depth queuing)
Ein Begriff aus dem Bereich der Technik für Computergrafiken und Modellierung. Hierbei erhält ein zweidimensionales Objekt ein dreidimensionales Erscheinungsbild. Um diese Darstellung zu erzielen, können z.B. Schattierungen hinzugefügt und verborgene Linien entfernt werden.
Außerdem bezeichnet »Depth Queuing« das Ziehen von Objekten aus dem Hintergrund in den Vordergrund, um verborgene Linien besser entfernen zu können.

Deque *Subst.* (deque)
Abkürzung für **D**ouble-**E**nded **Que**ue. Eine Form der Datenstruktur einer Warteschlange, aus der Elemente von beiden Enden der Liste hinzugefügt bzw. entfernt werden können. → *siehe auch Warteschlange.*

Dequeue *Vb.* (dequeue)
Aus einer Warteschlange entfernen. → *siehe auch Warteschlange.*

dereferenzieren *Vb.* (dereference)
In der Programmierung der Zugriff auf Informationen in einer Speicherstelle, deren Adresse in einem Zeiger (Pointer) enthalten ist. Die Syntax zur Dereferenzierung unterscheidet sich in den einzelnen Programmiersprachen. → *siehe auch doppelt dereferenzieren, Handle, Zeiger.*

dereferenzieren, doppelt *Vb.* (double-dereference)
→ *siehe doppelt dereferenzieren.*

Derivat *Subst.* (flavor)
Eine von verschiedenen Systemvariationen, die über eigene Operationsdetails verfügen. Beim Betriebssystem UNIX kommen häufig unterschiedliche Derivate vor (z.B. BSD UNIX oder AT&T UNIX System V).

DES *Subst.*
Akronym für **D**ata **E**ncryption **S**tandard. Eine von IBM entwickelte Spezifikation zur Verschlüsselung von Computerdaten, die 1976 von der US-Regierung als Standard übernommen wurde. DES verwendet einen 56-Bit-Schlüssel. → *siehe auch Verschlüsselung.*

deselektieren *Vb.* (deselect)
Die Markierung oder Auswahl einer Option, eines Textbereichs, einer Zusammenfassung grafischer Objekte usw. rückgängig machen oder aufheben. → *Vgl. wählen.*

deserialisieren *Vb.* (deserialize)
Von der seriellen (bitweisen) Darstellung in die parallele (byteweise) ändern. Die Konvertierung eines einzelnen (seriellen) Bitstroms in parallele Ströme, die dieselben Informationen repräsentieren. → *Vgl. serialisieren.*

Design, funktionelles *Subst.* (functional design)
→ *siehe funktionelles Design.*

Design, modulares *Subst.* (modular design)
→ *siehe modulares Design.*

Design, objektorientiertes *Subst.* (object-oriented design)
→ *siehe objektorientiertes Design.*

Designzyklus *Subst.* (design cycle)
Beschreibt alle Phasen, die sich auf die Entwicklung und Produktion neuer Hardware oder Software beziehen, einschließlich Produktspezifikation, Prototypenherstellung, Testen, Fehlersuche und Dokumentation.

Deskriptor *Subst.* (descriptor)
In Dokumentationssystemen ein Wort, das einem Indexeintrag in einem Buch vergleichbar ist und

ein bedeutendes Thema in einem gespeicherten Dokument oder einer Gruppe von Dokumenten kennzeichnet. Der Deskriptor wird auch als Schlüssel für eine schnelle Suche und das Wiederfinden von Informationen verwendet. → *siehe auch Schlüsselwort.*
In der Programmierung bezeichnet man als »Deskriptor« eine gespeicherte Informationseinheit, die oft eine Struktur, einen Inhalt oder eine andere Eigenschaft beschreibt. → *Vgl. Bezeichner.*

Desktop *Subst.* (desktop)
Ein Arbeitsbereich auf dem Bildschirm, der Symbole und Menüs enthält, um die Oberfläche eines Schreibtischs zu simulieren. Ein Desktop ist für den Apple Macintosh und für fensterorientierte Programme charakteristisch, z.B. für Microsoft Windows. Das Ziel ist die intuitive Bedienung eines Computers: Der Benutzer kann die Bilder von Objekten verschieben und Aufgaben in der gleichen Weise beginnen und beenden, wie er es von einem realen Schreibtisch gewohnt ist. → *siehe auch grafische Benutzeroberfläche.*

Desktop Accessory *Subst.* (desktop accessory)
→ *siehe Schreibtischzubehör.*

Desktop-Computer *Subst.* (desktop computer)
Ein Computer, der von seiner Größe her bequem auf einem normalen Büroschreibtisch unterzubringen ist. Sowohl die meisten Personal Computer als auch einige Workstations sind als Desktop-Computer konzipiert. → *Vgl. portabler Computer.*

Desktop-Enhancer *Subst.* (desktop enhancer)
Software, die einem fensterbasierten Betriebssystem – z.B. Microsoft Windows oder Mac OS – eine Funktionalität hinzufügt. Es kann sich z.B. um einen erweiterten Datei-Browser, eine Zwischenablage oder ein Abspielgerät für Multimedia handeln.

Desktop-Konferenz *Subst.* (desktop conferencing)
Der Einsatz von Computern für die simultane Kommunikation zwischen geographisch getrennten Teilnehmern einer Besprechung. Bei Desktop-Konferenzen werden die Eingabe und die Anzeige von Anwendungsprogrammen sowie Audio- und Video-Kommunikation eingesetzt. → *siehe auch Datenkonferenz, Telekonferenz, Videokonferenz.*

Desktop Management Interface *Subst.*
→ *siehe DMI.*

Desktop Publishing *Subst.* (desktop publishing)
Der Einsatz eines Computers und spezialisierter Software für das Zusammenstellen von Text und Grafiken, um ein Dokument zu erzeugen, das entweder auf einem Laserdrucker oder auf einer Lichtsatzanlage gedruckt werden kann. Desktop Publishing ist ein in mehreren Schritten verlaufender Prozeß, an dem Software und Gerätetechnik beteiligt sind. Der Originaltext und die Abbildungen werden im allgemeinen mit Software, z.B. Textverarbeitungs-, Zeichen- und Malprogrammen, sowie mit Foto-Scannern und Digitalisierern produziert. Die Weiterverarbeitung des fertiggestellten Produkts erfolgt dann mit einem Seitenumbruchprogramm – Software, die oft als Desktop Publishing schlechthin angesehen wird. Dieser Programmtyp ermöglicht es den Benutzern, das Layout für Text und Grafiken auf dem Bildschirm zu bearbeiten und einen Überblick über die zu erwartenden Ergebnisse zu erhalten. Neben den Layout-Fähigkeiten enthalten diese Programme oft auch Merkmale für die Bearbeitung von Text und Grafiken, um die Verfeinerung von Dokumentteilen zu ermöglichen. Als letzter Schritt wird das fertiggestellte Dokument entweder auf einem Laserdrucker oder – für beste Qualität – auf einer Lichtsatzanlage gedruckt.

Desktop-Video *Subst.* (desktop video)
Der Einsatz von PCs für die Anzeige von Videobildern. Die Videobilder können entweder von einem analogen Band, von einer digitalen Laser Disc oder von einer Videokamera stammen. Live-Aufnahmen von Videobildern können in digitaler Form über ein Netzwerk während einer Videokonferenz übertragen werden.

Desktop, virtueller *Subst.* (virtual desktop)
→ *siehe virtueller Desktop.*

Detaildatei *Subst.* (detail file)
→ *siehe Transaktionsdatei.*

Determinante *Subst.* (determinant)
In der Theorie des Datenbankentwurfs versteht man darunter Attribute oder Attributkombinationen, von denen andere Attribute oder Attributkombinationen funktionell abhängig sind.

Determinismus *Subst.* (determinism)
In der Rechentechnik die Fähigkeit, eine Ausgabe vorherzusagen oder im voraus zu wissen, wie Daten durch ein verarbeitendes System manipuliert werden. Eine deterministische Simulation liefert z.B. bei einer bestimmten Eingabe immer das gleiche Ergebnis.

Developer's Toolkit *Subst.* (developer's toolkit)
Eine Menge von Routinen (in der Regel in einer oder mehreren Bibliothek/en), die den Entwicklern das Schreiben von Programmen für einen gegebenen Computer, ein Betriebssystem oder eine Benutzeroberfläche erleichtern soll. → *siehe auch Bibliothek, Toolbox.*

dezentrale Datenverarbeitung *Subst.* (decentralized processing)
Die Verteilung von Computer-Verarbeitungseinrichtungen an mehrere Orte. Dezentralisierte Verarbeitung ist nicht dasselbe wie verteilte Verarbeitung, die mehreren Computern dieselben Aufgaben zuordnet, um die Leistungsfähigkeit zu erhöhen.

Dezi- *Präfix* (deci-)
Ein metrisches Präfix mit dem Wert 10^{-1} (ein Zehntel).

Dezibel *Subst.* (decibel)
Abgekürzt dB, ein Zehntel eines Bel (nach Alexander Graham Bell). In der Elektronik und anderen Gebieten verwendete Einheit zum Messen der Klang- oder Signalstärke. Die Maßeinheit Dezibel wird logarithmisch gemessen. Angaben in Dezibel beziehen sich immer auf den Vergleich zwischen einer gemessenen Größe und einer bekannten Bezugsgröße. Mit der folgenden Formel bestimmt man das in Dezibel ausgedrückte Verhältnis zweier Werte: dB = n log (x/r)
In diesem Ausdruck stellt x die gemessene Größe und r die Bezugsgröße dar. Für n gilt bei Spannungs- und Strommessungen der Wert 10 und bei Leistungsmessung der Wert 20.

Dezimalkomma *Subst.* (radix point)
Ein Trennzeichen, das den ganzzahligen Teil einer Zahl vom gebrochenen Teil trennt. Im angelsächsischen Sprachraum wird hierfür der Punkt verwendet, im deutschen das Komma, z.B. bei der Zahl 1,33.

Dezimalsystem *Subst.* (decimal)
Das Zahlensystem mit der Basis 10. → *siehe auch Basis.*

Dezimalzahlen, binär-codierte *Subst.* (binary-coded decimal)
→ *siehe binär-codierte Dezimalzahlen.*

Dezimalzahl, gepackte *Subst.* (packed decimal)
→ *siehe gepackte Dezimalzahl.*

DFS *Subst.*
→ *siehe AFS.*

DFÜ-Skript-Verwaltung *Subst.* (connectoid)
In Windows 95 und Windows NT ein Programm, das den Aufbau einer Einwahlverbindung ermöglicht und dabei ein Skript startet, das die Anmeldeprozedur für das angewählte Netzwerk durchführt.

DGIS *Subst.*
Abkürzung für **D**irect **G**raphics **I**nterface **S**pecification. Eine Schnittstelle, die von Graphics Software Systems entwickelt wurde. Bei DGIS handelt es sich um eine Firmware (im allgemeinen im ROM auf einem Video-Adapter implementiert), die es einem Programm ermöglicht, Grafiken auf einem Video-Display über eine Erweiterung des IBM BIOS-Interrupt 10H (der Systemschnittstelle zur Videosteuerung) anzuzeigen.

DHCP *Subst.*
Abkürzung für **D**ynamic **H**ost **C**onfiguration **P**rotocol. Ein TCP/IP-Protokoll. Durch DHCP kann ein mit dem Internet verbundenes Netzwerk eine temporäre IP-Adresse einem Host automatisch zuweisen, wenn der Host eine Verbindung mit dem Netzwerk herstellt. → *siehe auch IP-Adresse, TCP/IP.* → *Vgl. dynamic SLIP.*

Dhrystone *Subst.*
Ein Benchmarktest für die Gesamtleistung, der 1984 von Rheinhold Weicker mit dem Ziel entwickelt wurde, die Leistung von Computern zu messen und zu vergleichen. Der Test gibt die allgemeine Systemleistung in Dhrystones pro Sekunde an und soll den älteren und weniger zuverlässigen Whetstone-Benchmarktest ablösen. Die Dhrystone-Benchmark besteht wie viele andere Bench-

marks aus Standardcode und wird regelmäßig überarbeitet, um ungerechte Vorteile zu minimieren, die sich durch eine bestimmte Kombination von Hardware, Compiler und Umgebung ergeben können. Dhrystone konzentriert sich auf String-Bearbeitung und verwendet keine Gleitkomma-Operationen. Wie bei den meisten Benchmark-Tests macht sich auch hier der Einfluß von Hardware- und Softwaredesign bemerkbar, z.B. Compiler- und Linker-Optionen, Code-Optimierungen, Cache-Speicher, Wait-States und Integer-Datentypen. → *siehe auch benchmarken.* → *Vgl. Sieb des Eratosthenes, Whetstone.*

DIA *Subst.*
Abkürzung für Document Interchange Architecture. Eine Richtlinie für den Dokumentenaustausch in der Systems Network Architecture (SNA) von IBM. DIA spezifiziert Methoden der Organisation und Adressierung von Dokumenten für die Übertragung zwischen Computern unterschiedlicher Größe und Bauart. DIA wird durch APPC (Advanced Program-to-Program Communication) von IBM und LU (Logical Unit) 6.2 unterstützt, die die Fähigkeiten und Arten der möglichen Wechselwirkungen in einer SNA-Umgebung begründen. → *siehe auch DCA, SNA.*

Diagramm *Subst.* (chart)
Eine Grafik oder ein Diagramm zur Anzeige von Daten oder von Beziehungen zwischen Datenmengen in bildlicher anstatt in numerischer Form.

Diakritikum *Subst.* (diacritical mark)
Ein Akzentzeichen über, unter oder durch ein geschriebenes Zeichen, z.B. der Akut (´) und der Gravis (`).

Dialekt *Subst.* (dialect)
Eine Variante einer Sprache oder eines Protokolls. Transact-SQL ist z.B. ein Dialekt der Sprache SQL (einer strukturierten Abfragesprache).

Dialog *Subst.* (dialog)
In der Rechentechnik der Austausch der vom Menschen vorgenommenen Eingaben mit den unmittelbar durch die Maschine ausgegebenen Antworten, wodurch sich eine Art »Konversation« zwischen einem interaktiven Computer und der ihn bedienenden Person entwickelt.

Mit »Dialog« bezeichnet man außerdem den Austausch von Signalen durch miteinander kommunizierende Computer in einem Netzwerk.

dialogbezogen *Adj.* (conversational)
Eigenschaft einer Betriebsart – typischerweise bei Mikrocomputern –, bei der der Dialog zwischen Benutzerebene und Computer durch Befehle realisiert wird, die die Benutzer eingeben und auf die das System entsprechend reagiert. → *siehe auch interaktiv.*

Dialogfeld *Subst.* (dialog box)
Ein spezielles Fenster in einer grafischen Benutzeroberfläche, das vom System oder einer Anwendung angezeigt wird, um vom Benutzer eine Antwort abzurufen. → *siehe auch Fensterumgebung.* → *Vgl. Integrator.*

Dialogmodus *Subst.* (conversational mode)
→ *siehe dialogbezogen.*

Dialogsprache *Subst.* (conversational language)
Eine Programmiersprache, die es den Programmierern erlaubt, dem Computer in einem Dialogmodus Anweisungen zu erteilen, im Gegensatz zu formellen, strukturierten Sprachen. Um z.B. in einem COBOL-Programm eine Prozedur namens CHECK zehn Mal auszuführen, kann in einem Programm die folgende Anweisung verwendet werden: PERFORM CHECK 10 TIMES.

Dialogverarbeitung, verteilte *Subst.* (distributed transaction processing)
→ *siehe verteilte Dialogverarbeitung.*

DIB *Subst.*
Abkürzung für »Device-Independent Bitmap«, zu deutsch »geräteunabhängige Bitmap«. Ein Dateiformat für den Austausch von Bitmap-Grafiken. Die in einer Anwendung erzeugten Bitmaps lassen sich durch eine andere Anwendung laden und genau in der gleichen Weise darstellen, wie sie in der Quellanwendung erscheinen. → *siehe auch Bitmap-Grafik.*
Außerdem die Abkürzung für »Directory Information Base«. Ein Verzeichnis für Benutzer- und Ressourcennamen eines X.500-Systems. Das DIB wird von einem Directory Server Agent (DSA) verwaltet.
→ *auch genannt White Pages.*

DIBengine *Subst.*
Software oder eine Kombination von Hardware und Software, die DIB-Dateien erzeugen. → *siehe auch DIB.*

Dibit *Subst.* (dibit)
Eine Menge von zwei Bit, die eine von vier möglichen Kombinationen darstellt: 00, 01, 10 und 11. In der Kommunikationstechnik bezeichnet Dibit eine Art der Übertragungseinheit, die durch eine Modulationstechnik realisiert wird, die als Differenzphasenumtastung bezeichnet wird, bei der durch die Verwendung von vier verschiedenen Phasen (Phasenverschiebungen) Daten in der Übertragungsleitung codiert werden, um jede der vier Dibit-Kombinationen darzustellen. → *siehe auch Phasenverschiebung.*

dichotomierende Suche *Subst.* (dichotomizing search)
→ *siehe binäre Suche.*

Dickfilm *Adj.* (thick film)
Eine Technologie zur Herstellung integrierter Schaltkreise. Bei der Dickfilm-Herstellung werden im sog. *Foto-Siebdruck* mit Hilfe von Schablonen mehrere Schichten aus speziellen Pasten auf ein Keramiksubstrat aufgebracht. Die verschiedenen passiven Bauelemente (Leiterbahnen, Widerstände und Kondensatoren) realisiert man mit Pasten unterschiedlicher Eigenschaften (leitfähig, isolierend oder widerstandsbehaftet) in mehreren Schichten (Filmen), die entsprechend strukturiert sind. → *Vgl. Dünnfilm.*

dicktengleiche Schrift *Subst.* (monospace font)
Auch als nichtproportionale Schrift oder Rationalschrift bezeichnet. Eine schreibmaschinenähnliche Schrift (ein Satz von Zeichen in einem bestimmten Stil und einer bestimmten Größe), bei der jedes Zeichen, unabhängig von seiner Breite, den gleichen horizontalen Raum einnimmt – der Buchstabe *i* beansprucht beispielsweise den gleichen Platz wie der Buchstabe *m*. `Das ist eine Zeile in dicktengleicher Schrift.` → *siehe auch dicktengleich (gleichbleibender Schaltschritt).* → *auch genannt nichtproportionale Schrift, Rationalschrift, Zeichensatz mit fester Breite.* → *Vgl. Proportionalschrift.*

dicktengleich (gleichbleibender Schaltschritt) *Subst.* (monospacing)
Eine Form der Abstandschaltung beim Drucken und Anzeigen von Zeichen. Jedes Zeichen erhält den gleichen horizontalen Bereich auf der Zeile. Wenn Zeichen dicktengleich angeordnet werden, ist es nicht von Bedeutung, ob das Zeichen breit (z.B. der Buchstabe *M*) oder schmal (z.B. der Buchstabe *i*) ist. → *siehe auch dicktengleiche Schrift.* → *auch genannt feste Schrittschaltung, Schrittschaltung mit fester Breite, Schrittschaltung mit fester Zeichendichte.* → *Vgl. proportionale Schrittschaltung.*

DIF *Subst.*
→ *siehe Datenaustauschformat.*

Differential-Phasenverschiebung *Subst.* (differential phase-shift keying)
→ *siehe Phasenverschiebung.*

Differentiator *Subst.* (differentiator)

differentiell *Adj.* (differential)
In der Elektronik bezeichnet man damit einen Schaltungstyp, der die Differenz zwischen zwei Eingangssignalen auswertet – im Gegensatz zur Differenz zwischen einem Signal und einer beliebigen Referenzspannung.

Differenz *Subst.* (difference)
Die Größe, um die sich zwei Werte unterscheiden. In der Elektronik verwendet man Differenzen physikalischer Größen, z.B. Wellenformen oder Spannungen, beim Betrieb von Schaltungen, Verstärkern, Multiplexern oder Kommunikationseinrichtungen usw.
In der Datenbankverwaltung gehört die Differenz zu den Operatoren der relationalen Algebra und wird beim Sortieren von Datensätzen (Tupeln) angewendet. Wenn z.B. zwei Relationen (Tabellen) A und B gegeben sind, die vereinigungskompatibel sind (die gleiche Anzahl von Feldern enthalten, wobei die korrespondierenden Felder die gleichen Typen von Werten aufweisen), dann baut die Anweisung DIFFERENCE A, B eine dritte Relation auf, die alle Datensätze enthält, die nur in A, aber nicht in B vorkommen. → *siehe auch relationale Algebra, Tupel.* → *Vgl. Durchschnitt, Vereinigung.*

Differenz-Maschine *Subst.* (Difference Engine)
Ein frühes computerähnliches Gerät, das von dem britischen Mathematiker und Wissenschaftler Charles Babbage um 1820 entwickelt wurde und rein mechanisch arbeitete. Die Differenz-Maschine sollte mathematische Probleme mit einer Kapazität von 20 Dezimalstellen lösen. Das Konzept der Differenz-Maschine wurde von Babbage um 1830 mit der Konstruktion seiner berühmten Analytical Engine verbessert. Bei diesem Gerät handelt es sich um den mechanischen Vorläufer der elektronischen Computer. → *siehe auch Analytical Engine.*

Digest *Subst.* (digest)
Ein Artikel in einer moderierten Newsgroup, der mehrere Posts an den Moderator zusammenfaßt. → *siehe auch Moderator, Newsgroup.*
Außerdem eine Nachricht in einer Verteilerliste, die an die Abonnenten anstelle der einzelnen Posts gesendet wird, die der Digest enthält. Wenn die Verteilerliste moderiert ist, wurde der Digest unter Umständen überarbeitet. → *siehe auch moderiert.*

Digicash *Subst.* (digicash)
→ *siehe E-Money.*

digital *Adj.*
Bezieht sich auf Ziffern oder die Art und Weise ihrer Darstellung.
In der Computertechnik ist »digital« ein Synonym zu »binär«, da die landläufig bekannten Computer Informationen als Kombination binärer Stellen (Bit) verarbeiten. → *Vgl. analog.*

Digital-Analog-Wandler *Subst.* (digital-to-analog converter)
Ein Gerät, das digitale Daten in analoge Signale übersetzt. Ein Digital-Analog-Wandler wandelt die am Eingang anliegende Folge von diskreten digitalen Werten in ein Ausgangssignal, dessen Amplitude in jedem Moment dem jeweiligen digitalen Wert entspricht. → *Vgl. Analog-Digital-Wandler.*

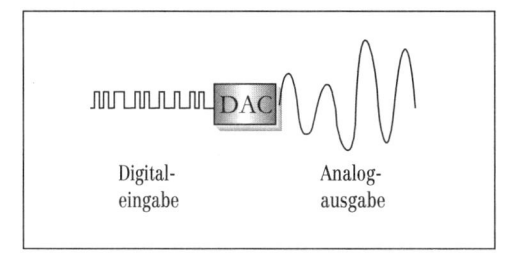

Digital Audio Tape *Subst.* (digital audio tape)
Abgekürzt DAT. Ein Magnetbandgerät zur Aufzeichnung digital codierter Audio-Informationen.

Digital Audio/Video Connector *Subst.* (digital audio/video connector)
Eine Schnittstelle bei einigen High-End-Video- oder Tuner-Karten, die die simultane Übertragung von digitalen Audio- und Videosignalen ermöglicht. → *siehe auch Schnittstelle, Video-Adapter.* → *auch genannt DAV-Stecker.*

Digital Cash *Subst.* (digital cash)
→ *siehe E-Money.*

Digitalcomputer *Subst.* (digital computer)
Eine genauere Bezeichnung für das Gerät, das die meisten Menschen mit dem Begriff des Computers verbinden. Die Operationen eines Digitalcomputers basieren auf mehreren diskreten Zuständen. Binäre Digitalcomputer verwenden zwei Zustände, logisch »EIN« und »AUS«, die durch zwei Spannungspegel dargestellt werden. Durch entsprechende Zustandskombinationen lassen sich alle Informationstypen codieren – Zahlen, Buchstaben, grafische Symbole und Programmbefehle. Innerhalb eines solchen Computers ändern sich die Zustände der verschiedenen Schaltungskomponenten ständig, um diese Informationen zu verschieben, zu bearbeiten und zu speichern. → *Vgl. Analogcomputer.*

Digital Darkroom *Subst.*
Ein Macintosh-Programm, das von der Firma Silicon Beach Software entwickelt wurde. Bei Digital Darkroom handelt es sich um ein Bearbeitungsprogramm für Schwarzweiß-Fotos oder gescannte Bilder.

digitale Audiodisk *Subst.* (digital audio disc)
→ *siehe Compact Disc.*

digitale Aufzeichnung *Subst.* (digital recording)
Die Speicherung von Informationen in einem binär-codierten (digitalen) Format. Die digitale Aufzeichnung umfaßt die Umwandlung von Informa-

tionen – Text, Grafik, Sound oder Bilder – in Zeichenfolgen aus Einsen und Nullen, die sich physikalisch auf einem Speichermedium darstellen lassen. Zu den digitalen Aufzeichnungsmedien gehören Computerdisketten und Magnetbänder, optische Disks (CDs) und ROM-Kassetten, die für bestimmte Programme und viele Computerspiele eingesetzt werden können.

digitale Datenübertragung *Subst.* (digital data transmission)
Die Informationsübertragung in einem Kommunikationskanal als Bitfolge anstelle der Übertragung veränderlicher (analoger) Signale.

digitale Fotografie *Subst.* (digital photography)
Die Verwendung einer digitalen Kamera zum Fotografieren eines Objekts. Während die herkömmliche Fotografie für die Aufnahme eines Bildes Filme auf Silberhalogenid-Basis verwendet, arbeitet die digitale Fotografie auf rein elektronischem Wege beim Erfassen und Aufzeichnen der Bilder.
→ *siehe auch digitale Kamera.*

digitale Kamera *Subst.* (digital camera)
Ein Kameratyp, der das fotografierte Bild elektronisch speichert und nicht auf einem herkömmlichen Film aufnimmt. In der digitalen Kamera wird das Bild von einem CCD-Element (Charge-Coupled Device) aufgenommen, wenn der Bediener den Verschluß der Kamera öffnet. Die Elektronik der Kamera legt die vom CCD-Element erfaßten Bilder auf einem Speichermedium ab, z. B. einem Festkörperspeicher oder auf einer Festplatte. Nach der Aufnahme des Bildes sind die meisten Kameras über ein Kabel an einen Computer anzuschließen, um das Bild in den Computer zu übertragen. Die dazu erforderliche Software gehört zum Lieferumfang der Kamera. Sobald das Bild im Computer gespeichert ist, läßt es sich wie ein Bild von einem Scanner oder einem verwandten Eingabegerät manipulieren und weiterverarbeiten.
→ *siehe auch Charge-Coupled Device.*

digitale Kommunikation *Subst.* (digital communications)
Eine Methode der Datenübertragung, bei der alle Informationen in binär codierter (digitaler) Form übertragen werden.

digitale Ladenzeile *Subst.* (electronic storefront)
Ein Unternehmen, das seine Handelsware im Internet anbietet und bestimmte Bedingungen für den Kontakt oder Online-Verkauf hat.

digitaler Signalprozessor *Subst.* (digital signal processor)
Abgekürzt DSP. Ein integrierter Schaltkreis für schnelle Datenmanipulation in der Audio-, Kommunikations- und Bildverarbeitungstechnik und anderen Anwendungen der Datenerfassung und Datenkontrolle.

digitales Display *Subst.* (digital display)
Ein Video-Display, das nur eine feste Zahl von Farben oder Grauwerten wiedergeben kann. Beispiele für digitale Displays sind das Monochrome Display, das Color/Graphics Display und das Enhanced Color Display von IBM. → *siehe auch CGA, EGA, MDA.* → *Vgl. Analogdisplay.*

digitales Kaufhaus *Subst.* (electronic mall)
Eine virtuelle Auflistung von Online-Unternehmen, die die gemeinsame Absicht haben, unternehmerisches Engagement durch Schwesterunternehmungen zu erhöhen.

digitales lineares Tape *Subst.* (digital linear tape)
Ein magnetisches Speichermedium für die Datensicherung. Mit digitalen linearen Tapes können Daten im Vergleich mit anderen Technologien aus diesem Bereich schneller übertragen werden.

digitale Sprachausgabe *Subst.* (digital speech)
→ *siehe Sprachsynthese.*

digitales Signal *Subst.* (digital signal)
Ein Signal, bei dem Informationen durch diskrete Zustände – z. B. hohe Spannung (High) oder niedrige Spannung (Low) – dargestellt werden und nicht durch stetig veränderbare Pegel in einem zusammenhängenden Datenstrom wie in einem analogen Signal. Die Übertragung digitaler Signale findet man z. B. bei der direkten Kommunikation zwischen Computern.

digitale Unterschrift *Subst.* (digital signature)
Eine Methode der persönlichen Echtheitsbestätigung, die auf Verschlüsselung und Geheimcodes für die »Signatur« elektronischer Dokumente basiert.

digitale Verbindung *Subst.* (digital line)
Eine Kommunikationsverbindung, die Informationen ausschließlich in binär codierter Form überträgt. Um Verzerrungen und Störeinflüsse zu minimieren, werden bei digitalen Verbindungen Repeater eingesetzt, die das Signal während der Übertragung in regelmäßigen Abständen regenerieren. → *siehe auch Repeater.* → *Vgl. Analogleitung.*

digitale Videodisc *Subst.* (digital video disc)
Die nächste Generation der optischen Datenträgertechnologie. Mit dieser Technologie ist es möglich, Video-, Audio- und Computerdaten auf CD zu verschlüsseln. Digitale Videodiscs sind in der Lage, ein höheres Datenvolumen als konventionelle CDs zu speichern. Standard-CDs für Videos, die einfach beschichtet sind, können ein Volumen von 4,7 Gigabyte (GB) aufnehmen, doppelt beschichtete Standard-CDs haben eine Kapazität von 8,5 GB. Zweiseitige CDs haben somit eine Speicherkapazität von bis zu 17 GB. Für digitale Videodiscs ist ein spezielles Abspielgerät erforderlich, auf dem auch konventionelle CDs abgespielt werden können. Die Befürworter dieser neuen Technologie möchten die konventionellen CD-Formate (z. B. Laser Disc, CD-ROM und die Audio-CD) durch das universelle Format der digitalen Videodisc ersetzen. → *siehe auch digitale Videodisc, ROM.* → *auch genannt Digital Versatile Disc.*

digitale Videodisc, beschreibbar *Subst.* (digital video disc-recordable)
Ein Vorschlag zur Erweiterung des Aufzeichnungsformats der digitalen Videodisc. Dies bedeutet, daß die Videodisc einmalig vom Kunden bespielt werden kann.

digitale Videodisc, löschbar *Subst.* (digital video disc-erasable)
Ein Vorschlag zur Erweiterung des Aufzeichnungsformats der digitalen Videodisc. Dies bedeutet, daß die Videodisc wie eine Musikkassette gelöscht und erneut überspielt werden kann.

digitale Videodisc, ROM *Subst.* (digital video disc-ROM)
Eine computergeeignete Version der digitalen Videodisc mit einer Speicherkapazität von 4,7 oder 8,5 Gigabyte (GB) pro Seite. Die höhere Kapazität wird für die zweischichtige 2P-Technologie von 3M verwendet. → *siehe auch digitale Videodisc.*

digitalisieren *Vb.* (digitize)
Eine stetig veränderbare Eingangsgröße, z. B. die Linien in einer Zeichnung oder ein Tonsignal, in eine Folge von diskreten Einheiten umwandeln, die (in einem Computer) durch die binären Ziffern 0 und 1 dargestellt werden. Für diese Übersetzung werden in der Regel Analog-/Digital-Wandler verwendet. → *siehe auch Aliasing, Analog-Digital-Wandler.*

Digitalisiertablett *Subst.* (digitizing tablet)
→ *siehe Grafiktablett.*

Digital Micromirror Display *Subst.*
Die Schaltungstechnologie hinter dem *Digital Projection System* von Texas Instruments. Ein Array ist ein individuell adressierbarer Spiegel auf einem Chip. Jeder Spiegel hat eine geringere Breite als 0,002 mm und dreht sich, um das Licht an die Linse des Projektionssystems zu reflektieren. Dadurch entsteht eine helle, farbige Anzeige. Die Displays können kombiniert werden, um Systeme mit hoher Auflösung von 1920 * 1035 (1 987 200) Pixel mit 64 Millionen Farben zu erstellen.

digital proof *Subst.*
→ *siehe direkter Digital-Farbabzug.*

Digital Simultaneous Voice and Data *Subst.*
Eine patentierte Modem-Technologie der Multi-Tech Systems, Inc. Durch *Digital Simultaneous Voice and Data* kann eine einzelne Telefonleitung für die Konversation und für die Datenübertragung verwendet werden. Dies geschieht durch das automatische Umschalten in den Paket-Modus bei Sprachübermittlung. Anschließend werden digitalisierte Voice-Pakete zusammen mit den Daten und Befehlspaketen transportiert.

Digital Subscriber Line *Subst.* (digital subscriber line)
Eine Leitung bzw. ein Kanal für ISDN BRI (Basic Rate Interface). → *siehe auch Basic Rate Interface, ISDN.*

Digital Versatile Disc *Subst.* (digital versatile disc)
→ *siehe digitale Videodisc.*

digital video-interactive *Subst.* (digital video-interactive)
Ein Hardware-/Software-System von RCA, General Electric und Intel. Dieses System implementiert die Komprimierung von digitalem Video und Audio für Mikrocomputer.

Digital Video Interface *Subst.*
→ *siehe DVI.*

Digiterati *Subst.* (digiterati)
Eine Ableitung von *Literati* (Gelehrte). Digiterati gehören einem Personenkreis an, die mit der Digitaltechnik bestens vertraut sind.

DikuMUD *Subst.*
Software für ein Multi-User Dungeon (MUD), die von fünf Mitgliedern des Instituts für Informatik der Universität Kopenhagen/Dänemark (DIKU) entwickelt wurde. DikuMUD verwendet Multimedia und ist objektorientiert, die Klassen werden jedoch hartcodiert. Der Lizenzvertrag untersagt den kommerziellen Vertrieb der Software. → *siehe auch MUD, Multimedia, objektorientiert.*
Außerdem die Bezeichnung für ein Spiel, bei dem die DikuMUD-Software eingesetzt wird.

Dingbat *Subst.* (dingbat)
Ein kleines grafisches Element, das man für dekorative Zwecke in einem Dokument einsetzen kann. Einige Schriftarten, z.B. Zapf Dingbats, sind speziell für die Darstellung von Dingbats vorgesehen. → *siehe auch Schrift.* → *Vgl. Aufzählungszeichen.*

Dingbat: Zeichen der Zapf Dingbat-Schrift

DIN-Stecker *Subst.* (DIN connector)
Ein mehrpoliger Stecker entsprechend der DIN-Norm (Deutsches Institut für Normung). DIN-Stecker werden für den Anschluß von verschiedenen Komponenten in Personal Computern verwendet.

Diode *Subst.* (diode)
Ein Bauelement, durch das der Strom nur in eine Richtung fließen kann. Bei einer Diode handelt es sich in der Regel um einen Halbleiter. → *siehe auch Halbleiter.*

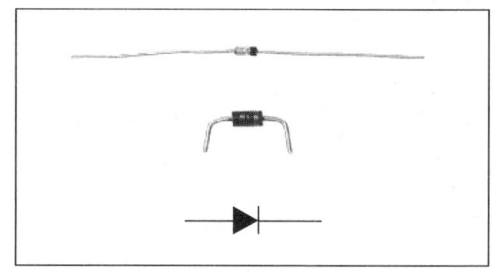

Diode: Die obige Abbildung zeigt zwei der zahlreichen Diodenarten. Das rechte Band gibt die Polarität an. Die Abbildung unten zeigt die schematische Darstellung einer Diode.

Dioden-Transistor-Logik *Subst.* (diode-transistor logic)
Abgekürzt DTL. Typ eines elektronischen Schaltkreises, bei dem logische Funktionen mit Hilfe von Dioden, Transistoren und Widerständen realisiert werden.

DIP *Subst.*
Abkürzung für **D**ual **I**n-line **P**ackage. Ein Standardgehäuse für integrierte Schaltungen, bei denen die mikrominiaturisierten Schaltungen, die auf einem Silizium-Wafer geätzt wurden, auf einem rechteckigen Grundkörper aus Keramik oder Plastik montiert sind. Diese Schaltungen sind an nach unten abgewinkelten Anschlußstiften (Pins)

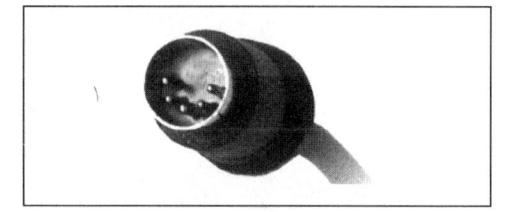

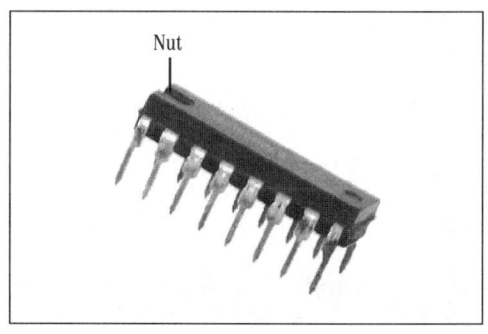

DIN-Stecker

DIP: Die Nut markiert den ersten und den letzten Pin

angeschlossen, die an der Längsseite des Chips herausragen. Diese Konstruktion dient der einfachen Montage bei der Herstellung von Leiterplatten. Bei modernen Chips mit einer großen Anzahl erforderlicher Verbindungen sind andere Gehäuseformen allerdings besser geeignet. → *siehe bitmaporientierte Dokumentenbearbeitung.* → *Vgl. Oberflächenmontage, Pin-Gitter, pinlose Chipanbringung, SIP.*

Dipol *Subst.* (dipole)
Ein Paar gegenüberliegender elektrischer Ladungen bzw. zwei magnetische Plus- und Minuspole, die sich in geringer Entfernung voneinander befinden.

DIP-Schalter *Subst.* (DIP switch)
Meist mehrere kleine Kipp- oder Schiebeschalter in einem DIP-Gehäuse aus Plastik oder Keramik, das für die Platinenmontage vorgesehen ist. Jeder DIP-Schalter läßt sich auf eine von zwei Positionen einstellen, geschlossen oder offen, um Optionen auf der Platine zu steuern. → *siehe auch DIP.*

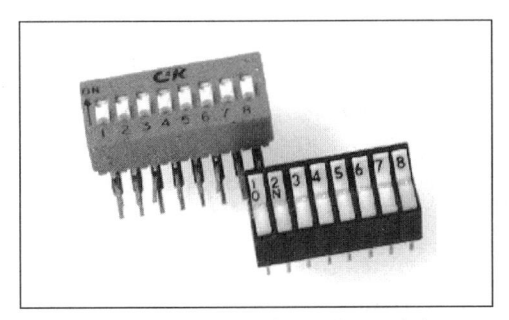

DIP-Schalter: Schiebeschalter (oben) und Kippschalter

dir *Subst.*
Ein MS-DOS-Befehl, der einen Computer anweist, die Liste der Dateien und Unterverzeichnisse des aktuellen Verzeichnisses oder Ordners anzuzeigen. Wird nach dem Befehl ein Pfad angegeben, wird eine Liste der Dateien und Unterverzeichnisse im angegebenen Verzeichnis oder Ordner angezeigt. → *siehe auch Befehl, MS-DOS, Pfad.*

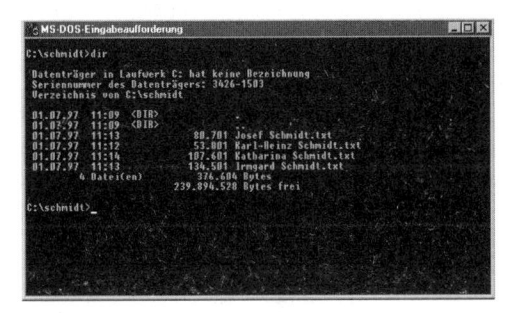

Dir: Beispiel für eine Verzeichnisliste

Direct Graphics Interface Specification *Subst.*
→ *siehe DGIS.*

DirectInput *Subst.*
Eine Schnittstelle für die Anwendungsprogrammierung (API) für Joysticks und vergleichbare Zeigerfunktionen in Windows 95.

Directory Access Protocol *Subst.*
Ein Protokoll für die Kommunikation zwischen X.500-Clients und Servern. → *siehe auch CCITT X series.*

Directory Client Agent *Subst.*
→ *siehe DUA.*

Directory Information Base *Subst.*
→ *siehe DIB.*

Directory Server Agent *Subst.*
→ *siehe DSA.*

Directory Service *Subst.* (directory service)
Ein Service bei einem Netzwerk, der Mail-Adressen von anderen Benutzern zurückgibt und über den Benutzer Hosts und Services ermitteln können.

Directory System Agent *Subst.*
→ *siehe DSA.*

Directory User Agent *Subst.*
→ *siehe DUA.*

DirectX *Subst.*
Windows 95-Software, die Anwendungen direkten Zugriff auf die Sound- und Grafik-Hardware eines Computers gewährt.

Direktadressier-Röhre *Subst.* (direct view storage tube)
Abgekürzt DVST, auch als Speicherröhre bezeichnet. Spezielle Ausführung einer Kathodenstrahlröhre (CRT), die Bilder für lange Zeit auf dem

Schirm festhalten kann und die freie Bewegung des Elektronenstrahls von der Elektronenkanone über die Oberfläche des Bildschirms gestattet (im Gegensatz zur normalen Kathodenstrahlröhre, bei der sich der Elektronenstrahl in einem bestimmten Muster bewegt). Die Direktadressier-Röhre ist in der Lage, ein präzises, detailliertes Bild ohne Auffrischen des Bildschirms darzustellen. Allerdings läßt sich das Bild nach dem Zeichnen nicht mehr verändern, ohne daß man es komplett vom Schirm löscht. → *auch genannt Speicherröhre.* → *Vgl. CRT.*

Direktdruck *Subst.* (immediate printing)
Die direkte Übermittlung von Text und Druckbefehlen an den Drucker. Die Daten werden beim Direktdruck nicht als Druckdatei gespeichert. Es werden außerdem keine Seitengestaltungs-Prozeduren oder Dateien verwendet, die Befehle zur Druckereinrichtung enthalten.

direkter Digital-Farbabzug *Subst.* (direct digital color proof)
Ein Testdruck eines konventionellen Druckers (z.B. eines Farb-Laserdruckers), der als Annäherung der Ausgabe eines professionellen Drucksystems dient. Ein direkter Digital-Farbabzug enthält keine Farbseparation. Statt dessen werden beim direkten Digital-Farbabzug alle Farben gleichzeitig auf einer einzelnen Seite ausgegeben. Dadurch entsteht zwar im Vergleich zu konventionellen Separationsmethoden eine verminderte Druckqualität, die Druckausgabe ist jedoch schneller und kostengünstiger. → *siehe auch Farbseparation.* → *auch genannt digital proof.*

direkter Operand *Subst.* (immediate operand)
Ein Datenwert, der bei der Ausführung eines Befehls einer Assembler-Sprache verwendet wird, und der nicht auf eine Adresse im Befehl verweist, sondern im Befehl enthalten ist.

direkter Speicherzugriff *Subst.* (direct memory access)
Abgekürzt DMA. Ein Speicherzugriff, der ohne Mitwirkung des Mikroprozessors abläuft. Diese Methode wird häufiger für die direkte Datenübertragung zwischen Hauptspeicher und einem »intelligenten« Peripheriegerät, z.B. einem Diskettenlaufwerk, eingesetzt.

direkter Zugriff *Subst.* (direct access, direct address)
Auch als »wahlfreier Zugriff« bezeichnet. Die Fähigkeit eines Computers, eine bestimmte Speicherstelle im Speicher oder auf einer Diskette unmittelbar ansprechen (adressieren) zu können, um ein Informationselement abzurufen oder zu speichern. Demgegenüber bedeutet »direkter Speicherzugriff« (Direct Memory Access, DAM), daß Informationen direkt zwischen einem I/O-Kanal und dem Speicher übertragen werden können und nicht auf den zeitlich aufwendigeren und längeren Weg vom I/O-Kanal über den Mikroprozessor zum Speicher angewiesen sind. → *siehe auch wahlfreier Zugriff.* → *Vgl. direkter Speicherzugriff.*
→ *siehe absolute Adresse.*

direktes Prüflesen nach Schreibvorgang *Subst.* (direct read after write)
→ *siehe DRAW.*

direktes Prüflesen während Schreibvorgang *Subst.* (direct read during write)
→ *siehe DRDW.*

direkt gekoppelte Transistorlogik *Subst.* (direct-coupled transistor logic)
Abgekürzt DCTL. Typ eines elektronischen Schaltkreises, der nur Transistoren und Widerstände verwendet, wobei die Transistoren direkt miteinander verbunden sind. DCTL war die Technik der ersten kommerziell genutzten integrierten Schaltkreise. Schaltgeschwindigkeit und Leistungsverbrauch liegen bei DCTL über dem Durchschnitt.

Direktsequenz *Subst.* (direct sequence)
Ein Begriff aus dem Bereich der Streuspektrum-Kommunikation. Eine Modulationsform, bei der ein Trägersignal durch eine Reihe binärer Impulse moduliert wird. → *siehe auch Streuspektrum.*

Direktverarbeitung *Subst.* (direct processing)
Die Verarbeitung von Daten unmittelbar beim Empfang durch das System im Gegensatz zur zeitverzögerten Bearbeitung, bei der die Daten vor ihrer Verarbeitung zunächst in Blöcken gespeichert werden. → *Vgl. zeitverzögerte Verarbeitung.*

Direktverbindungs-Modem *Subst.* (direct-connect modem)
Die übliche Ausführung eines Modems, das sich direkt an die TAE-Mehrfachdose einer Fernsprech-

leitung anstecken läßt und daher keinen zwischengeschalteten Telefonapparat benötigt. → *Vgl. Akustikkoppler.*

Direktzugriffsspeicher *Subst.* (direct access storage device)
→ *siehe DASD.*

dirty *Adj.*
Eine Kommunikationsverbindung, die durch intensive Geräusche gestört wird und somit die Qualität des Signals beeinträchtigt. → *siehe auch Rauschen.*

dirty Bit *Subst.* (dirty bit)
Ein Bit, das geänderte Daten in einem Cache markiert, so daß die Änderungen zum Hauptspeicher übertragen werden können. → *siehe auch Bit, Cache.*

dirty Power *Subst.* (dirty power)
Eine Energiequelle, die Schäden an elektronischen Komponenten (z.B. durch Rauschen, Störimpulse oder falschen Spannungspegel) erzeugt.

Dirty ROM *Subst.* (dirty ROM)
Abkürzung für **dirty** Read-Only Memory. Ein Speichersystem in früheren Versionen des Macintosh (Mac II, IIx, SE/30 und IIcx), das ein 32-Bit-System simuliert, ohne ein echtes 32-Bit-System zu sein. Ein Dirty ROM-System hat u.a. den Nachteil, daß es unter Mac OS System 7 auf lediglich 8 MB Speicher zugreifen kann. Es sind bestimmte Systemerweiterungen (z.B. MODE32 und 32-Bit-Enabler) verfügbar, die es einem Dirty ROM ermöglichen, wie ein echtes 32-Bit-System zu arbeiten.

Disassembler *Subst.* (disassembler)
Ein Programm, das Maschinencode in den Code einer Assemblersprache umwandelt. Die meisten Debugger verfügen über einen integrierten Disassembler, der dem Programmierer die Anzeige eines ausführbaren Programms in lesbarer Form ermöglicht. → *siehe auch Decompiler.* → *Vgl. Assembler.*

Disc *Subst.* (disc)
Eine flache, nicht magnetische, glänzende Metallscheibe, die sich mit Hilfe der optischen (Laser-) Technologie lesen und beschreiben läßt und zum Schutz gegen äußere Einflüsse mit einer Plastikbeschichtung versehen ist. Es ist gegenwärtig übliche Praxis, die Schreibweise *Disc* für optische Disketten und die Schreibweise *Disk* für alle anderen diskettenartigen Speichermedien im Computerbereich, z.B. Floppy-Disk, Harddisk (Festplatte) oder RAM-Disk, zu verwenden. → *siehe auch Compact Disc.*

Disc, optische *Subst.* (optical disc)
→ *siehe Compact Disc.*

Discrete Multitone *Subst.* (discrete multitone)
Ein Begriff aus dem Bereich der Telekommunikation. Eine Technologie, bei der digitale Signalprozessoren eingesetzt werden, um die verfügbare Bandbreite in Unterkanäle zu teilen, damit Daten mit mehr als 6 Mbps über ein verdrilltes Kupferaderpaar transportiert werden können.

Disk *Subst.* (disk)
Eine flache, flexible Plastikscheibe (Floppy-Disk) oder starre Metallscheibe (Festplatte) mit einer magnetisierbaren Beschichtung, die sich für die elektromagnetische Aufzeichnung von Informationen in digitaler (binärer) Form eignet. Bei den meisten Computern stellt die Disk das primäre Medium zur permanenten oder semipermanenten Speicherung von Daten dar. Um Floppy-Disks gegen Beschädigungen und Verunreinigungen zu schützen, sind sie von einer Plastikhülle umgeben. Festplatten sind in einem festen Gehäuse eingebaut und dürfen nur in einer staubfreien Umgebung geöffnet werden. Zu den bei Mikrocomputern eingesetzten Datenträgern gehören Floppy-Disks, Mikrofloppies, Harddisks (Festplatten) und wechselbare Platten, die mit bestimmten Festplattenlaufwerken und Einheiten, z.B. der Bernoulli Box, verwendet werden können. → *Vgl. Compact Disc, Disc.*

Disk-Cache *Subst.* (disk cache)
Ein reservierter Teil des Hauptspeichers (RAM) für die temporäre Ablage von Informationen, die von Diskette gelesen werden. Ein Disk-Cache nimmt keine vollständigen Dateien auf, wie beispielsweise eine RAM-Disk (ein Teil des Speichers, der sich wie ein Diskettenlaufwerk ansprechen läßt). Statt dessen hält ein Disk-Cache nur die Informationen, die entweder vor kurzem von einer Disk angefordert oder die zuletzt auf eine Disk ge-

schrieben wurden. Wenn die angeforderten Informationen im Disk-Cache verbleiben und das Programm nicht warten muß, bis der Laufwerksmechanismus die Daten von der Disk geholt hat, verringert sich die Zugriffszeit beträchtlich. → *siehe auch Cache.* → *Vgl. Disk-Puffer.*

Disk-Controller *Subst.* (disk controller)
Ein Spezial-Chip, der zusammen mit der dazugehörigen Schaltungstechnik das Lesen von und Schreiben auf ein Diskettenlaufwerk eines Computers hardwareseitig übernimmt. Ein Disk-Controller positioniert den Lese-/Schreibkopf, dient als Bindeglied zwischen Laufwerk und Mikroprozessor und steuert den Informationstransfer von und zum Speicher. Disk-Controller werden sowohl für Diskettenlaufwerke als auch Festplattenlaufwerke eingesetzt. Sie können entweder im System integriert sein oder sich auf einer Karte befinden, die in einen Erweiterungssteckplatz eingesteckt wird.

diskcopy *Subst.* (copy disk)
Ein MS-DOS-Befehl, der den Inhalt einer Diskette auf eine andere Diskette kopiert. → *siehe auch Floppy Disk, MS-DOS.*

Disk-Crash *Subst.* (disk crash)
Der Ausfall eines Laufwerks. → *siehe auch crashen.*

Disk-Duplexing *Subst.* (disk duplexing)
→ *siehe Plattenspiegelung.*

Disk-Einheit *Subst.* (disk unit)
Bezeichnet ein Laufwerk oder dessen Gehäuse.

Diskette *Subst.* (diskette)
→ *siehe Floppy Disk.*

Diskette, beidseitige *Subst.* (double-sided disk)
→ *siehe beidseitige Diskette.*

Diskette, bootfähige *Subst.* (bootable disk)
→ *siehe Boot-Diskette.*

Diskette, flexible *Subst.* (flexible disk)
→ *siehe Floppy Disk.*

Diskette, hartsektorierte *Subst.* (hard-sectored disk)
→ *siehe hartsektorierte Diskette.*

Diskette mit besonders hoher Dichte *Subst.* (extra-high-density floppy disk)
Eine 3,5-Zoll-Diskette, auf der ein Datenvolumen von 4 MB gespeichert werden kann. Für diese Diskette ist ein spezielles Laufwerk mit zwei Köpfen erforderlich. Normale Diskettenlaufwerke haben nur einen Kopf. → *siehe auch Floppy Disk.*

Diskette mit doppelter Dichte *Subst.* (double-density disk)
Eine Diskette, auf der sich Daten mit der zweifachen Dichte (Bit pro Zoll) gegenüber der Vorläufergeneration von Disketten speichern lassen. Die ersten Floppy-Disks für IBM-PCs konnten 180 Kilobyte (KB) Daten aufnehmen. Disketten mit doppelter Dichte erhöhten diese Kapazität auf 360 KB. Für die Codierung der gespeicherten Daten verwendet man bei Disketten doppelter Dichte die modifizierte Frequenzmodulation (MFM). → *siehe auch Floppy Disk, Mikrodiskette, Modified Frequency Modulation encoding.* → *Vgl. Diskette mit hoher Dichte.*

Diskette mit hoher Dichte *Subst.* (high-density disk)
Eine 3,5-Zoll-Diskette, die 1,44 Megabyte (MB) Daten speichern kann. → *Vgl. Diskette mit doppelter Dichte.*
Eine 5,25-Zoll-Diskette, die 1,2 MB Daten speichern kann. → *Vgl. Diskette mit doppelter Dichte.*

Diskettengehäuse *Subst.* (disk jacket)
Der schützende Plastikmantel, der eine Floppy-Disk umgibt.

Diskettenhülle *Subst.* (disk envelope, jacket)
Der Behälter für die Aufbewahrung von 5,25-Zoll-Disketten und deren Schutzhülle. Die Diskettenhülle schützt die Oberfläche des Datenträgers vor Staub und anderen Fremdmaterialien, die die Oberfläche zerkratzen oder auf andere Art beschädigen und zum Verlust der gespeicherten Daten führen können. → *siehe auch Diskettengehäuse.*
→ *siehe Diskettengehäuse.*

Diskettenlaufwerk *Subst.* (disk drive)
Ein elektromechanisches Gerät, mit dem sich Disketten lesen und beschreiben lassen. Zu den Hauptkomponenten eines Diskettenlaufwerks ge-

hören die Spindel, auf der die Diskette befestigt wird, ein Laufwerksmotor, der die Diskette bei aktivem Laufwerk in Umdrehung versetzt, ein oder mehrere Lese-/Schreibköpfe, ein zweiter Motor, der für das Positionieren der Lese-/Schreibköpfe über der Diskette verantwortlich ist, und Controller-Schaltungen, die die Lese-/Schreibaktivitäten und den Informationstransfer von und zum Computer synchronisieren. Gebräuchlich sind vor allem zwei Typen von Diskettenlaufwerken: Floppy-Disklaufwerke und Festplattenlaufwerke (Hard Disks). Floppy-Disklaufwerke sind für die Aufnahme von wechselbaren Disketten im Format 5,25 Zoll oder 3,5 Zoll vorgesehen. Festplattenlaufwerke arbeiten schneller, haben eine höhere Speicherkapazität und sind vollständig in einem Schutzgehäuse eingeschlossen.

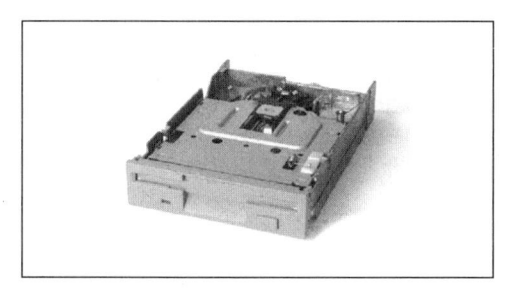

Diskettenlaufwerk: Ein 3,5-Zoll-Diskettenlaufwerk

Disk, magnetooptische *Subst.* (magneto-optic disc)
→ *siehe magnetooptische Disk.*

Disk-Puffer *Subst.* (disk buffer)
Ein kleiner reservierter Speicherbereich zur vorübergehenden Ablage von Daten, die von Diskette gelesen oder auf Diskette geschrieben werden. Da externe Speicher, z.B. Diskettenlaufwerke und Festplatten, verglichen mit der CPU langsam arbeiten, ist es nicht effizient, auf den Datenträger nur wegen ein oder zwei Datenbyte zuzugreifen. Statt dessen wird während eines Lesevorgangs eine große Gruppe von Daten gelesen und im Disk-Puffer abgelegt. Wenn das Programm Informationen benötigt, entnimmt es sie durch eine Kopieroperation aus dem Puffer. Auf diese Weise lassen sich viele Anforderungen nach Daten durch einen einzigen Disketten-Zugriff erledigen. Die gleiche Technik kann auch für Schreibvorgänge angewendet werden. Wenn das Programm Informationen zu speichern hat, schreibt es sie zunächst in den Disk-Pufferbereich im Hauptspeicher. Sobald der Puffer gefüllt ist, wird der gesamte Inhalt des Puffers mit einer einzigen Operation auf Diskette geschrieben.

diskret *Adj.* (discrete)
Separat, einzeln, als Einheit identifizierbar. Bits sind z.B. diskrete Elemente der Daten, die durch den Computer verarbeitet werden.

Disk-Schnittstelle *Subst.* (disk interface)
Im allgemeinen wird damit die Schaltungstechnik bezeichnet, die ein Laufwerk mit einem Computersystem verbindet.
Außerdem ein Standard für den Anschluß von Laufwerken an Computern, z.B. der ST506-Standard für die Verbindung von Festplatten mit Computern.

Disk-Server *Subst.* (disk server)
Ein Knoten in einem lokalen Netzwerk, der als entferntes Laufwerk gemeinsam von den Netzwerk-Teilnehmern genutzt wird. Im Gegensatz zu einem Datei-Server, der komplizierte Aufgaben der Verwaltung von Netzwerk-Anforderungen nach Daten erledigt, fungiert ein Disk-Server lediglich als Speichermedium, auf dem die Benutzer Daten lesen und schreiben können. Ein Disk-Server läßt sich in Abschnitte (Volumes) unterteilen, die sich jeweils als separate Laufwerke ansprechen lassen.
→ *Vgl. Datei-Server.*

Disk-Speicher *Subst.* (disk memory)
→ *siehe virtueller Speicher.*

Disk-Striping *Subst.* (disk striping)
Die Kombination einer Reihe gleich großer Disk-Partitionen, die sich auf separaten Disks (von 2 bis 32) befinden, zu einem einzelnen Volume. Diese Partitionen bilden einen virtuellen »Streifen« über die Disks, den das Betriebssystem als ein einzelnes Laufwerk ansieht. Disk-Striping ermöglicht es, mehrere I/O-Operationen im selben Volume parallel auszuführen und damit die Leistung zu steigern. → *siehe auch Disk-Striping mit Paritätsprüfung, Eingabe/Ausgabe.*

Disk-Striping mit Paritätsprüfung *Subst.* (disk striping with parity)
Die Verwaltung von Paritätsinformationen über einen Disk-Stripe, damit sich bei Ausfall einer Disk-

Partition die Daten auf dieser Disk unter Verwendung der Informationen, die über die verbleibenden Partitionen im Disk-Stripe gespeichert sind, wiederherstellen lassen. → *siehe auch Disk-Striping, Fehlertoleranz, Parität.*

Disk-Treiber *Subst.* (disk driver)
Ein Gerätetreiber, der in das System eingebunden wird, um Diskettenlaufwerke eines bestimmten Herstellers zu unterstützen. → *siehe auch Gerätetreiber.*

Diskussion mit Threads *Subst.* (threaded discussion)
In einer Newsgroup oder in einem anderen Online-Forum eine Folge von Nachrichten oder Artikeln, bei denen die Anworten auf einen bestimmten Artikel direkt untereinander angeordnet werden und nicht in chronologischer oder alphabetischer Reihenfolge. → *siehe auch Newsgroup, Thread.*

Diskussionsfaden *Subst.* (thread)
→ *siehe Thread.*

Diskussionsgruppe *Subst.* (discussion group)
Online-Foren, in denen Benutzer über allgemeine Themen kommunizieren können. Zu den Foren für Diskussionsgruppen gehören elektronische Verteilerlisten, Internet-Newsgroups und IRC-Kanäle.

Diskverzeichnis *Subst.* (disk directory)
Mit einem Inhaltsverzeichnis vergleichbarer Index der Dateien auf einer Disk. Ein Diskverzeichnis umfaßt Informationen über die Dateien. Dazu gehören Name, Größe, Datum und Uhrzeit der Erstellung sowie das Verzeichnis. → *siehe auch Verzeichnis.*

Disk-Zugriffszeit *Subst.* (disk access time)
→ *siehe Zugriffszeit.*

Display *Subst.* (display)
Bezieht sich in der Regel auf das visuelle Ausgabegerät eines Computers – häufig ein Video-Display mit Kathodenstrahlröhre (CRT). Portable und Notebook-Computer verfügen im allgemeinen über Displays mit LCD-Basis oder sind mit flachen Plasmabildschirmen ausgestattet. → *siehe auch Flachdisplay, Flüssigkristall-Display, Video-Adapter, Video-Display.*

Display-Adapter *Subst.* (display adapter)
→ *siehe Video-Adapter.*

Display, alphanumerisches *Subst.* (alphanumeric display terminal)
→ *siehe alphanumerisches Display.*

Display, berührungssensitives *Subst.* (touch-sensitive display)
→ *siehe Touchscreen.*

Display Data Channel *Subst.*
→ *siehe DDC.*

Display, digitales *Subst.* (digital display)
→ *siehe digitales Display.*

Display mit Hintergrundbeleuchtung *Subst.* (back-lit display)
Ein LCD-Display, bei dem eine Lichtquelle hinter dem Bildschirm eingesetzt wird, mit deren Hilfe die Schärfe und die Ablesbarkeit verbessert werden, insbesondere in Umgebungen mit ungünstiger Beleuchtung.

Display PostScript *Subst.*
Eine erweiterte Version der PostScript-Sprache für die geräteunabhängige Bildverarbeitung (einschließlich Bildschirme und Drucker) in einer Multitasking-Umgebung. Display PostScript wurde von einigen Hardware-Herstellern als Standard-Bildverarbeitung für Bildschirme und Drucker übernommen. → *siehe auch PostScript.*

Display Power Management Signaling *Subst.*
→ *siehe DPMS.*

Display-Treiber, virtueller *Subst.* (virtual display device driver)
→ *siehe virtueller Gerätetreiber.*

Distance Vector Multicast Routing Protocol *Subst.*
Ein Netzwerk-Leitwerkprotokoll für das Internet, das einen leistungsfähigen Mechanismus für die verbindungslose Datagrammübergabe an eine Host-Gruppe eines Internet-Netzwerkes zur Verfügung stellt. Es handelt sich hierbei um ein verteiltes Protokoll, das IP-Multicast-Leitwerkbäume mit einer Technik namens Reverse Path Multicasting (RPM) dynamisch generiert.

Distributed COM *Subst.*
→ *siehe DCOM.*

Distributed Component Object Model *Subst.*
→ *siehe DCOM.*

Distributed Computing Environment *Subst.*
Standards der Open Group (früher: Open Software Foundation) für die Entwicklung verteilter Anwendungen, die auf mehreren Plattformen operieren können. → *siehe auch verteilte Datenverarbeitung.*

Distributed System Object Model *Subst.*
Das System Object Model (SOM) von IBM in einer gemeinsam genutzten Umgebung, in der binäre Klassenbibliotheken zwischen Anwendungen auf Netzrechnern oder zwischen Anwendungen eines bestimmten Systems freigegeben werden können. Das Distributed System Object Model ergänzt vorhandene objektorientierte Sprachen, indem die SOM-Klassenbibliotheken unter den Anwendungen gemeinsam genutzt werden können, die in verschiedenen Sprachen programmiert wurden.
→ *siehe auch SOM.*

Dithering *Subst.* (dithering)
Eine Technik, die in der Computertechnik verwendet wird, um den Eindruck eines kontinuierlichen Grauwertverlaufs (auf einem monochromen Display oder Drucker) oder zusätzlicher Farben (auf einem farbigen Display oder Drucker) zu erzeugen. Dithering behandelt Bereiche eines Bildes als Punktgruppen, die in unterschiedlichen Mustern eingefärbt sind. Diese Technik ist verwandt mit dem Druck der sog. *Halbton-Bildern,* da die Tendenz des Auges ausgenutzt wird, verschiedenfarbige Punkte zu vermischen und durch Mittelwertbildung als einzelnen Grauwert oder einzelne Mischfarbe wahrzunehmen. Aus dem Verhältnis von schwarzen zu weißen Punkten in einem bestimmten Bereich ergibt sich der Gesamtwert eines besonderen Grauwertes. Durch Dithering lassen sich in Computergrafiken realistischere Ergebnisse erzielen und die bei niedrigeren Auflösungen zu beobachtenden gezackten Kanten von Kurven und diagonalen Linien weichzeichnen.
→ *siehe auch Aliasing, Halbton.*

Divergenz *Subst.* (divergence)
Ein Auseinanderlaufen oder Trennen. Bei Computer-Displays spricht man von Divergenz, wenn die roten, grünen und blauen Elektronenstrahlen in einem Farbmonitor nicht genau denselben Punkt auf dem Bildschirm anzeigen. Innerhalb eines Programms (z.B. einer Tabellenkalkulation) kann eine Divergenz auftreten, wenn ein Satz von Formeln wiederholt berechnet wird (Iteration) und sich das Ergebnis mit jedem Iterationsschritt weiter von einer stabilen Lösung entfernt. → *Vgl. Konvergenz.*

Divis *Subst.* (en dash)
Ein Interpunktionszeichen (-) mit der Bedeutung »bis« bei Bereichen (z.B. 1990-92). Bei zusammengesetzten Adjektiven kann das Divis-Zeichen als Bindestrich fungieren (z.B. sozio-ökonomisch). Der englische Name »en dash« rührt daher, daß die Breite des Divis in vielen Schriften der Breite des Buchstabens »n« entspricht. → *siehe auch Vollgeviert.* → *Vgl. Bindestrich, Vollgeviertstrich.*

Division durch Null *Subst.* (division by zero, zero divide)
Eine Division, bei welcher der Divisor Null beträgt. Eine Division durch Null ist mathematisch nicht definiert, in einem Programm nicht zugelassen und wird als Fehler betrachtet.
Doch auch die Division durch eine zu kleine Zahl kann ein so großes Ergebnis liefern, daß es sich nicht mehr durch den Computer ausdrücken läßt. Auch wenn eine sehr kleine Zahl streng mathematisch betrachtet nicht Null ist, wird ein derartiger Fehler mit der Division durch Null in Verbindung gebracht, da er ähnliche Ursachen und Auswirkungen hat. Da Divisionen durch Null bzw. durch zu kleine Zahlen zu schweren Programmfehlern

Dithering: Halbtonbild (links) und gedithertes Bild. Beide Bilder haben 72 Punkt pro Zoll.

führen, müssen in der Software entsprechende Vorkehrungen getroffen werden, um derartige Divisionen zu verhindern.

Divisionsüberlauf *Subst.* (divide overflow)
→ *siehe Überlauffehler.*

.dj
Im Internet ein Kürzel für die übergreifende Länder-Domäne, die eine Adresse in Djibuti angibt.

.dk
Im Internet ein Kürzel für die übergreifende Länder-Domäne, die eine Adresse in Dänemark angibt.

.dl_
Eine Dateinamenerweiterung, die komprimierte DLL-Dateien kennzeichnet, wie sie in einer Setup-Prozedur unter Windows verwendet werden.
→ *siehe auch DLL.*

DLC *Subst.*
Abkürzung für **D**ata **L**ink **C**ontrol. Ein Protokoll zur Fehlerbehebung in der Systems Network Architecture (SNA), die für die Übertragung von Daten zwischen zwei Knoten über eine physikalische Verbindung verantwortlich ist. → *siehe auch HDLC, SNA.*

.dll
Eine Dateinamenerweiterung für eine DLL (Dynamic Link Library). → *siehe auch DLL.*

DLL *Subst.*
→ *siehe dynamische Bibliothek.*

DLT *Subst.*
→ *siehe digitales lineares Tape.*

DMA *Subst.*
→ *siehe direkter Speicherzugriff.*

DMD *Subst.*
→ *siehe Digital Micromirror Display.*

DMI *Subst.*
Abkürzung für **D**esktop **M**anagement **I**nterface. Ein System für das Verwalten von Konfigurationen und des Status von PCs eines Netzwerks von einem zentralen Computer. In einem DMI-System wird ein Agent-Programm auf jedem Gerät im Hintergrund ausgeführt, das Informationen zurückgibt oder eine Aktion (festgelegt in einer im Gerät gespeicherten Datei) als Reaktion auf eine Abfrage ausführt, die vom zentralen Computer empfangen wird. Bei den von einem Agent-Programm auszuführenden Aktionen kann es sich um das Überprüfen von Fehlern handeln, die zum Zeitpunkt des jeweiligen Auftretens dem zentralen Computer berichtet werden. Es kann z.B. ein Drucker so eingerichtet sein, daß dieser dem zentralen Computer Papierstaus oder einen leeren Papierschacht meldet. DMI wurde von der DMTF (Desktop Management Task Force) entwickelt. Bei der DMTF handelt es sich um eine Arbeitsgemeinschaft von Herstellern für die Computerindustrie. DMI steht mit SNMP im Wettbewerb (beide Systeme können jedoch auf dem gleichen Rechnersystem vorhanden sein). → *siehe auch Agent, DMTF.* → *Vgl. SNMP.*

DML *Subst.*
→ *siehe Datenmanipulations-Sprache.*

DMT *Subst.*
→ *siehe Discrete Multitone.*

DMTF *Subst.*
Abkürzung für **D**esktop **M**anagement **T**ask **F**orce. Eine Arbeitsgemeinschaft, die 1992 gegründet wurde. Das Ziel der DMTF ist das Entwickeln von Standards für PC-basierte Einzelplatz- und Netzwerksysteme für Privathaushalte und die Industrie.

DNS *Subst.*
Abkürzung für »Domain Name System«. Das System, durch das die Hosts im Internet sowohl Domänen-Adressen (z.B. bluestem.prairienet.org) als auch IP-Adressen (z.B. 19.17.3.4) besitzen. Die Domänen-Adresse wird von Benutzern verwendet und automatisch in die numerische IP-Adresse konvertiert, die von der Software zum Weiterleiten von Paketen benutzt wird. → *siehe auch Domänen-Adresse, IP-Adresse.*

»DNS« ist außerdem die Abkürzung für »Domain Name Service« und stellt das Internet-Dienstprogramm dar, welches das Domain Name System (siehe Definition 1) implementiert. DNS-Server, die auch »Name-Server« genannt werden, verwalten die Datenbanken mit den Adressen. Auf die Server können die Benutzer transparent zugreifen.

DNS-Server *Subst.* (DNS server)
Ein Computer, der Domain Name Service (DNS)-Abfragen beantworten kann. Der DNS-Server verwaltet eine Datenbank mit Host-Computern und deren entsprechende IP-Adressen. Wenn einem DNS-Server z.B. der Name *apex.com* vorgelegt wird, gibt dieser die IP-Adresse der Firma »Apex« zurück. → *siehe auch DNS, IP-Adresse.*

.do
Im Internet ein Kürzel für die übergreifende Länder-Domäne, die eine Adresse in der Dominikanischen Republik angibt.

.doc
Eine Dateinamenerweiterung zur Kennzeichnung von Dokumentdateien im Format eines Textverarbeitungsprogramms. Es ist die Standarderweiterung für Dokumentdateien in Microsoft Word.

Docking Station *Subst.* (docking station)
Eine Einheit für einen Laptop oder für ein Notebook, die den Stromanschluß, die Erweiterungssteckplätze und die Verbindungen zu Peripheriegeräten (z.B. einen Bildschirm, einen Drucker, eine »normale« Tastatur und eine Maus) zur Verfügung stellt. Der eigentliche Zweck einer Docking Station besteht darin, den Laptop oder das Notebook in einen »normalen« Schreibtischcomputer mit Peripheriegeräten umzuwandeln. → *siehe auch Erweiterungssteckplatz, Laptop, Notebook-Computer, Peripherie.*

Docking Station

DOCTYPE *Subst.* (doctype)
Eine Deklaration am Anfang eines SGML-Dokuments, die den öffentlichen Bezeichner oder den Systembezeichner für die diesem Dokument zugrundeliegende Dokumententyp-Definition (DTD) angibt. → *siehe auch SGML.*

Document Content Architecture *Subst.*
→ *siehe DCA.*

Document Interchange Architecture *Subst.*
→ *siehe DIA.*

Document Style Semantics and Specification Language *Subst.*
Der Name für den ISO-Standard 10179, verabschiedet 1995. Dieser Standard behandelt das Adressieren einer hochentwickelten Semantik, das von bestimmten Formatierungssystemen oder -Prozessen unabhängig ist. Dieser Standard soll als Erweiterung des SGML-Standards für die Spezifikation der Semantik von Dokumenten dienen.
→ *siehe auch ISO, SGML.*

DoD *Subst.*
→ *siehe U.S. Department of Defense.*

Dokument *Subst.* (document)
Jedes eigenständige Erzeugnis, das mit einem Anwendungsprogramm produziert werden kann. Speichert man dieses Erzeugnis auf einem Datenträger, wird es mit einem eindeutigen Namen versehen, unter dem es sich wieder aufrufen läßt. Hin und wieder trifft man auf die Ansicht, daß es sich bei einem Dokument nur um ein Material einer Textverarbeitung handelt. Für einen Computer sind Daten jedoch nichts weiter als eine Sammlung von Zeichen, so daß eine Tabellenkalkulation oder eine Grafik genauso ein Dokument darstellt wie ein Brief oder ein Bericht. Als Dokument bezeichnet man insbesondere in der Macintosh-Umgebung jede vom Benutzer erstellte Arbeit, die als separate Datei benannt und gespeichert wird.

Dokument, angehängtes *Subst.* (attached document)
→ *siehe angehängtes Dokument.*

Dokumentation *Subst.* (documentation)
Die mit einem Software- bzw. Hardwareprodukt gelieferten Anweisungen. Zu einer Dokumentation

Dokumentdatei

gehören u.a. Informationen über das erforderliche oder empfohlene Computersystem, Installationshinweise sowie Gebrauchsanleitungen und Wartungsvorschriften für das Produkt.

Dokumentdatei *Subst.* (document file)
Auch als »Datendatei« bezeichnet. Eine vom Benutzer erstellte Datei, die die Ausgaben eines Programms darstellt. → *auch genannt Datendatei.* → *Vgl. Programmdatei.*

Dokumentenbearbeitung *Subst.* (document processing)
Das Abrufen und Manipulieren eines Dokuments. Hinsichtlich der Arbeitsweise eines Computers gliedert sich eine Dokumentenbearbeitung in drei Hauptschritte: Erstellen oder Abrufen einer Datendatei, Manipulieren der Daten in der gewünschten Weise und Speichern der modifizierten Datei.

Dokumentenleser *Subst.* (document reader)
Ein Gerät, das gedruckte Texte abtastet und sie mittels Zeichenerkennung in Textdateien konvertiert. → *siehe auch Zeichenerkennung.*

Dokumentenmanagement *Subst.* (document management)
Das komplette Spektrum der elektronischen Dokumentenerstellung und der Verteilung innerhalb der Firma.

Dokumentenwiedergewinnung *Subst.* (document retrieval)
In manche Anwendungsprogramme integrierte Funktion, die es dem Benutzer ermöglicht, nach spezifischen Dokumenten auf der Basis von Informationselementen wie Datum, Autor oder vorher zugewiesenen Schlüsselwörtern zu suchen. Die Dokumentenwiedergewinnung beruht auf einem Indizierungsschema, das vom Programm verwaltet und eingesetzt wird. Je nach den vom Programm gebotenen Möglichkeiten kann der Benutzer mehrere Bedingungen angeben, um die Suche zu verfeinern.

Dokumentfenster *Subst.* (document window)
Ein am Bildschirm angezeigtes Fenster in entsprechenden Umgebungen, z.B. bei Apple Macintosh und Microsoft Windows, in dem der Benutzer ein

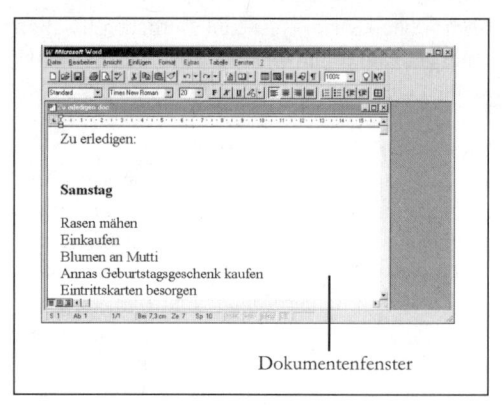

Dokumentfenster

Dokument erstellen, anzeigen oder bearbeiten kann.

dokumentieren *Vb.* (document)
Etwas erklären oder anmerken, z.B. ein Programm oder eine Prozedur.

dokumentorientiert *Adj.* (document-centric)
Ein Betriebssystem, in dem der Benutzer Dokumentendateien öffnet und dadurch automatisch die zugehörige Anwendung (z.B. ein Textverarbeitungsprogramm oder ein Tabellenkalkulationsprogramm) öffnet. Viele grafische Benutzeroberflächen, z.B. »Macintosh Finder«, sowie das World Wide Web sind dokumentenorientiert. → *Vgl. anwendungsspezifisch.*

Dokumentquelltext *Subst.* (document source)
Das Standardtext-HTML-Format eines World Wide Web-Dokuments, in dem alle Tags sowie andere Auszeichnungen ohne Format angezeigt werden. → *siehe auch HTML.* → *auch genannt Quelle.*

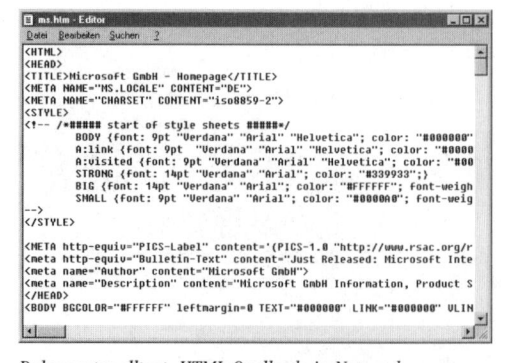

Dokumentquelltext: HTML-Quellcode in Notepad

Dokument, stationäres *Subst.* (stationery)
→ *siehe stationäres Dokument.*

Dokumentvorlage *Subst.* (template)
In Programmen für Textverarbeitung und Desktop Publishing ein vorgegebenes Dokument, das Formatierungsangaben und oft auch allgemein verwendbaren Text enthält.

Domäne *Subst.* (domain)
Bei der Konstruktion und der Verwaltung einer Datenbank der Satz von gültigen Werten für ein gegebenes Attribut. Die Domäne des Attributs VORWAHL-NUMMER kann z.B. eine Liste aller gültigen dreistelligen Vorwahlnummern der Vereinigten Staaten sein.
Bei Windows NT Advanced Server beschreibt eine Domäne eine Sammlung von Computern, die eine zentrale Domänen-Datenbank und Sicherheitspolitik nutzen. Jede Domäne hat einen eindeutigen Namen.
»Domäne« stellt ferner einen Begriff aus dem Bereich der Internet- und Netzwerk-Terminologie dar. Sie gibt die höchste Untereinheit eines Domänen-Namens in einer Netzwerk-Adresse an und bezeichnet den Typ der Entität, der die Adresse gehört (z.B. *.com* für kommerzielle Benutzer oder *.edu* für Lehranstalten). Die Domäne kann auch den geographischen Standort der Adresse bezeichnen (z.B. *.fr* für Frankreich oder *.de* für Deutschland). Bei der Domäne handelt es sich um den letzten Bestandteil der Adresse (z.B. http://www.acm.org). → *siehe auch Domänen-Name.*

Domäne, ferromagnetische *Subst.* (ferromagnetic domain)
→ *siehe magnetische Domäne.*

Domäne, magnetische *Subst.* (magnetic domain)
→ *siehe magnetische Domäne.*

Domänen-Adresse *Subst.* (domain name address)
Die Adresse eines Gerätes, das mit dem Internet oder einem anderen TCP/IP-Netzwerk verbunden ist. Dies erfolgt nach einem hierarchischen System, das die Server, die Organisationen und die Typen durch Wörter bezeichnet, z.B. http://www.logos.net. → *siehe auch TCP/IP.*

Domänen-Name *Subst.* (domain name)
Eine Adresse einer Netzwerkverbindung. Diese Adresse wird in einem Format ausgegeben, das den Eigentümer der Adresse hierarchisch strukturiert bezeichnet: *server.organisation.typ*. Der Domänen-Name *www.whitehouse.gov* bezeichnet z.B. den Web-Server des Weißen Hauses in Washington.

Domain-Name-Server *Subst.* (domain name server)
→ *siehe DNS-Server.*

Domain Name System *Subst.*
→ *siehe DNS.*

Domain Naming System *Subst.*
→ *siehe DNS.*

Dongle *Subst.* (dongle)
→ *siehe Hardware-Schloß.*

Doppeldiskettenlaufwerk *Adj.* (dual disk drive)
Ein Computer, der zwei Diskettenlaufwerke besitzt.

Doppeldruck *Subst.* (double-strike)
Auf einem Anschlagdrucker (z.B. einem Typenraddrucker) das zweifache Drucken eines Wortes, wodurch der Text dunkler und stärker bzw. fetter erscheint als im Normaldruck. Auf Matrixdruckern läßt sich der Doppeldruck mit einer leichten Verschiebung kombinieren, um die Leerstellen zwischen den einzelnen Matrix-Punkten auszufüllen und somit ein geschlosseneres Zeichenbild zu erhalten.

doppelklicken *Vb.* (double-click)
Die Maustaste zweimal hintereinander drücken und wieder loslassen. Doppelklicken stellt eine Methode zur schnellen Auswahl und Aktivierung eines Programms oder Leistungsmerkmals dar.
→ *Vgl. klicken, ziehen.*

Doppelprozessor-System *Subst.* (dual processors)
Der Einsatz von zwei Prozessoren. Mit Hilfe eines Doppelprozessor-Systems läßt sich die Verarbeitungsgeschwindigkeit eines Computers steigern: ein Prozessor steuert den Speicher und den Bus, während der zweite Prozessor Eingabe-/Ausgabeoperationen behandelt. In vielen PCs wird ein zweiter Prozessor für die Ausführung von Gleit-

komma-Arithmetik eingesetzt. → *siehe auch Coprozessor, Gleitkomma-Notation.*

Doppelpufferung *Subst.* (double buffering)
Auch als Ping-Pong-Pufferung bezeichnet. Die Verwendung von zwei temporären Speicherbereichen (Puffern) gegenüber nur einem zur Aufnahme von Informationen, die von einem bestimmten I/O-Gerät kommen und dorthin gehen. Da sich ein Puffer füllen läßt, während der andere geleert wird, erhöht sich durch Doppelpufferung die Geschwindigkeit des Informationstransfers. → *auch genannt Pingpong-Puffer.*

doppelseitiges Laufwerk *Subst.* (dual-sided disk drive)
Ein Diskettenlaufwerk, das Informationen sowohl von der Oberseite als auch der Unterseite einer doppelseitigen Diskette lesen bzw. darauf schreiben kann. Doppelseitige Laufwerke verfügen dazu für jede Diskettenseite über je einen Schreib-/Lesekopf.

doppelt dereferenzieren *Vb.* (double-dereference)
Einen Pointer dereferenzieren, auf den wiederum ein anderer Pointer zeigt. Mit anderen Worten: auf Informationen über ein Handle zugreifen. → *siehe auch dereferenzieren, Handle, Zeiger.*

doppelte Dichte *Adj.* (dual density)
Die Fähigkeit von Disketten-Laufwerken, Disketten verschiedener Formate lesen und beschreiben zu können.

doppelt genau *Adj.* (double-precision)
Eine Zahl, für die doppelt so viel Speicher (zwei Wörter – in der Regel 8 Byte) aufgewendet wird, wie für eine Zahl mit einfacher Genauigkeit. Zahlen doppelter Genauigkeit behandelt der Computer in der Regel im Gleitkomma-Format. → *siehe auch Gleitkomma-Zahl.* → *Vgl. einfache Genauigkeit.*

doppelt verkettete Liste *Subst.* (doubly linked list)
Eine Folge von Knoten (Elemente zur Darstellung diskreter Informationseinheiten), bei denen jeder Knoten sowohl auf den nächsten als auch den vorangehenden Knoten verweist. Aufgrund dieser Zweiwege-Verweise kann man eine doppelt verkettete Liste sowohl vorwärts als auch rückwärts durchlaufen, im Gegensatz zu nur einer Richtung (vorwärts) bei einfach verketteten Listen.

Doppelwort *Subst.* (double word)
Eine Dateneinheit aus zwei aufeinanderfolgenden Worten (zusammenhängende Byte, nicht Text), die vom Mikroprozessor des Computers gemeinsam behandelt werden.

DOS *Subst.*
Abkürzung für Disk Operating System. Ein allgemeiner Begriff, der ein Betriebssystem beschreibt, das von Datenträgergeräten geladen wird, wenn das System gestartet oder neu gebootet wird. Durch diesen Begriff wurden ursprünglich laufwerksbasierte Systeme veralteter Betriebssysteme für Mikrocomputer unterschieden, die entweder speicherbasiert waren oder auf der Basis von Magnetbändern oder Lochstreifen ausgeführt wurden. → *siehe auch MS-DOS, PC-DOS.*

DOS-Box *Subst.* (DOS box)
Ein Computer, der die Betriebssysteme MS-DOS oder PC-DOS verwendet. Im Gegensatz hierzu gibt es Computer, die auf einem anderen Betriebssystem, z. B. UNIX, ausgeführt werden.

DO-Schleife *Subst.* (DO loop)
Eine in Programmen verwendete Steueranweisung, die einen Codeabschnitt wiederholt ausführt, bis eine angegebene Bedingung erfüllt ist. Die DO-Schleife ist z. B. in FORTRAN, Basic und anderen Programmiersprachen verfügbar. → *siehe auch iterative Anweisung.* → *Vgl. FOR-Schleife.*

DOS-Eingabeaufforderung *Subst.* (DOS prompt)
Der visuelle Hinweis des Befehlsprozessors von MS-DOS, daß das Betriebssystem für die Entgegennahme eines neuen Befehls bereit ist. Die vorgegebene DOS-Eingabeaufforderung besteht aus einem Laufwerksbezeichner, dem ein Größer-Zeichen folgt (z. B. C:). Mit Hilfe des PROMPT-Befehls kann der Benutzer eigene Eingabeaufforderungen gestalten.

DOS-Extender *Subst.* (DOS extender)
Ein Programm zur Erweiterung des auf 640 KByte begrenzten konventionellen Speichers, der für die Verwendung durch DOS und DOS-Anwendungen verfügbar ist. Ein DOS-Extender beansprucht dazu einen Teil des reservierten Speichers (Speicher, der durch andere Teile des Systems verwendet wird, beispielsweise den Video-Adapter, das ROM BIOS und die I/O Ports).

DOS-Kompatibilitätsbox *Subst.* (DOS box)
Ein OS/2-Prozeß, der die Ausführung von Programmen unter dem Betriebssystem MS-DOS unterstützt. → *auch genannt Kompatibilitäts-Box.*

Dotiersubstanz *Subst.* (dopant)
Auch als Dotand bezeichnet. Eine Verunreinigung, die in kleinen Mengen einem Halbleitermaterial bei der Herstellung von Dioden, Transistoren und integrierten Schaltkreisen hinzugefügt wird. Da der Widerstand eines Halbleiters zwischen dem eines Leiters und dem eines Isolators liegt (daher sein Name), kann man mit Hilfe von Dotiersubstanzen die Leitfähigkeit eines Halbleiters erhöhen oder verringern. Die Art und Menge der Dotiersubstanz legt den Leitfähigkeitstyp fest. N-Halbleiter, in dem Strom durch freie Elektronen geleitet wird, oder P-Halbleiter, in dem Strom durch Elektronenlücken, den sog. »Löchern« geleitet wird). Zu den gebräuchlichsten Dotiersubstanzen gehören Arsen, Antimon, Wismut und Phosphor.
→ *siehe auch n-leitender Halbleiter, p-leitender Halbleiter.*

double dabble *Subst.*
Eine Methode für das Umwandeln von Binärziffern in Dezimalbrüche, indem Summen verdoppelt und zusätzliche Bit hinzugefügt werden: Wenn das Bit verdoppelt wird, das am weitesten links steht, wird so lange das jeweils nächste Bit hinzugefügt und die jeweilige Summe verdoppelt, bis das äußerste rechte Bit in die Summe einbezogen worden ist.

Doublette *Subst.* (duplicate key)
Einem indizierten Feld in einem Datensatz einer Datenbank zugewiesener Wert, der mit einem Wert im entsprechenden Feld eines anderen Datensatzes derselben Datenbank identisch ist. Beispielsweise würde ein Schlüssel (oder Index), der aus dem Feld POSTLEITZAHL besteht, zwangsläufig doppelte Werte enthalten, wenn in der Datei mehrere Adressen zu ein und derselben Postleitzahl gespeichert werden. Sind in einem Feld doppelte Werte zulässig, eignet es sich zwar nicht als Hauptschlüssel (da ein Hauptschlüssel eindeutig sein muß), läßt sich aber als Komponente eines zusammengesetzten Hauptschlüssels verwenden.
→ *siehe auch Primärschlüssel.*

Doublettenprüfung *Subst.* (duplication check)
Die Kontrolle, ob Datensätze oder Schlüssel in einer Datei doppelt vorhanden sind.
Mit »Doublettenprüfung« bezeichnet man auch die Verwendung separater, unabhängiger Berechnungen, die die Genauigkeit eines Ergebnisses untermauern soll.

down *Adj.*
Nicht mehr funktionierend. Bezieht sich auf Computer, Drucker, Kommunikationsverbindungen in Netzwerken und vergleichbarer Hardware.

Downlink *Subst.* (downlink)
Die Übertragung von einem Kommunikationssatelliten zur Bodenstation.

downloaden *Vb.* (download)
In der Kommunikationstechnik die Übertragung einer Datenkopie von einem entfernten Computer auf den anfordernden Computer mittels eines Modems oder über ein Netzwerk.

Downsizing *Subst.* (downsizing)
Ein Begriff aus dem Bereich der Computertechnologie. Die Umstellung von einem großen Computersystem, z. B. Großrechner und Minicomputer, auf ein kleines System. Das Ziel des Downsizing ist das Einsparen von Kosten und der Einstieg in neue Software. Bei dem kleineren System handelt es sich in der Regel um Client-/Server-Systeme, die aus PCs, Workstations und einem *Vermächtnissystem* (z. B. ein Großrechner) bestehen, die an lokale Netzwerke oder Weitbereichsnetze angeschlossen sind. → *siehe auch Altdaten-Konvertiersystem, Client-Server-Architektur.*

Downstream *Subst.* (downstream)
Die Richtung, in die ein News-Feed für eine Newsgroup von einem News-Server zum nächsten verläuft. → *siehe auch News-Feed, Newsgroup, News-Server.*

DP *Subst.*
→ *siehe Datenverarbeitung.*

dpi *Subst.*
→ *siehe Punkte pro Zoll.*

DPMA *Subst.*
Abkürzung für **Data Processing Management Association**. Eine Berufsorganisation für Informa-

tionssysteme. Die DPMA wurde 1951 unter dem Namen »National Machen Accountants Association« gegründet.

DPMI *Subst.*
Abkürzung für **D**OS **P**rotected **M**ode **I**nterface. Eine ursprünglich für Microsoft Windows 3.0 entwickelte Softwareschnittstelle, die Anwendungen unter MS-DOS die Fähigkeiten des Protected Mode des Intel-Mikroprozessors 80286 (und höher) verfügbar macht. Im Protected Mode kann der Mikroprozessor Multitasking und die Verwendung von Speicher oberhalb von 1 MB unterstützen – Möglichkeiten, die das Betriebssystem MS-DOS von Natur aus nicht bietet und die daher nicht für Programme verfügbar sind, die unter MS-DOS laufen sollen. → *siehe auch Protected Mode.* → *Vgl. Real Mode, VCPI.*

DPMS *Subst.*
Abkürzung für VESA **D**isplay **P**ower **M**anagement **S**ignaling. Ein VESA-Standard für Signale, die einen Videomonitor in den Bereitschafts- oder Anhaltemodus (Suspend Mode) versetzen, um den Energieverbrauch zu drosseln. → *siehe auch grüner PC, VESA.*

DPSK *Subst.*
Abkürzung für **D**ifferential **P**hase-**S**hift **K**eying.
→ *siehe Phasenverschiebung.*

Drag & Drop *Vb.* (drag-and-drop)
Wörtlich übersetzt »Ziehen & Ablegen«. Das Ausführen von Operationen in einer grafischen Benutzeroberfläche. Es werden dabei Objekte mit der Maus am Bildschirm verschoben. Um z. B. ein Dokument bei Mac OS zu löschen, kann der Benutzer das Symbol für das Dokument mit der Maus ziehen und auf dem Symbol für den Papierkorb ablegen. → *siehe auch grafische Benutzeroberfläche, ziehen.*

drahtlos *Adj.* (wireless)
Bezeichnet eine Informationsübertragung, die nicht drahtgebunden erfolgt, sondern z.B. über Radiowellen oder Infrarotlicht.

drahtloses LAN *Subst.* (wireless LAN)
Ein lokales Netzwerk (LAN), das Daten über Radiowellen, infrarotes Licht oder eine andere, nicht drahtgebundene Technik überträgt. Ein drahtloses LAN wird meist in Büro- oder Fabrikumgebungen verwendet, in denen tragbare Computer zum Einsatz kommen.

Drahtmodell *Subst.* (wire-frame model)
In Anwendungen der Computergrafik, wie z.B. bei CAD-Programmen, eine zur Erzeugung eines Modells verwendete Darstellung dreidimensionaler Objekte mittels einzelner Linien, die wie bei einem Drahtgitter miteinander verbunden sind. → *Vgl. Oberflächenmodellierung, Volumenmodell.*

DRAM *Subst.*
→ *siehe dynamisches RAM.*

DRAM, synchrones *Subst.* (synchronous DRAM)
→ *siehe synchrones DRAM.*

DRAW *Subst.*
Abkürzung für **D**irect **R**ead **A**fter **W**rite, zu deutsch »Direktes Lesen nach dem Schreiben«. Eine bei optischen Disks angewandte Technik zur Überprüfung der Richtigkeit der Informationen unmittelbar nach der Aufzeichnung (Schreiben). → *Vgl. DRDW.*

Drawing Interchange Format *Subst.* (drawing interchange format)
→ *siehe DXF.*

DRDW *Subst.*
Abkürzung für **D**irect **R**ead **D**uring **W**rite. Eine bei optischen Disks angewandte Technik zur Überprüfung der Richtigkeit der Informationen unmittelbar bei der Aufzeichnung. → *Vgl. DRAW.*

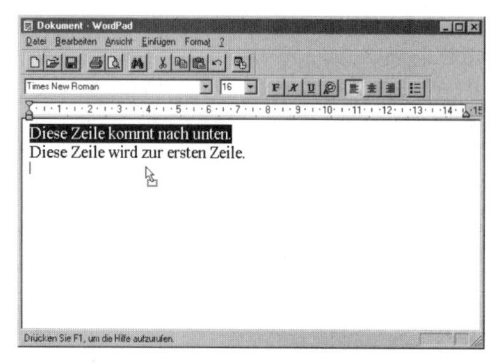

Drag & Drop: Drag & Drop von Text in WordPad

drehen *Vb.* (rotate)
Ein Modell oder eine Grafik drehen, um sie aus einem anderen Winkel zu sehen.

dreidimensionaler Scanner *Subst.* (spatial digitizer)
Ein Scanner zur Erfassung dreidimensionaler Objekte. Geräte dieser Art werden vorrangig in der Medizin und Geodäsie eingesetzt. → *Vgl. optischer Scanner.*

dreidimensionales Array *Subst.* (three-dimensional array)
Eine geordnete Zusammenstellung von Informationen, bei der ein bestimmtes Element durch drei Zahlen (meist Ganzzahlen) lokalisiert wird. Ein dreidimensionales Array besteht praktisch aus übereinandergelegten Ebenen, die jeweils in Zeilen und Spalten eingeteilt sind. → *siehe auch Array, zweidimensionales Array.*

dreidimensionales Modell *Subst.* (three-dimensional model)
Die Computersimulation eines realen Objekts, wobei Länge, Breite und Tiefe echte Attribute sind. Im allgemeinen bezeichnet dieser Begriff ein Modell mit *x*, *y* und *z*-Achsen, das sich drehen läßt, um unterschiedliche Betrachtungswinkel zu realisieren.

Drei-Pass-Scanner *Subst.* (triple-pass scanner)
Ein Farbscanner, der für jede der drei Grundfarben (Rot, Grün und Blau) einen eigenen Abtastvorgang durchführt. → *siehe auch Farbscanner.*

Drei-Schichten-Client-Server *Subst.* (three-tier client/server)
Eine Client-/Server-Architektur, bei der Softwaresysteme in drei Ebenen strukturiert werden: Benutzeroberfläche, Geschäftsstruktur und Datenbank. Die Schichten können über eine oder mehrere Komponenten verfügen. Beispielsweise können sich in der obersten Schicht mehrere Benutzeroberflächen befinden, und jede Benutzeroberfläche kann parallel mit mehreren Anwendungen in der mittleren Schicht kommunizieren. Ebenso können auch die Anwendungen in der mittleren Schicht parallel auf mehrere Datenbanken zugreifen. Die Komponenten einer Schicht können auf einem Computer ausgeführt werden, der von den anderen Schichten getrennt ist, und mit den anderen Komponenten über ein Netzwerk kommunizieren. → *siehe auch Client-Server-Architektur.* → *Vgl. Zwei-Schichten-Client-Server.*

Dribbleware *Subst.* (dribbleware)
Updates, Patches und neue Treiber für ein Software-Produkt, die nicht in eine neue Produktversion integriert werden, sondern direkt nach der Entwicklung angeboten werden. Eine Firma, die nach der Dribbleware-Methode verfährt, vertreibt neue Dateien auf Diskette oder CD-ROM bzw. stellt diese über das Internet oder über ein privates Netzwerk zur Verfügung. → *siehe auch patchen, Treiber.*

Drift *Subst.* (drift)
Die Bewegung von Ladungsträgern in einem Halbleiter, die durch eine angelegte Spannung hervorgerufen wird. Von Drift spricht man häufig auch in bezug auf langsame, unerwünschte Änderungen eines Parameters. Beispielsweise kann sich der Wert eines Widerstands infolge von Erwärmung oder Abkühlung langsam verändern, d.h., der Widerstand driftet.

drill down *Vb.*
Dieser Begriff wird verwendet, wenn ein Benutzer auf der obersten Ebene eines Menüs, Verzeichnisses oder einer Web-Seite beginnt und anschließend sukzessive die verschiedenen Untermenüs, Unterverzeichnisse oder verknüpften Seiten aufruft, bis das gewünschte Element angezeigt wird. Dieses Verfahren wird allgemein angewendet, wenn Benutzer im Internet Dateien oder Informationen ermitteln möchten. Die hochentwickelten

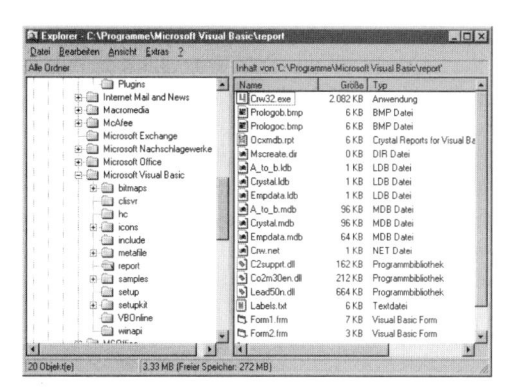

Drill Down

Menüs von Gopher und die World Wide Web-Seiten sind in der Regel auf der obersten Ebene sehr allgemein gehalten und enthalten erst auf den unteren Ebenen detaillierte Informationen. → *siehe auch Gopher, Menü, Web-Seite.*

dritte Computergeneration *Subst.* (third-generation computer)
Charakterisiert die von der Mitte der sechziger bis in die siebziger Jahre produzierten Computer, deren Schaltungstechnik auf integrierten Schaltkreisen im Gegensatz zu einzeln verdrahteten Transistoren beruhte. → *siehe auch Computer.*

dritte Normalenform *Subst.* (third normal form)
→ *siehe Normalform.*

DRO *Subst.*
Abkürzung für **D**estructive **R**ead**O**ut. → *siehe zerstörendes Lesen.*

Drop-Dead Halt *Subst.* (drop-dead halt)
→ *siehe Vollabsturz.*

Drop-down-Menü *Subst.* (drop-down menu)
Ein Menü, das nach Anforderung aus einer Menüleiste »herausklappt« (englisch: drop down – herunterfallen) und ohne weitere Aktionen geöffnet bleibt, bis es der Benutzer schließt oder ein Menüelement auswählt. → *Vgl. Pulldown-Menü.*

drop in *Vb.*
Das Lesen eines Störsignals während einer Lese-/Schreiboperation, wodurch fehlerhafte Daten entstehen.

Droplet *Subst.* (droplet)
Eine Erweiterung für das DTP-Programm Quark Express. Dadurch können Dateien aus dem Finder mit der Maus auf eine Seite gezogen werden.
Ein Droplet ist außerdem eine Funktion von Frontier, durch die Skripten innerhalb einer Anwendung eingebettet und ausgeführt werden können, sobald der Benutzer auf die Anwendung doppelklickt.
Des weiteren stellt »Droplet« einen allgemeinen Namen für ein AppleScript-Programm dar, in das Dateien für die Bearbeitung gezogen und abgelegt werden können. → *siehe auch AppleScript.*

drop out *Vb.*
Der momentane Signalausfall während einer Lese-/Schreib-Operation, wodurch fehlerhafte Daten entstehen.

Drosselsteuerung *Subst.* (throttle control)
Eine Vorrichtung, die dem Benutzer eines Flugsimulators oder eines Computerspiels die simulierte Steuerung einer Antriebsmaschine ermöglicht. Die Drosselsteuerung wird zusammen mit einem Joystick (der die simulierten Quer- und Höhenruder steuert) und u.U. einer Leitwerksteuerung eingesetzt.

Druck, bidirektionaler *Subst.* (bidirectional printing)
→ *siehe bidirektionaler Druck.*

Druckdatei *Subst.* (page-image file, printer file)
Eine Datei, in die alle Ausgaben umgeleitet werden, die normalerweise für den Drucker bestimmt sind. Die Gründe für das Anlegen einer Druckdatei können unterschiedlicher Art sein. Beispielsweise kann man diese Datei an ein anderes Programm oder einen anderen Computer transferieren. Es lassen sich auch zu jeder Zeit zusätzliche Kopien anfertigen, indem man einfach die gespeicherte Druckseite an den Drucker kopiert. Gelegentlich wird der Begriff »Druckdatei« fälschlicherweise für den Druckertreiber verwendet.
Eine Druckdatei ist außerdem eine Datei, die den notwendigen Code für einen Drucker oder ein anderes Anzeigegerät enthält, um die Druckseite oder das Bildschirmbild zu erzeugen. → *siehe auch PostScript.*

druckempfindlich *Adj.* (pressure-sensitive)
Kennzeichnet ein Bauelement, in dem durch Druck auf seine dünne Oberfläche eine elektrische Verbindung hergestellt wird, die sich vom Computer als Ereignis registrieren läßt. Zu den druckempfindlichen Bauelementen gehören u.a. berührungsempfindliche Zeichenstifte, Membrantastaturen und bestimmte Arten von berührungsempfindlichen Bildschirmen. → *siehe auch Touchscreen.*

drucken *Vb.* (print)
Bezeichnet in der Rechentechnik das Ausgeben von Informationen an einen Drucker. Manchmal verwendet man das Wort auch im Sinne von »zei-

ge mir« oder »kopiere dies«. Beispielsweise bewirkt die PRINT-Anweisung in der Programmiersprache Basic, daß eine Ausgabe auf dem Bildschirm angezeigt (gedruckt) wird. Eine Anwendung, die man anweisen kann, eine Datei auf Diskette zu »drucken«, interpretiert den Befehl als Anweisung, die Ausgaben in eine Diskettendatei umzuleiten, anstatt sie an einen Drucker zu schicken.

Drucken in Datei *Subst.* (print to file)
Dieser Befehl ist in zahlreichen Anwendungen enthalten. Das Programm wird angewiesen, ein Dokument für den Druckvorgang zu formatieren. Das formatierte Dokument wird nicht direkt an den Drucker weitergeleitet, sondern als Datei gespeichert.

Drucker *Subst.* (printer)
Ein Peripheriegerät, mit dem sich Text oder vom Computer erzeugte Bilder auf Papier oder andere Medien, z. B. Transparentfolien, ausgeben lassen. Die Einteilung von Druckern kann nach den verschiedensten Gesichtspunkten erfolgen. Am gebräuchlichsten ist die Unterteilung nach Anschlagdruckern und anschlagfreien Druckern. Anschlagdrucker treffen das Papier physikalisch. Zu den typischen Vertretern gehören Nadeldrucker und Typenraddrucker. Zu den anschlagfreien Druckern gehören alle anderen Druckmechanismen, einschließlich Laser-, Tintenstrahl- und Thermodrucker. Daneben kann man Drucker auch nach den folgenden Kriterien klassifizieren, wobei sich diese Palette weiter fortsetzen ließe: → *siehe auch Anschlagdrucker, anschlagfreier Drucker, elektrofotografische Drucker, Entwurfsqualität, Farbdrucker, Grafikdrucker, Ionenbeschußdrucker, Korrespondenzdruckqualität, Kugelkopfdrucker, Laserdrucker, LCD-Drucker, LED-Drucker, Matrixdrucker, Near Letter Quality, Paralleldrucker, Seitendrucker, serieller Drucker, Thermodrucker, Thermotransferdrucker, Tintenstrahldrucker, Typenkorbdrucker, Typenraddrucker, Zeichendrucker, Zeilendrucker.*

- **Drucktechnologie:** Im Mikrocomputerbereich werden überwiegend Nadel- Tintenstrahl- Laser- Thermo- und (obwohl etwas veraltet) Typenraddrucker oder Typenkorbdrucker eingesetzt. Nadeldrucker lassen sich anhand der im Druckkopf vorhandenen Nadeln kategorisieren: 9 18 24 Nadeln usw.

- **Zeichengestaltung**: Während voll geformte Zeichen aus durchgängigen Linien bestehen (z.B. bei Typenraddruckern) setzen sich die Zeichen bei Matrixdruckern (z.B. bei Nadel- Tintenstrahl- und Thermodruckern) aus einzelnen Punkten zusammen. Laserdrucker gehören zwar technisch gesehen zu den Matrixdruckern sie werden aber zu den voll geformten Zeichen gerechnet da die Ausgabe sehr klar ist und die Druckpunkte extrem klein und eng benachbart sind.

- **Übertragungsverfahren**: Man unterscheidet parallele (byteweise) und serielle (bitweise) Übertragung. Diese Kategorien beziehen sich auf die Methoden die bestimmen wie die Druckdaten zum Drucker gelangen und nicht auf mechanische Unterschiede. Viele Druckermodelle sind nur entweder als serielle oder parallele Variante verfügbar. Andere Modelle lassen sich sowohl seriell als auch parallel anschließen wodurch sich eine größere Flexibilität bei der Konfiguration des Druckers ergibt.

- **Druckmethode**: zeichenweise zeilenweise seitenweise. Zu den Zeichendruckern gehören Nadel- Tintenstrahl- Thermo- und Typenraddrucker. Bei Zeilendruckern unterscheidet man Band- Ketten und Trommeldrucker die vor allem in großen Computersystemen und Netzwerken verbreitet sind. Zu den Seitendruckern gehören elektrofotografische Drucker z.B. Laserdrucker.

- **Druckfähigkeiten**: Man unterscheidet Drucker die nur Texte ausgeben können und grafikfähige Drucker die sowohl Texte als auch Grafiken erzeugen können. Reine Textdrucker zu denen Typenrad- und Typenkorbdrucker sowie einige Matrix- und Laserdrucker gehören können nur Textzeichen produzieren für die entsprechende Muster vorhanden sind z.B. geprägte Typen oder interne Zeichensätze. Grafikfähige Drucker (Nadeldrucker Tintenstrahldrucker und weitere Druckerarten) können dagegen neben Texten uneingeschränkt alle Arten von Grafiken erzeugen indem sie diese aus winzigen Einzelpunkten zusammensetzen.

- **Druckqualität**: Man unterscheidet im wesentlichen NLQ (Near-Letter Quality) und LQ (Letter Quality).

Drucker, anschlagfreier *Subst.* (nonimpact printer)
→ *siehe anschlagfreier Drucker.*

Drucker-Controller *Subst.* (printer controller)
Die Verarbeitungshardware in einem Drucker, typischerweise in einem Seitendrucker. Dazu gehören der Rasterprozessor, der Speicher und alle Allzweck-Mikroprozessoren. Der Drucker-Control-

ler kann sich auch in einem PC befinden und wird dann über ein Hochgeschwindigkeitskabel mit dem Drucker verbunden, der einfach die Befehle des Controllers ausführt. → *Vgl. Druckwerk.*

Drucker, elektrofotografische *Subst.* (electrophotographic printers)
→ *siehe elektrofotografische Drucker.*

Drucker, elektrostatischer *Subst.* (electrostatic printer)
→ *siehe elektrostatischer Plotter.*

Drucker, gemeinsamer *Subst.* (shared printer)
→ *siehe gemeinsamer Drucker.*

Drucker mit Druckwegoptimierung *Subst.* (logic-seeking printer)
Ein Drucker mit integrierter Intelligenz, die durch eine vorausschauende Arbeitsweise den Druckkopf direkt zum nächsten zu bedruckenden Bereich bewegt. Daher führt dieses Merkmal beim Drucken von Seiten mit zahlreichen Leerzeichen zu einer Zeitersparnis.

Druckerport *Subst.* (printer port)
Ein Port, über den ein Drucker an einen PC angeschlossen wird. PC-kompatible Geräte haben in der Regel parallele Ports und werden vom Betriebssystem über den Logical Device Name »LPT« ermittelt. Bei vielen neueren PCs ist der parallele Port am Gehäuse der CPU durch ein Druckersymbol gekennzeichnet. Es können zwar auch serielle Ports bei einigen Druckern (Logical Device Name »COM«) verwendet werden, in diesem Fall ist jedoch eine Konfiguration erforderlich. Bei den Druckerports der Macintosh-Computer handelt es sich in der Regel um serielle Ports, die außerdem die Verbindung zum AppleTalk-Netzwerk herstellen. → *siehe auch AppleTalk, CPU, logisches Gerät, Parallelport, serieller Port.*

Druckerschrift *Subst.* (printer font)
Im Drucker eingebaute oder für einen Drucker vorgesehene Schrift, die intern als ladbarer Zeichensatz oder als Schriftkassette vorliegen kann. → *Vgl. Bildschirmschrift.*

Drucker, serieller *Subst.* (serial printer)
→ *siehe serieller Drucker.*

Drucker-Spooler *Subst.* (print spooler)
Ein Programm, das einen Druckjob auf dem Weg zum Drucker abfängt und ihn statt dessen auf Diskette oder im Speicher ablegt. Dort verbleibt der Druckjob so lange, bis ihn der Drucker ausführen kann. Der Begriff *Spooler* steht als Akronym für »Simultaneous Peripheral Operations On line.«

Druckertreiber *Subst.* (printer driver)
Spezielle Software, die anderen Programmen die Arbeit mit einem bestimmten Drucker ermöglicht, ohne daß sich diese Programme mit den spezifischen Eigenheiten der Hardware und der internen »Sprache« des Druckers beschäftigen müssen. Anwendungen können mit einer Vielzahl von Druckern kommunizieren, da die Druckertreiber alle Feinheiten der Drucker behandeln und damit die Anwendung von diesen Aufgaben befreien. Heutige grafische Benutzeroberflächen sind von Haus aus mit Druckertreibern ausgestattet, so daß eine Anwendung, die unter einer derartigen Oberfläche läuft, nicht mehr über eigene Druckertreiber verfügen muß.

Druckertreiber, virtueller *Subst.* (virtual printer device driver)
→ *siehe virtueller Gerätetreiber.*

Drucker, virtueller *Subst.* (virtual printer)
→ *siehe virtueller Drucker.*

Druckjob *Subst.* (print job)
Ein einzelner Stapel von Zeichen, der als Einheit gedruckt wird. Ein Druckjob besteht in der Regel aus einem einzelnen Dokument von beliebiger Länge – von einer Seite bis zu Hunderten von Seiten. Einige Programme können mehrere Dokumente zu einem Druckjob zusammenfassen, damit nicht jedes Dokument einzeln gedruckt werden muß. → *siehe auch Drucker-Spooler.*

Druckkopf *Subst.* (print head)
Der Teil des Druckers, der mechanisch den Abdruck der Zeichen auf dem Papier steuert.

Druckkopf: Der Druckkopf eines Neun-Nadel-Druckers

Druckmodus *Subst.* (print mode)
Ein allgemeiner Begriff für das Ausgabeformat eines Druckers. Der Druckmodus legt die Ausrichtung (Hoch- oder Querformat), die Druckqualität und die Größe des Ausdrucks fest. Matrixdrucker unterstützen folgende Druckmodi: Entwurf, Letter-Qualität (LQ) oder Near-Letter-Qualität (NLQ). Einige Drucker können sowohl Standardtext (ASCII) als auch eine Seitenbeschreibungssprache (z.B. PostScript) interpretieren. → *siehe auch Drucker, PostScript.*

Druckpuffer *Subst.* (print buffer)
Ein Speicherbereich, in dem Druckausgaben vorübergehend abgelegt werden, bis sie der Drucker verarbeiten kann. Die Einrichtung eines Druckpuffers kann im Hauptspeicher (RAM) des Computers, im Drucker selbst, in einer separaten Einheit zwischen dem Computer und dem Drucker oder auf einer Diskette erfolgen. Unabhängig von seiner Lokalisierung, besteht die Funktion eines Druckpuffers darin, die Druckausgaben vom Computer mit hoher Geschwindigkeit zu übernehmen und sie an den Drucker, der eine wesentlich geringere Geschwindigkeit erfordert, weiterzuleiten. Dadurch kann der Computer in dieser Zeit andere Aufgaben übernehmen. Druckpuffer variieren hinsichtlich ihrer Intelligenz: In der einfachsten Form speichern sie nur die unmittelbar nächsten zu druckenden Zeichen, während andere Realisierungen die für den Druck vorgesehenen Dokumente in einer Warteschlange einreihen, erneut drucken oder löschen können.

Druckqualität *Subst.* (print quality)
Die Güte und Klarheit der Zeichen, die ein Drucker erzeugen kann. Die Druckqualität variiert mit dem Druckertyp: Im allgemeinen produzieren Matrixdrucker Ausgaben mit einer geringeren Qualität als Laserdrucker. Die Druckqualität läßt sich aber auch durch den Druckmodus beeinflussen. → *siehe auch Auflösung.*

Druckrad *Subst.* (print wheel)
→ *siehe Typenrad.*

Druck, schattierter *Subst.* (shadow print)
→ *siehe schattierter Druck.*

Druck-Server *Subst.* (print server)
Eine Arbeitsstation, die für die Verwaltung der Drucker in einem Netzwerk reserviert ist. Diese Aufgabe kann eine beliebige Station des Netzwerks übernehmen.

Druck-Taste *Subst.* (Print Screen key, PrtSc key)
Eine Taste auf der Tastatur der IBM-PCs und kompatibler Computer, die normalerweise die Ausgabe eines zeichenorientierten »Bildes« des Bildschirminhalts auf dem Drucker bewirkt. Bildschirm-Drucken funktioniert nur im Textmodus oder CGA-Grafikmodus des Displays (der auf IBM-kompatiblen Computern verfügbare Farbgrafikmodus mit der geringsten Auflösung). In anderen Grafikmodi sind die Ergebnisse nicht vorhersehbar. Einige Programme verwenden die Druck-Taste, um einen »Schnappschuß« des Bildschirminhalts auszulösen und das Bild als Datei auf Diskette zu speichern. Diese Programme arbeiten normalerweise in einem der Grafikmodi und zeichnen die Datei in einem Grafikformat auf. Wenn der Benutzer direkt mit dem Betriebssystem MS-DOS und den entsprechenden Programmen arbeitet, schaltet die Tastenkombination Strg+Druck-Taste den Drucker an oder aus. Bei aktiviertem Druck sendet das System jedes Zeichen sowohl an den Drucker als auch an den Bildschirm. Die Druck-Taste der erweiterten Apple-Tastatur dient der Kompatibilität mit Betriebssystemen wie MS-DOS.

Druckwarteschlange *Subst.* (print queue)
Ein Puffer für Dokumente und Grafiken, die gedruckt werden sollen. Wenn eine Anwendung ein Dokument in eine Druckwarteschlange ablegt, wartet das Dokument so lange in einem bestimmten Speicherbereich des Computers, bis der Druck eingeleitet werden kann.

D **Druckwarteschlange-Datei** *Subst.* (accounting file)
Eine Datei, die von einem Drucker-Controller angelegt wird und mit deren Hilfe Kontrolle über die Anzahl der zu druckenden Seiten pro Druckjob sowie den Benutzer erlangt wird, der den Druckjob initiiert hat.

Druckweite *Subst.* (pitch)
Eine Maßeinheit, die in der Regel bei festgelegten Zeichensätzen verwendet wird. Die Druckweite beschreibt die Anzahl der Zeichen, die ein horizontales Zoll einnimmt. → *siehe Lochabstand.* → *siehe auch Zeichen pro Zoll.* → *Vgl. zeigen.*

Druckwerk *Subst.* (printer engine)
Der Teil eines Seitendruckers, z.B. eines Laserdruckers, der den eigentlichen Druckvorgang realisiert. Die meisten Druckwerke sind selbständige Module, die sich leicht ersetzen lassen, und unterscheiden sich damit vom Drucker-Controller, der die gesamte Verarbeitungshardware im Drucker umfaßt. Die am weitesten verbreiteten Druckwerke werden von Canon hergestellt. → *Vgl. Drucker-Controller.*

.drv
Die Dateinamenerweiterung einer Treiberdatei.
→ *siehe auch Treiber.*

DSA *Subst.*
Abkürzung für **D**irectory **S**ystem **A**gent oder **D**irectory Server **A**gent. Ein X.500-Server-Anwendungsprogramm, das das Netzwerk nach der Adresse eines Benutzer durchsucht, wenn eine entsprechende Abfrage von einem DUA (Directory User Agent) erfolgt. → *siehe auch Agent, DUA, X.500.*

DSL *Subst.*
→ *siehe Digital Subscriber Line.*

DSOM *Subst.*
→ *siehe Distributed System Object Model.*

DSP *Subst.*
→ *siehe digitaler Signalprozessor.*

DSR *Subst.*
Abkürzung für **D**ata **S**et **R**eady. Ein in der seriellen Datenübertragung verwendetes Signal, das von einem Modem an den eigenen Computer gesendet wird, um die Arbeitsbereitschaft anzuzeigen. DSR ist ein Hardwaresignal, das in Verbindungen nach dem Standard RS-232-C über die Leitung 6 gesendet wird. → *siehe auch RS-232-C-Standard.* → *Vgl. CTS.*

DSS *Subst.*
→ *siehe Entscheidungshilfe-System.*

DSSSL *Subst.*
→ *siehe Document Style Semantics and Specification Language.*

DSVD *Subst.*
→ *siehe Digital Simultaneous Voice and Data.*

DTE *Subst.*
Abkürzung für **D**ata **T**erminal **E**quipment. Im Hardwarestandard RS-232-C jedes Gerät, z.B. ein Mikrocomputer oder ein Terminal, das Informationen in digitaler Form über ein Kabel oder eine Kommunikationsleitung übertragen kann. → *siehe auch RS-232-C-Standard.* → *Vgl. DCE.*

DTL *Subst.*
→ *siehe Dioden-Transistor-Logik.*

DTP *Subst.*
→ *siehe Desktop Publishing, verteilte Dialogverarbeitung.*

DTP-Service *Subst.* (service bureau)
Eine Firma, die Dienstleistungen im elektronischen Druckwesen anbietet, z.B. Druckvorstufenaufbereitung, DTP, Computersatz, Bildsatz und Scannen von Grafiken.

DTR *Subst.*
Abkürzung für **D**ata **T**erminal **R**eady. Ein in der seriellen Datenübertragung verwendetes Signal, das von einem Computer an das angeschlossene Modem gesendet wird, um die Bereitschaft des Computers zur Entgegennahme eingehender Signale anzuzeigen. → *siehe auch RS-232-C-Standard.*

DTV *Subst.*
Abkürzung für **D**esk**T**op **V**ideo. Der Einsatz von digitalen Kameras in einem Netzwerk für eine Videokonferenz. → *siehe auch Videokonferenz.*

DUA *Subst.*
Abkürzung für **D**irectory **U**ser **A**gent. Ein X.500-Client-Anwendungsprogramm, das eine Anfrage für die Adresse eines Benutzers auf dem Netzwerk an eine DSA sendet. → *siehe auch Agent, DSA.* → *auch genannt DCA, Directory Client Agent.*

Dual Boot *Subst.* (dual boot)
Eine Computer-Konfiguration, die es Benutzern ermöglicht, eines von zwei Betriebssystemen auf einem PC zu booten. Mögliche Dual Boot-Kombinationen sind u. a. Windows 95/Windows NT, Windows NT/OS/2 und Windows 95/Linux. Einige Betriebssysteme, z.B. Windows 95 und OS/2, enthalten eine Multiple Boot-Option. Für ältere Betriebssysteme, z.B. Windows 3.X und DOS, ist der Einsatz eines Boot-Programms erforderlich, um Dual Boot ausführen zu können.

dual in-line package *Subst.*
→ *siehe DIP.*

Dual-scan-Display *Subst.* (dual-scan display)
Eine passive LCD-Matrix, die bei Laptops verwendet wird. Die Aktualisierungsrate für den Bildschirm ist bei Dual-scan-Displays doppelt so hoch wie bei konventionellen passiven Matrizen. Verglichen mit aktiven Matrizen haben Dual-scan-Displays einen geringeren Energieverbrauch, die Anzeige ist jedoch nicht so scharf, und der Betrachtungswinkel ist geringer. → *siehe auch passive Matrix.*

dünn besetztes Array *Subst.* (sparse array)
Ein Array (Anordnung von Elementen), bei dem viele Einträge gleichlautend sind und dann meist den Wert Null haben. Da nicht genau festgelegt werden kann, wann ein Array dünn besetzt ist, geht man in der Praxis davon aus, daß eine Neudefinition des Arrays erfolgen sollte, wenn etwa ein Drittel der Einträge übereinstimmt. → *siehe auch Array.*

Dünnfilm *Adj.* (thin film)
Eine Technologie zur Herstellung integrierter Schaltkreise, die prinzipiell mit der Dickfilm-Technologie vergleichbar ist. An die Stelle der verschiedenen Pasten zur Realisierung der passiven Bauelemente (Leiterbahnen, Widerstände und Kondensatoren) treten bei der Dünnfilm-Technologie Metalle und Metalloxide, die man im Vakuum durch Aufdampfen auf das Substrat in den gewünschten Mustern abscheidet. → *siehe auch Molekularstrahl-Epitaxie.* → *Vgl. Dickfilm.*

Dünnfilmtransistor *Subst.* (thin film transistor)
→ *siehe TFT.*

dummes Terminal *Subst.* (dumb terminal)
Ein Terminal, das keinen internen Mikroprozessor enthält. Dumme Terminals können in der Regel lediglich Zeichen und Zahlen anzeigen sowie auf einfache Steuercodes antworten. → *Vgl. intelligentes Terminal.*

Dummy *Subst.* (dummy)
Ein Platzhalter, der in der Regel für ein Zeichen, einen Datensatz oder eine Variable Platz reserviert, bis das vorgesehene Element verfügbar ist. → *siehe auch Dummy-Routine.*

Dummy-Befehl *Subst.* (dummy instruction)
→ *siehe No-operation-Befehl.*

Dummy-Modul *Subst.* (dummy module)
Ein Modul (Gruppe von Routinen), das momentan keine Funktion ausführt, aber in zukünftigen Versionen des Programms dafür vorgesehen ist – im wesentlichen eine Sammlung von Dummy-Routinen. → *siehe auch Dummy-Routine.*

Dummy-Parameter *Subst.* (dummy argument)
In der Programmierung ein Argument, das keine Informationen an die gerufene Routine übergibt oder von dieser übernimmt. Ein Dummy-Parameter wird in der Regel als Platzhalter für ein Argument verwendet, das erst in einer zukünftigen Version der Routine zum Einsatz kommt. → *siehe auch Argument.*

Dummy-Routine *Subst.* (dummy routine, stub)
Eine Routine, die momentan keine Aktion ausführt. Sie enthält keinen ausführbaren Code und besteht lediglich aus Kommentaren, die eine mögliche, zukünftige Funktion beschreiben. Später wird die Dummy-Routine durch eine »echte« Routine ersetzt. → *siehe auch Dummy-Modul, Dummy-Parameter, Top-down-Programmierung.*
Dummy-Routinen werden z.B. bei der Methode der Topdown-Programmentwicklung eingesetzt.

D Die Dummy-Routinen werden dabei Schritt für Schritt in funktionelle Routinen umgewandelt. → *siehe auch Top-down-Programmierung.*

Dummytext *Subst.* (greeking)
Die Verwendung von Worten, die keinen Sinn ergeben. Dummytext wird häufig in Musterdokumenten verwendet. Die meisten Dummytexte enthalten ein Pseudo-Latein und beginnen mit dem Satz »Lorem ipsum dolor sit amet«.

duplex *Adj.*
Die Fähigkeit, Informationen über einen Kommunikationskanal in beide Richtungen zu übertragen. Ein System wird als »Vollduplex« bezeichnet, wenn Informationen gleichzeitig in beide Richtungen übertragen werden können. Bei einem Halbduplex-System findet die Übertragung der Informationen jeweils nur in eine Richtung statt.
Eine Verbindung, bei der Sender und Empfänger in beide Richtungen gleichzeitig kommunizieren können. → *siehe auch Halbduplex-Übertragung.* → *auch genannt Vollduplex-Übertragung, Wechselbetrieb.*
Außerdem beidseitig bedruckbares Fotopapier.

Duplex-Drucker *Subst.* (duplex printer)
Ein Drucker, der in der Lage ist, Papier beidseitig zu bedrucken.

Duplex-Kanal *Subst.* (duplex channel)
Eine Kommunikationsverbindung, die die Übertragung im Duplex-Betrieb erlaubt, d.h. in beide Richtungen ermöglicht.

Duplex-System *Subst.* (duplex system)
Ein System mit zwei Computern, von denen der eine aktiv ist, während der andere in Bereitschaft bleibt und bei Störungen des aktiven Systems dessen Aufgaben übernimmt.

duplizieren *Vb.* (ghost)
Das Erstellen eines Duplikats. Dies kann z.B. das Duplizieren einer Anwendung im Speicher sein. → *siehe auch Bildschirmschoner.*

Durchführbarkeitsstudie *Subst.* (feasibility study)
Die Auswertung eines potentiellen Projekts, um zu ermitteln, ob sich die Durchführung des Projekts lohnt oder zu bewerkstelligen ist. Durchführbarkeitsstudien beziehen in der Regel den Zeitaufwand, das Budget und die Technologie mit ein, die für die Fertigstellung erforderlich sind. Diese Studien werden meist von den datentechnischen Abteilungen größerer Organisationen durchgeführt.

durchgehend *Adj.* (contiguous)
Eigenschaft von Objekten, die unmittelbar benachbart sind und eine gemeinsame Grenze aufweisen. Beispielsweise handelt es sich bei durchgehenden Sektoren eines Datenträgers um Speichersegmente, die physikalisch unmittelbar nebeneinander liegen.

durchgestrichen *Subst.* (strikethrough)
Eine oder mehrere Linien, die durch einen markierten Textbereich verlaufen, meist um Streichungen zu kennzeichnen, wie in dem folgenden Wort ~~durchgestrichen~~.

Durchlauf *Subst.* (pass)
Bezeichnet in der Programmierung die Ausführung einer vollständigen Sequenz von Ereignissen.

durchlaufen *Vb.* (traverse)
Bezeichnet in der Programmierung das Abrufen aller Knoten eines Baumes oder einer vergleichbaren Datenstruktur in einer bestimmten Reihenfolge.

Durchsatz *Subst.* (throughput)
Ein Maß für die Daten-Transferrate (z.B. in einem komplexen Kommunikationssystem) oder ein Maß für die Datenverarbeitungsrate in einem Computersystem.

Durchschlagspapier *Subst.* (multipart forms)
Computerdruckpapier, das aus mehreren Lagen mit dazwischenliegendem Kohlepapier besteht. Anstelle des Kohlepapiers sind auch chemische Beschichtungen auf der Rückseite jedes Blattes (mit Ausnahme des letzten) üblich. Durch die Verwendung von Durchschlagpapier lassen sich mit Nadeldruckern in einem Druckdurchlauf mehrere Kopien erzeugen. Je nach Anzahl der zu einem Satz gehörigen Blätter, kennzeichnet man das Durchschlagspapier z.B. als 2lagig oder 3lagig.

Durchschnitt *Subst.* (intersect)
Ein Operator der relationalen Algebra, der in der Datenbankverwaltung verwendet wird. Wenn z.B.

zwei Relationen (Tabellen) A und B existieren, die in korrespondierenden Feldern (Spalten) die gleichen Wertetypen enthalten (d.h. vereinigungskompatible Werte), dann baut INTERSECT A, B eine dritte Relation auf, in der die Tupel (Zeilen) erscheinen, die sowohl in A als auch in B enthalten sind. → *siehe auch Tupel.*

durchschnittlich *Adj.* (medium)
Bezieht sich auf den mittleren Bereich möglicher Werte.

Durchschuß *Subst.* (lead, lead)
In der Typografie die Größe des vertikalen Leerraums zwischen zwei Textzeilen.

durchsuchen *Vb.* (browse)
→ *siehe blättern.*

DVD *Subst.*
→ *siehe digitale Videodisc.*

DVD-E *Subst.*
→ *siehe digitale Videodisc, löschbar.*

DVD-R *Subst.*
→ *siehe digitale Videodisc, beschreibbar.*

DVD-ROM *Subst.*
→ *siehe digitale Videodisc, ROM.*

DV-I *Subst.*
→ *siehe digital video-interactive.*

DVI *Subst.*
Abkürzung für Digital Video Interface. Eine Technik für die Komprimierung und Dekomprimierung auf Hardware-Basis. DVI wird zum Speichern von Full-Motion Video, Audio, Grafiken sowie von anderen Daten auf einem Computer oder einer CD-ROM eingesetzt. Die DVI-Technologie wurde 1987 von RCA entwickelt und 1988 von Intel erworben. Intel hat mittlerweile eine Software-Version von DVI mit der Bezeichnung *Indeo* auf den Markt gebracht. → *auch genannt digital video-interactive.*

DVMRP *Subst.*
→ *siehe Distance Vector Multicast Routing Protocol.*

Dvorak-Tastatur *Subst.* (Dvorak keyboard)
Von August Dvorak und William L. Dealey im Jahre 1936 als Alternative zu der fast ausschließlich verwendeten QWERTY-Tastatur entwickeltes Tastaturlayout. Die Dvorak-Tastatur soll zur Erhöhung der Schreibgeschwindigkeit beitragen, indem die Tasten für die am häufigsten eingegebenen Buchstaben möglichst leicht zugänglich plaziert sind. Zusätzlich wurden die Tasten für oft vorkommende Buchstabenpaare so auseinandergelegt, daß ein Handwechsel möglich ist. → *siehe auch ergonomische Tastatur, Tastatur.* → *Vgl. QWERTY-Tastatur.*

Dvorak-Tastatur

DVST *Subst.*
→ *siehe Direktadressier-Röhre.*

DXF *Subst.*
Abkürzung für Drawing Interchange Format. Ein CAD-Dateiformat, das ursprünglich für das Programm AutoCAD entwickelt wurde, um den Transfer von Grafikdateien zwischen unterschiedlichen Anwendungen zu erleichtern.

dyadisch *Adj.* (dyadic)
Sich auf ein Paar beziehend. Beispielsweise besteht ein dyadischer Prozessor aus zwei Prozessoren, die durch dasselbe Betriebssystem gesteuert werden. In der Regel beschreibt man mit diesem Begriff nur Systeme mit zwei Mikroprozessoren. Dyadische Boolesche Operationen sind Operationen, z.B. AND oder OR, in denen die Ergebnisse von beiden Werten abhängen. → *siehe auch Boolesche Algebra, Operand.* → *Vgl. unär.*

Dye-Diffusion-Drucker *Subst.* (dye-diffusion printer)
→ *siehe Volltondrucker.*

dynalink *Subst.*
Abkürzung für **Dyna**mic **Link**. → *siehe dynamische Bibliothek.*

Dynaload-Treiber *Subst.* (Dynaload drivers)
Gerätetreiber, die von Dynaload unterstützt werden. Bei Dynaload handelt es sich um einen Befehl, der in der DOS-Eingabeaufforderung unter PC DOS 7 von IBM ausgeführt werden kann. Ein Dynaload-Treiber lädt kompatible Gerätetreiber, ohne die Datei CONFIG.SYS zu ändern. → *siehe auch CONFIG.SYS.*

Dynamic Host Configuration Protocol *Subst.*
→ *siehe DHCP.*

dynamic random access memory *Subst.*
→ *siehe dynamisches RAM.*

dynamic SLIP *Subst.*
Abkürzung für **Dynamic** Serial Line Internet Protocol. Es handelt sich um einen Internet-Zugriff unter SLIP, in dem die IP-Adresse nicht permanent ist, sondern bei jedem neuen Verbindungsaufbau aus einem Pool neu zugewiesen wird. Die erforderliche Anzahl der IP-Adressen, die der Internet-Dienstanbieter zur Verfügung stellen muß, entspricht nicht der Anzahl aller Abonnenten, sondern reduziert sich auf die Anzahl der Verbindungen, die gleichzeitig aktiv sein können. → *siehe auch Internet Service-Provider, IP-Adresse, SLIP.*

dynamisch *Adj.* (dynamic)
Beschreibt Prozesse, die unmittelbar und parallel auftreten. Der Begriff bezieht sich sowohl auf die Hardware als auch auf die Software und beschreibt in jedem Fall irgendeine Aktion oder ein Ereignis, das zeitlich je nach Bedarf auftritt. In dynamischen Speicherverwaltungssystemen kann ein Programm die Bereitstellung von Speicher zu einem beliebigen Zeitpunkt mit dem Betriebssystem aushandeln.

dynamische Adreßumsetzung *Subst.* (dynamic address translation)
Abgekürzt DAT. Die Umwandlung von Referenzen auf Speicherstellen von relativen Adressen (»drei Einheiten vom Beginn von X«) auf absolute Adressen (»Speicherstelle Nummer 123«) bei laufendem Programm.

dynamische Allozierung *Subst.* (dynamic allocation)
Die Belegung von Speicher während der Programmausführung entsprechend den aktuellen Erfordernissen. Zu einer dynamischen Allozierung gehört fast immer auch die Möglichkeit der dynamischen Freigabe, so daß sich Datenstrukturen bei Bedarf erzeugen und auch wieder zerstören lassen. → *siehe auch allozieren, deallozieren.* → *Vgl. statische Belegung.*

dynamische Arbeitsverteilung *Subst.* (dynamic scheduling)
Die Koordinierung parallel laufender Prozesse (Programme), die in der Regel durch das Betriebssystem realisiert wird.

dynamische Bibliothek *Subst.* (dynamic-link library)
Ein Merkmal der Betriebssystemfamilie Microsoft Windows und des Betriebssystems OS/2, das die Speicherung ausführbarer Routinen als separate Datei (mit der Erweiterung DLL) ermöglicht. Bei Bedarf kann ein Programm die entsprechende DLL laden. Eine dynamische Bibliothek bietet mehrere Vorteile: Sie muß nur bei Bedarf geladen werden und verbraucht bis zu diesem Zeitpunkt keinen Speicher. Eine DLL stellt eine separate Datei dar und ermöglicht es daher dem Programmierer, Korrekturen oder Verbesserungen nur an dem betreffenden Modul vorzunehmen, ohne die Operationen des aufrufenden Programms oder einer anderen DLL zu beeinflussen. Ein Programmierer kann dieselbe DLL für andere Programme einsetzen.

dynamischer Datenaustausch *Subst.* (Dynamic Data Exchange)
→ *siehe DDE.*

dynamische Relozierung *Subst.* (dynamic relocation)
Die Verschiebung von Daten oder Code im Speicher eines momentan laufenden Programms durch eine interne Systemroutine. Die dynamische Relozierung ermöglicht die effizientere Nutzung des Computer-Speichers.

dynamischer Speicher *Subst.* (dynamic storage)
Systeme zur Informationsspeicherung, deren Inhalt beim Abschalten der Stromversorgung verlorengeht. Die bekannteste Form eines dynamischen Speichers stellen die RAM-Systeme (Random Access Memory) dar, zu denen sowohl die dynami-

schen RAMs (DRAMs) als auch die statischen RAMs (SRAMs) zählen. → *siehe auch dynamisches RAM, statisches RAM.* → *Vgl. Permanentspeicher.* In der Programmierung bezieht sich der Begriff auf Speicherblöcke, die belegt, freigegeben oder in der Größe frei verändert werden können.

dynamischer Speicherauszug *Subst.* (dynamic dump)
Während einer Programmunterbrechung erzeugtes Listing des Speicherinhalts, das entweder auf Diskette abgelegt oder auf einem Drucker ausgegeben wird. Für den Programmierer stellt es ein Hilfsmittel bei der Untersuchung der Vorgänge an einem bestimmten Punkt in der Ausführung eines Programms dar.

dynamisches Binden *Subst.* (dynamic binding)
Auch als »späte Bindung« bezeichnet. Das Binden (die Konvertierung symbolischer Adressen im Programm auf speicherbezogene Adressen) während der Programmausführung. Auf diesen Begriff trifft man vor allem in objektorientierten Programmen, bei denen erst zur Laufzeit festgelegt wird, welche Softwareroutinen für bestimmte Datenobjekte aufzurufen sind. → *auch genannt späte Bindung.* → *Vgl. statische Bindung.*

dynamisches Caching *Subst.* (dynamic caching)
Eine Technik für das Speichern von zuletzt verwendeten Daten in einem Speicher, in dem die Größe des Cache-Speichers nicht davon abhängt, wieviel Speicher der aktuell ausgeführten Anwendung zugeordnet ist, sondern wie hoch der verfügbare Speicher ist.

dynamische Schlüssel *Subst.* (dynamic keys)
Eine Verschlüsselungstechnik, in der Nachrichten bei jeder Übertragung anders verschlüsselt werden. Die jeweilige Verschlüsselung basiert auf verschiedenen Schlüsseln, so daß ein Schlüssel nicht mehr eingesetzt werden kann, sobald dieser übernommen und entschlüsselt wurde. → *siehe auch Verschlüsselung.*

dynamische Seite *Subst.* (dynamic page)
Ein HTML-Dokument, das animierte GIFs, Java Applets oder ActiveX-Steuerelemente enthält. → *siehe auch ActiveX-Steuerelemente, GIF, HTML, Java-Applet.*

dynamische Speicherallozierung *Subst.* (dynamic memory allocation)
Die Zuteilung von Speicher zu einem Prozeß oder einem Programm zum Zeitpunkt der Laufzeit. Der dynamische Speicher wird aus dem System-Heap vom Betriebssystem auf Abfrage des Programms zugeteilt (alloziert).

dynamisches RAM *Subst.* (dynamic RAM)
Abgekürzt DRAM. Dynamische RAMs stellen integrierte Halbleiterschaltungen dar, die Informationen nach dem Kondensator-Prinzip speichern. Kondensatoren verlieren in relativ kurzer Zeit ihre Ladung. Deshalb müssen dynamische RAM-Platinen eine Logik zum ständigen »Auffrischen« (zum Wiederaufladen) der RAM-Chips enthalten. Da der Prozessor keinen Zugriff auf den dynamischen RAM hat, wenn dieser gerade aufgefrischt wird, können ein oder mehrere Wartezustände beim Lesen oder Schreiben auftreten. Dynamische RAMs werden häufiger eingesetzt als statische RAMs, obwohl sie langsamer sind, da die Schaltung einfacher konstruiert ist und viermal so viele Daten wie ein statischer RAM-Chip speichern kann. → *siehe auch RAM.* → *Vgl. statisches RAM.*

dynamische Web-Seite *Subst.* (dynamic Web page)
Eine Web-Seite, die zwar ein festes Format, jedoch einen variablen Inhalt hat. Dadurch können dynamische Web-Seiten auf die Suchkriterien des Kunden zugeschnitten werden.

.dz
Im Internet ein Kürzel für die übergreifende Länder-Domäne, die eine Adresse in Algerien angibt.

E

e *Subst.*
Das Symbol für die Basis der natürlichen Logarithmen: 2,71828... Von Leonhard Euler in der Mitte des 18. Jahrhunderts eingeführt, ist *e* eine fundamentale mathematische Konstante. Sie findet ihre Anwendung in der Infinitesimalrechnung, in Wissenschaft und Technik sowie in Programmiersprachen, z. B. bei den Exponentialfunktionen in C und Basic.

E *Präfix*
→ *siehe Exa-*.

E/A *Subst.* (I/O)
→ *siehe Eingabe/Ausgabe*.

EAROM *Subst.*
Abkürzung für Electrically Alterable Read-Only Memory. → *siehe EEPROM*.

EBCDIC *Subst.*
Abkürzung für Extended Binary Coded Decimal Interchange Code. Ein IBM-Code, der 8 bit für die Darstellung von 256 möglichen Zeichen (im Gegensatz zu den 7 Bit und 128 Zeichen im Standard-ASCII-Zeichensatz) verwendet. Dieser Standard wird überwiegend in IBM-Großrechnern eingesetzt, während PCs den Zeichensatz ASCII verwenden. → *Vgl. ASCII*.

E-Bomb *Subst.* (e-bomb)
Abkürzung für E-Mail **Bomb**. Eine Technik, die von einigen Hackern eingesetzt wird. Es wird hierbei ein »Ziel« in zahlreiche Verteilerlisten eingetragen, so daß der Netzwerkverkehr und die Speicherfähigkeit durch die E-Mail ins Stocken geraten, die von anderen Abonnenten der Verteilerliste an die Empfänger der Listen gesendet werden.

.ec
Im Internet ein Kürzel für die übergreifende Länder-Domäne, die eine Adresse in Ecuador angibt.

E-Cash *Subst.* (e-cash)
→ *siehe elektronisches Geld*.

ECC
→ *siehe Fehlerkorrekturcode, fehlerkorrigierende Codierung*.

Echo *Subst.* (echo, echo)
In der Kommunikationstechnik ein übertragenes Signal, das zurück zum Sender übertragen wird und sich vom Originalsignal unterscheidet. Netzwerk-Verbindungen lassen sich testen, indem man ein Echo zurück zum Hauptcomputer schickt.
Ein empfangenes Signal zurück an den Sender übertragen. Computerprogramme, z. B. MS-DOS und OS/2, können angewiesen werden, die Eingabe im Echo-Format auszugeben. Hierbei werden die Daten so am Bildschirm angezeigt, wie sie über die Tastatur eingegeben wurden. Es kann somit der korrekte Empfang des Texts vom ursprünglichen Terminal aus überwacht werden.

Echo-Ausblendung *Subst.* (echo cancellation)
Eine Technik, bei der nicht erwünschte Eingangssignale in einem Modem ausgeblendet werden, bei denen es sich um das Echo der Modemübertragung handelt. Das Modem sendet eine modifizierte, invertierte Version seiner Übertragung auf dem Pfad, auf dem es Informationen empfängt. Dadurch läßt sich das Echo löschen, während die Empfangsdaten ohne Beeinflussung durchgelassen werden. Echo-Ausblendung ist Standard in V.32-Modems.

Echoplex *Subst.* (echoplex)
In der Kommunikationstechnik ein Verfahren zur Fehlererkennung. Die Empfangsstation sendet die Daten zurück auf den Bildschirm des Senders, auf dem die Daten visuell auf Richtigkeit geprüft werden können.

Echoprüfung *Subst.* (echo check)
In der Kommunikationstechnik eine Methode zur Prüfung gesendeter Daten auf Fehlerfreiheit, indem die Informationen wieder an den Sender zurückgesendet werden, der das zurückgesendete Signal mit dem Originalsignal vergleicht.

Echo-Unterdrücker *Subst.* (echo suppressor)
In der Kommunikationstechnik eingesetztes Gerät für Telefonleitungen, das Echo durch Abschwächung (Sperrung) von Signalen auf einer Leitung in der Richtung vom Hörer zum Sprecher verhindert. In Duplex-Kommunikationen via Modem muß man den Echo-Unterdrücker selbst unterdrücken, damit die Modems gleichzeitig in beide Richtungen übertragen können. Diese Abschaltung des Echo-Unterdrückers ist als hoher Ton beim Einrichten einer Modem-zu-Modem-Verbindung hörbar.

echt *Adj.* (live)
Bezieht sich auf realistische Daten bzw. auf ein Programm, das diese Daten verwendet, im Gegensatz zu Testdaten.

echte 32 Bit *Adj.* (32-bit clean)
Allgemein die Eigenschaft eines Programms, das für den 32-Bit-Modus geschrieben wurde.
Beim Apple Macintosh die Eigenschaft von Hardware-Komponenten, die für den 32-Bit-Modus entworfen wurden. In diesem Modus können unter dem Betriebssystem System 7 bis zu 1 Gigabyte physikalischer Speicher adressiert werden. Dies trifft für alle heutigen Macintosh-Computer zu, nur bei älteren Modellen wurde z.T. eine 16-Bit-Adressierung verwendet.

echte Adresse *Subst.* (real address)
Eine absolute (Maschinen-) Adresse, die eine physikalische Speicherstelle bezeichnet. → *siehe auch physikalische Adresse.* → *Vgl. relative Adresse, virtuelle Adresse.*

echtes Komplement *Subst.* (true complement)
→ *siehe Komplement.*

Echtfarbe *Subst.* (true color)
→ *siehe 24-Bit-Farbtiefe.*

Echtzeit *Adj.* (real-time)
Bezieht sich auf zeitliche Abläufe, die durch äußere Bedingungen ausgelöst werden. Echtzeit-Operationen sind z.B. Aktionen der Maschine, die dem menschlichen Zeitempfinden angepaßt sind, oder Computeroperationen, die zeitlich mit einem physikalischen oder externen Vorgang Schritt halten. Echtzeit-Operationen sind charakteristisch für Transaktionssysteme, Flugleitsysteme, wissenschaftliche Anwendungen und andere Bereiche, in denen ein Computer unmittelbar auf eine Situation reagieren muß (beispielsweise die Animation einer Grafik in einem Flugsimulator oder die Ausführung von Programmkorrekturen aufgrund von aktuellen Meßergebnissen).

Echtzeitanimation *Subst.* (real-time animation)
Eine Computeranimation, bei der die Aktualisierung der Bilder auf dem Bildschirm so schnell abläuft, daß die Bewegung der simulierten Objekte der Wirklichkeit gleichkommt. Die Echtzeitanimation erlaubt die dynamische Einflußnahme durch den Benutzer, da der Computer Tastenbetätigungen oder Joystick-Bewegungen entgegennehmen und einbinden kann, während das nächste Bild der Animationssequenz gezeichnet wird. Arcade-Spiele oder Flugsimulator-Programme bedienen sich der Echtzeitanimation bei der Umsetzung von Spielszenen in Bildschirmaktionen. Bei Animationen, die in virtueller Zeit ausgeführt werden, werden die Bilder zuerst berechnet und gespeichert und später in einer schnelleren Abfolge wiedergegeben, wodurch sich ebenfalls fließende Bewegungsabläufe erzielen lassen. → *siehe auch Animation, Bit-Block.*

Echtzeitbetriebssystem *Subst.* (real-time operating system)
Ein Betriebssystem, das für die Anforderungen der Prozeßsteuerung entwickelt oder optimiert wurde.
→ *siehe auch Echtzeitsystem.*

Echtzeitkonferenz *Subst.* (real-time conferencing)
→ *siehe Telekonferenz.*

Echtzeitsystem *Subst.* (real-time system)
Ein Computer- und/oder Softwaresystem, das eine Reaktion auf äußere Ereignisse in einer Zeitspanne gewährleisten muß, während derer diese Ereignisse noch relevant sind. Beispielsweise muß ein Flugsicherungssystem Radarsignale verarbeiten, eine mögliche Kollision erkennen und Flug-

lotsen oder Piloten rechtzeitig warnen, so daß noch genügend Zeit zum Handeln bleibt.

Echtzeituhr *Subst.* (clock, real-time clock)
Der akkugepufferte Schaltkreis, der Uhrzeit und Datum in einem Computer vorgibt. Die Echtzeituhr ist nicht zu verwechseln mit dem Taktgeber (englisch jeweils »clock«). → *auch genannt Uhr/Kalender.*
→ *siehe Taktgeber.*

ECL *Subst.*
→ *siehe emitter-gekoppelte Logik.*

ECMA *Subst.*
Abkürzung für European Computer Manufacturers Association. Eine Vereinigung mit Sitz in Genf (Schweiz) vergleichbar mit CBEMA (Computer and Business Equipment Manufacturers) in den Vereinigten Staaten. Auf die ECMA geht der sog. Standard ECMA-101 zurück, der für die Übertragung von formatiertem Text und Grafiken unter Wahrung des Ursprungsformats vorgesehen ist.

E-Commerce *Subst.* (e-commerce)
→ *siehe elektronisches Einkaufen.*

E-Credit *Subst.* (e-credit)
→ *siehe elektronisches Einkaufen mit Kreditkarte.*

EDI *Subst.*
Abkürzung für Electronic Data Interchange. Eine Reihe von Standards für die Steuerung der Übermittlung von Geschäftsdokumenten, z. B. Bestellungen und Rechnungen, zwischen Computern. Der elektronische Datenaustausch soll überflüssige Schreibarbeiten und lange Antwortzeiten beseitigen. Damit EDI effektiv funktionieren kann, müssen sich die Benutzer an bestimmte Standards zur Formatierung und Übermittlung der Informationen halten. Ein derartiger Standard ist z. B. das X.400-Protokoll. → *siehe auch Standard, X.400.*

editierbar *Adj.* (live)
Die Fähigkeit, durch einen Benutzer manipuliert werden zu können, um Änderungen an einem Dokument oder an einem Bestandteil eines Dokuments vorzunehmen.

Editor *Subst.* (editor)
Ein Programm zum Erstellen von Dateien oder zum Ändern von bestehenden Dateien. Ein Editor ist in der Regel weniger leistungsfähig als ein Textverarbeitungsprogramm. Ein Editor verfügt nicht über ein Formatierungsprogramm, z. B. die Verwendung der Kursivschrift. Bei Text- oder Vollbild-Editoren kann der Benutzer den Cursor mit Pfeiltasten durch das Dokument bewegen. Bei einem Zeileneditor hingegen muß der Benutzer jeweils die Nummer der Zeile mit dem gewünschten Text angeben. → *siehe auch Edlin.*

Edlin *Subst.*
Ein veralteter zeilenorientierter Texteditor, der zum Lieferumfang des Betriebssystems MS-DOS bis zur Version 5 gehörte. SSE ist die Entsprechung von Edlin in OS/2. → *siehe auch Editor.*

.edmonton.ca
Im Internet ein Kürzel für die übergreifende Länder-Domäne, die eine Adresse in Edmonton in der Provinz Alberta in Kanada angibt.

EDO DRAM *Subst.*
Abkürzung für Extended Data Out Dynamic Random Access Memory. Ein Speicher, der eine kürzere Lesezeit als ein DRAM mit vergleichbarer Geschwindigkeit hat. Dies wird dadurch ermöglicht, daß ein neuer Lesezyklus beginnen kann, während die Daten eines vorherigen Zyklus gelesen werden. Dadurch wird die Leistungsfähigkeit des Systems erhöht. → *Vgl. DRAM, EDO RAM.*

EDO RAM *Subst.*
Abkürzung für Extended Data Out Random Access Memory. Ein dynamischer RAM, der die Daten für die CPU zur Verfügung stellt, während der nächste Speicherzugriff initialisiert wird. Dies führt zu einer Erhöhung der Geschwindigkeit. Pentium-Computer, die mit den Triton-Chips von Intel ausgestattet sind, können EDO RAM nutzen. → *siehe auch CPU, dynamisches RAM.* → *Vgl. EDO DRAM.*

EDP *Subst.*
Abkürzung für Electronic Data Processing. → *siehe Datenverarbeitung.*

.edu
Im Domain Name System (DNS) des Internet eine Top-Level-Domäne, die Adressen von Bildungs-

institutionen (mit mindestens vierjähriger, anerkannter Ausbildung) kennzeichnet. Der Domänenname .edu steht als Suffix am Ende der Adresse. Schulen in den Vereinigten Staaten, deren Angebot vom Kindergarten bis zur High School reicht, haben die Top-Level-Domäne ».k12.us« oder lediglich ».us«. → siehe auch *DNS, Domäne, .k12.us, .us*. → Vgl. *.com, .gov, .mil, .net, .org*.

Edutainment *Subst.* (edutainment)
Der Multimedia-Inhalt einer Software auf CD-ROM oder auf einer Website, der dem Benutzer sowohl Unterhaltung als auch Wissen vermittelt. → siehe auch *Multimedia*.

EDV-Berater *Subst.* (consultant)
Berufsbezeichnung für Computerspezialisten, die auf selbständiger Basis für Kunden tätig sind, im Gegensatz zu Angestellten. EDV-Berater werden häufig beauftragt, die Benutzeranforderungen und die Spezifikationen für ein anzuschaffendes oder zu entwickelndes System zu analysieren.

EDV-Service *Subst.* (service bureau)
Eine Organisation, die gegen Gebühr Datenverarbeitungsdienste sowie Zugang zu Softwarepaketen anbietet.

.ee
Im Internet ein Kürzel für die übergreifende Länder-Domäne, die eine Adresse in Estland angibt.

EEMS *Subst.*
Abkürzung für Enhanced Expanded Memory Specification. Eine Untermenge der ursprünglichen Expanded Memory Specification (EMS). Die EMS-Version 3.0 gestattete lediglich die Speicherung von Daten und unterstützte nur vier Seitenrahmen. EEMS erlaubte bis zu 64 Seiten und die Ablage von ausführbarem Code im Erweiterungsspeicher. Die im EEMS definierten Fähigkeiten wurden in den EMS-Standard in der Version 4.0 aufgenommen. → siehe auch *EMS, Seitenrahmen*.

EEPROM *Subst.*
Abkürzung für Electrically Erasable Programmable Read-Only Memory, zu deutsch »elektrisch löschbarer, programmierbarer Nur-Lese-Speicher«. Eine EPROM-Variante, die mit einem elektrischen Signal gelöscht werden kann. Ein EPROM eignet sich für eine stabile Informationsspeicherung über lange Zeiträume auch ohne Stromzufuhr, wobei gleichzeitig eine erneute Programmierbarkeit gewährleistet ist. Ein EEPROM enthält weniger Speicherzeilen als ein RAM. Außerdem nimmt die erneute Programmierung von EEPROMs längere Zeit in Anspruch, und sie können nicht beliebig oft neu programmiert werden, da diese Vorgänge mit einem gewissen Verschleiß verbunden sind. → siehe auch *EPROM, ROM*.

EFF *Subst.*
→ siehe *Electronic Frontier Foundation*.

E-Form *Subst.* (e-form)
Abkürzung für Electronic **Form**. Ein Online-Dokument, in das der Benutzer die erforderlichen Angaben eingeben kann. Dieses Dokument kann über ein Netzwerk an die Organisation weitergeleitet werden, für die die Angaben bestimmt sind. Im Web haben E-Forms in der Regel eine CGI-Codierung und sind verschlüsselt.

.eg
Im Internet ein Kürzel für die übergreifende Länder-Domäne, die eine Adresse in Ägypten angibt.

EGA *Subst.*
Abkürzung für Enhanced **G**raphics **A**dapter. Ein 1984 von IBM eingeführter Video-Display-Standard. Dieser Video-Display-Adapter emuliert den CGA (Color/Graphics Adapter) und den MDA (Monochrome Display Adapter) und stellt Text und Grafiken mit mittlerer Auflösung bereit. Dieser Standard wurde durch VGA (Video Graphics Display) ersetzt.

EGP *Subst.*
→ siehe *External Gateway Protocol*.

.eh
Im Internet ein Kürzel für die übergreifende Länder-Domäne, die eine Adresse in Westsahara (früher Spanisch-Sahara) angibt.

EIA *Subst.*
Abkürzung für **E**lectronic **I**ndustries **A**ssociation. Eine Gruppe mit Sitz in Washington (USA), der Mitglieder aus verschiedenen Organisationen von Herstellern elektrischer Produkte angehören. Die-

se Vereinigung legt Standards für elektronische Komponenten fest. RS-232-C stellt z.B. den EIA-Standard zur Verbindung serieller Komponenten dar. → *siehe auch RS-232-C-Standard.*

EIDE *Subst.*
→ *siehe Enhanced IDE.*

Eiffel *Subst.*
Eine objektorientierte Programmiersprache, die 1988 von Bertrand Meyer entwickelt wurde. Diese Sprache läuft auf MS-DOS, OS/2 sowie UNIX. Wesentliche Entwurfsmerkmale dieser Sprache sind die Fähigkeit, Module in mehreren Programmen zu verwenden, und die Software-Erweiterbarkeit.

Eigenschaft *Subst.* (property)
Ein Begriff von Windows 95. Ein Gleitkommaexponent oder ein Parameter eines Objekts oder Gerätes. Die Eigenschaften einer Datei enthalten z.B. den Typ, die Größe und das Erstellungsdatum. Diese Daten befinden sich im Eigenschaftenfeld der Datei. → *siehe auch Eigenschaftenfenster.*

Eigenschaftenfenster *Subst.* (property sheet)
Ein Dialogfeld in Windows 95, das in zugehörige Informationen enthaltende Register unterteilt ist. Dieses Dialogfeld kann vom Benutzer über den Befehl »Eigenschaften« im »Menü Datei« aufgerufen werden. Eine andere Möglichkeit, das Eigenschaftenfeld anzuzeigen, besteht darin, mit der rechten Maustaste auf das gewünschte Objekt zu klicken und im Kontextmenü den Befehl »Eigenschaften« zu wählen. In diesem Dialogfeld werden die Attribute oder Einstellungen eines Objekts (z.B. einer Datei, einer Anwendung oder eines Hardware-Gerätes) angezeigt.

eigenständig *Adj.* (stand-alone)
Die Eigenschaft eines Geräts, nicht auf die Unterstützung durch andere Geräte oder Systeme angewiesen zu sein. Ein Stand-Alone-Computer ist beispielsweise ein Computer, der nicht mit einem Netzwerk verbunden ist.

Eimer *Subst.* (bucket)
Ein Speicherbereich, der als Entität adressierbar ist und Daten aufnehmen kann – also der Behälter im Gegensatz zu den Daten selbst. → *siehe auch Bit Bucket.*

Einbau im laufenden Betrieb *Subst.* (hot insertion, hot plugging)
Eine Technik, die es ermöglicht, daß eine Einrichtung an ein aktives Gerät (z.B. einen Computer) angeschlossen wird, während das Gerät eingeschaltet ist.
Auch eine Technik, die es erlaubt, Geräte und Steckkarten in den Computer einzubauen, während sich dieser in Betrieb befindet. Beispielsweise lassen sich PCMCIA-Karten in neuere Laptops einbauen, während der Laptop eingeschaltet ist. Eine vergleichbare Funktionalität wird auch bei High-End-Servern zur Verfügung gestellt, um Ausfallzeiten zu vermeiden.

Einbaurahmen *Subst.* (chassis)
Ein Metallrahmen, auf dem elektronische Baugruppen – z.B. Platinen, Lüfter und Netzteile – montiert sind.

Einbenutzersystem *Subst.* (single-user computer)
Ein Computer, der für die Verwendung durch eine Einzelperson ausgelegt ist, daher auch der Name »Personal Computer« (PC). → *Vgl. Mehrbenutzersystem.*

einbrennen *Vb.* (burn in, ghosting)
Ein unerwünschter Vorgang, bei dem die Phosphorschicht auf der Schirm-Innenseite eines Monitors dauerhaft verändert wird. Diese Veränderung kann eintreten, wenn der Monitor über lange Zeiträume mit einem hellen, unbeweglichen Bildschirminhalt betrieben wird. Die Umrisse des dargestellten Bildes sind auch dann noch sichtbar, wenn der Monitor ausgeschaltet wurde. Das Problem tritt vor allem bei älteren PC-Monitoren auf. Bei den meisten heute erhältlichen Monitoren besteht dagegen kaum noch eine Gefahr, daß sich der Bildschirminhalt einbrennt.

Eindringling *Subst.* (intruder)
Ein unbefugter Anwender, der auf einen Computer oder ein Computer-Netzwerk vorsätzlich zugreift. Dieser Begriff wird auch analog für Anwendungen verwendet. → *siehe auch Bakterie, Hacker, Trojanisches Pferd, Virus.*

Einerkomplement *Subst.* (one's complement)
Eine Zahl im Binärsystem (dem Zahlensystem zur Basis 2), die das Komplement einer anderen Zahl darstellt. → *siehe auch Komplement.*

Einerstelle *Subst.* (unit position)
In einer mehrstelligen Zahl die Position der Ziffer mit der Wertigkeit 1, z. B. die 3 in der Zahl 473.

einfache Dichte *Adj.* (single-density)
Eine Eigenschaft einer Diskette, bei der die Aufzeichnung von Daten nur mit Frequenzmodulation (FM) zulässig ist. Disketten mit einfacher Dichte können weitaus weniger Daten aufnehmen als Disketten, die eine MFM-Codierung (modifizierte Frequenzmodulation) oder RLL-Codierung (Run Length Limited) zulassen. → *siehe auch Modified Frequency Modulation encoding, Run-Length Limited encoding.*

einfache Genauigkeit *Adj.* (single-precision)
Von den verschiedenen Gleitkommaformaten einer Programmiersprache das Format mit der geringsten Genauigkeit. Meist sind die zwei Formate »einfache Genauigkeit« und »doppelte Genauigkeit« gegeben. → *siehe auch Genauigkeit, Gleitkomma-Notation.* → *Vgl. doppelt genau.*

Einfg-Taste *Subst.* (Ins key)
→ *siehe Einfügetaste.*

Einfügemarke *Subst.* (insertion point)
Ein blinkender senkrechter Balken auf dem Bildschirm, z.B. in grafischen Benutzeroberflächen, der die Stelle markiert, an der einzufügender Text angezeigt wird. → *siehe auch Cursor.*

Einfügemodus *Subst.* (insert mode)
Eine Betriebsart, in der beim Einfügen von Text in ein Dokument oder eine Befehlszeile alle Zeichen auf der Cursorposition und alle rechts davon stehenden Zeichen um die eingefügte Anzahl Zeichen nach rechts verschoben werden. Dieser Modus ist das Gegenteil des Überschreibmodus, bei dem der neue Text den vorhandenen Text ersetzt (überschreibt). Die Taste oder Tastenkombination, mit der man zwischen beiden Modi wechseln kann, ist vom jeweiligen Programm abhängig. Die Einfügetaste wird jedoch häufig verwendet. → *Vgl. Überschreibemodus.*

einfügen *Vb.* (paste)
Aus einem Dokument ausgeschnittene oder kopierte Texte oder Grafiken an einer anderen Stelle in demselben oder einem anderen Dokument wieder einsetzen. → *siehe auch ausschneiden, Ausschneiden und Einfügen.*

einfügendes Sortieren *Subst.* (insertion sort, merge sort)
Ein Sortierverfahren, bei dem mehrere sortierte (Eingangs-)Listen zu einer einzelnen sortierten (Ausgangs-)Liste zusammengefaßt werden. → *siehe auch Bubble Sort, Quicksort, Sortieralgorithmus.*
Außerdem ein Algorithmus zum Sortieren einer Liste, der mit einer Liste beginnt, die ein Element enthält, und danach eine größere sortierte Liste aufbaut, indem die zu sortierenden Elemente jeweils an die richtige Stelle in dieser Liste eingefügt werden. Durch diese dauernden Verschiebevorgänge eignet sich das einfügende Sortieren weniger bei Verwendung von Arrays, es läßt sich jedoch hervorragend für die Sortierung verketteter Listen einsetzen. → *siehe auch Sortieralgorithmus.* → *Vgl. Bubble Sort, Quicksort.*

Einfügetaste *Subst.* (Insert key)
Eine Taste auf der Tastatur mit der Bezeichnung »Einfg«. Je nach Anwendung erfüllt die Einfügetaste unterschiedliche Funktionen. Sie ist jedoch in der Regel für die Umschaltung zwischen Einfügemodus und Überschreibmodus vorgesehen. → *auch genannt Einfg-Taste.*

Eingabe *Subst.* (entry, input)
Die in einen Computer zur weiteren Verarbeitung übertragenen Informationen. Diese Informationen können z.B. über eine Tastatur eingetippt oder aus einer auf einem Datenträger gespeicherten Datei eingelesen werden.
Als »Eingabe« wird außerdem der Vorgang bezeichnet, bei dem die zu verarbeitenden Informationen an den Computer übertragen werden.

Eingabeaufforderung *Subst.* (prompt)
Allgemein der auf dem Bildschirm angezeigte Text, mit dem ein Programm signalisiert, daß es auf Benutzereingaben wartet.
Bei befehlsgesteuerten Systemen stellt die Eingabeaufforderung den Bildschirmbereich (meist eine Zeile) dar, in dem Befehle eingegeben werden können. Dieser Bereich wird durch Symbole gekennzeichnet. Bei MS-DOS handelt es sich dabei in der Regel um den Laufwerksbuchstaben und das Zei-

chen für »größer als« (z. B. C). Bei UNIX wird die Eingabeaufforderung in der Regel durch ein Prozentzeichen (%) angegeben. → *siehe auch befehlszeilenorientiertes System, DOS-Eingabeaufforderung.*

Eingabe/Ausgabe *Subst.* (input/output)
Abkürzung: E/A. Der Ausdruck bezieht sich auf die komplementären Aufgaben der Datenbeschaffung für einen Computer oder ein Programm, damit dieser arbeiten kann, und das Bereitstellen der Ergebnisse für den Benutzer oder für andere Computer-Prozesse. Die Tastatur, die Maus sowie Diskettendateien sind Eingabegeräte, die dem Computer die Informationen verfügbar machen. Das Display und der Drucker sind Ausgabegeräte, über die der Computer die Ergebnisse dem Benutzer liefert. Der Computer erhält die Ausgabe über Diskettendateien bzw. serielle Schnittstellen.

Eingabe-Ausgabe-Anweisung *Subst.* (input/output statement)
Eine Programmanweisung, die den Transfer von Informationen zwischen dem Speicher und einem Eingabe-/Ausgabegerät bewirkt.

Eingabe-Ausgabe-Bereich *Subst.* (input/output area)
→ *siehe Eingabe-Ausgabe-Puffer.*

Eingabe-Ausgabe-Bus *Subst.* (input/output bus)
Die Verbindungsleitungen innerhalb des Computers für die Übertragung von Informationen zwischen dem Prozessor und verschiedenen Eingabe- und Ausgabegeräten. → *siehe auch Bus.*

Eingabe-Ausgabe-Controller *Subst.* (input/output controller)
Eine Steuerschaltung, die Operationen überwacht und Aufgaben realisiert, die den Empfang von Eingaben und die Übertragung von Ausgaben an ein Eingabe- oder Ausgabegerät bzw. Port betreffen. Damit steht dem Prozessor ein logisches Hilfsmittel (Eingabe-/Ausgabe-Interface) für die Kommunikation mit dem Gerät zur Verfügung, und der Prozessor kann die Rechenzeit für die eigentlichen Verarbeitungsaufgaben nutzen. Ebenso erfolgt die Steuerung eines Diskettenlaufwerks durch einen Disketten-Controller, der die elektronisch komplexen, mit hoher Geschwindigkeit ablaufenden Vorgänge realisiert, die für die Positionierung der Lese-/Schreibköpfe, die Lokalisierung der spezifischen Speicherbereiche auf der sich drehenden Diskette, die Lese- und Schreiboperationen sowie die Fehlerprüfung erforderlich sind. Die meisten Controller erfordern spezielle Software, damit der Computer die vom Controller bereitgestellten Informationen empfangen und verarbeiten kann. → *auch genannt Geräte-Manager, I/O-Gerät.*

Eingabe-Ausgabe-Gerät *Subst.* (input/output device)
Eine Hardware-Komponente, die sowohl dem Computer Informationen liefert als auch Informationen vom Computer empfängt. Je nach der aktuellen Situation verläuft daher der Informationstransfer in eine der beiden Richtungen. Ein typisches Beispiel für ein Eingabe-Ausgabe-Gerät ist ein Diskettenlaufwerk. Einige Geräte (die sog. Eingabegeräte) können nur für die Eingabe verwendet werden, z. B. Maus oder Tastatur. Andere Geräte (die sog. Ausgabegeräte) lassen sich nur für die Ausgabe einsetzen, z. B. Drucker. Die meisten Geräte erfordern die Installation von Software-Routinen, den sog. Gerätetreibern, die einem Computer das Senden und Empfangen von Informationen zum und vom Gerät ermöglichen.

Eingabe/Ausgabe, intelligente *Subst.* (Intelligent Input/Output)
→ *siehe I2O.*

Eingabe-Ausgabe-intensiv *Adj.* (I/O-bound, input/output-bound)
Ein Computer ist Eingabe-Ausgabe-intensiv, wenn eine lange Wartezeit zwischen Eingabe und Ausgabe von Daten besteht, obwohl die Daten eigentlich wesentlich schneller verarbeitet werden. Dies ist z. B. der Fall, wenn der Prozessor Änderungen an einer umfangreichen Datenbank schneller vornehmen kann, als diese durch die Laufwerkmechanik auf dem Datenträger gespeichert werden. Ein Computer gilt als rein Eingabe-intensiv, wenn lediglich die Eingabe die Geschwindigkeit beeinträchtigt, mit der der Prozessor die Daten übernimmt und verarbeitet. Analog hierzu gibt es auch rein Ausgabe-intensive Computer.

Eingabe-Ausgabe-Kanal *Subst.* (input/output channel)
Die hardwareseitigen Verbindungen von der CPU zum Eingabe-Ausgabe-Kanal. → *siehe auch Bus.*

Eingabe-Ausgabe-Port *Subst.* (input/output port)
Ein Kanal für den Datentransfer zwischen einem Eingabe- oder Ausgabegerät und dem Prozessor. Aus Sicht der CPU stellt der Port eine oder mehrere Speicheradressen dar, an die die CPU Daten senden oder von denen sie Daten empfangen kann. Spezielle Hardware, z.B. eine Erweiterungsplatine, legt Daten vom Gerät in den Speicheradressen ab und sendet Daten von diesen Adressen zum Gerät. Einige Ports sind dabei nur für die Eingabe oder nur für die Ausgabe bestimmt.

Eingabe-Ausgabe-Prozessor *Subst.* (input/output processor)
Hardware, die zur Behandlung von Eingabe-/Ausgabe-Operationen vorgesehen ist, um den Hauptprozessor zu entlasten. Ein digitaler Signalprozessor kann z.B. zeitintensive, komplizierte Analysen und Synthesen von Klangmustern ohne Inanspruchnahme der CPU ausführen. → *siehe auch Front-End-Prozessor.*

Eingabe-Ausgabe-Puffer *Subst.* (input/output buffer)
Reservierter Bereich eines Computer-Speichers zur temporären Aufnahme ankommender und abgehender Informationen. Da Ein-/Ausgabegeräte oft ohne Mitwirkung der CPU direkt in einen Puffer schreiben können, kann ein Programm die Ausführung fortsetzen, während der Puffer gefüllt wird, was sich vorteilhaft auf die Ausführungsgeschwindigkeit des Programms auswirkt. → *siehe auch puffern.*

Eingabe-Ausgabe-Schnittstelle *Subst.* (input/output interface)
→ *siehe Eingabe-Ausgabe-Controller.*

Eingabebereich *Subst.* (input area, input buffer)
Ein Teil des Computer-Speichers, der für die vorübergehende Aufnahme eintreffender – zur Weiterverarbeitung bestimmter – Informationen reserviert ist. → *siehe auch puffern.*

Eingabegerät *Subst.* (input device)
Ein Peripheriegerät, mit dem der Benutzer Eingaben in ein Computersystem vornehmen kann. Zu den Beispielen für Eingabegeräte gehören Tastatur, Maus, Joystick und Lichtstift. → *siehe auch Peripheriegerät.*

Eingabehilfen *Subst.* (FilterKeys)
Eine Option der Eingabehilfen in der Systemsteuerung von Windows 95, die speziell für körperbehinderte Benutzer konzipiert ist. Durch die Anschlagverzögerung werden kurze und wiederholte Anschläge ignoriert, die durch falsche Fingerbewegungen ausgelöst werden. → *siehe auch Bedienkomfort.* → *Vgl. Anschlagton, ShowSounds, SoundSentry, StickyKeys, Tastaturmaus.*

eingabeintensiv *Adj.* (input-bound)
→ *siehe Eingabe-Ausgabe-intensiv.*

Eingabekanal *Subst.* (input channel)
→ *siehe Kanal.*

Eingabeport *Subst.* (input port)
→ *siehe Eingabe-Ausgabe-Port.*

Eingabestrom *Subst.* (input stream)
Ein Informationsfluß, der in einem Programm als Bytesequenz, der mit einer bestimmten Aufgabe oder Ziel verbunden ist, verwendet wird. Der Eingabestrom kann eine Folge von Zeichen darstellen, die von der Tastatur in den Speicher eingelesen werden, oder es kann sich um einen Datenblock handeln, der von Diskettendateien gelesen wird. → *Vgl. Ausgabestrom.*

Eingabetaste *Subst.* (Enter key, Return key)
Eine Taste, mit der signalisiert wird, daß die Eingabe einer Einheit abgeschlossen ist, z.B. einer Zeile oder eines Absatzes (bei der Texteingabe), eines Befehls (vor allem bei befehlsorientierten Systemen) oder eines Felds bzw. Datensatzes (in Datenbanken). Außerdem führt ein Druck auf die Eingabetaste die Standardfunktion eines Dialogfelds aus. Auf IBM- und kompatiblen PCs sowie vielen weiteren Computersystemen wird die Eingabetaste auch als »Enter-Taste« oder »Return-Taste« bezeichnet. Der Ausdruck »Return-Taste« stammt von der Schreibmaschinentastatur, auf der die entsprechende Taste den Rücklauf (engl.: »Return«) des Wagens mit dem eingespannten Papier zum Zeilenbeginn bewirkt.

Eingabetreiber *Subst.* (input driver)
→ *siehe Gerätetreiber.*

eingebaute Schrift *Subst.* (built-in font, intrinsic font)
Eine Schrift (Schriftgröße und Gestaltung), für die eine Bitmap (ein genaues Muster) existiert. Diese Bitmap läßt sich nur in der vorhandenen Form, d.h. ohne Veränderung oder Skalierung, einsetzen. → *Vgl. abgeleitete Schrift.*
→ *siehe interne Schrift.*

eingeben *Vb.* (input, type)
Das Übermitteln von Informationen zur weiteren Verarbeitung an einen Computer.
Die Eingabe erfolgt meist mit Hilfe einer Tastatur.

eingebettet *Adj.* (embedded)
Bezeichnet in der Software Codes oder Befehle, die in ihre Träger integriert sind. Eingebettete Druckbefehle werden z.B. von Anwendungsprogrammen in ein Dokument eingefügt, um Druckausgaben und Formatierungen zu steuern. Eine niedrige Assembler-Sprache wird in höhere Sprachen (z.B. C) eingefügt, um ein Programm schneller oder effizienter zu machen.

eingebetteter Befehl *Subst.* (embedded command)
Durch ein Programm in eine Text-, Grafik- oder andere Dokumentendatei eingefügter Befehl, der häufig für Druck- oder Seitenlayout-Anweisungen verwendet wird. Diese Befehle erscheinen häufig nicht am Bildschirm, können jedoch bei Bedarf angezeigt werden. Eingebettete Befehle können beim Austausch von Dokumenten von einem Programm in ein anderes Programm zu Schwierigkeiten führen, wenn die Programme nicht kompatibel sind.

eingebetteter Controller *Subst.* (embedded controller)
Eine Controller-Leiterplatte auf Prozessorbasis, die im Computer eingebaut ist. → *siehe auch Controller.*

eingebetteter Hyperlink *Subst.* (embedded hyperlink)
Eine Verknüpfung zu einer Ressource, die in Text eingebettet oder einem Bild bzw. einer klickbaren Karte zugewiesen ist. → *siehe auch Hyperlink, Imagemap.*

eingebettete Schnittstelle *Subst.* (embedded interface)
Eine Schnittstelle, die in das Laufwerk und die Steuerplatine eines Gerätes eingebaut wird, damit das Gerät direkt mit dem Systembus verbunden werden kann. → *siehe auch Controller, Schnittstelle.* → *Vgl. ESDI, SCSI, ST506-Schnittstelle.*

eingeschränkte Funktion *Subst.* (restricted function)
Eine Funktion oder eine Operation, die sich nur unter bestimmten Bedingungen ausführen läßt, z.B. nur im privilegierten Modus des Mikroprozessors. → *siehe auch privilegierter Modus.*

eingeschweißt *Adj.* (shrink-wrapped)
In durchsichtige Kunststoffolie als Verkaufsverpackung eingehüllt. Mit diesem Begriff wird oft auch die endgültige Version eines Produkts bezeichnet, zur Unterscheidung von einer Beta-Version.

einlegen *Subst.* (feed, feed)
→ *siehe News-Feed.*
Das Zuführen von Medien in ein Aufzeichnungsgerät (Einlegen von Disketten in ein Diskettenlaufwerk).

Einloggen *Subst.* (login)
→ *siehe anmelden.*

Einplatinen-Computer *Adj.* (single-board)
Ein Computer, der auf einer einzigen Leiterplatte aufgebaut ist, die in der Regel keine Erweiterungskarten aufnehmen kann.

einrücken *Vb.* (indent)
Den linken oder rechten Rand eines Textelements, z.B. einen Block oder eine Zeile, relativ zum Rand oder zu einem anderen Textelement verschieben.

Einrückung *Subst.* (indent)
Den linken oder rechten Rand eines Textblocks in bezug zum Blattrand oder zu den Begrenzungen anderer Textblöcke verschieben.
Auch das Verschieben der ersten Zeile eines Absatzes in Relation zu den anderen Zeilen des Absatzes. → *Vgl. hängender Einzug.*

einschalten *Vb.* (enable, power up)
Ganz allgemein das Aktivieren oder Starten.
→ *Vgl. abschalten.*

In Verbindung mit einem Computer das Starten des Geräts, indem die Stromversorgung über den Netzschalter aktiviert wird. Ein derartiger Start eines Computers wird auch als »Kaltstart« bezeichnet.

Einschritt-Compiler *Subst.* (one-pass compiler)
Ein Compiler, der den Quellcode lediglich einmal einliest und bei diesem Vorgang unmittelbar den Objektcode generiert. Die Syntax einiger Programmiersprachen erlaubt es nicht, einen Einschritt-Compiler für diese Sprachen zu entwickeln.

einseitig *Adj.* (single-sided)
Eine Eigenschaft einer Diskette, bei der die Aufzeichnung von Daten nur auf einer Seite möglich ist.

einsetzen *Vb.* (seat)
Eine Baugruppe kontaktschlüssig und richtig ausgerichtet in einen Computer oder ein angeschlossenes Gerät einbauen, z.B. ein SIMM-Speichermodul in den Sockel einsetzen.

Einsprungstelle *Subst.* (entry point)
Die Stelle in einem Programm, an der die Ausführung beginnen kann.

einstecken *Vb.* (terminate)
Im Zusammenhang mit Hardware am Ende eines Kabels einen Steckverbinder anbringen.

Einstellungsmenü *Subst.* (Preferences)
Eine Menüauswahl in zahlreichen Anwendungen mit grafischer Benutzeroberfläche. Benutzer können dabei festlegen, wie die Anwendung reagiert. In einigen Textverarbeitungsprogrammen kann man z.B. das Lineal ausblenden oder ein Dokument in der Seitenansicht (dem Ausdruck entsprechend) anzeigen. → *auch genannt Optionen, Prefs.*

eintippen *Vb.* (key in)
Tasten drücken, um Informationen in den Computer einzugeben.

Eintrag *Subst.* (entry)
Eine Informationseinheit, die durch ein Computerprogramm als Ganzes behandelt wird.

Einwahldienst *Subst.* (dial-up service)
Ein Provider für Telefonverbindungen für ein lokales oder weltweites öffentlich geschaltetes Telefonnetz, das Internet- oder Intranet-Zugang, Werbung über Web-Seiten und Zugriff auf Nachrichten- oder Börsendienste anbietet.

Einwahlleitung *Subst.* (switched line)
Bezeichnet eine normale Telefon-Wählverbindung, d.h. eine Leitung, die auf einen Anruf durch Weiterleitung über eine Vermittlungsstelle bereitgestellt wird. → *Vgl. Mietleitung.*

Einwahlnummer *Subst.* (access number)
Die Telefonnummer eines Providers, über die der Benutzer die Verbindung mit dem Online-Dienst herstellt.

einwahlorientiert *Adj.* (dial-up)
Eine Verbindung, die keine dedizierte Einheit bzw. kein anderes privates Netzwerk, sondern ein öffentlich geschaltetes Telefonnetzwerk verwendet.

Einwahlzugriff *Subst.* (dial-up access)
Eine Verbindung mit einem Datenkommunikationsnetzwerk, die über ein öffentlich geschaltetes Telekommunikationsnetzwerk hergestellt wird.

Einzelbild *Subst.* (display frame, display image, frame)
In Verbindung mit Animationen im weiteren Sinn ein Bild in einer Animationssequenz. → *siehe auch Frame.*
Im engeren Sinn ein einzelnes Bild von der Größe des Bildschirms, das in der Folge von jeweils leicht veränderten Bildern angezeigt wird, um animierte Zeichnungen zu erzeugen.
»Einzelbild« bezeichnet außerdem die Auflistung der Elemente, die gleichzeitig auf einem Computerbildschirm angezeigt werden.

Einzelbild-Puffer *Subst.* (frame, frame buffer)
Teil des Display-Speichers eines Computers, der den Inhalt eines einzelnen Bildschirmbildes aufnimmt. → *siehe auch Videopuffer.*
Außerdem der Speicher, der für die Aufnahme eines vollständigen Monitor-Bildes – bestehend aus Text und/oder Grafik – erforderlich ist.

Einzelblatteinzug *Subst.* (sheet feeder)
Eine Vorrichtung, die einen Stapel Papier aufnimmt und einem Drucker seitenweise zuführt.

Einzelherstellung *Subst.* (one-off)
Ein Produkt, das in einer Einzelanfertigung hergestellt wird – es wird also nur an genau einem Produkt gleichzeitig gearbeitet. Das Gegenstück ist die Serienfertigung.
Der Begriff »Einzelherstellung« wird dabei häufig im Zusammenhang mit CD-ROMs verwendet, die mit Hilfe eines CD-Rekorders hergestellt werden. Ein CD-Rekorder kann immer nur eine Kopie einer CD-ROM nach der anderen erzeugen.

Einzelschrittdurchgang *Vb.* (single step)
Die Ausführung eines Programms in einzelnen Verarbeitungsschritten, meist zusammen mit einem Debugger. → *siehe auch Debugger.*

Einzug, hängender *Subst.* (hanging indent)
→ *siehe hängender Einzug.*

Einzug, negativer *Subst.* (outdent)
→ *siehe hängender Einzug.*

Einzugs-Scanner *Subst.* (feed scanner, sheet-fed scanner)
Ein Scanner mit einem Einzelblatteinzug, bei dem die Vorlagen eingezogen werden und die Abtastung durch einen stationären Abtastmechanismus erfolgt. Einzugs-Scanner ermöglichen das automatische Scannen mehrseitiger Dokumente. → *siehe auch Scanner.* → *Vgl. Flachbett-Scanner, Handheld-Scanner, Trommel-Scanner.*

EIS *Subst.*
→ *siehe executive information system.*

EISA *Subst.*
Abkürzung für Extended Industry Standard Architecture. Ein Busstandard für den Anschluß von Erweiterungskarten mit einer PC-Hauptplatine, z. B. Videokarten, interne Modems, Soundkarten, Laufwerk-Controller sowie Karten, die andere Peripheriegeräte unterstützen. EISA wurde 1988 von einem Konsortium aus neun Unternehmen der Computerindustrie eingeführt. Die beteiligten Firmen AST Research, Compaq, Epson, Hewlett-Packard, NEC, Olivetti, Tandy, Wyse und Zenith wurden als die »Neunerbande« bezeichnet. EISA gewährleistet Kompatibilität mit dem älteren ISA-Bus (Industry Standard Architecture), bietet aber zusätzliche Merkmale des von IBM eingeführten Busstandards Micro Channel Architecture. EISA weist einen 32-Bit-Datenbus auf und verwendet Verbinder, die ISA-Karten aufnehmen können. EISA-Karten sind jedoch nur mit EISA-Systemen kompatibel. Im Gegensatz zum ISA-Bus kann EISA mit höheren Frequenzen betrieben werden und bietet einen schnelleren Datendurchsatz. → *siehe auch ISA, Mikrokanal-Architektur.*

Eisenoxid *Subst.* (ferric oxide)
Die chemische Substanz Fe_2O_3. Ein bestimmtes Oxid des Eisens, das zusammen mit einem Bindemittel für die magnetische Beschichtung von Disketten und Magnetbändern zur Datenspeicherung eingesetzt wird.

Electronic Frontier Foundation *Subst.*
Eine öffentliche Organisation, die sich für die Verteidigung der bürgerlichen Rechte von Computeranwendern einsetzt. Die Organisation wurde 1990 von Mitchell Kapor und John Perry Barlow als Reaktion auf die Maßnahmen des amerikanischen Geheimdienstes gegen Hacker gegründet.

Electronic Industries Association *Subst.*
→ *siehe EIA.*

elegant *Adj.*
Mit Eleganz verbindet man im allgemeinen eine Kombination von Einfachheit, Kürze, Effizienz und Feinheit. Ein elegantes Design hat für den Anwenderbereich in der Informatik (Programme, Algorithmen oder Hardware) Vorrang. Durch die schnelle Entwicklung in der Computerbranche wird ein elegantes Design in der Regel der Schnelligkeit geopfert. Dies führt häufig zu Bugs, die nicht leicht zu beheben sind.

Elektrizität, statische *Subst.* (static electricity)
→ *siehe statische Elektrizität.*

Elektrofotografie *Subst.* (electrophotography)
Die Herstellung fotorealistischer Bilder durch Verwendung von elektrostatischen Ladungen. Fotokopierer und Laserdrucker arbeiten nach dem Prinzip der Elektrofotografie. → *siehe auch elektrofotografische Drucker.* → *auch genannt Xerographie.*

elektrofotografische Drucker *Subst.* (electrophotographic printers)
Drucker einer Kategorie, die Laserdrucker, LED-, LCD- und Ionenbeschußdrucker umfaßt. Es wird dabei ein Negativ einer elektrisch geladenen, lichtempfindlichen Trommel zugeordnet. Die lichtempfindliche Trommel entwickelt an ihrer Oberfläche ein Muster mit elektrostatischer Ladung, die das Negativ des Bildes darstellt, das von der Trommel gedruckt wird. Der Toner (ein Tintenpulver) haftet an den geladenen Bereichen der Trommel, die die Tinte wiederum auf das Papier druckt. Die Haftung des Toners auf dem Papier wird durch Wärmezufuhr ermöglicht. Die Druckerarten unterscheiden sich hauptsächlich durch die Methode, wie die Trommel geladen wird. → *siehe auch Ionenbeschußdrucker, Laserdrucker, LCD-Drucker, LED-Drucker.*

elektrolumineszent *Adj.* (electroluminescent)
Das Leuchten eines Stoffes beim Fließen elektrischen Stroms. Elektrolumineszenz verwendet man häufig zur Hintergrundbeleuchtung der Flüssigkristall-Anzeigen (LCDs) in Laptop-Computern. Diese Platten bestehen aus zwei dünnen Elektroden mit einer Zwischenschicht aus Phosphor, wobei eine Elektrode nahezu durchsichtig ist. → *siehe auch Flüssigkristall-Display.*

Elektrolumineszenz-Bildschirm *Subst.* (electroluminescent display)
Ein Flachdisplay in Laptops mit einer Phosphorschicht zwischen einem Satz horizontaler und einem Satz vertikaler Elektroden. Diese Elektroden bilden xy-Koordinaten. Wenn eine vertikale und eine horizontale Elektrode aufgeladen wird, strahlt der Phosphor am Schnittpunkt Licht ab. Elektrolumineszenz-Bildschirme liefern ein scharfes, klares Bild und einen breiten Anzeigewinkel. Diese Bildschirme wurden durch aktive Matrix-LCD-Bildschirme ersetzt. → *siehe auch Flachdisplay, Flüssigkristall-Display.* → *Vgl. aktive Matrix.*

Elektrolyse *Subst.* (electrolysis)
Die Zersetzung einer chemischen Verbindung in Bestandteile durch elektrischen Strom.

Elektromagnet *Subst.* (electromagnet)
Ein Gerät, das mit Hilfe von elektrischem Strom ein magnetisches Feld erzeugt. Ein typischer Elektromagnet besteht aus einer Drahtspule mit einem Eisen- oder Stahlkern. Das magnetische Feld entsteht, sobald der Strom durch die Spule fließt. Elektromagneten werden in Diskettenlaufwerken für die Aufzeichnung von Daten auf die Oberfläche der Diskette verwendet.

elektromagnetisches Spektrum *Subst.* (electromagnetic spectrum)
Der Frequenzbereich elektromagnetischer Strahlung, der theoretisch weder nach oben noch nach unten begrenzt ist.

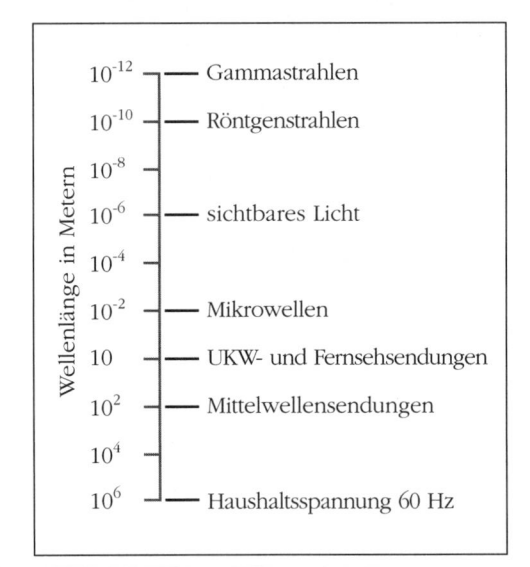

Wellenlänge in Metern	
10^{-12}	Gammastrahlen
10^{-10}	Röntgenstrahlen
10^{-8}	
10^{-6}	sichtbares Licht
10^{-4}	
10^{-2}	Mikrowellen
10	UKW- und Fernsehsendungen
10^{2}	Mittelwellensendungen
10^{4}	
10^{6}	Haushaltsspannung 60 Hz

Elektromagnetisches Spektrum

elektromagnetische Strahlung *Subst.* (electromagnetic radiation)
Die Ausbreitung eines magnetischen Feldes im Raum. Alle Arten elektromagnetischer Strahlung – zu denen Radiowellen, Licht- und Röntgenstrahlen gehören – breiten sich mit Lichtgeschwindigkeit aus.

elektromotorische Kraft *Subst.* (electromotive force)
Häufig als EMF (zu deutsch als EMK) abgekürzt. Auch als Spannung oder Potential bezeichnete Kraft, die die Bewegung der Ladungsträger (der Elektronen) in einem Leiter bewirkt. → *siehe auch Ampere, Coulomb.* → *auch genannt Potential, Spannung.*

Elektronenkanone *Subst.* (electron gun)
Ein Gerät, das einen Elektronenstrahl produziert – üblicherweise in Fernseh- oder Computermonitoren. → *siehe auch CRT.*

Elektronenröhre *Subst.* (electron tube)
Ein Gerät zum Schalten und Verstärken von elektronischen Signalen. Die Elektronenröhre besteht aus einem hochevakuierten Glaskolben mit elektronischen Elementen, z.B. Metallplatten und Gittern. In den meisten Anwendungen sind sie bereits durch Transistoren ersetzt worden. Elektronenröhren werden jedoch weiterhin bei Kathodenstrahlröhren (CRTs) und einigen Hochfrequenzverstärkerröhren sowie bei Niederfrequenzverstärkern eingesetzt. → *siehe auch CRT.* → *auch genannt Vakuumröhre, Vakuumröhre.*

Elektronenstrahl *Subst.* (electron beam)
Ein Strom von Elektronen mit gleicher Bewegungsrichtung. Durch geeignete Ablenkung des Elektronenstrahls in einer Kathodenstrahlröhre (CRT) wird auf der phosphorbeschichteten Innenseite der Röhre ein Bild erzeugt. → *siehe auch CRT.*

Elektronik *Subst.* (electronics)
Zweig der Physik, der sich mit Elektronen, elektronischen Bauelementen und Schaltungen befaßt.

Elektronische Briefbombe *Subst.* (letterbomb)
Eine E-Mail-Nachricht, die darauf ausgerichtet ist, die Funktionalität des Empfängercomputers zu beeinträchtigen. Beispielsweise können einige Sequenzen von Steuerzeichen ein Terminal blockieren, angehängte Dateien können Viren oder trojanische Pferde enthalten. Außerdem sind umfangreiche Nachrichten in der Lage, eine Mailbox zum Stillstand und ein System zum Absturz zu bringen. → *siehe auch E-Mail, Mailbox, Steuerzeichen, Trojanisches Pferd, Virus.*

elektronische Datenverarbeitung *Subst.* (electronic data processing)
→ *siehe Datenverarbeitung.*

elektronische Fotografie *Subst.* (electronic photography)
→ *siehe digitale Fotografie.*

elektronische Musik *Subst.* (electronic music)
Die mit Hilfe von Computern und elektronischen Geräten erzeugte Musik. → *siehe auch MIDI, Synthesizer.*

elektronische Post *Subst.* (electronic mail)
→ *siehe E-Mail.*

Elektronische-Post-Dienste *Subst.* (electronic mail services)
Dienste, mit denen Benutzer, Administratoren oder Dämonen E-Mail senden, empfangen bzw. verarbeiten können. → *siehe auch Dämon.*

elektronischer Datenaustausch *Subst.* (electronic data interchange)
→ *siehe EDI.*

elektronischer Softwarevertrieb *Subst.* (electronic software distribution)
Ein Verfahren für den Direktvertrieb von Software über das Internet. Der elektronische Softwarevertrieb funktioniert nach einem ähnlichen Prinzip wie der Versandhaushandel.

elektronischer Text *Subst.* (electronic text)
→ *siehe E-Text.*

elektronisches Anschlagbrett *Subst.* (electronic bulletin board)
→ *siehe BBS.*

elektronisches Büro *Subst.* (electronic office)
Ein für die späten siebziger und frühen achtziger Jahre charakteristischer Begriff für die Vision von papierlosen Arbeitsumgebungen, die auf dem Einsatz von Computern und Kommunikationseinrichtungen basieren.

elektronische Schaltung *Subst.* (electronic circuit)
→ *siehe Leitung.*

elektronisches Einkaufen *Subst.* (electronic commerce)
Handelsaktivitäten, die über miteinander verbundene Computer erfolgen. Diese Geschäftsvorfälle können zwischen Benutzer und Anbieter über einen Online-Dienst, über das Internet oder über Mailbox erfolgen. Außerdem können die Geschäfte über den elektronischen Datenaustausch (EDI) über die Computer des Anbieters und des Kunden erfolgen. → *siehe auch elektronischer Datenaustausch.* → *auch genannt E-Commerce.*

E

elektronisches Einkaufen mit Kreditkarte *Subst.* (electronic credit)
Elektronischer Handel über das Internet, der mit Kreditkarten durchgeführt wird. → *siehe auch elektronisches Einkaufen.* → *auch genannt E-Credit.*

elektronisches Formular *Subst.* (electronic form)
→ *siehe E-Form.*

elektronisches Geld *Subst.* (electronic cash, electronic money)
Siehe E-Money

elektronisches Publizieren *Subst.* (electronic publishing)
Ein Begriff, der allgemein für die Verteilung von Informationen über elektronische Medien verwendet wird, z.B. über Kommunikations-Netzwerke oder CD-ROM.

elektronisches Tabellenblatt *Subst.* (electronic spreadsheet)
→ *siehe Tabellenkalkulationsprogramm.*

elektronische Zeitschrift *Subst.* (electronic journal)
→ *siehe Journal.*

Elektroplattierung *Subst.* (electroplating)
Eine Technologie zur Beschichtung eines Materials mit einem anderen unter Verwendung der Elektrolyse. → *siehe auch Elektrolyse.*

elektrostatisch *Adj.* (electrostatic)
Beschreibt die Eigenschaften elektrischer Ladungen, die sich nicht in einem leitenden Material bewegen. Durch elektrostatische Ladungen haften Tonerpartikel auf einer Lichtleitertrommel in Kopierern und Laserdrucken. In Flachbett-Plottern verwendet man ebenfalls elektrostatische Ladungen, um das Plot-Medium zu fixieren.

elektrostatische Entladung *Subst.* (electrostatic discharge)
Die Entladung statischer Elektrizität von einer äußeren Quelle, z.B. durch Berührung mit den Händen, führt häufig zur Zerstörung des Schaltkreises.

elektrostatischer Drucker *Subst.* (electrostatic printer)
→ *siehe elektrostatischer Plotter.*

elektrostatischer Plotter *Subst.* (electrostatic plotter)
Ein Plotter, der ein Bild in Form eines Punktmusters auf speziell beschichtetem Papier erzeugt. Das Papier wird elektrostatisch geladen und anschließend dem Toner ausgesetzt, der an den geladenen Punkten haftet. Gegenüber Stift-Plottern arbeiten elektrostatische Plotter bis zu 50mal schneller, sind aber auch wesentlich teurer. Farbige elektrostatische Plotter produzieren Bilder über mehrere Schritte mit Zyan, Magenta, Gelb und Schwarz. → *siehe auch Plotter.* → *Vgl. elektrofotografische Drucker, Pen-Plotter.*

Element *Subst.* (element, member)
Allgemein jede Entität, die als selbständige Einheit innerhalb eines breiteren Zusammenhangs definiert werden kann. Ein Datenelement ist z.B. eine Einheit von Daten mit den Merkmalen oder Eigenschaften einer größeren Menge. Ein Bildelement (Pixel) stellt einen einzelnen Punkt auf dem Computerbildschirm oder in einer Computergrafik dar. Als Druckerelement bezeichnet man den Teil eines Typenraddruckers, der die Prägezeichen enthält.
→ *siehe auch Datenelement, grafische Primitive, Pixel, Typenkorb, Typenrad.*
In Verbindung mit deklarativen Auszeichnungssprachen (z.B. HTML und SGML) die Kombination von Marken (»Tags«), der Inhalt zwischen den Tags und die Attribute der Tags. Elemente können ineinander verschachtelt sein. → *siehe auch Attribut, Auszeichnungssprache, HTML, SGML.*
In der objektorientierten Programmierung handelt es sich bei einem Element um eine Variable oder Routine, die Bestandteil einer Klasse ist. → *siehe auch C++, Klasse.*
→ *siehe auch setzen.*

Elite *Subst.* (elite)
Eine Schrift mit fester Breite, die mit 12 Zeichen pro Zoll gedruckt wird.
Außerdem eine Schrift mit fester Breite, die in verschiedenen Schriftgraden verfügbar ist. → *siehe auch dicktengleiche Schrift.*

ELIZA *Subst.*
Ein Computerprogramm, das einen menschlichen Psychologen nachahmt. Es führt eine simulierte »Konversation«, indem es auf Fragen reagiert und einfache Gegenfragen auf der Basis von Schlüsselwörtern formuliert, die aus früheren Eingaben gesammelt wurden. Der Autor, Dr. Joseph Weizenbaum, schrieb ELIZA mehr aus Spaß und war entsetzt, wie ernst dieser »Gesprächspartner« genommen wurde.

elm *Subst.*
Abkürzung für Electronic Mail. Ein Programm zum Lesen und Erstellen von E-Mail auf UNIX-Systemen. Das Programm *Elm* verfügt über einen vollbildorientierten Editor, der benutzerfreundlicher als das ursprüngliche E-Mail-Programm *mail* ist. Elm ist mittlerweile jedoch von *Pine* verdrängt worden. → *siehe auch E-Mail.* → *Vgl. Eudora, pine.*

E-Mail *Subst.* (e-mail, e-mail)
Im weiteren Sinn jede elektronische Textnachricht.
Im engeren Sinn der Austausch von Textnachrichten und Computerdateien über ein Kommunikations-Netzwerk, z.B. ein lokales Netzwerk oder das Internet. Die Übertragung erfolgt in der Regel zwischen Computern oder Terminals.
Auch das Senden (also der Vorgang) einer elektronischen Nachricht wird mit »e-mail« bezeichnet.

E-Mail-Adresse *Subst.* (e-mail address)
Eine Zeichenfolge, die einen Benutzer bezeichnet, so daß dieser E-Mail über das Internet empfangen kann. E-Mail-Adressen bestehen in der Regel aus einem Namen, den der E-Mail-Server identifiziert, gefolgt von einem at-Zeichen (@), dem Host-Namen und dem Domänen-Namen des E-Mail-Servers. Wenn z.B. Anne Tränkner ein Account auf dem Rechner *Foo* bei der Bar GmbH unterhält, könnte ihre E-Mail-Adresse *atr@foo.bar.de* lauten.

E-Mail-Bombe *Subst.* (mailbomb)
Ein ausgesprochen großer Umfang an E-Mail-Daten (z.B. sehr viele Nachrichten oder eine sehr umfangreiche Nachricht), der an die E-Mail-Adresse eines Benutzers gesendet wird, damit dessen E-Mail-Programm abstürzt bzw. keine weiteren Nachrichten mehr empfangen kann. → *siehe auch E-Mail.* → *Vgl. Elektronische Briefbombe.*

E-Mail-Filter *Subst.* (e-mail filter)
Eine E-Mail-Funktion. Bei einem E-Mail-Filter handelt es sich um eine Software, die E-Mail-Eingänge automatisch sortiert und in verschiedene Ordner oder Mailboxen entsprechend den Informationen ablegt, die in der Nachricht enthalten sind. So können z.B. alle eingehenden E-Mails des Absenders *TechCOM* in dem gleichnamigen Ordner *TechCOM* abgelegt werden. E-Mail-Filter können auch eingesetzt werden, um E-Mails von bestimmten Absendern abzulehnen.

EMF *Subst.*
→ *siehe elektromotorische Kraft.*

Emitter *Subst.* (emitter)
Die Zone eines Transistors, die als Quelle der Ladungsträger dient. → *Vgl. Basis, Kollektor.*

emitter-gekoppelte Logik *Subst.* (emitter-coupled logic)
Eine Schaltungstechnologie integrierter Schaltkreise, bei der die Emitter der zwei Transistoren mit einem Widerstand gekoppelt sind, so daß nur jeweils einer der Transistoren schaltet. Dem Vorteil hoher Schaltgeschwindigkeit stehen als Nachteile die relativ große Anzahl der erforderlichen Bauelemente und die Störanfälligkeit gegenüber.

EMM *Subst.*
→ *siehe Expanded Memory Manager.*

E-Money *Subst.* (e-money)
Abkürzung für electronic **money**. Eine allgemeine Bezeichnung für den Austausch von Geld im Internet. → *auch genannt Cybercash, Digicash, Digital Cash, E-Cash.*

Emotag *Subst.* (emotag)
Ein Buchstabe, ein Wort oder ein Satz, der in einer E-Mail-Nachricht oder in einem Newsgroups-Artikel in spitze Klammern gesetzt wird und – wie ein Emoticon – die Meinung des Autors wiedergibt. Emotags haben wie HTML-Tags oft öffnende und schließende Tags, die Sätze einschließen. Beispiel: <witz> Das sollte doch nicht etwa ein Witz sein? </witz>. Einige Emotags bestehen aus einem einzelnen Tag, z.B. <kicher>. → *siehe auch HTML, Smiley.*

Emoticon *Subst.* (emoticon)
→ *siehe Smiley.* → *Vgl. Emotag.*

empfangen *Vb.* (receive)
Daten aus einem externen Kommunikationssystem, z. B. einem lokalen Netzwerk (LAN) oder dem Telefonnetz, übernehmen und als Datei ablegen.

Empfangsabruf *Subst.* (fax on demand)
Ein automatisiertes System, das Informationen über das Telefon zur Verfügung stellt. Wenn ein Abruf erfolgt, überträgt das System die Informationen als Fax an die Telefonnummer, die in der Abfrage enthalten ist.

Empfangsbestätigung *Subst.* (read notification, receipt notification)
Eine E-Mail-Zusatzfunktion, die eine Rückmeldung an den Absender bewirkt, wenn eine Nachricht vom Empfänger gelesen wurde.

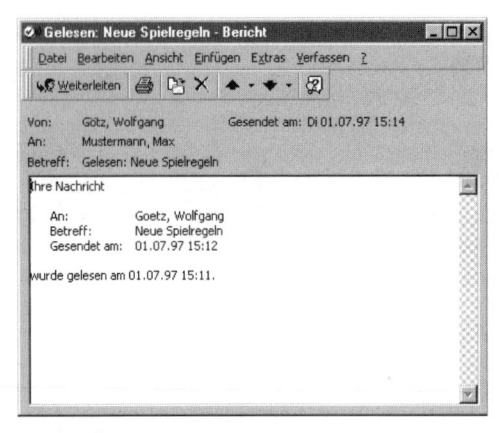

Empfangsbestätigung

EMS *Subst.*
Abkürzung für Expanded Memory Specification. Eine Technik zum Hinzufügen von Speicher zu PCs, bei der die Obergrenze von 1 MB für den Realmodus des Mikroprozessors Intel 80×86 überschritten wird. Bei früheren Versionen hat EMS diese Grenze mit 16-KB-Banken für RAM umgangen, auf den die Software zugreifen konnte. In späteren Versionen der Intel-Mikroprozessoren, einschließlich der Modelle 80386 und 80486, wird EMS aus dem Erweiterungsspeicher von Speicherverwaltungsprogrammen, z.B. EMM386 in MS-DOS 5, umgewandelt. Derzeit wird EMS hauptsächlich für ältere MS-DOS-Anwendungen verwendet, weil Windows und andere Anwendungen, die im Protected Mode bei Mikroprozessoren ab der Generation 80386 ausgeführt werden, keine Obergrenze von 1 MB mehr haben. → *siehe auch Expansionsspeicher, Protected Mode.* → *auch genannt LIM EMS.* → *Vgl. Erweiterungsspeicher, konventioneller Arbeitsspeicher.*

Emulation *Subst.* (emulation)
Unter Emulation versteht man das Imitieren der Funktion eines anderen Computers, Gerätes oder Programms.

Emulator *Subst.* (emulator)
Hardware oder Software, die so konzipiert ist, daß ein anderes Modell oder eine andere Komponente imitiert wird. Durch einen Emulator ist ein Computer in der Lage, Software auszuführen, die für ein anderes System geschrieben wurde. In einem Netzwerk können Mikrocomputer beispielsweise Großrechner oder Terminals so emulieren, daß zwei Maschinen miteinander kommunizieren können.

emulieren *Vb.* (emulate)
Hardware oder Software, die das Verhalten einer anderen Hardware oder Software nachbildet. In einem Netzwerk emulieren Mikrocomputer häufig Großrechner oder Terminals, damit eine Kommunikation von zwei Rechnern gewährleistet wird.

Emulsions-Laserspeichertechnik *Subst.* (emulsion laser storage)
Ein Verfahren für die Aufzeichnung von Daten in einer Filmschicht durch selektives Erhitzen mit Hilfe eines Laserstrahls.

Encapsulated PostScript *Subst.*
→ *siehe EPS.*

Endanwender *Subst.* (end user)
Der Anwender eines Computers oder einer Anwendung.

end-around carry *Subst.*
Ein besonderer Typus einer End-Around-Shift-Operation bei einem binären Wert, der das Carry-Bit wie ein Extra-Bit behandelt. Dies bedeutet, daß das Carry-Bit von einem Ende des Werts zum anderen verschoben wird. → *siehe auch end-around shift, schieben, Übertrag.*

end-around shift *Subst.*
Eine Operation, die bei einem Binärwert ausgeführt wird, in dem ein Bit von einem Ende an das andere Ende verschoben wird. Ein Right-End Shift des Werts 00101001 ergibt 10010100. → *siehe auch schieben.*

Endbenutzer-Lizenzvertrag *Subst.* (End-User License Agreement)
Eine gesetzliche Vereinbarung zwischen dem Hersteller und dem Käufer einer Software. Darin sind die Einschränkungen bezüglich Vertrieb und Weiterverkauf geregelt.

Endemarkierung *Subst.* (end mark)
Ein Symbol, mit dem das Ende einer Einheit bezeichnet wird, z.B. einer Datei oder eines Dokuments in einer Textverarbeitung.

Ende-Taste *Subst.* (End key)
Eine Taste zur Cursorsteuerung, mit der man den Cursor direkt an eine bestimmte Position setzen kann. Je nach Programm kann sich das »Ende« z.B. auf das Ende einer Zeile, eines Bildschirmbereichs oder einer Datei beziehen.

Endlospapier *Subst.* (continuous-form paper)
Papier, bei dem die einzelnen Blätter in einer Bahn zusammenhängen und das in Z-Form gefaltet ist. Die Einzelblätter sind durch eine Perforation getrennt, so daß sich diese nach dem Bedrucken leicht ablösen lassen. An beiden Seiten befindet sich ein gelochter Streifen, der zum Transport durch den Traktorvorschub des Druckers dient. Auch dieser Lochstreifen ist perforiert, so daß er entsprechend abgetrennt werden kann. Endlospapier wird vor allem bei Anschlagdruckern und Tintenstrahldruckern eingesetzt. → *siehe auch Stachelradvorschub, Stachelwalze, Traktorvorschub.*

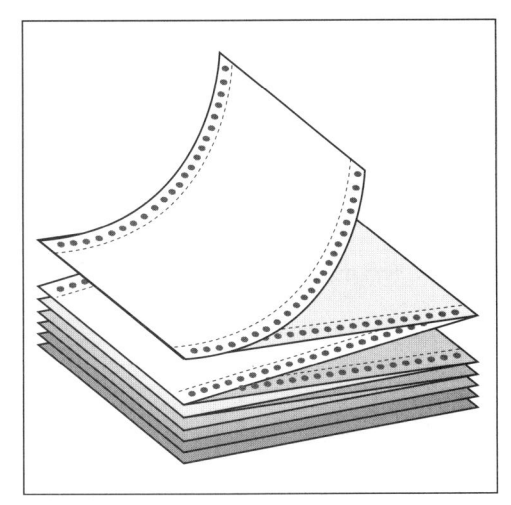

Endlosschleife *Subst.* (endless loop, infinite loop)
Eine Schleife, die infolge von semantischen oder logischen Fehlern nicht auf normalem Weg terminieren kann.
Auch die Bezeichnung für eine Schleife, bei der absichtlich keine explizite Endbedingung angegeben ist, die jedoch als Ergebnis eines Seiteneffekts oder direkten Eingriffs beendet wird. → *siehe auch Schleife durchlaufen, Seiteneffekt.*

Endmarke *Subst.* (trailer)
Bei der Datenübertragung eine an das Ende eines Blocks angefügte Informationseinheit, die in der Regel aus mehreren Bytes besteht und oft eine Prüfsumme oder andere Daten zur Fehlerprüfung enthält. Die Endmarke kann zur Verifizierung der Fehlerfreiheit und des Übertragungsstatus dienen. → *siehe auch Prüfsumme.* → *Vgl. Kopf.*

Endmarken-Label *Subst.* (trailer label)
Ein kleiner Informationsblock, der auf Magnetbändern das Ende einer Datei oder das Ende des Bandes kennzeichnet und daneben noch Informationen wie beispielsweise die Anzahl der Datensätze für die auf dem Band gespeicherten Dateien enthalten kann.
Bei Datenübertragungen im Paketmodus eine Kennung, die auf einen Datenrahmen (Paket) folgt und eine Markierung für das Ende einer Nachricht, eine Prüfsumme sowie bestimmte Synchronisierungsbits enthalten kann.

Endpunkt *Subst.* (endpoint)
Der Beginn oder das Ende eines Zeilenabschnitts.

Energy Star *Subst.*
Ein Symbol, mit dem Systeme und Komponenten gekennzeichnet werden, die einen geringen Energieverbrauch haben. Energy Star ist die Bezeichnung eines Programms der Environmental Protec-

Endlospapier

tion Agency, das PC-Hersteller ermutigt, energiesparende Systeme zu bauen. Zu den Anforderungen gehört u. a., daß Systeme oder Bildschirme bei längerer Inaktivität in den »Energiespar-Modus« umschalten, der einen Verbrauch von maximal 30 Watt erfordert. Die Systeme und Bildschirme, die mit diesen Richtlinien im Einklang sind, werden durch das Symbol für den Energy Star gekennzeichnet.

Engine *Subst.* (engine)
Ein Prozessor oder ein Teil eines Programms, der für die Verwaltung und die Manipulierung der Daten maßgebend ist. Auf den Begriff *Engine* trifft man vor allem in Verbindung mit einem bestimmten Programm. Eine Datenbank-Engine enthält z. B. die Tools für die Manipulierung einer Datenbank. → *Vgl. Back-end-Prozessor, Front-End-Prozessor.*

Enhanced Expanded Memory Specification *Subst.*
→ *siehe EEMS.*

Enhanced Graphics Adapter *Subst.*
→ *siehe EGA.*

Enhanced Graphics Display *Subst.*
Eine Videoanzeige bei PCs, die farbige oder Schwarzweiß-Grafiken mit Auflösungen im Bereich von 320×200 bis 640×400 Pixel darstellen kann. Die Qualität der Auflösung und der Farbtiefe hängt von den vertikalen und horizontalen Abtastfrequenzen der Anzeige, den Fähigkeiten der Video-Display-Steuerkarte und dem verfügbaren Video-RAM ab.

Enhanced IDE *Subst.*
Abkürzung für **Enhanced I**ntegrated **D**rive **E**lectronics. Eine Erweiterung des IDE-Standards. Bei Enhanced IDE handelt es sich um den Standard für eine Hardware-Schnittstelle. Diese Schnittstelle ist für Laufwerke bestimmt, die in ihrem *Innenleben* Laufwerks-Controller enthalten. Dadurch können Schnittstellen für den Systembus standardisiert werden, wobei erweiterte Funktionen (z. B. Burst-Datenübertragung und direkter Datenzugriff) gewährleistet sind. Enhanced IDE unterstützt Laufwerke bis zu einer Speicherkapazität von 8,4 GB (IDE unterstützt lediglich maximal 528 MB). Außerdem unterstützt dieser Standard die ATA-2-Schnittstelle, die Übertragungsraten mit bis zu 13,3 MB pro Sekunde gewährleistet (IDE läßt maximal 3,3 MB pro Sekunde zu), sowie die ATAPI-Schnittstelle, die Laufwerke für CD-ROMs, optische Discs sowie Bänder und mehrere Kanäle miteinander verbindet. Die meisten PCs haben Enhanced IDE-Laufwerke, die preisgünstiger als SCSI-Laufwerke sind und nahezu die gleiche Funktionalität bieten. → *siehe auch IDE, SCSI.*

Enhanced Small Device Interface *Subst.*
→ *siehe ESDI.*

ENIAC *Subst.*
Ein mehrere Tonnen schwerer Computer, der 17468 Vakuumröhren und 6000 manuelle Schalter enthält. Dieser Computer wurde zwischen 1942 und 1946 für das Militär der USA von J. Presper Eckert und John Mauchly der Universität Pennsylvania (USA) entwickelt. Bei ENIAC handelt es sich um den ersten rein elektronischen Computer. Dieser Rechner war bis 1955 im Einsatz.

E-Notation *Subst.* (E notation)
→ *siehe Gleitkomma-Notation.*

ENQ *Subst.*
→ *siehe Anfragezeichen.*

entblocken *Vb.* (deblock)
Einen oder mehrere logische Datensätze (gespeicherte Informationseinheiten) aus einem Block entfernen. Anwendungen oder Datenbanksysteme müssen häufig Informationen entblocken, um spezielle Einheiten für eine weitere Verarbeitung zugänglich zu machen. → *Vgl. Block.*

entbündeln *Vb.* (unbundle)
Die Elemente eines Paketverkaufs trennen, z. B. die Komponenten eines Softwarepakets einzeln verkaufen und nicht als Bündel. → *Vgl. bündeln.*

entfalten *Adj.* (unfold)
→ *siehe inline.*

entfernen *Vb.* (unload)
Programme aus dem Hauptspeicher löschen.
→ *siehe auch Speicher.*

Entf-Taste *Subst.* (Clear key, Del key)
→ siehe *Löschtaste*.
Eine Taste, die sich im Ziffernblock einiger Tastaturen oben links befindet. Die Taste löscht in vielen Anwendungen die derzeitige Menüauswahl oder Markierung.

Entität *Subst.* (entity)
Beim computergestützten Zeichnen und im objektorientierten Design ein Element, das als Einheit und häufig als Element einer bestimmten Kategorie oder eines Typs behandelt werden kann. → *siehe auch CAD, objektorientiertes Design*.

entleeren *Vb.* (flush)
Das Löschen des Bestandteils eines Speichers. Wenn z.B. ein Dateipuffer entleert wird, wird der Inhalt auf einen Datenträger gespeichert und der Puffer anschließend gelöscht.

Entmagnetisierer *Subst.* (degausser)
Ein Gerät, mit dem sich die Magnetisierung von Objekten entfernen läßt. Es wird sowohl für die Entmagnetisierung eines Videomonitors und der Köpfe eines Magnetbandgerätes als auch zur Löschung der Informationen auf magnetischen Speichermedien wie Magnetbänder und Disketten verwendet.

entpacken *Vb.* (unpack)
Das Wiederherstellen des ursprünglichen Formats komprimierter Daten. → *Vgl. packen*.

Entscheidungsbaum *Subst.* (decision tree)
Ein Entscheidungsbaum ist wie eine Entscheidungstabelle ein Analyseinstrument, in dem mögliche Ergebnisse einer Bedingung verzweigt dargestellt werden. Diese Verzweigungen können wiederum andere Verzweigungen generieren. → *siehe auch Baum, Verzweigung*.

Entscheidungshilfe-System *Subst.* (decision support system)
Ein Satz von Programmen und zugehörigen Daten, die zur Unterstützung bei der Analyse und der Entscheidungsfindung vorgesehen sind. Ein Entscheidungshilfe-System bietet mehr Hilfe bei der Formulierung von Entscheidungen als ein Management-Informationssystem (MIS) oder ein Executive Information System (EIS). Ein Entscheidungshilfe-System umfaßt eine Datenbank, eine Wissensbasis über das Themengebiet, eine »Sprache« für die Aufstellung des Problems und die Formulierung von Fragen sowie ein Modellierungsprogramm zum Testen alternativer Entscheidungen. → *Vgl. executive information system, Management-Informationssystem*.

Entscheidungs-Symbol *Subst.* (decision box)
Ein rautenförmiges Flußdiagramm-Symbol, das eine Entscheidung angibt, die eine Verzweigung im entsprechenden Prozeß hervorruft.

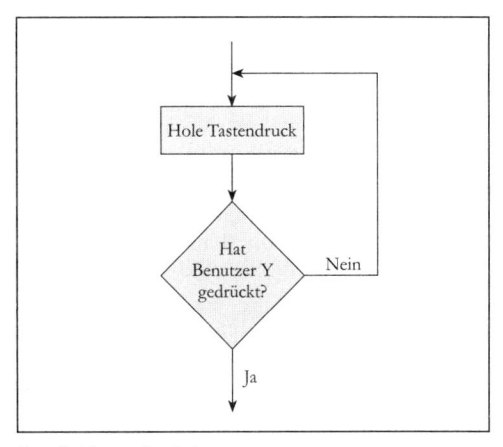

Entscheidungs-Symbol

Entscheidungstabelle *Subst.* (decision table)
Eine tabellarische Auflistung möglicher Bedingungen (Eingaben) und des gewünschten Ergebnisses (Ausgabe), das jeder Bedingung entspricht. Eine Entscheidungstabelle kann zur Vorbereitung der Analyse des Programmflusses verwendet oder direkt in das Programm eingefügt werden.

Entschlüsselung *Subst.* (decryption)
Die ursprüngliche Form verschlüsselter Daten wiederherstellen. → *Vgl. Verschlüsselung*.

entspiegeln *Adj.* (anti-glare)
Vorgang, bei dem Reflexionen von externen Lichtquellen auf dem Bildschirm verringert werden. Der Bildschirm wird zu diesem Zweck mit bestimmten chemischen Substanzen behandelt (was aber die Helligkeit des dargestellten Bildes verringern kann), mit einem Polarisationsfilter versehen oder – als einfachste Lösung – so gedreht, daß die störende Lichtquelle den Bildschirm nicht mehr oder zumindest mit geringerer Intensität trifft.

Entspiegelungsfolie *Subst.* (glare filter)
Eine transparente Maske auf dem Schirm eines Videomonitors, die Lichteffekte auf der Glasoberfläche der Bildröhre reduziert oder eliminiert.

Entwicklung, computerunterstützte *Subst.* (computer-aided engineering)
→ *siehe CAE.*

Entwicklungsumgebung, integrierte *Subst.* (integrated development environment)
→ *siehe integrierte Entwicklungsumgebung.*

Entwicklungszyklus *Subst.* (development cycle)
Die Anwendungsentwicklung von der Definition der Anforderungen bis hin zum fertigen Produkt, einschließlich der folgenden Abstufungen: Analyse, Design und Prototyping, Codieren und Testen von Software und Implementierung.

Entwurfsmodus *Subst.* (draft mode)
Ein Druckmodus, über den die meisten Matrixdrucker verfügen und der sich durch hohe Geschwindigkeit bei relativ niedriger Qualität auszeichnet. → *siehe auch Druckqualität, Entwurfsqualität, Matrixdrucker.*

Entwurfsqualität *Subst.* (draft quality)
Eine niedrige Druckqualität, die durch den Entwurfsmodus auf Matrixdruckern produziert wird. Die Entwurfsqualität variiert mit dem Druckertyp: sie kann entweder für die meisten Aufgaben eingesetzt werden oder nahezu unbrauchbar sein. → *siehe auch Druckqualität, Entwurfsmodus.*

Entzerrung *Subst.* (equalization)
Eine Form der Signalaufbereitung zur Kompensation von Signalverzerrungen und Verzögerungen auf einem Kommunikationskanal. Durch Entzerrung versucht man, die Amplitude und die Phaseneigenschaften zu erhalten, so daß ein Signal möglichst unverfälscht zum Empfangsgerät (Empfänger) gelangt.

EOF *Subst.*
→ *siehe Dateiende-Zeichen.*

EOL *Subst.*
Abkürzung für End OF Line. Ein Steuerzeichen (nichtdruckbares Zeichen), das das Ende einer Datenzeile in einer Datendatei signalisiert.

EOT *Subst.*
→ *siehe Übertragungsende-Zeichen.*

Epitaxial-Schicht *Subst.* (epitaxial layer)
Eine Schicht auf einem Halbleiter, die die gleiche Kristallorientierung wie die darunterliegende Schicht aufweist.

EPP *Subst.*
→ *siehe erweiterter Parallelport.*

EPP IEEE standard *Subst.*
Ein IEEE-Standard zum Enhanced Parallel Port-(EPP-)Protokoll. Dieses Protokoll wurde ursprünglich von Intel, Xircom und Zenith Data Systems für die Festlegung einer hochleistungsfähigen Verbindung der parallelen Ports entwickelt, der mit dem Standard-Parallelport kompatibel ist. Diese Protokollfähigkeit wurde von Intel in den 386SL-Chips (82360 I/O-Chip) implementiert, bevor das amerikanische Institut IEEE 1284 und die damit verbundene Normenfestlegung begründet wurde. Das EPP-Protokoll enthielt zahlreiche Vorteile für die Hersteller von Parallelport-Peripheriegeräten und wurde kurze Zeit später als optionale Datenübertragungsmethode angesehen. Dieses Protokoll wurde von einem Verband aus etwa 80 Herstellern entwickelt und gefördert. Aus diesem Verband bildete sich das EPP-Komitee, das einen immensen Beitrag dafür leistete, daß dieses Protokoll in die IEEE 1284-Norm aufgenommen wurde. → *siehe auch IEEE, Parallelport, Protokoll.*

EPROM *Subst.*
Abkürzung für Erasable Programmable Read-Only Memory, zu deutsch »löschbarer programmierbarer Nur-Lese-Speicher«, auch als Reprogrammable Read-Only-Memory (RPROM, »wiederholt programmierbarer Festwertspeicher«) bezeichnet. EPROMs sind nichtflüchtige Speicherchips, deren Programmierung erst nach dem Herstellungsprozeß beim Anwender erfolgt. EPROMs können erneut programmiert werden. Dazu braucht man lediglich den Schutzaufkleber auf dem Chip-Gehäuse entfernen und dem Halbleitermaterial ultraviolettem Licht aussetzen. Trotz des höheren Anschaffungspreises (im Vergleich mit PROM-Chips) können sie kostengünstiger sein, vor allem wenn mehrere Änderungen am Inhalt erforderlich sind. → *siehe auch EEPROM, PROM, ROM.* → *auch genannt reprogrammierbares PROM.*

.eps
Eine Dateinamenerweiterung, die EPS-Dateien (Encapsulated PostScript) kennzeichnet. → *siehe auch Encapsulated PostScript.*

EPS *Subst.*
Abkürzung für Encapsulated PostScript. Ein PostScript-Dateiformat, das als unabhängige Einheit verwendet werden kann. EPS-Bilder sind daher in die PostScript-Ausgabe einer Anwendung einzubinden, z. B. eines Desktop Publishing Programms. Viele Pakete mit qualitativ hochwertigen Clip-Arts bestehen aus EPS-Bildern. → *siehe auch PostScript.*

EPSF *Subst.*
Abkürzung für Encapsulated PostScript File. → *siehe EPS.*

.er
Im Internet ein Kürzel für die übergreifende Länder-Domäne, die eine Adresse in Eritrea angibt.

Erasable Programmable Read-Only Memory *Subst.* (erasable programmable read-only memory) → *siehe EPROM.*

erben *Vb.* (inherit)
In der objektorientierten Programmierung die Übernahme der Merkmale einer Klasse durch eine andere. Die vererbten Merkmale lassen sich erweitern, einschränken oder modifizieren. → *siehe auch Klasse.*

Erde *Subst.* (ground)
Ein Schutzleiter von einem elektrischen Gerät zur Erde oder zu einem entsprechenden leitenden Gegenstand. → *siehe auch Erdung.*

Erdung *Subst.* (grounding)
Die Verbindung elektrischer Leitungen mit einem gemeinsamen Bezugsleiter, der sog. *Erde*, die als Bezugspunkt für alle anderen Spannungen in der Schaltung dient. Der Erdleiter auf installierten Leiterplatten ist im allgemeinen mit dem Chassis oder Metallrahmen verbunden, auf dem elektronische Baugruppen montiert sind. Das Chassis ist wiederum mit einem dritten Kontakt im Netzstecker verbunden, der tatsächlich in die Erde geführt wird. Dies ist notwendig, um elektrische Schläge zu vermeiden.

Ereignis *Subst.* (event)
Aktionen oder Zustandsänderungen, die häufig vom Benutzer ausgelöst werden, auf die ein Programm antworten kann. Typische Ereignisse sind z. B. das Drücken einer Taste, das Klicken auf Schaltflächen sowie Mausbewegungen. → *siehe auch ereignisgesteuerte Programmierung.*

ereignisgesteuert *Adj.* (event-driven)
Software, die auf äußere Ereignisse – z. B. auf einen Tastendruck oder einen Mausklick – reagiert, wird als ereignisgesteuerte Software bezeichnet. Bei ereignisgesteuerten Eingabemasken ist es z. B. nicht erforderlich, die Eingabe in einer festgelegten Reihenfolge vorzunehmen. Es können nämlich die gewünschten Felder z. B. durch einen Mausklick aktiviert werden.

ereignisgesteuerte Programmierung *Subst.* (event-driven programming)
Ein Programmierkonzept, bei dem ein Programm ständig eine Menge von Ereignissen prüft und entsprechend darauf antwortet, z. B. das Drücken einer Taste oder auf Mausbewegungen. Insbesondere der Apple Macintosh ist bekannt dafür, daß die meisten Programme eine ereignisgesteuerte Programmierung erfordern, obwohl grafische Benutzeroberflächen, z. B. Microsoft Windows oder das X Window System, ebenfalls nach dieser Methode arbeiten. → *siehe auch Ereignis.*

ereignisgesteuerte Verarbeitung *Subst.* (event-driven processing)
Ein Leistungsmerkmal moderner Betriebssystem-Architekturen, z. B. in den Betriebssystemen des Apple Macintosh, Microsoft Windows, UNIX und OS/2. Früher mußten Programme jedes Gerät, von dem eine Wechselwirkung mit dem Programm erwartet wurde, abfragen und praktisch auf das Ereignis warten, z. B. bei der Arbeit mit Tastatur, Maus, Drucker, Diskettenlaufwerk oder seriellen Ports. Solange nicht komplizierte Programmiertechniken zum Einsatz kamen, konnte es vorkommen, daß von zwei gleichzeitig auftretenden Ereignissen eines nicht erkannt wurde. Ereignisverarbeitung löst dieses Problem über die Erzeugung und Verwaltung einer Ereigniswarteschlange. Die meisten auftretenden Ereignisse werden an diese Ereigniswarteschlange angehängt, um sie ihrerseits durch das Programm verarbeiten zu lassen.

Allerdings können bestimmte Ereignistypen eine bevorzugte Behandlung erfahren, wenn sie eine höhere Priorität aufweisen. Je nach Betriebssystem unterscheidet man verschiedene Arten von Ereignissen: Drücken einer Maustaste oder einer Taste auf der Tastatur, Einlegen einer Diskette, Klicken auf ein Fenster oder Empfangen von Informationen von einem Gerätetreiber (z.B. für die Verwaltung des Datentransfers von einem seriellen Port oder einer Netzwerk-Verbindung). → *siehe auch Autopolling, Ereignis, Interrupt.*

Ergänzungsdatenbank *Subst.* (addition record)
Eine Datei, die die Beschreibung neuer Datensatzeinträge (wie einen neuen Kunden, Angestellten oder ein Produkt) für eine Datenbank enthält, so daß Neueinträge später überprüft und hinzugefügt werden können.

Ergänzungsdatensatz *Subst.* (addition record)
Auch ein Datensatz in einer Änderungsdatei, der einen neuen Eintrag spezifiziert, wird als »Ergänzungsdatensatz« bezeichnet. → *siehe auch Änderungsdatei.*

Ergonomie *Subst.* (ergonomics)
Die Lehre von der Arbeit des Menschen (in physischer und funktioneller Hinsicht) und seine Beziehungen zur Arbeitsumgebung (benutzte Arbeitsmittel und Maschinen). Ziel der Ergonomie ist die Einbeziehung von Komfort, Wirtschaftlichkeit und Sicherheit in der Entwicklung von Tastaturen, Computerschreibtischen, Stühlen und anderen Gegenständen am Arbeitsplatz.

ergonomische Tastatur *Subst.* (ergonomic keyboard)
Eine Tastatur, die gesundheitliche Schäden der Hände und Handgelenke, wie sie bei längeren Schreibarbeiten oder wiederholten Bewegungen auftreten können, vermindern oder verhindern soll. Eine ergonomische Tastatur kann mit Merkmalen, z.B. alternative Tastenbelegungen und Ruhezonen für die Handflächen, ausgestattet sein. → *siehe auch Dvorak-Tastatur, Kinesis-Tastatur, Tastatur.*

Erkennung *Subst.* (detection)
Die Feststellung eines bestimmten Zustands, der ein Computersystem oder die Daten beeinflußt, mit denen es arbeitet.

Erlaubnis *Subst.* (permission)
In einer Netzwerk- oder Multiuser-Umgebung die Fähigkeit eines bestimmten Benutzers, durch sein Benutzerkonto auf eine bestimmte Ressource zuzugreifen. Für die Vergabe von Erlaubnissen ist der Systemadministrator oder eine andere autorisierte Person verantwortlich. Diese Erlaubnisse werden im System gespeichert (oft in der sog. *Erlaubnisdatei*) und beim Versuch des Benutzers, auf eine Ressource zuzugreifen, überprüft.

Ermüdungsverletzungen *Subst.* (repetitive strain injury)
Eine berufliche Erkrankung der Sehnen, Bänder und Nerven, die durch den kumulativen Effekt anhaltend gleichförmiger Bewegungen verursacht wird. Solche Erkrankungen treten zunehmend auch bei der Büroarbeit auf, wenn lange Zeit an Computerarbeitsplätzen gearbeitet wird, die nicht mit Schutzvorrichtungen (z.B. einer Handgelenkstütze) ausgestattet sind. → *siehe auch Handballenauflage, Sehnenscheidenentzündung.*

Eröffnungsbildschirm *Subst.* (banner page, startup screen)
Ein Bildschirm mit Text oder Grafik, der während des Starts (Aufrufs) eines Programms erscheint.

Eröffnungsbildschirm

Ein Eröffnungsbildschirm enthält meist den Produktnamen, die Versionsnummer, die an der Entwicklung beteiligten Personen sowie das Produkt- oder Firmenlogo.

Erreichbarkeitswahrscheinlichkeit *Subst.* (grade of service)
Die Wahrscheinlichkeit, daß ein Benutzer eines freigegebenen Kommunikationsnetzwerks (z.B. ein öffentliches Telefonsystem) das Signal emp-

fängt, daß alle Kanäle belegt sind. Die Erreichbarkeitswahrscheinlichkeit wird als Maßstab für die Fähigkeit eines Netzwerks angesehen und gilt in der Regel für einen bestimmten Zeitraum (z.B. Stoßzeiten). Bei einer Erreichbarkeitswahrscheinlichkeit von 0,002 kann z.B. ein Anruf während des angegebenen Zeitraums mit einer Wahrscheinlichkeit von 99,8 Prozent vermittelt werden.

ersetzen *Vb.* (replace)
Neue Daten an die Stelle anderer setzen. Diese Funktion ist gewöhnlich mit einer vorangegangenen Suche nach den zu ersetzenden Daten verbunden. Die meisten textorientierten Anwendungen, wie z.B. Textverarbeitungsprogramme oder Editoren, bieten in der Regel Befehle zum Suchen und Ersetzen an. Bei derartigen Operationen sind sowohl die alten als auch die neuen Daten zu spezifizieren. Je nach Anwendung kann man zusätzliche Optionen festlegen – beispielsweise, ob die Groß-/Kleinschreibung zu berücksichtigen ist.
→ *siehe auch suchen, Suchen und Ersetzen.*

erste Computergeneration *Subst.* (first-generation computer)
→ *siehe Computer.*

erste Normalenform *Subst.* (first normal form)
→ *siehe Normalform.*

erweiterbare Sprache *Subst.* (extensible language)
Eine Computersprache, die es dem Benutzer ermöglicht, die Syntax und die Semantik der Sprache zu erweitern oder zu modifizieren. Im engeren Sinne bezieht sich der Begriff aber nur auf einige der bekannten Sprachen – Forth bietet z.B. dem Programmierer die Möglichkeit, die Sprache selbst zu verändern. → *siehe auch Computersprache, Semantik, Syntax.*

erweiterter Parallelport *Subst.* (enhanced parallel port)
Ein Anschluß für Peripheriegeräte, der in der Regel für Drucker, externe Laufwerke oder Bandlaufwerke verwendet wird. Erweiterte Parallelports verwenden schnelle Bausteine für einen schnelleren Datendurchsatz. Die Steuerleitungen für die Daten und die Kommunikation sind parallel verdrahtet. Jede Datenleitung entspricht 1 Datenbit. Die Daten werden synchron über alle Leitungen übertragen. → *siehe auch portieren.*

erweiterter serieller Port *Subst.* (enhanced serial port)
Ein Anschluß für Peripheriegeräte, der in der Regel bei einer Maus und bei externen Modems eingesetzt wird. Erweiterte serielle Ports verwenden UART-Bausteine ab dem Typ 16550 für einen schnelleren Datendurchsatz. Die Daten werden als Sequenz von Bits und Bytes auf einem Leitungspaar entweder synchron (der Datenfluß erfolgt in eine Richtung) oder asynchron (der Datenfluß erfolgt abwechselnd in beide Richtungen) übertragen. → *siehe auch portieren, UART.*

erweitertes ASCII *Subst.* (extended ASCII)
Jeder Satz von Zeichen, der den ASCII-Werten zwischen dezimal 128 und 255 (hexadezimal 80 bis FF) zugeordnet ist. Die Zuordnung spezifischer Zeichen zu den erweiterten ASCII-Codes variieren zwischen Computern und zwischen Programmen, Schriften oder grafischen Zeichensätzen. Erweitertes ASCII erhöht auch die möglichen Funktionen, da sich mit den 128 zusätzlichen Zeichen z.B. Akzentbuchstaben, grafische Zeichen und spezielle Symbole darstellen lassen. → *siehe auch ASCII.*

erweiterte Tastatur *Subst.* (enhanced keyboard)
Eine IBM-Tastatur mit 101/102 Tasten, die die PC- und AT-Tastatur abgelöst hat. Die erweiterte Tastatur verfügt über 12 Funktionstasten in der oberen Reihe (gegenüber den 10 an der linken Seite angeordneten Tasten), zusätzliche Steuerungs- und Alt-Tasten und einen Block mit Tasten für die Cursorsteuerung und Bearbeitungsfunktionen zwischen dem Hauptteil der Tastatur und dem numerischen Tastenblock. Die erweiterte Tastatur von IBM gleicht der erweiterten Apple-Tastatur (Apple Extended Keyboard).

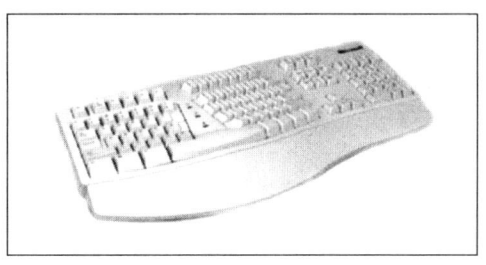

Erweiterte Tastatur: Microsoft Natural Keyboard mit erweiterten Merkmalen

erweiterte Zeichen *Subst.* (extended characters)
Eines von 128 zusätzlichen Zeichen im erweiterten ASCII 8-Bit-Zeichensatz. Diese Zeichen enthalten Sonderzeichen aus verschiedenen Sprachen (z. B. Akzente) sowie Symbole für das Erstellen von Grafiken. → *siehe auch erweitertes ASCII.*

Erweiterung *Subst.* (expansion, extension)
In bezug auf Dateien ein ergänzender Bestandteil des Dateinamens, der dazu dient, die Bedeutung des Dateinamens zu erweitern bzw. näher zu spezifizieren oder die jeweilige Datei als Element einer bestimmten Kategorie zu kennzeichnen. Die Zuweisung einer Erweiterung kann einerseits durch den Benutzer oder andererseits per Programm erfolgen, beispielsweise .com oder .exe für ausführbare Programme, die MS-DOS laden und ausführen kann.
»Erweiterung« bezeichnet ferner eine Methode für die Erhöhung der Fähigkeiten eines Computers. Es wird in diesem Fall Hardware hinzugefügt, die Aufgaben ausführt, die nicht Bestandteil des Grundsystems sind. Die Erweiterung wird in der Regel ausgeführt, indem gedruckte Leiterplatten (Erweiterungskarten) in die vorgesehenen Öffnungen (Erweiterungssteckplätze) des Computers eingesteckt werden. → *siehe auch Erweiterungskarte, Erweiterungssteckplatz, offene Architektur, PC Card, PCMCIA-Steckplatz.*
Eine Erweiterung stellt außerdem einen ergänzenden Code-Satz dar, mit dem zusätzliche Zeichen in einem bestimmten Zeichensatz aufgenommen werden können.
Beim Macintosh ist eine »Erweiterung« ein Programm, das die Funktionalität des Betriebssystems ändert oder erhöht. Es gibt zwei Arten: Systemerweiterungen (z. B. QuickTime) und Chooser-Erweiterungen (z. B. Druckertreiber). Wenn ein Macintosh-Computer eingeschaltet wird, werden die Erweiterungen im Ordner »Erweiterungen«, der sich im Systemordner befindet, in den Speicher geladen. → *siehe auch Auswahlerweiterung, QuickTime, Systemordner.*
In der Programmierung versteht man unter »Erweiterung« Programme oder Programmodule, die zusätzliche Funktionalität bieten oder die Effektivität eines Programms erhöhen.

Erweiterungsbus *Subst.* (expansion bus)
→ *siehe AT-Bus.*

Erweiterungskarte *Subst.* (expansion board)
Eine Leiterplatte, die in den Bus des Computers (den Haupt-Datenübertragungspfad) gesteckt wird, um den Computer mit zusätzlichen Funktionen oder Ressourcen auszustatten. Mit typischen Erweiterungskarten können Speicher, Diskettenlaufwerk-Controller, Video-Unterstützung, parallele und serielle Ports sowie interne Modems hinzugefügt werden. Bei Laptops und anderen portablen Computern sind die Erweiterungskarten in Form von PC Cards ausgeführt. Dabei handelt es sich um Einschübe in der Größe einer Scheckkarte, die sich von der Seite oder von hinten in den Computer einstecken lassen. → *siehe auch Erweiterungssteckplatz, PC Card, PCMCIA-Steckplatz.* → *auch genannt Extenderkarte.*

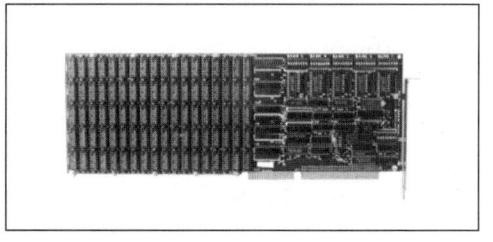

Erweiterungskarte

Erweiterungs-Manager *Subst.* (extension manager)
Ein Dienstprogramm für Macintosh-Computer, das es dem Benutzer ermöglicht, die Erweiterungen festzulegen, die beim Einschalten des Computers geladen werden. → *siehe auch Erweiterung.*

Erweiterungsspeicher *Subst.* (extended memory)
Bezeichnet in Computern auf der Basis des Intel-Mikroprozessors 8086 den Systemspeicher oberhalb von 1 Megabyte (MB). Dieser Speicher ist nur zugänglich, wenn ein 80386 Prozessor (oder höher) im Protected-Mode oder mit einer Emulation auf dem 80286 arbeitet. Um Erweiterungsspeicher zu verwenden, benötigten MS-DOS-Programme die Unterstützung von Software, die den Prozessor zeitweilig in den Protected Mode versetzt, oder den Einsatz von Merkmalen in 80386-Prozessoren (oder höher) zum Abbilden von Teilen des Erweiterungsspeichers in den konventionellen Speicher. Programme, die unter Microsoft Windows oder OS/2 laufen, und andere Betriebssysteme, die auf Intel-Prozessoren ausgeführt werden,

und den Protected Mode des 80386-Prozessors (und höher) verwenden, können auf die gleiche Weise auf den gesamten Systemspeicher zugreifen. → *siehe auch EMS, extended memory specification, Protected Mode.*

Erweiterungssteckplatz *Subst.* (expansion slot)
Für die Aufnahme von Erweiterungskarten und deren Anschluß an den Systembus (Stränge) vorgesehener Steckverbinder. Erweiterungssteckplätze bieten die Möglichkeit, das System mit zusätzlichen oder neuen Merkmalen und Funktionen auszustatten. Bei Laptops und anderen portablen Computern sind die Erweiterungssteckplätze als PCMCIA-Steckplätze für die Aufnahme einer PC Card ausgeführt. → *siehe auch Erweiterungskarte, PC Card, PCMCIA-Steckplatz.*

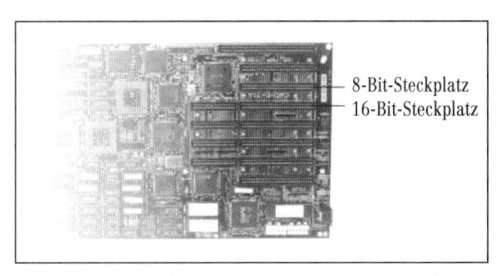

Erweiterungssteckplatz: Erweiterungssteckplätze auf einer Hauptplatine

erzwingen *Vb.* (force)
Bezeichnet in der Programmierung das Ausführen einer bestimmten Aktion, die in der Regel nicht auftritt. Dieser Begriff wird meist in bezug auf die Einhaltung eines bestimmten Wertebereichs bei Daten verwendet. So kann man z.B. *erzwingen*, daß ein Divisor nicht zu Null wird. → *siehe auch Datentypkonvertierung.*

.es
Im Internet ein Kürzel für die übergreifende Länder-Domäne, die eine Adresse in Spanien angibt.

Escape-Code *Subst.* (escape code)
Zeichen oder Folgen von Zeichen, die angeben, daß ein nachfolgendes Zeichen in einen Datenstrom nicht auf gewöhnliche Weise verarbeitet werden kann. In der Programmiersprache C handelt es sich bei dem Escape-Code um den umgekehrten Schrägstrich \, der als *Backslash* bezeichnet wird. Der Backslash hat verschiedene Funktionen, die im folgenden Beispiel verdeutlicht werden: printf ("Der Backslash \"\\\" ist der Escape-Code.\n"). Der letzte Backslash, der das vorletzte Zeichen der Zeichenfolge ist, gibt an, daß das nachfolgende Zeichen n nicht gedruckt wird, sondern daß die Sequenz \n den Zeilenvorschub darstellt *(n* steht für *newline character).* Im Gegensatz dazu markieren die Backslash-Zeichen vor den Anführungszeichen *nicht* das Ende einer Zeichenfolge und den Anfang einer anderen Zeichenfolge, sondern legen fest, daß das Vorhergehende gedruckt werden *soll.* Diesem Prinzip folgend gibt der Backslash vor einem anderen Backslash an, daß der zweite Backslash gedruckt werden soll. Die Ausgabe des obigen Beispiels lautet demzufolge *Der Backslash "\" ist der Escape-Code.*

Escape-Sequenz *Subst.* (escape sequence)
Eine Zeichenfolge, die in der Regel mit dem ESC-Zeichen (ASCII 27, hexadezimal 1B) beginnt und nach der ein oder mehrere zusätzliche Zeichen stehen. Eine Escape-Sequenz tritt aus der normalen Folge von Zeichen (z.B. Text) aus und gibt eine Anweisung oder einen Befehl an ein Gerät oder an ein Programm aus.

Escape-Taste *Subst.* (Escape key)
Eine Taste auf einer Computer-Tastatur, mit der das Escape-Zeichen aufgerufen wird. In vielen Anwendungen bringt die Escape-Taste den Benutzer um eine Ebene in der Menüstruktur zurück oder bewirkt das Verlassen des Programms. → *siehe auch Entf-Taste.*

Escape-Zeichen *Subst.* (escape character)
→ *siehe ESC-Zeichen.*

Esc-Taste *Subst.* (Esc key)
→ *siehe Escape-Taste.*

ESC-Zeichen *Subst.* (ESC character)
Einer der 32-Steuercodes, die im ASCII-Zeichensatz definiert sind. Meist kennzeichnet dieser Code den Beginn einer ESC-Sequenz (eine Zeichenfolge, mit der sich Befehle an ein Gerät, z.B. einen Drucker, erteilen lassen). Die interne Darstellung des ESC-Zeichens erfolgt durch den Zeichencode 27 (hexadezimal 1B). → *auch genannt Escape-Zeichen.*

ESD *Subst.*
→ siehe elektronischer Softwarevertrieb, elektrostatische Entladung.

ESDI *Subst.*
Abkürzung für Enhanced Small Device Interface. Ein Gerät, das die Kommunikation von Platten mit Computern mit hoher Geschwindigkeit ermöglicht. ESDI-Laufwerke arbeiten in der Regel mit einer Übertragungsrate von 10 Megabit pro Sekunde, können diese Übertragungsrate jedoch verdoppeln.

ESP *Subst.*
→ siehe erweiterter serieller Port.

ESP-IEEE-Standard *Subst.* (ESP IEEE standard)
Abkürzung für Encapsulating Security Payload IEEE Standard. Ein Standard für den Erhalt der Integrität und der vertraulichen Behandlung von IP-Datagrammen. Unter bestimmten Bedingungen kann auch die Echtheitsbestätigung von IP-Datagrammen erfolgen. → siehe auch Authentifizierung, Datagramm, IEEE, IP.

.et
Im Internet ein Kürzel für die übergreifende Länder-Domäne, die eine Adresse in Äthiopien angibt.

E-Text *Subst.* (e-text)
Abkürzung für electronic text. Ein Buch bzw. ein anderes auf Textbasis erstelltes Werk, das online in einem elektronischen Medienformat verfügbar ist. E-Text kann entweder online angezeigt oder heruntergeladen und im Computer gespeichert werden. → siehe auch Ezine.

Ethernet *Subst.*
Ein IEEE 802.3-Standard für Konkurrenz-Netzwerke. Ethernet verwendet eine Bus- oder Sterntopologie und regelt den Verkehr auf den Kommunikationsleitungen über das Zugriffsverfahren CSMA/CD (Carrier Sense Multiple Access with Collision Detection). Die Verbindung der Netzwerk-Knoten erfolgt durch Koaxialkabel, Glasfaserkabel oder durch Twisted Pair-Verkabelung. Die Datenübertragung auf einem Ethernet-Netzwerk erfolgt in Rahmen variabler Länge, die aus Bereitstellungs- und Steuerinformationen sowie 1500 Byte Daten bestehen. Der Ethernet-Standard sieht Basisband-Übertragungen bei 10 Megabit (10 Millionen Bit) pro Sekunde vor. → siehe auch 10Base2, 10Base5, 10BaseF, 10BaseT, Basisband-, Bus, CSMA/CD, IEEE 802-Standards, Koaxialkabel, Konkurrenz, Twisted-pair-Kabel.
Ein diesem Standard zugrundeliegendes Netzwerk wird ebenfalls als »Ethernet« bezeichnet. Das ursprüngliche Ethernet-Netzwerksystem wurde 1976 von Xerox entwickelt. Von diesem Netzwerksystem wurde der Standard IEEE 802.3 abgeleitet. Ethernet-Netzwerke sind weit verbreitet.

Ethernet/802.3 *Subst.*
Der IEEE-Standard für 10- oder 100-Mbps-Übertragungen über ein Ethernet-Netzwerk. Ethernet/802.3 definiert sowohl Vorschriften für Hardware als auch für Datenpakete.

E-time *Subst.*
→ siehe Ausführungszeit.

Etiquette *Subst.* (etiquette)
→ siehe Netiquette.

ETX *Subst.*
→ siehe Textende-Zeichen.

Eudora *Subst.*
Ein E-Mail-Client-Programm, das ursprünglich als Freeware für Macintosh-Computer von Steve Dorner von der Universität Illinois (USA) entwickelt wurde. Eudora wird jetzt sowohl in Freeware- als auch in kommerziellen Versionen für Macintosh und Windows von der Qualcomm, Inc. (USA) zur Verfügung gestellt.

EULA *Subst.*
→ siehe Endbenutzer-Lizenzvertrag.

European Computer Manufacturers Association *Subst.*
→ siehe ECMA.

European Laboratory for Particle Physics *Subst.*
→ siehe CERN.

Exa- *Präfix* (exa-)
Kurzzeichen E. Ein Maßeinheitenvorsatz in der Bedeutung (10^{18}). Da man in der Rechentechnik meist mit dem Binärsystem (auf der Basis 2) arbeitet, nimmt man hier für Exa- den Wert

1.152.921.504.606.846.976 an, der die am nächsten zu einer Trillion liegende Zweierpotenz (2^{60}) darstellt.

Exabyte *Subst.* (exabyte)
Abgekürzt EB. Ungefähr 1 Trillion Byte oder Billiarde Byte bzw. 1.152.921.504.606.846.976 Byte.

.exe
Eine Dateinamenerweiterung im Betriebssystem MS-DOS, die eine Datei als ausführbares Programm kennzeichnet. Um ein ausführbares Programm zu starten, gibt der Benutzer an der Eingabeaufforderung den Dateinamen ohne die Erweiterung .exe ein und betätigt die Eingabetaste. → *siehe auch ausführbares Programm.*

Executive *Subst.* (executive)
→ *siehe Betriebssystem.*

executive information system *Subst.*
Werkzeuge für das Verwalten von Informationen in Kategorien und Berichten. Da dieses System informationsorientiert ist, unterscheidet es sich von einem Entscheidungshilfe-System (DSS), das für Analyse und Entscheidungen konzipiert ist. → *Vgl. Entscheidungshilfe-System.*

exklusives NOR *Subst.* (exclusive NOR)
Ein binärer digitaler Schaltkreis, in dem die Ausgangsspannung nur dann den binären Wert 1 annimmt, wenn an allen Eingängen eine Spannung anliegt, die entweder den Wert 1 oder den Wert 0 hat.

exklusives ODER *Subst.* (exclusive OR)
Meist mit XOR, manchmal auch mit EOR abgekürzt. Eine Boolesche Operation, die dann und nur dann den Wert »Wahr« liefert, wenn einer der beiden Operanden »Wahr« und der andere »Falsch« ist (siehe nachstehende Tabelle). → *siehe auch Boolescher Operator, Wahrheitstabelle.* → *auch genannt XOR.* → *Vgl. AND, OR.*

a	b	$a\ XOR\ b$
0	0	0
0	1	1
1	0	1
1	1	1

Expanded Memory Manager *Subst.*
Abgekürzt EMM. Ein Treiber, der den Softwarebereich der Expanded Memory Specification (EMS) realisiert, damit auf den Expanded Memory in PCs von IBM- und kompatiblen Computern zugegriffen werden kann. → *siehe auch EMS, Erweiterungsspeicher, Expansionsspeicher.*

Expanded Memory Specification *Subst.*
→ *siehe EMS.*

Expansion Card *Subst.* (expansion card)
→ *siehe Erweiterungskarte.*

Expansionsspeicher *Subst.* (expanded memory)
Ein bis zu 8 Megabyte (MB) großer Zusatzspeicher für IBM-PCs. Die Verwendung eines Expansionsspeichers wird durch die Expanded Memory Specification (EMS) festgelegt. Da dieser Speicher für Programme unter MS-DOS nicht erreichbar ist, blendet der Expanded Memory Manager (EMM) die Byte-Seiten (Speicherblöcke) aus dem Expansionsspeicher in die Seitenrahmen in zugänglichen Speicherbereichen ein. → *siehe auch EEMS, EMS, Expanded Memory Manager, Seitenrahmen.*

Expertensystem *Subst.* (expert system)
Ein Anwendungsprogramm, das in einem Spezialgebiet, z.B. im Finanzwesen oder in der Medizin, Entscheidungen trifft oder Probleme löst. Diese Programme arbeiten auf der Grundlage gesammelten Wissens und analytischer Regeln, die von Experten auf diesen Gebieten festgelegt werden. Das Expertensystem verwendet zwei Komponenten, eine Wissensdatenbank (Knowledge Base) und ein Inferenzsystem, um Schlüsse zu ziehen. Zusätzliche Werkzeuge stehen in Expertensystemen in der Form von Benutzeroberflächen und Erklärungsfunktionen zur Verfügung. Dadurch kann das System die gezogenen Schlüsse rechtfertigen oder erklären. Entwicklern wird es außerdem ermöglicht, Prüfungen auf dem Betriebssystem auszuführen. → *siehe auch Inferenzsystem, intelligente Datenbank, künstliche Intelligenz, Wissensdatenbank.*

Explorer *Subst.*
→ *siehe Internet Explorer, Windows Explorer.*

Explosionszeichnung *Subst.* (exploded view)
Eine Darstellungsform, bei der alle Einzelteile separat, aber in Beziehung zueinander gezeichnet sind.

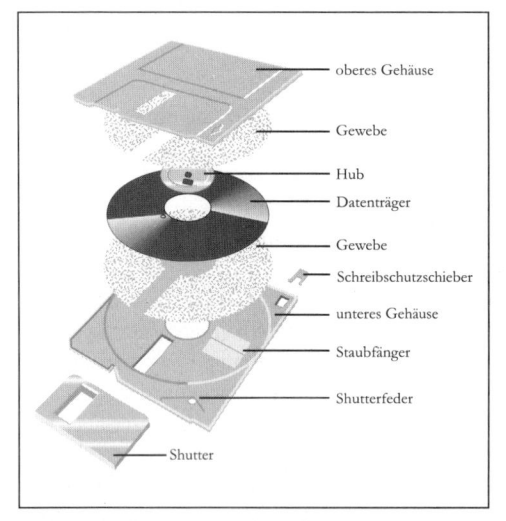

Explosionszeichnung einer Mikrodiskette

Exponent *Subst.* (exponent)
Ein Begriff aus dem Bereich der Mathematik. Die Anzahl gleicher Faktoren, aus denen das Produkt einer Zahl (Basis) zu berechnen ist. Der Exponent ist mit anderen Worten die Hochzahl einer Potenz. Positive Exponenten, wie in 2^3, zeigen eine Multiplikation an (2 mal 2 mal 2). Negative Exponenten, z. B. 2^{-3}, stehen für eine Division (1 dividiert durch 2^3). Gebrochene Exponenten, z. B. $8^{1/3}$, weisen auf die Wurzel einer Zahl hin (hier die Kubikwurzel aus 8).

Exponentialschreibweise *Subst.* (exponential notation)
→ *siehe Gleitkomma-Notation.*

exportieren *Vb.* (export)
Informationen von einem System oder Programm zu einem anderen transferieren. Reine Textdateien können im ASCII-Format (Nur-Text-Format) exportiert werden. Für den Austausch von Grafiken muß das empfangene System oder Programm jedoch eine Grafikunterstützung für das Format der exportierten Datei anbieten. → *siehe auch EPS, PICT, TIFF.* → *Vgl. importieren.*

Extended Binary Coded Decimal Interchange Code *Subst.*
→ *siehe EBCDIC.*

extended data out random access memory *Subst.*
→ *siehe EDO RAM.*

Extended Edition *Subst.*
Eine Version von OS/2 mit integrierten Datenbank- und Kommunikationseinrichtungen, die von IBM entwickelt wurden. → *siehe auch OS/2.*

eXtended Graphics Array *Subst.*
Ein erweiterter Standard für Grafik-Controller und die Bildschirmdarstellung, der 1990 von IBM eingeführt wurde. Dieser Standard unterstützt die Auflösung 640 * 480 mit 65.536 Farben oder die Auflösung 1024 * 768 mit 256 Farben. Dieser Standard wird hauptsächlich in Workstation-Systemen eingesetzt.

Extended Industry Standard Architecture *Subst.*
→ *siehe EISA.*

extended memory specification *Subst.*
Abgekürzt XMS. Eine von Lotus, Intel, Microsoft und AST Research entwickelte Spezifikation einer Softwareschnittstelle, die Anwendungen im Real Mode die Nutzung des Extended Memory und bestimmte Bereiche des nicht von MS-DOS verwalteten Speichers ermöglicht. Der Speicher wird von einem installierbaren Gerätetreiber verwaltet, dem Expanded Memory Manager (EMM). Die Anwendung kann nur über einen Gerätetreiber auf den zusätzlichen Speicher zugreifen. → *siehe auch Erweiterungsspeicher, Expanded Memory Manager.*

Extended VGA *Subst.* (extended VGA)
Eine Erweiterung der Video Graphics Array (VGA)-Standards, die die Anzeige von Bildern in einer Auflösung von 800×600 Pixel bis 1600×1200 Pixel festlegen und eine Palette mit bis zu 16,7 Millionen (2^{24}) Farben unterstützen. Diese Palette erreicht nahezu den Grenzwert von 19 Millionen Farben, die vom Menschen unterschieden werden können. Deshalb wird in Erwägung gezogen, Extended VGA als digitalen Standard für den Farbrealismus festzulegen, der dem analogen Fernsehen entspricht. → *siehe auch Analog-Digital-*

Wandler, CRT, VGA. → *auch genannt Super-VGA, SVGA.*

Extenderkarte *Subst.* (extender board)
→ *siehe Erweiterungskarte.*

Extent *Subst.* (extent)
Ein fortlaufender Block mit Speicherkapazität auf einem Datenträger oder einem anderen Speichergerät mit Direktzugriff, der vom Betriebssystem für eine bestimmte Datei bzw. ein bestimmtes Programm reserviert ist.

External Gateway Protocol *Subst.*
Ein Protokoll für das Verteilen von Informationen über die Verfügbarkeit an die Router und Übergänge, die die Netzwerke miteinander verbinden.
→ *siehe auch Gateway, Router.*

externe Festplatte *Subst.* (external hard disk)
Eine Stand-Festplatte mit eigenem Gehäuse und Netzteil, die mit einem Datenkabel an den Computer angeschlossen ist und hauptsächlich als portable Einheit verwendet wird. → *siehe auch Festplatte.*

externe Funktion *Subst.* (external function)
→ *siehe XFCN.*

externer Befehl *Subst.* (external command)
Zu einem Betriebssystem gehörendes Programm, das nur dann in den Speicher geladen und ausgeführt wird, wenn der entsprechende Name an der Systemaufforderung eingegeben wird. Obwohl ein externer Befehl genaugenommen ein selbständiges Programm darstellt, wird diese Bezeichnung verwendet, um die Zugehörigkeit zum Betriebssystem hervorzuheben. → *siehe auch XCMD.*
→ *Vgl. interner Befehl.*

externe Referenz *Subst.* (external reference)
Ein Bezug innerhalb eines Programms oder einer Routine auf einen Bezeichner (für Code oder Daten), der nicht innerhalb des Programms oder der Routine deklariert ist. Der Begriff bezieht sich in der Regel auf einen Bezeichner, dessen Deklaration in einem separat kompilierten Codeabschnitt steht. → *siehe auch kompilieren.*

externer Interrupt *Subst.* (external interrupt)
Von Systembausteinen des Computers, die bezüglich des Mikroprozessors als extern anzusehen sind, ausgelöster Interrupt. → *siehe auch Hardware-Interrupt, interner Interrupt, Interrupt.*

externer Speicher *Subst.* (auxiliary storage, external storage)
Ein Speichermedium wie etwa eine Diskette oder ein Magnetband, das dem Prozessor eines Computers nicht direkt zugänglich ist, im Gegensatz zum RAM (Random Access Memory). Im allgemeinen werden externe Speicher als »Permanentspeicher« (englisch »permanent storage« oder kurz »storage«) oder »Datenträger« bezeichnet. Die RAM-Chips dagegen, die der Prozessor direkt für die temporäre Speicherung verwendet, werden als »Arbeitsspeicher«, »Hauptspeicher« oder nur einfach nur als »Speicher« (englisch »memory«) bezeichnet.

externer Viewer *Subst.* (external viewer)
Eine separate Anwendung für das Anzeigen von Dokumenttypen, die von der aktuellen Anwendung nicht unterstützt werden. → *siehe auch Hilfsprogramm.*

externes Modem *Subst.* (external modem)
Ein autonomes Modem, das über ein Kabel mit dem seriellen Kommunikations-Port eines Computers verbunden ist. → *siehe auch internes Modem.*

extrahieren *Vb.* (extract)
Elemente aus einer größeren Gruppe systematisch entfernen oder duplizieren.
In der Programmierung bedeutet extrahieren, einen Zeichensatz von einem anderen ableiten, indem mit Hilfe einer Maske (Muster) bestimmt wird, welche Zeichen zu entfernen sind.

Extranet *Subst.* (extranet)
Eine Erweiterung eines Intranet von einem Unternehmen, das World Wide Web-Technologie einsetzt, um die Kommunikation mit den Lieferanten und Kunden zu erleichtern. Über ein Extranet können Kunden und Lieferanten auf das Intranet eingeschränkt zugreifen, um die Geschwindigkeit und die Leistungsfähigkeit der Geschäftsvorgänge zu optimieren. → *siehe auch Intranet.*

Extras *Subst.* (bells and whistles)
Attraktive Leistungsmerkmale, die eine Hardware oder Software aufweist, und die über die Grund-

funktionen hinausgehen. Entfernt kann man derartige Zusatzfunktionen mit den Extras vergleichen, mit denen Automobile auf Wunsch zusätzlich ausgestattet werden wie Zentralverriegelung und Klimaanlage. Produkte – im besonderen Computersysteme – ohne entsprechende Extras werden im amerikanischen Slang manchmal als »Plain Vanilla« bezeichnet.

Extrinsic-Halbleiter *Subst.* (extrinsic semiconductor)
Ein Halbleiter, der die Elektrizität in einer P-leitenden oder N-leitenden Schicht leitet. Dadurch können Elektronen unter bestimmten Bedingungen fließen (z. B. Wärmeeinwirkung), indem diese gezwungen werden, ihre natürliche Bahn zu verlassen, um einen neuen Elektronenstrom zu bilden. → *siehe auch Halbleiter, n-leitender Halbleiter, p-leitender Halbleiter.*

Ezine *Subst.* (ezine)
Abkürzung für electronic Magazine. Eine digitale Produktion, die im Internet, in einer Mailbox oder in einem anderen Online-Service in der Regel kostenfrei verfügbar ist.

F

F *Subst.*
→ siehe *Farad*.

F2F *Adv.*
Abkürzung für *face-to-face*. Persönlich, im Gegensatz zum Kontakt über das Internet. Dieser Begriff wird in E-Mails verwendet.

face *Subst.*
Beim Drucken und bei der Typografie eine Abkürzung für *Schriftart*.

Face Time *Subst.* (face time)
Die Zeit, die persönlich mit einer anderen Person verbracht wird.

Fadenkreuz *Subst.* (cross hairs)
Gerätekomponente, auf der zwei sich schneidende, dünne Linien aufgedruckt sind. Fadenkreuze werden bei einigen Eingabegeräten dazu eingesetzt, um die Ansteuerung von bestimmten x-y-Koordinaten zu erleichtern und die angesteuerte Position optisch hervorzuheben. Auch der Bildschirmcursor wird in einigen Programmen als Fadenkreuz dargestellt.

fächern *Vb.* (fan)
Schnelles Durchblättern eines Stapels Druckerpapier, um sicherstellen, daß die Seiten alle lose sind und somit in den Drucker eingelegt werden können.

Fair Use *Subst.* (fair use)
Eine Doktrin im amerikanischen Recht, die die Grenzen für den legitimen Gebrauch von urheberrechtlich geschützter Software oder von anderem veröffentlichten Material beschreibt.

Faksimile *Subst.* (facsimile)
→ siehe *Fax*.

Faktor *Subst.* (factor)
Bezeichnet in der Mathematik die Operanden bei einer Multiplikation. Beispielsweise sind 2 und 3 die Faktoren im Ausdruck 2×3. Unter Primärfaktoren einer Zahl versteht man die Menge der Primärzahlen, die nach Multiplikation wieder die Zahl liefern.

Fakultät *Subst.* (factorial)
Wird ausgedrückt als $n!$ (n Fakultät). Es handelt sich um das Ergebnis der Multiplikation sukzessiver Ganzzahlen von 1 bis n; $n!$ ist gleich $n \times (n-1) \times (n-2) \times ... \times 1$.

Familie *Subst.* (family)
Eine Serie von Hardware- oder Software-Produkten, die gemeinsame Eigenschaften haben. Hierbei kann es sich um eine Serie von PCs oder CPU-Chips des gleichen Herstellers handeln, für die die gleichen Befehle gelten. Bei einer Familie kann es sich auch um einen Satz mit Schriftarten handeln, die einer Einheit angehören (z.B. Times New Roman). → siehe auch *Befehlssatz, CPU, Schrift*.

fangen *Vb.* (trap)
Das Abfangen von Programm-Aktionen oder -Ereignissen, noch bevor sie wirksam werden, meist um statt dessen eine andere Aktion auszuführen. Dieses Abfangen ist ein bei Debug-Programmen häufig eingesetztes Verfahren, um eine Unterbrechung der Programmausführung an einem definierten Punkt zu bewirken. → siehe auch *Interrupt, Interrupt-Handler*.

Fan-In *Subst.* (fan-in)
Die maximale Anzahl von Signalen, die sich bei einem gegebenen elektronischen Bauelement, z.B. einem logischen Gatter, gleichzeitig einspeisen lassen, ohne daß es zu einer Verfälschung der Signale kommt. Der Fan-In ist sowohl von Typ als auch von der Herstellungstechnologie eines Bauelements abhängig. → *Vgl. Fan-Out*.

Fan-Out *Subst.* (fan-out)
Die maximale Anzahl von Signalen, die sich bei einem gegebenen elektronischen Bauelement, z. B. einem logischen Gatter, gleichzeitig speisen lassen, ohne daß das Signal unzulässig geschwächt wird. Der Fan-Out ist sowohl vom Typ als auch von der Herstellungstechnologie eines Bauelements abhängig. → *Vgl. Fan-In.*

Fanzine *Subst.* (fanzine)
Eine Zeitschrift, die Online oder über Postversand erhältlich ist, die in der Regel von Fanclubs veröffentlicht wird. → *siehe auch Ezine.*

FAQ *Subst.*
Abkürzung für Frequently Asked Questions *(Häufig gestellte Fragen).* Ein Dokument, in dem Fragen und Antworten zu einem bestimmten Thema aufgelistet sind. FAQs werden oft an Internet-Newsgroups gesendet, um neuen Teilnehmern allgemeine Fragen zu beantworten, die in der Vergangenheit gestellt wurden.

Farad *Subst.* (farad)
Kurzzeichen F. Die Maßeinheit der elektrischen Kapazität (d.h. die Fähigkeit zum Speichern einer Ladung). Ein Kondensator mit einer Kapazität von 1 Farad kann eine Ladung von 1 Coulomb bei einer Potentialdifferenz zwischen seinen Platten von 1 Volt speichern. Praktisch stellt 1 Farad eine unvorstellbar große Kapazität dar, so daß man die Kapazität normalerweise in Microfarad (10^{-6}) oder Picofarads (10^{-12}) ausdrückt.

Farbanpassung *Subst.* (image color matching)
Der Prozeß der Anpassung der Bildausgabe, bei dem die ausgegebenen Farben mit Farben abgestimmt werden, die gescannt oder eingegeben wurden.

Farbauszugsdatei *Subst.* (color separation)
Eine auf diese Weise erzeugte Ausgabedatei wird ebenfalls als »Farbseparation« bezeichnet.

Farbbandkassette *Subst.* (ribbon cartridge)
Eine Einwegkassette, die ein Gewebefarbband oder ein kohlenstoffbeschichtetes Kunststoffband enthält. Farbbandkassetten werden in den meisten Anschlagdruckern verwendet, da sie einen einfachen und sauberen Wechsel des Farbbands ermöglichen.

Farb-Bits *Subst.* (color bits)
Eine vordefinierte Anzahl an benachbarten Bits, die jedem darstellbaren Pixel zugeordnet sind und dessen Farbe bei der Anzeige auf einem Farbmonitor festlegen. Beispielsweise sind 2 bit für 4 Farben, 4 bit für 16 Farben und 8 bit für 256 Farben erforderlich. → *siehe auch Pixelgrafik.* → *Vgl. Bit-Ebene.*

Farbdrucker *Subst.* (color printer)
Ein Computerdrucker, der farbige Ausdrucke herstellen kann. Die meisten Farbdrucker können auch Schwarzweiß-Ausdrucke erzeugen.

Farbe *Subst.* (color)
Die subjektive Sinnesempfindung, die durch sichtbares Licht bestimmter Wellenlänge auf der Netzhaut des Auges hervorgerufen wird. Der vom Menschen wahrnehmbare Bereich erstreckt sich von Violett am hochfrequenten Ende des sichtbaren Lichts bis zu Rot am unteren Frequenzende. (Das sichtbare Licht ist nur ein winziger Ausschnitt des gesamten elektromagnetischen Spektrums.) Bei der Bildschirmdarstellung werden die einzelnen Farben aus einer Kombination von Hardware und Software erzeugt. Die Softwarekomponente ändert dabei Bitkombinationen, die unterschiedliche Farbtöne darstellen und für bestimmte Positionen auf dem Bildschirm (für Zeichen oder Pixel) bestimmt sind. Die Hardwarekomponente, der Video-Adapter, übersetzt diese Bits in elektronische Signale, die wiederum die Helligkeit der verschiedenfarbigen Phosphor-Leuchteinheiten an den entsprechenden Stellen auf dem Schirm eines CRT-Monitors (üblicher Monitor mit Bildröhre) steuern. Jeweils drei unmittelbar nebeneinanderliegende Leuchteinheiten (eine rote, eine grüne und eine blaue) bilden einen Farbpunkt. Das menschliche Auge nimmt dabei bei einem gewöhnlichen Betrachterabstand keine Einzelfarben wahr, sondern die entsprechende Mischfarbe. → *siehe auch CRT, Farbmodell, Farbmonitor, HSB, Monitor, RGB, Video, Video-Adapter.*

Farbebene *Subst.* (color plane)
→ *siehe Bit-Ebene.*

Farb-Indextabelle *Subst.* (color look-up table)
Eine Tabelle im Video-Adapter eines Computers, die eine Liste von einzelnen Farbsignalwerten ent-

hält. Diese Werte entsprechen den einzelnen auf dem Monitor darstellbaren Farben. Wenn Farben indirekt dargestellt werden, wird eine kleine Anzahl an Farbbits für jedes Pixel gespeichert, die dazu verwendet werden, um einen Satz an Signalwerten aus der Farb-Indextabelle auszuwählen.
→ *siehe auch Farb-Bits, Palette, Pixel.* → *auch genannt Farbtabelle, Farbzuordnungstabelle, Videolook-up-Tabelle.*

Farbmanagement *Subst.* (color management)
In der Drucktechnik die Gesamtheit an Verfahren, die sicherstellen, daß auf unterschiedlichen Ausgabegeräten exakt die gleichen Farbtöne dargestellt und produziert werden. Das Farbmanagement umfaßt folgende Vorgänge: die exakte Konvertierung von RGB-Farbdaten (die z.B. von einem Scanner, einer Kamera oder einem Monitor stammen) in CMYK-Ausgabedaten, die für einen Drucker bestimmt sind; die Anwendung eines Geräteprofils für den Drucker oder ein anderes Ausgabegerät, auf dem die Druckgrafik vervielfältigt wird; die entsprechende Behandlung von Schwankungen bestimmter Umgebungsgrößen, z.B. Feuchtigkeit und Luftdruck. → *siehe auch CMYK, RGB.*

Farbmanagementsystem *Subst.* (color management system)
Abkürzung: CMS oder FMS. Von der Firma Kodak entwickelte Technik, die von vielen Softwareherstellern lizenziert wurde und der Kalibrierung dient. Mit Hilfe von CMS wird sichergestellt, daß die Farbtöne, die auf Video- und Computer-Monitoren angezeigt werden, mit den Farbtönen übereinstimmen, die ausgedruckt werden.

Farbmesser *Subst.* (colorimeter)
Ein Gerät, das zur Bewertung und Feststellung von Farbtönen in bezug auf eine Standardpalette an synthetischen Farbtönen dient.

Farbmodell *Subst.* (color model)
Eine Methode oder Konvention zur Darstellung von Farben. Im Bereich der Grafik und der Drucktechnik werden Farben häufig mit dem Pantone-System beschrieben. In der Computergrafik sind verschiedene Farbmodelle üblich: HSB (Hue, Saturation, Brightness, zu deutsch: »Farbton, Sättigung, Helligkeit«), CMY (Cyan, Magenta, Yellow) und RGB (Rot, Grün, Blau). → *siehe auch CMY, Farbsynthese, HSB, Pantone-System, Rasterpunktfarbe, RGB.*

Farbmonitor *Subst.* (color monitor)
Ein Computer-Display, das in Verbindung mit einer Videokarte (Adapter) für die farbige Darstellung von Texten oder Grafiken vorgesehen ist. Im Unterschied zu einem Monochrommonitor, dessen Bildröhre nur mit einer einfarbigen Phosphorschicht versehen ist, verfügt ein Farbmonitor über ein Muster aus unterschiedlich farbigen Phosphorpunkten, wobei jeweils ein roter, grüner und blauer Punkt unmittelbar nebeneinander (in Streifen- oder Deltaform) angebracht sind. Trifft der Elektronenstrahl auf einen Farbpunkt, leuchtet dieser in der entsprechenden Farbe. Um beliebige Farben zu erzeugen, werden die Einzelfarbpunkte mit einer bestimmten Intensität zum Leuchten gebracht. Die dadurch entstandenen Einzelfarben verschmelzen bei einem üblichen Betrachterabstand zu einer Mischfarbe. Eine Videokarte, die eine große Anzahl an Bits (6 oder mehr) zur Farbbeschreibung verwendet und analoge (kontinuierliche, übergangslose) Signale erzeugt, erlaubt eine sehr große, fast unbegrenzte Anzahl an Farbnuancen. → *siehe auch Cycolor, Farbe, Farbmodell.*

Farbpalette *Subst.* (color box, color palette)
Im Malprogramm »Paint«, das sich im Lieferumfang von Windows NT und Windows 95 befindet, ein Bildschirmelement, das einem Malkasten nachempfunden ist und zur Auswahl der Vorder- und Hintergrundfarbe dient.
→ *siehe Palette.*

Farbsättigung *Subst.* (color saturation)
Der Anteil eines Farbtons, der in einer Farbe enthalten ist. Je größer die Sättigung, desto intensiver erscheint die Farbe. → *siehe auch Farbmodell, HSB.*

Farbscanner *Subst.* (color scanner)
Ein Scanner, der Vorlagen in eine digitalisierte Form bringt und dazu in der Lage ist, Farbtöne zu interpretieren. Die dabei mögliche Farbtiefe hängt von der Bit-Tiefe des Scanners ab, genauer, seiner Fähigkeit, Farbtöne in einen Farbwert zu übersetzen, der durch eine bestimmte Anzahl an Bits repräsentiert wird (üblicherweise 8, 16, 24 oder

32 bit). Hochwertige Farbscanner, die im Druckbereich eingesetzt werden, können Vorlagen mit einer hohen Auflösung (in dpi angegeben) abtasten. Semiprofessionelle Scanner dagegen, deren Qualität im allgemeinen nur für die Bildschirmdarstellung ausreicht, erzielen eine weit geringere Auflösung, die typischerweise bei 72 dpi liegt.
→ siehe auch *Auflösung, Scanner.*

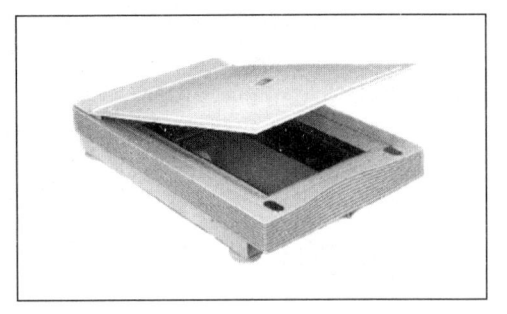

Farbscanner

Farbseparation Subst. (color separation)
In der Drucktechnik das Erzeugen von separaten Ausgabedateien für die einzelnen in einem Dokument enthaltenen Grundfarben. Jede dieser Dateien wird mit der entsprechenden Farbtinte gedruckt. Es gibt zwei Arten der Farbseparation: die Punktfarbseparation und die Prozeßfarbseparation. → siehe auch *Farbmodell, Farbsynthese, Rasterpunktfarbe.*

Farbstoff-Polymer-Aufzeichnung Subst. (dye-polymer recording)
Eine Aufzeichnungstechnologie für optische Discs, bei der in einer plastischen Polymerbeschichtung eingebettetes Farbpulver verwendet wird, um winzige Beulen auf der Oberfläche zu erzeugen, die sich mit einem Laser abtasten lassen. Da diese Farbstoff-Polymer-Beulen geglättet und erneut erzeugt werden können, erhält man eine überschreibbare optische Disc.

Farbsublimations-Drucker Subst. (dye-sublimation printer)
→ siehe *Volltondrucker.*

Farbsynchronsignal Subst. (color burst)
Ein Verfahren zur Codierung der Farbe in einem Composite-Video-Signal, das ursprünglich entwickelt wurde, damit Schwarzweiß-Fernsehgeräte Sendungen, die in Farbe ausgestrahlt werden, störungsfrei in Schwarzweiß wiedergeben können. Der Farb-Burst besteht aus einem Luminanzsignal, das eine Kombination der roten, grünen und blauen Intensität darstellt und für die Schwarzweiß-Wiedergabe verwendet wird, sowie zwei Farbdifferenzsignalen, die separat die Intensitäten für Rot, Grün und Blau bestimmen (für die Farbwiedergabe). → siehe auch *Farb-Indextabelle.*

Farbsynthese Subst. (process color)
Eine Methode der Handhabung von Farben beim Drucken eines Dokuments, bei der jeder Farbblock in seine subtraktiven Primärfarbenanteile zerlegt wird: Zyan, Magenta und Gelb (neben Schwarz). Alle anderen Farben erzeugt man durch paßgerechtes Übereinanderdrucken von Schichten, die aus Halbton-Punkten verschiedener Größen in der jeweiligen Grundfarbe (Zyan, Magenta, Gelb) bestehen. → siehe auch *Farbmodell, Farbseparation.* → Vgl. *Rasterpunktfarbe.*

Farbtabelle Subst. (color table)
→ siehe *Farb-Indextabelle.*

Farbton Subst. (hue)
Im HSB-Farbmodell eine der drei Kenngrößen einer Farbe, die zum Beschreiben dieser Farbe verwendet wird. Dieses Attribut unterscheidet eine Farbe am deutlichsten von anderen Farben. Der Farbton wird bestimmt durch die Frequenz einer Lichtwelle im sichtbaren Spektrum. → siehe auch *Farbmodell, HSB.* → Vgl. *Helligkeit, Sättigung.*

Farbzuordnungstabelle Subst. (color map)
→ siehe *Farb-Indextabelle.*

FARNET
→ siehe *Federation of American Research Networks.*

Fast Ethernet Subst.
Ein Ethernet, das 100 Megabit pro Sekunde unterstützt. → siehe auch *Ethernet.*

Fast-Fourier-Transformation Subst. (fast Fourier transform)
Abgekürzt FFT. Eine Menge von Algorithmen zur Berechnung der diskreten Fourier-Transformation einer Funktion, die ihrerseits für die Lösung von

Differentialgleichungssystemen, Durchführung von Spektralanalysen und Ausführung anderer signalverarbeitender und signalerzeugender Aufgaben verwendet werden kann. → *siehe auch Fourier-Transformation.*

Fast Packet *Subst.* (fast packet)
Ein Standard für Hochgeschwindigkeits-Netzwerktechnologien, der die schnelle Vermittlung von Zellen oder Paketen mit fester Länge für die Echtzeitübertragung von Daten einsetzt. → *siehe auch Paket, Paketvermittlung.* → *auch genannt Asynchronous Transfer Mode, ATM.*

Fast SCSI *Subst.*
Ein Format der SCSI-2-Schnittstelle. Die Schnittstelle kann 8 Datenbit gleichzeitig und bis zu 10 MB pro Sekunde übertragen. Der Fast SCSI-Stecker hat 50 Pins. → *siehe auch SCSI, SCSI-2.* → *Vgl. Fast/Wide SCSI, Wide SCSI.*

Fast/Wide SCSI *Subst.*
Ein Format der SCSI-2-Schnittstelle, die Daten zu je 16 Bit mit einer Geschwindigkeit von bis zu 20 MB pro Sekunde übertragen kann. Der Fast/Wide SCSI-Stecker hat 68 Pole. → *siehe auch SCSI, SCSI-2.* → *Vgl. Fast SCSI, Wide SCSI.*

FAT *Subst.*
→ *siehe Dateizuordnungstabelle.*

fataler Fehler *Subst.* (fatal error)
Ein Fehler, der zu einem Absturz des Systems oder der Anwendung führt, d.h. zu einem abrupten Versagen ohne Chance auf Erholung.

Fat Application *Subst.* (fat application)
Eine Anwendung, die bei Macintosh-Computern mit PowerPC-Prozessor und auf Macintosh-Computern mit 68K-Prozessor ausgeführt werden kann.

Fat Binary *Subst.* (fat binary)
Ein Anwendungsformat, das auf Macintosh-Computern mit PowerPC-Prozessor und auf Macintosh-Computern mit 68K-Prozessor ausgeführt werden kann.

Fatbits *Subst.* (fatbits)
»Fette Bit«. Ursprünglich ein Merkmal des Apple MacPaint-Programms, bei dem sich ein kleiner Ausschnitt einer Zeichnung pixelweise vergrößern und verändern läßt.
In der Folgezeit setzte sich diese Bezeichnung für ein ähnliches Merkmal in allen Programmen durch, die eine Modifikation auf Pixelbasis über ein »Zoom«-Merkmal erlauben.

Fat Client *Subst.* (fat client)
Ein Begriff aus dem Bereich der Client/Server-Architektur. Ein Client, der nahezu die gesamte Verarbeitung ohne den Server ausführt. Der Client behandelt die Präsentation und die Funktionen, der Server verwaltet die Daten und den Zugriff auf die Daten. → *siehe auch Client, Client-Server-Architektur, Server, Thin Server.* → *Vgl. Fat Server, Thin Client.*

FAT-Dateisystem *Subst.* (FAT file system)
Das im Betriebssystem MS-DOS verwendete Dateisystem zum Organisieren und Verwalten von Dateien. Die FAT (File Allocation Table) ist eine Datenstruktur, die MS-DOS während der Formatierung auf der Diskette erzeugt. Wenn MS-DOS eine Datei auf einer formatierten Diskette speichert, legt das Betriebssystem die Informationen über die gespeicherten Daten in der FAT ab, so daß MS-DOS die Datei bei einer späteren Anforderung wieder aufrufen kann. MS-DOS unterstützt lediglich das FAT-Dateisystem. Die Betriebssysteme OS/2, Windows NT und Windows 95 sind in der Lage, das FAT-Dateisystem neben ihren eigenen Dateisystemen (HPFS, NTFS bzw. VFAT) zu verwenden. → *siehe auch Dateizuordnungstabelle, HPFS, NTFS, OS/2, VFAT, Windows 95, Windows NT.*

Fat Server *Subst.* (fat server)
Ein Begriff aus dem Bereich der Client/Server-Architektur. Ein Server, der nahezu die gesamte Verarbeitung ohne den Client ausführt. Die Anwendungslogik und die Daten befinden sich auf dem Server, die Präsentation wird vom Client behandelt. → *siehe auch Client, Client-Server-Architektur, Server, Thin Client.* → *Vgl. Fat Client, Thin Server.*

Fatware *Subst.* (fatware)
Software, die den Speicherplatz und die Systemleistung stark in Anspruch nimmt, weil diese Software grafisch unnötig aufwendig gestaltet ist und über eine Vielzahl von zum Teil überflüssigen

Funktionen verfügt. → *auch genannt aufgeblähte Software.*

Favorit *Subst.* (favorite)
Ein Begriff aus Microsoft Internet Explorer. Der Begriff bezeichnet eine benutzerdefinierte Verknüpfung zu einer Seite im World Wide Web, die einem *Lesezeichen* in Netscape Navigator entspricht. → *siehe auch Favoriten-Ordner, Hotlist.* → *Vgl. Lesezeichen.*

Favoriten-Ordner *Subst.* (Favorites folder)
Ein Begriff aus Microsoft Internet Explorer. Der Begriff bezeichnet eine Auflistung von Verknüpfungen zu Websites, die von einem Benutzer häufig benötigt werden. Andere Web-Browser verwenden hierfür andere Bezeichnungen (z. B. Bookmark oder Hotlist). → *siehe auch Internet Explorer, Lesezeichen-Datei, URL.* → *Vgl. Hotlist, Lesezeichen.*

Fax *Subst.* (fax)
Abkürzung für Faksimile. Die Übertragung von Text oder Grafiken über Telefonleitungen in digitalisierter Form. Konventionelle Fax-Maschinen tasten ein Originaldokument ab, senden ein Bild des Dokuments als Bitmap und reproduzieren das empfangene Bild auf einem Drucker. In den CCITT-Empfehlungen Gruppe 1–4 sind Auflösung und Codierung standardisiert. Mit entsprechender Hardware und Software ausgerüstet, lassen sich auch mit Mikrocomputern Faxe sowohl senden als auch empfangen. → *siehe auch CCITT Groups 1–4.*

Faxgerät *Subst.* (fax machine)
Abkürzung für Faksimilegerät. Ein Gerät, das Seiten scannt, die Bilder dieser Seiten in ein digitales Format umwandelt, das dem internationalen Standard für Faxgeräte entspricht, und das Bild über eine Telefonleitung überträgt. Ein Faxgerät ist auch in der Lage, diese Bilder zu empfangen und auf Papier auszugeben. → *siehe auch scannen.*

Faxmodem *Subst.* (fax modem)
Ein Modem, das Daten sendet (und unter Umständen auch empfängt), die in einem Faxformat (in der Regel ein CCITT Faxformat) codiert sind, die ein Faxgerät oder ein anderes Modem decodiert und in ein Bild umwandelt. Das Bild muß bereits auf dem Host-Computer codiert worden sein. Text und Grafikdokumente können in das Faxformat über spezielle Software umgewandelt werden, die in der Regel mit dem Modem geliefert wird. Papierdokumente müssen erst eingescannt werden. Faxmodems können intern im Rechner eingebaut oder als externes Zusatzgerät angeschlossen sein und neben den normalen Modemfähigkeiten auch Faxübertragungen unterstützen. → *siehe auch Fax, Modem.*

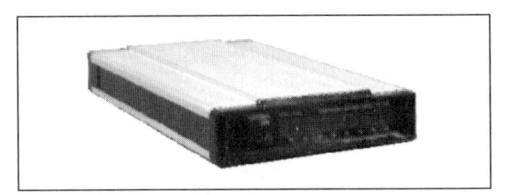

Faxmodem

Faxprogramm *Subst.* (fax program)
Eine Computeranwendung, mit der Benutzer Fax-Übertragungen senden, empfangen und drucken können. → *siehe auch Fax.*

Fax-Server *Subst.* (fax server)
Ein Computer eines Netzwerks, der in der Lage ist, Fax-Übertragungen an Computer und von anderen Computern des Netzwerks zu senden und zu empfangen. → *siehe auch Fax, Server.*

FCB *Subst.*
→ *siehe Dateisteuerblock.*

FCC *Subst.*
Abkürzung für Federal Communications Commission, zu deutsch »Vereinigte Fernmeldekommission«. Durch den Communications Act von 1934 gegründete Kommission, die im zwischenstaat-

Faxgerät

lichen und internationalen Bereich drahtgebundene, drahtlose und andere Rundfunk- und Fernsehübertragungen einschließlich Telefonie, Telegrafie und Telekommunikation regelt.

FDDI *Subst.*
Abkürzung für Fiber Distributed Data Interface. Von ANSI (American National Standards Institute) entwickelter Standard für lokale Hochgeschwindigkeits-Netzwerke auf Glasfaserbasis. FDDI sieht Übertragungsraten von 100 Megabit (100 Millionen Bit) pro Sekunde auf Netzwerken mit Token-Ring-Topologie vor. FDDI II ist eine Erweiterung des FDDI-Standards und enthält zusätzliche Spezifikationen für Echtzeit-Übertragung von analogen Daten in digitalisierter Form. → *siehe auch Token-Ring-Netzwerk.*

FDHP *Subst.*
Abkürzung für Full Duplex Handshaking Protocol. Ein Protokoll, das von Duplexmodems eingesetzt wird, um den Quelltyp der Übertragung zu ermitteln und in Übereinstimmung zu bringen. → *siehe auch Duplex, Handshake.*

FDM *Subst.*
Abkürzung für Frequency-Division Multiplexing, zu deutsch »Frequenzmultiplex«. Die gleichzeitige Übertragung mehrerer Signale auf separaten Bändern eines einzelnen Kommunikationskanal. FDM wird bei analogen Übertragungen eingesetzt, z.B. in einem Basisband-Netzwerk oder bei Gesprächen über eine Telefonleitung. Bei FDM unterteilt man den Frequenzbereich des Kanals in schmalere Einzelbänder, die jeweils unterschiedliche Übertragungssignale aufnehmen. Ein Sprachkanal mit einer Bandbreite von 1400 Hz läßt sich bei Verwendung von FDM z.B. in vier Unterkanäle – 820–990 Hz, 1230–1400 Hz, 1640–1810 Hz und 2050–2220 Hz – unterteilen, wobei die angrenzenden Unterkanäle jeweils durch ein 240 Hz breites Sicherheitsband getrennt sind, um Beeinflussungen der Bänder zu minimieren.

Feature *Subst.* (feature)
Eine einzigartige, attraktive, charakteristische oder wünschenswerte Eigenschaft eines Programms oder eines Computers oder anderer Hardware.

Federal Communications Commission *Subst.*
→ *siehe FCC.*

Federal Information Processing Standards *Subst.*
Ein System mit Normen, Richtlinien und technischen Methoden für die Datenverarbeitung der Bundesregierung der USA.

Federal Internet Exchange *Subst.*
→ *siehe FIX.*

Federation of American Research Networks *Subst.*
Ein gemeinnütziger Verband von Unternehmen für Vernetzungstechnologie in den USA, der sich auf nationaler Ebene für Vernetzungstechnologie einsetzt. Der primäre Schwerpunkt dieses Verbands ist auf die Unterstützung des Bildungswesens, der Forschung und verwandter Branchen gerichtet. → *siehe auch internetwork.*

Federation on Computing in the United States *Subst.*
Die Vertretung der USA in der International Federation of Information Processing (IFIP). → *siehe auch IFIP.*

Fehler *Subst.* (error)
Werte oder Bedingungen, die nicht im Einklang mit den richtigen, angegebenen oder erwarteten Werten oder Bedingungen sind. Fehler werden in Computern verursacht, wenn ein Ereignis nicht wie erwartet verläuft oder wenn nicht ausführbare oder illegale Operationen eingeleitet werden. In der Datentechnik wird ein Fehler verursacht, wenn zwischen übertragenen und empfangenen Daten Diskrepanzen vorliegen. → *siehe auch fataler Fehler, Fehlermeldung, Fehlerrate, Fehlerverhältnis, fortgesetzter Fehler, harter Fehler, inhärenter Fehler, intermittierender Fehler, korrigierbarer Fehler, kritischer Fehler, Lesefehler, Logikfehler, Maschinenfehler, Paritätsfehler, Schreibfehler, Syntaxfehler, Systemfehler, Überlauffehler.* → *Vgl. Defekt.*

Fehleranalyse *Subst.* (error analysis)
Die Philosophie der Fehlererkennung in numerischen Berechnungen, insbesondere in langen und komplizierten Berechnungen, bei denen die Fehlerwahrscheinlichkeit steigt.

Fehlerbehandlung *Subst.* (error handling, error trapping)
Der Prozeß, in dem ein Programm Fehler während der Ausführung ermittelt.
Außerdem der Vorgang, bei dem Funktionen, Programme oder Prozeduren entwickelt werden, die trotz eines Fehlerzustandes weiter ausgeführt werden können.
Des weiteren bezeichnet »Fehlerbehandlung« die Reaktion auf Fehlersituationen (manchmal auch »Ausnahmen« genannt), die während der Ausführung eines Programms auftreten. Einige Programmiersprachen, z.B. C++, Ada und Eiffel, verfügen über Merkmale, die die Fehlerbehandlung vereinfachen und regeln. → *siehe auch Bug.*

Fehlerbehandlungsroutine *Subst.* (critical-error handler)
Eine Software-Routine, die einen kritischen Fehler entweder korrigiert oder diesen elegant umgeht.
→ *siehe auch geregelte Beendigung, kritischer Fehler.*

fehlerbehebende Wartung *Subst.* (corrective maintenance)
Die Diagnose und Beseitigung von Computerproblemen, kurz nachdem sie aufgetreten sind.
→ *Vgl. vorbeugende Wartung.*

fehlererkennende Codierung *Subst.* (error-detection coding)
Eine Methode der Datencodierung, durch die sich Fehler bei der Übertragung oder Speicherung von Daten erkennen lassen. Die meisten fehlererkennenden Codes sind durch die maximale Anzahl von Fehlern gekennzeichnet, die erkannt werden können. → *siehe auch Prüfsumme.* → *Vgl. fehlerkorrigierende Codierung.*

Fehlererkennung und -beseitigung *Subst.* (error detection and correction)
Bei der Übertragung von Dateien verwendete Methode zur Aufdeckung und Beseitigung von Fehlern. Einige Programme entdecken nur Fehler, während andere Programme Fehler erkennen und versuchen, sie zu korrigieren.

Fehlerkontrolle *Subst.* (error control)
Der Abschnitt eines Programms, einer Prozedur oder einer Funktion, der Fehler ermittelt. Bei diesen Fehlern kann es sich um nicht übereinstimmende Zeichen, Überläufe und Unterläufe, bezugslose oder illegale Zeigerverweise und um Speicher-Inkonsistenzen handeln.
Daneben stellt die Fehlerkontrolle das Vorgreifen von Programmfehlern während der Software-Entwicklung dar.

Fehlerkorrektur, automatische *Subst.* (automatic error correction)
→ *siehe automatische Fehlerkorrektur.*

Fehlerkorrekturcode *Subst.* (error-correcting code)
Eine Code für die Übertragung von elektronischen Daten. Durch diese Codierung der Daten können Übertragungsfehler erkannt und korrigiert werden, indem die verschlüsselten Daten am Empfangsende geprüft werden. Fehlerkorrekturcodes werden von den meisten Modems verwendet.
→ *siehe auch Modem.*

Fehlerkorrektur, vorauseilende *Subst.* (forward error correction)
→ *siehe vorauseilende Fehlerkorrektur.*

fehlerkorrigierende Codierung *Subst.* (error-correction coding)
Eine Methode der Informationscodierung, durch die sich Fehler während der Übertragung erkennen und korrigieren lassen. Die meisten fehlerkorrigierenden Codes sind durch die maximale Anzahl von Fehlern, die sich als fehlerhaft nachweisen lassen, und die maximale Zahl von Fehlern, die korrigiert werden können, gekennzeichnet. → *siehe auch Fehlererkennung und -beseitigung.* → *Vgl. fehlererkennende Codierung.*

Fehlermeldung *Subst.* (error message)
Eine Meldung vom System oder von einem Programm, die auf einen Fehler hinweist, der zu beseitigen ist.

Fehlerprotokolldatei *Subst.* (error file)
Eine Datei, in der die Uhrzeit und der Fehlertyp aufgezeichnet werden, der bei der Datenverarbeitung und Übertragung verursacht wurde.

Fehlerprüfung *Subst.* (error checking)
Ein während des Dateitransfers stattfindender Prozeß zur Aufdeckung von Unstimmigkeiten zwischen gesendeten und empfangenen Daten.

Fehlerrate *Subst.* (error rate)
In der Kommunikationstechnik die Anzahl der Bits oder der anderen Elemente, die während einer Übertragung fehlerhaft ankommen. Die typische Fehlerrate für ein 1200-b/s-Modem liegt bei etwa 1 pro 200 000 Bit. → *siehe auch Parität, Paritätsbit, Xmodem, Ymodem.*

Fehlertoleranz *Subst.* (fault tolerance)
Die Fähigkeit eines Computers oder eines Betriebssystems, auf katastrophale Ereignisse oder Fehler, z. B. einen Stromausfall oder einen Hardware-Ausfall, in einer Weise zu reagieren, daß kein Datenverlust eintritt und laufende Arbeiten beschädigt werden. Fehlertoleranz läßt sich mit einer batteriegestützten Stromversorgung, redundanter Hardware, Vorkehrungen im Betriebssystem oder einer Kombination dieser Verfahren realisieren. In einem fehlertoleranten Netzwerk kann das System entweder den Betrieb ohne Datenverlust fortsetzen oder eine geregelte Abschaltung des Systems ausführen, wobei nach dem Neustart alle Zustände vor Eintreten des Fehlers wiederhergestellt werden.

Fehlerverhältnis *Subst.* (error ratio)
Das Verhältnis der Fehler zur Anzahl der verarbeitenden Dateneinheiten. → *siehe auch Fehlerrate.*

feinabstimmen *Vb.* (tweak)
Die Leistung von Hardware oder Software durch abschließende, kleinere Änderungen verbessern. Einem fast fertiggestellten Produkt den letzten Schliff verleihen.

Feld *Subst.* (field)
Eine Position in einem Datensatz, an der ein bestimmter Datentyp gespeichert wird. Der Datensatz ANGESTELLTER-SATZ kann z. B. Felder zur Speicherung von Nachname, Vorname, Adresse, Stadt, Staat, Postleitzahl, Einstellungsdatum, derzeitiges Gehalt, Lohngruppe, Titel, Abteilung usw. enthalten. Zu jedem Feld gehören Informationen, die u. a. die maximale Länge und den Typ (z. B. alphabetisch, numerisch oder Währungsformat) der zu speichernden Daten spezifizieren. Die Hilfsmittel für die Erzeugung dieser Spezifikation sind in der Regel Bestandteile der Datendefinitionssprache (DDL). In relationalen Datenbank-Managementsystemen bezeichnet man Felder als »Spalten«.
Ein Feld ist außerdem der Leerraum in einer Bildschirmmaske, in die bestimmte Informationen vom Benutzer eingegeben werden.

Feldeffekt-Transistor *Subst.* (field-effect transistor)
→ *siehe FET.*

Feldlänge, feste *Subst.* (fixed-length field)
→ *siehe feste Feldlänge.*

Feldtrennzeichen *Subst.* (field separator)
Jedes Zeichen, mit dem ein Datenfeld von einem anderen getrennt wird. → *siehe auch Begrenzungszeichen, Feld.*

Femto- *Präfix* (femto-)
Ein metrisches Präfix mit dem Wert 10^{-15} (ein Quadrillionstel).

Femtosekunde *Subst.* (femtosecond)
Abgekürzt fs. Der billiardste Teil (10^{-15}) einer Sekunde. Im amerikanischen Sprachgebrauch der quadrillionste Teil.

Fenster *Subst.* (window)
In Anwendungen und grafischen Benutzeroberflächen ein Teil des Bildschirms, der ein eigenes Dokument oder eine Mitteilung enthalten kann. Fensterorientierte Programme erlauben die Aufteilung des Bildschirms in mehrere Fenster, die jeweils über einen eigenen Rahmen verfügen und unterschiedliche Dokumente (oder eine andere Ansicht desselben Dokuments) enthalten können.

Fenster, aktives *Subst.* (active window)
→ *siehe aktives Fenster.*

Fensterdefinition *Subst.* (window definition)
Eine mit einem Bildschirmfenster verknüpfte Ressource bei einer Anwendung auf dem Apple Macintosh. Der Macintosh Window Manager ruft diese Funktion z. B. auf, um das Fenster zu erstellen oder seine Größe zu verändern. → *auch genannt WDEF.*

Fenstergröße-Symbol *Subst.* (size box)
Beim Apple Macintosh ein Kontrollfeld in der rechten oberen Ecke eines auf dem Bildschirm an-

F gezeigten Fensters. Durch Klicken auf das Fenstergröße-Symbol kann der Benutzer die Größe des Fensters zwischen einer benutzerdefinierten Größe und der maximalen Größe umschalten. → *Vgl. Schaltfläche »Maximieren«.*

Fenster, inaktives *Subst.* (inactive window)
→ *siehe inaktives Fenster.*

Fenster, überlappende *Subst.* (overlaid windows)
→ *siehe überlappende Fenster.*

Fensterumgebung *Subst.* (windowing environment)
Eine Betriebssystemoberfläche (Shell), die sich dem Benutzer mit speziell gestalteten Bildschirmbereichen – den sog. *Fenstern* – präsentiert. Fensterumgebungen gestatten typischerweise die Größenänderung von Fenstern und deren freie Verschiebbarkeit auf dem Bildschirm. Beispiele für Fensterumgebungen sind der Apple Macintosh Finder, Microsoft Windows und der OS/2 Presentation Manager. → *siehe auch Fenster, grafische Benutzeroberfläche.*

FEP *Subst.*
→ *siehe Front-End-Prozessor.*

Fern-Administration *Subst.* (remote administration)
Die Durchführung von Systemverwaltungsaufgaben über das Netzwerk.

Ferncomputersystem *Subst.* (remote computer system)
→ *siehe Fernsystem.*

fernkommunizieren *Vb.* (telecommute)
Eine Verbindung zwischen einem entfernten Arbeitsplatz (z. B. zu Hause) und einem Hauptbüro herstellen, unter Verwendung eines mit Modem und Kommunikationssoftware ausgestatteten Personal Computers.

Fernkopie *Vb.* (telecopy)
→ *siehe Fax.*

Fernschreibermodus *Subst.* (teletype mode)
Ein Betriebsmodus, in dem ein Computer oder eine Anwendung die Aktionen auf die Fähigkeiten eines Fernschreibers reduziert. Auf dem Display äußert sich der Fernschreibermodus z. B. darin, daß nur noch alphanumerische Zeichen angezeigt werden können. Die Zeichen können nur zeilenorientiert angeordnet und nicht frei auf eine beliebige Position gesetzt werden. → *siehe auch Teletype, TTY.*

Fernsystem *Subst.* (remote system)
Ein Computer- oder Netzwerksystem, auf das ein Benutzer mittels eines Modems zugreift. → *siehe auch Fernzugriff.* → *Vgl. Fern-Terminal.*

Fern-Terminal *Subst.* (remote terminal)
Ein Terminal, das sich an einem anderen Ort befindet, als der Computer, zu dem es Verbindung hat. Entfernte Terminals verwenden Modems und Telefonleitungen zur Kommunikation mit dem Host-Computer. → *siehe auch Fernzugriff.* → *Vgl. Fernsystem.*

fernverarbeiten *Vb.* (teleprocess)
Ein Terminal oder einen Computer zusammen mit Kommunikationseinrichtungen für den Zugriff auf entfernte Computer oder Dateien verwenden. Der englische Begriff *Teleprocess* ist durch IBM geprägt worden. → *siehe auch Fernzugriff, verteilte Datenverarbeitung.*

Fernzugriff *Subst.* (remote access)
Die Nutzung eines entfernten Computers.

ferromagnetische Domäne *Subst.* (ferromagnetic domain)
→ *siehe magnetische Domäne.*

ferromagnetisches Material *Subst.* (ferromagnetic material)
Eine Substanz, die stark magnetisierbar ist. Zu den ferromagnetischen Materialien, die häufig in der Elektronik zum Einsatz kommen, zählen Ferrite und pulverisiertes Eisen. Ferromagnetische Materialien werden z. B. als Kerne zur Erhöhung der Induktivität und als Beschichtung von Disketten und Magnetbändern verwendet.

Ferro-RAM *Subst.* (ferric RAM)
→ *siehe FRAM.*

feste Feldlänge *Subst.* (fixed-length field)
In einem Datensatz bzw. zur Datenspeicherung verwendetes Feld, dessen Größe in Byte von vorn-

herein bestimmt ist und konstant bleibt. Ein Feld mit fester Feldlänge benötigt immer den gleichen Platz auf einem Datenträger, selbst wenn die im Feld gespeicherten Daten kürzer sind. → *Vgl. Datenfeld, mit variabler Länge.*

feste Schrittschaltung *Subst.* (fixed spacing)
→ *siehe dickengleich (gleichbleibender Schaltschritt).*

festes Leerzeichen *Subst.* (fixed space)
Die festgelegte Breite des horizontalen Zwischenraums zur Trennung von Zeichen in einem Text – oft die Breite einer Ziffer in einer gegebenen Schrift. → *siehe auch Halbgeviert, schmales Leerzeichen, Vollgeviert.*

feste Wortlänge *Subst.* (fixed-word-length computer)
Bezieht sich auf die einheitliche Größe von Dateneinheiten (oder Wörtern), die der Mikroprozessor verarbeitet und die im System auf den Hardwareleitungen, die den Hauptdatenbus bilden, transportiert werden – eine Beschreibung, die auf fast alle Computer zutrifft. Computer mit fester Wortlänge, zu denen auch die Personal Computer IBM und Macintosh gehören, arbeiten im allgemeinen mit 2 oder 4 Byte gleichzeitig.

fest gekoppelt *Adj.* (tightly coupled)
Bezieht sich auf zwei Verarbeitungsvorgänge, deren erfolgreiche Beendigung und einzelne Leistungswerte wechselseitig stark voneinander abhängig sind.
Bezeichnet außerdem ein Verhältnis wechselseitiger Abhängigkeit zwischen Computern (z.B. bei der Parallelverarbeitung).

Festkörperbauelement *Subst.* (solid-state device)
Ein elektrisches Bauelement, dessen Funktion auf den elektrischen oder magnetischen Eigenschaften eines Festkörpers (im Gegensatz zu einem Gas oder Vakuum) beruht. Beispiele für Festkörperbauelemente sind Transistoren, Dioden und integrierte Schaltkreise.

Festkomma-Arithmetik *Subst.* (fixed-point arithmetic)
Arithmetische Operationen, die mit Festkomma-Zahlen ausgeführt werden. → *siehe auch Festkomma-Notation.*

Festkomma-Notation *Subst.* (fixed-point notation)
Ein numerisches Format, bei dem der Dezimalpunkt eine festgelegte Position einnimmt. Festkomma-Zahlen bilden einen Kompromiß zwischen ganzen Zahlenformaten, die kompakt und effizient sind, und Gleitkomma-Zahlenformaten, die einen großen Wertebereich umfassen. Wie Gleitkomma-Zahlen können auch Festkommazahlen einen gebrochenen Anteil aufweisen, wobei aber Operationen mit Festkomma-Zahlen in der Regel weniger Zeit benötigen als Operationen mit Gleitkomma-Zahlen. → *siehe auch Gleitkomma-Notation, Integer.*

Festleitung *Subst.* (tie line)
Eine Standleitung, die bei einem Netzbetreiber gemietet und oft für die Verbindung von zwei oder mehr Filialen einer Gesellschaft verwendet wird.

Festplatte *Subst.* (fixed disk, hard disk, rigid disk)
Ein Gerät, das nichtflexible Platten enthält, die mit einem Material beschichtet sind, in dem Daten zusammen mit ihren Schreib-Lese-Köpfen, dem Positionierungsmechanismus für die Köpfe und dem Spindelmotor in einem versiegelten Gehäuse, das vor äußeren Einflüssen schützt, magnetisch aufgezeichnet werden können. Durch die geschützte Umgebung kann der Kopf mit 25 bis 65 Millionstel Zentimeter Abstand über der Oberfläche einer Platte bewegt werden, die sich in der Regel mit 3600 bis 7200 U/min dreht. Aus diesem Grund können mehr Daten gespeichert, und es kann schneller auf die Daten zugegriffen werden, als

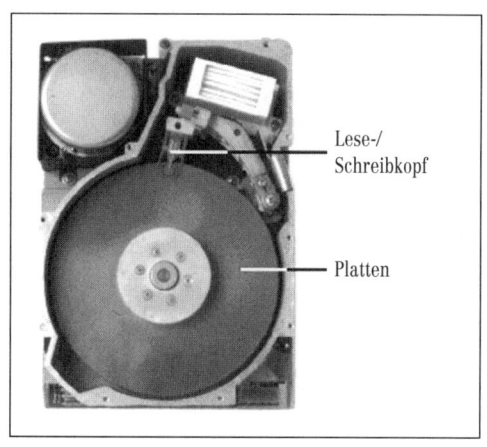

Festplatte: Um die inneren Teile sichtbar zu machen, wurde im Bild die Abdeckung entfernt

dies bei einer konventionellen Diskette der Fall ist. Die meisten Festplatten enthalten zwischen zwei bis acht einzelne Platten. → *auch genannt Festplattenlaufwerk.* → *Vgl. Floppy Disk.*

Festplatte, externe *Subst.* (external hard disk)
→ *siehe externe Festplatte.*

Festplattenkarte *Subst.* (hard card)
Eine Leiterplatte, die eine Festplatte und deren Controller enthält, die in einen Erweiterungssteckplatz eingesteckt werden kann, und den Erweiterungsbus für die Energieversorgung und für Daten und Steuersignale verwendet. Im Gegensatz hierzu kommuniziert eine Festplatte in einem Laufwerkschacht mit einer separaten Steuerkarte über ein Flachbandkabel und hat ein direktes Kabel zur Energieversorgung des Computers. → *siehe auch Controller, Erweiterungssteckplatz, Flachbandkabel, Laufwerksschacht.*

Festplattenlaufwerk *Subst.* (hard disk drive)
→ *siehe Festplatte.*

Festplattentyp *Subst.* (hard disk type)
Eine oder mehrere Zahlen, die einen Computer über die Charakteristika einer Festplatte informiert, z.B. Anzahl der Lese-/Schreibköpfe und Anzahl der Zylinder. In der Regel befindet sich auf dem Gehäuse der Festplatte ein Typenschild oder ein entsprechender Aufkleber mit den Kenndaten, die man dem Computer bei der Installation der Festplatte, oft mit dem CMOS-Setup-Programm des Computers, mitteilen muß. → *siehe auch ROM-BIOS.*

Festspeicher *Subst.* (fixed storage)
Ein nichtwechselbares Speichermedium, z.B. eine große Platte, das dauerhaft gekapselt in seinem Laufwerk verbleibt.

Feststell-Taste *Subst.* (Caps Lock key)
Eine Taste, die in den Großbuchstabenmodus schaltet. Die meisten Tasten verhalten sich in diesem Modus so, als wäre gleichzeitig die Umschalttaste (Shift-Taste) gedrückt worden – beim Druck auf eine Buchstabentaste wird also ein Großbuchstabe eingefügt. Ob auch Satzzeichen- und Zifferntasten betroffen sind, hängt vom System ab. Durch einen weiteren Druck auf die Feststell-Taste (bei einigen Systemen auch durch einen Druck auf die Umschalttaste) wird der Großbuchstabenmodus wieder ausgeschaltet.

festverdrahtet *Adj.* (hardwired)
Nicht durch Programmierung bereitgestellt, sondern in ein System integriert, das Hardware (z.B. logische Schaltkreise) verwendet.
Auch eine Eigenschaft, die angibt, daß ein Computer physikalisch über ein Kabel mit einem Netzwerk verbunden ist. Das Netzwerkkabel ist dabei an der Netzwerkkarte des Computers angeschlossen.

FET *Subst.*
Abkürzung für Field-Effect Transistor, zu deutsch »Feldeffekttransistor«. Ein Transistortyp, bei dem der Stromfluß zwischen Source und Drain über das elektrische Querfeld zwischen Gate-Elektroden gesteuert wird. FETs lassen sich als Verstärker, Oszillatoren und Schalter einsetzen. Sie zeichnen sich durch eine sehr hohe Eingangsimpedanz (Widerstand) aus, die sie insbesondere für die Verstärkung sehr kleiner Signale prädestiniert. Zu den bekanntesten FET-Typen gehören der (abgebildete) SFET (Sperrschicht-FET, englisch: JFET = Junction FET) und der MOSFET (Metall-Oxid-Halbleiter bzw. Metal-Oxide Semiconductor FET.
→ *siehe auch MOSFET.*

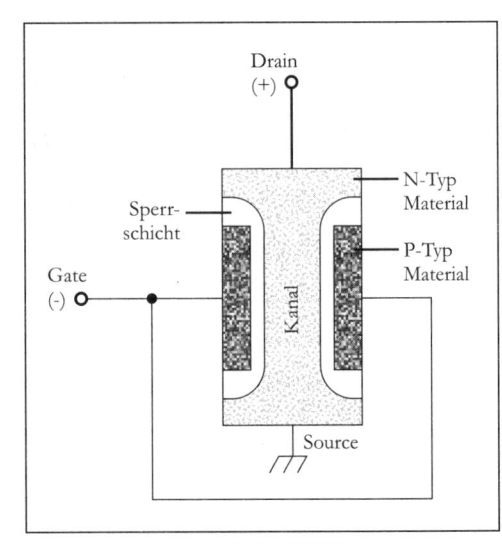

FET: Ein N-Kanal Sperrschicht-Feldeffekttransistor

Fettschrift *Subst.* (boldface)
Ein Schriftstil, der den betreffenden Text dunkler und stärker erscheinen läßt. Einige Programme verfügen über einen speziellen »Fett«-Befehl, mit dem sich der markierte Text fett formatieren läßt. Bei bestimmten Systemen müssen dagegen spezielle Codes eingegeben werden, um Anfang und Ende der fettgedruckten Passage zu kennzeichnen. Beispiel für Fettschrift: **Dieser Satz ist fettgedruckt.**

FF *Subst.*
→ *siehe Seitenvorschub.*

FFT *Subst.*
→ *siehe Fast-Fourier-Transformation.*

FFTDCA *Subst.*
→ *siehe Final-Form-Text DCA.*

.fi
Im Internet ein Kürzel für die übergreifende Länder-Domäne, die eine Adresse in Finnland angibt.

Fiber Distributed Data Interface *Subst.*
→ *siehe FDDI.*

Fibonacci-Zahlen *Subst.* (Fibonacci numbers)
In der Mathematik eine unendliche Zahlenfolge, bei der sich die jeweilige Ganzzahl aus der Summe ihrer beiden Vorgänger ergibt – z.B. 1, 1, 2, 3, 5, 8, 13, 21, 34, ... Fibonacci-Zahlen, auch als Fibonacci-Folge bezeichnet, sind nach dem im dreizehnten Jahrhundert lebenden Mathematiker Leonardo Fibonacci von Pisa benannt. In der Rechentechnik setzt man Fibonacci-Zahlen ein, um die Geschwindigkeit einer binären Suche zu erhöhen. Dabei unterteilt man eine Datenmenge wiederholt in Gruppen, deren Größe jeweils einem Zahlenpaar der Fibonacci-Zahlen entsprechen. Eine Datenmenge mit 34 Elementen läßt sich z.B. in eine Gruppe von 21 und eine andere von 13 aufteilen. Wenn sich das gesuchte Element in der Gruppe der 13 befinden müßte, verwirft man die Gruppe von 21und teilt die 13er-Gruppe in zwei Gruppen von 5 und 8 Elementen. Die Suche setzt sich daher durch fortlaufende Unterteilungen so lange fort, bis das gewünschte Element gefunden ist. In der Fibonacci-Folge konvergiert das Verhältnis zweier aufeinanderfolgender Zahlen gegen den Goldenen Schnitt, eine »magische Zahl«, die augenscheinlich die Größenverhältnisse eines idealen Rechtecks darstellt. Die Zahl beschreibt viele Dinge, von den Biegungen bei einer Muschel bis hin zu den Proportionen von Spielkarten oder dem Pantheon in Athen. → *siehe auch binäre Suche.*

Fiche *Subst.* (fiche)
→ *siehe Microfiche.*

Fidonet *Subst.*
Ein Protokoll zum Senden von E-Mail, Newsgroups-Postings und Dateien über Telefonleitungen. Fidonet hat seinen Ursprung im Fido BBS, das 1984 von Tom Jennings initiiert wurde. Die geringen Kosten waren ein wichtiger Faktor für die Weiterentwicklung. Fidonet kann E-Mail mit dem Internet austauschen.
Als »Fidonet« wird auch das Netzwerk aus BBS-Systemen (Mailboxen), privaten Unternehmen, NROs (Nicht-Regierungsorganisationen) und Privatpersonen bezeichnet, die das Fidonet-Protokoll verwenden.

.fidonet.org
Im Internet ein Kürzel für die übergreifende Länder-Domäne, die eine Adresse im Fidonet angibt.

FIFO *Subst.*
→ *siehe First In, First Out.*

File Extent *Subst.* (file extent)
→ *siehe Extent.*

Filespec *Subst.* (filespec)
→ *siehe Namensschema.*

File Transfer Protocol *Subst.*
→ *siehe FTP.*

Filmrekorder *Subst.* (film recorder)
Ein Gerät, das die Bilder, die am Monitor angezeigt werden, auf 35-mm-Film aufzeichnet.

Filmstreifen *Subst.* (film ribbon)
→ *siehe Karbonband.*

Film um 11 (film at 11)
Eine sarkastische Redewendung, die gelegentlich in Newsgroups verwendet wird. Hierbei handelt es sich um eine Anspielung auf eine kurze Nachrichtenübersicht im Fernsehen, die das Haupt-

thema der Spätnachrichten ankündigt. Diese Redewendung deklassiert den vorhergehenden Artikel als uninteressanten Beitrag. → *siehe auch Newsgroup*.

Filter *Subst.* (filter)
Ein Programm oder Funktionen innerhalb eines Programms, die ihren Standard-Input oder zugeteilten Input lesen, den Input wie angegeben umwandeln und anschließend den Output an das Standardziel bzw. an das festgelegte Ziel übertragen. Ein Datenbankfilter kann z.B. Informationen filtern, die ein bestimmtes Alter haben.

In der Kommunikationstechnik und der Elektronik realisiert man Filter sowohl per Hardware als auch per Software, um bestimmte Elemente eines Signals durchzulassen und andere zu eliminieren oder zu minimieren. In einem Kommunikations-Netzwerk muß ein Filter z. B. bestimmte Frequenzen durchlassen, aber darüberliegende Frequenzen (Tiefpaßfilter), darunterliegende Frequenzen (Hochpaßfilter) oder Frequenzen, die überhalb oder unterhalb liegen (Bandpaßfilter), sperren (dämpfen).

Ein Filter ist außerdem ein Muster oder eine Maske, durch die Daten geleitet werden, damit bestimmte Elemente »entfernt« werden können. Ein Filter, der bei E-Mails oder bei Abfragen zu Newsgroups-Nachrichten angewendet wird, ist z.B. in der Lage, Nachrichten anderer Benutzer zu ermitteln. → *siehe auch E-Mail-Filter, Maske*.

Im Bereich von Grafikprogrammen stellt ein Filter eine Funktion dar, mit der an Bitmap-Grafiken Spezialeffekte und Produktionseffekte durchgeführt werden können. Hierbei kann es sich u. a. um das Verschieben der Pixel eines Bildes, das Festlegen eines transparenten Hintergrunds für einzelne Bildelemente oder um das Verzerren von Bildern handeln. Einige Filter sind in einem Grafikprogramm – z.B. in einem Malprogramm oder in einem Bild-Editor – bereits enthalten. Bei anderen Filtern handelt es sich um separate Softwarepakete, die in das Grafikprogramm integriert werden können. → *siehe auch Bildbearbeitungsprogramm, Bitmap-Grafik, Malprogramm*.

Filterprogramm *Subst.* (filtering program)
Ein Programm, das Informationen filtert und nur die Ergebnisse anzeigt, die den Kriterien entsprechen, die im Programm definiert sind.

Filterung, kollaborative *Subst.* (collaborative filtering)
→ *siehe kollaborative Filterung*.

Final-Form-Text DCA *Subst.*
Abgekürzt FFTDCA. Ein Standard in der Document Content Architecture (DCA) für die Speicherung von Dokumenten in druckfähiger Form zum Austausch zwischen verschiedenartigen Programmen. Ein verwandter Standard ist Revisable-Form-Text DCA (RFTDCA). → *siehe auch DCA*. → *Vgl. Revisable-Form-Text DCA*.

Finanzmanager *Subst.* (personal finance manager)
Eine Software-Anwendung, die den Benutzer bei der Ausführung einfacher Vorgänge der Finanzbuchhaltung unterstützt (z.B. beim Saldieren und Bezahlen von Rechnungen).

finden *Vb.* (find)
→ *siehe suchen*.

Finder *Subst.*
Die Standardoberfläche des Macintosh-Betriebssystems, die dem Benutzer das Einsehen von Verzeichnissen (Ordnern), das Verschieben, Kopieren und Löschen von Dateien sowie das Starten von Anwendungen ermöglicht. Elemente im System werden oft als Symbole (engl.: Icons) dargestellt und mittels einer Maus oder einem vergleichbaren Zeigegerät manipuliert. Der Finder war die erste kommerziell erfolgreiche, grafische Benutzeroberfläche und löste einen Anstieg des Bedarfs an symbolorientierten Systemen aus. → *siehe auch MultiFinder*.

Finger *Subst.* (finger)
Ein Internet-Dienstprogramm, das ursprünglich nur für UNIX entwickelt wurde, mittlerweile jedoch auch auf zahlreichen anderen Plattformen verfügbar ist. Über dieses Programm können Benutzer Informationen zu anderen Benutzern aufrufen, die sich auf anderen Sites befinden (vorausgesetzt, Finger kann auf diese Sites zugreifen). Wenn eine bestimmte E-Mail-Adresse angegeben wird, gibt Finger den vollständigen Namen des Benutzers sowie die Information zurück, ob der Benutzer derzeit angemeldet ist. Außerdem werden weitere angefragte Informationen zum Profil

angegeben. Wenn der Vor- oder Nachname angegeben wird, gibt Finger die Namen der Benutzer zurück, deren Vor- bzw. Nachnamen mit den Suchkriterien übereinstimmen.

finger *Vb.*
Informationen zu einem Benutzer über das Finger-Programm aufrufen.

Fingerabdruckleser *Subst.* (fingerprint reader)
Ein Scanner, der menschliche Fingerabdrücke liest, um sie mit einer Datenbank bereits gespeicherter Bilder von Fingerabdrücken zu vergleichen.

FIPS *Subst.*
→ *siehe Federal Information Processing Standards.*

Firewall *Subst.* (firewall)
Ein Schutzsystem für das Netzwerk einer Organisation gegen externe Bedrohungen. Eine Bedrohung können z.B. Hacker darstellen, die z.B. über das Internet auf das Netzwerk zugreifen. Ein Firewall verhindert die direkte Kommunikation der Computer des Firmennetzes mit netzfremden externen Geräten (und umgekehrt). Es wird statt dessen die Kommunikation an einen Proxy-Server umgeleitet, der sich außerhalb des Firmennetzes befindet. Dieser Proxy-Server entscheidet, ob bestimmte Nachrichten oder Dateien an das Firmennetz weitergeleitet werden.

Firmware *Subst.* (firmware)
Software-Routinen, die im Read-Only Memory (ROM) gespeichert sind. Im Gegensatz zum Random Access Memory (RAM) bleiben die Informationen im Read-Only Memory auch nach Abschalten der Betriebsspannung erhalten. Startup-Routinen und maschinennahe I/O-Befehle werden in der Firmware gespeichert, die hinsichtlich der Änderungsfreundlichkeit eine Zwischenstellung zwischen Software und Hardware einnimmt. → *siehe auch RAM, ROM.*

FIR-Port *Subst.* (FIR port)
Abkürzung für **F**ast **I**nfra**R**ed **port**. Ein drahtloser I/O-Port, der sehr häufig für portable Computer verwendet wird, die Daten über ein externes Gerät mit Infrarot-Übertragung weiterleiten. → *siehe auch infrarot, I/O-Port.*

FIRST *Subst.*
Abkürzung für **F**orum of **I**ncident **R**esponse and **S**ecurity **T**eams. Eine Organisation innerhalb der Internet Society (ISOC), die sich in Zusammenarbeit mit CERT für die gemeinsame Nutzung von Informationen und eine einheitliche Reaktion auf Sicherheitsbedrohungen einsetzt. → *siehe auch CERT, ISOC.*

First In, First Out *Subst.* (first in, first out)
Abgekürzt FIFO. Organisationsprinzip einer Warteschlange, bei dem die Entnahme der Elemente in der gleichen Reihenfolge wie beim Einfügen abläuft – das zuerst hinzugefügte Element wird zuerst wieder entnommen. Eine derartige Anordnung ist typisch für eine Liste von Dokumenten, die auf ihren Ausdruck warten. → *siehe auch Warteschlange.* → *Vgl. Last In, First Out.*

FIX *Subst.*
Abkürzung für **F**ederal **I**nternet **EX**change. Ein Verbindungspunkt zwischen den verschiedenen Netzwerken der Regierung der USA und dem Internet. Es gibt zwei Federal Internet Exchanges in den USA: FIX West in Kalifornien und FIX East in Maryland. Diese Punkte verbinden die Backbones des MILNET, des ESnet (das TCP/IP-Netzwerk des Department of Energy) und des NSInet (NASA Sciences Internet) mit dem NSFnet. → *siehe auch MILNET, NSFnet, TCP/IP.*

.fj
Im Internet ein Kürzel für die übergreifende Länder-Domäne, die eine Adresse auf den Fidschi-Inseln angibt.

Flachbandkabel *Subst.* (ribbon cable)
Ein flaches Kabel mit bis zu 100 parallel geführten Adern für Daten und Steuersignale. Flachband-

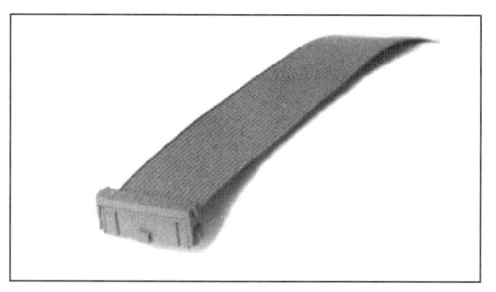

Flachbandkabel

kabel werden z.B. innerhalb eines Computers für den Anschluß der Laufwerke verwendet.

Flachbett-Plotter *Subst.* (flatbed plotter)
Ein Plotter, bei dem das Papier fest auf einer flachen Plattform aufliegt und das Bild durch die Bewegung des Stiftes entlang beider Achsen gezeichnet wird. Gegenüber Trommelplottern, die das Papier unter dem Stift hin- und herbewegen, arbeiten Flachbett-Plotter etwas genauer, erfordern allerdings mehr Stellfläche. Flachbett-Plotter eignen sich außerdem für eine größere Vielfalt von Medien, z.B. Pergament oder Acetatfolie, da das Material nicht flexibel sein muß. → *siehe auch Plotter.* → *Vgl. Rollenplotter, Trommelplotter.*

Flachbett-Scanner *Subst.* (flatbed scanner)
Ein Scanner mit einer flachen, transparenten Oberfläche, die das zu scannende Bild aufnimmt, bei dem es sich in der Regel um ein Buch oder ein anderes Papierdokument handelt. Unterhalb der Oberfläche befindet sich ein Scanner-Kopf, der sich innerhalb des Bildbereichs bewegt. Einige Flachbett-Scanner können auch transparente Medien (z.B. Dias) verarbeiten. → *Vgl. Einzugs-Scanner, Handheld-Scanner, Trommel-Scanner.*

Flachbett-Scanner

Flachbildschirm *Subst.* (flat screen)
→ *siehe Flachdisplay.*

Flachdisplay *Subst.* (flat-panel display)
Ein Video-Display mit einer geringen physikalischen Tiefe, dessen Technologie nicht auf einer Kathodenstrahlröhre (CRT) basiert. Flachdisplays werden typischerweise in Laptop-Computern verwendet. Zu den gebräuchlichsten Typen gehören Elektrolumineszenz-, Plasma- und LCD-Displays.

Flächendiagramm *Subst.* (area chart)
Ein Geschäftsgrafiktyp, der z.B. zur Darstellung

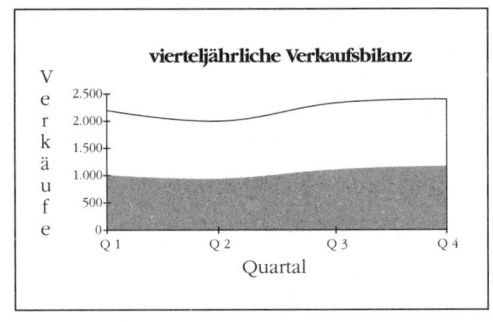

Flächendiagramm

quartalsweiser Verkaufszahlen eingesetzt wird und bei dem Schattierungen oder Farbmuster verwendet werden, um visuell den Unterschied zwischen der Verbindungslinie einer Menge von Datenpunkten und der Verbindungslinie einer separaten, aber verwandten Menge von Datenpunkten zu verdeutlichen.

Flag *Subst.* (flag)
Zu deutsch »Fahne«. Im weitesten Sinne eine beliebige Markierung, die ein Computer bei der Verarbeitung oder der Interpretation von Informationen verwendet. Ein Signal, das die Existenz oder den Status einer bestimmten Bedingung anzeigt. Flags verwendet man in den Bereichen wie Kommunikation, Programmierung und Informationsverarbeitung. Ein Flag kann z.B. als Code in einen Datenstrom eingebettet sein, um einen Zustand zu kennzeichnen. Es kann sich aber auch um ein oder mehrere Bit handeln, die intern per Hardware oder Software gesetzt werden, um auf ein bestimmtes Ereignis, z.B. einen Fehler oder das Ergebnis eines Vergleiches zweier Werte, hinzuweisen.
Im Kommunikationsprotokoll HDLC stellt die eindeutige Bitfolge 01111110 ein Flag dar, das den Beginn und das Ende eines Übertragungsrahmens (Nachrichteneinheit) kennzeichnet. → *siehe auch HDLC.*

Flame *Subst.* (flame)
Beleidigende und verletzende E-Mail-Nachrichten oder Newsgroups-Postings.

Flame Bait *Subst.* (flame bait)
Ein Posting an eine Verteilerliste, Newsgroup oder an eine andere Online-Konferenz, die aufgrund eines kontroversen und emotionalen Inhalts ein

Kreuzfeuer der Kritik auslösen kann. → *siehe auch flamen, Flame War.* → *Vgl. trollen.*

Flamefest *Subst.* (flamefest)
Eine Serie polemischer Nachrichten oder Artikel in einer Newsgroup oder in anderen Online-Konferenzen.

flamen *Vb.* (flame)
Beleidigende und verletzende E-Mail-Nachrichten oder Newsgroups-Postings senden.
Auch das Üben persönlicher Kritik über E-Mail-Nachrichten oder Newsgroups-Postings.

Flamer *Subst.* (flamer)
Eine Person, die beleidigende Nachrichten über E-Mail, in Newsgroups und anderen Online-Foren und in Online Chats veröffentlicht. → *siehe auch chatten, Newsgroup.*

Flame War *Subst.* (flame war)
Eine Diskussion in einer Verteilerliste, Newsgroup oder in einer anderen Online-Konferenz, die äußerst polemische Züge annimmt. → *siehe auch flamen.*

Flash-ROM *Subst.* (flash ROM)
→ *siehe Flash-Speicher.*

Flash-Speicher *Subst.* (flash memory)
Ein nichtflüchtiger Speichertyp, der funktionell mit einem EEPROM-Speicher vergleichbar ist, aber blockweise gelöscht werden muß, während sich ein EEPROM byteweise löschen läßt. Durch die blockorientierte Arbeitsweise eignet sich Flash-Speicher als Ergänzung oder als Ersatz für Festplatten in portablen Computern. In diesem Zusammenhang wird Flash-Speicher entweder in das Gerät eingebaut oder – häufiger als PC-Card, die man in einen PCMCIA-Slot stecken kann. Der praktische Einsatz als Hauptspeicher (RAM) verbietet sich durch die blockorientierte Natur des Flash-Speichers, da der Computer in der Lage sein muß, den Speicher in Einzelbyte-Inkrementen zu beschreiben. → *siehe auch EEPROM, nichtflüchtiger Speicher, PC Card, PCMCIA-Steckplatz.*

Flatpack *Subst.* (flat pack)
Das Gehäuse eines integrierten Schaltkreises in der Form eines flachen rechteckigen Paketes, an dessen Kanten die Anschlüsse angeordnet sind. Das Flatpack-Gehäuse stellt einen Vorläufer der für die Oberflächenmontage vorgesehenen Gehäuseformen dar. → *siehe auch Oberflächenmontage.* → *Vgl. DIP.*

Flattersatz *Subst.* (rag)
Unregelmäßiger Verlauf der linken oder rechten Zeilenenden auf einer Druckseite. Flattersatz ist ein Gegensatz zum Blocksatz, bei dem die linken und rechten Zeilenenden einen geradlinigen Verlauf bilden. → *siehe auch ausrichten, linksbündiger Flattersatz, rechtsbündiger Flattersatz.*

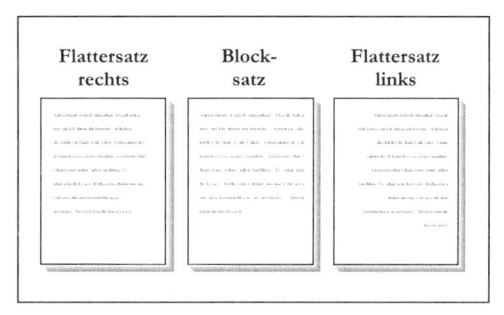

Flattersatz

Flattersatz, linksbündiger *Subst.* (ragged left)
→ *siehe linksbündiger Flattersatz.*

Flattersatz, rechtsbündiger *Subst.* (ragged right)
→ *siehe rechtsbündiger Flattersatz.*

flexible Diskette *Subst.* (flexible disk)
→ *siehe Floppy Disk.*

.fli
Eine Dateinamenerweiterung für Animationsdaten im Dateiformat FLI.

Flimmern *Subst.* (flicker)
Die schnellen, wahrnehmbaren Helligkeitsschwankungen in einer Bildschirmanzeige, z.B. bei Fernsehgeräten oder Computermonitoren. Flimmern tritt auf, wenn das Bild für das Auge zu selten oder zu langsam aufgefrischt (aktualisiert) wird und damit keinen kontinuierlichen Helligkeitspegel zeigt. Beim Fernsehen und bei Raster-scan-Displays nimmt man das Flimmern nicht mehr wahr, wenn die Bildwiederholrate oberhalb von 50 bis 60 Hertz liegt. Bei Displays, die nach dem

Zeilensprungverfahren (Interlaced) arbeiten, werden die ungeradzahligen Zeilen in einem Durchlauf und die geradzahligen Zeilen im anderen Durchlauf aktualisiert, und sie erreichen eine flimmerfreie effektive Bildwiederholrate von 50 bis 60 Mal pro Sekunde, da die Zeilen scheinbar zusammengeführt werden, obwohl jede Zeile tatsächlich nur 25 bis 30 Mal aufgefrischt wird.

Flip-Diskette *Subst.* (flippy-floppy)
Eine 5,25-Zoll-Diskette, die beide Seiten für die Speicherung nutzt, aber in einem älteren Laufwerk verwendet wird, das jeweils nur eine Seite lesen kann. Die Diskette muß daher physikalisch aus dem Laufwerk entfernt werden und »geflipt« (d.h. umgedreht und wieder eingeschoben) werden, um auf die gegenüberliegende Seite zuzugreifen. Eine doppelseitige Diskette läßt sich als Flip-Diskette verwenden, wenn man eine zusätzliche Schreibschutzkerbe gegenüber der originalen Kerbe ausschneidet. Diese Praxis wird jedoch von den Disketten- und Laufwerksherstellern nicht empfohlen, da das Filzbett auf der gegenüberliegenden Seite des einfachen Lese-/Schreibkopfes auf der Diskettenoberfläche reibt und zu einer Beschädigung der Daten auf dieser Seite der Diskette führen kann. → *siehe auch beidseitige Diskette.*

Flipflop *Subst.* (flip-flop)
Auch als bistabiler Multivibrator bezeichnet. Eine elektronische Schaltung, die zwischen zwei möglichen Zuständen umschaltet, wenn ein Impuls am Eingang eintrifft. Ist z.B. der Ausgang eines Flipflop High, kippt ein am Eingang empfangener Impuls den Ausgang auf Low. Ein zweiter Eingangsimpuls »flopt« den Ausgang wieder auf High, usw.
→ *auch genannt bistabiler Multivibrator.*

float *Subst.*
Die Bezeichnung eines Datentyps, die in einigen Programmiersprachen, insbesondere C, zum Deklarieren von Variablen verwendet wird, die Gleitkomma-Zahlen speichern können. → *siehe auch Datentyp, Gleitkomma-Zahl, Variable.*

FLOP *Subst.*
→ *siehe Gleitkomma-Operation.*

Floppy Disk *Subst.* (floppy disk)
Auch als *Diskette* bezeichnet. Eine runde Kunststoffscheibe mit einer Eisenoxid-Beschichtung, die ein Magnetfeld speichern kann. Wenn die Floppy Disk in ein Diskettenlaufwerk eingelegt wird, rotiert sie, so daß die verschiedenen Bereiche (oder Sektoren) der Disk-Oberfläche unter den Schreib-Lese-Kopf gelangen, der die magnetische Orientierung der Partikel verändern und aufzeichnen kann. Die Orientierung in eine Richtung stellt eine binäre 1, die entgegengesetzte Orientierung eine binäre 0 dar. Eine Diskette mit einem Durchmesser von 5,25 Zoll ist von einer flexiblen Plastikhülle umgeben und hat in der Mitte eine große Öffnung, die um die Spindel im Diskettenlaufwerk paßt. Je nach Kapazität kann eine derartige Diskette von wenigen hunderttausend bis zu über einer Million Daten-Byte speichern. Eine 3,5-Zoll-Diskette, die in einem festen Plastikgehäuse verkapselt ist, bezeichnet man auch als Floppy Disk oder Mikrofloppy-Disk. Darüber hinaus waren 8-Zoll-Floppy Disks in DEC und anderen Minicomputer-Systemen gebräuchlich. → *siehe auch 3,5-Zoll-Diskette, 5,25-Zoll-Diskette, Mikrodiskette.*

Floppy-Disk-Controller *Subst.* (floppy disk controller)
→ *siehe Disk-Controller.*

Floppy-Disk-Laufwerk *Subst.* (floppy disk drive)
Ein elektromechanisches Gerät, das Daten von Disketten oder Mikrodisketten lesen und diese Datenträger auch beschreiben kann. → *siehe auch Floppy Disk.*

FLOPS *Subst.*
Abkürzung für FLoating-Point Operations Per Second, zu deutsch »Gleitkomma-Operationen pro Sekunde«. Ein Maß für die Rechengeschwindigkeit, mit der ein Computer Gleitkomma-Operationen ausführen kann. → *siehe auch Gleitkomma-Operation, MFLOPS.* → *Vgl. MIPS.*

Floptical *Adj.* (floptical)
Die Verwendung einer Kombination von magnetischen und optischen Verfahren, um eine sehr hohe Aufzeichnungsdichte auf speziellen 3,5-Zoll-Disketten zu erreichen. Das Lesen und Beschreiben der Diskette erfolgt magnetisch, während die Positionierung des Lese-/Schreibkopfes auf optischem Weg mit Hilfe eines Laser und Rillen auf der Diskette realisiert wird. Der Begriff Floptical wurde

von Insite Peripherals geprägt und ist ein eingetragenes Warenzeichen.

flüchtig *Adj.* (transient)
Allgemein nichtbeständig, temporär oder unvorhersagbar.
In Verbindung mit dem Arbeitsspeicher ein Speicherbereich, in den Programme (beispielsweise Anwendungen) von einem Datenträger eingelesen werden, und in dem sie vorübergehend verbleiben, bis sie durch andere Programme ersetzt werden. In diesem Zusammenhang bezeichnet man diese Programme als »transient«.
In der Elektronik charakterisiert »flüchtig« eine kurzlebige, abnormale und unvorhersehbare Grenzwertüberschreitung in der Stromversorgung, z.B. durch Überspannungen oder Stromspitzen. Das sog. »Transientenintervall« bezeichnet den Zeitraum, in dem sich eine Strom- oder Spannungsänderung aufbaut oder abklingt.

flüchtiger Speicher *Subst.* (volatile memory)
Ein Speichertyp, z.B. RAM, bei dem die Daten mit dem Abschalten der Betriebsspannung verlorengehen. → *Vgl. nichtflüchtiger Speicher.*
Der Begriff kann sich auch auf einen von einem Programm genutzten Speicherbereich beziehen, der sich, unabhängig vom Programm, ändern kann, z.B. bei gemeinsamer Nutzung dieses Speichers mit einem anderen Programm oder einer Interrupt-Service-Routine.

Flüssigkristall-Display *Subst.* (liquid crystal display)
Abgekürzt LCD-Display. Ein Display-Typ auf der Basis von Flüssigkristallen, die eine polare Molekülstruktur aufweisen und als dünne Schicht zwischen zwei transparenten Elektroden eingeschlossen sind. Legt man an die Elektroden ein elektrisches Feld an, richten sich die Moleküle mit dem Feld aus und bilden kristalline Anordnungen, die das hindurchtretende Licht polarisieren. Ein Polarisationsfilter, der lamellenartig über den Elektroden angeordnet ist, blockt das polarisierte Licht ab. Auf diese Weise kann eine Zelle (Pixel), die Flüssigkristalle enthält, über ein Elektrodengitter selektiv »einschalten« und damit an diesem Punkt eine Schwarzfärbung erzeugen. In einigen LCD-Displays befindet sich hinter dem LCD-Schirm eine Elektrolumineszenzplatte zu seiner Beleuchtung. Andere Typen von LCD-Displays können auch Farbe wiedergeben.

Flüssigkristall-Display, reflektierendes *Subst.* (reflective liquid-crystal display)
→ *siehe reflektierendes Flüssigkristall-Display.*

Flugsimulator *Subst.* (flight simulator)
Vom Computer erzeugte Nachbildung von Flugsituationen. Intelligente Flugsimulatoren (mit fünf- oder sechsstelligen Anschaffungskosten) können beim Pilotentraining eingesetzt werden, wobei sich ohne Risiko für die Crew oder das Flugzeug Notsituationen simulieren lassen. Demgegenüber ist die Nachbildung eines Fluges bei den Flugsimulator-Programmen für Personal Computer nicht ganz so realistisch. Diese Programme dienen der Unterhaltung, und man kann sich etwas Praxis in der Navigation und beim Ablesen der Instrumente aneignen.

Fluktuationsrate *Subst.* (activity ratio)
Die Anzahl der in Gebrauch befindlichen Datensätze im Verhältnis zur Gesamtzahl der Datensätze einer Datenbankdatei. → *siehe auch aufzeichnen, Datenbank.*

.fl.us
Im Internet ein Kürzel für die übergreifende Länder-Domäne, die eine Adresse in Florida in den Vereinigten Staaten angibt.

Fluß *Subst.* (flux)
Die Gesamtstärke eines magnetischen oder elektrischen Feldes bzw. eines Strahlungsfeldes auf einen Bereich.

Flußanalyse *Subst.* (flow analysis)
Ein Verfahren, mit dem sich die Bewegung verschiedener Informationsarten durch ein Computersystem verfolgen läßt. Flußanalyse ist besonders im Hinblick auf die Sicherheit und die zur Gewährleistung der Integrität von Informationen angewandten Kontrollmechanismen von Bedeutung.
→ *siehe auch Flußdiagramm.*

Flußaufzeichnung *Subst.* (control flow)
Das Dokumentieren aller möglichen Ausführungspfade eines Programms. Diese Pfade werden häufig in Form eines Diagramms dargestellt.

Flußdiagramm

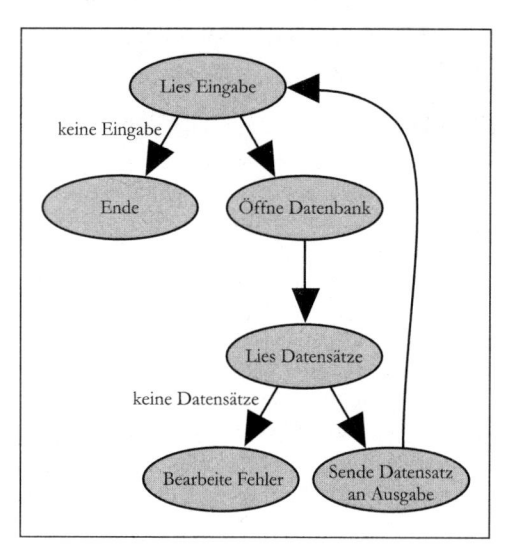

Flußaufzeichnung

Flußdiagramm *Subst.* (flowchart)
Ein grafischer Wegweiser des Datenflusses über die einzelnen Operationen eines Programms. In einem Flußdiagramm werden Symbole, z.B. Quadrate, Rhomben und Ovale verwendet, um die verschiedenen Operationen darzustellen. Diese Symbole werden durch Linien und Pfeile verbunden, um den Fluß der Daten bzw. die Steuerung von einem Punkt zu einem anderen zu kennzeichnen. Flußdiagramme werden sowohl für die Darstellung der Betriebsabläufe eines zu entwickelnden Programms als auch für die Erläuterung eines existierenden Programms eingesetzt.

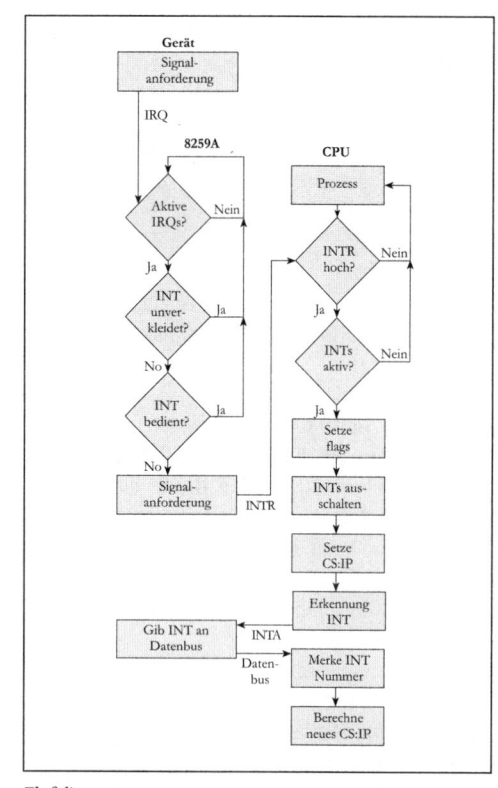

Flußmittel *Subst.* (flux)
Eine Chemikalie zum Binden des Lötmittels an elektrische Leiter.

Flußumkehr *Subst.* (flux reversal)
Der Wechsel in der Ausrichtung der winzigen Magnetpartikel auf der Oberfläche einer Diskette oder eines Magnetbandes gegen einen von zwei magnetischen Polen. Die beiden unterschiedlichen Ausrichtungen werden bei der Datenspeicherung zur Darstellung binärer Einsen und Nullen verwendet: Normalerweise ordnet man einem Flußwechsel eine binäre 1 zu, während kein Flußwechsel einer binären 0 entspricht.

.fm
Im Internet ein Kürzel für die übergreifende Länder-Domäne, die eine Adresse auf Mikronesien angibt.

FM *Subst.*
→ siehe *Frequenzmodulation*.

FM-Codierung *Subst.* (FM encoding)
→ siehe *Frequenzmodulationscodierung*.

.fo
Im Internet ein Kürzel für die übergreifende Länder-Domäne, die eine Adresse auf den Färöer-Inseln angibt.

FOCUS *Subst.*
→ siehe *Federation on Computing in the United States*.

FOD *Subst.*
→ siehe *Empfangsabruf*.

föderierte Datenbank *Subst.* (federated database)
Eine Datenbank, in die Wissenschaftler Ergebnisse und Erfahrungen zu einem bestimmten Feld oder

Flußdiagramm

Problem eingeben. Eine föderierte Datenbank ist für die wissenschaftliche Zusammenarbeit von Problemen konzipiert, die von Einzelpersonen nicht gelöst werden können. → *siehe auch Datenbank.*

fokussieren *Vb.* (focus)
Bei Fernsehgeräten und Raster-scan-Displays die Scharfeinstellung des Elektronenstrahls, damit dieser auf einen einzelnen Punkt auf der Innenseite des Bildschirms auftrifft.

Folge *Subst.* (sequence, train)
Eine Sequenz von Elementen oder Ereignissen, z.B. eine digitale Impulsfolge, die aus übertragenen binären Signalen besteht.
Außerdem eine regelmäßige Anordnung, z.B. in einer Folge von Zahlen, etwa der Fibonacci-Folge. → *siehe auch Fibonacci-Zahlen.*

folgen *Vb.* (track)
Allgemein einem Pfad folgen.
In der Datenverwaltung dem Informationsfluß mittels eines manuell oder automatisch bedienten Systems folgen.
Im Bereich der Datenspeicherung und des Datenabrufs das Verfolgen und Lesen eines Aufnahmekanals auf einer Diskette oder einem Magnetband. Im Bereich der Computergrafik bewirken, daß sich ein Bildschirmsymbol (z.B. ein Mauszeiger) den Bewegungen einer Maus oder eines anderen Zeigegeräts entsprechend bewegt.

folgern *Vb.* (infer)
Die Formulierung einer Schlußfolgerung auf der Basis spezifischer Informationen – beispielsweise die Folgerung, daß Kanarienvögel ein Federkleid haben müssen, weil sie Vögel sind und Vögel Federn haben. Kennzeichnend für diesen Prozeß ist die Anwendung formeller Regeln der Logik oder die Verallgemeinerung einer Menge von Beobachtungen.

Folientastatur *Subst.* (membrane keyboard)
Eine Tastatur, bei der die eigentliche »Tastenmechanik« aus einer durchgehenden Plastik- oder Gummimatte (Membran) besteht und fast keinen Hub (Tastenbewegung) erfordert. Anstelle normaler, voll bewegungsfähiger Tasten verwenden flexible Tastaturen druckempfindliche Bereiche, die manchmal durch kleine Beulen unter der Membran definiert sind.

Follow-Up *Subst.* (follow-up)
Ein Posting an eine Newsgroup, die einen Artikel beantwortet. Das Follow-Up hat den gleichen Betreff wie der ursprüngliche Artikel. Ein Artikel mit sämtlichen Follow-Ups in der Reihenfolge des Erstelldatums ergibt einen Thread, den ein Benutzer über einen Newsreader lesen kann.

Font/DA Mover *Subst.*
Eine Anwendung für ältere Apple Macintosh-Systeme, die es dem Benutzer ermöglichen, Bildschirmschriften und Schreibtischzubehör zu installieren.

Font-Editor *Subst.* (font editor)
Ein Dienstprogramm zur Modifizierung vorhandener Schriften (Fonts) oder zur Erstellung und Speicherung neuer Schriften. Eine derartige Anwendung arbeitet im allgemeinen sowohl mit einer Bildschirmdarstellung der Schrift als auch mit einer auf einen PostScript oder anderen Druckern ladbaren Darstellung bzw. mit beiden. → *siehe auch Bildschirmschrift, PostScript-Schrift.*

Font-Karte *Subst.* (font card)
→ *siehe ROM-Karte, Schriftkassette.*

Font-Koffer *Subst.* (font suitcase)
Eine Datei bei Macintosh-Computern, die mehrere Schriftarten oder Desk Accessoires enthält. Diese Dateien sind in frühen Versionen des Betriebssystems durch einen Koffer mit dem Buchstaben *A* gekennzeichnet worden. Ab System 7.0 bezeichnet dieses Symbol einzelne Schriftarten.

Font-Seite *Subst.* (font page)
Ein Teil eines Videospeichers, der für die Aufnahme von Zeichendefinitionstabellen des Programmierers reserviert ist. Font-Seiten werden verwendet, um Text bei IBM Multi-Color Graphics Array Videosystemen anzuzeigen.

foo *Subst.*
Eine Zeichenfolge, die von Programmierern an Stelle von genaueren Informationen verwendet wird. Es können auch Variablen oder Funktionen in Codebeispielen, die Syntax anzeigen sollen, so-

F wie temporäre Scratch-Dateien mit *foo* bezeichnet werden. Programmierer können z. B. *foo* eingeben, um eine Eingabeverarbeitung für Zeichenfolgen zu prüfen. Wenn eine weitere Platzhalter-Zeichenfolge erforderlich ist, heißt diese bei amerikanischen Programmierern oft *bar*, was sich auf eine Redewendung von amerikanischen Soldaten bezieht: FUBAR. Dies ist eine Abkürzung für »Fouled Up Beyond All Recognition/Repair« (entspricht im Deutschen ungefähr der Redewendung »Vergiß es!«. Es existieren jedoch noch andere etymologische Erklärungen. → *Vgl. fred.*

Form *Subst.* (form)
Ein Begriff aus dem Bereich der optischen Medien. Ein Datenspeicherformat der CD-Technologie.
In der Programmierung eine Metasprache (z. B. Backus-Naur-Form), die für die Syntaxbeschreibung einer Sprache eingesetzt wird. → *siehe auch Backus-Naur-Form.*

formale Logik *Subst.* (formal logic)
Eine Untersuchung der logischen Ausdrücke, der Verkettung und der Gesamtkonstruktion eines gültigen Arguments, ohne Beachtung der Wahrheit des Arguments. Die formale Logik wird z. B. bei der Überprüfung der Fehlerfreiheit von Programmen eingesetzt.

formalisierte Sprache *Subst.* (formal language)
Eine Kombination aus Syntax und Semantik, die eine Computersprache vollständig definiert.
→ *siehe auch Backus-Naur-Form, Semantik, Syntax.*

Format *Subst.* (format)
Allgemein die Struktur oder Darstellung einer Dateneinheit.
In Verbindung mit Dokumenten die Anordnung der Daten in der Dokumentdatei, mit der typischerweise das Lesen oder Schreiben durch bestimmte Anwendungen ermöglicht wird. Eine Datei kann in vielen Anwendungen in einem verallgemeinerten – generischen – Format, z. B. reiner ASCII-Text, gespeichert werden.
Bei einem Datenträger stellt das Format die Anordnung von Bereichen zur Datenspeicherung (Spuren und Sektoren) dar.
In einer Datenbank bestimmt das Format die Reihenfolge und die Typen der Felder.

In Verbindung mit einer Tabellenkalkulation bestimmt das Format die Attribute einer Zelle, z. B. alphabetisch oder numerisch, die Anzahl der Ziffern, die Verwendung von Kommata und die Verwendung von Währungszeichen.
Ferner bezeichnet »Format« die Spezifikationen für die Anordnung von Text auf einer Seite oder in einem Absatz.

formatfreie Sprache *Subst.* (free-form language)
Eine Sprache, deren Syntax nicht durch die Position von Zeichen in einer Zeile gebunden ist. Hierzu gehören z. B. C und Pascal, FORTRAN jedoch nicht.

formatieren *Vb.* (format)
Das Ändern des Erscheinungsbilds des markierten Textes oder des Inhalts einer ausgewählten Zelle in einer Tabellenkalkulation.
In Verbindung mit Speichermedien bewirkt das Formatieren das Vorbereiten eines Datenträgers für das Verwalten der Speicherkapazität in einer Auflistung von »Datenabteilungen«. Jede Abteilung kann vom Betriebssystem so geortet werden, daß die Daten sortiert und abgerufen werden können. Wenn ein bereits verwendeter Datenträger erneut formatiert wird, gehen die vorher vorhandenen Informationen verloren.

Formatierung *Subst.* (formatting)
Bezeichnet bei Dokumenten die Elemente des Stils und der Darstellung, die durch die Verwendung von Rändern, Einzügen sowie unterschiedlichen Schriftgrößen, Schriftstärken und Schriftstilarten hinzugefügt werden.
In bezug auf Disketten bezeichnet Formatierung den Prozeß der Initialisierung einer Diskette, damit das Speichern von Informationen auf der Diskette möglich ist. → *siehe auch initialisieren.*

Formatpalette *Subst.* (format bar)
Eine Symbolleiste innerhalb einer Anwendung, die verwendet wird, um das Dokumentformat des angezeigten Dokuments zu ändern (z. B. das Ändern des Schriftgrads oder des Schriftschnitts).

Formatvorlage *Subst.* (style sheet)
Eine Datei mit Anweisungen zur Anwendung der Zeichen-, Absatz- und Seitenformatierungen bei Programmen für Textverarbeitung und DTP.

Formbrief *Subst.* (form letter)
Ein Dokument, das für den Druck und die Verteilung an eine Gruppe von Empfängern vorgesehen ist. In dieses Basisdokument fügt ein Serienbrief-Programm die aus einer Datenbank übernommenen Namen und Adressen ein. → *siehe auch Serienbrieffunktion.*

Formel *Subst.* (formula)
Eine mathematische Anweisung für die Beschreibung von Aktionen, die mit numerischen Werten auszuführen sind. Eine Formel stellt eine Berechnung in abstrakter Form ohne Berücksichtigung der tatsächlich einzusetzenden Werte dar. In einer Formel, z.B. $A + B$ stehen A und B stellvertretend für konkrete Werte, die der Benutzer je nach Problemstellung einsetzen kann. Eine Formel ist somit nicht mit einer arithmetischen Aufgabe, wie $1 + 2$ gleichzusetzen, die festgelegte Werte enthält und die bei Änderung von beliebigen Werten neu formuliert werden muß. In Anwendungen wie Tabellenkalkulationen lassen sich mit Hilfe von Formeln sog. »Was-wäre-wenn«-Szenarios durchrechnen, indem man ausgewählte Werte verändert und das Programm zum Neuberechnen der Ergebnisse veranlaßt. Umfangreichere Programme enthalten eine Vielzahl integrierter Formeln für die Ausführung von Standardberechnungen im geschäftlichen und mathematischen Bereich.

Formsatz *Vb.* (run around)
Ein Seitenlayout, bei dem der Text so positioniert wird, daß er um Abbildungen oder andere Konturen herumfließt.

Formular *Subst.* (form)
Ein strukturiertes Dokument, das reservierte Leerfelder – oft mit einer speziellen Codierung versehen – für die Eingabe von Informationen aufweist.
In einigen Anwendungen (insbesondere bei Datenbanken) versteht man unter einem Formular ein strukturiertes Fenster, Feld oder ein anderes eigenständiges Präsentationselement mit vordefinierten Bereichen für die Eingabe oder das Ändern von Informationen. Ein Formular ist ein sichtbarer »Filter« für die zugrundeliegenden Daten, die das Formular anzeigt. Ein Formular hat den allgemeinen Vorteil, daß Daten besser verwaltet und benutzerfreundlicher angezeigt werden können.

Formular, elektronisches *Subst.* (electronic form)
→ *siehe E-Form.*

FOR-Schleife *Subst.* (FOR loop)
Eine Steueranweisung, mit der sich ein Codeabschnitt entsprechend einer spezifizierten Anzahl wiederholt ausführen läßt. Syntax und Verwendung einer FOR-Schleife variieren von Sprache zu Sprache. In den meisten Fällen durchläuft der Wert einer Indexvariablen einen bestimmten Wertebereich, wobei ihm mit jedem Durchlauf des Programms durch den Codeabschnitt ein anderer (meist fortlaufender) Wert zugewiesen wird. → *siehe auch iterative Anweisung, Schleife durchlaufen.* → *Vgl. DO-Schleife.*

fortgesetzter Fehler *Subst.* (propagated error)
Ein Fehler, der als Eingabewert für eine andere Operation verwendet wird und demzufolge einen weiteren Fehler erzeugt.

Forth *Subst.*
Eine von Charles Moore in den späten sechziger Jahren entwickelte Programmiersprache. Der Name »Forth« leitet sich vom englischen Wort »fourth« (vierte) ab, da Moore der Ansicht war, daß es sich um eine Sprache der vierten Generation handelt und daß ihm sein Betriebssystem die Verwendung von nur fünf Buchstaben für einen Programmnamen zuläßt. Forth ist eine interpretierte, strukturierte Sprache, die es dem Programmierer durch die Technik des Threading ermöglicht, die Sprache selbst zu erweitern und an unterschiedliche Funktionsbereiche bei gleichzeitig minimalem Platzbedarf anzupassen. Im Gegensatz zu den meisten anderen Programmiersprachen verwendet Forth für mathematische Ausdrücke die Postfix-Notation und verlangt vom Programmierer, direkt mit den Programm-Stack zu arbeiten. → *siehe auch 4GL, Interpretersprache, Postfix-Notation, Stack, Threading.*

fortlaufende Datenstruktur *Subst.* (contiguous data structure)
Eine Datenstruktur, z.B. ein Array, die in aufeinanderfolgenden Speicherstellen abgelegt wurde. → *siehe auch Datenstruktur.* → *Vgl. unterbrochene Datenstruktur.*

FORTRAN *Subst.*
Abkürzung für **FOR**mula **TRAN**slation, zu deutsch

»Formelübersetzung«. Die erste Hochsprache für Computer (entwickelt 1954–58 von John Backus) und der Vorläufer vieler Schlüsselkonzepte, z. B. Variablen, Ausdrücke, Anweisungen, iterative und bedingte Anweisungen, separat kompilierte Unterprogramme und formatierte Eingabe/Ausgabe. FORTRAN ist eine kompilierte, strukturierte Sprache. Der Name weist auf die Wurzeln im wissenschaftlichen und technischen Bereich hin. In diesen Gebieten wird FORTRAN immer noch in starkem Maße eingesetzt, obwohl die Sprache selbst in den letzten 35 Jahren gewaltig erweitert und verbessert wurde, so daß sie heute als eine universelle Sprache angesehen werden kann. → *siehe auch Compiler-Sprache, strukturierte Programmierung.*

Fortune-Cookie *Subst.* (fortune cookie)
Ein Sprichwort, eine Voraussage, ein Witz oder eine andere Aussage, die willkürlich aus einer Auflistung derartiger Elemente am Bildschirm von einem Programm angezeigt werden. Fortune-Cookies werden gelegentlich beim An- und Abmelden von UNIX-Systemen angezeigt.

Forum *Subst.* (forum)
Ein Medium, das von einem Online-Service oder einem BBS für Benutzer zur Verfügung gestellt wird, damit geschriebene Diskussionen zu einem bestimmten Thema über Nachrichten erstellt werden können. Bei dem am weitesten verbreiteten Forum im Internet handelt es sich um die Newsgroups in Usenet.

Forum of Incident Response and Security Teams *Subst.*
→ *siehe FIRST.*

FOSDIC *Subst.*
Abkürzung für Film Optical Sensing Device for Input to Computers. Ein von der US-Regierung verwendetes Gerät, das Dokumente von Mikrofilm liest und sie digital auf Magnetband oder Diskette speichert, damit der Computer auf sie zugreifen kann.

fotoelektrisches Gerät *Subst.* (photoelectric device)
Ein Gerät, das ein elektrisches Signal mit Hilfe von Licht erzeugt oder moduliert. Fotoelektrische Geräte arbeiten auf Halbleiterbasis und lassen sich in zwei Kategorien unterteilen: 1. (Fotozelle) Das auf den Halbleiter einfallende Licht erzeugt einen elektrischen Strom. 2. (Fotosensor) Das Licht verändert den Widerstand des Halbleitermaterials und moduliert dadurch die am Bauelement anliegende Spannung.

Fotografie, digitale *Subst.* (digital photography)
→ *siehe digitale Fotografie.*

Fotolithografie *Subst.* (photolithography)
Bei der Herstellung integrierter Schaltkreise eingesetzte Technologie. Den Ausgangspunkt bildet das gezeichnete Schaltkreismuster, das fotografisch zu einem Negativ, der sog. *Fotomaske*, mit den erforderlichen Abmessungen verkleinert wird. Über diese Fotomaske erfolgt die Belichtung eines Halbleiter-Wafer, der mit einem fotoresistiven Material (Fotolack) beschichtet ist. Das durch die Maske hindurchtretende Licht verändert die Struktur des Materials. Im nächsten Schritt wird der unbelichtete Fotolack abgewaschen. Schließlich setzt man das Halbleitermaterial einer Ätzlösung aus, die an den nicht durch Fotolack geschützten Stellen der Oberfläche einwirken kann, um das gewünschte Schaltkreismuster auf dem Wafer zu erzeugen. → *siehe auch Fotomaske, fotoresistives Material.*

Fotomaske *Subst.* (photomask)
Ein fotografisches Negativbild eines Schaltkreismusters, das bei der Herstellung von integrierten Schaltkreisen verwendet wird. → *siehe auch Fotolithografie.*

Fotorealismus *Subst.* (photorealism)
Das Erzeugen von Bildern, die sich in bezug auf ihre Qualität so eng wie möglich an fotografische oder »lebensnahe« Darstellungen annähern. In der Computergrafik erfordert Fotorealismus leistungsstarke Computer mit hochkomplizierter Software und ist stark mathematisch geprägt. → *siehe auch Raytracing.*

fotoresistives Material *Subst.* (photoresist)
Ein fotoempfindlicher Lack, der bei der fotolithografischen Herstellung von integrierten Schaltkreisen und gedruckten Leiterplatten zum Einsatz kommt. Die zu bearbeitende Oberfläche wird mit

fotoresistivem Material beschichtet und über eine Fotomaske mit ultraviolettem Licht bestrahlt. Dabei polymerisiert (härtet) das belichtete fotoresistive Material. Die unbelichteten Bereiche lassen sich abwaschen, und es bleibt das gewünschte Muster auf dem Substrat. Ein nachfolgender Ätzprozeß entfernt die Bereiche, die nicht durch das polymerisierte, fotoresistive Material geschützt sind.

Fotosatz *Subst.* (photocomposition)
In der traditionellen Satztechnik die Verwendung von fotografischen und elektronischen Einrichtungen für die Herstellung des Layouts und das Produzieren einer gedruckten Seite. Im Desktop Publishing die Verwendung von Fotosatzdruckern für den gleichen Zweck. → *siehe auch Fotosatzdrucker.* → *Vgl. Belichter.*

Fotosatzdrucker *Subst.* (phototypesetter)
Einem Fotosatzdrucker ähnlicher Drucker, der jedoch Auflösungen von über 2000 Punkt pro Zoll erreicht. Fotosatzdrucker führen das Licht direkt auf fotografischen Film oder fotoempfindliches Papier. → *siehe auch Fotosatz.* → *Vgl. Belichter.*

Fotosensor *Subst.* (photosensor)
→ *siehe fotoelektrisches Gerät.*

Fotozelle *Subst.* (photo cell)
→ *siehe fotoelektrisches Gerät.*

Fourier-Transformation *Subst.* (Fourier transform)
Eine vom französischen Mathematiker Jean-Baptiste Joseph Fourier (1768–1830) entwickelte mathematische Methode für Signalverarbeitungs- und Signalerzeugungsaufgaben, z.B. Spektralanalyse und Bildverarbeitung. Die Fourier-Transformation wandelt ein Signal, bei dem es sich um eine Funktion der Zeit, des Raums oder um eine Funktion für beide Komponenten handelt, in eine Funktion der Frequenz um. Die inverse Fourier-Transformation wandelt eine Funktion der Frequenz in eine Funktion der Zeit, des Raums oder für beide Komponenten um. → *siehe auch Fast-Fourier-Transformation.*

FPD *Subst.*
→ *siehe Ganzseitenbildschirm.*

FPLA *Subst.*
→ *siehe wiederprogrammierbare Logik.*

FPU *Subst.*
Abkürzung für Floating-Point Unit. Ein Schaltkreis, der Gleitkomma-Berechnungen ausführt. → *siehe auch Gleitkomma-Operation, Leitung.*

.fr
Im Internet ein Kürzel für die übergreifende Länder-Domäne, die eine Adresse in Frankreich angibt.

Fractional T1 *Subst.* (fractional T1)
Eine freigegebene Schaltung zu einer T1-Leitung, in der lediglich ein Bruchteil der 24 Sprach- oder Datenkanäle von T1 verwendet wird. → *siehe auch T1.*

FRAD *Subst.*
→ *siehe Frame-Relay-Assembler/Disassembler.*

Fragezeichen *Subst.* (question mark)
In einigen Betriebssystemen und Anwendungen ein Jokerzeichen, das oft stellvertretend für ein beliebiges anderes Zeichen steht. Das Fragezeichen ist eines der beiden Jokerzeichen, die MS-DOS, Windows NT und OS/2 unterstützen. → *siehe auch Sternchen.*

Fragmentierung *Subst.* (fragmentation)
Die Zerstückelung ein und derselben Datei über verschiedene Bereiche der Diskette. Fragmentierung ergibt sich auf einer Diskette aus dem Löschen und Hinzufügen von Dateien. Eine derartige Fragmentierung verlangsamt den Diskettenzugriff und verschlechtert – wenn auch nicht dramatisch, die Gesamtleistung von Diskettenoperationen. Für die Neuanordnung von Daten auf fragmentierten Disketten sind entsprechende Dienstprogramme verfügbar.

Fraktal *Subst.* (fractal)
Ein 1975 vom Mathematiker Benoit Mandelbrot geprägtes Wort zur Beschreibung einer Klasse von Figuren, die zwar ein unregelmäßiges Muster bilden, das aber nach gewissen Gesetzmäßigkeiten entsteht. Computergrafiker verwenden oft die Fraktal-Technik, um naturähnliche Bilder, z.B. Landkarten, Wolken oder Wälder, zu erzeugen.

Das kennzeichnende Charakteristika der Fraktale besteht darin, daß sie »selbstähnlich« sind. Vergrößert man ein beliebiges Teilstück eines Fraktals, weist es die gleiche Gestalt wie das gesamte Bild auf. Diese Eigenschaft läßt sich etwa mit einer Küstenlinie vergleichen, die sowohl für einen Staat als auch für den gesamten Kontinent eine jeweils ähnliche Struktur zeigt. Es ist oft schwierig, den Umfang einer derartigen Figur exakt zu messen, da die Gesamtlänge von der Größe des kleinsten berücksichtigten Elements abhängig ist. Möchte man z.B. die Länge einer Küstenlinie in ihrem realen Verlauf bestimmen, kann man einerseits nur Halbinseln und Buchten berücksichtigen oder bei einer höheren Vergrößerung jeden kleinen Vorsprung und Landungssteg usw. einbeziehen. Ein gegebenes Fraktal kann in der Tat eine endliche Fläche, aber einen unendlichen Umfang aufweisen. Diesen Figuren wird eine gebrochene Dimension – z.B. zwischen 1 (Linie) und 2 (Ebene) – zugeschrieben, woraus sich auch der Name Fraktal ableitet. → *siehe auch Graftal, zellularer Automat.*

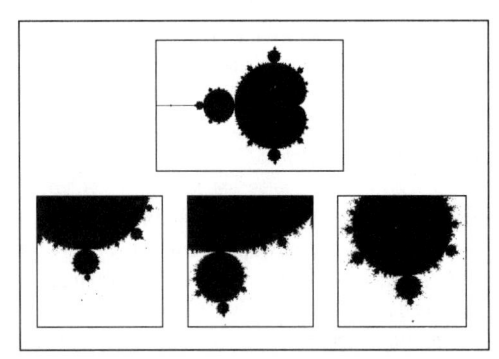

Fraktal: Das erste Bild zeigt die klassische Mandelbrotmenge. Die Bilder darunter sind aufeinanderfolgende Vergrößerungen des ersten Bildes.

FRAM *Subst.*
Abkürzung für Ferromagnetic Random Access Memory. Eine Technologie der Datenspeicherung für die semipermanente Aufzeichnung auf kleinen Karten oder Streifen, die mit einem ferromagnetischen Film beschichtet sind. Daten, die auf Band oder auf Datenträger gespeichert sind, werden angehalten, wenn keine Energieversorgung eingeschaltet ist. Auf Daten, die sich auf einem Halbleiter-RAM befinden, kann ein Computer in beliebiger Reihenfolge zugreifen.

Frame *Subst.* (frame)
Ein rechteckiger Abschnitt einer Seite, die von einem Web-Browser angezeigt wird, bei der es sich um ein separates HTML-Dokument der restlichen Seite handelt. Web-Seiten können mehrere Frames haben, die jeweils ein eigenes Dokument darstellen. Jeder Frame erhält die gleichen Fähigkeiten wie eine Web-Seite ohne Frames, einschließlich des Bildlaufs und des Verknüpfens mit einem anderen Frame oder einer Website. Diese Fähigkeiten können unabhängig von anderen Frame auf der Seite verwendet werden. Frames, die in Netscape Navigator 2.0 eingeführt wurden, dienen häufig als Inhaltsverzeichnis für HTML-Dokumente auf einer Website. Die meisten aktuellen Versionen der Web-Browser unterstützen Frames, ältere Versionen jedoch nicht. → *siehe auch HTML-Dokument, Web-Browser.*

Frame Grabber *Subst.* (frame grabber)
→ *siehe Video-Digitizer.*

Frame Relay *Subst.* (frame relay)
Ein Protokoll für den Austausch von Paketen auf Weitbereichsnetzen. Frame Relay überträgt Pakete mit variabler Länge mit bis zu 1.544 Mbps. Es handelt sich hierbei um eine Variante von X.25. Dieses Protokoll verzichtet jedoch auf einige Komponenten zur Fehlererkennung, um eine höhere Geschwindigkeit zu gewährleisten. → *siehe auch ATM, X.25.*

Frame-Relay-Assembler/Disassembler *Subst.* (frame relay assembler/disassembler)
Eine Combination Channel Service Unit/Digital Service Unit (CSU/DSU) und ein Router, der eine Verbindung zwischen einem internen Netzwerk mit einem Frame Relay herstellt. Das Gerät konvertiert Daten (die als IP-Pakete gepackt sein können, um mit einem anderen Netzwerk-Protokoll im Einklang zu sein) in Pakete für die Übertragung über das Frame Relay-Netzwerk und wandelt diese Pakete wieder in das ursprüngliche Format um. Da es sich hierbei um eine Direktverbindung ohne Firewall handelt, sind andere Schutzmaßnahmen erforderlich. → *siehe auch Firewall, Frame Relay, IP.*

Framework *Subst.* (framework)
Ein Begriff aus der objektorientierten Programmierung. Eine erneut einsetzbare Design-Grund-

struktur, die aus abstrakten und konkreten Klassen besteht und das Erstellen von Anwendungen unterstützt. → *siehe auch abstrakte Klasse, objektorientierte Programmierung.*

FRC *Subst.*
→ *siehe Functional Redundancy Checking.*

fred *Subst.*
Ein Schnittstellen-Dienstprogramm für X.500. → *siehe auch CCITT X series.*
Außerdem eine Platzhalter-Zeichenfolge, die von Programmierern in Syntaxbeispielen als Platzhalter für eine Variable verwendet wird. Wenn ein Programmierer *fred* verwendet, kann es sich bei dem nächsten Platzhalter z. B. um *barney* handeln. → *Vgl. foo.*

FreeBSD *Subst.*
Eine kostenlos erhältliche Version von BSD UNIX (Berkeley Software Distribution UNIX) für IBM-PCs und IBM-kompatible PCs. → *siehe auch BSD UNIX.*

Freenet *Subst.* (freenet)
Ein gemeinschaftlicher BBS- und Internet-Dienstanbieter, der in der Regel von freiwilligen Mitarbeitern verwaltet wird. Dieser Provider stellt den Zugriff für Abonnenten entweder kostenlos oder gegen ein sehr geringes Entgelt zur Verfügung. Zahlreiche Freenets werden von öffentlichen Bibliotheken oder Universitäten in den USA verwaltet. → *siehe auch Internet Service-Provider.*

.freenet.edu
Im Internet ein Kürzel für die übergreifende Länder-Domäne, die eine Adresse im Freenet angibt. → *siehe auch Freenet.*

Free Software Foundation *Subst.*
Ein amerikanischer Interessenverband, der von Richard Stallman gegründet wurde. Diese Organisation setzt sich dafür ein, daß Software frei verfügbar ist, die für nicht kommerzielle Zwecke eingesetzt wird. Die Free Software Foundation verwaltet GNU-Software, ein UNIX-System, das kostenlos erhältlich ist. → *siehe auch GNU.*

Freeware *Subst.* (freeware)
Ein Computerprogramm, das kostenlos abgegeben wird und oft über das Internet oder Benutzergruppen zu beziehen ist. Ein unabhängiger Programmentwickler bietet ein Programm als Freeware an, um sich z. B. einen Namen zu machen oder die Akzeptanz bei interessierten Benutzern festzustellen. Freeware-Entwickler behalten oft alle Rechte an ihrer Software, und den Benutzern steht es nicht in jedem Fall frei, das entsprechende Programm zu kopieren oder weiterzugeben. → *Vgl. freie Software, Public-Domain-Software, Shareware.*

Freeze-Frame Video *Subst.* (freeze-frame video)
Eine Technik, bei der sich Videobilder nur in einem bestimmten Sekundentakt bewegen. → *Vgl. Full-Motion-Video.*

freie Kapazität *Subst.* (free space)
Der Speicherplatz einer Diskette oder einer Festplatte, der nicht mit Daten belegt ist. → *siehe auch Festplatte, Floppy Disk.*

freier Block *Subst.* (free block)
Bezeichnet eine momentan nicht benutzte Speicher-Region (Block).

freie Software *Subst.* (free software)
Software, deren Weitergabe komplett mit Quellcode und kostenlos erfolgt. Den Benutzern steht das Recht zu, die Programme frei zu verwenden, zu modifizieren und weiterzugeben, unter der Voraussetzung, daß alle Veränderungen deutlich gekennzeichnet und weder der Name noch der Copyright-Vermerk des Originalautors gelöscht oder verändert werden. Im Gegensatz zur Freeware, die ein Benutzer in der Regel nicht verändern darf, ist freie Software durch eine Lizenzvereinbarung geschützt. Freie Software ist ein Konzept, als dessen Vorreiter Free Software Foundation in Cambridge, Massachusetts gilt. → *Vgl. Freeware, Public-Domain-Software, Shareware.*

freigeben *Vb.* (release)
Vorgang, bei dem eine Anwendung die Verfügung über einen Speicherblock, ein Gerät oder eine andere Systemressource an das Betriebssystem zurückgibt.
Außerdem bezeichnet »freigeben« das offizielle Einführen eines Produkts auf dem Markt.

Freihand-Markierwerkzeug *Subst.* (clipping path)
Ein Werkzeug, mit dem sich ein Polygon oder eine

Kurve zeichnen läßt, um auf diese Weise einen Bereich in einem Dokument zu markieren. Beim Druck des Dokuments wird dann nur der markierte Bereich ausgegeben. → *siehe auch PostScript.*

freistellen *Vb.* (crop)
In der Computergrafik das Löschen bestimmter Teile einer Grafik, z.B. nicht benötigter Bereiche einer Grafik oder überstehender Ränder. Analog zur herkömmlichen Drucktechnik, bei der der Vorgang mit der Schere oder einem anderen Schneidewerkzeug durchgeführt wird, dient das Freistellen in einem Grafikprogramm dazu, eine Grafik zuzuschneiden, um diese anschließend in ein Dokument einzufügen und dort zu plazieren.

Fremdhersteller *Subst.* (third party)
Ein Unternehmen, das Zubehör oder Peripheriegeräte für den Einsatz mit Computern oder peripheren Geräten eines Hauptherstellers (gewöhnlich ohne dessen Mitwirkung) herstellt und verkauft.

Frequently Asked Questions *Subst.* (frequently asked questions)
→ *siehe FAQ.*

Frequenz *Subst.* (frequency)
Die Häufigkeit, in der ein periodisches Ereignis auftritt (z.B. ein Signal, das einen kompletten Zyklus durchläuft). Als Maßeinheit der Frequenz gilt 1 Hertz (Hz), das einem einmaligen Auftreten eines Ereignisses (Schwingung) pro Sekunde entspricht. Für die Stromversorgung der Haushalte wird Wechselstrom mit 50 Hz (in den USA 60 Hz) verwendet. Frequenzen mißt man außerdem in Kilohertz (kHz, 1000 Hz), Megahertz (MHz, 1000 kHz), Gigahertz (GHz, 1000 MHz) oder Terahertz (THz, 1000 GHz). → *Vgl. Wellenlänge.*

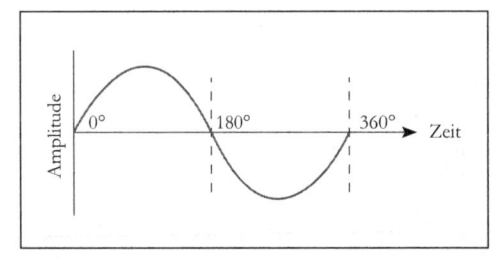

Frequenz

Frequenzbereich *Subst.* (grade)
Ein Begriff aus dem Bereich der Kommunikation. Der Bereich der Frequenzen, die für die Übertragung auf einem einzelnen Kanal verfügbar sind. Die Frequenzen für Telefone mit Sprachempfang liegen z.B. im Bereich von ungefähr 300 Hz bis 3400 Hz.

Frequenzdivisions-Multiplexing *Subst.* (frequency-division multiplexing)
→ *siehe FDM.*

Frequenzgang *Subst.* (frequency response)
Der Frequenzbereich, den ein Audio-Gerät von seinen Eingangssignalen reproduzieren kann. → *siehe auch Frequenz.*

Frequenzmodulation *Subst.* (frequency modulation)
Abgekürzt FM. Eine Methode der Informationscodierung in einem elektrischen Signal durch Veränderung der Frequenz. Frequenzmodulation wird z.B. im FM-Rundfunkband und für den Tonkanal bei Fernsehübertragungen eingesetzt. → *Vgl. Amplitudenmodulation.*

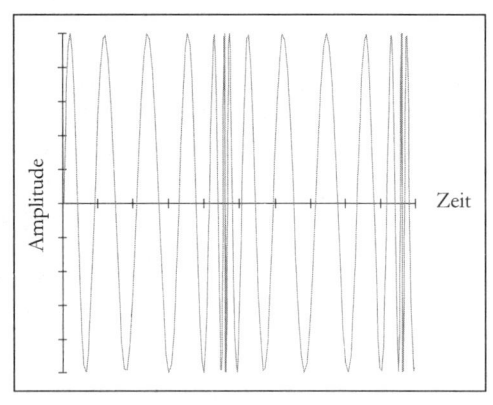

Frequenzmodulation

Frequenzmodulationscodierung *Subst.* (frequency modulation encoding)
Abgekürzt FM-Codierung. Ein Verfahren der Informationsspeicherung auf einer Diskette, bei dem außer den eigentlichen Daten noch zusätzliche Synchronisationsinformationen – die sog. Taktimpulse – auf der Oberfläche aufgezeichnet werden. Durch diese Taktimpulse ist auf der Diskette mehr Platz erforderlich, so daß die FM-Codierung rela-

tiv uneffektiv ist. An ihre Stelle ist inzwischen die effizientere Methode, die sog. *modifizierte Frequenzmodulationscodierung*, und die kompliziertere, aber hocheffiziente RLL-Technik (Run-Length limited) getreten. → *Vgl. Modified Frequency Modulation encoding, Run-Length Limited encoding.*

Frequenzsprung-Verfahren *Subst.* (frequency hopping)
Das Wechseln von Frequenzen innerhalb einer festgelegten Bandbreite während einer Point-To-Point-Übertragung. Durch Frequenzsprung-Verfahren wird die Gefahr verringert, daß Signale angezapft werden können. Außerdem schützt dieses Verfahren vor den Auswirkungen einer Einfrequenz-Blockierung.

Frequenzwechsel-Codierung *Subst.* (frequency-shift keying)
→ *siehe FSK.*

Frequenzzähler *Subst.* (frequency counter)
Ein Element eines Prüfgerätes, das die Frequenzen elektronischer Signale aufzeichnet und anzeigt.
Frequenzzähler werden auch in elektronischen Schaltkreisen verwendet, die häufig in Computern zur Prozeßsteuerung eingebettet sind und die Häufigkeit von Ereignissen zählen.

Friktionsantrieb *Subst.* (friction feed)
Eine Vorrichtung zum Papiertransport in einem Drucker, wobei das Papier entweder zwischen Druckwalze und Andruckrollen oder (bei Druckern, die keine Walze aufweisen) zwischen paarweise angeordnete Rollen gepreßt wird. Die meisten Drucker verfügen über einen Friktionsantrieb, um Papier ohne Perforation verwenden zu können. Ist ein Drucker sowohl mit Traktorvorschub als auch mit einem Friktionsantrieb ausgestattet, sollte man bei Bedienung des Traktors den Friktionsantrieb entriegeln, um unnötigen Zug auf den Traktorantrieb zu vermeiden. → *siehe auch Walze.* → *Vgl. Stachelwalze, Traktorvorschub.*

Fringeware *Subst.* (fringeware)
Freeware, deren Zuverlässigkeit und Wert umstritten sind. → *siehe auch Freeware.*

Front End *Subst.* (front end)
In Anwendungen, Software oder einer Software-Funktion stellt Front End einer anderen Anwendung oder einem Werkzeug eine Oberfläche zur Verfügung. Front Ends werden oft eingesetzt, um eine häufig verwendete Oberfläche für Werkzeuge zur Verfügung zu stellen, die von einem Software-Hersteller stammen. Die Oberfläche ist in der Regel benutzerfreundlicher als die Oberfläche der Anwendung, die »im Hintergrund« ausgeführt wird.

Front-End-Prozessor *Subst.* (front-end processor)
Im allgemeinen ein Computer oder eine Verarbeitungseinheit, die Daten produziert und manipuliert, bevor sie ein anderer Prozessor empfängt. → *Vgl. Back-end-Prozessor.*
In der Kommunikationstechnik ein Computer, der zwischen die Übertragungsleitungen und einen Hauptcomputer (Host) geschaltet ist und den Host von Verwaltungsaufgaben hinsichtlich der Datenübertragung entlastet. Ein Front-End-Prozessor ist nur für die Behandlung der übertragenen Informationen bestimmt. Die von einem derartigen Gerät ausgeführten Dienste umfassen die Fehlererkennung und Steuerung, den Empfang, das Senden und möglicherweise das Codieren von Nachrichten sowie die Verwaltung der von anderen Geräten ankommenden und zu ihnen abgehenden Leitungen. Manchmal wird dieser Begriff auch als Synonym für Kommunikations-Controller gebraucht. → *siehe auch Kommunikations-Controller.*

Frontplatte *Subst.* (front panel)
Die vordere Abdeckung eines Computergehäuses, über die Einstellknöpfe, Schalter und Kontrollanzeigen dem Bediener zugänglich sind. → *siehe auch Konsole.*

frühe Bindung *Subst.* (early binding)
→ *siehe statische Bindung.*

fs *Subst.*
→ *siehe Femtosekunde.*

FSK *Subst.*
Abkürzung für **F**requency-**S**hift **K**eying, zu deutsch »Frequenzumtastung«. FSK ist eine einfache Modulationsform, bei der die Darstellung der digitalen Werte 0 und 1 durch zwei unterschiedliche Frequenzen erfolgt. Dieses Verfahren wurde z.B. bei älteren Modems (mit Übertragungsgeschwindigkeiten von 300 bit pro Sekunde) eingesetzt.

F-Stecker *Subst.* (F connector)
Ein koaxialer Stecker, der in erster Linie bei Video-Anwendungen eingesetzt wird. Für diesen Stecker ist eine Einschraubvorrichtung erforderlich.

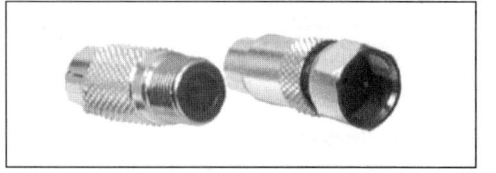

F-Stecker: Weiblich (links) und männlich

FT1 *Subst.*
→ *siehe Fractional T1.*

FTAM *Subst.*
Abkürzung für File-Transfer Access and Management. Ein Kommunikationsstandard für die Übertragung von Dateien zwischen unterschiedlichen Computerplattformen.

F-Tasten *Subst.* (F keys)
→ *siehe Funktionstaste.*

FTP *Subst.*
Abkürzung für »File Transfer Protocol«. Ein Protokoll, das für das Kopieren von Dateien eines Ferncomputersystems auf ein Netzwerk mit TCP/IP (z. B. das Internet) eingesetzt wird. Mit diesem Protokoll können Benutzer außerdem FTP-Befehle für Dateien ausführen. Diese Funktion wird besonders für das Auflisten von Dateien und Verzeichnissen des Ferncomputersystems genutzt. → *siehe auch TCP/IP.*
»FTP« ist gleichzeitig eine häufig verwendete Logon-ID für Anonymous FTP.
Das Herunterladen oder Laden von Dateien für Ferncomputersysteme über das File Transfer Protocol des Internet wird ebenfalls als »FTP« bezeichnet. Hierfür ist ein FTP-Client für die Dateiübertragung an bzw. vom Ferncomputersystem erforderlich, das einen FTP-Server haben muß. Der Benutzer benötigt außerdem in der Regel ein Account für FTP-Dateien auf dem Ferncomputersystem. Zahlreiche FTP-Sites lassen jedoch den Zugriff über Anonymous FTP zu. → *siehe auch FTP-Client, FTP-Server.*

FTP-Befehle *Subst.* (FTP commands)
Befehle, die Bestandteil des File Transfer Protocol sind. → *siehe auch FTP.*

FTP-Client *Subst.* (FTP client)
Ein Programm, das es dem Benutzer ermöglicht Dateien über ein Netzwerk (z. B. das Internet, das das File Transfer Protocol verwendet) von der FTP-Site herunterzuladen bzw. an die Site zu senden. → *siehe auch FTP.* → *Vgl. FTP-Server.*

FTP-Programm *Subst.* (FTP program)
→ *siehe FTP-Client.*

FTP-Server *Subst.* (FTP server)
Ein Datei-Server der das File Transfer Protocol einsetzt, damit Benutzer Dateien über das Internet oder ein anderes TCP/IP-Netzwerk übertragen können. → *siehe auch FTP, FTP-Client, TCP/IP.* → *Vgl. FTP-Client.*

FTP-Site *Subst.* (FTP site)
Die Auflistung der Dateien und Programme, die sich auf einem FTP-Server befinden. → *siehe FTP-Server.* → *siehe auch FTP, FTP-Server.*

führende Null *Subst.* (leading zero)
Eine Null, die der höchstwertigsten (am weitesten links stehenden) Ziffer einer Zahl vorangeht. Führende Nullen werden lediglich als Füllzeichen in Feldern mit numerischen Werten verwendet und haben keine Bedeutung für den Wert einer Zahl.

führende Nullen unterdrücken *Subst.* (zero suppression)
Die Beseitigung führender (bedeutungsloser) Nullen in einer Zahl, z. B. kürzt die Unterdrückung führender Nullen die Zahl 000123.456 auf 123.456. → *siehe auch signifikante Stellen.*

füllen *Vb.* (fill, padding, paint)
In Verbindung mit Grafikprogrammen das »Ausmalen« eines Teils einer Zeichnung mit Farbe. Wird dabei ein Füllwerkzeug eingesetzt, wird der Innenbereich einer geschlossenen Figur, z. B. eines Kreises, vollständig mit Farbe oder einem Muster gefüllt. Der Teil der Figur, der sich einfärben oder mit einem Muster versehen läßt, ist der Füllbereich. Zeichenprogramme bieten häufig diverse Werkzeuge (Tools) für die Erzeugung gefüllter

oder leerer Figuren, wobei der Benutzer die jeweilige Farbe bzw. das Muster festlegen kann.
In der Datenspeicherung bezeichnet »füllen« das Hinzufügen von einem oder mehreren Bit (in der Regel Nullen) zu einem Datenblock, um diesen auf eine vorgegebene Länge zu bringen, eine bestimmte Position der eigentlichen Datenbit zu erzwingen oder das doppelte Auftreten eines Bitmusters mit hervorgehobener Bedeutung, z.B. bei einem eingebetteten Befehl, im Datenstrom zu verhindern.

Füllfarbe *Subst.* (paint)
Farben und Muster, die man in Grafikprogrammen einem Werkzeug, z.B. einem Pinsel oder einer Sprühdose, zuweist und für das Ausfüllen einer Zeichnung verwendet.

Füllzeichen *Subst.* (leader, pad character)
In Dokumenten eine Zeile aus Punkten, Bindestrichen oder anderen gebräuchlichen Zeichen, die das Auge beim Aufsuchen miteinander in Beziehung stehender Informationen führen. Viele Textverarbeitungen und andere Programme bieten Funktionen zur Erzeugung von Füllzeichen.
Bei der Datenspeicherung stellt ein Füllzeichen ein zusätzliches Zeichen ohne eigentliche Bedeutung dar, das bei der Eingabe und Speicherung von Daten in einen vorgegebenen Block mit festgelegter Länge, z.B. ein Feld mit fixer Länge, eingefügt wird, um unbenutzte Positionen definiert zu besetzen.

fünfte Computergeneration *Subst.* (fifth-generation computer)
→ *siehe Computer.*

Fünfte Normalenform *Subst.* (fifth normal form)
Abgekürzt 5NF. → *siehe Normalform.*

Full-Motion-Video *Subst.* (full-motion video)
Digitales Video, das mit 30 Frames pro Sekunde (fps) angezeigt wird. → *Vgl. Freeze-Frame Video.*

Full-Motion-Videokarte *Subst.* (full-motion video adapter)
Eine Expansion Card für einen Computer, der analoges Video (z.B. von einem Videorecorder) in ein digitales Format (z.B. AVI, MPEG oder Motion JPEG) umwandeln kann, das vom Computer verarbeitet werden kann. → *siehe auch AVI, Motion JPEG, MPEG.*

Functional Redundancy Checking *Subst.* (functional redundancy checking)
Der Doppelbetrieb von zwei Tandem-Prozessoren für die Überprüfung der Ergebnisse. Ein Chip wird als Hauptchip *(Master)*, der andere für die Überwachung *(Watchdog)* geschaltet. Beiden Chips werden die gleichen Anweisungen gesendet. Die daraus resultierenden Berechnungen werden verglichen, um somit die korrekte Ausgabe sicherzustellen.

Funktion *Subst.* (function)
Der Verwendungszweck eines Programms bzw. einer Routine oder die durch sie ausgeführte Aktion. Der Begriff »Funktion« steht auch verallgemeinernd für ein Unterprogramm.
In einigen Sprachen, z.B. Pascal, bezeichnet »Funktion« ein Unterprogramm, das einen Wert zurückgibt. → *siehe auch Funktionsaufruf, Prozedur, Routine, Unterroutine.*

funktionale Spezifikation *Subst.* (functional specification)
Eine Beschreibung von Gültigkeitsbereichen, Zielstellungen und Betriebsarten, die bei der Entwicklung eines Informationsverarbeitungs-Systems zu beachten sind.

Funktion, eingeschränkte *Subst.* (restricted function)
→ *siehe eingeschränkte Funktion.*

funktionelle Programmierung *Subst.* (functional programming)
Ein Programmierverfahren, bei dem alle Sprachmittel als Funktionen (Unterprogramme) bereitgestellt werden, die in der Regel auch keine Seiteneffekte aufweisen. Herkömmliche Zuweisungen sind in echten funktionellen Programmiersprachen nicht vorhanden und werden durch Kopier- und Modifizierungs-Operationen realisiert. Funktionelle Programmierung gewinnt vor allem mit Parallelverarbeitung zunehmend an Bedeutung.
→ *siehe auch Seiteneffekt.*

funktionelles Design *Subst.* (functional design)
Die Beschreibung der Wechselbeziehung zwischen den aktiven Teilen eines Computersystems, einschließlich der Einzelheiten logischer Komponenten und der Art und Weise ihres Zusammenwir-

kens. Das funktionelle Design wird grafisch in einem Funktionsdiagramm mittels spezieller Symbole zur Verkörperung der Systemelemente dargestellt.

Funktion, externe *Subst.* (external function)
→ *siehe XFCN.*

Funktion, mathematische *Subst.* (mathematical function)
→ *siehe mathematische Funktion.*

Funktionsaufruf *Subst.* (function call)
Die Anfrage eines Programms nach der Ausführung einer bestimmten Funktion. Ein Funktionsaufruf ist mit dem Namen der Funktion und den Parametern codiert, die für die Ausführung des entsprechenden Tasks erforderlich sind. Die Funktion selbst kann zum Programm gehören, in einer anderen Datei gespeichert werden und zum Zeitpunkt der Kompilierung in das Programm eingebunden werden oder auch Teil des Betriebssystems sein. → *siehe auch Funktion.*

Funktionsbibliothek *Subst.* (function library)
Eine Sammlung von Routinen, die gemeinsam kompiliert wurden. → *siehe auch Bibliothek, Funktion, Toolbox.*

Funktionstaste *Subst.* (function key)
Eine der mit F1, F2, F3 usw. beschrifteten 10 oder mehr Tasten, die an der linken Seite oder in der oberen Reihe (oder beides) einer Tastatur angeordnet sind und durch verschiedene Programme für spezielle Aufgaben eingesetzt werden. Die Bedeutung einer Funktionstaste wird durch ein Programm oder in einigen Fällen durch den Benutzer festgelegt. Über Funktionstasten kann ein Anwendungsprogramm oder ein Betriebssystem entweder einen Schnellzugriff auf eine Reihe allgemeiner Befehle (z.B. der Aufruf der Online-Hilfe-Funktion eines Programms) oder Funktionen bereitstellen, die anderweitig nicht erreichbar sind. → *siehe auch Schlüssel.* → *Vgl. Befehlstaste, Escape-Taste, Steuerungstaste.*

Funktionstaste, benutzerdefinierte *Subst.* (user-defined function key)
→ *siehe programmierbare Funktionstaste.*

Funktionstaste, programmierbare *Subst.* (programmable function key)
→ *siehe programmierbare Funktionstaste.*

Funktionsüberladung *Subst.* (function overloading)
Die Fähigkeit, mehrere Routinen in einem Programm zu haben, die unter dem gleichen Namen ablaufen. Die verschiedenen Funktionen werden nach den Typen von Parametern und/oder Rückgabewerten unterschieden. Der Compiler ruft die richtige Version automatisch auf und stützt sich dabei auf die Typen der Parameter oder Rückgabewerte. Ein Programm kann z.B. sowohl eine trigonometrische Sinus-Funktion, die einen Gleitkomma-Parameter zur Darstellung des Winkels im Bogenmaß verwendet, als auch eine Sinus-Funktion, die einen Ganzzahl-Parameter den Winkel in Grad liefert, enthalten. In einem derartigen Programm liefert sin(3,14159/2.0) den Rückgabewert 1,0 (da der Sinus von /2 im Bogenmaß gleich 1 ist) und sin(30) führt zum Rückgabewert 0,5 (da der Sinus von 30 Grad 0,5 ist). → *siehe auch Überladen von Operatoren.*

Funkuhr *Subst.* (radio clock)
Eine Uhr, die ein über Radiowellen gesendetes Zeitnormal empfängt. Funkuhren werden in Netzwerken zur Synchronisierung der Systemuhr des Host-Systems mit dem UTC-Format (Universal Time Coordinate) verwendet, in Übereinstimmung mit dem NTP-Protokoll (Network Time Protocol). → *siehe auch Coordinated Universal Time Format, Network Time Protocol.*

Fusible Link *Subst.* (fusible link)
Ein Schaltungselement, das meist Bestandteil eines integrierten Schaltkreises ist und analog einer Sicherung bei Fließen eines hohen Stroms eine Unterbrechung herbeiführt. Fusible Links dienen nicht als Überstromschutz, sondern ermöglichen die Modifikation der Verbindungen im Inneren eines Schaltkreises. Fusible Links, die früher in PROM-Chips verwendet wurden, haben den Grundstein für den integrierten Schaltkreis gelegt, der als *wiederprogrammierbare Logik* bezeichnet wird. Dieser Schaltkreis kann nach der Herstellung »im Einsatzgebiet« angepaßt werden, indem er durch genau definierte stärkere Ströme über bestimmte Fusible Links programmiert wird, die

wiederum durch diese Ströme unterbrochen werden. → *siehe auch PROM, wiederprogrammierbare Logik.*

Fußzeile *Subst.* (footer)
Eine oder mehrere kennzeichnende Zeilen, die am unteren Rand eines gedruckten Dokuments erscheinen. Eine Fußzeile kann z.B. die Blattnummer (Seitennummer) sowie Datum, Autor oder Titel eines Dokuments angeben. → *auch genannt lebender Kolumnentitel.* → *Vgl. Kopf.*

Fuzzy-Logik *Subst.* (fuzzy logic)
Eine Form der Logik, die in Expertensystemen und anderen Anwendungen der künstlichen Intelligenz verwendet wird. In der Fuzzy-Logik repräsentieren Variablen einen gewissen Grad von Wahrheit oder Unwahrheit durch einen Wertebereich zwischen 1 (wahr) und 0 (falsch). Das Ergebnis einer Operation stellt in der Fuzzy-Logik eher eine Wahrscheinlichkeit als eine Gewißheit dar. Beispielsweise kann ein Ergebnis auch solche Bedeutungen wie »wahrscheinlich wahr«, »möglicherweise wahr«, »möglicherweise falsch« oder »wahrscheinlich falsch« aufweisen. → *siehe auch Expertensystem.*

FWIW *Adv.*
Abkürzung für For What It's Worth. Ein Ausdruck, der in E-Mail und Newsgroups verwendet wird.

.fx
Im Internet ein Kürzel für die übergreifende Länder-Domäne, die eine Adresse in Frankreich angibt.

FYI *Subst.*
Abkürzung für »For Your Information«, zu deutsch »Zu Ihrer Information«. Ein Ausdruck, der in E-Mails und Newsgroups verwendet wird, um auf hilfreiche Informationen hinzuweisen.
Außerdem bezeichnet »FYI« ein elektronisches Dokument, das über das InterNIC wie ein Request For Comments (RFC) übertragen wird, jedoch die Absicht hat, einen Internet-Standard oder eine Funktion für Benutzer zu erläutern. Ein RFC beinhaltet im Gegensatz hierzu Definitionen für Entwickler. → *siehe auch InterNIC.* → *Vgl. RFC.*

G

G *Subst.*
→ *siehe Giga-.*

.ga
Im Internet ein Kürzel für die übergreifende Länder-Domäne, die eine Adresse in Gabun angibt.

GaAs *Subst.*
→ *siehe Galliumarsenid.*

Gabelung *Subst.* (bifurcation)
Eine Teilung, die zwei mögliche Ergebnisse liefert, z.B. 1 und 0 oder »ein« und »aus«.

Galliumarsenid *Subst.* (gallium arsenide)
Ein Verbindungshalbleiter, der anstelle von Silizium für die Herstellung von Bauelementen verwendet wird. Auf der Basis von Galliumarsenid produzierte Bauelemente arbeiten schneller als vergleichbare Silizium-Bauelemente, sind toleranter gegenüber Temperaturveränderungen, erfordern weniger Leistung und sind unempfindlicher gegenüber Strahlung. → *auch genannt GaAs.*

Game Control Adapter *Subst.*
Ein Baustein in IBM-PCs und IBM-kompatiblen PCs, der die Eingangssignale an einem Game Port verarbeitet. Joysticks und Handsteuergeräte verwenden Potentiometer, um ihre Position durch variierende Spannungspegel anzugeben. Der Game Control Adapter wandelt diese Pegel in Zahlen über einen AD-Wandler um. → *siehe auch Analog-Digital-Wandler, Game Port, Potentiometer.*

Game-Karte *Subst.* (game card)
→ *siehe ROM-Karte.*

Game Port *Subst.* (game port)
In IBM-PCs und kompatiblen Computern ein I/O-Port für Geräte, z.B. Joysticks und Paddles. Der Game Port ist häufig zusammen mit anderen I/O-Ports auf einer einzelnen Erweiterungskarte realisiert. → *siehe auch Game Control Adapter.*

Gantt-Diagramm *Subst.* (Gantt chart)
Ein Balkendiagramm, das einzelne Bestandteile eines Projekts als Balken gegen eine horizontale Zeitskala anzeigt. Balkenpläne werden als Werkzeug für die Projektplanung beim Erstellen von Terminplänen eingesetzt und sind in den meisten Projekt-Anwendungen verfügbar.

ganze Zahl *Subst.* (whole number)
Eine Zahl ohne gebrochenen Anteil – z.B. 1 oder 173. Auch als Integer-Zahl bezeichnet.

Ganzseitenbildschirm *Subst.* (full-page display)
Abgekürzt FPD. Ein Video-Display ausreichender Größe und Auflösung, das zumindest eine Seite im Format $8^1/_2$ mal 11 Zoll darstellen kann. Diese Displays eignen sich vor allem für Desktop Publishing-Anwendungen. → *siehe auch Hochformatmonitor.*

Gasentladungsbildschirm *Subst.* (gas-discharge display)
Auch als Plasmabildschirm bezeichnet. Ein Flachbildschirm, der auf einigen portablen Computern verwendet wird, und bei dem Neon zwischen einem horizontalen und vertikalen Satz von Elektroden eingeschlossen ist. Wird eine der Elektroden in jedem Satz geladen, leuchtet das Neon (wie in einer Neonlampe) im Kreuzungspunkt auf und stellt ein Pixel dar. → *siehe auch Flachdisplay, Pixel.* → *auch genannt Plasmabildschirm.*

Gast *Subst.* (guest)
→ *siehe guest.*

Gate *Subst.* (gate)
Das Eingangs-Terminal eines Feldeffekttransistors (FET). → *siehe auch FET, MOSFET.* → *auch genannt Gateelektrode.*

G

Bei Prozessoren eine Datenstruktur, die erstmals bei der Prozessorgeneration 80386 eingesetzt wird, um den Zugriff auf privilegierte Funktionen einzusetzen, Datensegmente zu ändern oder um Tasks zu wechseln.

gated *Adj.*
Über ein Gatter an ein nachfolgendes elektronische Logikelement übertragen.

Gateelektrode *Subst.* (gate electrode)
→ *siehe Gatter.*

Gateway *Subst.* (gateway)
Eine Einrichtung zur Verbindung von Netzwerken, die nach verschiedenen Kommunikationsprotokollen arbeiten, so daß Informationen von einem Netzwerk zu einem anderen übertragen werden können. Ein Gateway überträgt Informationen und konvertiert diese in ein Format, das von den Protokollen des empfangenden Netzwerks unterstützt wird. → *Vgl. Brücke.*

Gatter *Subst.* (gate)
Ein elektronischer Schalter, bei dem es sich um die Basiskomponente eines digitalen Schaltkreises handelt. Das Gatter liefert ein Ausgangssignal in Form einer binären 1 oder 0 und bezieht sich auf den jeweiligen Status eines oder mehrerer Eingangssignale durch Boolesche Operatoren (z.B. AND, OR oder NOT). → *siehe auch Gatter-Array.*
→ *auch genannt logisches Gatter.*

Gatter-Array *Subst.* (gate array)
Auch als ASIC, d.h. Application-Specific Integrated Circuit, zu deutsch »anwendungsspezifischer Schaltkreis« oder logisches Array bezeichnet. Ein spezieller Chip-Typ, der zunächst nur eine nichtspezifische Ansammlung von logischen Gattern darstellt. Erst gegen Ende des Herstellungsprozesses fügt man eine Ebene hinzu, die die Gatter für eine spezifische Funktion verbindet. Der Hersteller kann den Chip an die verschiedenen Erfordernisse anpassen, indem das Muster von Verbindungen geändert wird. Dieses Verfahren ist sehr populär, da es sowohl Entwurfs- als auch Produktionszeit spart. Der Nachteil besteht darin, daß große Teile des Chips ungenutzt bleiben. → *auch genannt anwendungsspezifisches IC, Logik-Array.*

Gatter, logisches *Subst.* (logic gate)
→ *siehe Gate.*

Gatter-Schaltkreis *Subst.* (gating circuit)
Ein elektronischer Schalter, dessen Ausgang entweder aktiv oder deaktiviert ist, je nachdem, welchen Status die Eingänge haben. Ein Gatter-Schaltkreis kann z.B. verwendet werden, um ein Eingangssignal weiterzuleiten, was vom jeweiligen Status einer oder mehrerer Steuersignale abhängt. Ein Gatter-Schaltkreis kann aus mehreren logischen Gattern konstruiert werden. → *siehe auch Gate.*

.ga.us
Im Internet ein Kürzel für die übergreifende Länder-Domäne, die eine Adresse in Georgia in den Vereinigten Staaten angibt.

.gb
Im Internet ein Kürzel für die übergreifende Länder-Domäne, die eine Adresse in Großbritannien angibt.

GB *Subst.*
→ *siehe Gigabyte.*

Gbps *Subst.*
→ *siehe Gigabit pro Sekunde.*

.gd
Im Internet ein Kürzel für die übergreifende Länder-Domäne, die eine Adresse in Grenada angibt.

GDI *Subst.*
Abkürzung für Graphical Device Interface. Ein System für die Anzeige von grafischen Elementen in Microsoft Windows, das von Anwendungen verwendet wird, um Bitmap-Text (TrueType-Schriftarten), Bilder und andere grafische Elemente anzuzeigen oder zu drucken. Das GDI-System wird für das konsistente Erstellen von Dialogfeldern, Schaltflächen und anderen Elementen am Bildschirm eingesetzt. Das System ruft dabei die relevanten Bildschirmtreiber auf und ordnet diesen die Informationen bezüglich des zu zeichnenden Elements zu. Das GDI-System funktioniert außerdem bei GDI-Druckern, die nur eingeschränkte Fähigkeiten für die Druckvorbereitung der Seite haben. Statt dessen behandelt das GDI-

System nämlich den Task, indem die entsprechenden Druckertreiber aufgerufen werden und das Bild oder das Dokument direkt an den Drucker weitergeleitet wird. In diesem Fall wird das Bild oder das Dokument nicht für PostScript oder eine andere Druckersprache neu formatiert. → *siehe auch Bitmap-Schrift, Dialogfeld, PostScript, Treiber.*

.ge
Im Internet ein Kürzel für die übergreifende Länder-Domäne, die eine Adresse in der Republik Georgien angibt.

gedruckte Leiterplatte *Subst.* (printed circuit board)
Eine flache Platte aus isoliertem Trägermaterial (z.B. Plastik oder Glasfaser), auf der Chips und andere elektronische Bauelemente montiert werden. Für die Aufnahme der Bauelement-Anschlüsse sind auf der Platine vorgebohrte Löcher vorhanden. Diese Löcher sind elektrisch durch festgelegte Leiterbahnen verbunden, die auf der Oberfläche der Platine »aufgedruckt« sind. Dadurch, daß Bauelemente mit den Leiterbahnen auf der Platine verlötet werden, entsteht die entsprechend der Schaltung vorgeschriebene Verbindung der Bauelemente untereinander. Um Zerstörungen durch Verunreinigungen oder statische Aufladungen zu vermeiden, sollte man die Platte nur an den äußeren Kanten berühren.

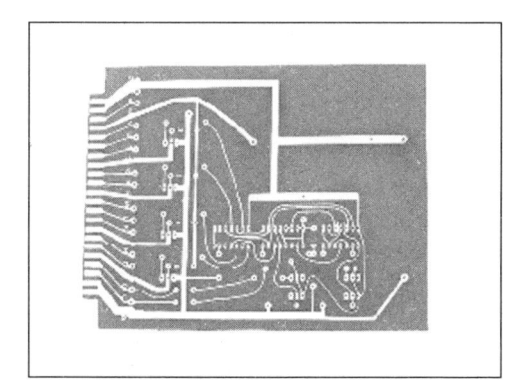

Gedruckte Leiterplatte

Geek *Subst.* (geek)
Eine »durchgeistigte« Person, die sich vorzugsweise mit komplexen Vorgängen – insbesondere in bezug auf Wortspiele, Computerprogrammierung und dem Internet – beschäftigt. *Geek* hat in diesem Zusammenhang eine positive Assoziation, allgemein gesehen ist der Begriff jedoch eher abwertend.
Außerdem im engeren Sinne ein Computerexperte oder Informatiker. → *Vgl. Guru, Techie.*

gegated *Adj.* (gated)
Über einen Übergang an ein nachfolgendes Netzwerk oder einen Service übertragen. Es kann z.B. eine Verteilerliste im BITNET an eine Newsgroup im Internet übertragen werden.

Gegenprüfung *Vb.* (cross-check)
Die Überprüfung der Richtigkeit einer Berechnung, indem das Ergebnis mit einer anderen Methode als der zur Berechnung verwendeten verifiziert wird. → *Vgl. querprüfen.*

gegenseitiger Ausschluß *Subst.* (mutual exclusion)
Eine Programmiertechnik, die den gleichzeitigen Zugriff mehrerer Programme oder Routinen auf eine bestimmte Ressource (z.B. eine Speicherstelle, einen I/O-Port oder eine Datei) verhindert. Die Aktivitäten dieser Programme und Routinen koordiniert man häufig mit Hilfe sog. Semaphore oder Flags. → *siehe auch Semaphore.*

Gehäuse *Subst.* (cabinet, package)
Der »Kasten«, in dem alle Hauptkomponenten des Computers untergebracht sind, wie etwa die Hauptplatine (inklusive Prozessor), die Festplatte, das Diskettenlaufwerk, das CD-ROM-Laufwerk und die Erweiterungssteckplätze (z.B. für die Grafikkarte, um daran den Monitor anzuschließen, sowie Schnittstellenkarten, um daran Peripheriegeräte anzuschließen). → *siehe auch CPU, Erweiterungssteckplatz.*

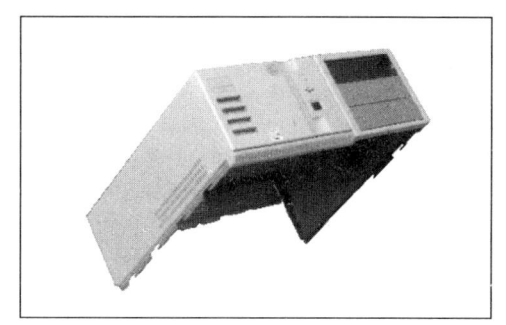

Gehäuse

G In der Elektronik der »Behälter«, in dem ein elektronisches Bauelement untergebracht ist. → *siehe auch DIP*.

Geheimkanal *Subst.* (secret channel)
→ *siehe privater Kanal.*

gehirngeschädigt *Adj.* (braindamaged)
Umgangssprachlicher Ausdruck für die Eigenschaft eines Programms, das sehr fehlerhaft ist und schwere Schäden anrichtet. Ein derartiges Programm besitzt einige oder alle der folgenden Merkmale: Die Benutzeroberfläche ist rätselhaft und nicht intuitiv, Befehle verursachen nicht vorhersehbare Reaktionen, ungenutzter Arbeitsspeicher wird nicht freigegeben, geöffnete Dateien werden nicht geschlossen, und es werden bestimmte reservierte Elemente des Betriebssystems genutzt, was zu schweren Fehlern im Programm oder im Betriebssystem führen kann. »Gehirngeschädigte« Programme sind außerdem häufig die Ursache von Problemen in lokalen Netzwerken. → *Vgl. Notkonstruktion.*

Geisterbild *Subst.* (ghost)
Ein schwaches verzerrtes Bild, das sich auf das eigentliche Bild einer Videoanzeige aufsetzt. Die Ursache liegt in diesem Fall an einer Signalreflektion bei der Übertragung. Geisterbilder erscheinen auch auf einem Ausdruck, wenn die Hardware-Elemente für die Druckausgabe instabil sind.

gekapselter Typ *Subst.* (encapsulated type)
→ *siehe abstrakter Datentyp.*

Geld, elektronisches *Subst.* (electronic money)
→ *siehe elektronisches Geld.*

Geltungsbereich *Subst.* (scope)
In der Programmierung der Bereich, in dem ein Bezeichner, wie beispielsweise eine Konstante, ein Datentyp, eine Variable oder eine Routine, innerhalb eines Programms referenziert werden kann. Der Geltungsbereich kann global oder lokal sein. Er kann auch durch eine Neudefinition von Bezeichnern beeinflußt werden, z.B. wenn einer globalen und einer lokalen Variablen der gleiche Name gegeben wird. → *siehe auch global, lokal, markieren.*

gemappte Laufwerke *Subst.* (mapped drives)
Bei UNIX handelt es sich bei verbundenen Laufwerken um Laufwerke, die für das System definiert sind und aktiviert werden können.

gemeinsame Dateinutzung *Subst.* (file sharing)
Die Verwendung von Computerdateien auf Netzwerken, auf denen Dateien auf einem zentralen Computer oder einem Server gespeichert und von mehreren Personen angefordert, überprüft und modifiziert werden. Die gemeinsame Dateinutzung durch unterschiedliche Programme oder verschiedene Computer kann die Umwandlung in ein gegenseitig akzeptiertes Format erforderlich machen. Wird eine einzelne Datei von mehreren Personen genutzt, kann der Zugriff durch solche Methoden wie Kennwortschutz, Sicherheitsabfragen oder Dateisperrung geregelt werden, um Änderungen an einer Datei durch mehrere Personen gleichzeitig zu unterbinden.

gemeinsame Datennutzung *Subst.* (data sharing)
Die Verwendung einer einzelnen Datendatei durch mehrere Personen oder Computer. Die gemeinsame Datenbenutzung läßt sich durch physikalischen Austausch von Dateien zwischen Computern oder (gebräuchlicher) durch Netzwerk-Einsatz oder Computer-Computer-Kommunikation realisieren.

gemeinsamer Drucker *Subst.* (shared printer)
Ein Drucker, der von mehr als einem Computer angesprochen wird.

gemeinsame Ressource *Subst.* (shared resource)
Geräte, Daten oder Programme, die von mehr als einem Gerät oder Programm genutzt werden.
Bei Windows NT die Bezeichnung für alle Ressourcen, die den Benutzern eines Netzwerks zur Verfügung stehen, wie Verzeichnisse, Dateien oder Drucker.

gemeinsamer Ordner *Subst.* (shared folder)
Bei vernetzten Macintosh-Computern mit der Betriebssystemversion System 6.0 oder höher wird mit diesem Begriff ein Ordner bezeichnet, den ein Benutzer den anderen Netzwerkteilnehmern zur Verfügung gestellt hat. Ein gemeinsamer Ordner entspricht dem Netzwerkverzeichnis auf einem PC. → *siehe auch Netzwerkverzeichnis.*

gemeinsamer Speicher *Subst.* (shared memory)
Speicher, auf den in einer Multitasking-Umgebung zwei oder mehr Programme zugreifen können. Außerdem ein Speicherbereich, der bei Parallelprozessor-Computersystemen zum Informationsaustausch dient. → *siehe auch parallele Verarbeitung.*

gemeinsames Netzverzeichnis *Subst.* (shared network directory)
→ *siehe Netzwerkverzeichnis.*

gemeinsames Verzeichnis *Subst.* (shared directory)
→ *siehe Netzwerkverzeichnis.*

gemeinsam nutzen *Vb.* (share)
Dateien, Verzeichnisse oder Ordner anderen Benutzern über ein Netzwerk zugänglich machen.

gemischter Zellbezug *Subst.* (mixed cell reference)
In Tabellen ist dies ein Zellenbezug (d.h. die Adresse einer Zelle, die die Formel berechnet), in der entweder die Zeile oder die Spalte relativ ist (d.h. sie wird automatisch geändert, wenn die Formel in eine andere Zelle kopiert oder verschoben wird), während die andere Zeile oder Spalte absolut ist (d.h. sie wird nicht geändert, wenn die Formel kopiert oder verschoben wird). → *siehe auch Zelle.*

Genauigkeit *Subst.* (accuracy, precision)
Der Umfang der Einzelheiten, die für die Darstellung einer Zahl verwendet werden. Beispielsweise liefert 3,14159265 mehr Genauigkeit – mehr Einzelheiten – über den Wert von Pi als 3,14. *Präzision* ist mit Genauigkeit verwandt, unterscheidet sich aber in der Bedeutung. Während Präzision den Grad von Detail anzeigt, weist Genauigkeit auf die Richtigkeit hin.
Der Annäherungsgrad eines Ergebnisses einer Berechnung oder Messung an den wahren Wert.
In der Programmierung verwendet man »Genauigkeit« häufig im folgenden Zusammenhang: Bei numerischen Werten (Gleitkomma-Zahlen) besteht die Wahl zwischen einfacher Genauigkeit (Single-Precision) und doppelter Genauigkeit (Double-Precision). Der Unterschied ergibt sich aus der Größe des zugewiesenen Speicherplatzes; ein Wert mit doppelter Genauigkeit benötigt im allgemeinen den doppelten Speicherplatz. → *siehe auch doppelt genau, einfache Genauigkeit.*

General Protection Fault *Subst.*
Ein Fehler, der in Prozessoren ab der Generation 80386 im Protected Mode (z.B. Windows 3.1) auftritt, wenn eine Anwendung einen Speicherzugriff außerhalb des zulässigen Speicherbereichs unternimmt oder ein ungültiger Befehl erteilt wird. → *siehe auch Protected Mode.*

General Public License *Subst.*
Der Vertrag über den Vertrieb von Software der Free Software Foundation – z.B. die GNU-Dienstprogramme. Jeder Eigentümer des Programms, das als Vertragsgegenstand verzeichnet ist, darf dieses Programm an Dritte veräußern sowie Vertriebsgebühren und geleisteten Support berechnen. Der Vertragsnehmer darf jedoch nicht diese Rechte (Vertrieb und Support) Dritten (Käufern) untersagen. Benutzer dürfen das Programm modifizieren, wenn sie jedoch die modifizierte Version vertreiben, müssen die Modifizierungen aufgeführt werden. Außerdem verpflichtet sich der Händler, entweder den Quellcode des Programms zur Verfügung zu stellen oder anzugeben, wie auf den Quellcode zugegriffen werden kann, z.B. über eine Website. → *siehe auch Free Software Foundation, freie Software, GNU.* → *auch genannt Copyleft.*

Generation *Subst.* (generation)
Eine Kategorie, die Produkte (z.B. Computer oder Programmiersprachen) entsprechend den technologischen Erweiterungen unterscheidet, die diese darstellen. → *siehe auch Computer.*

Generationenprinzip *Subst.* (generation)
Ein Konzept, mit dem zwischen gespeicherten Versionen einer Reihe von Dateien unterschieden wird. Die älteste Datei wird als Großvater, die nächstälteste als Vater und die neueste als Sohn bezeichnet.
Außerdem ein Konzept zur Unterscheidung eines Prozesses sowie eines anderen Prozesses, den dieser einleitet (Child) und des Prozesses, der diesen eingeleitet hat (dessen Parent bzw. dem Grandparent des Childs). → *siehe auch verarbeiten.*

GEnie *Subst.*
Abkürzung für General Electric network For Information Exchange. Ein Online-Dienst, der von der

General Electric (GE) Information Services entwickelt wurde. GEnie enthält wirtschaftliche Informationen, Foren, Home Shopping und Nachrichten. Außerdem können E-Mails mit dem Internet ausgetauscht werden.

geöffnet *Adj.* (open)
Eigenschaft eines Objekts, auf das zugegriffen werden kann. Beispielsweise befindet sich eine geöffnete Datei in einem Zustand, in dem diese von einem Programm verwendet werden kann. Das Programm hat diese Datei bereits mit einem entsprechenden Befehl (»öffne Datei«), der an das Betriebssystem gesendet wurde, in diesen Zustand versetzt.

geöffnete Datei *Subst.* (open file)
Eine Datei, von der gelesen oder/und in die geschrieben werden kann. Ein Programm muß zunächst eine Datei öffnen, bevor auf den Inhalt zugegriffen werden kann. Nachdem die Verarbeitung der Datei abgeschlossen ist, muß das Programm diese Datei wieder schließen. → *siehe auch öffnen.*

geographisches Informationssystem *Subst.* (geographic information system)
Eine Anwendung oder eine Anwendungs-Suite zum Anzeigen und Erstellen von geographischen Karten. Allgemein enthalten geographische Informationssysteme ein Anzeigesystem (bei einigen Anwendungen können Benutzer sogar Karten über einen Web-Browser aufrufen), eine Umgebung für das Erstellen von Karten und einen Server für das Verwalten von Karten und Daten für Online-Echtzeitanzeige.

Geometrie *Subst.* (geometry)
Der Zweig der Mathematik, der sich mit den Eigenschaften, der Konstruktion und den Beziehungen von Punkten, Linien, Winkeln, Kurven und Figuren beschäftigt. Geometrie ist ein wesentlicher Teil von CAD-Anwendungen und Grafikprogrammen.

GeoPort *Subst.*
Eine serielle Port-Verbindung mit hoher Geschwindigkeit bei PowerMac-Computern und einigen älteren AV Macs, die Datenübertragungsraten von bis zu 230 Kilobit pro Sekunde (Kbps) ermöglichen.

GEOS *Subst.*
Ein Betriebssystem der Firma Geoworks (früher: Berkeley Softworks). Bei GEOS handelt es sich um eine kompakte, objektorientierte GUI, die auf Plattformen von Apple, Commodore und MS-DOS ausgeführt werden kann.

geostationär *Adj.* (geostationary, geosynchronous)
Eine Umdrehung, die in der gleichen Zeit ausgeführt wird, die der Planet Erde für eine Umdrehung benötigt (z.B. durch einen Satelliten).

gepackte Dezimalzahl *Adj.* (packed decimal)
Eine Technik zur Codierung von Dezimalzahlen in binärer Form, bei der der benötigte Speicherplatz durch die Unterbringung von je zwei Ziffern in einem Byte optimal ausgenutzt wird. Bei vorzeichenbehafteten Dezimalzeichen in gepacktem Format erscheint das Vorzeichen in den äußerst rechts stehenden vier Bit des rechten (niederwertigsten) Byte.

gepoltes Bauteil *Subst.* (polarized component)
Ein Bauelement, bei dessen Einbau in eine elektronische Schaltung die gegebene Polarität (bzw. Stromrichtung) zu beachten ist. Beispiele für gepolte Bauteile sind Dioden, Gleichrichter und bestimmte Kondensatoren.

gerade Parität *Subst.* (even parity)
→ *siehe Parität.*

geradliniger Code *Subst.* (straight-line code)
Programmcode, dessen Anweisungen eine geradlinige Reihenfolge einhalten und keine Transferanweisungen (wie GOTO oder JUMP) für Vorwärts- bzw. Rückwärtsverzweigungen enthalten. → *siehe auch GOTO-Befehl, Sprungbefehl.* → *Vgl. Spaghetticode.*

Gerät *Subst.* (device)
Allgemeiner Begriff für ein Teilsystem eines Computers. Als Geräte werden z.B. Drucker, serielle Ports und Diskettenlaufwerke bezeichnet. Diese Teilsysteme benötigen zum Betrieb häufig eigene Steuersoftware, die sog. Gerätetreiber. → *siehe auch Gerätetreiber.*

Gerät, asynchrones *Subst.* (asynchronous device)
→ *siehe asynchrones Gerät.*

Gerät, binäres *Subst.* (binary device)
→ siehe *binäres Gerät*.

Gerät, blockorientiertes *Subst.* (block device)
→ siehe *blockorientiertes Gerät*.

Geräteabhängigkeit *Subst.* (device dependence)
Die Bedingung, daß ein bestimmtes Gerät vorhanden oder verfügbar sein muß, um ein Programm, eine Schnittstelle oder ein Protokoll verwenden zu können. Die Geräteabhängigkeit stellt häufig einen Nachteil dar, weil dadurch der Einsatz des Programms entweder auf ein bestimmtes System beschränkt bleibt oder Anpassungen für jeden vorgesehenen Systemtyp erforderlich sind. → *Vgl. Geräteunabhängigkeit*.

Geräteadresse *Subst.* (device address)
Eine Speicherstelle im Adreßraum des Arbeitsspeichers, die sich entweder durch den Mikroprozessor oder durch ein externes Gerät verändern läßt. Geräteadressen unterscheiden sich damit von anderen Speicherstellen im RAM (Random Access Memory), die nur durch den Mikroprozessor geändert werden können. → *siehe auch Eingabe/Ausgabe, Gerät, RAM*.

Geräte-Controller *Subst.* (device controller)
→ siehe *Eingabe-Ausgabe-Controller*.

Geräte-Manager *Subst.* (device manager, Device Manager)
Ein Dienstprogramm für das Festlegen von Einstellungen. Der Geräte-Manager ermöglicht das Anzeigen und Ändern der Hardware-Konfiguration (z.B. Interrupts, Basisadressen und serielle Kommunikationsparameter).
In Windows 95 eine Funktion innerhalb der Systemeigenschaften, die Gerätekonflikte und andere Probleme angibt. Der Geräte-Manager ermöglicht dem Benutzer, die Eigenschaften des Computers sowie die Eigenschaften der angeschlossenen Geräte zu ändern. → *siehe auch Eigenschaft, Eigenschaftenfenster*.

Gerätename *Subst.* (device name)
Die Bezeichnung, unter der eine Komponente eines Computersystems dem Betriebssystem bekannt gemacht wird. MS-DOS verwendet z.B. den Gerätenamen COM1, um den ersten seriellen Kommunikations-Port zu identifizieren.

gerätespezifische Auflösung *Subst.* (device resolution)
→ siehe *Auflösung*.

Gerätesteuerzeichen *Subst.* (device control character)
→ siehe *Steuerzeichen*.

Gerätetreiber *Subst.* (device driver)
Ein Softwarebaustein, der in einem Computersystem die Kommunikation mit einem Gerät ermöglicht. In den meisten Fällen manipuliert der Treiber auch die Hardware, um die Daten an das Gerät zu senden. Die zu einem Anwendungspaket gehörenden Treiber realisieren in der Regel allerdings lediglich die Übersetzung der Dateien. Diese auf einer höheren Ebene angesiedelten Treiber stützen sich ihrerseits auf maschinennahe Treiber, die tatsächlich die Daten an das Gerät schicken. Es ist auch zu beachten, daß viele Geräte, insbesondere Video-Adapter auf PC-kompatiblen Computern, ohne Installation eines korrekten Gerätetreibers im System nicht geeignet arbeiten können (falls sie überhaupt funktionieren).

Gerätetreiber, installierbarer *Subst.* (installable device driver)
→ siehe *installierbarer Gerätetreiber*.

Gerätetreiber, virtueller *Subst.* (virtual device driver)
→ siehe *virtueller Gerätetreiber*.

geräteunabhängige Bitmap *Subst.* (device-independent bitmap)
→ siehe *DIB*.

Geräteunabhängigkeit *Subst.* (device independence)
Ein Merkmal von Programmen, Schnittstellen oder Protokollen, die Softwareoperationen zur Erzeugung ähnlicher Ergebnisse für ein breites Spektrum von Hardware unterstützen. Die Sprache PostScript stellt ein Beispiel für eine geräteunabhängige Seitenbeschreibungssprache dar: Programme, die PostScript-Befehle für Zeichnungen oder Texte ausgeben, müssen nicht auf einen bestimmten Drucker angepaßt werden. → *Vgl. Geräteabhängigkeit*.

Gerät, fotoelektrisches *Subst.* (photoelectric device)
→ *siehe fotoelektrisches Gerät.*

Gerät, logisches *Subst.* (logical device)
→ *siehe logisches Gerät.*

Gerät, virtuelles *Subst.* (virtual device)
→ *siehe virtuelles Gerät.*

Gerät, zeichenorientiertes *Subst.* (character device)
→ *siehe zeichenorientiertes Gerät.*

geregelte Beendigung *Subst.* (graceful exit)
Die planmäßige Beendigung eines Prozesses (selbst unter Fehlerbedingungen), die dem Betriebssystem oder dem Elternprozeß die Übernahme der normalen Steuerung ermöglicht und das System in einem »Gleichgewichtszustand« zurückläßt. Es handelt sich dabei um das eigentlich erwartete Verhalten. → *siehe auch ausfallgesichertes System.*

Germanium *Subst.* (germanium)
Ein Halbleiterelement (Ordnungszahl 32), das in einigen Transistoren, Dioden und Solarzellen verwendet wird, aber bei den meisten Anwendungen durch Silizium ersetzt wurde. Germanium hat eine geringere Schwellspannung als Silizium, ist jedoch empfindlicher auf Hitze (z. B. beim Löten).

gesättigter Modus *Subst.* (saturated mode)
Bezeichnet einen Betriebsmodus, bei dem durch ein Schalterbauelement oder einen Verstärker der maximal mögliche Strom fließt. Ein Bauelement befindet sich im gesättigten Zustand, wenn eine Vergrößerung des Steuersignals nicht mehr zu einem weiteren Anwachsen des Ausgangsstroms führt.

Geschäftsgrafik *Subst.* (analysis graphics, business graphics)
→ *siehe Präsentationsgrafik.*

geschichtete Schnittstelle *Subst.* (layered interface)
In der Programmierung versteht man unter *geschichteter Schnittstelle* die Ebenen der Routinen, die zwischen einer Anwendung und der Hardware

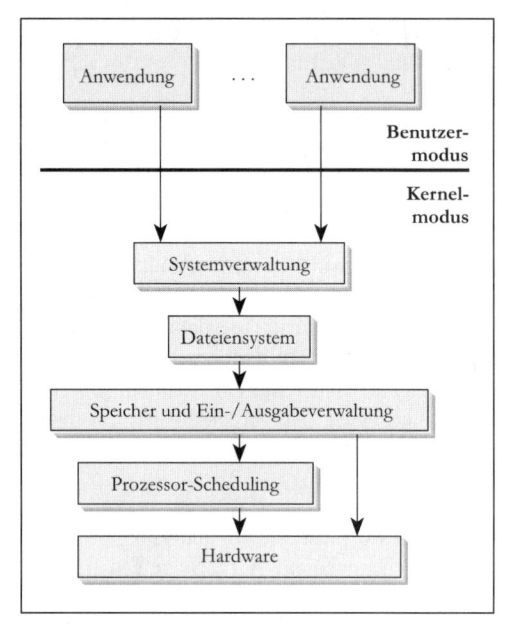

Geschichtete Schnittstelle

existieren, und das Trennen von Aktivitäten, entsprechend der Taskart, die die Aktivitäten ausführen. Letztendlich vereinfacht diese Schnittstelle das Anpassen eines Programms an die verschiedenen Arten einer Ausstattung.

geschlossene Architektur *Subst.* (closed architecture)
Eigenschaft eines Computersystems, dessen Spezifikationen nicht frei verfügbar sind. Dadurch ist es Fremdherstellern kaum möglich, Zusatzgeräte zu entwickeln, die mit dem entsprechenden Gerät korrekt zusammenarbeiten. Gewöhnlich ist nur der Originalhersteller in der Lage, entsprechende Peripheriegeräte und Add-Ons zu produzieren.
→ *Vgl. offene Architektur.*
Mit dem Ausdruck »geschlossene Architektur« werden auch Systeme charakterisiert, die keine Steckplätze für Erweiterungskarten aufweisen. Die ursprünglichen Modelle des Apple Macintosh sind ein Beispiel für eine derartige Architektur.
→ *Vgl. offene Architektur.*

geschlossene Datei *Subst.* (closed file)
Eine Datei, die aktuell nicht von einer Anwendung verwendet wird. Eine Anwendung muß eine Datei zunächst öffnen, bevor die Datei gelesen oder in diese geschrieben werden kann. Nach Abschluß

der Operationen muß die Datei wieder geschlossen werden. → *Vgl. geöffnete Datei.*

geschlossenes System *Subst.* (closed system)
→ *siehe geschlossene Architektur.*

geschütztes Leerzeichen *Subst.* (nonbreaking space)
Ein Zeichen, das ein normales Leerzeichen ersetzt, um zwei Wörter auf einer Zeile zusammenzuhalten und einen Zeilenumbruch zwischen ihnen zu unterbinden.

Geschwister *Subst.* (sibling)
Prozesse oder Knoten in einem Baum, die von denselben unmittelbaren Vorgängern abstammen wie andere Prozesse oder Knoten. → *siehe auch Generationenprinzip.*

gesicherter Kanal *Subst.* (secure channel)
Eine Datenübertragungsstrecke, die durch Trennung von öffentlichen Netzen, Verschlüsselung oder andere Mittel vor unberechtigtem Zugang, Betrieb oder Gebrauch geschützt ist. → *siehe auch Verschlüsselung.*

gesicherte Site *Subst.* (secure site)
Eine Website, die sichere Transaktionen unterstützt, so daß auf Kreditkartennummern und andere persönliche Informationen von dafür nicht autorisierten Personen nicht zugegriffen werden kann.

gesichertes Weitbereichsnetz *Subst.* (secure wide area network)
Eine Gruppe von Computersystemen, die über ein öffentlich zugängliches Netzwerk (z.B. das Internet) kommunizieren, wobei jedoch durch Sicherheitsmaßnahmen, wie beispielsweise Verschlüsselung, Authentifikation und Autorisierung, ein Abhören durch nicht berechtigte Benutzer verhindert wird. → *siehe auch Authentifizierung, Autorisierung, Verschlüsselung, virtuelles Privatnetzwerk.*

gesperrte Datei *Subst.* (locked file)
Eine Datei, auf der sich bestimmte Arten von Operationen nicht mehr ausführen lassen. In der Regel kann man eine gesperrte Datei nicht ändern, d.h. man kann nichts hinzufügen oder löschen. Der Begriff bezieht sich manchmal auch auf eine Datei, die weder gelöscht noch verschoben werden kann und bei der auch keine Änderung des Dateinamens zulässig ist.

gesperrte Ordner *Subst.* (disabled folders)
Ein Begriff aus der Mac OS-Terminologie. Bei gesperrten Ordnern handelt es sich um die verschiedenen Ordner im Systemordner, die Systemerweiterungen, Systemsteuerungen und andere Elemente enthalten, die vom Erweiterungs-Manager aus dem System entfernt wurden. Die Elemente, die sich in deaktivierten Ordnern befinden, werden beim Systemstart nicht installiert, sondern können später vom Erweiterungs-Manager automatisch in die regulären Ordner verschoben werden. → *siehe auch Erweiterungs-Manager, Systemordner.*

gesperrter Modus *Subst.* (lock up)
Ein Zustand, in dem die Verarbeitung vollständig suspendiert erscheint und das Programm zur Steuerung des Systems keine Eingaben mehr entgegennimmt. → *siehe auch crashen.*

gesperrtes Volumen *Subst.* (locked volume)
Auf dem Apple Macintosh ein Volume (Speichergerät, z.B. eine Diskette), auf das man nicht schreiben kann. Das Volume läßt sich entweder physikalisch oder per Software sperren.

gespiegelte Site *Subst.* (mirror site)
Ein Datei-Server mit einem Duplikatsatz von Dateien, die auf einem Server gespeichert sind, auf den häufig zugegriffen wird. Gespiegelte Sites dienen dazu, die Anfragen auf mehrere Server zu verteilen. Außerdem entlasten gespiegelte Sites internationale Leitungen.

gesprochene Anworten *Subst.* (voice answer back)
Der Einsatz von aufgezeichneten Sprachmeldungen, mit denen ein Computer auf Befehle oder Abfragen reagiert.

get *Subst.*
Ein FTP-Befehl, der den Server anweist, eine angegebene Datei an den Client zu übertragen. → *siehe auch FTP, FTP-Client, FTP-Server.*

geteilte Logik *Subst.* (shared logic)
Logische Schaltkreise, die zur Implementierung einer bestimmten Operation von mehreren anderen

Schaltkreisen gemeinsam verwendet werden. Der Begriff wird analog für Programm-Module gebraucht, die von verschiedenen Programmen gemeinsam verwendet werden.

geteilter Bildschirm *Subst.* (split screen)
Eine Darstellungsmethode, bei der ein Programm den Anzeigebereich in zwei oder mehr Abschnitte unterteilt, von denen jeder eine andere Datei oder unterschiedliche Abschnitte derselben Datei anzeigen kann.

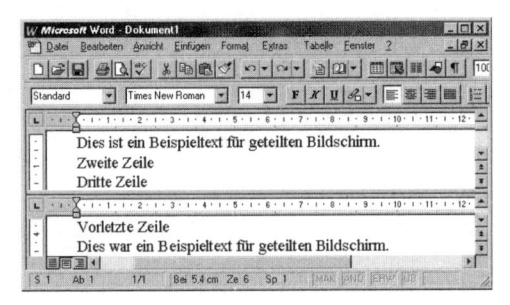

Geteilter Bildschirm

gewichteter Code *Subst.* (weighted code)
Zur Darstellung von Daten verwendeter Code, bei dem jeder Bitposition ein spezifischer Wert fest zugeordnet ist. Bei der Umsetzung der Daten fließt abhängig vom Zustand des ursprünglichen Bits (1 oder 0) der jeweilige Wert in das Ergebnis ein oder nicht.

gewöhnlicher Bindestrich *Subst.* (normal hyphen)
→ *siehe Bindestrich.*

.gf
Im Internet ein Kürzel für die übergreifende Länder-Domäne, die eine Adresse in Französisch-Guayana angibt.

GFLOP
→ *siehe Gigaflops.*

.gh
Im Internet ein Kürzel für die übergreifende Länder-Domäne, die eine Adresse in Ghana angibt.

.gi
Im Internet ein Kürzel für die übergreifende Länder-Domäne, die eine Adresse in Gibraltar angibt.

.gif
Eine Dateinamenerweiterung, die eine GIF-Bitmap kennzeichnet. → *siehe auch GIF.*

GIF *Subst.*
Abkürzung für Graphics Interchange Format. Ein Format für Grafikdateien, das von CompuServe entwickelt wurde. Dieses Format wird für die Übertragung von Rasterbildern im Internet verwendet. Ein Bild kann bis zu 256 Farben (einschließlich einer transparenten Farbe) enthalten. Die Dateigröße hängt von der Anzahl der Farben ab, die tatsächlich verwendet werden. Die Komprimierungsmethode LZW wird verwendet, um die Dateigröße weiter zu verringern. → *siehe auch Rastergrafik.*
Der Ausdruck »GIF« wird auch kurz für »GIF-Grafik« verwendet, also für eine Grafikdatei, die im GIF-Format gespeichert ist.

GIF, animiertes *Subst.* (animated GIF)
→ *siehe animiertes GIF.*

Giga- *Präfix* (giga-)
Ein Maßeinheitenvorsatz mit der Bedeutung »1 Milliarde« oder 10^9 (im amerikanischen Sprachgebrauch: 1 Billion).
Bei der Datenspeicherung steht »Giga-« für den Faktor 1024×1048576 (2^{30}) oder 1000×1048576.
→ *siehe auch Gigabyte, Gigaflops, Gigahertz, Kilo-, Mega-.*

Gigabit Ethernet *Subst.*
Der IEEE-Standard wurde um 802.3z erweitert. Dies beinhaltet die Unterstützung für Übertragungsraten von 1000 Megabit pro Sekunde (Mbps) in einem Ethernet-Netzwerk. Der konventionelle Ethernet-Standard (802.3) unterstützt nur bis zu 100 Mbps. → *Vgl. Ethernet/802.3.*

Gigabit pro Sekunde *Subst.* (gigabits per second)
Eine Rate der Datenübertragungsgeschwindigkeit, z.B. bei einem Netzwerk, in Mehrfachen von 1073741824 (2^{30}) bit.

Gigabyte *Subst.* (gigabyte)
1024 Megabyte (1024×1048576 [2^{30}] Byte). Ein Gigabyte bezieht sich auf 1000 Megabyte (1000×1048576 Byte).

Gigaflops *Subst.* (gigaflops)
Eine Milliarde Gleitkomma-Operationen pro Sekunde (im amerikanischen Sprachgebrauch: 1 Billion). Gigaflops verwendet man als Maß für die Rechengeschwindigkeit eines Computers. → *siehe auch Gleitkomma-Operation.*

Gigahertz *Subst.* (gigahertz)
Abgekürzt GHz. Ein Maß der Frequenz: eine Billion (1 000 Millionen) Schwingungen pro Sekunde.

GIGO *Subst.*
→ *siehe Müll rein, Müll raus.*

GIS
→ *siehe geographisches Informationssystem.*

GKS *Subst.*
→ *siehe Graphical Kernel System.*

.gl
Im Internet ein Kürzel für die übergreifende Länder-Domäne, die eine Adresse in Grönland angibt.

glätten *Vb.* (smooth)
Durch bestimmte Verfahren Unregelmäßigkeiten bei statistischen Daten beseitigen, wie z.B. durch die adaptive Mittelwertbildung oder die Streichung irrelevanter Zufallswerte.
Im Grafikbereich bezeichnet »glätten« das Beseitigen von Unregelmäßigkeiten und Kanten aus Linien oder Umrißlinien. → *siehe auch Anti-Aliasing.*

Glasfaser *Subst.* (optical fiber)
Eine dünne Faser aus transparentem Material, die zur Übertragung optischer Signale verwendet wird. Bei der Herstellung von Glasfasern kommen bestimmte Glas- und Kunststoffsorten zum Einsatz. Glasfasern beruhen auf dem Prinzip, daß der an einem Ende eingespeiste Lichtstrahl auf seinem Weg durch die Faser ständig an den Innenseiten reflektiert wird und daher nicht austreten kann. Glasfaserkabel sind kostengünstig, kompakt und zeichnen sich durch ein geringes Gewicht aus. In einem Glasfaserkabel werden häufig mehrere hundert Einzelfasern zusammengefaßt. → *siehe auch Glasfasertechnik.*

Glasfasertechnik *Subst.* (fiber optics)
Ein Verfahren zur Übertragung von Lichtstrahlen innerhalb von Glasfasern. Ein Lichtstrahl, der z.B. von einem Laser produziert wird, läßt sich zum Zwecke der Informationsübertragung modulieren. Da Licht im elektromagnetischen Spektrum eine höhere Frequenz aufweist als andere Strahlungsarten (z.B. Radiowellen), kann ein einzelner Glasfaser-Kanal erheblich mehr Informationen transportieren als die meisten anderen Medien zur Informationsübertragung. Glasfasern sind dünne Stränge aus Glas oder anderem transparenten Material. In einem Glasfaserkabel sind dutzende oder hunderte Stränge zusammengefaßt. Glasfasern sind gegenüber elektromagnetischen Störungen weitgehend immun. → *siehe auch Glasfaser.*

Gleichheit *Subst.* (equality)
Der Zustand des Identischseins, meist auf Werte und Datenstrukturen angewandt.

Gleichlaufsteuerung *Subst.* (clocking)
→ *siehe Synchronisierung.*

Gleichrichter *Subst.* (rectifier)
Ein elektronisches Bauelement, das den Strom in einer Richtung durchläßt, in der anderen Richtung aber sperrt. Gleichrichter setzt man zur Umwandlung von Wechselstrom in Gleichstrom ein.

Gleichrichter, steuerbarer *Subst.* (silicon-controlled rectifier)
→ *siehe steuerbarer Gleichrichter.*

Gleichstrom *Subst.* (direct current)
Abgekürzt DC, auch durch das Gleichheitszeichen (=) dargestellt. Elektrischer Strom gleichbleibender Richtung. Der Strom kann unterbrochen werden oder die Amplitude ändern, fließt aber immer in die gleiche Richtung. → *Vgl. Wechselstrom.*

Gleichung *Subst.* (equation)
Eine mathematische Anweisung, die die Gleichheit zwischen zwei Ausdrücken durch ein Gleichheitszeichen (=) anzeigt. Anweisungen für Zuweisungen werden in Programmiersprachen in der Form von Gleichungen geschrieben. → *siehe auch Zuweisungsbefehl.*

gleichzeitiger Zugriff *Subst.* (simultaneous access)
→ *siehe paralleler Zugriff.*

Gleitkomma-Arithmetik *Subst.* (floating-point arithmetic)
Arithmetische Operationen, die mit Gleitkomma-Zahlen ausgeführt werden. → *siehe auch Gleitkomma-Notation, Gleitkomma-Zahl.*

Gleitkommaexponent *Subst.* (characteristic)
In der Mathematik der Exponent einer Gleitkommazahl (also der Teil, der nach dem Zeichen »E« folgt, das wiederum die Position des Dezimalkommas angibt) oder der Ganzzahlanteil eines Logarithmus. → *siehe auch Gleitkomma-Notation, Logarithmus.*

Gleitkomma-Konstante *Subst.* (floating-point constant)
Eine Konstante, die einen reelen oder Gleitkomma-Wert repräsentiert. → *siehe auch Gleitkomma-Notation, Konstante.*

Gleitkomma-Notation *Subst.* (floating-point notation)
Auch als Exponential-Schreibweise bezeichnet. Ein numerisches Format, das sich für die Darstellung sehr großer und sehr kleiner Zahlen eignet. Die Speicherung von Gleitkomma-Zahlen erfolgt in zwei Teilen – Mantisse und Exponent. Die Mantisse legt dabei die einzelnen Ziffern der Zahl fest, und der Exponent gibt deren Größenordnung (d. h. die Position des Dezimalpunkts) an. Beispielsweise lassen sich die Zahlen 314600000 und 0,0000451 in Gleitkomma-Notation als 3146E5 und 451E-7 schreiben. Die meisten Mikroprozessoren können keine Gleitkomma-Arithmetik ausführen, so daß man entsprechende Berechnungen entweder per Software nachbildet oder einen speziellen Gleitkomma-Prozessor einsetzt. → *siehe auch Festkomma-Notation, Gleitkomma-Prozessor, Integer.* → *auch genannt Exponentialschreibweise.*

Gleitkomma-Operation *Subst.* (floating-point operation)
Abgekürzt FLOP. Eine arithmetische Operation mit Daten, die in einer Gleitkomma-Notation gespeichert sind. Gleitkomma-Operationen werden immer dort verwendet, wo Zahlen entweder Brüche oder irrationale Bestandteile aufweisen (z.B. in Tabellen und bei der CAD-Technik). Die Anzahl der pro Zeiteinheit ausführbaren Gleitkomma-Operationen dient u.a. als Maß der Rechenleistung. Üblich ist z.B. die Angabe der erreichbaren Megaflops (Millionen von Gleitkomma-Operationen pro Sekunde oder MFLOPS). → *siehe auch Gleitkomma-Notation, MFLOPS.*

Gleitkomma-Prozessor *Subst.* (floating-point processor)
Auch als numerischer Prozessor, mathematischer Prozessor oder Gleitkomma-Einheit bezeichnet. Ein Coprozessor, der Berechnungen mit Gleitkomma-Zahlen ausführt. Das Aufrüsten eines Systems mit einem Gleitkomma-Prozessor kann die Geschwindigkeit von mathematischen und grafischen Funktionen enorm steigern, wenn die Software auf die Erkennung und Verwendung dieses Prozessors ausgelegt ist. Der i486DX- und 68040-Mikroprozessor (und höhere) verfügen bereits über integrierte Gleitkomma-Prozessoren. → *siehe auch Gleitkomma-Notation, Gleitkomma-Zahl.* → *auch genannt mathematischer Coprozessor, numerischer Coprozessor.*

Gleitkomma-Register *Subst.* (floating-point register)
Ein Register, das zum Speichern von Gleitkomma-Werten ausgelegt ist. → *siehe auch Gleitkomma-Zahl, Register.*

Gleitkomma-Zahl *Subst.* (floating-point number)
Eine Zahl, die durch eine Mantisse und einen Exponenten entsprechend einer vorgegebenen Basis dargestellt wird. Die Mantisse hat in der Regel einen Wert zwischen 0 und 1. Um den Wert einer Gleitkomma-Zahl zu ermitteln, wird die Basis mit dem Exponenten potenziert und die Mantisse mit dem Ergebnis multipliziert. Entsprechend der konventionellen Notation werden Gleitkomma-Zahlen mit dem Wert 10 als Basis verwendet. In der Informatik hat die Basis für Gleitkomma-Zahlen in der Regel den Wert 2.

Glitch *Subst.* (glitch)
Zu deutsch »Ausrutscher«. Im allgemeinen ein kleineres Problem, z.B. in einem Programm. Außerdem eine kurze Überspannung in der Stromversorgung.

global *Adj.*
Nicht auf einen bestimmten Bereich eingeschränkt, sondern z.B. auf ein gesamtes Dokument, eine ge-

samte Datei oder ein gesamtes Programm bezogen. → *Vgl. lokal, lokale Variable.*

globale Gruppe *Subst.* (global group)
In Windows NT Advanced Server eine Sammlung von Benutzerkonten innerhalb einer Domäne, denen die Erlaubnisse und Rechte für den Zugriff auf Ressourcen, Server und Workstations außerhalb der Domäne der eigenen Gruppe sowie innerhalb dieser Domäne zugebilligt werden. → *siehe auch gruppieren, lokale Gruppe, Windows NT Advanced Server.*

globale Identifikation *Subst.* (global universal identification)
Ein Identifikationsschema, in dem nur ein Name einem bestimmten Objekt zugeordnet ist. Dieser Name wird von den Plattformen und Anwendungen eines Systems akzeptiert.

global einheitlicher Identifikator *Subst.* (globally unique identifier)
→ *siehe globale Identifikation.*

globale Operation *Subst.* (global operation)
Eine Operation, z. B. Suchen und Ersetzen, die auf ein gesamtes Dokument, Programm oder ein anderes Objekt wirkt – z. B. eine Diskette.

globales Suchen und Ersetzen *Subst.* (global search and replace)
Eine Suchen-und-Ersetzen-Operation, die alle Vorkommen des ausgewählten Strings im gesamten Dokument sucht und ersetzt. → *siehe auch Suchen und Ersetzen.*

globale Variable *Subst.* (global variable)
Eine Variable, auf dessen Wert zugegriffen werden kann. Außerdem kann die Variable durch eine Anweisung in einem Programm geändert werden. Die Änderung muß also nicht in einer einzelnen Routine erfolgen, in der die Variable definiert ist. → *siehe auch global.* → *Vgl. lokale Variable.*

Global System for Mobile Communications *Subst.*
Ein digitaler zellularer Telefonstandard, der in insgesamt über 60 Ländern gilt. Dieser Standard gilt für fast alle Staaten Europas. In den USA wurden jedoch erst Probesysteme eingerichtet.

.gm
Im Internet ein Kürzel für die übergreifende Länder-Domäne, die eine Adresse in Gambia angibt.

.gn
Im Internet ein Kürzel für die übergreifende Länder-Domäne, die eine Adresse in Guinea angibt.

Gnomon *Subst.* (gnomon)
Ein Begriff aus dem Bereich der Computergrafiken. Die Darstellung des dreidimensionalen (x-y-z) Achsensystems.

GNU *Subst.*
Abkürzung für **GNU's Not UNIX**. Eine Sammlung von Software, die auf dem UNIX-Betriebssystem basiert und die von der Free Software Foundation verwaltet wird. GNU wird auf der Grundlage der GNU General Public License vertrieben. Dieser Lizenzvertrag legt fest, daß jeder Händler, der GNU oder ein Programm vertreibt, das auf GNU basiert, nur den Vertrieb und den Support berechnen darf. Außerdem muß der Händler dem Käufer das Recht einräumen, den Code modifizieren und unter Inanspruchnahme der gleichen Rechte (Vertrieb und Support) vertreiben zu dürfen. → *siehe auch Free Software Foundation, General Public License.* → *Vgl. Linux.*

Good Times Virus *Subst.* (Good Times virus)
Ein angebliches E-Mail-Virus, vor dem weltweit im Internet sowie per Fax und Briefversand in den USA häufig gewarnt wurde. In dem Schreiben wird behauptet, daß das Lesen einer E-Mail-Nachricht mit dem Betreff »Good Times« das System des jeweiligen Lesers schädigt. Es ist jedoch derzeit unmöglich, ein System durch das Aufrufen von E-Mail-Nachrichten zu schädigen. Es ist jedoch sehr wohl möglich, daß sich ein Virus auf dem System ausbreitet, der in einem Dateianhang einer E-Mail-Nachricht versteckt war. Einige Benutzer sind der Ansicht, daß der Kettenbrief an sich ein »Virus« ist, weil der Brief die Bandbreite des Internet belastet und für die Leser eine reine Zeitverschwendung ist. Informationen zu derartigen »Enten« und zu tatsächlich existierenden Viren können von der Website von CERT unter http://www.cert.org/ aufgerufen werden. → *siehe auch Großstadtlegende, Virus.*

Gopher *Subst.*
Ein Internet-Dienstprogramm zum Ermitteln von Textinformationen. Die Daten werden dem Benutzer in hierarchischen Menüs zur Verfügung gestellt, aus denen der Benutzer Untermenüs oder Dateien auswählen kann, um diese herunterzuladen und anzuzeigen. Wenn ein Gopher-Client auf alle verfügbaren Gopher-Server zugreift, greift der Benutzer auf den umfassenden »Gopherspace« zu. Das Programm wurde von der Universität Minnesota (USA) entwickelt. Die Sportmannschaften an dieser Universität heißen *Golden Gophers*, daher rührt der Name. Gopher wird zunehmend von Anwendungen des World Wide Web verdrängt.

Gopher-Server *Subst.* (Gopher server)
Die Software, die die Menüs und Dateien für den Gopher-Benutzer enthält. → *siehe auch Gopher.*

Gopher-Site *Subst.* (Gopher site)
Ein Computer im Internet, auf dem ein Gopher-Server ausgeführt wird. → *siehe auch Gopher, Gopher-Server.*

Gopherspace *Subst.*
Das Gesamtvolumen der Daten im Internet, die als Menüs und Dokumente über den Gopher erhältlich sind. → *siehe auch Gopher.*

GOSIP *Subst.*
Abkürzung für Government Open Systems Interconnection Profile. Eine Anforderung der Regierung der USA, daß alle Erwerbungen im Zusammenhang mit Netzwerken den ISO/OSI-Normen entsprechen. GOSIP wurde zwar am 15. August 1990 rechtsgültig, wurde jedoch nie eingesetzt und schließlich von POSIT verdrängt.

GOTO-Befehl *Subst.* (GOTO statement)
Eine Steueranweisung, die in Programmen zum Transfer der Ausführung an eine andere Anweisung verwendet wird und die Hochsprachenrealisierung eines Verzweigungs- oder Sprungbefehls darstellt. Im allgemeinen wird jedoch von der Verwendung von GOTO-Befehlen abgeraten, da es nicht nur für Programmierer schwierig ist, die Logik eines Programms nachzuvollziehen, sondern auch der Compiler kaum mehr in der Lage ist, einen optimalen Code zu erzeugen. → *siehe auch Spaghetticode, Sprungbefehl, Verzweigungsbefehl.*

.gov
Im Domain Name System (DNS) des Internet die Top-Level-Domäne, die Adressen von Regierungsstellen kennzeichnet. Der Domänenname ».gov« steht als Suffix am Ende der Adresse. In den Vereinigten Staaten dürfen nur nichtmilitärische, bundesstaatliche Regierungsstellen diese Domäne verwenden. Regierungsstellen auf Einzelstaatenebene erhalten die Top-Level-Domäne ».state.us«, wobei dem ».us« eine aus zwei Buchstaben bestehende Abkürzung des jeweiligen Bundesstaates vorausgeht, oder nur ».us«. Andere regionale Regierungsstellen in den Vereinigten Staaten sind unter der Domäne ».us« registriert. → *siehe auch DNS, Domäne, .state.us, .us.* → *Vgl. .com, .edu, .mil, .net, .org.*

.gov.ca
Im Internet ein Kürzel für die übergreifende Länder-Domäne, die eine Adresse der kanadischen Regierung angibt.

Government Open Systems Interconnection Profile *Subst.*
→ *siehe GOSIP.*

.gp
Im Internet ein Kürzel für die übergreifende Länder-Domäne, die eine Adresse in Guadeloupe angibt.

GPF
→ *siehe General Protection Fault.*

GPIB *Subst.*
→ *siehe Mehrzweckbus.*

GPL
→ *siehe General Public License.*

.gq
Im Internet ein Kürzel für die übergreifende Länder-Domäne, die eine Adresse in Äquatorial-Guinea angibt.

.gr
Im Internet ein Kürzel für die übergreifende Länder-Domäne, die eine Adresse in Griechenland angibt.

Grabber *Subst.* (grabber)
Zu deutsch etwa »Greifer«. Ganz allgemein jedes Gerät zum Erfassen von Daten.
Im grafischen Bereich ein Gerät zum Erfassen von Bilddaten von einer Videokamera oder einer anderen Bewegtbild-Quelle und zum Ablegen dieser Daten in den Speicher. → *auch genannt Frame Grabber, Video-Digitizer.*
Der Begriff »Grabber« wird auch für Software verwendet, die einen »Schnappschuß« des momentan angezeigten Bildschirminhalts aufnimmt, indem ein entsprechender Teil des Videospeichers in eine Datei übertragen wird.
In einigen grafikorientierten Anwendungen bezeichnet »Grabber« einen speziellen Mauszeigertyp.

Grafik *Subst.* (image)
Die gespeicherte Beschreibung eines Bildes. Sie läßt sich entweder als eine Menge für Helligkeits- und Farbwerte von Pixeln oder als ein Satz von Befehlen für das Reproduzieren des Bildes speichern. → *siehe auch Bitmap, Pixelmap.*

Grafikadapter *Subst.* (graphics adapter)
Ein Video-Adapter, der sowohl grafische als auch alphanumerische Zeichen darstellen kann. Fast alle heute gebräuchlichen Video-Adapter sind Grafikadapter.

Grafikbegrenzung *Subst.* (graphic limits)
Die Umgrenzung einer Grafik auf dem Bildschirm bei einem Grafikprogramm, einschließlich der gesamten Fläche innerhalb der Grafik. In einigen Grafikumgebungen bestehen die Grenzen der Grafik aus dem kleinsten Rechteck, das die Grafik vollständig umschließen kann. Dieses Rechteck heißt *Umrahmungsfeld* oder *Begrenzungsrechteck.*

Grafikbeschleuniger *Subst.* (graphics accelerator)
Ein Video-Adapter, der einen Grafik-Coprozessor enthält. Ein Grafikbeschleuniger kann das Video-Display viel schneller als die CPU anzeigen. Dadurch wird die CPU für andere Tasks freigegeben. Ein Grafikbeschleuniger ist für moderne Software (z.B. grafische Benutzeroberflächen und Multimedia-Anwendungen) in jedem Fall erforderlich.
→ *siehe auch Grafik-Coprozessor, Video-Adapter.*

Grafik-Controller *Subst.* (Graphics Controller)
Der Bestandteil des EGA und VGA-Video-Adapters, durch den der Computer auf den Videopuffer zugreifen kann. → *siehe auch EGA, VGA.*

Grafik-Coprozessor *Subst.* (graphics coprocessor)
Ein von vielen Video-Adaptern eingesetzter spezieller Mikroprozessor, der auf entsprechende Befehle der CPU grafische Darstellungen, z.B. Linien und gefüllte Bereiche erzeugen kann und dadurch die CPU entlastet.

Grafik-Datenstruktur *Subst.* (graphics data structure)
Eine Datenstruktur, die speziell für die Darstellung von Elementen einer Grafik konzipiert ist.

Grafikdrucker *Subst.* (graphics printer)
Ein Drucker, z.B. ein Laser-, Tintenstrahl- oder Matrixdrucker, der nicht nur zur Ausgabe von Textzeichen, sondern auch zur Darstellung von Grafiken, die aus einzelnen Pixeln aufgebaut sind, in der Lage ist. Die meisten derzeit mit Personal Computern verwendeten Drucker, mit Ausnahme der Typenraddrucker, sind Grafikdrucker. → *Vgl. Zeichendrucker.*

Grafik-Engine *Subst.* (graphics engine)
Ein Display-Adapter, der die beschleunigte Grafikverarbeitung behandelt. Dadurch wird die CPU für andere Tasks freigegeben. → *auch genannt Grafikbeschleuniger, Videobeschleunigerkarte.*
Außerdem eine Software, die entsprechend der Befehle aus einer Anwendung Anweisungen für das Erstellen von Grafiken an die Hardware sendet, die die Bilder erstellt. Beispiele hierzu sind Macintosh QuickDraw und Windows Graphics Device Interface (GDI).

Grafikkarte *Subst.* (display card, graphics card)
→ *siehe Video-Adapter.*

Grafikmodus *Subst.* (graphics mode)
Auf Computern wie dem IBM-PC der Display-Modus, in dem sich Linien und Zeichen auf dem Bildschirm aus einzelnen Pixeln aufbauen lassen. Dadurch sind Programme bei der Erstellung von Bildern flexibler als im entgegengesetzten Display-Modus, dem Text- (oder Zeichen-)Modus. Auf dem Computer läßt sich somit ein Mauszeiger als Pfeil-

spitze oder als beliebige Form – anstelle des blinkenden Kästchens anzeigen. Außerdem kann man Zeichenattribute, z.B. Fett oder Kursiv, so darstellen wie sie beim Druck erscheinen, so daß man nicht auf Konventionen wie Hervorhebungen, Unterstreichung oder alternative Farben angewiesen ist. → *Vgl. Textmodus.*
Der Ausdruck »Grafikmodus« bezeichnet auch bestimmte Werte für Farben und Auflösungen, die sich häufig auf einen bestimmten Video-Adapter beziehen, z.B. VGA mit 16 Farben und 640×480 Pixel auf dem Bildschirm. → *siehe auch Auflösung, hohe Auflösung, niedrige Auflösung.*

Grafikoberfläche, interaktive *Subst.* (interactive graphics)
→ *siehe interaktive Grafikoberfläche.*

Grafik, objektorientierte *Subst.* (object-oriented graphics)
→ *siehe objektorientierte Grafik.*

Grafikprozessor *Subst.* (graphics processor)
→ *siehe Grafik-Coprozessor.*

Grafik, strukturierte *Subst.* (structured graphics)
→ *siehe objektorientierte Grafik.*

Grafiktablett *Subst.* (graphics tablet)
Ein Gerät für die Eingabe von Positionsdaten von Grafiken, das für spezielle Anwendungen im grafischen Bereich (z.B. Architektur, Design und Illustration) verwendet wird. Ein flaches rechteckiges Plastikbrett ist mit einem Puck oder einem Stift *(stylus)* sowie Sensoren ausgestattet, die die Position des Puck oder Stylus an den Computer weiterleiten, der die Daten entsprechend der Cursorposition auf dem Bildschirm berechnet. → *siehe*

Grafiktablett

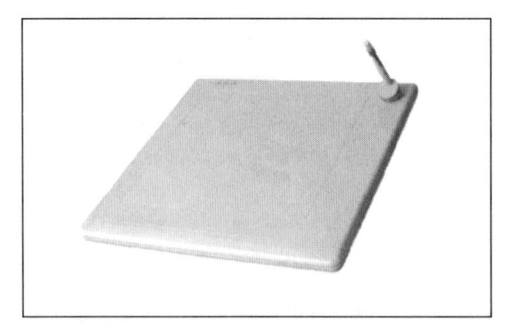

auch Griffel, Puck. → *auch genannt Digitalisiertablett.*

Grafikterminal *Subst.* (graphics terminal)
Ein Terminal, das in der Lage ist, sowohl Grafiken als auch Text anzuzeigen. Die Terminals erhalten keine Ströme mit bereits verarbeiteten Pixeln, sondern interpretieren in der Regel Steuerbefehle für Grafiken.

Grafikzeichen *Subst.* (graphics character)
Ein Zeichen, das mit anderen Zeichen kombiniert werden kann, um einfache Grafiken zu erstellen, z.B. Umrandungen, Felder und abgeschattete oder volle Blöcke. → *Vgl. sichtbares Zeichen.*

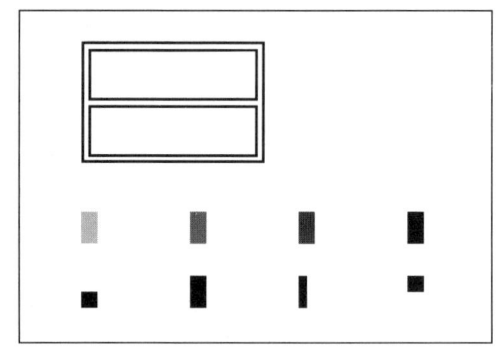

Grafikzeichen: Umrahmung aus Linienzeichen (oben). Abgeschattete und volle Blöcke (unten) aus dem erweiterten Zeichensatz von IBM.

grafische Benutzeroberfläche *Subst.* (graphical user interface)
Eine Umgebung, in der Programme, Dateien und Optionen durch Symbole, Menüs, und Dialogfelder am Bildschirm dargestellt werden. Der Benutzer kann diese Optionen mit der Maus oder über Tastaturbefehle markieren und aktivieren. Ein bestimmtes Element (z.B. eine Bildlaufleiste) funktioniert in allen Anwendungen gleich, weil die grafische Benutzeroberfläche Standardroutinen zum Behandeln dieser Elemente enthält, die die Aktionen des Benutzers weiterleiten (z.B. ein Mausklick auf ein bestimmtes Symbol oder auf eine bestimmte Textposition oder ein Tastendruck). Diese Routinen werden nicht von Anfang an neu erzeugt, sondern über bestimmte Parameter aufgerufen.

grafische Oberfläche *Subst.* (graphical interface)
→ *siehe grafische Benutzeroberfläche.*

grafische Primitive *Subst.* (graphics primitive)
Ein Zeichnungselement, z.B. ein Textzeichen, ein Bogen oder ein Polygon, das mit einer selbständigen Einheit gezeichnet und manipuliert wird und mit anderen grafischen Primitiven zu einem Bild kombiniert wird. → *Vgl. Entität.*

grafische Schnittstelle *Subst.* (graphics interface)
→ *siehe grafische Benutzeroberfläche.*

grafPort *Subst.*
Eine auf dem Apple Macintosh verwendete Struktur zum Definieren einer grafischen Umgebung, die über eine eigene Stiftgröße, Schrift, Hintergrundmuster usw. verfügt. Jedes Fenster hat einen grafPort. grafPorts können auch für das Senden von Grafiken an unsichtbare Fenster oder Dateien verwendet werden.

Graftal *Subst.* (graftal)
Eine der Familien geometrischer Formen, die Fraktalen ähnlich sind, sich aber von diesen durch eine einfachere Berechnung unterscheiden. Graftals werden oft in der Spezialeffekt-Branche verwendet, um synthetische Bilder zu erzeugen, z.B. Bäume oder Pflanzen. → *siehe auch Fraktal.*

Grammatikprüfung *Subst.* (grammar checker)
Ein Zusatzprogramm, das Text nach grammatischen Fehlern durchsucht.

Granularität *Subst.* (granularity)
Die Beschreibung der Aktivität eines Computers oder einer Funktion (z.B. Bildschirmauflösung, Suchen und Sortieren oder Zuordnung von Zeitscheiben in bezug auf die entsprechenden Einheiten (Pixel, Datensätze oder Zeitscheiben). Die Unterteilung liegt im Bereich von *grob* bis *fein*. Je höher die Anteile, desto gröber ist die Granularität.

Graph *Subst.* (graph)
In der Programmierung eine Datenstruktur mit null oder mehr Knoten und null oder mehr Kanten, die Knotenpaare verbinden. Von einem verbundenen Graphen spricht man, wenn man zwischen zwei beliebigen Knoten, entlang einer oder mehrerer Kanten, einem Weg folgen kann. Ein Untergraph ist eine Teilmenge von Knoten und Kanten in einem Graphen. Ein Graph ist gerichtet (ein Digraph), wenn jede Kante zwei Knoten in nur eine Richtung verbindet. Ein Graph ist gewichtet, wenn jede Kante mit einem Wert versehen ist. → *siehe auch Baum, Knoten.*

Graphical Device Interface *Subst.*
→ *siehe GDI.*

Graphical Kernel System *Subst.*
Abgekürzt GKS. Ein Standard für Computergrafik, der von ANSI und ISO angenommen wurde. Der Standard spezifiziert Methoden zum Beschreiben, Manipulieren, Speichern und Übertragen von Grafiken. Graphical Kernal System funktioniert auf der Anwendungsebene (nicht auf der Hardware-Ebene) und beschäftigt sich mit logischen Workstations (Kombinationen von Eingabe- und Ausgabegeräten, z.B. Tastatur, Maus und Monitor) anstatt mit individuellen Geräten. GKS wurde 1978 für die Behandlung zweidimensionaler Grafiken entwickelt. Die spätere Modifikation GKS-3D erweiterte den Standard auf dreidimensionale Grafiken. → *siehe auch ANSI, ISO.*

Graphics Interchange Format *Subst.*
→ *siehe GIF.*

Graphics Port *Subst.* (graphics port)
→ *siehe grafPort.*

Graustufen *Subst.* (gray scale)
Eine abgestufte Folge von Grauwerten, die von Schwarz bis Weiß reichen. Graustufen setzt man in der Computergrafik ein, um Bilder mit Details zu versehen oder Farbbilder auf einem monochromen Ausgabegerät darzustellen. Ähnlich der Anzahl von Farben in einem Farbbild, hängt die Anzahl der Grauwerte von der Anzahl der Bit ab, die pro Pixel gespeichert sind. Die verschiedenen Graufärbungen lassen sich durch die tatsächlichen Grauwerte, durch Halbton-Punkte oder durch Dithering darstellen. → *siehe auch Dithering, Halbton.*

Gray-Code *Subst.* (Gray code)
→ *siehe zyklischer Binärcode.*

Great Renaming *Subst.*
Die Änderung des aktuellen Systems der Usenet-Hierarchien im Internet. Vor dem »Great Rena-

ming«, das 1985 durchgeführt wurde, hatten nicht lokale Newsgroups das Namensformat *net.**. Eine Gruppe, die zuvor z.B. die Bezeichnung *net.sources* hatte, wurde in *comp.sources.misc* umbenannt. → *siehe auch lokale Newsgroups, Newsgroup, traditionelle Newsgroup-Hierarchie, Usenet.*

Green Book *Subst.*
Ein Buch mit Spezifikationen, das von Sony und Philips herausgegeben wird. Diese Spezifikationen decken die CD-I-Technologie (compact disc-interactive) ab. → *siehe auch CD-I.* → *Vgl. Orange Book, Red Book.*

Gregorianischer Kalender *Subst.* (Gregorian calendar)
Der heute in der westlichen Welt verwendete Kalender. Der Gregorianische Kalender wurde 1582 von Papst Gregor XIII. eingeführt, um den Julianischen Kalender zu ersetzen. Um die Länge des astronomischen Jahres (365.2422 Tage) besser anzugleichen, legt dieser Kalender fest, daß es sich bei Jahren, die durch 100 geteilt werden können, nur dann um Schaltjahre handelt, wenn sie auch durch 400 geteilt werden können (daher ist das Jahr 2000 ein Schaltjahr, während 1900 keines war). Um die seit a.D. entstandenen Unzulänglichkeiten zu korrigieren, ließ der Gregorianische Kalender am Oktober 1582 10 Tage wegfallen. In Britannien und den amerikanischen Kolonien wurde der Gregorianische Kalender 1752 angenommen (und 11 Tage entfernt). → *Vgl. Julianischer Kalender.*

Grenzbedingung *Subst.* (constraint)
In der Programmierung eine formulierte Einschränkung der für ein Problem zulässigen und sinnvollen Lösungsmenge.

Grenze *Subst.* (bound)
Das untere oder obere Ende in einem erlaubten Bereich von Werten.

Grenzoperation *Subst.* (limiting operation)
Routinen oder Operationen, die die Leistungsfähigkeit eines größeren Prozesses einschränken, in die diese einbezogen sind. Ein Engpaß.

Grenzprüfung *Subst.* (limit check)
In der Programmierung ein Test, mit dem für festgelegte Informationen die Einhaltung zulässiger Grenzen überprüft wird. → *siehe auch Array.*

grep *Subst.*
Abkürzung für Global Regular Expression Print. Ein UNIX-Befehl für die Dateisuche mit einem Schlüsselwort.

grepen *Vb.* (grep)
Ausführen einer Textsuche, insbesondere mit dem UNIX-Befehl *grep.*

Griffel *Subst.* (stylus)
Ein Zeigegerät, das zusammen mit einem Grafiktablett eingesetzt wird und meist über eine flexible Anschlußleitung mit dem Tablett verbunden ist. → *siehe auch Grafiktablett, Puck.* → *auch genannt Stift.*

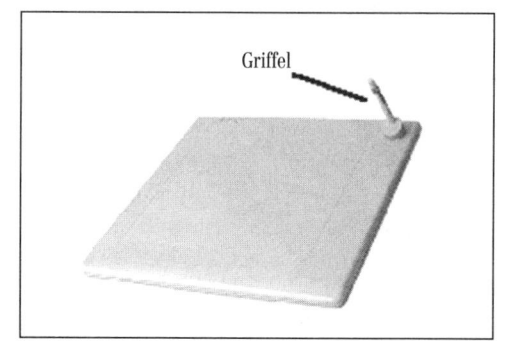

Griffel: Der Griffel eines Grafiktabletts

Größe *Subst.* (quantity)
Eine Zahl – positiv oder negativ, ganz oder gebrochen – zur Anzeige eines Wertes.

größer als *Adj.* (greater than)
→ *siehe relationaler Operator.*

größer gleich als *Adj.* (greater than or equal to)
→ *siehe relationaler Operator.*

groken *Vb.* (grok)
Etwas vollständig erfassen oder verstehen. Der Begriff hat seinen Ursprung in dem Roman »Fremder in einem fremden Land« von Robert A. Heinlein. In dem Roman handelt es sich dabei um die Bezeichnung für »trinken«. Hacker verwenden diesen Ausdruck häufig in bezug auf Computerfachkenntnisse. → *siehe auch Cyberpunk.*

Großbuchstaben *Subst.* (caps)
Abkürzung für »**cap**ital letter**s**«. → *Vgl. Kleinbuchstaben.*

Großeltern *Subst.* (grandparent)
→ *siehe Generationenprinzip.*

groß geschrieben *Adj.* (uppercase)
Bezeichnet die Großbuchstaben einer Schrift.
→ *Vgl. Kleinbuchstaben.*

Groß-/Kleinschreibung *Subst.* (case)
Bei der Textverarbeitung (auch in bezug auf die Programmierung) der Name für eine Option, mit der festgelegt wird, ob die Groß- und Kleinschreibung eines Begriffs berücksichtigt oder aber ignoriert wird. Wird die Groß- und Kleinschreibung beachtet, wird ein in unterschiedlichen Schreibweisen vorhandenes Wort (oder eine Zeichenkette), als verschiedene Wörter (Zeichenketten) behandelt. Ein Suchvorgang nach »bit« findet dann z.B. die Schreibweisen »BIT« und »Bit« nicht. Ein Sortiervorgang, bei dem die Groß- und Kleinschreibung beachtet wird, stuft außerdem Klein- und Großbuchstaben nicht als gleichwertig ein, sondern gemäß ihrer Position im Zeichensatz (dort stehen in aller Regel erst alle Großbuchstaben, dann die Kleinbuchstaben). Beispielsweise wird dann »Azurit« vor »abberufen« einsortiert.

Groß-/Kleinschreibung beachtende Suche *Subst.* (case-sensitive search)
Ein Suchvorgang in einer Datenbank, bei der die Schreibweise eines Wortes oder einer Zeichenkette in bezug auf die Groß- und Kleinschreibung beachtet wird, also exakt mit der Schreibweise in der Datenbank übereinstimmen muß. Beispielsweise werden bei Verwendung des Suchbegriffs »Berlin« dann keine Einträge mit der Schreibweise »BERLIN« gefunden.

Großrechner *Subst.* (mainframe computer)
Ein Computer, der für rechenintensive Aufgaben ausgelegt ist. Großrechner werden häufig von mehreren Benutzern verwendet, die über Terminals angeschlossen sind. → *siehe auch Computer, Supercomputer.*

Großstadtlegende *Subst.* (urban legend)
Eine weitverbreitete Geschichte, die in Umlauf bleibt, obwohl sie nicht wahr ist. Viele Großstadtlegenden geistern seit Jahren durch das Internet und andere Online-Dienste, z.B. die Bitte um Postkarten an den kranken Jungen in England (er ist mittlerweile gesund und erwachsen), das Kekse- bzw. Kuchen-Rezept für $250 (ein Mythos) und der Virus »Good Times« bzw. »Penpal Greetings«, der beim Lesen einer E-Mail-Mitteilung den Computer infiziert (es gibt ihn nicht). → *siehe auch Good Times Virus.*

Großvater *Subst.* (grandfather)
→ *siehe Generationenprinzip.*

Großvater/Vater/Sohn *Adj.* (grandfather/father/son)
→ *siehe Generationenprinzip.*

Groupware *Subst.* (groupware)
Software, mit der beabsichtigt wird, daß eine Benutzergruppe auf einem Netzwerk gemeinsam an einem bestimmten Projekt arbeiten kann. Groupware enthält u.a. bestimmte Einrichtungen für die Kommunikation (z.B. E-Mail), gemeinsame Dokumenterstellung, Terminplanung und Überwachung. Die Dokumente können Text, Bilder oder andere Informationsarten enthalten.

grüner PC *Subst.* (green PC)
Ein Computersystem, das wenig Energie verbraucht. Einige Computer schalten die Energiezufuhr für nicht benötigte Bauteile ab, wenn innerhalb eines bestimmten Zeitraums keine Eingabe erfolgt ist. Dieser Zustand wird auch als *ruhender Modus* bezeichnet. Grüne PCs werden in der Regel sparsam verpackt und enthalten Komponenten, die wiederverwertet werden können (z.B. spezielle Toner-Kassetten).

Grunddateiname *Subst.* (root name)
Der erste Teil des Dateinamens in den Betriebssystemen MS-DOS und Windows. Bei MS-DOS und den früheren Windows-Versionen war die maximale Länge dieses Namens auf 8 Zeichen begrenzt. Bei Windows NT und den neueren Windows-Versionen sind hingegen bis zu 255 Zeichen zulässig. → *siehe auch 8.3, Dateiname, Erweiterung, lange Dateinamen.*

Grundlinie *Subst.* (baseline)
Bei gedruckten und auf dem Bildschirm angezeigten Zeichen eine gedachte, horizontale Linie, auf der die unteren Begrenzungen jedes Zeichens – mit Ausnahme der Unterlängen – ausgerichtet sind. → *siehe auch Oberlänge, Schrift, Unterlänge.*

G

```
  ┌─────────────────────────────┐
  │   Magma                     │
  │         │            │      │
  │      Unterlänge    Grundlinie│
  └─────────────────────────────┘
```
Grundlinie

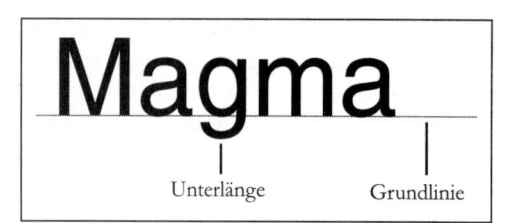

Gruppe *Subst.* (group)
Eine Sammlung von Elementen, die als Ganzes behandelt werden können, z.B. eine Sammlung von Datensätzen in einem Datenbankbericht, oder eine Sammlung von Objekten, die sich als einzelne Einheit in einem Zeichenprogramm verschieben und umformen lassen. In verschiedenen Multiuser-Betriebssystemen stellt eine Gruppe eine Reihe von Benutzerkonten dar, die manchmal als *Mitglieder* bezeichnet werden. Es können Rechte für die Gruppe gewährt werden, die dann auch auf die einzelnen Mitglieder übergehen. → *siehe auch Benutzerkonto, globale Gruppe, lokale Gruppe, Standardgruppen.*

Gruppe, globale *Subst.* (global group)
→ *siehe globale Gruppe.*

Gruppe, lokale *Subst.* (local group)
→ *siehe lokale Gruppe.*

Gruppenlaufzeit *Subst.* (envelope delay)
Auch als Laufzeitverzerrung oder Phasenverzerrung bezeichnet. In der Kommunikationstechnik wird damit ein Effekt beschrieben, bei dem verschiedene Frequenzen in einem übertragenen Signal unterschiedliche Laufzeiten aufweisen. Kommen Frequenzen zu verschiedenen Zeiten am Bestimmungsort an, kann diese Verzögerung zu einer Verzerrung des Signals und zu Übertragungsfehlern führen. → *auch genannt Verzögerungsverzerrung.*

gruppieren *Vb.* (group)
In Grafikprogrammen versteht man unter diesem Begriff das Zusammenfassen von Objekten in eine Gruppe. → *siehe auch Zeichenprogramm.*

GSM *Subst.*
→ *siehe Global System for Mobile Communications.*

.gt
Im Internet ein Kürzel für die übergreifende Länder-Domäne, die eine Adresse in Guatemala angibt.

.gu
Im Internet ein Kürzel für die übergreifende Länder-Domäne, die eine Adresse in Guam angibt.

guest *Subst.*
Zu deutsch »Gast«. Ein häufig verwendeter Name für ein Anmeldekontot, auf das ohne Kennwort zugegriffen werden kann. BBS-Systeme und Dienstanbieter verwalten häufig ein derartiges Konto, damit potentielle Abonnenten die Möglichkeit haben, Informationen zu den Angeboten des Providers zu erhalten.

GUI *Subst.*
→ *siehe grafische Benutzeroberfläche.*

GUID *Subst.*
→ *siehe globale Identifikation.*

Gummiband *Subst.* (rubber banding)
Beschreibt in der Computergrafik die Änderung einer aus Verbindungslinien bestehenden Objektform, indem man einen Punkt auf einer Verankerungslinie »aufgreift« und auf eine neue Position »zieht«.

gunzip *Subst.*
Ein GNU-Dienstprogramm für das Dekomprimieren von Dateien, die mit gzip komprimiert wurden. → *siehe auch dekomprimieren, GNU.* → *Vgl. gzip.*

Guru *Subst.* (guru, wizard)
Ein Experte, der im Umgang mit Computern erfahren ist und sich mit deren »magischer« Funktionsweise auskennt; ein hervorragender und kreativer Programmierer oder ein sehr erfahrener Computerbenutzer. → *Vgl. UNIX-Guru.*
Etwas weiter gefaßt charakterisiert »Guru« einen technischen Experten, der für Problemlösungen und allgemeine Fragen zur Verfügung steht. → *siehe auch Techie.*
Als »Guru« wird außerdem ein Teilnehmer an einem Multi-User Dungeon (MUD) bezeichnet, der über die Berechtigung verfügt, die Domäne zu

steuern und sogar die Figuren der anderen Spieler zu löschen. → *siehe auch MUD*.

gutartiger Virus *Subst.* (benign virus)
Ein Programm, das diverse Eigenschaften eines Virus aufweist, z.B. die Reproduktion, das aber keine direkten Schäden am infizierten System verursacht.

.gy
Im Internet ein Kürzel für die übergreifende Länder-Domäne, die eine Adresse in Guyana angibt.

.gz
Eine Dateinamenerweiterung, die mit Hilfe des UNIX-Dienstprogramms »gzip« komprimierte Dateiarchive kennzeichnet. → *siehe auch gzip, komprimierte Datei*.

gzip *Subst.*
Ein GNU-Dienstprogramm für das Komprimieren von Dateien. → *siehe auch GNU, komprimieren*. → *Vgl. gunzip*.

H

H *Subst.*
→ *siehe Henry.*

H.324 *Subst.*
Ein Standard der International Telecommunications Union für das simultane Übertragen von Video, Daten und Voice über ein POTS-Modem.
→ *siehe auch POTS.*

Haarlinie *Subst.* (hairline)
Der kleinste sichtbare Zwischenraum bzw. die schmalste Linie, die sich auf einer gedruckten Seite anzeigen lassen. Die Größe einer Haarlinie hängt von den Materialien, der Hardware sowie der Software ab, die verwendet werden. Sie kann aber auch von den jeweiligen Organisationen abhängen. Der United States Postal Service legt eine Haarlinie als einen halben Punkt fest (ungefähr 7/1000). Die Graphic Arts Technical Foundation (GATF) definiert eine Haarlinie als 3/1000 Zoll.
→ *siehe auch Regel, zeigen.*

Hack *Subst.* (hack)
Eine Veränderung des Programmcodes, ohne sich die Zeit zu nehmen, eine elegante Lösung zu suchen.
Sehr weit gefaßt auch ein Flickwerk.

hacken *Vb.* (hack)
Probleme oder Projekte kreativ und mit hoher Erfindungsgabe in Angriff nehmen.
Außerdem das Ändern des Verhaltens einer Anwendung oder eines Betriebssystems durch die Manipulation des entsprechenden Codes anstatt durch die Programmausführung und die Wahl von Optionen.

Hacker *Subst.* (hacker)
Ein Computersüchtiger – eine Person, die von der Computertechnologie und der Computerprogrammierung total vereinnahmt ist. Hacker bezieht sich auch auf jemanden, der jenseits reiner Programmierung gern Betriebssysteme und Programme analysiert, nur um zu sehen, wie sie im Inneren funktionieren.
Außerdem bezeichnet »Hacker« eine Person, die ihr Computerwissen für illegale Aktionen nutzt (z. B. der unerlaubte Zugriff auf Computersysteme sowie das Manipulieren von Programmen und Daten). → *auch genannt Cracker.*

hängen *Vb.* (hang)
Ohne Reaktion auf Benutzereingaben. Ein hängendes Programm oder ein hängendes Computersystem reagiert zwar nicht mehr auf Benutzereingaben, die Anzeige am Bildschirm wird jedoch normal wiedergegeben. Es kann z. B. der Fall sein, daß das Programm oder das System auf Informationen wartet oder nicht korrekt beendet wurde. Es wird in diesem Fall der Betrieb später wieder aufgenommen, oder der Benutzer muß das Programm neu starten bzw. den Computer neu booten. → *siehe auch crashen.*

hängender Einzug *Subst.* (hanging indent, outdent)
Auch Ausrücken genannt. Bei einem hängenden Einzug ist der Anfang der ersten Zeile eines Absatzes weiter nach links als die folgenden Zeilen angeordnet. → *auch genannt negativer Einzug.*
→ *Vgl. einrücken.*

HAGO
Abkürzung für **H**ave **A** **G**ood **O**ne (etwa: »Einen schönen Tag noch«). Eine Grußformel, die in E-Mail-Kommunikation und Online-Kommunikationsformen verwendet wird.

HAL *Subst.*
→ *siehe Hardware Abstraction Layer.*

Halbaddierer *Subst.* (half adder)
Eine logische Schaltung, die zwei Eingangswerte (Bit) zu zwei Ausgangswerten – einer Summe und

einem Übertragsbit – addieren kann. Ein Halbaddierer kann kein Übertragsbit einer vorangegangenen Addition übernehmen. Für diese Funktion ist ein Volladdierer erforderlich, der die Summe zweier Eingangswerte unter Berücksichtigung eines Übertrages bilden kann. Um zwei Multibit-Binärziffern zu addieren, verwendet ein Computer einen Halbaddierer und einen oder mehrere Volladdierer. → *siehe auch Carry-Bit, Volladdierer.*

halbduplex *Adj.* (half-duplex)
Halbduplex bezieht sich auf eine Zweiweg-Kommunikation, die jeweils nur in eine Richtung abläuft. Beispielsweise läuft die Kommunikation zwischen zwei Menschen in der Regel halbduplex ab – einer hört zu, während der andere spricht. → *Vgl. duplex.*

Halbduplex-Übertragung *Subst.* (half-duplex transmission)
Eine bidirektionale elektronische Kommunikation, die nicht gleichzeitig, sondern nur in jeweils eine Richtung erfolgt. → *Vgl. duplex, Simplex-Übertragung.*

halbe Karte *Subst.* (half-card)
→ *siehe kurze Karte.*

Halbgeviert *Subst.* (en space)
Eine typografische Maßeinheit, dessen Breite gleich der Hälfte der Punktgröße einer bestimmten Schrift ist. → *Vgl. festes Leerzeichen, schmales Leerzeichen, Vollgeviert.*

halbhohes Laufwerk *Subst.* (half-height drive)
Laufwerke einer beliebigen Generation, die ungefähr halb so hoch wie die Laufwerke der vorherigen Generation sind.

Halbleiter *Subst.* (semiconductor)
Ein Werkstoff (zumeist Silizium und Germanium), der bezüglich seiner Leitfähigkeit zwischen einem Leiter und einem Nichtleiter (Isolator) einzuordnen ist. Im weiteren Sinne bezeichnet man mit »Halbleiter« auch elektronische Bauelemente, die auf der Basis von Halbleitermaterialien hergestellt werden.

Halbleiterlaufwerk *Subst.* (solid-state disk drive)
Ein Massenspeichergerät, bei dem die Daten in RAM-Speichern und nicht auf magnetischen Datenträgern festgehalten werden. → *siehe auch magnetischer Speicher, RAM.*

Halbleiter, n-leitender *Subst.* (N-type semiconductor)
→ *siehe n-leitender Halbleiter.*

Halbleiter, p-leitender *Subst.* (P-type semiconductor)
→ *siehe p-leitender Halbleiter.*

Halbleiterrelais *Subst.* (solid-state relay)
Ein Relais, bei dem das Öffnen und Schließen eines Schaltkreises von Halbleiterbauelementen bewirkt wird und nicht von mechanischen Komponenten.

Halbleiterspeicher *Subst.* (solid-state memory)
In Computern verwendeter Speichertyp, bei dem Informationen in Halbleiterbauelementen gespeichert werden.

Halb-Router *Subst.* (half router)
Ein Gerät, das ein lokales Netzwerk (LAN) mit einer Kommunikationsleitung (z.B. im Internet) über ein Modem verbindet und das Weiterleiten der Daten an einzelne Stationen des LAN steuert.

Halbton *Subst.* (halftone)
Eine gedruckte Reproduktion einer Fotografie oder einer anderen Abbildung in der Form von winzigen, in gleichmäßigem Abstand angeordneten Punkten von variablem Durchmesser, die als Grauschattierungen erscheinen. Je dunkler der Schatten auf einem bestimmten Punkt im Bild, desto größer ist der entsprechende Punkt im Halbton. In der traditionellen Drucktechnik werden Halbtöne erstellt, indem eine Vorlage durch ein Raster abfotografiert wird. Beim Desktop Publishing wird jeder Halbton-Punkt durch einen Bereich mit einer Anzahl von Punkten abgebildet, die von einem Laserdrucker oder digitalen Belichter gedruckt werden. In beiden Fällen wird die Rasterweite der Halbton-Punkte in Zeilen pro Zoll gemessen. Eine höhere Druckerauflösung ermöglicht eine höhere Anzahl von Halbtonpunkten, die die Bildqualität verbessern. → *siehe auch Belichter, Dithering, Graustufen, Rasterpunktfunktion.*

Halbwort *Subst.* (half-word)
Die Hälfte der Bits, die ein Wort in einem bestimmten Computer bilden. Wenn ein Wort aus 32

bit besteht, enthält das entsprechende Halbwort 16 bit oder 2 Byte. → *siehe auch Wort.*

Haltepunkt *Subst.* (breakpoint)
Eine Stelle in einem Programm, an der die Ausführung angehalten wird, so daß der Programmierer den Programmstatus, den Inhalt von Variablen usw. abfragen kann. Haltepunkte werden bei der Fehlerbeseitigung (Debugging) eingesetzt. Damit Haltepunkte eingefügt werden können, muß das Programm unter der Kontrolle eines geeigneten Debuggers ablaufen. Die Übergabe der Steuerung an den Debugger erfolgt gewöhnlich durch Einfügen eines Sprung-, Aufruf- oder Trap-Befehls am gewünschten Haltepunkt. → *siehe auch debuggen, Debugger.*

Hamming-Code *Subst.* (Hamming code)
Eine Familie von fehlerkorrigierender Codierung, die nach R. W. Hamming von dem Unternehmen Bell Labs benannt ist. In einem sehr einfachen Hamming-Code folgen auf jedes vierte Datenbit drei Prüfbit, die sich jeweils aus den vier Datenbit errechnen. Wenn sich eines dieser sieben bit ändert, läßt sich durch eine einfache Berechnung der Fehler ermitteln, und es kann sogar genau festgelegt werden, welches Bit sich geändert hat. → *siehe auch fehlerkorrigierende Codierung, vorauseilende Fehlerkorrektur.*

Handballenauflage *Subst.* (wrist support)
Eine Vorrichtung, die vor einer Computertastatur angeordnet wird, um die Handgelenke in einer ergonomischen Ruheposition zu unterstützen und somit Überlastungsschäden, wie beispielsweise einer Sehnenscheidenentzündung vorzubeugen. → *siehe auch Ermüdungsverletzungen, Sehnenscheidenentzündung.* → *auch genannt Handballenunterstützung.*

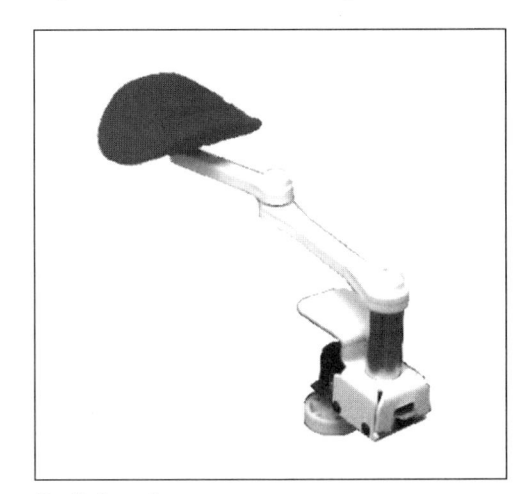

Handballenunterstützung *Subst.* (wrist rest)
→ *siehe Handballenauflage.*

Handheld-Computer *Subst.* (handheld computer)
Ein Computer, den man bequem in einer Hand halten kann, während man ihn mit der anderen Hand bedient. Handheld-Computer werden häufig im Transportwesen und in anderen Bereichen der Dienstleistungsindustrie eingesetzt. Sie sind im allgemeinen für das Ausführen von bestimmten Aufgaben gefertigt. Sie verfügen oft über beschränkte spezielle Tastaturen (die nicht dem normalen QWERTY-Layout entsprechen), kleinere Bildschirme, Eingabegeräte, z. B. Barcode-Leser, und Kommunikationseinrichtungen zum Senden der Daten an einen Zentralcomputer. Sie verfügen jedoch selten über Diskettenlaufwerke. Bei der Software von Handheld-Computern handelt es sich in der Regel um proprietäre Software, die im ROM gespeichert ist. → *siehe auch QWERTY-Tastatur, ROM.* → *Vgl. Handheld-PC, PDA.*

Handheld-PC *Subst.* (handheld PC)
Ein Computer, der so klein ist, daß er in eine Jackentasche paßt, und der z. B. in der Lage ist, Microsoft Windows CE (eine abgespeckte Version von Windows 95) sowie die Anwendungen auszuführen, die für dieses Betriebssystem konzipiert sind. → *Vgl. Handheld-Computer, PDA.*

Handheld-Scanner *Subst.* (handheld scanner)
Ein Scanner, bei dem der Benutzer den Scanner-Kopf, der in einer Handheld-Einheit enthalten ist, über ein Medium (z.B. ein Blatt Papier) zieht. → *siehe auch Scanner, Scanner-Kopf.* → *Vgl. Einzugs-Scanner, Flachbett-Scanner, Trommel-Scanner.*

Handle *Subst.* (handle)
Ein Zeiger auf einen Zeiger, d.h. eine Variable, die die Adresse einer anderen Variable enthält, die ihrerseits die Adresse des gewünschten Objekts enthält. In bestimmten Betriebssystemen zeigt das

Handballenauflage

Handle auf einen Zeiger, der sich in einer festen Position im Speicher befindet, während dieser Zeiger auf einen verschiebbaren Block zeigt. Wenn Programme von dem Handle gestartet werden, sobald diese auf den Block zugreifen, kann das Betriebssystem Tasks für die Speicherverwaltung ausführen (z. B. eine Speicherbereinigung), ohne die Programme zu beeinflussen. → *siehe auch Zeiger.*

Als »Handle« wird ferner jede Zeichenfolge bezeichnet, die ein Programm verwenden kann, um auf ein Objekt zuzugreifen und es zu identifizieren. Das Objekt kann z. B. ein Gerät, eine Datei, ein Fenster oder ein Dialogfeld sein.

Handler *Subst.* (handler)
Auch als »Behandlungsroutine« bezeichnet. Eine Routine zur Handhabung einer allgemeinen oder relativ einfachen Situation oder Operation, z. B. Fehlerbeseitigung oder Datenbewegungen.
In bestimmten objektorientierten Programmiersprachen, die Nachrichten unterstützen, stellt ein »Handler« ein Unterprogramm dar, das eine Nachricht für eine bestimmte Objektklasse verarbeitet. → *siehe auch Nachricht, objektorientierte Programmierung.*

Handschrifterkennung *Subst.* (handwriting recognition)
Die Fähigkeit eines Computers, Handschriften – insbesondere eine Unterschrift – zur Identifikation des Benutzers zu erkennen.
Auch die Fähigkeit eines Computers, handgeschriebenen Text in Zeichen umzuwandeln, die vom Computer erkannt werden können. Diese Technologie steckt derzeit noch in den Kinderschuhen. Deshalb ist es derzeit noch erforderlich, daß die Buchstaben äußerst deutlich geschrieben werden. Die Entwicklung der Programme für die Handschrifterkennung wird von PDAs gefördert, deren Tastaturen für die Dateneingabe zu klein sind. Außerdem sind Programme für die Handschriftenerkennung für den asiatischen Raum geeignet, weil asiatische Sprachen zum Teil immens viele Zeichen enthalten, weshalb die Eingabe über eine Tastatur in diesem Fall eher eine Belastung ist. → *siehe auch PDA.* → *Vgl. optische Zeichenerkennung.*

Handshake *Subst.* (handshake)
Zu deutsch »Händeschütteln«. Eine Reihe von Signalen, die bestätigen, daß eine Kommunikation oder der Transfer von Informationen zwischen Computern oder Computergeräten stattfinden kann. Bei einem Hardware-Handshake handelt es sich um einen Austausch von Signalen über spezifische Leitungen (keine Datenleitungen), wobei jedes Gerät die Bereitschaft zum Senden oder Empfangen von Daten signalisiert. Ein Software-Handshake beruht auf Signalen, die über die Leitungen übertragen werden, die auch zum Transfer von Daten verwendet werden, beispielsweise bei einer Verbindung zwischen zwei Modems über Telefonleitungen.

Hardcopy *Subst.* (hard copy)
Druckausgabe auf Papier, Film oder auf einem anderen dauerhaften Medium. → *Vgl. Softcopy.*

Hardware *Subst.* (hardware)
Die physikalischen Bestandteile eines Computersystems, einschließlich aller peripherer Einrichtungen, z. B. Drucker, Modems und Mäuse. → *Vgl. Firmware, Software.*

hardwareabhängig *Adj.* (hardware-dependent)
Bezeichnet Programme, Sprachen oder Bestandteile eines Computers bzw. Geräte, die an ein bestimmtes Computersystem oder eine Konfiguration gebunden sind. Beispielsweise ist Assemblersprache hardwareabhängig, da sie für einen bestimmten Mikroprozessortyp entworfen wurde und nur damit zusammenarbeitet.

Hardware Abstraction Layer *Subst.* (hardware abstraction layer)
Ein Begriff aus dem Bereich fortgeschrittener Betriebssysteme (z. B. Windows NT). Eine Schicht, in der Code einer Assembler-Sprache isoliert wird. Eine Hardware Abstraction Layer funktioniert ähnlich wie eine Schnittstelle für die Anwendungsprogrammierung (API) und wird von Programmierern zum Erstellen von geräteunabhängigen Anwendungen verwendet. → *siehe auch Geräteunabhängigkeit.*

Hardware-Ausfall *Subst.* (hard failure, hardware failure)
Ein Defekt bei einer physikalischen Komponente in einem Computersystem (z. B. ein Headcrash oder Speicherfehler).
Außerdem das Versagen einer technischen Einrichtung, ohne die Möglichkeit, die Funktions-

fähigkeit wiederherzustellen. Die Korrektur eines Hardware-Ausfalls erfordert in der Regel die Einschaltung von Reparaturpersonal.

Hardwarebaum *Subst.* (hardware tree)
Eine Datenbank mit Informationen über Geräte und benötigte Ressourcen. Ein Hardwarebaum wird für die Konfiguration von Systemen mit Geräten verwendet, um Hardwarekonflikte zu vermeiden.

Hardware-Check *Subst.* (hardware check)
Eine automatisch von der Hardware ausgeführte Prüfung auf interne Fehler oder Probleme.

Hardware-Handshake *Subst.* (hardware handshake)
→ *siehe Handshake.*

Hardware-Interrupt *Subst.* (hardware interrupt)
Eine Dienstanforderung des Prozessors, der entweder extern durch ein Hardwaregerät, z.B. ein Diskettenlaufwerk oder einen Eingabe-Ausgabe-Port, oder intern durch die CPU selbst ausgelöst wird. Externe Hardware-Interrupts werden eingesetzt, wenn ein Zeichen, das von einem Port empfangen wird, auf die Verarbeitung wartet, ein Laufwerk für die Übertragung eines Datenblocks bereit ist oder der System-Timer ein Taktsignal ausgibt. Interne Hardware-Interrupts treten auf, wenn ein Programm versucht, eine unmögliche Aktion durchzuführen, z.B. der Zugriff auf eine nicht verfügbare Adresse oder eine Division durch Null. Hardware-Interrupts sind bestimmte Prioritätsebenen zugeordnet. Die höchste Priorität wird an den sog. nichtmaskierbaren Interrupt vergeben. Dieser Interrupt kennzeichnet einen schweren Fehler, z.B. einen Speicherfehler, auf den unverzüglich zu reagieren ist. → *siehe auch externer Interrupt, Interrupt.*

Hardware-Monitor *Subst.* (hardware monitor)
Eine separate Platinenschaltung zur Überwachung des Betriebsverhaltens eines Hardware-/Software-Systems. Mit einem Hardware-Monitor lassen sich die Ursachen für fatale Fehler (z.B. ein System-Crash) erkennen, wozu ein Software-Monitor oder Debugger nicht in der Lage ist. → *Vgl. Debugger.*

Hardwareprofil *Subst.* (hardware profile)
Ein Datensatz, der die Konfiguration und die Charakteristika eines vorgegebenen Bestandteils der Computerausstattung angibt. Diese Datenart wird in der Regel für die Rechnerkonfiguration der Peripheriegeräte eingesetzt.

Hardware-Schloß *Subst.* (hardware key)
Eine Sicherheitseinrichtung, die an einen Eingabe-Ausgabe-Port angeschlossen ist, um die Verwendung eines bestimmten Softwarepakets zuzulassen. Diese Methode ermöglicht das Erstellen von Sicherungskopien, verhindert aber die unlizenzierte Nutzung der Software auf mehr als einem Computer. → *auch genannt Dongle.*
Des weiteren charakterisiert »Hardware-Schloß« jede Einrichtung zur Sicherung eines Computers gegen unbefugte Benutzung, z.B. das Schloß auf der Frontplatte des Gehäuses einiger Personal Computer.

hart *Adj.* (hard)
Permanent, fest oder physikalisch definiert. Nicht durch gewöhnliche Operationen auf einem Computersystem zu ändern. → *siehe auch Hardcopy, harter Fehler, harter Zeilenvorschub, hartsektorierte Diskette.* → *Vgl. weich.*
In der Elektronik kennzeichnet man Materialien als »hart«, die ihren Magnetismus beibehalten, wenn man sie aus einem magnetischen Feld entfernt. → *Vgl. weich.*

hartcodiert *Adj.* (hard-coded)
Nur für die Behandlung einer bestimmten Situation konzipiert.
Nicht von Werten abhängig, die vom Benutzer eingegeben und geändert werden können, sondern von solchen Werten, die im Programmcode eingebettet sind.

harter Bindestrich *Subst.* (hard hyphen)
→ *siehe Bindestrich.*

harter Fehler *Subst.* (hard error)
Ein Fehler, der durch einen Hardware-Ausfall oder den Zugriff auf inkompatible Hardware hervorgerufen wird. → *siehe auch Hardware-Ausfall.* → *Vgl. weicher Fehler.*
Als »harter Fehler« wird auch ein Fehler bezeichnet, der ein Programm am Weiterarbeiten hindert.
→ *siehe auch fataler Fehler.*

harter Zeilenvorschub *Subst.* (hard return)
Eine Zeicheneingabe des Benutzers, die festlegt, daß die aktuelle Textzeile endet und eine neue Zeile anfängt. In Textverarbeitungs-Programmen, die automatisch die Zeilen innerhalb der Seitenränder brechen, verwendet man harte Zeilenvorschübe für den Abschluß eines Absatzes. In Texteingabe-Programmen, die keinen Zeilenumbruch unterstützen, ist jede Zeile mit einem harten Zeilenvorschub abzuschließen. Außerdem sind oft mehrere harte Zeilenvorschübe erforderlich, um einen Absatz zu beenden. → *siehe auch Zeilenumbruch.* → *Vgl. weicher Zeilenvorschub.*

hartes Leerzeichen *Subst.* (hard space)
→ *siehe geschütztes Leerzeichen.*

hartsektorierte Diskette *Subst.* (hard-sectored disk)
Eine Floppy-Disk, deren Datensektoren physikalisch durch eingestanzte Löcher markiert sind. Diese Löcher werden von Sensoren im Laufwerk erkannt, wodurch das Laufwerk den Beginn jedes Sektors lokalisieren kann. → *Vgl. softsektorierter Datenträger.*

Harvard-Architektur *Subst.* (Harvard architecture)
Eine Prozessor-Architektur mit separaten Adreßbussen für Code und Daten. Dadurch wächst der Durchsatz, weil das System Befehle zur selben Zeit holen kann, in der es Daten liest oder schreibt. Diese Architektur ermöglicht die Optimierung des Entwurfs von Speichersystemen, da Befehle aus aufeinanderfolgenden Speicherstellen geholt werden, während das Lesen und Schreiben von Daten mehr oder weniger zufällig vonstatten geht.

Harvard Mark I *Subst.*
→ *siehe Mark I.*

hash *Subst.*
Ein Befehl in zahlreichen FTP-Client-Anwendungsprogrammen, der den FTP-Client anweist, immer dann ein Nummernzeichen (#) anzuzeigen, wenn ein Datenblock gesendet bzw. empfangen wird. → *siehe auch FTP-Client.*
Als »hash« wird außerdem der Vorgang bezeichnet, bei dem ein Element durch eine Umwandlung als numerischer Wert abgebildet wird (Hashing-Funktion). Hashing wird dann verwendet, wenn ein Identifizierer oder Schlüssel, der für den Benutzer relevant ist, in einen Wert für die Position der entsprechenden Daten in einer Struktur (z.B. eine Tabelle) umgewandelt werden soll. Wenn z.B. der Schlüssel MOUSE und eine Hashing-Funktion, die den ASCII-Werten der Zeichen hinzugefügt wurde, die Summe durch 127 teilt und den Rest abzieht, erhält MOUSE durch Hashing den Wert 12. Die Daten, die von MOUSE identifiziert werden, befinden sich unter den Elementen in Eintrag 12 der Tabelle.

Hash-Codierung *Subst.* (hash coding)
→ *siehe hash.*

Hash-Suche *Subst.* (hash search)
Ein Suchalgorithmus, der nach dem Hashing-Verfahren arbeitet, um ein Element in einer Liste zu finden. Die Hash-Suche ist hocheffizient, da das Hashing einen direkten (oder fast direkten) Zugriff auf das Zielelement ermöglicht. → *siehe auch binäre Suche, hash, lineare Suche, Suchalgorithmus.*

Hash-Zahl *Subst.* (hash total)
Ein Wert für die Fehlerprüfung, der von der Addition eines Zahlensatzes aus den Daten (bei denen es sich nicht um numerische Daten handeln muß) abgeleitet ist, der verarbeitet oder manipuliert werden soll. Nach der Verarbeitung wird die Hash-Zahl neu berechnet und mit der ursprünglichen Zahl verglichen. Wenn die beiden Werte nicht übereinstimmen, wurden die ursprünglichen Daten geändert.

Haufendiagramm *Subst.* (point chart)
→ *siehe Punktdiagramm.*

Hauptfunktion *Subst.* (main function)
Der Hauptteil eines Programms, das in einer Computersprache verfaßt ist. Diese Sprache verwendet Funktionssätze, um ein vollständiges Programm zu erstellen. In der Sprache C muß z.B. jedes Programm über eine Funktion namens *main* verfügen, die C als Eintrittspunkt für die Programmausführung verwendet. → *siehe auch Hauptprogramm.*

Hauptplatine *Subst.* (mainboard, motherboard)
Die Platine, die die primären Bauteile eines Computersystems enthält. Auf dieser Platine befinden

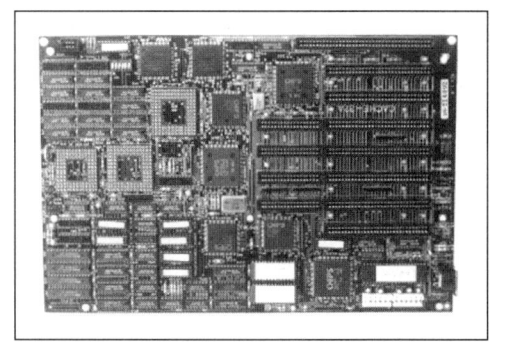

Hauptplatine

sich der Prozessor, der Hauptspeicher, verschiedene Unterstützungsschaltkreise sowie der Bus-Controller und eine bestimmte Anzahl von Busverbindern. Andere Karten, einschließlich Erweiterungsspeicher und I/O-Karten, lassen sich an die Hauptplatine über den Busverbinder anschließen. → *siehe auch Erweiterungssteckplatz*. → *Vgl. Tochterboard*.

Hauptprogramm *Subst.* (main body)
Die Menge von Anweisungen in einem Computerprogramm, mit der die Ausführung des Programms beginnt und die Unterprogramme des Programms aufgerufen werden. → *auch genannt Unterroutine*.

Hauptschleife *Subst.* (main loop)
Eine Schleife im Hauptprogramm, die die Kernfunktionen des Programms immer wieder ausführt, bis auf irgendeine Weise die Beendigung signalisiert wird. In ereignisgesteuerten Programmen prüft diese Schleife Ereignisse, die sie vom Betriebssystem empfängt, und behandelt sie entsprechend. → *siehe auch ereignisgesteuerte Programmierung, Hauptprogramm*.

Hauptschlüssel *Subst.* (major key, master key)
Die serverbasierende Komponente für den Software- oder Datenschutz. In einigen Systemen werden Daten oder Anwendungen auf einem Server gespeichert, die von dem lokalen Gerät heruntergeladen werden müssen. Wenn ein Client die Daten abfragt, wird ein Sitzungsschlüssel vorgelegt. Wenn der Sitzungsschlüssel mit dem Hauptschlüssel übereinstimmt, sendet der Schlüssel-Server das angeforderte Paket. → *siehe auch Client, Server*.
→ *siehe Primärschlüssel*.

Hauptsegment *Subst.* (main segment)
Auf dem Macintosh das Startsegment eines Programms (»principle segment«), das während der gesamten Ausführungszeit des Programms geladen bleiben muß.

Hauptspeicher *Subst.* (main memory)
→ *siehe Primärspeicher.*

Hauptverbindungsleitung *Subst.* (trunk)
Bezeichnet in der Kommunikationstechnik einen Kanal, der zwei Vermittlungsstellen verbindet. Eine Hauptverbindungsleitung überträgt in der Regel eine große Zahl von Anrufen zur gleichen Zeit.

Hauptverzeichnis *Subst.* (root directory)
Der Eintrittspunkt in den Verzeichnisbaum einer hierarchischen Verzeichnisstruktur auf einem Datenträger. Von diesem Hauptverzeichnis aus verzweigen die verschiedenen Verzeichnisse und Unterverzeichnisse, die jeweils Dateien und selbst wieder Unterverzeichnisse enthalten können. Im Betriebssystem MS-DOS beispielsweise wird das Hauptverzeichnis durch einen umgekehrten Schrägstrich (\) gekennzeichnet. Unterhalb des Hauptverzeichnisses befinden sich weitere Verzeichnisse, die wiederum Verzeichnisse enthalten können usw.

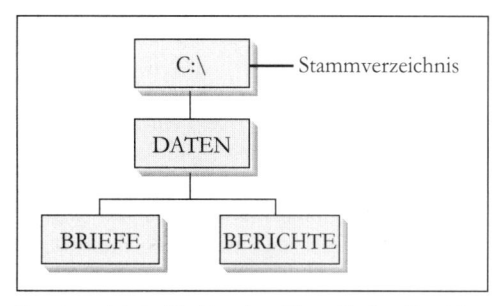

Hauptverzeichnis: Struktur eines hierarchischen Verzeichnisses. Der Stamm wird durch den umgekehrten Schrägstrich (Backslash) gekennzeichnet.

Hayes-kompatibel *Adj.* (Hayes-compatible)
Charakterisiert ein Modem, das die gleichen Befehlssätze versteht wie ein Modem der Firma Hayes Microcomputer Products. Dieser Befehlssatz hat sich zum De-facto-Standard für Modems im Mikroprozessor-Bereich entwickelt.

HDBMS *Subst.*
→ *siehe hierarchisches Datenbank-Managementsystem.*

HDF *Subst.*
→ *siehe Hierarchical Data Format.*

HDLC *Subst.*
Abkürzung für **High-level Data Link Control**. Ein Protokoll für den Informationstransfer, das von der ISO genormt wurde. HDLC ist ein bitorientiertes, synchrones Protokoll, das in der Datenverbindungsschicht (Nachrichtenpaket) (Schicht 2 des ISO/OSI-Modells) für die Kommunikation zwischen Computern und Mikrocomputern angewandt wird. Die Nachrichtenübertragung erfolgt in sog. Rahmen (frames), die verschiedene Datenmengen enthalten können, aber in bestimmter Weise organisiert sein müssen. → *siehe auch Frame, ISO/OSI-Schichtenmodell.*

HDSL *Subst.*
→ *siehe High-Data-Rate Digital Subscriber Line.*

HDTV *Subst.*
Abkürzung für **High-Definition Television**. Ein Verfahren für die Übertragung und den Empfang von Fernsehsignalen, das ein Bild mit größerer Auflösung und Schärfe als die normale Fernsehterminologie erzeugt. Die internationalen Standards für HDTV sind noch nicht festgelegt.

Headcrash *Subst.* (head crash)
Ein Hardware-Ausfall, bei dem ein Schreib-Lese-Kopf, der in der Regel von einem winzigen Luftkissen gehalten wird, in Kontakt mit der Oberfläche einer Platte gerät, wodurch die Magnetbeschichtung beschädigt wird, in der die Daten aufgezeichnet sind. Es kann ein noch größerer Schaden entstehen, wenn der Kopf Material aus der Oberfläche herausschlägt. Die Ursachen für einen Headcrash können in mechanischen Fehlern oder starken Erschütterungen des Laufwerks liegen. Wenn beim Headcrash eine Verzeichnisspur betroffen ist, wird die ganze Platte sofort unlesbar.

Header-Datei *Subst.* (header file)
Eine Datei, die durch ihren Namen identifiziert wird, um am Anfang einer Programmdatei in einer bestimmten Sprache einbezogen zu werden (z. B. C). Eine Header-Datei enthält die Definitionen der Datentypen und Deklarationen von Variablen, die von den Funktionen im Programm verwendet werden.

Head-per-track-Laufwerk *Subst.* (head-per-track disk drive)
Ein Laufwerk, das für jede Spur einen Schreib-Lese-Kopf besitzt. Das Laufwerk hat eine sehr geringe Suchzeit, weil die Köpfe sich nicht über der Datenträgeroberfläche zur erforderlichen Spur für das Lesen und Schreiben bewegen müssen. Da Schreib-Lese-Köpfe sehr teuer sind, wird diese Laufwerksart nicht allgemein installiert.

Heap *Subst.* (heap)
Zu deutsch »Haufen«, »Halde«. Für ein Programm reservierter Teil des Speichers zur temporären Aufnahme von Datenstrukturen, deren Existenz oder Größe sich vor dem Programmstart noch nicht festlegen läßt. Um derartige Elemente aufzubauen und zu verwenden, enthalten Programmiersprachen, z. B. C und Pascal, Funktionen und Prozeduren für die Anforderung freien Speichers vom Heap, für die Benutzung und die spätere Freigabe des Speichers, wenn er nicht mehr länger benötigt wird. Im Gegensatz zu Stapelspeicher werden Heap-Speicherblöcke nicht in umgekehrter Reihenfolge der Zuordnung freigegeben, so daß freie Blöcke mit Blöcken vermengt werden, die verwendet werden. Während das Programm weiterhin abläuft, müssen die Blöcke ggf. verschoben werden, so daß die kleinen freien Blöcke in größere Blöcke gemischt werden können, um den Anforderungen des Programms gerecht zu werden. → *siehe auch Speicherbereinigung.* → *Vgl. Stack.*
Ein Heap ist außerdem ein kompletter Binärbaum mit der Eigenschaft, daß der Wert jedes Knotens nicht durch den Wert von einem seiner Nachfolger (Kinder) überschritten wird. → *siehe auch binärer Baum.*

Heapsort *Subst.* (heap sort)
Eine platzsparende Sortiermethode, die zunächst die Schlüsselfelder in eine Heap-Struktur überführt und danach wiederholt die Wurzel des Heap (die gemäß Definition des Heap den größten Schlüssel aufweist) entfernt und den Heap neu ordnet. → *siehe auch Heap.*

Heiliger Krieg *Subst.* (holy war)
Eine weitreichende polemische Debatte zwischen Informatikern über einen bestimmten Aspekt der Datenverarbeitung. Es wurden z.B. bereits heftige Diskussionen über die GOTO-Anweisung in der Programmierung geführt.
»Heiliger Krieg« bezeichnet außerdem eine Streitfrage in einer Verteilerliste, Newsgroup oder in einem anderen Online-Forum in bezug auf ein kontroverses und emotionales Thema, z.B. die Regelung des Paragraphen 218 im deutschen Strafgesetzbuch. Das Auslösen eines Heiligen Krieges durch ein Thema, das mit dem Thema des Forums nichts zu tun hat, wird als Verletzung der Netiquette betrachtet.

Heimbüro *Subst.* (home office)
Der Ort einer Niederlassung.

Heimcomputer *Subst.* (home computer)
Ein Personal Computer, der vom Konzept und vom Preis her für die Verwendung im Heimbereich vorgesehen ist.

heiß *Adj.* (hot)
Besonders interessant oder beliebt.

Hekto- *Präfix* (hecto-)
Ein metrisches Präfix mit dem Wert 10^2 (einhundert).

Helligkeit *Subst.* (brightness)
Die subjektive Wahrnehmung der Strahlungsintensität oder Lichtstärke eines sichtbaren Objekts. Helligkeit ist strenggenommen nur eine relative Empfindung, die sich im Auge (und im Gehirn) eines Betrachters abspielt. Eine Kerze in der Nacht erscheint heller als dieselbe Kerze unter gleißendem Licht. Obwohl sich der subjektive Eindruck nicht mit physikalischen Methoden bestimmen läßt, kann man die Helligkeit als Grad der Leuchtdichte (Strahlungsenergie) messen. Die Helligkeitskomponente einer Farbe unterscheidet sich von ihrem Farbwert (dem Farbton) und von der Intensität der Farbe (der Sättigung). → *siehe auch Farbmodell, HSB.*

hello, world *Subst.*
Die Ausgabe des ersten Programms in dem Buch *Programmieren in C* von Brian W. Kernighan und Dennis Ritchie. Ein Programm, das diese Ausgabe erzeugt, ist traditionell der erste Test, den ein Programmierer für die Sprache C oder eine andere Sprache in einer neuen Umgebung durchführt.

Help Desk *Subst.* (help desk)
Eine Software-Anwendung für das Überwachen von Problemen bei Hardware und Software sowie das Anbieten von entsprechenden Lösungsvorschlägen.

Helper *Subst.* (helper)
→ *siehe Hilfsanwendung.*

Henry *Subst.* (henry)
Kurzzeichen H. Die Maßeinheit der Induktivität. Eine Stromänderung von 1 Ampere pro Sekunde induziert eine Spannung von 1 Volt in einer Induktivität von Henry. Gebräuchlichere Induktivitäten sind allerdings wesentlich kleiner und liegen in der Größenordnung von Millihenry (mH = 10^{-3} H), Mikrohenry (µH = 10^{-6} H) oder Nanohenry (nH = 10^{-9} H). → *siehe auch Induktivität.*

Hercules Graphics Card *Subst.*
→ *siehe HGC.*

Hertz *Subst.* (hertz)
Kurzzeichen Hz. Die Maßeinheit der Frequenzmessung. Ein Hertz (eines periodischen Ereignisses, z.B. eine Wellenform) entspricht einer Schwingung pro Sekunde. Gebräuchliche Frequenzen in Computern und Elektronikgeräten werden häufig in Kilohertz (kHz = 1,000 Hz = 10^3 Hz), Megahertz (MHz = 1,000 kHz = 10^6 Hz), Gigahertz (GHz = 1,000 MHz = 10^9 Hz) oder Terahertz (THz = 1,000 GHz = 10^{12} Hz) gemessen.

herunterfahren *Vb.* (shut down)
Ein Programm oder ein Betriebssystem auf eine Weise beenden, die gewährleistet, daß kein Datenverlust eintritt.

herunterladen *Vb.* (download)
Mit Download wird auch das Senden eines Datenblocks, z.B. einer PostScript-Datei, an ein abhängiges Gerät, z.B. einen PostScript-Drucker, bezeichnet. → *Vgl. uploaden.*

hervorheben *Vb.* (highlight)
Die Erscheinung angezeigter Zeichen verändern, um die Aufmerksamkeit darauf zu lenken – z. B. indem man diese Zeichen mit einer höheren Intensität oder invers (hell auf dunkel anstatt dunkel auf hell oder umgekehrt) darstellt. Hervorhebungen dienen oft der Markierung eines Elements, das bearbeitet werden soll, z. B. einer Option in einem Menü oder von Text in einer Textverarbeitung.

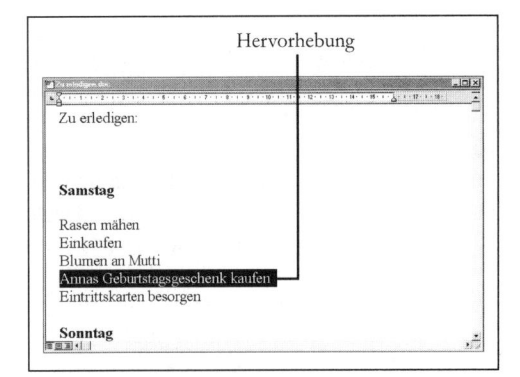

Hervorheben

heterogene Umgebung *Subst.* (heterogeneous environment)
Eine Umgebung der Datentechnik, in der Regel innerhalb einer Firma, in der Hardware oder Software von mehreren Herstellern verwendet wird.
→ *Vgl. homogene Umgebung.*

heuristisch *Subst.* (heuristic)
Methoden oder Algorithmen, die durch nichtdeduktive oder selbstlernende Verfahren zu einer korrekten Lösung einer Programmaufgabe führen. Eine Methode der Programmierung besteht darin, zuerst eine heuristische Lösung zu entwickeln und diese dann zu verbessern. Der Begriff geht auf das griechische Wort *heuriskein* (»finden, entdecken«) zurück und ist mit dem bekannten »Eureka« (»Ich habe es gefunden«) verwandt.

Hewlett-Packard Graphics Language *Subst.*
→ *siehe HPGL.*

Hewlett-Packard Printer Control Language *Subst.*
→ *siehe PCL.*

Hex- *Subst.* (hex)
→ *siehe hexadezimal.*

hexadezimal *Adj.* (hexadecimal)
Das Hexadezimalsystem verwendet nicht den Wert 10 als Basis für die Darstellung von Zahlen durch Ziffern, sondern den Wert 16. Das Hexadezimalsystem verwendet die Ziffern 0 bis 9 und die Buchstaben A bis F (Groß-/Kleinschreibung), um die Dezimalzahlen 0 bis 15 darzustellen. Ein hexadezimales Zahlzeichen entspricht 4 bit. 1 Byte kann durch zwei hexadezimale Zahlzeichen ausgedrückt werden. Die Binärzahl 0101 0011 entspricht der Hexadezimalzahl 53. Um Verwechslungen mit Dezimalzahlen zu vermeiden, wird Hexadezimalzahlen in Programmen oder Dokumentationen in der Regel der Buchstabe *H* nachgestellt oder eines der folgenden Sonderzeichen vorangestellt: *&*, *$* oder *0x*. Demzufolge gilt: 10H = dezimal 16; 100H = dezimal 16^2 = dezimal 256. Entsprechungen und Umrechnungstabellen für binäre, dezimale, hexadezimale und oktale Zahlen stehen in Anhang E. → *auch genannt Hex-.*

Hexadezimal-Umrechnung *Subst.* (hexadecimal conversion)
Die Umwandlung einer Zahl in das hexadezimale Zahlensystem oder aus diesem. Eine entsprechende Umrechnungstabelle befindet sich in Anhang E.

HFS *Subst.*
→ *siehe Hierarchical File System.*

HGA *Subst.*
Abkürzung für Hercules Graphics Adapter. → *siehe Hercules Graphics Card.*

HGC *Subst.*
Abkürzung für Hercules Graphics Card. Ein 1982 von der Firma Hercules Computer Technology für IBM-PCs und kompatible Computer eingeführter Video-Adapter. HGC wurde durch VGA und seinen Nachfolgern abgelöst. HGC bot einen monochromen Grafikmodus mit einer Bildauflösung von 720×348 Pixel. → *siehe auch VGA.*

HGC Plus *Subst.*
Ein 1986 von der Firma Hercules Computer Technology eingeführter Video-Adapter, der über zusätzlichen Video-Puffer verfügt, um 12 Zeichensät-

ze (Schriftarten) zu je 256 Zeichen aufnehmen zu können, die für grafische Zeichen verwendet werden können.

HHOK
Abkürzung für Ha, Ha, Only Kidding (Ungefähr: »Ein kleiner Scherz am Rande«. Eine scherzhafte Bemerkung, die in E-Mails und Online-Kommunikationen verwendet wird.

Hierarchical Data Format *Subst.*
Ein Mehrobjekt-Dateiformat, in dem verschiedene Datenarten (einschließlich Rasterbilder und wissenschaftliche Datengruppen) an verschiedene Plattformen übertragen werden können. Ein Benutzer kann Objekte innerhalb der Hierarchical Data Format-Datei zuweisen. Diese zugewiesenen Objekte *(Vgroups)* können wiederum andere Vgroups enthalten, wodurch eine hierarchische Dateistruktur entsteht.

Hierarchical File System *Subst.*
Ein baumartig strukturiertes Dateisystem auf dem Apple Macintosh, bei dem sich Ordner innerhalb anderer Ordner »verschachteln« lassen. → *siehe auch Hierarchie, Pfad, Wurzel.* → *Vgl. lineares Dateisystem.*

Hierarchie *Subst.* (hierarchy)
Eine Organisationsform, die baumartig in mehrere spezifische Einheiten verzweigt, wobei jede Ebene die Rolle des Besitzers für alle ihr untergeordneten Ebenen übernimmt. Hierarchien sind für mehrere Aspekte der Rechentechnik charakteristisch, da sie einen organisatorischen Rahmen bilden, der logische Verknüpfungen oder Beziehungen zwischen separaten Datensätzen, Dateien oder Teilen der Ausrüstung widerspiegeln kann. Beispielsweise setzt man Hierarchien bei der Organisation zusammengehöriger Dateien auf einer Diskette, aufeinander bezogener Datensätze in einer Datenbank und voneinander abhängiger (untereinander verbundener) Geräte in einem Netzwerk ein. In Anwendungen wie der Tabellenkalkulation verwendet man Hierarchien in einer ähnlichen Bedeutung bei der Einrichtung einer Vorrangfolge, die der Computer bei der Ausführung arithmetischer Operationen befolgt. → *siehe auch Hierarchical File System.*

hierarchisch *Adj.* (hierarchical)
In einer hierarchischen Struktur verwaltet. → *siehe auch Hierarchie.*

hierarchische Datenbank *Subst.* (hierarchical database)
Eine Datenbank, in der die Anordnung der Datensätze eine verzweigte, baumartige Struktur bildet. Diese Form, die am häufigsten bei Datenbanken für größere Computer verwendet wird, eignet sich besonders für die Organisation von Informationen, bei denen sich eine logische Untergliederung in sukzessive größere Detailebenen anbietet. Dabei sollte die Organisation der Datensätze im Hinblick auf die gebräuchlichsten oder zeitkritischsten Arten des erwarteten Zugriffs erfolgen.

hierarchisches Dateisystem *Subst.* (hierarchical file system)
Ein System für das Verwalten von Dateien auf einem Datenträger, in dem Dateien in Verzeichnissen oder Ordnern abgelegt sind, die wiederum in Verzeichnissen abgelegt sein können. Das Hauptverzeichnis für den Datenträger wird als *Stammverzeichnis* bezeichnet. Die Kette der Verzeichnisse von der Wurzel zu einer bestimmten Datei nennt man Pfad. → *siehe auch Hierarchie, Wurzel.* → *Vgl. lineares Dateisystem.*

hierarchisches Datenbank-Managementsystem *Subst.* (hierarchical database management system)
Ein Datenbank-Managementsystem, das ein hierarchisches Modell unterstützt. → *siehe auch hierarchisches Modell.*

hierarchisches Menü *Subst.* (hierarchical menu)
Ein Menü, das über ein oder mehrere Untermenüs verfügt. Eine solche Menü-/Untermenü-Anordnung ist hierarchisch, da jede Ebene die jeweils nächste umfaßt.

hierarchisches Modell *Subst.* (hierarchical model)
Ein in der Datenbank-Verwaltung verwendetes Modell, bei dem jeder Datensatz mehreren untergeordneten *Child*-Datensätzen als *Parent* übergeordnet werden kann. Die *Child*-Datensätze müssen nicht die gleiche Struktur wie der übergeordnete *Parent*-Datensatz haben. Außerdem kann ein Datensatz mehreren Datensätzen untergeordnet sein. Vom Konzept her läßt sich ein hierarchisches

Modell als Baum auffassen (und wird in der Regel auch so behandelt). Die einzelnen Dateien müssen sich nicht unbedingt in der gleichen Datei befinden. → *siehe auch Baum.*

hierarchisches Netzwerk *Subst.* (hierarchical computer network)
Ein Netzwerk, in dem ein Host-Computer kleinere Computer steuert, die wiederum bei einer Gruppe von PC-Arbeitsstationen die Host-Funktion übernehmen können.
Außerdem ein Netzwerk, in dem Steuerfunktionen hierarchisch strukturiert sind. In diesem Netzwerk können unter Umständen Tasks für die Datenverarbeitung verteilt werden.

High-bit-rate Digital Subscriber Line *Subst.*
Ein Protokoll für die digitale Übertragung von Daten über Kupferleitungen im Gegensatz zu Glasfaserkabeln. → *auch genannt High-Data-Rate Digital Subscriber Line.*

High-Data-Rate Digital Subscriber Line *Subst.* (High-data-rate Digital Subscriber Line)
→ *siehe High-bit-rate Digital Subscriber Line.*

High DOS Memory *Subst.* (high DOS memory)
→ *siehe oberer Speicher.*

High-End *Adj.* (high-end)
Dieser Begriff bezeichnet die Ausstattung entsprechend der aktuellsten Technologie für eine optimale Leistungsfähigkeit. In der Regel ist eine Ausstattung mit High-End-Technologie im Vergleich sehr kostspielig.

High-level Data Link Control *Subst.*
→ *siehe HDLC.*

High Performance File System *Subst.*
→ *siehe HPFS.*

High-Performance Parallel Interface *Subst.*
→ *siehe HPPI.*

High Performance Serial Bus (1394) *Subst.*
Eine serielle Bus-Schnittstelle für PC und Macintosh, die Übertragungsgeschwindigkeiten von 100, 200 oder 400 Mbps unterstützt und eine Reihenschaltung mit bis zu 63 Geräten in einer verzweigten Form ermöglicht. Geräte, die auf diese Weise miteinander verbunden sind, können die Energie direkt über die Schnittstelle beziehen.

High-Sierra-Spezifikation *Subst.* (High Sierra specification)
Eine industrieweite Formatspezifikation für die logische Struktur, die Dateistruktur und die Datensatzstruktur auf einer CD-ROM. Die Spezifikation wurde nach dem Ort eines Seminartreffens zum Thema CD-ROM benannt, das in der Nähe von Lake Tahoe im November 1985 abgehalten wurde. Die High-Sierra-Spezifikation diente als Basis für den internationalen Standard ISO 9660.

High Tech *Subst.* (high tech)
Im allgemeinen ein Begriff für hochentwickelte, oft komplizierte und spezialisierte technische Innovationen.
In einer etwas abgewandelten Bedeutung auch die »Spitze« der angewandten Wissenschaften und Technik, meist mit Computern und Elektronik in Verbindung gebracht.

Hilfe *Subst.* (help, Help)
Ein Merkmal vieler Anwendungsprogramme. Hilfe in Form von Anleitungen oder Tips wird aufgerufen, wenn der Benutzer die Hilfe z.B. über eine Schaltfläche oder ein Menüelement bzw. eine Funktionstaste aktiviert. Der Benutzer kann direkt auf die Hilfe zugreifen, ohne die laufende Arbeit zu unterbrechen oder durch ein Handbuch blättern zu müssen. Einige Hilfeeinrichtungen arbeiten kontextsensitiv: Fordert ein Benutzer Hilfe an, während er an einer bestimmten Aufgabe arbeitet oder einen Befehl ausführen möchte, erhält er relevante Hilfeinformationen zu genau diesem Thema. Obwohl Hilfeeinrichtungen in der Regel nicht so umfangreich sind wie gedruckte Handbücher, bieten sie dem Einsteiger eine Möglichkeit zur Auffrischung seines Wissens. Fortgeschrittene Anwender können sich hingegen über selten genutzte Leistungsmerkmale informieren. → *auch genannt Online-Hilfe.*
Bei befehlsorientierten Systemen stellt »Hilfe« einen Befehl dar, über den sich erläuternde Informationen abrufen lassen. Meist muß die englische Form (»help«) eingegeben werden. In vielen FTP-Programmen lassen sich Informationen zu einem bestimmten Befehl abrufen, indem »help« einge-

geben und der jeweilige Befehl [z. B. *cd* (change directory) oder *ls* (list files and directories)] nachgestellt wird.
»Hilfe« ist ferner ein Element der Menüleiste in einer grafischen Benutzeroberfläche, das die Hilfefunktion der aktuellen Anwendung aufruft. → *siehe auch grafische Benutzeroberfläche, Menüleiste.*

Hilfebildschirm *Subst.* (help screen)
Ein Fenster oder Bildschirm, in dem entsprechende Informationen angezeigt werden, wenn der Benutzer die Hilfe aktiviert hat. → *siehe auch Hilfe.*

Hilfe, kontextbezogene *Subst.* (context-sensitive help)
→ *siehe kontextbezogene Hilfe.*

Hilfe per Knopfdruck *Subst.* (button help)
Form der Hilfestellung, die durch die Auswahl einer Schaltfläche oder eines Symbols aktiviert wird. Im World Wide Web, in Multimedia-Kiosks und CAI-Programmen (Abkürzung für »Computer-Aided Instruction«, zu deutsch »computerunterstützter Unterricht«) sind derartige Hilfesysteme weit verbreitet; sie ermöglichen eine einfache Navigation durch das System.

Hilfetaste *Subst.* (Help key)
Eine Taste, mit der der Benutzer die Hilfe aufrufen kann. → *siehe auch Funktionstaste.*

Hilfsanwendung *Subst.* (helper application)
Eine Anwendung, die dann von einem Web-Browser gestartet wird, wenn der Browser eine Datei lädt, die vom Browser nicht unterstützt wird. Beispiele für Helper-Anwendungen sind Abspielgeräte für akustische Signale und Filme. Helper-Anwendungen müssen vom Benutzer besorgt und installiert werden, weil diese in der Regel nicht im Browser enthalten sind. Viele Web-Browser benötigen für die gängigen Multimedia-Dateiformate keine Helper-Anwendungen mehr. → *auch genannt Hilfsprogramm.* → *Vgl. ActiveX-Steuerelemente, Plug-In.*

Hilfsprogramm *Subst.* (helper program)
→ *siehe Hilfsanwendung.*

hinausschießen (über das Ziel) *Subst.* (overshoot)
Das Phänomen, bei dem eine Einheit von der Zeitverzögerung betroffen ist, mit der sie auf eine Eingabe reagiert. Dabei bewegt sich die Einheit weiter, obwohl sie bereits die gewünschte Position erreicht hat. Die Situation erfordert es, die Eingabe zu korrigieren, so daß die Einheit an die entsprechende Position gelangt. Beispielsweise kann sich der Arm mit den Schreib-Lese-Köpfen innerhalb einer Festplatte etwas über die gewünschte Spur hinausbewegen, bevor er endgültig zum Stehen kommt, so daß ein weiteres Signal erforderlich ist, das ihn entsprechend zurückbewegt.

Hintergrund *Adj.* (background, background)
Im Zusammenhang mit Prozessen und Tasks, die Teil eines Betriebssystems oder Programms sind, bezieht sich »Hintergrund« auf die Menge an Tasks, die derzeit nicht mit dem Anwender kommunizieren. Der Anwender arbeitet mit einem anderen Task. Hintergrundprozesse und -Tasks haben bei der Zuteilung an Prozessorzeit eine geringere Priorität als Vordergrund-Tasks und sind im allgemeinen unsichtbar, solange der Anwender keine Aktualisierung durchführt oder den Task in den Vordergrund bringt. Im allgemeinen unterstützen nur Multitasking-Betriebssysteme Hintergrundprozesse. Doch auch einige Betriebssysteme, die nicht multitaskingfähig sind oder die sich wahlweise ohne Multitasking betreiben lassen, können eine oder mehrere Arten von Hintergrund-Tasks durchführen. Beispielsweise läßt sich beim Betriebssystem des Apple Macintosh auch bei abgeschaltetem Multitasking die Option »Hintergrunddruck« verwenden, um Dokumente zu drucken und gleichzeitig mit einem Anwendungsprogramm weiterzuarbeiten. → *siehe auch Multitasking.* → *Vgl. Vordergrund-.*
In bezug auf den Bildschirm handelt es sich beim Hintergrund um die Farbe, auf der die Zeichen dargestellt werden, z. B. schwarze Zeichen auf weißem Hintergrund. → *Vgl. Vordergrund.*
Im Zusammenhang mit dem Desktop bezeichnet »Hintergrund« eine – in der Regel – statische Fläche, die mit einer einheitlichen Farbe oder aber mit Texturen, Mustern und Grafiken gefüllt ist. Auf dieser Fläche sind die Symbole, Schaltflächen, Menüleisten, Werkzeugleisten und weiteren Elemente der grafischen Benutzeroberfläche angeordnet. → *siehe auch Hintergrundbild.*
In einer fensterorientierten Benutzeroberfläche bezieht sich »Hintergrund« auf ein offenes, aber

H derzeit inaktives Fenster. → *siehe auch inaktives Fenster.* → *Vgl. Vordergrund.*
Auf einer Web-Seite wird diejenige Fläche als »Hintergrund« bezeichnet, die mit Texturen, Farbmustern und Grafiken gefüllt ist und auf der die eigentlichen Seitenelemente angeordnet sind, vor allem die Texte, Symbole, Grafiken und Schaltflächen. → *siehe auch Hintergrundbild.*

Hintergrundbild *Subst.* (wallpaper)
Bei einer grafischen Benutzerschnittstelle, wie z.B. Windows, ein Muster oder Bild für den Bildschirmhintergrund, das der Benutzer auswählen kann. → *siehe auch grafische Benutzeroberfläche.*

Hintergrunddruck *Subst.* (background printing)
Der Prozeß, bei dem ein Dokument zu einem Drucker gesendet wird und gleichzeitig ein oder mehrere weitere Tasks vom Computer durchgeführt werden.

Hintergrundprogramm *Subst.* (background program)
Ein Programm, das entweder im Hintergrund laufen kann oder im Hintergrund läuft. → *siehe auch Hintergrund.*

Hintergrundrauschen *Subst.* (background noise)
Das standardmäßige Rauschen in einer Leitung oder einem Schaltkreis, das immer vorhanden ist, unabhängig davon, ob ein Signal übertragen wird. → *siehe auch Rauschen.*

Hintergrund-Task *Subst.* (background task)
→ *siehe Hintergrund.*

Hintergrundverarbeitung *Subst.* (background processing)
Die Ausführung von bestimmten Operationen durch das Betriebssystem oder ein Programm während der Zeitspanne, in der der primäre (Vordergrund-)Task keine Verarbeitung durchführt, sich also gewissermaßen im Leerlauf befindet. Ein Beispiel für eine Hintergrundverarbeitung ist das Abarbeiten von Druckaufträgen innerhalb der Zeitspanne zwischen den Tastenanschlägen des Benutzers. → *siehe auch Hintergrund.*

Hintertür *Subst.* (back door, trapdoor)
Lücke in einem System oder einem Programm, die es ermöglicht, Zugang unter Umgehung der Sicherheitseinrichtungen zu erlangen. Hintertüren werden häufig von Programmierern während der Entwicklungsphase eingebaut, um die Beseitigung von Fehlern zu erleichtern. Falls die Hintertür in der endgültigen Programmversion nicht entfernt wird, ist ein Sicherheitsrisiko vorhanden, da die Gefahr besteht, daß die Hintertür auch Benutzern außerhalb der Entwicklungsabteilung bekannt wird.

Hi-Res *Subst.* (hi-res)
→ *siehe hohe Auflösung.*

Hit *Subst.* (hit)
Ein erfolgreicher Aufruf von Daten, der nicht über Festplatte oder RAM, sondern über einen schnelleren Cache erfolgt. → *siehe auch Cache, Festplatte, RAM.*
Auch ein erfolgreicher Aufruf eines Datensatzes, der mit einer Abfrage in einer Datenbank übereinstimmt. → *siehe auch Abfrage, aufzeichnen.*

.hk
Im Internet ein Kürzel für die übergreifende Länder-Domäne, die eine Adresse in Hongkong angibt.

HKEY *Subst.*
Abkürzung für Handle **KEY**. Ein Begriff aus der Terminologie von Windows 95. Ein Handle zu einem Registrierungsschlüssel, in dem die Konfiguration gespeichert ist. Jeder Schlüssel führt zu Unterschlüsseln, die die Konfiguration enthalten, die in früheren Versionen von Windows in den .ini-Dateien gespeichert waren. Der Schlüssel HKEY_CURRENT_USER\Control Panel führt zu den Unterschlüsseln für den Windows-Desktop.

HLS *Subst.*
Abkürzung für Hue-Lightness-Saturation. → *siehe HSB.*

HMA *Subst.*
→ *siehe hoher Speicher.*

.hn
Im Internet ein Kürzel für die übergreifende Länder-Domäne, die eine Adresse in Honduras angibt.

hochauflösendes Fernsehen *Subst.* (high-definition television)
→ *siehe HDTV.*

hochfahren *Vb.* (boot up)
→ *siehe booten.*

Hochfahren, abgesichertes *Subst.* (clean boot)
→ *siehe abgesichertes Hochfahren.*

Hochformat *Subst.* (portrait mode)
Eine vertikale Druckausrichtung, bei der ein Dokument parallel zur kürzeren Kante eines rechteckigen Papierblattes gedruckt wird. Dieser Druckmodus ist typisch für die meisten Briefe, Berichte und ähnliche Dokumente. → *Vgl. Querformat.*

Hochformat

Hochformatmonitor *Subst.* (portrait monitor)
Ein Monitor, dessen Bildschirm höher als breiter ist. Die Proportionen des Schirms (nicht notwendigerweise seine tatsächliche Größe) entsprechen normalerweise einem Papierformat von $8^1/_2$ mal 11-Zoll. → *Vgl. Querformat-Monitor.*

Hochformatmonitor

Hochfrequenz *Subst.* (radio frequency)
Abgekürzt HF. Ein Bereich des elektromagnetischen Spektrums mit Frequenzen zwischen 30 Kilohertz und 300 Gigahertz. Dies entspricht Wellenlängen zwischen 10 Kilometer und 1 Millimeter.

Hochpaßfilter *Subst.* (highpass filter)
Eine elektronische Schaltung, die alle oberhalb einer festgelegten Frequenz liegenden Frequenzen eines Signals durchläßt. → *Vgl. Bandbreiten-Filter, Tiefpaßfilter.*

Hochstellung *Subst.* (superscript)
Ein Zeichen, das etwas oberhalb des umgebenden Textes und meist in einem kleineren Schriftgrad gedruckt ist. → *Vgl. Tiefstellung.*

höchstwertig *Adj.* (high-order)
Mit der größten Bedeutung. Der Begriff *höchstwertig* wird in Schreibsystemen, die auf dem lateinischen Alphabet und arabischen Ziffern basieren, an erster Stelle bzw. ganz links angezeigt. Im 2-Byte Hexadezimalwert 6CA2 besitzt das höchstwertige Byte 6C für sich betrachtet den Dezimalwert 108, hat jedoch in der Gruppe den Wert $108 \times 256 = 27.648$, wogegen das niederwertige Byte A2 lediglich den Dezimalwert 162 hat. → *Vgl. niederwertig.*

höchstwertiges Bit *Subst.* (most significant bit)
Abgekürzt MSB. In einer Folge von einem oder mehreren Bytes das Bit mit der höchsten Wertigkeit einer Bitzahl ausschließlich des Vorzeichenbits. → *siehe auch höchstwertig.* → *Vgl. niederwertigstes Bit.*

höchstwertige Stelle *Subst.* (most significant digit)
In einer Folge mit einer oder mehreren Ziffern die Stelle mit der höchsten Wertigkeit, d.h. die am weitesten links stehende Ziffer. Bei *456.78* stellt *4* die höchstwertige Stelle dar. → *Vgl. niederwertigste Stelle.*

höchstwertiges Zeichen *Subst.* (most significant character)
Abgekürzt MSC. Bezeichnet in einem String das am weitesten links stehende Zeichen mit der höchsten Wertigkeit. → *siehe auch höchstwertig.* → *Vgl. niederwertigstes Zeichen.*

höhere Programmiersprache *Subst.* (high-level language, high-order language)
Auch als »Hochsprache« bezeichnet. Eine Computersprache, die gegenüber der zugrundeliegenden Maschinensprache eine bestimmte Ebene der Abstraktion bietet. Die Anweisungen in einer höheren Programmiersprache enthalten in der Regel Schlüsselwörter, die auf der englischen Sprache basieren, und die sie in mehrere Assembler-Anweisungen übersetzen. In der Praxis bezeichnet man mit diesem Begriff alle Computersprachen, deren Niveau oberhalb von Assembler-Sprachen liegt. → *Vgl. Assembler-Sprache.*

höherwertiges Byte *Subst.* (high byte)
Das Byte, das die wichtigsten Bits (Bit 8 bis 15) in einer 2-Byte-Gruppierung enthält, die einen 16-Bit-Wert (Bit 0 bis 15) darstellt. → *siehe auch hexadezimal.*

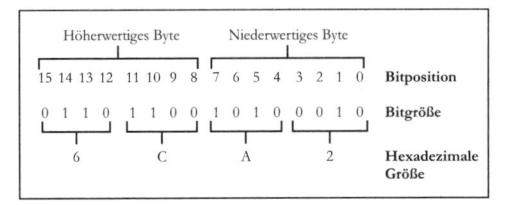

Höherwertiges Byte	Niederwertiges Byte	
15 14 13 12 11 10 9 8	7 6 5 4 3 2 1 0	Bitposition
0 1 1 0 1 1 0 0	1 0 1 0 0 0 1 0	Bitgröße
6 C	A 2	Hexadezimale Größe

Höherwertiges Byte: Es ist binär dargestellt 01101100, hexadezimal 6C oder dezimal 108

hohe Auflösung *Subst.* (high resolution)
Die Fähigkeit, Text und Grafiken mit relativer Klarheit und feinen Details wiederzugeben. Hohe Auflösung bezieht sich auf die Anzahl der Pixel (Punkte), die zum Erstellen eines Bildes in einem angegebenen Bereich verwendet werden. Für Bildschirmanzeigen wird die Auflösung durch die gesamte Anzahl der Pixel in den horizontalen und vertikalen Abmessungen ausgedrückt. Der VGA-Video-Adapter hat z.B. eine Auflösung von 640 mal 480 Pixel. Beim Drucken bezieht sich die Auflösung auf die Anzahl der Punkte, die pro Zoll gedruckt werden (dpi, Dots per Inch). Laser- und Tintenstrahlausgaben liegen bei 300 bis 600 dpi, Lichtsatzanlagen mit Produktionsqualität erreichen 1000 bis 2000 dpi. → *auch genannt Hi-Res.*

Hohe Integrationsdichte *Subst.* (large-scale integration)
Der Begriff bezeichnet eine Integrationsdichte von 100 bis 5000 Bauelementen auf einem einzelnen Chip. → *siehe auch integrierter Schaltkreis.* → *Vgl. mittlere Integrationsdichte, niedrige Integrationsdichte, sehr hohe Integrationsdichte, ultra-hohe Integrationsdichte.*

hoher Speicher *Subst.* (high memory, high memory area)
Allgemein alle Speicherorte, die von den höchsten Nummern adressiert werden.
In Verbindung mit IBM-PCs und kompatiblen Computern versteht man unter dem »hohen Speicher« den 64-KB-Bereich direkt oberhalb der 1-MB-Grenze. Ab Version 5.0 von MS-DOS gehört die Datei HIMEM.SYS zum Lieferumfang. MS-DOS kann mit Hilfe dieser Datei Teile von sich selbst in den oberen Speicherbereich verschieben und damit mehr konventionellen Speicher für die Nutzung durch Anwendungsprogramme verfügbar machen. → *siehe auch Expansionsspeicher, konventioneller Arbeitsspeicher.*

Hollerith-Maschine *Subst.* (Hollerith tabulating/recording machine)
Eine elektromechanische Maschine, die von Herman Hollerith im ausgehenden 19. Jahrhundert entwickelt wurde. Sie gilt als die Erfindung der Datenverarbeitung, die mit Lochkarten arbeitete. Durch die an vordefinierten Positionen in den Lochkarten vorhandenen Löcher wurden Stromkreise geschlossen. Dadurch konnten Signale an Rechen- und Auszählungsmaschinen übertragen werden. Man geht davon aus, daß diese Maschine den erforderlichen Zeitaufwand für die Auswertung der im Jahre 1980 durchgeführten Volkszählung um zwei Drittel reduzierte. Die Herstellung dieser Maschinen erfolgte Anfang des Jahrhunderts durch die Hollerith's Tabulating Machine Company, die schließlich durch Fusionieren zur International Business Machines Corporation (IBM) wurde.

Hologramm *Subst.* (hologram)
Eine per Holographie erzeugte dreidimensionale »Fotografie«. Ein Hologramm besteht aus einem Lichtinterferenz-Muster, das auf einem Medium, z.B. einem fotografischen Film, aufgezeichnet wurde. Werden Hologramme entsprechend beleuchtet, wird ein Bild erzeugt, dessen Erscheinung sich mit dem Betrachtungswinkel ändert. → *siehe auch Holographie.*

Holographie *Subst.* (holography)
Ein Verfahren zur Reproduzierung dreidimensionaler Bilder durch Aufzeichnung von Lichtinterferenz-Mustern auf einem Medium, z. B. einem fotografischen Film (Erzeugung eines Hologramms).

Home *Subst.* (home)
Die Anfangsposition, z. B. die obere linke Ecke einer zeichenbasierten Anzeige, die linke Position einer Textzeile, die Zelle A1 einer Tabelle oder der Anfang eines Dokuments.

Homepage *Subst.* (home page)
Ein Dokument, das als Ausgangspunkt in einem Hypertextsystem dient, insbesondere im World Wide Web. Die Homepage wird in Microsoft Internet Explorer als »Startseite« bezeichnet.
Außerdem die Stammseite mit einer Auflistung der Web-Seiten und der anderen Dateien in einer Website.

Home-Verzeichnis *Subst.* (home directory)
Ein Verzeichnis, das mit einem Benutzerkonto unter UNIX in Zusammenhang steht. Bei einem Home-Verzeichnis handelt es sich um das aktuelle Verzeichnis, wenn der Benutzer sich erstmals anmeldet. Der Benutzer kann zu diesem Verzeichnis über den Befehl *cd* (change directory) ohne Pfadangabe zurückkehren. Die Benutzerdateien werden in der Regel im Home-Verzeichnis und den zugehörigen Unterverzeichnissen gespeichert.

homogenes Netzwerk *Subst.* (homogeneous network)
Ein Netzwerk, in dem alle Hosts vergleichbar sind und nur ein Protokoll verwendet wird.

homogene Umgebung *Subst.* (homogeneous environment)
Eine Computerumgebung – in der Regel innerhalb eines Unternehmens – in der die Hardware bzw. Software von jeweils einem Hersteller stammt.
→ *Vgl. heterogene Umgebung.*

Hook *Subst.* (hook)
Zu deutsch »Haken«. Eine Stelle in einer Routine oder einem Programm, an der der Programmierer andere Routinen anbinden oder einfügen kann, z. B. zur Fehlersuche oder zur Erweiterung der Funktionalität.

horizontale Austastlücke *Subst.* (horizontal blanking interval)
→ *siehe Austastung, horizontales Zurücksetzen (des Elektronenstrahls).*

horizontales Scrollen *Subst.* (horizontal scrolling)
Ein Merkmal von Programmen wie Textverarbeitung und Tabellenkalkulation, das dem Benutzer das Blättern im Anzeigebereichs nach links und rechts über die horizontalen Grenzen des Bildschirms (oder Fensters in einer grafischen Benutzeroberfläche) ermöglicht, um die momentan nicht sichtbaren Informationen darzustellen.

horizontales Zurücksetzen (des Elektronenstrahls) *Subst.* (horizontal flyback, horizontal retrace)
Auf Raster-scan-Displays die Bewegung eines Elektronenstrahls vom rechten Rand einer Bildzeile zum linken Rand der nächsten. In der für das horizontale Zurücksetzen benötigten Zeit wird der Elektronenstrahl ausgeschaltet, so daß man das entsprechende Zeitintervall als »horizontale Austastlücke« bezeichnet. → *siehe auch Austastung.*
→ *Vgl. vertikaler Strahlrücklauf.*

Horizontalsynchronisation *Subst.* (horizontal synchronization)
Auf Raster-Displays das von einem Signal erzeugte Timing, das die Bewegung des Elektronenstrahls von links nach rechts (und wieder zurück) steuert, um ein Bild zeilenweise zu bilden. Das Signal für die Horizontalsynchronisation wird in der Regel von einem Zeitmechanismus gesteuert, dem Phasenregelkreis, durch den Signale so synchronisiert werden, daß ein klares Bild geformt wird. → *siehe auch CRT.* → *auch genannt H-sync.*

Host *Subst.* (host)
Der Hauptcomputer in einem System von Computern oder Terminals, die über Kommunikationsleitungen verbunden sind.

Host-Adapter *Subst.* (host adapter)
Ein Anschluß für die Verbindung eines Peripheriegerätes mit dem Hauptrechner, bei dem es sich in der Regel um eine Expansion Card handelt.
→ *auch genannt Controller.*

Host-Name *Subst.* (host name)
Derjenige Servername in einem bestimmten Netzwerk innerhalb des Internet, der ganz links in der

vollständigen Host-Spezifikation steht. So gibt z.B. *www.microsoft.com* den Server mit der Bezeichnung »www« innerhalb des Netzwerks der Microsoft Corporation an.

host not responding *Subst.*
Eine Fehlermeldung von einem Internet-Client, die besagt, daß der Computer, an den eine Anforderung gestartet wurde, die Verbindung verweigert oder die Anforderung aus anderen Gründen nicht bearbeiten kann.

Host-Sprache *Subst.* (host language)
Die Maschinensprache einer CPU.
Außerdem eine höhere Programmiersprache, die insbesondere durch ein Betriebssystem mit seinen Toolbox-Routinen und nativen Entwicklungssystemen unterstützt wird.

host timed out *Subst.*
Eine Fehlermeldung, die von einem Server zurückgegeben wird, wenn der Host-Computer, der die angeforderten Informationen enthält, innerhalb eines festgelegten Zeitraumes nicht reagiert. Einige UNIX-Server beenden Sitzungen bei Zeitüberschreitungen, um die Systemressourcen verwalten zu können.

Host, unbekannter *Subst.* (unknown host)
→ *siehe unbekannter Host.*

host unreachable *Subst.*
Eine Fehlermeldung, die angibt, daß ein Server keine Verbindung zum angeforderten Host aufbauen konnte. Die Ursache hierfür kann daran liegen, daß der Server die Adresse des Hosts nicht kennt, der Host heruntergefahren ist oder die Verbindung verweigert.

hot carrier diode *Subst.*
→ *siehe Schottky-Diode.*

HotJava *Subst.*
Ein in Java geschriebener Web-Browser von Sun Microsystems, der so erweitert wurde, daß Java-Anwendungen und Applets ausgeführt werden können, die in Web-Seiten eingebettet sind. → *siehe auch Applet, Java, Java-Applet.*

hot key *Vb.*
Das Aktivieren eines anderen Programms, indem ein Hotkey gedrückt wird.

Hotkey *Subst.* (hot key)
Ein Befehl, der sich durch eine oder zwei Tasten ausführen läßt und zu einem anderen Programm, z.B. einem speicherresidenten Programm (TSR = Terminate-and-stay-resident), oder zur Benutzeroberfläche des Betriebssystems umschaltet. → *siehe auch TSR.*

Hotlink *Subst.* (hot link)
Eine Verbindung zwischen zwei Programmen, die das zweite Programm anweist, Datenänderungen vorzunehmen, sobald Änderungen im ersten Programm auftreten. Ein Textverarbeitungs- oder DTP-Programm ist z.B. in der Lage, ein Dokument entsprechend der Daten zu aktualisieren, die von einer Datenbank über einen Hotlink zur Verfügung gestellt wurden. → *siehe Hyperlink.*

Hotlist *Subst.* (hotlist)
Eine Liste mit häufig aufgerufenen Elementen, z.B. Web-Seiten in einem Web-Browser, aus der ein Benutzer ein Element auswählen kann. Die Hotlist der Web-Seiten heißt in Netscape Navigator und in Lynx *bookmark list.* Bei der Hotlist in Microsoft Internet Explorer handelt es sich um den Ordner *Favoriten.*

Hotspot *Subst.* (hot spot)
Die Stelle in einem Mauszeiger (z.B. die Position an der Spitze eines Pfeilzeigers oder die Position am Schnittpunkt der Linien in einem Fadenkreuz), die genau auf die Bildschirmposition zeigt, durch die eine Mausaktion – z.B. das Klicken auf eine Schaltfläche – beeinflußt wird.

Hot Swapping *Subst.* (hot swapping)
→ *siehe Einbau im laufenden Betrieb.*

HotWired *Subst.*
Eine Website, die der Zeitschrift *Wired* angegliedert ist. Diese Zeitschrift enthält Nachrichten und Informationen zum Internet in englischer Sprache. Internet-Adresse: http://www.hotwired.com/frontdoor/.

Housekeeping *Subst.* (housekeeping)
Hierzu zählen die verschiedenartigen Routinen, die die Arbeitsfähigkeit des Systems selbst, der Umgebung eines laufenden Programms und der Datenstrukturen innerhalb eines Programms si-

cherstellen. Dazu gehören z.B. Aktualisierungen der Systemuhr und Speicherbereinigungen.

HPC *Subst.*
→ *siehe Handheld-PC.*

HPFS *Subst.*
Abkürzung für High Performance File System. Unter dem Betriebssystem OS/2 ab der Version 1.2 verfügbares Dateisystem. → *siehe auch FAT-Dateisystem, NTFS.*

HPGL *Subst.*
Abkürzung für Hewlett-Packard Graphics Language. Eine Sprache, die ursprünglich für Bilder entwickelt wurde, die auf Plottern gedruckt werden. Eine HPGL-Datei enthält Befehle, die ein Programm für das Rekonstruieren einer Grafik verwenden kann.

HPIB *Subst.*
Abkürzung für Hewlett-Packard Interface Bus. → *siehe Mehrzweckbus.*

HPPCL *Subst.*
Abkürzung für Hewlett-Packard Printer Control Language. → *siehe PCL.*

HPPI *Subst.* (HIPPI)
Abkürzung für HIgh-Performance Parallel Interface. Ein ANSI-Kommunikationsstandard für Supercomputer.

HP/UX *Subst.*
Abkürzung für Hewlett-Packard UNIX. Eine UNIX-Version von Hewlett-Packard für den Einsatz auf ihren Workstations.

.hqx
Eine Dateinamenerweiterung für eine mit BinHex codierte Datei. → *siehe auch BinHex.*

.hr
Im Internet ein Kürzel für die übergreifende Länder-Domäne, die eine Adresse in Kroatien angibt.

HREF
Abkürzung für Hypertext Reference. Ein Attribut in einem HTML-Dokument, das eine Verknüpfung zu einem anderen Dokument im Web definiert.
→ *siehe auch HTML.*

HSB *Subst.*
Abkürzung für Hue-Saturation-Brightness, zu deutsch »Farbton-Sättigung-Helligkeit«. Ein Farbmodell, das die Farben in einem sog. Farbkreis darstellt, wobei 0° die Farbe Rot, 60° Gelb, 120° Grün, 180° Zyan, 240° Blau und 300° Magenta zugeordnet ist. Mit Farbton bezeichnet man die Farbe selbst, während Sättigung den Farbanteil im gewählten Farbton angibt. Helligkeit steht für den Weißanteil in der Farbe. → *siehe auch Farbmodell.* → *auch genannt Farbton, HLS, HSV.* → *Vgl. CMY, RGB.*

HSV *Subst.*
Abkürzung für Hue-Saturation-Value. → *siehe HSB.*

H-sync *Subst.*
→ *siehe Horizontalsynchronisation.*

.ht
Im Internet ein Kürzel für die übergreifende Länder-Domäne, die eine Adresse auf Haiti angibt.

.htm
Eine Dateinamenerweiterung von MS-DOS und Windows 3.x zur Kennzeichnung von HTML-Dateien (Hypertext Markup Language). HTML-Dateien finden in der Regel als Web-Seiten Verwendung. Da MS-DOS und Windows 3.x nur Dateinamenerweiterungen mit bis zu drei Zeichen verarbeiten können, wird die Erweiterung .html hier auf drei Zeichen gekürzt. → *siehe auch HTML.*

.html
Eine Dateinamenerweiterung, die HTML-Dateien kennzeichnet, wie sie im World Wide Web verwendet werden. → *siehe auch HTML.*

HTML *Subst.*
Abkürzung für HyperText Markup Language. Die Auszeichnungssprache, die für Dokumente im World Wide Web verwendet wird. HTML ist eine Anwendung von SGML, die Marken (»Tags«) verwendet, um Elemente (z.B. Text und Grafiken) in einem Dokument auszuzeichnen. Diese Elemente geben dem Web-Browser Informationen darüber, wie diese Elemente dargestellt werden sollen. Außerdem geben die Tags an, wie bestimmte Elemente auf Benutzeraktionen reagieren sollen (z.B.

Aktivieren einer Verknüpfung über einen Tastaturbefehl oder über Mausklick-Aktionen). Die Version HTML 2.0, die von der Internet Engineering Task Force (IETF) definiert wurde, enthält HTML-Funktionen, die seit 1995 von allen Web-Browsern unterstützt werden. HTML 2.0 war die erste HTML-Version, die häufig im Web eingesetzt wurde. Die zukünftige HTML-Entwicklung wird inzwischen vom World Wide Web Consortium (W3C) übernommen. Die Version HTML 3.2, die zur Zeit den »Quasi«-Standard für HTML darstellt, enthält einen gegenüber HTML 2.0 wesentlich erweiterten Satz an Funktionen (z.B. Tabellen und Eingabeformulare), die seit 1996 weitgehend implementiert wurden. Die neueste Version HTML 4.0 wurde im Juni 1997 erstmals als Internet Draft veröffentlicht. Die meisten Web-Browser, insbesondere Netscape Navigator und Internet Explorer, erkennen auch HTML-Tags, die noch nicht im aktuellen Standard verzeichnet sind. → *siehe auch .htm, .html, Marke, SGML, Web-Browser.*

HTML+ *Subst.*
Eine inoffizielle Spezifikation für Erweiterungen des ursprünglichen HTML (z.B. Formulare und Tabellen). HTML+ wurde zwar nicht als Standard aufgenommen, beeinflußte jedoch die Internet Drafts für HTML 2.0 und HTML 3.2. → *siehe auch HTML.*

HTML 2.0 *Subst.*
Eine überarbeitete Version der HTML-Spezifikation, bei der Formulare für Benutzereingaben hinzugefügt und bestimmte Tags entfernt wurden, die selten verwendet wurden. HTML 2.0, das als Internet Draft Mitte 1994 vorgeschlagen wurde, stellte zu diesem Zeitpunkt den Standard für die Browser-Entwickler dar. HTML 2.0 wurde November 1995 als RFC standardisiert. → *siehe auch HTML+, HTML, HTML 3.0, HTML 3.2, RFC.*

HTML 3.0 *Subst.*
Eine überarbeitete Version der HTML-Spezifikation. Die primäre Erweiterung gegenüber HTML 2.0 ist die Unterstützung von Tabellen. HTML 3.0 wurde nie standardisiert oder von einem Browser-Entwickler vollständig implementiert. → *siehe auch HTML+, HTML, HTML 2.0, HTML 3.2.*

HTML 3.2 *Subst.*
Ein Vorschlag des World Wide Web Consortium (W3C) für einen HTML-Standard, der den vorgeschlagenen HTML 3.0-Standard ablösen sollte. HTML 3.2 fügt HTML 2.0 Funktionen hinzu, z.B. Applets, die Textfunktionen Höherstellen und Tieferstellen, Tabellen und Textfluß um Bilder. → *siehe auch HTML, HTML 2.0, HTML 3.0.*

HTML-Dokument *Subst.* (HTML document)
Ein Hypertext-Dokument, das mit HTML geschrieben wurde. → *siehe Web-Seite.*

HTML-Editor *Subst.* (HTML editor)
Ein Software-Programm zum Erstellen und Ändern von HTML-Dokumenten (Web-Seiten). Die meisten HTML-Editoren enthalten eine Methode zum Einfügen von HTML-Tags, wobei die Tags nicht besonders eingegeben werden muß. Einige HTML-Editoren sind außerdem in der Lage, Dokumente automatisch mit HTML-Tags zu formatieren. Dieser Vorgang basiert auf den Formatierungscodes, die von dem Textverarbeitungsprogramm verwendet werden, in dem das Dokument erstellt wurde. → *siehe auch Marke, Web-Seite.*

HTML-Marke *Subst.* (HTML tag)
→ *siehe Tag.*

HTML-Seite *Subst.* (HTML page)
→ *siehe Web-Seite.*

HTML-Tag *Subst.* (HTML tag)
→ *siehe Marke.*

HTML-Validierungsservice *Subst.* (HTML validation service)
Ein Service, der bestätigt, daß eine Web-Seite gültiges HTML entsprechend des aktuellen Standards verwendet und/oder daß die Hyperlinks gültig sind. Ein HTML-Validierungsservice kann geringfügige syntaktische Fehler in der HTML-Codierung und Abweichungen von HTML-Standards feststellen. → *siehe auch HTML.*

HTTP *Subst.*
Abkürzung für **Hypertext Transfer Protocol**. Das Client-/Server-Protokoll für den Zugriff auf Informationen im World Wide Web. → *siehe auch URL.*

httpd *Subst.* (HTTPd)
Ein kleiner, schneller HTTP-Server, der kostenlos von der NCSA zur Verfügung gestellt wird. → *siehe auch HTTP-Server.*

HTTP Next Generation *Subst.*
→ *siehe HTTP-NG.*

HTTP-NG *Subst.*
Abkürzung für **HyperText Transfer Protocol Next Generation.** Ein Standard, der noch in der Entwicklungsphase ist und vom World Wide Web Consortium (W3C) erstellt wird. Dieser Standard legt die verbesserte Leistungsfähigkeit und weitere Funktionen (z.B. Schutz) fest. Im Gegensatz zum aktuellen HTTP-Standard, bei dem eine Verbindung bei jeder Anforderung aufgebaut wird, legt HTTP-NG einen Verbindungsaufbau (der aus separaten Kanälen für Steuerdaten und Steuerinformationen besteht) für eine gesamte Sitzung zwischen einem bestimmten Client und einem bestimmten Server fest.

HTTPS *Subst.*
Web-Server-Software für Windows NT. Die Software wurde vom European Microsoft Windows NT Academic Centre (EMWAC) der Universität Edinburgh in Schottland entwickelt und kann heruntergeladen werden. Diese Server-Software enthält u. a. die WAIS-Suchfunktion. → *siehe auch HTTP-Server, WAIS.*

HTTP-Server *Subst.* (HTTP server)
Server-Software, die HTTP verwendet, um HTML-Dokumente sowie zugewiesene Dateien und Skripten auf Anforderung eines Client, z.B. eines Web-Browser, zu liefern. Die Verbindung zwischen Client und Server wird in der Regel unterbrochen, sobald das angeforderte Dokument oder die angeforderte Datei geliefert wurde. HTTP-Server werden auf Web- und Intranetsites verwendet. → *siehe auch HTML, HTTP, Server.* → *auch genannt Web-Server.*
»HTTP-Server« bezeichnet ferner eine Maschine, auf der ein HTTP-Server-Anwendungsprogramm ausgeführt wird.

HTTP-Statuscodes *Subst.* (HTTP status codes)
Dreistellige, von einem HTTP-Server gesendete Codes, die die Ergebnisse einer Datenanforderung angeben. Codes, die mit der Ziffer 1 beginnen, reagieren auf Anforderungen, die vom Client noch nicht vollständig gesendet wurden. Codes, die mit der Ziffer 2 beginnen, reagieren auf erfolgreiche Anforderungen. Codes, die mit der Ziffer 3 beginnen, reagieren auf weitere Aktionen, die der Client vornehmen muß. Die Ziffer 4 bezeichnet die Anforderungen, die aufgrund eines Client-Fehlers fehlgeschlagen sind. Die Ziffer 5 bezeichnet die Anforderungen, die aufgrund eines Server-Fehlers fehlgeschlagen sind. → *siehe auch 400, 401, 402, 403, 404, HTTP.*

.hu
Im Internet ein Kürzel für die übergreifende Länder-Domäne, die eine Adresse in Ungarn angibt.

Hub *Subst.* (hub)
Ein Begriff aus der Netzwerktechnologie. Ein Gerät, das Kommunikationsleitungen an einer zentralen Stelle verbindet und eine Verbindung zu allen Geräten auf dem Netzwerk herstellt. → *siehe auch aktiver Hub, Switching Hub.*

Hub, aktiver *Subst.* (active hub)
→ *siehe aktiver Hub.*

Huckepack-Karte *Subst.* (piggyback board)
Eine gedruckte Leiterplatte, die in eine andere Platine eingesetzt wird, um deren Leistungsfähigkeit zu verbessern. Eine Huckepack-Karte kann auch einen einzelnen Chip ersetzen. In diesem Fall wird der Chip entfernt und die Karte in den leeren Sockel gesteckt. → *siehe auch Tochterboard.*

Hülle *Subst.* (sleeve)
→ *siehe Diskettenhülle.*

Hüllkurve *Subst.* (envelope)
Bezeichnet bei Schallwellen die Form, die sich aus den Amplituden-Änderungen der Welle ergibt.

Huffman-Codierung *Subst.* (Huffman coding)
Eine Methode zur Komprimierung einer gegebenen Datenmenge, die auf einer relativen Häufigkeit der einzelnen Elemente basiert. Je häufiger ein bestimmtes Element vorkommt, desto kürzer ist sein entsprechender Code (in Bit). Die Huffman-Codierung stellt eine der frühen Methoden zur Datenkomprimierung dar und ist immer noch – mit einigen Modifikationen – eines der meist-

genutzten Verfahren für eine große Gruppe von Nachrichtenarten.

Human Engineering *Subst.* (human engineering)
Der auf Anpassung an die Bedürfnisse des Menschen gerichtete Entwurf von Maschinen und damit verbundener Produkte. → *siehe auch Ergonomie.*

Hurenkind *Subst.* (widow)
Eine einen Absatz beschließende Einzelzeile, die – meist kürzer als eine vollständige Zeile – am Anfang einer neuen Seite erscheint. Hurenkinder gelten als Verstoß gegen typografische Regeln. → *Vgl. Schusterjunge.*

Hybridchip *Subst.* (hybrid microcircuit)
Ein mikroelektronischer Schaltkreis, der diskrete mikrominiaturisierte Bauelemente und integrierte Bauelemente kombiniert.

hybrider Computer *Subst.* (hybrid computer)
Ein Computer, der sowohl digitale als auch analoge Schaltungen enthält.

hybrider Schaltkreis *Subst.* (hybrid circuit)
Eine Schaltung, bei der im Grunde unterschiedliche Bauelemente-Typen zur Realisierung ähnlicher Funktionen verwendet werden, z. B. ein Stereo-Verstärker, der sowohl Röhren als auch Transistoren verwendet.

HyperCard *Subst.*
Für den Apple Macintosh entwickelte Software, die Benutzern ein Werkzeug zur Informationsverwaltung bietet, das viele Hypertext-Konzepte implementiert. Ein HyperCard-Dokument besteht aus einer Reihe von Karten, die zusammen auf einem Stack gesammelt werden. Jede Karte kann Text, Grafiken, Sound, Schaltflächen, die das Springen von Karte zu Karte ermöglichen, und andere Steuerelemente enthalten. Programme und Routinen können als Skripten in der objektorientierten Sprache HyperTalk codiert oder als externe Code-Ressourcen (XCMDs und XFCNs) programmiert sein. → *siehe auch Hypertext, objektorientierte Programmierung, XCMD, XFCN.*

Hyperlink *Subst.* (hyperlink)
Die Verbindung zwischen einem Element in einem Hypertext-Dokument (z. B. einem Wort, einem Satz, einem Symbol oder einem Bild) und einem anderen Element im Dokument, einem anderen Hypertext-Dokument, einer Datei oder einem Skript. Der Benutzer aktiviert die Verknüpfung per Mausklick auf das verknüpfte Element, das in der Regel unterstrichen ist oder eine andere Farbe hat als der normale Text, um die Verknüpfung zu kennzeichnen. Hyperlinks werden in einem Hypertext-Dokument über Tags in Auszeichnungssprachen (z. B. SGML und HTML) angegeben. Diese Tags sind in der Regel auf dem Bildschirm ausgeblendet. → *siehe auch Anker, HTML, Hypermedia, Hypertext, URL.* → *auch genannt Hotlink, linken.*

Hyperlink, eingebetteter *Subst.* (embedded hyperlink)
→ *siehe eingebetteter Hyperlink.*

Hypermedia *Subst.* (hypermedia)
Die Integration von Grafik, Sound und Video in beliebiger Kombination in einem hauptsächlich assoziativen System der Informationsspeicherung und -abfrage, in dem Benutzer bei der Suche nach Informationen von einem Thema zu einem verwandten Thema springen können. Hypermedia baut auf der Idee auf, eine Arbeits- und Lernumgebung anzubieten, die dem menschlichen Denken gleichkommt, d. h. eine Umgebung, die es dem Benutzer ermöglicht, Assoziationen zwischen den Themen herzustellen anstatt sich schrittweise (wie in einer alphabetischen Liste) von einem zum nächsten zu bewegen. Beispielsweise kann eine Hypermedia-Präsentation zur Navigation Verknüpfungen zu Themen wie Astronomie, Vogelflug, Geographie, Satelliten und Radar enthalten. Wenn die Informationen hauptsächlich in Textform vorliegen, nennt man das Produkt Hypertext. Von Hypermedia spricht man insbesondere, wenn Video, Musik, Animation oder andere Elemente eingeschlossen sind. → *siehe auch Hypertext.*

Hyperspace *Subst.* (hyperspace)
Der Satz aller Dokumente, auf die über Hyperlinks im World Wide Web zugegriffen werden kann. → *Vgl. Cyberspace, Gopherspace.*

HyperTalk *Subst.*
Die Programmiersprache, die für die Manipulation von HyperCard-Stacks verwendet wird. → *siehe auch HyperCard.*

Hypertext *Subst.* (hypertext)
Text, der in einem komplexen, nichtsequentiellen Geflecht von Assoziationen verknüpft ist, in dem der Benutzer durch verwandte Themen blättern kann. Folgt der Benutzer z.B. in einem Artikel den Verknüpfungen zum Stichwort *Eisen*, führt ihn dieser Weg eventuell zum periodischen System der Elemente oder zu einer Karte über die Ausbreitung der Metallurgie in Europa im Eisenzeitalter. Der Begriff *Hypertext* wurde 1965 geprägt, um vom Computer präsentierte Dokumente zu charakterisieren, die die nichtlineare Struktur von Ideen ausdrücken – im Gegensatz zum linearen Format von Büchern, Filmen und Vorträgen. Der erst seit kurzem eingeführte Begriff *Hypermedia* ist nahezu synonym, betont aber die nicht-textlichen Komponenten von Hypertext, z.B. Animation, Sound-Aufzeichnungen und Video. → *siehe auch HyperCard, Hypermedia.*

Hypertext-Link *Subst.* (hypertext link)
→ *siehe Hyperlink.*

Hypertext Markup Language *Subst.*
→ *siehe HTML.*

Hypertext Transfer Protocol *Subst.*
→ *siehe HTTP.*

HyperText Transfer Protocol Daemon *Subst.* (Hypertext Transfer Protocol Daemon)
→ *siehe httpd.*

HyperText Transport Protocol Next Generation *Subst.* (Hypertext Transfer Protocol Next Generation)
→ *siehe HTTP-NG.*

Hyper-Wave *Subst.* (HyperWave)
Ein World Wide Web-Server, der auf Datenbank-Manipulation und Multimedia spezialisiert ist.

Hysterese *Subst.* (hysteresis)
Die Tendenz eines Systems, eines Bauteils oder einer Schaltung, sich je nach Änderungsrichtung eines Eingangssignals unterschiedlich zu verhalten. Die Wirkung einer Hysterese läßt sich an einem Haushaltsthermostat verdeutlichen: Wenn die Zimmertemperatur fällt, schaltet der Thermostat z.B. auf 20 Grad ein, bei steigender Temperatur schaltet er aber erst bei 22 Grad wieder aus. Hysterese spielt in vielen elektronischen Schaltungen eine Rolle, vor allem bei Bauelementen, die mit magnetischen Feldern arbeiten, z.B. in Transformatoren und magnetischen Aufzeichnungsköpfen.

HYTELNET *Subst.*
Ein menügesteuerter Index der Internet-Ressourcen, auf die über Telnet, einschließlich Bibliothekskataloge, Datenbanken und Bibliographien, Bulletin Boards und Netzwerkdienste zugegriffen werden kann. HYTELNET kann entweder über ein Client-Programm auf einem Computer, der an das Internet angeschlossen ist, oder über das World Wide Web operieren.

Hz *Subst.*
Die Abkürzung für Hertz.

I

I2O *Subst.*
Abkürzung für Intelligent Input/Output. Eine Spezifikation für E/A-Gerätetreiber-Architektur, die sowohl vom gesteuerten Gerät als auch vom Host-Betriebssystem unabhängig ist. → *siehe auch I/O-Gerät, Treiber.*

i486DX *Subst.*
Ein Mikroprozessor, der 1989 von Intel eingeführt wurde. Wie beim Vorgänger, dem 80386, handelt es sich um einen Prozessor mit 32-Bit-Registern, einem 32-Datenbus und 32-Bit-Adressierung. Der i486DX verfügt jedoch über verschiedene Erweiterungen, zu denen u. a. ein integrierter Cache-Controller, ein integrierter Gleitkomma-Coprozessor und Vorkehrungen für das Multiprocessing gehören. Zusätzlich verwendet der i486 ein als »Pipelining« bezeichnetes Ausführungsschema. → *siehe auch Pipelining.* → *auch genannt 486, 80486.*

i486DX2 *Subst.*
Ein Mikroprozessor, der 1992 als Upgrade für bestimmte i486DX-Prozessoren von Intel eingeführt wurde. Der i486DX2-Prozessor verarbeitet Daten und Befehle mit doppelter Taktfrequenz. Durch die erhöhte Betriebsgeschwindigkeit wird beim i486DX2 auch mehr Wärme erzeugt. Zur Ableitung dieser zusätzlichen Wärme und zur Vermeidung von Wärmeschäden montieren daher viele Computerhersteller einen Kühlkörper direkt auf den Chip. → *siehe auch i486DX, Kühlkörper, Mikroprozessor.* → *auch genannt 486DX, 80486.* → *Vgl. OverDrive.*

i486SL *Subst.*
Eine Version des Intel-Mikroprozessors i486DX mit verringerter Leistungsaufnahme, die vorrangig für Laptop-Computer vorgesehen ist. Der i486SL verfügt über eine Betriebsspannung von 3,3 Volt (gegenüber 5 Volt beim i468DX) und erlaubt die Einrichtung eines Schattenspeichers. Der i486SL verfügt außerdem über ein Feature namens System Management Mode (SMM). Durch diese Technologie kann der Mikroprozessor Systemkomponenten verlangsamen oder anhalten, wenn keine CPU-intensiven Aufgaben ausgeführt werden. Dieser Modus wirkt sich positiv auf die Betriebsdauer der Batterie des Computers aus. → *siehe auch i486DX, Shadow Memory.*

i486SX *Subst.*
Ein Intel-Mikroprozessor, der 1991 als kostengünstige Alternative zum i486DX-Mikroprozessor eingeführt wurde. Im Gegensatz zum i486DX-Mikroprozessor arbeitet der i486SX mit einer niedrigeren Taktfrequenz und enthält keinen Gleitkomma-Prozessor. → *siehe auch 80386DX, 80386SX.* → *auch genannt 486, 80486.* → *Vgl. i486DX.*

IAB
→ *siehe Internet Architecture Board.*

IAC
Abkürzung für Information Analysis Center. Eine von mehreren Organisationen, die vom amerikanischen Verteidigungsministerium (United States Department of Defense) ins Leben gerufen wurde. Der Sinn dieser Organisation ist die Förderung von vorhandenen wissenschaftlichen und technischen Informationen. Die IACs gründen und verwalten umfangreiche Datenbanken mit historischen, technischen und wissenschaftlichen Daten. Außerdem werden Analyse-Tools und -Techniken für die Verwendung dieser Wissensbasis entwickelt und verwaltet.

IANA
→ *siehe Internet Assigned Numbers Authority.*

I-Balken *Subst.* (I-beam)
Ein Maus-Cursor, der von vielen Anwendungen, z. B. Textverarbeitungsprogrammen, im Textbear-

I beitungsmodus verwendet wird. Der I-Balken-Cursor kennzeichnet die Position im Dokument, an der Text eingefügt, gelöscht, geändert bzw. verschoben werden kann. Der Cursor wird nach seiner Form I bezeichnet. → *siehe auch Cursor, Maus*. → *auch genannt I-Balken-Mauszeiger*.

I-Balken-Mauszeiger *Subst.* (I-beam pointer)
→ *siehe I-Balken*.

IBG *Subst.*
Abkürzung für inter**b**lock **g**ap. → *siehe Satzzwischenraum*.

IBM AT *Subst.*
Eine 1984 eingeführte Klasse von Personalcomputern, die der IBM-Spezifikation PC/AT (Advanced Technology) entspricht. Die erste AT basierte auf dem Intel 80286-Prozessor, der im Gegensatz zu seinem Vorgänger, dem XT, hinsichtlich der Geschwindigkeit bedeutend schneller war. → *siehe auch 80286*.

IBM PC *Subst.*
Abkürzung für **IBM** **P**ersonal **C**omputer. Eine 1981 eingeführte Klasse von Computern, die der PC-Spezifikation von IBM entspricht. Der erste PC basierte auf dem Intel 8088-Prozessor. Der IBM-PC stellte jahrelang den De-facto-Standard in der Computerindustrie für PCs dar. Klones oder PCs, die der IBM-Spezifikation entsprachen, wurden als *PC-kompatibel* bezeichnet. → *siehe auch PC-kompatibel*.

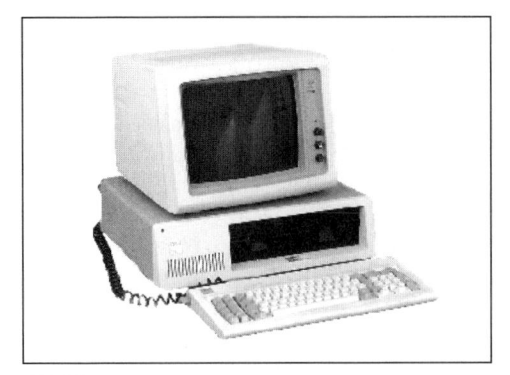

IBM PC

IBM-PC-kompatibel *Adj.* (IBM PC-compatible)
→ *siehe PC-kompatibel, Wintel*.

IC *Subst.*
→ *siehe integrierter Schaltkreis*.

IC, anwendungsspezifisches *Subst.* (application-specific integrated circuit)
→ *siehe Gatter-Array*.

I-CASE *Subst.*
Abkürzung für **I**ntegrated **C**omputer-**A**ided **S**oftware **E**ngineering. Software, die ein breites Spektrum von Funktionen der Software-Entwicklung, z. B. Programmentwurf, Codierung und Testen von Teilen oder des gesamten Programms ausführt.

ICM *Subst.*
→ *siehe Farbanpassung*.

ICMP *Subst.*
Abkürzung für **I**nternet **C**ontrol **M**essage **P**rotocol. Ein Internet-Protokoll der Netzwerkschicht (ISO/OSO Level 3), das eine Fehlerkorrektur und andere Informationen liefert, die für die IP-Paketverarbeitung von Bedeutung sind. Die IP-Software auf einem Computer kann z. B. einen anderen Computer über einen Bestimmungsort informieren, der nicht erreichbar ist. → *siehe auch IP, ISO/OSI-Schichtenmodell, Paket, Protokoll*.

.id
Im Internet ein Kürzel für die übergreifende Länder-Domäne, die eine Adresse in Indonesien angibt.

IDE *Subst.*
Abkürzung für **I**ntegrated **D**evice **E**lectronics. Eine Schnittstelle (Interface) für Diskettenlaufwerke, bei der sich die Controller-Elektronik im Laufwerk selbst befindet. Dadurch ist keine separate Adapterkarte erforderlich. Das IDE-Interface ist mit dem von IBM in den PC/AT-Computern eingesetzten Controller kompatibel, bietet jedoch Vorteile, z. B. vorausschauendes Caching (Einlesen ganzer Spuren) zur Verbesserung der Gesamtleistung.
→ *siehe integrierte Entwicklungsumgebung*.

Identifikator, global einheitlicher *Subst.* (globally unique identifier)
→ *siehe globale Identifikation*.

IDSL *Subst.*
Abkürzung für **I**nternet **d**igital **s**ubscriber **l**ine. Ein digitaler Kommunikationsdienst, der einen digita-

len Hochgeschwindigkeits-Internetzugriff von bis zu 1,1 Mbps (Megabit pro Sekunde) über das Telefonnetz ermöglicht. IDSL verwendet ISDN-Hybridtechnik und Digital Subscriber Line-Technologie. → *siehe auch Digital Subscriber Line, ISDN*.

.ie
Im Internet ein Kürzel für die übergreifende Länder-Domäne, die eine Adresse in Irland angibt.

IE *Subst.*
Abkürzung für information engineering. Eine Methode zur Entwicklung und Wartung von Systemen für die Informationsverarbeitung einschließlich Computersystemen und Netzwerken innerhalb einer Organisation. → *siehe Internet Explorer*.

IEEE *Subst.*
Abkürzung für Institute of Electrical and Electronics Engineers. Eine Vereinigung der amerikanischen Elektro- und Elektronikingenieure, die für viele Standards in Hardware und Software verantwortlich zeichnet.

IEEE 488 *Subst.*
Die elektrische Definition des General-Purpose Interface Bus (GPIB). Im Standard IEEE 488 sind die Daten- und Steuerleitungen für den Bus sowie die einzuhaltenden Spannungspegel und Stromstärken festgelegt. → *siehe auch Mehrzweckbus*.

IEEE 696/S-100 *Subst.*
Die elektrische Definition des S-100 Bus, der in früheren PC-Systemen mit den Mikroprozessoren 8080, Z-80 sowie 6800 eingesetzt wurde. Bei den damaligen Computerfreaks war der S-100 Bus, der auf der Architektur des Altair 8800 basiert, ausgesprochen beliebt, weil ein breites Spektrum an Add-On-Erweiterungskarten verwendet werden konnte. → *siehe auch Altair 8800, S-100-Bus*.

IEEE 802-Standards *Subst.* (IEEE 802 standards)
Eine vom IEEE entwickelte Reihe von Kommunikationsstandards, die Methoden für den Zugriff und die Steuerung lokaler Netzwerke (LANs) definieren. Die IEEE 802 Standards definieren die Protokolle der Datenverbindung und der physikalischen Schicht im OSI-Referenzmodell, wobei jedoch die Datenverbindungsschicht wie folgt in zwei Unterschichten aufgeteilt ist: Die logische Verbindungssteuerung (LLC, Logical Link Control) ist für alle IEEE 802-Standards gültig und befaßt sich mit der Verbindung zwischen zwei Stationen, der Erzeugung von Nachrichtenrahmen und der Fehlersteuerung. Die Medienzugriffssteuerung (MAC), die sich mit dem Netzwerkzugriff und der Kollisions-Erkennung beschäftigt, verhält sich bei jedem IEEE 802 anders: IEEE 802.3 wird für Bus-Topologien mit kollisionsfreiem Mehrfachzugriff (CSMA/CD) verwendet. Der Standard umfaßt sowohl Breitband- als auch Basisbandnetzwerke, wobei die Basisband-Version auf dem Ethernet-Standard basiert. IEEE 802.4 wird für Bus-Topologien mit Token Passing und IEEE 802.5 wird für Ring-Topologien mit Token Passing (Token Ring-Netzwerke) verwendet. Darüber hinaus stellt IEEE 802.6 einen relativ neuen Standard für Metropolitan Area Networks (MANs) zur Übertragung von Daten, Sprache und Video über Entfernungen von mehr als 5 Kilometern dar. → *siehe auch Bus-Netzwerk, ISO/OSI-Schichtenmodell, Ring-Netzwerk, Token Passing, Token-Ring-Netzwerk*.

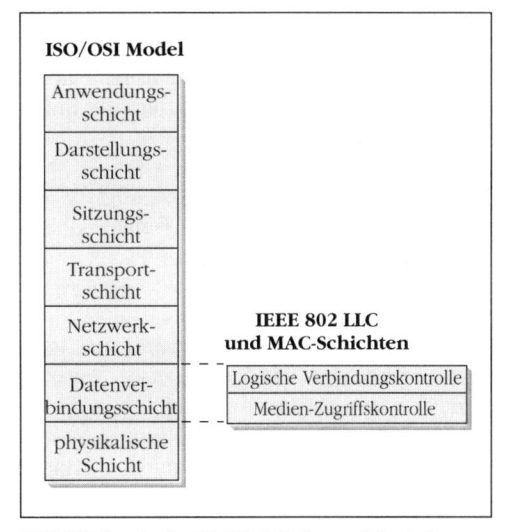

IEEE 802-Standards: ISO/OSI-Schichtenmodell mit den Schichten IEEE 802 LLC und MAC

IEPG *Subst.*
Abkürzung für Internet Engineering and Planning Group. Ein Gemeinschaftsprogramm von Internet Service-Providern. Die gemeinsame Zielsetzung ist die Förderung des Internet und die Koordinierung des zugehörigen technischen Potentials.

IESG
→ siehe *Internet Engineering and Planning Group*.

IETF *Subst.*
Abkürzung für Internet Engineering Task Force. Eine Organisation, deren Aufgabe es ist, die technischen Probleme in Bezug auf das Internet zu erfassen und der IAB die entsprechenden Lösungsvorschläge zu unterbreiten. Die IETF wird von der IESG verwaltet. → *siehe auch IESG*.

IF-Anweisung *Subst.* (IF statement)
Eine Steueranweisung, die einen Code-Block ausführt, wenn die Auswertung eines Booleschen Ausdrucks den Wert TRUE ergibt. Die meisten Programmiersprachen unterstützen außerdem eine ELSE-Klausel, mit der sich ein alternativer Code festlegen läßt, der nur bei Auswertung des Booleschen Ausdrucks zu FALSE ausgeführt wird. → *siehe auch bedingt*.

.iff
Eine Dateinamenerweiterung, die Dateien im Format IFF (Interchange File Format) kennzeichnet. IFF wurde vor allem auf dem Amiga für fast alle Arten von Daten verwendet. Auf anderen Plattformen wird IFF meist zur Speicherung von Grafik- und Audio-Dateien verwendet.

IFF *Subst.*
Abkürzung für Interchange File Format. → *siehe Dateiformat zum Datenaustausch*.

IFIP *Subst.*
Abkürzung für International Federation of Information Processing. Ein internationaler Fachverband für Informationsverarbeitung, dem Gesellschaften aus über 40 Mitgliedsstaaten angehören. Die Vereinigten Staaten werden durch die American Federation on Computing in the United States (FOCUS) vertreten. → *siehe auch AFIPS, fokussieren*.

IFS *Subst.*
→ *siehe Installable File System Manager*.

IGES *Subst.*
→ *siehe Initial Graphics Exchange Specification*.

IGMP
→ *siehe Internet Group Membership Protocol*.

IGP *Subst.*
Abkürzung für Interior Gateway Protocol. Ein Protokoll, das die Übertragung der Routing-Daten leitet.

IGRP *Subst.*
Abkürzung für Interior Gateway Routing Protocol. Ein Protokoll, das von der Cisco Systems entwickelt wurde. Dieses Protokoll ermöglicht den Austausch von Routing-Informationen bei verschiedenen Gateways. Die Ziele des IGRP-Protokolls sind stabiles Routing in großen Netzwerken, schnelle Reaktion bei Änderungen der Netzwerktopologie und geringer Overhead. → *siehe auch Gateway, Protokoll, Topologie*.

IIL *Subst.*
→ *siehe integrierte Injektionslogik*.

IIS
→ *siehe Internet Information Server*.

.il
Im Internet ein Kürzel für die übergreifende Länder-Domäne, die eine Adresse in Israel angibt.

illegal *Adj.*
Bezeichnet in der Computer-Terminologie Elemente oder Prozeduren, die nicht zulässig sind oder ungültige Ergebnisse produzieren. Ein illegales Zeichen kann z.B. ein Textverarbeitungsprogramm nicht erkennen, oder eine illegale Operation läßt sich von einem Programm oder System aufgrund eingebauter Beschränkungen nicht ausführen. → *Vgl. ungültig*.

.il.us
Im Internet ein Kürzel für die übergreifende Länder-Domäne, die eine Adresse in Illinois in den Vereinigten Staaten angibt.

.image
Eine Dateinamenerweiterung auf dem Apple Macintosh für ein Festplattenabbild (Macintosh Disk Image), eine Speicherform, die oft auf den FTP-Sites von Apple für das Übertragen von Software eingesetzt wird.

Imagemap *Subst.* (image map)
Ein Bild, das mehrere Hyperlinks auf einer Web-Seite enthält. Wenn der Benutzer auf die verschie-

denen Bestandteile des Bildes klickt, werden die jeweiligen Verknüpfungen zu anderen Bestandteilen der Web-Seite, zu anderen Web-Seiten oder zu Dateien hergestellt. Klickbare Karten werden häufig als Wegweiser zu den Ressourcen einer Website verwendet. Es kann sich dabei um ein Foto, eine Zeichnung oder um eine Zusammensetzung aus mehreren Zeichnungen oder Fotos handeln. Klickbare Karten werden mit CGI-Skripten erstellt. → *siehe auch CGI-Skript, Hyperlink, Web-Seite*. → *auch genannt anklickbare Map*.

Imagemaps, clientbezogene *Subst.* (client-side image maps)
→ *siehe clientbezogene Imagemaps*.

imaginäre Zahl *Subst.* (imaginary number)
Es handelt sich um eine Zahl, die das Ergebnis des Produkts aus einer reellen Zahl ist, die mit dem Faktor i multipliziert wird, wobei gilt: $i^2 = -1$. Die Summe aus einer imaginären Zahl und einer reellen Zahl ergibt eine komplexe Zahl. Imaginäre Zahlen kommen zwar im Universum nicht direkt vor (z. B. »1,544i Megabit pro Sekunde«), es verhalten sich jedoch einige Mengenpaare (insbesondere auf dem Gebiet der Elektrotechnik) mathematisch gesehen wie die reellen und imaginären Bestandteile von komplexen Zahlen. → *Vgl. komplexe Zahl, Realzahl*.

IMAP4 *Subst.*
Abkürzung für Internet Message Access Protocol 4. Die aktuellste Version von IMAP, einer Methode für ein E-Mail-Programm zum Zugriff auf E-Mail- und Bulletin-Board-Nachrichten, die auf einem Mail-Server gespeichert sind. Im Gegensatz zu POP, ermöglicht es IMAP dem Benutzer, Nachrichten effizient von mehreren Computern abzurufen.
→ *siehe auch POP3, Post Office Protocol*.

IMHO
Abkürzung für in my humble opinion (»Meiner bescheidenen Meinung nach«). Dieses Kürzel wird in englischsprachiger E-Mail und Online-Foren verwendet. Dieses Kürzel gibt an, daß es sich bei einer Aussage nicht um eine Tatsache, sondern um die persönliche Meinung des Verfassers handelt.

Imitationsspiel *Subst.* (Imitation Game)
→ *siehe Turing-Test*.

IMO
Abkürzung für in my opinion (»Meiner Meinung nach«). Diese Abkürzung wird häufig in englischsprachigen E-Mail-Nachrichten und Internet-News sowie bei Diskussionsgruppen verwendet. Dieses Kürzel gibt an, daß es sich bei einer Aussage nicht um eine Tatsache, sondern um die subjektive Meinung des Verfassers handelt.

Impedanz *Subst.* (impedance)
Der Wechselstromwiderstand oder Scheinwiderstand. Die Impedanz setzt sich aus dem (ohmschen) Wirkwiderstand und dem Blindwiderstand zusammen. Der ohmsche Widerstand wirkt sowohl dem Gleichstrom als auch dem Wechselstrom entgegen und ist immer größer als Null. Der Blindwiderstand stellt nur für den Wechselstrom ein Hindernis dar, ändert sich mit der Frequenz und kann sowohl positiv als auch negativ sein.

impfen *Vb.* (inoculate)
Der Schutz eines Programms vor einem Virus, indem charakteristische Informationen über das Virus gespeichert werden. So können z. B. bei jedem Programmablauf die Prüfsummen beim Code neu berechnet und mit den gespeicherten ursprünglichen Prüfsummen verglichen werden. Wenn die Prüfsummen nicht übereinstimmen, ist die Programmdatei beschädigt und möglicherweise infiziert. → *siehe auch Prüfsumme, Virus*.

importieren *Vb.* (import)
Informationen von einem System oder Programm in ein anderes übernehmen. Das interne Format oder die Struktur der zu importierenden Daten muß in einer beliebigen Weise durch das System oder Programm unterstützt werden, das die Informationen empfängt. Konventionen, z. B. TIFF (Tagged Image File Format) und die PICT-Formate für Grafikdateien, vereinfachen das Importieren.
→ *siehe auch PICT, TIFF*. → *Vgl. exportieren*.

Impuls *Subst.* (pulse)
Ein transientes Signal von meist kurzer Dauer mit definiertem Ein- und Ausschaltverhalten.

.in
Im Internet ein Kürzel für die übergreifende Länder-Domäne, die eine Adresse in Indien angibt.

inaktives Fenster *Subst.* (inactive window)
In einer Umgebung, in der mehrere Fenster gleichzeitig dargestellt werden können, ist nur das Fenster aktiv, das momentan verwendet wird. Alle anderen Fenster sind inaktiv. Ein inaktives Fenster kann teilweise oder vollständig vom aktiven Fenster verdeckt werden und wird erst dann aktiviert, nachdem es vom Benutzer ausgewählt wurde. → *Vgl. aktives Fenster.*

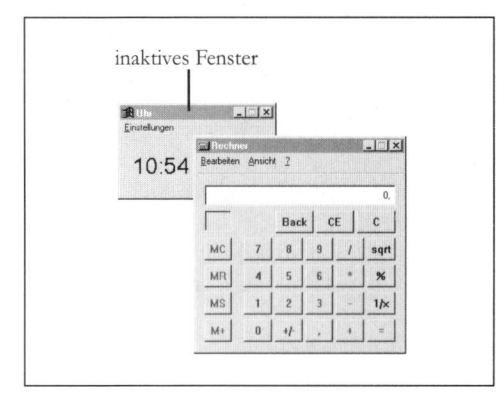

Inaktives Fenster

inaktivieren *Vb.* (ghost)
Das Anzeigen einer Option in einem Menü oder einem Untermenü mit grau unterlegter Schrift. Dadurch wird angegeben, daß die Option unter den gegebenen Umständen nicht aktiviert werden kann.

in-betweening *Subst.*
→ *siehe tween.*

Inbox *Subst.*
Die Standard-Mailbox in vielen E-Mail-Anwendungen, in der das Programm die eingehenden Nachrichten speichert. → *siehe auch E-Mail, Mailbox.* → *Vgl. Outbox.*

INCLUDE-Direktive *Subst.* (INCLUDE directive)
Eine Anweisung im Quelltext eines Programms, die das Einlesen einer anderen Quellcode-Datei an diese Stelle des Quelltextes veranlaßt – entweder zum Zeitpunkt der Kompilierung oder während der Ausführung des Programms. Durch den Einsatz von INCLUDE-Anweisungen kann ein Programm in kleinere Dateien aufgeteilt werden. Ein weiterer Vorteil besteht darin, daß mehrere Programme dieselben Dateien verwenden können.

Index *Subst.* (index)
Ein Liste von Schlüsselwörtern mit zugehörigen Daten, die auf die Speicherstellen mit umfangreicheren Informationen zeigen. Dazu gehören z.B. Dateien und Datensätze auf einer Diskette bzw. Schlüsseldatensätze in einer Datenbank.
In der Programmierung bezeichnet »Index« einen Skalarwert für den direkten Zugriff auf eine mehrelementige Datenstruktur (z.B. ein Array), ohne eine sequentielle Suche durch die Sammlung von Elementen durchführen zu müssen. → *siehe auch Array, Element, hash, Liste.*

Indexloch *Subst.* (index hole)
Das kleine Loch neben der großen runden Spindelöffnung in der Mitte einer 5,25-Zoll Diskette. Das Indexloch markiert die Lage des ersten Datensektors und dient damit der Synchronisation der Lese-/Schreiboperationen des Computersystems mit den Umdrehungen der Diskette.

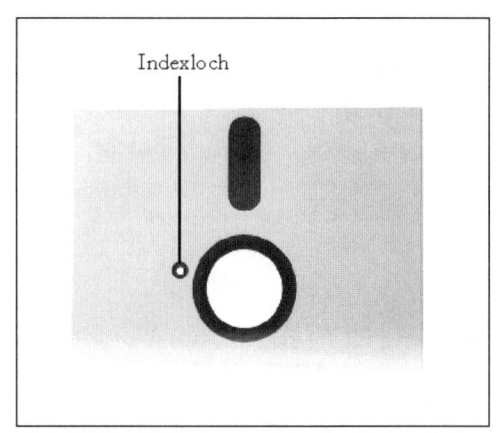

Indexloch

Indexmarke *Subst.* (index mark)
Ein magnetischer Indikator, der während der Formatierung auf softsektorierten Disketten aufgebracht wird, um den logischen Beginn jeder Spur zu kennzeichnen.
Außerdem ein visuelles Informations-Kennzeichen auf einem Mikrofiche, z.B. eine Linie.

indexsequentieller Zugriff *Subst.* (indexed sequential access method)
Eine Methode zur schnelleren Ermittlung eines Datensatzes in einer umfangreichen Datenbank. Ein Schlüsselwert dient dazu, den Datensatz zu

kennzeichnen. Die Schlüssel und die Zeiger, die auf die entsprechenden Datensätze in der großen Hauptdatei der Datenbank verweisen, befinden sich in einer kleineren Indexdatei. Wenn der Schlüssel eingegeben wird, wird zuerst die Indexdatei nach dem Schlüssel durchsucht. Anschließend wird über den zugehörigen Zeiger auf die restlichen Daten des Datensatzes zugegriffen, der in der Hauptdatei gespeichert ist.

Indexsuche *Subst.* (indexed search)
Eine Suche nach Daten, bei der ein Index verwendet wird, um den Zeitaufwand für das Auffinden eines bestimmten Datenelements zu verringern.

indirekte Adresse *Subst.* (indirect address)
→ *siehe relative Adresse.*

indizieren *Vb.* (index)
Beim Speichern und Abrufen von Daten die Erzeugung einer Liste oder Tabelle mit Referenzinformationen, die auf gespeicherte Daten zeigen.
In einer Datenbank eine Methode zur Suche von Daten unter Anwendung von Schlüsseln, z.B. Wörter oder Feldnamen, um Datensätze zu lokalisieren.
Bei der Speicherung indizierter Dateien wird ein Index der Dateistandorte (Adressen) verwendet, um Dateien zu suchen, die auf einem Datenträger abgelegt sind.
In der Programmierung und Informationsverarbeitung werden Informationen in einer Tabelle lokalisiert, indem zu einer Hauptadresse (Basisadresse) der Tabelle eine Index-Adresse (Offset-Adresse) hinzugefügt wird.

indizierte Adresse *Subst.* (indexed address)
Die Speicherstelle eines bestimmten Datenelements in einer Auflistung von Daten (z.B. ein Tabelleneintrag). Eine indizierte Adresse wird aus einer Basisadresse plus dem Wert berechnet, der in einem Indexregister gespeichert ist.

Induktion *Subst.* (induction)
Das Erzeugen von Spannung oder Strom in einem Material mit Hilfe von elektrischen oder magnetischen Feldern. Nach dem Induktionsprinzip arbeiten z.B. Transformatoren, bei denen sich die Primär- und Sekundärwicklungen in unmittelbarer Nähe befinden, die aber elektrisch voneinander isoliert sind. Ein Wechselstrom in der Primärspule erzeugt ein wechselndes magnetisches Feld, das die Sekundärspule schneidet und in dieser eine Spannung induziert. → *siehe auch Impedanz.*
→ *Vgl. Induktivität.*

Induktivität *Subst.* (inductance)
Die Fähigkeit, Energie in der Form eines magnetischen Feldes zu speichern. Bis zu einem gewissen Grad verfügt auch ein gestreckter Draht über Induktivität. Diese läßt sich erhöhen, wenn man den Draht in Form einer Spule – insbesondere um einen ferromagnetischen Kern – aufgewickelt. Die physikalische Einheit der Induktivität ist 1 Henry (1 H). → *Vgl. Induktion, Kapazität.*

Induktor *Subst.* (inductor)
Ein Bauelement, das eine festgelegte Induktivität (die Fähigkeit, Engerie in Form eines magnetischen Feldes zu speichern) aufweist. Ein Induktor läßt Gleichstrom ungehindert passieren, stellt jedoch für Wechselstrom, abhängig von dessen Frequenz, einen mehr oder minder großen Widerstand dar. Ein Induktor besteht in der Regel aus einer Drahtspule, die auf einen zylindrischen oder ringförmigen Kern gewickelt ist, wobei sie auch einen ferromagnetischen Kern enthalten kann.
→ *auch genannt Choke.*

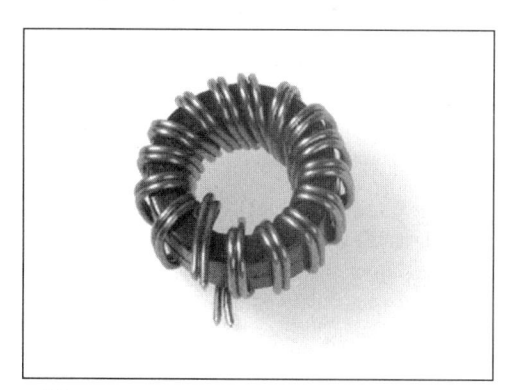

Induktor

Industry Standard Architecture *Subst.*
→ *siehe ISA.*

INET *Subst.*
Abkürzung für »Internet«.
Außerdem der Name einer Jahreskonferenz, die von der Internet Society abgehalten wird.

.inf
Die Dateinamenerweiterung für Geräteinformationsdateien, das sind Dateien mit Skripten zur Steuerung von Hardware-Operationen.

Infektion Subst. (infection)
Das Auftreten eines Virus oder Trojanischen Pferdes in einem Computersystem. → *siehe auch Trojanisches Pferd, Virus, WORM.*

Inferenzprogrammierung Subst. (inference programming)
Eine Methode der Programmierung (z.B. in Prolog), bei der Programme auf der Basis logischer Inferenz aus einer Menge von Fakten und Regeln Ergebnisse liefern. Prolog ist eine Sprache, die direkt die Inferenzprogrammierung unterstützt.
→ *siehe auch Prolog.*

Inferenzsystem Subst. (inference engine)
Bezeichnet den verarbeitenden Teil eines Expertensystems. Ein Inferenzsystem enthält bekannte Fakten und Regeln über ein Fachgebiet und wägt die Eingangsinformationen gegen diese Fakten und Regeln ab, um Inferenzen (Schlußfolgerungen) abzuleiten, auf denen das Expertensystem anschließend arbeitet.

Infix-Notation Subst. (infix notation)
Für die Formulierung von Ausdrücken verwendete Notation, bei der die binären Operatoren zwischen den Argumenten (z.B. 2 + 4) und unäre Operatoren in der Regel vor den Argumenten stehen (z.B. -1). → *siehe auch Operator-Rangfolge, Postfix-Notation, Präfix-Notation, unärer Operator.*

Infobahn Subst. (infobahn)
Der Internet-Begriff *Infobahn* setzt sich aus den Begriffen *Information* und *Autobahn* zusammen. Der Begriff »Autobahn« ist mittlerweile in die englische Sprache eingegangen und assoziiert Höchstgeschwindigkeiten ohne jegliche Einschränkungen. Den deutschen Autobahnen eilt nämlich im Ausland der Ruf voraus, daß dort prinzipiell keinerlei Geschwindigkeitsbeschränkungen gelten.
→ *auch genannt Datenautobahn, Information Highway, Net.*

Informatik Subst. (computer science, information science)
Eine wissenschaftliche Disziplin, die sich u.a. mit Entwurf, Betrieb und Einsatz von Computern in der Informationsverarbeitung sowie der Sammlung, Organisation, Handhabung und Verteilung (Übertragung) von Informationen beschäftigt. Die Informatik kombiniert sowohl die theoretischen als auch die praktischen Aspekte von Konstruktion, Elektronik, Informationstheorie, Mathematik, Logik und menschlichem Verhalten. Die Teilgebiete der Informatik reichen von der Programmierung und der Computerarchitektur bis zur künstlichen Intelligenz und der Robotertechnik.
→ *siehe auch Informationstheorie.*

Information Subst. (information)
Die zweckbestimmte Interpretation von Daten durch den Menschen. Daten bestehen zunächst nur aus Fakten und werden erst dann zu Informationen, wenn sie im Kontext betrachtet werden und eine Bedeutung für den Menschen übermitteln. Computer verarbeiten Daten, ohne deren Bedeutungsgehalt in einer beliebigen Form zu verstehen.

Information Analysis Center Subst.
→ *siehe IAC.*

Information Center Subst. (information center)
Eine große Computer-Anlage mit den dazugehörigen Büros, der Mittelpunkt einer Informationsverwaltungs- und Verteilungseinrichtung in einem Unternehmen.
Der Begriff »Information Center« kann sich auch auf ein dediziertes Computersystem beziehen, das für Auskünfte und zur Unterstützung von Entscheidungen vorgesehen ist. Die Informationen in einem derartigen System sind in der Regel mit dem Status »nur lesbar« versehen und bestehen aus Daten, die aus anderen Produktionssystemen extrahiert oder heruntergeladen werden.

Information Engineering Subst. (information engineering)
→ *siehe IE.*

Information Highway Subst.
→ *siehe Datenautobahn.*

Information Kiosk Subst. (information kiosk)
→ *siehe Kiosk.*

Information Services Subst.
Der formelle Name der EDV-Abteilung einer Firma. → *auch genannt Datenverarbeitung, Informa-*

tionsverarbeitung, Information Systems, Information Technology, Management Information Services, Management Information Systems.

Informations-Management *Subst.* (information management)
Das Definieren, Auswerten, Sichern und Verteilen von Daten innerhalb einer Organisation oder eines Systems.

Informationsquellen-Management *Subst.* (information resource management)
Die Verwaltung der Ressourcen für die Sammlung, Speicherung und Manipulierung von Daten innerhalb einer Organisation oder eines Systems.

Informationsrevolution *Subst.* (information revolution)
→ *siehe Informationszeitalter.*

Informationsrückgewinnung *Subst.* (information retrieval)
Die Suche, Organisation und Anzeige von Informationen, insbesondere mit elektronischen Mitteln.

Informationssystem, geographisches *Subst.* (geographic information system)
→ *siehe geographisches Informationssystem.*

Informationstheorie *Subst.* (information theory)
Eine 1948 begründete mathematische Disziplin, die sich mit den Gesetzmäßigkeiten und der Übermittlung von Informationen befaßt. Die Informationstheorie wurde ursprünglich nur auf die Kommunikationstechnik angewandt, hat jedoch mittlerweile auch für andere Gebiete – einschließlich der Computertechnik – Bedeutung erlangt. Die Informationstheorie konzentriert sich auf Anspekte der Kommunikation, z.B. Anzahl der Daten, Übertragungsrate, Kanalkapazität sowie Genauigkeit der Übertragung – von Informationsübertragung über Kabel bis zum Informationsfluß innerhalb der Gesellschaft als Ganzes.

Information Superhighway *Subst.*
→ *siehe Datenautobahn.*

Informationsverarbeitung *Subst.* (information processing)
Das Erfassen, Speichern, Manipulieren und Anzeigen von Daten, insbesondere mit elektronischen Mitteln.

Information Systems *Subst.*
→ *siehe Information Services.*

Informationszeitalter *Subst.* (information explosion)
Ein Begriff, der sich auf die momentane Ära der menschlichen Geschichte bezieht, in der Besitz und Verbreitung von Informationen die Mechanisierung oder Industrialisierung als treibende Kraft in der Gesellschaft verdrängt haben.

Information Technology *Subst.*
→ *siehe Information Services.*

Information Warehouse *Subst.* (information warehouse)
Die Gesamtanzahl der Datenressourcen auf allen Computern einer Organisation.

Infrared Data Association *Subst.*
Die Branchenorganisation für Anbieter von Computern, Komponenten und Telekommunikation. Diese Organisation hat die Normen für die Infrarot-Kommunikation zwischen Computern und Peripheriegeräten (z.B. Drucker) festgelegt.

infrarot *Adj.* (infrared)
Abkürzung IR. Elektromagnetische Strahlung, die im elektromagnetischen Spektrum den Frequenzbereich direkt unterhalb des sichtbaren roten Lichts belegt. Objekte strahlen IR im Verhältnis zu ihrer Temperatur ab. Infrarot wird traditionell in vier etwas willkürlich gewählte Kategorien auf der Basis der Wellenlänge eingeteilt.

nahes Infrarot	750–1 500 Nanometer (nm)
mittleres Infrarot	1 500–6 000 nm
entferntes Infrarot	6 000–40 000 nm
weit entferntes Infrarot	40 000 nm–1 Millimeter (mm)

Infrarot-Port *Subst.* (infrared port)
Ein optischer Port bei einem Computer, der als Schnittstellenanschluß für ein Infrarot-Gerät dient. Die Kommunikation erfolgt ohne jegliche Kabelverbindung. Derzeit dürfen die Geräte nicht weit voneinander entfernt und müssen speziell ausgerichtet sein, weil sonst keine Kommunikation erfolgen kann. Infrarot-Ports werden heute manch-

mal bei Laptops, Notebooks und Druckern installiert. → *siehe auch infrarot, Kabel, portieren.*

inhärenter Fehler *Subst.* (inherent error)
Ein Fehler, der bereits in den Annahmen, dem Entwurf, der Logik und/oder Algorithmen »versteckt« ist und die geeignete Funktion eines Programms von vornherein verhindert, unabhängig davon, wie gut es geschrieben ist. Ein Programm zur seriellen Kommunikation enthält z. B. einen inhärenten Fehler, wenn es für die Verwendung eines parallelen Ports ausgelegt ist. → *siehe auch Logik, Semantik, Syntax.*

inhaltsbezogene Speicherung *Subst.* (content-addressed storage)
→ *siehe assoziativer Speicher.*

.ini
Unter DOS und Windows 3.*x* eine Dateinamenerweiterung, die eine Initialisierungsdatei kennzeichnet. Diese Dateien enthalten die Voreinstellungen des Benutzers und die Programmstart-Informationen der Anwendungsprogramme.

INIT *Subst.*
Eine Systemerweiterung auf älteren Macintosh-Computern, die zur Startzeit in den Speicher geladen wird. → *siehe auch Erweiterung.* → *Vgl. Cdev.*

Initial *Subst.* (drop cap)
Der vergrößert dargestellte erste Buchstabe am Anfang eines Textblocks. Dieser Buchstabe beansprucht in der Regel eine vertikale Tiefe von mindestens zwei Textzeilen.

A sectetuer sed adipsicing elite in sed utm diam nonummy nibh wisi tincidunt eusismond ut laoreet dolore

Initial

Initial Graphics Exchange Specification *Subst.*
Abgekürzt IGES. Ein Standard-Dateiformat für Computergrafik, das von ANSI (American National Standards Institute) unterstützt wird und besonders für die Beschreibung von Modellen in CAD-Programmen geeignet ist. IGES verfügt entsprechend den Erfordernissen der computergestützten Konstruktion über Methoden für die Beschreibung und Kommentierung von (technischen) Zeichnungen. Dieses Format bietet sowohl eine breite Vielfalt von grundlegenden geometrischen Formen (Primitiven) als auch Werkzeuge für Anmerkungen und strukturelle Definitionen. → *siehe auch ANSI.*

initialisieren *Vb.* (initialize)
Für den Einsatz vorbereiten. Mit Bezug auf ein Speichermedium, z. B. eine Diskette oder ein Magnetband, kann die Initialisierung das Testen der Oberfläche des Mediums, das Schreiben der Informationen und das Einrichten des Index für das Dateisystem auf Speicherorte beinhalten.
In der Programmierung versteht man unter »initialisieren« die Zuweisung eines Anfangswertes an eine Variable.
Mit »initialisieren« kann außerdem der Start-Vorgang eines Computers gemeint sein. → *siehe auch Kaltstart, startup.*

Initialisierer *Subst.* (initializer)
Ein Ausdruck, dessen Ergebnis den ersten (Anfangs-)Wert einer Variablen festlegt. → *siehe auch Ausdruck.*

Initialisierung *Subst.* (initialization)
Unter Initialisierung versteht man die Zuweisung von Startwerten an Variablen und Datenstrukturen in einem Programm.

Initialisierungs-String *Subst.* (initialization string)
Eine Folge von Befehlen, die an ein Gerät (insbesondere an ein Modem) geschickt werden, um es zu konfigurieren und für die Verwendung vorzubereiten. Bei einem Modem besteht der Initialisierungs-String aus einer Zeichenfolge.

Initiator *Subst.* (initiator)
Eines von zwei Geräten in einer SCSI-Verbindung (Small Computer System Interface). Der Initiator ist das befehlsauslösende Gerät. Das befehlsempfangende Gerät wird als Target bezeichnet. → *siehe auch SCSI, Ziel.*

Injektionslogik, integrierte *Subst.* (integrated injection logic)
→ *siehe integrierte Injektionslogik.*

inklusives ODER *Subst.* (inclusive OR)
→ *siehe OR.*

Inkrement *Subst.* (increment)
Der Betrag eines Skalars oder einer Maßeinheit, um den der Wert eines Objekts (z. B. eine Zahl, ein Zeiger in einem Array oder eine vorgesehene Bildschirmposition) erhöht wird. → *Vgl. Dekrement.*

inkrementieren *Vb.* (increment)
Unter inkrementieren versteht man das Anwachsen einer Zahl um einen bestimmten Betrag. Wird z. B. eine Variable mit dem Wert 10 in Schritten von 2 erhöht, erhält man die fortlaufenden Ergebnisse 12, 14, 16, 18 usw. → *Vgl. dekrementieren.*

inline *Adj.*
Auf einer Web-Seite eine Eigenschaft einer Grafik, die zusammen mit Text im HTML-Format angezeigt wird. Die Inline-Grafiken, die in einer Zeile mit HTML-Text plaziert werden, haben den Tag<IMG>. Der Text einer Inline-Grafik kann innerhalb des Bildes nach oben, nach unten oder zentriert ausgerichtet werden.
In der Programmierung bezieht sich »Inline« auf einen Funktionsaufruf, der durch eine Instanz des Funktionskörpers ersetzt wird. Echte Argumente werden hier durch formale Parameter ersetzt. Eine Inline-Funktion wird in der Regel als Transformation während der Kompilierung ausgeführt, um die Leistungsfähigkeit des Programms zu erhöhen.

Inline-Code *Subst.* (inline code)
Im Hochsprachen-Quellcode von Programmen eingebettete Assembler- oder Maschinensprache-Anweisungen. Inline-Code ist ein kompilierabhängiges Feature und variiert hinsichtlich der Form – falls er überhaupt unterstützt wird – beträchtlich von Compiler zu Compiler.

Inline-Grafik *Subst.* (inline graphics, inline image)
Grafikdateien, die in einem HTML-Dokument oder einer Web-Seite eingebettet sind und die mit einem Web-Browser oder einem anderen Programm angezeigt werden können, das HTML erkennt. Inline-Grafiken können die Zugriffsgeschwindigkeit und das Laden von HTML-Dokumenten beschleunigen, da keine separaten Dateiöffnungsvorgänge mehr erforderlich sind.

Inline-Unterprogramm *Subst.* (inline subroutine)
Ein Unterprogramm, dessen Code an jeder Aufrufstelle jeweils vollständig in das (Haupt-)Programm eingefügt wird. Diese Technik unterscheidet sich damit vom Aufruf eines Unterprogramms über eine Call-Anweisung, die die Programmausführung an eine einzige Kopie des Unterprogramms überträgt. Inline-Unterprogramme verkürzen die Laufzeit, führen jedoch auch zu einem Anwachsen der Code-Größe. Inline-Unterprogramme folgen denselben syntaktischen und semantischen Regeln wie herkömmliche Unterprogramme.

Inline-Verarbeitung *Subst.* (inline processing)
Das Arbeiten mit maschinennahem Programmcode, dem Inline-Code, um die Ausführungsgeschwindigkeit oder Speicheranforderungen zu optimieren. → *siehe auch Inline-Code.*

Inner Join *Subst.* (inner join)
Ein Operator der relationalen Algebra, der häufig für die Verwaltung von Datenbanken verwendet wird. Der Inner Join-Operator erzeugt eine Relation (Tabelle), die alle möglichen Anordnungen der Verkettungen (Joinings) der Datensätze von zwei vorhandenen Tabellen enthält, die bestimmten angegebenen Kriterien der Datenwerte entsprechen. Ein Inner Join entspricht somit einem Produkt gefolgt von einer Select-Anweisung, die auf die Ergebnistabelle angewendet wird. → *Vgl. Outer Join.*

INS *n*
→ *siehe WINS.*

Installable File System Manager *Subst.*
In Windows 95 der Bestandteil der Architektur des Dateisystems, der für die Zugriffsvermittlung der verschiedenen Komponenten des Dateisystems verantwortlich ist.

Installationsprogramm *Subst.* (installation program)
Ein Programm, dessen Funktion darin besteht, ein anderes Programm entweder auf einem Speichermedium oder im Hauptspeicher zu installieren. Ein Installationsprogramm kann den Benutzer durch den – oft komplexen – Prozeß der Einrichtung einer Anwendung für eine bestimmte Konfiguration von Maschine, Drucker und Monitor führen. Installationsprogramme werden ebenfalls

für kopiergeschützte Anwendungen verwendet, die sich nicht durch normale Befehle des Betriebssystems kopieren lassen. Derartige Installationsprogramme begrenzen in der Regel die Anzahl der installierbaren Kopien.

installierbarer Gerätetreiber *Subst.* (installable device driver)
Ein Programm zur Gerätesteuerung, das sich in ein Betriebssystem einbinden läßt. Durch installierbare Gerätetreiber können existierende Treiber ersetzt werden, die funktionell nur wenig leisten.

installieren *Vb.* (install)
Einrichten und für den Betrieb vorbereiten. Zu Betriebssystemen und Anwendungen gehört im allgemeinen ein diskettenorientiertes Installationsprogramm, das die meisten Aufgaben der Programmeinrichtung übernimmt, um die Funktionsfähigkeit des Programms in bezug auf Computer, Drucker und andere Geräte sicherzustellen. Oft ist ein derartiges System in der Lage, auf angeschlossene Geräte zu prüfen, vom Benutzer die Festlegung von Optionen anzufordern, auf der Festplatte einen Platz für das Programm selbst einzurichten sowie bei Bedarf die System-Startdateien zu modifizieren.
Bei kopiergeschützten Programmen beinhaltet die Installation ggf. den Transfer einer Programmkopie, deren Anzahl begrenzt sein kann, auf eine Festplatte oder Floppy-Disk (weil durch besondere Vorkehrungen eine gewöhnliche Kopieroperation unterbunden wurde).

instantiieren *Vb.* (instantiate)
Das Erzeugen einer Instanz einer Klasse. → *siehe auch Instanz, Klasse, Objekt.*

Instanz *Subst.* (instance)
Eine Instanz ist in der objektorientierten Programmierung ein Objekt, das in Relation zur zugehörigen Klasse steht. Beispiel: Das Objekt *meineListe*, das zur Klasse *Liste* gehört, ist eine Instanz der Klasse *Liste*. → *siehe auch instantiieren, Instanzvariable, Klasse, Objekt.*

Instanzvariable *Subst.* (instance variable)
Eine Variable, die einer Instanz einer Klasse (Objekt) zugeordnet ist. Wenn eine Klasse eine bestimmte Variable definiert, hat jede Instanz der Klasse ihre eigene Kopie dieser Variable. → *siehe auch Instanz, Klasse, Objekt, objektorientierte Programmierung.*

Integer *Subst.* (integer)
Auch als »Integralzahl« oder »Ganzzahl« bezeichnet. Eine positive oder negative ganze Zahl, z.B. 37, -50 oder 764.
In der Programmierung bezeichnet »Integer« einen Datentyp, der ganze Zahlen darstellt. Berechnungen mit Integer-Zahlen laufen wesentlich schneller ab als Berechnungen mit Gleitkomma-Zahlen. Integer-Zahlen werden daher häufig für Zähl- und Numerierungszwecke verwendet. Integer-Zahlen können vorzeichenbehaftet (positiv oder negativ) oder vorzeichenlos (positiv) sein. Man unterscheidet außerdem lange (long) oder kurze (short) Integer-Zahlen, je nach der Anzahl der Bytes, die sie im Speicher belegen. Kurze Integer umfassen einen kleineren Zahlenbereich (z.B. -32.768 bis 32.767) als lange Integer (z.B. -2.147.483.648 bis 2.147.483.647). → *siehe auch Gleitkomma-Notation.* → *auch genannt Integralzahl.*

Integralzahl *Subst.* (integral number)
→ *siehe Integer.*

Integrated Device Electronics *Subst.*
→ *siehe IDE.*

Integrated Services Digital Network *Subst.*
→ *siehe ISDN.*

Integration *Subst.* (integration)
In der Computertechnik die Zusammenfassung unterschiedlicher Aktivitäten, Programme oder Hardware-Komponenten zu einer funktionellen Einheit. → *siehe auch integriertes Modem, Integriertes Paket, ISDN.*
In der Elektronik bezeichnet »Integration« die Verfahren zur Miniaturisierung elektronischer Schaltungen durch Unterbringung einer großen Zahl von Bauelementen auf einem einzelnen Chip. → *siehe auch integrierter Schaltkreis.*
Unter »Integration« versteht man auch ein mathematisches Verfahren, das sich – stark vereinfacht ausgedrückt – mit der Ermittlung der Fläche unter einer gegebenen Kurve oder der Berechnung des Volumens einer dreidimensionalen Figur beschäftigt.

Integrationsdichte, mittlere *Subst.* (medium-scale integration)
→ *siehe mittlere Integrationsdichte.*

Integrator *Subst.* (integrator)
Eine Schaltung, die am Ausgang das zeitbezogene Integral des Eingangssignals liefert, d.h. der gesamte über die Zeit akkumulierte Wert. → *Vgl. Differentiator.*

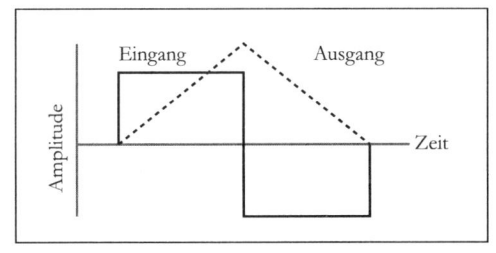

Integrator: Dieses Beispiel zeigt die Aktion einer Integratorschaltung

integrierte Entwicklungsumgebung *Subst.* (integrated development environment)
Eine Einheit integrierter Tools für die Software-Entwicklung. Die Tools werden allgemein von einer Benutzeroberfläche aus ausgeführt und bestehen u.a. aus einem Compiler, einem Editor und einem Debugger.

integrierte Injektionslogik *Subst.* (integrated injection logic)
Ein Typus für einen Schaltkreis, der sowohl NPN- als auch PNP-Transistoren verwendet und keine anderen Komponenten (z.B. Resistoren) benötigt. Diese Schaltkreise sind verhältnismäßig schnell, haben einen geringen Energieverbrauch und können in sehr kleinen Formaten hergestellt werden.
→ *siehe auch NPN-Transistor, PNP-Transistor.*
→ *auch genannt Merged Transistor Logic.*

integrierter Schaltkreis *Subst.* (integrated circuit)
Abgekürzt IC, im Deutschen auch IS. In der Elektronik die Zusammenfassung von Schaltungselementen, z.B. Transistoren und Widerstände auf einem einzelnen Chip aus Siliziumkristall oder einem anderen Halbleitermaterial. Integrierte Schaltkreise lassen sich nach der Anzahl der enthaltenen Elemente einteilen. → *siehe auch Prozessor.* → *auch genannt Chip.*

Small-Scale Integration (SSI)	weniger als 10
Medium-Scale Integration (MSI)	10–100
Large-Scale Integration (LSI)	100–5 000
Very-Large-Scale Integration (VLSI)	5 000–50 000
Super-Large-Scale Integration (SLSI)	50 000–100 000
Ultra-Large-Scale Integration (ULSI)	mehr als 100 000

integriertes Modem *Subst.* (integral modem)
Ein Modem, das in einen Computer fest eingebaut ist. Es unterscheidet sich damit von einem internen Modem, das auf einer – entfernbaren – Erweiterungskarte realisiert ist. → *siehe auch externes Modem, internes Modem, Modem.*

Integriertes Paket *Subst.* (integrated software)
Ein Software-Paket, das mehrere Anwendungen enthält. Ein integriertes Paket kann z.B. aus einem Textverarbeitungsprogramm, einem Datenbank-System und einem Tabellenkalkulationsprogramm bestehen. Diese Software-Pakete haben gegenüber Einzelanwendungen zwei bemerkenswerte Vorteile: Es können Daten innerhalb der Anwendungen über die jeweiligen Tools transportiert werden, wodurch der Anwender Vorgänge koordinieren und Informationen sortieren kann, die in den verschiedenen Anwendungen des Pakets erstellt wurden. Außerdem steht dem Anwender eine einheitliche Oberfläche zur Verfügung. Durch die einheitliche Gestaltung der Programme wird u.a. das Auswählen von Befehlen und das Verwalten von Dateien wesentlich vereinfacht. Bei einzelnen Anwendungen, die nicht Bestandteil eines integrierten Pakets sind, fällt ein erheblicher Arbeitsaufwand für den zum Teil sehr schweren Einstieg in die jeweilige Konzeption an. Die Anwendungen eines integrierten Softwarepakets sind jedoch nicht immer so konzipiert, daß die gleiche Funktionalität wie bei einzelnen Anwendungen gewährleistet ist. Außerdem sind in integrierter Software nicht unbedingt sämtliche Anwendungen enthalten, die in einer bestimmten Umgebung benötigt werden.

integriertes Softwaremodul *Subst.* (software integrated circuit)
Als »Software-IC« abgekürzt. Ein bereits existie-

rendes Softwaremodul, das sich in ein Programm genauso einbauen läßt wie ein integrierter Schaltkreis in eine Logikschaltung. → *siehe auch abstrakter Datentyp, Modul, objektorientierte Programmierung.*

Integrität *Subst.* (integrity)
Die Vollständigkeit und Korrektheit der in einem Computer gespeicherten Daten, insbesondere nachdem sie in einer beliebigen Form manipuliert wurden. → *siehe auch Datenintegrität.*

intelligent *Adj.* (smart)
Eigenschaft eines Geräts, das zum Teil oder vollständig von Prozessoren gesteuert wird, die wesentliche Bestandteile des Geräts sind.
→ *siehe Intelligenz.*

intelligente Datenbank *Subst.* (intelligent database)
Eine Datenbank, die gespeicherte Informationen in einer für den Menschen logischen, natürlichen und leicht anzuwendenden Art manipulieren. Bei der Ausführung von Suchoperationen stützt sich eine intelligente Datenbank nicht nur auf herkömmliche Suchroutinen, sondern auch auf festgelegte Regeln, die Assoziationen, Beziehungen und sogar Inferenzen hinsichtlich der Daten bestimmen. → *siehe auch Datenbank.*

intelligente Eingabe/Ausgabe *Subst.* (Intelligent Input/Output)
→ *siehe I2O.*

intelligenter Agent *Subst.* (intelligent agent)
→ *siehe Agent.*

intelligenter Linker *Subst.* (smart linkage)
Eine Funktion von Programmiersprachen, die beim Aufruf von Routinen die Übergabe der korrekten Parametertypen sicherstellt. → *siehe auch linken.*

intelligentes Kabel *Subst.* (intelligent cable, smart cable)
Auch als »Smart-Kabel« bezeichnet. Ein Kabel, das in eine Schaltung eingebaut ist und das mehr leisten kann, als nur einfache Signale von einem Ende des Kabels zum anderen Ende weiterzuleiten. Es kann z.B. die Eigenschaft des Verbinders erkennen, in das es eingesteckt wird.

intelligentes Terminal *Subst.* (intelligent terminal, smart terminal)
Ein Terminal mit eigenem Speicher, Prozessor und Firmware, das bestimmte Funktionen unabhängig vom zugehörigen Host-Prozessor ausführen kann, wie z.B. das Weiterleiten von eingehenden Daten an einen Drucker oder einen Video-Bildschirm.
→ *Vgl. dummes Terminal.*

Intelligent Transportation Infrastructure *Subst.*
Ein System zur Automatisierung der Steuerung der Verkehrsstruktur, das 1996 vom Verkehrsminister der USA, Federico Pena, eingeführt wurde.

Intelligenz *Subst.* (intelligence)
In bezug auf Hardware die Fähigkeit zu Verarbeitung von Informationen. Ein Gerät ohne Intelligenz wird als »dumm« bezeichnet – beispielsweise kann ein »dummes« Gerät, das mit einem Großcomputer verbunden ist, Eingaben empfangen und Ausgaben anzeigen, jedoch nicht die Informationen unabhängig verarbeiten.
In bezug auf Software die Fähigkeit eines Programms, die Umgebung zu überwachen und geeignete Aktionen einzuleiten, um einen gewünschten Zustand einzuleiten. Wenn ein Programm z.B. auf Daten wartet, die von einem Datenträger zu lesen sind, kann es in der Zwischenzeit andere Aufgaben ausführen.
In bezug auf Urteilsvermögen und Logik die Fähigkeit eines Programms, menschliches Denken zu simulieren. → *siehe auch künstliche Intelligenz.*
Außerdem charakterisiert »Intelligenz« die Fähigkeit einer Maschine, z.B. ein Roboter, auf veränderte Stimuli (Eingaben) zu reagieren.

Intelligenz, künstliche *Subst.* (artificial intelligence)
→ *siehe künstliche Intelligenz.*

Intelligenz, verteilte *Subst.* (distributed intelligence)
→ *siehe verteilte Intelligenz.*

Intensity Red Green Blue *Subst.*
→ *siehe IRGB.*

interaktiv *Adj.* (interactive)
Bezeichnet eine Betriebsart mit wechselseitigem Austausch von Eingabe und Ausgabe – beispiels-

weise bei Eingabe einer Frage oder eines Befehls durch den Benutzer und der unmittelbaren Antwort durch das System. Mikrocomputer sind interaktive Maschinen und verfügen damit über eines der Features, die einen leichten Zugang und eine einfache Handhabung gewährleisten.

interaktive Grafikoberfläche *Subst.* (interactive graphics)
Eine Form der Benutzeroberfläche, bei der der Benutzer grafische Anzeigen mittels eines Zeigegerätes, z.B. einer Maus oder einem Joystick, verändern und steuern kann. Interaktive Grafikoberflächen findet man in einem weiten Bereich von Computerprodukten, angefangen beim Computerspiel bis hin zu CAD-Systemen (Computer-Aided Design).

interaktiver Nachrichtenaustausch *Subst.* (conversational interaction)
Form der Kommunikation, bei der sich zwei oder mehr Teilnehmer abwechselnd untereinander Nachrichten zusenden. → *siehe auch interaktive Verarbeitung.*

interaktives Fernsehen *Subst.* (interactive television)
Eine Videotechnologie, bei der der Betrachter mit der Fernsehprogrammierung in Wechselbeziehung steht. Internet-Zugriff, Video auf Anforderung und Videokonferenz gehören zu den typischen Verwendungsbeispielen des interaktiven Fernsehens. → *siehe auch Videokonferenz.*

interaktive Sitzung *Subst.* (interactive session)
Eine Arbeitssitzung, bei der der Benutzer mehr oder weniger durchgängig in die Aktivitäten des Computers eingreifen und sie steuern kann. → *Vgl. Stapelverarbeitung.*

interaktives Programm *Subst.* (interactive program)
Ein Programm, das mit dem Benutzer in Wechselwirkung tritt. Dabei sitzt der Benutzer in der Regel vor einem Display und verwendet ein geeignetes Eingabegerät (Tastatur, Maus, Joystick), um auf den Programmablauf zu reagieren und bei Bedarf die geforderten Reaktionen auszuführen. Bei einem Computer-Spiel handelt es sich z.B. um ein interaktives Programm. → *Vgl. Stapelprogramm.*

interaktives Video *Subst.* (interactive video)
Die Verwendung der computergesteuerten Videos für interaktive Lernprogramme oder zur Unterhaltung in Form einer CD-ROM oder Videodisc. → *siehe auch CD-ROM, interaktiv, interaktives Fernsehen, Videodisc.*

interaktive Verarbeitung *Subst.* (interactive processing)
Die mehr oder weniger durchgängige Einbeziehung des Benutzers in die Verarbeitungsabläufe – die Befehls/Antwort-Betriebsweise von Mikrocomputern. → *Vgl. Stapelverarbeitung.*

Interchange File Format *Subst.*
→ *siehe Dateiformat zum Datenaustausch.*

Interferenz *Subst.* (interference)
Rauschen oder andere externe Signale, die sich auf die Leistung eines Kommunikationskanals auswirken.
Außerdem elektromagnetische Signale, die den Rundfunk- oder Fernsehempfang stören können. Diese Signale können sowohl natürlich entstehen (z.B. bei einem Gewitter), als auch durch elektrische Geräte (z.B. Computer) erzeugt werden.

Interior Gateway Protocol *Subst.*
→ *siehe IGP.*

Interior Gateway Routing Protocol *Subst.*
→ *siehe IGRP.*

intermittierend *Adj.* (intermittent)
Bezeichnet z.B. Signale oder Verbindungen, die noch bestehen und in periodischen oder zufälligen Intervallen auftreten.

intermittierender Fehler *Subst.* (intermittent error)
Ein Fehler, der zu unvorhersehbaren Zeiten wiederkehrt.

International Federation of Information Processing *Subst.*
→ *siehe IFIP.*

International Organization for Standardization *Subst.*
→ *siehe ISO.*

International Telecommunications Union *Subst.*
Eine zwischenstaatliche Organisation, die öffentlichen und privaten Anbietern Empfehlungen und Normen für Telefon- und Datenkommunikationssysteme unterbreitet. Die ITU wurde 1865 gegründet und ist seit 1947 eine Organisation der Vereinten Nationen. Die ITU hieß bis 1993 CCITT (Comité Consultatif International Télégraphique et Téléphonique). Kontaktadresse: International Telecommunications Union, Information Services Department, Place des Nations, 1211 Geneva 20, Switzerland. Telefon: +41 (22) 730 5554. Fax: +41 (22) 730 5337. E-Mail: helpdesk@itu.ch, teledoc@itu.arcom.ch

International Telegraph and Telephone Consultative Committee *Subst.*
→ *siehe CCITT.*

Internaut *Subst.*
→ *siehe Cybernaut.*

interner Befehl *Subst.* (internal command)
Eine Routine, die zusammen mit dem Betriebssystem in den Speicher geladen wird und dort verbleibt, solange der Computer eingeschaltet ist.
→ *Vgl. externer Befehl.*

interner Interrupt *Subst.* (internal interrupt)
Ein Interrupt, der durch den Prozessor als Antwort auf vordefinierte Situationen erzeugt wird – z.B. beim Versuch einer Division durch Null, oder wenn sich das Ergebnis einer arithmetischen Operation nicht mehr mit einer bestimmten Anzahl von Bits darstellen läßt. → *siehe auch Interrupt.*
→ *Vgl. externer Interrupt.*

interner Speicher *Subst.* (internal memory)
→ *siehe Primärspeicher.*

interne Schrift *Subst.* (internal font)
Eine Schrift, die im Lieferumfang eines Druckers bereits im ROM (Read Only Memory) installiert ist.
→ *Vgl. ladbare Schrift, Schriftkassette.*

internes Modem *Subst.* (internal modem)
Ein Modem, das innerhalb der Systemeinheit eines Computers – in einem der Erweiterungssteckplätze für die Aufnahme von Zubehörkarten – installiert ist. → *Vgl. externes Modem, integriertes Modem.*

internes Schema *Subst.* (internal schema)
In einem Datenbank-Modell mit Unterstützung einer Dreischema-Architektur (wie durch ANSI/X3/SPARC beschrieben) eine Übersicht von Informationen über die physikalischen Dateien, aus denen sich eine Datenbank zusammensetzt. Dazu gehören Dateinamen, Dateistandorte, Zugriffsmethoden und die tatsächliche oder potentielle Herkunft der Daten. Das interne Schema ist vergleichbar mit dem Schema in Systemen auf der Basis von CODASYL/DBTG. In einer verteilten Datenbank können allerdings an jedem Ort verschiedene Schemata vorhanden sein. → *siehe auch konzeptuelles Schema, Schema.*

internes Sortieren *Subst.* (internal sort)
Eine Sortieroperation, die vollständig oder zum großen Teil im Speicher und nicht während des Vorgangs auf der Platte durchgeführt wird.
Bezeichnet auch eine Sortierprozedur, die zunächst Untergruppen von Datensätzen erzeugt, die später in einer Liste zusammengemischt werden.

Internet *Subst.* (internet)
Die weltweite Zusammenführung von Netzwerken und Übergängen (Gateways), die zur Kommunikation das TCP/IP-Protokoll verwenden. Das Internet basiert auf einem Backbone mit Hochgeschwindigkeitsleitungen für die Datenkommunikation zwischen Hauptknoten oder Host-Computern. Die Daten und Nachrichten werden im Internet über eine Vielzahl von Computersystemen weitergeleitet. Wenn bei einigen Internet-Knoten die Verbindung abgebrochen ist, bedeutet das nicht den Zusammenbruch des Internet, weil das Internet nicht von einem einzigen Computer oder Netzwerk gesteuert wird. Die Entstehung des Internet basiert auf dem dezentralen Netzwerk ARPANET, das 1969 vom amerikanischen Verteidigungsministerium der USA eingesetzt wurde. Dieses Netzwerk sollte ursprünglich die Kommunikation im Falle eines atomaren Angriffs ermöglichen. Im Laufe der Jahre wurden weitere Netzwerke an das ARPANET angeschlossen (z.B. BITNET, Usenet, UUCP und NSFnet). Das Internet bietet seinen Benutzern zahlreiche Dienste an – z.B. FTP, E-Mail, das World Wide Web, Usenet news, Gopher, IRC, Telnet. → *siehe auch BITNET, FTP, Gopher, IRC, NSFnet, telnet, Usenet, UUCP, World Wide Web.*
→ *auch genannt Net.*

»Internet« ist außerdem die Abkürzung für »Internetzwerk«. Eine Menge von – eventuell verschiedenartigen – Computer-Netzwerken, die über Gateways (Übergänge) miteinander verbunden sind. Die Gateways behandeln den Datentransfer und die Konvertierung von Nachrichten vom sendenden Netzwerk in die Protokolle des empfangenden Netzwerks.

Internet-Adresse *Subst.* (Internet address)
→ *siehe Domänen-Adresse, E-Mail-Adresse, IP-Adresse.*

Internet Architecture Board *Subst.*
Das Gremium der Internet Society (ISOC), das für die Architektur des Internet verantwortlich ist. Die IAB hat auch eine Schlichtungsfunktion bei Auseinandersetzungen bezüglich der Einigung bei der Festlegung von Standards. → *siehe auch Internet Society.*

Internet Assigned Numbers Authority *Subst.*
Hierbei handelt es sich um die Unternehmenseinheit des Internet Architecture Board, die die Vergabe von verschiedenen numerischen Bezeichnungen für das Internet, z.B. IP-Port, Protokoll und Unternehmensnummern, registriert und kontrolliert.

Internet-Backbone *Subst.* (Internet backbone)
Eines von verschiedenen Hochgeschwindigkeitsnetzwerken, die zahlreiche lokale und regionale Netzwerke mit mindestens einem Verbindungspunkt verbinden. Dort werden die Pakete mit anderen Internet-Backbones ausgetauscht. Früher diente das NSFnet (der Vorgänger des modernen Internet) in den USA als einziges Backbone für das gesamte Internet. Dieses Backbone verknüpfte die Supercomputing Center der National Science Foundation (NSF) miteinander. Heutzutage haben die, verschiedenen Provider eigene Backbones, so daß das Backbone der Supercomputing Center von den Backbones der kommerziellen Internet-Dienstanbieter (z.B. MCI und Sprint) unabhängig ist. → *siehe auch Backbone.*

Internet-Broadcasting *Subst.* (Internet broadcasting)
Die Übertragung von Audio- bzw. Audio- und Videosignalen im Internet. Die Internet-Übertragung erfolgt sowohl über konventionelle Sendeanstalten, die ihre Signale in das Internet einspeisen, als auch über reine Internet-Sender. Die Kunden verwenden Audio-Software für das Internet (z.B. RealAudio). Eine Methode der Internet-Übertragung heißt MBONE. → *siehe auch MBONE, RealAudio.*

Internet Control Message Protocol *Subst.*
→ *siehe ICMP.*

Internet-Dienstanbieter *Subst.* (Internet service provider)
→ *siehe ISP.*

Internet Draft *Subst.*
Ein Dokument der IETF (Internet Engineering Task Force), in dem mögliche Änderungen der Standards für das Internet zur Diskussion gestellt werden. Das Internet Draft kann jederzeit geändert oder ersetzt werden und ist in unveränderter Form maximal sechs Monate gültig. Wenn ein Internet Draft angenommen wird, kann es in ein RFC-Dokument umgewandelt werden. → *siehe auch IETF, RFC.*

Internet-Einrichtung *Subst.* (Internet appliance)
→ *siehe Net-top Box.*

Internet Engineering and Planning Group *Subst.*
→ *siehe IEPG.*

Internet Engineering Steering Group *Subst.*
Eine Gruppe innerhalb der Internet Society (ISOC), die in Zusammenarbeit mit dem Internet Architecture Board (IAB) die Vorschläge der Internet Engineering Task Force (IETF) für Standards prüft.

Internet Engineering Task Force *Subst.*
→ *siehe IETF.*

Internet Explorer *Subst.*
Der Web-Browser von Microsoft, der im Oktober 1995 eingeführt wurde. Internet Explorer ist derzeit für Windows und Macintosh verfügbar. Neuere Versionen sind mit erweiterten Funktionen für Design und Animationen in Web-Seiten ausgestattet. Außerdem werden in neueren Versionen ActiveX-Steuerelemente und Java-Applets unterstützt. → *siehe auch ActiveX-Steuerelemente, Java-Applet, Web-Browser.*

Internet-Gateway *Subst.* (Internet gateway)
Ein Gerät, das die Verbindung zwischen dem Internet-Backbone und einem anderen Netzwerk (z. B. einem LAN-Netzwerk) ermöglicht. In der Regel handelt es sich bei dem Gerät um einen Router oder um einen Computer, der diesen Task verwaltet. Das Gateway führt in der Regel die Protokollkonvertierung zwischen dem Internet-Backbone und dem Netzwerk sowie die Datenkonvertierung und die Nachrichtenübermittlung aus. Ein Gateway wird im Interne als ein Knoten betrachtet.
→ *siehe auch Gateway, Internet-Backbone, Knoten, Router.*

Internet Group Membership Protocol *Subst.*
Ein Protokoll, das von IP-Hosts verwendet wird, um ihre Host-Gruppenzugehörigkeiten allen Multicast Routern der direkten Umgebung mitzuteilen.

Internet Information Server *Subst.*
Die Web-Server-Software von Microsoft. Der Internet Information Server verwendet das Hypertext Transfer Protocol für World Wide Web-Dokumente. Die Software verfügt über verschiedene Sicherheitsfunktionen und unterstützt CGI-Programme sowie Gopher- und FTP-Server.

Internet-Konto *Subst.* (Internet account)
Ein allgemeiner Begriff für einen registrierten Benutzernamen bei einem Internet Service-Provider (ISP). Der Zugriff auf ein Internet-Account erfolgt über die Eingabe des Benutzernamens und eines Kennworts. Die Internet Service-Provider bieten den Inhabern eines Internet-Account verschiedene Dienstleistungen an (z. B. Einwählzugriff auf das Internet mittels PPP sowie E-Mail-Service).

Internet Naming Service *Subst.*
→ *siehe WINS.*

Internet Protocol *Subst.*
→ *siehe IP.*

Internet Protocol next generation *Subst.*
→ *siehe IPng.*

Internet-Provider *Subst.* (Internet access provider)
→ *siehe Internet Service-Provider.*

Internet Relay Chat *Subst.*
→ *siehe IRC.*

Internet Research Steering Group *Subst.*
Das Entscheidungsgremium der Internet Research Task Force (IRTF).

Internet Research Task Force *Subst.*
Eine gemeinnützige Organisation, die dem Internet Architecture Board Vorschläge bezüglich des Internet unterbreitet. → *siehe auch Internet Society.*

Internet-Roboter *Subst.* (Internet robot)
→ *siehe Spinne.*

Internet Server Application Programming Interface *Subst.*
→ *siehe ISAPI.*

Internet Service-Provider *Subst.* (Internet service provider)
→ *siehe ISP.*

Internet-Sicherheit *Subst.* (Internet security)
Ein umfangreiches Thema, das alle Aspekte der Transaktionen im Internet von der Echtheitsbestätigung von Daten, der Privatsphäre, Integrität bis hin zur Überprüfung umfaßt. So muß z. B. beim Erwerb von Kreditkarten über den World-Wide-Web-Browser besonderes Augenmerk auf die Internet-Sicherheit bezüglich der Kreditkartennummer gerichtet werden. Es besteht nämlich die Gefahr, daß die Nummer von einem Eindringling abgefangen bzw. vom Server kopiert wird, in dem die Nummer gespeichert ist. Außerdem muß sichergestellt sein, daß das Kreditkartenkonto nicht von Unbefugten benutzt werden kann.

Internet Society *Subst.*
Eine internationale Organisation, deren Mitglieder aus Privatpersonen, Firmen, Stiftungen und Behörden bestehen. Diese Organisation fördert die Nutzung, die Verwaltung und die Entwicklung des Internet. Das Internet Architecture Board (IAB) ist ein Gremium innerhalb der Internet Society. Außerdem veröffentlicht die Internet Society das Bulletin *Internet Society News* und veranstaltet die jährlich einberufene INET-Konferenz. → *siehe auch IAB, INET.*

Internet Software Consortium *Subst.*
Eine gemeinnützige Organisation, die Software entwickelt, die unentgeltlich über das World Wide

Web oder FTP verfügbar ist. Das Internet Software Consortium entwickelt außerdem Internet-Standards, z.B. DHCP (Dynamic Host Configuration Protocol). → *siehe auch DHCP.*

Internet Talk Radio *Subst.*
Dies ist gewissermaßen eine Radiosendung im Internet. Die entsprechenden Dateien können über FTP heruntergeladen werden. Die Sendungen des Internet Talk Radio werden im National Press Building in Washington vorbereitet und dauern jeweils zwischen 30 Minuten und einer Stunde. Eine 30-minütige Sendung benötigt ungefähr 15 MB Speicherplatz.

Internet-Telefonie *Subst.* (Internet telephone)
Eine Point-To-Point-Telefonverbindung mit mehreren Gesprächsteilnehmern, die nicht über ein öffentlich geschaltetes Telekommunikationsnetzwerk sondern über das Internet geschaltet wird. Alle Teilnehmer sind mittels Computer über ein Modem an das Internet angeschlossen. Außerdem wird ein spezielles Software-Paket für die Internet-Telefonie benötigt, um Anrufe einleiten bzw. entgegennehmen zu können.

Internet-TV *Subst.* (Internet television)
Die Übertragung von TV-Audio- und Videosignalen über das Internet.

internetwork *Adj.*
Internetwork bezieht sich auf die Kommunikation zwischen verbundenen Netzwerken. Dieser Begriff wird häufig in Bezug auf die Kommunikation zwischen einem lokalen Netzwerk und einem anderen Netzwerk im Internet oder einem anderen Weitbereichsnetz genannt. → *siehe auch lokales Netzwerk, Weitbereichsnetz.*

Internetwork Packet Exchange *Subst.*
→ *siehe IPX.*

Internet-Wurm *Subst.* (Internet Worm)
Die Zeichenfolge eines replizierenden Computer-Code, der sich im November 1988 im Internet ausgebreitet hatte. Dieser Code hatte sich in jedem Computer selbst repliziert, auf den zugegriffen wurde. Dies hatte zur Folge, daß in einer einzigen Nacht der Großteil der Computer abstürzte, die zu dieser Zeit an das Internet angeschlossen waren.

Daß der Internet-Wurm sich damals ausbreiten konnte, lag an einem Bug in UNIX-Systemen. Ein Student der Cornell University hatte sich damals einen üblen Scherz erlaubt und diesen Code in Umlauf gebracht. → *siehe auch Hintertür, WORM.*

Internet-Zugriff *Subst.* (Internet access)
Die Möglichkeit eines Anwenders, eine Verbindung zum Internet herzustellen. Allgemein gibt es zwei Möglichkeiten, das Internet zu kontaktieren. Bei der ersten Methode wird ein Internet Service-Provider oder ein Online-Dienst über ein Modem angewählt, das an den Computer des Anwenders angeschlossen ist. Dieses Verfahren wird von der Mehrheit der Benutzer in Anspruch genommen. Die zweite Methode erfolgt über eine Standleitung (z.B. ein T1-Carrier), die mit einem lokalen Netzwerk verbunden ist. Das lokale Netzwerk ist wiederum mit dem Computer des Anwenders verbunden. Dieses Verfahren wird in der Regel von größeren Organisationen verwendet, die entweder einen eigenen Knoten im Internet haben oder eine Verbindung zu einem Internet Service-Provider herstellen, der einen Einwahlknoten darstellt. Es gibt auch noch eine dritte Möglichkeit, die derzeit eingeführt wird: Die Verbindung zum Internet mittels einer Set-Top-Box über das Fernsehgerät. Diese Methode hat jedoch den Nachteil, daß nur auf das World Wide Web zugegriffen werden kann. → *siehe auch Internet Service-Provider, Knoten, lokales Netzwerk, Modem, Set-Top-Box, Standleitung.*
Außerdem bezeichnet »Internet-Zugriff« die Fähigkeit eines Online-Dienstes, Daten über das Internet auszutauschen (z.B. E-Mail) oder Anwendern Internet-Dienste anzubieten (z.B. Newsgroups, FTP und/oder das World Wide Web). Die meisten Online-Dienste bieten ihren Kunden Internet-Zugriff an. → *siehe auch FTP, Online-Dienst.*

Internet-Zugriffsgerät *Subst.* (Internet access device)
Ein Kommunikations- und Signal-Routing-Mechanismus, der auch die Überwachung der Auslastung sowie Abrechnungsfunktionen enthalten kann. Das Internet-Zugriffsgerät dient dazu, mehrere Remote-Benutzer an das Internet anzuschließen.

interne Uhr *Subst.* (internal clock)
→ *siehe Uhr/Kalender.*

InterNIC *Subst.*
Abkürzung für NSFnet (**Internet**) Network Information Center. Diese Organisation übernimmt die Registrierung von Domänen-Namen und IP-Adressen sowie die Verteilung von Informationen zum Internet. InterNIC wurde 1993 als Arbeitsgemeinschaft der U.S. National Science Foundation, der AT&T, der General Atomics und der Network Solutions Inc. (Herndon, Va.) gegründet. Die Network Solutions Inc. verwaltet die InterNIC Registration Services, die die Internet-Namen und Internet-Adressen zuweist. Die InterNIC hat folgende E-Mail-Adresse: info@internic.net oder im Web unter http//www.internic/net/.

interpolieren *Vb.* (interpolate)
Das näherungsweise Bestimmen von Zwischenwerten zwischen zwei bekannten Werten in einer Folge.

Interpreter *Subst.* (interpreter)
Ein Programm, das jede Anweisung eines in Interpreter-Sprache geschriebenen Programms einzeln übersetzt und anschließend ausführt. → *siehe auch Compiler, Interpretersprache, Sprachprozessor.*

Interpretersprache *Subst.* (interpreted language)
Ein Sprache, in der Programme in eine ausführbare Form übersetzt werden und jeweils eine Anweisung ausgeführt wird, im Gegensatz zu einem kompilierten Programm, bei dem die Übersetzung aller Anweisungen vor der eigentlichen Ausführung erfolgt. Basic, LISP sowie APL stellen die wohl bekanntesten Interpretersprachen dar, wobei Basic auch kompiliert werden kann. → *siehe auch Compiler.* → *Vgl. Compiler-Sprache.*

interpretieren *Vb.* (interpret)
Allgemein eine Anweisung oder einen Befehl in eine ausführbare Form übersetzen und anschließend ausführen.
Normalerweise bezieht sich »interpretieren« auf den Ablauf eines Programms, indem eine Anweisung jeweils in eine ausführbare Form übersetzt wird und danach ausgeführt wird, bevor der Übergang zur nächsten Anweisung erfolgt. Im Gegensatz dazu wird bei einer Kompilierung zunächst das Programm vollständig in einen ausführbaren Code übersetzt. Die Ausführung des Code stellt dann einen eigenständigen Schritt dar. → *siehe auch Interpreter.* → *Vgl. Compiler.*

Interprozeß-Kommunikation *Subst.* (interprocess communication)
Abgekürzt IPC. Die bei Multitasking-Betriebssystemen vorhandene Fähigkeit eines Task oder eines Prozesses, mit einem anderen Task bzw. einem anderen Prozeß Daten auszutauschen. Zu den gebräuchlichen Methoden der Interprozeß-Kommunikation gehören Pipes, Semaphore, gemeinsame Speicher, Warteschlangen, Signale sowie Mailboxen.

Interrupt *Subst.* (interrupt)
Ein »Anforderungs-auf-Beachtungs-Signal«, das vom Prozessor abgegeben wird. Ein Interrupt bewirkt, daß der Prozessor die momentanen Operationen suspendiert, den Bearbeitungszustand sichert und die Steuerung an eine spezielle Routine, den sog. Interrupt-Handler, überträgt. Diese Routine führt einen Satz von Anweisungen aus, um geeignet auf den Interrupt zu reagieren. Interrupts können durch verschiedene Hardware-Geräte generiert werden, um Dienste anzufordern oder Probleme aufzuzeichnen. Sie können aber auch durch den Prozessor selbst als Reaktion auf Programmfehler oder für Dienstanforderungen des Betriebssystems produziert werden. Ein Prozessor kann über Interrupts mit den anderen Elementen, die ein Computersystem ausmachen, kommunizieren. Eine Hierarchie von Interrupt-Prioritäten bestimmt, welche Interrupt-Anforderung ggf. zuerst zu behandeln ist. Ein Programm kann vorübergehend Interrupts verbieten, wenn praktisch die alleinige Kontrolle über den Prozessor erforderlich ist, um einen bestimmten Task auszuführen. → *siehe auch Ausnahme, externer Interrupt, Hardware-Interrupt, interner Interrupt, Software-Interrupt.*

Interrupt-Controller, programmierbarer *Subst.* (programmable interrupt controller)
→ *siehe programmierbarer Interrupt-Controller.*

Interrupt, externer *Subst.* (external interrupt)
→ *siehe externer Interrupt.*

interruptgesteuerte Verarbeitung *Subst.* (interrupt-driven processing)
Eine Verarbeitung, die nur dann ausgeführt wird,

wenn eine Aufforderung über einen Interrupt erfolgt. Nachdem der angeforderte Task vollständig ausgeführt wurde, kann die CPU so lange andere Tasks ausführen, bis der nächste Interrupt gesendet wird. Die interruptgesteuerte Verarbeitung wird in der Regel eingesetzt, damit auf gewisse Ereignisse eine Reaktion erfolgt (z.B. eine Taste, die vom Benutzer gedrückt wird, oder ein Diskettenlaufwerk, das für die Datenübertragung in Bereitschaft ist). → *siehe auch Interrupt.* → *Vgl. Autopolling.*

Interrupt-Handler *Subst.* (interrupt handler)
Eine spezielle Routine, die beim Auftreten eines bestimmten Interrupts ausgeführt wird. Jeder Art von Interrupt ist eine spezielle Routine zugeordnet, die z.B. das Aktualisieren der Systemuhr oder das Lesen der Tastatur übernehmen. Eine Tabelle im unteren Speicherbereich enthält Zeiger, die auch als Vektoren bezeichnet werden, die den Prozessor auf die verschiedenen Interrupt-Handler verweisen. Programmierer können neue Interrupt-Handler erstellen, um die bereits vorhandenen Routinen zu ersetzen oder weitere hinzuzufügen. Beispielsweise läßt sich eine Routine schreiben, die bei jeder Tastenbetätigung einen Bestätigungston erzeugt.

Interrupt, interner *Subst.* (internal interrupt)
→ *siehe interner Interrupt.*

interrupt-Leitung *Subst.* (interrupt request line)
Abgekürzt IRQ. Eine Hardware-Leitung, über die Geräte, z.B. Eingabe/Ausgabe-Ports, die Tastatur und Diskettenlaufwerke, Interrupts (Anforderung von Diensten) an die CPU senden können. Interrupt-Leitungen sind Bestandteil der internen Computer-Hardware und werden unterschiedlichen Prioritätsebenen zugeordnet, so daß die CPU die Quelle und die relative Wichtigkeit der eingehenden Dienstanforderungen bestimmen kann. Interrupt Requests haben hauptsächlich für Programmierer Bedeutung, die sich mit maschinennahen Hardware-Operationen befassen.

Interrupt, maskierbarer *Subst.* (maskable interrupt)
→ *siehe maskierbarer Interrupt.*

Interrupt, nicht maskierbarer *Subst.* (nonmaskable interrupt)
→ *siehe nicht maskierbarer Interrupt.*

Interrupt-Priorität *Subst.* (interrupt priority)
→ *siehe Interrupt.*

Interrupt-Vektor *Subst.* (interrupt vector)
Eine Stelle im Speicher, die die Adresse der Interrupt-Handler-Routine enthält. Diese Routine wird aufgerufen, wenn ein bestimmter Interrupt auftritt. → *siehe auch Interrupt.*

Interrupt-Vektortabelle *Subst.* (interrupt vector table)
→ *siehe Verteilertabelle.*

Intranet *Subst.* (intranet)
Ein Netzwerk für die Informationsverarbeitung innerhalb einer Firma oder Organisation. Das Intranet umfaßt Dienste, wie z.B. die Verteilung von Dokumenten und Software, den Zugriff auf Datenbanken sowie Schulungen. Dieses Netzwerkkonzept wird als Intranet bezeichnet, weil bei diesem in der Regel Anwendungen eingesetzt werden, die mit dem Internet in Verbindung stehen, z.B. Web-Seiten, Web-Browser, FTP-Sites, E-Mail, Newsgroups sowie Verteilerlisten, die nur innerhalb einer Organisation verfügbar sind.

Intraware *Subst.* (intraware)
Groupware oder Middleware für die Verwendung in einem privaten Intranet einer Firma. Intraware-Pakete enthalten in der Regel E-Mail-, Datenbank-, Browser-Anwendungen sowie Arbeitsablaufsteuerungen. → *siehe auch Groupware, Intranet, Middleware.*

.in.us
Im Internet ein Kürzel für die übergreifende Länder-Domäne, die eine Adresse in Indiana in den Vereinigten Staaten angibt.

Inverter *Subst.* (inverter)
Eine logische Schaltung, die ein angelegtes Eingangssignal invertiert (umkehrt), z.B. das Invertieren eines High-Signals in ein Low-Signal. Außerdem ein Gerät, das Gleichstrom in Wechselstrom umwandelt.

Invertieradapter *Subst.* (gender bender, gender changer, sex changer)
Auch als »Gender Bender« bezeichnet, zu deutsch etwa »Geschlechts-Wechsler«. Man versteht darunter eine Art Adapter zur Verbindung zweier Steckverbinder, die beide entweder mit Steckerstiften (die sog. »männlichen« Steckerverbinder) oder beide mit Buchsen (die »weiblichen« Gegenstücke) versehen sind.

Invertieradapter

invertieren *Vb.* (invert)
Etwas umkehren oder in sein Gegenteil verwandeln. Werden z. B. die Farben auf einem Monochrom-Bildschirm invertiert, ändern sich alle helle Stellen in dunkle und umgekehrt.
In der Elektronik wird dieser Begriff verwendet, wenn ein High-Signal durch ein Low-Signal ersetzt wird (und umgekehrt). Diese Operationsart stellt das elektronische Äquivalent der Booleschen NOT-Operation dar.

invertierte Datei *Subst.* (inverted file)
→ *siehe invertierte Liste.*

invertierte Datenbank *Subst.* (inverted-list database)
Mit einer relationalen Datenbank vergleichbare Datenbank, die jedoch verschiedene Unterschiede aufweist. Aufgrund dieser Unterschiede ist es für das Datenbank-Managementsystem viel schwieriger, in einer invertierten Datenbank die Konsistenz, Integrität und Sicherheit zu gewährleisten, als bei einem relationalen System. → *Vgl. relationale Datenbank.*

- Die Zeilen (Datensätze oder Tupel) einer invertierten Tabelle sind in einer bestimmten physikalischen Reihenfolge angeordnet unabhängig etwaiger Ordnungen die durch Indizes auferlegt sein könnten.

- Die gesamte Datenbank läßt sich ebenfalls ordnen – nach bestimmten logischen Mischungskriterien die zwischen Tabellen aufgestellt wurden.

- Es kann eine beliebige Anzahl entweder einfacher oder zusammengesetzter Schlüssel definiert werden. Im Gegensatz zu den Schlüsseln eines relationalen Systems sind diese Schlüssel willkürliche Felder oder Kombinationen von Feldern.

- Es existieren keine Beschränkungen hinsichtlich Integrität oder Eindeutigkeit.

- Weder die Indizes noch die Tabellen sind für die Benutzer transparent.

invertierte Liste *Subst.* (inverted list)
Ein Verfahren zur Erzeugung alternativer Verweise für Informationsmengen. Sind in einer Datei z. B. Autodaten gespeichert und enthalten die Datensätze 3, 7, 19, 24 und 32 den Wert »Rot« im Feld FARBE, liefert eine invertierte Liste (oder Index) in bezug auf das Feld FARBE einen Datensatz für »Rot«, gefolgt von den Verweisnummern 3, 7, 19, 24 und 32. → *siehe auch aufzeichnen, Feld.* → *Vgl. verkettete Liste.*

invertierte Struktur *Subst.* (inverted structure)
Eine Dateistruktur, bei der die Datensatzschlüssel getrennt von den Datensätzen gespeichert und manipuliert werden.

invertiertes Video *Subst.* (inverse video, reverse video)
Die Umkehrung von hell und dunkel zur Darstellung ausgewählter Zeichen auf einem Bildschirm. Wenn z. B. die Anzeige von Text im Normalfall mit weißen Zeichen auf einem schwarzen Hintergrund erfolgt, präsentiert die inverse Darstellung den Text in schwarzen Buchstaben auf weißem Hintergrund. Programmierer verwenden diese Betriebsart häufig, um Text oder spezielle Elemente (wie beispielsweise Menüauswahlen oder den Cursor) auf dem Bildschirm hervorzuheben.

Invertierung, bitweise *Subst.* (bit flipping)
→ *siehe bitweise Invertierung.*

I/O *Subst.*
→ *siehe Eingabe/Ausgabe.*

I/O-Controller *Subst.* (I/O controller)
→ *siehe Eingabe-Ausgabe-Controller.*

I/O-Gerät *Subst.* (I/O device)
→ *siehe Eingabe-Ausgabe-Gerät.*

Ionenbeschußdrucker *Subst.* (ion-deposition printer)
Ein Seitendrucker, bei dem eine Trommel elektrostatisch im Muster des abzudruckenden Bildes aufgeladen wird. Dadurch bleibt an der Trommel der Toner haften, der anschließend auf das Papier übertragen wird, wie bei einem Laser-, LED- oder LCD-Drucker. Die Ladung wird aber nicht mit Hilfe von Licht, sondern durch Ionenstrom erzeugt. Diese hauptsächlich in Datenverarbeitungs-Zentren mit hohem Datenaufkommen eingesetzten Drucker arbeiten in der Regel mit Geschwindigkeiten von 30 bis 90 Seiten pro Minute. Zum Fixieren des Toners auf dem Papier verwenden Ionenbeschußdrucker eine schnelle Methode, die keine Hitze erfordert. Allerdings hinterläßt dieses Verfahren eine geringe Glätte, so daß es sich nicht für Geschäftskorrespondenz eignet. Außerdem neigen Ionenbeschußdrucker dazu, dicke, leicht verschwommene Zeichen zu produzieren. Diese Technologie unterscheidet sich auch preislich von der Laserdruckertechnologie, d.h. sie ist teurer. → *siehe auch anschlagfreier Drucker, elektrofotografische Drucker, Seitendrucker.* → *Vgl. Laserdrucker, LCD-Drucker, LED-Drucker.*

I/O-Port *Subst.* (I/O port)
→ *siehe Eingabe-Ausgabe-Port.*

I/O-Prozessor *Subst.* (I/O processor)
→ *siehe Eingabe-Ausgabe-Prozessor.*

IO.SYS *Subst.*
Eine der beiden versteckten Systemdateien, die auf einer Startdiskette für MS-DOS installiert sind. Die IBM-Versionen von IO.SYS (hier IBMBIO.COM genannt) enthalten Gerätetreiber für periphere Geräte, z.B. Bildschirm, Tastatur, Diskettenlaufwerk, Festplattenlaufwerk, serielle Schnittstelle und Echtzeituhr. → *siehe auch MSDOS.SYS.*

IP *Subst.*
Abkürzung für Internet Protocol. Das Protokoll innerhalb des TCP/IP, das die Datennachrichten in Pakete einteilt und diese Pakete an das Zielnetzwerk und die Station weiterleitet. Anschließend werden die Pakete im Zielnetzwerk wieder in das ursprüngliche Format umgewandelt. IP entspricht der Netzwerkschicht des ISO/OSI-Schichtenmodells. → *siehe auch ISO/OSI-Schichtenmodell, TCP/IP.* → *Vgl. TCP.*

IP-Adresse *Subst.* (IP address)
Abkürzung für Internet Protocol **address**. Eine 32-Bit (4-Byte) Binärziffer, die einen Host-Computer eindeutig kennzeichnet, der mit dem Internet an anderen Internet-Hosts für die Kommunikation mittels Übertagung von Paketen angeschlossen ist. Die IP-Adresse wird im »Dotted Quad-Format« ausgedrückt, das aus den Dezimalwerten der vier Byte besteht, die durch Punkte getrennt werden. Beispiel: 127.0.0.1. Die ersten ein, zwei oder drei Byte der IP-Adresse (die von der InterNIC Registration Services zugewiesen wird) kennzeichnet das Netzwerk, mit dem der Host verbunden ist. Die restlichen Bits kennzeichnen den Host. Die 32 Bit aller 4 Byte können den Maximalwert von 2^{32} oder ungefähr 4 Milliarden Hosts angeben. (Es werden nur wenige Bereiche in diesem Ziffernsatz nicht verwendet.) → *siehe auch Host, InterNIC, IP, Paket.* → *Vgl. Domänen-Name.*

IPC *Subst.*
→ *siehe Interprozeß-Kommunikation.*

IPL *Subst.*
→ *siehe Urladeprozeß.*

IP Multicasting *Subst.* (IP multicasting)
Abkürzung für Internet Protocol **multicasting**. Die Erweiterung der Multicasting-Technologie für lokale Netzwerke auf ein TCP/IP-Netzwerk. Die Hosts senden und erhalten Multicast-Datagramme, deren Zielfelder nicht die individuellen IP-Adressen, sondern die Gruppenadressen der IP-Hosts angeben. Ein Host gibt über das Group Management Protocol an, daß dieser ein Mitglied einer Gruppe ist. → *siehe auch Datagramm, Internet Group Membership Protocol, IP, MBONE, Multicasting.*

IPng
Abkürzung für Internet Protocol next generation. Eine Version des Internet Protocol (IP), das von der Internet Engineering Task Force (IETF) entwickelt wurde. Zu den Verbesserungen gegenüber der ursprünglichen Version des Internet Protocol zählen u.a. besserer Schutz und eine Erhöhung der Größe der IP-Adresse von 16 Byte. → *siehe auch Internet Engineering Task Force, Internet Protocol, IP-Adresse.*

IP Spoofing *Subst.* (IP spoofing)
Das Einfügen einer falschen IP-Absenderadresse in eine Internet-Übertragung. Das Ziel dieser Aktion ist immer der unberechtigte Zugriff auf ein Computersystem. → *siehe auch IP-Adresse, Spoofing.*

IP Switching *Subst.* (IP switching)
Eine Technologie, die von Ipsilon Networks (Sunnyvale, CA) entwickelt wurde. Mit IP Switching kann eine Sequenz von IP-Paketen an ein häufig verwendetes Ziel im Asynchronous Transfer Mode (ATM) mit hoher Geschwindigkeit und hoher Bandbreite übertragen werden.

IPv6 *Subst.*
Abkürzung für Internet Protocol version 6. Ein Vorschlag für die nächste Generation des Internet Protocol (derzeit Version 4), der im September 1995 von der Internet Engineering Task Force unterbreitet wurde und früher als IPng bezeichnet wurde. → *siehe auch IP, IPng.*

IPX *Subst.*
Abkürzung für Internetwork Packet Exchange. Das Protokoll in Novell NetWare, das die Adressierung und das Routing von Paketen innerhalb und zwischen LAN-Netzwerken ausführt. IPX-Pakete können in Ethernet-Pakete oder Token Ring Frames gekapselt werden. IPX operiert in dem ISO/OSI Level 3 und 4, führt auf diesen Leveln jedoch nicht alle Funktionen auf. Insbesondere kann IPX nicht gewährleisten, daß eine Nachricht vollständig (mit allen Paketen) ist. Diese Aufgabe übernimmt SPX. → *siehe auch Ethernet, Paket, Token-Ring-Netzwerk.* → *Vgl. SPX.*

IPX/SPX *Subst.*
Die Netzwerk- und Transport Level-Protokolle von Novell NetWare. Diese Programme entsprechen der Kombination von TCP und IP im TCP/IP-Protokollstapel. → *siehe auch IPX, SPX.*

.iq
Im Internet ein Kürzel für die übergreifende Länder-Domäne, die eine Adresse im Irak angibt.

.ir
Im Internet ein Kürzel für die übergreifende Länder-Domäne, die eine Adresse im Iran angibt.

IR *Subst.*
→ *siehe infrarot.*

IRC *Subst.*
Abkürzung für Internet Relay Chat. Ein Service, über den Internet-Benutzer live an Online-Konversationen mit anderen Benutzern teilnehmen können. Ein IRC-Kanal, der von einem IRC-Server zur Verfügung gestellt wird, überträgt den Text, der von einem Benutzer eingegeben wird, an alle anderen Benutzer, die auch mit dem Kanal verbunden sind. In der Regel ist ein Kanal einem bestimmten Thema gewidmet, das sich am Namen erkennen läßt. Ein IRC-Client zeigt die Namen der aktuell aktiven Kanäle an und ermöglicht den Benutzern, eine Verbindung zu einem Kanal herzustellen. Anschließend werden die Texte der anderen Benutzer über einzelne Leitungen angezeigt, so daß der Benutzer an der Konversation teilnehmen kann. IRC wurde 1988 von Jarkko Oikarinen aus Finnland erfunden. → *siehe auch Kanal, Server.*

IRDA (IrDA)
→ *siehe Infrared Data Association.*

IRG *Subst.*
→ *siehe Satzzwischenraum.*

IRGB *Subst.*
Abkürzung für Intensity Red Green Blue. Eine Farbcodierung, die ursprünglich im IBM Color/Graphics Adapter (CGA) und später bei EGA-Karten (Enhanced Graphics Adapter) und VGA-Karten (Video Graphics Array) zum Einsatz kam. Die normale 3-Bit RGB-Farbcodierung (zur Festlegung von acht Farben) wird durch ein viertes Bit (namens Intensität) ergänzt, das einheitlich die Intensität der roten, grünen und blauen Signale anhebt,

wodurch sich insgesamt 16 Farben ergeben.
→ *siehe auch RGB*.

IRL *Subst.*
Abkürzung für in real life (Im richtigen Leben). Ein Ausdruck, der von vielen Online-Benutzern verwendet wird, um die Unterscheidung von virtuellen Computerwelten zu kennzeichnen. Diese Abkürzung wird häufig bei virtuellen Welten verwendet (z. B. Online Talkers, IRC, MUD und virtuelle Realität). → *siehe auch IRC, MUD, Talker, virtuelle Realität*.

IRQ *Subst.*
Abkürzung für interrupt request. Ein Interrupt aus einer Reihe von möglichen Hardware-Interrupts auf einem Wintel-Computer, der durch eine Nummer gekennzeichnet ist. Die Nummer der IRQ bestimmt, welcher Interrupt-Handler verwendet wird. Im AT-Bus, ISA und EISA stehen 15 IRQs zur Verfügung. In der Microkanal-Architektur sind 255 IRQs verfügbar. Die IRQ ist bei allen Geräten festverdrahtet oder über einen Jumper oder DIP-Schalter realisiert. Der VL-Bus und der PCI-Localbus verfügen über eigene Interrrupt-Systeme, die von ihnen in IRQ-Nummern konvertiert werden. → *siehe auch AT-Bus, DIP-Schalter, EISA, Interrupt, IRQ-Konflikt, ISA, Jumper, Mikrokanal-Architektur, PCI Localbus, VL-Bus*.

IRQ-Konflikt *Subst.* (IRQ conflict)
Ein Zustand bei einem Wintel-Computer, in dem zwei verschiedene Peripheriegeräte die gleiche IRQ verwenden, um einen Dienst vom Prozessor (CPU) abzufragen. Liegt ein IRQ-Konflikt vor, kann das System nicht korrekt arbeiten. Die CPU kann z. B. auf den Interrupt einer seriellen Maus reagieren, indem ein Interrupt-Handler für Interrupts ausgeführt wird, der von einem Modem generiert wird. IRQ-Konflikte können durch den Einsatz von Plug and Play-Hardware und -Software verhindert werden. → *siehe auch Interrupt-Handler, IRQ, Plug and Play*.

irrationale Zahl *Subst.* (irrational number)
Eine reelle Zahl, die nicht als Verhältnis zweier Integer dargestellt werden kann. Beispiele für irrationale Zahlen sind die Wurzel aus 3, die Zahl pi und der Wert e. → *siehe auch Integer, Realzahl*.

IRSG
→ *siehe Internet Research Steering Group*.

IRTF
→ *siehe Internet Research Task Force*.

.is
Im Internet ein Kürzel für die übergreifende Länder-Domäne, die eine Adresse in Island angibt.

IS
→ *siehe Information Services*.

ISA *Subst.*
Abkürzung für Industry Standard Architecture. Eine Bezeichnung für den Busentwurf, der die Erweiterung des Systems mit Einsteckkarten gestattet, für die im IBM-PC und in Kompatiblen entsprechende Erweiterungssteckplätze vorgesehen sind. ISA war ursprünglich im IBM-PC/XT nur 8 Bit breit und wurde 1984 mit der Einführung des PC/AT auf 16 Bit erweitert. Ein 16-Bit-ISA-Slot besteht praktisch aus zwei separaten 8-Bit-Slots, die stirnseitig montiert sind, so daß eine einzelne 16-Bit-Karte in beide Slots einzustecken ist. Während eine 8-Bit-Erweiterungskarte in einem 16-Bit-Slot betrieben werden kann (sie nimmt nur einen von beiden Slots ein), paßt eine 16-Bit-Erweiterungskarte nicht in einen 8-Bit-Slot. → *siehe auch EISA, Mikrokanal-Architektur*.

ISAM *Subst.*
→ *siehe indexsequentieller Zugriff*.

ISAPI *Subst.*
Abkürzung für Internet Server Application Programming Interface. Eine benutzerfreundliche Hochleistungsschnittstelle für Back-End-Anwendungen für den Internet Information Server (IIS) von Microsoft. ISAPI hat eine eigene dynamische Bibliothek (DLL), die gegenüber der CGI-Spezifikation (Common Gateway Interface) wesentlich bessere Leistungsmerkmale hat. → *siehe auch API, dynamische Bibliothek, Internet Information Server.* → *Vgl. CGI*.

ISA-Steckplatz *Subst.* (ISA slot)
Ein Steckplatz für ein Peripheriegerät, das dem ISA-Standard (Industry Standard Architecture) entspricht. Dieser Steckplatz ist für den Bus eines

80286 (IBM-PC/AT) Motherboard konzipiert. → *siehe auch ISA.*

ISC *Subst.*
→ *siehe Internet Software Consortium.*

ISDN *Subst.*
Abkürzung für Integrated Services Digital Network. Ein weltweites digitales Kommunikationsnetzwerk, das aus vorhandenen Telefondiensten entwickelt wurde. Das Ziel von ISDN besteht darin, die aktuellen Telefonleitungen, die eine digital/analog-Wandlung erfordern, durch vollständig digital ausgeführte Vermittlungs- und Übertragungseinrichtungen zu ersetzen, die dennoch in der Lage sind, herkömmliche analoge Datenformen im Bereich von Sprache bis hin zu Computerübertragungen, Musik und Video zu ersetzen. ISDN baut auf zwei Haupttypen von Kommunikationskanälen auf: einem B-Kanal, der Daten mit einer Rate von 64 Kbps (Kilobit pro Sekunde) und einem D-Kanal zur Übertragung von Steuerinformationen bei entweder 16 oder 64 Kbps. Computer und andere Geräte werden an den ISDN-Leitungen über einfache, standardisierte Schnittstellen angeschlossen. Bei voller Implementation (möglicherweise um die Jahrtausendwende) soll ISDN den Benutzern schnellere und umfassendere Kommunikationsdienste anbieten. → *siehe auch Kanal.*

ISDN Terminal-Adapter *Subst.* (ISDN terminal adapter)
Die Hardware-Schnittstelle zwischen einem Computer und einer ISDN-Leitung. → *siehe auch ISDN.*

ISIS *Subst.*
Abkürzung für Intelligent Scheduling and Information System. Ein Toolkit, das dazu konzipiert wurde, Fehler in Herstellungssystemen zu verhindern und zu beseitigen. ISIS wurde 1980 an der Universität Cornell entwickelt und ist mittlerweile kommerziell erhältlich.

ISO *Subst.*
Abkürzung für International Organization for Standardization (häufig fälschlich als Abkürzung für International Standards Organization bezeichnet). Eine internationale Vereinigung, in der jedes Mitgliedsland durch die führende Standardisierungsorganisation vertreten ist, z. B. das American National Standards Institute (ANSI) für die Vereinigten Staaten. Die ISO arbeitet an der weltweiten Vereinheitlichung technischer Standards, u. a. auf den Gebieten der Kommunikation und des Informationsaustausches. An erster Stelle ist dabei das weithin akzeptierte ISO/OSI-Model zu nennen. Es definiert die Standard für die Interaktion von Computern, die durch Netzwerke miteinander verbunden sind. *ISO* ist keine Abkürzung, sondern wurde vom griechischen Wort *isos,* abgeleitet, das »gleich« bedeutet und die Wurzel des Präfix »iso-« darstellt.

ISO 9660 *Subst.*
Von der ISO angenommener internationaler Formatstandard für CD-ROM. ISO 9660 folgt mit einigen Modifikationen den Empfehlungen, die durch die High Sierra-Spezifikation verkörpert werden. → *siehe auch High-Sierra-Spezifikation.*

ISOC *Subst.*
→ *siehe Internet Society.*

Isolator *Subst.* (insulator)
Auch als »Nichtleiter« bezeichnet. Jeder Stoff, der Elektrizität sehr schlecht leitet, z. B. Gummi, Glas oder Keramik. → *auch genannt Nichtleiter.* → *Vgl. Halbleiter, Leiter.*
Der Begriff »Isolator« steht auch für eine Einrichtung, die Bauelemente in elektronischen Stromkreisen trennen und den Stromfluß über unerwünschte Pfade verhindert, z. B. keramische Isolatoren zur Befestigung der Hochspannungsleitungen an Masten.

isometrische Ansicht *Subst.* (isometric view)
Eine Darstellungsmethode für dreidimensionale Objekte, bei der jede Seite die richtige Länge für

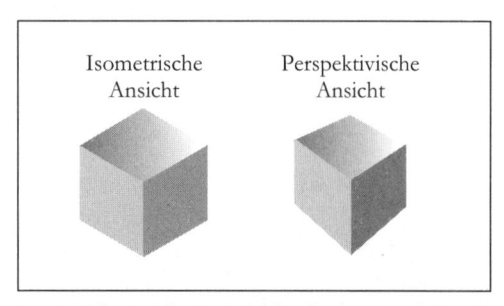

Isometrische Ansicht: Ein Würfel in der isometrischen und der perspektivischen Ansicht

den Maßstab der Zeichnung aufweist und alle parallelen Linien parallel dargestellt werden. Eine isometrische Ansicht eines Würfels stellt z.B. die Seiten in Relation zueinander dar – jede Seite gleichmäßig proportioniert bezüglich Höhe und Breite. Die Seiten werden daher mit scheinbarer Entfernung nicht kleiner, wie das bei der perspektivischen Darstellung eines Würfels der Fall ist.
→ *Vgl. perspektivische Ansicht.*

ISO/OSI-Schichtenmodell *Subst.* (ISO/OSI model)
Abkürzung für International Organization for Standardization Open Systems Interconnection Model. Eine geschichtete Architektur (Denkmodell), die Dienstebenen und Typen der Interaktion für den Informationsaustausch mit Computern über ein Kommunikations-Netzwerk standardisiert. Das ISO/OSI-Modell unterteilt die Kommunikation zwischen Computern in sieben Schichten, oder Ebenen, die sich jeweils auf die Dienste der unmittelbar darunterliegenden Schicht stützen. Nur die unterste der sieben Schichten beschäftigt sich mit Hardware-Verbindungen. Die oberste Schicht beinhaltet die Software-Wechselwirkungen auf der Anwendungsprogramm-Ebene.

ISO/OSI-Modell	
ISO/OSI-Schicht	*Funktion*
Anwendungsschicht (höchste Schicht)	Datenübertragung von Programm zu Programm
Darstellungsschicht	Textformatierung und -anzeige Codeumwandlung
Kommunikations-steuerschicht	Aufnahme Durchführung und Koordinierung der Kommunikation
Transportschicht	korrekte Bereitstellung Qualitätssicherung
Netzwerkschicht	Transport-Wegsteuerung Nachrichtenverarbeitung und -übertragung
Sicherungsschicht	Codierung Adressierung und Datenübertragung
physikalische Schicht	Hardware-Verbindungen

ISP *Subst.*
Abkürzung für Internet service provider. Ein Unternehmen, das Internet Connectivity-Dienstleistungen Privatpersonen, Unternehmen und anderen Organisationen zur Verfügung stellt. Einige ISPs sind große nationale oder multinationale Unternehmen, die Internet-Zugriffe an verschiedenen Standorten anbieten. Es gibt auch ISPs, die ihre Dienste nur in bestimmten Städten oder Bereichen zur Verfügung stellen. → *auch genannt Internet-Dienstanbieter, Service-Provider, Zugangs-Provider.*

ISV *Subst.*
→ *siehe unabhängiger Software-Entwickler.*

.it
Im Internet ein Kürzel für die übergreifende Länder-Domäne, die eine Adresse in Italien angibt.

iterative Anweisung *Subst.* (iterative statement)
Eine Anweisung, die in einem Programm das Wiederholen einer oder mehrerer Anweisungen bewirkt. Beispiele für iterative Anweisungen in Basic sind FOR, DO, REPEAT..UNTIL und DO..WHILE.
→ *siehe auch Steueranweisung.*

iterieren *Vb.* (iterate)
Die wiederholte Ausführung einer oder mehrerer Anweisungen oder Befehle. Die entsprechende Programmkonstruktion wird auch als Schleife bezeichnet. → *siehe auch iterative Anweisung, Schleife durchlaufen.*

ITI
→ *siehe Intelligent Transportation Infrastructure.*

I-time *Subst.*
→ *siehe Befehlsausführungszeit.*

ITR *Subst.*
→ *siehe Internet Talk Radio.*

ITU *Subst.*
→ *siehe International Telecommunications Union.*

IVUE *Subst.*
Ein proprietäres Bildformat (von Live Pictures), mit dem Dateien bei jedem Zoomfaktor auf die Bildschirmauflösung eingestellt werden können.

I-Way *Subst.* (i-way)
→ *siehe Datenautobahn.*

J

J *Subst.*
Eine hochentwickelte Programmiersprache, die vom Entwickler von APL, Kenneth Iverson, erstellt wurde. J ist eine Nachfolgersprache von APL, die auf vielen Plattformen (einschließlich DOS, Windows, OS/2 und Macintosh) ausgeführt werden kann. J wird wie APL in erster Linie von Mathematikern eingesetzt. → *siehe auch APL.*

Jabber *Subst.* (jabber)
Ein fortlaufender Datenstrom, der über ein Netzwerk aufgrund eines technischen Defekts übertragen wird.

Jacquardscher Webstuhl *Subst.* (Jacquard loom)
Die erste Maschine, die Lochkarten für die Steuerung ihrer Operationen verwendete. Dieser Webstuhl wurde 1801 vom französischen Erfinder Joseph-Marie Jacquard entwickelt. Im Jacquardschen Webstuhl wurden bis zu 24000 Karten auf einer umlaufenden Walze angeordnet. Ein Satz von Stäben konnte entsprechend der Programmierung der Karten durch die Löcher stoßen. Dabei zog der jeweilige Stab einen Faden, um das Muster zu weben. Für seine Erfindung wurde Jacquard von Kaiser Napoleon mit einer Medaille ausgezeichnet. Um die Mitte des 19. Jahrhunderts wurden Lochkarten in der computerähnlichen Analytical Engine von Charles Babbage sowie in der statistischen Tabulatormaschine von Herman Hollerith eingesetzt. → *siehe auch Analytical Engine, Hollerith-Maschine.*

Jahr-2000-Problem *Subst.* (2000 time problem)
Ein potentielles Problem für Computerprogramme bei Erreichen des Jahres 2000, da auf zweistelligen Jahreszahlen basierende Datumsstrukturen ab diesem Zeitpunkt logische Fehler verursachen können. Angenommen, ein Computersystem prüft die Integrität von Jahresberichten anhand der Reihenfolge der Jahreszahlen. Hier würde ein Fehler entstehen, da auf das Jahr »99« plötzlich das Jahr »00« folgen würde (vom Computer als Beginn der Zeitrechnung interpretiert). Eine Reduzierung der Jahreszahlen auf zwei Stellen war zu Zeiten, als Halbleiterspeicher noch sehr teuer waren, eine Methode, Speicher zu sparen. Dieses Konzept ist heute noch in zahlreichen Programmen enthalten. Weitere mögliche Fehler können bei Indexzahlen oder Lagernummern entstehen, wenn die (zweistelligen) Jahreszahlen vorangestellt sind und dann plötzlich als führende Nullen gesehen und möglicherweise gelöscht werden. Da sich die internen Strukturen von Anwendungsprogrammen im allgemeinen nicht erkennen lassen, kann ab dem 31. Dezember 1999, 23:59 Uhr u.U. mit dem Ausfall diverser Anwendungen gerechnet werden. Als Vorkehrung für dieses Problem können die Programme getestet werden, indem bereits vorab das Systemdatum auf das Jahr 2000 eingestellt wird.

JAnet *Subst.* (Janet)
Abkürzung für Joint Academic Network. Ein Weitbereichsnetz, das das Haupt-Backbone für das Internet in Großbritannien bildet.

Java *Subst.*
Eine objektorientierte Programmiersprache, die von Sun Microsystems entwickelt wurde. Java baut auf einem ähnlichen Prinzip auf wie die Programmiersprache C++. Java ist jedoch kleiner, portabler und leichter anwendbar als C++, weil die Sprache robuster ist und Speicher selbst verwalten kann. Das Konzept von Java ist außerdem sehr sicher und plattformneutral (d.h. Java kann auf jeder Plattform ausgeführt werden), weil Java-Programme in Bytecodes kompiliert werden, die Maschinencodes gleichen und nicht plattformspezifisch sind. Daher ist Java eine nützliche Sprache für das Programmieren von Web-Anwendungen, weil Benutzer von vielen verschiedenen Compu-

tern aus auf das Web zugreifen können. Derzeit wird Java überwiegend für das Programmieren von kleinen Anwendungen oder Applets für das World Wide Web verwendet. → *siehe auch Byte-Code, Java-Applet, objektorientierte Programmierung.*

Java-Applet *Subst.* (Java applet)
Eine Java-Klasse, die von einer bereits ausgeführten Java-Anwendung (z. B. einem Web-Browser oder einem Applet-Viewer) geladen und ausgeführt werden kann. Java-Applets können heruntergeladen und von jedem Web-Browser ausgeführt werden, der Java interpretieren kann (z. B. Internet Explorer, Netscape Navigator und HotJava). Java-Applets werden häufig verwendet, um Multimedia-Effekte und Interaktivität zu Web-Seiten hinzuzufügen (z. B. Hintergrundmusik, Echtzeit-Video-Displays, Animationen, Rechner und interaktive Spiele). Applets können automatisch aktiviert werden, wenn ein Benutzer eine Seite aufruft. Applets können auch aufgerufen werden, indem der Benutzer auf ein Symbol auf einer Web-Seite klickt. → *siehe auch Applet, Java.*

Java-Chip *Subst.* (Java chip)
Eine Implementierung auf einem einzelnen integrierten Schaltkreis der virtuellen Maschine, die für die Ausführung der Programmiersprache Java angegeben ist. Diese Chips, die von Sun Microsystems entwickelt werden, könnten in sehr kleinen Geräten und als Controller für Haushaltsgeräte verwendet werden. → *siehe auch integrierter Schaltkreis, Java, virtuelle Maschine.*

Java Developer's Kit *Subst.*
Software-Werkzeuge, die von Sun Microsystems zum Schreiben von Java-Applets oder Anwendungen entwickelt wurden. Das Kit, das kostenlos erhältlich ist, enthält einen Java-Compiler, Interpreter, Debugger, einen Viewer für Applets und eine Dokumentation. → *siehe auch Applet, Java, Java-Applet.*

Java-konformer Browser *Subst.* (Java-compliant browser)
Ein Web-Browser, der die integrierte Programmiersprache *Java* unterstützt. Die meisten Web-Browser sind Java-kompatibel. → *siehe auch Java, Web-Browser.*

Java Management Application Programming Interface *Subst.*
Spezifikationen der Schnittstelle für die Anwendungsprogrammierung (API), die von Sun Microsystems vorgeschlagen wurde, um die Programmiersprache Java für das Netzwerkmanagement einzusetzen. → *siehe auch Anwendungs-Programmierschnittstelle, Java.*

JavaScript *Subst.*
Eine Skriptsprache, die von den Firmen Netscape Communications und Sun Microsystems entwickelt wurde und mit Java in Beziehung steht. JavaScript ist jedoch keine echte objektorientierte Sprache und hat zudem eine eingeschränkte Leistungsfähigkeit im Vergleich zu Java, weil sie nicht kompiliert wird. Online-Grundanwendungen und Funktionen können Web-Seiten mit JavaScript zwar hinzugefügt werden, Anzahl und Komplexität der verfügbaren Funktionen für die Schnittstelle der Anwendungsprogrammierung (API) sind jedoch nicht so hoch wie bei Java. Es ist allgemein anerkannt, daß JavaScript-Code, der in eine Web-Seite mit dem HTML-Code einbezogen wird, leichter zu schreiben ist als Java-Code. Dieser Code ist für Neueinsteiger leichter erlernbar. Es ist ein JavaScript-kompatibler Web-Browser (z. B. Netscape Navigator) erforderlich, um JavaScript-Code auszuführen. → *siehe auch API, HTML, Skriptsprache.* → *Vgl. Java.*

Java-Terminal *Subst.* (Java terminal)
Ein PC mit einer verringerten Anzahl von Komponenten, der in erster Linie als Zugriffsterminal für das Web gebaut wird, einschließlich der Java-Applets, die heruntergeladen werden können. In der Regel haben diese Maschinen keine lokal adressierbaren Festplatten oder installierbaren Programme, stellen jedoch erforderliche Materialien, einschließlich Java-Applets, für den Benutzer des Netzwerks zur Verfügung. Zentral erhältliche Software ist in der Regel kostengünstiger zu verwalten, es muß jedoch eine Verzögerung durch das Herunterladen der Software in Kauf genommen werden. Java-Terminals, die derzeit von der Sun Microsystems entwickelt werden, liegt ein ähnliches Konzept wie NetPCs zugrunde. → *siehe auch Java, Java-Applet, Netzwerkcomputer.* → *Vgl. NetPC.*

JCL *Subst.*
Abkürzung für Job Control Language. Eine Befehlssprache, die bei IBM OS/360-Großrechnersystemen eingesetzt wird. JCL wird verwendet, um Anwendungen zu starten, und gibt Informationen zur Laufzeit, zur Programmgröße und zu den Programmdateien an, die für jede Anwendung verwendet werden. → *siehe auch Befehlssprache.*

JDK *Subst.*
→ *siehe Java Developer's Kit.*

Jewel-Box *Subst.* (jewel box)
Ein durchsichtiges Plastikbehältnis, das als Schutzhülle für CDs dient.

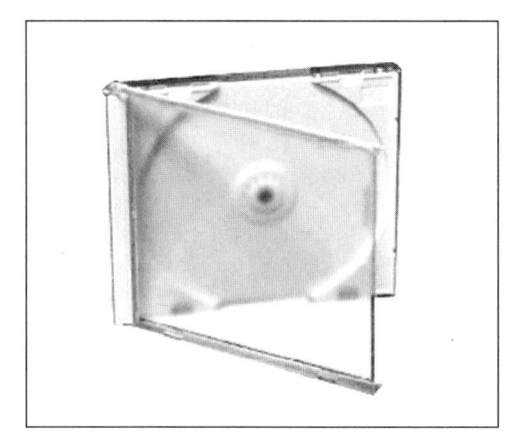

Jewel-Box

.jfif
Eine Dateinamenerweiterung, die Grafikdateien im JPEG File Interchange-Format kennzeichnet.
→ *siehe auch JPEG.*

JIT *Subst.*
→ *siehe just-in-time.*

Jitter *Subst.* (jitter)
Auf Fernseh- und Computermonitoren kleine Vibrationen oder Schwankungen im angezeigten Bild, die durch Unregelmäßigkeiten im Darstellungssignal entstehen. Jitter sieht man oft in horizontalen Linien, die die gleiche Stärke wie Bildzeilen haben.
Bei der Fax-Übertragung charakterisiert »Jitter« die »rauhe« Erscheinung, die während des Scan-Prozesses durch falsch aufgezeichnete Punkte – die demzufolge falsch auf der Ausgabe positioniert werden – hervorgerufen wird.
Im Bereich der digitalen Kommunikation bezeichnet »Jitter« die Verzerrung, die durch mangelhafte Signalsynchronisierung hervorgerufen wird.

.jm
Im Internet ein Kürzel für die übergreifende Länder-Domäne, die eine Adresse auf Jamaika angibt.

JMAPI *Subst.*
→ *siehe Java Management Application Programming Interface.*

.jo
Im Internet ein Kürzel für die übergreifende Länder-Domäne, die eine Adresse in Jordanien angibt.

Job *Subst.* (job)
Eine festgelegte Menge von Verarbeitungsschritten, die ein Computer als Einheit ausführt. Der Begriff geht auf die Einführung von Großcomputern zurück, als die Daten in Stapeln – oftmals auf Lochkarten – zur Verarbeitung durch unterschiedliche Programme bereitgestellt wurden. Die Aufgaben wurden deshalb in separaten Aufträgen – oder Jobs – geplant und durchgeführt.

Job Control Language *Subst.*
→ *siehe JCL.*

Job-Schleife *Subst.* (job queue)
Eine Liste mit Programmen oder Tasks, die auf die Ausführung durch einen Computer warten. Die Jobs in der Schleife werden häufig nach dem Prioritätsprinzip ausgeführt. → *siehe auch Warteschlange.*

Job-Verarbeitung *Subst.* (job processing)
Die sequentielle Abarbeitung einer Folge von Jobs. Jeder einzelne Job besteht aus Tasks, die zu einer in sich abgeschlossenen Verarbeitungseinheit zusammengefaßt sind. → *siehe auch Stapelverarbeitung.*

Joint Photographic Experts Group *Subst.*
→ *siehe JPEG.*

Jokerzeichen *Subst.* (wildcard character)
Ein Tastaturzeichen, das sich stellvertretend für ein oder mehrere Zeichen einsetzen läßt. So steht

z. B. das Sternchen (*) meist für eine beliebige Anzahl von Zeichen und das Fragezeichen für ein beliebiges einzelnes Zeichen. In Betriebssystemen stellen die Jokerzeichen oft ein Hilfsmittel dar, um mehrere Dateien auf einmal anzugeben.

Joliet *Subst.*
Eine Erweiterung des ISO 9660 (1988)-Standards, der entwickelt wurde, um lange Dateinamen oder Dateinamen außerhalb der 8.3-Namenskonvention einzubeziehen. Dieses Format wird in einigen neuen CD-ROMs für Betriebssysteme (z. B. Windows 95) eingesetzt, die lange Dateinamen unterstützen. → *siehe auch 8.3, ISO 9660, lange Dateinamen.*

Josephson-Element *Subst.* (Josephson junction)
Ein kryoelektrisches Gerät, das extrem kurze Schaltzeiten erreicht. Der Josephson-Effekt tritt auf, wenn man zwei supraleitende Materialien, durch einen Isolator getrennt, eng zusammenbringt. Der elektrische Strom kann durch die Isolationslücke springen oder tunneln.

Journal *Subst.* (journal)
Zu deutsch »Tagebuch«. Ein computerbasiertes Protokoll bzw. eine Aufzeichnung von Transaktionen, die in einem Computer oder über ein Netzwerk stattfinden. Mit einem Journal kann man z. B. den Nachrichtenverkehr in einem Kommunikations-Netzwerk aufzeichnen, um die Systemaktivitäten zu verfolgen, die den Inhalt einer Datenbank verändern. Ebenso läßt sich eine Liste anlegen, in der alle archivierten oder vom System gelöschten Daten erfaßt werden. Das Führen eines Journals ermöglicht es auch, Ereignisse zu rekonstruieren oder Datenbestände im Fall einer Beschädigung oder eines Verlustes wiederherzustellen. → *siehe auch überwachen und aufzeichnen.*

Joystick *Subst.* (joystick)
Ein Zeigegerät, das zwar vor allem für Computerspiele verwendet wird, jedoch auch für andere Aufgaben geeignet ist. Ein Joystick besteht aus einem Grundgehäuse und einem senkrechten Hebel, den der Benutzer in alle Richtungen bewegen kann, um ein Objekt auf dem Bildschirm zu steuern. Im Grundgehäuse und auf dem Hebel können Steuerknöpfe angeordnet sein. Die Knöpfe aktivieren verschiedene Software-Merkmale – im allgemeinen produzieren sie Ereignisse auf dem Bildschirm. Bei einem Joystick handelt es sich in der Regel um ein relatives Zeigegerät, das ein Objekt auf dem Bildschirm verschiebt, wenn man den Hebel bewegt, und die Bewegung des Objekts stoppt, sobald der Hebel losgelassen wird. In industriellen Steueranwendungen kann der Joystick auch als absolutes Zeigegerät ausgeführt sein, wobei jede Position des Hebels auf eine spezifische Bildschirmposition abgebildet wird. → *siehe auch absolutes Zeigegerät, relatives Zeigegerät.*

Joystick

.jp
Im Internet ein Kürzel für die übergreifende Länder-Domäne, die eine Adresse in Japan angibt.

.jpeg
Eine Dateinamenerweiterung, die Grafikdateien im JPEG-Format kennzeichnet. → *siehe auch JPEG.*

JPEG *Subst.*
Abkürzung für Joint Photographic Experts Group. Ein ISO/ITU-Standard für das Speichern von Bildern in einem komprimierten Format über die diskrete Kosinustransformation. JPEG gleicht Komprimierung und Verlust aus. JPEG erreicht ein Komprimierungsverhältnis von 100:1 mit erheblichem Verlust und ein Verhältnis von ungefähr 20:1 mit unerheblichem Verlust.
»JPEG« ist gleichzeitig die Kurzbezeichnung für eine Grafik, die als Datei im JPEG-Format gespeichert wurde.

.jpg
Eine Dateinamenerweiterung, die Grafiken im Dateiformat JPEG File Interchange Format kennzeichnet (spezifiziert durch die Joint Photographic Experts Group). Bei Grafiken, die in die Seiten des World Wide Web eingebettet sind, handelt es sich häufig um .jpg-Dateien (z. B. collgraphic.jpg).
→ *siehe auch JPEG.*

Jughead *Subst.*
Abkürzung für Jonzy's Universal Gopher Hierarchy Excavation And Display. Ein Internet-Dienstanbieter, der es einem Benutzer ermöglicht, Verzeichnisse im Gopherspace durch Schlüsselwortsuche zu ermitteln. Ein Jughead-Server indiziert Schlüsselwörter in Verzeichnistiteln in Gopher-Menüs der obersten Ebene, indiziert jedoch nicht die Dateien in den Verzeichnissen. Um auf Jughead zuzugreifen, müssen Benutzer ihre Gopher-Clients mit einem Jughead-Server verbinden.
→ *siehe auch Gopher, Gopherspace.* → *Vgl. Archie, Veronica.*

Jukebox *Subst.* (jukebox)
Software, die eine Liste der Audiodateien in einer vom Benutzer festgelegten Reihenfolge abspielt. Dieses Prinzip erinnert an die Jukebox der sechziger Jahre. → *siehe auch CD-ROM-Jukebox.*

Julianischer Kalender *Subst.* (Julian calendar)
Der im Jahre 46 v. Chr. von Julius Cäsar zur Ablösung des Mondkalenders eingeführte Kalender. Der Julianische Kalender sah für ein Jahr mit 365 Tagen alle vier Jahre ein Schaltjahr oder eine durchschnittliche Jahreslänge von 365,25 Tagen vor. Da das Sonnenjahr etwas kürzer ist, stimmte der Julianische Kalender allmählich nicht mehr mit den Jahreszeiten überein. Der Julianische Kalender wurde durch den von Papst Gregor XIII. eingeführten Gregorianischen Kalender abgelöst.
→ *Vgl. Gregorianischer Kalender.*

Julianisches Kalenderdatum *Subst.* (Julian date)
Ein Datum, das als die Anzahl der Tage angegeben wird, die seit dem 1. Januar 4713 v. Chr. (des Julianischen Kalenders) vergangen sind, z. B. 2.450.000 für den 9. Oktober 1995 (Gregorianisch). Ein Julianisches Kalenderdatum ist besonders dann nützlich, wenn der Zeitraum zwischen Ereignissen ermittelt werden soll, die Jahre auseinander liegen (wie dies in der Astronomie häufig der Fall ist). Der Anfangspunkt ist der Beginn der Julianischen Periode, die 1583 von Joseph Scaliger als Koinzidenz verschiedener, auf dem Julianischen Kalender basierender Zyklen definiert wurde. → *siehe auch Gregorianischer Kalender, Julianischer Kalender.*
Der Begriff wird außerdem häufig (aber fälschlicherweise) für ein Datum verwendet, das als das Jahr und die Anzahl der Tage ausgedrückt wird, die seit Jahresanfang verstrichen sind – z. B. 91.13 für den 13. Januar 1991.

Jumper *Subst.* (jumper)
Ein kleiner Stecker oder eine Drahtbrücke zur Anpassung der Hardware-Konfiguration, indem verschiedene Punkte einer elektronischen Schaltung verbunden werden. → *Vgl. DIP-Schalter.*

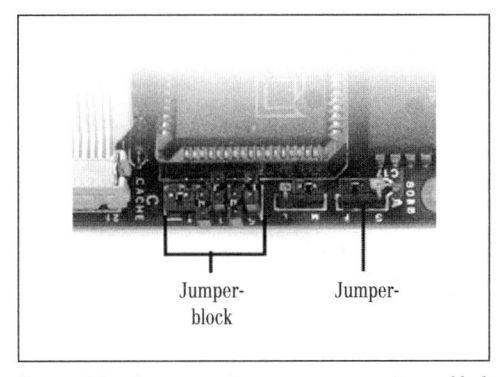

Jumper: Eine Gruppe von Jumpern nennt man Jumperblock

just-in-time *Adj.*
Ein System für die fertigungssynchrone Materialwirtschaft, das auf dem japanischen *Kanban-System* basiert. Bei einem Just-in-time-System erhalten die Mitarbeiter Materialien der Zulieferer »genau rechtzeitig« zu Beginn der Verarbeitung, so daß Lagerhaltungskosten weitgehend minimiert werden können. Die Mitarbeiter der Fertigung signalisieren Materialanforderungen in der Regel über ein computergesteuertes Anforderungssystem. »just-in-time« charakterisiert außerdem einen Compiler, der Java ohne Unterbrechung des Prozesses kompiliert. → *siehe auch Java, on the fly.*

K

K *Subst.*
Abkürzung für »Kilobyte«.
→ *siehe Kilo-*.

.k12.us
Im Internet ein Kürzel für die übergreifende Länder-Domäne, das die Adresse einer Schule in den Vereinigten Staaten angibt (K12 steht für Kindergarten bis High School).

Kabel *Subst.* (cable)
Eine Gruppe von isolierten Einzeldrähten, die in einer Schutzhülle geführt werden. Häufig sind Kabel abgeschirmt, das heißt, die Einzeldrähte sind von einer metallischen Ummantelung umgeben, die mit der elektrischen Masse verbunden ist. Erst über dieser Metallummantelung ist die isolierende Außenschutzhülle angebracht. Kabel dienen vor allem dazu, Peripheriegeräte mit dem Computer zu verbinden. Mäuse, Tastaturen und Drucker werden in aller Regel mit Hilfe von Kabeln angeschlossen. Druckerkabel besitzen entweder Leitungen für eine serielle oder eine parallele Übertragung.

Kabeladapter *Subst.* (cable matcher)
Ein Gerät, das die Verwendung von Kabeln erlaubt, die im Vergleich zu den eigentlich zum Anschluß eines Gerätes benötigten Kabeln eine leicht abweichende Anschlußbelegung aufweisen.

Kabel-Direktverbindung *Subst.* (direct cable connection)
Eine Verbindung zwischen den I/O-Ports zweier Computer, die nicht durch Modem oder ein anderes Schnittstellengerät, sondern über ein Kabel hergestellt wird. In den meisten Fällen ist für eine Kabel-Direktverbindung ein Nullmodem-Kabel erforderlich.

Kabel, intelligentes *Subst.* (intelligent cable)
→ *siehe intelligentes Kabel*.

Kabelmodem *Subst.* (cable modem)
Ein Modem, das Daten über ein Kabel-TV-Netz (das auf Koaxialkabeln basiert) sendet und empfängt, im Unterschied zu einem gewöhnlichen Modem, das die Daten über eine Telefonleitung überträgt. Kabelmodems erreichen mit 500 Kilobit pro Sekunde (Kbps) eine höhere Geschwindigkeit als die üblichen, konventionellen Modems. → *siehe auch Koaxialkabel, Modem*.

Kabelstecker *Subst.* (cable connector)
Der Stecker an beiden Enden eines Kabels. → *siehe auch DB-Stecker, DIN-Stecker, RS-232-C-Standard, RS-422/423/449*.

kacheln *Vb.* (tile)
Bezeichnet in der Programmierung von Computergrafiken das Auffüllen angrenzender Pixelblöcke auf dem Bildschirm mit einem Design oder Muster, wobei sich keine Blöcke überlappen dürfen.
Der Begriff »kacheln« bezeichnet zudem einen Vorgang, bei dem der ganze Bildschirm oder Bildschirmbereiche mit sich wiederholenden Kopien einer Grafik ausgefüllt werden.

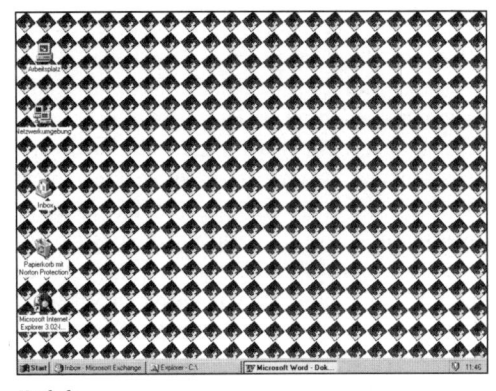

Kacheln

Käfig *Subst.* (card cage)
Ein umschlossener Bereich, der zur Aufnahme von Steckkarten, Platinen und Laufwerken dient. Die

K meisten Computer verfügen über einen Bereich, der von einem schützenden Blechmantel umgeben ist und über Montierhalterungen verfügt, mit deren Hilfe die Karten und Laufwerke eingebaut werden. Der Ausdruck geht auf den externen Einschubrahmen (Rack) zurück, der zum Einbau von Platinen und peripheren Einrichtungen konzipiert wurde und an einen Käfig erinnert.

Kalender *Subst.* (calendar program)
Ein Anwendungsprogramm, das typische Kalenderfunktionen bereitstellt und gewöhnlich dazu dient, bestimmte Tage zu kennzeichnen und Termine zu planen. Einige Programme zeigen ein Kalenderlayout an, das an einen herkömmlichen Wandkalender angelehnt ist, wobei die Tage in wochenweise unterteilten und beschrifteten Blökken dargestellt werden (Wochenkalender). Andere Programme (Tageskalender) zeigen jeden Tag einzeln an und erlauben es dem Benutzer, Termine, Notizen und andere Hinweise einzutragen. Ein Wochenkalender kann beispielsweise verwendet werden, um herauszufinden, auf welchen Wochentag ein bestimmtes Datum fällt, z.B. der Heilige Abend 1999 (es ist ein Freitag). Abhängig von seinen Fähigkeiten, deckt ein Programm nur das aktuelle Jahrhundert ab oder aber mehrere Jahrhunderte. Einige Programme erlauben sogar den Wechsel vom Julianischen zum Gregorianischen Kalender (vor 1582). Ein zeitplanbasiertes Kalenderprogramm kann als Wochenkalender oder als Tageskalender aufgebaut sein. Zeitplanbasierte Tageskalender orientieren sich dabei an herkömmlichen, gedruckten Terminplanern, stellen jeden Tag mit einer Stunden- bzw. Halbstundenskala dar und bieten Platz für Notizen. Einige Programme erlauben es dem Benutzer, wichtige Termine mit einer akustischen oder optischen Alarmfunktion zu versehen. Andere Programme wiederum sind in der Lage, die Termine mehrerer Benutzer im Netzwerk zu verwalten. Trägt ein Benutzer z.B. einen Termin in den Kalender ein, ist dieser auch für die anderen Benutzer im Netzwerk sichtbar. Terminabsprachen untereinander werden dadurch vereinfacht.

Kaltstart *Subst.* (cold boot, cold start)
Ein Startvorgang, der mit dem Einschalten des Computers beginnt. Typischerweise führt das System bei einem Kaltstart zunächst einige grundlegende Hardware-Überprüfungen aus und lädt anschließend das Betriebssystem von der Festplatte in den Arbeitsspeicher. → *siehe auch booten.* → *Vgl. Warmstart.*

Kanal *Subst.* (channel)
Ein Pfad oder eine Verbindung zur Datenübertragung zwischen zwei Geräten. Bei Mikrocomputern unterscheidet man interne und externe Kanäle. → *siehe auch Bus.*
In der Kommunikation stellt ein Kanal das für die Datenübertragung eingesetzte Medium dar. Abhängig vom Typ des Kanals, erfolgt die Übertragung der Informationen (Daten, Sound und/oder Video) entweder in analoger oder digitaler Form. Ein Kommunikationskanal kann als physikalische Verbindung, z.B. als Kabelverbindung zwischen zwei Stationen in einem Netzwerk, oder als drahtlose, elektromagnetische Verbindung mit einer oder mehreren bestimmten Frequenzen und einer bestimmten Bandbreite (z.B. Radio und Fernsehen) realisiert werden. Möglich sind außerdem optische Übertragungen, Richtfunk im Mikrowellenbereich und Sprechverbindungen. → *siehe auch analog, Band, Bandbreite, digital, elektromagnetisches Spektrum, Frequenz.* → *auch genannt Leitung, Leitung.*

Kanaladapter *Subst.* (channel adapter)
Ein Gerät, das hardwareseitig die Kommunikation über zwei unterschiedliche Arten von Kommunikationskanälen ermöglicht.

Kanal, dedizierter *Subst.* (dedicated channel)
→ *siehe dedizierter Kanal.*

Kanal, gesicherter *Subst.* (secure channel)
→ *siehe gesicherter Kanal.*

Kanalkapazität *Subst.* (channel capacity)
Die Geschwindigkeit, mit der ein Kommunikationskanal Informationen übertragen kann. Die Geschwindigkeit wird in bit pro Sekunde (bps) oder in Baud gemessen.

Kanal, virtueller *Subst.* (virtual channel)
→ *siehe virtueller Kanal.*

Kanalzugriff *Subst.* (channel access)
Eine in Netzwerken eingesetzte Methode, um einen Zugriff auf einen Kommunikationskanal her-

zustellen, der zwei oder mehrere Computer miteinander verbindet. Übliche Methoden hierfür sind Konkurrenz, Pollen sowie die Methode, die in Token-Ring-Netzwerken verwendet wird. → *siehe auch Kanal, Konkurrenz, Pollen, Token-Ring-Netzwerk.*
In der drahtlosen Technologie versteht man unter »Kanalzugriff« eine Methode wie CDMA (Code Division Multiple Access). → *siehe auch Code Division Multiple Access.*

kanonische Form *Subst.* (canonical form)
In der Mathematik und in der Programmierung die Standardform oder die ursprüngliche Form eines Ausdrucks oder Befehls.

Kante *Subst.* (edge)
Bezeichnet in der Computergrafik die Grenzlinie, an der zwei Polynome zusammentreffen.
In Datenstrukturen versteht man unter »Kante« eine Verknüpfung zwischen zwei Knoten in einem Baum oder Graphen. → *siehe auch Baum, Graph, Knoten.*

Kapazität *Subst.* (capacitance, capacity)
In der EDV die Menge an Daten, die ein Computer oder ein angeschlossenes Gerät verarbeiten oder speichern kann. → *siehe auch Computer.*
In der Elektrotechnik das Fassungsvermögen für elektrische Ladungen. Die Einheit der elektrischen Kapazität ist Farad. Die Kapazität von 1 Farad entspricht der Speicherung einer Ladung von 1 Coulomb bei einer Spannung von 1 Volt. In der Praxis stellt 1 Farad eine vergleichsweise hohe Kapazität dar. Typische Kondensatoren weisen Kapazitäten im Mikrofarad- (10^{-6}), Nanofarad- (10^{-9}) und Picofaradbereich (10^{-12}) auf. → *siehe auch Kondensator.*

Kapitälchen *Subst.* (small caps)
Spezielle Großbuchstaben, deren Buchstaben eine geringere Zeichengröße aufweisen, als die normalen Großbuchstaben der vorliegenden Schriftart. DIESER TEXT IST IN KAPITÄLCHEN GESETZT.

kapseln *Vb.* (encapsulate)
Das Behandeln einer Auflistung strukturierter Informationen als Gesamtheit, ohne die interne Struktur zu beeinflussen bzw. zu beachten. Im Bereich der Kommunikation können Nachrichten oder Pakete, die entsprechend einem Protokoll (z. B. ein TCP/IP-Paket) konstruiert sind, mit den zugehörigen Formatierungsdaten als nicht differenzierter Bit-Strom übernommen werden. Dieser Bitstrom wird anschließend aufgeteilt und entsprechend einem Protokoll auf niedrigerer Ebene (z. B. als ATM-Pakete) gepackt, um über ein bestimmtes Netzwerk gesendet zu werden, wobei die Pakete der niedrigeren Ebene am Ziel assembliert werden. Die Nachricht wird genau so neu erstellt, wie sie für das gekapselte Protokoll formatiert war. Im Bereich der objektorientierten Programmierung werden die Implementierungsdetails einer Klasse in einer separaten Datei gekapselt, deren Inhalt für den Programmierer nicht von Bedeutung ist, der diese Klasse verwendet. → *siehe auch objektorientierte Programmierung, TCP/IP.*

Kapselung *Subst.* (information hiding)
Bezeichnet in der Programmierung eine Entwurfspraxis, bei der die konkrete Implementation der Datenstrukturen und Algorithmen innerhalb eines Moduls oder Unterprogramme gegenüber den aufrufenden Routinen »versteckt« wird. Man stellt damit sicher, daß diese anderen Routinen in jeder Hinsicht von der tatsächlichen Realisierung unabhängig sind. Durch die Kapselung lassen sich (zumindest theoretisch) Module oder Unterprogramme in einer anderen als der ursprünglich vorgesehenen Form implementieren, ohne daß dadurch Eingriffe in den aufrufenden Routinen erforderlich sind. → *siehe auch abbrechen, Modul, Routine, Unterroutine.*

Karbonband *Subst.* (carbon ribbon)
Ein Farbband, das bei Anschlagdruckern – insbesondere bei Typenraddruckern – sowie bei Schreibmaschinen eingesetzt wird. Ein Karbonband besteht aus einem dünnen Streifen Mylar, der auf einer Seite mit einem Graphitfilm beschichtet ist. Karbonbänder genügen höchsten Qualitätsansprüchen: Die gedruckten Zeichen weisen eine sehr hohe Schärfe auf und sind frei von Ausfransungen, wie sie im Gegensatz dazu beim Einsatz von Textilfarbbändern auftreten. → *siehe auch Typenraddrucker.* → *auch genannt Filmstreifen, Mylarband.* → *Vgl. Textilfarbband.*

Kardinalzahl *Subst.* (cardinal number)
Eine Zahl, die angibt, wie viele Elemente in einer Menge enthalten sind. Beispielsweise könnte eine

Liste aus 27 Elementen bestehen; »27« ist in diesem Fall die Kardinalzahl. → *Vgl. Ordinalzahl.*

Karte, halbe *Subst.* (half-card)
→ *siehe kurze Karte.*

Karte, kurze *Subst.* (short card)
→ *siehe kurze Karte.*

Kartenleser *Subst.* (card reader)
Ein Eingabegerät, das zum Lesen von magnetisch codierten Informationen dient, die gewöhnlich auf zwei Magnetspuren auf einer Plastikkarte gespeichert sind. Kartenleser dienen meist zu Identifikationszwecken, z.B. zur Identifikation eines Angestellten über seine Firmenkarte. Weitere gebräuchliche Magnetkarten sind Kreditkarten und ec-Karten.
Mit »Kartenleser« wird auch ein mechanisches Gerät bezeichnet, das Daten von Lochkarten einliest. Mit Hilfe dieser Einrichtung wird es ermöglicht, die Informationen offline (also unabhängig vom Betrieb des Computers) einzugeben – die Daten werden dabei in die Lochkarte eingestanzt – und später vom Computer einlesen und verarbeiten zu lassen. Diese zeitversetzte Methode war aufgrund der früher begrenzten Prozessorgeschwindigkeit und anderweitig limitierten Ressourcen notwendig. Das Sammeln von Lochkarten und die spätere stapelweise Zuführung ließ eine bessere Ausnutzung der Prozessorzeit zu als die direkte Eingabe der Daten in den Arbeitsspeicher durch einen Operator. Heute werden kaum noch Lochkarten eingesetzt. → *auch genannt Lochkartenleser.*

Kartenstanzer *Subst.* (card punch)
→ *siehe Lochstanzer.*

kartesische Koordinaten *Subst.* (Cartesian coordinates)
Eine Gruppe von Werten, die die Position von Punkten in einer Ebene (zwei Dimensionen) oder im Raum (drei Dimensionen) beschreiben, wobei die Position in bezug auf den Abstand zu Achsen angegeben wird, die sich im rechten Winkel im Ursprung schneiden. Diese Form der Koordinatenbestimmung wurde nach dem französischen Mathematiker René Descartes benannt, der das System im 17. Jahrhundert einführte. Bei zwei-

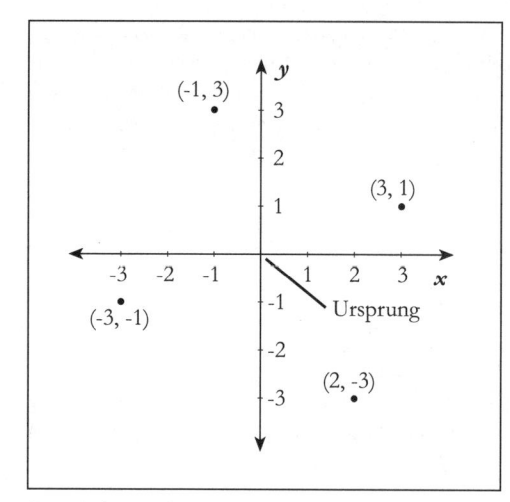

Kartesische Koordinaten

dimensionalen Koordinatensystemen werden die Punkte in bezug auf die Abstände zu zwei Achsen, der *x*-Achse (gewöhnlich horizontal) und *y*-Achse (gewöhnlich vertikal), beschrieben. Bei dreidimensionalen Koordinatensystemen wird eine weitere Achse hinzugefügt, die *z*-Achse. → *siehe auch x-y-z-Koordinatensystem.* → *Vgl. Polarkoordinaten.*

kartesisches Produkt *Subst.* (Cartesian product)
→ *siehe Produkt.*

Kaskade *Subst.* (cascade)
Ein zusätzliches Element, das von einem Menüpunkt oder einem Listenfeld angeboten wird und angewählt werden kann, um weitere Auswahlmöglichkeiten abzurufen.
In Newsgroup-Beiträgen bezeichnet »Kaskade« die Ansammlung von Anführungszeichen, häufig in der Form spitzer Klammern (> und <). Die Anführungszeichen sind darauf zurückzuführen, daß die meisten Newsreader bei der Kommentierung eines Beitrags den Originalbeitrag in eingeklammerter Form in den Body des Beitrags setzen. Wird ein bereits kommentierter Beitrag erneut kommentiert, wird wiederum der ursprüngliche Beitrag eingeklammert. Mit der Zeit sammeln sich immer mehr ineinander geschachtelte, eingeklammerte Textteile an. Der Ausdruck »Kaskade« spielt darauf an, daß ein mehrfach kommentierter Beitrag als eine Kette »hintereinandergeschalteter« Einzelbeiträge gesehen werden kann (eine Kaskade ist allgemein die Hintereinanderschal-

tung von Einheiten). → *siehe auch Beitrag, Newsgroup, Newsreader.*

kaskadierte Verbindung *Subst.* (cascade connection)
→ *siehe Pipe.*

Kassette *Subst.* (cassette)
Die Einheit aus dem Plastikgehäuse und dem darin befindlichen Magnetband. Kassetten werden zur Sicherung großer Mengen an Daten eingesetzt.

Kassettenband *Subst.* (cassette tape)
Das in einer Kassette befindliche Magnetband.

Katalog *Subst.* (catalog)
Allgemein eine Liste, in der Informationen zu Dateien wie Name, Größe, Typ und Speicherort sowie Angaben zum Speicherplatz enthalten sind.
In einer Datenbank stellt ein Katalog das Datenbankverzeichnis dar. → *siehe auch Datenbankverzeichnis.*

Kathode *Subst.* (cathode)
Im Bereich der Elektronik die negativ geladene Anschlußklemme oder Elektrode, aus der die Elektronen austreten.
In einer Vakuumröhre ist die Kathode die Elektrode, die die Elektronen aussendet.
Auch der negative Pol einer Batterie oder eines Akkus wird als »Kathode« bezeichnet. → *Vgl. Anode.*

Kathodenstrahl-Oszilloskop *Subst.* (cathode-ray oscilloscope)
→ *siehe Oszilloskop.*

Kathodenstrahlröhre *Subst.* (cathode-ray tube)
→ *siehe CRT.*

kaufmännische Software *Subst.* (business software)
Eine Computeranwendung, die vorrangig für den geschäftlichen Einsatz vorgesehen ist, im Gegensatz zur wissenschaftlichen Nutzung oder Verwendung im Unterhaltungssektor. Zusätzlich zu den bekannten Bereichen wie Textverarbeitung, Tabellenkalkulation, Datenbanken und Datenkommunikation, schließen kaufmännische Programme, die für Mikrocomputer angeboten werden, Anwendungen wie Buchhaltung, Lohnabrechnung, Finanzplanung, Projekt-Management, Entscheidungs- und Unterstützungsysteme, Personalbestands-Verwaltung und Büroorganisation ein.

Kaugummitastatur *Subst.* (chiclet keyboard)
Umgangssprachlicher Ausdruck für einen Tastaturtyp, wie er mit der ersten Version des Heimcomputers IBM-PC Junior (PCjr) ausgeliefert wurde. Der Name kommt von den kleinen, rechteckigen Tasten, die an eine bestimmte Form eines Kaugummis erinnern. Die Tasten wirken wie Drucktasten – ihnen fehlt der mechanische Widerstand, und beim Druck erhält man – im Gegensatz zu herkömmlichen Tastaturen – keine eindeutige Bestätigung, ob der Tastendruck registriert wurde. Außerdem sind die Tasten im Vergleich zu konventionellen Tastaturen kleiner und meist breiter als tief, so daß das Schreiben sehr umständlich ist.

Kb *Subst.*
→ *siehe Kilobit.*

KB *Subst.*
→ *siehe Kilobyte.*

Kbit *Subst.*
→ *siehe Kilobit.*

Kbps *Subst.*
→ *siehe Kilobits pro Sekunde.*

Kbyte *Subst.*
→ *siehe Kilobyte.*

kc *Subst.*
→ *siehe Kilozyklen.*

.ke
Im Internet ein Kürzel für die übergreifende Länder-Domäne, die eine Adresse in Kenia angibt.

Kennwort *Subst.* (password)
Eine Sicherheitsmaßnahme, die den Zugriff auf Computersysteme und empfindliche Dateien einschränkt. Ein Kennwort ist eine eindeutige Zeichenfolge, die vom Benutzer als Identifikationscode eingegeben wird. Das System vergleicht den Code mit einer gespeicherten Liste von Kennwörtern und berechtigten Benutzern. Hat sich der Be-

K nutzer mit dem korrekten Code ausgewiesen, ermöglicht ihm das System den Zugriff auf einer vorher festgelegten Sicherheitsebene.

Kennwortschutz *Subst.* (password protection)
Die Verwendung eines Kennwortes, um nur berechtigten Benutzern Zugriff auf ein Computersystem oder dessen Dateien zu erlauben.

Kerberos *Subst.*
Ein Network Authentication Protocol, das vom MIT entwickelt wurde. Kerberos bestätigt die Identität der Benutzer, die sich bei einem Netzwerk anmelden, und verschlüsselt die Kommunikation mittels Secret-key-Kryptographie. Kerberos ist vom MIT (http://web.mit.edu/kerberos/www/) kostenfrei erhältlich. Dieses Protokoll ist jedoch bereits in vielen Produkten integriert. → *siehe auch Authentifizierung, Kryptographie.*

Kermit *Subst.*
Ein Dateiübertragungsprotokoll, das bei der asynchronen Kommunikation zwischen Computern verwendet wird. Kermit ist ein weitverbreitetes Protokoll und gehört zur Standardausstattung vieler Softwarepakete für die Kommunikation über Telefonleitungen. → *Vgl. Xmodem, Ymodem, Zmodem.*

Kernel *Subst.* (kernel)
Der Kern eines Betriebssystems, der Behandlungsfunktionen für Speicher, Dateien und periphere Geräte realisiert, Zeit und Datum verwaltet, Anwendungen startet und die Koordination (Belegung) der Systemressourcen übernimmt.

Kernprogramm *Subst.* (core program)
Ein Programm oder Programmsegment, das sich resident im RAM befindet.

Kernspeicher *Subst.* (core)
Ein Speichertyp, der in der Pionierzeit der EDV eingesetzt wurde, bevor RAM-Chips verfügbar bzw. erschwinglich wurden. Der Ausdruck »Kernspeicher« wird von Vielen weiterhin synonym für »Arbeitsspeicher« verwendet, wenngleich heutige Arbeitsspeicher nicht mehr auf dem Kernspeicherprinzip basieren. Auch in einigen zusammengesetzten Ausdrücken hat sich der Begriff »Kern« (engl. »core«) erhalten, z.B. in »core dump« (zu deutsch »Speicherauszug«) – ein Listing, das einen ungefilterten Auszug aus dem Arbeitsspeicher im Augenblick eines Systemabsturzes repräsentiert. → *Vgl. RAM.*

Kette *Subst.* (catena)
Eine Folge von Einträgen in einer Liste, in der jeder Eintrag genau einen nachfolgenden Eintrag aufweist. → *siehe auch verkettete Liste.*

Kettendrucker *Subst.* (chain printer)
→ *siehe Zeilendrucker.*

Key Escrow *Subst.* (key escrow)
Eine Verschlüsselungsmethode nach US-amerikanischem Recht, bei der Dritten ein Schlüssel von Regierungsbehörden für die Entschlüsselung von Regierungsdaten ausgehändigt wird. → *siehe auch Verschlüsselung.* → *Vgl. Key Recovery.*

Keyframe *Adj.* (key-frame)
Beschreibt Animationen, bei denen die Anfangs- und Endpositionen der Objekte festgelegt sind. Alle Frames werden durch einen Computer interpoliert, um einen glatten Übergang bei der Animation zu automatisieren. Dieses Verfahren wird in der Regel zum Erstellen von Raytracing-Computeranimationen verwendet. → *siehe auch Raytracing.*

Key Recovery *Subst.* (key recovery)
Eine Private-Key-Verschlüsselungsmethode, nach der Dritte (z.B. eine Behörde) mit spezieller Software auf verschlüsselte Daten zugreifen können. Entsprechend dem aktuellen US-amerikanischen Recht muß seit 1988 in Verschlüsselungssoftware, die von den USA exportiert wird, Key Recovery integriert sein. Diese Bedingung ersetzt die zuvor vorgeschlagene Bedingung, daß für den Export vorgesehene Verschlüsselungssoftware Key Escrow enthalten muß. → *siehe auch privater Schlüssel, Verschlüsselung.* → *Vgl. Key Escrow.*

Key Sort *Subst.* (key sort)
→ *siehe Tag Sort.*

.kh
Im Internet ein Kürzel für die übergreifende Länder-Domäne, die eine Adresse in Kambodscha angibt.

Khornerstone *Subst.*
Die Benchmark zur Leistungsmessung von Gleitkomma-Operationen, die für den Test von UNIX-Arbeitsstationen verwendet wird. → *siehe auch benchmarken, Dhrystone, Gleitkomma-Operation, Whetstone.*

kHz *Subst.*
→ *siehe Kilohertz.*

.ki
Im Internet ein Kürzel für die übergreifende Länder-Domäne, die eine Adresse in Kiribati angibt.

KI *Subst.* (AI)
→ *siehe künstliche Intelligenz.*

killen *Vb.* (kill)
Einen Vorgang in einem Programm oder Betriebssystem anhalten oder abbrechen.
In der Dateiverwaltung bedeutet »killen«, daß eine Datei gelöscht wird, die nicht mehr wiederhergestellt werden kann.

Killeranwendung *Subst.* (killer app)
Ein Anwendungsprogramm von so großer Popularität und weitverbreiteter Standardisierung, daß es den Verkauf der dafür vorgesehenen Hardwareplattformen und/oder Betriebssysteme »anheizt«. → *siehe auch Anwendung.*
Der Ausdruck bezeichnet ferner eine Anwendung, die ein Konkurrenzprodukt ersetzt. → *siehe auch Anwendung.*

Kill-File *Subst.* (kill file)
→ *siehe Bozo-Filter.*

Kilo- *Präfix* (kilo-)
Ein Maßeinheitenvorsatz mit der Bedeutung 10^3 (1000).
In der Computertechnik ein Maßeinheitenvorsatz mit der Bedeutung 2^{10} (1024).

Kilobaud *Subst.* (kilobaud)
Eine Einheit zur Messung der Kapazität eines Kommunikationskanals, die 2^{10} (1024) Baud entspricht. → *siehe auch Baud.*

Kilobit *Subst.* (kilobit)
Abgekürzt Kb oder Kbit. Genau 1024 bit.

Kilobits pro Sekunde *Subst.* (kilobits per second)
Abgekürzt Kbps. Die Datentransfer-Geschwindigkeit, z.B. in einem Netzwerk, gemessen als Vielfaches von 1024 bit pro Sekunde.

Kilobyte *Subst.* (kilobyte)
Abgekürzt K, KB oder KByte. Genau 1024 Byte.
→ *siehe auch Kilo-.*

Kilohertz *Subst.* (kilohertz)
Kurzzeichen kHz. Maßeinheit für die Frequenz. Ein Kilohertz entspricht 1000 Hertz oder 1000 Schwingungen pro Sekunde. → *siehe auch Hertz.*

Kilozyklen *Subst.* (kilocycle)
Abgekürzt kc. Eine Maßeinheit, die 1000 Zyklen darstellt. In der Regel bezeichnet diese Einheit 1000 Zyklen pro Sekunde. → *siehe auch Kilohertz.*

Kinesis-Tastatur *Subst.* (Kinesis ergonomic keyboard)
Eine Tastatur, die durch eine ergonomische Gestaltung ungesunde Bewegungsabläufe vermeiden soll. → *siehe auch ergonomische Tastatur, Ermüdungsverletzungen.*

Kiosk *Subst.* (kiosk)
Ein öffentlicher Computer oder ein öffentliches Terminal, über den bzw. das Informationen über eine Multimedia-Anzeige abgefragt werden können.

Kippschalter *Subst.* (paddle switch, toggle)
Eine elektromechanische Vorrichtung mit zwei Zuständen oder eine Programmauswahl, die mit der gleichen Aktion (z.B. einem Mausklick) ein- und ausgeschaltet werden kann.

Kippschalter

K

Gelegentlich ist mit dem Ausdruck ein elektromechanischer Schalter mit breiter Bedienfläche gemeint. Ein typisches Beispiel eines derartigen Kippschalters ist der große Ein/Aus-Schalter auf vielen IBM-PCs.

Klammeraffe *Subst.* (at sign)
→ *siehe @.*

Klartext *Subst.* (plaintext)
Unverschlüsselter oder entzifferbarer Text. → *siehe auch Entschlüsselung, Verschlüsselung.*

Klasse *Subst.* (class)
In der objektorientierten Programmierung eine verallgemeinernde Kategorie, die eine Gruppe spezifischer Elemente – die sog. Objekte – beschreibt, welche innerhalb der jeweiligen Kategorie existieren können. Mit Hilfe von Klassen werden in einem Programm eine Menge von Attributen oder eine Menge von Diensten (Aktionen, die anderen Teilen des Programms zur Verfügung stehen) definiert, die für jedes Mitglied (Objekt) einer bestimmten Klasse charakteristisch sind. Programmklassen sind vom Konzept her vergleichbar mit Kategorien, die häufig dazu verwendet werden, Informationen einzuordnen – z.B. die Einteilung der Welt in Tiere, Pflanzen und Mineralien. Derartige Kategorien definieren, in Analogie zu den in der Programmierung verwendeten Klassen, sowohl die enthaltenen Objekttypen als auch deren Verhaltensweisen. Klassendefinitionen in der objektorientierten Programmierung sind vergleichbar mit Typdefinitionen in Programmiersprachen wie C und Pascal. → *siehe auch objektorientierte Programmierung.*

Klasse, abgeleitete *Subst.* (derived class)
→ *siehe abgeleitete Klasse.*

Klasse, abstrakte *Subst.* (abstract class)
→ *siehe abstrakte Klasse.*

Kleinbuchstaben *Adj.* (lowercase)
Bezeichnet die Kleinbuchstaben einer Schrift, z.B. a, b, c. → *Vgl. groß geschrieben.*

kleiner als *Adj.* (less than)
→ *siehe relationaler Operator.*

kleiner gleich als *Adj.* (less than or equal to)
→ *siehe relationaler Operator.*

Klemme *Subst.* (terminal)
In der Elektronik ein Punkt der mit einem anderen Element, z.B. einem Draht, verbunden werden kann, um eine elektrische Verbindung herzustellen.

Klemmenleiste *Subst.* (terminal strip)
Eine Baugruppe mit elektrischen Verbindungspunkten, die meist auf einer länglichen, schmalen Grundplatte angeordnet sind. Zur Kontaktierung werden dabei häufig Rändelschrauben eingesetzt. Die abisolierten Enden der Anschlußkabel werden dann um die Schraubengewinde herumgeführt und die Schrauben festgezogen. Klemmenstreifen dieser Art finden sich z.B. auf der Rückwand von Geräten der Unterhaltungselektronik für den Anschluß der Lautsprecher.

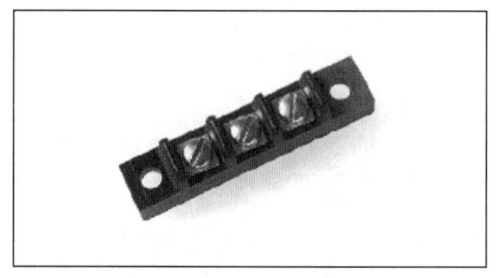

Klemmenleiste

klicken *Vb.* (click)
Das Drücken und Wiederloslassen einer Maustaste, ohne die Maus zu bewegen. Durch das Klicken lassen sich z.B. Einträge in einem Menü auswählen, eine Auswahl zurücknehmen sowie Programme und Programmfunktionen aufrufen. → *siehe auch Rechtsklick.* → *Vgl. doppelklicken, ziehen.*

Klickgeschwindigkeit *Subst.* (click speed)
Das größtmögliche Intervall zwischen dem ersten und zweiten Drücken einer Taste auf einer Maus oder einem anderen Zeigegerät, bei dem der Computer die beiden Aktionen noch als Doppelklick einstuft. Liegt dagegen zwischen den beiden Klicks ein größerer zeitlicher Abstand als dieses Intervall, werden die beiden Aktionen als zwei separate, einfache Klicks angesehen. → *siehe auch doppelklicken, Maus, Zeigegerät.*

Klinkenstecker *Subst.* (phono connector)
Ein Bauelement für den Anschluß von Geräten, z.B. ein Mikrophon oder Kopfhörer, an eine Audioeinrichtung oder an Computeranlagen, die über Peripheriegeräte oder Adapter mit Audiofähigkeiten verfügen.

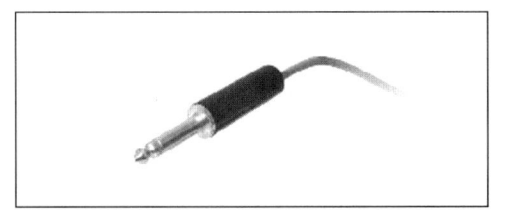

Klinkenstecker

Klon *Subst.* (clone)
Eine Kopie. In der Computerterminologie ein funktionell identischer Computer, der mit demselben Mikroprozessor ausgestattet ist und dieselben Programme wie das Original ausführen kann. Häufig verfügt ein Klon auch über dasselbe Design wie das Originalmodell. Im allgemeinen ist ein Klon ein Nachbau eines bekannten Computermodells eines renommierten Herstellers, der jedoch im Vergleich zum Original kostengünstiger angeboten wird.

Knackprogramm *Subst.* (copy program)
Ein Hilfsprogramm, das den Kopierschutz eines Programms entfernt oder umgeht, so daß das Programm ohne Einschränkungen kopiert werden kann. Der Einsatz eines derartigen Programms kann illegal sein. → *siehe auch Kopierschutz.*

Knockout *Subst.* (knockout)
Beim Farbdruck das Entfernen der überlappenden Bestandteile einer Grafik oder eines Textes aus einem Bild, damit dieser Teil in einer anderen Farbe gedruckt werden kann. Dadurch wird vermieden, daß die Tintenfarben vermischt werden. → *siehe auch Rasterpunktfarbe.* → *Vgl. überdrucken.*
Bei Hardware bezeichnet »Knockout« einen Bereich, der entfernt werden kann, um einen Schalter oder eine andere Komponente zu installieren.

Knoten *Subst.* (node)
Ganz allgemein eine Verbindung irgendeiner Art. In lokalen Netzwerken ein Gerät, das mit dem Netzwerk verbunden ist und mit anderen Geräten im Netz kommunizieren kann.
In Baumstrukturen stellt ein Knoten eine Position im Baum dar, die Verknüpfungen zu einem oder mehreren darunterliegenden Knoten aufweisen kann. Einige Autoren unterscheiden zwischen Knoten und Element, wobei als Element ein vorgegebener Datentyp angesehen wird, und ein Knoten eines oder mehrere Elemente sowie alle unterstützten Datenstrukturen enthält. → *siehe auch Baum, Element, Graph, Stack, Warteschlange, Zeiger.*

Knowbot *Subst.* (knowbot)
Abkürzung für **Know**ledge Ro**bot**, zu deutsch »Wissensroboter«. Ein Programm mit künstlicher Intelligenz, das vordefinierte Regeln für die Ausführung einer Operation befolgt. Bei der Operation kann es sich um die Suche nach Dateien oder Dokumenten handeln, die bestimmte Daten auf einem Netzwerk (z.B. dem Internet) enthalten. → *siehe auch Roboter.*

Koaxialkabel *Subst.* (coaxial cable)
Auch kurz als »Koaxkabel« bezeichnet. Ein Kabel, das sich aus einem drahtförmigen Mittelleiter und einer zylindrischen Abschirmung zusammensetzt. Die Abschirmung besteht in aller Regel aus einem Drahtgeflecht und ist vom Mittelleiter durch eine Isolierung getrennt. Mit Hilfe der Abschirmung werden in der Nähe befindliche Einrichtungen von den im Mittelleiter übertragenen Signalen geschützt. Außerdem bewahrt die Abschirmung das Eindringen äußerer Störfelder in das Kabel, so daß die übertragenen Signale nicht verfälscht werden.

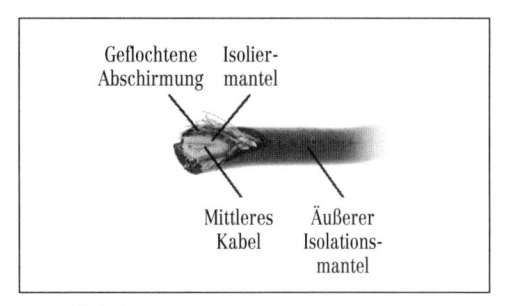

Koaxialkabel

Kochbuch *Subst.* (cookbook)
Ein Handbuch, das Informationen in Form schrittweiser Anleitungen präsentiert. Die meisten der-

K artigen Handbücher befassen sich mit der Programmierung. Ein derartiges Programmierhandbuch enthält z. B. Musterprogramme, die die Leser analysieren und den Erfordernissen entsprechend anpassen können. Es gibt aber auch Handbücher, die zeigen, wie sich spezielle Aufgaben in einer Anwendung durchführen lassen. Der Ausdruck »Kochbuch« stammt von der gewissen Ähnlichkeit mit »echten« Kochbüchern, da sich in derartigen Büchern ebenfalls schrittweise Anleitungen finden.

kodieren *Vb.* (code)
Das Schreiben von Programmbefehlen in einer Programmiersprache. → *siehe auch Programm.*

Kodierformular *Subst.* (coding form)
Ein Vordruck, der speziell für das Schreiben von Quellcodes vorgesehen ist. Ein Kodierformular weist eine spezielle Anordnung horizontaler und vertikaler Linien auf. Insbesondere bei Programmiersprachen mit positionsabhängiger Syntax (z. B. FORTRAN) stellen Kodierformulare eine große Hilfe dar. Da derartige Programmiersprachen kaum noch verbreitet sind, befinden sich Kodierformulare kaum noch im Einsatz. Die meisten Programmierer arbeiten mittlerweile mit gewöhnlichem Millimeterpapier oder setzen gar kein Papier ein.

Kohärenz *Subst.* (coherence)
In der Raster-scan-Technologie die Zuweisung eines Pixelwerts an das daneben befindliche Pixel.
In der Optik die Eigenschaft von elektromagnetischen Wellen, die phasengleich sind. Dies trifft z. B. auf den von einem Laser erzeugten Lichtstrahl zu.

kollaborative Filterung *Subst.* (collaborative filtering)
Das Erlangen von Informationen abhängig von den Erfahrungen und Meinungen anderer Benutzer. Der Ausdruck wurde von Doug Terry am Forschungsinstitut Xerox PARC geprägt. Terry verwendete als erster diese Methode, indem er den Benutzern erlaubte, Dokumenten nach dem Lesen Bemerkungen hinzuzufügen und die Entscheidung, welches Dokument als nächstes gelesen wird, nicht nur anhand des Inhalts zu treffen, sondern auch anhand der Anmerkungen der Leser, die das Dokument bereits gelesen haben. Eine verbreitete Anwendung der kollaborativen Filterung ist die Herstellung von Listen mit World-Wide-Web-Seiten, die das Interessengebiet bestimmter Benutzergruppen widerspiegeln; durch die Dokumentierung der Erfahrungen mehrerer Benutzer kann eine Liste mit interessanten Websites »gefiltert« werden. Das Prinzip der kollaborativen Filterung wird außerdem als Marketing-Forschungswerkzeug eingesetzt: Mit Hilfe einer Datenbank, in der die Meinungen und Beurteilungen hinsichtlich verschiedener Produkte gespeichert sind, können die Forscher voraussagen, welche neuen Produkte den Benutzern, die an der Datenbank mitgewirkt haben, zusagen werden.

Kollektor *Subst.* (collector)
Der Bereich eines bipolaren Transistors, in den die Ladungsträger unter gewöhnlichen Betriebsbedingungen abfließen (Kollektorstrom). Das Ausgangssignal des Transistors wird in der Regel vom Kollektor abgenommen. Bezogen auf die Basis und den Emitter ist der Kollektor in einem npn-Transistor positiv und in einem pnp-Transistor negativ. → *siehe auch NPN-Transistor, PNP-Transistor.* → *Vgl. Basis, Emitter.*

Kollision *Subst.* (collision)
Zustand, bei dem zwei Geräte oder Arbeitsstationen im Netzwerk zum gleichen Zeitpunkt versuchen, auf dem gleichen Kanal zu senden. Ohne entsprechende Maßnahmen führt eine Kollision zur Übertragung korrupter Daten.

Kollisionserkennung *Subst.* (collision detection)
In lokalen Netzwerken ein Verfahren, bei dem ein Knoten die Kommunikationsleitung überwacht, um das Auftreten einer Kollision festzustellen. Eine Kollision tritt auf, wenn zwei Knoten zur gleichen Zeit versuchen zu senden. Obwohl Netzwerkstationen normalerweise erst dann mit dem Sendevorgang beginnen, wenn die Leitung frei ist, kann es trotzdem vorkommen, daß mehrere Knoten gleichzeitig einen Sendeversuch starten. Wenn eine Kollision auftritt, warten die beiden Knoten, die die Kollision verursacht haben, gewöhnlich eine zufällige Zeitspanne, bevor sie einen neuen Sendeversuch unternehmen. → *siehe auch CSMA/CD, Konkurrenz.*

Im Zusammenhang mit Spielen und Simulationsprogrammen ist die Kollisionserkennung ein Verfahren, mit dem sich die Berührung zweier Objekte auf dem Bildschirm feststellen läßt. Entsprechende Verfahren sind zeitintensiv und häufig sehr komplex. Einige für Grafik und Spiele optimierte Computer – z.B. der Amiga – verfügen über spezielle Hardware-Einrichtungen, die die Kollisionserkennung durchführen.

Kolumnentitel, lebender *Subst.* (running head)
→ *siehe lebender Kolumnentitel.*

Kombinatorik *Subst.* (combinatorics)
Ein Zweig der Mathematik, der eng mit der Wahrscheinlichkeitsrechnung und der Statistik verbunden ist und sich mit dem Abzählen, der Gruppierung und der Anordnung von endlichen Elementmengen beschäftigt. In der Kombinatorik spielen zwei Konzepte eine große Rolle: Kombination und Permutation. Eine Kombination ist die Gruppierung von Elementen, die aus einer größeren Menge entnommen werden, ohne daß die Reihenfolge beachtet wird. Beispielsweise lassen sich aus den vier Objekten A, B, C und D sechs verschiedene Gruppen aus je zwei Elementen bilden: AB, AC, AD, BC, BD und CD. Eine Permutation ist ebenfalls eine Gruppierung, unterscheidet sich jedoch von der Kombination dadurch, daß die Reihenfolge der Elemente beachtet wird. Die beiden Gruppen AB und BA stellen demzufolge die gleiche Kombination dar, aber zwei unterschiedliche Permutationen. Ausgehend davon, daß die gleichen 4 Objekte zur Verfügung stehen und alle Permutationen aus je 2 Elementen zu bilden sind, stehen für die Wahl des ersten Elements jeweils vier Möglichkeiten zur Verfügung. Da dieses erste Element wegfällt (zwei identische Elemente in einem Objekt sind nicht erlaubt), bleiben für die Auswahl des jeweils zweiten Elements einer Gruppe noch drei Elemente übrig. Insgesamt lassen sich also 4 * 3 = 12 verschiedene Permutationen erzeugen: AB, AC, AD, BA, BC, BD, CA, CB, CD, DA, DB und DC. → *siehe auch kombinatorische Explosion.*

kombinatorische Explosion *Subst.* (combinatorial explosion)
Ein Zustand, der charakteristisch für bestimmte Arten mathematischer Probleme ist und bei dem eine geringe Vergrößerung des Problemumfangs (Anzahl der Datenelemente oder Parameter einer Option) zu einem gewaltigen Anwachsen der Zeitspanne führt, die für die Berechnung der Lösung erforderlich ist. → *siehe auch Kombinatorik.*

kommagetrennte Datei *Subst.* (comma-delimited file)
Eine Datenbankdatei, die als reiner Text gespeichert ist und in der die einzelnen Datenfelder durch Kommata getrennt sind. Enthält ein Datenfeld selbst ein Komma, wird das Feld in Anführungszeichen gesetzt, damit das Komma nicht als Feldtrennzeichen interpretiert wird. Kommagetrennte Dateien ermöglichen es, Daten zwischen Datenbanksystemen auszutauschen, die mit unterschiedlichen Dateiformaten arbeiten, aber den Import und Export von reinen Textdateien zulassen (was für die meisten Systeme zutrifft).

Kommando... *Subst.* (command)
siehe unter »Befehl...«

Kommentar *Subst.* (comment, remark)
Ein Text, der in ein Programm zu Dokumentationszwecken eingefügt wird. Kommentare beschreiben z.B. Funktionsabläufe im Programm, geben Aufschluß über die Programmautoren, erläutern die Gründe nachträglich durchgeführter Änderungen usw. Die meisten Programmiersprachen besitzen besondere Befehle, mit denen sich Kommentare kennzeichnen lassen, so daß diese vom Compiler, Assembler oder Interpreter ignoriert werden.
→ *siehe auch auskommentieren.*
→ *siehe REM-Befehl.*

kommerzieller Server *Subst.* (commerce server)
Ein HTTP-Server, der für die Durchführung von Online-Transaktionen im geschäftlichen Sektor konzipiert ist. Die Daten werden dabei in verschlüsselter Form zwischen dem Server und dem Web-Browser übertragen, damit die Sicherheit kritischer Daten, z.B. von Kreditkarten-Nummern, gewährleistet ist. Kommerzielle Server werden typischerweise vom Online-Handel oder von Versandhandelsketten eingesetzt. Die angebotenen Produkte und Dienste werden im allgemeinen auf einer firmeneigenen Website in Wort und Bild beschrieben, und die Benutzer können direkt über die Site mit Hilfe ihres Web-Browsers bestellen. Eine Reihe von Firmen vertreiben kommerzielle

Server, z.B. Netscape, Microsoft und Quarterdeck.
→ *siehe auch HTTP-Server, Secure Socket Layer, Web-Browser.*

kommerzieller Zugangs-Provider *Subst.* (commercial access provider)
→ *siehe ISP.*

Kommunikation *Subst.* (communications)
Ein umfangreiches Fachgebiet, das sich mit den Methoden, Mechanismen und Medien der Informationsübertragung beschäftigt. Die Kommunikation im Computersektor umfaßt die Datenübertragung von einem Computer zu einem anderen über ein Kommunikationsmedium – z.B. eine Telefonleitung, eine Richtfunkstrecke, eine Satellitenverbindung oder ein Kabel. Grundsätzlich sind zwei Methoden bei der Computerkommunikation zu unterscheiden: die zeitlich begrenzte Verbindung zweier Computer über Modems per Leitungsvermittlung, z.B. mit Hilfe des öffentlichen Telefonsystems, sowie die permanente oder teilweise permanente Verbindung mehrerer Arbeitsstationen oder Computer in einem Netzwerk. Häufig kann zwischen beiden Methoden keine klare Trennlinie gezogen werden, da Mikrocomputer, die mit Modems ausgerüstet sind, typischerweise sowohl für den Zugriff auf private als auch auf öffentliche Netzwerkcomputer eingesetzt werden.
→ *siehe auch asynchronous transmission, CCITT, IEEE, ISDN, ISO/OSI-Schichtenmodell, Kanal, Kommunikationsprotokoll, LAN, Modem, Netzwerk, synchrone Übertragung.* → *Vgl. Datenübertragung, fernverarbeiten, Telekommunikation.*

Kommunikation, digitale *Subst.* (digital communications)
→ *siehe digitale Kommunikation.*

Kommunikation, optische *Subst.* (optical communications)
→ *siehe optische Kommunikation.*

Kommunikations-Controller *Subst.* (communications controller)
Ein Gerät, das als Bindeglied bei Kommunikationsübertragungen zu und von einem Host-Computer zum Einsatz kommt. Ein Kommunikations-Controller ist am Host-Computer angeschlossen und befreit diesen von den eigentlichen Aufgaben zum Senden, Empfangen, zur Entschlüsselung sowie Fehlerprüfung. Dadurch wird eine effizientere Nutzung der Rechenzeit des Host-Computers erzielt, so daß dieser für wichtigere Aufgaben eingesetzt werden kann. Ein Kommunikations-Controller kann entweder einen programmierbaren, selbständigen Computer darstellen oder ein nichtprogrammierbares Gerät, das sich an bestimmten Kommunikationsprotokollen orientiert. → *siehe auch Front-End-Prozessor.*

Kommunikation, serielle *Subst.* (serial communication)
→ *siehe serielle Kommunikation.*

Kommunikationskanal *Subst.* (communications channel)
→ *siehe Kanal.*

Kommunikationsnetzwerk *Subst.* (communications network)
→ *siehe Netzwerk.*

Kommunikationsparameter *Subst.* (communications parameter)
Die verschiedenen Einstellungen, die für eine Kommunikation zwischen Computern erforderlich sind. Beispielsweise müssen bei einer asynchronen Übertragung die Parameter Modemgeschwindigkeit, Anzahl der Datenbits und Stopbits sowie der Paritätstyp festgelegt werden, um eine korrekte Verbindung zwischen zwei Modems einrichten zu können.

Kommunikations-Port *Subst.* (communications port)
→ *siehe COM.*

Kommunikationsprogramm *Subst.* (communications program)
Ein Softwareprogramm, mit dessen Hilfe ein Computer eine Verbindung zu einem anderen Computer herstellen und Informationen mit ihm austauschen kann. Zum Aufbau der Verbindung stellen Kommunikationsprogramme diverse Funktionen zur Verfügung, z.B. die Verwaltung von Kommunikationsparametern, die Speicherung von Telefonnummern, automatisches Wählen, die Aufzeichnung und Ausführung von Anmeldeprozeduren sowie die Wahlwiederholung bei besetzter Lei-

tung. Sobald eine Verbindung hergestellt wurde, kann ein Kommunikationsprogramm angewiesen werden, eingetroffene Nachrichten auf der Festplatte zu speichern, Dateien zu suchen und zu übertragen. Während einer bestehenden Verbindung gehören folgende, für die Benutzer gewöhnlich unsichtbaren Dienste zu den wichtigsten Aufgaben eines Kommunikationsprogramms: die Codierung von Daten, die Koordination von Übertragungen an oder von einem entfernten Computer sowie die Prüfung der eingehenden Daten auf Übertragungsfehler.

Kommunikationsprotokoll *Subst.* (communications protocol)
Ein Satz an Vorschriften oder Standards, die es Computern ermöglichen, Kommunikationsverbindungen herzustellen und Informationen möglichst fehlerfrei auszutauschen. Ein allgemein anerkanntes Protokoll für die Standardisierung der kompletten Computerkommunikation stellt das sog. ISO/OSI-Schichtenmodell dar – ein auf sieben Schichten basierendes Modell mit Richtlinien, die den Einsatz von Hardware und Software regeln. Ein etwas abweichender Standard, der bereits vor Entwicklung des ISO/OSI-Schichtenmodells stark verbreitet war, ist SNA (Systems Network Architecture) von IBM. Der Ausdruck »Protokoll« wird häufig – gelegentlich auch etwas unkontrolliert – in bezug auf eine Vielzahl an Standards verwendet, die verschiedene Aspekte der Kommunikation betreffen, beispielsweise Datenübertragungen (z.B. Xmodem und Zmodem), Flußkontrolle (z.B. XON/XOFF) und Netzwerkübertragungen (z.B. CSMA/CD). → *siehe auch ISO/OSI-Schichtenmodell, SNA.*

Kommunikations-Server *Subst.* (communications server)
Ein Gateway, das Pakete in einem lokalen Netzwerk (LAN) in asynchrone Signale übersetzt, wie sie in Telefonleitungen oder in der seriellen Übertragung nach RS-232-C verwendet werden. Außerdem ermöglicht das Gateway allen Knoten im LAN den gemeinsamen Zugriff auf Modems sowie den Aufbau von RS-232-C-Verbindungen. → *siehe auch Gateway, RS-232-C-Standard.*

Kommunikations-Software *Subst.* (communications software)
Die Software, die das Modem gemäß der auf der Benutzerebene aufgerufenen Befehle steuert. Im allgemeinen enthält eine derartige Software sowohl Funktionen zur Terminal-Emulation als auch Dateiübertragungs-Funktionen. → *siehe auch Modem, Terminal-Emulation.*

Kommunikations-Steckplatz *Subst.* (communications slot)
Ein Erweiterungssteckplatz, der für eine Netzwerk-Schnittstellenkarte reserviert ist und sich in vielen Modellen des Apple Macintosh findet.

Kommunikationssteuerschicht *Subst.* (session, session layer)
Die fünfte der sieben Schichten des OSI-Referenzmodells. Die Kommunikationssteuerschicht behandelt die Einzelheiten, die zwischen zwei Geräten zum Zwecke des Informationstransfers vereinbart werden müssen. → *siehe auch ISO/OSI-Schichtenmodell.*

Kommunikations-System *Subst.* (communications system)
Die Gesamtheit von Hardware, Software und Verbindungen zur Datenübertragung, die eine Kommunikationseinrichtung ausmachen.

Kommunikationsverbindung *Subst.* (communications link)
Die zwischen Computern eingerichtete Verbindung, die eine Datenübertragung ermöglicht.

Komparator *Subst.* (comparator)
Ein Gerät zum Testen zweier Elemente auf Gleichheit. In der Elektronik kann ein Komparator z.B. eine Schaltung darstellen, die zwei Eingangsspannungen vergleicht und anzeigt, welche davon höher ist.

Kompatibilität *Subst.* (compatibility)
Der Grad, bis zu dem ein Computer, ein angeschlossenes Gerät, eine Datendatei oder ein Programm die gleichen Befehle, Formate oder Programmiersprachen wie andere Komponenten verwenden oder verstehen kann. Uneingeschränkte Kompatibilität bedeutet, daß sowohl für die Benutzer als auch für die Programme keine funktionalen Unterschiede erkennbar sind.
In bezug auf Computer ist die Kompatibilität der Grad, mit dem eine reibungslose Zusammenarbeit zwischen zwei Computern möglich ist. Die Kom-

K patibilität (oder das Fehlen der Kompatibilität) entscheidet dabei darüber, ob und, wenn ja, in welchem Ausmaß die Computer miteinander kommunizieren, Daten gemeinsam nutzen oder dieselben Programme ausführen können. Beispielsweise sind der Apple Macintosh und der IBM-PC im allgemeinen inkompatibel zueinander, da sie ohne den Einsatz entsprechender zusätzlicher Hardware und/oder Software, die als Bindeglied oder Konverter fungiert, weder frei miteinander kommunizieren noch Daten austauschen können.

Im Bereich der Standards stellt die Kompatibilität den Grad dar, mit dem sich eine Hardwarekomponente an einen – im allgemeinen weithin akzeptierten – Standard hält (z.B. IBM-kompatibel oder Hayes-kompatibel). In diesem Sinne bedeutet Kompatibilität, daß das Betriebsverhalten der Hardware in allen Punkten dem zugrundeliegenden Standard entspricht.

Im Softwarebereich bezieht sich »Kompatibilität« ebenfalls auf das reibungslose Zusammenspiel von Komponenten. Dabei steht allerdings die jeweils durchzuführende Aufgabe zwischen Computern und Programmen im Vordergrund. Als softwarekompatibel eingestufte Computer können Programme ausführen, die ursprünglich für andere Computermodelle entwickelt wurden. Unter »Softwarekompatibilität« versteht man ferner, inwieweit Programme zusammenarbeiten und Daten gemeinsam nutzen können. Unter einem anderen Aspekt lassen sich grundsätzlich unterschiedliche Programme, z.B. Textverarbeitungsprogramme und Zeichenprogramme, als kompatibel ansehen, wenn sie Dateien – z.B. Texte oder Bilder –, die mit anderen Programmen erzeugt wurden, problemlos einbinden können. Alle Arten der Softwarekompatibilität gewinnen im Hinblick auf die zu erwartenden Entwicklungen in Bereichen wie Datenkommunikation, Netzwerke und Datenübertragung zwischen Programmen gerade in bezug auf den Einsatz von Mikrocomputern zunehmend an Bedeutung. → *siehe auch Abwärtskompatibilität, aufwärtskompatibel.*

Kompatibilitäts-Box *Subst.* (compatibility box)
→ *siehe DOS-Box.*

Kompatibilitätsmodus *Subst.* (compatibility mode)
Allgemein ein Modus, in dem die Hardware oder Software des einen Systems die Ausführung von Software-Operationen aus einem anderen System unterstützt. Der Ausdruck bezieht sich häufig auf die Fähigkeit moderner Betriebssysteme für Intel-Mikroprozessoren (z.B. OS/2 und Windows NT), MS-DOS-Software betreiben zu können. Außerdem werden damit bestimmte UNIX-Workstations und Apple-Macintosh-Systeme charakterisiert, wenn diese ebenfalls den Einsatz von MS-DOS-Programmen erlauben.

kompilieren *Vb.* (compile)
Das Übersetzen des gesamten Quellcodes eines Programms von einer Hochsprache in den Objektcode. Erst nach diesem Vorgang kann das jeweilige Programm gestartet werden. Der Objektcode stellt einen ausführbaren Maschinencode oder eine Variante eines Maschinencodes dar. Im weiteren Sinn bezieht sich »kompilieren« auch auf das Übersetzen von einer symbolischen Beschreibung auf höherem Niveau in ein symbolisches oder maschinenlesbares Format auf niederem Niveau. Das Programm, das die Kompilierung durchführt, wird als »Compiler« bezeichnet.
→ *siehe auch Compiler, höhere Programmiersprache, Kompilierungszeit, Maschinencode, Quellcode.* → *Vgl. interpretieren.*

kompilieren und starten *Adj.* (compile-and-go)
Eigenschaft einer Entwicklungsumgebung, in der ein Programm automatisch nach der Kompilierung gestartet wird. → *siehe auch ausführen, kompilieren.*

Kompilierung, bedingte *Subst.* (conditional compilation)
→ *siehe bedingte Kompilierung.*

Kompilierungszeit *Subst.* (compile time)
Die Zeitdauer, die für die Kompilierung eines Programms erforderlich ist. Die Kompilierungszeit kann sich im Bereich vom Bruchteil einer Sekunde bis hin zu vielen Stunden bewegen, abhängig von der Größe und Komplexität des Programms, der Geschwindigkeit und der Strategie des Compilers, der Leistungsfähigkeit der Hardware und anderen Faktoren. → *siehe auch Compiler.*
Die Kompilierungszeit kann sich auch auf den Zeitpunkt beziehen, zu dem ein Programm kompiliert wird. Beispielsweise werten die meisten Programmiersprachen konstante Ausdrücke während der

Kompilierung aus, variable dagegen zur Laufzeit.
→ *siehe auch Laufzeit, Linkzeit.*

Kompilierung, Zuweisung bei *Subst.* (compile-time binding)
→ *siehe Zuweisung bei Kompilierung.*

Komplement *Subst.* (complement)
Vereinfacht ausgedrückt eine Zahl, die das »Spiegelbild« einer anderen Zahl (im selben Zahlensystem, z. B. im Zahlensystem zur Basis 10 oder zur Basis 2) darstellt. Komplemente werden häufig zur Darstellung negativer Zahlen verwendet. Im Computersektor sind zwei Arten von Komplementen gebräuchlich: Basis-minus-1-Komplemente und echte Komplemente. Ein Basis-minus-1-Komplement ist im Dezimalsystem (Basis 10) das Neunerkomplement und im Binärsystem (Basis 2) das Einerkomplement. Echte Komplemente sind im Dezimalsystem das Zehnerkomplement und im Binärsystem das Zweierkomplement. Das Zweierkomplement wird gewöhnlich bei der Datenverarbeitung zur Darstellung negativer Zahlen eingesetzt. → *siehe auch Einerkomplement, komplementäre Operation, Neunerkomplement, Zehnerkomplement, Zweierkomplement.*

komplementäre Operation *Subst.* (complementary operation)
In der Booleschen Logik eine Operation, die das entgegengesetzte Ergebnis in bezug auf eine andere Operation bei Verwendung gleicher Ausgangswerte erzeugt. Dazu ein Beispiel: Wenn A »wahr« ist, gibt NOT A (das Komplement von A) den Wert »falsch« zurück. → *siehe auch Boolesche Algebra.*

komplementärer Metalloxidhalbleiter *Subst.* (complementary metal-oxide semiconductor)
→ *siehe CMOS.*

Komplement, echtes *Subst.* (true complement)
→ *siehe Komplement.*

kompletter Bypass *Subst.* (total bypass)
Ein Kommunikationsnetzwerk, das die Orts- und Fernverbindungen des Telefonnetzes per Satellitenübertragung umgehen kann.

komplexe Zahl *Subst.* (complex number)
Eine Zahl in der Form »a + bi«, wobei »a« und »b« reelle Zahlen darstellen; »i« ist die Wurzel aus -1 und wird als »Imaginärteil« bezeichnet. Komplexe Zahlen können als Punkte auf einer zweidimensionalen Ebene gezeichnet werden, die als »komplexe Ebene« bezeichnet wird. Der Wert »a« wird dabei entlang der horizontalen Achse (der reellen Achse) und der Wert »b« entlang der vertikalen Achse (der imaginären Achse) abgebildet. → *Vgl. Realzahl.*

Komponente *Subst.* (component)
Allgemein ein Bestandteil eines größeren Systems oder einer größeren Struktur.
In der Programmierung eine individuelle, modulare Routine, die kompiliert und dynamisch gelinkt wurde und für den Einsatz in Verbindung mit anderen Komponenten oder Programmen bereitsteht. → *siehe auch kompilieren, linken, Modulbibliothek, Programm, Routine.*

Kompressor *Subst.* (compressor)
Ein Gerät, das bestimmte Parameter eines Signals – z. B. die Lautstärke – begrenzt, um die Effizienz der Übertragung zu steigern.

komprimieren *Vb.* (compress)
Das Reduzieren der Größe einer Dateneinheit, z. B. einer Datei oder einer Kommunikationsnachricht, so daß diese mit weniger Platz gespeichert oder mit einer geringeren Bandbreite übertragen werden kann. Daten werden im allgemeinen komprimiert, indem sich wiederholende Bitmuster entfernt und durch eine spezielle zusammengefaßte Form ersetzt werden, die weniger Speicherplatz benötigt. Bei der Dekomprimierung werden die Bitmuster wieder in der ursprünglichen Form hergestellt. Die sog. verlustfreie Komprimierung (*lossless compression*) muß bei Texten, Programmen und numerischen Datendateien angewendet werden. Das Gegenstück, die verlustreiche Komprimierung (*lossy compression*) eignet sich nur für Video- und Sounddateien. → *siehe auch verlustfreie Komprimierung, verlustreiche Komprimierung.*

komprimierte Datei *Subst.* (compressed file)
Eine Datei, deren Inhalt mit Hilfe eines speziellen Hilfsprogramms komprimiert wurde, so daß diese im Vergleich zum unkomprimierten (gewöhnlichen) Zustand weniger Speicherplatz auf der Festplatte oder einem anderen Datenträger beansprucht. → *siehe auch Installationsprogramm, LHARC, PKUNZIP, PKZIP, Utility-Programm.*

komprimierter Datenträger *Subst.* (compressed disk)
Eine Festplatte oder eine Diskette, deren effektive Speicherkapazität durch den Einsatz eines Komprimierungsprogramms, z.B. Stacker oder Double Space, erhöht wurde. → *siehe auch Komprimierung.*

komprimiertes Laufwerk *Subst.* (compressed drive)
Eine Festplatte, deren effektive Speicherkapazität durch den Einsatz eines Komprimierungsprogramms, z.B. Stacker oder Double Space, erhöht wurde. → *siehe auch Datenkomprimierung, komprimierter Datenträger.*

Komprimierung *Subst.* (compression)
→ *siehe Datenkomprimierung.*

Komprimierung, verlustfreie *Subst.* (lossless compression)
→ *siehe verlustfreie Komprimierung.*

Komprimierung, verlustreiche *Subst.* (lossy compression)
→ *siehe verlustreiche Komprimierung.*

Kondensator *Subst.* (capacitor)
Ein elektronisches Bauelement, das eine bestimmte elektrische Kapazität aufweist (also das Fassungsvermögen für elektrische Ladungen). Ein Kondensator besteht im allgemeinen aus zwei leitenden Platten, die durch ein isolierendes Material (Dielektrikum) getrennt sind. Davon ausgehend, daß die anderen physikalischen Größen konstant bleiben, nimmt die Kapazität eines Kondensators zu, wenn die Platten vergrößert oder der Abstand zwischen den Platten reduziert wird. Wird an den Kondensator eine Gleichspannung angelegt, fließt kein Strom. Bei Anlegen einer Wechselspannung fließt dagegen ein Strom, dessen Stärke von der Kapazität des Kondensators und von der Frequenz der Wechselspannung abhängt. → *siehe auch Kapazität.*

Konfektionsprogramm *Subst.* (canned program)
→ *siehe Konfektions-Software.*

Konfektionsroutine *Subst.* (canned routine)
Eine bereits bestehende Routine, die in ein Programm eingefügt und ohne Änderungen verwendet wird. → *siehe auch Bibliotheksroutine.*

Konfektions-Software *Subst.* (canned software)
Ein anderer Begriff für »Standard-Software«. Gemeint sind Programme, die sich an einen breiten Anwenderkreis richten – z.B. Textverarbeitungsprogramme und Tabellenkalkulationsprogramme – und typischerweise in hoher Stückzahl über den Fach- oder Versandhandel verkauft werden.

Konfiguration *Subst.* (configuration, setup)
In bezug auf einen einzelnen Mikrocomputer die Summe der internen und externen Komponenten, einschließlich Arbeitsspeicher, Laufwerke, Tastatur, Monitor sowie den (im allgemeinen) weniger kritischen Zusatzeinrichtungen wie Maus, Modem oder Drucker sowie die Einstellungen an den einzelnen Komponenten. Änderungen an diesen Einstellungen sind notwendig, um den Computer an die vorhandene Hardware, Software sowie an benutzerspezifische Vorlieben und Wünsche anzupassen. »Konfiguration« ist aber nicht nur ein abstrakter Begriff; auch Veränderungen an den Komponenten und den Einstellungen – also der *Vorgang* – wird als »Konfiguration« bezeichnet. Bei der softwarespezifischen Konfiguration werden dabei vor allem das Betriebssystem und diverse Gerätetreiber tangiert, wobei die Konfiguration meist über spezielle Konfigurationsdateien (z.B.

Kondensator: Der negative Pol wird beim Elektrolytkondensator durch einen vertikalen Streifen und einen verkürzten Anschlußdraht gekennzeichnet. Andere Kondensatoren, z.B. der Keramikkondensator, sind nicht polarisiert.

über die Dateien AUTOEXEC.BAT und CONFIG.SYS bei IBM-PCs und kompatiblen PCs) erfolgt. Die Konfiguration von Hardwarekomponenten geschieht häufig durch DIP-Schalter und Jumper, die sich direkt an den jeweiligen Komponenten befinden. Die korrekte Konfiguration stellt hierbei eine ordnungsgemäße Funktion der Geräte sicher. Obwohl sich die Systemkonfiguration ändern läßt (z.B. durch den Einbau von Zusatzspeicher oder einer zusätzlichen Festplatte), bleibt die grundlegende Struktur des Systems – seine Architektur – die gleiche. → *siehe auch AUTOEXEC.BAT, CONFIG.SYS.*
Bei Netzwerken bezieht sich die Konfiguration auf die Gesamtheit der im Netzwerk eingesetzten Hardware-Einrichtungen oder die grundsätzliche Gestaltung des Netzwerks – die Art und Weise, in der die Elemente miteinander verbunden sind.
Die Prozeduren zur Vorbereitung eines Programms oder einer Softwareanwendung für den Einsatz in einem Computer.

Konfigurationsdatei *Subst.* (configuration file)
Eine Datei, die maschinenlesbare Informationen für eine Hardware- oder Softwarekomponente enthält. Mit Hilfe von Konfigurationsdateien werden Einstellungen beeinflußt und damit die korrekte Funktionsweise und die Zusammenarbeit mit anderen Komponenten sichergestellt. Konfigurationsdateien können auch benutzerspezifische Informationen enthalten – z.B. in einem Netzwerk die Identifikationsnummer (ID), mit der die Anmeldung erfolgt.

Konkordanz *Subst.* (concordance)
Eine Liste von Wörtern eines Dokuments, die sowohl Verweise auf die Textpassagen, in denen die Wörter vorkommen, als auch einen Ausschnitt aus dem jeweiligen Kontext enthält.

Konkurrenz *Subst.* (contention)
In einem Netzwerk der »Wettbewerb« unter den Arbeitsstationen um eine Gelegenheit für die Nutzung einer Kommunikationsleitung oder einer Netzwerkressource. In der Grundbedeutung beschreibt die Konkurrenz eine Situation, in der mehrere Geräte zur selben Zeit einen Sendeversuch unternehmen und damit eine Kollision auf der Leitung verursachen. In etwas abgewandelter Bedeutung bezieht sich »Konkurrenz« auf eine Methode, mit deren Hilfe der Zugriff auf eine Kommunikationsleitung geregelt wird, wobei die Station das Senderecht erhält, die sich – nach bestimmten Regeln – gegenüber den anderen Arbeitsstationen durchsetzt. → *siehe auch CSMA/CD.* → *Vgl. Token Passing.*

Konsistenzprüfung *Subst.* (consistency check)
Eine Untersuchung, ob Datenelemente bestimmten Formaten, Grenzen oder anderen Parametern genügen und nicht in sich widersprüchlich sind. → *Vgl. Vollständigkeitsprüfung.*

Konsole *Subst.* (console)
Eine Steuereinheit, z.B. ein Terminal, über die Benutzer mit dem Computer kommunizieren. Bei Mikrocomputern umfaßt die Konsole das Gehäuse mit den Hauptkomponenten und Steuerelementen des Systems, wozu gelegentlich auch der Bildschirm und die Tastatur gerechnet werden. Beim Betriebssystem MS-DOS stellt die Konsole das primäre Eingabegerät (Tastatur) und primäre Ausgabegerät (Bildschirm) dar. Auf diesen Zusammenhang weist bereits der Gerätename der kombinierten Einheit aus Tastatur und Bildschirm hin, der mit »CON« (für »**con**sole«, zu deutsch »Konsole«) bezeichnet ist. → *siehe auch CON, Systemkonsole.*

Konstante *Subst.* (constant)
Bei der Programmierung ein benanntes Element, das während der gesamten Programmausführung einen konstanten Wert beibehält, im Gegensatz zu einer Variablen, deren Wert während der Ausführung geändert werden kann. → *Vgl. Variable.*

konstanter Ausdruck *Subst.* (constant expression)
Ein Ausdruck, der sich ausschließlich aus Konstanten zusammensetzt und dessen Wert sich folglich während der Programmausführung nicht ändert. → *Vgl. variabler Ausdruck.*

Konstellation *Subst.* (constellation)
In der Kommunikationstechnik ein Muster der möglichen Zustände einer Trägerschwingung, denen jeweils eine bestimmte Bitkombination zugeordnet ist. Eine Konstellation zeigt die Anzahl der Zustände, die sich als eindeutige Wechsel in einem Kommunikationssignal erkennen lassen, und damit die maximale Anzahl der Bits, die mit

Konstellation: 16-Punkt-Konstellation mit den möglichen Bit-Kombinationen

einem einzelnen Wechsel codiert werden können (äquivalent mit 1 Baud oder einem Ereignis). Die Abbildung zeigt eine 16-Bit-Konstellation, die in dieser Form bei der Quadraturamplitudenmodulation eingesetzt wird.

Konstruktion, computerunterstützte *Subst.* (computer-aided design)
→ *siehe CAD*.

Kontaktmanager *Subst.* (contact manager)
Eine Form einer spezialisierten Datenbank, die es den Benutzern erleichtert, die persönliche Kommunikation – per Telefon, E-Mail usw. – mit Kunden aufrechtzuerhalten. Kontaktmanager werden im großen Stil von Handelsvertretern und anderen Geschäftsleuten eingesetzt, die einen großen Kundenstamm aufweisen und diesen adäquat pflegen sowie Kontakte mit neuen Kunden knüpfen möchten. → *siehe auch Datenbank*.

kontextabhängig *Adj.* (context-dependent)
Eigenschaft eines Prozesses oder einer Reihe von Zeichen, deren Bedeutung von den jeweiligen Umgebungsbedingungen abhängig ist.

kontextbezogene Hilfe *Subst.* (context-sensitive help)
Form der Hilfestellung in einem Programm, bei der die erklärenden Informationen abhängig vom momentanen Arbeitsablauf (dem derzeit angewählten Befehl oder der derzeit durchgeführten Aktion) angezeigt werden.

kontextbezogenes Menü *Subst.* (context-sensitive menu)
Ein Menü, bei dem die einzelnen Menüpunkte abhängig vom Kontext entweder angeboten oder gesperrt werden. Gesperrte Menüpunkte werden zur besseren Unterscheidung meist in einer anderen Farbe (z.B. grau statt schwarz) angezeigt. Kontextbezogene Menüs kommen u.a. in Programmen unter Microsoft Windows zum Einsatz; der Menüpunkt »Bearbeiten/Kopieren« ist z.B. nur dann anwählbar, wenn derzeit ein Text oder ein anderes Objekt markiert ist.

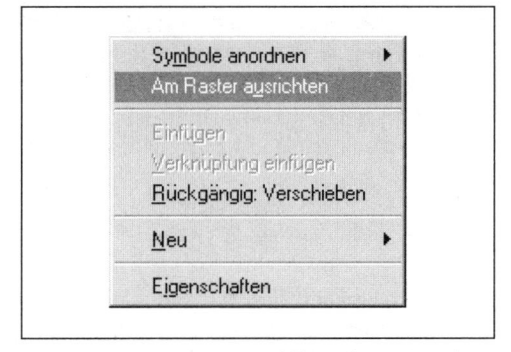

Kontextbezogenes Menü: Der Befehl »Einfügen« ist nicht aktiv, weil kein Inhalt in die Zwischenablage kopiert wurde

kontextbezogenes Multitasking *Subst.* (context switching)
Form des Multitasking, bei der der Prozessor von einem Task zu einem anderen umschaltet, im Gegensatz zu einem Multitasking, bei dem jedem der derzeit aktiven Tasks ein festes Zeitintervall der Prozessorzeit zugewiesen wird. → *siehe auch Multitasking, Zeitscheibe*.

kontextbezogene Suche *Subst.* (contextual search)
Eine Form einer Suchoperation, bei der spezifizierte Dateien nach einer bestimmten Folge von Textzeichen durchsucht werden. Im Gegensatz zu gewöhnlichen Suchvorgängen bezieht sich die Suche im allgemeinen nicht auf ein bestimmtes Datenfeld, sondern auf alle Datenfelder.

Kontextmenü *Subst.* (pop-up menu)
Bei einer grafischen Benutzeroberfläche ein Menü, das auf dem Bildschirm angezeigt wird, sobald der Benutzer ein bestimmtes Element auswählt. Kontextmenüs können in jedem Bildschirmbereich angezeigt werden und werden in der Regel ausge-

Pop-up-Menü

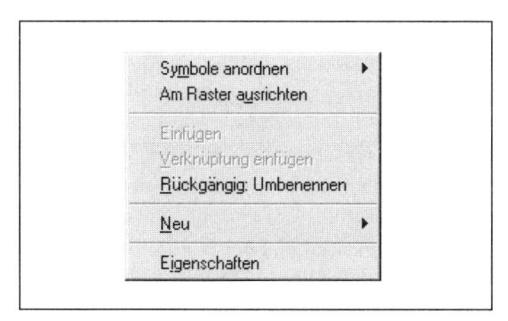

blendet, wenn ein Menüelement ausgewählt wird. → Vgl. *Drop-down-Menü, Pulldown-Menü.*

kontinuierliche Verarbeitung *Subst.* (continuous processing)
Die Verarbeitung von Transaktionen zu dem Zeitpunkt, zu dem diese dem System zugeführt werden. → Vgl. *Stapelverarbeitung.*

Kontrast *Subst.* (contrast)
Das Maß, das die Differenz zwischen den hellsten und den dunkelsten Bildpunkten bei einem Monitor oder einem Ausdruck angibt.

Kontrastregler *Subst.* (contrast, head, header, header record, home record)
Drehknopf bei einem Monitor, mit dem sich der Kontrast ändern läßt.

Kontrollelement *Subst.* (control)
In einer grafischen Benutzeroberfläche ein Bildschirmobjekt, das zum Start von Aktionen und zur Beeinflussung von Einstellungen dient. Die gebräuchlichsten Steuerelemente sind Optionsfelder und Kontrollkästchen (mit denen sich jeweils Optionen wählen lassen), Bildlaufleisten (die es erlauben, durch das Dokument zu blättern und eine bestimmte Stelle besonders schnell anzusteuern, um dort z.B. einen Text einzufügen) und Schaltflächen (die eine Aktion starten, z.B. eine bereits ausgewählte Datei öffnen).

Kontrollfeld *Subst.* (control panel)
→ siehe *Systemsteuerung.*

Kontrollkästchen *Subst.* (check box)
Ein interaktives Steuerelement, das häufig in grafischen Benutzeroberflächen zu finden ist. Kon-

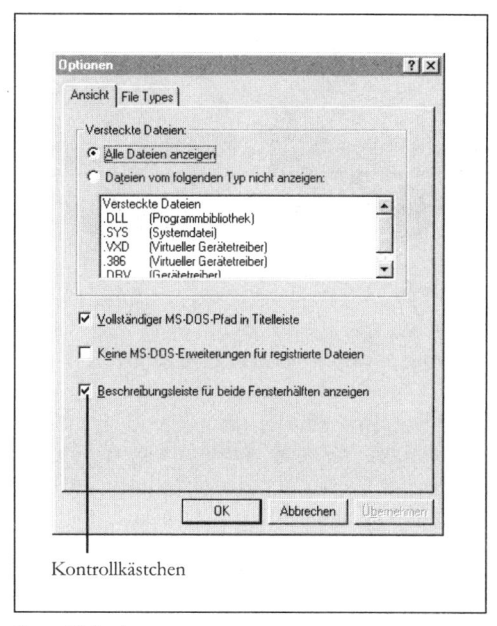

Kontrollkästchen

trollkästchen werden für das Aktivieren oder Deaktivieren einer Option aus einer Gruppe von Optionen verwendet. Eine aktivierte Option ist daran zu erkennen, daß im Kontrollkästchen ein * oder ein Häkchen angezeigt wird. → *siehe auch Steuerung.* → Vgl. *Optionsfeld.*

Kontrollstruktur *Subst.* (control structure)
Ein Bestandteil eines Programms, der die Abarbeitungsreihenfolge von Befehlen festlegt und bei der strukturierten Programmierung verwendet wird. Es gibt drei grundlegende Kontrollstrukturen: Folge, Selektion und Iteration. Bei der Folge – der einfachsten Kontrollstruktur – werden untereinanderstehende Befehle der Reihe nach abgearbeitet. Bei der Selektion werden die Programmteile abhängig von zutreffenden oder nicht zutreffenden Bedingungen ausgeführt. Die Iteration wiederholt eine Aktion so lange, bis eine Bedingung zutrifft.

Konturen *Subst.* (contouring)
Im Bereich der Computergrafik, z.B. in Verbindung mit CAD-Modellen, bezeichnet »Konturen« eine Darstellungsform, in der auch die Oberfläche eines Objektes zu sehen ist – mit allen Unebenheiten.
Bei der Bildverarbeitung der Verlust an Detailschärfe, der in einem schattierten Bild (z.B. in ei-

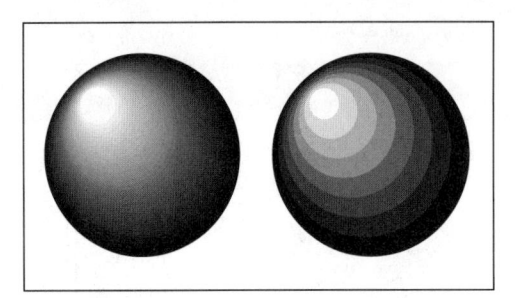

Konturen: Der linke Bereich enthält 32 Graustufen. Der Übergang von dunkel nach hell verläuft glatter als im rechten Bereich, der lediglich 8 Graustufen hat.

ner Fotografie) auftritt, wenn zu wenige Grauabstufungen bei der Reproduktion verwendet werden. Im Bereich der Fotografie und grafischen Gestaltung wird der Effekt manchmal als »Posterization« bezeichnet.

Konturschrift *Subst.* (outline font)
Auch als »Vektorschrift« oder »Outline-Schrift« bezeichnet. Eine Schrift, die in einem Computer oder Drucker als Satz von Umrissen für das Erzeugen von Buchstaben und sonstigen Zeichen eines Zeichensatzes gespeichert ist. Konturschriften sind Schablonen – keine feststehenden Punktmuster (Bitmaps) – und können daher ohne Qualitätsverlust auf einen bestimmten Schriftgrad skaliert (verkleinert oder vergrößert) werden. Aufgrund der Flexibilität der Konturschriften werden diese vorrangig beim Druck eingesetzt. Bei PostScript-Schriften (die in Verbindung mit einem PostScript-kompatiblen Laserdrucker verwendet werden) und TrueType-Schriften handelt es sich um Konturschriften. → *Vgl. Bildschirmschrift, Bitmap-Schrift, Vektorschrift.*

Konvention *Subst.* (convention)
Ein Standard, der mehr oder weniger universell in einer bestimmten Situation verwendet wird. Im Mikrocomputerbereich sind zahlreiche Konventionen verbreitet. Beispielsweise stützt sich eine Programmiersprache wie C auf formell erlaubte Symbole und Abkürzungen, die verwendet werden müssen. Weniger formell halten sich die Programmierer gewöhnlich an die Konventionen des Einrückens untergeordneter Befehle in einer Routine, so daß sich die Struktur des Programms optisch leichter erkennen läßt. Nationale und internationale Komitees befassen sich häufig mit der Erörterung und Klärung von Konventionen für Programmiersprachen, Datenstrukturen, Kommunikationsstandards und Geräte-Eigenschaften. → *siehe auch CCITT, ISO, NTSC, Standard.*

konventioneller Arbeitsspeicher *Subst.* (conventional memory)
Die Größe des RAM, die ein IBM-PC oder kompatibler Computer im Real Mode adressieren kann, typischerweise 640 Kilobyte (KB). Ohne den Einsatz spezieller Techniken stellt der konventionelle Arbeitsspeicher die einzige Form von RAM dar, der Programmen unter MS-DOS zur Verfügung steht. → *siehe auch Protected Mode, Real Mode.* → *Vgl. Erweiterungsspeicher, Expansionsspeicher.*

Konvergenz *Subst.* (convergence)
Eine gegenseitige Annäherung. Konvergenz läßt sich z. B. zwischen unterschiedlichen Disziplinen und Technologien beobachten – z. B. wenn Telefonkommunikation und Rechentechnik auf dem Gebiet der Telekommunikation konvergieren. In Verbindung mit einem Tabellenkalkulationsprogramm wird z. B. von »Konvergenz« gesprochen, wenn eine gegenseitig abhängige Menge von Formeln wiederholt neu berechnet wird (Iteration), um einen gesuchten Zielwert zu bestimmen. Mit jedem Iterationsschritt kommt das Ergebnis näher an eine richtige Lösung heran.

Konverter *Subst.* (converter)
Ein Gerät, das elektrische Signale oder Computerdaten von einer Form in eine andere umwandelt (konvertiert). Beispielsweise formt ein Analog-Digital-Wandler analoge Signale in digitale um.

Konvertierung *Subst.* (conversion)
Die Umwandlung von einem Format in ein anderes. In bezug auf Informationen handelt es sich dabei um einen Übergang, der die Form betrifft, aber nicht die Substanz. Folgende Konvertierungsarten lassen sich unterscheiden:

- **Datenkonvertierung**: Die Änderung der Informationsdarstellung – z. B. das Überführen der binären Darstellung in die dezimale oder hexadezimale.

- **Dateikonvertierung**: Umwandlung einer Datei von einem Format in ein anderes. Eine andere mehr ins Detail gehende Art der Dateikonvertierung schließt die

Änderung von Zeichencodierungen von einem Standard in einen anderen ein z.B. die Codierung von EBCDIC-Zeichen (die hauptsächlich in Verbindung mit Großrechnern verwendet werden) in ASCII-Zeichen. *siehe auch ASCII EBCDIC.*

- **Hardwarekonvertierung**: Die Anpassung eines kompletten Computersystems oder eines Teils davon so daß dieses in Verbindung mit neuen oder andersartigen Geräten eingesetzt werden kann.

- **Medienkonvertierung**: Die Konvertierung von einem Speichermedium auf ein anderes – z.B. von einer Diskette auf ein Magnetband oder von einer 3,5-Zoll-Apple-Macintosh-Diskette auf eine 5,25-Zoll-MS-DOS-Diskette.

- **Softwarekonvertierung**: Die Änderung eines Programms so daß es auf einem anderen Computer als dem ursprünglichen eingesetzt werden kann. Gewöhnlich müssen hierfür tiefgreifende Änderungen am Programm vorgenommen werden – Konvertierungsprogramme können nur äußerst bedingt eingesetzt werden.

- **Systemkonvertierung**: der Umstieg von einem Betriebssystem auf ein anderes – z.B. von MS-DOS nach UNIX oder OS/2.

Konvertierungstabelle *Subst.* (conversion table)
Eine Tabelle, die einen Satz von Zeichen oder Zahlen enthält und die jeweiligen Entsprechungen in einem anderen Codierungsschema angibt. Bekannte Beispiele sind ASCII-Tabellen, die alle Zeichen und die entsprechenden ASCII-Werte aufweisen, sowie Umrechnungstabellen zwischen dezimal und hexadezimal. In den Anhängen A bis E finden sich diverse Konvertierungstabellen.

Konzentrator *Subst.* (concentrator)
Ein Gerät der Kommunikationstechnik, das Signale von mehreren Quellen – z.B. Terminals in einem Netzwerk – zu einem oder mehreren Signalen zusammenfaßt, bevor sie zu ihrem Bestimmungsort gesendet werden. → *Vgl. Multiplexer.*

Konzepthalter *Subst.* (copy holder)
Eine Art Klemmbrett oder ein ähnliches Hilfsmittel, mit dem sich ein gedrucktes Material (z.B. ein einzugebender Text) am Computerarbeitsplatz befestigen läßt, so daß es leicht eingesehen werden kann.

konzeptuelles Schema *Subst.* (conceptual schema)
Auch als »logisches Schema« bezeichnet. In einem Datenbankmodell, das eine Dreischema-Architektur unterstützt (wie sie durch ANSI/X3/SPARC beschrieben ist), eine Beschreibung des Informationsinhalts und der Struktur einer Datenbank. Ein konzeptuelles Schema liefert ein Modell der gesamten Datenbank und agiert somit als Bindeglied zu den beiden anderen Schematypen (intern und extern), die sich mit der Speicherung der Informationen und deren Präsentation für den Benutzer beschäftigen. Die Festlegung der Schemata erfolgt im allgemeinen mit Befehlen einer vom Datenbanksystem unterstützten Definitionssprache (DDL, data definition language). → *siehe auch internes Schema, Schema.*

kooperatives Multitasking *Subst.* (cooperative multitasking)
Eine Form des Multitasking, bei der ein oder mehrere Hintergrund-Tasks nur dann Verarbeitungszeit erhalten, wenn sich der Vordergrund-Task im Leerlauf befindet und die Hintergrundbearbeitung zuläßt, sich also gewissermaßen kooperativ verhält. Das kooperative Multitasking ist der vorrangige Modus beim Betriebssystem des Apple Macintosh. → *siehe auch kontextbezogenes Multitasking, Multitasking, Zeitscheibe.* → *Vgl. preemptives Multitasking.*

kooperative Verarbeitung *Subst.* (cooperative processing)
Ein für verteilte Systeme charakteristischer Betriebsmodus, bei dem zwei oder mehr Computer, z.B. ein Großrechner und ein Mikrocomputer, gleichzeitig Teile desselben Programms ausführen oder dieselben Daten bearbeiten. → *Vgl. verteilte Datenverarbeitung.*

Koordinate *Subst.* (coordinate)
Ein Element in einer Gruppe von Bezügen auf eine bestimmte Position, z.B. den Schnittpunkt einer bestimmten Zeile und Spalte. In der Computergrafik und bei Monitoren legen Koordinaten Elemente fest, z.B. Punkte auf einer Linie, Ecken eines Quadrats oder die Lage eines Pixels auf dem Bildschirm. In anderen Anwendungen spezifizieren Koordinaten z.B. Zellen in einem Tabellenblatt, Datenpunkte auf einem Graphen, Positionen im Arbeitsspeicher usw. → *siehe auch kartesische Koordinaten, Polarkoordinaten.*

Koordinaten, absolute *Subst.* (absolute coordinates)
→ *siehe absolute Koordinaten.*

koordinatenbezogene Positionierung *Subst.* (coordinate dimensioning)
Eine Form der räumlichen Lagebeschreibung, bei der Punkte relativ zu einem festgelegten Bezugspunkt als Entfernung und Richtung in bezug auf die Achsen eines Koordinatensystems beschrieben werden. → *siehe auch dreidimensionales Modell, kartesische Koordinaten, zweidimensionales Modell.*

Koordinaten, kartesische *Subst.* (Cartesian coordinates)
→ *siehe kartesische Koordinaten.*

Koordinaten, relative *Subst.* (relative coordinates)
→ *siehe relative Koordinaten.*

Kopf *Subst.* (contrast, head, header, header record, home record)
Der Schreib-Lese-Mechanismus in einem Diskettenlaufwerk oder einem Magnetbandlaufwerk. Der Kopf wandelt Änderungen im magnetischen Feld des Materials auf der Diskette oder der Bandoberfläche in wechselnde elektrische Signale um (oder umgekehrt). Die meisten Diskettenlaufwerke enthalten einen Kopf für jede Oberfläche, der sich sowohl lesen als auch beschreiben läßt.
In bezug auf den Aufbau von Daten stellt ein Kopf eine Datenstruktur dar, die die nachfolgenden Informationen identifiziert, z.B. ein Byte-Block in der Kommunikation, eine Datei auf einem Datenträger, ein Datensatz in einer Datenbank oder ein ausführbares Programm.
In der Programmierung bezeichnet »Kopf« die Zeilen eines Programms, die die nachfolgenden Programme, Funktionen oder Prozeduren identifizieren und beschreiben. Diese Zeilen stehen am Anfang des Quellcodes oder des jeweiligen Abschnitts im Quellcode, daher die Bezeichnung.

Kopfberuhigungszeit *Subst.* (settling time)
Die Zeit, die der Lese-/Schreibkopf eines Festplattenlaufwerks nach einer Positionsänderung zur Stabilisierung seiner Lage auf einer neuen Spur benötigt.

Kopfdatensatz *Subst.* (contrast, head, header, header record, home record)
Der erste Datensatz in einer Folge von Datensätzen.

Kopfmarken-Label *Subst.* (header label)
Eine Anfangsstruktur (z.B. ein eröffnender Datensatz) in der linearen Organisation einer Datei oder einer Kommunikation, die die Länge, den Typ und die Struktur der nachfolgenden Daten beschreibt.
→ *Vgl. Endmarken-Label.*

Kopfpositionierung *Subst.* (head positioning)
Die Bewegung des Lese-/Schreibkopfes eines Diskettenlaufwerks auf die gewünschte Spur zum Lesen und Schreiben.

Kopfreiniger *Subst.* (head-cleaning device)
Eine Vorrichtung, die eine kleine Menge von Reinigungsflüssigkeit an einen Magnetkopf abgibt, um den angesammelten Bandabrieb zu beseitigen.

Kopfumschaltung *Subst.* (head switching)
Die elektrische Umschaltung zwischen mehreren Lese-/Schreibköpfen in einem Diskettenlaufwerk.

Kopfzeile *Subst.* (header, heading)
In der Textverarbeitung und beim Drucken Text, der am oberen Blattrand erscheint. Eine Kopfzeile kann für die erste Seite, auf allen Seiten nach der ersten Seite oder auf ungeraden Seiten festgelegt werden. Sie enthält in der Regel die Seitennummer und kann auch das Datum, den Titel oder andere Informationen eines Dokuments anzeigen.
→ *auch genannt lebender Kolumnentitel.* → *Vgl. Fußzeile.*

kopieren *Vb.* (copy)
Das Duplizieren von Informationen und das Reproduzieren in einem anderen Teil eines Dokuments, in einer anderen Datei, an einer anderen Position im Arbeitsspeicher oder auf einem anderen Medium. Der Umfang der von einer Kopieroperation einbezogenen Daten kann von einzelnen Zeichen bis hin zu großen Textabschnitten, Grafiken oder mehreren Dateien reichen. Texte und Grafiken lassen sich z.B. in einen anderen Teil eines Dokuments, in einen temporären Zwischenspeicher (z.B. in die Zwischenablage von Windows oder dem Apple Macintosh) oder in eine andere

Datei kopieren. Ebenso können Dateien von einer Diskette auf eine andere oder von einem Verzeichnis in ein anderes kopiert werden. Daneben lassen sich Daten vom Bildschirm auf den Drucker ausgeben oder in eine Datendatei schreiben. In den meisten Fällen bleiben die Originaldaten bei einem Kopiervorgang unverändert auf ihrem ursprünglichen Platz erhalten. → *Vgl. Ausschneiden und Einfügen, verschieben.*

Kopierprogramm *Subst.* (copy program)
Ein Programm, das zum Duplizieren einer oder mehrerer Dateien in ein anderes Verzeichnis bzw. auf einen anderen Datenträger dient.

Kopierschutz *Subst.* (copy protection)
Eine softwaremäßige (manchmal auch eine hardwaremäßige) Schutzvorrichtung, die der Hersteller in ein Programm einbaut, um das Kopieren und die unberechtigte Weitergabe des Programms zu verhindern.

koresident *Adj.* (coresident)
Eigenschaft eines Zustands, bei dem zwei oder mehrere Programme zur gleichen Zeit in den Speicher geladen wurden.

Korn-Shell *Subst.* (Korn shell)
Eine Befehlszeilen-Schnittstelle von UNIX, die die Funktionen der Bourne- und C-Shells verbindet. Die Korn-Shell ist mit der Bourne-Shell kompatibel, bietet jedoch auch die Befehlspuffer und die Bearbeitungsfunktion der Befehlszeilen der C-Shell. → *siehe auch Befehlszeilen-Schnittstelle, Shell, UNIX.* → *Vgl. Bourne-Shell, C-Shell.*

Koronadraht *Subst.* (corona wire)
Ein Draht in Laserdruckern, an den eine Hochspannung angelegt wird, um die Luft zu ionisieren. Auf diese Weise wird eine einheitliche elektrostatische Ladung auf das fotoempfindliche Medium übertragen. Dieser Vorgang dient dazu, das auf der Bildtrommel durch den Laser erzeugte Bild kurzzeitig zu fixieren, so daß der Toner aufgetragen werden kann.

Koroutine *Subst.* (coroutine)
Eine Routine, die sich gleichzeitig mit einer anderen Routine im Speicher befindet und häufig parallel zu dieser ausgeführt wird.

Korrespondenzdrucker *Subst.* (letter-quality printer)
Jeder Drucker, der Ausgaben mit einer für Geschäftsbriefe ausreichenden Qualität liefert. → *siehe auch Laserdrucker, Typenraddrucker.*

Korrespondenzdruckqualität *Adj.* (letter quality)
Eine gegenüber der Entwurfsqualität deutlich bessere Qualitätsstufe bei Matrixdruckern. Aus der Bezeichnung geht bereits hervor, daß sich die Korrespondenzdruckqualität durch ein scharfes und ausreichend dunkles Schriftbild auszeichnet und damit für Geschäftsbriefe eignet. → *siehe auch Druckqualität.* → *Vgl. Entwurfsqualität, Near Letter Quality.*

Korrespondenzqualität *Subst.* (correspondence quality)
→ *siehe Druckqualität.*

korrigierbarer Fehler *Subst.* (recoverable error)
Ein Fehler, der sich per Software erfolgreich abfangen läßt. Gibt beispielsweise der Benutzer eine Ziffer ein, obwohl ein Buchstabe angefordert wird, kann das Programm diesen Fehler korrigieren, indem es eine Fehlermeldung ausgibt und den Benutzer zu erneuter Eingabe auffordert.

Kosten-Nutzen-Analyse *Subst.* (cost-benefit analysis)
Der Vergleich des Nutzens eines bestimmten Elements oder einer bestimmten Aktion in Relation zu den dadurch entstehenden Kosten. Derartige Analysen werden häufig in MIS- oder IS-Abteilungen durchgeführt, um herauszufinden, ob z.B. die Anschaffung eines neuen Computersystems eine sinnvolle Investition darstellt oder ob die Einstellung zusätzlicher Mitarbeiter notwendig ist. → *siehe auch IS, MIS.*

.kp
Im Internet ein Kürzel für die übergreifende Länder-Domäne, die eine Adresse in Nordkorea angibt.

.kr
Im Internet ein Kürzel für die übergreifende Länder-Domäne, die eine Adresse in Südkorea angibt.

K&R-C *Subst.* (K&R C)
Abkürzung für »Kernighan und Ritchie C«. Variante der Programmiersprache C, die von den C-Begründern Brian W. Kernighan und Dennis Ritchie definiert wurde. K&R-C stellte den inoffiziellen Standard für C dar, bevor durch das ANSI-Komitee ein stärker formaler C-Standard entwickelt wurde. → *siehe auch C.*

Kreisdiagramm *Subst.* (pie chart)
→ *siehe Tortengrafik.*

kreisförmige Liste *Subst.* (circular list)
Eine verknüpfte oder verkettete Liste, bei der die Verarbeitung wie in einem Ring durch alle Elemente fortgesetzt wird und an den Ausgangspunkt zurückkehrt, unabhängig davon, an welcher Stelle sich dieser Punkt in der Liste befindet. → *siehe auch verkettete Liste.*

Kreuzschraffur *Subst.* (cross-hatching)
Eine Schraffur in der Form eines Gittermusters aus zwei Sätzen sich kreuzender Linien. Die Kreuzschraffur ist eine der zahlreichen Methoden zum Ausfüllen von Flächen in einer Grafik.

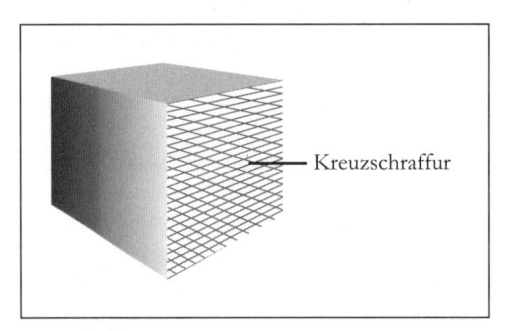

Kreuzschraffur

kritischer Fehler *Subst.* (critical error)
Ein Fehler, der zu einer Unterbrechung der Verarbeitung führt, bis der kritische Zustand entweder per Software oder durch Mitwirkung der Benutzer korrigiert wird. Ein kritischer Fehler kann z. B. auftreten, wenn versucht wird, auf das Diskettenlaufwerk zuzugreifen, ohne daß sich eine Diskette im Laufwerk befindet, wenn beim Druck der Papiervorrat erschöpft ist oder wenn bei einer empfangenen Nachricht ein Prüfsummenfehler festgestellt wurde.

kryoelektronisch *Adj.* (cryoelectronic)
Eigenschaft von Systemen, bei denen auf Supraleitern basierende elektronische Schaltungen eingesetzt werden. Dabei wird eine kryogenische (kälteerzeugende) Umgebung vorausgesetzt, da sich die Supraleitfähigkeit erst bei extrem niedrigen Temperaturen einstellt. Die Supraleitfähigkeit ermöglicht den praktisch verlustfreien Stromtransport.

Kryptoanalyse *Subst.* (cryptoanalysis)
Die Technik der Entschlüsselung von elektronisch codierten Informationen, deren Schlüssel nicht bekannt ist. → *siehe auch Kryptographie, Verschlüsselung.*

Kryptographie *Subst.* (cryptography)
Der Einsatz von Codes, um Daten so umzuwandeln, daß nur der Empfänger, dem der entsprechende Schlüssel bekannt ist, die Daten lesen kann. Das größte Problem bei der Kryptographie liegt darin, daß der Schlüssel an den Empfänger übertragen werden muß. Dabei besteht die Gefahr, daß der Schlüssel von unberechtigten Personen abgefangen wird. Die Public-Key-Verschlüsselung, ein relativ neues Verfahren, das auf dem Vorhandensein zweier Schlüssel basiert – ein öffentlicher und ein privater –, weist signifikante Vorteile auf, da sie das Problem der Schlüsselübertragung elegant löst. → *siehe auch kodieren, öffentlicher Schlüssel, PGP, privater Schlüssel, Verschlüsselung.*

KSR-Terminal *Subst.* (KSR terminal)
Abkürzung für **Keyboard Send/Receive Terminal**. Eine Terminalart, die ausschließlich die Eingabe von einer Tastatur akzeptiert, und keinen Bildschirm verwendet, sondern einen internen Drukker einsetzt, um die Tastatureingabe und die Ausgabe anzuzeigen, die vom Sende-Terminal empfangen wird. → *siehe auch TTY.*

Kühlkörper *Subst.* (heat sink)
Ein Bauteil, das die von einem elektrischen Bauelement erzeugte Wärme aufnimmt und verteilt, um eine Überhitzung zu vermeiden. Kühlkörper sind in der Regel aus Metall und mit Kühlrippen versehen, die für die Abgabe von Wärme in die Umgebungsluft verantwortlich sind. → *siehe auch Kühlkörper.* → *Vgl. Röhren-Kühlkörper.*

Kühlkörper

künstliche Intelligenz *Subst.* (artificial intelligence)
Abkürzung: AI, im Deutschen auch KI. Der Zweig der Informatik, der sich mit der Nachbildung bestimmter Aspekte menschlicher Intelligenz auf Computersystemen beschäftigt wie Spracherkennung, Deduktion, Inferenz, kreativem Verhalten, der Fähigkeit, aus eigener Erfahrung zu lernen, und der Fähigkeit, Schlußfolgerungen aus unvollständigen Informationen zu ziehen. Zwei Gebiete der künstlichen Intelligenz, auf denen geforscht wird, sind die Entwicklung von Expertensystemen und die Verarbeitung natürlicher Sprache. → *siehe auch Expertensystem, natürlichsprachliche Verarbeitung.*

künstliches Leben *Subst.* (artificial life)
Abkürzung: AL, A-Life, im Deutschen auch KL. Der Zweig der Informatik, der sich mit der Nachbildung bestimmter Aspekte des Verhaltens lebender Organismen beschäftigt. Künstliches Leben schließt Systeme ein, in denen Programme versuchen, bestimmte Aufgaben im Wettbewerb mit anderen Programmen durchzuführen, wobei sich ein Erfolg positiv auf die eigene Reproduktion auswirkt. Die Nachkommen sind Reproduktion des Vorgänger-Programmcodes, in den zufällige Abweichungen (Mutationen) eingebaut werden, so daß die Reproduktion einem ständigen Wandel unterworfen ist. Die Programme treten dabei so lange mit immer neuen Modifikationen in den Wettbewerb, bis eine optimale Lösung für das Problem gefunden ist.

künstliches neuronales Netzwerk *Subst.* (artificial neural network)
Eine Anwendung im Bereich der künstlichen Intelligenz. Die dabei eingesetzte Software basiert auf Konzepten, die biologischen neuronalen Netzwerken entnommen wurden, und führt die ihr aufgetragene Aufgabe auf anpassende Weise durch.

Kugelkopf *Subst.* (type ball)
Eine kleine Kugel, die auf dem Druckkopf eines Druckers oder einer Schreibmaschine (z. B. IBM Selectric) montiert ist und alle Zeichen eines bestimmten Zeichensatzes auf ihrer Oberfläche trägt. Die Kugel ist drehbar, um das gewünschte Zeichen in Richtung des Farbbandes auszurichten, bevor es auf das Papier gedruckt wird.

Kugelkopf

Kugelkopfdrucker *Subst.* (ball printer)
Ein Anschlagdrucker, der mit einem Kugelkopf – einem kleinen kugelförmigen Druckkopf mit auf der Oberfläche reliefartig angebrachten Schrifttypen – arbeitet. Beim Druckvorgang wird der Kugelkopf so gedreht und gekippt, daß das gewünschte Zeichen in die entsprechende Position gebracht wird, und abschließend gegen ein Farbband gedrückt. Die Kugelkopftechnik kam erstmals in der Selectric-Schreibmaschine von IBM zum Einsatz.

kugelsicher *Adj.* (bulletproof)
Umgangssprachlicher Ausdruck für die Eigenschaft eines sehr stabil arbeitenden Systems, das auch bei bestimmten hardwaremäßigen Problemen korrekt weiterarbeitet, die bei anderen Systemen zu einem Abbruch führen können.

kundenspezifische Software *Subst.* (custom software)
Ein Programm, das für bestimmte Kunden entwickelt oder an spezielle Bedürfnisse angepaßt wird. Kundenspezifische Software muß jedoch nicht unbedingt neu entwickelt werden. Viele Programme, z. B. dBASE und Lotus 1-2-3, verfügen über mächtige Konfigurationsfunktionen und eine hohe Flexibilität, so daß sie auch an sehr spezielle Wünsche und Umgebungen angepaßt werden können. → *siehe auch CASE.*

Kursivschrift *Subst.* (italic)
Ein Schriftstil, bei dem die Zeichen gleichmäßig nach rechts geneigt sind. *Dieser Satz ist kursiv dargestellt.* Die Kursivschrift wird z. B. für Hervorhebungen, fremdsprachige Wörter und Begriffe, Titel von Büchern und andere Publikationen, technische Begriffe sowie Zitate verwendet. → *siehe auch Schriftfamilie.* → *Vgl. Roman.*

kurze Karte *Subst.* (short card)
Eine Erweiterungskarte für einen IBM-PC, die nur halb so lang ist wie das Standardformat. → *siehe auch gedruckte Leiterplatte.* → *auch genannt halbe Karte.*

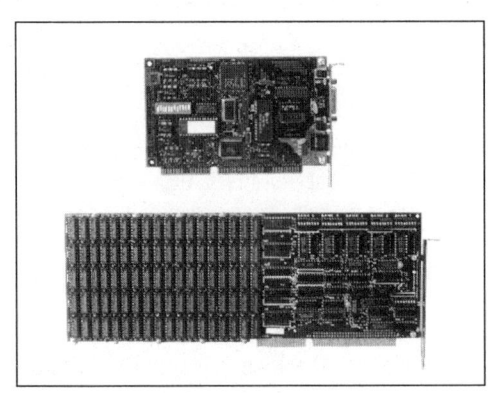

Kurze Karte: Oben eine kurze Karte, unten eine Standardkarte.

kurzer Transportweg *Adj.* (short-haul)
Ein Begriff, der Übertragungsvorrichtungen kennzeichnet, die ein Signal über eine Übertragungsstrecke mit einer Distanz von weniger als 30 Kilometer übertragen. → *Vgl. langstreckengeeignet.*

Kurzschluß-Auswertung *Subst.* (short-circuit evaluation)
Eine Methode zur Auswertung Boolescher Ausdrücke, bei der die Auswertung nur so weit durchgeführt wird, bis das Ergebnis feststeht. → *siehe auch AND, Boolescher Operator, OR.*

.kw
Im Internet ein Kürzel für die übergreifende Länder-Domäne, die eine Adresse in Kuwait angibt.

KWIC *Subst.*
→ *siehe Stichwortanalyse.*

.ky
Im Internet ein Kürzel für die übergreifende Länder-Domäne, die eine Adresse auf den Caymaninseln angibt.

Kybernetik *Subst.* (cybernetics)
Die Lehre von Regelungssystemen (wie dem Nervensystem) in lebenden Organismen und der Entwicklung äquivalenter Systeme in elektronischen und mechanischen Geräten. In der Kybernetik werden Ähnlichkeiten und Unterschiede zwischen lebenden und nichtlebenden Systemen verglichen, unabhängig davon, ob diese Individuen, Gruppen oder Gemeinschaften umfassen. Kybernetik stützt sich dabei auf Kommunikations- und Steuerungstheorien, die sich auf lebende, nichtlebende oder auf beide Systeme anwenden lassen. → *siehe auch Bionik.*

.kz
Im Internet ein Kürzel für die übergreifende Länder-Domäne, die eine Adresse in Kasachstan angibt.

L

L1-Cache *Subst.* (L1 cache)
Ein Speicher-Cache, der in den Prozessoren ab der Generation i486 integriert ist. Der L1-Cache, der in der Regel 8 KB enthält, kann in einem einzelnen Taktzyklus gelesen werden. Deshalb wird dieser zuerst verwendet. Der Prozessor i486 enthält einen L1-Cache. Der Pentium-Prozessor verfügt über zwei L1-Caches, wobei ein Cache für Code und der andere Cache für Daten verwendet wird. → *siehe auch i486DX, L1-Cache, Pentium.* → *auch genannt Level 1-Cache, On-Chip-Cache.* → *Vgl. L2-Cache.*

L2-Cache *Subst.* (L2 cache)
Ein Speicher-Cache, der aus einem statischen RAM auf einer Hauptplatine besteht, auf der sich ein Prozessor ab der Generation i486 befindet. Der L2-Cache, der in der Regel 128 KB bis 1 MB enthält, ist zwar schneller als der System-DRAM, jedoch langsamer als der L1-Cache, der im CPU-Chip integriert ist. → *siehe auch CCITT, DRAM, i486DX, statisches RAM.* → *auch genannt Level 2-Cache.* → *Vgl. L1-Cache.*

L8R *Adv.*
Wenn man die Zahl »8« englisch ausspricht (eight), ergibt sich das englische Wort »later«. L8R wird gelegentlich bei »See you later« verwendet, das häufig als Grußformel (deutsch: »Bis bald« oder »Bis demnächst«) in E-Mail-Nachrichten oder Usenet Groups benutzt wird.

.la
Im Internet ein Kürzel für die übergreifende Länder-Domäne, die eine Adresse in Laos angibt.

Label *Subst.* (label)
Ein Bezeichner. Ein Label kann ein physikalisches Element sein, beispielsweise ein Aufkleber zur Identifizierung einer Diskette oder einer anderen Computerausrüstung oder eine elektronische Beschriftung, die Disketten oder Festplatten hinzugefügt wird. Es kann sich auch um ein Wort, ein Symbol oder eine andere Zeichenfolge handeln, die man zur Identifizierung einer Datei, eines Speichermediums, eines in einem Computerprogramm definierten Elements oder eines spezifischen Elements in einem Dokument (beispielsweise einem Tabellenblatt oder Diagramm) verwendet. → *siehe auch Bezeichner.*

Label-Präfix *Subst.* (label prefix)
Ein Label-Präfix ist in einer Tabelle das Anfangszeichen eines Zelleneintrags, das den Programmeintrag als Label kennzeichnet.

ladbare Schrift *Subst.* (downloadable font)
Ein Zeichensatz, der auf einen Datenträger gespeichert ist und bei Bedarf zum Ausdrucken eines Dokuments an den Druckers übertragen (d.h. in den Druckerspeicher geladen) wird. Ladbare Schriften werden am häufigsten bei Laserdruckern und anderen Seitendruckern eingesetzt, obwohl viele Matrixdrucker ebenfalls damit arbeiten können. → *auch genannt Softfont.*

Lademodul *Subst.* (load module)
Ein ausführbarer Codeabschnitt, der durch den Lader in den Speicher gebracht wird. Ein Programm besteht aus einem oder mehreren derartiger Modulen, die sich, jeweils unabhängig voneinander, laden und ausführen lassen. → *siehe auch Lader.*

laden *Vb.* (load)
Informationen von einem Speichermedium in den Arbeitsspeicher bringen, um sie entweder zu verarbeiten (bei Daten) oder auszuführen (bei Programmcode).

Laden und Starten *Adj.* (load-and-go)
Eine Routine, die nach dem Laden unmittelbar ausgeführt (gestartet) wird. Man bezieht sich da-

bei häufig auf den Maschinencode, den ein Compiler erzeugt.

Laden, virtueller *Subst.* (virtual storefront)
→ *siehe virtueller Laden.*

Ladenzeile *Subst.* (storefront)
→ *siehe virtueller Laden.*

Ladepunkt *Subst.* (load point)
Der Anfang des gültigen Datenbereichs auf einem Magnetband.

Lader *Subst.* (loader)
Ein Dienstprogramm, das ablauffähigen Programmcode zur Ausführung in den Arbeitsspeicher lädt. Bei den meisten Mikrocomputern ist der Lader ein unsichtbarer Teil des Betriebssystems und wird automatisch beim Aufruf eines Programms aktiviert. → *siehe auch Lademodul, Laderoutine.*

Laderoutine *Subst.* (loader routine)
Eine Routine, die ausführbaren Code in den Hauptspeicher lädt und ihn startet. Eine Laderoutine kann sowohl Teil eines Betriebssystems sein als auch zum Programm selbst gehören. → *siehe auch Lader, überlagern.*

Ladung *Subst.* (charge)
Eine Eigenschaft von Elementarteilchen, die entweder eine negative oder eine positive Ladung aufweisen können. In der Elektronik stellt eine Ladung entweder einen Überschuß an Elektronen (negative Ladung) oder ein Defizit an Elektronen (positive Ladung) dar. Die Einheit der elektrischen Ladung ist »Coulomb« (Abkürzung: C). 1 Coulomb entspricht $6{,}28 * 10^{18}$ Elementarladungen (Elektronen).

Ländercode *Subst.* (country code)
→ *siehe Länderkürzel.*

Länderkürzel *Subst.* (major geographic domain)
Eine Zeichenfolge in einer Internet-Domänen-Adresse, die aus zwei Zeichen besteht und das Land angibt, in dem der Host installiert ist. Das Länderkürzel ist der letzte Bestandteil der Domänen-Adresse. Vor dem Länderkürzel stehen die Codes für die Teildomäne und die Domäne. So gibt »imsdd.meb.uni-bonn.de« den Host der Universitätsklinik Bonn an. Weitere Beispiele sind »uiuc.edu.us« (Universität Illinois, USA) und »cam.ac.uk« (Universität von Cambridge, Großbritannien). → *siehe auch Domänen-Adresse.* → *auch genannt Ländercode.*

Länge *Subst.* (length)
Die Anzahl aufeinanderfolgender Speichereinheiten, die ein bestimmtes Objekt (z. B. eine Datei auf Diskette oder eine Datenstruktur in einem Programm) einnimmt. Die Länge wird typischerweise in Einheiten von Bit, Byte oder Blöcken angegeben.

LAN *Subst.*
Abkürzung für Local Area Network. Ein lokales Netzwerk, das aus einer Gruppe von Computern und anderen Geräten besteht, die über einen relativ begrenzten Bereich verteilt und durch Kommunikationsleitungen verbunden sind, die jedem Gerät die Interaktion mit jedem anderen Gerät im Netzwerk ermöglichen. LANs bestehen häufig aus Mikrocomputern und gemeinsam genutzten Ressourcen, z. B. Laserdruckern und großen Festplatten. Die an einem LAN angeschlossenen Geräte bezeichnet man als Knoten. Die Verkabelung der Knoten untereinander stellt die Übertragung der Nachrichten sicher. → *siehe auch Basisband-Netzwerk, Breitband-Netzwerk, Bus-Netzwerk, CSMA/CD, Kollisionserkennung, Kommunikationsprotokoll, Konkurrenz, Netzwerk, Ring-Netzwerk, Stern-Netzwerk, Token-Bus-Netzwerk, Token Passing, Token-Ring-Netzwerk.* → *Vgl. Weitbereichsnetz.*

landesspezifisch *Adj.* (country-specific)
Eigenschaft von Hardware- und Softwarekomponenten, die spezielle Zeichen oder Konventionen verwenden, die für ein bestimmtes Land oder eine bestimmte Region von Bedeutung sind. »Landesspezifisch« bezieht sich dabei nicht nur auf die Landessprache, obwohl damit in der Regel sprachspezifische Sonderzeichen verbunden sind (z. B. Akzentzeichen), sondern auch auf weitere landesspezifische Charakteristika. Dazu gehören u. a. das Tastaturlayout (einschließlich der Tasten für Sonderzeichen), Konventionen zur Darstellung von Zeit und Datum, Zahlenschreibweisen im Finanzwesen, Währungssymbole (z. B. für das Britische Pfund, den US-Dollar oder der Japanische Yen),

Dezimalnotation (Dezimalpunkt oder Dezimalkomma für gebrochene Werte), Papierformate und die alphabetische Sortierfolge. Die Berücksichtigung derartiger landesspezifischer Eigenheiten geschieht entweder durch das Betriebssystem – z.B. bei MS-DOS mit Hilfe der Befehle »keyb« (für »keyboard«) und »country« – oder durch entsprechende Funktionen in den Anwendungen. Diese Funktionen erlauben es, Dokumente anzufertigen, in denen nationale Eigenheiten oder internationale Standards berücksichtigt werden. Es gibt aber auch Anwendungen ohne Anpassungsmöglichkeit; derartige Programme sind dann auf ein Land oder eine Region fixiert und können in anderen Ländern oder Regionen kaum sinnvoll eingesetzt werden.

LAN, drahtloses *Subst.* (wireless LAN)
→ *siehe drahtloses LAN.*

lange Dateinamen *Subst.* (long filenames)
Eine aktuelle Funktion für PC-Betriebssysteme, insbesondere Windows 95, Windows NT und OS/2, die es den Benutzern ermöglicht, Dateien Namen unter Verwendung von Fließtext zuzuweisen. Zuvor war nämlich die Anzahl der Zeichen auf acht eingeschränkt. Die Namen können jetzt über 200 Zeichen lang sein. Außerdem sind Groß- und Kleinbuchstaben sowie Leerzeichen zulässig. → *Vgl. 8.3.*

langstreckengeeignet *Adj.* (long-haul)
Dieser Begriff bezieht sich auf ein Modem, das Daten über längere Entfernungen hinweg übertragen kann. → *Vgl. kurzer Transportweg.*

LAN-Manager *Subst.* (LAN Manager)
Eine von Microsoft entwickelte lokale Netzwerktechnologie, die von IBM (als IBM LAN Server) und anderen OEM-Herstellern vertrieben wird. LAN-Manager verbinden Computer, die unter den Betriebssystemen MS-DOS, OS/2 oder UNIX laufen, und erlauben die gemeinsame Nutzung von Dateien und Systemressourcen sowie das Starten von verteilten Anwendungen, die eine Client/Server-Architektur verwenden. → *siehe auch Client-Server-Architektur, LAN.*

LAN, virtuelles *Subst.* (virtual LAN)
→ *siehe virtuelles LAN.*

Laptop *Subst.* (laptop)
Ein kleiner tragbarer PC für die Reise, der über Akkus oder ein Wechselstromnetz betrieben werden kann. Laptops haben flache LCD- oder Plasmabildschirme sowie eine kleine Tastatur. Bei den meisten Laptops können die gleichen Programme wie auf Desktop-Computern ausgeführt und ähnliche Peripheriegeräte angeschlossen werden (z.B. Soundkarten, interne oder externe Modems sowie Disketten- und CD-ROM-Laufwerke). Einige Laptops können an eine Docking Station angeschlossen werden und entsprechen dann Desktop-Computern. Die meisten Laptops haben Schnittstellen für externe Tastaturen und Monitore. Ältere Laptops hatten ein Gewicht von bis zu 7 kg. Jetzige Versionen wiegen ohne Peripheriegeräte (z.B. Disketten- oder CD-ROM-Laufwerke) teilweise nur noch 2 kg. Der Begriff Laptop wird auch für *Notebooks* (neu entwickelte tragbare Computer, die noch leichter sind) verwendet. → *siehe auch portabler Computer.* → *Vgl. Subnotebook-Computer.*

Large-Modell *Subst.* (large model)
Ein Speichermodell der Intel-Speicherfamilie 80×86. Das Large-Modell erlaubt sowohl Code als auch Daten von mehr als 64 Kilobyte, wobei die Gesamtsumme beider Bereiche im allgemeinen kleiner als 1 Megabyte bleiben muß und eine Datenstruktur 64 KB nicht überschreiten darf. → *siehe auch Speichermodell.*

Laser *Subst.* (laser)
Abkürzung für **l**ight **a**mplification by **s**timulated **e**mission of **r**adiation, zu deutsch »Lichtverstärkung durch induzierte Emission von Strahlung«. Ein Gerät, das unter Ausnutzung bestimmter Quanteneffekte kohärentes Licht erzeugt, das sich mit größerer Effizienz gegenüber nichtkohärentem Licht ausbreitet, da der Strahl mit wachsender Entfernung von der Quelle nur leicht divergiert. Laser werden in der Computertechnologie eingesetzt, um Daten über Glasfaserkabel zu übertragen, Daten auf CD-ROMs zu lesen und zu schreiben sowie ein Bild auf die fotoempfindliche Trommel in Laserdruckern zu zeichnen.

Laserdrucker *Subst.* (laser printer)
Ein elektrofotografischer Drucker, dessen grundlegende Technik mit der eines Fotokopierers vergleichbar ist. Der Laserdrucker zeichnet mit Hilfe

L eines fokussierten Laserstrahls und eines rotierenden Spiegels ein Bild der gewünschten Seite auf eine fotoempfindliche Trommel. Dieses Bild wird auf der Trommel in eine elektrostatische Ladung konvertiert, die den Toner anzieht und festhält. Ein um die Trommel gerolltes, elektrostatisch geladenes Papier übernimmt den Toner von der Trommel. Das Fixieren des Toners auf dem Papierblatt erfolgt durch Hitzeeinwirkung. Schließlich wird die elektrische Ladung von der Trommel entfernt und der überschüssige Toner gesammelt. Um mehrere Kopien zu erzeugen, läßt man den letzten Schritt weg und wiederholt nur die Toner- und Papierbehandlungsschritte. Der einzige Nachteil von Laserdruckern besteht darin, daß sie weniger Flexibilität in der Papierbehandlung bieten als Matrixdrucker. Sowohl für Durchschlagformulare als auch für Breitdruck sind beispielsweise Matrixdrucker oder Typenraddrucker besser geeignet. → *siehe auch anschlagfreier Drucker, elektrofotografische Drucker, Seitendrucker.* → *Vgl. Ionenbeschußdrucker, LCD-Drucker, LED-Drucker, Matrixdrucker, Typenraddrucker.*

Laser-Engine *Subst.* (laser engine)
→ *siehe Druckwerk.*

Laserspeicher *Subst.* (laser storage)
Die Verwendung von optischen Lese-/Schreibtechnologien bei metallischen Discs für die Informationsspeicherung. → *siehe auch Compact Disc.*

LaserWriter 35 *Subst.*
Der Standardsatz von 35 PostScript-Schriftarten für die Produktfamilie der Apple LaserWriter-Laserdrucker. → *siehe auch Laserdrucker, PostScript-Schrift.*

Last *Subst.* (load)
In bezug auf ein Computersystem die gesamte Rechenleistung, die ein System zu einem bestimmten Zeitpunkt bewältigen muß.
In der Elektronik bezeichnet »Last« den Strom, der durch ein Gerät fließt. Man spricht in diesem Zusammenhang von »Laststrom«.
In der Kommunikationstechnik bezieht sich »Last« auf den Umfang des Verkehrs auf einer Kommunikationsleitung.

Lastaufteilung *Subst.* (load sharing)
Eine Methode zur Verwaltung eines oder mehrerer Tasks, Jobs oder Prozesse durch Scheduling und simultane Ausführung der Teilaufgaben auf mehreren Mikroprozessoren.

Last In, First Out *Subst.* (last in, first out)
Organisationsprinzip einer Warteschlange, bei dem die Entnahme der Elemente in umgekehrter Reihenfolge, bezogen auf das Einfügen, abläuft, d. h. das zuletzt eingefügte Element wird zuerst wieder entnommen. → *siehe auch Stack.* → *Vgl. First In, First Out.*

Latch *Subst.* (latch)
Eine Schaltung oder ein Schaltungselement für das Festhalten eines bestimmten Zustandes – z.B. an oder aus, logisch wahr oder falsch. Der Zustand eines Latch läßt sich nur durch ein bestimmtes Eingangssignal ändern. → *siehe auch Flipflop.*

Latenz *Subst.* (latency)
Der erforderliche Zeitaufwand, den ein Signal benötigt, um von einem Punkt eines Netzwerks zu einem anderen zu gelangen. → *siehe auch pingen.*

LaTeX *Subst.*
Ein System für die Vorbereitung von Dokumenten, das auf TeX der Firma Leslie Lamport basiert. Durch die Verwendung einfacher, intuitiver Befehle für Textelemente (z.B. Kopfzeilen) ermöglicht es LaTeX dem Benutzer, sich mehr auf den Dokumentinhalt als auf das Erscheinungsbild des Dokuments konzentrieren zu können. → *siehe auch Kopf, TeX.*

LaTeXen *Vb.* (LaTeX)
Das Verarbeiten einer LaTeX-Datei.

Laufschrift *Subst.* (marquee)
Eine nicht standardisierte HTML-Erweiterung, die es ermöglicht, Laufschriften als Bestandteil einer Web-Seite anzuzeigen. Derzeit kann Marquee nur in Internet Explorer angezeigt werden. → *siehe auch HTML, Internet Explorer, Web-Seite.*

Laufvariable *Subst.* (control variable)
In der Programmierung eine Variable, mit der sich der Programmablauf innerhalb einer Steueranweisung beeinflussen läßt. Beispielsweise legt die Indexvariable in einer FOR-Schleife fest, wie oft die Anweisungsgruppe innerhalb der Schleife zu durchlaufen ist. → *siehe auch Steueranweisung.*

Laufwerk *Subst.* (drive)
→ *siehe Diskettenlaufwerk.*

Laufwerk, doppelseitiges *Subst.* (dual-sided disk drive)
→ *siehe doppelseitiges Laufwerk.*

Laufwerke, gemappte *Subst.* (mapped drives)
→ *siehe gemappte Laufwerke.*

Laufwerk, halbhohes *Subst.* (half-height drive)
→ *siehe halbhohes Laufwerk.*

Laufwerk, komprimiertes *Subst.* (compressed drive)
→ *siehe komprimiertes Laufwerk.*

Laufwerk, logisches *Subst.* (logical drive)
→ *siehe logisches Gerät.*

Laufwerk, optisches *Subst.* (optical drive)
→ *siehe optisches Laufwerk.*

Laufwerksbuchstabe *Subst.* (drive letter)
Die Namenskonvention für Diskettenlaufwerke auf IBM- und kompatiblen Computern. Die einzelnen Laufwerke werden durch einen Buchstaben (z. B. A) bezeichnet, dem ein Doppelpunkt (:) nachgestellt ist.

Laufwerksnummer *Subst.* (drive number)
Die Namenskonvention für Macintosh-Diskettenlaufwerke. In einem System mit zwei Laufwerken trägt das erste Laufwerk die Nummer 0 und das zweite die Nummer 1.

Laufwerksschacht *Subst.* (drive bay)
Eine quaderförmige Aussparung in einem Computerchassis, die für die Aufnahme eines Diskettenlaufwerks vorgesehen ist. Ein Laufwerksschacht hat normalerweise Seitenwände aus Metall mit vorbereiteten Löchern für die Befestigung des Diskettenlaufwerks. Einige Laufwerksschächte, z. B. Laufwerksschächte für Festplatten, sind nicht für den Benutzer sichtbar. Die meisten Laufwerksschächte befinden sich an der Frontplatte des Chassis, damit die bequeme Bedienung des Laufwerks möglich ist.

Laufwerkszuordnung *Subst.* (drive mapping)
Die Zuordnung eines Buchstabens oder einer Bezeichnung für ein Laufwerk, damit dieses vom Betriebssystem oder dem Netzwerk-Server erkannt wird. Bei PCs lauten die primären Laufwerkszuordnungen für Diskettenlaufwerke *A:* und *B:* und für die Festplatte *C:*. → *siehe auch A:, Diskettenlaufwerk, Festplatte.*

Laufzeit *Subst.* (run time, run-time, running foot, running head)
Der Zeitpunkt, zu dem ein Programm ausgeführt wird. → *siehe auch dynamische Allozierung, dynamisches Binden, Kompilierungszeit, Linkzeit.*
Außerdem die Zeit, die für die Ausführung eines bestimmten Programms benötigt wird.
Des weiteren bezieht sich »Laufzeit« auf Ereignisse, die nach dem Start eines Programms auftreten. Beispielsweise findet die Auswertung von Ausdrücken mit Variablen oder die dynamische Speicherzuweisung »zur Laufzeit« statt.

Laufzeitbibliothek *Subst.* (run-time library)
Eine Datei mit vorgefertigten Routinen zur Ausführung bestimmter, häufig benötigter Funktionen. Die Laufzeitbibliothek, vor allem in höheren Programmiersprachen wie beispielsweise C gebräuchlich, entlastet den Programmierer von der Aufgabe, solche Routinen für jedes Programm neu zu erstellen.

Laufzeitbindung *Subst.* (run-time binding)
Zuweisungen an einen Bezeichner (z. B. eine Variable), die während der Ausführung des Programms erfolgen und nicht während der Kompilierung. → *Vgl. Link-time Binding, Zuweisung bei Kompilierung.*

Laufzeitfehler *Subst.* (run-time error)
Ein Programmfehler, der während der Ausführung eines Programms auftritt und mit Hilfe eines Überwachungsprogramms (z. B. eines Debugger) aufgespürt werden kann.

Laufzeitversion *Subst.* (run-time version)
Programmcode, der sich unmittelbar ausführen läßt. Im allgemeinen ist dieser Code kompiliert und kann mit den meisten vom Benutzer eingegebenen Befehlssequenzen und den meisten Wertebereichen möglicher Datensätze fehlerfrei zusammenarbeiten.

Launcher *Subst.*
Ein Programm bei Mac OS, das häufig verwendete Anwendungen und Programme verwaltet und es dem Benutzer ermöglicht, diese direkt über die Maus auszuführen.

.la.us
Im Internet ein Kürzel für die übergreifende Länder-Domäne, die eine Adresse in Los Angeles im Bundesstaat Kalifornien in den Vereinigten Staaten angibt.

Layout *Subst.* (layout)
Das Gesamtkonzept eines Dokumentensystems. → *siehe auch Seitenlayout*.
In der Programmierung versteht man unter einem Layout die Anordnung und Reihenfolge der Eingaben und Ausgaben.
Bei der Konstruktion von Computern beschreibt das Layout die Anordnung von Schaltungen und anderen Komponenten im System.

Lazy Evaluation *Subst.* (lazy evaluation)
Ein Programmiermechanismus, mit dem sich eine Auswertung auf das erforderliche Mindestmaß einschränken läßt. Durch Lazy Evaluation kann ein Programm umfangreiche Datenobjekte, z.B. große Tabellen oder Listen, in einer zeitgerechten und effektiven Weise behandeln.

.lb
Im Internet ein Kürzel für die übergreifende Länder-Domäne, die eine Adresse im Libanon angibt.

.lc
Im Internet ein Kürzel für die übergreifende Länder-Domäne, die eine Adresse auf St. Lucia angibt.

LCC *Subst.*
→ *siehe pinlose Chipanbringung*.

lcd *Subst.*
Bei zahlreichen FTP-Clients handelt es sich hierbei um den Befehl, der das aktuelle Verzeichnis auf dem lokalen System ändert. → *siehe auch FTP-Client*.

LCD *Subst.*
→ *siehe Flüssigkristall-Display*.

LCD-Drucker *Subst.* (LCD printer)
LCD ist die Abkürzung für Liquid Crystal Display, zu deutsch »Flüssigkristall«. Dieser Drucker wird auch als Flüssigkristall-Blendenverschluß-Drucker bezeichnet. Ein elektrofotografischer Drucker, der einem Laserdrucker ähnlich ist und oft fälschlicherweise so bezeichnet wird. Der LCD-Drucker verwendet eine helle Lichtquelle (in der Regel eine Halogenlampe). → *siehe auch anschlagfreier Drucker, elektrofotografische Drucker, Seitendrucker*. → *auch genannt Liquid Crystal Shutter-Drucker*. → *Vgl. Ionenbeschußdrucker, Laserdrucker, LED-Drucker*.

LCD-Projektor *Subst.* (LCD projector)
LCD ist die Abkürzung für Liquid Crystal Display, zu deutsch »Flüssigkristall«. Bei einem LCD-Projektor handelt es sich um ein Gerät, das ein Bild der Videoausgabe eines Computers von einer LCD-Anzeige auf einem Bildschirm abbildet. → *siehe auch Flüssigkristall-Display*.

LCD, reflektierendes *Subst.* (reflective LCD)
→ *siehe reflektierendes Flüssigkristall-Display*.

LDAP *Subst.*
→ *siehe Lightweight Directory Access Protocol*.

lebender Kolumnentitel *Subst.* (run time, runtime, running foot, running head)
Eine oder mehrere Textzeilen am oberen oder unteren Randbereich einer Seite, in denen Elemente wie Seitenzahlen, Kapitelname oder Datum zu finden sind. → *auch genannt Fußzeile*.
→ *auch genannt Kopf*.

LED *Subst.*
→ *siehe Leuchtdiode*.

LED-Drucker *Subst.* (LED printer)
LED ist die Abkürzung für Light-Emitting Diode, zu deutsch »Leuchtdiode« **printer**. Bei einem LED-Drucker handelt es sich um einen elektrofotografischen Drucker, der ähnlich wie ein LCD- oder Laserdrucker arbeitet. Der signifikante Unterschied zwischen LED-Drucker und Laser- oder LCD-Drucker besteht in der Lichtquelle. LED-Drucker verwenden ein Array von LEDs (Light-Emitting Diodes). → *siehe auch anschlagfreier Drucker, elektrofotografische Drucker, Leuchtdiode, Seiten-*

drucker. → *Vgl. Ionenbeschußdrucker, Laserdrucker, LCD-Drucker.*

Leerlauf-Befehl *Subst.* (do-nothing instruction)
→ *siehe No-operation-Befehl.*

Leerlauf-Interrupt *Subst.* (idle interrupt)
Ein Interrupt (ein Signal an den Mikroprozessor), der bei Erreichen eines Leerlauf-Zustands von Geräten oder Prozessen auftritt.

Leerlaufzeichen *Subst.* (idle character)
Bezeichnet bei Datenübertragungen ein Steuerzeichen, das gesendet wird, wenn keine anderen Informationen verfügbar oder sendebereit sind.
→ *siehe auch SYN.*

Leerplatine *Subst.* (bare board)
Eine Leiterplatte, die keine Chips enthält. Meist handelt es sich dabei um eine Speicherkarte, die noch nicht mit Speicherchips bestückt ist.

Leerstring *Subst.* (null string)
Ein String, der keine Zeichen enthält und dessen Länge somit Null ist. → *siehe auch String.*

Leertaste *Subst.* (Spacebar)
Bei meisten Tastaturen in der untersten Tastenreihe angeordnete, längliche Taste, die das Senden eines Leerzeichens an den Computer bewirkt.

Leerzeichen *Subst.* (blank, space character)
Ein Zeichen, das sich durch Betätigen der Leertaste eingeben läßt und auf dem Bildschirm als Leerstelle zwischen anderen Zeichen erscheint.

Leerzeichenausgleich *Subst.* (microjustification, microspace justification)
Das Ausrichten einer Zeile durch Einfügen schmaler Leerräume zwischen Zeichen innerhalb von Wörtern im Gegensatz zum alleinigen Hinzufügen normaler Leerzeichen zwischen den Wörtern. Ein guter Leerzeichenausgleich gibt dem ausgerichteten Text ein geschliffenes, professionelles Aussehen. Durch übermäßiges Verwenden des Leerzeichenausgleichs verlieren die Wörter allerdings ihren visuellen Zusammenhang. → *siehe auch ausrichten, Mikropositionierung.*

Leerzeichen, festes *Subst.* (fixed space)
→ *siehe festes Leerzeichen.*

Leerzeichen, geschütztes *Subst.* (nonbreaking space)
→ *siehe geschütztes Leerzeichen.*

Leerzeichen, hartes *Subst.* (hard space)
→ *siehe geschütztes Leerzeichen.*

Leerzeichen, schmales *Subst.* (thin space)
→ *siehe schmales Leerzeichen.*

Legacy *Subst.* (legacy)
→ *siehe Vermächtnis.*

Legende *Subst.* (legend)
Der Text, der in der Regel unter einer Grafik gedruckt wird und deren Inhalt erläutert oder beschreibt. Auf einem Graphen oder einer Karte stellt eine Legende den Schlüssel für die verwendeten Muster oder Symbole dar.

Leistungsabfall *Subst.* (degradation)
In Computersystemen eine Verringerung der Leistungsstärke oder der Bedienbarkeit. Der Leistungsabfall eines Mikrocomputers macht sich durch verlängerte Reaktionszeiten bemerkbar oder äußert sich in häufigen Pausen für Diskettenzugriffe, da für die gemeinsame Unterbringung von Programm und zugehörigen Daten im Hauptspeicher nicht genügend Platz vorhanden ist.

Leistungsfähigkeit *Subst.* (computer power, power)
Die Geschwindigkeit und die Effizienz, mit der ein Computer Aufgaben durchführt. Bezieht sich die Leistungsfähigkeit auf die Anzahl der Befehle, die der Computer in einer bestimmten Zeit ausführen kann, wird die Rechengeschwindigkeit in MIPS (millions of instructions per second; zu deutsch »Millionen Befehle pro Sekunde«) oder MFLOPS (millions of floating-point operations per second, zu deutsch »Millionen Gleitkomma-Operationen pro Sekunde«) gemessen. Die Leistungsfähigkeit wird auch auf andere Art und Weise angegeben, abhängig von den Anforderungen und persönlichen Absichten, die bei der Bewertung des Computers eine Rolle spielen. Benutzer und Käufer beziehen die Leistungsfähigkeit häufig auf die Größe des Arbeitsspeichers (RAM), die Geschwindigkeit des Prozessors und die Bitbreite, also die Anzahl an Bits, die der Computer gleichzeitig ver-

L arbeiten kann (typischerweise 8, 16 oder 32 bit). Für die Beurteilung der Leistungsfähigkeit sind noch eine Reihe weiterer Faktoren ausschlaggebend. Zwei der wichtigsten sind dabei, wie gut die Komponenten eines Computers aufeinander abgestimmt sind und inwieweit sie sich für die vorgesehenen Aufgaben eignen. Beispielsweise hilft es wenig, wenn der Prozessor mit einer sehr hohen Geschwindigkeit arbeitet, aber das Gesamtsystem durch eine langsame Festplatte (die z.B. eine Zugriffszeit von 65 Millisekunden oder mehr aufweist) gebremst wird. → *siehe auch benchmarken, MFLOPS, MIPS, Zugriffszeit.*

Leiter *Subst.* (conductor)
Ein Stoff, der elektrischen Strom gut leitet. Dazu zählen vor allem Metalle, wobei Gold und Silber zu den besten Leitern gehören. Das am häufigsten eingesetzte Leitermaterial ist Kupfer. → *Vgl. Halbleiter, Isolator.*

Leiterplatte *Subst.* (circuit board)
Eine flache Platte aus isolierendem Trägermaterial, z.B. Epoxid- oder Phenolharz, auf der elektronische Bauelemente montiert und untereinander zu einer Schaltung verbunden werden. Bei den meisten modernen Platinen sind die Verbindungen der Bauelemente durch ein Muster aus Kupferfolie realisiert. Diese Folienschichten können sich sowohl nur auf einer Seite als auch auf beiden Seiten der Platine befinden. Besonders moderne Platinen können auch mehrere, übereinanderliegende Folienschichten aufweisen. Bei einer sog. »gedruckten Platine« werden die Muster für die Leiterbahnen durch einen Druckprozeß erzeugt, z.B. durch Fotolithografie. → *siehe auch gedruckte Leiterplatte, Platine.*

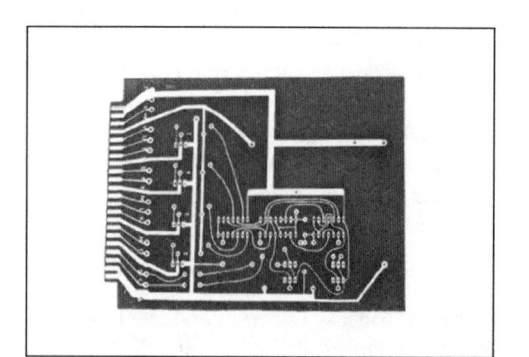

Leiterplatte

Leiterplatte, gedruckte *Subst.* (printed circuit board)
→ *siehe gedruckte Leiterplatte.*

Leitung *Subst.* (circuit, line)
Allgemein jedes System, das elektrischen Strom transportieren kann. Man spricht dabei von »Leitungssystem«.
Ein Beispiel hierfür sind Strom- oder Telefonleitungen, die verwendet werden, um elektrische Energie oder elektronische Signale zu übertragen. In der Kommunikationstechnik stellt eine Leitung eine Verbindung zwischen sendenden und empfangenden (oder rufenden und gerufenen) Geräten dar, einschließlich Telefone, Computer und Terminals.

Leitung, reservierte *Subst.* (dedicated line)
→ *siehe reservierte Leitung.*

Leitungsadapter *Subst.* (line adapter)
Ein Gerät, das einen Computer mit einer Kommunikationsleitung verbindet und ein Signal in die geeignete Form für die Übertragung konvertiert. Dabei kann es sich z.B. um ein Modem oder eine Netzwerkkarte handeln.

Leitungsbelastung *Subst.* (line load)
In der Kommunikationstechnik ein Maß für die Auslastung einer Übertragungsleitung, das als Prozentsatz, bezogen auf die maximale Kapazität der Schaltung, ausgedrückt wird.
In der Elektronik bezeichnet »Leitungsbelastung« die Menge des über eine Leitung übertragenen Stroms.

Leitungskonzentration *Subst.* (line concentration)
Die Zusammenführung mehrerer Eingangskanäle zu einer kleineren Zahl von Ausgangskanälen.
→ *siehe auch Konzentrator.*

Leitungsnummer *Subst.* (line number)
In der Kommunikationstechnik bezeichnet der Begriff eine Kennummer, die einem Kommunikationskanal zugeordnet ist.

Leitungsrauschen *Subst.* (line noise)
Störende Signale in einem Kommunikationskanal, die den Datenaustausch beeinträchtigen. Bei einer analogen Verbindung kann Leitungsrauschen in

Form eines Audiotons, einer statischen Entladung oder in Form von Signalen auftreten, die aus anderen Schaltungen entweichen. Bei einer digitalen Verbindung handelt es sich um beliebige Signale, die das Empfangsgerät dabei beeinträchtigen, das übertragene Signal korrekt zu konvertieren. → *siehe auch Kanal.*

Leitungssignalaufbereitung *Subst.* (line conditioning)
→ *siehe Signalaufbereitung.*

Leitungsvermittlung *Subst.* (circuit switching)
Das Aufbauen einer Kommunikationsverbindung, z.B. über das Telefonnetz, indem eine physikalische Verbindung zwischen Sender und Empfänger hergestellt wird. Dabei schaltet eine Vermittlungseinrichtung die Teilnehmerleitungen durch und hält die eingerichtete Verbindung so lange wie erforderlich aufrecht. Die Leitungsvermittlung kommt typischerweise bei Datenübertragungen über das Telefon-Wählnetz zum Einsatz und wird auch in kleinerem Umfang in privat verwalteten Kommunikationsnetzwerken verwendet. → *Vgl. Nachrichtenvermittlung, Paketvermittlung.*

Leitungsverstärker *Subst.* (line driver)
Ein Gerät oder Bauelement, mit dem ein Signal vor der Übertragung sowie in bestimmten Abständen entlang der Übertragungsstrecke verstärkt wird, um die Übertragungsreichweite zu vergrößern. → *siehe auch kurzer Transportweg.*

Lempel-Ziv-Algorithmus *Subst.* (Lempel Ziv algorithm)
Ein mathematischer Algorithmus zum Verringern der Größe von Datendateien, ohne dabei die Integrität zu opfern. → *siehe auch .lzh.*

Leporellopapier *Subst.* (fanfold paper, z-fold paper)
Auch als »Endlospapier« bezeichnet. Eine Papiersorte mit beidseitigen Randlochungen, die für Drucker mit einem Traktorvorschub vorgesehen ist, wobei das Papier Seite für Seite fortlaufend und ununterbrochen transportiert wird.

Lesefehler *Subst.* (read error)
Ein Fehler, der auftritt, während ein Computer Informationen aus dem Speicher oder einer anderen Eingabequelle abruft. → *Vgl. Schreibfehler.*

lesen *Vb.* (read, read)
Das Übertragen von Daten von einer externen Quelle, z.B. einer Festplatte oder einer Tastatur, in den Speicher oder aus dem Speicher in den Prozessor (CPU). → *Vgl. schreiben.*
→ *Vgl. Schreiben.*

lesen/schreiben *Adj.* (read/write)
Abgekürzt R/W. Kennzeichnet Speichermedien oder -geräte, die sowohl lesbar als auch beschreibbar sind. → *Vgl. schreibgeschützt.*

Leser *Subst.* (reader)
→ *siehe Kartenleser.*

Lesezeichen *Subst.* (bookmark)
In Netscape Navigator ein Link zu einem URL – typischerweise zu einer Web-Seite –, der in einer lokalen Datei gespeichert wird. Lesezeichen dienen dazu, das erneute Abrufen von URLs zu vereinfachen. Anstelle des – meist sehr langen – URL muß nur das entsprechende Lesezeichen aus einem Menü ausgewählt werden. → *siehe auch Favoriten-Ordner, Hotlist, URL.*

Lesezeichen-Datei *Subst.* (bookmark file)
In Netscape Navigator eine Datei, die Links zu URLs enthält, typischerweise von häufig besuchten Websites. Das Pendant in Internet Explorer ist der »Favoriten«-Ordner und bei Mosaic die »Hotlist«.
→ *siehe auch Favoriten-Ordner, Hotlist, Internet Explorer, Mosaic.*
Als »Lesezeichen-Dateien« werden außerdem HTML-Dateien bezeichnet, die eine Sammlung von Links – typischerweise zu einem bestimmten Thema – enthalten. Derartige Link-Sammlungen lassen sich über bestimmte Web-Seiten herunterladen und werden meist von Benutzern zusammengestellt, die anderen Benutzern einen Gefallen erweisen möchten. → *siehe auch HTML.*

Leuchtdichte *Subst.* (luminance)
Ein Maß für die Lichtstärke, die von einer bestimmten Quelle, z.B. vom Bildschirm eines Computer-Monitors, abgegeben wird.
Die Leuchtdichte bezeichnet auch die wahrnehmbare Helligkeitskomponente einer gegebenen Farbe, im Gegensatz zu ihrem Farbton oder ihrer Sättigung. → *siehe auch HSB.* → *Vgl. Beleuchtungsstärke.*

Leuchtdiode *Subst.* (light-emitting diode)
Abgekürzt LED. Eine Halbleiterdiode, die elektrische Energie in Licht umwandelt. LEDs arbeiten nach dem Prinzip der Elektrolumineszenz und weisen einen hohen Wirkungsgrad auf, da sie, bezogen auf die Menge des abgestrahlten Lichts, wenig Wärme erzeugen. Beispielsweise handelt es sich bei den »Betriebsanzeigen« an Diskettenlaufwerken um Leuchtdioden.

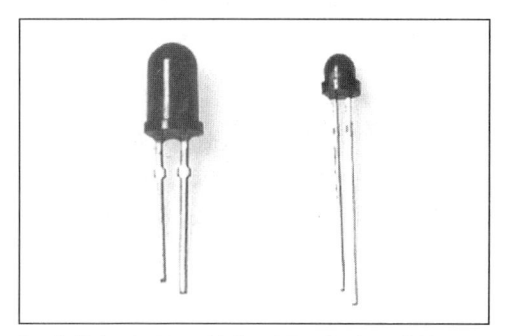

Leuchtdiode: Zwei verschiedene LEDs: Jumbo und Mini. Man beachte die unterschiedlich langen Drähte, die die Polarität angeben.

Level 1-Cache *Subst.* (level 1 cache)
→ *siehe L1-Cache.*

Level 2-Cache *Subst.* (level 2 cache)
→ *siehe L2-Cache.*

lexikografische Sortierung *Subst.* (lexicographic sort)
Eine Sortierung, bei der die Reihenfolge der Elemente der Anordnung in einem Lexikon entspricht. Die Einordnung numerischer Werte erfolgt entsprechend ihrem Wert, den man in »Worten« ausdrückt. Nach dieser Vorschrift findet man z. B. die Zahl 567 unter den Einträgen für F. → *Vgl. alphanumerische Sortierung.*

Lexikon *Subst.* (lexicon)
Die Wörter einer Sprache zusammen mit den zugehörigen Definitionen.
In bezug auf die Programmierung enthält ein Lexikon die Bezeichner, Schlüsselwörter, Konstanten und andere Elemente, die das »Vokabular« einer Programmiersprache ausmachen, während die Art und Weise, wie man Vokabeln zusammenstellen kann, die Syntax der Sprache bildet. → *Vgl. Syntax.*

LF *Subst.*
→ *siehe Zeilenvorschub.*

LHARC *Subst.*
Ein Freeware-Dienstprogramm zur Dateikomprimierung, das von Haruyasu Yoshizaki 1988 entwickelt wurde. Mit LHARC kann der Inhalt einer oder mehrerer Dateien in einer einzelnen kleinen Datei mit der Erweiterung .lha komprimiert werden. Um diese Dateien zu dekomprimieren, ist eine Kopie des Programms erforderlich. LHARC kann auch ein kleines Dienstprogramm in die komprimierten Informationen einbetten und alle zusammen in einer einzelnen Datei, dem sog. selbstextrahierenden Archiv, mit einer EXE-Erweiterung speichern. Der Empfänger einer auf diese Weise komprimierten Datei benötigt demzufolge kein separates Dienstprogramm zum Dekomprimieren der Datei. → *siehe auch Freeware, PKZIP, Utility-Programm.*

.li
Im Internet ein Kürzel für die übergreifende Länder-Domäne, die eine Adresse in Liechtenstein angibt.

.lib.us
Im Internet ein Kürzel für die übergreifende Länder-Domäne, das die Adresse einer Bibliothek in den Vereinigten Staaten angibt.

lichtempfindlicher Leiter *Subst.* (photoconductor)
Ein Material, das eine erhöhte Leitfähigkeit entwickelt, wenn es einer Lichtquelle ausgesetzt wird. Lichtempfindliche Leiter werden bei lichtempfindlichen Zellen verwendet, die bei der Glasfasertechnik eingesetzt werden, um Licht zu erkennen und in elektrische Impulse umzuwandeln. → *siehe auch Glasfasertechnik.*

Lichtgriffel *Subst.* (light pen, selector pen)
Ein Zeigegerät, bei dem der Benutzer einen an den Computer angeschlossenen Stab auf den Bildschirm hält und auf dem Bildschirm entweder durch Betätigen eines Knopfes an der Seite des Lichtgriffels oder durch Drücken des Stifts gegen die Oberfläche des Bildschirms Elemente markiert oder Befehle wählt (in Analogie zu einem Mausklick). → *siehe auch absolutes Zeigegerät.* → *Vgl. Touchscreen.*

Lichtleiter *Subst.* (light guide)
Eine Konstruktion, z. B. ein Glasfaserkabel, die für die Übertragung von Licht über größere Entfernungen mit minimaler Abschwächung oder Verlust vorgesehen ist.

Lichtquelle *Subst.* (light source)
Eine Einrichtung, die die Beleuchtung für Technologien liefert, die auf der Verwendung und Umwandlung von Licht basieren (z. B. Scanner oder Kathodenstrahlröhre). Beispiele für Lichtquellen sind Glühbirnen und Laser.
Im Bereich der Computergrafik stellt die Lichtquelle eine imaginäre Position dar, von der aus die Schattierung eines Bildes erzeugt wird.

Lichtwellenleitersystem *Subst.* (lightwave system)
Ein System für die Informationsübertragung mit Licht.

LIFO *Subst.*
→ *siehe Last In, First Out.*

Lightweight Directory Access Protocol *Subst.*
Ein Netzwerk-Protokoll für TCP/IP-Stapel, um Informationen aus einem hierarchischen Verzeichnis (z. B. X.500) zu extrahieren. Dadurch steht dem Benutzer ein einzelnes Tool zum Durchsuchen von Daten nach einem bestimmten Kriterium (z. B. einem Benutzernamen, einer E-Mail-Adresse, einem Sicherheitszertifikat oder anderen Informationen) zur Verfügung. → *siehe auch X.500.*

Lightweight Internet Person Schema *Subst.*
Beim Lightweight Internet Person Schema in Lightweight Directory Access Protocol-Verzeichnissen handelt es sich um eine Spezifikation für den Abruf bestimmter Daten (z. B. Namen und E-Mail-Adressen). → *siehe auch Lightweight Directory Access Protocol.*

LIM EMS *Subst.*
Abkürzung für Lotus/Intel/Microsoft Expanded Memory Specification. → *siehe EMS.*

Lineal *Subst.* (ruler)
In einigen Anwendungen, wie beispielsweise Textverarbeitungsprogrammen, eine auf dem Bildschirm sichtbare Skala, die eine Teilung in einer gewählten Maßeinheit (Zoll oder Zentimeter) aufweist und der Anzeige von Zeilenbreite, Tabstops,

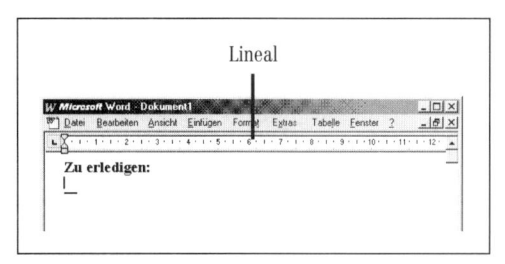

Lineal

Absatzeinzügen und ähnlichen Parametern dient. In Programmen, in denen das Lineal eine aktive Funktion hat, dient es auch dazu, darauf mit Hilfe der Maus oder Tastatur Tabstops und andere Einstellungen zu setzen, anzupassen oder zu entfernen.

linear *Adj.*
Allgemein bezieht sich »linear« auf etwas, das in einer Folge abläuft, z. B. eine lineare Suche, die sich von Element A nach B und weiter nach C bewegt.
»linear« steht außerdem für »linienförmig und/oder von Linien gebildet«.
In der Mathematik und Elektronik versteht man unter »linear« eine direkte und proportionale Abhängigkeit zwischen zwei Eigenschaften oder Variablen. Das Ausgangssignal einer linearen Verstärkung ist z. B. direkt proportional zum Eingangssignal. → *siehe auch lineare Programmierung.*

lineare Adressierung *Subst.* (linear addressing architecture)
Eine Architektur, die einem Mikroprozessor den direkten Zugriff auf jede einzelne Speicherstelle mittels eines einzelnen Adreßwertes gestattet. Damit weist jede Speicherstelle innerhalb des gesamten adressierbaren Speicherbereichs eine eindeutige, spezifische Adresse auf. → *siehe auch linearer Adreßraum, segmentierter Adreßraum.*

lineare Datei *Subst.* (flat file)
Eine Datei, die nur aus Datensätzen eines einzigen Datensatztyps besteht und in der es keine eingebetteten Strukturinformationen gibt, die Beziehungen zwischen den Datensätzen regeln.

lineare Datenbank *Subst.* (flat-file database)
Eine tabellarische Datenbank, in der jeweils nur eine Tabelle verwendet werden kann. Eine lineare

Datenbank kann immer nur eine Datei bearbeiten. → *Vgl. relationale Datenbank.*

lineare Inferenzen pro Sekunde *Subst.* (linear inferences per second)
→ *siehe LIPS.*

lineare Liste *Subst.* (linear list)
Eine einfache, geordnete Liste von Elementen, in der jedes Element, mit Ausnahme des ersten, unmittelbar auf ein anderes Element folgt und jedem Element, mit Ausnahme des letzten, unmittelbar ein anderes vorangeht. → *Vgl. verkettete Liste.*

lineare Programmierung *Subst.* (linear programming)
Die Erstellung von Programmen zur Ermittlung optimaler Lösungen für Gleichungssysteme (die sich aus linearen Funktionen zusammensetzen), bei denen nicht genügend Terme für eine direkte Lösung vorhanden sind.

linearer Adreßraum *Subst.* (flat address space)
Ein Adreßraum, in dem jede Speicherstelle durch eine eindeutige Zahl angegeben ist. (Die Speicheradressen beginnen bei 0 und wachsen fortlaufend um 1.) Einen linearen Adreßraum verwenden die Betriebssysteme des Macintosh, OS/2 und Windows NT. MS-DOS arbeitet mit einem segmentierten Adreßraum, in dem für den Zugriff auf eine Speicherstelle eine Segmentnummer und Offset-Nummer erforderlich ist. → *siehe auch Segmentierung.* → *Vgl. segmentierter Adreßraum.*

linearer Speicher *Subst.* (flat memory, linear memory)
Speicher, der für ein Programm einen großen adressierbaren Bereich zur Verfügung stellt. Hierbei kann es sich um RAM oder virtuellen Speicher handeln. Die Prozessoren 68000 und VAX haben einen linearen Speicher. Im Gegensatz hierzu haben 80×86-Prozessoren, die im Realmodus operieren, einen segmentierten Speicher.

lineares Dateisystem *Subst.* (flat file system)
Ein Ablagesystem, das keine hierarchische Struktur aufweist und in dem zwei Dateien auf einer Platte nicht den gleichen Dateinamen tragen dürfen, selbst wenn sie sich in verschiedenen Verzeichnissen befinden. → *Vgl. Hierarchical File System.*

lineare Struktur *Subst.* (linear structure)
Eine Struktur, in der die Elemente entsprechend strikter Rangfolgeregeln organisiert sind. In einer linearen Struktur gelten zwei Bedingungen: (Wenn X vor Y und Y vor Z, dann X vor Z.) (Wenn X vor Y und X vor Z, dann entweder Y vor Z oder Z vor Y.)

lineare Suche *Subst.* (linear search)
Auch sequentielle Suche genannt. Ein einfacher, aber wenig effizienter Suchalgorithmus, der jedes Element in einer Liste überprüft, bis das Zielelement gefunden oder die Liste vollständig abgearbeitet ist. Die lineare Suche kommt daher nur bei sehr kurzen Listen zum Einsatz. → *siehe auch Suchalgorithmus.* → *auch genannt sequentielle Suche.* → *Vgl. binäre Suche, Hash-Suche.*

lineares Verzeichnis *Subst.* (flat file directory)
Ein Verzeichnis, das lediglich eine Liste von Dateinamen darstellt und keine Unterverzeichnisse enthalten kann. → *Vgl. Hierarchical File System.*

Linearmotor *Subst.* (voice coil)
Eine Baugruppe für die Bewegung des Aktuator-Arms in einem Diskettenlaufwerk. Das Arbeitsprinzip entspricht etwa einem Elektromagneten. Ein Linearmotor arbeitet schneller als ein Schrittmotor. → *siehe auch Aktuator.* → *Vgl. Schrittmotor.*

Linguistik *Subst.* (linguistics)
Die analytische Untersuchung der menschlichen Sprache. Zwischen der Linguistik und der Computerwissenschaft bestehen enge Bindungen aufgrund gemeinsamer Themenschwerpunkte, z.B. Grammatik, Syntax, Semantik, formale Sprachtheorie und der Verarbeitung natürlicher Sprachen.

Linienanpassung *Subst.* (fitting)
Die Berechnung einer Kurve oder einer anderen Linie, die einen Satz mit Datenpunkten oder Maßen angleicht. → *siehe auch Regressionsanalyse.*

Liniendiagramm *Subst.* (line chart)
Eine Geschäftsgrafik, bei der die Werte innerhalb einer oder mehrerer Datenreihen durch Linien verbunden werden.

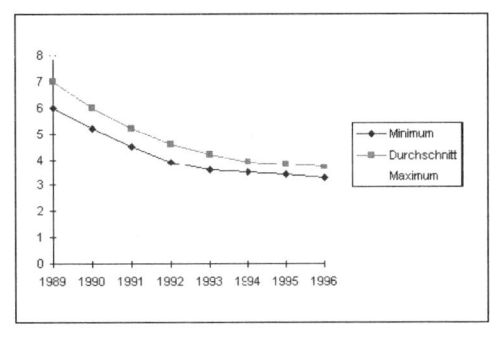

Liniendiagramm

Linienverbindung

Linienende *Subst.* (line cap)
Die Art und Weise, in der ein Liniensegment beim Druck abgeschlossen wird, insbesondere bei einem PostScript-kompatiblen Drucker. → *siehe auch Linienverbindung.*

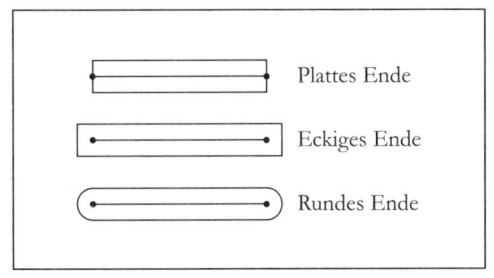

Linienende: Die Punkte stellen das mathematische Linienende dar

Liniensegment *Subst.* (line segment)
Teil einer Linie, der durch seine Anfangs- und Endpunkte definiert ist.

Linienstil *Subst.* (line style)
Im Desktop Publishing, im Druckwesen und bei sehr guten High-End-Textverarbeitungsprogrammen die Form und Eigenschaft einer Linie, z.B. eine gepunktete Linie, eine doppelte Linie oder eine Haarlinie. → *siehe auch Haarlinie.*

Linienverbindung *Subst.* (line join)
Die Art und Weise, in der zwei Liniensegmente beim Druck miteinander verbunden werden, insbesondere bei einem PostScript-Drucker. → *siehe auch Linienende.*

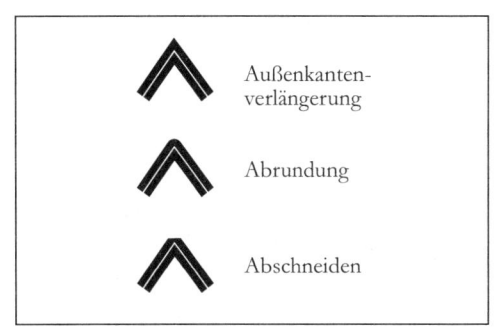

Linie, versteckte *Subst.* (hidden line)
→ *siehe versteckte Linie.*

linken *Vb.* (link, link edit)
Das Erzeugen eines ausführbaren Programms aus kompilierten Modulen (Programmen, Routinen oder Bibliotheken), indem der jeweilige Objektcode (Objektcode in Assembler-Sprache, ausführbarer Maschinencode oder eine Abwandlung von Maschinencode) des Programms gemischt wird und die Bezüge zu anderen Modulen (z.B. durch ein Programm aufgerufene Bibliotheksroutinen) aufgelöst werden. → *siehe auch Linker.*

Linker *Subst.* (linkage editor, linker)
Ein Programm, das kompilierte Module und Datendateien miteinander verknüpft, um ein ausführbares Programm zu erzeugen. Daneben kann ein Linker noch weitere Aufgaben ausführen, beispielsweise das Erstellen von Bibliotheken. → *siehe auch Bibliothek, linken, Programmerstellung.*

Linker, intelligenter *Subst.* (smart linkage)
→ *siehe intelligenter Linker.*

linksbündig ausrichten *Vb.* (left-justify)
Text entlang des linken Randes ausrichten. → *siehe auch ausrichten, Flattersatz.* → *Vgl. rechtsbündig ausrichten.*

linksbündige Ausrichtung *Subst.* (left justification)
Dieser Begriff bezeichnet beim Schriftsatz, bei der Textverarbeitung und beim Desktop Publishing (DTP) einen Prozeß, bei dem Text gleichmäßig am linken Rand einer Spalte oder Seite ausgerichtet wird. Der rechte Rand des Textes ist dabei nicht

bündig. → *siehe auch ausrichten, Flattersatz.*
→ *Vgl. Blocksatz, rechtsbündige Ausrichtung.*

linksbündiger Flattersatz *Adj.* (ragged left)
Bezeichnet die Ausrichtung von Zeilen, deren Anfänge nicht gerade untereinander stehen, sondern einen unregelmäßigen Verlauf bilden. Die Texte sind dann meist rechtsbündig ausgerichtet. Rechtsbündiger Flattersatz wird selten verwendet – beispielsweise zur Erzeugung visueller Effekte für Werbezwecke. → *siehe auch Flattersatz, rechtsbündig ausrichten.*

Link, symbolischer *Subst.* (symbolic link)
→ *siehe symbolischer Link.*

Link-time Binding *Subst.* (link-time binding)
Die Zuordnung einer Bedeutung zu einem Bezeichner (z. B. einer Beschriftung für eine Unterroutine) in einem Programm, und zwar nicht dann, wenn der Quellcode kompiliert oder das Programm ausgeführt wird, sondern wenn verschiedene Dateien mit kompiliertem Code miteinander verknüpft sind, um ein ausführbares Programm zu bilden. → *Vgl. Laufzeitbindung, Zuweisung bei Kompilierung.*

Link, toter *Subst.* (stale link)
→ *siehe toter Link.*

Linkzeit *Subst.* (link time)
Die Zeitdauer, die für das Binden eines Programms benötigt wird.
Außerdem der Zeitraum, in dem ein Programm gebunden wird. → *siehe auch Kompilierungszeit, Laufzeit, linken.*

Linotronic *Subst.*
Ein Gerät aus der Reihe der Qualitätsbelichter, der sog. Linotronic Laserbelichter, die bei Auflösungen von 1270 und 2540 Punkten pro Zoll (dpi) drucken können. Diese Geräte sind häufig an PostScript-Raster Image Prozessoren (RIPs) angeschlossen, so daß Desktop Publishing-Anwendungen direkt den Schriftsatz von einem Mikrocomputer aus steuern können. → *siehe auch Belichter, PostScript, Raster-Prozessor.*

Linpack *Subst.*
Eine Benchmark-Routine zur gleichzeitigen Lösung von 100 Gleichungssystemen für einen Geschwin-digkeitstest von CPU, Gleitkomma-Operationen und Speicherzugriff. → *siehe auch Gleitkomma-Prozessor, Prozessor.*

Linux *Subst.*
Eine Version des Kernel für UNIX System V Release 3.0 für PCs mit dem Mikroprozessor ab der Generation 80386. Linux ist in weltweiter Zusammenarbeit von dem Schweden Linus Torvalds entwickelt und nach ihm benannt worden. Linux ist mit dem Quellcode kostenlos über Mailbox und im Internet erhältlich. Dieser Kernel wird auch von einigen Firmen als Bestandteil von Linux-kompatiblen Dienstprogrammen kommerziell vertrieben. Linux funktioniert auch mit den GNU Utilities der Free Software Foundation, die keinen Kernel hergestellt hat. → *siehe auch freie Software, GNU, Kernel, UNIX.*

LIPS *Subst.*
Abkürzung für »Language Independent Program Subtitling«, zu deutsch »Sprachunabhängiges Programm-Untertiteln«. Ein System der GIST-Gruppe (C-DAC Indien), das von der Indian Television für nationale Übertragungen von Programmen mit mehrsprachigen Untertiteln im Teletext-Modus eingesetzt wird. Dieses System wurde bei einem Wettbewerb der internationalen Konferenz der VLSI im Jahr 1993 der erste Preis für die beste Gestaltung zuerkannt. Es wurden drei Versionen dieses anwendungsspezifischen ICs (ASIC) mit verschiedenen Funktionen in die Serien Xilinx 3K und 4K von FPLAs implementiert. → *siehe Lightweight Internet Person Schema.* → *siehe auch Gatter-Array, sehr hohe Integrationsdichte, wiederprogrammierbare Logik.*
»LIPS« ist außerdem die Abkürzung für »linear inferences per second«, zu deutsch »Lineare Inferenzen pro Sekunde«. Ein Maß für die Geschwindigkeit bestimmter Arten von Expertensystemen und Maschinen der künstlichen Intelligenz. → *siehe Lightweight Internet Person Schema.* → *siehe auch Expertensystem, künstliche Intelligenz.*

Liquid Crystal Display-Drucker *Subst.* (liquid crystal display printer)
→ *siehe LCD-Drucker.*

Liquid Crystal Shutter-Drucker *Subst.* (liquid crystal shutter printer)
→ *siehe LCD-Drucker.*

LISP *Subst.*
Abkürzung für **List** Processing. Eine listenorientierte Programmiersprache, die 1959–60 von John McCarthy entwickelt und hauptsächlich zur Manipulierung von Datenlisten eingesetzt wurde. LISP wird noch im großen Maße in der Forschung und in akademischen Kreisen eingesetzt und galt lange Zeit als »Standardsprache« für Forschungen auf dem Gebiet der künstlichen Intelligenz. → *siehe auch künstliche Intelligenz.* → *Vgl. Prolog.*

Liste *Subst.* (list)
Eine mehrelementige Datenstruktur mit linearer Organisation (erster, zweiter, dritter...), die aber das Einfügen und Entfernen von Elementen in beliebiger Reihenfolge gestattet. Warteschlangen, Deques und Stacks können einfach als Liste mit gewissen Beschränkungen in bezug auf das Hinzufügen und Entfernen von Elementen angesehen werden. → *siehe auch Deque, Element, Stack, verkettete Liste, Warteschlange.*

Liste, invertierte *Subst.* (inverted list)
→ *siehe invertierte Liste.*

Liste, kreisförmige *Subst.* (circular list)
→ *siehe kreisförmige Liste.*

Liste, lineare *Subst.* (linear list)
→ *siehe lineare Liste.*

Listenfeld *Subst.* (list box)
Ein Steuerelement in Microsoft Windows, das es dem Benutzer ermöglicht, die gewünschte Option aus einer Liste mit mehreren Optionen auszuwählen. Im Listenfeld wird die aktuell ausgewählte Option neben einer Schaltfläche angezeigt, die durch einen Abwärtspfeil gekennzeichnet ist. Wenn der Benutzer auf die Schaltfläche klickt, wird die Liste angezeigt. Die Liste enthält eine Bildlaufleiste, wenn aus Platzgründen nicht alle Optionen angezeigt werden können.

Listenverarbeitung *Subst.* (list processing)
Die Verwaltung und Manipulation von mehrelementigen Datenstrukturen. Hierzu gehören das Hinzufügen und Löschen von Elementen, das Schreiben von Daten in Elemente und das Durchlaufen einer Liste. Die Listenverarbeitung bildet die Grundlage der in der künstlichen Intelligenz eingesetzten Programmiersprache LISP. → *siehe auch Knoten, LISP, Liste.*

Liste, verkettete *Subst.* (linked list)
→ *siehe verkettete Liste.*

Listing *Subst.* (listing)
Eine gedruckte Kopie des Programm-Quelltexts. Einige Compiler und Assembler produzieren optional Assembler-Listings während der Kompilierung oder Assemblierung. Derartige Code-Listings enthalten oft zusätzliche Informationen, z.B. Zeilennummern, Verschachtelungstiefen von Blöcken und Cross-Referenzen (Tabellen mit Querverweisen). → *siehe auch Assembler-Listing.*

LISTSERV *Subst.*
Einer der am häufigsten verwendeten kommerziellen Mailing-Listmanager. LISTSERV wird von L-SOFT International für BITNET, UNIX und Windows vertrieben. → *siehe auch Mailing-Listmanager, Verteilerliste.*

Literal *Subst.* (literal)
In einem Programm verwendeter Wert, der für sich selbst steht und nicht den Wert einer Variablen oder das Ergebnis eines Ausdrucks bezeichnet, z.B. die Zahlen 25 und 32.1, das Zeichen *a*, der String *Hello* und der Boolesche Wert TRUE. → *siehe auch Konstante, Variable.*

Lithium-Akku *Subst.* (lithium ion battery)
Ein Energiespeicher, der auf der Umwandlung von chemischer in elektrische Energie über chemische »Trockenzellen« beruht. Trotz der höheren Kosten verwendet die Laptop-Industrie Lithium-Akkus, weil diese gegenüber Nickel-Cadmium- und Nickel-Hydrid-Akkus eine bessere Speicherkapazität haben. Die Industrie reagierte in diesem Fall auf die erhöhten Anforderungen durch höhere Prozessorgeschwindigkeiten und den Einsatz von Peripheriegeräten (z.B. CD-ROM-Laufwerken). → *Vgl. Nickel-Cadmium-Akkumulator, Nickel-Hydrid-Akku.*

Little-Endian *Adj.* (little endian)
Auch als umgekehrte Byte-Reihenfolge bezeichnet. Bei der Speicherung einer Zahl steht dabei das niederwertigste Byte an erster Stelle. Die Hexadezimalzahl A02B wird z.B. nach der Little-Endian-

Methode als 2BA0 abgelegt. Das Little-Endian-Format ist typisch für die Intel-Mikroprozessoren.
→ *auch genannt umgekehrte Byte-Sortierung.*
→ *Vgl. big endian.*

live *Adj.*
Bezieht sich auf Ton- oder Videoübertragungen, die direkt während der Produktion übermittelt werden. Das Gegenteil von Live-Übertragungen sind Aufzeichnungen, die erst nach der Produktion übermittelt werden. → *siehe auch synchrone Übertragung.*

Live3D *Subst.*
Ein Netscape-proprietäres Virtual Reality Modeling Language (VRML)-Plug-in für Web-Browser, in denen Benutzer in einer virtuellen Welt agieren können. → *siehe auch VRML.*

Liveware *Subst.* (liveware)
Slang-Ausdruck für »Datenverarbeitungspersonal«. Auch mit den Bezeichnungen Wetware oder Jellyware, im Gegensatz zu Hardware, Software und Firmware belegt. → *auch genannt Wetware.*

Lizenzschlüssel *Subst.* (licensing key)
Ein kurzer String, der während der Installation von lizenzierter Software als Kennwort dient. Durch die Vergabe eines Lizenzschlüssels wird die Gefahr der illegalen Vervielfältigung lizenzierter Software verringert.

Lizenzvertrag *Subst.* (license agreement)
Ein Rechtsvertrag zwischen einem Software-Anbieter und einem Benutzer, in dem die Rechte des Benutzers an der Software festgelegt werden. In der Regel tritt der Lizenzvertrag bei Software in Kraft, sobald der Benutzer das Softwarepaket geöffnet hat.

.lk
Im Internet ein Kürzel für die übergreifende Länder-Domäne, die eine Adresse in Sri Lanka angibt.

LLC *Subst.*
→ *siehe IEEE 802-Standards.*

Local Bus *Subst.* (local bus)
Eine PC-Architektur, die eine Leistungssteigerung des Systems ermöglicht, indem einige Erweiterungskarten durch vollständiges Umgehen des normalen Systembusses direkt mit dem Mikroprozessor kommunizieren können. → *siehe auch PCI Localbus, VL-Bus.*

localhost *Subst.*
Der Name, der verwendet wird, um den gleichen Computer darzustellen, von dem eine TCP/IP-Nachricht ursprünglich stammt. Ein IP-Paket, das an den Localhost gesendet wird, hat die IP-Adresse 127.0.0.1 und wird nicht an das Internet übertragen. → *siehe auch IP-Adresse, Paket, TCP/IP.*

LocalTalk *Subst.*
Ein günstiges Kabelsystem von AppleTalk-Netzwerken, das an die Computer, Drucker und andere Peripheriegeräte von Apple Macintosh angeschlossen werden kann. → *siehe auch AppleTalk.*

Lochabstand *Subst.* (dot pitch, screen pitch)
Ein Maß für die Bildpunktdichte eines Computerbildschirms, durch das der Abstand zwischen den einzelnen Leuchtpunkten auf dem Schirm angegeben wird. Dabei wird der vertikale Abstand in Millimetern zwischen gleichfarbigen Pixeln gemessen. Je kleiner dieser Wert ist, um so mehr Einzelheiten können dargestellt werden, und desto schärfer ist die Darstellung. Der Unterschied zwischen zwei Bildschirmen kann jedoch variieren, da manche Hersteller unterschiedliche Methoden zur Bestimmung dieses Maßes bei ihren Produkten verwenden. Ein Bildschirm mit einem Lochabstand von 0,28 mm hat eine bessere Auflösung als einer mit 0,32 mm. Der Lochabstand ist herstellungsbedingt und läßt sich daher nicht verändern. → *siehe auch Phosphor.*

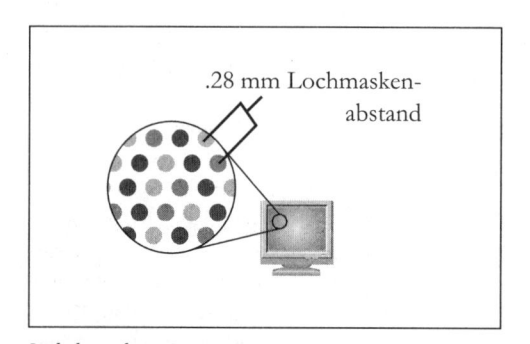

Lochabstand
→ *siehe auch CRT, Display.*

Lochkarte *Subst.* (card, punched card)
Eingabemedium aus Karton, das die Datenbits spaltenweise in Form von eingestanzten Lochmustern speichert. Lochkarten wurden vor allem in der Anfangszeit des Informationszeitalters eingesetzt. Die für die verschiedenen Byte-Werte verwendeten Muster werden nach der sog. Hollerith-Codierung erzeugt. → *auch genannt Hollerith-Maschine.*

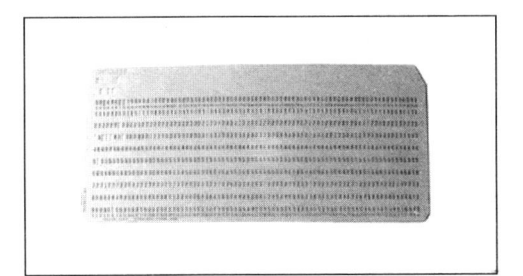

Lochkarte

Der gebräuchlichste Lochkartentyp weist eine Höhe von 8,25 cm und eine Breite von ca. 18,73 cm auf und ist in 80 Spalten eingeteilt. Die Codierung von Informationen erfolgt durch Stanzen von Löchern mit Hilfe einer Lochstanz-Maschine. Die eingestanzten Löcher repräsentieren, je nach ihrer Position, bestimmte Ziffern, Buchstaben und andere Zeichen. Das Lesen von Lochkarten erfolgt mit Computern, die mit einem entsprechenden Lesegerät ausgestattet sind.

Lochkartenleser *Subst.* (punched-card reader)
→ siehe *Kartenleser.*

Lochstanzer *Subst.* (keypunch)
Ein tastaturgesteuertes Gerät, mit dem sich Löcher an festgelegten Positionen auf Lochkarten in der Größe eines Geschäftsbriefumschlages stanzen lassen. Lochstanzer wurden zur Erstellung von Lochkarten eingesetzt, die in den früheren Rechenanlagen für die Eingabe von Programmen und Daten verwendet wurden.

Lochstreifen *Subst.* (tape)
Ein Speichermedium aus einem dünnen Papierstreifen, auf dem Informationen in Form gestanzter Löcher, chemischer Kennzeichnung oder magnetischer Tinte festgehalten werden.

löschbarer Speicher *Subst.* (erasable storage)
Speichermedien, die sich wiederholt verwenden lassen, da der Benutzer vorher aufgezeichnete Daten löschen kann. Die meisten magnetischen Speichermedien, z. B. Magnetband und Diskette, sind löschbare Speicher.

löschen *Vb.* (delete, erase, purge)
Allgemein das systematische Entfernen von alten oder unnötigen Informationen.
In bezug auf das Löschen von Dateien unterscheidet man das gewöhnliche und das unwiederbringliche (dauerhafte) Löschen. Beim unwiederbringlichen Löschen werden in der Regel vorhandene Daten durch Nullen oder bedeutungslosen Text überschrieben. Bei einem magnetischen Speichermedium werden Daten normalerweise gelöscht, indem entweder mittels eines Magnetkopfes oder eines großen Magneten die physikalische Anordnung der Magnetteilchen gestört wird. Beim gewöhnlichen Löschen teilt der jeweilige Befehl dem Betriebssystem lediglich mit, daß die Daten oder Dateien entbehrlich sind. Auf diese Weise gelöschte Dateien lassen sich daher noch so lange wiederherstellen, bis ihr Speicherplatz durch neue Informationen überschrieben wurde. → *siehe auch Löschkopf.*
Im Zusammenhang mit Anwendungsprogrammen bezeichnet »löschen« das Entfernen von Teilen eines Dokuments oder des kompletten Dokuments. Zu diesem Zweck existieren verschiedene Methoden. Zeichen auf dem Bildschirm und markierte Teile eines Dokuments können z. B. mit der Entf-Taste, der Rück-Taste oder mit dem Löschen-Befehl der jeweiligen Anwendung gelöscht werden.

Löschgerät *Subst.* (media eraser)
Ein Gerät, das Daten aus einem Speichermedium entfernt, indem die Daten mit neutralen Daten (z. B. Nullen) überschrieben werden. → *siehe auch Magnetspulen-Löschgerät.*

Löschkopf *Subst.* (erase head)
Das Gerät in einem Magnetbandgerät, das zuvor aufgezeichnete Informationen löscht.

Löschtaste *Subst.* (Delete key)
Auf IBM- und kompatiblen Computern eine Taste, deren Funktion von der jeweiligen Anwendung abhängig ist. In der Regel wird damit das Zeichen

L unter dem Cursor gelöscht. In einigen Anwendungen jedoch löst die Taste das Löschen eines markierten Objekts (Text oder Grafiken) aus.
Auf ADB- und erweiterten Tastaturen (Extended Keyboard) der Apple Macintosh-Computer eine Taste, die das Zeichen vor der Einfügemarke oder hervorgehobenen Text bzw. Grafiken löscht.

log *Subst.*

Logarithmus *Subst.* (logarithm)
Abgekürzt log. In der Mathematik bezeichnet der Logarithmus einer Zahl n die Potenz, in die die Basis des Logarithmus zu erheben ist, um gleich der Zahl n zu sein. Bei gegebener Basis 10 ist z.B. der Logarithmus von 16 gleich 1,2041, da $10^{1,2041}$ gleich 16 ist. In der Programmierung verwendet man sowohl den natürlichen Logarithmus (zur Basis $e = 2,71828$) als auch den dekadischen Logarithmus (zur Basis 10). Sprachen wie C und Basic umfassen Funktionen für die Berechnung des natürlichen Logarithmus.

Logical Link Control *Subst.* (logical link control)
→ *siehe IEEE 802-Standards.*

Logik *Subst.* (logic)
In der Programmierung bezeichnet man damit die Behauptungen, Annahmen und Operationen, die definieren, was ein gegebenes Programm ausführt. Die Festlegung der Logik eines Programms ist häufig der erste Schritt bei der Entwicklung seines Quellcodes. → *siehe auch formale Logik.*

Logikanalysator *Subst.* (logic analyzer)
Ein Hardwaregerät, das die intelligente, maschinennahe Fehlersuche von Programmen erleichtert. Typische Merkmale sind die Fähigkeit zur Überwachung der Bussignale während des Programmablaufs, das Anhalten der Ausführung, wenn eine gegebene Speicherstelle gelesen oder beschrieben wird, und die Rückverfolgung einer bestimmten Anzahl von Anweisungen, wenn die Ausführung aus einem beliebigen Grund angehalten hat. → *siehe auch Debugger.*

Logik-Array *Subst.* (logic array)
→ *siehe Gatter-Array.*

Logik-Array, programmierbares *Subst.* (programmable logic array)
→ *siehe wiederprogrammierbare Logik.*

Logik-Board *Subst.* (logic board)
Eine andere Bezeichnung für Hauptplatine oder Prozessorplatine. Der Begriff wurde in Verbindung mit älteren Computermodellen verwendet, um das Video-Board *(analoge Platine)* von der Hauptplatine zu unterscheiden. → *siehe auch Hauptplatine.*

Logik, Boolesche *Subst.* (Boolean logic)
→ *siehe Boolesche Algebra.*

Logikchip *Subst.* (logic chip)
Ein Chip, der Informationen verarbeitet und nicht nur speichert. Ein Logikchip besteht aus logischen Schaltkreisen.

Logikdiagramm *Subst.* (logic diagram)
Die schematische Darstellung der Verbindungen zwischen den logischen Schaltungen eines Computers, mit Angaben über erwartete Ausgangswerte bei einer festgelegten Menge von Eingangswerten.

Logikelement, sequentielles *Subst.* (sequential logic element)
→ *siehe sequentielles Logikelement.*

Logik, emitter-gekoppelte *Subst.* (emitter-coupled logic)
→ *siehe emitter-gekoppelte Logik.*

Logikfehler *Subst.* (logic error)
Ein Fehler in der Programmlogik, z.B. die Verwendung eines fehlerhaften Algorithmus. Meist wird der eigentliche Ablauf eines Programms durch einen Logikfehler nicht verhindert – es funktioniert zwar, liefert aber falsche Ergebnisse. Aus diesem Grund ist ein Logikfehler oft schwer zu finden.
→ *siehe auch Logik, Semantik, Syntax.*

Logik, formale *Subst.* (formal logic)
→ *siehe formale Logik.*

Logikgerät, programmierbares *Subst.* (programmable logic device)
→ *siehe programmierbares Logikgerät.*

Logik, geteilte *Subst.* (shared logic)
→ *siehe geteilte Logik.*

Logikprogrammierung *Subst.* (logic programming)
Eine Programmiertechnik, bei der ein Programm aus einer Sammlung von Fakten und Regeln be-

steht, auf deren Grundlage mit Hilfe der Programmiersprache eine Lösungsbeschreibung zum Ziehen von Schlüssen entwickelt wird. Die Sprache Prolog ist ein typischer Vertreter der Logikprogrammierung. → *siehe auch Prolog.*

Logik, stromgesteuerte *Subst.* (current-mode logic)
→ *siehe stromgesteuerte Logik.*

Logik, symbolische *Subst.* (symbolic logic)
→ *siehe symbolische Logik.*

Logik, wiederprogrammierbare *Subst.* (field-programmable logic array)
→ *siehe wiederprogrammierbare Logik.*

Log-In *Vb.* (log in)
→ *siehe anmelden.*

logisch *Adj.* (logical)
Bezeichnet eine Operation oder eine andere Rechneraktivität, die auf Wahr/Falsch-Alternativen basiert, im Gegensatz zu arithmetischen Berechnungen numerischer Werte. Ein logischer Ausdruck liefert z.B. nach seiner Auswertung einen einzelnen Ergebniswert, der entweder wahr oder falsch sein kann. → *siehe auch Boolesche Algebra.* → *Vgl. Fuzzy-Logik.*
Den konzeptuellen Gesetzen der Logik entsprechend, ohne Bezug auf die körperliche Wahrnehmung. → *Vgl. physikalisch.*

logische Bombe *Subst.* (logic bomb)
Ein logischer Fehler in einem Programm, der nur unter bestimmten Bedingungen auftritt (im allgemeinen immer dann, wenn man ihn am wenigsten erwartet oder gebrauchen kann). Der Begriff *Bombe* weist bereits darauf hin, daß sich das Programm eindrucksvoll »verabschiedet«. → *siehe auch Logikfehler.*

logische Datei *Subst.* (logical file)
Eine Datei, die vom konzeptionellen Standpunkt aus betrachtet wird, d.h. ohne Bezug und im Unterschied zu ihrer physikalischen Realisierung im Hauptspeicher oder einem externen Speichergerät. Eine logische Datei kann z.B. aus einer zusammenhängenden Folge von Datensätzen bestehen, während die Datei, physikalisch in mehrere Abschnitte aufgeteilt, an unterschiedlichen Orten auf einer Diskette oder sogar über mehrere Disketten verteilt, gespeichert sein kann. Eine logische Datei kann außerdem aus einer Untermenge von Spalten (Feldern) und Zeilen (Datensätzen) bestehen, die aus einer Datenbank herausgezogen wurden. In diesem Fall stellt die logische Datei (oder Ansicht) nur die Informationen dar, die ein bestimmtes Anwendungsprogramm oder der Benutzer gefordert hat.

logische Entscheidung *Subst.* (logical decision)
Jede Entscheidung, die einen von zwei möglichen Ergebniswerten haben kann (wahr/falsch, ja/nein usw.). → *Vgl. Fuzzy-Logik.*

logische Operation *Subst.* (logic operation)
Ein Ausdruck, der logische Werte und Operatoren verwendet. Eine Manipulation auf Bit-Ebene von binären Werten. → *siehe auch Boolescher Operator.*

logischer Ausdruck *Subst.* (logical expression)
→ *siehe Boolescher Ausdruck.*

logischer Baum *Subst.* (logic tree)
Eine logische Spezifikationsmethode für Verzweigungen. Jede Gabelung eines Baumes stellt einen Entscheidungspunkt und die Enden der Zweige die erforderlichen Aktionen dar.

logischer Datensatz *Subst.* (logical record)
Eine beliebige Informationseinheit, die sich durch eine Anwendung behandeln läßt. Ein logischer Datensatz kann eine Sammlung verschiedener Felder oder Spalten einer Datenbank-Datei darstellen oder eine einzelne Textzeile in einer Textdatei. → *siehe auch logische Datei.*

logischer Fehler *Subst.* (logical error)

logischer Operator *Subst.* (logical operator)
Ein Operator, der binäre Werte auf Bit-Ebene manipuliert. In einigen Programmiersprachen sind logische Operatoren identisch mit Booleschen Operatoren, die wahre und falsche Werte manipulieren. → *siehe auch Boolescher Operator, Maske.*

logischer Schaltkreis *Subst.* (logic circuit)
Ein elektronischer Schaltkreis, der Informationen durch Anwendung logischer Operationen verar-

beitet. Ein logischer Schaltkreis stellt eine Kombination logischer Gatter dar und liefert ein Ausgangssignal entsprechend festgelegter logischer Regeln, nach denen die am Eingang anliegenden elektrischen Signale zu verknüpfen sind. → *siehe auch Gate.*

logisches Gatter *Subst.* (logic gate)
→ *siehe Gate.*

logisches Gerät *Subst.* (logical device)
Ein Gerät, das nach der Logik eines Softwaresystems und ungeachtet seiner physikalischen Beziehung zum System benannt ist. Beispielsweise läßt sich unter dem Betriebssystem MS-DOS ein und dasselbe Floppy-Disk-Laufwerk sowohl als logisches Laufwerk A: als auch Laufwerk B: ansprechen.

logisches Laufwerk *Subst.* (logical drive)
→ *siehe logisches Gerät.*

logisches Schema *Subst.* (logical schema)
→ *siehe konzeptuelles Schema.*

logisches Symbol *Subst.* (logic symbol)
Ein Symbol, das einen logischen Operator darstellt, z.B. AND oder OR. Das Symbol + in der Booleschen Algebra stellt z.B. das logische OR (Oder) dar, wie in A + B (gelesen »A OR B« und nicht »A plus B«).

Logo *Subst.*
Eine Programmiersprache mit Merkmalen, die sich stark an LISP anlehnen. Logo wird häufig als Lernprogramm für Kinder eingesetzt und wurde ursprünglich 1968 von Seymour Papert am MIT entwickelt. Logo wird als Lehrsprache angesehen. Es liegt jedoch im Bestreben vieler Firmen, Logo auch im Programmierbereich weiter zu verbreiten. → *siehe auch LISP, Turtle, Turtle-Grafik.*

lokal *Adj.* (local)
Beschreibt Elemente oder Operationen, die sich in unmittelbarer Nähe befinden oder auf einen bestimmten Bereich beschränkt sind. In der Kommunikationstechnik greift man auf ein lokales Gerät direkt zu und nicht über eine Kommunikationsleitung. In der Informationsverarbeitung wird eine lokale Operation durch einen Computer vor Ort anstatt durch einen entfernten Computer ausgeführt. In der Programmierung verwendet man eine lokale Variable nur in einem bestimmten Teil des Programms (Unterprogramm, Prozedur oder Funktion), wobei meist auch die Gültigkeit der Variablen auf diesen Programmabschnitt beschränkt ist. → *Vgl. remote.*

lokale Gruppe *Subst.* (local group)
In Windows NT eine Gruppe, der Erlaubnisse und Rechte nur zu Ressourcen auf derjenigen Arbeitsstation zugestanden werden, auf der die Gruppe residiert. Lokale Gruppen stellen eine bequeme Methode dar, Benutzern sowohl von innerhalb als auch von außerhalb der Arbeitsstationen die Verwendung nur der Ressourcen zu erlauben, die auf der Arbeitsstation zu finden sind, die die lokale Gruppe enthält.
In Windows NT Advanced Server bildet die lokale Gruppe eine Gruppe, der Erlaubnisse und Rechte nur zu den Ressourcen auf den Servern der eigenen Domäne zugestanden werden. In diesem Kontext bieten lokale Gruppen eine bequeme Methode, sowohl den Benutzern von innerhalb als auch von außerhalb der Domäne nur die Nutzung von Ressourcen zu gestatten, die auf dem Server der Domäne zu finden sind. → *siehe auch globale Gruppe, gruppieren.*

lokale Newsgroups *Subst.* (local newsgroups)
Newsgroups, die sich auf einen bestimmten geographischen Bereich (z.B. eine Stadt oder eine Universität) spezialisiert haben. Die Themen der Newsgroups enthalten Informationen, die sich speziell auf diesen Bereich beziehen (z.B. Events, Konferenzen und Angebote). → *siehe auch Newsgroup.*

lokaler Bypass *Subst.* (local bypass)
Eine Telefonverbindung, die in größeren Unternehmen separate Gebäude unter Umgehung des öffentlichen Fernsprechnetzes verbindet.

lokaler Speicher *Subst.* (local memory)
Der Speicher in Multiprozessor-Systemen, der sich auf derselben Karte wie ein bestimmter Prozessor befindet oder mit diesem über denselben Hochgeschwindigkeitsbus verbunden ist. Der einem Prozessor zugeordnete lokale Speicher ist in der Regel ohne eine bestimmte Form von Zugriffs-

erlaubnis nicht für einen anderen Prozessor zugänglich.

lokales Netzwerk *Subst.* (local area network)
→ *siehe LAN.*

lokales Neustarten *Subst.* (local reboot)
Ein direkter Reboot des Gerätes, der nicht von einem Remote Host ausgeführt wird. → *siehe auch neu starten.*

lokale Variable *Subst.* (local variable)
Eine Programmvariable, deren Gültigkeitsbereich auf einen gegebenen Codeblock, in der Regel ein Unterprogramm, beschränkt ist. → *siehe auch Geltungsbereich.* → *Vgl. globale Variable.*

Lokalisierung *Subst.* (localization)
Die Anpassung eines Programms an den vorgesehenen Einsatzort. Beispielsweise müssen die Entwickler eines Textverarbeitungsprogramms eine Lokalisierung der Sortiertabellen für unterschiedliche Länder oder Sprachen vornehmen, da die Reihenfolge der Zeichen in verschiedenen Alphabeten unterschiedlich ist und ggf. zusätzliche Zeichen zu beachten sind.

LOL
Abkürzung für laughing out loud, zu deutsch: »Zum Totlachen«. Diese Wendung wird in englischsprachigen E-Mail-Nachrichten, Online-Foren und Chat Services verwendet, um einen Witz oder eine andere humorvolle Gegebenheit positiv zu kommentieren.

Longitudinal Redundancy Check *Subst.* (longitudinal redundancy check)
→ *siehe LRC.*

Look and Feel *Subst.* (look and feel)
Ein allgemeiner Begriff, der sich auf die Darstellung und Funktionalität von Hardware oder Software bezieht. Diese Bezeichnung wird häufig bei Vergleichen verwendet: »Windows NT hat das gleiche Look and Feel wie Windows 95«.

Lookup *Subst.* (lookup)
Eine für die Tabellenkalkulation typische (häufig integrierte) Funktion, die eine vorhandene Wertetabelle (eine sog. Lookup-Tabelle) nach einem bestimmten Informationselement durchsucht. Eine Lookup-Tabelle ist aus Datenzeilen und Datenspalten aufgebaut. Eine Lookup-Funktion durchsucht die Tabelle entweder horizontal oder vertikal und liefert dann die Daten, die dem beim Aufruf der Lookup-Funktion übergebenen Argument entsprechen.

Loop-Check *Subst.* (loop check)
→ *siehe Echoprüfung.*

Loop-Konfiguration *Subst.* (loop configuration)
Eine Kommunikationsverbindung, bei der mehrere Stationen über eine Leitung in Form einer geschlossenen Schleife verbunden sind. Im allgemeinen werden die von einer Station gesendeten Daten empfangen und wiederum von jeder Station in der Schleife weitergesendet. Dieser Vorgang wiederholt sich, bis die Daten ihren vorgesehenen Bestimmungsort erreicht haben. → *siehe auch Ring-Netzwerk.*

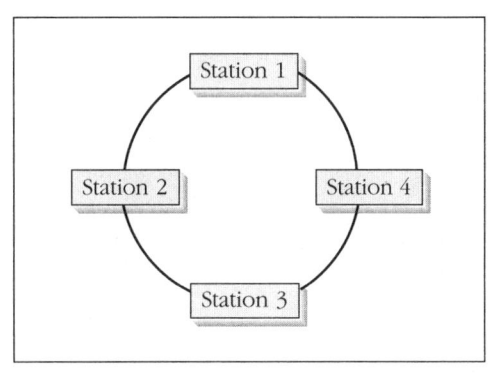

Loop-Konfiguration

lo-res *Adj.*
→ *siehe niedrige Auflösung.*

LPM *Subst.*
→ *siehe Zeilen pro Minute.*

LPMUD *Subst.*
Eine Art des Multi-User Dungeon (MUD), die eine eigene objektorientierte Programmiersprache für das Erstellen von neuen Bereichen und Objekten in der virtuellen Welt enthält. → *siehe auch MUD.*

LPT *Subst.*
Logischer Gerätename für Zeilendrucker. Durch das Betriebssystem MS-DOS reservierter Name für

L bis zu drei parallele Druckerports mit den Bezeichnungen LPT1, LPT2 und LPT3. Dabei ist der erste parallele Port (LPT1) in der Regel mit dem primären Parallel-Ausgabegerät PRN (in MS-DOS der logische Gerätename für den Drucker) identisch. Die Buchstabenfolge LPT wurde ursprünglich für die Bezeichnung *Zeilendrucker-Terminal* verwendet.

.lr
Im Internet ein Kürzel für die übergreifende Länder-Domäne, die eine Adresse in Liberia angibt.

LRC *Subst.*
Abkürzung für **l**ongitudinal **r**edundancy **c**heck, zu deutsch »Längsredundanzprüfung«. Ein Verfahren zur Überprüfung der Richtigkeit von Daten, die auf einem Magnetband gespeichert sind oder über eine Kommunikationsverbindung übertragen werden. → *siehe auch Paritätsbit*. → *Vgl. VRC*.

.ls
Im Internet ein Kürzel für die übergreifende Länder-Domäne, die eine Adresse in Lesotho angibt.

ls *Subst.*
Ein UNIX-Befehl, der den Server anweist, eine Liste mit Dateien und Unterverzeichnissen im aktuellen Verzeichnis oder dem Verzeichnis zurückzugeben, das im Befehl angegeben ist. Da viele FTP-Sites auf UNIX-Systemen aufgebaut sind, kann dieser Befehl auch für diese Sites verwendet werden. → *siehe auch FTP, UNIX*.

LS-120 *Subst.*
Ein Diskettenlaufwerk, das bis zu 120 MB auf einer 3,5-Zoll-Diskette unterbringt. LS-120-Laufwerke können auch für andere Diskettenformate eingesetzt werden.

LSB *Subst.*
→ *siehe niederwertigstes Bit*.

LSC *Subst.*
→ *siehe niederwertigstes Zeichen*.

LSD *Subst.*
→ *siehe niederwertigste Stelle*.

LSI *Subst.*
→ *siehe Hohe Integrationsdichte*.

.lt
Im Internet ein Kürzel für die übergreifende Länder-Domäne, die eine Adresse in Litauen angibt.

.lu
Im Internet ein Kürzel für die übergreifende Länder-Domäne, die eine Adresse in Luxemburg angibt.

LU *Subst.*
Abkürzung für **l**ogical **u**nit. In einem IBM-SNA-Netzwerk bezeichnet LU einen Punkt für den Anfang oder das Ende einer Sitzung. → *siehe auch SNA*.

Lücke *Subst.* (gap)
→ *siehe Satzzwischenraum*.

Luggable-Computer *Subst.* (luggable computer)
Zu deutsch auch tragbarer Computer. Dieser Begriff charakterisiert die ersten portablen Computer, die in den frühen bis mittleren achtziger Jahren produziert wurden. Diese Geräte arbeiteten mit integrierten CRT-Displays, wogen über 10 Kilogramm und hatten die Größe eines mittleren Koffers – daher auch ihr Name. → *siehe auch portabler Computer*.

Luminanzabfall *Subst.* (luminance decay)
→ *siehe Nachleuchtdauer*.

lurken *Vb.* (lurk)
Empfangen und Lesen von Artikeln oder Nachrichten in einer Newsgroup oder einer anderen Online-Konferenz, ohne am Meinungsaustausch teilzuhaben.

Lurker *Subst.* (lurker)
Eine Person, die in einer Newsgroup oder einer anderen Online-Konferenz lurkt. → *siehe auch lurken*. → *Vgl. Netzianer*.

.lv
Im Internet ein Kürzel für die übergreifende Länder-Domäne, die eine Adresse in Lettland angibt.

.ly
Im Internet ein Kürzel für die übergreifende Länder-Domäne, die eine Adresse in Libyen angibt.

Lynx *Subst.*
Ein Nur-Text Web-Browser für UNIX-Plattformen.

.lzh
Eine Dateinamenerweiterung, die mit Hilfe des Lempel-Ziv-Haruyasu-Algorithmus komprimierte Dateiarchive kennzeichnet. → *siehe auch komprimierte Datei, Lempel-Ziv-Algorithmus, LHARC.*

LZW-Komprimierung *Subst.* (LZW compression)
Ein Komprimierungsalgorithmus, bei dem sich wiederholende Zeichenfolgen für die Komprimierung von Zeichenströmen in Codeströme verwendet werden. Die GIF-Komprimierung basiert auf der LZW-Komprimierung. → *siehe auch GIF.*

M

m *Subst.*
→ *siehe Milli-.*

M *Subst.*
→ *siehe Mega-.*

.ma
Im Internet ein Kürzel für die übergreifende Länder-Domäne, die eine Adresse in Marokko angibt.

Mac *Subst.*
→ *siehe Macintosh.*

Mac- *Präfix*
Ein Präfix, das die Eignung einer Software für Computer von Apple Macintosh angibt (z. B. *Mac*Draw).

MAC *Subst.*
Abkürzung für **m**edia **a**ccess **c**ontrol, zu deutsch etwa »Medien-Zugriffs-Steuerung«.

MacBinary *Subst.*
Ein File Transfer Protocol zur Erhaltung der Codierung für Dateien, die auf einem Macintosh erstellt und in einem anderen System gespeichert sind. Das Protokoll enthält den Ressourcenzweig, den Datenzweig sowie den Finder-Informationsblock der Datei. → *siehe auch Datenzweig, Finder, Ressourcenzweig.*

Mach *Subst.*
An der Carnegie-Mellon Universität entwickelte Variante des Betriebssystems UNIX. Mach wurde so entworfen, daß es weiterentwickelte Merkmale unterstützt, z. B. Multitasking und Multiprocessing. → *siehe auch UNIX.*

Macintosh *Subst.*
Eine häufig verwendete PC-Serie, die von der Apple Computer Corporation im Januar 1984 vorgestellt wurde. Der Macintosh ist einer der ersten PCs mit grafischer Benutzeroberfläche und der erste Computer für 3,5-Zoll-Disketten. Außerdem wurde der 32-Bit-Mikroprozessor Motorola 68000 erstmals bei einem Macintosh verwendet. Trotz der benutzerfreundlichen Funktionen hat der Macintosh in den neunziger Jahren gegenüber PC-kompatiblen Computern Marktanteile eingebüßt. Der Macintosh wird jedoch immer noch vornehmlich bei DTP-Programmen und Grafikanwendungen eingesetzt. → *siehe auch grafische Benutzeroberfläche, PC-kompatibel.* → *auch genannt MAC.*

Macintosh

Macintosh Application Environment *Subst.*
Eine System-Shell für offene RISC-Systeme, die eine Macintosh-Schnittstelle innerhalb eines X Window System-Fensters enthält. Die Macintosh Application Environment ist sowohl Mac- als auch UNIX-kompatibel und unterstützt alle Standardprodukte für den Macintosh. → *siehe auch X Windows, X Window System.*

Macintosh File System *Subst.*
Das frühe lineare Dateisystem, das vor der Einführung des Hierarchical File System auf dem Macintosh verwendet wurde. → *siehe auch lineares Dateisystem.* → *Vgl. hierarchisches Dateisystem.*

Macintosh-Tastatur, originale *Subst.* (original Macintosh keyboard)
→ *siehe originale Macintosh-Tastatur.*

Mac-Klon *Subst.* (Mac clone)
Ein Computer, der für das Betriebssystem Macintosh lizenziert und hergestellt wird. Der erste Lizenznehmer des Macintosh OS wurde im Dezember 1994 die Power Computing. → *siehe auch Macintosh.*

Mac OS *Subst.*
Abkürzung für **Mac**intosh **o**perating **s**ystem. Seit September 1994 die Bezeichnung für das Betriebssystem Macintosh ab Version 7.5. Zu diesem Zeitpunkt hat Apple damit begonnen, Lizenzen für die Software an andere Computerhersteller auszugeben. → *siehe auch Macintosh.*

MacTCP *Subst.*
Eine Macintosh-Erweiterung, durch die Macintosh-Computer TCP/IP verwenden können. → *siehe auch TCP/IP.*

MAE *Subst.*
→ *siehe Macintosh Application Environment, Metropolitan Area Exchange.*

Magnetband *Subst.* (magnetic tape, tape)
Ein dünner Kunststoffstreifen (Polyester), der mit magnetischem Material beschichtet ist und so die Aufzeichnung von Daten ermöglicht. Da ein Magnetband ein in Längsrichtung fortlaufendes Speichermedium darstellt und der Schreib-Lese-Kopf nicht zu einer bestimmten Stelle auf dem Band »springen« kann, ohne das Band zunächst dorthin vorzuspulen, muß ein Magnetband sequentiell gelesen oder beschrieben werden – im Gegensatz zum wahlfreien Zugriff bei Disketten oder Festplatten.

Magnetbandauszug *Subst.* (tape dump)
Ein einfacher Ausdruck der auf einem Magnetband befindlichen Daten ohne eine aufbereitende Formatierung. → *siehe auch Bandkassette.*

Magnetblasenspeicher *Subst.* (magnetic bubble)
Ein magnetisches, verschiebbares Feld in einem Filmsubstrat. In einem Blasenspeicher wandern magnetische Blasen, die Bits darstellen, auf vorgegebenen Bahnen, wo diese gelesen und geschrieben werden können. Durch hohe Kosten und relativ lange Zugriffszeiten bleiben die Magnetblasenspeicher allerdings spezialisierten Anwendungen vorbehalten. → *siehe auch Blasenspeicher, magnetische Domäne.* → *Vgl. Kernspeicher, RAM.*

Magnetfeld *Subst.* (magnetic field)
Der Raum um ein magnetisches Objekt, in dem magnetische Kräfte wirken. Zur Veranschaulichung kann man ein Magnetfeld in Form von Flußlinien darstellen, die am magnetischen Nordpol entspringen und am magnetischen Südpol enden.

magnetische Domäne *Subst.* (magnetic domain)
Auch ferromagnetische Domäne oder Weißscher Bezirk genannt. Ein mikroskopisch kleiner Bereich in einem ferromagnetischen Material, innerhalb dessen die einzelnen atomaren oder molekularen Magnetpartikel die gleiche Orientierung aufweisen. → *auch genannt ferromagnetische Domäne.*

magnetischer Speicher *Subst.* (magnetic storage)
Der Oberbegriff für externe Datenspeichereinheiten, die auf der Basis eines magnetischen Mediums arbeiten, z.B. Disketten oder Magnetbänder.

magnetisches Oxid *Subst.* (magnetic oxide)
→ *siehe Eisenoxid.*

Magnetkopf *Subst.* (magnetic head)
→ *siehe Kopf.*

magnetooptische Aufzeichnung *Subst.* (magneto-optical recording)
Eine Aufzeichnungstechnologie für optische Discs, bei der mit einem Laserstrahl ein kleiner Punkt des magnetischen Materials auf der Oberfläche der Disc aufgeheizt wird. Dadurch kann ein schwaches magnetisches Feld die Orientierung dieses Punktes ändern und auf diese Weise Informationen auf der Disc aufzeichnen. Da diese Technik auch zum Löschen der Disc eingesetzt werden kann, erhält man wiederbeschreibbare Discs.

magnetooptische Disk *Subst.* (magneto-optic disc)
Eine vollständig oder zum Teil löschbare Speicher-Disk, die mit einer CD-ROM vergleichbar ist und ebenfalls eine sehr hohe Kapazität aufweist. Bei

einer magnetooptischen Disc erhitzt man mit einem Laserstrahl die Aufzeichnungsschicht bis zu einem Punkt, bei dem sich kleinste Gebiete auf der Oberfläche magnetisch ausrichten lassen, um Datenbits zu speichern. → *siehe auch CD-ROM, magnetooptische Aufzeichnung.*

Magnetplatte *Subst.* (magnetic disk)
Eine Computerdiskette, die von einem Schutzgehäuse (Festplatte) oder einer Hülle (Floppy-Disk) umgeben ist und eine magnetische Beschichtung aufweist. Die Magnetplatte gestattet die Aufzeichnung von Daten in Form von Änderungen in der magnetischen Polarität (eine Polarität entspricht einer binären 1, die entgegengesetzte Polarität einer 0) auf vielen kleinen Abschnitten (magnetischen Domänen) auf der Disk-Oberfläche. Magnetplatten sollen gegen Einwirkung äußerer Magnetfelder geschützt werden, die zu einer Beschädigung oder Zerstörung der gespeicherten Informationen führen können. → *siehe auch Disk, Festplatte, Floppy Disk.* → *Vgl. Compact Disc, magnetooptische Disk.*

Magnetschalter *Subst.* (solenoid)
Ein elektromagnetisches Bauelement, das elektrische Energie in mechanische Bewegung umwandelt. Ein Magnetschalter besteht in der Regel aus einem Elektromagneten, durch den ein beweglicher, stabförmiger Anker geführt ist.

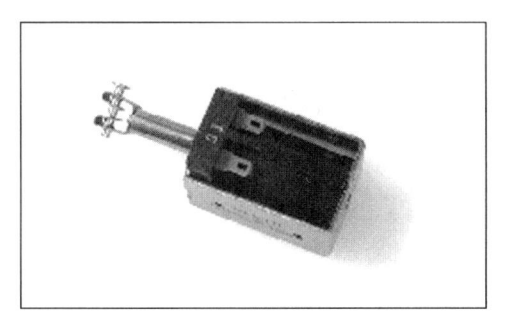

Magnetschalter

Magnetschrifterkennung *Subst.* (magnetic-ink character recognition)
Häufig als MICR abgekürzt. Ein Verfahren zur Erkennung von Text, der mit magnetischer Tinte gedruckt wurde, bei dem die Zeichenformen durch Abtasten der elektrischen Ladung in der Farbe bestimmt werden. Nachdem alle Zeichenformen erfaßt sind, werden Methoden der Zeichenerkennung verwendet, um die Formen in Computertext zu übersetzen. Diese Form der Zeichenerkennung wird z.B. häufig zur Identifizierung von Bankschecks verwendet. → *siehe auch Zeichenerkennung.* → *Vgl. optische Zeichenerkennung.*

Magnetspulen-Löschgerät *Subst.* (bulk eraser)
Ein Gerät zum Löschen sämtlicher Daten eines magnetischen Datenträgers wie einer Diskette oder eines Magnetbandes. Dabei wird ein starkes Magnetfeld erzeugt, das die Ausrichtung der ferromagnetischen Partikel des Datenträgers – diese codieren die gespeicherten Daten – komplett durcheinanderbringt, so daß alle gespeicherten Informationen verlorengehen.

Mail-Applikation *Subst.* (messaging application)
Eine Anwendung, die es Benutzern ermöglicht, gegenseitig Nachrichten auszutauschen (z.B. E-Mail oder Fax).

mailbomben *Vb.* (mailbomb)
Das Senden einer E-Mailbombe an einen Benutzer. Eine E-Mailbombe kann z.B. aus einer äußerst umfangreichen Nachricht bestehen. Es können auch mehrere Benutzer eine andere Person mailbomben, indem sie gleichzeitig viele Nachrichten mit normalem Umfang schicken.

Mailbot *Subst.* (mailbot)
Ein Programm, das E-Mail-Nachrichten automatisch beantwortet oder Aktionen ausführt, die auf Befehlen innerhalb der Nachrichten basieren. Ein Beispiel für ein Mailbot ist der Mailing-Listmanager. → *siehe auch Mailing-Listmanager.*

Mailbox *Subst.* (mailbox)
Ein Diskettenbereich, der einem Netzwerkbenutzer für den Empfang von E-Mail-Nachrichten zugeordnet ist. → *siehe auch E-Mail.*

Mail-Client *Subst.* (messaging client)
Ein Anwendungsprogramm, das es Benutzern ermöglicht, Nachrichten (z.B. E-Mail oder Fax) über einen Remote-Server zu senden oder zu empfangen.

Mail-Dämon *Subst.* (mailer-daemon)
Ein Programm, das für den Transport von E-Mail zwischen den Host-Rechnern auf einem Netzwerk zuständig ist. → *siehe auch Dämon.*

Mail Digest *Subst.* (mail digest)
→ *siehe Digest.*

Mailing-Listmanager *Subst.* (mailing list manager)
Software, die die Verteilerliste des Internet oder Intranet verwaltet. Der Mailing-Listmanager nimmt Nachrichten an, die von Abonnenten gesendet wurden. Außerdem sendet diese Software Kopien der Nachrichten (die von einem Moderator bearbeitet werden können) an allen Abonnenten und akzeptiert und verarbeitet Benutzeranfragen (z.B. Abonnieren der Verteilerliste oder Aufheben des Abonnements). Die am häufigsten verwendeten Mailing-Listmanager heißen LISTSERV und Majordomo. → *siehe auch LISTSERV, Majordomo, Moderator, Verteilerliste.*

Mail Reflector *Subst.* (mail reflector)
Eine Newsgroup, die aus den an eine Verteilerliste gesendeten Nachrichten besteht, die in das Format der Newsgroups umgewandelt wurde.

mailto *Subst.*
Eine Protokollangabe in der HREF (Referenz) eines Hyperlink, durch die Benutzer E-Mail-Nachrichten an Empfänger senden können. So kann z.B. Anne Tränkner die E-Mail-Adresse atr@foo.bar.de und ein HTML-Dokument den Code <A HREF=»mailto:atr@foo.bar.de«>E-Mail Anne!</A> haben. Wenn Benutzer auf den Hyperlink »E-Mail Anne!« klicken, wird die E-Mail-Anwendung gestartet. Die Benutzer können Frau Tränkner anschließend E-Mail-Nachrichten senden, ohne die genaue E-Mail-Adresse kennen zu müssen. → *siehe auch HTML, Hyperlink.*

Majordomo *Subst.*
Die Bezeichnung für ein häufig verwendetes Software-Programm, das die Verteilerlisten des Internet verwaltet und unterstützt. → *siehe auch Mailing-Listmanager, Verteilerliste.*

Makro *Subst.* (macro)
In Anwendungen eine aufgezeichnete Folge von Tastenanschlägen und Befehlen, die unter einem Shortkey-Code oder einem Makronamen gespeichert werden. Die Befehle eines Makros führt das Programm aus, wenn der festgelegte Tastencode oder Makroname eingegeben wird. Makros dienen der Zeitersparnis, da man oft benutzte und manchmal auch längere Folgen von Tastenanschlägen durch kürzere Versionen ersetzen kann.
In Verbindung mit Programmiersprachen (z.B. C oder einer Assembler-Sprache) handelt es sich bei einem Makro um einen Namen, der einen Befehlssatz definiert. Er wird durch den Makronamen ersetzt, sobald der Name in einem Programm auftaucht (dieser Prozeß heißt »Makroerweiterung«), wenn dieses kompiliert oder assembliert wird. Makros gleichen Funktionen, weil diese auch Argumente aufnehmen können und ebenfalls Aufrufe zu längeren Befehlssätzen sind. Makros unterscheiden sich von Funktionen dadurch, daß sie durch die tatsächlichen Anweisungen ersetzt werden, die sie darstellen, wenn das Programm für die Ausführung vorbereitet wird. Funktionsbefehle werden nur einmal in ein Programm kopiert. → *Vgl. Funktion.*

Makro-Assembler *Subst.* (macro assembler)
Ein Assembler, der Makro-Substitution und Makroerweiterung unterstützt. Bei Makro-Assemblern kann der Programmierer ein Makro definieren, das aus mehreren Befehlen besteht, und später den Makronamen im Programm verwenden. Dadurch entfällt das wiederholte Schreiben gleicher Befehle. Beispielsweise tauscht das folgende Makro namens *swap* die Werte zweier Variablen aus. Nach der Definition von swap kann der Programmierer einen Befehl, z.B. »swap a, b«, in einem Assembler-Programm benutzen. Während der Assemblierung ersetzt der Assembler den Befehl durch die Anweisungen innerhalb des Makros, das die Werte der Variablen *a* und *b* austauscht.

Makrobefehl *Subst.* (macro instruction)
Eine Anweisung für die Verwaltung von Makrodefinitionen. → *siehe auch Makrosprache.*

Makroerweiterung *Subst.* (macro expansion)
Das Ersetzen eines Makros durch die dafür festgelegte Befehlsfolge. → *siehe auch Makro, Makro-Assembler, Makroprozessor.* → *auch genannt Makro-Substitution.*

Makroprogramm *Subst.* (macro program)
→ *siehe Tastaturerweiterung.*

Makroprozessor *Subst.* (macro processor)
Ein Programm, das eine Makroerweiterung ausführt. Alle Programme mit Makrounterstützung verfügen in irgendeiner Form über Makroprozessoren, die sich aber von Programm zu Programm und in den jeweils eingesetzten Makrosprachen unterscheiden. → *siehe auch Makro, Makrobefehl, Makroerweiterung.*

Makrorekorder *Subst.* (macro recorder)
Ein Programm, das Tastatur-Makros aufzeichnet und speichert.

Makrosprache *Subst.* (macro language)
Die Sammlung von Makrobefehlen, die ein bestimmter Makroprozessor erkennt. → *siehe auch Makrobefehl, Makroprozessor.*

Makro-Substitution *Subst.* (macro substitution)
→ *siehe Makroerweiterung.*

Makrovirus *Subst.* (macro virus)
Ein Virus, das in einer Makrosprache verfaßt ist, die zu einer Anwendung gehört. Das Makrovirus schleicht sich über eine Dokumentdatei der Anwendung ein und breitet sich aus, sobald das Dokument geöffnet wird.

Malprogramm *Subst.* (paint program)
Eine Anwendung zur Erzeugung von Bitmap-Grafiken. Ein Malprogramm eignet sich insbesondere

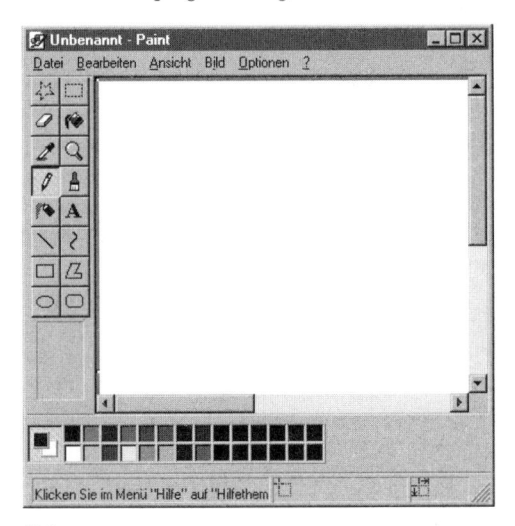

Malprogramm

für Freihandzeichnungen, da es eine Zeichnung als Gruppe von Punkten behandelt. Derartige Programme bieten auch Werkzeuge, mit denen sich Linien, Kurven und andere geometrische Figuren erzeugen lassen. Allerdings werden die damit erstellten Formen nicht als selbständige Objekte (Entitäten) behandelt, die man – ohne daß sie ihre Entität verlieren – verschieben oder modifizieren kann. → *Vgl. Zeichenprogramm.*

MAN *Subst.*
Abkürzung für Metropolitan Area Network. Ein Hochgeschwindigkeitsnetzwerk, das Sprache, Daten und Bilder bei einer Geschwindigkeit von zirka 200 Mbps über eine Entfernung von bis zu 75 km übertragen kann. Die Übertragungsgeschwindigkeit basiert auf der Netzwerkarchitektur und ist um so höher, je geringer die Entfernung ist. Ein MAN, das mehrere LANs und Ausstattungen für die Telekommunikation (z. B. Mikrowellenverbindungen und Stationen für Satellitenverbindungen) enthalten kann, ist zwar kleiner als ein Weitbereichsnetz, kann jedoch höhere Geschwindigkeiten erzeugen. → *Vgl. LAN, WAN.*

Management-Informationsabteilung *Subst.* (management information service)
Abgekürzt MIS. Eine Abteilung innerhalb eines Unternehmens, die als Dokumentationsstelle für Informationen fungiert.

Management Information Services *Subst.*
→ *siehe Information Services.*

Management-Informationssystem *Subst.* (management information system)
Abgekürzt MIS. Ein computergestütztes System der Verarbeitung und Aufbereitung von Informationen, mit dem Ziel, den verschiedenen Verwaltungsebenen innerhalb eines Unternehmens die erforderlichen Informationen für Aufgaben der Überwachung, Fortschrittskontrolle, Entscheidungsfindung sowie der Abspaltung und Lösung von Problemen rechtzeitig zur Verfügung zu stellen.

Management Information Systems *Subst.*
→ *siehe Information Services.*

Manager *Subst.* (manager)
Im allgemeinen jedes Programm, das für die Ausführung einer Reihe organisatorischer Aufgaben

M in bezug auf Computeroperationen vorgesehen ist, z.B. die Verwaltung von Dateien. Auf dem Apple Macintosh findet sich die Bezeichnung Manager in den Namen der verschiedenartigen separaten Teile des Betriebssystems zur Behandlung von Eingaben, Ausgaben und internen Funktionen. Dazu gehören z.B. der Datei-Manager und der Schriftarten-Manager.

Manchester-Code *Subst.* (Manchester coding)
In der Kommunikationstechnik, z.B. in lokalen Netzwerken, eingesetztes Verfahren zur Datencodierung, das sowohl Daten als auch Timing-Signale im übertragenen Bitstrom kombiniert.
→ *siehe auch Phasencodierung.*

Mandelbrotmenge *Subst.* (Mandelbrot set)
→ *siehe Fraktal.*

Man Pages *Subst.* (man pages)
Online-Dokumentation für UNIX-Befehle und -Programme sowie für die verfügbaren UNIX-Bibliotheksroutinen für C-Programme. Diese Dokumente, die auch im *UNIX Programmer's Manual* zu finden sind, können an einem Benutzerterminal angezeigt oder über den Befehl *man* gedruckt werden.

Mantisse *Subst.* (mantissa)
In der Logarithmusrechnung der positive Dezimalbruch eines dekadischen Logarithmus (zur Basis 10). Beispielsweise liefert der dekadische Logarithmus von 16 den Wert 1,2041. Die Kennzahl (oder der ganzzahlige Anteil) des Logarithmus ist 1 (der Logarithmus von 10), und die Mantisse (oder der gebrochene Teil) lautet 0,2041 (der Logarithmus von 1,6). → *siehe auch Gleitkommaexponent, Logarithmus.*
In der Gleitkomma-Notation bezeichnet man als »Mantisse« den Teil einer Zahl, der die signifikanten Stellen ausdrückt. Beispielsweise läßt sich die Zahl 640.000 in Gleitkomma-Darstellung als 6,4E+05 schreiben. Die Mantisse ist hier 6,4, und der Exponent (E+05) gibt die Potenz von 10 an, die mit 6,4 zu multiplizieren ist. → *siehe auch Gleitkomma-Notation.*

manuelle Verknüpfung *Subst.* (cold link)
Ein Link, der nur während der Anforderung von Daten aufgebaut wird. Sobald die Daten übertragen sind, wird die Verknüpfung gelöst. Sobald ein weiteres Mal Daten benötigt werden, muß der Link vom Client zum Server erneut aufgebaut werden. In einer Client-Server-Architektur sind manuelle Links sinnvoll, wenn der verlinkte Eintrag eine große Datenmenge enthält. Die in Windows eingesetzte Technik DDE (Dynamic Data Exchange; zu deutsch »dynamischer Datenaustausch«), die in Anwendungen wie Microsoft Excel genutzt wird, verwendet manuelle Verknüpfungen für den Datenaustausch. → *siehe auch Client-Server-Architektur, DDE.* → *Vgl. Hotlink.*

Map *Subst.* (map)
Die Darstellung einer Objektstruktur. Ein Speicher-Map beschreibt z.B. das Layout der Objekte in einem Speicherbereich. Ein Symbol-Map listet hingegen die Beziehungen zwischen Symbolnamen und Speicheradressen in einem Programm auf. → *siehe auch Imagemap.*

Map, anklickbare *Subst.* (clickable maps)
→ *siehe Imagemap.*

MAPI *Subst.*
Abkürzung für **M**essaging **A**pplication **P**rogramming **I**nterface. Die Schnittstellen-Spezifikation von Microsoft, die es ermöglicht, daß verschiedene Mail-Applikationen und Arbeitsgruppen-Anwendungen (einschließlich E-Mail, Voice Mail und Fax) einen einzigen Client durchlaufen (z.B. den Exchange-Client von Windows 95 und Windows NT). → *siehe auch API.*

mappen *Vb.* (map)
Umwandeln eines Wertes in einen anderen. So können z.B. bei Computergrafiken dreidimensionale Bilder auf eine Sphäre gemappt werden. Bezüglich virtueller Speichersysteme kann ein Computer eine virtuelle Adresse in eine physikalische Adresse umwandeln *(mappen).* → *siehe auch virtueller Speicher.*

Marginalie *Subst.* (sidebar)
Ein Textblock, der neben dem Haupttext angeordnet ist, häufig durch einen Rahmen oder ein anderes grafisches Element abgesetzt.

Marginaltitel *Subst.* (side head)
Eine Überschrift in der Randspalte eines gedruckten Dokuments. Ein Marginaltitel ist mit dem obe-

ren Rand des Haupttextes bündig ausgerichtet und nicht vertikal mit dem Text wie eine normale Überschrift.

Marke *Subst.* (mark, marker, tag)
→ *siehe Tag.*
Bei der Bildschirmanzeige ein Symbol, das eine bestimmte Position auf einem Anzeigebereich angibt.
Im Bereich von Anwendungen und der Datenspeicherung ein Symbol oder eine andere Einrichtung zur Unterscheidung sich ähnelnder Elemente.
Bei bestimmten Arten von Datendateien ein Schlüssel oder eine Adresse zur Kennzeichnung eines Datensatzes und der zugehörigen Speicherstelle in einer anderen Datei. → *siehe auch Tag, Sort.*
In der Datenkommunikation ist eine Marke der Bestandteil eines Datenkommunikationssignals, das es der Übertragungseinheit ermöglicht, die Struktur der Nachricht zu erkennen. Beispiele hierzu sind die Start- und Stopbits, die ein Byte in einer asynchronen, seriellen Kommunikation begrenzen.
In der digitalen Übertragung kennzeichnet eine Marke den Zustand einer Kommunikationsleitung (positiv oder negativ), der einer binären 1 entspricht. Bei der asynchronen seriellen Kommunikation handelt es sich beim Mark-Zustand um die fortlaufende Übertragung binärer Einsen, um den Leerlauf-Zustand (keine Informationsübertragung) zu kennzeichnen. In der asynchronen Fehlerprüfung bezeichnet man das Setzen des Paritätsbit auf 1 in jeder übertragenen Bitgruppe als Mark-Parität. → *siehe auch Parität.* → *Vgl. Leerzeichen.*
Im Bereich der optischen Erkennung ist eine Marke eine manuell gezogene Linie (z.B. auf einem Wahlformular oder einem IQ-Test), die von einem optischen Leser erkannt werden kann.
In der Programmierung stellt eine Marke ein oder mehrere Zeichen dar, die Informationen über eine Datei, einen Datensatztyp oder eine andere Struktur enthalten.

Mark I *Subst.*
Eine elektromechanische Rechenmaschine, die Ende der dreißiger und Anfang der vierziger Jahre durch Howard Aiken von der Harvard-Universität entwickelt und von IBM gebaut wurde.
→ *auch genannt Automatic Sequence Controlled Calculator, Harvard Mark I.*

Außerdem der erste Computer mit einem vollständig elektronischen Speicherprogramm, der von der Universität von Manchester in England konzipiert und gebaut wurde. Das erste Programm wurde auf diesem Computer im Juni 1948 erfolgreich ausgeführt.
Ferner stellt der Mark I den ersten kommerziell vertriebenen Computer dar. Dieser Computer basierte auf der Technologie des Manchester Mark I, der 1951 auf den Markt gebracht wurde.

markieren *Vb.* (block, select)
Das Auswählen eines Textbereichs mit Hilfe der Maus, eines Menüpunktes oder des Cursors, um daraufhin eine Aktion mit dem Bereich durchzuführen, z.B. diesen zu formatieren oder zu löschen. Der markierte Bereich wird dabei durch eine Hervorhebung (meist eine Negativdarstellung) gekennzeichnet.

Markierung *Subst.* (selection)
In Anwendungen der hervorgehobene Abschnitt eines Bildschirm-Dokuments.

Maschennetzwerk *Subst.* (mesh network)
Ein Kommunikationsnetzwerk, in dem zu einem Knoten mehrere Pfade führen.

Maschine, abstrakte *Subst.* (abstract machine)
→ *siehe abstrakte Maschine.*

maschinenabhängig *Adj.* (machine-dependent)
Beschreibt Programme oder Hardwarekomponenten, deren Funktion an einen bestimmten Computertyp gebunden ist, da sie sich auf spezielle oder einzigartige Merkmale der Ausrüstung stützen und sich daher nicht in einfacher Weise – wenn überhaupt – mit einem anderen Computer einsetzen lassen. → *Vgl. maschinenunabhängig.*

Maschinenadresse *Subst.* (machine address)
→ *siehe absolute Adresse.*

Maschinenbefehl *Subst.* (machine instruction)
Ein Befehl (eine Aktionsanweisung) in maschinenlesbarem Code, den ein Prozessor oder Mikroprozessor direkt ausführen kann. → *siehe auch Anweisung, Befehl.*

Maschinencode *Subst.* (machine code)
Das Endergebnis der Kompilierung von Assembler-Sprache oder einer höheren Programmier-

M sprache wie C oder Pascal: Folgen von Einsen und Nullen, die durch einen Mikroprozessor geladen und ausgeführt werden. Der Maschinencode ist die einzige Sprache, die ein Computer »verstehen« kann. Alle anderen Programmiersprachen stellen Hilfsmittel zur Strukturierung der natürlichen Sprache dar, damit der Mensch in einer ihm adäquaten Weise die vom Computer zu lösenden Probleme formulieren kann. → *siehe auch Compiler*. → *auch genannt Maschinensprache*.

Maschinenfehler *Subst.* (machine error)
Ein Hardwarefehler. Der wahrscheinlich häufigste Maschinenfehler betrifft externe Speichermedien, z. B. Fehler beim Lesen einer Festplatte.

Maschinenkennzeichen *Subst.* (machine identification)
Ein Code, durch den ein ausgeführtes Programm die Identität und Kenndaten des Computers und anderer Geräte bestimmen kann, mit denen es zusammenarbeitet.

maschinenlesbar *Adj.* (computer-readable, machine-readable)
Eigenschaft von Informationen, die ein Computer interpretieren und verarbeiten kann. Grundsätzlich sind zwei Arten von maschinenlesbaren Informationen zu unterscheiden.
Zur ersten Art gehören z. B. Barcodes, Magnetstreifen oder mit magnetischer Farbe gedruckte Schriftzeichen. Dabei handelt es sich jeweils um Informationen, die sich in irgendeiner Weise abtasten und als Daten von einem Computer lesen lassen.
Der Maschinencode als zweiter Typ ist die Form, in der Befehle und Daten den Mikroprozessor erreichen. Der Maschinencode ist in binärer Form codiert und wird auf einem entsprechenden Datenträger (z. B. einem Magnetband) dauerhaft gespeichert. → *siehe auch optische Zeichenerkennung*.

Maschinensprache *Subst.* (machine language)
→ *siehe Maschinencode*.

maschinenunabhängig *Adj.* (machine-independent)
Beschreibt Programme oder Hardwarekomponenten, die sich auf verschiedenen Computern einsetzen lassen und dabei nur geringe oder gar keine Modifikation erfordern. → *Vgl. maschinenabhängig*.

Maschinenzyklus *Subst.* (machine cycle)
Der Zeitraum, der für die schnellste Operation (in der Regel »NOP«, bei der nichts ausgeführt wird) aufgewendet wird, die ein Mikroprozessor ausführen kann.
Der Ausdruck bezeichnet außerdem die Schritte, die für jeden Maschinenbefehl erforderlich sind. Diese Schritte holen in der Regel den Befehl ab, decodieren diesen, führen ihn aus und nehmen anschließend den erforderlichen Speichervorgang vor.

Maschine, virtuelle *Subst.* (virtual machine)
→ *siehe virtuelle Maschine*.

Maske *Subst.* (mask)
Ein binärer Wert, mit dem man bestimmte Bits in einem Datenwert selektiv ausblenden oder durchlassen kann. Bei der Maskierung wird die Maske über einen logischen Operator (AND, OR, XOR, NOT) mit einem Datenwert verknüpft. Beispielsweise lassen sich mit der Maske 00111111 in Verbindung mit dem AND-Operator die beiden höchstwertigen Bits in einem Datenwert entfernen (ausblenden), ohne dabei die restlichen sechs Bits des Wertes zu beeinflussen. → *siehe auch logischer Operator, Maskenbit*.

Maskenbit *Subst.* (mask bit)
Ein bestimmtes Bit innerhalb einer Maske, dessen Aufgabe darin besteht, ein korrespondierendes Bit in einem Datenwert entweder auszublenden oder durchzulassen, wenn die Maske mit einem logischen Operator in einem Ausdruck verwendet wird. → *siehe auch Maske*.

maskierbarer Interrupt *Subst.* (maskable interrupt)
Ein Hardware-Interrupt, der sich vorübergehend deaktivieren (maskieren) läßt, wenn ein Programm z. B. in kritischen Codeabschnitten die volle »Aufmerksamkeit« des Mikroprozessors benötigt. → *siehe auch externer Interrupt, Hardware-Interrupt, Interrupt*. → *Vgl. nicht maskierbarer Interrupt*.

maskieren *Vb.* (mask off)
Das Verwenden einer Maske, um Bits aus einem Datenbyte zu entfernen. → *siehe auch Maske.*

Maskierung *Subst.* (masking)
Das Anwenden einer *Maskierungsoperation*, um Operationen bei Bit, Byte oder Wörtern auszuführen. → *siehe auch Maske.*

Massenspeicher *Subst.* (bulk storage, mass storage)
Ein Speichermedium, das eine große Anzahl an Daten dauerhaft speichern kann. Beispiele sind Festplatten und Magnetbänder. Der Ausdruck verweist auf die Fähigkeit, im Vergleich zur Hauptspeicherkapazität eines Computers riesige Informationsmengen aufnehmen zu können. Optische Discs gehören ebenfalls zu den Massenspeichern. → *Vgl. Speicher.*

massiv-parallele Verarbeitung *Subst.* (massively parallel processing, massively parallel processor)
Eine Computer-Architektur, in der jeder einzelne von zahlreichen Prozessoren über ein eigenes RAM verfügt, das eine Kopie des Betriebssystems und des Anwendungscodes sowie eigene Daten enthält, über die der Prozessor, unabhängig von den anderen Prozessoren, verfügen kann. → *Vgl. Symmetric Multiprocessing.*
Außerdem bezeichnet der Ausdruck die Eigenschaft eines Computers, der für die massiv-parallele Verarbeitung konzipiert ist.

Master-Slave-System *Subst.* (master/slave arrangement)
Ein System, in dem ein Gerät (der *Master*) ein anderes Gerät, den *Slave*, steuert. Ein Computer kann z.B. die Geräte steuern, die an ihn angeschlossen sind.

mathematische Funktion *Subst.* (mathematical function)
Eine Funktion in einem Programm, die eine Reihe mathematischer Operationen mit einem oder mehreren Werten oder Ausdrücken ausführt und einen numerischen Wert zurückgibt.

mathematischer Ausdruck *Subst.* (mathematical expression)
Ein Ausdruck, der numerische Werte, z.B. ganze Zahlen, Festkomma-Zahlen und Gleitkomma-Zahlen, sowie Operatoren, z.B. Addition, Subtraktion, Multiplikation und Division, verwendet. → *siehe auch Ausdruck.*

mathematischer Coprozessor *Subst.* (math coprocessor)
→ *siehe Gleitkomma-Prozessor.*

mathematisches Modell *Subst.* (mathematical model)
Die mathematischen Annahmen, Ausdrücke und Gleichungen, die einem gegebenen Programm zugrunde liegen. Mathematische Modelle verwendet man, um die »reale Welt« physikalischer Systeme nachzubilden, z.B. die Bewegung der Planeten um eine Sonne oder die Erzeugung und den Verbrauch von Ressourcen innerhalb eines geschlossenen Systems.

Matrix *Subst.* (matrix)
Eine Anordnung von Zeilen und Spalten, die für die Organisation von verwandten Elementen, z.B. Zahlen, Punkten, Rechenblattzellen oder Schaltungselementen, verwendet werden. Mit Matrizen manipuliert man in der Mathematik rechteckige Zahlenmengen. In der Computertechnik und entsprechenden Anwendungsprogrammen verwendet man Matrizen für ähnliche Zwecke der Anordnung von Datenmengen in Tabellenform, wie in Tabellenblättern und Lookup-Tabellen. Im Hardwarebereich findet man Punktmatrizen sowohl bei der Erzeugung von Zeichen auf dem Bildschirm als auch in der Druckertechnologie (wie in Punktmatrixdruckern). Mit einer Dioden- oder Transistormatrix realisiert man in der Elektronik Netzwerke logischer Schaltungen zur Codierung, Decodierung oder Konvertierung von Informationen. → *siehe auch Raster.*

Matrix, aktive *Subst.* (active-matrix display)
→ *siehe aktive Matrix.*

matrixbezogen *Adj.* (dot-matrix)
Dieser Begriff bezieht sich auf Hardware für Video und Druck, die Zeichen und Grafiken als Punktmuster wiedergeben.

Matrixdrucker *Subst.* (dot-matrix printer, matrix line printer)
→ *siehe Zeilendrucker.*

M

Jeder Drucker, der die Zeichen mit Hilfe eines Nadel-Druckkopfes innerhalb einer vorgegebenen Punktmatrix aus einzelnen Rasterpunkten zusammensetzt. Die Druckqualität eines Matrixdruckers hängt wesentlich von der Anzahl der Punkte in der Matrix ab, die die einzelnen Punkte deutlich sichtbar darstellen oder bereits den Eindruck voll ausgeformter Zeichen vermitteln. Matrixdrucker werden häufig nach der Anzahl der im Druckkopf vorhandenen Nadeln kategorisiert – typisch sind 9, 18 oder 24. → *Vgl. Laserdrucker, Typenraddrucker.*

Matrix, passive *Subst.* (passive matrix display)
→ *siehe passive Matrix.*

.ma.us
Im Internet ein Kürzel für die übergreifende Länder-Domäne, die eine Adresse in Massachusetts in den Vereinigten Staaten angibt.

Maus *Subst.* (mouse)
Ein weitverbreitetes Zeigegerät. Zu den grundlegenden Merkmalen einer Maus gehören das Gehäuse mit einer planen Grundfläche und einem Aufbau, der die Bedienung mit einer Hand gestattet, ein oder mehrere Knöpfe auf der Oberseite, eine Einrichtung zum Erfassen der Bewegungsrichtung (in der Regel eine Kugel) an der Unterseite sowie ein Kabel zum Anschließen der Maus an den Computer. Durch die Verschiebung der Maus auf einer ebenen Fläche (z. B. einem Schreibtisch) steuert der Benutzer in der Regel einen Bildschirmcursor. Eine Maus ist ein relatives Zeigegerät, da es keine definierten Grenzen für die Mausbewegungen gibt und ihre Lage auf einer Fläche nicht direkt auf dem Bildschirm abgebildet wird. Zur Auswahl von Elementen oder Befehlen auf dem Bildschirm drückt der Benutzer eine der Maustasten, um einen »Mausklick« zu erzeugen.
→ *siehe auch Busmaus, mechanische Maus, optische Maus, optomechanische Maus, relatives Zeigegerät, serielle Maus.* → *Vgl. Trackball.*

Mausempfindlichkeit *Subst.* (mouse sensitivity)
Die Beziehungen der Mausbewegung zur Bewegung des Bildschirmcursors. Eine empfindlichere Maus signalisiert dem Computer mehr »Mausbewegungen« pro Längeneinheit physikalischer Mausverschiebung als eine weniger empfindliche Maus. Erhöht man die Empfindlichkeit des Programms oder Maustreibers, erhält man kleinere Cursorverschiebungen für eine bestimmte Mausbewegung, wodurch es der Benutzer leichter hat, den Cursor präzise zu positionieren. Hohe Empfindlichkeit eignet sich insbesondere für filigrane Arbeiten, wie bei CAD/CAM und grafischer Kunst. Niedrige Empfindlichkeit wählt man für Aufgaben, bei denen es auf schnelle Bewegungen auf dem Bildschirm ankommt, beispielsweise bei Web-Browsern, in der Textverarbeitung oder in Tabellenkalkulationen. Hierbei wird der Cursor meist zum Auswählen von Schaltflächen oder Markieren von Text verwendet. → *auch genannt Mausskalierung, Maus-Tracking.*

Maus, mechanische *Subst.* (mechanical mouse)
→ *siehe mechanische Maus.*

Maus, optische *Subst.* (optical mouse)
→ *siehe optische Maus.*

Maus, optomechanische *Subst.* (optomechanical mouse)
→ *siehe optomechanische Maus.*

Mauspad *Subst.* (mouse pad)
Eine Oberfläche, auf der die Maus hin- und herbewegt wird. Ein Mauspad ist in der Regel eine rechteckige, mit Gummi beschichtete Gewebefläche, die bei Mausbewegungen eine bessere Haftreibung erzeugt, als dies bei einer normalen Schreibtischoberfläche aus Holz oder Glas möglich ist. → *siehe auch Maus.*

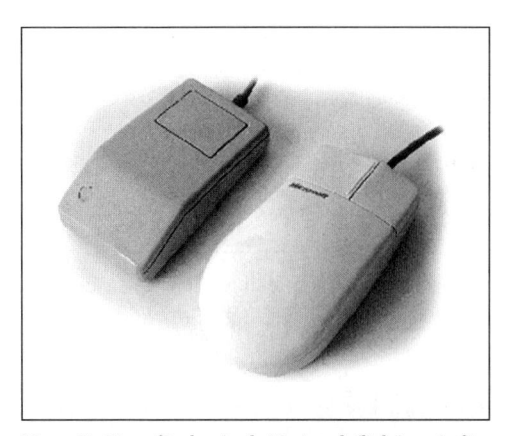

Maus: Die Maus für den Apple Macintosh (links) sowie für IBM PCs und kompatible Computer (rechts)

Mausport *Subst.* (mouse port)
Eine dedizierte Schnittstelle, in die eine Maus oder ein vergleichbares Zeigegerät eingesteckt wird. Wenn ein Mausport nicht verfügbar ist, kann ein serieller Port für die Mausverbindung mit dem Computer verwendet werden. PC-kompatible Computer sind meist mit einem Mausport ausgerüstet. → *siehe auch Maus, serieller Port, Stecker, Zeigegerät.*
Bei Macintosh-Computern wird der Mausport als »Apple Desktop Bus-Port« bezeichnet. → *siehe auch Apple Desktop Bus.*

Maus, serielle *Subst.* (serial mouse)
→ *siehe serielle Maus.*

Mausskalierung *Subst.* (mouse scaling)
→ *siehe Mausempfindlichkeit.*

Mausspur *Subst.* (mouse trails)
Eine schattenähnliche Spur, die auf dem Bildschirm während einer Mausbewegung auf dem Bildschirm angezeigt wird. Dies empfiehlt sich besonders bei Laptops und Notebooks mit passiver Matrix oder bei älteren Modellen mit monochromem Bildschirm. Durch die verhältnismäßig niedrige Auflösung und den niedrigen Kontrast dieser Bildschirme kann nämlich der Mauszeiger nicht deutlich angezeigt werden. → *siehe auch Mauszeiger, Untertauchen.*

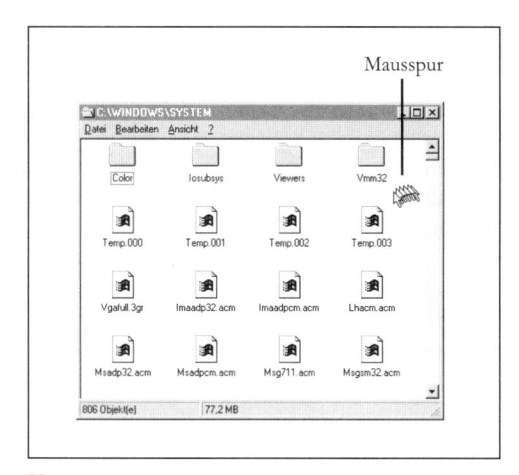

Mausspuren

Maus-Tracking *Subst.* (mouse tracking)
→ *siehe Mausempfindlichkeit.*

Mauszeiger *Subst.* (mouse pointer)
Ein Bildschirmelement, dessen Lageveränderung eine Verschiebung der Maus widerspiegelt. Je nach der Position des Mauszeigers und der Arbeitsweise des Programms, das die Maus einsetzt, dient der Bereich des Bildschirms, auf dem der Mauszeiger erscheint, als Ziel für eine Aktion, wenn der Benutzer eine der Maustasten drückt. → *siehe auch Block-Cursor, Cursor.*

maximieren *Vb.* (maximize)
In einer grafischen Benutzeroberfläche bedeutet dies, daß ein Fenster so vergrößert wird, daß es den gesamten verfügbaren Anzeigebereich innerhalb eines größeren Fensters oder auf dem Bildschirm einnimmt. → *siehe auch Fenster, grafische Benutzeroberfläche, Schaltfläche »Maximieren«, vergrößern.* → *Vgl. minimieren, verkleinern.*

Mb *Subst.*
→ *siehe Megabit.*

MB *Subst.*
→ *siehe Megabyte.*

.mb.ca
Im Internet ein Kürzel für die übergreifende Länder-Domäne, die eine Adresse in Manitoba in Kanada angibt.

MBONE *Subst.*
Abkürzung für **M**ulticast **B**ack**bone**. Ein kleiner Satz mit Internetsites, wobei jede Site gleichzeitig Audio und Video an alle anderen Sites in Echtzeit übertragen kann. MBONE-Sites sind mit spezieller Software ausgerüstet, damit die Pakete mit hoher Geschwindigkeit mit dem »IP one-to-many Multicasting Protocol« gesendet und empfangen werden können. Das MBONE wurde bereits für Videokonferenzen und sogar für ein Konzert der Rolling Stones im Jahr 1994 eingesetzt. → *siehe auch RealAudio.*

Mbps *Subst.*
Abkürzung für **Me**ga**b**its **p**ro **S**ekunde. Eine Million Bit pro Sekunde.

.mc
Im Internet ein Kürzel für die übergreifende Länder-Domäne, die eine Adresse in Monaco angibt.

MC *Subst.*
→ siehe Megazyklen.

MC68000 *Subst.*
→ siehe 68000.

MC68020 *Subst.*
→ siehe 68020.

MC68030 *Subst.*
→ siehe 68030.

MC68040 *Subst.*
→ siehe 68040.

MC68881 *Subst.*
→ siehe 68881.

MCF *Subst.*
→ siehe Metaformat.

MCGA *Subst.*
Abkürzung für Multi-Color Graphics Array. Ein Video-Adapter, der zu den Computern IBM PS/2 Modell 25 und 30 gehört. Der MCGA kann CGA (Color/Graphics Adapter) emulieren und liefert zwei zusätzliche Grafikmodi: 640 Pixel horizontal mal 480 Pixel vertikal in 2 Farben aus einer Palette mit 262.144 Farben im ersten Modus und 320 Pixel horizontal mal 200 Pixel vertikal in 256 Farben aus einer Palette von 262 144 Farben im zweiten Modus.

MCI *Subst.*
Abkürzung für »Media Control Interface«. Ein Bestandteil des Windows Application Programming Interface, der es einem Programm ermöglicht, Multimedia-Geräte zu steuern.
»MCI« ist außerdem der Name einer großen Telefongesellschaft (Service Carrier) in den USA. Die Organisation heißt mit vollem Namen »Microwave Communications, Inc« und bietet Fernverbindungen an.

.md
Im Internet ein Kürzel für die übergreifende Länder-Domäne, die eine Adresse in der Republik Moldavien angibt.

MDA *Subst.*
Abkürzung für Monochrome Display Adapter. Ein Video-Adapter, der 1981 mit dem ersten Modell des IBM-PC eingeführt wurde. MDA kann lediglich in einem Betriebsmodus arbeiten: im Zeichenmodus mit 25 Zeilen mal 80 Zeichen pro Zeile, mit Unterstreichung, Blinken und Zeichen hoher Intensität. IBM verwendete den Namen *Monochrome Display Adapter* oder die Abkürzung *MDA*. nicht.

MDI *Subst.*
Abkürzung für **m**ultiple-**d**ocument **i**nterface. Die Benutzeroberfläche einer Anwendung, in der mehrere Dokumente gleichzeitig geöffnet werden können. → siehe auch Benutzeroberfläche.

MDIS *Subst.*
→ siehe Meta Data Interchange Specification.

.md.us
Im Internet ein Kürzel für die übergreifende Länder-Domäne, die eine Adresse in Maryland in den Vereinigten Staaten angibt.

Mean Time Between Failures *Subst.* (mean time between failures)
→ siehe MTBF.

Mean Time to Repair *Subst.* (mean time to repair)
→ siehe MTTR.

mechanische Maus *Subst.* (mechanical mouse)
Eine Maus, bei der die Bewegungen einer Kugel an der Unterseite in Richtungssignale übersetzt werden. Bei Verschiebung der Maus dreht sich die Kugel und treibt ein in ihr im rechten Winkel montiertes Scheibenpaar an, das auf der Oberfläche leitende Markierungen aufweist. Da diese Markierungen Strom leiten, können sie von den Stromabnehmern erkannt werden, die über die Markierungen auf der Oberfläche der Rädchen gleiten. Die so gewonnenen elektrischen Bewegungssignale wandelt die Elektronik der Maus in Bewegungsinformationen um, die der Computer verarbeiten kann. → siehe auch Maus, Trackball.
→ Vgl. optische Maus, optomechanische Maus.

Media Access Control *Subst.* (media access control)
→ siehe IEEE 802-Standards.

Media Control Interface *Subst.*
→ siehe MCI.

Media Filter *Subst.* (media filter)
Ein Gerät, das bei lokalen Netzwerken (LANs) als Adapter zwischen zwei verschiedenen Medienarten eingesetzt wird. Es kann z.B. ein RJ-45-Adapter zwischen einem Koaxialkabel und Unshielded Twisted Pair (UTP)-Kabeln eingesetzt werden. Media Filter haben eine ähnliche Funktionsweise wie Transceiver. Es ergibt sich das gleiche Problem wie bei zahlreichen anderen LAN-Komponenten: verschiedene Hersteller verwenden oft anderslautende Namen für gleiche Produkte. Deshalb kann der geeignete Media Filter für ein bestimmtes LAN nur von einem LAN-Experten ermittelt werden. → *siehe auch Koaxialkabel, lokales Netzwerk, Stecker, Transceiver, Unshielded Twisted Pair.*
Ein Media Filter ist außerdem ein Gerät, das zu Daten-Netzwerken hinzugefügt wird, um elektronisches Rauschen aus der Umgebung zu filtern. Es kann z.B. ein Media Filter einem Ethernet-Netzwerk hinzugefügt werden, das auf einer Koaxialverkabelung basiert. Dadurch soll der Datenverlust vermieden werden, der durch andere, in der Umgebung angeschlossene, elektronische Geräte entstehen kann. → *siehe auch Ethernet, Koaxialkabel.*

Medium *Subst.* (media, medium)
Sammelbezeichnung für das physikalische Material, z.B. Papier, Disketten und Magnetband, das für die Speicherung von computerbasierenden Informationen verwendet wird. Der Plural von »Medium« lautet »Medien«.
In der Datenkommunikation bezeichnet »Medium« die Substanz, in der Signale übertragen werden können (z.B. ein Draht- oder Glasfaserkabel).

Medium-Modell *Subst.* (medium model)
Ein Speichermodell der Prozessorfamilie Intel 80×86. Das Medium-Modell ermöglicht nur 64 Kilobyte (KB) Daten, aber im allgemeinen bis zu 1 Megabyte (MB) für Code. → *siehe auch Speichermodell.*

Meg *Subst.* (meg)
→ *siehe Megabyte.*

Mega- *Präfix* (mega-)
Abgekürzt M. Ein Maßeinheitenvorsatz in der Bedeutung 1 Million (10^6). Da man in der Rechentechnik in der Regel mit dem Binärsystem (auf der Basis 2) arbeitet, verwendet man hier für *mega-* den Wert von 1 048 576, was der am nächsten zu einer Million liegenden Zweierpotenz (2^{20}) entspricht.

Megabit *Subst.* (megabit)
Abgekürzt Mb oder Mbit. Normalerweise 1 048 576 bit (2^{20}), manchmal als 1 Million bit interpretiert.

Megabyte *Subst.* (megabyte)
Abgekürzt MB. Normalerweise 1 048 576 Byte (2^{20}), manchmal als 1 Million Byte interpretiert.

Megaflops *Subst.* (megaflops)
→ *siehe MFLOPS.*

Megahertz *Subst.* (megahertz)
Abgekürzt MHz. Eine Frequenz von 1 Million Schwingungen pro Sekunde oder 1 Million Hertz.

Megapel-Display *Subst.* (megapel display)
→ *siehe Megapixel-Display.*

Megapixel-Display *Subst.* (megapixel display)
Ein Video-Display, das mindestens eine Million Pixel anzeigen kann, z.B. bei einer Bildschirmgröße von 1024 Pixel horizontal und 1024 Pixel vertikal. → *auch genannt Megapel-Display.*

Megazyklen *Subst.* (megacycle)
Abgekürzt MC. Im anglo-amerikanischen Sprachgebrauch übliche Bezeichnung für 1 Million Schwingungen oder Umdrehungen – gewöhnlich in der Bedeutung 1 Million Schwingungen pro Sekunde verwendet. → *siehe auch Megahertz.*

Mehrbenutzer *Subst.* (multiuser)
→ *siehe Mehrbenutzersystem.*

Mehrbenutzersystem *Subst.* (multiple-user system, multiuser system)
Ein Computersystem, das mehreren Benutzern gleichzeitig zur Verfügung steht. Obwohl sich ein Mikrocomputer, den mehrere Personen gemeinsam nutzen, im weitesten Sinne ebenfalls als Mehrbenutzersystem ansehen läßt, wird dieser Begriff allgemein auf Maschinen angewendet, auf die eine mehr oder weniger große Anzahl von Teilnehmern über Kommunikationseinrichtungen

oder via Netzwerk-Terminals zugreifen. → *Vgl. Einbenutzersystem.*

Mehrfachempfänger *Subst.* (multiple recipients)
Die Fähigkeit, E-Mail-Nachrichten an jeweils mehrere Benutzer zu senden, indem mehrere E-Mail-Adressen in einer Zeile geführt werden. Die E-Mail-Adressen werden z.B. durch ein Komma oder ein Semikolon getrennt. → *siehe auch Verteilerliste.*
Als »Mehrfachempfänger« werden außerdem die Abonnenten einer Verteilerliste bezeichnet. Die Meldungen, die an diese Liste gesendet werden, sind an die »Mehrfachempfänger« der Liste adressiert.

Mehrfachvererbung *Subst.* (multiple inheritance)
Ein Merkmal einiger objektorientierter Programmiersprachen, das die Ableitung einer neuen Klasse aus mehreren vorhandenen Klassen gestattet. Durch Mehrfachvererbung lassen sich vorhandene Typen sowohl erweitern als auch kombinieren.
→ *siehe auch eingeben, erben, Klasse.*

Mehrschrittdruck *Subst.* (multiple-pass printing)
Eine Form des Matrixdrucks, bei dem der Druckkopf für jede gedruckte Zeile zwei Durchläufe ausführt. Durch Mehrschrittdruck kann man bei Nadeldruckern den Kontrast und vor allem die Auflösung erhöhen, indem man beim zweiten Durchlauf das Papier um die Hälfte des Abstands der Nadeln nach oben verschiebt.

Mehrschrittsortierung *Subst.* (multipass sort)
Eine Sortieroperation, bei der für eine vollständige Sortierung aufgrund des verwendeten Sortieralgorithmus mehrere Durchläufe durch die Daten erforderlich sind. → *siehe auch Bubble Sort, einfügendes Sortieren, Shellsort, Sortieralgorithmus.*

Mehrwert-Netzwerk *Subst.* (value-added network)
Ein Kommunikationsnetzwerk, das neben der eigentlichen Kommunikationsverbindung und Datenübertragung noch weitere Dienste bietet. Zu Mehrwert-Netzwerken gehören Dienste wie Weiterleitung, Ressourcen-Verwaltung und Konvertierungseinrichtungen für Computer, die mit unterschiedlichen Geschwindigkeiten oder abweichenden Protokollen kommunizieren.

Mehrzweckbus *Subst.* (General-Purpose Interface Bus)
Abgekürzt GPIB. Ein Bussystem, das für den Austausch von Informationen zwischen Computern und industriellen Automatisierungsanlagen entwickelt wurde. Die elektrische Definition des Busses wurde in einem IEEE-Standard aufgenommen.
→ *siehe auch IEEE 488.*

Mehrzweck-Computer *Subst.* (general-purpose computer)
Ein Computer, der beliebige Berechnungsaufgaben ausführen kann. Jede Aufgabe hängt von der spezifischen Software ab.

Mehrzweck-Controller *Subst.* (general-purpose controller)
Ein Controller, der für mehrere Einsatzzwecke konzipiert ist. → *siehe auch Controller.*

Mehrzweckregister *Subst.* (general-purpose register)
Ein Register in einem Mikroprozessor, das für jeden Einsatz verfügbar ist. Es ist demzufolge nicht für eine bestimmte Verwendung für den Prozessor oder das Betriebssystem reserviert, wie dies z.B. bei einem Segment-Selektor oder Stackzeiger der Fall ist.
Bei einem Mehrzweckregister kann es sich auch um einen digitalen Schaltkreis handeln, der binäre Daten speichern kann.

Mehrzwecksprache *Subst.* (general-purpose language)
Eine Programmiersprache, z.B. Ada, Basic, C oder Pascal, die für eine große Bandbreite von Anwendungen und Einsatzzwecken konzipiert ist. Im Gegensatz dazu ist SQL eine Sprache, die nur für die Verwendung mit Datenbanken entworfen wurde.

Meldung *Subst.* (message)
In bezug auf Software eine Information, die eine Anwendung oder ein Betriebssystem für den Benutzer anzeigt, um eine Aktion vorzuschlagen, auf einen Zustand hinzuweisen oder das Eintreten eines Ereignisses zu melden.

Memofeld *Subst.* (memo field)
Ein Feld in einer Datenbank-Datei, das unstrukturierten Text enthalten kann.

Mensch-Maschine-Schnittstelle *Subst.* (human-machine interface, man-machine interface)
Die Grenze, an der der Mensch mit Maschinen in Kontakt tritt und sie benutzt. In bezug auf Programme und Betriebssysteme spricht man meist von »Benutzerschnittstellen« oder »Benutzeroberflächen«.
»Mensch-Maschine-Schnittstelle« ist ferner der Oberbegriff für Befehle, Anzeigen, Steuerelemente und Hardwaregeräte, die es dem Menschen ermöglichen, einen Datenaustausch mit dem Computersystem vorzunehmen. → *siehe auch Benutzeroberfläche.*

Menü *Subst.* (menu)
Eine Auswahlliste, über die ein Programmbenutzer eine gewünschte Aktion auswählen kann, um etwa einen Befehl auszuführen oder einem Teil eines Dokuments ein bestimmtes Format zuzuweisen. Viele Anwendungen – insbesondere mit grafischer (symbolorientierter) Benutzeroberfläche – verwenden Menüs, um dem Benutzer eine einfache und leicht zu beherrschende Bedienung als Alternative zum Auswendiglernen von Programmbefehlen und ihrer Verwendung zu bieten.

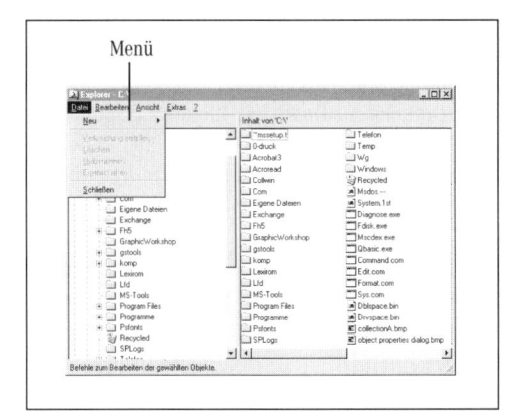

Menü

Menüeintrag *Subst.* (menu item)
Auch als »Menüpunkt« oder »Wahlpunkt« bezeichnet. Entweder über die Tastatur oder mit der Maus wählbarer Eintrag in einem Menü. Ist ein Menüeintrag für eine gegebene Situation nicht verfügbar (oder nicht geeignet), wird dieser in manchen Anwendungen grau dargestellt, d.h. abgedunkelt im Vergleich zu den gültigen Menüpunkten.

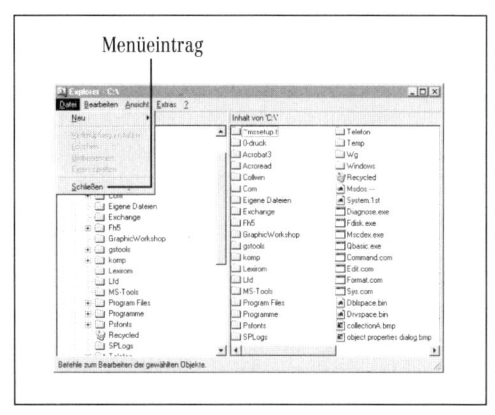

Menüeintrag

menügesteuert *Adj.* (menu-driven)
Charakterisiert ein Programm, das Befehle und verfügbare Optionen in Form von Menüs präsentiert. Gegenüber Programmen mit einer befehlszeilenorientierten Schnittstelle sind menügesteuerte Programme in der Regel »benutzerfreundlicher« und einfacher zu erlernen. → *Vgl. Befehlszeilen-Schnittstelle.*

Menü, hierarchisches *Subst.* (hierarchical menu)
→ *siehe hierarchisches Menü.*

Menü, kontextbezogenes *Subst.* (context-sensitive menu)
→ *siehe kontextbezogenes Menü.*

Menüleiste *Subst.* (menu bar)
Ein rechteckiger Balken, der in einem Bildschirmfenster einer Anwendung – meist am oberen Rand – angezeigt wird und aus dem sich der Benutzer

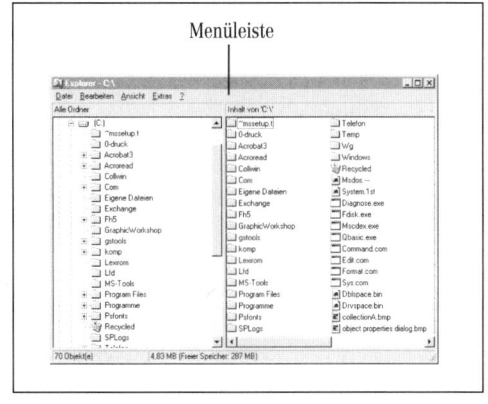

Menüleiste

417

Menüs auswählen kann. Die in der Menüleiste angezeigten Namen kennzeichnen die verfügbaren Menüs. Der Benutzer kann die Menüs über die Tastatur oder mit der Maus anwählen – oder öffnen – und erhält dann jeweils eine Liste mit den zugehörigen Optionen oder Menüelementen angezeigt.

Menü, überlappendes *Subst.* (cascading menu)
→ *siehe überlappendes Menü.*

Menü, untergeordnetes *Subst.* (child menu)
→ *siehe Untermenü.*

Merged Transistor Logic *Subst.* (merged transistor logic)
→ *siehe integrierte Injektionslogik.*

Mesa *Subst.* (mesa)
Ein Bereich eines Germanium- oder Silizium-Wafer, der während des Ätzprozesses geschützt wird und daher höher ist als die umliegenden, geätzten Bereiche. → *siehe auch Fotolithografie.*

Message Reflection *Subst.* (message reflection)
In objektorientierten Programmierumgebungen, z.B. Visual C++, OLE und ActiveX, eine Funktion, die die Steuerung der Verwaltung eigener Nachrichten ermöglicht. → *siehe auch ActiveX-Steuerelemente, OCX, VBX.*

Message Security Protocol *Subst.*
Ein Protokoll für Internet-Nachrichten, das die Sicherheit über das Prinzip der Verschlüsselung und Überprüfung gewährleistet. Beim Message Security Protocol können auch Berechtigungen auf Server-Ebene für die Zustellung oder Verweigerung von E-Mail vergeben werden.

Messaging *Subst.* (messaging)
Der Einsatz von Computern und Datenkommunikationseinheiten für den Austausch von Nachrichten auf Benutzerebene (beispielsweise für E-Mail, Voice Mail oder Fax).

Messaging Application Programming Interface *Subst.*
→ *siehe MAPI.*

Metabetriebssystem *Subst.* (metaoperating system)
Ein Betriebssystem, unter dem verschiedene andere Betriebssysteme aktiv sind. → *auch genannt Supervisor.*

Meta-Compiler *Subst.* (metacompiler)
Ein Compiler, der andere Compiler erzeugt. Ein typischer Meta-Compiler ist das UNIX-Dienstprogramm *yacc* (Yet Another Compiler-Compiler). Wenn man yacc eine Sprachspezifikation übergibt, erzeugt es einen Compiler für diese Sprache. → *siehe auch Compiler.*

Meta Data Interchange Specification *Subst.* (Metadata Interchange Specification)
Spezifikationen, die das Austauschen, Freigeben und Verwalten von Metadaten festlegen. → *siehe auch Metadaten.*

Metadatei *Subst.* (metafile)
Eine Datei, die andere Dateien enthält oder definiert. Viele Betriebssysteme verwenden Metadateien für die Ablage von Verzeichnisinformationen über andere Dateien auf einem gegebenen Speichergerät.

Metadaten *Subst.* (meta data)
Informationen zu Daten. So bilden z.B. der Titel, der Betreff, der Autor und die Dateigröße die Metadaten zur Datei. → *siehe auch Datenbankverzeichnis, Repository.*

Metaformat *Subst.* (Meta-Content Format)
Ein offenes Format für die Beschreibung des Inhalts eines strukturierten Datenbereichs (z.B. eine Web-Seite, ein Datensatz auf dem Windows-Desktop oder eine relationale Datenbank). Das Metaformat wird u.a. für Indizes, Datenbankverzeichnisse oder Preislisten verwendet.

Metalloxidhalbleiter, komplementärer *Subst.* (complementary metal-oxide semiconductor)
→ *siehe CMOS.*

Metal-Oxide Semiconductor *Subst.* (metal-oxide semiconductor)
→ *siehe MOS.*

Metal-Oxide Semiconductor Field-Effect Transistor *Subst.* (metal-oxide semiconductor field-effect transistor)
→ *siehe MOSFET.*

Metasprache *Subst.* (metalanguage)
Auch als »Sprachbeschreibungs-Sprache« bezeichnet. Eine Sprache, die für die Definition anderer Sprachen verwendet wird. Die Backus-Naur Form (BNF) ist eine häufig verwendete Metasprache zur Definition von Programmiersprachen. → *siehe auch Backus-Naur-Form.* → *auch genannt Sprachbeschreibungssprache.*

Metazeichen *Subst.* (metacharacter)
In ein Quellprogramm oder einen Datenstrom eingebettetes Zeichen, das eine einleitende Information über andere Zeichen liefert und in diesem Sinne selbst kein eigentliches Zeichen darstellt. In der Programmiersprache C verwendet man z.B. den umgekehrten Schrägstrich (Backslash), um in Zeichenfolgen nicht darstellbare Steuerzeichen zu kennzeichnen. → *siehe auch Escape-Zeichen.*

Methode *Subst.* (method)
In der objektorientierten Programmierung ein Prozeß, der von einem Objekt ausgeführt wird, sobald es eine Meldung erhält. → *siehe auch Objekt, objektorientierte Programmierung.*

Metropolitan Area Exchange *Subst.*
Ein Kommunikationspunkt für Internet-Provider innerhalb eines Bezirks (Metropolitan Area). Die Daten, die von den Teilnehmern eines Metropolitan Area Exchange ausgetauscht werden, können direkt von einem Netzwerk zum anderen gesendet werden, ohne den Umweg über einen Backbone. → *siehe auch Backbone, Internet Service-Provider.*

Metropolitan Area Network *Subst.* (metropolitan area network)
→ *siehe MAN.*

MFLOPS *Subst.*
Abkürzung für **M**illion **F**loating-point **O**perations **p**er **s**econd, zu deutsch »Millionen Gleitkommaoperationen pro Sekunde«. Ein Maß für die Rechenleistung eines Computers. → *auch genannt Megaflops.*

MFM-Codierung *Subst.* (MFM encoding)
→ *siehe Modified Frequency Modulation encoding.*

MFS *Subst.*
→ *siehe lineares Dateisystem.*

.mg
Im Internet ein Kürzel für die übergreifende Länder-Domäne, die eine Adresse in Madagaskar angibt.

mget *Subst.*
Abkürzung für **m**ultiple **get**. Ein Befehl, der bei den meisten FTP-Clients verwendet werden kann. Mit diesem Befehl können Benutzer mehrere Dateien sofort abfragen.

.mh
Im Internet ein Kürzel für die übergreifende Länder-Domäne, die eine Adresse auf den Marshallinseln angibt.

MHz *Subst.*
→ *siehe Megahertz.*

MI *Subst.*
→ *siehe Mehrfachvererbung.*

MICR *Subst.*
→ *siehe Magnetschrifterkennung.*

Microfiche *Subst.* (microfiche)
Ein kleines Filmblatt in der Größe von etwa 4 * 6 Zoll, auf dem fotografisch verkleinerte Bilder – beispielsweise Dokumentseiten – in Zeilen und Spalten aufgezeichnet sind. Die resultierenden Bilder sind zu klein, um sie mit bloßem Auge lesen zu können. Zum Einsehen der Dokumente ist daher ein Mikroficheleser erforderlich. → *Vgl. Microfilm.*

Microfilm *Subst.* (microfilm)
Ein dünner Filmstreifen mit sehr hohem Auflösungsvermögen, der auf einer Spule aufgewickelt ist und für die Aufzeichnung sequentieller Datenbilder verwendet wird. Wie auch für Mikrofiche ist ein spezielles Vergrößerungsgerät erforderlich, um die Bilder lesen zu können. → *siehe auch CIM, COM.* → *Vgl. Microfiche.*

Microphone *Subst.* (microphone)
Ein Kommunikationsprogramm für den Apple Macintosh.

Microsoft DOS *Subst.*
→ *siehe MS-DOS.*

Microsoft Internet Explorer *Subst.*
→ *siehe Internet Explorer.*

Microsoft Network *Subst.*
→ *siehe The Microsoft Network.*

Microsoft Windows *Subst.*
→ *siehe Windows.*

Microsoft Windows 95 *Subst.*
→ *siehe Windows 95.*

Middleware *Subst.* (middleware)
Software, die die Informationen mehrerer Softwaretypen konvertiert. Middleware kann ein breites Software-Spektrum abdecken und befindet sich in der Regel zwischen einer Anwendung und einem Betriebssystem, einem Netzwerk-Betriebssystem oder einem Datenbank-Managementsystem. Beispiele für Middleware sind CORBA sowie andere Object Broker-Programme und Netzwerk-Kontrollprogramme. → *siehe auch CORBA.*
»Middleware« bezeichnet außerdem Software, die eine Schnittstelle für die Anwendungsprogrammierung (API) enthält. Anwendungen für API können in den gleichen Computersystemen ausgeführt werden, in denen auch Middleware ausgeführt werden kann. Ein Beispiel für Middleware ist ODBC, das eine API-Schnittstelle für viele Datenbanktypen ist. → *siehe auch API, ODBC.*
Daneben ist »Middleware« eine Kategorie von Software-Entwicklungswerkzeugen, die es dem Benutzer ermöglichen, einfache Programme zu erstellen. Es müssen hierzu vorhandene Dienste ausgewählt und mit einer Skriptsprache verknüpft werden. → *siehe auch Skriptsprache.*

MIDI *Subst.*
Abkürzung für Musical Instrument Digital Interface. Eine standardisierte serielle Schnittstelle zur Verbindung von Synthesizern, Musikinstrumenten und Computern. Der MIDI-Standard beschreibt sowohl teilweise die Hardware als auch die Codierung von Klangereignissen und deren Übertragung zwischen MIDI-Geräten. Die in Form einer sog. *MIDI-Nachricht* zwischen den MIDI-Geräten übertragenen Informationen codieren die Sound-Charakteristika, z.B. Anschlag (Pitch) und Lautstärke, digital als Byte mit einer Breite von jeweils 8 Bit. MIDI-Geräte können zur Erzeugung, Aufzeichnung und Wiedergabe von Musik verwendet werden. Mit MIDI können Computer, Synthesizer und Sequenzer miteinander kommunizieren. Dies geschieht entweder dadurch, daß die Spielzeit aufgezeichnet oder die Musik gesteuert wird, die über eine andere angeschlossene Ausstattung erstellt wird. → *siehe auch Synthesizer.*

Midrange-Computer *Subst.* (midrange computer)
Ein Computer mittlerer Größe. Dieser Begriff wird auch für *Minicomputer* verwendet. Es besteht jedoch der Unterschied, daß Midrange-Computer keine Einbenutzer-Arbeitsstationen enthalten.
→ *siehe auch Minicomputer.*

Mietleitung *Subst.* (leased line)
→ *siehe Standleitung.*

Migration *Subst.* (migration)
Der Entwicklungsprozeß für vorhandene Anwendungen und Daten, so daß diese auf einem anderen Computer- oder Betriebssystem ausgeführt werden können.

Mikro- *Präfix* (micro-)
Eigenschaft, die »klein« oder »kompakt« bedeutet und vor allem bei der Charakterisierung von Größenordnungen verwendet wird. Beispiele sind »Mikroprozessor« und »Mikrocomputer«. Außerdem ist »Mikro« ein Maßeinheitenvorsatz mit der Bedeutung 10^{-6} (ein Millionstel).

Mikrobefehl *Subst.* (microinstruction)
Ein Befehl, der Teil des Mikrocodes ist. → *siehe auch Mikrocode.*

Mikrobild *Subst.* (microimage)
Auf fotografischem Wege stark verkleinertes Bild, das in der Regel auf Mikrofilm oder Mikrofiche gespeichert wird und nur durch entsprechende Vergrößerung mit optischen Mitteln lesbar ist.
→ *siehe auch Mikrobildspeicher, Mikrofilmtechnik.*

Mikrobildspeicher *Subst.* (microform)
Das Medium, z.B. ein Mikrofilm oder Mikofiche, auf dem ein fotografisch stark verkleinertes Bild, ein sog. *Mikrobild*, gespeichert wird. Ein Mikrobild stellt in der Regel Text dar, z.B. archivierte Dokumente. → *siehe auch Microfiche, Microfilm.*

Mikrochip *Subst.* (microchip)
→ *siehe integrierter Schaltkreis.*

Mikrocode *Subst.* (microcode)
Code auf der untersten Ebene, der für die elementaren Abläufe im Mikroprozessor verantwortlich ist. Der Mikrocode läuft aus programmtechnischer Sicht noch unterhalb der Maschinencode-Ebene ab und steuert die Arbeitsweise des Prozessors, wenn dieser einen Maschinencode-Befehl ausführt. → *siehe auch Maschinensprache, Mikroprogrammierung.*

Mikrocomputer *Subst.* (microcomputer)
Ein eigenständiges Computersystem, das im Kern aus einem Ein-Chip-Mikroprozessor besteht. Verglichen mit Minicomputern und Großrechnern sind Mikrocomputer zwar weniger leistungsfähig, haben sich aber in den letzten Jahren zu durchaus leistungsstarken Maschinen entwickelt, die sich für die Lösung komplizierter Aufgaben eignen. Durch das hohe Entwicklungstempo sind Mikrocomputer, die gegenwärtig zum Stand der Technik zählen, genauso leistungsfähig wie die vor ein paar Jahren üblichen Großrechner, aber zu einem Bruchteil der Kosten erhältlich. → *siehe auch Computer.*

Mikrodiskette *Subst.* (microfloppy disk)
Eine 3,5-Zoll-Diskette, die für den Apple Macintosh sowie die IBM und kompatiblen Mikrocomputer verwendet wird. Eine Mikrodiskette besteht aus einer runden Mylar-Scheibe mit einer Eisenoxid-Beschichtung und ist durch eine stabile Plastikummantelung geschützt, die ein bewegliches Metallgehäuse besitzt. Auf dem Macintosh kann eine einseitige Mikrodiskette 400 Kilobyte (KB) aufnehmen, eine doppelseitige (Standard-) Diskette faßt 800 KB, und eine doppelseitige Diskette hoher Dichte (High-Density) ermöglicht die Speicherung von 1,44 Megabyte (MB). Bei IBM- und kompatiblen Maschinen sind Speicherkapazitäten von 720 KB und 1,44 MB üblich. → *siehe auch Floppy Disk.*

Mikroelektronik *Subst.* (microelectronics)
Die Herstellungstechnologie von elektronischen Schaltkreisen und Bauelementen in sehr kleinen Gehäusen. Der integrierte Schaltkreis ist wohl als bedeutendster Fortschritt der Mikroelektronik überhaupt anzusehen: Schaltungen, die vor 30 Jahren einen ganzen Raum mit verbrauchsintensiven Elektronenröhren ausfüllten, lassen sich beim derzeitigen Stand der Technik auf einem Silizium-Chip, kleiner als eine Briefmarke, herstellen und erfordern nur noch ein paar Milliwatt Leistung. → *siehe auch integrierter Schaltkreis.*

Mikrofilmtechnik *Subst.* (micrographics)
Die Techniken und Methoden für die Aufzeichnung von Daten auf Mikrofilm. → *siehe auch Mikrobildspeicher.*

Mikrofon *Subst.* (microphone)
Ein Gerät, das Schallwellen in analoge elektronische Signale umwandelt. Zusätzliche Hardware kann die Ausgabe des Mikrofons in digitale Daten umwandeln, die von einem Computer verarbeitet werden können. Beispiele hierzu sind das Aufzeichnen von Multimedia-Dokumenten oder das Analysieren von akustischen Signalen.

Mikrokanal-Architektur *Subst.* (Micro Channel Architecture)
Die Bus-Architektur in IBM PS/2-Computern (mit Ausnahme der Modelle 25 und 30). Der Mikrokanal ist weder elektrisch noch physikalisch mit dem IBM-PC/AT-Bus kompatibel. Im Gegensatz zum PC/AT-Bus funktioniert die Mikrokanal-Architektur entweder als 16-Bit- oder als 32-Bit-Bus. Der Mikrokanal läßt sich außerdem durch mehrere Busmaster-Prozessoren betreiben.

Mikrokernel *Subst.* (microkernel)
Ein Begriff der Programmierung. Bei einem Mikrokernel handelt es sich um einen rein hardwareabhängigen Bestandteil eines Betriebssystems, der von einem Computer zum anderen transportiert werden kann. Der Mikrokernel enthält eine hardwareunabhängige Schnittstelle für das Betriebssystem, so daß nur der Mikrokernel umgeschrieben werden muß, wenn das Betriebssystem an eine andere Plattform angepaßt werden soll. → *siehe auch Betriebssystem, Kernel.*
Ein modularer Kernel, der nur mit den Grundfunktionen ausgestattet ist.

Mikrologik *Subst.* (micrologic)
Ein Satz von elektronischen Logikschaltungen oder Befehlen, die in binärer Form gespeichert sind und die Operationen innerhalb eines Mikroprozessors definieren und regeln.

Mikrominiatur *Subst.* (microminiature)
Ein extrem kleiner Schaltkreis oder ein anderes elektronisches Bauelement mit äußerst geringen Abmessungen – insbesondere eines, das eine Verfeinerung eines bereits miniaturisierten Elementes darstellt.

Mikropositionierung *Subst.* (microspacing)
Ein Begriff aus dem Druck- und Verlagswesen. Die Positionierung von Zeichen in sehr geringen Inkrementen.

Mikroprogrammierung *Subst.* (microprogramming)
Das Schreiben von Mikrocode für einen Prozessor. Einige Systeme (hauptsächlich Minicomputer und Großrechner) erlauben Modifikationen des Mikrocodes für einen installierten Prozessor. → *siehe auch Mikrocode.*

Mikroprozessor *Subst.* (microprocessor)
Eine zentrale Verarbeitungseinheit (CPU = Central Processing Unit) auf einem einzelnen Chip. In einem modernen Mikroprozessor können in einem integrierten Schaltkreisgehäuse mit einer Fläche von nur wenigen Quadratzentimetern weit mehr als 1 Million Transistorfunktionen untergebracht sein. Mikroprozessoren sind das Herz aller Personal Computer. Stattet man einen Mikroprozessor mit Speicher aus und versorgt ihn mit der erforderlichen Spannung, sind bereits alle Teile – ausschließlich der peripheren Einrichtungen – für einen Computer (Minimalsystem) vorhanden. Zu den derzeit bekanntesten Mikroprozessor-Reihen gehören die 680×0-Familie von Motorola, die die Produktlinie des Apple Macintosh treiben, und die 80×86-Familie von Intel, die den Kern aller IBM-PC-kompatiblen und PS/2-Computer bilden. → *siehe auch 6502, 65816, 6800, 68000, 68020, 68030, 68040, 80286, 80386DX, 80386SX, 8080, 8086, 8088, 88000, DECchip 21064, i486DX, i486DX2, i486SL, i486SX, Pentium, Pentium Pro, PowerPC, SPARC, Z80.*

Mikroschaltung *Subst.* (microcircuit)
Eine miniaturisierte elektronische Schaltung, die auf einen Halbleiter-Chip geätzt ist. Eine Mikroschaltung besteht aus komplett verdrahteten Transistoren, Widerständen und anderen Bauelementen. Die Mikroschaltung wird jedoch als Modul hergestellt. Es handelt sich demzufolge nicht um einen Satz aus Vakuumröhren, einzelnen Transistoren oder anderen Elementen, die zusammengeschaltet werden müssen. → *siehe auch integrierter Schaltkreis.*

Mikrosekunde *Subst.* (microsecond)
Abgekürzt μs. Ein Millionstel (10^{-6}) einer Sekunde.

Mikrotransaktion *Subst.* (microtransaction)
Ein Geschäftsvorfall, bei dem sehr geringe Beträge (in der Regel unter 10 DM) bewegt werden. → *siehe auch Millicent-Technologie.*

Mikrowellenverbindung *Subst.* (microwave relay)
Eine Kommunikationsverbindung, die über Punkt-zu-Punkt-Radioübertragungen bei Frequenzen von mehr als 1 Gigahertz (1000 Megahertz) bewerkstelligt wird.

.mil
Im Domain Name System (DNS) des Internet die Top-Level-Domäne, die Adressen militärischer Organisationen der USA kennzeichnet. Die Kennzeichnung .mil erscheint am Ende der Adresse. → *siehe auch DNS, Domäne.* → *Vgl. .com, .edu, .gov, .net, .org.*

Military Network *Subst.*
→ *siehe MILNET.*

Milli- *Präfix* (milli-)
Abgekürzt m. Ein Maßeinheitenvorsatz mit der Bedeutung ein tausendstel 10^{-3}.

Milliarde *Subst.* (billion)
In der amerikanischen Terminologie (wie sie im EDV-Bereich üblich ist) umfaßt die »billion« 1000 Millionen (10^9), also 1 Milliarde. Stellvertretend für »Milliarde« wird in der EDV-Terminologie das Präfix »Giga« verwendet und für »Milliardstel« (also den Faktor 10^{-9}) das Präfix »Nano«.

Milliardstelsekunde *Subst.* (billisecond)
→ *siehe Nanosekunde.*

Millicent-Technologie *Subst.* (millicent technology)
Ein Satz mit Protokollen für Geschäftsvorfälle äußerst geringen Umfangs, die über das Internet abgewickelt werden. Die Millicent-Technologie wurde von der Digital Equipment Corporation entwickelt. Diese Technologie ist dahingehend konzipiert, daß Preise berechnet werden können, deren Wert geringer als ein Pfennig ist.

Millions of Instructions per Second *Subst.* (millions of instructions per second)
→ *siehe MIPS.*

Millisekunde *Subst.* (millisecond)
Abgekürzt ms oder msec. Eine tausendstel Sekunde.

Millivolt *Subst.* (millivolt)
Abgekürzt mV. Ein tausendstel Volt.

MILNET *Subst.*
Abkürzung für **Mi**litary **Net**work. Ein Weitbereichsnetz, das den militärischen Bereich des ursprünglichen ARPANET darstellt. MILNET behandelt militärische Informationen der USA, die nicht geheim sind. → *siehe auch ARPANET.* → *Vgl. NSFnet.*

MIMD *Subst.*
Abkürzung für **M**ultiple **I**nstruction, **M**ultiple **D**ata Stream Processing. Eine Kategorie der Computer-Architektur für parallele Verarbeitung, bei der mehrere Prozessoren gleichzeitig Befehle ausführen und auf Daten operieren. → *siehe auch Architektur, Befehl, parallele Verarbeitung, Prozessor.* → *Vgl. SIMD.*

MIME *Subst.*
Abkürzung für **M**ultipurpose **I**nternet **M**ail **Ext**ensions. Ein Standard, der das Simple Mail Transfer Protocol (SMTP) so erweitert, daß Daten, z.B. Video-, Audio- und Binärdateien, über Internet-E-Mail übertragen werden können, ohne zuvor in das ASCII-Format umgewandelt werden zu müssen. Dies wird durch MIME-Typen bewerkstelligt, die den Inhalt eines Dokuments beschreiben. Eine MIME-kompatible Anwendung, die eine Datei sendet (z.B. einige E-Mail-Programme), ordnet der Datei einen MIME-Typ zu. Die Empfängeranwendung, die ebenfalls MIME-kompatibel sein muß, bezieht sich auf eine standardisierte Liste mit Dokumenten, die in MIME-Typen und -Untertypen strukturiert ist, um den Inhalt der Datei übersetzen zu können. Ein MIME-Typ ist beispielsweise *text*, der wiederum eine bestimmte Anzahl von Untertypen enthält, z.B. *plain* und *html*. Der MIME-Typ *text/html* verweist auf eine Datei, deren Text im HTML-Format verfaßt ist. MIME ist ein Bestandteil von HTTP. MIME wird sowohl von Web-Browsern als auch HTTP-Servern verwendet, um die ausgehenden und eingehenden E-Mail-Dateien zu übersetzen. → *siehe auch HTTP, HTTP-Server, Simple Mail Transfer Protocol, Web-Browser.* → *Vgl. BinHex.*

Miniaturansicht *Subst.* (thumbnail)
Eine Miniaturversion einer Grafik oder einer Seite, die dazu dient, Dokumente mit mehreren Grafiken oder Seiten schnell durchsuchen zu können. Beispielsweise finden sich auf Web-Seiten häufig auch die Miniaturen von Grafiken (die vom Web-Browser viel schneller geladen werden können, als die Grafik in Originalgröße). Durch Klicken auf die Miniaturen lassen sich dann meist die vollständigen Grafiken laden.

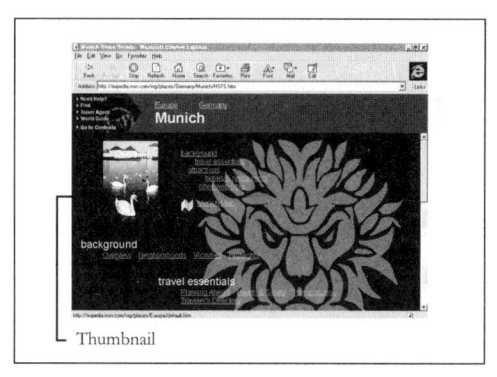

Miniaturansicht

Miniaturisierung *Subst.* (miniaturization)
Kennzeichnet bei der Entwicklung integrierter Schaltkreise den Prozeß der Größenreduzierung und Erhöhung der Packungsdichte von Transistoren und anderen Bauelementen auf einem Halbleiter-Chip. Miniaturisierte Schaltungen zeichnen sich neben ihrer geringen Größe vor allem durch verringerte Leistungsaufnahme, reduzierte Wärmeentwicklung und verkürzte Signallaufzeiten

M zwischen den einzelnen Schaltungselementen aus. → *siehe auch Integration, integrierter Schaltkreis.*

Minicomputer *Subst.* (minicomputer)
Ein Computer der mittleren Leistungsklasse, der für komplexe Berechnungen vorgesehen ist und dabei in effizienter Weise die übergeordneten Eingaben und Ausgaben der über Terminals angeschlossenen Benutzer bearbeitet. Minicomputer sind häufig mit anderen Minicomputern in einem Netzwerk verbunden und verteilen die Verarbeitung unter allen angeschlossenen Maschinen. Minicomputer setzt man in starkem Maße bei der Transaktionsverarbeitung und als Bindeglied zwischen Großcomputer-Systemen und Weitverkehrsnetzen (WANs) ein. → *siehe auch Computer, Großrechner, Mikrocomputer, Supercomputer, Weitbereichsnetz.* → *Vgl. Midrange-Computer, Workstation.*

Minifloppy *Subst.* (minifloppy)
Eine 5,25-Zoll-Diskette. → *siehe auch Floppy Disk.*

minimieren *Vb.* (minimize)
In einer grafischen Benutzeroberfläche bedeutet »minimieren«, daß ein Fenster geschlossen wird, ohne das zugehörige Programm zu beenden. In der Regel wird dann ein Symbol, eine Schaltfläche oder ein Name für das Fenster auf dem Desktop angezeigt. Wenn der Benutzer auf die Schaltfläche, das Symbol oder den Namen klickt, wird die vorherige Größe des Fensters wiederhergestellt. → *siehe auch Fenster, grafische Benutzeroberfläche, Schaltfläche »Minimieren«, Task-Leiste.* → *Vgl. maximieren.*

Mini-Port-Treiber *Subst.* (miniport drivers)
Treiber mit geräteabhängigen Informationen, die mit geräteunabhängigen Port-Treibern kommunizieren. Die Port-Treiber kommunizieren wiederum mit dem System. → *siehe auch Treiber.*

Minitower *Subst.* (minitower)
Ein vertikales Standgehäuse, das ungefähr halb so hoch ist (30 cm) wie ein Tower (58 cm). → *siehe auch Tower.*

Minitreiber-Architektur *Subst.* (mini-driver architecture)
Eine Architektur in Windows 3.1 und Windows 95, die einen verhältnismäßig kleinen und einfachen Treiber verwendet. Dieser Treiber enthält alle zusätzlichen Befehle, die für ein bestimmtes Hardwaregerät erforderlich sind, um mit dem universalen Treiber für die Geräteklasse zu kommunizieren. → *siehe auch Treiber.*

MIP-Mapping *Subst.* (MIP mapping)
Abkürzung für **M**ultum **I**n **P**arvo (lateinisch für »viel in wenig«) **mapping**. Eine Form des Mapping, in dem die Darstellung einer Bitmap-Grafik vorausberechnet und in einem Struktur-Mapper verwendet wird. Dadurch können glattere Strukturgrafiken vorausberechnet werden, da die Pixelumwandlung die Farben in bezug auf die menschliche Wahrnehmung ändern kann.

MIPS *Subst.*
Abkürzung für **m**illions of **i**nstructions **p**er **s**econd, zu deutsch »Millionen Anweisungen pro Sekunde«. Ein gebräuchliches Maß für die Prozessorgeschwindigkeit. → *siehe auch MFLOPS, Prozessor.*

MIS *Subst.*
→ *siehe Management-Informationsabteilung, Management-Informationssystem.*

mischen *Vb.* (merge)
Zwei oder mehr Elemente, z. B. Listen, in geordneter Folge und ohne Änderung ihrer zugrundeliegenden Strukturen miteinander kombinieren. → *Vgl. verbinden.*

mischen und einfügen *Vb.* (collate)
Bei der Datenverarbeitung das Mischen von Einträgen aus zwei oder mehr ähnlichen Datenlisten, um eine kombinierte Liste zu erzeugen, in der die Ordnung bzw. die Reihenfolge der Ausgangslisten beibehalten wird.

Mischsortierung *Subst.* (collating sort)
Ein Sortierverfahren, das durch das fortlaufende Mischen von zwei oder mehr Dateien eine bestimmte Reihenfolge von Datensätzen oder Datenelementen produziert.

misc.-Newsgroups *Subst.* (misc. newsgroups)
Usenet Newsgroups, die Bestandteil der misc.-Hierarchie sind und das Präfix »misc.« haben. Diese Newsgroups enthalten die Themen, die nicht von den anderen Standardhierarchien des Usenet

(comp., news., rec., sci., soc., talk.) abgedeckt werden. → *siehe auch Newsgroup, traditionelle Newsgroup-Hierarchie, Usenet.*

mit Null füllen *Vb.* (zero)
Das Füllen mit Nullen (z. B. eines angegebenen Speicherabschnitts, eines Feldes oder einer anderen begrenzten Struktur).

mittlere Integrationsdichte *Subst.* (medium-scale integration)
Abgekürzt MSI. Beschreibt einen Integrationsgrad, bei dem zwischen 10 und 100 Schaltungselemente auf einem einzelnen Chip untergebracht sind.
→ *siehe auch integrierter Schaltkreis.*

.mi.us
Im Internet ein Kürzel für die übergreifende Länder-Domäne, die eine Adresse in Michigan in den Vereinigten Staaten angibt.

Mixmode-Übertragung *Subst.* (promiscuous-mode transfer)
Ein Begriff aus dem Bereich der Netzwerk-Kommunikation. Eine Datenübertragung, bei der ein Knoten alle Pakete von beliebigen Zieladressen entgegennimmt.

.mk
Im Internet ein Kürzel für die übergreifende Länder-Domäne, die eine Adresse in Makedonien angibt.

.ml
Im Internet ein Kürzel für die übergreifende Länder-Domäne, die eine Adresse in Mali angibt.

.mm
Im Internet ein Kürzel für die übergreifende Länder-Domäne, die eine Adresse in Myanmar (früheres Birma) angibt.

MMU *Subst.*
→ *siehe Speicherverwaltungseinheit.*

MMX *Subst.*
Abkürzung für MultiMedia Extensions. Eine Optimierung der Architektur von Intel Pentium-Prozessoren, die eine verbesserte Leistungsfähigkeit von Multimedia- und Kommunikationsanwendungen ermöglicht.

.mn
Im Internet ein Kürzel für die übergreifende Länder-Domäne, die eine Adresse in der Mongolei angibt.

Mnemonik *Subst.* (mnemonic)
Eine Erinnerungshilfe, z. B. ein Wort, ein Reim oder ein anderer leicht zu behaltender Ausdruck, für einen komplizierten Sachverhalt oder einen längeren Satz von Informationen. Die Mnemonik ist in der Rechentechnik weitverbreitet. Beispielsweise sind Programmiersprachen (mit Ausnahme von Maschinensprachen) *symbolische Sprachen*, da sie kurze Mnemonik, beispielsweise *ADD* (für *Addition*) und *def* (für *definieren*) verwenden, um Befehle und Operationen zu beschreiben. Befehlszeilenorientierte Betriebssysteme und Anwendungen arbeiten ebenfalls mit Mnemonik, um die jeweiligen Programmbefehle und Operationen möglichst kurz und einprägsam darzustellen. In MS-DOS fordert man z. B. mit dem Befehl *dir* (für *directory*, d. h. Verzeichnis) eine Liste von Dateien an.

MNP10 *Subst.*
Abkürzung für Microcom Networking Protocol, Class 10. Ein Kommunikationsprotokoll mit Industrie-Standard, das für Modemverbindungen über analog zellulare Telefonverbindungen eingesetzt wird. Die aktuellste Version von MNP10 ist MNP 10EC (*EC* ist die Abkürzung für *Enhanced Cellular*). → *siehe auch Protokoll.*

.mn.us
Im Internet ein Kürzel für die übergreifende Länder-Domäne, die eine Adresse in Minnesota in den Vereinigten Staaten angibt.

.mo
Im Internet ein Kürzel für die übergreifende Länder-Domäne, die eine Adresse in Macau angibt.

mobiler Computereinsatz *Subst.* (mobile computing)
Der Einsatz von Computern während der Reise. Für den mobilen Computereinsatz wird in der Regel kein Desktop-System, sondern ein Computer eingesetzt, der über einen Akku betrieben werden kann.

Modec *Subst.* (modec)
Ein Begriff aus dem Bereich der Telekommunikation. Es handelt sich um ein Gerät, das analoge Modemsignale digital generiert. Der Begriff *Modec* setzt sich aus den Wörtern *Modem* und *Codec* zusammen. → *siehe auch Codec, Modem.*

Modell *Subst.* (model)
Eine mathematische oder grafische Darstellung einer realen Situation oder eines realen Objekts, beispielsweise ein mathematisches Modell der Materieverteilung im Universum, ein (numerisches) Rechenblatt-Modell geschäftlicher Aktivitäten oder ein grafisches Modell eines Moleküls. Modelle lassen sich im allgemeinen ändern oder manipulieren, so daß man Auswirkungen einer Modifikation oder Variation auf das reale Objekt studieren kann. → *siehe auch Modellierung, Simulation.*

Modell, dreidimensionales *Subst.* (three-dimensional model)
→ *siehe dreidimensionales Modell.*

Modellierung *Subst.* (modeling)
Der Einsatz von Computern für die Beschreibung des Verhaltens eines Systems. Ein Tabellenkalkulationsprogramm kann z. B. verwendet werden, um Finanzdaten zu manipulieren, den Zustand und die Aktivitäten eines Unternehmens darzustellen, Geschäftspläne oder Prognosen zu entwickeln oder den Einfluß vorgesehener Änderungen auf die Betriebsabläufe und den finanziellen Status zu untersuchen. → *siehe auch Simulation, Tabellenkalkulationsprogramm.*
Im CAD-Bereich bezeichnet der Ausdruck den Einsatz von Computern zur Beschreibung von Objekten und ggf. der räumlichen Beziehungen dieser Objekte untereinander. Mit CAD-Programmen lassen sich z. B. Bildschirmdarstellungen von Objekten wie Werkzeuge, Bürogebäude, komplexe Moleküle oder Autos erstellen. Geometrische Modelle stützen sich auf Gleichungen, um Linien, Kurven und andere Figuren zu erzeugen und diese Formen in genauer Beziehung untereinander und zu dem zwei- oder dreidimensionalen Raum anzuordnen, in dem sie gezeichnet werden. → *siehe auch CAD, Drahtmodell, dreidimensionales Modell, Oberflächenmodellierung, Rendering, Volumenmodell, zweidimensionales Modell.*

Modell, mathematisches *Subst.* (mathematical model)
→ *siehe mathematisches Modell.*

Modell, relationales *Subst.* (relational model)
→ *siehe relationales Modell.*

Modell, zweidimensionales *Subst.* (two-dimensional model)
→ *siehe zweidimensionales Modell.*

Modem *Subst.* (modem)
Kurzform für **Mod**ulator/**Dem**odulator. Ein Kommunikationsgerät, mit dem sich Computerdaten über normale Telefonleitungen übertragen lassen. Da ein Computer digital (mit diskreten Signalen zur Darstellung binärer Einsen und Nullen) arbeitet und eine Telefonleitung für die Übertragung analoger (stetig veränderbarer) Signale ausgelegt ist, sind Modems für die Umwandlung der digitalen in analoge Signale und umgekehrt erforderlich. Bei der Übertragung prägen Modems die digitalen Signale eines Computers auf eine kontinuierliche Trägerfrequenz auf (Modulation) und geben dieses Signalgemisch auf die Telefonleitung. Bei Empfang sieben Modems die Informationen vom Träger aus (Demodulation) und transferieren sie in digitaler Form zum Computer. Intelligente Modems können neben dem Senden und Empfangen ebenfalls solche Funktionen wie automatisches Wählen, Anrufbeantwortung und Wahlwiederholung ausführen. Für einen sinnvollen Modem-Betrieb ist allerdings eine geeignete Kommunikationssoftware erforderlich. → *siehe auch Baudrate.*

Modembank *Subst.* (modem bank)
Eine Auflistung von Modems, die an einen Server angeschlossen sind, der über ein ISP oder den Operator eines BBS oder Remote-Access LAN verwaltet wird. Die meisten Modembanken sind so konfiguriert, daß Remote-Benutzer eine einzige Telefonnummer wählen können, die die Anrufe an eine verfügbare Telefonnummer der Modembank weiterleitet. → *siehe auch ISP, LAN.*

Modem, Bell-kompatibles *Subst.* (Bell-compatible modem)
→ *siehe Bell-kompatibles Modem.*

Modem-Eliminator *Subst.* (modem eliminator)
Ein Gerät, mit dem zwei Computer ohne Modem miteinander kommunizieren können. → *siehe auch Nullmodem.*

Modem, externes *Subst.* (external modem)
→ *siehe externes Modem.*

Modem, integriertes *Subst.* (integral modem)
→ *siehe integriertes Modem.*

Modem, internes *Subst.* (internal modem)
→ *siehe internes Modem.*

Modemport *Subst.* (modem port)
Ein serieller Port, der verwendet wird, um eine Verbindung von einem externen Modem zu einem PC herzustellen. → *siehe auch Modem, serieller Port.*

modem ready *Subst.*
→ *siehe MR.*

Modem, softwarebasierendes *Subst.* (software-based modem)
→ *siehe softwarebasierendes Modem.*

Modem, sprachfähiges *Subst.* (voice-capable modem)
→ *siehe sprachfähiges Modem.*

Moderator *Subst.* (moderator)
Moderatoren werden in einigen Internet-Newsgroups und Verteilerlisten eingesetzt, um alle Nachrichten zu überprüfen, bevor diese an die Mitglieder der Newsgroup oder der Liste weitergeleitet werden. Moderatoren entfernen oder editieren Nachrichten, die Mängel aufweisen. → *siehe auch Newsgroup, Verteilerliste.*

moderiert *Adj.* (moderated)
Unterliegt der Durchsicht eines Moderators, der nichtrelevante bzw. unpassende Artikel oder Nachrichten entfernen kann, bevor diese in einer Newsgroup, Verteilerliste oder in einem anderen Messaging-System verteilt werden.

moderierte Diskussion *Subst.* (moderated discussion)
Kommunikation, die über eine Verteilerliste, eine Newsgroup oder über ein anderes Online-Forum durchgeführt wird, das von einem Moderator bearbeitet wird. Wenn eine Nachricht in einer moderierten Diskussion vorgelegt wird, entscheidet der Moderator, ob die Nachricht für das Diskussionsthema relevant ist. Ist dies der Fall, wird die Nachricht an die Diskussionsgruppe weitergeleitet. Moderierte Diskussionen haben in der Regel ein höheres Niveau als Diskussionen, die nicht moderiert werden. Dies liegt daran, daß die Informationen vorher überprüft werden. Einige Moderatoren entfernen auch obszöne oder pornographische Beiträge. → *siehe auch Moderator, Newsgroup, Verteilerliste.*

Modified Frequency Modulation encoding *Subst.* (modified frequency modulation encoding)
Abgekürzt MFM-Codierung. Ein weitverbreitetes Verfahren zur Datenspeicherung auf Disketten. Die MFM-Codierung beruht auf der älteren FM-Codierung, arbeitet aber effektiver, da die notwendigen Synchronisationsinformationen reduziert wurden und die magnetische Codierung eines Bits vom unmittelbar vorher aufgezeichneten Bit abhängig ist. Die MFM-Codierung setzt man auch bei Festplatten ein, da sie eine höhere Informationsdichte als die Frequenzmodulation ermöglicht. Noch platzsparender als die MFM-Codierung arbeitet das Verfahren der Lauflängenkodierung *Run-Length Limited Encoding = RLL.* → *Vgl. Frequenzmodulationscodierung, Run-Length Limited encoding.*

MO-Disc *Subst.* (MO disk)
→ *siehe magnetooptische Disk.*

Modul *Subst.* (cartridge, module)
Im Hardwarebereich eine eigenständige Komponente, die eine vollständige Funktion für ein System ausführt und durch andere, ähnliche Funktionen ausführende Module ausgetauscht werden kann. → *siehe auch SIMM, Speicherkarte.*
Wiederum im Hardwarebereich ist »Modul« die Kurzform für »Einsteckmodul« oder »Erweiterungsmodul«. Ein derartiges Modul besteht aus einem meist kleinen Gehäuse (gewöhnlich aus Plastik) und enthält eine Platine oder ein Gerät. Durch das Einstecken eines Moduls in den vorgesehenen Schacht wird der Computer oder ein anderes Gerät um bestimmte Eigenschaften erweitert. Es gibt z.B. Module, die den Schrift-

bestand eines Druckers erweitern. Daneben werden Spiele für Videospielkonsolen häufig in Modulen gespeichert. → *siehe auch Bandkassette, Farbbandkassette, ROM-Steckmodul, Speichermodul, Tintenkassette, Toner-Kassette, Wechselplatte.*

In der Programmierung ist ein Modul eine Sammlung von Routinen und Datenstrukturen, die eine bestimmte Aufgabe ausführen oder einen bestimmten abstrakten Datentyp implementieren. Module bestehen in der Regel aus zwei Teilen: einer Schnittstelle und einer Implementation. Die Schnittstelle liefert alle Konstanten, Datentypen, Variablen und Routinen, die anderen Modulen oder Routinen zugänglich sind. Die Implementation stellt den privaten (nur dem Modul zugänglichen) Teil dar und enthält den Quellcode, der die eigentlichen Routinen im Modul realisiert. → *siehe auch abstrakter Datentyp, Kapselung, Modula-2, modulare Programmierung.*

Modula-2 *Subst.*
Eine modulare Hochsprache, die von Niklaus Wirth im Jahre 1980 als Abkömmling von Pascal entwickelt wurde. Modula-2 ist vor allem bekannt geworden durch die besondere Betonung der modularen Programmierung, die frühe Unterstützung abstrakter Datentypen sowie das Fehlen von Standardfunktionen und Prozeduren. → *siehe auch modulare Programmierung.*

modulare Programmierung *Subst.* (modular programming)
Eine Programmiertechnik, die ein Programm in logisch abgeschlossene, unabhängig voneinander kompilierbare Module aufteilt. Jedes Modul exportiert nur spezifizierte/explizit aufgeführte Elemente (Konstanten, Datentypen, Variablen, Funktionen, Prozeduren), während alle übrigen Elemente bezüglich des Moduls privat bleiben. Andere Module können nur auf die exportierten Elemente zugreifen. Module klären und regulieren die Schnittstellen zwischen den Hauptteilen eines Programms. Module erleichtern damit die Arbeit in Gruppen und fördern zuverlässige Programmierpraktiken. Die modulare Programmierung stellt einen Vorläufer der objektorientierten Programmierung dar. → *siehe auch Modul, objektorientierte Programmierung.*

modulares Design *Subst.* (modular design)
Eine Methode für den Entwurf von Hardware oder Software, bei der man ein Projekt in kleinere Einheiten (Module) unterteilt, die sich jeweils unabhängig voneinander entwickeln, testen und fertigstellen lassen, bevor man sie mit anderen Modulen zum Endprodukt kombiniert. Jede Einheit wird für die Ausführung einer bestimmten Aufgabe oder Funktion konzipiert und kann daher Teil einer »Bibliothek« von Modulen werden, die sich oft in anderen Produkten mit ähnlichen Anforderungen wiederverwenden lassen. In der Programmierung kann ein Modul z.B. aus Befehlen für die Verschiebung des Cursors in einem Bildschirmfenster bestehen. Durch die bewußte Entwicklung als eigenständige Einheit, die mit anderen Abschnitten des Programms zusammenarbeiten kann, sollte das gleiche Modul in der Lage sein, äquivalente Aufgaben auch in anderen Programmen auszuführen. Auf diese Weise läßt sich Zeit für die Entwicklung und das Testen sparen.

Modulation *Subst.* (modulation)
Das Ändern oder Regulieren der Charakteristika eines Trägersignals, das in einer bestimmten Amplitude (Höhe) und Frequenz (Takt) schwingt, so daß diese Änderungen sinnvolle Informationen darstellen.
In der Computer-Kommunikation bezeichnet die Modulation das Verfahren, das von Modems angewendet wird, um die vom Computer gelieferten digitalen Informationen in analoge Signale im Sprachfrequenzband für die Übertragung auf einer Telefonleitung zu konvertieren.

Modulbibliothek *Subst.* (component software)
In der Programmierung eine Sammlung modularer Softwareroutinen oder Komponenten, die sich mit anderen Komponenten kombinieren lassen, um daraus das Gesamtprogramm zu erzeugen. Programmierer können alle vorhandenen Komponenten nach Belieben immer wieder einsetzen und müssen keine Kenntnis hinsichtlich der internen Arbeitsweise besitzen. Es muß lediglich bekannt sein, wie der Aufruf aus Programmen und anderen Komponenten erfolgt, in welcher Form Daten an die Komponente übergeben und von dieser zurückgegeben werden. → *siehe auch Komponente, Programm, Routine.* → *auch genannt Componentware.*

modulieren *Vb.* (modulate)
Die gezielte Veränderung eines Signalparameters, um Informationen zu übertragen.

Modulo *Subst.* (modulo)
Eine arithmetische Operation, die als Ergebnis den Rest einer Divisionsoperation zurück gibt. Beispielsweise ist 17 *modulo* 3 = 2, da 17 dividiert durch 3 einen Rest von 2 ergibt. Modulo-Operationen werden in der Programmierung verwendet.

Modus *Subst.* (mode)
Der Betriebszustand eines Computers oder eines Programms. Änderungen an einer Datei lassen sich z.B. im Bearbeitungsmodus eines Programms ausführen. → *siehe auch abgesicherter Modus, Adressierungsmodus, Kompatibilitätsmodus, Videomodus, virtueller Real Mode.*

Moiré *Subst.* (moiré)
Eine sichtbare Verzerrung in einem Bild, das in der falschen Auflösung angezeigt oder gedruckt wird. Auf Moiré-Muster wirken sich verschiedene Parameter aus, beispielsweise die Größe und Auflösung des Bildes, die Auflösung des Ausgabegerätes und der Halbton-Rasterwinkel.

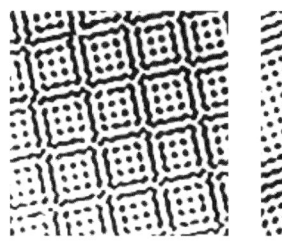

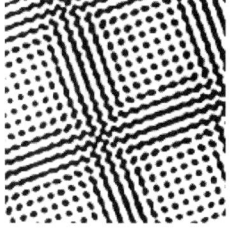

Moiré

MO-Laufwerk *Subst.* (MO disk drive)
→ *siehe magnetooptische Disk.*

Molekularstrahl-Epitaxie *Subst.* (molecular beam epitaxy)
Ein Verfahren, das man bei der Herstellung von Halbleiterbauelementen – etwa integrierten Schaltkreisen – einsetzt. Eine Epitaxial-Schicht ist eine dünne Schicht aus Halbleitermaterial. Ein Gerät, das derartige Schichten mit Hilfe der Molekularstrahl-Epitaxie erzeugt, verdampft das Material und leitet den Molekularstrahl auf das Substrat, auf dem die Schicht abzuscheiden ist. Diese Technik ermöglicht die Herstellung präziser und sehr dünner Schichten.

monadisch *Adj.* (monadic)
→ *siehe unär.*

Monitor *Subst.* (monitor)
Das Gerät zur Anzeige der vom Video-Adapter eines Computers erzeugten Bildsignale. Mit *Monitor* bezeichnet man in der Regel die Einheit aus Video-Display und zugehörigem Gehäuse. Der Monitor wird an den Video-Adapter über ein Kabel angeschlossen. → *siehe auch CRT.*

Monitor, virtueller *Subst.* (virtual monitor)
→ *siehe virtueller Monitor.*

monochrom *Adj.* (monochrome)
Bezeichnet im Computerbereich einen Monitor, der Bilder nur in einer Farbe anzeigt – Schwarz auf Weiß (wie es Standard auf monochromen Bildschirmen des Apple Macintosh ist) bzw. Bernstein oder Grün auf Schwarz (wie es allgemein auf IBM, oder anderen monochromen Schirmen üblich ist). »Monochrom« kann sich auch auf einen Monitor beziehen, der lediglich Stufen einer einzelnen Farbe, beispielsweise bei einem Graustufen-Monitor, darstellen kann.

Monochrom-Bildschirm *Subst.* (monochrome display)
Ein Video-Display, das Bildinformationen nur in einer Farbe wiedergeben kann. Die angezeigte Farbe ist von der Phosphorbeschichtung des Schirms abhängig (häufig Grün oder Bernstein).
Der Begriff kann sich auch auf die Wiedergabe eines einfarbigen Intensitätsbereichs beziehen, beispielsweise bei Graustufen-Monitoren.

Monochrombildschirm *Subst.* (monochrome monitor)
→ *siehe monochrom.*

Monochrome-Adapter *Subst.* (monochrome adapter)
Ein Video-Adapter, der ein Videosignal für eine Vordergrundfarbe oder auch einen Bereich von Intensitäten in einer einzelnen Farbe erzeugen kann, beispielsweise bei Graustufen-Monitoren.

M

Monochrome Display Adapter *Subst.*
→ siehe MDA.

Monochrome Graphics Adapter *Subst.* (monochrome graphics adapter)
→ siehe HGC.

Monografik-Adapter *Subst.* (monographics adapter)
Ein Oberbegriff für alle Video-Adapter, die Text und Grafiken nur einfarbig anzeigen können. Ein Video-Adapter, der funktionell kompatibel mit der Hercules Graphics Card (HGC) ist. → *siehe auch* HGC.

Monte-Carlo-Methode *Subst.* (Monte Carlo method)
Ein mathematisches Verfahren, das durch wiederholt ausgeführte Berechnungen und Verwendung von Zufallszahlen eine Näherungslösung für ein kompliziertes Problem ermittelt. Die Monte-Carlo-Methode, so benannt aufgrund der Verwandtschaft zu Glücksspielen, bietet sich in Situationen an, in denen man zwar die Wahrscheinlichkeit eines bestimmten Ereignisses kennt oder berechnen kann, eine Einbeziehung der komplexen Effekte vieler anderer Einflußfaktoren jedoch nicht möglich ist.

.montreal.ca
Im Internet ein Kürzel für die übergreifende Länder-Domäne, die eine Adresse in Montreal in Kanada angibt.

MOO *Subst.*
Abkürzung für **M**UD, **O**bject **O**riented. Eine Form des Multi-User Dungeon (MUD), die eine objektorientierte Sprache enthält, mit der die Benutzer Bereiche und Objekte innerhalb der MOO erstellen können. MOOs werden im Gegensatz zu MUDs nicht so häufig bei Computerspielen, sondern mehr bei der Kommunikation und der Programmierung eingesetzt. → *siehe auch* MUD.

.moov
Eine Dateinamenerweiterung, die auf einem Apple Macintosh eine Bilddatei im Format QuickTime MooV kennzeichnet. → *siehe auch MooV.*

MooV *Subst.*
Das Dateiformat für QuickTime-Filme, das synchronisierte Spuren für die Lautstärkeregelung, Video, Audio und Text speichert. → *siehe auch* QuickTime.

Morphing *Subst.* (morphing)
Abkürzung für Meta**morph**o**s**ing. Ein Vorgang, bei dem ein Bild stufenweise in ein anderes Bild umgestaltet wird. Dabei wird die Illusion einer Metamorphose erweckt, die sich in einem kurzen Zeitraum abspielt. Morphing ist ein häufig verwendeter Trickeffekt, der in zahlreichen fortgeschrittenen Programmen für Computeranimationen enthalten ist. → *siehe auch tween.*

MOS *Subst.*
Abkürzung für **M**etal-**O**xide **S**emiconductor. Eine Technologie für integrierte Schaltkreise, bei der Feldeffekttransistoren (FETs) aus einer Isolationsschicht aus Siliziumdioxid zwischen einer Gate-Elektrode aus Metall und einem Halbleiterkanal gefertigt sind. Die MOS-Technologie wird sowohl für diskrete Bauelemente als auch für integrierte Schaltkreise angewendet. Integrierte MOS-Schaltkreise vereinen die Vorteile hoher Bauelementdichte, hoher Geschwindigkeit und geringer Leistungsaufnahme. Bedingt durch den hohen Eingangswiderstand sind MOS-Bauelemente gegenüber elektrostatischen Aufladungen gefährdet, so daß man sie mit ihren Pins in der leitenden Schaumverpackung belassen sollte, bis der Einbau in die Schaltung erfolgt. → *siehe auch FET, MOSFET.*

Mosaic *Subst.*
Der erste populäre grafische World Wide Web-Browser. Mosaic wurde Anfang 1993 vom National Center for Supercomputing Applications (NCSA) der Universität Illinois (USA) im Internet vorgestellt. Dieser Browser ist als Freeware und Shareware für Microsoft Windows, Macintosh und X Window System verfügbar. Mosaic unterscheidet sich von früheren Web-Browsern vor allen Dingen dadurch, daß Mosaic benutzerfreundlicher ist und zusätzliche Inline-Grafiken für Web-Dokumente enthält. → *auch genannt NCSA Mosaic.*

MOSFET *Subst.*
Abkürzung für **M**etal-**O**xide **S**emiconductor **F**ield-**E**ffect **T**ransistor. Ein gebräuchlicher Feldeffekt-

transistortyp, bei dem das Gate durch eine Metalloxid-Schicht vom Stromkanal isoliert ist. MOSFETs weisen einen sehr hohen Eingangswiderstand auf und erfordern daher fast keine Steuerleistung. Sie werden in vielen Audioanwendungen eingesetzt, z.B. in Verstärkern mit hoher Verstärkungsleistung. Wie alle MOS-Halbleiterelemente, können auch MOSFETs leicht durch statische Elektrizität beschädigt werden. → *siehe auch FET, MOS.*

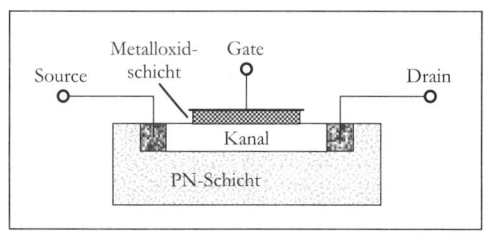

MOSFET: Schematische Darstellung

MOTD *Subst.*
→ *siehe Nachricht des Tages.*

Motion JPEG *Subst.*
Ein Standard für das Speichern von Videos, der von der Joint Photographic Experts Group (JPEG) vorgeschlagen wurde. Bei diesem Standard wird auf jedes Bild die JPEG-Bildkomprimierung angewendet. → *siehe auch JPEG.* → *Vgl. MPEG.*

Motion Pictures Experts Group *Subst.* (Moving Pictures Experts Group)
→ *siehe MPEG.*

.mov
Eine Dateinamenerweiterung auf dem Apple Macintosh für eine Filmdatei im Format QuickTime.
→ *siehe auch QuickTime.*

.movie
→ *siehe .mov.*

Mozilla *Subst.*
Der Spitzname für den Web-Browser Netscape Navigator. Diese Bezeichnung wurde von der Firma Netscape Communications 1994 ins Leben gerufen. → *siehe auch Mosaic, Netscape Navigator.*

MPC *Subst.*
→ *siehe Multimedia Personal Computer.*

.mpeg
Eine Dateinamenerweiterung, die Grafikdateien in dem von der Moving Pictures Experts Group spezifizierten MPEG-Format kennzeichnet. → *siehe auch MPEG.*

MPEG *Subst.*
Abkürzung für »Moving Pictures Experts Group«. Ein Satz mit Standards für die Komprimierung von Audio- und Video-Daten, der vom Joint ISO/IEC Technical Committee on Information Technology vorgelegt wurde. Der MPEG-Standard hat verschiedene Normen für bestimmte Situationen. → *Vgl. Motion JPEG.*
»MPEG« ist außerdem die Kurzform für eine Video-/ Audio-Datei im MPEG-Format. Diese Dateien haben allgemein die Erweiterung .mpg. → *siehe auch JPEG.* → *Vgl. Motion JPEG.*

MPEG-1 *Subst.*
Der ursprüngliche MPEG-Standard für das Speichern und Abrufen von Video- und Audio-Informationen, der für die CD-ROM-Technologie entwickelt wurde. MPEG-1 definiert eine mittlere Bandbreite von bis zu 1,5 Mbps, zwei Audio-Kanäle sowie zeilensprungfreies Video. → *Vgl. MPEG-2, MPEG-3, MPEG-4.*

MPEG-2 *Subst.*
Eine Erweiterung des MPEG-1-Standards, der für die Fernsehübertragung und HDTV entwickelt wurde. MPEG-2 definiert eine höhere Bandbreite von bis zu 40 Mbps, fünf Audio-Kanäle, ein breiteres Spektrum an Bildgrößen sowie Video mit Zeilensprung. → *siehe auch HDTV.* → *Vgl. MPEG-1, MPEG-3, MPEG-4.*

MPEG-3 *Subst.*
Ursprünglich wurde dieser MPEG-Standard für HDTV (High-Definition Television) konzipiert. Da HDTV jedoch auch vom MPEG-2-Standard abgedeckt wird, wurde MPEG-3 verworfen. → *siehe auch HDTV.* → *Vgl. MPEG-1, MPEG-2, MPEG-4.*

MPEG-4 *Subst.*
Ein Standard, der sich derzeit noch in der Entwicklungsphase befindet. MPEG-4 ist für Videophones und Multimedia-Anwendungen konzipiert und enthält eine niedrigere Bandbreite von bis zu 64 Kbps. → *Vgl. MPEG-1, MPEG-2, MPEG-3.*

M

.mpg
Eine Dateinamenerweiterung, die mittels MPEG (spezifiziert durch die Moving Pictures Experts Group) codierte Datenströme kennzeichnet. MPEG-Dateien enthalten komprimierte Audio- und Video-Daten. → *siehe auch MPEG*.

MP/M *Subst.*
Abkürzung für **M**ulti**P**rogramming-**M**onitor. Eine Multitasking-Mehrbenutzer-Version des CP/M-Betriebssystems. → *siehe auch CP/M*.

MPOA *Subst.*
Abkürzung für **M**ulti-**P**rotocol **O**ver **A**TM. Eine Spezifikation, die vom ATM Forum (einer Branchengruppe für Benutzer und Händler des Asynchonous Transfer Mode) begründet wurde, um ATM in die Netzwerke Ethernet, Token Ring und TCP/IP zu integrieren. → *siehe auch ATM*.

MPP *Subst.*
→ *siehe massiv-parallele Verarbeitung, massivparallele Verarbeitung*.

MPPP *Subst.*
→ *siehe Multilink Point-to-Point Protocol*.

MPR II *Subst.*
Ein Standard für die Einschränkung magnetischer und elektrischer Feldemissionen von Video-Bildschirmen, die auch die VLF-Strahlung einbezieht. MPR II ist eine fakultative Norm, die vom MPR (einem schwedischen Gremium, das gewöhnlich mit der Prüfung von Meßgeräten beauftragt ist) in Kooperation mit dem SSI (dem schwedischen Strahlenschutzinstitut) im Jahre 1987 entwickelt und 1990 aktualisiert wurde. → *siehe auch VLF-Strahlung*.

mput *Subst.*
Bei zahlreichen FTP-Clients ist mput der Befehl, der den lokalen Client anweist, mehrere Dateien an den Remote-Server zu übertragen.

.mq
Im Internet ein Kürzel für die übergreifende Länder-Domäne, die eine Adresse auf Martinique angibt.

.mr
Im Internet ein Kürzel für die übergreifende Länder-Domäne, die eine Adresse in Mauretanien angibt.

MR *Subst.*
Abkürzung für **M**odem **R**eady. Eine Leuchtanzeige an der Vorderseite eines Modems, die den Bereitschaftsmodus des Modems signalisiert.

.ms
Im Internet ein Kürzel für die übergreifende Länder-Domäne, die eine Adresse in Montserrat angibt.

ms *Subst.*
→ *siehe Millisekunde*.

MSB *Subst.*
→ *siehe höchstwertiges Bit*.

MSC *Subst.*
→ *siehe höchstwertiges Zeichen*.

MSD *Subst.*
→ *siehe höchstwertige Stelle*.

MS-DOS *Subst.*
Abkürzung für **M**icrosoft **D**isk **O**perating **S**ystem. MS-DOS ist ein Single-Tasking-, Einbenutzer-Betriebssystem mit einer Befehlszeilen-Schnittstelle, das 1981 für IBM-PCs und kompatible Computer freigegeben wurde. Ähnlich vieler anderer Betriebssysteme, überwacht MS-DOS Operationen wie Disketten-Eingabe/Ausgabe, Videounterstützung, Tastatursteuerung und viele interne Funktionen, die sich auf Programmausführung und Dateiverwaltung beziehen.

MS-DOS-Eingabeaufforderung *Subst.* (MS-DOS shell)
Eine Shell-Umgebung, die auf einer Befehlszeilenaufforderung basiert, wodurch Benutzer die Möglichkeit haben, mit MS-DOS oder einem Betriebssystem zu arbeiten, das MS-DOS emuliert.

MS-DOS-Modus *Subst.* (MS-DOS mode)
Eine Shell, in der die MS-DOS-Umgebung in 32-Bit-Systemen (z.B. Windows 95) emuliert wird. → *siehe auch MS-DOS*.

MSDOS.SYS *Subst.*
Eine der beiden versteckten Systemdateien, die auf einer Startdiskette des Betriebssystems MS-DOS installiert sind. MSDOS.SYS – in den IBM-Versionen von MS-DOS als IBMDOS.SYS bezeichnet – enthält die Software, die das Herz (den Kernel) des Betriebssystems bildet. → *siehe auch IO.SYS.*

msec *Subst.*
→ *siehe Millisekunde.*

MSI *Subst.*
→ *siehe mittlere Integrationsdichte.*

MSN *Subst.*
→ *siehe The Microsoft Network.*

MSP *Subst.*
→ *siehe Message Security Protocol.*

.ms.us
Im Internet ein Kürzel für die übergreifende Länder-Domäne, die eine Adresse in Mississippi in den Vereinigten Staaten angibt.

MS-Windows *Subst.*
→ *siehe Windows.*

.mt
Im Internet ein Kürzel für die übergreifende Länder-Domäne, die eine Adresse auf Malta angibt.

MTBF *Subst.*
Abkürzung für Mean Time Between Failures. Die durchschnittliche Zeit, gewöhnlich ausgedrückt in Tausenden oder Zehntausenden von Stunden (manchmal als *power-on hours* oder *POH* bezeichnet), die wahrscheinlich vergehen wird, bevor eine Hardwarekomponente ausfällt und eine Instandsetzung erforderlich wird.

MTTR *Subst.*
Abkürzung für Mean Time To Repair. Die durchschnittliche Zeit, gewöhnlich in Tausenden von Stunden ausgedrückt, die bis zu einer erforderlichen Hardwarereparatur vergehen wird.

.mu
Im Internet ein Kürzel für die übergreifende Länder-Domäne, die eine Adresse auf Mauritius angibt.

MUD *Subst.*
Abkürzung für Multi-User Dungeon. Eine virtuelle Umgebung im Internet, in der mehrere Benutzer gleichzeitig an einem Rollenspiel teilnehmen und in Echtzeit agieren können. → *auch genannt Multi-User Simulation Environment.*

MUD, Object-Oriented *Subst.*
→ *siehe MOO.*

Müll *Subst.* (garbage)
Nicht korrekte oder beschädigte Daten.

Müll rein, Müll raus *Subst.* (garbage in, garbage out)
Ein Axiom in der Datentechnik. Dieses Axiom besagt, daß eine inkorrekte Dateneingabe eine ebenfalls inkorrekte Ausgabe zur Folge hat.

Multibus *Subst.*
Ein von Intel entwickelter Computer-Erweiterungsbus, der vor allem beim Aufbau von Hochleistungs-Arbeitsstationen eingesetzt wird. Multibus ist ein Bus mit hoher Bandbreite (besonders für extrem schnelle Datenübertragungen geeignet) und läßt auch mehrere Busmaster zu. → *siehe auch Bus.*

Multicast Backbone *Subst.* (multicast backbone)
→ *siehe MBONE.*

Multicasting *Subst.* (multicasting)
Das Senden einer Nachricht, die gleichzeitig an mehrere Ziele eines Netzwerks gerichtet ist.

Multi-Color Graphics Array *Subst.*
→ *siehe MCGA.*

Multidatei-Sortierung *Subst.* (multifile sorting)
Das Sortieren zusammengehöriger Daten, die verteilt in mehreren Dateien gespeichert sind.

Multielement *Adj.* (multielement)
Multielemente bestehen aus mehreren Datenelementen im gleichen Format, die den gleichen Datentyp beinhalten. Bei den Datenelementen kann es sich um einfache Variablen (z. B. ein Array mit Ganzzahl-Variablen) oder um komplexere Datenstrukturen handeln. Ein Beispiel für komplexere Datenstrukturen ist ein Array mit Datensätzen von

Mitarbeitern, wobei für jeden Mitarbeiter einzelne Felder für den Namen, die Personalnummer, den Gehaltssatz usw. geführt werden.

MultiFinder *Subst.*
Eine Version des Apple Macintosh Finder, die Multitasking-Unterstützung bietet. Hauptsächlich setzt man MultiFinder ein, um mehrere Anwendungen gleichzeitig resident im Speicher zu halten. Ein einzelner Mausklick schaltet zwischen den Anwendungen um, und Informationen lassen sich von einer Anwendung in eine andere kopieren. Wenn die aktive Anwendung echtes Multitasking unterstützt, ist die Bearbeitung von Hintergrund-Tasks möglich. → *siehe auch Finder.*

Multifunktionskarte *Subst.* (multifunction board)
Eine Erweiterungsplatine, die mehrere Funktionen gleichzeitig bereitstellt. Multifunktionskarten für Personal Computer bieten häufig zusätzlichen Speicher, serielle/parallele Ports und eine Uhr bzw. einen Kalender.

Multilayer *Adj.* (multilayer)
Bezeichnet die konstruktive Ausführung einer Platine, die aus mehreren Schichten aufgebaut ist. Auf jeder Ebene sind metallische Leiterbahnen vorhanden, die die elektrische Verbindung zwischen den elektronischen Bauelementen sowie zu anderen Ebenen herstellen. Die lamellenartig übereinandergeschichteten Teilplatinen sind miteinander verklebt und ergeben eine einzige Leiterplatte, auf der die Bauelemente – beispielsweise integrierte Schaltkreise, Widerstände und Kondensatoren – montiert werden. Das Multilayer-Design ermöglicht wesentlich mehr diskrete Verbindungen zwischen den Bauelementen als Single-Layer-Platinen.
Im computergestützten Entwurf (CAD = Computer-Aided Design) bezieht sich der Begriff auf Zeichnungen, die aus mehreren übereinanderliegenden Ebenen aufgebaut sind, z.B. elektronische Schaltpläne. Jede Teilzeichnung stellt eine bestimmte Detailebene oder ein Objekt dar, so daß sich klar abgegrenzte Teile der Zeichnung einfach manipulieren, überlagern oder wieder herauslösen lassen.

Multilink Point-to-Point Protocol *Subst.*
Ein Internet-Protokoll, das es Computern ermöglicht, mehrere physikalische Verknüpfungen für die Kombination der Bandbreiten einzurichten. Diese Technologie erstellt eine virtuelle Verknüpfung, die eine höhere Kapazität als eine einzelne physikalische Verknüpfung aufweist. → *siehe auch PPP.*

Multimedia *Subst.* (multimedia)
Die Kombination von Klang, Grafik, Animation und Video. In der Computerwelt stellt Multimedia eine Untermenge von Hypermedia dar. Hypermedia kombiniert wiederum die Elemente von Multimedia mit Hypertext. → *siehe auch Hypermedia, Hypertext.*

Multimedia Extensions *Subst.*
→ *siehe MMX.*

Multimedia-PC *Subst.* (Multimedia PC)
Standards für Software und Hardware, die vom Multimedia PC Marketing Council eingerichtet wurden, das die Mindestanforderungen für PCs bezüglich Klang, Video und CD-ROM festlegt.

Multimedia Personal Computer *Subst.*
→ *siehe Multimedia-PC.*

Multinode-Computer *Subst.* (multinode computer)
Ein Computer, der mehrere Prozessoren verwendet, die bei der Berechnung eines komplexen Task gemeinsam eingesetzt werden. → *siehe auch parallele Verarbeitung, Prozessor.*

Multiple-Document Interface *Subst.* (multiple-document interface)
→ *siehe MDI.*

Multiple Instruction, Multiple Data Streams *Subst.* (multiple instruction, multiple data streams)
→ *siehe MIMD.*

multiple Regression *Subst.* (multiple regression)
Ein statisches Verfahren, das das Verhalten einer »abhängigen« Variablen in bezug auf das beobachtete Verhalten mehrerer anderer »unabhängiger« Variablen – von denen eine Beeinflussung angenommen wird – zu beschreiben versucht. Eine Regressionsanalyse kann für jede unabhängige Variable den Korrelationskoeffizienten der unabhängigen Variablen bestimmen. Darunter versteht man den Grad, bis zu dem Variationen der unab-

hängigen Variablen Änderungen an der abhängigen Variablen erzeugen. → *siehe auch abhängige Variable.*

Multiplexer *Subst.* (multiplexer)
Eine elektronische Schaltung zur Auswahl eines einzelnen Ausgangs aus mehreren Eingängen.
Den Begriff verwendet man auch für eine Einrichtung zum »Durchschleusen« mehrerer unterschiedlicher Datenströme über eine gemeinsame Übertragungsleitung. Multiplexer werden für den Anschluß vieler Übertragungsleitungen an eine kleinere Anzahl von Kommunikationsports oder für die Verbindung einer großen Zahl von Kommunikationsports an eine kleinere Zahl von Übertragungsleitungen eingesetzt.

Multiplexer-Kanal *Subst.* (multiplexer channel)
Einer der Eingänge an einem Multiplexer. → *siehe auch Multiplexer.*

Multiplexer, statistischer *Subst.* (statistical multiplexer)
→ *siehe statistischer Multiplexer.*

Multiplexing *Subst.* (multiplexing)
Eine in der Kommunikation und bei Ein-/Ausgabeoperationen eingesetzte Technik zur gleichzeitigen Übertragung mehrerer separater Signale über einen einzelnen Kanal bzw. eine einzelne Leitung. Um die Integrität jedes Signals auf dem Kanal zu gewährleisten, erfolgt die Trennung der Signale durch Zeit-, Raum- oder Frequenz-Multiplexing. Das für die Zusammenfassung der Signale eingesetzte Gerät bezeichnet man als *Multiplexer.* → *siehe auch Frequenzdivisions-Multiplexing, Raummultiplex, Zeit-Multiplexing.*

Multiplikand *Subst.* (multiplicand)
Bei der Multiplikation bezeichnet man damit die Zahl, die mit einer anderen Zahl (dem Multiplikator) multipliziert wird. In der Mathematik lassen sich, je nach Formulierung eines Problems, Multiplikand und Multiplikator austauschen, da das Ergebnis durch die Umkehrung nicht geändert wird – beispielsweise ist 2 * 3 gleich 3 * 2. In vom Computer ausgeführten arithmetischen Operationen unterscheidet man allerdings Multiplikand und Multiplikator, weil eine Multiplikation in der Regel auf Additionen zurückgeführt wird. In diesem Sinne bedeutet 2 * 3 »addiere dreimal die Zahl 2«, während 3 * 2 als »addiere zweimal die Zahl 3« interpretiert wird. → *siehe auch Faktor.* → *Vgl. Multiplikator.*

Multiplikator *Subst.* (multiplier)
Die Zahl, die in arithmetischen Operationen angibt, wie oft eine andere Zahl (der Multiplikand) zu multiplizieren ist. → *siehe auch Faktor.* → *Vgl. Multiplikand.*
In der Rechentechnik bezieht sich der Begriff auch auf ein – von der CPU unabhängiges – elektronisches Bauelement, das Multiplikationen durch Addition des Multiplikanden gemäß dem Zahlenwert im Multiplikator ausführt.

Multiprocessing *Subst.* (multiprocessing)
Ein Betriebsmodus, bei dem mehrere verbundene und etwa gleiche Verarbeitungseinheiten jeweils einen oder mehrere Prozesse (Programme oder Mengen von Befehlen) im Verbund ausführen. Beim Multiprocessing arbeitet jede Verarbeitungseinheit auf einem unterschiedlichen Satz von Befehlen (oder auf unterschiedlichen Teilen desselben Prozessors). Das Ziel besteht, wie bei der parallelen Verarbeitung und beim Einsatz spezieller Einheiten, den sog. *Coprozessoren*, in erhöhter Geschwindigkeit oder Rechenleistung. → *Vgl. Coprozessor, parallele Verarbeitung.*

Multi-Protocol Over ATM *Subst.*
→ *siehe MPOA.*

Multipunkt-Konfiguration *Subst.* (multipoint configuration)
Eine Kommunikationsverbindung, bei der mehrere Stationen sequentiell an der gleichen Kommunikationsleitung angeschlossen sind. Voraussetzung für die Multipunkt-Konfiguration ist die

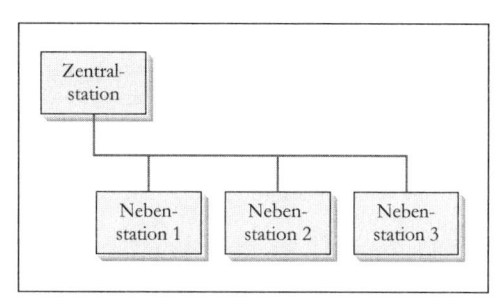

Multipunkt-Konfiguration

Steuerung durch eine zentrale Station (z. B. ein Computer), während alle anderen angeschlossenen Stationen sekundär sind.

Multipurpose Internet Mail Extensions *Subst.*
→ *siehe MIME.*

Multiscan-Monitor *Subst.* (multiscan monitor)
Ein Bildschirm, der die Fähigkeit besitzt, bei unterschiedlichen Scann-Frequenzen zu operieren, um sich an die verschiedenen Bildschirmauflösungen anzupassen.

Multisync-Monitor *Subst.* (multisync monitor)
Ein Monitor, der in der Lage ist, in einem weiten Bereich von horizontalen und vertikalen Synchronisationsraten zu arbeiten. Dieser Monitor läßt sich mit einer Vielzahl von unterschiedlichen Video-Adaptern verwenden, da er sich selbständig auf die Synchronisationsraten des Videosignals einstellen kann.

Multisystem-Netzwerk *Subst.* (multisystem network)
Ein Kommunikationsnetz, bei dem die Teilnehmer auf mehrere Host-Computer zugreifen können.

Multitasking *Subst.* (multitasking)
Durch ein Betriebssystem gebotene Betriebsart, in der ein Computer gleichzeitig mehrere Tasks bearbeitet. → *siehe auch Hintergrund, kontextbezogenes Multitasking, kooperatives Multitasking, Vordergrund-, Zeitscheibe.*

Multitasking, kontextbezogenes *Subst.* (context switching)
→ *siehe kontextbezogenes Multitasking.*

Multitasking, kooperatives *Subst.* (cooperative multitasking)
→ *siehe kooperatives Multitasking.*

Multitasking, preemptives *Subst.* (preemptive multitasking)
→ *siehe preemptives Multitasking.*

Multithread-Anwendung *Subst.* (multithreaded application)
Ein Programm, das die Fähigkeit besitzt, mehrere Programm-Threads gleichzeitig auszuführen.
→ *siehe auch Multithreading, Thread.*

Multithreading *Subst.* (multithreading)
Der Ablauf mehrerer Prozesse in schneller Aufeinanderfolge innerhalb eines einzelnen Programms. In bezug auf die Datenbearbeitung bezeichnet man damit eine Technik, bei der Knoten in einer baumartigen Datenstruktur Zeiger auf darüberliegende Knoten enthalten, um das Durchlaufen der Struktur effizienter zu gestalten.

Multi-User Dungeon *Subst.* (multiuser dungeon)
→ *siehe MUD.*

Multi-User Simulation Environment *Subst.* (multiuser simulation environment)
→ *siehe MUD.*

Multivibrator, bistabiler *Subst.* (bistable multivibrator)
→ *siehe Flipflop.*

Multum in Parvo-Zuordnung *Subst.* (multum in parvo mapping)
→ *siehe MIP-Mapping.*

MUMPS *Subst.*
Abkürzung für Mass(achusetts) Utility MultiProgramming System. Eine fortgeschrittene Programmiersprache mit integrierter Datenbank, die 1966 vom Massachusetts General Hospital entwickelt wurde und weitgehend im amerikanischen Gesundheitswesen eingesetzt wird. MUMPS ist in der Lage, sowohl Daten als auch Programmfragmente in seiner Datenbank zu speichern.

MUSE *Subst.*
Abkürzung für MultiUser Simulation Environment.
→ *siehe MUD.*

Musical Instrument Digital Interface *Subst.*
→ *siehe MIDI.*

Mustererkennung *Subst.* (pattern recognition)
Eine umfangreiche Technologie, mit der man die Fähigkeit eines Computers zur Identifizierung von Mustern beschreibt. Der Begriff bezieht sich in der Regel auf die computergestützte Erkennung von Bild- oder Klangmustern, die in Arrays von Zahlen konvertiert wurden.
»Mustererkennung« kann sich auch auf die Erkennung von reinen mathematischen oder strukturierten Mustern beziehen.

MUX *Subst.*
→ *siehe Multiplexer.*

.mv
Im Internet ein Kürzel für die übergreifende Länder-Domäne, die eine Adresse auf den Malediven angibt.

.mw
Im Internet ein Kürzel für die übergreifende Länder-Domäne, die eine Adresse in Malawi angibt.

.mx
Im Internet ein Kürzel für die übergreifende Länder-Domäne, die eine Adresse in Mexiko angibt.

.my
Im Internet ein Kürzel für die übergreifende Länder-Domäne, die eine Adresse in Malaysia angibt.

Mylar *Subst.*
Von der Firma DuPont entwickelter Polyesterfilm, der häufig als Basis für magnetisch beschichtete Speichermedien (Disketten und Magnetbänder) und für Karbonbänder (zur Verwendung mit Anschlagdruckern) eingesetzt wird.

Mylarband *Subst.* (Mylar ribbon)
→ *siehe Karbonband.*

MYOB
Abkürzung für Mind Your Own Business (zu deutsch »Kümmern Sie sich um Ihre eigenen Angelegenheiten«). Dieser Ausdruck wird in englischsprachigen E-Mail-Nachrichten und Newsgroups verwendet.

my two cents *Subst.*
Zu deutsch etwa »Mein Beitrag«. Ein Ausdruck, der in englischsprachigen Newsgroups-Artikeln und gelegentlich bei E-Mail-Nachrichten oder Verteilerlisten verwendet wird, um anzugeben, daß es sich bei der Nachricht um einen Beitrag zu einer Diskussion handelt. → *siehe auch Newsgroup, Verteilerliste.*

.mz
Im Internet ein Kürzel für die übergreifende Länder-Domäne, die eine Adresse in Mocambique angibt.

N

n *Präfix*
→ *siehe Nano-*.

.na
Im Internet ein Kürzel für die übergreifende Länder-Domäne, die eine Adresse in Namibia angibt.

nachladen *Vb.* (reload)
Ein Programm zum Zwecke der Ausführung erneut von einem Speichergerät in den Hauptspeicher einlesen, nachdem ein Systemfehler aufgetreten ist oder die Ausführung des Programms aus anderen Gründen unterbrochen wurde.

Nachleuchtdauer *Subst.* (persistence)
Die Eigenschaft von Leuchtstoffen (wie dem in Kathodenstrahlröhren eingesetzten Phosphor), durch die ein Bild für kurze Dauer auf dem Bildschirm erhalten bleibt, nachdem der Stoff angestrahlt wurde (z.B. durch einen Elektronenstrahl in einer CRT). Den Abfall der Nachleuchtdauer nennt man auch *Leuchtdichteabfall*.

Nachleuchten *Subst.* (lag)
Die Zeitspanne zwischen zwei Ereignissen. In der Elektronik bezeichnet man damit die Verzögerung zwischen der Änderung eines Eingangssignals und dem entsprechenden Wechsel des Ausgangssignals. Auf Computerdisplays bezeichnet man mit diesem Begriff das verzögerte Abklingen der Helligkeit, die auf der Phosphorbeschichtung des Bildschirms zurückbleibt, nachdem sich das Bild verändert hat. → *siehe auch Nachleuchtdauer*.

Nachleuchtschicht *Subst.* (high-persistence phosphor)
Ein Phosphor, der nach dem Auftreffen von Elektronen für eine relativ lange Zeit leuchtet. Nachleuchtschichten werden in Direktadressier-Röhren verwendet. Für die meisten CRTs (Kathodenstrahlröhren) verwendet man Phosphor von relativ geringer Nachleuchtdauer, damit ihre Bilder schnell geändert werden können, ohne daß »Nachzieheffekte« (Geisterbilder) auf dem Bildschirm zurückbleiben. → *siehe auch CRT, Direktadressier-Röhre*.

Nachricht *Subst.* (message)
In der Kommunikationstechnik eine Informationseinheit, die elektronisch von einem Gerät zu einem anderen übertragen wird. Eine Nachricht kann sowohl einen als auch mehrere Textblöcke oder Beginn- und Endzeichen, Steuerzeichen, einen per Software erzeugten Kopf (Zieladresse, Art der Nachricht und andere derartige Informationen) und Fehlerprüfungen oder Synchronisierungsinformationen enthalten. Der Weg einer Nachricht kann über eine physikalische Verbindung direkt vom Sender zum Empfänger führen. Die Nachricht kann aber auch in Teilen oder als Ganzes über ein Vermittlungssystem von einer Zwischenstation zu einer anderen weitergeleitet werden. → *siehe auch asynchronous transmission, Frame, Kopf, markieren, Nachrichtenvermittlung, Netzwerk, Paket, Paketvermittlung, Steuerzeichen, synchrone Übertragung*.
In nachrichtenorientierten Betriebssystem-Umgebungen, z.B. Microsoft Windows, stellt eine Nachricht eine Informationseinheit dar, die zwischen aktiven Programmen, bestimmten Geräten im System und der Betriebssystem-Umgebung selbst weitergereicht wird.

Nachricht des Tages *Subst.* (message of the day)
Ein tägliches Bulletin für Benutzer von Netzwerken, Mehrbenutzer-Computern oder anderen gemeinsam genutzten Systemen. In den meisten Fällen wird die Nachricht des Tages aufgerufen, wenn sich Benutzer beim System anmelden.

Nachrichtenaustausch, interaktiver *Subst.* (conversational interaction)
→ *siehe interaktiver Nachrichtenaustausch*.

Nachrichtenfilter *Subst.* (mail filter)
→ *siehe E-Mail-Filter.*

Nachrichtenkopf *Subst.* (mail header, message header)
Eine Folge von Bits oder Bytes am Beginn einer Nachricht, die normalerweise eine zeitliche Synchronisation ermöglicht und solche Aspekte der Nachrichtenstruktur wie Länge, Datenformat und Blockkennung spezifiziert. → *siehe auch Kopf.*
Des weiteren bezeichnet der Nachrichtenkopf einen Textblock oben auf einer E-Mail-Nachricht, der z. B. die Absender- und Empfängeradressen, das Datum und die Uhrzeit des Versendens, die Empfängeradresse für die Antwort und den Betreff enthält. Der Mailkopf wird bei E-Mail-Clients oder -Programmen verwendet. → *siehe auch E-Mail.*

Nachrichtensatellit *Subst.* (communications satellite)
Ein Satellit in einer geostationären Umlaufbahn, der als Richtfunk-Relais fungiert. In der geostationären Umlaufbahn entspricht die Umlaufzeit genau der Erdrotationsgeschwindigkeit, so daß der Satellit von der Erde aus betrachtet an einem festen Punkt am Himmel steht. Dabei empfängt der Satellit Signale von einer Bodenstation (Erdstation), verstärkt diese und sendet sie auf einer anderen Frequenz an eine andere Bodenstation zurück. Gewöhnlich werden Nachrichtensatelliten für die Übertragung von Telefongesprächen und Fernsehsignalen genutzt. Darüber hinaus können derartige Satelliten für die Hochgeschwindigkeitsübertragung von Computerdaten eingesetzt werden. Zwei Faktoren beeinflussen allerdings den Einsatz von Satelliten bei der Übertragung von Computerdaten: die Signallaufzeiten (Zeitverzögerungen aufgrund der zurückzulegenden Entfernungen) und die Belange der Sicherheit. → *siehe auch Downlink, Uplink.*

Nachrichtenvermittlung *Subst.* (message switching)
Eine Technik zur Weiterleitung von Informationen in vermittelten Kommunikationsnetzen, bei der eine Nachricht mit entsprechenden Adreßangaben über einen oder mehrere Zwischenknoten läuft, bevor sie ihren Zielort erreicht. In einem typischen Netzwerk mit Nachrichtenvermittlung nimmt der zentrale Computer die einlaufende Nachricht entgegen, legt sie ab (meist nur kurze Zeit), bestimmt die Zieladresse und leitet sie weiter. Das Konzept der Nachrichtenvermittlung ermöglicht die effiziente Auslastung von Kommunikationsleitungen und die Regelung des darauf ablaufenden Verkehrs. → *Vgl. Leitungsvermittlung, Paketvermittlung.*

Nachrichtenwarteschlange *Subst.* (message queue)
Auf ihre Übertragung wartende Nachrichten, die in einer geordneten Liste abgelegt sind und in der gleichen Reihenfolge entnommen werden, wie sie hinzugefügt wurden (First In, First Out, FIFO).

Nadeldrucker *Subst.* (wire-pin printer)
→ *siehe Matrixdrucker.*

nahtlose Integration *Subst.* (seamless integration)
Das (wünschenswerte) Ergebnis beim Einsatz neuer Hardware, eines neuen Programms oder einer Programmerweiterung, wenn diese Komponenten problemlos mit der Gesamtfunktion eines Systems zusammenpassen. Grundvoraussetzung dafür ist sorgfältige Konstruktion oder Programmierung.

NAK *Subst.*
Abkürzung für Negative Acknowledgment, zu deutsch »Negative Rückmeldung«. Ein Steuercode mit dem ASCII-Zeichen 21 (hexadezimal 15), der einer sendenden Station (oder einem Computer) von der empfangenden Einheit als Signal für eine fehlerhafte Übertragung übermittelt wird. → *Vgl. ACK.*

Name Binding Protocol *Subst.*
→ *siehe NBP.*

Namensschema *Subst.* (file specification)
Bei einem Namensschema kann es sich auch um einen Dateinamen mit Jokerzeichen handeln, der damit eine Gruppe angeforderter Dateien mit ähnlichem Namen kennzeichnet.

Namens-Server *Subst.* (name server)
→ *siehe CSO-Name-Server, Domain-Name-Server.*

NAMPS *Subst.*
Abkürzung für Narrow-band Analog Mobile Phone Service. Ein von Motorola vorgeschlagener Stan-

dard, der den momentan in Gebrauch befindlichen AMPS-Mobiltelefon-Standard mit digitaler Informationssignalisierung kombiniert, wodurch eine höhere Performance und ein erweiterter Funktionsumfang erzielt werden. → *siehe auch AMPS.*

Nano- *Präfix* (nano-)
Kurzzeichen n. Ein Maßeinheitenvorsatz, der den Faktor 10^{-9} darstellt – nach der deutschen Zählweise ein Milliardstel, d. h. ein Tausendmillionstel (nach amerikanischer Zählweise: 1 Billionstel).

Nanosekunde *Subst.* (nanosecond)
Abgekürzt ns. Ein Millionstel einer Sekunde. In dieser Größenordnung liegen die Zeiten, mit denen man es bei der Messung der Verarbeitungsgeschwindigkeit von Computern zu tun hat, insbesondere bei der Angabe der Signallaufzeiten elektronischer Schaltkreise innerhalb eines Computers.

NAP *Subst.*
→ *siehe National Attachment Point.*

Narrow SCSI *Subst.*
Eine SCSI- oder SCSI-2 Schnittstelle, die Daten nur 8-bit-weise übertragen kann. → *siehe auch SCSI, SCSI-2.* → *Vgl. Fast/Wide SCSI, Wide SCSI.*

NAT *Subst.*
Abkürzung für Network Address Translation. Das Umwandeln von IP-Adressen, die in einem Intranet oder anderen, privaten Netzwerk (mit der Bezeichnung *Domäne*) und Internet IP-Adressen verwendet werden. Diese Methode ermöglicht das Verwenden einer großen Anzahl von Adressen innerhalb der Domäne, ohne die eingeschränkte Anzahl der verfügbaren numerischen Internet IP-Adressen zu erschöpfen. → *siehe auch Intranet, IP-Adresse.*

National Attachment Point *Subst.*
Einer von vier Austauschpunkten für Internet-Verkehr, der von der National Science Foundation finanziert wird. Internet-Dienstanbieter stellen eine Verbindung zu einem National Attachment Point her, um Daten mit anderen Providern auszutauschen. Die vier National Attachment Points befinden sich in San Francisco (Pacific Bell), Chicago (Ameritech), New York (Sprint) und Washington (MFS).

National Center for Supercomputing Applications *Subst.*
→ *siehe NCSA.*

National Information Infrastructure *Subst.*
Ein zukünftiges Weitbereichsnetz mit hoher Bandbreite, das von der Regierung der USA unter Präsident Bill Clinton 1993 für die Übertragung von Daten, Fax, Video und Audio vorgeschlagen wurde. Das Netzwerk wird hauptsächlich von privaten Organisationen entwickelt. Die amerikanische Regierung nimmt an, daß das private Interesse dadurch geweckt wurde, daß die Möglichkeit besteht, Filme jederzeit zu Hause abzurufen. Viele der vorgeschlagenen Serviceleistungen sind entweder bereits im Internet verfügbar oder werden es zukünftig sein. → *auch genannt Datenautobahn.* → *Vgl. Internet.*

National Science Foundation *Subst.*
Eine Regierungsbehörde der USA, die gegründet wurde, um die wissenschaftliche Forschung zu fördern. Es sollen sowohl Forschungsprojekte als auch Projekte für die Erweiterung der wissenschaftlichen Kommunikation, z. B. das NSFnet (das frühere Backbone des Internet), finanziert werden. → *siehe auch NSFnet.*

National Television System Committee *Subst.*
→ *siehe NTSC.*

nativ *Adj.* (native)
In der ursprünglichen Form. Es ist z. B. in vielen Anwendungen möglich, Dateien in verschiedenen Formaten zu bearbeiten. Das interne Format einer Anwendung wird als natives Dateiformat bezeichnet. Die Dateien, die ein anderes Format haben, müssen zunächst von der Anwendung in das native Format umgewandelt werden, bevor sie in der Anwendung bearbeitet werden können.

nativer Code *Subst.* (native code)
Code, der speziell für eine bestimmte Maschine oder einen bestimmten Prozessor geschrieben wurde.

nativer Compiler *Subst.* (native compiler)
Ein Compiler, der Maschinencode für den Computer erzeugt, auf dem er auch abläuft – im Gegensatz zum Cross-Compiler, der Code für einen ande-

natives Dateiformat

ren Computertyp erzeugt. Bei den meisten Compilern handelt es sich um native Compiler. → *siehe auch Compiler, Cross-Compiler.*

natives Dateiformat *Subst.* (native file format)
Das Format, das eine Anwendung intern für die Verarbeitung der Daten verwendet. Die Anwendung muß Dateien ggf. zuvor in das native Format umwandeln, bevor sie bearbeitet werden können. Ein Textverarbeitungsprogramm kann z.B. Textdateien im ASCII-Textformat erkennen, wandelt diese Dateien jedoch in das eigene native Format um, bevor die Dateien angezeigt werden können.

native Sprache *Subst.* (native language)
→ *siehe Host-Sprache.*

natives Programm *Subst.* (native application)
Ein Programm, das speziell für einen bestimmten Mikroprozessor konzipiert ist, d.h. für ein Programm, das binärkompatibel zu einem Prozessor ist. Ein natives Programm wird in der Regel viel schneller ausgeführt als eine nichtnatives Programm, das nur mit Hilfe eines Emulators ausgeführt werden kann. → *siehe auch Binärkompatibilität, Emulator.*

natürliche Sprache *Subst.* (natural language)
Bezeichnet jede vom Menschen gesprochene oder geschriebene Sprache im Gegensatz zu einer Programmiersprache oder Maschinensprache. Ein Forschungsziel auf dem Gebiet der künstlichen Intelligenz besteht in der Untersuchung natürlicher Sprachen und ihrer Nachbildung in einer Computerumgebung.

natürliche Zahl *Subst.* (natural number)
Eine Ganzzahl, die größer oder gleich Null ist.
→ *siehe auch Integer.*

natürlichsprachliche Abfrage *Subst.* (natural language query)
Eine Abfrage bei einem Datenbanksystem, die aus einer Untermenge einer natürlichen Sprache, z.B. Englisch oder Deutsch, zusammengestellt ist. Die Abfrage muß mit einigen restriktiven Syntaxregeln übereinstimmen, so daß das System die Abfrage analysieren kann. → *siehe auch parsen, Syntax.*

natürlichsprachliche Erkennung *Subst.* (natural-language recognition)
→ *siehe Spracherkennung.*

natürlichsprachliche Verarbeitung *Subst.* (natural-language processing)
Ein Bereich der Informatik und Linguistik, der sich mit Computersystemen auseinandersetzt, die gesprochene oder geschriebene Sprache erkennen. → *siehe auch künstliche Intelligenz.* → *Vgl. Spracherkennung.*

Natural Language Support *Subst.* (natural language support)
Ein Spracherkennungssystem, das es Benutzern ermöglicht, verbale Befehle in der Muttersprache auszugeben, um die Aktionen eines Computers zu steuern.

Navigationsleiste *Subst.* (navigation bar)
Eine Gruppierung von Hyperlinks einer Web-Seite, die dem Benutzer das Navigieren in einer bestimmten Website ermöglicht. → *siehe auch Hyperlink.*

Navigationstasten *Subst.* (navigation keys)
Die Tasten, die die Cursorbewegungen steuern. Bei diesen Tasten handelt es sich um die vier Pfeiltasten, die Rücktaste sowie die Tasten »Ende«, »Pos 1«, »Bild-ab« und »Bild-auf«. → *siehe auch Bild-ab-Taste, Bild-auf-Taste, Ende-Taste, Pfeiltaste, Pos1-Taste, Rücktaste.*

Navigator *Subst.*
→ *siehe Netscape Navigator.*

.navy.mil
Im Internet ein Kürzel für die übergreifende Länder-Domäne, die eine Adresse der Marine der Vereinigten Staaten angibt.

.nb.ca
Im Internet ein Kürzel für die übergreifende Länder-Domäne, die eine Adresse in New Brunswick in Kanada angibt.

NBP *Subst.*
Abkürzung für Name Binding Protocol. Ein Protokoll, das bei den lokalen Netzwerken von AppleTalk für das Konvertieren der Knoten (die der Be-

nutzer kennt) und der numerischen AppleTalk-Adressen eingesetzt wird. NBP operiert auf der Transportschicht (Schicht 4 des ISO/OSI-Schichtenmodells). → *siehe auch AppleTalk, ISO/OSI-Schichtenmodell, Protokoll.*

.nc
Im Internet ein Kürzel für die übergreifende Länder-Domäne, die eine Adresse auf Neukaledonien angibt.

NC *Subst.*
→ *siehe Netzwerkcomputer.*

N-channel MOS *Subst.*
→ *siehe NMOS.*

NCR-Papier *Subst.* (NCR paper)
Abkürzung für No carbon Required Paper. Eine spezielle Papiersorte, die vor allem für Durchschlagformulare verwendet wird. NCR-Papier ist chemisch imprägniert, so daß es bei Ausübung von Druck an den entsprechenden Stellen geschwärzt wird. → *siehe auch Durchschlagspapier.*

NCSA *Subst.*
Abkürzung für »National Center for Supercomputing Applications«. Ein Forschungszentrum, das an der Universität Illinois in Urbana-Champaign (USA) angesiedelt ist. Das NCSA wurde 1985 als Teil der National Science Foundation gegründet. Das Institut ist auf die Visualisierungstechnik spezialisiert. Dort wurde u.a. der erste grafische Web-Browser – NCSA Mosaic – sowie NCSA Telnet entwickelt. → *siehe auch Mosaic, NCSA Telnet.*
»NCSA« ist außerdem die Abkürzung für »National Computer Security Association«. Eine Organisation für das Bildungs- und Informationswesen in bezug auf Fragen zur Sicherheit, die 1989 in Pennsylvania (USA) gegründet wurde. Die NCSA veröffentlicht Bücher zur Rechnersicherheit und ist Gastgeber einer jährlich stattfindenden Konferenz.

NCSA Mosaic *Subst.*
→ *siehe Mosaic.*

NCSA Server *Subst.* (NCSA server)
Der HTTP-Server, der vom National Center for Supercomputing Applications der Universität Illinois (USA) entwickelt wurde. Beim NCSA-Server und dem CERN-Server handelt es sich um die ersten HTTP-Server, die für das World Wide Web entwickelt wurden. Die Nutzung dieser Server ist kostenlos. → *siehe auch HTTP-Server, NCSA.* → *Vgl. CERN-Server.*

NCSA Telnet *Subst.*
Ein Freeware Telnet-Client-Anwendungsprogramm, das vom National Center for Supercomputing Applications (USA) entwickelt wurde. → *siehe auch Client.*

.nc.us
Im Internet ein Kürzel für die übergreifende Länder-Domäne, die eine Adresse in North Carolina in den Vereinigten Staaten angibt.

NDMP *Subst.*
Abkürzung für Network Data Management Protocol. Ein offenes Protokoll für netzwerkbasierte Sicherungskopien von Datei-Servern, die eine von Plattformen unabhängige Datenspeicherung ermöglichen. → *siehe auch Datei-Server, Protokoll, Sicherungskopie.*

NDR *Subst.*
→ *siehe zerstörungsfreies Lesen.*

NDRO *Subst.*
→ *siehe zerstörungsfreies Lesen.*

.ne
Im Internet ein Kürzel für die übergreifende Länder-Domäne, die eine Adresse im Niger angibt.

Near Letter Quality *Adj.* (near-letter-quality)
Abgekürzt NLQ, zu deutsch etwa »fast Briefqualität«. Ein Druckmodus auf Matrixdruckern der oberen Leistungsklasse, der gegenüber einer normalen Druckausgabe (Entwurfsmodus) klarere und dunklere Zeichen erzeugt. Near-Letter-Qualität stellt bezüglich Schärfe und Lesbarkeit der Ausgaben einen guten Kompromiß zwischen einfachem Punktmatrix-Druck und der Verwendung von vollgeformten Zeichen dar, beispielsweise bei einem Typenraddrucker. → *siehe auch Druckqualität.* → *Vgl. Entwurfsqualität, Korrespondenzdruckqualität.*

Nebenschlüssel *Subst.* (minor key)
→ *siehe Alternativschlüssel.*

Negation *Subst.* (negation)
Die Umwandlung eines binären Signals oder Bitmusters in den entgegengesetzten Zustand. Beispielsweise liefert die Negation von 1001 den Wert 0110.

Negative Acknowledgment *Subst.* (negative acknowledgment)
→ *siehe NAK.*

negativer Einzug *Subst.* (hanging indent)
→ *siehe hängender Einzug.*

Negativwandlung *Subst.* (negative entry)
Das Zuweisen eines Minuszeichens zu einer Zahl in einem Taschenrechner.

.net
Im Domain Name System (DNS) des Internet die Top-Level-Domäne, die Adressen von Netzwerkanbietern kennzeichnet. Die Kennzeichnung .net erscheint am Ende der Adresse. → *siehe auch DNS, Domäne.* → *Vgl. .com, .edu, .gov, .mil, .org.*

net. *Präfix*
Ein Präfix zur Beschreibung von Personen und Institutionen im Internet.

Net *Subst.*
Abkürzung für »Inter**net**«.
Außerdem die Abkürzung für »Use**net**«.

NetBEUI *Subst.*
Abkürzung für **NetBIOS** Enhanced User Interface. Ein erweitertes NetBIOS-Protokoll für Netzwerk-Betriebssysteme, das ursprünglich von IBM für den LAN Manager-Server konzipiert wurde und jetzt bei vielen anderen Netzwerken verwendet wird. → *siehe auch LAN-Manager, NetBIOS.*

NetBIOS *Subst.*
Eine Anwendungs-Programmierschnittstelle (Application Programming Interface, API) für Anwendungsprogramme, die unter MS-DOS, OS/2 oder bestimmten UNIX-Versionen in einem lokalen Netzwerk aus IBM – und kompatiblen Mikrocomputern laufen. NetBIOS ist hauptsächlich für Programmierer von Bedeutung und bietet Anwendungsprogrammen einen einheitlichen Befehlssatz für die Anforderung niederer Netzwerk-Dienste, die für die Durchführung von Sitzungen zwischen Knoten auf einem Netzwerk und den Informationsaustausch erforderlich sind. → *siehe auch Anwendungs-Programmierschnittstelle.*

NetBIOS Enhanced User Interface *Subst.*
→ *siehe NetBEUI.*

NetBSD *Subst.*
Eine kostenlose Version des Betriebssystems BSD UNIX, das als Ergebnis einer gemeinnützigen Tätigkeit entwickelt wurde. NetBSD ist ausgesprochen kompatibel, kann auf zahlreichen Hardware-Plattformen ausgeführt werden und ist nahezu POSIX-kompatibel. → *siehe auch POSIX, UNIX.*

net.god *Subst.*
Eine sehr beliebte und geschätzte Person der Internet-Gemeinschaft.

Nethead *Subst.* (nethead)
Eine Person, für die das Internet zur Sucht geworden ist.
Außerdem ein Fan der amerikanischen Popgruppe »Grateful Dead«, der an der Newsgroup *rec.music.gdead* oder an einem anderen Fan-Forum teilnimmt.

Netiquette *Subst.* (netiquette)
Abkürzung für **Net**work Et**iquette**. Allgemeine Höflichkeitsregeln, die bei elektronischen Nachrichten, z.B. E-Mail und Usenet-Postings, zu beachten sind. Wenn diese Regeln mißachtet werden, hat dies in der Regel zur Folge, daß der Name im Bozo-Filter aufgeführt wird. Zum Fehlverhalten gehören: persönliche Beleidigungen, das Posten von umfangreichen, unbedeutenden Datenmengen, die Berichterstattung über die Handlung eines Kinofilms, einer Fernsehserie oder eines Romans ohne vorherige Ankündigung, das Posten anstößiger Nachrichten, ohne diese zu verschlüsseln, sowie exzessives Senden von Nachrichten an mehrere Gruppen, ohne dabei zu erwägen, ob ein Interesse vorliegt. → *siehe auch Bozo-Filter.*

Netizen *Subst.* (netizen)
→ *siehe Netzianer.*

NetPC *Subst.*
Eine Spezifikation für Computerplattformen von Microsoft und Intel aus dem Jahr 1996, die nicht

für Anwendungen auf einem Client-Computer konzipiert ist, sondern für Systeme mit serverbasierten Anwendungsprogrammen auf Windows NT.

net.personality *Subst.*
Ein Slangausdruck für eine Person, die im Internet eine Art Prominentenstatus genießt.

net.police *Subst.*
(In der Regel selbsternannte) Personen, die versuchen, ihr Verständnis für »Regeln« bezüglich des richtigen Verhaltens im Internet durchzusetzen. Ihre Aktivitäten können gegen Benutzer gerichtet sein, die die Regeln der Netiquette brechen, gegen Spammer, die Werbematerial als E-Mail oder als Postings an Newsgroups senden. Manchmal sind die Aktivitäten sogar gegen Personen gerichtet, die »falsche politische Meinungsäußerungen« an Newsgroups oder Verteilerlisten senden. → *siehe auch Netiquette, Spam.*

Netscape Navigator *Subst.*
Die am häufigsten verwendete Familie von Web-Browser-Programmen, produziert von der Firma Netscape Communications. Versionen von Netscape Navigator sind für Windows 3.1, Windows 95, Windows NT und Macintosh sowie für viele UNIX-Varianten verfügbar. Netscape Navigator basiert auf dem Mosaic Web-Browser von NCSA und war einer der ersten im Handel und im Internet erhältlichen Web-Browser. → *siehe auch Mosaic, Web-Browser.*

Netscape Server Application Programming Interface *Subst.*
→ *siehe NSAPI.*

Netspeak *Subst.*
Konventionen für den Gebrauch der englischen Sprache in E-Mail, IRCs und Newsgroups. Netspeak enthält zahlreiche Akronyme (z.B. IMHO oder ROFL) und »verschlüsselte« Codes (Emotags und Emoticons). Beim Netspeak gilt die Netiquette.
→ *siehe auch Emotag, IMHO, IRC, Netiquette, ROFL, Smiley.*

Net-top Box *Subst.* (net-top box)
Ein PC mit einer verringerten Anzahl von Komponenten, dessen Hauptfunktion darin besteht, als kostengünstiges Zugriffsterminal für die verschiedenen Internet-Dienste, z.B. E-Mail, Web-Zugriff und Telnet-Anschlußmöglichkeit zu fungieren. Diese Maschinen, die sich noch in der Entwicklungsphase befinden, sind zwar nicht mit lokal adressierbaren Festplatten oder installierbaren Programmen ausgestattet, stellen jedoch das erforderliche Material für die Benutzer des Netzwerks zur Verfügung, mit dem die Net-top Box verbunden ist. → *Vgl. Java-Terminal, NetPC.*

Net-TV *Subst.* (Net TV)
→ *siehe Internet-TV.*

NetWare *Subst.*
Das LAN-Betriebssystem von Novell. NetWare kann auf zahlreichen verschiedenen Hardware-Plattformen und Netzkonfigurationen ausgeführt werden.

Network Address Translation *Subst.* (network address translation)
→ *siehe NAT.*

Network Data Management Protocol *Subst.*
→ *siehe NDMP.*

Network File System *Subst.*
Ein verteiltes Dateisystem, das von Sun Microsystems entwickelt wurde. Dieses System ermöglicht es Benutzern von Windows NT und UNIX-Workstations, auf entfernte Dateien und Verzeichnisse in einem Netzwerk wie auf lokale Elemente zuzugreifen.

Network Information Center *Subst.* (network information center)
→ *siehe NIC.*

Network News *Subst.* (network news)
Die Newsgroups im Internet, insbesondere die Gruppen der Usenet-Hierarchie.

Network News Transfer Protocol *Subst.*
→ *siehe NNTP.*

Network Operation Center *Subst.* (network operation center)
Die Abteilung eines Unternehmens, die für das Verwalten der Netzwerk-Integrität und das Optimieren der Netzwerk-Leistungsfähigkeit (durch Redu-

zierung der Ausfallzeiten im System) verantwortlich ist.

Network Terminator 1 *Subst.*
Ein ISDN-Gerät, das als Schnittstelle zwischen einer ISDN-Telefonleitung und mehreren Terminal-Adaptern oder Terminal-Geräten (z.B. einem ISDN-Telefon) fungieren kann. → *siehe auch ISDN, ISDN Terminal-Adapter.*

Network Time Protocol *Subst.*
Ein Internet-Protokoll für das Synchronisieren der Uhren in Computern, die mit dem Internet verbunden sind. → *siehe auch Protokoll.*

Netzadresse *Subst.* (net address)
Eine World Wide Web-Adresse (URL). → *siehe auch URL.*
Außerdem eine E-Mail-Adresse.
Des weiteren der DNS-Name oder die IP-Adresse einer Maschine. → *siehe auch DNS, IP-Adresse.*

Netzbetreiber *Subst.* (carrier)
Eine Firma, die dem Kunden Telefon- und andere Kommunikationsdienste anbietet.

Netzbetreiber, öffentlicher *Subst.* (common carrier)
→ *siehe öffentlicher Netzbetreiber.*

Netzianer *Subst.* (netizen)
Eine Person, die an einer Online-Kommunikation über das Internet und andere Netzwerke teilnimmt, insbesondere an Konferenzen und Chat Services (z.B. Internet News oder Fidonet). → *auch genannt Netizen.* → *Vgl. Lurker.*

Netzlaufwerk *Subst.* (network drive, networked drive)
Auch als entferntes Laufwerk bezeichnet. Ein Laufwerk, dessen Datenträger anderen Computern in einem lokalen Netzwerk zur Verfügung stehen. Der Zugriff auf ein Netzlaufwerk kann nicht allen Netzwerkteilnehmern gestattet sein. Viele Betriebssysteme enthalten Sicherheitsvorkehrungen, über die der Netzwerkadministrator den Zugriff zu einem Teil oder zu allen Netzlaufwerken erlauben oder verbieten kann. → *siehe auch Netzwerkverzeichnis.*

Netzplanmethode *Subst.* (critical path method)
Abkürzung: CPM. Wörtlich übersetzt: »Methode des kritischen Pfads«. Eine Methode bei der Planung, Verwaltung und Durchführung eines großen Projekts, bei dem die einzelnen Aufgaben, die wesentlichen Ereignisse und Aktionen voneinander getrennt und die Beziehungen zwischen ihnen aufgezeigt werden. Der *kritische Pfad* (»critical path«), auf den der englische Name der Methode zurückgeht, ist eine Linie, die den Weg zwischen dem Anfangsereignis und dem Endereignis repräsentiert, den Weg, auf dem die zeitaufwendigsten Ereignisse stattfinden. Der Pfad ist deshalb kritisch, da durch Verzögerungen in diesem Bereich zusätzliche, untergeordnete Ereignisse ausgelöst werden und dadurch die Fertigstellung des Gesamtprojekts verzögert wird.

Netzspannung *Subst.* (line voltage)
Die Spannung zwischen den Leitern eines Energieversorgungssystems, z.B. in Deutschland 220 V Wechselspannung, in den Vereinigten Staaten 115 V Wechselstrom.

Netzteil *Subst.* (power supply)
Ein elektrisches Gerät, das die – an einer normalen Wandsteckdose – anliegende Netzspannung (220 V Wechselstrom in Deutschland, 115–120 V Wechselspannung in den Vereinigten Staaten) in niedrigere Spannungen umwandelt und gleichrichtet (typischerweise 5 bis 12 Volt Gleichspannung bei Computer-Systemen). Die bei Personal Computern üblichen Netzteile klassifiziert man nach ihrer abgebbaren Wattleistung. Sie liegt etwa im Bereich von 90 W bei kleineren Systemen und bis hin zu 250 W bei voll ausgerüsteten Geräten.

Netzversorgung *Subst.* (power)
Ein Begriff des Computerwesens. Es handelt sich um die elektrische Energie, die für einen Computer aufgewendet wird.

Netzverzeichnis, gemeinsames *Subst.* (shared network directory)
→ *siehe Netzwerkverzeichnis.*

Netzwerk *Subst.* (network)
Eine Gruppe von Computern und angeschlossenen Geräten, die durch Kommunikationseinrichtungen miteinander verbunden sind. Die Netzwerk-Ver-

bindungen können permanent (z. B. über Kabel) oder zeitweilig (über Telefon oder andere Kommunikationsverbindungen) eingerichtet werden. Netzwerke existieren in verschiedenen Größenordnungen und Ausdehnungen. In einem kleinen lokalen Netzwerk arbeiten z. B. lediglich einige Computer, Drucker und andere Geräte, während ein Netzwerk ebenso aus vielen kleinen und großen Computern bestehen kann, die über einen sehr weiträumigen geographischen Bereich verteilt sind.

Netzwerkadapter *Subst.* (network adapter)
Erweiterungskarten oder andere Geräte, die für den Anschluß eines Computers an ein lokales Netzwerk eingesetzt werden.

Netzwerkadministration *Subst.* (network services)
Die Abteilung eines Unternehmens, die das Netzwerk und die Computer verwaltet.

Netzwerkadministrator *Subst.* (network administrator)
Der für den Betriebsablauf in einem Netzwerk verantwortliche Mitarbeiter. Die Pflichten eines Netzwerkadministrators können breit gefächert sein und umfassen u. a. folgende Aufgaben: die Installation neuer Workstations und anderer Geräte, das Aufnehmen und Löschen autorisierter Benutzer, die Archivierung von Dateien, die Überwachung des Kennwortschutzes sowie andere Sicherheitsmaßnahmen, die Beobachtung der Nutzung gemeinsamer Ressourcen und die Behandlung von fehlerhafter Ausrüstung. → *siehe auch Systemadministrator.*

Netzwerkarchitektur *Subst.* (network architecture)
Die Struktur eines Computernetzwerks. Dazu gehören Hardware, funktionelle Schichten, Schnittstellen und Protokolle, die zur Herstellung der Kommunikationsverbindung und zur Absicherung zuverlässiger Informationstransfers verwendet werden. Die Entwicklung von Netzwerkarchitekturen liefert sowohl philosophische als auch physikalische Standards, um die konfliktfreie Behandlung der komplexen Abläufe beim Einrichten der Kommunikationsverbindung und der Informationsübertragung zu ermöglichen. Es existieren verschiedenartige Netzwerkarchitekturen, u. a. das international anerkannte Sieben-Schichten-OSI-Referenzmodell der ISO und die Systems Network Architecture (SNA) von IBM. → *siehe auch ISO/OSI-Schichtenmodell, SNA.*

Netzwerk-Betriebssystem *Subst.* (network operating system)
Ein Betriebssystem, das auf einem Server in einem lokalen Netzwerk installiert ist und die Bereitstellung der Dienste an die Computer sowie die anderen an das Netzwerk angeschlossenen Geräte koordiniert. Im Gegensatz zu einem Einbenutzer-Betriebssystem muß ein Netzwerk-Betriebssystem die Anforderungen von vielen Workstations annehmen und beantworten, wobei Details wie Netzwerk-Zugriff und Kommunikation, Zuteilung und gemeinsame Nutzung von Ressourcen, Datenschutz und Fehlerkontrolle zu steuern sind.

Netzwerkcomputer *Subst.* (network computer)
Ein Computer, dem die geeignete Hardware und Software für den Anschluß an ein Netzwerk zur Verfügung steht.

Netzwerk-Datenbank *Subst.* (network database)
Eine Datenbank, die in einem Netzwerk ausgeführt werden kann.
Außerdem eine Datenbank, die die Adressen der anderen Benutzer im Netzwerk enthält.
In der Informationsverwaltung bezeichnet der Ausdruck einen Typ einer Datenbank, in der Datensätze auf mehreren Wegen verknüpft (zueinander in Beziehung gebracht) werden können. Eine Netzwerk-Datenbank ist einer hierarchischen Datenbank in dem Sinne ähnlich, daß ein Bezug zwischen den Datensätzen vorhanden ist. Gegenüber einer hierarchischen Datenbank ist eine Netzwerk-Datenbank weniger fest strukturiert: Jeder einzelne Datensatz kann auf mehrere andere Datensätze verweisen. Umgekehrt können auf einen Datensatz mehrere andere zeigen. Praktisch ermöglicht eine Netzwerk-Datenbank mehrere Pfade zwischen zwei Datensätzen, während in einer hierarchischen Datenbank nur ein Pfad – vom Parent (Datensatz höherer Ebene) zum Child (Datensatz niederer Ebene) zulässig ist. → *Vgl. hierarchische Datenbank, relationale Datenbank.*

Netzwerkdienste *Subst.* (network services)
Ein Begriff der Windows-Umgebung. Erweiterungen des Betriebssystems, die es ermöglichen, Netzwerkfunktionen (z.B. Drucken im Netzwerk und Freigabe von Dateien) vornehmen zu können.

Netzwerkeinsatz in Unternehmen *Subst.* (enterprise networking)
→ *siehe Computereinsatz in Unternehmen.*

Netzwerk-Gerätetreiber *Subst.* (network device driver)
Software, die die Kommunikation zwischen der Netzwerk-Adapterkarte und der Hardware des Computers sowie anderer Software durch Steuerung der physikalischen Funktionen der Netzwerk-Adapterkarte koordiniert.

Netzwerk, hierarchisches *Subst.* (hierarchical computer network)
→ *siehe hierarchisches Netzwerk.*

Netzwerk, homogenes *Subst.* (homogeneous network)
→ *siehe homogenes Netzwerk.*

Netzwerkkarte *Subst.* (network card)
→ *siehe Netzwerkadapter.*

Netzwerk-Kontrollprogramm *Subst.* (network control program)
Ein Programm in einem Kommunikationsnetzwerk mit einem Großrechner, das in der Regel in einem Kommunikations-Controller residiert und Kommunikations-Tasks übernimmt (z.B. Routing, Fehlerbehebung, Leitungssteuerung und Pollen, d.h. die Überprüfung von Terminals nach Übertragungen). Dadurch hat der Hauptrechner die Möglichkeit, andere Funktionen zu übernehmen.
→ *siehe auch Kommunikations-Controller.*

Netzwerklatenz *Subst.* (network latency)
Der Zeitraum, der für die Übertragung von Daten zwischen Computern in einem Netzwerk beansprucht wird.

Netzwerk, lokales *Subst.* (local area network)
→ *siehe LAN.*

Netzwerkmodell *Subst.* (network model)
Eine dem hierarchischen Modell ähnliche Datenbank-Struktur (Layout) mit dem Unterschied, daß die Datensätze sowohl mehrere Parent-Datensätze als auch mehrere Child-Datensätze haben können. Ein Datenbank-Managementsystem, das das Netzwerkmodell unterstützt, läßt sich für die Simulation eines hierarchischen Modells einsetzen.
→ *siehe auch CODASYL, Netzwerk-Datenbank.*
→ *Vgl. hierarchisches Modell.*

Netzwerkmodem *Subst.* (network modem)
Ein Modem, über das Benutzer eines Netzwerks einen Online-Dienstanbieter, ein ISP, einen EDV-Service oder eine andere Online-Quelle anrufen können. → *siehe auch DTP-Service, ISP, Modem, Online-Service.*

Netzwerk, neuronales *Subst.* (neural network)
→ *siehe neuronales Netzwerk.*

Netzwerk-OS *Subst.* (network OS)
→ *siehe Netzwerk-Betriebssystem.*

Netzwerk, paketvermitteltes *Subst.* (switched network)
→ *siehe paketvermitteltes Netzwerk.*

Netzwerkprotokoll *Subst.* (network protocol)
Regeln und Parameter, die die Kommunikation über ein Netzwerk definieren und ermöglichen.

Netzwerkschicht *Subst.* (network layer)
Die dritte der sieben Schichten im ISO/OSI-Schichtenmodell zur Standardisierung der Kommunikation zwischen Computern. Die Netzwerkschicht liegt eine Ebene über der Sicherungsschicht und stellt sicher, daß die Informationen am vorgesehenen Ziel ankommen. Diese Netzwerkschicht ist die mittlere der drei Schichten (Sicherungs-, Netzwerk- und Transportschicht), die sich mit der eigentlichen Informationsbewegung von einem Gerät zu einem anderen befassen. → *siehe auch ISO/OSI-Schichtenmodell.*

Netzwerk-Schnittstellenkarte *Subst.* (network interface card)
→ *siehe Netzwerkadapter.*

Netzwerk-Server *Subst.* (network server)
→ *siehe Server.*

Netzwerk-Software *Subst.* (network software)
Software, die eine Komponente enthält, die die Verbindung oder die Teilnahme bezüglich eines Netzwerks ermöglicht.

Netzwerkstruktur *Subst.* (network structure)
Die in einem bestimmten Netzwerkmodell benutzte Datensatz-Organisation.

Netzwerktopologie *Subst.* (network topology)
→ *siehe Topologie.*

Netzwerk, verteiltes *Subst.* (distributed network)
→ *siehe verteiltes Netzwerk.*

Netzwerk-Verzeichnis *Subst.* (networked directory)
→ *siehe Netzwerkverzeichnis.*

Netzwerkverzeichnis *Subst.* (network directory)
Auch entferntes Verzeichnis genannt. Ein Verzeichnis auf einer Diskette, die sich in einem lokalen Netzwerk auf einem Computer befindet, der nicht mit dem Computer des Benutzers identisch ist. Ein Netzwerkverzeichnis unterscheidet sich von einem Netzlaufwerk darin, daß der Benutzer nur Zugriff auf dieses Verzeichnis hat, während ihm der Rest der Diskette nur entsprechend seiner vom Netzwerkadministrator gewährten Zugriffsrechte zugänglich ist. Auf dem Apple Macintosh wird ein Netzwerkverzeichnis als gemeinsamer Ordner bezeichnet. → *siehe auch gemeinsamer Ordner, Netzlaufwerk.* → *auch genannt gemeinsames Verzeichnis.*

Netzwerk, virtuelles *Subst.* (virtual network)
→ *siehe virtuelles Netzwerk.*

Netzwerk-Zusammenbruch *Subst.* (network meltdown)
→ *siehe Broadcast Storm.*

Neuinstallation, aggressive *Subst.* (clean install)
→ *siehe aggressive Neuinstallation.*

Neunerkomplement *Subst.* (nine's complement)
Eine Zahl im Dezimalsystem (mit der Basis 10), die das Komplement einer anderen Zahl ist. Gebildet wird das Neunerkomplement durch Subtraktion jeder Ziffer von der um 1 verringerten Basis (9, daher der Name). Beispielsweise ist das Neunerkomplement von 64 gleich 35, was man durch Subtraktion der 6 von 9 und der 4 von 9 erhält. → *siehe auch Komplement.*

neuronales Netzwerk *Subst.* (neural network)
Ein System aus dem Bereich der künstlichen Intelligenz, das Neuronen (Nervenzellen) eines biologischen Nervensystems modelliert und die Art und Weise simulieren soll, in der ein menschliches Gehirn Informationen verarbeitet, lernt und sich erinnert. Ein neuronales Netzwerk besteht aus einer Vielzahl untereinander verbundener Verarbeitungselemente, die jeweils eine begrenzte Anzahl von Eingängen sowie einen Ausgang aufweisen. Diese Verarbeitungselemente können »lernen«, wie eine entsprechende Ausgabe durch Korrektur, Uhrzeit und Wiederholung erfolgt, wenn gewichtete Eingaben vorgenommen werden. Prädestinierte Einsatzgebiete dieser Netzwerke sind u. a. Mustererkennung, Sprachanalyse und Sprachsynthese. → *siehe auch künstliche Intelligenz, Mustererkennung.*

.ne.us
Im Internet ein Kürzel für die übergreifende Länder-Domäne, die eine Adresse in Nebraska in den Vereinigten Staaten angibt.

neu starten *Vb.* (reboot, restart)
Einen Computer durch das erneute Laden des Betriebssystems von neuem starten. → *siehe auch booten, Kaltstart, Warmstart.* → *auch genannt rebooten.*

Newbie *Subst.* (newbie)
Ein unerfahrener Benutzer im Internet. Außerdem ein unerfahrener Usenet-Benutzer, der Fragen stellt, die in der FAQ-Liste bereits behandelt wurden. In dieser Bedeutung ist der Ausdruck abwertend gemeint. → *siehe auch FAQ.*

news.announce.newusers *Subst.*
Eine Newsgroup, die allgemeine Informationen für neue Benutzer zu Internet Newsgroups enthält.

News-Feed *Subst.* (news feed)
Lieferungen, Austausch oder Verteilung von Newsgroups-Artikeln an und von News-Servern. News-Feeds kommen durch kooperierende News-Server

N zustande, die über NNTP via Netzwerkverbindungen kommunizieren. → *siehe auch Newsgroup, News-Server, NNTP.* → *auch genannt einlegen.*

Newsgroup *Subst.* (newsgroup)
Ein Forum im Internet für Diskussionen mit Threads über einen bestimmten Themenbereich. Eine Newsgroup besteht aus Artikeln und Follow-Ups. Ein Artikel mit allen Follow-Ups, die sich auf das bestimmte, im ursprünglichen Artikel genannte Thema beziehen, bildet den Thread. Jede Newsgroup hat einen Namen, der aus mehreren Wörtern besteht, die durch Punkte getrennt sind und das Thema der Newsgroup durch Eingrenzen der Kategorien ermitteln (z. B. *de.soc.studium*). Einige Newsgroups können gelesen und lediglich an eine Site gesendet werden. Andere wiederum durchlaufen das gesamte Internet (z. B. die Gruppen der sieben großen Usenet-Hierarchien oder die Gruppen im ClariNet). → *siehe auch Beitrag, bit.-Newsgroups, ClariNet, Diskussion mit Threads, Follow-Up, Great Renaming, lokale Newsgroups, Mail Reflector, traditionelle Newsgroup-Hierarchie, Usenet.* → *Vgl. Verteilerliste.*

Newsgroups, lokale *Subst.* (local newsgroups)
→ *siehe lokale Newsgroups.*

Newsmaster *Subst.* (newsmaster)
Die Person, die für das Verwalten der Internet-News-Server bei einem bestimmten Host zuständig ist. Die Standardmethode, um den Newsmaster zu kontaktieren, ist das Senden einer E-Mail an »newsmaster@domain.name«.

news.-Newsgroups *Subst.* (news. newsgroups)
Usenet Newsgroups, die Bestandteil der Hierarchie *news* sind. Diese Newsgroups behandeln Themen, die sich mit dem Usenet beschäftigen (z. B. Usenet-Richtlinien und das Erstellen neuer Usenet Newsgroups). → *siehe auch Newsgroup, traditionelle Newsgroup-Hierarchie, Usenet.* → *Vgl. comp.-Newsgroups, misc.-Newsgroups, rec.-Newsgroups, sci.-Newsgroups, soc.-Newsgroups, talk.-Newsgroups.*

.newsrc
Auf UNIX-Systemen der Name einer Einrichtungsdatei für UNIX-basierte Newsreader. Die Einrichtungsdatei enthält meist eine aktuelle Liste der Newsgroups, die der Benutzer abonniert hat, sowie die Artikel aus jeder Newsgroup, die der Benutzer schon gelesen hat. → *siehe auch Konfiguration, Newsreader.*

Newsreader *Subst.* (newsreader)
Ein Usenet-Client-Anwendungsprogramm, über das Benutzer Usenet Newsgroups abonnieren, Artikel lesen, Follow-Ups posten, E-Mails beantworten und Artikel senden können. Viele Web-Browser sind auch mit dieser Funktionalität ausgestattet. → *siehe auch Beitrag, E-Mail, Follow-Up, Newsgroup, Usenet, Web-Browser.*

Newsreader mit Threads *Subst.* (threaded newsreader)
Ein Newsreader, der die Artikel in den Newsgroups als »Diskussionsfaden« darstellt. Erwiderungen auf einen Artikel erscheinen direkt nach dem ursprünglichen Artikel statt in chronologischer oder anderer Reihenfolge. → *siehe auch Newsreader, POST, Thread.*

News-Server *Subst.* (news server)
Ein Computer oder ein Programm, das Internet-Newsgroups mit Newsreader-Clients und anderen Servern in Verbindung bringt. → *siehe auch Newsgroup, Newsreader.*

Newton *Adj.*
In bezug auf den Apple Newton MessagePad Personal Digital Assistant (PDA). → *siehe auch PDA.*

Newton OS *Subst.*
Das Betriebssystem, das den Apple Newton MessagePad Personal Digital Assistant (PDA) steuert. → *siehe auch PDA.*

NeXT *Subst.*
Ein Produkt der NeXT Computer, Inc. (jetzt NeXT Software, Inc.). NeXT stellt Computer her und entwickelt Software. Das Unternehmen wurde 1985 von Steven Jobs gegründet und 1997 von Apple Computer erworben.

.nf
Im Internet ein Kürzel für die übergreifende Länder-Domäne, die eine Adresse auf der Norfolkinsel angibt.

.nf.ca
Im Internet ein Kürzel für die übergreifende Länder-Domäne, die eine Adresse auf Neufundland in Kanada angibt.

NFS *Subst.*
→ *siehe Network File System.*

.ng
Im Internet ein Kürzel für die übergreifende Länder-Domäne, die eine Adresse in Nigeria angibt.

.nh.us
Im Internet ein Kürzel für die übergreifende Länder-Domäne, die eine Adresse in New Hampshire in den Vereinigten Staaten angibt.

.ni
Im Internet ein Kürzel für die übergreifende Länder-Domäne, die eine Adresse in Nicaragua angibt.

Nibble *Subst.* (nibble)
Die Hälfte eines Byte (4 bit). → *Vgl. Quadbit.*

NIC *Subst.*
Abkürzung für Network Interface Card. → *siehe Netzwerkadapter.*
Außerdem die Abkürzung für Network Information Center. Eine Organisation, die Informationen zu Netzwerken sowie anderen Support für Benutzer eines Netzwerks zur Verfügung stellt. Das NIC für das Internet heißt InterNIC. Intranets und andere private Netzwerke unterhalten zum Teil eigene NICs. → *siehe Netzwerkadapter.* → *siehe auch InterNIC.*

NiCad-Akku *Subst.* (NiCad battery)
→ *siehe Nickel-Cadmium-Akkumulator.*

nicht ausführbare Anweisung *Subst.* (nonexecutable statement)
Eine Programmieranweisung, die sich nicht ausführen läßt, da sie außerhalb der Ablauffolge des Programms liegt. In der Programmiersprache C stellt z. B. eine Anweisung, die unmittelbar auf eine *return()*-Anweisung (innerhalb desselben Blocks) folgt, eine nicht ausführbare Anweisung dar. Der Begriff wird auch für Typ-Deklarationen, Variablen-Deklarationen, Präprozessor-Befehle,

Kommentare und andere in Programmen vorkommende Anweisungen verwendet, die nicht in einen ausführbaren Maschinencode übersetzt werden.

nichtbehandelte Ausnahme *Subst.* (unhandled exception)
Ein Fehlerzustand, der innerhalb einer Anwendung nicht selbständig beseitigt werden kann. Tritt eine nichtbehandelte Ausnahme auf, muß das Betriebssystem die Anwendung beenden, die den Fehler verursacht hat.

nicht behebbarer Fehler *Subst.* (unrecoverable error)
Ein schwerwiegender Fehler – ein Fehler, den ein Programm selbst nicht behandeln kann, so daß externe Methoden zur Wiederherstellung eingesetzt werden müssen. → *Vgl. korrigierbarer Fehler.*

nichtflüchtiger Speicher *Subst.* (nonvolatile memory)
Ein Speichersystem, das die Daten auch bei abgeschalteter Stromversorgung nicht verliert. Der Begriff bezieht sich eigentlich auf Speichertypen wie Kern, ROM, EPROM, Flash und Blasen sowie batteriegestützten CMOS RAM, wird aber gelegentlich auch für Disk-Subsysteme gebraucht. → *siehe auch Blasenspeicher, CMOS-RAM, EPROM, Flash-Speicher, Kernspeicher, ROM.*

nicht gelesen *Adj.* (unread)
Bezeichnet einen Artikel in einer Newsgroup, den ein Benutzer noch nicht empfangen hat. Newsreader-Clients unterscheiden zwischen »gelesenen« und »ungelesenen« Artikeln eines jeden Benutzers und kopieren nur die ungelesenen Artikel vom Server.
Der Ausdruck bezeichnet außerdem eine E-Mail-Nachricht, die ein Benutzer zwar empfangen, aber noch nicht mittels eines E-Mail-Programms geöffnet hat.

Nichtleiter *Subst.* (nonconductor)
→ *siehe Isolator.*

nicht maskierbarer Interrupt *Subst.* (nonmaskable interrupt)
Ein Hardware-Interrupt, der nichtmaskierbar genannt wird, weil er den Prozessor unabhängig von allen anderen Interruptanforderungen (die über

die Software oder über die Tastatur bzw. über andere Geräte ausgelöst werden) erreicht und über die höchste Priorität verfügt. Ein nichtmaskierbarer Interrupt läßt sich nicht durch andere Dienstanforderungen zurückweisen (maskieren) und wird nur in kritischen Fällen an den Mikroprozessor abgegeben, beispielsweise bei schweren Speicherfehlern oder bevorstehenden Stromausfällen. → *Vgl. maskierbarer Interrupt.*

nicht moderiert *Adj.* (unmoderated)
Bezeichnet eine Newsgroup oder Verteilerliste, bei der alle Artikel oder Mitteilungen, die der Server empfängt, automatisch für alle Abonnenten verfügbar sind oder an diese verteilt werden. → *Vgl. moderiert.*

nichtproportionale Schrift *Subst.* (monospace font)
→ *siehe dicktengleiche Schrift.*

nicht prozedurale Sprache *Subst.* (nonprocedural language)
Eine Programmiersprache, die nicht dem prozeduralen Paradigma der sequentiellen Ausführung von Anweisungen, Unterprogrammaufrufen und Steuerungsstrukturen folgt, sondern einen Satz von Fakten und Regeln beschreibt und dann nach bestimmten Ergebnissen abgefragt wird. → *Vgl. prozedurale Sprache.*

nichttrivial *Adj.* (nontrivial)
Ein Begriff, der etwas beschreibt, was sich entweder als schwierig oder besonders bedeutungsvoll darstellt. Beispielsweise spricht man bei einer kompliziert programmierten Prozedur zur Behandlung eines schwierigen Problems von einer nichttrivialen Lösung.

nicht zustellbar *Adj.* (undeliverable)
Nicht an den angegebenen Empfänger zu übergeben. Ist eine E-Mail-Nachricht nicht zustellbar, wird sie an den Absender zurückgesandt, wobei vom Mail-Server Informationen zur Beschreibung des Problems hinzugefügt werden. Beispielsweise kann die E-Mail-Adresse fehlerhaft sein, oder das Postfach des Empfängers ist bereits voll.

Nickel-Cadmium-Akkumulator *Subst.* (nickel cadmium battery)
Eine wiederaufladbare Batterie, die eine Alkali-Füllsäure enthält. Nickel-Cadmium-Akkumulatoren haben in der Regel eine längere Lebensdauer als vergleichbare Bleisäure-Akkus. → *auch genannt NiCad-Akku.* → *Vgl. Bleiakku, Lithium-Akku, Nickel-Hydrid-Akku.*

Nickel-Hydrid-Akku *Subst.* (nickel metal hydride battery)
Eine wiederaufladbare Batterie, die eine längere Lebensdauer und eine hervorragende Leistungsfähigkeit im Vergleich zu anderen Bleisäure- oder Alkali-Akkus hat. → *auch genannt NiMH-Akku.* → *Vgl. Bleiakku, Lithium-Akku, Nickel-Cadmium-Akkumulator.*

Nickname *Subst.* (nickname)
Ein Name, der im Adreßfeld eines E-Mail-Editors anstelle einer oder mehrerer vollständiger Netzwerk-Adressen verwendet werden kann. So kann z.B. »Fred« ein Nickname für *fred@foo.bar.de* sein. Wenn der Nickname im Programm eingerichtet ist, braucht der Benutzer nicht mehr die vollständige Adresse, sondern lediglich die Zeichenfolge »Fred« einzugeben. Ein einzelner Nickname kann auch für eine ganze Gruppe von Adressaten verwendet werden, z.B. »Marketing« für alle Mitarbeiter der Marketing-Abteilung einer Firma. → *siehe auch Alias.*

Niederfrequenz *Subst.* (low frequency)
Der Bereich des elektromagnetischen Spektrums zwischen 30 Kilohertz (kHz) und 300 kHz. Dieser Frequenzbereich wird für verschiedene Arten der Rundfunkübertragung verwendet, einschließlich des Langwellen-Rundfunkbandes in Europa und Asien.

niederwertig *Adj.* (low-order)
Bezeichnet typischerweise das am weitesten rechts stehende Element in einer Gruppe – das mit dem geringsten Gewicht oder der geringsten Bedeutung. Bei dem am weitesten rechts stehenden Bit in einer Bitgruppe handelt es sich z.B. um das niederwertige Bit. → *Vgl. höchstwertig.*

niederwertigstes Bit *Subst.* (least significant bit)
In einer Folge von einem oder mehreren Byte das (in der Regel am weitesten rechts stehende) Bit mit der geringsten Wertigkeit einer Binärzahl. → *siehe auch niederwertig.* → *Vgl. höchstwertiges Bit.*

niederwertigste Stelle *Subst.* (least significant digit)
Die äußerste rechte Ziffer bei der normalen Darstellung einer Zahl. → *siehe auch niederwertig.* → *Vgl. höchstwertige Stelle.*

niederwertigstes Zeichen *Subst.* (least significant character)
Das in einem String am weitesten rechts stehende Zeichen mit der geringsten Wertigkeit. → *siehe auch niederwertig.* → *Vgl. höchstwertiges Zeichen.*

niedrige Auflösung *Adj.* (low resolution)
Abgekürzt Lo-Res. Beschreibt bei Raster Scan-Displays und in der Drucktechnik einen Bildschirm oder ein Bild, bei dem Text und Grafiken in relativ groben Einzelheiten erscheinen. In der Drucktechnik läßt sich niedrige Auflösung mit der Entwurfsqualität der Ausgaben von Matrixdruckern vergleichen, die bei 125 Punkten pro Zoll oder weniger drucken. → *siehe auch Auflösung.* → *Vgl. hohe Auflösung.*

niedrige Integrationsdichte *Subst.* (small-scale integration)
Bezeichnet integrierte Schaltkreise, bei denen sich weniger als 10 Komponenten auf einem einzelnen Chip befinden. → *siehe auch integrierter Schaltkreis.*

niedrige Sprache *Subst.* (low-level language)
Eine Sprache, die maschinenabhängig ist und/oder nur in geringem Umfang über Steuerbefehle und Datentypen verfügt. Jede Anweisung in einem Programm, das in einer niedrigen Sprache geschrieben ist, entspricht in der Regel einem Maschinenbefehl. → *siehe auch Assembler-Sprache.* → *Vgl. höhere Programmiersprache.*

NII *Subst.*
→ *siehe National Information Infrastructure.*

Nil-Zeiger *Subst.* (nil pointer)
→ *siehe Nullzeiger.*

NiMH-Akku *Subst.* (NiMH battery)
→ *siehe Nickel-Hydrid-Akku.*

NIS *Subst.*
Abkürzung für Network Information Service. → *siehe Yellow Pages.*

nixpub *Subst.*
Eine Liste mit ISPs, die in den Newsgroups *comp.bbs.misc* und *alt.bbs* und unter *ftp://VFL.Paramax.COM:/pub/pubnetc/nixpub.long* verfügbar ist. → *siehe auch ISP.*

.nl
Im Internet ein Kürzel für die übergreifende Länder-Domäne, die eine Adresse in den Niederlanden angibt.

NL *Subst.*
→ *siehe Zeilenschaltzeichen.*

n-leitender Halbleiter *Subst.* (N-type semiconductor)
Ein Halbleitermaterial, bei dem die elektrische Leitung auf der Elektronenabgabe beruht, im Gegensatz zum P-leitenden Halbleiter, bei dem die Leitung durch Löcher erfolgt, d. h. »Elektronenlücken«. N-leitende Halbleiter werden beim Herstellungsprozeß durch das Hinzufügen eines Dotierungsmaterials mit einem Elektronenüberschuß erzeugt. → *siehe auch p-leitender Halbleiter.* → *Vgl. p-leitender Halbleiter.*

NLQ *Subst.*
→ *siehe Near Letter Quality.*

NLS *Subst.*
→ *siehe Natural Language Support.*

NMI *Subst.*
→ *siehe nicht maskierbarer Interrupt.*

NMOS *Subst.*
Auch N-MOS geschrieben. Abkürzung für N-channel **M**etal-**O**xide **S**emiconductor. Eine Halbleitertechnologie, bei der der leitende Kanal in MOSFETs auf der Bewegung von Elektronen anstatt auf Löchern (von Elektronen hinterlassenen »Lükken« im Kristallgitter) basiert. Da sich Elektronen schneller als Löcher bewegen, haben NMOS eine höhere Geschwindigkeit als PMOS. Die Herstellung der NMOS-Technologie ist allerdings komplizierter und teurer. → *siehe auch MOS, MOSFET, n-leitender Halbleiter.* → *Vgl. CMOS, PMOS.*

NNTP *Subst.*
Abkürzung für Network News Transfer Protocol. Das Internet-Protokoll, das die Übertragung von Newsgroups festlegt.

.no
Im Internet ein Kürzel für die übergreifende Länder-Domäne, die eine Adresse in Norwegen angibt.

NOC *Subst.*
→ *siehe Network Operation Center.*

Nonreturn to Zero *Subst.* (nonreturn to zero)
In der Datenübertragung ein Verfahren zur Datencodierung, bei dem das Signal zur Darstellung der Binärwerte zwischen positiven und negativen Spannungen wechselt, wenn eine Änderung der Binärziffer von 1 auf 0 oder umgekehrt auftritt. Nach der Übertragung eines Bit kehrt das Signal demnach nicht zu einem Null- oder neutralen Pegel zurück. Um ein Bit vom nächsten zu unterscheiden, wird Timing verwendet.
Bei der Aufzeichnung von Daten auf einer magnetischen Oberfläche bezieht sich »Nonreturn to Zero« auf eine Methode, bei der ein magnetischer Zustand eine 1 und – in der Regel – der entgegengesetzte Zustand eine 0 repräsentiert.

Nonuniform-Speicher-Architektur *Subst.* (nonuniform memory architecture)
Eine Systemarchitektur für den Non-Uniform Access Memory von Sequent, bei dem es sich um einen verteilten gemeinsamen Speicher handelt, der keinen einzelnen zentralen physikalischen Speicher, sondern eine Anzahl von gemeinsamen Speichersegmenten verwendet.

NO-OP *Subst.*
→ *siehe No-operation-Befehl.*

No-operation-Befehl *Subst.* (no-operation instruction)
Ein Maschinenbefehl, der lediglich Rechenzeit (einen oder zwei Takte) verbraucht und ansonsten keine Aktionen ausführt. In bestimmten Situationen lassen sich diese Befehle sinnvoll einsetzen. Beispielsweise kann man einen Unterprogrammaufruf unterbinden, die Zeitverzögerung einer Zeitschleife genau anpassen oder die Ausrichtung der Maschinenbefehle auf bestimmte Vielfache der Speicheradresse beeinflussen. → *siehe auch Maschinenbefehl.*

NOP *Subst.*
→ *siehe No-operation-Befehl.*

NOR, exklusives *Subst.* (exclusive NOR)
→ *siehe exklusives NOR.*

Normalform *Subst.* (normal form)
In einer relationalen Datenbank eine Methode zur Strukturierung von Informationen. Normalformen vermeiden Redundanz und Inkonsistenz und fördern effiziente Verwaltung, Speicherung und Aktualisierung von Informationen.
In der Programmierung versteht man unter »Normalform« die – manchmal als Backus-Normalform (Backus-Naur-Form) bezeichnete – Metasprache, die für die Beschreibung der Syntax anderer Sprachen verwendet wird – speziell ALGOL 60, für die sie geschaffen wurde. → *siehe auch Backus-Naur-Form.*

normalisieren *Vb.* (normalize)
In der Programmierung das Anpassen der Festkomma- und Exponential-Bestandteile von Gleitkomma-Zahlen, um die Festkomma-Teile in einen festgelegten Bereich zu bringen.
In der Datenbankverwaltung bezeichnet »normalisieren« die Anwendung einer Reihe von Methoden auf eine relationale Datenbank, um doppelt vorhandene Informationen zu minimieren. Normalisieren vereinfacht in starkem Maße die Behandlung von Abfragen und Aktualisierungen, wozu auch Aspekte der Sicherheit und Integrität zählen. Das Normalisieren wird allerdings mit einer größeren Anzahl von Tabellen erkauft. → *siehe auch Normalform.*

Normalverteilung *Subst.* (normal distribution)
In der Statistik ein Funktionstyp, der die Wahrscheinlichkeiten von möglichen Werten einer Zufallsvariablen beschreibt. Mit Hilfe der Normalverteilungs-Funktion, deren Graph die bekannte Glockenkurve ist, läßt sich die Wahrscheinlichkeit bestimmen, mit der der Wert der Variablen innerhalb eines bestimmten Intervalls liegen wird.

NOS *Subst.*
→ *siehe Netzwerk-Betriebssystem.*

NOT *Subst.*
Ein Operator zur Ausführung der Booleschen (oder logischen) Negation. → *siehe auch Boolescher Operator, logischer Operator.*

Notation *Subst.* (notation)
In der Programmierung die Menge von Symbolen und Formaten, die für die Beschreibung von Elementen der Programmierung, der Mathematik oder eines wissenschaftlichen Gebietes verwendet werden. Die Syntax einer Sprache wird zum Teil durch die Notation festgelegt. → *siehe auch Syntax.*

Notation, positionale *Subst.* (positional notation)
→ *siehe positionale Notation.*

Notation, wissenschaftliche *Subst.* (scientific notation)
→ *siehe wissenschaftliche Notation.*

Notebook-Computer *Subst.* (notebook computer)
→ *siehe portabler Computer.*

Notkonstruktion *Subst.* (kludge)
Eine Übergangs- oder Notlösung für eine Hardwarekonstruktion.

Novell NetWare *Subst.*
Eine Familie lokaler Netzwerk-Betriebssysteme der Firma Novell, die für den Einsatz auf IBM-PCs und Apple Macintosh-Computern vorgesehen sind. Novell NetWare ermöglicht den Teilnehmern die gemeinsame Nutzung von Dateien und Systemressourcen, z.B. Festplatten und Druckern. → *siehe auch Netzwerk-Betriebssystem.*

.np
Im Internet ein Kürzel für die übergreifende Länder-Domäne, die eine Adresse in Nepal angibt.

NPN-Transistor *Subst.* (NPN transistor)
Ein Transistortyp, bei dem eine Basis aus P-leitendem Halbleitermaterial zwischen einem Emitter und einem Kollektor aus N-leitendem Material angeordnet ist. Die Basis, der Emitter und der Kollektor sind die drei Elektroden, durch die der Strom fließt. In einem NPN-Transistor stellen die Elektronen die Majoritätsträger dar, die vom Emitter zur Basis abfließen. → *siehe auch n-leitender Halbleiter, p-leitender Halbleiter.* → *Vgl. PNP-Transistor.*

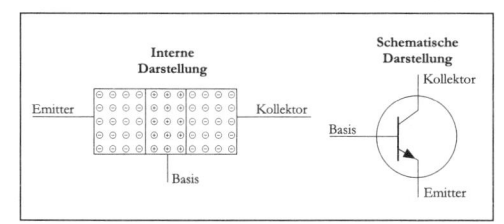

.nr
Im Internet ein Kürzel für die übergreifende Länder-Domäne, die eine Adresse auf Nauru angibt.

NRZ *Subst.*
→ *siehe Nonreturn to Zero.*

ns *Subst.*
→ *siehe Nanosekunde.*

NSAPI *Subst.*
Abkürzung für Netscape Server Application Programming Interface. Eine Spezifikation für Schnittstellen zwischen dem kommerziellen HTTP-Server der Firma Netscape Communications und anderen Anwendungsprogrammen. NSAPI kann eingesetzt werden, um den Zugriff auf Anwendungsprogramme von einem Web-Browser über einen Web-Server zur Verfügung zu stellen. → *siehe auch Web-Browser.*

.ns.ca
Im Internet ein Kürzel für die übergreifende Länder-Domäne, die eine Adresse auf Neuschottland in Kanada angibt.

NSF *Subst.*
→ *siehe National Science Foundation.*

NSFnet *Subst.*
Ein Weitbereichsnetz der National Science Foundation, das das ARPANET für den Zivilbereich ersetzt hat. NSFnet diente bis Mitte 1995 als Haupt-Backbone für das Internet. Die Backbone-Dienste für das Internet werden in den USA seit 1996 von kommerziellen Organisationen zur Verfügung gestellt. → *siehe auch ARPANET, Backbone.*

NT *Subst.*
→ *siehe Windows NT.*

NT-1 *Subst.*
→ *siehe Network Terminator 1.*

NPN-Transistor

N

.nt.ca
Im Internet ein Kürzel für die übergreifende Länder-Domäne, die eine Adresse in den Nordwestterritorien in Kanada angibt.

NT-Dateisystem *Subst.* (NT file system)
→ *siehe NTFS.*

NTFS *Subst.*
Abkürzung für **NT File System**. Ein modernes Dateisystem, das speziell für das Betriebssystem Windows NT entwickelt wurde. Es unterstützt lange Dateinamen, volle Sicherheits-Zugriffskontrolle, Dateisystem-Wiederherstellung, extrem große Speichermedien und verschiedene Merkmale für das Subsystem Windows NT POSIX. Außerdem ist es auf objektorientierte Anwendungen ausgerichtet, indem es alle Dateien als Objekte mit benutzerdefinierten und systemdefinierten Attributen behandelt. → *siehe auch FAT-Dateisystem, HPFS, POSIX.*

NTP *Subst.*
Abkürzung für Network Time Protocol. Ein Protokoll, das für das Synchronisieren der System-Zeit bei einem Computer mit einem Server oder einer anderen Referenzquelle (z. B. einem Radio, einem Satellitenempfänger oder einem Modem) verwendet wird. NTP ermöglicht eine Zeitgenauigkeit von einer Millisekunde bei lokalen Netzwerken und einigen Millisekunden bei Weitbereichsnetzen. Die NTP-Konfigurationen können redundante Server, diverse Netzwerkpfade und kryptographische Echtheitsbestätigungen einsetzen, um hohe Genauigkeit und Zuverlässigkeit zu gewährleisten.

NTSC *Subst.*
Abkürzung für National Television Standards Committee. Die amerikanische Normungseinrichtung für Fernsehen und Video. Der Sponsor für den NTSC-Standard für das Codieren von Farbe. NTSC ist ein Codierungssystem, das mit Schwarzweißsignalen und dem System für die Farbübertragung in den USA kompatibel ist.

.nu
Im Internet ein Kürzel für die übergreifende Länder-Domäne, die eine Adresse auf Niue angibt.

NuBus *Subst.*
Ein leistungsstarker Erweiterungsbus für Apple Macintosh-Computer. Der NuBus bietet eine hohe Bandbreite und mehrere Bus-Controller. Er wurde am MIT (Massachusetts Institute of Technology) entwickelt und anschließend für Texas Instruments und andere Unternehmen lizenziert. → *siehe auch Bus.*

nuken *Vb.* (nuke)
Das Löschen einer Datei, eines Verzeichnisses oder einer gesamten Festplatte.

NUL *Subst.*
Ein Zeichencode mit einem Null-Wert. Im wörtlichen Sinne ein Zeichen mit der Bedeutung »nichts«. Ein NUL-Zeichen ist zwar real vorhanden, nimmt intern Platz im Computer ein und wird als Zeichen gesendet oder empfangen, es zeigt aber nichts an, verbraucht keinen Platz auf dem Bildschirm bzw. auf dem Papier und bewirkt auch keine bestimmte Aktion, wenn es zum Drucker geschickt wird. Im ASCII-Zeichensatz ist dem NUL-Zeichen der Code 0 zugeordnet. → *siehe auch ASCII.*
»NUL« ist außerdem ein spezielles, gedachtes »Gerät«, das vom Betriebssystem zur Verfügung gestellt wird. Das NUL-Gerät kann zwar wie ein physikalisches Ausgabegerät (z.B. ein Drucker) adressiert werden, verwirft jedoch im Unterschied zu einem gewöhnlichen Gerät sämtliche Informationen, die an das Gerät gesendet werden.

Null *Subst.* (zero)
Das arithmetische Symbol (0) zur Darstellung einer Null-Größe.

Nullmodem *Subst.* (null modem)
Ein Kabel zur direkten Verbindung von zwei Com-

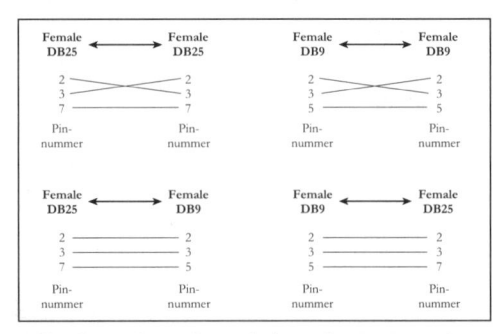

Nullmodem: Schema der Verdrahtung für IBM PCs und kompatible Computer

putern, die damit ohne die Verwendung von Modems kommunizieren können. In einem Nullmodem-Kabel sind dazu die Sende- und Empfangsleitungen gekreuzt, so daß die für das Senden benutzte Leitung des einen Gerätes als Empfangsleitung für das andere Gerät und umgekehrt verwendet wird.

Nullmodem-Kabel *Subst.* (null modem cable)
Ein serielles Datenkabel zum Verbinden von zwei PCs ohne Zwischenschaltung eines Modems oder eines anderen DCE-Gerätes über die seriellen Ports der Computer. Da beide Computer dieselben Pins für das Senden von Daten verwenden, verbindet ein Nullmodem-Kabel die Ausgangspins im seriellen Port des einen Computers mit den Eingangspins des anderen Computers. Ein Nullmodem-Kabel wird für die Übertragung von Daten zwischen zwei PCs verwendet, die in unmittelbarer Nähe voneinander aufgestellt sind. → *siehe auch serieller Port.*

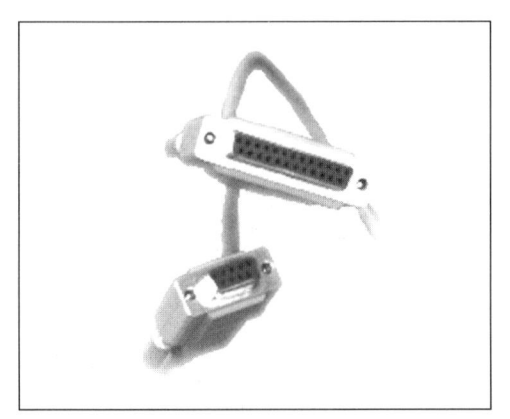

Nullmodem-Kabel

Null-terminierter String *Subst.* (null-terminated string)
→ *siehe ASCIIZ-String.*

Null-Zeichen *Subst.* (null character)
→ *siehe NUL.*

Nullzeiger *Subst.* (null pointer)
Ein Zeiger, der auf »nichts« zeigt. Normalerweise handelt es sich dabei um eine genormte Speicheradresse (z.B. 0). Ein Nullzeiger markiert in der Regel das letzte Element in einer linearen Folge von Zeigern oder kennzeichnet eine Suchoperation als erfolglos. → *siehe auch Zeiger.* → *auch genannt Nil-Zeiger.*

Nullzyklus *Subst.* (null cycle)
Die kürzeste erforderliche Zeitspanne für die Ausführung eines Programms. Die erforderliche Zeit, um ein Programm zu durchlaufen, ohne neue Daten zu verarbeiten oder Anweisungsschleifen auszuführen.

NUMA *Subst.*
→ *siehe Nonuniform-Speicher-Architektur.*

Number Crunching *Vb.* (number crunching)
Die Verarbeitung großer Mengen numerischer Daten. Number Crunching kann periodisch, mathematisch komplex oder beides sein. Beim Number Crunching ist in der Regel ein höherer Aufwand für die interne Verarbeitung erforderlich als bei Eingabe- oder Ausgabefunktionen. Numerische Coprozessoren erweitern in hohem Maße die Leistungsstärken des Computers zur Ausführung dieser Aufgaben.

numerische Analyse *Subst.* (numerical analysis)
Der Zweig der Mathematik, der sich mit Lösungsverfahren für mathematisch beschreibbare Probleme und der Suche nach Methoden zur Ermittlung konkreter oder näherungsweiser Lösungen abstrakter mathematischer Probleme beschäftigt.

numerischer Coprozessor *Subst.* (numeric coprocessor)
→ *siehe Gleitkomma-Prozessor.*

numerischer Tastenblock *Subst.* (numeric keypad)
Ein Tastaturbereich in Form eines Taschenrechners (in der Regel an der rechten Seite der Tastatur), der der Eingabe von Zahlen dient. Neben den Tasten für die Ziffern 0 bis 9 und den Tasten für Addition, Subtraktion, Multiplikation und Division enthält ein numerischer Tastenblock oft eine Eingabetaste (die normalerweise einen anderen Code erzeugt als die Eingabe- oder Return-Taste der Haupttastatur). Auf Apple-Tastaturen gehört zum numerischen Tastenblock auch die Löschtaste, deren Funktion normalerweise der Rücktaste zum Löschen von Zeichen entspricht. Diese Tasten haben eine duale Funktionalität. Wenn die Num-

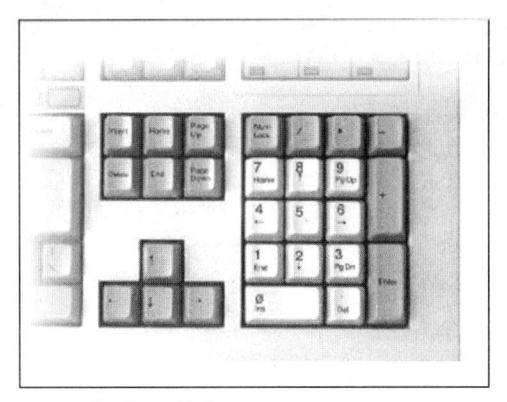

Numerischer Tastenblock

Taste ausgeschaltet ist, können die Tasten des numerischen Tastenblocks (Zehnertastatur) beispielsweise für das Bewegen des Cursors, für den Bildlauf oder zum Bearbeiten verwendet werden.
→ *siehe auch Num-Taste.*

numerische Sortierung *Subst.* (digital sort)
Auch Radix-Sortierung genannt. Ein Sortierverfahren, bei dem Datensatznummern oder deren Schlüsselwerte stellrichtig sortiert werden, beginnend jeweils mit der niederwertigsten (am weitesten rechts stehenden) Stelle.

Num-Taste *Subst.* (Num Lock key)
Abkürzung für **Num**eric **Lock Key**. Eine Umschalttaste, die im eingeschalteten Zustand den numerischen Tastenblock aktiviert und die Benutzung der entsprechenden Tasten – ähnlich einem Taschenrechner für die Eingabe numerischer Daten ermöglicht. Wenn die Num-Taste ausgeschaltet ist, sind die meisten Tasten des numerischen Tastenblocks für Cursorbewegung und Bildschirm-Rollen belegt. → *siehe auch numerischer Tastenblock.*

Nur-Antwort-Modem *Subst.* (answer-only modem)
Ein Modem, das nur Anrufe entgegennehmen, aber keine initiieren kann.

Nur-Text-Datei *Subst.* (text-only file)
→ *siehe ASCII-Datei.*

Nutzsignal *Subst.* (data signal)
Die Form, in der Informationen über eine Leitung oder eine Schaltung übertragen werden. Ein Nutzsignal besteht aus binären Ziffern und kann sowohl die eigentlichen Informationen oder Nachrichten als auch andere Elemente enthalten, z. B. Steuerzeichen oder Codes zur Fehlerprüfung.

Nybble *Subst.* (nybble)
→ *siehe Nibble.*

.nyc.ny.us
Im Internet ein Kürzel für die übergreifende Länder-Domäne, die eine Adresse in New York City im Bundesstaat New York in den Vereinigten Staaten angibt.

.ny.us
Im Internet ein Kürzel für die übergreifende Länder-Domäne, die eine Adresse in New York in den Vereinigten Staaten angibt.

.nz
Im Internet ein Kürzel für die übergreifende Länder-Domäne, die eine Adresse in Neuseeland angibt.

O

oberer Speicher *Subst.* (high memory)
In IBM-PCs und kompatiblen Computern der Bereich von Adressen zwischen 640 KB und 1 MB, der hauptsächlich für Controller-Hardware, z.B. Video-Adapter und Eingabe-/Ausgabe-Ports, sowie das ROM-BIOS verwendet wird. → *Vgl. unterer Speicher.*

Oberfläche *Subst.* (face)
In der Geometrie und der Computergrafik eine Seite eines festen Objekts, z.B. die Oberfläche eines Würfels.

Oberfläche, grafische *Subst.* (graphical interface)
→ *siehe grafische Benutzeroberfläche.*

Oberflächenmodellierung *Subst.* (surface modeling)
Von einigen CAD-Programmen eingesetztes Darstellungsverfahren, das Konstruktionen auf dem Bildschirm wie feste Körper erscheinen läßt. → *siehe auch CAD.* → *Vgl. Drahtmodell, Volumenmodell.*

Oberflächenmontage *Subst.* (surface-mount technology)
Ein Bestückungsverfahren für Leiterplatten, bei dem man die Bauelemente nicht mehr in vorgebohrte Löcher einlötet, sondern direkt auf der Oberfläche der Leiterplatte befestigt. Die Vorteile sind Kompaktheit, Vibrationsfestigkeit und die Möglichkeit dichterer Leiterbahnverbindungen. → *Vgl. DIP, Pin-Gitter, pinlose Chipanbringung.*

Oberfläche, symbolorientierte *Subst.* (iconic interface)
→ *siehe symbolorientierte Oberfläche.*

Oberfläche, versteckte *Subst.* (hidden surface)
→ *siehe versteckte Oberfläche.*

Oberfläche, visuelle *Subst.* (visual interface)
→ *siehe grafische Benutzeroberfläche.*

Oberlänge *Subst.* (ascender)
Der Teil eines Kleinbuchstabens, der über die Mittellängen (z.B. die Oberkante des »m«) herausragt. Beispiele für Buchstaben mit Oberlängen sind »b« und »f«. → *siehe auch Grundlinie, x-Höhe.* → *Vgl. Unterlänge.*

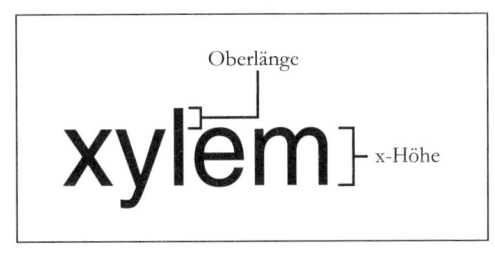

Oberlänge

Object Database Management Group *Subst.*
Abkürzung: ODBMG. Ein Verband, der Standards für objektorientierte Datenbanken fördert und Schnittstellen für objektorientierte Datenbanken definiert. → *siehe auch Object Management Group.*

Objective-C *Subst.*
1984 von Brad Cox entwickelte, objektorientierte Variante der Programmiersprache C, die weithin als Standard-Entwicklungssprache für das Betriebssystem NeXT angesehen wird. → *siehe auch objektorientierte Programmierung.*

Object Linking and Embedding *Subst.* (object linking and embedding)
→ *siehe OLE.*

Object Management Architecture *Subst.*
→ *siehe OMA.*

Object Management Group *Subst.*
Abkürzung: OMG. 1989 gegründeter, internationaler Verband, der offene Standards für objektorientierte Anwendungen fördert. OMG war auch an

459

Object Wrapper

der Definition von OMA (Abkürzung für »Object Management Architecture«, zu deutsch »Objektverwaltungs-Architektur«) beteiligt, einem Standard-Objektmodell für verteilte Umgebungen. → *siehe auch Objektmodell, offener Standard, OMA.*

Object Wrapper *Subst.* (object wrapper)
In objektorientierten Anwendungen ein Hilfsmittel, das einen Satz von Diensten kapselt, die von einer nichtobjektorientierten Anwendung geliefert werden. Die gekapselten Dienste können dann als Objekt behandelt werden.

Objekt *Subst.* (object)
Im Bereich der Grafik eine selbständige Entität. Beispielsweise läßt sich in einem Grafikprogramm eine Animation mit einem hüpfenden Ball als Objekt realisieren.
In der objektorientierten Programmierung eine Variable, in der sowohl Routinen als auch Daten zusammengefaßt sind. Das Objekt wird als eine diskrete Entität behandelt. → *siehe auch abstrakter Datentyp, Modul, objektorientierte Programmierung.*
Außerdem wird »Objekt« als Kurzform für »Objektcode« (maschinenlesbarer Code) verwendet.

Objektanforderungs-Broker *Subst.* (object request broker)
→ *siehe ORB.*

Objektcode *Subst.* (object code)
Der von einem Compiler oder Assembler durch die Übersetzung des Quellcodes erzeugte Code. Der Ausdruck bezieht sich meist auf Maschinencode, den der Prozessor des Computers direkt ausführen kann. Allerdings wird der Ausdruck auch gelegentlich in bezug auf einen Assembler-Quellcode oder eine Variante eines Maschinencodes verwendet. → *siehe auch Prozessor.*

Objektcomputer *Subst.* (object computer)
Der Computer, der als Ziel für einen spezifischen Kommunikationszugriff fungiert.

Objektdatei *Subst.* (object file)
Eine Datei, die gewöhnlich den von einem Compiler oder Assembler erzeugten Objektcode enthält. Der Objektcode wiederum wird vom Linker wei-

terverarbeitet. → *siehe auch Assembler, Linker, Objektcode.*

Objektdatenbank *Subst.* (object database)
→ *siehe objektorientierte Datenbank.*

Objektmodell *Subst.* (object model)
Allgemein die strukturelle Basis für einen objektorientierten Entwurf. → *siehe auch objektorientiertes Design.*
In Verbindung mit Anwendungen bildet ein Objektmodell die strukturelle Basis für eine objektorientierte Anwendung.
Bei der Programmierung stellt das Objektmodell die strukturelle Basis für eine objektorientierte Programmiersprache, z.B. C++, dar. Diese Basis beinhaltet Prinzipien wie Abstraktion, Nebenläufigkeit, Kapselung, Hierarchie, Fortdauer (Persistence), Polymorphie und Typisierung. → *siehe auch abstrakter Datentyp, Objekt, objektorientierte Programmierung, Polymorphie.*

Objektmodul *Subst.* (object module)
In der Programmierung der Objektcode – also die kompilierte Version der Quellcodedatei –, der gewöhnlich eine Sammlung von Routinen darstellt und sich in einem Stadium befindet, in dem er mit anderen Objektmodulen gelinkt werden kann. → *siehe auch Linker, Modul, Objektcode.*

objektorientiert *Adj.* (object-oriented)
Eigenschaft von Systemen oder Programmiersprachen, die den Einsatz von Objekten unterstützen. → *siehe auch Objekt.*

objektorientierte Analyse *Subst.* (object-oriented analysis)
Eine Prozedur, bei der die einzelnen Objektkomponenten und Anforderungen eines Systems oder eines Prozesses ermittelt werden und beschrieben wird, wie diese Objekte miteinander kommunizieren, um spezifische Aufgaben durchzuführen. Das Ziel dieser Art der Analyse besteht darin, bereits bestehende Lösungen erneut zu verwenden. Die objektorientierte Analyse geht im allgemeinen einem objektorientierten Entwurf oder einer objektorientierten Programmierung voraus, wenn ein neues objektorientiertes Computersystem oder eine neue Software entwickelt werden soll. → *siehe auch Objekt, objektorientierte Programmierung, objektorientiertes Design.*

objektorientierte Datenbank *Subst.* (object-oriented database)
Ein flexibler Datenbanktyp, der den Einsatz von abstrakten Datentypen, Objekten sowie Klassen unterstützt und eine Vielzahl unterschiedlicher Datenarten speichern kann, neben Texten und Zahlen auch Klänge, Videos und Grafiken. Einige objektorientierte Datenbanken erlauben es, Datenrückgewinnungs-Prozeduren und Datenverarbeitungsregeln zusammen mit den Daten oder anstelle der Daten zu speichern. Auf diese Weise können Daten außerhalb der physikalischen Datenbank untergebracht werden, was häufig wünschenswert ist, wenn die Dateien sehr groß werden, beispielsweise in Verbindung mit Videodateien. → *siehe auch abstrakter Datentyp, Klasse, Objekt.* → *Vgl. relationale Datenbank.*

objektorientierte Grafik *Subst.* (object-oriented graphics)
Form der Computergrafik, die auf der Verwendung von grafischen Primitiven (z.B. Linien, Kurven, Kreisen und Quadraten) basiert. Sie findet sich z.B. in CAD- und Zeichenprogrammen und beschreibt die Erzeugung der Objekte im Bild mathematisch als Satz von Befehlen. Dieses Prinzip hebt sich von Bitmap-Grafiken ab, bei denen eine Grafik als Muster aus einzelnen, gleichwertigen Schwarzweiß- oder Farbpunkten beschrieben wird. Das Prinzip der objektorientierten Grafik ermöglicht es den Benutzern, Objekte als Einheiten manipulieren zu können. Da die Objekte mathematisch beschrieben werden, lassen sie sich relativ einfach in Schichten anordnen, drehen oder vergrößern. → *siehe auch grafische Primitive.* → *auch genannt strukturierte Grafik.* → *Vgl. Bitmap-Grafik, Malprogramm.*

objektorientierte Programmierung *Subst.* (object-oriented programming)
Abkürzung: OOP. Ein Programmiermodell, das ein Programm als Sammlung diskreter Objekte betrachtet, das heißt als in sich abgeschlossene Sammlungen von Datenstrukturen und Routinen, die mit anderen Objekten kommunizieren. → *siehe auch C++, Objective-C, Objekt.*

objektorientiertes Betriebssystem *Subst.* (object-oriented operating system)
Ein Betriebssystem, das auf Objekten basiert und in gewisser Hinsicht so konstruiert ist, daß die Software-Entwicklung durch Fremdhersteller erleichtert wird, die mit der Methode des objektorientierten Designs arbeiten. → *siehe auch Objekt, objektorientiertes Design.*

objektorientierte Schnittstelle *Subst.* (object-oriented interface)
Eine Benutzeroberfläche, bei der Systemelemente durch Entitäten auf dem Bildschirm, beispielsweise durch Symbole, repräsentiert werden. Mit Hilfe dieser Entitäten lassen sich die Systemelemente manipulieren. Zwischen objektorientierten Benutzeroberflächen und objektorientierter Programmierung besteht nicht unbedingt ein Zusammenhang. → *siehe auch objektorientierte Grafik.*

objektorientiertes Design *Subst.* (object-oriented design)
Eine modulare Methode bei der Entwicklung von Softwareprodukten oder Computersystemen, bei der die Module (Objekte) mit geringem Aufwand angepaßt werden können, um einem neuen Bedarf gerecht zu werden. Das objektorientierte Design wird im allgemeinen nach der objektorientierten Analyse des Produkts oder Systems und vor den ersten Programmierarbeiten durchgeführt. → *siehe auch Objekt, objektorientierte Analyse.*

objektrelationaler Server *Subst.* (object-relational server)
Ein Datenbank-Server, der die objektorientierte Verwaltung von komplexen Datentypen in einer relationalen Datenbank unterstützt. → *siehe auch Datenbank-Server, relationale Datenbank.*

OC3 *Subst.*
Abkürzung für »optical carrier 3«, zu deutsch »optischer Träger 3« (die 3 steht für die 3mal höhere Geschwindigkeit gegenüber OC-1). Einer von mehreren optischen Signalschaltkreisen, die in einem SONET-System (Hochgeschwindigkeits-Datenübertragungssystem auf Glasfaserbasis) eingesetzt werden. Bei OC3 wird das Signal mit einer Geschwindigkeit von 155,52 Megabit pro Sekunde (Mbps) transportiert – die minimale Übertragungsgeschwindigkeit, bei der SONET und der europäische Standard SDH eine uneingeschränkte, übergreifende Funktionsfähigkeit aufweisen. → *siehe auch SONET.*

OCR *Subst.*
→ siehe *optische Zeichenerkennung*.

Octet *Subst.* (octet)
Eine Einheit von Daten, die aus exakt 8 bit besteht, unabhängig davon, wie viele Bits ein Computer verwendet, um eine kleine Informationseinheit, z. B. ein Zeichen, darzustellen. → *Vgl. Byte.*

OCX *Subst.*
Abkürzung für »OLE Custom Control«, zu deutsch »benutzerdefiniertes OLE-Steuerelement«. Ein Softwaremodul, das auf den Technologien OLE und COM basiert und nach dem Aufruf von einer Anwendung ein Steuerelement erzeugt, durch das die Anwendung um die gewünschten Leistungsmerkmale erweitert wird. Die OCX-Technologie zeichnet sich durch eine hohe Portabilität zwischen Plattformen aus, sie arbeitet sowohl mit 16-Bit- als auch mit 32-Bit-Betriebssystemen zusammen und kann in Verbindung mit Anwendungen eingesetzt werden. OCX ist der Nachfolger der Technologie VBX (Abkürzung für »Visual Basic Custom Control«, zu deutsch »benutzerdefiniertes Visual-Basic-Steuerelement«), die lediglich Visual-Basic-Anwendungen unterstützt, und bildet die Basis für ActiveX-Steuerelemente. Ein OCX läßt sich in einer Vielzahl von Programmiersprachen entwickeln, obwohl in der Regel Visual C++ eingesetzt wird. OCX wurde von Microsoft entwickelt und ist in der 1996 festgelegten »OLE Controls specification« (OCX 96), zu deutsch »Spezifikation für OLE-Steuerelemente«, enthalten. → *siehe auch ActiveX, COM, OLE, Steuerung, VBX, Visual Basic.*

ODBC *Subst.*
Abkürzung für »open database connectivity«, zu deutsch »offene Datenbankverbindung«. Eine Schnittstelle, die eine allgemeine Sprache zur Verfügung stellt, mit deren Hilfe Windows-Anwendungen auf eine Datenbank im Netzwerk zugreifen können. ODBC ist ein Bestandteil der WOSA-Struktur von Microsoft. → *siehe auch WOSA.*

ODBMG
→ siehe *Object Database Management Group.*

ODER, exklusives *Subst.* (exclusive OR)
→ siehe *exklusives ODER.*

ODER, inklusives *Subst.* (inclusive OR)
→ siehe *OR.*

öffentliche Dateien *Subst.* (public files)
Dateien ohne Zugriffsbeschränkungen.

öffentliche Ordner *Subst.* (public folders)
Die Ordner, die für einen bestimmten Computer oder für einen bestimmten Benutzer in einer Netzwerkumgebung freigegeben sind. → *Vgl. private Ordner.*

öffentliche Rechte *Subst.* (public rights)
Ein Begriff aus dem Bereich des Internet. Der Umfang, in dem Mitglieder der Öffentlichkeit Informationen im Internet verwenden und ablegen dürfen. → *siehe auch Fair Use, Public Domain, Public-Domain-Software.*

öffentlicher Netzbetreiber *Subst.* (common carrier)
Eine Kommunikationsfirma (z. B. eine Telefongesellschaft), die der allgemeinen Öffentlichkeit Dienstleistungen anbietet und der Aufsicht staatlicher Behörden untersteht.

öffentlicher Schlüssel *Subst.* (public key)
Einer von zwei Schlüsseln der Public-Key-Verschlüsselung. Der Benutzer gibt diesen Schlüssel für die Öffentlichkeit frei. Dieser freigegebene Schlüssel kann anschließend zum Entschlüsseln von Nachrichten, die an den Benutzer adressiert sind, und zur digitalen Signatur des Benutzers verwendet werden. → *siehe auch Public-Key-Verschlüsselung.* → *Vgl. privater Schlüssel.*

öffentliches Verzeichnis *Subst.* (public directory)
Ein Verzeichnis auf einem FTP-Server, auf das anonyme Benutzer zugreifen können, um Dateien herunterzuladen oder zu übertragen. Dieses Verzeichnis heißt häufig »/pub«. → *siehe auch Anonymous FTP, FTP, FTP-Server, /pub.*

öffnen *Vb.* (open)
Ein Vorgang, bei dem ein Objekt, z. B. eine Datei, in einen Zustand versetzt wird, in dem auf dieses zugegriffen werden kann.

OEM *Subst.*
→ siehe *Original Equipment Manufacturer.*

OFC *Subst.*
→ *siehe Open Financial Connectivity.*

offene Architektur *Subst.* (open architecture)
Beschreibt einen Computer oder eine periphere Einrichtung, deren Spezifikationen veröffentlicht wurden. Dadurch wird es Fremdherstellern ermöglicht, für derartige Geräte Zusatzhardware zu entwickeln. → *Vgl. geschlossene Architektur.*
Der Begriff kann sich auch auf das Design eines Computers beziehen, der auf der Hauptplatine über Steckplätze verfügt und damit die Erweiterung oder Anpassung des Systems zuläßt. → *Vgl. geschlossene Architektur.*

offener Standard *Subst.* (open standard)
Ein öffentlicher, verfügbarer Satz an Spezifikationen, die die Merkmale einer Hardware oder Software beschreiben. Standards werden im allgemeinen veröffentlicht, um die Zusammenarbeit mit anderen Geräten sowie die Unterstützung durch andere Hersteller zu fördern und neue Techniken auf dem Markt bekanntzumachen und durchzusetzen. → *siehe auch Standard.*

offenes System *Subst.* (open system)
In der Kommunikationstechnik ein Computernetzwerk, das zur Einbindung aller Geräte – unabhängig vom Hersteller oder Modell – vorgesehen ist, die die gleichen Kommunikationseinrichtungen und Protokolle verwenden.
In bezug auf Hardware und Software bezeichnet dieser Begriff ein System, in dem sich Zusatzprodukte integrieren lassen, die von Fremdherstellern entwickelt wurden. → *siehe auch offene Architektur.*

Office-Paket *Subst.* (suite)
Eine Gruppe von Anwendungsprogrammen, die als Paket verkauft wird – in der Regel zu einem niedrigeren Preis als die einzeln verkauften Anwendungsprogramme. Eine Zusammenstellung für den Büroeinsatz könnte beispielsweise Programme für Textverarbeitung, Tabellenkalkulation, Datenbank-Management und Kommunikation enthalten. → *siehe Protokollstapel.*

offline *Adj.*
Der Zustand, in dem ein Gerät nicht mit einem Computer kommunizieren oder von diesem gesteuert werden kann. → *Vgl. online.*

In bezug auf einen oder mehrere Computer ein Zustand, bei dem keine Verbindung zum Netzwerk besteht. → *Vgl. online.*

Offline-Browser *Subst.* (offline navigator)
Software, mit der sich E-Mail, Web-Seiten, Newsgroup-Beiträge oder Beiträge aus anderen Online-Foren empfangen und auf der lokalen Festplatte speichern lassen. Die Daten können dann in aller Ruhe betrachtet und bearbeitet werden, ohne daß Telefongebühren für die Verbindung zum Internet oder Online-Dienst anfallen. → *auch genannt Offline-Reader.*

Offline-Reader *Subst.* (offline reader)
→ *siehe Offline-Browser.*

Offline-Speicher *Subst.* (offline storage)
Ein Speichermedium, auf das das System derzeit keinen Zugriff hat. Ein Beispiel ist eine Diskette, die in einer Diskettenbox aufbewahrt wird.

Offloading *Vb.* (offload)
Das Übernehmen eines Teils der Verarbeitungsdienste eines anderen Geräts. Beispielsweise können einige Gateways, die an ein lokales Netzwerk (LAN) angeschlossen sind, die TCP/IP-Verarbeitung des Host-Computers übernehmen, wodurch der Host-Prozessor entlastet und seine Datenverarbeitungskapazität deutlich erhöht wird. → *siehe auch CPU, Gateway, Host, TCP/IP.*

Offset *Subst.* (offset)
In relativen Adressierungsmodi eine Zahl, die die Entfernung eines bestimmten Elements von einem Startpunkt angibt. → *siehe auch relative Adresse.*

off-the-shelf *Adj.*
Zu deutsch »aus dem Regal«; Eigenschaft einer Hardware oder Software, die gebrauchsfertig ist und verpackt vorliegt.

Ohm *Subst.* (ohm)
Die Maßeinheit des elektrischen Widerstands. Bei einem Widerstand von 1 Ohm fließt ein Strom mit der Stärke von 1 Ampere, wenn eine Spannung von 1 Volt angelegt wird.

ohne Waitstates *Subst.* (zero wait state)
Die Eigenschaft eines Hauptspeichers (RAM), über so kurze Zugriffszeiten zu verfügen, daß keine

Waitstate-Zyklen erforderlich sind. → *siehe auch Waitstate.*

ohne Zeilensprung *Adj.* (noninterlaced)
Beschreibt eine Anzeigemethode auf Raster-scan-Monitoren, bei der der Elektronenstrahl jede Zeile auf dem Schirm einmal während ein und desselben Refresh-Zyklus durchläuft. → *Vgl. Zeilensprungverfahren.*

.oh.us
Im Internet ein Kürzel für die übergreifende Länder-Domäne, die eine Adresse in Ohio in den Vereinigten Staaten angibt.

oktal *Subst.* (octal)
Abgeleitet aus dem lateinischen Begriff »octa«, zu deutsch »acht«. Eigenschaft von Zahlen, die sich auf das Zahlensystem zur Basis 8 – das Oktalsystem – beziehen. Das Oktalsystem kennt 8 Ziffern (0 bis 7) und wird bei der Programmierung eingesetzt, um binäre Zahlen in einer kompakteren Form darzustellen. Eine Umrechnungstabelle findet sich in Anhang E. → *siehe auch Basis.*

.ok.us
Im Internet ein Kürzel für die übergreifende Länder-Domäne, die eine Adresse in Oklahoma in den Vereinigten Staaten angibt.

OLAP *Subst.*
→ *siehe OLAP-Datenbank.*

OLAP-Datenbank *Subst.* (OLAP database)
Abkürzung für »**o**nline **a**nalytical **p**rocessing **d**ata**base**«, zu deutsch »Datenbank mit analytischer Online-Verarbeitung«. Ein relationales Datenbanksystem, das komplexere Abfragen als ein herkömmliches Datenbanksystem erlaubt. Dies wird durch einen mehrdimensionalen Zugriff auf die Daten (Betrachtung der Daten durch mehrere, verschiedene Kriterien), intensive Berechnungsfunktionen und spezialisierte Indizierungstechniken erreicht. → *siehe auch Abfrage, Datenbank, relationale Datenbank.*

OLE *Subst.*
Abkürzung für »**o**bject **l**inking and **e**mbedding«, zu deutsch »Verknüpfen und Einbetten von Objekten«. Eine Technologie zum Austausch und zur gemeinsamen Nutzung von Daten zwischen verschiedenen Anwendungen. Beim Verknüpfen eines Objekts (z.B. einer Grafik, die mit einem Malprogramm angefertigt wurde) mit einem zusammengesetzten Dokument (z.B. einem Tabellenblatt oder einem Textdokument), enthält das Objekt lediglich einen Verweis auf das Objekt. Alle Änderungen am Inhalt eines verknüpften Elements wirken sich unmittelbar auf das zusammengesetzte Dokument aus. Beim Einbetten enthält das Dokument dagegen eine vollständige Kopie des Objekts; alle Änderungen am Original-Objekt werden erst dann in das Dokument übernommen, wenn dieses aktualisiert wird.

OLTP
Abkürzung für »**o**nline **t**ransaction **p**rocessing«, zu deutsch »sofortige Durchführung von Transaktionen«. Ein System, das Transaktionen in einem Datenbanksystem unmittelbar durchführt, nachdem die entsprechenden Daten eingetroffen sind, und die Stammdatei ebenfalls sofort aktualisiert. Der Einsatz von OLTP ist z.B. in Finanzsystemen und Lagerverwaltungssystemen sinnvoll. → *siehe auch Datenbank-Managementsystem, transaktionale Verarbeitung.* → *Vgl. Stapelverarbeitung.*

.om
Im Internet ein Kürzel für die übergreifende Länder-Domäne, die eine Adresse in Oman angibt.

OM-1 *Subst.*
→ *siehe OpenMPEG Consortium.*

OMA *Subst.*
Abkürzung für »**O**bject **M**anagement **A**rchitecture«, zu deutsch »Objektverwaltungs-Architektur«. Eine von der OMG (Object Management Group) entwickelte Definition für eine objektorientierte Verarbeitung in verteilten Umgebungen. OMA schließt die Spezifikation CORBA (Common Object Request Broker Architecture) ein. → *siehe auch CORBA, Object Management Group.*

Onboard-Computer *Subst.* (on-board computer)
Ein Computer, der innerhalb eines anderen Geräts eingebaut ist.

.on.ca
Im Internet ein Kürzel für die übergreifende Länder-Domäne, die eine Adresse in Ontario in Kanada angibt.

On-Chip-Cache *Subst.* (on-chip cache)
→ *siehe L1-Cache.*

online *Adj.*
In bezug auf ein Gerät oder ein Programm eine Eigenschaft, die angibt, daß das Gerät aktiviert und betriebsbereit ist. Das Gerät bzw. Programm kann mit anderen Komponenten kommunizieren oder von einem Computer gesteuert werden. → *Vgl. offline.*
Im Zusammenhang mit mehreren Computern bedeutet »online«, daß eine Verbindung zu einem Netzwerk besteht. → *Vgl. offline.*
Benutzer sind online, wenn sie mit dem Internet, einem Online-Dienst, einer Mailbox (BBS) oder einem anderen Computer (per Modem-Direktanschluß) verbunden sind.
Außerdem wird von »online« gesprochen, wenn Benutzer generell die Möglichkeit haben, sich in das Internet, in eine Mailbox oder ein anderes Kommunikationssystem einzuwählen, sie also über ein Benutzerkonto und weitere Mittel verfügen, über die sie die Verbindung aufnehmen können. Der Begriff »online« impliziert in diesem Zusammenhang folglich nicht, daß sich die Benutzer augenblicklich im Netz befinden.

Online Analytical Processing *Subst.* (online analytical processing)
→ *siehe OLAP-Datenbank.*

Online-Dienst *Subst.* (online information service)
Ein kommerzielles System, das Zugriffe auf Datenbanken, Dateiarchive, Konferenzen, Chat-Gruppen und andere Informationsformen ermöglicht. Online-Dienste können mit Hilfe von Wählverbindungen, Standleitungen oder über das Internet erreicht werden. Die meisten Online-Dienste treten außerdem als Netzbetreiber auf und bieten neben den eigenen, proprietären Diensten einen Zugang zum Internet an. Die größten Online-Dienste in den USA für Endanwender sind AOL (America Online), CompuServe und MSN (The Microsoft Network). In Deutschland stellt T-Online den größten Online-Dienst dar, gefolgt von AOL und CompuServe.

Online-Gemeinde *Subst.* (online community)
Alle Benutzer, die im Internet und World Wide Web präsent sind.
»Online-Gemeinde« bezeichnet außerdem eine lokale Gemeinschaft, die politische Foren online plaziert, um so lokale Politik und regionale öffentliche Interessen zu diskutieren.
Des weiteren werden Mitglieder einer Newsgroup, einer Verteilerliste, eines MUD, einer Mailbox (BBS) oder eines anderen Online-Forums (oder Online-Gruppe) als »Online-Gemeinde« bezeichnet. → *siehe auch MUD, Newsgroup, Verteilerliste.*

Online-Hilfe *Subst.* (online help)
→ *siehe Hilfe.*

Online-Service *Subst.* (online service)
→ *siehe Online-Dienst.*

Online-Status *Subst.* (online state)
Der Status eines Modems, wenn es mit anderen Modems kommuniziert. → *Vgl. Befehlsmodus.*

Online Transaction Processing *Subst.* (online transaction processing)
→ *siehe OLTP.*

on the fly *Adv.*
Wörtlich übersetzt: »im Flug«. Das Durchführen von Aufgaben oder Prozessen je nach Bedarf, ohne daß andere Operationen unterbrochen oder gestört werden. Beispielsweise wird häufig gesagt, daß ein HTML-Dokument »on the fly« editiert werden kann, da sich der Inhalt des Dokuments überarbeiten läßt, ohne daß die Website, auf der sich dieses Dokument befindet, heruntergefahren oder neu erstellt werden muß. → *siehe auch HTML-Dokument, Website.*

OO *Adj.*
→ *siehe objektorientiert.*

OOP *Subst.*
→ *siehe objektorientierte Programmierung.*

Opcode *Subst.* (opcode)
→ *siehe Operation Code.*

OpenDoc *Subst.*
Ein objektorientiertes API (Application Programming Interface), das es mehreren, unabhängigen Programmen (der sog. Component-Software) auf verschiedenen Plattformen ermöglicht, ein und

dasselbe Dokument (das zusammengesetzte Dokument) gemeinsam zu bearbeiten. OpenDoc ist mit OLE vergleichbar und erlaubt es, in ein Dokument Grafiken, Sounds, Videos, andere Dokumente und andere Dateien einzubetten oder diese mit ihm zu verknüpfen. OpenDoc wird von einer Allianz unterstützt, die sich u.a. aus Apple, IBM, OMG (Object Management Group) und dem X Consortium zusammensetzt. → *siehe auch Anwendungs-Programmierschnittstelle, Modulbibliothek.* → *Vgl. ActiveX, OLE.*

Open Financial Connectivity *Subst.*
Abkürzung: OFC. Von Microsoft entwickelte Spezifikation, die eine Schnittstelle zwischen elektronischen Bankdiensten und der Finanzsoftware Microsoft Money definiert.

Open Group *Subst.*
Ein Konsortium aus Hardware- und Softwareherstellern sowie Computerbenutzern, die aus der Industrie, der Regierung und akademischen Kreisen kommen. Die Open Group widmet sich der Förderung von herstellerübergreifenden Informationssystemen und wurde 1996 als Zusammenschluß der OSF (Open Software Foundation) und der X/Open Company Limited gegründet.

OpenMPEG Consortium *Subst.*
Ein internationaler Verband, der sich aus Hardware- und Softwareherstellern zusammensetzt und den Einsatz von MPEG-Standards fördert. → *siehe auch MPEG.*

Open Shop *Subst.* (open shop)
Zu deutsch: »offene Werkstatt/Abteilung«. Eine Computereinrichtung, die für Benutzer zur Verfügung steht und nicht auf Programmierer oder anderes Personal beschränkt ist. In einer derartigen Einrichtung können Benutzer eigenverantwortlich an der Lösung von Computerproblemen arbeiten und müssen diese nicht einem Spezialisten überlassen.

Open Shortest Path First *Subst.*
→ *siehe OSPF.*

Open Software Foundation *Subst.*
→ *siehe OSF.*

Open Systems Interconnection model *Subst.*
→ *siehe ISO/OSI-Schichtenmodell.*

Operand *Subst.* (operand)
Das Objekt einer mathematischen Operation oder eines Computerbefehls.

Operand, direkter *Subst.* (immediate operand)
→ *siehe direkter Operand.*

Operation *Subst.* (operation)
Eine spezifische Aktion, die ein Computer im Rahmen des derzeit laufenden Programms durchführt. In der Mathematik stellt eine Operation eine Aktion dar, die auf einen Satz an Entitäten angewandt wird und dabei eine neue Entität erzeugt. Beispiele für mathematische Operationen sind Addition und Subtraktion.

Operation, arithmetische *Subst.* (arithmetic operation)
→ *siehe arithmetische Operation.*

Operation, asynchrone *Subst.* (asynchronous operation)
→ *siehe asynchrone Operation.*

Operation Code *Subst.* (operation code)
Abkürzung: Opcode. Der Teil eines Maschinensprache- oder Assembler-Befehls, der den Befehlstyp und die Struktur der Daten festlegt, auf die er sich bezieht. → *siehe auch Assembler-Sprache, Maschinencode.* → *auch genannt Opcode.*

Operation, globale *Subst.* (global operation)
→ *siehe globale Operation.*

Operation, komplementäre *Subst.* (complementary operation)
→ *siehe komplementäre Operation.*

Operation, logische *Subst.* (logic operation)
→ *siehe logische Operation.*

Operation, parallele *Subst.* (concurrent operation)
→ *siehe parallel.*

Operationsforschung *Subst.* (operations research)
Der Einsatz von mathematischen und wissenschaftlichen Verfahren, um die Effizienz in der Ge-

schäftswelt, Verwaltung, Regierung und anderen Bereichen zu analysieren und zu verbessern. Die ersten Verfahren wurden zu Beginn des Zweiten Weltkriegs entwickelt und dienten zur Optimierung der militärischen Operationen während des Krieges. Diese Verfahren wurden später auf geschäftliche und industrielle Bereiche ausgedehnt und als Mittel eingesetzt, Systeme und Prozeduren aufzugliedern sowie ihre Bestandteile und deren Wechselwirkungen im Hinblick auf eine Steigerung der Gesamtleistungsfähigkeit zu untersuchen und zu verbessern. Zur Operationsforschung gehören die Netzplanmethode, statistische Verfahren, die Wahrscheinlichkeitsrechnung und die Informationstheorie.

Operation, synchrone *Subst.* (synchronous operation)
→ *siehe synchrone Operation.*

Operation, unteilbare *Subst.* (atomic operation)
→ *siehe unteilbare Operation.*

Operation, verschachtelte *Subst.* (nested transaction)
→ *siehe verschachtelte Operation.*

Operator *Subst.* (operator)
In der Mathematik, in der Programmierung und innerhalb von Computeranwendungen ein Symbol oder ein anderes Zeichen zur Kennzeichnung einer Operation, die auf ein oder mehrere Elemente anzuwenden ist. → *siehe auch binary, unär.*
Ein Operator ist ferner eine Person, die eine Maschine oder ein System steuert, z.B. einen Computer oder eine Telefonzentrale.

Operator, arithmetischer *Subst.* (arithmetic operator)
→ *siehe arithmetischer Operator.*

Operator, Boolescher *Subst.* (Boolean operator)
→ *siehe Boolescher Operator.*

Operator, logischer *Subst.* (logical operator)
→ *siehe logischer Operator.*

Operator-Rangfolge *Subst.* (operator precedence)
Die Prioritäten der verschiedenen Operatoren in einem Ausdruck. Gewöhnlich werden die Operatoren mit der höchsten Rangfolge zuerst aufgelöst, dann die Operatoren der zweithöchsten Rangfolge usw. Durch Setzen von Klammern kann dieses Regelwerk jedoch entsprechend durchbrochen werden. → *siehe auch Assoziativität, Ausdruck, Operator.*

Operator, relationaler *Subst.* (relational operator)
→ *siehe relationaler Operator.*

Operator, unärer *Subst.* (unary operator)
→ *siehe unärer Operator.*

optimierender Compiler *Subst.* (optimizing compiler)
Ein Compiler, der seinen erzeugten Code (Assemblersprache oder Maschinencode) analysiert, um effizientere (kleinere oder/und schnellere) Befehlssequenzen zu erzeugen, so daß die Programme so kompakt wie möglich werden bzw. so schnell wie möglich laufen.

Optimierung *Subst.* (optimization)
In der Programmierung die Erzeugung effizienterer (kleinerer oder schnellerer) Programme durch die entsprechende Auswahl und Gestaltung von Datenstrukturen, Algorithmen und Befehlssequenzen.
In Verbindung mit einem Compiler oder Assembler bezieht sich »Optimierung« auf einen Vorgang, bei dem ein effizienter, ausführbarer Code erzeugt wird. → *siehe auch optimierender Compiler.*

Optimizer *Subst.* (optimizer)
Ein Programm oder Gerät, das die Leistungsfähigkeit eines Computers, Netzwerks oder eines anderen Geräts bzw. Systems verbessert. Beispielsweise reduziert ein Disk Optimizer die Datei-Zugriffszeit.

Optionen *Subst.* (Options)
→ *siehe Einstellungsmenü.*

Optionsfeld *Subst.* (radio button)
In grafischen Benutzeroberflächen ein Mittel zur Auswahl einer von mehreren Möglichkeiten (Optionen) in einem Dialogfeld. Das Symbol eines Optionsfeldes ist ein kleiner Kreis, der im ausgewählten Zustand einen kleineren, ausgefüllten Kreis im Inneren zeigt und ansonsten leer ist. In

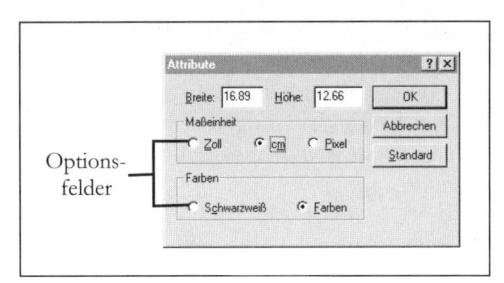

Optionsfeld

ihrer Funktion sind Optionsfelder den Stationsknöpfen eines Autoradios (engl.: radio button) ähnlich: Drückt man auf einen Knopf, so springt der zuletzt gewählte Knopf in die Ausgangsstellung zurück. Ebenso kann bei den Optionsfeldern zu einem bestimmten Zeitpunkt nur eine der Optionen der Gruppe ausgewählt werden. Soll statt dessen mehr als eine Option gleichzeitig gewählt werden können, werden Kontrollkästchen verwendet. → *Vgl. Kontrollkästchen.*

Optionstaste *Subst.* (Option key)
Eine Taste auf Apple-Macintosh-Tastaturen, die bei gemeinsamer Verwendung mit einer anderen (Zeichen-)Taste ein Sonderzeichen erzeugt – (z. B. Kästchen), internationale Zeichen (z. B. Währungssymbole) und spezielle Satzzeichen (z. B. Gedankenstriche). Die Optionstaste erfüllt etwa die gleiche Funktion wie die auf IBM-kompatiblen Tastaturen vorhandene Strg- oder Alt-Taste, die ebenfalls die Bedeutung einer zusätzlich gedrückten Taste verändert.

optische Disc *Subst.* (optical disc)
→ *siehe Compact Disc.*

optische Erkennung *Subst.* (optical recognition)
→ *siehe optische Zeichenerkennung.*

optische Kommunikation *Subst.* (optical communications)
Der Einsatz von Licht und lichtübertragenden Technologien, z. B. Glasfaserkabeln und Lasern, beim Senden und Empfangen von Daten, Bildern und Sounds.

optische Maus *Subst.* (optical mouse)
Ein Maustyp, bei dem die Bewegungserkennung mit Hilfe eines LED-Paares und einer speziellen Mausunterlage (Mauspad) mit reflektierendem Gittermuster realisiert wird. Die beiden Lichtquellen in der Maus strahlen in verschiedenen Farben, die dem Gitter auf dem Mauspad entsprechen – eine Farbe für vertikale Linien und eine andere für horizontale. Die LEDs sind mit speziellen Lichtdetektoren gekoppelt, die darauf ansprechen, wenn ein Farbstrahl auf eine Linie mit der gleichen Farbe trifft. Aus diesen Impulsen lassen sich Rückschlüsse über Richtung und Geschwindigkeit der Mausbewegung ziehen. → *siehe auch Maus.*
→ *Vgl. mechanische Maus, optomechanische Maus.*

optischer Leser *Subst.* (optical reader)
Ein Gerät, das Texte von einem bedruckten Blatt Papier durch Erfassen der Helligkeitsunterschiede einliest und anschließend Methoden der optischen Zeichenerkennung zur Identifizierung der Zeichen anwendet. → *siehe auch optische Zeichenerkennung.*

optischer Scanner *Subst.* (optical scanner)
Ein Eingabegerät, das mit Hilfe lichtempfindlicher Bauelemente die Papieroberfläche oder ein anderes Medium abtastet und die Muster aus hellen und dunklen (oder farbigen) Stellen in digitale Signale umsetzt. Die erfaßten Muster lassen sich mit entsprechender Software im Computer weiterverarbeiten – in grafischer Form oder zum Zweck der Zeichenerkennung. Es gibt eine Reihe unterschiedlicher Scannertypen, die sich im wesentlichen durch das Prinzip unterscheiden, wie die einzuscannende Vorlage befestigt bzw. transportiert wird: Beim Flachbettscanner wird die Vorlage mit der bedruckten Seite nach unten auf einer Glasoberfläche fixiert, und der Abtastmechanismus bewegt sich unter der Glasoberfläche über die Vorlage. Der Einzug-Scanner, der z. B. bei Faxgeräten eingesetzt wird, zieht das Papier ein und bewegt es über einen stationären Scanmechanismus. Beim Hand-Scanner, einem etwa handgroßen Gerät, wird die Vorlage mit der bedruckten Seite nach oben auf die Schreibtischoberfläche gelegt und der Scanner mit der Hand streifenweise über die Vorlage bewegt. Auch der Overhead-Scanner setzt eine Fixierung des Dokuments mit der bedruckten Seite nach oben voraus, wobei diese von einer turmähnlichen Einheit abgetastet wird, die sich über das Dokument bewegt. → *Vgl. dreidimensionaler Scanner, Magnetschrifterkennung.*

optisches Laufwerk *Subst.* (optical drive)
Ein Laufwerk, das Daten von optischen (Compact) Discs lesen kann. Bestimmte Gerätetypen können auch Daten schreiben. Beispiele für optische Laufwerke sind CD-ROM- und WORM-Laufwerke.
→ *siehe auch CD-ROM, optische Disc, WORM.*

Optisches Laufwerk

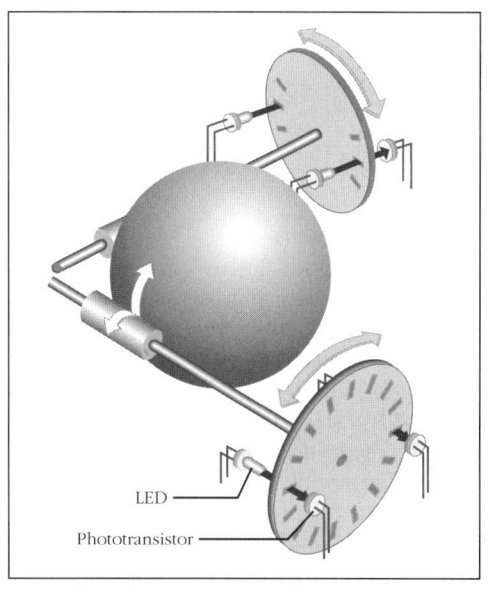

Optomechanische Maus: Innenansicht

optische Zeichenerkennung *Subst.* (optical character recognition)
Abkürzung: OCR. Der Vorgang, bei dem ein elektronisches Gerät (Scanner oder optischer Leser) gedruckte Zeichen auf dem Papier untersucht und durch Auswertung der eingelesenen Helligkeitswerte ihre Formen bestimmt. Nach dem Einlesevorgang werden Methoden der Zeichenerkennung angewandt, um die Formen in editierbare Textzeichen umzuwandeln. → *siehe auch Zeichenerkennung.* → *Vgl. Magnetschrifterkennung.*

Optoelektronik *Subst.* (optoelectronics)
Teilgebiet der Elektrotechnik, in dem die Eigenschaften und das Verhalten von Licht untersucht werden. Die Optoelektronik beschäftigt sich mit elektronischen Bauelementen, die elektromagnetische Strahlung im infraroten, sichtbaren und ultravioletten Bereich des elektromagnetischen Spektrums erzeugen, wahrnehmen, übertragen und modulieren.

optomechanische Maus *Subst.* (optomechanical mouse)
Ein Maustyp, bei dem die Bewegung durch eine Kombination von optischen und mechanischen Mitteln in Richtungssignale umgewandelt wird. Zum optischen Teil gehören zwei LED-Paare mit entsprechenden Sensoren. Der mechanische Teil besteht aus drehbaren Lochscheiben. Bei der Bewegung der Maus dreht sich die Rollkugel, die wiederum die Lochscheiben in Drehung versetzt. Das Licht der LEDs passiert, je nach augenblicklicher Position der Scheiben, entweder die Löcher und wird von einem Sensor erkannt oder es wird von den Scheiben reflektiert. Die von den Sensoren festgestellten Lichtwechsel lassen sich als Bewegungsimpulse weiterverarbeiten. An jeder Lochscheibe befinden sich jeweils zwei LEDs und Sensoren, die leicht gegeneinander versetzt angebracht sind, so daß sich die Bewegungsrichtung aus der Reihenfolge ergibt, in der die zusammengehörigen Sensoren den Lichtkontakt melden. Durch die eingesetzte Optik entfallen die durch Abnutzung bedingten Reparaturen und Wartungsarbeiten, wie sie bei rein mechanischen Mäusen erforderlich sind. Optomechanische Mäuse kommen zudem ohne spezielle Mausunterlage aus, wie sie bei optischen Mäusen erforderlich ist. → *siehe auch Maus.* → *Vgl. mechanische Maus, optische Maus.*

OR *Subst.*
Eine logische Operation für die Verknüpfung zweier Bits (0 oder 1) oder zweier Boolescher Werte (falsch oder wahr). Wenn mindestens einer der beiden Werte 1 (wahr) ist, gibt OR den Wert 1 (wahr) zurück.

a	b	a OR b
0	0	0
0	1	1
1	0	1
1	1	1

Orange Book *Subst.*
Zu deutsch »oranges Buch«. Ein vom US-amerikanischen Verteidigungsministerium (U.S. Department of Defense, DoD) herausgegebenes Standardisierungsdokument, das mit »Trusted Computer System Evaluation Criteria, DoD standard 5200.28-STD, December, 1985« (zu deutsch »Bewertungskriterien für vertrauliche Computersysteme, DoD-Standard 5200.28-STD, Dezember 1985«) betitelt ist. Es definiert ein System mit mehreren Sicherheitsstufen, die von A1 (höchste Sicherheitsstufe) bis D (niedrigste Sicherheitsstufe) reichen und jeweils die Fähigkeit angeben, die ein Computersystem aufweisen muß, um den Schutz der gefährdeten Daten sicherzustellen. → *Vgl. Red Book.* »Orange Book« ist außerdem eine Spezifikation, die von den Firmen Sony und Philips herausgegeben wurde und die Formate für einmal beschreibbare CDs (CD-R und PhotoCD) festlegt. → *siehe auch CD-R, ISO 9660, PhotoCD.* → *Vgl. Green Book, Red Book.*

ORB *Subst.*
Abkürzung für »object request broker«, zu deutsch »Objektanforderungs-Vermittler«. In Client-Server-Anwendungen eine Schnittstelle, an die die Clients eine Objektanforderung richten. Der ORB leitet die Anforderung an den Server weiter, der das Objekt enthält, und gibt anschließend die Ergebniswerte an den Client zurück. → *siehe auch CORBA.*

Ordinalzahl *Subst.* (ordinal number)
Auch als »Ordnungszahl« bezeichnet. Eine Zahl, die die Position eines Elements in einer geordneten Folge angibt, z.B. »1« für die 1. Position, »50« für die 50. Position usw. → *Vgl. Kardinalzahl.*

ordnen *Vb.* (order)
In einer Folge zusammenstellen, z.B. nach einem alphabetischen oder numerischen Prinzip.

Ordner *Subst.* (folder)
Im Mac OS, Windows 95 und in anderen Betriebssystemen ein Container für Programme und Dateien in grafischen Benutzeroberflächen, der auf dem Bildschirm durch ein grafisches Bild (Icon) eines Dateiordners symbolisiert wird. In anderen Systemen, z.B. MS-DOS und UNIX wird dieser Container als Verzeichnis bezeichnet. Bei einem Ordner handelt es sich um ein Mittel für die Organisation von Programmen und Dokumenten auf einer Diskette, und er kann sowohl Dateien als auch zusätzliche Ordner enthalten. Der Ordner wurde zum ersten Mal 1983 bei Apple Computer's Lisa und 1994 bei Apple Macintosh kommerziell eingesetzt. → *siehe auch Verzeichnis.*

Ordner, gemeinsamer *Subst.* (shared folder)
→ *siehe gemeinsamer Ordner.*

Ordner, gesperrte *Subst.* (disabled folders)
→ *siehe gesperrte Ordner.*

Ordner, öffentliche *Subst.* (public folders)
→ *siehe öffentliche Ordner.*

Ordner, private *Subst.* (private folders)
→ *siehe private Ordner.*

Ordnung *Subst.* (order)
In bezug auf Datenbanken ist die Wertigkeit eine Größe, die die Anzahl der in der Datenbank pro Datensatz enthaltenen Felder angibt.

.org
Im Domain Name System (DNS) des Internet die Top-Level-Domäne von Organisationen, die zu keiner der anderen Standard-Domänen passen. Beispielsweise hat das US-amerikanische *Public Broadcasting System* (PBS) die Internet-Adresse pbs.org, da es weder ein kommerzielles, profitorientiertes Unternehmen (.com), noch eine Bildungsinstitution mit eingeschriebenen Studenten (.edu) ist. Die Kennzeichnung .org erscheint am Ende der Adresse. → *siehe auch DNS, Domäne.* → *Vgl. .com, .edu, .gov, .mil, .net.*

originale Macintosh-Tastatur *Subst.* (original Macintosh keyboard)
Die Tastatur, die standardmäßig mit dem 128-

Kilobyte-Apple Macintosh sowie dem Macintosh 512K ausgeliefert wurde. Diese Tastatur ist klein und besitzt weder einen numerischen Tastenblock noch Funktionstasten. Da beim Gesamtkonzept des Apple Macintosh eine gewisse Vertrautheit angestrebt wurde, unterscheidet sich diese 58-Tasten-Tastatur von einer gewöhnlichen Schreibmaschinentastatur lediglich durch die zusätzlichen Optionstasten an beiden Enden der untersten Tastenreihe, die Befehlstaste links neben der Leertaste sowie die zusätzliche Eingabetaste rechts neben der Leertaste.

Originale Macintosh-Tastatur

Original Equipment Manufacturer *Subst.* (original equipment manufacturer)
Abkürzung: OEM. Ein Hersteller, dessen Produkte unter einer Bezeichnung als Einheit verkauft werden. Bei der Fertigung von Computern und anderen Geräten kaufen OEMs typischerweise Komponenten anderer Hersteller, integrieren sie unverändert (also im Original, daher der Begriff) in ihre eigenen Produkte und verkaufen die daraus entstandenen Gesamtpakete an Endkunden. → *Vgl. Value-Added Reseller.*

Ort (im Speicher) *Subst.* (location)
→ *siehe adressieren.*

.or.us
Im Internet ein Kürzel für die übergreifende Länder-Domäne, die eine Adresse in Oregon in den Vereinigten Staaten angibt.

OS *Subst.*
→ *siehe Betriebssystem.*

OS/2 *Subst.*
Ein Multitasking-Betriebssystem, das im Protected Mode läuft und virtuellen Speicher unterstützt. Es läßt sich auf Computern mit einem der Intel-Prozessoren 80286, 80386, i486 und Pentium oder einem vergleichbaren Prozessor einsetzen. OS/2 kann die meisten MS-DOS-Anwendungen ausführen und alle MS-DOS-Diskettenformate lesen. Zu den wichtigsten Bestandteilen von OS/2 gehören der Presentation Manager (der eine grafische Benutzeroberfläche zur Verfügung stellt) und der LAN-Manager, der Funktionen für die Arbeit im Netzwerk bereitstellt. OS/2 wurde ursprünglich als gemeinsames Projekt von Microsoft und IBM entwickelt, ist aber jetzt ein reines IBM-Produkt. → *siehe auch Protected Mode, virtueller Speicher.*

OSF *Subst.*
Abkürzung für »Open Software Foundation«, zu deutsch »Stiftung für offene Software«. 1988 gegründetes, nicht profitorientiertes Konsortium, das sich aus diversen Firmen zusammensetzt (z.B. DEC, Hewlett Packard und IBM). Die OSF fördert Standards und Spezifikationen für Programme, die unter dem Betriebssystem UNIX laufen, und lizenziert Software (als Quellcode) an seine Mitglieder. Zu den OSF-Produkten gehören u.a. DCE (Distributed Computing Environment), die grafische Benutzeroberfläche Motif und das UNIX-Derivat OSF/1.

OSI *Subst.*
→ *siehe ISO/OSI-Schichtenmodell.*

OSPF *Subst.*
Abkürzung für »Open Shortest Path First«, zu deutsch »Öffne zuerst den kürzesten Pfad«. Ein Routing-Protokoll für IP-Netzwerke, z.B. das Internet, das es einem Router erlaubt, den kürzesten Pfad zu jedem Knoten zu berechnen, um Nachrichten zu senden. Ein Router überträgt dabei Informationen hinsichtlich der Knoten, mit denen er verbunden ist (sog. »Link-Status-Anzeigen«), an andere Router im Netzwerk. Diese Link-Status-Informationen werden auf den einzelnen Router in einer Tabelle gespeichert und entsprechend aktualisiert. Mit Hilfe dieser Tabelle führt ein Router die Berechnungen aus. → *siehe auch Knoten, Pfad, Protokoll, Router.*

Osterei *Subst.* (Easter egg)
Eine verborgene Funktion eines Computerprogramms. Es kann sich hierbei um einen verborgenen Befehl, eine Animation, eine humorvolle

Nachricht oder um eine Liste der Mitarbeiter handeln, die das Programm erstellt haben. Um ein Osterei anzeigen zu können, müssen manchmal komplexe Tastenkombinationen verwendet werden.

Oszillator *Subst.* (oscillator)
Eine elektronische Schaltung, die ein sich periodisch änderndes Ausgangssignal bei geregelter Frequenz erzeugt. Oszillatoren gehören zu den wichtigsten Grundschaltungen in der Elektronik. Sie lassen sich sowohl für konstante als auch für einstellbare Ausgangssignale aufbauen. In einigen Oszillatorschaltungen wird ein Quarzkristall eingesetzt, um eine stabile Frequenz zu erzeugen. In Personal Computern liefern Oszillatoren die Taktfrequenz für den Prozessor und andere Schaltungen. Die hierbei erzeugten Frequenzen liegen in der Regel im Bereich von 1 bis 50 Megahertz (MHz).

Oszilloskop *Subst.* (oscilloscope)
Ein Test- und Meßinstrument, das mit einem Schirm ausgestattet ist, auf dem das elektrische Signal optisch dargestellt wird. Am häufigsten werden Oszilloskope für die Anzeige eines Spannungsverlaufs über einen bestimmten Zeitraum eingesetzt. → *auch genannt Kathodenstrahl-Oszilloskop.*

OTOH
Abkürzung für »on the other hand«, zu deutsch »Auf der anderen Seite«. Eine Abkürzung, die häufig in E-Mail, Internet-Nachrichten und Diskussionsgruppen verwendet wird.

Outbox *Subst.*
In vielen E-Mail-Anwendungen der standardmäßige elektronische Briefkasten, in dem das Programm die abgesendeten Nachrichten speichert. → *siehe auch E-Mail, Mailbox.* → *Vgl. Inbox.*

Outer Join *Subst.* (outer join)
Ein Operator aus der relationalen Algebra, also ein Operator für den Umgang mit relationalen Datenbanken. Der Outer-Join-Operator führt eine erweiterte Verbindungsoperation (extended join) durch, bei der die Zeilen (Tupel) in einer Relation (Tabelle), die keine Entsprechung in der zweiten Tabelle aufweisen, in der Ergebnistabelle mit reinen Nullwerten verknüpft werden. → *Vgl. Inner Join.*

Outsourcing *Subst.* (outsourcing)
Die Übertragung von Aufträgen an unabhängige Unternehmer, z.B. selbständige Berater oder Dienstleistungsbüros. Aufgaben wie Dateneingabe und Programmierung werden häufig per Outsourcing durchgeführt.

OverDrive *Subst.*
Ein Mikroprozessor von Intel, der als Ersatz eines im Computer vorhandenen i486SX oder i486DX bestimmt ist. Der OverDrive ist funktionell mit dem Intel i486DX2 identisch, stellt aber ein Endverbraucher-Produkt dar. Der i486DX2 wird dagegen nur an Computerhersteller verkauft, die den Prozessor in ihre eigenen Produkte einbauen. Abhängig vom Computersystem, kann beim Einbau eines OverDrive-Prozessors eine gesonderte Vorgehensweise notwendig sein; einige Systeme unterstützen keinen OverDrive. → *siehe auch i486DX, i486SL, i486SX, Mikroprozessor.* → *Vgl. i486DX2.*

Overhead *Subst.* (overhead)
Zu deutsch »Überbau«. Arbeitsvorgänge oder Informationen, die der Unterstützung eines Rechenprozesses dienen (möglicherweise für diesen entscheidend sind), aber nicht eigentlicher Bestandteil der Operation oder der Daten sind. Der Overhead erfordert häufig zusätzliche Verarbeitungszeit, läßt sich jedoch im allgemeinen nicht umgehen.

Overlay *Subst.* (overlay)
Zu deutsch »Überlagerung«. Ein Abschnitt eines Programms, der zunächst auf einem bezeichneten Speichergerät verbleibt, z.B. der Festplatte, und erst bei Bedarf in den Arbeitsspeicher geladen wird. Overlays, die sich bereits im Arbeitsspeicher befinden und nicht mehr in Verwendung sind, werden bei diesem Vorgang gewöhnlich überschrieben. Mit Hilfe der Overlay-Technik lassen sich nahezu beliebig große Programme ausführen, die die Grenzen des Arbeitsspeichers normalerweise überschreiten würden. Allerdings müssen

Geschwindigkeitseinbußen in Kauf genommen werden.
→ *siehe auch Tastaturschablone.*

Overscan *Subst.* (overscan)
Der Teil eines an ein Raster-Display gesendeten Videosignals, der den Bereich außerhalb des rechteckigen, sichtbaren Bereichs steuert. Dieser Bereich ist manchmal eingefärbt und bildet einen Rahmen um das eigentliche Bild.

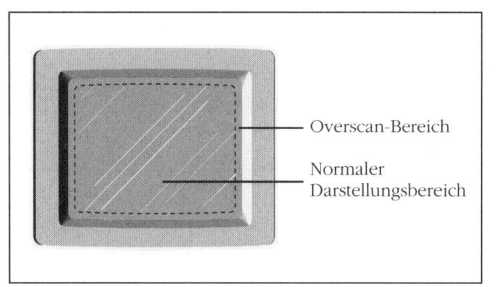

Overscan

P

P *Subst.*
→ *siehe Peta-.*

P5 *Subst.*
Der von Intel gewählte Arbeitsname für den Pentium-Mikroprozessor. Der Name P5 war eigentlich nicht für die Öffentlichkeit vorgesehen, drang aber zur Handelspresse der Computerindustrie nach außen und wurde häufig in bezug auf den Pentium verwendet, bevor dieser veröffentlicht wurde. → *siehe auch 586, Pentium.*

.pa
Im Internet ein Kürzel für die übergreifende Länder-Domäne, die eine Adresse in Panama angibt.

Paarigkeitsvergleich *Subst.* (matching)
Bezeichnet sowohl das Testen, ob zwei Datenelemente identisch sind, als auch das Suchen eines Datenelements, das mit einem Schlüssel identisch ist. → *siehe auch Mustererkennung.*

packen *Vb.* (pack)
Informationen in einer kompakteren Form speichern. Das Packen beseitigt überflüssige Leerzeichen und andere derartige Zeichen und kann sich darüber hinaus spezieller Methoden der Datenkomprimierung bedienen. Es gibt zahlreiche Packprogramme, die auf die Einsparung von Speicherplatz abzielen.

Packet-Assembler/Disassembler *Subst.* (packet assembler/disassembler)
Eine Schnittstelle zwischen einer Ausstattung ohne Paketvermittlung und einem Netzwerk mit Paketvermittlung.

Packet Internet Groper *Subst.*
→ *siehe ping.*

PackIT *Subst.*
Ein Dateiformat, das bei den Computern von Apple Macintosh verwendet wird. PackIT stellt Auflistungen von Mac-Dateien dar, die in der Regel nach der Huffman-Codierung komprimiert sind. → *siehe auch Huffman-Codierung, Macintosh.*

Packungsdichte *Subst.* (packing density)
Die Anzahl der Speichereinheiten, bezogen auf die Länge oder Fläche eines Speichermediums. Ein Maß für die Packungsdichte ist Bit pro Zoll.

PAD *Subst.*
→ *siehe Packet-Assembler/Disassembler.*

Paddle *Subst.* (paddle)
Zu deutsch »Paddel«. Ein älterer Eingabegerätetyp, der oft für Computerspiele – insbesondere für die horizontalen oder vertikalen Bewegungen eines Bildschirmobjekts – verwendet wurde. Im Gegensatz zum Joystick ist ein Paddle weniger kompliziert und ermöglicht dem Benutzer nur das Steuern von Bewegungen entlang einer einzelnen Achse über einen drehbaren Bedienknopf. Der Name des Paddle geht auf dessen populärstes Einsatzgebiet – die Steuerung eines Paddle-Balkens in den einfachen frühen Video-Spielen – zurück.

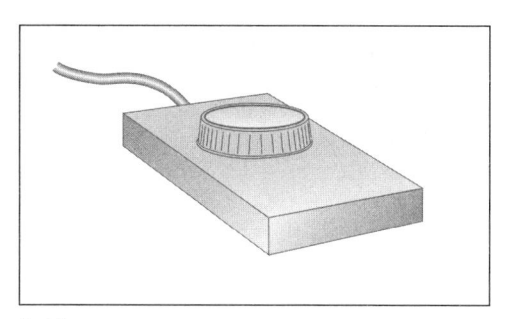

Paddle

Paged Memory Management Unit *Subst.* (paged memory management unit)
Abgekürzt PMMU. Eine Hardware-Einheit für die Realisierung von Aufgaben im Zusammenhang mit dem Zugriff und der Verwaltung von Speicher, der durch unterschiedliche Anwendungen oder durch das Betriebssystem für virtuellen Speicher verwendet wird.

Page Mode RAM *Subst.* (page mode RAM)
Ein speziell konzipierter dynamischer RAM, der den Zugriff auf aufeinanderfolgende Speicherzellen mit einer verringerten Zykluszeit unterstützt. Diese Methode bringt vor allem im Video-RAM Vorteile, da hier die Bildinformationen in aufsteigender Folge abgelegt sind. Der Einsatz von Page Mode RAM kann sich auch positiv auf die Ausführungsgeschwindigkeit des Codes auswirken, da ein relativ großer Anteil des Programmcodes von aufeinanderfolgenden Speicherstellen gelesen wird. → *siehe auch dynamisches RAM, Zykluszeit.*

Pagina *Subst.* (folio)
Eine gedruckte Seitennummer.

Paging *Subst.* (paging)
Eine Technik zur Implementierung von virtuellem Speicher, bei der man den virtuellen Adreßraum in eine Anzahl Blöcke fester Größe – sog. Seiten – aufteilt. Jede Seite läßt sich auf eine beliebige, im System verfügbare Adresse abbilden. Mit spezieller Hardware zur Speicherverwaltung (MMU oder PMMU) erfolgt die Übersetzung der virtuellen in physikalische Adressen. → *siehe auch MMU, PMMU, virtueller Speicher.*

Paging auf Abruf *Subst.* (demand paging)
Die am häufigsten verwendete Implementierung von virtuellem Speicher. Es werden Seiten mit Daten aus einem externen Speicher nur über einen Interrupt-Impuls im Hauptspeicher eingelesen. Der Impuls tritt dann auf, wenn die Software einen Speicherort abfragt, den das System im externen Speicher abgelegt und für andere Zwecke wiederverwendet hat. → *siehe auch auslagern, Paging, virtueller Speicher.*

Paginierung *Subst.* (pagination)
Die seitenweise Unterteilung eines Dokuments für den Druck. Außerdem das Hinzufügen von Seitenzahlen, beispielsweise zu einem lebenden Kolumnentitel.

Paket *Subst.* (package, packet)
Allgemein eine Informationseinheit, die als Ganzes von einem Gerät zu einem anderen in einem Netzwerk übertragen wird.
Speziell in paketvermittelten Netzwerken ist ein Paket eine Übertragungseinheit mit fester Maximalgröße, in der durch binäre Ziffern sowohl die eigentlichen Daten als auch Kopfinformationen (Header) mit Identifikationsnummern, Quell- und Zieladresse sowie gegebenenfalls Fehlerkontrollen dargestellt werden. → *siehe auch Paketvermittlung.*
Als »Paket« wird ferner eine Computeranwendung bezeichnet, die aus mehreren aufeinander abgestimmten Programmen besteht, die für die Ausführung einer bestimmten Art von Arbeit vorgesehen sind, z. B. ein Buchhaltungsprogramm oder ein Tabellenkalkulationspaket.

Paketfilterung *Subst.* (packet filtering)
Das Steuern des Netzwerkzugriffs auf der Basis der IP-Adressen. Ein Firewall bezieht häufig Filter ein, die es Benutzern ermöglichen oder untersagen, auf ein lokales Netzwerk zuzugreifen bzw. dieses zu verlassen. Die Paketfilterung wird auch oft verwendet, um Pakete (z. B. E-Mail) anzunehmen oder abzulehnen. Dies hängt vom jeweiligen Ursprung des Pakets ab, um den Schutz eines privaten Netzwerks zu gewährleisten. → *siehe auch Firewall, IP-Adresse, Paket.*

paketvermitteltes Netzwerk *Subst.* (switched network)
Ein Kommunikationsnetzwerk, bei dem die Verbindung zwischen zwei Teilnehmern über eine Vermittlung hergestellt wird, z. B. die Wählvermittlungsstellen des Fernsprechnetzes.

Paketvermittlung *Subst.* (packet switching)
Eine Technik der Nachrichtenvermittlung, die eine Nachricht in einer Reihe von kleinen Paketen aufteilt und dann jedes für sich über verschiedene Stationen eines Computernetzwerkes entlang der besten verfügbaren Route zwischen Quelle und Ziel weiterleitet. Da die einzelnen Pakete unterschiedliche Wege benutzen, ist nicht garantiert, daß sie zur gleichen Zeit und in der richtigen Rei-

henfolge beim Empfänger ankommen. Ein Computer rekonstruiert daher aus den empfangenen Paketen die Originalnachricht. Paketvermittlungs-Netzwerke werden als schnell und effizient angesehen. Die einzelnen Stationen in einem paketvermittelten Netz müssen daher über eine gewisse »Intelligenz« verfügen, um sowohl die Verkehrsleitung als auch die Assemblierung/Disassemblierung der Pakete bewältigen zu können. Das Internet stellt ein Beispiel eines paketvermittelten Netzwerkes dar. Die Standards für die Paketübermittlung in Netzwerken sind in der CCITT-Empfehlung X.25 dokumentiert.

Palette *Subst.* (palette)
In Malprogrammen eine Sammlung von Zeichenwerkzeugen, wie Muster, Farben, Pinselformen und unterschiedliche Linienbreiten, die der Benutzer nach Bedarf auswählen kann.
Eine Palette ist außerdem eine Untermenge der Farbumsetzungstabelle (Lookup-Tabelle), die zur Einrichtung der gleichzeitig auf dem Bildschirm dargestellten Farben dient. Die Anzahl der Farben in einer Palette ergibt sich aus der Anzahl der Bits, die für die Repräsentation eines Pixel verwendet werden. → *siehe auch Farb-Bits, Farb-Indextabelle, Pixel.*

Palmtop *Subst.* (palmtop)
Ein portabler Personal Computer, den man aufgrund seiner geringen Größe bequem in einer Hand (palm – Handfläche) halten kann, während man ihn mit der anderen Hand bedient. Ein wesentlicher Unterschied zwischen Palmtop-Computern und Laptop-Computern besteht darin, daß Palmtops in der Regel von handelsüblichen Batterien – z.B. AA-Zellen (R 6) – gespeist werden. Durch die begrenzte Batteriekapazität enthalten Palmtops gewöhnlich keine Diskettenlaufwerke oder Festplatten. Statt dessen sind Programme in einer ROM abgelegt und werden beim Einschalten in den RAM geladen. Die neuen Palmtop-Computer sind mit PCMCIA-Steckplätzen ausgerüstet, um eine größere Flexibilität und einen umfangreicheren Leistungsumfang zu bieten. → *siehe auch Handheld-Computer, PCMCIA-Steckplatz, portabler Computer.* → *Vgl. Laptop.*

PAM *Subst.*
→ *siehe Pulsamplitudenmodulation.*

Panning *Subst.* (panning)
Bezeichnet in der Computergrafik eine Anzeigemethode, bei der ein »Sichtfenster« auf dem Bildschirm zeilenweise horizontal oder vertikal – wie im Sucher einer Kamera – verschoben wird, um außerhalb des Bildschirms liegende Bereiche des aktuellen Bildes langsam in den Anzeigebereich zu bringen.

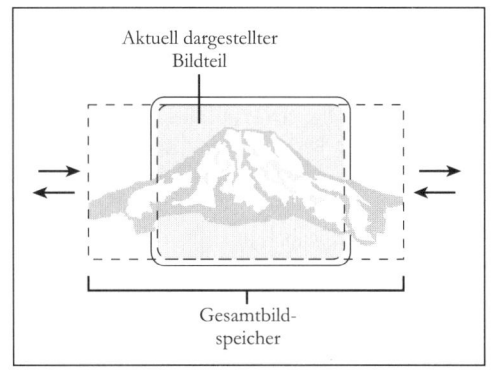

Panning

Pantone-System *Subst.* (Pantone Matching System)
In der grafischen Kunst und in der Drucktechnik ein Standardsystem für die Farbtinten-Spezifikation, das aus einem Musterbuch besteht, in dem etwa 500 Farben einer Zahl zugeordnet sind.
→ *siehe auch Farbmodell.*

PAP *Subst.*
Abkürzung für »Password Authentication Protocol«. Eine Methode für das Validieren der Identität von Benutzern, die sich bei einem Point-to-Point Protocol (PPP)-Server anmelden. Das PAP-Verfahren wird in der Regel eingesetzt, wenn das genauere Challenge Handshake Authentication Protocol (CHAP) nicht verfügbar ist oder der Benutzername und das Kennwort, das vom Benutzer eingegeben wird, unverschlüsselt an ein anderes Programm gesendet werden müssen.
Außerdem ist »PAP« die Abkürzung für »Printer Access Protocol«. Das Protokoll von AppleTalk-Netzwerken, das die Kommunikation zwischen Computern und Druckern gewährleistet.

Paper-White-Monitor *Subst.* (paper-white monitor)
Ein Bildschirm, auf dem Text und Grafikzeichen schwarz auf weißem Hintergrund wie auf einem Blatt Papier angezeigt werden. Einige Hersteller

verwenden diesen Namen, um die Farbe der Anzeige mit qualitativ hochwertigem Briefpapier zu assoziieren.

Papierkorb *Subst.* (Recycle Bin, Trash)
Ein Ordner von Windows 95, der durch ein Symbol in Form eines Papierkorbs mit aufgedrucktem Recyling-Logo dargestellt wird. Der Benutzer kann eine Datei löschen, indem er das Dateisymbol mit der Maus auf den Papierkorb zieht. Die Datei kann jedoch zunächst noch wiederhergestellt werden, denn sie wird nicht tatsächlich von der Festplatte gelöscht. Dies geschieht erst dann, wenn der Benutzer den Papierkorb öffnet, die Datei darin auswählt, und die Taste ENTF drückt.
Außerdem ein Symbol auf dem Bildschirm im Macintosh Finder, das einem Papierkorb ähnlich sieht. Um eine Datei zu löschen oder eine Diskette auszuwerfen, zieht der Benutzer einfach das Symbol der Datei oder der Diskette auf den Papierkorb. Solange der Benutzer jedoch nicht das System herunterfährt oder die Menüoption »Papierkorb entleeren« aufruft, wird der Papierkorbinhalt nicht wirklich gelöscht. Er kann wiederhergestellt werden, indem mit der Maus ein Doppelklick auf das Papierkorbsymbol ausgeführt und das Dateisymbol aus dem daraufhin angezeigten Fenster herausgezogen wird.

papierloses Büro *Subst.* (paperless office)
Das idealisierte Büro, in dem Informationen vollständig auf elektronischem Wege und nicht auf Papier gespeichert, manipuliert und übermittelt werden.

Papiervorschub *Subst.* (paper feed)
Eine mechanische Einrichtung für die Papierzuführung in einem Drucker. Bei Laserdruckern und anderen Seitendruckern besteht der Papiervorschub in der Regel aus einer Reihe von Laufrollen, die das Papier erfassen und ausrichten. Bei Matrixdruckern erfolgt der Papiertransport normalerweise mit einer Stachelwalze oder einem Traktor, wobei kleine Stifte in die Führungslöcher des Papiers (Perforation) eingreifen. Beim Reibungsantrieb wird das Papier zwischen einer Walze und den Andruckrollen gehalten und bei Drehung der Walze durchgezogen.

papierweiß *Adj.* (paper-white)
Ein Monochrom-Computermonitor, der standardmäßig schwarzen Text auf einem weißen Hintergrund darstellt. Papierweiße Monitore sind insbesondere im Desktop Publishing und in Textverarbeitungs-Umgebungen verbreitet, da diese Form der Anzeige einem mit schwarzen Zeichen bedruckten weißen Papierblatt am nächsten kommt.

Paradigma *Subst.* (paradigm)
Ein Prototyp für ein Beispiel oder Muster, der als Modell für einen Prozeß oder ein System dient.

Paragraph *Subst.* (paragraph)
Auf IBM- und anderen Computern mit den Intel-Mikroprozessoren 8088 oder 8086 versteht man darunter ein Speichersegment von 16 Byte, das an einer Position (Adresse) beginnt, die sich ohne Rest durch 16 (hexadezimal 10) teilen läßt.

parallel *Adj.*
In der Datenübertragung die Eigenschaft von Informationen, die in Gruppen von Bit über mehrere Kabel gesendet werden, wobei jeweils ein Kabel für ein Bit in einer Gruppe verwendet wird. → *siehe auch parallele Schnittstelle*. → *Vgl. seriell*.
Bei multitaskingfähigen Betriebssystemen bezieht sich der Ausdruck auf eine Computeroperation, bei der sich zwei oder mehrere Prozesse (Programme) die Prozessorzeit teilen und demzufolge mehr oder weniger gleichzeitig (parallel) ausgeführt werden. Da die Umschaltzeiten eines Prozessors unterhalb der Wahrnehmbarkeitsgrenze des Menschen liegen, vermitteln parallele Prozesse den Eindruck der Gleichzeitigkeit. Jeder Prozeß verfügt über einen eigenen Teil der Systemressourcen. → *siehe auch parallele Verarbeitung*.
In bezug auf Geometrie und Grafiken charakterisiert dieser Begriff die Anordnung von Linien. Parallele Linien verlaufen dabei auf einer Ebene in die gleiche Richtung und haben keinen Schnittpunkt.
In Verbindung mit elektronischen Schaltungen bezeichnet »parallel« die Anordnung der Verbindung mehrerer Komponenten bei korrespondierenden Terminals.

parallel *Adj.* (concurrent)

parallel, bitweise *Adj.* (bit parallel)
→ *siehe bitweise parallel.*

Parallelcomputer *Subst.* (parallel computer)
Ein Computer mit mehreren parallel verknüpften Prozessoren (die gleichzeitig arbeiten). Mit spezieller Software für Parallelcomputer läßt sich der Umfang der pro Zeiteinheit ausführbaren Arbeiten durch Aufteilung einer Verarbeitungsaufgabe auf mehrere gleichzeitig agierende Prozessoren erhöhen. → *siehe auch parallele Verarbeitung.*

Parallel-Computing *Subst.* (parallel computing)
Der Einsatz mehrerer Computer oder Prozessoren für die Lösung eines Problems oder die Ausführung einer Funktion. → *siehe auch Array-Prozessor, massiv-parallele Verarbeitung, Pipeline-Verarbeitung, Symmetric Multiprocessing.*

Parallel Data Structure *Subst.*
→ *siehe PDS.*

Paralleldrucker *Subst.* (parallel printer)
Ein Drucker, der mit dem Computer über eine Parallelschnittstelle verbunden ist. Im allgemeinen kann eine parallele Verbindung die Daten zwischen Geräten schneller übertragen als eine serielle. In der Welt der IBM-PCs bevorzugt man die Parallelschnittstelle, da die entsprechende Verkabelung gegenüber der seriellen Schnittstelle besser genormt ist und das Betriebssystem MS-DOS ohnehin davon ausgeht, daß der Systemdrucker an den parallelen Port angeschlossen ist. → *siehe auch parallele Schnittstelle.* → *Vgl. serieller Drucker.*

parallele Ausführung *Subst.* (concurrent execution, parallel execution)
Die scheinbar gleichzeitige Ausführung von zwei oder mehr Routinen oder Programmen. Die parallele Ausführung läßt sich auf einem einzelnen Prozessor durch Time Sharing – wie etwa die Unterteilung von Programmen in verschiedene Tasks oder Ausführungs-Stränge – oder durch den Einsatz mehrerer Prozessoren realisieren. → *siehe auch paralleler Algorithmus, Prozessor, sequentielle Ausführung, Task, Thread, Zeitscheibenverfahren.*

parallele Datenbank *Subst.* (parallel database)
Ein Datenbanksystem, das mindestens zwei Prozessoren oder Betriebssystem-Prozesse verwendet, um Datenbank-Management-Abfragen zu bedienen (z. B. SQL-Abfragen und –Aktualisierungen, Transaktionsprotokollierung, E/A-Behandlung und Datenpufferung. Eine parallele Datenbank kann zahlreiche Tasks auf mehreren Prozessoren und Speichergeräten gleichzeitig ausführen. Dadurch wird ein schneller Zugriff auf Datenbanken gewährleistet, die einen Datenumfang von mehreren Gigabyte haben.

parallele Operation *Subst.* (concurrent operation)
→ *siehe parallel.*

parallele Programmausführung *Subst.* (concurrent program execution)
→ *siehe parallel.*

paralleler Addierer *Subst.* (parallel adder)
Eine Logikschaltung, die die Addition mehrerer (in der Regel 4, 8 oder 16) binärer Eingangssignale gleichzeitig ausführt, anstatt nacheinander, wie es bei Halbaddierern oder Volladdierern der Fall ist. Parallele Addierer erhöhen die Verarbeitungsgeschwindigkeit, da sie weniger Schritte für die Erzeugung des Ergebnisses benötigen. → *Vgl. Halbaddierer, Volladdierer.*

paralleler Algorithmus *Subst.* (parallel algorithm)
Ein Algorithmus, bei dem mehrere Teile gleichzeitig durchlaufen werden können. Der Einsatz paralleler Algorithmen ist kennzeichnend für Multiprocessing-Umgebungen. → *Vgl. sequentieller Algorithmus.*

paralleler Server *Subst.* (parallel server)
Ein Computersystem, das eine Form der parallelen Verarbeitung implementiert, um die Leistungsfähigkeit als Server zu verbessern. → *siehe auch SMP-Server.*

paralleler Zugriff *Subst.* (parallel access)
Auch als gleichzeitiger Zugriff bezeichnet. Die Fähigkeit, alle Bit einer einzelnen Informationseinheit, z. B. ein Byte oder ein Wort (in der Regel zwei Byte), gleichzeitig zu speichern oder abzurufen. → *auch genannt gleichzeitiger Zugriff.*

parallele Schnittstelle *Subst.* (parallel interface)
Eine genormte Schnittstelle zur Datenübertragung, bei der mehrere Daten- und Steuerbits über Kabel

mit einer entsprechenden Anzahl paralleler Leitungen gleichzeitig übertragen werden. Am gebräuchlichsten ist die sog. Centronics-Schnittstelle. → *siehe auch Centronics-Schnittstelle.* → *Vgl. serielle Schnittstelle.*

parallele Übertragung *Subst.* (parallel transmission)
Die gleichzeitige Übertragung einer Gruppe von Bits über separate Leitungen. Bei Mikrocomputern bezeichnet man damit die Übertragung von Daten mit einer Breite von 1 Byte (8 bit). Der Standardanschluß für parallele Übertragung ist die bekannte Centronics-Schnittstelle. → *siehe auch Centronics-Schnittstelle.* → *Vgl. serielle Schnittstelle.*

parallele Verarbeitung *Subst.* (concurrent processing, parallel processing)
Eine Methode der Verarbeitung, die nur auf Computern zwischen mehreren gleichzeitig arbeitenden Prozessoren laufen kann. Im Unterschied zum Multiprocessing wird bei der parallelen Verarbeitung ein Task auf die verfügbaren Prozessoren aufgeteilt. Beim Multiprocessing kann sich ein Task in sequentielle Blöcke gliedern lassen, wobei ein Prozessor den Zugriff zu einer Datenbank verwaltet, ein anderer die Daten analysiert und ein dritter die grafischen Ausgaben auf dem Bildschirm behandelt. Programmierer für Systeme mit paralleler Verarbeitung müssen Wege finden, ein Task so zu gliedern, daß er mehr oder weniger gleichmäßig unter den verfügbaren Prozessoren verteilt wird. → *Vgl. Coprozessor, Multiprocessing.* → *siehe parallel.*

Parallelport *Subst.* (parallel port)
Der Eingabe-/Ausgabeanschluß für Geräte mit paralleler Schnittstelle. → *siehe auch portieren.*

Parallelport, erweiterter *Subst.* (enhanced parallel port)
→ *siehe erweiterter Parallelport.*

Parallelprozessor, skalierbarer *Subst.* (scalable parallel processing)
→ *siehe skalierbarer Parallelprozessor.*

Parallelschaltung *Subst.* (parallel circuit)
Eine Schaltung, bei der die korrespondierenden Anschlüsse mehrerer Bauelemente miteinander

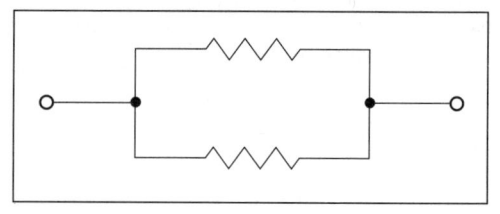

Parallelschaltung

verbunden sind. In einer Parallelschaltung gibt es zwischen zwei Punkten mehrere getrennte Strompfade. An allen Bauelementen liegt die gleiche Spannung an, aber der Strom teilt sich auf die einzelnen Zweige auf. → *Vgl. Reihenschaltung.*

Parameter *Subst.* (parameter)
In der Programmierung ein Wert, der einer Variablen entweder zu Beginn einer Operation oder vor der Auswertung eines Ausdrucks durch ein Programm übergeben wird. Bis zum Abschluß der Operation wird ein Parameter durch das Programm effektiv als konstanter Wert behandelt. Als Parameter kann man einem Wert Text, eine Zahl oder einen Argumentnamen zuweisen, der von einer Routine an eine andere übergeben wird. Mit Parametern lassen sich Programmoperationen anpassen. → *siehe auch Adreßübergabe, Argument, Routine, Wertübergabe.*

parametergesteuert *Adj.* (parameter-driven)
Bezeichnet Programme oder Operationen, deren Eigenschaften oder Ergebnisse durch die zugewiesenen Parameterwerte bestimmt werden.

Parameter-RAM *Subst.* (parameter RAM)
Eine geringe Anzahl von Byte im batteriegestützten CMOS-RAM auf der Hauptplatine von Apple Macintosh-Computern. Im Parameter-RAM werden Informationen über die Systemkonfiguration gespeichert. → *siehe auch CMOS-RAM.* → *Vgl. CMOS.*

Parametersubstitution *Subst.* (parameter passing)
In der Programmierung das Ersetzen eines formalen (Dummy-) Parameters durch einen aktuellen Parameterwert bei Aufruf einer Prozedur oder Funktion.

PARC *Subst.*
→ *siehe Xerox PARC.*

Parent/Child *Adj.* (parent/child)
Zu deutsch »Eltern/Kind«. Beschreibt die Beziehung zwischen Prozessoren in einer Multitasking-Umgebung, bei der der Parent-Prozeß den Child-Prozeß aufruft und meist seine eigene Operation suspendiert, bis der Child-Prozeß vollständig abgearbeitet ist oder durch Abbruch beendet wird.
In einer baumartigen Datenstruktur bezeichnet man mit »Parent« den Knoten, der eine Stufe näher an der Wurzel (d.h. eine Ebene höher) als der Child-Knoten liegt.

Parität *Subst.* (parity)
Gleichheit oder Gleichwertigkeit. Bei Computern bezieht sich Parität in der Regel auf eine Fehlerprüfungs-Prozedur, bei der die Anzahl der Einsen für jede fehlerfrei übertragene Bitgruppe, je nach Festlegung, immer gerade oder ungerade sein muß. Die zeichenweise Paritätsprüfung nennt man vertikale Redundanzprüfung (VRC). Die Methode der blockweisen Prüfung bezeichnet man als longitudinale Redundanzprüfung (LRC). Bei den typischen Datenübertragungen zwischen Mikrocomputern mit Hilfe von Modems stellt die Parität einen Parameter dar, der zwischen den sendenden und empfangenden Teilnehmern bereits vor der Übertragung abzustimmen ist. Gebräuchliche Paritätstypen werden in der nachfolgenden Tabelle aufgeführt. → *siehe auch Paritätsbit, Paritätsfehler, Paritätsprüfung.*

Typ	Beschreibung
gerade Parität	Die Anzahl der Einsen in jedem erfolgreich übertragenen Satz von Bits muß eine gerade Zahl ergeben.
ungerade Parität	Die Anzahl der Einsen in jedem erfolgreich übertragenen Satz von Bits muß eine ungerade Zahl ergeben
keine Parität	Es wird kein Paritätsbit verwendet.
Space-Parität	Es wird ein Paritätsbit verwendet das immer auf 0 gesetzt ist.
Mark-Parität	Es wird ein Paritätsbit verwendet das immer auf 1 gesetzt ist.

Parität, gerade *Subst.* (even parity)
→ *siehe Parität.*

Paritätsbit *Subst.* (parity bit)
Ein Zusatzbit, das für die Fehlerprüfung in Gruppen von Datenbits verwendet wird, die innerhalb eines Computersystems oder zwischen mehreren Computersystemen übertragen werden. Im Mikrocomputerbereich trifft man häufig auf diesen Begriff bei Datenübertragungen mit Modems, wobei man oft ein Paritätsbit zur Überprüfung der Richtigkeit der übertragenen Zeichen einsetzt. In einem RAM wird ein Paritätsbit oft verwendet, um die Genauigkeit zu prüfen, mit der jedes Byte gespeichert wird.

Paritätsfehler *Subst.* (parity error)
Ein Paritätsfehler gibt einen Fehler in der Datenübertragung oder im Speicher an. Wenn ein Paritätsfehler bei der Kommunikation auftritt, müssen alle oder ein Bestandteil der Nachrichten neu übertragen werden. Wenn ein Paritätsfehler im RAM auftritt, hält der Computer an. → *siehe auch Parität, Paritätsbit.*

Paritätsprüfung *Subst.* (parity check)
Die Verwendung der Parität zur Kontrolle der Richtigkeit übertragener Daten. → *siehe auch Parität, Paritätsbit.*

Parität, ungerade *Subst.* (odd parity)
→ *siehe Parität.*

parken *Vb.* (park)
Insbesondere bei der Vorbereitung eines Festplattenlaufwerks auf den Transport positioniert man den Lese-/Schreibkopf entweder außerhalb des Oberflächenbereichs oder über einen Bereich des Datenträgers, der nicht für die Datenspeicherung vorgesehen ist (und sich daher eine eventuelle Beschädigung nicht negativ auswirkt). Das Parken kann manuell, automatisch oder durch ein Disketten-Dienstprogramm erfolgen.

parsen *Vb.* (parse)
Eingaben in kleinere Einheiten zerlegen, damit ein Programm mit diesen Informationen arbeiten kann.

Partition *Subst.* (partition)
Ein logisch selbständiger Teil eines Speichers oder eines Speichergerätes, der wie eine physikalisch separate Einheit funktioniert.
In der Datenbank-Programmierung bildet eine Partition eine Untermenge einer Datenbank-Tabelle oder Datei.

Pascal *Subst.*
Eine prägnante prozedurale Sprache, die 1967–71 von Niklaus Wirth auf der Grundlage von ALGOL entwickelt wurde. Pascal ist eine kompilierte, strukturierte Sprache mit einfacher Syntax und weist gegenüber ALGOL zusätzliche Datentypen und Strukturen auf, z.B. Teilbereiche, Aufzählungstypen, Dateien, Datensätze und Mengen.
→ *siehe auch ALGOL, Compiler-Sprache.* → *Vgl. C.*

Passieren *Subst.* (registration)
Das exakte Ausrichten von Elementen oder übereinanderliegenden Schichten in einem Dokument oder einer Grafik, so daß alle Bestandteile in korrekter relativer Position zueinander gedruckt werden. → *siehe auch Paßkreuze.*

passive Matrix *Subst.* (passive matrix display)
Eine kostengünstige LCD-Anzeige mit niedriger Auflösung, die aus einer umfangreichen Matrix aus Flüssigkristall-Zellen gebildet wird, die von Transistoren außerhalb des Schirms gesteuert werden. Ein Transistor steuert eine ganze Zeile oder Spalte mit Pixeln. Passive Matrizen werden häufig bei portablen Computern (z.B. Laptops und Notebooks) verwendet, weil deren Bildschirme sehr flach sind. Diese Matrizen haben bei monochromen Bildschirmen einen guten Kontrast, die Auflösung ist jedoch bei Farbbildschirmen verhältnismäßig niedrig. Es treten auch Probleme bei der Anzeigequalität auf, wenn der Betrachter nicht direkt, sondern aus einem bestimmten Winkel auf den Bildschirm schaut. Dieses Problem gibt es bei Aktivmatrix-Bildschirmen nicht. Computer mit passiven Matrizen sind jedoch im Verhältnis bedeutend billiger als Computer mit Aktivmatrix-Bildschirmen. → *siehe auch Flüssigkristall-Display, Transistor.* → *auch genannt Dual-scan-Display.*
→ *Vgl. aktive Matrix.*

Paßkreuze *Subst.* (registration marks)
Auf einer Seite angeordnete Markierungen, die beim Drucken eine korrekte Ausrichtung der Elemente oder Schichten eines Dokuments relativ zueinander ermöglichen. Jedes zu montierende Element enthält eigene Paßkreuze. Wenn diese Markierungen präzise übereinandergelegt werden, befinden sich die Elemente in der korrekten Position.

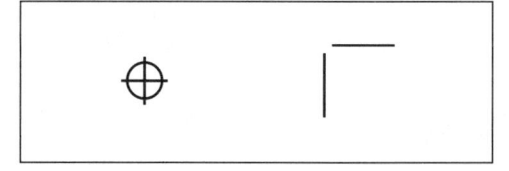

Paßkreuze

Password Authentication Protocol *Subst.*
→ *siehe PAP.*

Patch *Subst.* (patch)
Der Teil eines Objektcodes, der in ein ausführbares Programm als temporäre Behebung eines Bug eingefügt wird.

patchen *Vb.* (patch)
In der Programmierung die Beseitigung eines Mangels in der Funktionalität einer vorhandenen Routine oder eines Programms als Reaktion auf unvorhergesehene Anforderungen oder das Zusammentreffen bestimmter Betriebsbedingungen. Patchen stellt ein gebräuchliches Mittel dar, ein Merkmal oder eine Funktion in eine vorhandene Programmversion einzubinden, bis die nächste

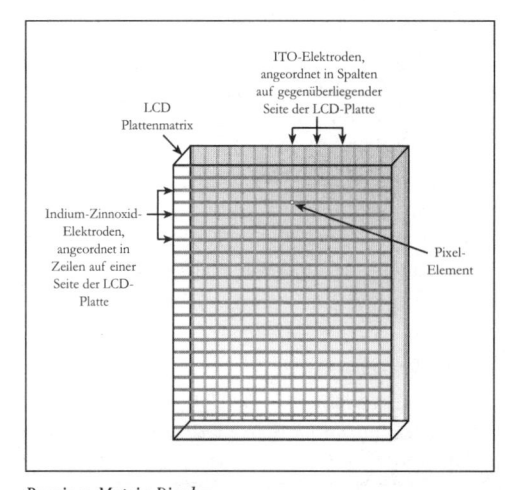

Passives Matrix-Display

Version dieses Softwareprodukts erscheint. → *Vgl. hacken, Notkonstruktion.*

Pause-Taste *Subst.* (Pause key)
Taste auf einer Tastatur, mit der sich der Ablauf eines Programms oder Befehls zeitweilig anhalten läßt. Die Pause-Taste wird z.B. verwendet, um den Bildlauf zu stoppen, so daß man Zeit für das Lesen eines mehrseitigen Listings oder Dokuments hat. Als »Pause-Taste« bezeichnet man auch die von einer Anwendung spezifizierte Taste, die das Anhalten der aktuellen Operation gestattet. Beispielsweise lassen sich Computerspiele oft einfach mit der Buchstabentaste P vorübergehend stoppen.

Pausierbefehl *Subst.* (Suspend command)
Eine Energiesparfunktion von Windows 95 für tragbare Computer. Durch Klicken auf den Pausierbefehl im Start-Menü kann der Benutzer Operationen des Systems vorübergehend anhalten (in den »Pausenmodus« übergehen), ohne die Stromversorgung abzuschalten, und auf diese Weise Batterieenergie sparen, ohne Anwendungen neu starten oder Daten erneut laden zu müssen.

pausieren *Vb.* (suspend)
Einen Prozeß vorübergehend anhalten. → *siehe auch schlafen.*

PBX *Subst.*
Abkürzung für Private Branch Exchange. Eine automatische Telefonanlage, die es Benutzern ermöglicht, innerhalb einer Firma Anrufe zu tätigen, ohne dabei das öffentliche Telefonnetz zu beanspruchen. Die Benutzer können auch Nummern anwählen, die nicht zur Firma gehören.

PC *Subst.*
Im weiteren Sinn ein Mikrocomputer, der den PC-Standards von IBM entspricht und einen Mikroprozessor der Intel-Familie 80×86 (bzw. einen kompatiblen Prozessor) verwendet sowie BIOS ausführen kann. → *siehe Personal Computer.* → *siehe auch 8086, BIOS, IBM PC, Klon.*
Im engeren Sinn ein Computer aus der Produktlinie der IBM Personal Computer. → *siehe Personal Computer.* → *siehe auch PC-kompatibel.* → *auch genannt IBM PC.*

PCB *Subst.*
→ *siehe gedruckte Leiterplatte.*

PC Card *Subst.*
Ein Warenzeichen der Personal Computer Memory Card International Association (PCMCIA), mit dem man Zusatzkarten bezeichnet, die der PCMCIA-Spezifikation entsprechen. Eine PC Card hat etwa die Größe einer Kreditkarte und kann in einen PCMCIA-Steckplatz eingesteckt werden. Die im September 1990 eingeführte Version 1 spezifiziert eine Karte von Typ I mit einer Dicke von 3,3 Millimeter, die hauptsächlich für den Einsatz als externer Speicher vorgesehen ist. Version 2 der PCMCIA-Spezifikation wurde im September 1991 eingeführt und definiert sowohl eine 5 mm dicke Karte vom Typ II als auch eine 10,5 mm dicke Karte vom Typ III. Auf Karten des Typ II lassen sich Geräte wie Modem, Fax und Netzwerkkarten realisieren. Auf Karten vom Typ III bringt man Geräte mit größerem Platzbedarf unter, z.B. drahtlose Kommunikationseinrichtungen oder rotierende Speichermedien (z.B. Festplatten). → *siehe auch PCMCIA, PCMCIA-Steckplatz.*

PC-Card-Speichererweiterung *Subst.* (PC memory card)
Eine PC Card vom Typ I, die von PCMCIA festgelegt ist. In diesem Sinne besteht diese Speicherkarte aus konventionellen statischen RAM-Chips, die ihren Energiebedarf über eine kleine Batterie deckt. Mit dieser Karte wird zusätzlicher RAM-Speicher zur Verfügung gestellt. → *siehe auch PC Card.* → *Vgl. Flash-Speicher.*

PC Card-Steckplatz *Subst.* (PC Card slot)
→ *siehe PCMCIA-Steckplatz.*

PC-DOS *Subst.*
Abkürzung für Personal Computer Disk Operating System. Die von IBM vertriebene Version von MS-DOS. MS-DOS und PC-DOS sind praktisch identisch, obwohl sich die Dateinamen oder Dienstprogramme in beiden Versionen zum Teil voneinander unterscheiden. → *siehe auch MS-DOS.*

PC, grüner *Subst.* (green PC)
→ *siehe grüner PC.*

P-channel MOS *Subst.*
→ *siehe PMOS.*

PCI *Subst.*
→ *siehe PCI Localbus.*

PCI Localbus *Subst.* (PCI local bus)
Abkürzung für **Peripheral Component Interconnect local bus**. Eine von Intel eingeführte Spezifikation, die ein lokales Bussystem auf der Basis der PCI-Spezifikation definiert. Der PCI Local Bus ermöglicht die Installation von bis zu 10 PCI-kompatiblen Erweiterungskarten. Ein PCI Local Bus-System erfordert eine PCI-Controller-Karte in einem der PCI-kompatiblen Erweiterungssteckplätze. Optional kann man für die Systemarchitekturen ISA, EISA oder Micro Channel einen Erweiterungsbus-Controller installieren, der eine verbesserte Synchronisation aller auf dem Bus verfügbaren Ressourcen ermöglicht. Der PCI-Controller kann je nach Implementation Daten mit der CPU des Systems entweder in einer Breite von 32 Bit oder 63 Bit gleichzeitig austauschen und gestattet den Einsatz intelligenter, PCI-kompatibler Adapter für die Ausführung von Aufgaben parallel zur CPU durch Verwendung der sog. Busmaster-Technik. Die PCI-Spezifikation ermöglicht Multiplexing, eine Technik, bei der mehrere elektrische Signale gleichzeitig auf dem Bus anwesend sein können. → *siehe auch Local Bus.* → *Vgl. VL-Bus.*

PC-kompatibel *Adj.* (PC-compatible)
Im Einklang mit den IBM-PC/XT- und PC/AT-Hardware- und Software-Spezifikationen, bei denen es sich um den De-facto-Standard für die Computerindustrie für PCs handelt, die mit der Intel-Familie der 80×86-Prozessoren oder kompatiblen Chips ausgestattet sind. Die meisten PC-kompatiblen Computer werden nicht mehr von IBM entwickelt. Diese Computer werden auch als Klone bezeichnet. → *siehe Wintel.* → *siehe auch 80×86, De-facto-Standard, IBM AT, Klon.* → *auch genannt IBM PC.*

PCL *Subst.*
→ *siehe Printer Control Language.*

PCM *Subst.*
→ *siehe Pulscode-Modulation.*

PCMCIA *Subst.*
Abkürzung für **Personal Computer Memory Card International Association**. Eine Vereinigung von Herstellern und Händlern, die sich mit der Pflege und Weiterentwicklung eines allgemeinen Standards für Peripheriegeräte auf der Basis von PC Cards mit einem entsprechenden Steckplatz zur Aufnahme der Karten widmet. PC Cards sind hauptsächlich für Laptops, Palmtops und andere portable Computer sowie für intelligente elektronische Geräte vorgesehen. Der gleichnamige PCMCIA-Standard wurde 1990 als Version 1 eingeführt.
→ *siehe auch PC Card, PCMCIA-Steckplatz.*

PCMCIA-Buchse *Subst.* (PCMCIA connector)
Aus technischer Sicht die 68polige Steckerbuchse innerhalb eines PCMCIA-Steckplatzes, die für die Aufnahme der 68poligen Stiftbuchse einer PC Card vorgesehen ist. → *siehe auch PC Card, PCMCIA-Steckplatz.*

PCMCIA-Karte *Subst.* (PCMCIA card)
→ *siehe PC Card.*

PCMCIA-Steckplatz *Subst.* (PCMCIA slot)
Auch als PC Card-Steckplatz bezeichnet. Eine Öffnung im Gehäuse eines Computers, Peripheriegerätes oder anderen intelligenten elektronischen Gerätes, die für die Aufnahme einer PC Card vorgesehen ist. → *siehe auch PC Card, PCMCIA-Buchse.* → *auch genannt PC Card-Steckplatz.*

P-Code *Subst.* (p-code)
→ *siehe Pseudocode.*

PC-Platine *Subst.* (PC board)
→ *siehe gedruckte Leiterplatte.*

PC-Speicherkarte *Subst.* (PC memory card)
Eine zusätzliche Steckkarte, die den RAM-Speicher eines Systems erhöht. → *siehe auch Speicherkarte.*

PCT *Subst.*
Abkürzung für **Program Comprehension Tool**. Ein Software-Engineering-Werkzeug, das den Einblick in die Struktur und/oder Funktionalität von Computerprogrammen erleichtert.

.pcx
Eine Dateinamenerweiterung, die Bitmap-Grafiken im Dateiformat PC-Paintbrush kennzeichnet.

PC/XT *Subst.*
Der ursprüngliche IBM Personal Computer aus dem Jahr 1981, für den der Prozessor Intel 8088 CPU verwendet wurde. → *siehe auch IBM PC.*

PC/XT-Tastatur *Subst.* (PC/XT keyboard)
Die Originaltastatur des IBM-PC. Diese leistungsstarke und zuverlässige Tastatur ist mit 83 Tasten ausgerüstet. Die Anschläge auf einer PC/XT-Tastatur sind akustisch wahrnehmbar. → *siehe auch IBM PC, PC/XT.*

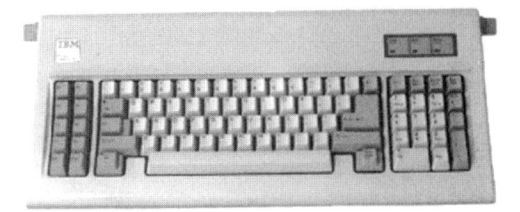

PC/XT-Tastatur

PDA *Subst.*
Abkürzung für Personal Digital Assistant. Ein leichter Palmtop-Computer mit speziellem Funktionsumfang, der sowohl der persönlichen Organisation (Kalender, Notizen, Datenbank, Taschenrechner usw.) als auch der Kommunikation dient. Fortgeschrittene Modelle bieten auch Multimedia-Merkmale. Viele PDA-Geräte verwenden für die Eingabe hauptsächlich einen Stift oder ein anderes Zeigegerät anstelle einer Tastatur oder Maus. Zur Datenspeicherung setzt man bei PDAs vorwiegend Flash-Speicher ein und verzichtet auf verbrauchsintensive Diskettenlaufwerke. → *siehe auch Firmware, Flash-Speicher, PC Card, Pen-Computer.*

PDC *Subst.*
→ *siehe Primary Domain Controller.*

PD-CD-Laufwerk *Subst.* (PD-CD drive)
Abkürzung für Phase Change Rewritable Disc-Compact Disc drive. Ein Speichergerät, das ein CD-ROM-Laufwerk und ein Phase Change Rewritable Disc (PD)-Laufwerk kombiniert. Dieses Laufwerk kann bis zu 650 MB Daten auf Kassetten mit wiederbeschreibbaren optischen Discs speichern. → *siehe auch Phasenänderungs-Aufzeichnungsverfahren.*

PDD *Subst.*
Abkürzung für Portable Digital Document. Eine Grafikdatei, die aus einem Dokument von QuickDraw GX unter Mac OS erstellt wurde. PDDs werden in einem Format gespeichert, das nicht von der Auflösung des Druckers abhängig ist. Die Dateien werden in der höchstmöglichen Auflösung auf dem Drucker ausgegeben. Außerdem können PDDs die ursprünglichen Schriftarten des Dokuments enthalten. Aus diesem Grund ist es nicht erforderlich, daß PDDs von dem Computersystem gedruckt werden, in dem diese erstellt wurden.

.pdf
Eine Dateinamenerweiterung für Dokumente, die im »Portable Document Format« (von Adobe Systems) codiert sind. Um eine .pdf-Datei darstellen oder drucken zu können, kann der Benutzer das als Freeware erhältliche Programm »Adobe Acrobat Reader« verwenden. → *siehe auch Acrobat, Portable Document Format.*

PDL *Subst.*
→ *siehe Seitenbeschreibungssprache.*

PDM *Subst.*
→ *siehe Pulsbreitenmodulation.*

PDO *Subst.*
→ *siehe Portable Distributed Objects.*

PDS *Subst.*
Abkürzung für Processor Direct Slot. Ein Erweiterungssteckplatz in Macintosh-Computern, der direkt mit den CPU-Signalen verbunden ist. Es gibt verschiedene PDS-Steckplätze mit einer differierenden Anzahlen von Pins und Signalsätzen. Die Kriterien hängen von der jeweiligen CPU ab, die in einem bestimmten Computer verwendet wird.
»PDS« ist außerdem die Abkürzung für Parallel Data Structure. Eine verborgene Datei, die im Stammverzeichnis eines Datenträgers abgelegt ist, das unter AppleShare freigegeben wird und Informationen zu Zugriffsprivilegien für Ordner enthält.

.pe
Im Internet ein Kürzel für die übergreifende Länder-Domäne, die eine Adresse in Peru angibt.

.pe.ca
Im Internet ein Kürzel für die übergreifende Länder-Domäne, die eine Adresse auf der Prinz-Eduard-Insel in Kanada angibt.

peek *Vb.*
Ein Byte aus einer absolut angegebenen Speicherstelle lesen. Peek-Befehle findet man häufig in Programmiersprachen, beispielsweise Basic, die normalerweise keinen Zugriff auf spezifische Speicherstellen erlauben.
Mit »peek« beschreibt man auch das »Ansehen« des nächsten Zeichens in einem Puffer, der einem Eingabegerät zugeordnet ist, ohne dabei das Zeichen tatsächlich aus dem Puffer zu entfernen.

Peer *Subst.* (peer)
Alle Geräte in einem geschichteten Kommunikationsnetzwerk, die auf der gleichen Protokollebene arbeiten. → *siehe auch Netzwerkarchitektur.*

Peer-to-Peer-Architektur *Subst.* (peer-to-peer architecture)
Ein Netzwerk aus mehreren Computern, die das gleiche Programm oder den gleichen Programmtyp nutzen, mit dem Daten kommunizieren und gemeinsam genutzt werden. Jeder Computer bzw. jeder *Peer* ist, hierarchisch betrachtet, gleichwertig. Außerdem übt jeder Computer gegenüber den anderen Computern des Netzwerks eine Serverfunktion aus. Im Gegensatz zur Client/Server-Architektur ist ein dedizierter Datei-Server nicht erforderlich. Die Leistungsfähigkeit im Netzwerk ist – besonders bei einer hohen Auslastung – nicht so gut wie unter einer Client/Server-Architektur. → *siehe auch Peer, Peer-to-Peer-Kommunikation, Server.* → *auch genannt Peer-to-Peer-Netzwerk.* → *Vgl. Client-Server-Architektur.*

Peer-to-Peer-Kommunikation *Subst.* (peer-to-peer communications)
Der Informationsaustausch zwischen Geräten, die in einer geschichteten Netzwerkarchitektur auf der gleichen Protokollebene arbeiten. → *siehe auch Netzwerkarchitektur.*

Peer-to-Peer-Netzwerk *Subst.* (peer-to-peer network)
→ *siehe Peer-to-Peer-Architektur.*

Pel *Subst.* (pel)
Abkürzung für Picture Element, zu deutsch »Bildelement«. → *siehe Pixel.*

PEM *Subst.*
→ *siehe Privacy Enhanced Mail.*

pen-basiertes Computing *Subst.* (pen-based computing)
Die Eingabe handgeschriebener Symbole in einen Computer über einen Griffel und ein druckempfindliches Pad. → *siehe auch Pen-Computer.*

Pen-Computer *Subst.* (clipboard, clipboard computer, pen computer)
Ein portabler Computer, dessen Gesamterscheinung und Bedienung an einen herkömmlichen Notizblock erinnern. Ein Pen-Computer besitzt ein Flachdisplay (meist LCD) und verwendet für Benutzereingaben einen Stift anstelle herkömmlicher Eingabegeräte wie Tastatur und Maus. Die Bedienung erfolgt durch die Berührung des Displays mit dem Stift. Die mit einem Pen-Computer eingegebenen Daten werden im allgemeinen mit Hilfe eines Kabels oder eines Modems an einen anderen Computer übertragen, um sie mit diesem weiter zu verarbeiten. Ein Pen-Computer erfordert entweder ein spezielles Betriebssystem, das auf den Stift als Eingabegerät ausgelegt ist, oder ein proprietäres Betriebssystem, das für ein bestimmtes Gerät vorgesehen ist. Ein Pen-Computer wird typischerweise in den Bereichen eingesetzt, in denen auch herkömmliche Notizblöcke verwendet werden, z.B. im Außendienst, bei der mobilen Datenerfassung oder bei geschäftlichen Besprechungen. Der Pen-Computer ist das Grundmodell für eine sich entwickelnde Klasse von Computern, die man als persönliche digitale Assistenten (PADs) bezeichnet. → *siehe auch portabler Computer.*
→ *siehe auch PC Card, PDA.*

Pen-Plotter *Subst.* (pen plotter)
Ein grafischer Plotter herkömmlicher Bauart, der Stifte zum Zeichnen auf Papier verwendet. Pen-Plotter setzen einen oder mehrere Farbstifte ein, entweder Faserstifte oder spezielle Tintenstifte für höchste Qualität. → *siehe auch Plotter.* → *Vgl. elektrostatischer Plotter.*

Pentium *Subst.*
Ein Mikroprozessor, der von Intel im März 1993 als Nachfolger des i486 eingeführt wurde. Der Pentium ist ein superskalarer, auf CISC basierender Mikroprozessor, der etwa 3,3 Millionen Transistoren enthält. Der Pentium verfügt über einen 32-Bit-Adreßbus, einen 64-Bit-Datenbus, eine integrierte Gleitkomma-Einheit und eine Speicher-

verwaltungseinheit, zwei integrierte 8-KB-Caches und einen System Management Mode (SMM). Mit SMM bezeichnet Intel eine eigene Technologie, die es dem Mikroprozessor ermöglicht, die Arbeit bestimmter Systemkomponenten zu verlangsamen oder anzuhalten, wenn sich das System im Leerlauf befindet oder keine CPU-intensiven Aufgaben ausführt. Dadurch läßt sich eine Verringerung der Leistungsaufnahme erreichen. Der Pentium arbeitet mit *Verzweigungsvorhersage* und erreicht damit eine bessere Systemleistung. Zusätzlich verfügt der Pentium über einige integrierte Merkmale zur Sicherung der Datenintegrität, und er unterstützt eine funktionale Redundanzprüfung (Functional Redundancy Checking, FRC). → *siehe auch CISC, Functional Redundancy Checking, i486DX, L1-Cache, Mikroprozessor, P5, superskalar, Verzweigungsannahme.* → *Vgl. Pentium Pro.*

Pentium-geeignet *Subst.* (Pentium upgradable)
Eigenschaft einer Hauptplatine, die mit einem Prozessor i486 arbeitet und die so vorbereitet ist, daß der Prozessor gegen ein Modell der Pentium-Klasse ausgetauscht werden kann. → *siehe auch Hauptplatine, i486DX, Pentium, Prozessor.*
Außerdem die Eigenschaft eines 486er PCs, der so vorbereitet ist, daß der ursprüngliche Prozessor gegen einen Pentium ersetzt werden kann. → *siehe auch i486DX.*

Pentium Pro *Subst.*
Die 150–200 MHz-Familie der 32-Bit-Prozessoren von Intel, die im November 1995 auf den Markt gekommen ist. Der Pentium Pro-Prozessor wird als nächste Prozessorgeneration der 8086-Familie nach der Pentium-Generation betrachtet und ist für 32-Bit-Betriebssysteme und –Anwendungen konzipiert. → *siehe auch 32-Bit-Anwendung, 32-Bit-Betriebssystem, 80x86, Pentium, Prozessor.*
»Pentium Pro« ist außerdem die Kurzform für einen PC, der mit einem Pentium Pro-Prozessor arbeitet.

Periode *Subst.* (period)
Die Zeit einer vollständigen Schwingung. Bei einer elektrischen Schwingung (Signal) ist die Periode durch die Zeit gekennzeichnet, die zwischen zwei Wiederholungen der Wellenform vergeht. Die Periode verhält sich indirekt proportional zur Frequenz: Ist f die Frequenz der Schwingung in

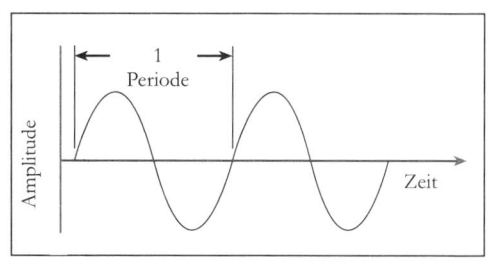

Periode: Periode einer elektrischen Schwingung

Hertz und t die Periode in Sekunden, dann gilt $t = 1/f$.

Peripheral Component Interconnect *Subst.*
→ *siehe PCI Localbus.*

Peripherie *Subst.* (peripheral)
In der Rechentechnik verwendet man diesen Begriff für Geräte, beispielsweise Diskettenlaufwerke, Drucker, Modems und Joysticks, die sich an einen Computer anschließen lassen und durch dessen Mikroprozessor gesteuert werden. → *siehe auch Konsole.* → *auch genannt Peripheriegerät.*

Peripheriegerät *Subst.* (peripheral device)
→ *siehe Peripherie.*

Peripheriegerät, virtuelles *Subst.* (virtual peripheral)
→ *siehe virtuelles Peripheriegerät.*

Perl *Subst.*
Abkürzung für Practical Extraction and Report Language. Eine Interpretersprache, die auf der Programmiersprache C und verschiedenen UNIX-Dienstprogrammen basiert. Perl verfügt über leistungsfähige Routinefunktionen für Zeichenfolgen zum Extrahieren von Informationen aus Textdateien. Perl kann eine Zeichenfolge assemblieren und an die Shell als Befehl senden. Deshalb wird diese Sprache häufig bei Tasks für die Systemverwaltung eingesetzt. Die Programme in Perl werden als Skript bezeichnet. Perl wurde von Larry Wall im Jet Propulsion Laboratory der NASA entwickelt.

Permanentdaten *Subst.* (persistent data)
Daten, die in einer Datenbank oder auf Band gespeichert werden, damit sie zwischen Sitzungen auf dem System erhalten bleiben.

permanente Auslagerungsdatei *Subst.* (permanent swap file)
Ein Begriff der Windows-Umgebung. Bei einer permanenten Auslagerungsdatei handelt es sich um eine Datei, die aus fortlaufenden, für Operationen im virtuellen Speicher verwendeten Plattensektoren besteht. → *siehe auch Auslagerungsdatei, virtueller Speicher.*

Permanentspeicher *Subst.* (permanent storage)
Ein Aufzeichnungsmedium, das die gespeicherten Daten für lange Zeiträume ohne Stromzufuhr aufbewahren kann. In diesem Sinne ist Papier zwar der am weitesten verbreitete Permanentspeicher, allerdings lassen sich die Daten vom Papier in den Computer nur mit erheblichem Aufwand übertragen. Daher hat sich der Einsatz magnetischer Medien, beispielsweise Diskette oder Magnetband, durchgesetzt. Man rechnet diese Medien im allgemeinen zu den Permanentspeichern, auch wenn die magnetischen Felder zur Codierung der Daten mit der Zeit schwächer werden (nach etwa fünf Jahren). → *siehe auch nichtflüchtiger Speicher.*

Permanentspeicherung *Subst.* (persistent storage)
Speicher, der erhalten bleibt, wenn die Stromversorgung für das Gerät ausgeschaltet wird (z.B. ROM). → *siehe auch Speicher.*

permanent virtual circuit *Subst.*
→ *siehe PVC.*

Persistent Link *Subst.* (persistent link)
→ *siehe Hotlink.*

Personal Computer *Subst.* (personal computer)
Ein Computer, der für die Nutzung durch eine Person zu einem Zeitpunkt vorgesehen ist. Personal Computer müssen sich nicht die Ressourcen in bezug auf Verarbeitung, Datenträger und Drucker mit einem anderen Computer teilen. IBM-PC-kompatible Computer und Apple Macintosh-Computer stellen Beispiele von Personal Computern dar.
→ *siehe IBM PC.*

Personal Computer Memory Card International Association *Subst.*
→ *siehe PCMCIA.*

Personal Digital Assistant *Subst.* (personal digital assistant)
→ *siehe PDA.*

Personal Information Manager *Subst.* (personal information manager)
→ *siehe PIM.*

perspektivische Ansicht *Subst.* (perspective view)
In der Computergrafik die Darstellung von Objekten in drei Dimensionen (Höhe, Breite und Tiefe), wobei der Tiefenaspekt entsprechend der gewünschten Perspektive wiedergegeben wird. Ein Vorteil der perspektivischen Ansicht besteht darin, daß sie der subjektiven Wahrnehmung des menschlichen Auges entgegenkommt. → *Vgl. isometrische Ansicht.*

Peta- *präfix.* (peta-)
Kurzzeichen P. Ein Maßeinheitenvorsatz mit der Bedeutung 1 Billiarde (10^{15}) (im amerikanischen Sprachgebrauch 1 Quadrillion). In der Rechentechnik, die das binäre Zahlensystem (mit der Basis 2) verwendet, bezeichnet *Peta-* den Wert von 1.125.899.906.842.624 und stellt damit die am nächsten zu einer Billiarde liegende Zweierpotenz (2^{50}) dar.

Petabyte *Subst.* (petabyte)
Abgekürzt PB. Entweder 1 Billiarde (im amerikanischen Sprachgebrauch 1 Quadrillion) oder 1.125.899.906.842.624 Byte.

Pfad *Subst.* (path)
In der Kommunikationstechnik die Verbindung zwischen zwei Knoten.
In der Grafik stellt ein Pfad eine Ansammlung von Liniensegmenten oder Kurven dar, die ausgefüllt oder überschrieben werden.

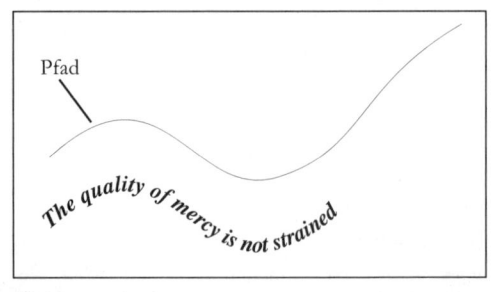

Pfad

Bei der Anordnung von Daten stellt ein Pfad eine Route durch eine strukturierte Sammlung von Informationen dar, z.B. in einer Datenbank, in einem Programm oder bei Dateien auf einer Diskette.
Bei der Speicherung von Dateien gibt der Pfad den Weg durch die Verzeichnisse an, den das Betriebssystem durchläuft, um Dateien auf einem Datenträger zu suchen, zu speichern oder abzurufen.
In der Informationsverarbeitung, z.B. in der Theorie, die den Expertensystemen (Deduktionssystemen) zugrunde liegt, bildet der Pfad einen logischen Kurs, der durch die »Zweige« eines Baumes von Inferenzen zu einer Schlußfolgerung führt.
In der Programmierung ist ein Pfad eine Folge von Befehlen, die ein Computer bei der Abarbeitung einer Routine ausführt.

Pfad, absoluter *Subst.* (absolute path)
→ *siehe absoluter Pfad.*

Pfadmenü *Subst.* (path menu)
In Windows-Umgebungen handelt es sich bei einem Pfadmenü um das Menü oder Dropdown-Feld, das für die Eingabe des UNC-Pfades an eine freigegebene Netzwerkressource vorgesehen ist.

Pfadname *Subst.* (pathname)
In einem hierarchischen Dateisystem eine Liste der Verzeichnisse oder Ordner, die vom aktuellen Verzeichnis zu einer Datei führen. → *auch genannt Verzeichnispfad.*

Pfadname, vollständiger *Subst.* (full pathname)
→ *siehe vollständiger Pfadname.*

Pfad, relativer *Subst.* (relative path)
→ *siehe relativer Pfad.*

Pfad, virtueller *Subst.* (virtual path)
→ *siehe virtueller Pfad.*

Pfad, vollständiger *Subst.* (full path)
→ *siehe vollständiger Pfad.*

Pfeiltaste *Subst.* (arrow key)
Eine der vier Tasten, die mit einem nach oben, unten, links oder rechts zeigenden Pfeil bedruckt sind. Die Pfeiltasten dienen dazu, den Cursor vertikal sowie horizontal über den Bildschirm zu bewegen und – in einigen Programmen – die Markierung zu erweitern.

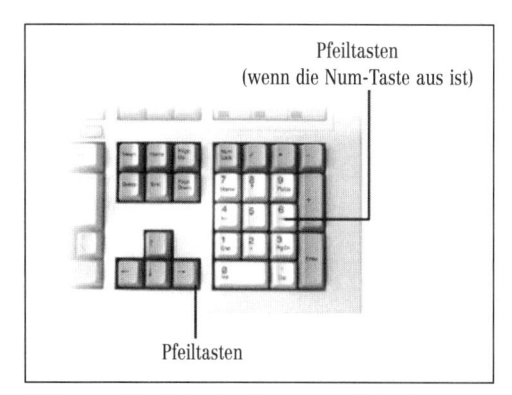

Pfeiltasten: Sobald die Num-Taste ausgeschaltet ist, können die Pfeiltasten des numerischen Tastenblocks verwendet werden

.pg
Im Internet ein Kürzel für die übergreifende Länder-Domäne, die eine Adresse in Papua-Neuguinea angibt.

PGA *Subst.*
→ *siehe Pin-Gitter, Professional Graphics Adapter.*

PGP *Subst.*
Abkürzung für **Pretty Good Privacy**. Ein Programm für die Public-Key-Verschlüsselung, das den RSA-Algorithmus von Philip Zimmermann verwendet. PGP-Software kann als nicht unterstützte kostenlose und als unterstützte kommerzielle Version von der Pretty Good Privacy, Inc. in Redwood Shores (USA) bezogen werden. → *siehe auch Privatsphäre, Public-Key-Verschlüsselung, RSA-Verschlüsselung.*

PgUp Key *Subst.*
→ *siehe Bild-auf-Taste.*

.ph
Im Internet ein Kürzel für die übergreifende Länder-Domäne, die eine Adresse auf den Philippinen angibt.

Phase *Subst.* (phase)
Eine relative Messung, die die zeitliche Beziehung zwischen zwei Signalen der gleichen Frequenz beschreibt. Die Phase wird in Grad gemessen. Ein

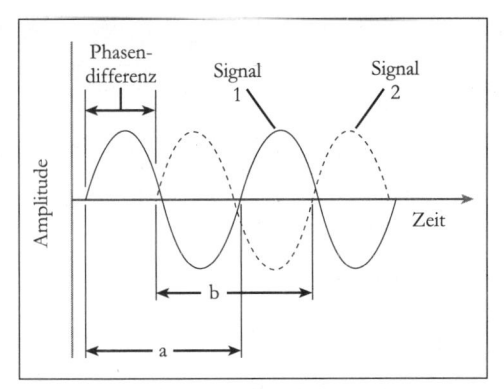

Phase: Die Verschiebung von a nach b gibt die Phasendifferenz in Grad an

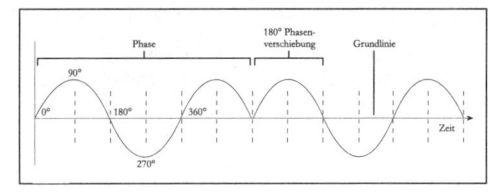

Phasenmodulation. Hier eine Phasenmodulation von 180 Grad

phasenstarr *Adj.* (phase-locked)
Bezeichnet die Beziehung zwischen zwei Signalen, deren Phasen relativ zueinander durch einen Steuermechanismus, z. B. eine elektronische Schaltung, konstant gehalten werden.

vollständiger Schwingungszyklus hat 360 Grad. Die Phase eines Signals kann der gleichen Phase des anderen Signals in einem Bereich von 0 bis 180 Grad voraus- oder nacheilen.

Phasenänderungs-Aufzeichnungsverfahren *Subst.* (phase-change recording)
Für optische Medien verwendetes Aufzeichnungsverfahren, bei dem das Reflexionsvermögen der Struktur eines mikroskopisch kleinen metallischen Kristalls mit Hilfe eines konzentrierten Laserstrahls verändert wird. Bei der Wiedergabe läßt sich diese Veränderung als 0-Bit oder 1-Bit lesen, je nachdem, ob die Struktur das Laserlicht reflektiert oder absorbiert. → *siehe auch PD-CD-Laufwerk.*

Phasencodierung *Subst.* (phase encoding)
Eine Methode der Informationscodierung in einer analogen Trägerschwingung durch periodische Änderung der Trägerphase, um die Bit-Dichte der Übertragung zu erhöhen. → *siehe auch Manchester-Code, Phase.*
»Phasencodierung« kann sich auch auf die Aufzeichnungstechnik bei magnetischen Speichergeräten beziehen, bei denen jede Einheit zur Aufnahme von Daten in zwei Teile getrennt wird, die jeweils in entgegengesetzter Richtung zueinander magnetisiert sind.

Phasenmodulation *Subst.* (phase modulation)
Eine Methode der Informationscodierung – z. B. die binären Ziffern 0 und 1 – in einem elektrischen Signal durch Verschiebung der Phase einer Trägerschwingung. → *siehe auch Phasenverschiebung.*

Phasenverschiebung *Subst.* (phase-shift keying)
In der Kommunikationstechnik ein Verfahren zur Datencodierung, das auf Phasenverschiebung in einer Trägerschwingung beruht und beispielsweise in Modems eingesetzt wird. In der einfachsten Form befindet sich die Phase des Trägers in einem von zwei Zuständen: verschoben um 0 Grad oder verschoben um 180 Grad, was praktisch der Phasenumkehrung der Schwingung entspricht. Diese direkte Phasenverschiebung läßt sich allerdings nur dann nutzen, wenn man jede Phase gegen einen unveränderlichen Bezugspunkt messen kann. Daher verwendet man in vielen Modems eine komplizierte Technik, die sog. *Differential-Phasenverschiebung* oder *DPSK*. Dabei lassen sich durch entsprechende Phasenverschiebungen der Trägerschwingung mehr als zwei mögliche Zustände herstellen, wobei jeder Zustand als relative Änderung zum unmittelbar vorangehenden Zustand interpretiert wird. Es sind daher keine Bezugswerte oder Timing-Betrachtungen erforderlich. Außerdem lassen sich mit jedem Zustand mehrere Binärziffern codieren. → *siehe auch Phasenmodulation.*

Phoenix BIOS *Subst.*
Ein IBM-kompatibles ROM BIOS von Phoenix Technologies, Ltd. in Norwood Massachussets (USA). Dieses bekannte ROM BIOS ist in viele sog. PC »Klones« eingebaut. Das Phoenix BIOS eroberte bereits mit dem Auftauchen der ersten IBM-kompatiblen Computer eine führende Marktposition. → *siehe auch BIOS, ROM-BIOS.* → *Vgl. AMI BIOS.*

Phonem *Subst.* (phoneme)
In der Linguistik die kleinste bedeutungsunterscheidende, segmentale Einheit der Sprache, durch die sich ein Wort von einem anderen unterscheidet. Phoneme gehören zu den Grundelementen der Computersprachausgaben.

Phosphor *Subst.* (phosphor)
Eine Substanz, die durch Licht oder andere Strahlen zum Nachleuchten angeregt werden kann. Die innere Oberfläche einer Kathodenstrahlröhre (CRT) ist mit Phosphor beschichtet, der durch einen entsprechend geführten Elektronenstrahl angeregt wird und damit letztlich für die Anzeige eines Bildes auf dem Bildschirm verantwortlich ist. → *siehe auch Nachleuchtdauer.*

PhotoCD *Subst.*
Ein Digitalisiersystem von Kodak, das es ermöglicht, Bilder von 35-mm-Filmen, Negative, Dias und gescannte Bilder auf CD zu speichern. Die Bilder werden im Dateiformat »Kodak PhotoCD IMAGE PAC File Format«, kurz PCD, gespeichert. Dieser Service kann u. a. bei Fotoannahmestellen in Anspruch genommen werden. Die Bilder einer PhotoCD können in der Regel in einem Computer mit CD-ROM-Laufwerk und PCD-Software angezeigt werden. Diese Bilder können außerdem auf verschiedenen Abspielgeräten angezeigt werden, die für die Verarbeitung von PhotoCDs entwickelt wurden.

Photoelement *Subst.* (photovoltaic cell)
→ *siehe Solarzelle.*

Phreak *Subst.* (phreak)
Eine Person, die Telefonsysteme oder andere gesicherte Systeme anzapft. In den siebziger Jahren verwendeten Telefonsysteme Töne als Schaltsignale. *Phreaks* verwendeten Eigenbau-Hardware, um die Töne zu produzieren und somit das Netz anzuzapfen. → *siehe auch selbstgebraut.* → *Vgl. Cracker, Hacker.*

phreaken *Vb.* (phreak)
Anzapfen von Telefonnetzen oder Computersystemen. → *siehe auch selbstgebraut.* → *Vgl. hacken.*

physikalisch *Adj.* (physical)
In der Rechentechnik alles, was mit einer »realen« Sache zu tun hat, im Gegensatz zu einem konzeptionellen Teil einer Ausrüstung oder eines Bezugsrahmens. → *Vgl. logisch.*

physikalische Adresse *Subst.* (physical address)
Eine Adresse, die direkt einer Speicherstelle auf Hardwareebene entspricht. In einfachen Prozessoren wie dem 8088 und dem 68000 ist jede Adresse eine physikalische Adresse. Bei Prozessoren mit Unterstützung von virtuellem Speicher beziehen sich Programme auf virtuelle Adressen, die dann durch die Speicherverwaltungs-Hardware auf physikalische Adressen abgebildet werden. → *siehe auch Paging, Speicherverwaltungseinheit, virtueller Speicher.*

physikalischer Speicher *Subst.* (physical memory, physical storage)
→ *siehe wirklicher Speicher.*
Der tatsächlich im System vorhandene Speicher im Gegensatz zum virtuellen Speicher. Ein Computer kann z. B. nur über 4 MB RAM verfügen, jedoch einen virtuellen Speicher von 20 MB unterstützen. → *Vgl. virtueller Speicher.*

physikalische Schicht *Subst.* (physical layer)
Die erste oder unterste Schicht des OSI-Sieben-Schichten-Modells zur Standardisierung der Kommunikation zwischen Computern. Die physikalische Schicht ist vollständig hardwareorientiert und beschäftigt sich mit der Herstellung und Verwaltung einer physikalischen Verbindung zwischen kommunizierenden Computern. Zu den Spezifikationen der physikalischen Schicht gehören Verkabelung, elektrische Signale und mechanische Verbindungen. → *siehe auch ISO/OSI-Schichtenmodell.*

PIC *Subst.*
→ *siehe programmierbarer Interrupt-Controller.*

Pica *Subst.* (pica)
Ein Zeichenmaß bei Schreibmaschinen, das bei einer Schriftart mit fester Breite 10 Zeichen pro Zoll hat.
Der Typograph versteht unter »Pica« eine Maßeinheit für 12 Punkt und etwa 1/6 Zoll. → *siehe auch Druckweite.*

picoJava *Subst.*
Ein Mikroprozessor der Sun Microsystems, Inc., der den Java-Code ausführt. → *siehe auch Java.*

PICS *Subst.*
Abkürzung für Platform for Internet Content Selection. Ein Standard zum automatischen Filtern des Web-Zugriffs mittels einer Software (z. B. Internet Explorer 3.0), die den Code für die Freigabe in den HTML-Dateien ermittelt. Es kann aber nicht nur unerwünschtes Material gefiltert, sondern es können auch Sites nach interessantem Material durchsucht werden. Es werden derzeit verschiedene Bewertungssysteme eingesetzt, die nach unterschiedlichen Bewertungskriterien arbeiten.

.pict
Eine Dateinamenerweiterung, die Grafiken im Macintosh-Dateiformat PICT kennzeichnet. → *siehe auch PICT.*

PICT *Subst.*
Ein standardisiertes Dateiformat zur Codierung von sowohl objektorientierten als auch von Bitmap-Grafiken. Das PICT-Dateiformat geht auf Anwendungen für den Apple Macintosh zurück, läßt sich aber auch von vielen Anwendungen für IBM-PCs und kompatible Computer lesen. → *siehe auch Bitmap-Grafik, objektorientierte Grafik.*

Picture Element *Subst.* (picture element)
→ *siehe Pixel.*

piezoelektrisch *Adj.* (piezoelectric)
Beschreibt eine Eigenschaft bestimmter Kristalle, die mechanische in elektrische Energie und umgekehrt umwandeln können. Ein elektrisches Potential, das an einen piezoelektrischen Kristall angelegt wird, bewirkt eine kleine Formänderung des Kristalls. Ebenfalls entsteht eine elektrische Spannung zwischen den Oberflächen eines Kristalls, wenn man einen physischen Druck auf ihn ausübt.

Piko- *präfix.* (pico-)
Abgekürzt p. Ein Maßeinheitenvorsatz mit der Bedeutung von einem Billionstel (10^{-12}). Im amerikanischen Sprachgebrauch: 1 Trillionstel.

Pikosekunde *Subst.* (picosecond)
Abgekürzt psec. Ein Billionstel (im amerikanischen Sprachgebrauch: Trillionstel) einer Sekunde.

PILOT *Subst.*
Abkürzung für Programmed Inquiry, Learning or Teaching. Eine 1976 von John A. Starkweather entwickelte Programmiersprache, die vorrangig zur Anwendungserstellung im Bereich des computerunterstützten Unterrichts vorgesehen ist.

PIM *Subst.*
Abkürzung für Personal Information Manager. Eine Anwendung, die in der Regel ein Adreßbuch enthält und Informationen, z.B. Notizen, Verabredungen und Namen, methodisch verwaltet.

Pin *Subst.* (pin)
Bezeichnung für die Kontaktstifte an elektronischen Bauelementen. Pins findet man z.B. bei Stiftbuchsen. Steckverbinder klassifiziert man oft nach der Anzahl ihrer Pins. Als Pins bezeichnet man auch die metallischen Anschlüsse integrierter Schaltkreise (Chips), die entweder in einen Sockel gesteckt oder direkt mit der Platine verlötet werden.

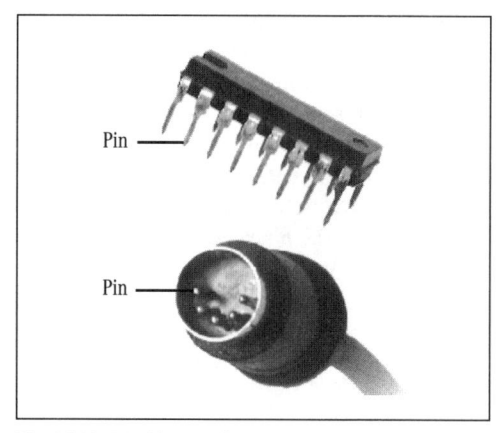

Pin: 14-Pin DIP (oben) und 5-Pin DIN

PIN *Subst.*
Abkürzung für Personal Identification Number. Eine eindeutige Codenummer, die einem berechtigten Benutzer zugewiesen ist. PINs werden z.B. bei POS-Abbuchungsautomaten verwendet.

Pinbelegung *Subst.* (pinout)
Eine Beschreibung oder Zeichnung der Anschlußbelegung eines Chips oder Steckverbinders. → *siehe auch PIN.*

pine *Subst.*
Abkürzung für pine is not elm oder für Program for Internet News and E-mail. Eines der am häu-

figsten verwendeten Programme zum Lesen und Erstellen von E-Mail in zeichenbasierten UNIX-Systemen. Das Pine-Programm wurde als verbesserte Version von »elm« von der Universität von Washington (USA) entwickelt. → *Vgl. elm.*

ping *Subst.*
Abkürzung für »Packet Internet Groper«. Ein Protokoll, das überprüft, ob ein bestimmter Computer mit dem Internet verbunden ist. Dies geschieht dadurch, daß ein Paket an die IP-Adresse des Computers gesendet wird. Wenn der Computer daraufhin reagiert, ist er mit dem Internet verbunden. Der Name wurde von einem Tonsignal einer Unterwasserschallanlage – mit der Bezeichnung »Ping« – abgeleitet. Das ursprüngliche »Ping-Signal« wurde gesendet, um angrenzende Objekte zu ermitteln, die den Klang reflektierten. Außerdem ist »ping« die Bezeichnung für ein UNIX-Dienstprogramm, das das Ping-Protokoll implementiert.

pingen *Vb.* (ping)
Über ein Ping-Dienstprogramm ermitteln, ob ein Computer mit dem Internet verbunden ist. Außerdem das Ermitteln der aktuellen Benutzer einer Verteilerliste. Dies geschieht dadurch, daß E-Mail-Nachrichten an die Liste zur Beantwortung gesendet werden.

Pin-Gitter *Subst.* (pin grid array)
Abgekürzt PGA. Eine Methode für die Montage von Chips auf Platinen, die sich insbesondere für Chips mit einer großen Anzahl von Pins eignet. Die Anschlüsse (Pins) sind in einem PGA-Gehäuse von unten eingeführt, im Gegensatz zum Dual In-Line-Gehäuse und den stiftlosen Chipträgern, bei denen die Pins seitlich in das Gehäuse eindringen. → *Vgl. DIP, pinlose Chipanbringung.*

Ping of Death *Subst.*
Eine Form des Internet-Vandalismus. Es wird dabei ein Paket gesendet, das wesentlich umfangreicher als die normalen 64 Byte ist. Dieses Paket wird über das Internet mit dem Ping-Protokoll an einen Ferncomputer gesendet. Durch die immense Größe des Pakets stürzt der Empfängercomputer entweder ab oder führt einen Reboot-Vorgang durch. → *siehe auch Paket, ping.*

Pingpong *Subst.* (ping pong)
In der Datenübertragung eine Technik zur Richtungsumkehr, so daß der Sender zum Empfänger wird und umgekehrt.
In der Informationsverarbeitung und -übertragung bezeichnet dieser Begriff die Verwendung von zwei temporären Speicherbereichen (Puffer) anstelle nur eines Puffers, um sowohl Eingaben als auch Ausgaben zwischenzuspeichern.

Pingpong-Puffer *Subst.* (ping-pong buffer)
Ein doppelter Puffer, bei dem jeder Teil abwechselnd gefüllt und geleert wird, wodurch sich ein mehr oder weniger kontinuierlicher Strom von Eingabe- und Ausgabedaten ergibt. → *siehe auch Pingpong.*

pinkompatibel *Adj.* (pin-compatible)
Beschreibt die Eigenschaft von Chips oder elektronischen Geräten, deren Pins (Anschlüsse) funktionell äquivalent zu den Pins anderer Chips oder Bauelemente sind. Verwenden zwei Chips z.B. die gleichen Pins für Eingabe und Ausgabe identischer Signale, sind sie pinkompatibel, auch wenn sie in der internen Schaltungstechnik voneinander abweichen. → *Vgl. steckerkompatibel.*

pinlose Chipanbringung *Subst.* (leadless chip carrier)
Eine Methode der Chip-Montage auf Platinen. Eine pinlose Chipanbringung weist Kontaktflächen (keine Stifte) zur Verbindung mit der Platine auf. Der Chip verbleibt in einem Sockel, der die Verbindung über Kontaktflächen an der Unterseite gewährleistet. Für einen sicheren Kontakt sorgt die entsprechende Befestigung des Chips. → *siehe auch Plastic Leaderless Chip Carrier.* → *Vgl. dual in-line package, Pin-Gitter.*

Pin-Gitter: Das Pin-Gitter auf der Unterseite eines Pentium-Chips.

Pinsel *Subst.* (brush, paintbrush)
Ein Werkzeug in Malprogrammen zum Skizzieren oder zum Füllen von Bereichen einer Zeichnung mit der aktuellen Farbe und dem momentan verwendeten Muster. Malprogramme, die eine Vielzahl von Pinselformen bieten, können Pinselstriche in unterschiedlichen Breiten darstellen und in einigen Fällen auch Schattierungen und kalligraphische Effekte erzeugen.
→ *siehe auch Malprogramm.* → *Vgl. Sprühdose.*

Pipe *Subst.* (pipe)
Ein Begriff aus der UNIX-Umgebung. Es handelt sich dabei um eine Befehlsfunktion, die die Ausgabe eines Befehls an die Eingabe eines zweiten Befehls überträgt.
Außerdem ein Speicherbereich zur Informationsweiterleitung von einem Prozeß zu einem anderen. Im wesentlichen arbeitet ein Pipe wie sein Namensvetter (siehe Definition 1): Es verbindet zwei Prozesse so, daß der Ausgang des einen als Eingang für den anderen verwendbar ist. → *siehe auch Ausgabestrom, Eingabestrom.*

Pipeline-Verarbeitung *Subst.* (pipeline processing)
Eine Methode der Verarbeitung auf einem Computer, durch die eine schnelle parallele Verarbeitung von Daten ermöglicht wird. Dies geschieht dadurch, daß überlappende Operationen ein *Pipe* bzw. einen Speicherbestandteil verwenden, der die Informationen von einem Prozeß zum anderen weiterleitet. → *siehe auch parallele Verarbeitung, Pipe, Pipelining.*

Pipelining *Subst.* (pipelining)
Eine Methode für das Holen und Decodieren von Befehlen (Vorbearbeitung), bei der sich zu jedem gegebenen Zeitpunkt mehrere Programmbefehle auf verschiedenen Bearbeitungsstufen befinden und jeweils geholt oder decodiert werden. Im Idealfall steht dem Mikroprozessor bereits der nächste Befehl zur Verfügung, wenn die Bearbeitung des vorhergehenden abgeschlossen ist, so daß für den Prozessor keine Wartezeiten entstehen und sich die Verarbeitungszeit verkürzt.
→ *siehe auch Superpipelining.*
In der parallelen Verarbeitung charakterisiert »Pipelining« außerdem eine Methode, bei der Befehle wie an einem Montageband von einer Verarbeitungseinheit zu einer anderen weitergereicht werden und bei der jede Einheit für die Ausführung einer bestimmten Art von Operation spezialisiert ist.
»Pipelining« kann sich auch auf die Verwendung von Pipes (Röhren) beziehen, die jeweils die Ausgaben eines Tasks als Eingaben zum nächsten Task weiterleiten, bis die gewünschte Folge von Tasks abgearbeitet ist. → *siehe auch Pipe, pipen.*

pipen *Vb.* (pour)
Das Senden einer Datei oder einer Ausgabe aus einem Programm an eine andere Datei oder an ein Gerät, das ein Pipe-Zeichen verwendet. → *siehe auch Pipe.*

Piraterie *Subst.* (piracy)
Die unerlaubte Aneignung eines Computerentwurfs bzw. eines Programms.
Außerdem die nicht autorisierte Verteilung und Verwendung eines Computerprogramms.

.pit
Eine Dateinamenerweiterung für ein Dateiarchiv, das mit dem Dienstprogramm PackIT komprimiert wurde. → *siehe auch PackIT.*

Pixel *Subst.* (pixel)
Abkürzung für Picture (**Pix**) Element. Beschreibt einen Punkt in einem rechtlinigen Gitter, das sich aus tausend derartiger Punkte zusammensetzt. Diese Punkte werden einzeln »gemalt« und stellen in ihrer Gesamtheit ein Bild dar, das der Computer auf einem Bildschirm oder über einen Drucker auf Papier ausgibt. Ein Pixel ist das kleinste Element,

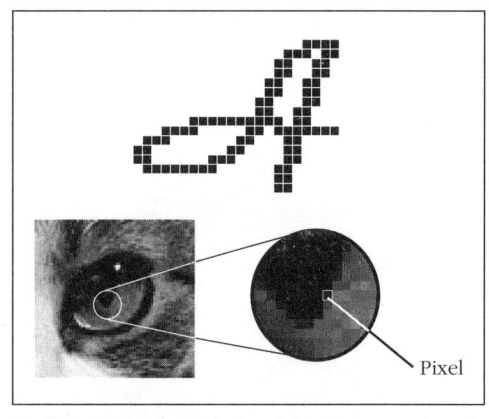

Pixel: Der Buchstabe A (oben) und das Katzenauge (unten) bestehen aus einem Gittermuster aus Pixeln

das die entsprechenden Geräte anzeigen oder drucken können, und das sich per Software zur Erzeugung von Buchstaben, Ziffern oder Grafiken manipulieren läßt. → *auch genannt Pel.*

Pixelgrafik *Subst.* (pixel image)
Die Darstellung einer Farbgrafik im Speicher eines Computers. Prinzipiell ist eine Pixelgrafik einem Bit-Bild ähnlich, da es ebenso eine Bildschirmgrafik darstellt. Allerdings weist eine Pixelgrafik eine zusätzliche Dimension – auch Tiefe genannt – auf, die die Anzahl der jedem Bildschirm-Pixel zugeordneten Bit im Speicher beschreibt.

Pixelmap *Subst.* (pixel map)
Eine Datenstruktur, die das Pixelbild einer Grafik beschreibt, einschließlich solcher Merkmale wie Farbe, Bildauflösung, Dimensionen, Speicherformat und Anzahl der für die Definition jedes Pixels verwendeten Bit. → *siehe auch Pixel, Pixelgrafik.*

PJ/NF *Subst.*
Abkürzung für Projection-Join Normal Form. → *siehe Normalform.*

.pk
Im Internet ein Kürzel für die übergreifende Länder-Domäne, die eine Adresse in Pakistan angibt.

PKUNZIP *Subst.*
Ein Shareware-Dienstprogramm zur Dekomprimierung von Dateien, die mit PKZIP komprimiert wurden. Im allgemeinen sind beide Programme gemeinsam verfügbar. Die kommerzielle Weitergabe von PKUNZIP ist nur mit Erlaubnis der Programmautoren, PKware, Inc. gestattet. → *siehe auch PKZIP.*

PKZIP *Subst.*
Ein 1989 von PKware, Inc. entwickeltes Shareware-Dienstprogramm zur Komprimierung von Dateien. Der Bezug dieses weitverbreiteten Dienstprogramms ist über zahlreiche Quellen möglich. Mit PKZIP können eine oder mehrere Dateien in einer komprimierten Ausgabedatei mit der Erweiterung .zip kombiniert werden. Für die Dekomprimierung der komprimierten Datei ist das begleitende Programm PKUNZIP erforderlich. → *siehe auch PKUNZIP, Shareware, Utility-Programm.*

.pl
Im Internet ein Kürzel für die übergreifende Länder-Domäne, die eine Adresse in Polen angibt.

PLA *Subst.*
Abkürzung für Programmable Logic Array. → *siehe wiederprogrammierbare Logik.*

Plain Old Telephone Service *Subst.*
→ *siehe POTS.*

Plain Vanilla *Adj.* (plain vanilla)
Ohne Zusätze. Die Standardversion einer Hardware oder Software ohne Extras. Ein Plain Vanilla-Modem kann z.B. Daten übertragen, ist aber nicht in der Lage, Fax- oder Voice-Funktionen auszuführen.

.plan
Eine UNIX-Datei im Stammverzeichnis eines Benutzers, deren Inhalt anderen Benutzern bei Anwendung des Befehls »finger« angezeigt wird. In die .plan-Dateien kann ein Benutzer nach Belieben eigene Informationen eingeben, die dann zusätzlich zu den sonstigen, über diesen Befehl abgerufenen Informationen erscheinen. → *siehe auch finger.*

planar *Adj.*
In der Computergrafik die Eigenschaft von Objekten, die innerhalb einer Ebene liegen.
Im Bereich der Halbleiterelektronik kennzeichnet »planar« eine Technologie zur Herstellung von Transistoren auf Siliziumbasis. Im Planarprozeß diffundiert man die chemischen Elemente zur Steuerung der elektrischen Leitfähigkeit in (und unter) die Oberfläche eines Silizium-Wafer, wobei die Oberfläche selbst – die Ebene, durch die diese Elemente diffundiert werden – während des gesamten Prozesses hindurch eben bleibt.

Planartransistor *Subst.* (planar transistor)
Nach seiner Herstellungstechnologie benannter Transistortyp, bei dem alle drei Elemente (Kollektor, Basis und Emitter) auf einer einzelnen Halbleiterschicht erzeugt werden. Die Struktur eines Planartransistors ermöglicht die Abführung einer relativ großen Wärmemenge und eignet sich daher auch für Leistungstransistoren.

P

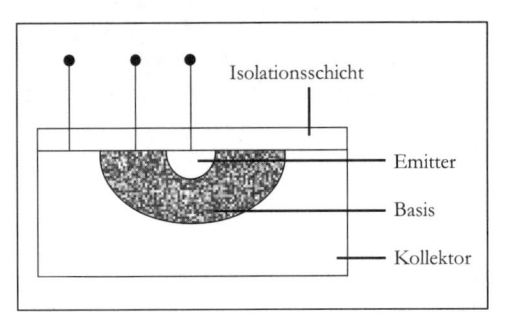

Planartransistor

Plasmabildschirm *Subst.* (gas-plasma display)
→ *siehe Gasentladungsbildschirm.*

Plasmadisplay *Subst.* (plasma display)
→ *siehe Gasentladungsbildschirm.*

Plastic Leaderless Chip Carrier *Subst.* (plastic leadless chip carrier)
→ *siehe PLCC.*

Platform for Internet Content Selection *Subst.*
→ *siehe PICS.*

Platine *Subst.* (board)
Eine Kunststoffplatte, auf der sich Chips und andere elektronische Bestandteile befinden, die über Leiterbahnen miteinander verbunden sind. Die wichtigste Platine in einem Personal Computer ist die Hauptplatine (auch als »Mutterplatine« bezeichnet, englisch »motherboard«), die gewöhnlich den Mikroprozessor und weitere wichtige Bestandteile enthält. Auf der Hauptplatine befinden sich in der Regel Steckplätze, über die kleinere Platinen (die als »Steckkarten«, »Karten« oder »Adapter« bezeichnet werden) untergebracht werden können, wodurch sich das System um zusätzliche Funktionen erweitern läßt, z.B. mit einer Netzwerkkarte, um den Computer an ein Netzwerk anzuschließen. Häufig sind bereits fundamentale Funktionen nicht auf der Hauptplatine, sondern auf Steckkarten untergebracht, z.B. der Controller und die Grafikkarte. → *siehe auch Adapter, Hauptplatine, Registerkarte.*

Platinencomputer *Subst.* (board computer)
→ *siehe Einplatinen-Computer.*

Platinenebene *Subst.* (board level)
Eine Strategie bei der Fehlersuche und Reparatur von Computersystemen, bei der das Problem durch den Austausch der betroffenen Platinen behoben wird. Bei der gegensätzlichen Strategie, der »Bauteilebene«, wird der Fehler durch die Reparatur der Platine beseitigt. In vielen Fällen wird der Austausch von Platinen vorgezogen, da sich das System auf diese Weise schneller wieder in Betrieb setzen läßt. Die ausgebauten Platinen werden dann zu einem späteren Zeitpunkt repariert und aufbewahrt, so daß sie bei einem erneuten Ausfall eines Systems als Ersatzplatinen verwendet werden können. → *siehe auch Leiterplatte.*

Platinenstecker *Subst.* (edge connector)
Eine Reihe von breiten und flachen metallischen Kontakten auf einer Erweiterungskarte, die in einen Erweiterungssteckplatz eines PCs oder in den Stecker eines Flachbandkabels gesteckt wird. Platinenstecker verbinden die Platine mit dem zentralen Datenbus des Systems durch aufgedruckte Kontakte, die den Kontakt zwischen Datenbus und Platine herstellen. Die Anzahl und das Muster der Linien hängen vom jeweiligen Stecker ab. → *siehe auch Erweiterungskarte, Flachbandkabel.*

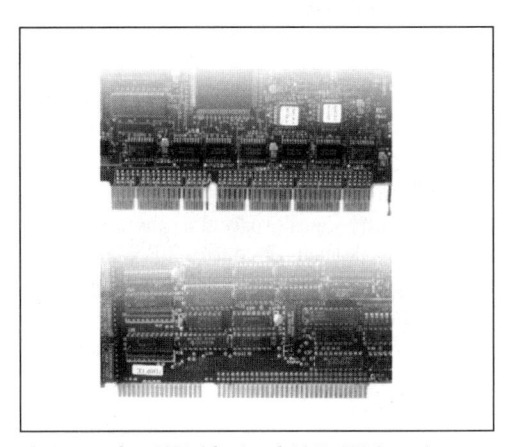

Platinenstecker: EISA (oben) und 16-Bit ISA (unten)

Platine, unbestückte *Subst.* (unpopulated board)
→ *siehe unbestückte Platine.*

Platine, voll bestückte *Subst.* (fully populated board)
→ *siehe voll bestückte Platine.*

Platte *Subst.* (platter)
Für die Datenspeicherung verwendete metallische Magnetscheibe innerhalb eines Festplattenlauf-

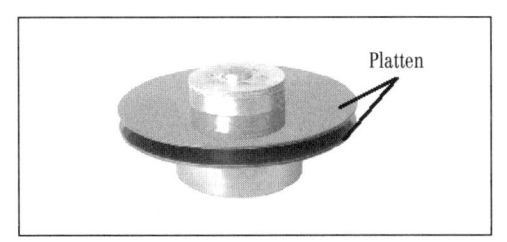

Zwei Platten

werks. Die meisten Festplatten verfügen über zwei bis acht Platten. → *siehe auch Festplatte*.

Plattenpartition *Subst.* (disk partition)
Eine logische Unterteilung auf einem physikalischen Festplattenlaufwerk. Eine einzelne Festplatte läßt sich in mehrere logische Plattenpartitionen gliedern, die jeweils unter einem anderen Laufwerksnamen ansprechbar sind. Mehrere Partitionen sind in primäre (Boot-)Partitionen und eine oder mehrere erweiterte Partitionen unterteilt.

Plattenspiegelung *Subst.* (disk mirroring)
Auch Disk Duplexing genannt. Eine Technik, bei der eine Festplatte insgesamt oder zum Teil auf eine oder mehrere andere Festplatten dupliziert wird, von denen jede im Idealfall an ihren eigenen Controller angeschlossen ist. Durch Plattenspiegelung werden alle Änderungen, die an der Originalplatte ausgeführt werden, gleichzeitig auch an der/den anderen Platte(n) ausgeführt, wodurch bei Beschädigungen oder Fehlern der Originalplatte die gespiegelten Platten eine nicht beschädigte Kopie der Daten auf der Originalplatte enthalten. → *siehe auch Fehlertoleranz*. → *auch genannt Disk-Duplexing*.

Plattenstapel *Subst.* (disk pack)
Eine Sammlung von Platten in einem schützenden Behältnis – meist ein Stapel von 14-Zoll-Platten in einem Plastikgehäuse. Ein Plattenstapel wird hauptsächlich bei Minicomputern und Großrechnern verwendet und stellt ein wechselbares Medium dar.

Plattform *Subst.* (platform)
Die grundlegende Technologie eines Computer-Systems. Stellt man das Gesamtkonzept eines Computers in Form eines geschichteten Gerätes mit einer Hardware-Schicht (auf Chip-Ebene), einer Firmware- und Betriebssystem-Schicht sowie einer Anwendungsprogramm-Schicht dar, bezeichnet man oft die unterste Schicht einer Maschine als »Plattform«.
Im Computerjargon ist »Plattform« außerdem die Bezeichnung für den Computer oder das Betriebssystem.

plattformübergreifend *Adj.* (cross-platform)
Eigenschaft einer Anwendung oder Hardwarekomponente, die auf mehr als einer Rechnerplattform eingesetzt werden kann.

plattformunabhängige Sprache *Subst.* (computer-independent language)
Eine Computersprache, die durch ihr Konzept nicht an eine bestimmte Hardware-Plattform gebunden ist. Die meisten Hochsprachen sind für den plattformunabhängigen Einsatz vorgesehen. Konkrete Implementierungen von derartigen Sprachen (in Form von Compilern und Interpretern) weisen aber trotzdem noch in gewissem Umfang hardwarespezifische Funktionen und Aspekte auf.
→ *siehe auch Computersprache*.

PL/C *Subst.*
Eine an der Cornell Universität entwickelte Version der Programmiersprache PL/I, die für Großcomputer eingesetzt wird. → *siehe auch PL/I*.

PLCC *Subst.*
Abkürzung für Plastic Leadless Chip Carrier. Eine kostengünstige Variante der LCC-Technologie (LCC – stiftloser Chipträger) für die Chip-Montage auf Platinen. Obwohl sich beide Träger äußerlich gleichen, sind PLCCs physikalisch nicht kompatibel mit LCCs, die aus keramischem Material hergestellt werden. → *siehe auch pinlose Chipanbringung*.

PLD *Subst.*
→ *siehe programmierbares Logikgerät*.

p-leitender Halbleiter *Subst.* (P-type semiconductor)
Halbleitermaterial, bei dem die elektrische Leitung durch Löcher (von Elektronen hinterlassene »Lücken« im Kristallgitter) erfolgt. Der gewünschte Leitfähigkeitstyp (N oder P) läßt sich durch die Art der Dotanten festlegen, die man einem Halbleiter während des Herstellungsprozesses hinzu-

fügt. Ein Dotant mit einem Mangel an Elektronen ergibt einen Halbleiter vom P-Typ. → *Vgl. n-leitender Halbleiter.*

PL/I *Subst.*
Abkürzung für Programming Language II. Eine von IBM (1964–1969) entwickelte Programmiersprache, die die wesentlichen Merkmale von FORTRAN, COBOL und ALGOL vereinte und dabei neue Konzepte, z.B. bedingte Fehlerbehandlung und Multitasking, einführte. Im Ergebnis entstand eine kompilierte, strukturierte Sprache, die allerdings so komplex war, daß sie keine weite Verbreitung fand. Trotzdem wird PL/I immer noch in einigen akademischen Einrichtungen und Forschungsinstituten eingesetzt. → *siehe auch ALGOL, COBOL, Compiler-Sprache, FORTRAN.*

PL/M *Subst.*
Abkürzung für Programming Language for Microcomputers. Eine in den frühen siebziger Jahren von Intel entwickelte und von PL/I abgeleitete Programmiersprache für Mikroprozessoren. PL/M wurde hauptsächlich von Programmierern bei der Erstellung von Betriebssystemen eingesetzt. → *siehe auch PL/I.*

plotten *Vb.* (plot)
Das Erzeugen einer Grafik oder eines Diagramms durch Verbinden einzelner Punkte, die die grafische Repräsentation von Variablen (Werten) darstellen. Die Lage der Punkte wird dabei bezüglich einer horizontalen (x-) und einer vertikalen (y-) Achse festgelegt (manchmal noch durch eine Tiefenachse z).

Plotter *Subst.* (plotter)
Ein Gerät, mit dem sich Diagramme, Zeichnungen und andere vektororientierte Grafiken zeichnen lassen. Plotter arbeiten entweder mit Stiften oder elektrostatischen Ladungen in Verbindung mit Toner. Stiftplotter zeichnen mit einem oder mehreren farbigen Stiften auf Papier oder Transparentfolien. Elektrostatische Plotter »zeichnen« ein Muster aus elektrostatisch geladenen Punkten auf das Papier, bringen dann den Toner auf und fixieren ihn an Ort und Stelle. Nach der Art der Papierbehandlung unterscheidet man drei grundlegende Plottertypen: Flachbett-, Trommel- und Rollenplotter. Flachbett-Plotter halten das Papier ruhig und bewegen den Stift entlang der x- und y-Achsen. Trommelplotter rollen das Papier über einen Zylinder. Der Stift bewegt sich entlang einer Achse, während sich die Trommel mit dem darauf befestigten Papier entlang einer anderen Achse dreht. Rollenplotter sind eine Hybridvariante aus Flachbett- und Trommelplotter. Der Stift bewegt sich hier entlang einer Achse, und das Papier wird durch kleine Rollen vor- und zurücktransportiert.

Plotter, elektrostatischer *Subst.* (electrostatic plotter)
→ *siehe elektrostatischer Plotter.*

Plug and Play *Subst.*
Ein Satz mit Spezifikationen, die von Intel entwickelt wurden. Der Einsatz von Plug and Play ermöglicht es, daß ein PC sich automatisch selbst konfigurieren kann, um mit Peripheriegeräten (z.B. Bildschirmen, Modems und Druckern) zu kommunizieren. Benutzer können ein Peripheriegerät anschließen (plug) und es anschließend sofort ausführen (play), ohne das System manuell konfigurieren zu müssen. Ein Plug and Play-PC benötigt ein BIOS, das Plug and Play unterstützt, sowie eine entsprechende Expansion Card. → *siehe auch BIOS, Erweiterungskarte, Peripherie.*

Plugboard *Subst.* (plugboard)
Eine Platine, die es Benutzern ermöglicht, die Operation eines Gerätes durch Einstecken von Kabeln in Sockel zu steuern.

Plug-In *Subst.* (plug-in)
Ein kleines Software-Programm, das in eine größere Anwendung integriert werden kann, um dessen Funktionalität zu erweitern.
Ein Plug-In ist außerdem eine Software-Komponente, die sich in Netscape Navigator einklinkt. Plug-ins ermöglichen es dem Web-Browser, auf Dateien zuzugreifen und diese auszuführen, die in HTML-Dokumente eingebettet sind, deren Format vom Browser nicht unterstützt wird. Hierbei kann es sich um bestimmte Animations-, Video- und Audio-Formate handeln. Die meisten Plug-Ins wurden von Software-Häusern entwickelt, die über proprietäre Software verfügen, in denen die eingebetteten Dateien erstellt werden. → *Vgl. Hilfsanwendung, Hilfsprogramm.*

.pm
Im Internet ein Kürzel für die übergreifende Länder-Domäne, die eine Adresse auf St. Pierre und Miquelon angibt.

P-machine *Subst.* (p-machine)
→ *siehe Pseudomaschine.*

PMMU *Subst.*
→ *siehe Paged Memory Management Unit.*

PMOS *Subst.*
Abkürzung für **P**-Channel **M**etal-**O**xide **S**emiconductor. Eine MOSFET-Halbleitertechnologie, bei der der leitende Kanal aus P-leitendem Halbleitermaterial hergestellt ist. P-Kanal-MOS beruht auf der Bewegung von Löchern (von Elektronen hinterlassene »Lücken« im Kristallgitter) statt auf Elektronen und ist langsamer als N-Kanal-MOS, kann jedoch einfacher und kostengünstiger hergestellt werden. → *siehe auch MOS, MOSFET, n-leitender Halbleiter.* → *Vgl. CMOS, NMOS.*

PMS *Subst.*
→ *siehe Pantone-System.*

.pn
Im Internet ein Kürzel für die übergreifende Länder-Domäne, die eine Adresse auf Pitcairn angibt.

PNG *Subst.*
→ *siehe Portable Network Graphics.*

PNP *Subst.*
→ *siehe Plug and Play, PNP-Transistor.*

PNP-Transistor *Subst.* (PNP transistor)
Ein bipolarer Transistor, bei dem eine Basis aus N-leitendem Halbleitermaterial zwischen einem Emitter und einem Kollektor aus P-leitendem Material angeordnet ist. Die Basis, der Emitter und der Kollektor sind die drei Elektroden, durch die der Strom fließt. In einem PNP-Transistor stellen die Löcher (von Elektronen hinterlassenen »Lücken«) die Majoritätsträger dar, die vom Emitter zur Basis abließen. → *siehe auch n-leitender Halbleiter, p-leitender Halbleiter.* → *Vgl. NPN-Transistor.*

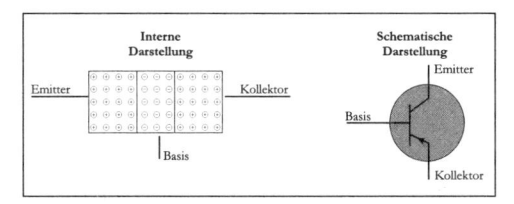

PNP-Transistor

PointCast *Subst.*
Ein Internet-Dienstanbieter, der bestimmte Nachrichtenartikel einzelnen Benutzern zur Verfügung stellt. Im Gegensatz zum World Wide Web und zu anderen Internet-Anwendungen handelt es sich bei PointCast um eine *Push-Technologie*, bei der ein Server die Daten automatisch ohne einen Befehl des Clients lädt. → *siehe auch Server.*

Point of Presence *Subst.* (point of presence)
Ein Einwählknoten in einem Weitbereichsnetz, über den Benutzer eine Verbindung zu einem Ortsgespräch herstellen können.
Außerdem ein Einwählknoten, über den ein Telefon-Provider für Fernverbindungen eine Verbindung mit lokalen Telefon-Providern oder mit Endkunden herstellt.

Point of Sale *Subst.* (point of sale)
→ *siehe POS.*

Point-to-Point Protocol *Subst.*
→ *siehe PPP.*

Point-to-Point Tunneling Protocol *Subst.*
Eine Spezifikation für virtuelle Privatnetzwerke, in denen einige Knoten eines lokalen Netzwerks mit dem Internet verbunden werden. → *siehe auch virtuelles Netzwerk.*

Poisson-Verteilung *Subst.* (Poisson distribution)
Eine nach dem französischen Mathematiker S.D. Poisson benannte mathematische Kurve, mit der sich statische Verteilungen und Wahrscheinlichkeiten verschiedener Ereignisarten annähern lassen. Unter bestimmten Bedingungen nähert sich die Kurve der Normalverteilung bzw. der Binomialverteilung an, so daß man in diesen Fällen oft vereinfachend mit der Poisson-Verteilung rechnet. Zu den Einsatzgebieten der Poisson-Verteilung gehören die Kommunikationstechnik und andere Bereiche, in denen Verkehrsfluß und Wartezeiten von Bedeutung sind. → *siehe auch Binominalverteilung, Normalverteilung.*

poke *Vb.*
Ein Byte an einer absolut angegebenen Speicherstelle ablegen. Die Befehle PEEK (Lesen eines Byte aus dem Speicher) und POKE findet man oft in Programmiersprachen, z.B. Basic, die normalerweise keinen Zugriff auf spezifische Speicherstellen erlauben.

Polarisationsfilter *Subst.* (polarizing filter)
Eine transparente Scheibe aus Glas oder Plastik, die das hindurchtretende Licht polarisiert, d.h. nur Lichtwellen mit einer bestimmten Schwingungsrichtung durchläßt. Polarisationsfilter setzt man häufig ein, um Blenderscheinungen auf Monitorbildschirmen zu reduzieren. → *siehe auch Entspiegelungsfolie.*

Polarität *Subst.* (polarity)
Das Vorzeichen der Potentialdifferenz (Spannung) zwischen zwei Punkten einer elektronischen Schaltung. Wenn zwischen zwei Punkten eine Potentialdifferenz vorhanden ist, hat ein Punkt positive und der andere negative Polarität. Obwohl sich die Elektronen vom negativen zum positiven Pol bewegen, hat man festgelegt, daß der elektrische Strom stets vom Pluspol zum Minuspol fließt.

Polarkoordinaten *Subst.* (polar coordinates)
In der Mathematik ein Zahlenpaar zur Lokalisierung eines Punktes in zwei Dimensionen (auf einer Ebene). Die Koordinaten zur Festlegung eines Punktes stellt man durch (r, θ) dar, wobei r die Länge der Linie angibt, die im Ursprung (Pol) beginnt und am Punkt endet, und θ (der griechische Buchstabe Theta) den Winkel von der positiven x-Achse zum Punkt bezeichnet. → *Vgl. kartesische Koordinaten.*

Pollen *Subst.* (polling)
→ *siehe Autopolling.*

Polling-Zyklus *Subst.* (polling cycle)
Beschreibt den zeitlichen Ablauf, den ein Programm zur Abfrage aller in Frage kommenden Geräte oder Netzwerkknoten absolvieren muß. → *siehe auch Autopolling.*

Polnische Notation *Subst.* (Polish notation)
→ *siehe Präfix-Notation.*

Polnische Notation, umgekehrte *Subst.* (reverse Polish notation)
→ *siehe Postfix-Notation.*

Polygon *Subst.* (polygon, polyline)
Allgemein ein Vieleck. Eine beliebige zweidimensionale, geschlossene Figur mit mehreren Seiten, z.B. ein Sechseck, ein Achteck oder auch ein Dreieck. Polygone finden sich in Grafikanwendungen. In einer etwas abgewandelten Bedeutung eine Linie, die aus mehreren verbundenen Abschnitten besteht. Polygone werden in CAD- und anderen Grafikprogrammen verwendet. → *siehe auch CAD.*

Polymorphie *Subst.* (polymorphism)
In einer objektorientierten Programmiersprache die Fähigkeit, eine Routine in einer abgeleiteten Klasse (einer Klasse, die ihre Datenstrukturen und Routinen von einer anderen Klasse geerbt hat) neu zu definieren. Polymorphie ermöglicht es dem Programmierer, eine Basisklasse zu definieren, die z.B. Routinen für Standardoperationen auf einer Gruppe verwandter Objekte ausführt, ohne den exakten Typ jedes Objekts in Betracht ziehen zu müssen. Der Programmierer kann diese Routinen in den abgeleiteten Klassen für jeden dieser Typen neu definieren und sie jeweils auf den Objekttyp zuschneiden. → *siehe auch abgeleitete Klasse, Klasse, Objekt, objektorientierte Programmierung.*

Pong *Subst.*
Das erste im Handel erhältliche Videospiel, eine Tischtennis-Simulation, das von Nolan Bushnell im Jahr 1972 für Atari entwickelt wurde.

pop *Vb.* (POP)
Das oberste (zuletzt hinzugefügte) Element von einem Stack holen und es dabei vom Stack entfernen. → *Vgl. push.*
→ *siehe Point of Presence, Post Office Protocol.*

POP3 *Subst.*
Abkürzung für Post Office Protocol 3. Hierbei handelt es sich um die aktuelle Version des Post Office Protocol-Standards, der bei TCP/IP-Netzwerken häufig verwendet wird. → *siehe auch Post Office Protocol, TCP/IP.*

populieren *Vb.* (populate)
Importieren von vorbereiteten Daten aus einer Datei in eine Datenbank. Dieser Prozeß wird nicht

manuell durch Eingeben verschiedener Datensätze, sondern über eine Softwareprozedur ausgeführt.

Pop-up-Fenster *Subst.* (pop-up window)
Ein Fenster, das angezeigt wird, sobald eine Option ausgewählt ist. Das Fenster wird in der Regel so lange eingeblendet, bis die Maustaste wieder losgelassen wird.

Pop-up-Hilfe *Subst.* (pop-up Help)
Ein Bereich der Online-Hilfe, bei dem Meldungen in einem Fenster angezeigt werden, sobald der Benutzer auf ein Thema oder auf einen bestimmten Bildschirmbereich klickt, um weitere Informationen aufzurufen. Die Pop-up-Hilfe wird in der Regel durch eine spezielle Mausaktion (z. B. Klikken mit der rechten Maustaste) aufgerufen, falls sie verfügbar ist. → *siehe auch Sprechblasen-Hilfe.*

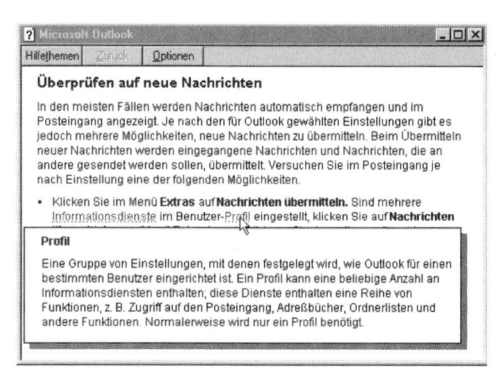

Pop-up-Fenster

Pop-up-Meldungen *Subst.* (pop-up messages)
Die Meldungen, die angezeigt werden, wenn die Pop-up-Hilfe eingesetzt wird.

Port *Subst.* (port)
→ *siehe Eingabe-Ausgabe-Port, Port-Nummer.*

portabel *Adj.* (portable)
Beschreibt die Eigenschaft eines Programms, auf mehreren Systemen oder unter mehreren Betriebssystemen lauffähig zu sein. In hohem Maße portable Software läßt sich ohne großen Aufwand auf andere Systeme übertragen. Software mit mittlerem Portabilitätsgrad erfordert wesentliche Änderungen, um auf andere Systeme übertragen zu werden. Die Anpassung nichtportabler Software übersteigt meist den Aufwand für das Neuschreiben des ursprünglichen Programms.
Außerdem steht »portabel« für »sehr leicht und ohne externe Anschlüsse« und wird meist mit einem tragbaren Computer in Verbindung gebracht.

Portable Digital Document *Subst.*
→ *siehe PDD.*

Portable Distributed Objects *Subst.*
Software von NeXT, die unter UNIX ausgeführt werden kann. Diese Software unterstützt ein Objektmodell, in dem auf Objekte an verschiedenen Speicherorten eines Netzwerk genauso zugegriffen werden kann, als hätten die Objekte einen einzelnen Speicherort.

Portable Document Format *Subst.*
Die Adobe-Spezifikation von Servern und Lesern für elektronische Dokumente der Adobe Acrobat-Familie. → *siehe auch .pdf, .pdf.*

Portable Network Graphics *Subst.*
Ein Dateiformat für Bitmap-Grafiken, das das GIF-Format ersetzen soll. Es bestehen keine gesetzlichen Einschränkungen bezüglich GIF. → *siehe auch GIF.*

portabler Computer *Subst.* (portable computer)
Bezeichnet einen tragbaren Computer. Portable Computer lassen sich nach Größe und Gewicht charakterisieren (siehe Tabelle).

PORTABLE COMPUTER			
Typ	*ungefähres Gewicht*	*Stromversorgung*	*Kommentare*
Transportabel	7,5–15 kg	Steckdose	Verfügt in der Regel über Disketten- und Festplattenlaufwerke; als Sichtgerät wird ein Bildschirm mit Bildröhre (CRT) eingesetzt.
Laptop	4–7,5 kg	Steckdose oder Akkus	Kann auf den Schoß genommen werden – zur Arbeit ist also

Typ	ungefähres Gewicht	Stromversorgung	Kommentare
Laptop			nicht unbedingt ein Tisch erforderlich; verfügt gewöhnlich über ein Diskettenlaufwerk und eine Festplatte; als Bildschirm kommt ein LCD- oder Plasmabildschirm zum Einsatz.
Ultraleicht	1–4 kg	Akkus oder Netzteil	Einfach im Koffer transportierbar; gelegentlich wird ein RAM- oder EPROM-Laufwerk anstelle eines Diskettenlaufwerks oder einer Festplatte eingesetzt; Modelle mit besonders geringer Dicke werden als »Notebooks« bezeichnet.
Handheld	weniger als 1 kg	Akkus oder Netzteil	Auch als »Palmtop« bezeichnet; kann in einer Hand gehalten werden.

portable Sprache *Subst.* (portable language)
Eine Sprache, die sich auf verschiedenartigen Systemen einsetzen läßt und auch zur Software-Entwicklung für unterschiedliche Systeme geeignet ist. C, FORTRAN und Ada sind in diesem Sinne portable Sprachen, da die entsprechenden Implementationen auf verschiedenen Systemen in hohem Maße einheitlich sind. Assembler-Sprache ist hingegen eine nicht-portable Sprache.

Port, bidirektionaler *Subst.* (bidirectional parallel port)
→ *siehe bidirektionaler Port.*

Port Enumerator *Subst.* (port enumerator)
Ein Begriff der Windows-Umgebung. Der Bestandteil eines Plug and Play-Systems, der die I/O-Ports ermittelt und dem Konfigurationsmanager meldet.
→ *siehe auch Plug and Play.*

Port, erweiterter serieller *Subst.* (enhanced serial port)
→ *siehe erweiterter serieller Port.*

Port Expander *Subst.* (port expander)
Ein Hardware-Zusatz, der den Anschluß mehrerer Geräte an einen einzelnen Port gestattet. Allerdings kann immer nur jeweils eines dieser Geräte den Port auch tatsächlich nutzen.

portieren *Vb.* (port)
In der Programmierung die Anpassung eines Programms, damit es auf einem anderen Computer-System lauffähig ist.
Der Ausdruck »portieren« bezieht sich im weiteren Sinne auf das Übertragen von Dokumenten, Grafiken und anderen Dateien von einem Computer auf einen anderen.

Portierung *Subst.* (code conversion)
Der Vorgang, bei dem ein in einer bestimmten Programmiersprache formuliertes Programm in eine andere Programmiersprache übersetzt wird. Der Code kann z.B. in der Hochsprachenebene konvertiert werden (z.B. von C nach Pascal), in der Hardwareplattform-Ebene (z.B. von einem IBM-PC auf einen Apple Macintosh) oder auf der Sprachenebene (z.B. ein C-Quellcode in einen Maschinencode). → *siehe auch kodieren.*

Port-Nummer *Subst.* (port number)
Eine Nummer, durch die IP-Pakete an einen bestimmten Prozeß eines Computers gesendet werden können, der mit dem Internet verbunden ist. »Bekannte« (well-known) Portnummern werden dauerhaft zugeordnet. So gehen z.B. E-Mail-Daten unter SMTP an die Portnummer 25. Ein bestimmter Prozeß, z.B. eine Telnet-Sitzung, erhält eine »kurzfristige« (ephemere) Portnummer, wenn dieser beginnt. Die Daten der Sitzung gehen an diese kurzfristige Portnummer. Die Portnummer erlischt, sobald die Sitzung beendet wird. Es können beim TCP und beim UDP jeweils 65 535 Portnummern vergeben werden. → *siehe auch IP, SMTP, Sockel, TCP, UDP.* → *Vgl. IP-Adresse.*

Port, serieller *Subst.* (serial port)
→ *siehe serieller Port.*

POS *Subst.*
Abkürzung für Point Of Sale. Der Platz in einer Verkaufseinrichtung, an dem die Ware bezahlt wird. Computerisierte Transaktionssysteme, wie man sie in automatisierten Supermärkten findet, arbeiten mit Scannern zum Lesen der Markierungen und Barcodes, elektronischen Registrierkassen und anderen speziellen Geräten, um die Einnahmen zu erfassen.

Pos1-Taste *Subst.* (Home key)
Eine Taste, die auf den meisten Tastaturen zu finden ist. Die Funktion dieser Taste besteht in der Regel darin, den Cursor in einer Anwendung in die Grundstellung zu positionieren. → *siehe auch Home.*

POSIT *Subst.*
Abkürzung für Profiles for Open Systems Internetworking Technology. Ein Satz von nicht obligatorischen Standards für die Netzwerkausstattung US-amerikanischer Regierung, der die GOSIP-Standards abgelöst hat. POSIT legt den Schwerpunkt auf TCP/IP. → *siehe auch GOSIP, TCP/IP.*

positionale Notation *Subst.* (positional notation)
Beschreibt in der Mathematik eine Form der Notation, deren Bedeutung sich zum Teil auf die relative Position der beteiligten Elemente stützt. Beispielsweise ist die gebräuchliche numerische Notation eine positionale Notation. In der Dezimalzahl 34 bezeichnet die Position der Ziffer 3 drei Zehnen und die Position der Ziffer 4 vier Einsen.

positionierbar *Adj.* (tear-off)
Die Eigenschaft eines Feldes einer grafischen Benutzeroberfläche, sich von seiner ursprünglichen Position an einen gewünschten Ort verschieben zu lassen. Bei zahlreichen Grafikanwendungen können nen z.B. die Werkzeugleisten von der Menüleiste weg auf andere Positionen verschoben werden.

POSIX *Subst.*
Abkürzung für Portable Operating System Interface for UNIX. Ein Standard des IEEE (Institute of Electrical and Electronics Engineers), der einen Satz von Betriebssystem-Diensten definiert. Programme, die sich an den POSIX-Standard halten, lassen sich leicht von einem System auf ein anderes portieren. POSIX basiert auf den UNIX-Systemdiensten, ist aber so konzipiert, daß sich diese Programmierschnittstelle durch ein anderes Betriebssystem implementieren läßt.

POST *Subst.*
→ *siehe Power-On-Selbsttest.*

Post, computerisierte *Subst.* (computerized mail)
→ *siehe elektronische Post.*

Posteingang *Subst.* (Inbox)
→ *siehe HTML-Seite, Inbox.*

Post, elektronische *Subst.* (electronic mail)
→ *siehe E-Mail.*

posten *Vb.* (post)
Das Senden eines Artikels an eine Newsgroup oder an eine andere Online-Konferenz. Der Begriff leitet sich von »Posting« ab, einer Notiz an einem schwarzen Brett. → *siehe auch Newsgroup.*

Posterization *Subst.* (posterization)
→ *siehe Konturen.*

Postfix-Notation *Subst.* (postfix notation)
Auch als umgekehrte Polnische Notation bezeichnet. Eine Form der mathematischen Schreibweise, bei der die Operatoren nach den Operanden stehen. → *auch genannt umgekehrte Polnische Notation.* → *Vgl. Infix-Notation, Präfix-Notation.*

Postmaster *Subst.* (postmaster)
Der Logon-Name (und demzufolge die E-Mail-Adresse) eines Account, das für das Verwalten von E-Mail Services auf einem Mail Server verantwortlich ist. Wenn der Eigentümer eines Account ein E-Mail-Problem hat, kann dieses gelöst werden, indem eine entsprechende Nachricht an »postmaster« oder »postmaster@machine.org.domain.name« gesendet wird.

Postmortem-Speicherauszug *Subst.* (disaster dump)
Ein Speicherauszug (Übertragung des Speicherinhalts auf einen Drucker oder ein anderes Ausgabegerät), der beim Absturz eines Programms

(ohne Chance auf dessen Wiederherstellung) angefertigt wird.

Post Office Protocol *Subst.*
Ein Protokoll für Server im Internet, die E-Mail empfangen, speichern und übertragen. Dieses Protokoll wird auch bei Clients von Computern eingesetzt, die eine Verbindung zu Servern aufbauen, um E-Mail zu laden bzw. herunterzuladen.

Postprozessor *Subst.* (postprocessor)
Ein Gerät oder eine Softwareroutine, z.B. ein Linker, zur Weiterverarbeitung von Daten, die zuvor von einem anderen Prozessor manipuliert wurden.
→ *siehe auch Back-end-Prozessor.* → *Vgl. Präprozessor.*

PostScript *Subst.*
Eine Seitenbeschreibungssprache von Adobe Systems mit flexiblen Schriftfunktionen und hochqualitativer Grafikausgabe. PostScript verwendet ähnliche Befehle der englischen Sprache, um das Seitenlayout zu steuern sowie Konturschriften zu laden und zu skalieren. Von Adobe stammt ebenfalls Display PostScript. Diese Grafiksprache für Computer-Displays bietet Benutzern, die sowohl mit PostScript als auch Display PostScript arbeiten, absolute WYSIWYG-Qualität. Diese Qualitätsstufe läßt sich ansonsten nur schwer realisieren, wenn man für Bildschirm und Drucker unterschiedliche Methoden verwendet. → *siehe auch Konturschrift, Seitenbeschreibungssprache.*

PostScript-Schrift *Subst.* (PostScript font)
Eine Schrift, die bezüglich der Sprachregeln der Seitenbeschreibungssprache PostScript definiert und für den Ausdruck auf einem PostScript-kompatiblen Drucker vorgesehen ist. PostScript-Schriften zeichnen sich gegenüber Bitmap-Schriften durch Gediegenheit, Detailtreue und Einhaltung etablierter Qualitätsstandards der typografischen Industrie aus. → *siehe auch PostScript.* → *Vgl. Bildschirmschrift.*

Potential *Subst.* (potential)
→ *siehe elektromotorische Kraft.*

Potentiometer *Subst.* (potentiometer)
Umgangssprachlich als Poti bezeichnet. Ein elektronisches Bauelement, mit dem sich der Widerstand stetig einstellen läßt. Drehwiderstände und Schiebewiderstände zur Einstellung der Lautstärke bei Rundfunk- und Fernsehempfängern sind Beispiel für Potentiometer. → *auch genannt Poti.*

Potentiometer: Vier verschiedene Potentiometer (v.l.n.r.): Standard, mit Drehknopf, Rändelrad und Schieberegler

Potenz *Subst.* (power)
In der Mathematik das Produkt aus gleichen Faktoren, z.B. bedeutet 10 zur dritten Potenz: 10 mal 10 mal 10.

Potenzierung *Subst.* (exponentiation)
Die Operation, mit der eine Zahl in eine gegebene Potenz erhoben wird, z.B. 2^3. In Computerprogrammen und Computersprachen drückt man die Potenzierung im allgemeinen durch ein Caret (^) aus, beispielsweise in 2^3.

Poti *Subst.* (pot)
→ *siehe Potentiometer.*

POTS *Subst.*
Abkürzung für Plain Old Telephone Service. Einfache Wählverbindungen zu einem öffentlichen Telefonnetz, ohne zusätzliche Funktionen. Bei einer POTS-Verbindung handelt es sich lediglich um eine Telefonverbindung, die an ein einfaches Tischtelefon angeschlossen ist.

PowerBook *Subst.*
Verschiedene portable Macintosh-Computer von Apple.

Power, dirty *Subst.* (dirty power)
→ siehe *dirty Power*.

Power Mac *Subst.*
→ siehe *Power Macintosh*.

Power Macintosh *Subst.*
Ein Apple Macintosh, der auf einem PowerPC-Prozessor basiert. Die ersten Serien von Power Macintosh, 6100/60, 7100/66 und 8100/80, sind im März 1994 auf den Markt gekommen. → siehe auch *PowerPC*. → auch genannt *Power Mac*.

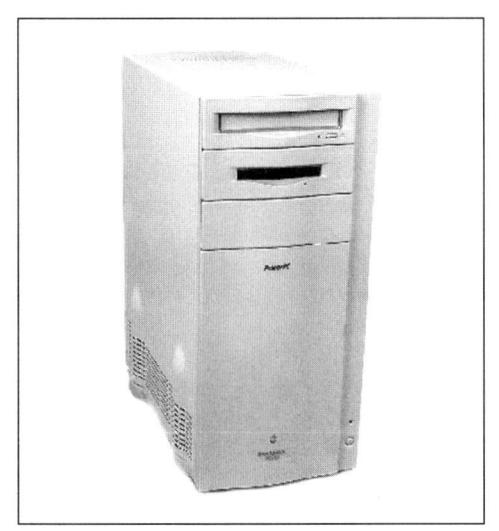

Power Macintosh

Power-On-Selbsttest *Subst.* (power-on self test)
Abgekürzt POST. Ein Satz von Routinen, die im Nur-Lese-Speicher (ROM) des Computers abgelegt sind und verschiedene Systemkomponenten testen, z. B. den RAM, die Diskettenlaufwerke und die Tastatur, um deren ordnungsgemäße Verbindung und Betriebsbereitschaft festzustellen. Bei auftauchenden Problemen alarmieren die POST-Routinen den Benutzer durch mehrere Signaltöne oder Anzeigen einer häufig von einem Diagnosewert begleiteten Meldung auf der Standardausgabe oder dem Standardfehlergerät (in der Regel dem Bildschirm). Verläuft der Post erfolgreich, geht die Steuerung an den Urlader des Systems über. → siehe auch *Urlader*.

Power-on-Taste *Subst.* (Power-on key)
Eine spezielle Taste auf den ADB- und erweiterten Tastaturen von Apple, mit der sich ein Apple Macintosh II einschalten läßt. Die Power-on-Taste ist mit einem nach links zeigenden Dreieck markiert und wird anstelle des Ein-/Ausschalters verwendet. Eine Abschalttaste ist nicht vorhanden. Das System wird durch Wahl des Befehls »Ausschalten« im Menü »Spezial« ausgeschaltet.

PowerPC *Subst.*
Eine Mikroprozessor-Architektur, die 1992 von Motorola und IBM unter Beteiligung von Apple entwickelt wurde. Der PowerPC basiert auf einem superskalaren RISC-Prozessor mit einem 64-Bit-Datenbus und einem 32-Bit-Adreßbus. Ein PowerPC verfügt außerdem über separate Caches für Daten und Befehle, deren Größe von der Implementation abhängig ist. Alle PowerPC-Mikroprozessoren sind mit mehreren Integer- und Gleitkomma-Einheiten ausgestattet und arbeiten mit einer Betriebsspannung von 3,3 Volt, mit Ausnahme des 601 (3,6 Volt). Die Operationsgeschwindigkeit und die Anzahl der pro Taktzyklus ausgeführten Befehle variieren mit der Implementation: Der 601 ist in einer 80- oder 100-MHz-Version verfügbar und führt drei Befehle pro Taktzyklus aus. Der in 80-, 100- und 200-MHz-Versionen verfügbare 603 verarbeitet zwei Befehle pro Taktzyklus. Der 604 mit den Versionen 100, 120 und 133 MHz führt vier Befehle pro Taktzyklus aus. Ebenfalls vier Befehle pro Taktzyklus verarbeitet der in 133-MHz-Versionen erhältliche 620. PowerPC ist ein eingetragenes Warenzeichen von IBM. → siehe auch *Mikroprozessor*, *RISC*.

PowerPC-Plattform *Subst.* (PowerPC Platform)
Eine Plattform, die von IBM, Apple und Motorola entwickelt wurde. Die Plattform basiert auf den Chips ab der Generation 601. PowerPC unterstützt mehrere Betriebssysteme, z. B. Mac OS, Windows NT und AIX sowie die Software für die entsprechenden Betriebssysteme.

Power PC Reference Platform *Subst.* (PowerPC Reference Platform)
Ein offener Systemstandard von IBM. Das Ziel der PowerPC Reference Platform ist die Kompatibilität mit anderen PowerPC-Systemen von verschiedenen Herstellern. Die PowerPCs von Macintosh sind noch nicht mit der PowerPC Reference Platform kompatibel, Apple arbeitet jedoch bereits an der

Entwicklung. → *siehe auch Common Hardware Reference Platform, offenes System, PowerPC*.

Power-User *Subst.* (power user)
Ein Experte im Umgang mit Computern. Dieser Begriff bezieht sich eher auf die anwendungsorientierte Ebene als auf die Ebene der Programmierung. Ein Power-User verfügt einerseits über umfangreiche Computer-Kenntnisse im allgemeinen und ist andererseits mit den jeweiligen Anwendungen vertraut genug, um mit den kompliziertesten Merkmalen dieser Programme arbeiten zu können.

PPCP
→ *siehe PowerPC-Plattform*.

PPM *Subst.*
→ *siehe Pulsphasenmodulation, Seiten pro Minute*.

PPP *Subst.*
Abkürzung für **P**oint-to-**P**oint **P**rotocol. Ein Datenverbindungsprotokoll der Internet Engineering Task Force, das 1991 für Einwählverbindungen (z.B. zwischen einem Computer und dem Internet) vorgestellt wurde. PPP ist zwar kostenintensiver als das SLIP, gewährleistet dafür jedoch einen besseren Datenschutz. → *Vgl. SLIP*.

PPS
→ *siehe unterbrechungsfreie Stromversorgung*.

PPTP
→ *siehe Point-to-Point Tunneling Protocol*.

.pr
Im Internet ein Kürzel für die übergreifende Länder-Domäne, die eine Adresse in Puerto Rico angibt.

Präfix-Notation *Subst.* (prefix notation)
Auch Polnische Notation genannt. Eine 1929 vom polnischen Logiker Jan Lukasiewicz entwickelte Form der algebraischen Schreibweise, bei der die Operatoren vor den Operanden stehen. Beispielsweise lautet der Ausdruck $(a + b) * (c - d)$ in Präfix-Notation $* + a\ b - c\ d$. → *siehe auch Infix-Notation, Postfix-Notation*. → *auch genannt Polnische Notation*.

Präprozessor *Subst.* (preprocessor)
Ein Gerät oder eine Routine zur Vorbereitung von Eingabeinformationen, bevor diese an die weitere Verarbeitung übergeben werden. → *siehe auch Front-End-Prozessor*. → *Vgl. Postprozessor*.

Präsentationsgrafik *Subst.* (presentation graphics)
Die Darstellung geschäftlicher Informationen, z.B. Umsatzwerte oder Aktienkurse, als Diagramm und nicht in Form von Zahlenlisten. Präsentationsgrafiken werden verwendet, um Betrachtern eine unmittelbare Vorstellung von Geschäftsstatistiken und deren Bedeutung zu vermitteln. Gebräuchlich sind z.B. Flächendiagramme, Balkendiagramme, Liniendiagramme und Kreisdiagramme. → *auch genannt Geschäftsgrafik*.

PRAM *Subst.*
Abkürzung für **P**arameter **RAM**. Ein RAM-Bereich in Macintosh-Computern, der Konfigurationsinformationen, z.B. das Datum und die Uhrzeit, den Schreibtischhintergrund und andere Einstellungen der Systemsteuerung enthält. → *siehe auch RAM*.

P-Rating *Subst.* (P-rating)
Abkürzung für **P**erformance **rating**. Ein Bewertungssystem für Mikroprozessoren von IBM, Cyrix und anderen Herstellern, das auf dem Durchsatz in realistischen Anwendungen basiert. Früher galt die Taktgeschwindigkeit eines Mikroprozessors als Bemessungsgrundlage für die Bewertung. Bei dieser Methode werden jedoch nicht die unterschiedlichen Chip-Architekturen oder die verschiedenen Arbeitstypen berücksichtigt, die an einem Computer ausgeführt werden können. → *siehe auch CPU, Mikroprozessor, Taktgeber*.

praxisbezogen *Adj.* (hands-on)
Dieser Begriff bezieht sich auf die interaktive Arbeit mit einem Computer oder einem Computerprogramm. Ein praxisbezogenes Tutorial kann z.B. mit Hilfe von Übungen und Frage-Antwort-Dialogen das Aneignen bestimmter Fertigkeiten (z.B. die Bedienung eines Programms) fördern.

Precompiler *Subst.* (precompiler)
Auch Präprozessor genannt. Ein Programm, das eine Quelldatei liest und bestimmte Änderungen daran vornimmt, um sie für die Kompilierung vorzubereiten. → *siehe auch Compiler*. → *auch genannt Präprozessor*.

preemptives Multitasking *Subst.* (preemptive multitasking)
Auch als Zeitscheiben-Multitasking bezeichnet. Eine Form des Multitasking, bei der das Betriebssystem periodisch die Ausführung eines Programms unterbricht und die Steuerung des Systems an ein anderes, wartendes Programm übergibt. Preemptives Multitasking verhindert, daß ein einzelnes Programm das System für sich allein beansprucht. → *siehe auch Multitasking.* → *auch genannt Zeitscheiben-Multitasking.*

Prefs *Subst.*
→ *siehe Einstellungsmenü.*

PReP *Subst.*
→ *siehe Power PC Reference Platform.*

Presentation Manager *Subst.*
Die grafische Benutzeroberfläche, die zum Lieferumfang von OS/2 ab der Version 1.1 gehört. Der Presentation Manager leitet sich von der auf MS-DOS basierenden Windows-Umgebung ab und bietet ähnliche Fähigkeiten. Der Benutzer sieht eine grafische, fensterorientierte Schnittstelle, und der Programmierer verwendet eine Standardmenge von Routinen zur Behandlung der Ein- und Ausgaben für Bildschirm, Tastatur, Maus und Drucker, unabhängig davon, welche Hardware an das System angeschlossen ist. → *siehe auch OS/2, Windows.*

Pretty Good Privacy *Subst.*
→ *siehe PGP.*

Pretty Print *Subst.* (pretty print)
Eine Bearbeitungsfunktion der Programmierung, die den Code so formatiert, daß er leicht erkennbar ausgedruckt wird. Die Pretty Print-Funktion kann z.B. Leerzeilen einfügen, um Module abzusetzen bzw. verschachtelte Routinen einrücken, damit sie leichter erkannt werden können. → *siehe auch Code, Editor, Modul, Routine.*

Primärkanal *Subst.* (primary channel)
Der Datenübertragungskanal in einem Kommunikationsgerät, z.B. ein Modem. → *Vgl. Sekundärkanal.*

Primärschlüssel *Subst.* (primary key)
Auch als Hauptschlüssel bezeichnet. In Datenbanken das Schlüsselfeld, das als eindeutiger Bezeichner eines bestimmten Tupels (Zeile) in einer Relation (Datenbank-Tabelle) verwendet wird. → *siehe auch Alternativschlüssel, Sekundärschlüssel.* → *auch genannt Hauptschlüssel.* → *Vgl. Sekundärschlüssel.*

Primärspeicher *Subst.* (primary storage)
Der hauptsächliche Allzweck-Speicherbereich, auf den der Mikroprozessor direkten Zugriff hat, Random Access Memory (RAM). Die anderen Speichermöglichkeiten eines Computers, z.B. Diskette und Magnetband, nennt man *Sekundärspeicher* oder auch *peripheren Speicher.*

Primary Domain Controller *Subst.*
Eine Datenbank unter Windows NT, die eine zentrale Verwaltung für Ressourcen und Benutzer-Accounts enthält. Benutzer müssen sich nicht an einen bestimmtem Host anmelden, sondern können sich über die Datenbank an einer Domäne anmelden. Eine separate Account-Datenbank überwacht die Rechner in der Domäne und teilt den Benutzern die Ressourcen der Domäne zu.
Der Ausdruck bezeichnet außerdem einen Server eines lokalen Netzwerks, der die Hauptkopie der Datenbank mit den Benutzer-Accounts für die Domäne verwaltet und die Anmeldeanforderungen validiert.

Primitive, grafische *Subst.* (graphics primitive)
→ *siehe grafische Primitive.*

Primitivum *Subst.* (primitive)
In der Computergrafik eine Grundform, die sich als diskrete Entität durch ein Grafikprogramm zeichnen, speichern und manipulieren läßt (beispielsweise eine Linie, ein Kreis, eine Kurve oder ein Polygon). Primitive sind die Elemente, aus denen große Grafikentwürfe erstellt werden.
In der Programmierung bezeichnet »Primitivum« ein grundlegendes Sprachelement zur Erzeugung größerer Prozeduren, die schließlich die vom Programmierer gewünschten Funktionen realisieren.

Printer Access Protocol *Subst.*
→ *siehe PAP.*

Printer Control Language *Subst.*
Abgekürzt PCL. Eine von Hewlett-Packard eingeführte Sprache zur Druckersteuerung, die in den

Produktlinien LaserJet, DeskJet und RuggedWriter eingesetzt wird. Durch die Dominanz der LaserJet-Drucker auf dem Laserdrucker-Markt hat sich PCL zu einem De-facto-Standard entwickelt. → *auch genannt Hewlett-Packard Printer Control Language, PCL.*

Priorität *Subst.* (priority)
Die Rangfolge bei der Zuteilung der Mikroprozessor-Zeit und bei der Verwendung von Systemressourcen. In einem Computer existieren – für den Benutzer unsichtbar und unbemerkt – Prioritätsebenen, durch die die unterschiedlichsten Arten möglicher Kollisionen und Unterbrechungen vermieden werden. Ebenso lassen sich den auf dem Computer laufenden Tasks bestimmte Prioritäten zuweisen, die festlegen, wann und für welche Zeitdauer der jeweilige Task Mikroprozessor-Zeit erhält. In einem Netzwerk ordnet man den Stationen Prioritäten zu, um festzulegen, wann und wie oft den Stationen die Kontrolle der Kommunikationsleitung erlaubt wird. Es können außerdem Nachrichten mit Prioritäten versehen werden, um die Dringlichkeit ihrer Weiterleitung anzuzeigen. → *siehe auch Interrupt.*

Priority Frame *Subst.*
Ein Protokoll für die Telekommunikation, das von Infonet und der Northern Telecom, Inc. (USA) entwickelt wurde, um Daten, Fax-Dokumente und Voice-Informationen zu übertragen.

Privacy Enhanced Mail *Subst.*
Ein Internet-Standard für E-Mail-Systeme, die Verschlüsselungstechniken verwenden, um die Privatsphäre und den Datenschutz bei Nachrichten zu gewährleisten. → *siehe auch Standard, Verschlüsselung.* → *Vgl. PGP.*

Private Branch Exchange *Subst.*
→ *siehe PBX.*

Private Communications Technology *Subst.*
Eine Spezifikation für die Sicherung von Mehrzweckunternehmungen und persönlicher Kommunikation im Internet. Private Communications Technology enthält z. B. Funktionen für die Privatsphäre, Echtheitsbestätigung und gegenseitige Identifikation.

Private Line *Subst.* (private line)
→ *siehe Standleitung.*

private Ordner *Subst.* (private folders)
In einer freigegebenen Netzwerkumgebung kann auf diese Ordner nicht von anderen Benutzern des Netzwerks zugegriffen werden. → *Vgl. öffentliche Ordner.*

privater Kanal *Subst.* (private channel)
Ein Kanal im Internet Relay Chat (IRC), der einer bestimmten Benutzergruppe vorbehalten ist. Private Channel-Namen werden der Öffentlichkeit vorenthalten. → *siehe auch IRC.* → *auch genannt Geheimkanal.*

privater Schlüssel *Subst.* (private key)
Ein Schlüssel der Public-Key-Verschlüsselung. Dieser geheime Schlüssel wird zum Verschlüsseln von digitalen Signaturen und zum Entschlüsseln von eingegangenen Nachrichten verwendet. → *siehe auch Public-Key-Verschlüsselung.* → *Vgl. öffentlicher Schlüssel.*

Privatisierung *Subst.* (privatization)
Im weiteren Sinne die Verlagerung staatlicher Aktivitäten in den privaten, kommerziellen Sektor einer Volkswirtschaft. Im engeren Sinne die Verlagerung staatlicher Internet-Backbones in die private Industrie. Das NSFnet wurde z. B. von der Regierung der USA 1992 privatisiert.

Privatnetzwerk, virtuelles *Subst.* (virtual private network)
→ *siehe virtuelles Privatnetzwerk.*

Privatsphäre *Subst.* (privacy)
Ein Konzept für den Datenschutz. Es geht hierbei darum, daß Benutzerdaten nicht ohne vorherige Genehmigung Dritten zugänglich sind. Das Recht auf Privatsphäre wird im Internet noch nicht allgemein anerkannt. Um die Privatsphäre zu gewährleisten, müssen Benutzer eigene Maßnahmen – z. B. Verschlüsselung – ergreifen. → *siehe auch PEM, PGP, Verschlüsselung.* → *Vgl. Sicherheit.*

Privilegien *Subst.* (privileges)
→ *siehe Zugriffsrechte.*

privilegierter Befehl *Subst.* (privileged instruction)
Ein Befehl (normalerweise ein Maschinenbefehl), dessen Ausführung nur dem Betriebssystem gestattet ist. Durch privilegierte Befehle besteht die Möglichkeit, Betriebssystem und Anwendung voneinander zu trennen, damit nur das Betriebssystem spezielle Aufgaben ausführen kann, die man einer Anwendung besser nicht überlassen sollte. Aus diesem Grund erhalten nur die Betriebssystem-Routinen die erforderlichen Privilegien zur Ausführung dieser Befehle.

privilegierter Modus *Subst.* (privileged mode)
Durch den Protected Mode der Intel-Mikroprozessoren ab dem 80286 unterstützter Ausführungsmodus, in dem Anwendungen eingeschränkte Operationen ausführen können, die kritische Komponenten des Systems, z.B. Speicher und Eingabe-Ausgabe-Ports (Kanäle), manipulieren können. Während der Kern des Betriebssystems OS/2 oder Programme zur Steuerung der an das System angeschlossenen Geräte (Gerätetreiber) im privilegierten Modus arbeiten können, ist dieser Modus nicht für Anwendungsprogramme vorgesehen.

PRN *Subst.*
Der logische Gerätename für *Drucker*. PRN ist durch das Betriebssystem MS-DOS als Name für den Standarddrucker reserviert und bezieht sich in der Regel auf den ersten Parallelport, der auch als LPT1 bezeichnet wird.

Problembehandlung *Vb.* (troubleshoot)
Das Identifizieren der Ursache eines Problems in einem Programm, einem Computersystem oder einem Netzwerk und das Beheben des Problems.

Problembeschreibung *Subst.* (trouble ticket)
Ein Bericht über einen Herstellungsprozeß, der die Schwierigkeiten mit einem bestimmten Gerät oder System festhält. Ursprünglich auf Papier erstellt, werden diese Berichte heute oft auf elektronischem Wege mit Hilfe spezieller Anwendungsprogramme aufgezeichnet. → *siehe auch Arbeitsablaufsteuerung, Help Desk.*

Problemlösung *Subst.* (problem solving)
Das Entwickeln und Implementieren einer Strategie für das Ermitteln einer Lösung oder einer Alternative.

Der Begriff kann sich auch auf einen Aspekt der künstlichen Intelligenz beziehen, wenn die Aufgabe der Problemlösung einzig durch ein Programm ausgeführt wird. → *siehe auch künstliche Intelligenz.*

Processor Direct Slot *Subst.*
→ *siehe PDS.*

Prodigy Information Service *Subst.*
Ein Online-Dienst, der von IBM und Sears gegründet wurde. Prodigy bietet – wie die Anbieter America Online und CompuServe – Zugriff auf Datenbanken und Dateibibliotheken, Online Chat, Special Interest Groups, E-Mail und Internet Connectivity an.

Produkt *Subst.* (product)
Auch als »Kartesisches Produkt« bekannt. Ein Operator der in der Datenbankverwaltung eingesetzten relationalen Algebra. Wendet man das Produkt auf zwei existierende Relationen (Tabellen) an, erhält man eine neue Tabelle, die alle möglichen, geordneten Verkettungen (Kombinationen) von Tupeln (Zeilen) aus der ersten Relation mit den Tupeln der zweiten enthält. Die Anzahl der Zeilen in der daraus resultierenden Relation ist das Produkt aus der Anzahl der Zeilen beider Quell-Relationen. → *auch genannt kartesisches Produkt.* → *Vgl. Inner Join.*
In der Mathematik stellt das Produkt das Ergebnis der Multiplikation von mehreren Zahlen dar.
Ein Produkt ist ferner ein Erzeugnis, das mit kommerziellen Zielen entwickelt und vermarktet wird. Obwohl Computer in diesem Sinne ebenfalls Produkte darstellen, bezieht sich dieser Begriff im Rechnerbereich mehr auf Software, Peripheriegeräte und Zubehör.

Produktionssystem *Subst.* (production system)
Ein Problemlösungsverfahren in Expertensystemen. Es basiert auf einer »WENN das, DANN das«-Methode, die eine Menge von Regeln, eine Datenbank mit Informationen und einen »Regelinterpreter« zum Vergleich der Prämissen mit den Fakten verwendet und einen Schluß zieht. Produktionssysteme bezeichnet man auch als regelbasierte Systeme oder Inferenzsysteme. → *siehe auch Expertensystem.*

Produkt, kartesisches *Subst.* (Cartesian product)
→ *siehe Produkt.*

Produktveranstaltung *Subst.* (trade show)
Eine Ausstellung oder Verkaufsveranstaltung, bei der die Produkte eines Herstellers gezeigt werden.

Professional Graphics Adapter *Subst.*
Ein Video-Adapter, der von IBM eingeführt wurde und hauptsächlich für CAD-Anwendungen vorgesehen ist. Der Professional Graphics Adapter kann 256 Farben bei einer Auflösung von 640 Pixel horizontal und 480 Pixel vertikal darstellen.

Professional Graphics Display *Subst.*
Ein analoges Display, das von IBM eingeführt wurde und für den Einsatz mit dem Professional Graphics Adapter vorgesehen ist. → *siehe auch Professional Graphics Adapter.*

Profil erstellen *Vb.* (profile)
Eine Programmanalyse. Das Ziel der Analyse ist die Ermittlung des Zeitaufwandes, der für verschiedene Bestandteile des Programms während der Ausführung anfällt.

Profiles for Open Systems Internetworking Technology *Subst.*
→ *siehe POSIT.*

Programm *Subst.* (program)
Eine Folge von Anweisungen, die sich durch einen Computer ausführen lassen. Als Programm bezeichnet man sowohl den originalen Quellcode als auch die ausführbare (Maschinensprache-)Version. → *siehe auch Anweisung, Programmerstellung, Routine.* → *auch genannt Software.*

Programmable Inquiry, Language Or Teaching *Subst.* (Programmed Inquiry, Learning or Teaching)
→ *siehe PILOT.*

programmable read-only memory *Subst.*
→ *siehe PROM.*

Programm, aktives *Subst.* (active program)
→ *siehe aktives Programm.*

Programm, ausführbares *Subst.* (executable program)
→ *siehe ausführbares Programm.*

Programmausführung, parallele *Subst.* (concurrent program execution)
→ *siehe parallel.*

Programmbefehl *Subst.* (program statement)
Die Anweisung, die für ein Programm einen Namen festlegt, die Operation kurz beschreibt und eventuell andere Informationen angibt. Einige Sprachen, z.B. Pascal, verfügen über einen expliziten Programmbefehl. Andere Sprachen kennen derartige Anweisungen nicht oder verwenden andere Formen (z.B. die main( )-Funktion in C).

Programmdatei *Subst.* (program file)
Eine Diskettendatei, die ausführbare Teile eines Computerprogramms enthält. Je nach Größe und Komplexität, kann eine Anwendung oder ein anderes Programm, z.B. ein Betriebssystem, in mehreren unterschiedlichen Dateien gespeichert werden, die jeweils Befehle für einige Teile der Gesamtfunktion des Programms enthalten. → *Vgl. Dokumentdatei.*

Programm-Einsteckmodul *Subst.* (program cartridge)
→ *siehe ROM-Steckmodul.*

Programmerstellung *Subst.* (program creation)
Der Ablauf bei der Erzeugung eines Programms, d.h. einer ausführbaren Datei. Im herkömmlichen Sinne umfaßt die Programmerstellung drei Schritte:
1) Kompilierung des Quellcodes einer Hochsprache in Assembler-Quellcode.
2) Assemblierung des Assemblersprachen-Quellcodes in Maschinencode-Objektdateien.
3) Binden der Maschinencode-Objektdateien mit verschiedenen Datendateien, Laufzeitdateien und Bibliotheksdateien zu einer ausführbaren Datei. Einige Compiler gehen direkt vom Hochsprachen-Quellcode zum Maschinencode-Objekt, und einige integrierte Entwicklungsumgebungen umfassen alle drei Schritte in einem Befehl zusammen.
→ *siehe auch Assembler, Compiler, Linker, Programm.*

Programmgenerator *Subst.* (application generator, program generator)
Software, die es dem Anwender ermöglicht, sich auf den Entwurf der Funktionalität eines zu ent-

wickelnden Anwendungsprogramms zu beschränken. Anhand dieser Funktionsbeschreibung erzeugt der Programmgenerator selbsttätig den Quellcode oder Maschinencode des Anwendungsprogramms. Programmgeneratoren sind meist auf bestimmte Anwendungsgebiete fixiert. Sie sind Bestandteil einiger Datenbankprogramme und verwenden integrierte Befehlssätze für die Erzeugung des Programmcodes. Durch den Einsatz von Programmgeneratoren läßt sich die Entwicklung einer Anwendung bedeutend vereinfachen.
→ *siehe auch Anwendung.*
→ *siehe auch vierte Sprachgeneration.*

programmierbar *Adj.* (programmable)
Bezeichnet die Fähigkeit, Befehle zur Ausführung einer Aufgabe oder einer Operation entgegenzunehmen. Programmierbarkeit ist das charakteristische Merkmal von Computern.

programmierbare Funktionstaste *Subst.* (programmable function key)
Verschiedene, zum Teil nicht beschriftete Tasten auf Tastaturen von Fremdherstellern, die es dem Benutzer ermöglichen, vorher gespeicherte Tastenkombinationen oder Folgen von Tastenanschlägen, die sog. *Makros*, »abzuspielen«. Der gleiche Effekt läßt sich mit einer Standardtastatur und einem Tastaturdienstprogramm erzielen, das den Tastaturcode abfängt und durch modifizierte Werte ersetzt. Meist handelt es sich dabei um speicherresidente Programme, die sich nicht mit jeder Anwendung »vertragen«. Programmierbare Funktionstasten dagegen kommen ohne derartige Hilfsmittel aus. → *Vgl. Tastaturerweiterung.*

programmierbarer Interrupt-Controller *Subst.* (programmable interrupt controller)
Ein Intel-Chip, der Interrupt Requests (IRQs) behandelt. IBM AT-Maschinen verwenden zwei programmierbare Interrupt-Controller, um die maximale Anzeige von 15 IRQs behandeln zu können. Der programmierbare Interrupt-Controller ist durch den *Advanced Programmable Interrupt Controller* (APIC) ersetzt worden, der Multiprocessing unterstützt. → *siehe auch IBM AT, IRQ.*

programmierbares Logik-Array *Subst.* (programmable logic array)
→ *siehe wiederprogrammierbare Logik.*

programmierbares Logikgerät *Subst.* (programmable logic device)
Ein logischer Chip, der nicht vom Hersteller, sondern vom Kunden programmiert wird. Ein programmierbares Logikgerät besteht aus einer Auflistung logischer Gatter. Programmierbare Logikgeräte benötigen im Gegensatz zu Gatter-Arrays keine vollständige Programmierung als Bestandteil des Herstellungsprozesses. → *siehe auch Logikchip.* → *Vgl. Gatter-Array.*

Programmierer *Subst.* (programmer)
Eine Person, die mit der Entwicklung und dem Schreiben von, sowie der Fehlerbeseitigung, in Computerprogrammen beschäftigt ist. Ein Programmierer kann – je nach Projektumfang und Arbeitsumgebung – alleine oder im Team arbeiten, an Bestandteilen oder am gesamten Prozeß von der Gestaltung bis zur Fertigstellung teilhaben oder am Erstellen des Programms beteiligt sein.
→ *siehe auch Programm.*

Programmierschnittstelle *Subst.* (programmatic interface)
Die von einem Betriebssystem bereitgestellte Menge von Funktionen, auf die ein Programmierer bei der Anwendungsentwicklung zurückgreifen kann.
→ *siehe auch Anwendungs-Programmierschnittstelle.*

Programmiersprache *Subst.* (programming language)
Eine künstliche Sprache, mit der sich Befehlsfolgen formulieren lassen, die letztlich von einem Computer verarbeitet und ausgeführt werden können. Die genaue Abgrenzung, was man als Programmiersprache ansieht und was nicht, kann ziemlich kompliziert sein. Im allgemeinen versteht man aber darunter, daß der Übersetzungsprozeß – vom Quellcode, der mit Hilfe der Programmiersprache ausgedrückt wird, in den Maschinencode, den der Computer für die Arbeit benötigt – mit Hilfe eines anderen Programms, z.B. eines Compilers, automatisiert abläuft. Daher sind Englisch und andere natürliche Sprachen nicht geeignet, obwohl bestimmte Untermengen der englischen Sprache von einigen Programmiersprachen der vierten Generation verwendet und verstanden werden. → *siehe auch Compiler, natürliche Sprache, Programm, vierte Sprachgeneration.*

Programmiersprache, höhere Subst. (high-order language)
→ siehe höhere Programmiersprache.

Programmiertasten Subst. (programmer's switch)
Ein Tastenpaar bei Macintosh-Computern, das es Benutzern ermöglicht, das System neu zu booten oder eine Befehlszeilen-Schnittstelle auf einer niedrigen Ebene des Betriebssystems einzugeben. Ursprünglich wurde davon ausgegangen, daß diese Funktionen nur zum Testen von Software eingesetzt werden. Aus diesem Grund waren die Tasten bei früheren Macintosh-Modellen im Gehäuse verborgen und nur über einen speziellen Plastik-Clip zu bedienen. Bei zahlreichen späteren Modellen wurden diese Tasten bereits frei zugänglich gemacht. Die Taste für das Rebooten ist durch ein Dreieckssymbol, die andere Taste durch ein Kreissymbol gekennzeichnet.

Programmierung Subst. (programming)
Die Kunst und Wissenschaft der Erzeugung von Computerprogrammen. Programmierung beginnt mit der Kenntnis einer oder mehrerer Programmiersprachen, z.B. Basic, C, Pascal oder Assembler. Allerdings führt die Beherrschung einer Sprache allein noch nicht zu einem guten Programm. In der Regel ist dazu weit mehr erforderlich: Fachkenntnisse der Algorithmentheorie, des Entwurfs von Benutzeroberflächen und der Eigenschaften von Hardware-Einrichtungen. Computer sind rigoros arbeitende logische Maschinen, und Programmierung erfordert eine ähnliche logische Herangehensweise an den Entwurf, das Schreiben (die Codierung), das Testen und die Fehlersuche eines Programms. Niedere Sprachen, z.B. die Assembler-Sprache, erfordern außerdem ein Vertrautsein mit den Fähigkeiten eines Mikroprozessors und den grundlegenden Befehlen, die darin integriert sind. Bei der von vielen Programmierern verfochtenen modularen Programmierung teilt man ein Projekt in kleinere, leichter handhabbare Module auf eigenständig funktionale Einheiten, die sich separat entwerfen, schreiben, testen und auf Fehler überprüfen lassen, bevor sie in das größere Programm eingebunden werden. → *siehe auch Algorithmus, modulares Design, Notkonstruktion, objektorientierte Programmierung, Spaghetticode, strukturierte Programmierung.*

Programmierung, ereignisgesteuerte Subst. (event-driven programming)
→ siehe ereignisgesteuerte Programmierung.

Programmierung, funktionelle Subst. (functional programming)
→ siehe funktionelle Programmierung.

Programmierung, lineare Subst. (linear programming)
→ siehe lineare Programmierung.

Programmierung, modulare Subst. (modular programming)
→ siehe modulare Programmierung.

Programmierung, objektorientierte Subst. (object-oriented programming)
→ siehe objektorientierte Programmierung.

Programmierung, strukturierte Subst. (structured programming)
→ siehe strukturierte Programmierung.

Programmierung, visuelle Subst. (visual programming)
→ siehe visuelle Programmierung.

Programming Language I Subst.
→ siehe PL/I.

Programm, interaktives Subst. (interactive program)
→ siehe interaktives Programm.

Programmkarte Subst. (program card)
→ siehe PC Card, ROM-Karte.

Programmlisting Subst. (program listing)
Die Kopie des Quellcodes eines Programms, normalerweise in gedruckter Form auf Papier. Einige Compiler sind in der Lage, Programmlistings mit Zeilennummern, Cross-Referenzen usw. zu erstellen.

Programmlogik Subst. (program logic)
Die Logik, die der Gestaltung und dem Aufbau eines Programms zugrunde liegt, d.h. der Hintergrund für die Funktionsweise eines Programms.
→ *siehe auch Logikfehler.*

Programm, natives *Subst.* (native application)
→ *siehe natives Programm.*

Programm, RAM-residentes *Subst.* (RAM-resident program)
→ *siehe Terminate-and-Stay-Resident Program.*

Programm, residentes *Subst.* (resident program)
→ *siehe TSR.*

Programmspezifikation *Subst.* (program specification)
Ein Begriff aus der Software-Entwicklung. Eine Darstellung der Ziele und Anforderungen eines Projekts sowie die Beziehung des Projekts zu anderen Projekten.

Programmwartung *Subst.* (program maintenance)
Der Prozeß der Betreuung, Fehlerbeseitigung und Weiterentwicklung als Antwort auf Rückmeldungen von Einzelpersonen bzw. Benutzergruppen oder die allgemeinen Marktbedingungen.

Programmzähler *Subst.* (program counter)
Ein Register (d.h. ein kleiner, schneller Speicherbereich innerhalb eines Mikroprozessors), das die Adresse des nächsten im Programmablauf auszuführenden Befehls enthält.

Programmzustand *Subst.* (program state)
Die Kondition eines Programms (Stack-Inhalte, Speicherinhalte, in Ausführung befindliche Befehle) zu einem gegebenen Zeitpunkt.

Project Gutenberg *Subst.*
Ein Projekt der Universität Illinois, in dem Büchertexte in einer öffentlichen Domäne im Internet aufgerufen werden können. Die Dateien sind im ASCII-Format gespeichert, damit möglichst viele Benutzer darauf zugreifen können. Project Gutenberg kann über »mrcnext.cso.uiuc.eduvia FTP« oder die Web-Seite http://www.promo.net/pg/ kontaktiert werden. → *siehe auch ASCII.*

PROJECT-Operator *Subst.* (project)
Ein Operator in der relationalen Algebra, der im Datenbank-Management eingesetzt wird. Bei einer gegebenen Relation (Tabelle) A, baut der *PROJECT-Operator* eine neue Relation auf, die nur eine spezifizierte Menge von Attributen (Spalten) aus A enthält.

projektbezogene Normalform *Subst.* (projection-join normal form)
→ *siehe Normalform.*

Projektmanagement *Subst.* (project management)
Das Planen, Überwachen und Steuern des Ablaufs und der Entwicklung eines bestimmten Unternehmens.

Projektzyklen *Subst.* (project life cycle)
Eine Sequenz vorausgeplanter Projektstufen vom Anfang bis zum Ende des Projekts.

Prolog *Subst.*
Abkürzung für **Pro**gramming in **Log**ic. Eine für die logische Programmierung entwickelte Sprache. Prolog entstand während der siebziger Jahre in Europa (vorrangig in Frankreich und Schottland), und der erste Prolog-Compiler wurde 1972 durch Philippe Roussel an der Universität Marseilles entwickelt. In der Folgezeit erlangte Prolog weite Verbreitung auf dem Gebiet der künstlichen Intelligenz. Es handelt sich um eine kompilierte Sprache, die mit logischen Beziehungen zwischen Datenelementen anstelle von mathematischen Beziehungen arbeitet. → *siehe auch künstliche Intelligenz.*

PROM *Subst.*
Abkürzung für **P**rogrammable **R**ead-**O**nly **M**emory. Die spezielle Form eines Nur-Lese-Speichers (ROM), bei dem sich die Daten mittels eines sog. PROM-Programmierers einschreiben lassen. Die Programmierung eines PROM ist nur einmalig möglich und kann nicht mit anderen Daten geändert werden. → *siehe auch EEPROM, EPROM, ROM.*

PROM-Brenner *Subst.* (PROM blaster, PROM programmer)
Eine Hardwareeinheit, die Befehle oder Daten auf einen PROM-Chip (Programmable Read-Only Memory) oder einen EPROM-Chip (Erasable Programmable Read-Only Memory) schreibt. → *siehe auch EPROM, PROM.* → *auch genannt PROM-Schießer.*

PROM, reprogrammierbares *Subst.* (reprogrammable PROM)
→ *siehe EPROM.*

PROM-Schießer *Subst.* (PROM blower)
→ *siehe PROM-Brenner.*

proportionale Schrittschaltung *Subst.* (proportional spacing)
Eine Form des Typenabstandes, bei der jedem Zeichen ein seiner Breite entsprechender (proportionaler) horizontaler Raum zugewiesen wird. Der Buchstabe *w* nimmt z.B. mehr Platz ein als der Buchstabe *i*. → *Vgl. dictengleich (gleichbleibender Schaltschritt).*

Proportionalschrift *Subst.* (proportional font)
Ein Zeichensatz in einem bestimmten Stil und einer bestimmter Größe, bei dem jedem Zeichen der seiner Breite entsprechende Raum zugewiesen wird. Bei einer Proportionalschrift nimmt z.B. der Buchstabe *i* weniger Platz ein als der Buchstabe *m*. → *Vgl. dictengleiche Schrift.*

proprietär *Adj.* (proprietary)
Zu privatem Eigentum gehörend. Dieser Begriff bezieht sich im weiteren Sinne auf die Technologie, die von einem Unternehmen entwickelt wurde. Hierbei werden bestimmte Spezifikationen vom Eigentümer als Geschäftsgeheimnis gewahrt. Proprietäre Technologie darf von Dritten nur über eine ausdrückliche Lizenz verwendet werden. Außerdem ist es durch die Wahrung des Geschäftsgeheimnisses anderen Unternehmen nicht möglich, diese Technologie zu nutzen. → *Vgl. Public Domain.*

proprietäre Software *Subst.* (proprietary software)
Ein Programm, das urheberrechtlich geschützt bzw. Eigentum einer Einzelperson oder Firma ist. Die Verwendung ist nur nach rechtmäßigem Erwerb oder mit ausdrücklicher Erlaubnis des Eigentümers gestattet. → *Vgl. Public-Domain-Software.*

Protected Mode *Subst.* (protected mode)
Wörtlich übersetzt »geschützter Modus«. Eine Betriebsart der Intel-Mikroprozessoren 80286 und höher, die einen größeren Adreßraum unterstützt und gegenüber dem Real Mode verbesserte Merkmale aufweist. Wenn man diese CPUs in den Protected Mode schaltet, bieten sie hardwareseitige Unterstützung für Multitasking, Datensicherheit und virtuellen Speicher. Die Betriebssysteme Windows NT und OS/2 laufen ebenso im Protected Mode wie UNIX-Versionen für die genannten Mikroprozessoren. → *Vgl. Real Mode.*

Protokoll *Subst.* (log, protocol)
Die Aufzeichnung der auf einem Computer ablaufenden Transaktionen oder Aktivitäten. → *siehe Logarithmus.*
→ *siehe Kommunikationsprotokoll.*

Protokoll, binäres synchrones *Subst.* (binary synchronous protocol)
→ *siehe BISYNC.*

Protokoll, bitorientiertes *Subst.* (bit-oriented protocol)
→ *siehe bitorientiertes Protokoll.*

Protokoll, byte-orientiertes *Subst.* (byte-oriented protocol)
→ *siehe byte-orientiertes Protokoll.*

protokollieren *Vb.* (capture)
In der Kommunikationstechnik das Speichern von empfangenen Daten in einer Datei, um diese zu archivieren oder später zu analysieren.

Protokoll, routfähiges *Subst.* (routable protocol)
→ *siehe routfähiges Protokoll.*

Protokollschicht *Subst.* (protocol layer)
→ *siehe Schicht.*

Protokollstapel *Subst.* (protocol stack, protocol suite)
Die Protokolle eines Satzes, die auf verschiedenen Ebenen zusammenarbeiten, um die Kommunikation auf einem Netzwerk zu ermöglichen. Der Protokollstapel TCP/IP, der im Internet eingesetzt wird, enthält über 100 Standards (z.B. FTP, IP, SMTP, TCP und Telnet). → *siehe auch ISO/OSI-Schichtenmodell.*

Protokoll, synchrones *Subst.* (synchronous protocol)
→ *siehe synchrones Protokoll.*

Protokoll, zeichenorientiertes *Subst.* (character-oriented protocol)
→ *siehe byte-orientiertes Protokoll.*

Prototyping *Subst.* (prototyping)
Das Erstellen eines Arbeitsmodells eines neuen Computersystems oder Programms zum Testen oder zur Verfeinerung. Mit Prototyping entwickelt man sowohl neue Hardware- und Softwaresysteme als auch neue Systeme der Informationsverwaltung. Zu den im ersten Fall eingesetzten Werkzeugen gehören sowohl Hardware als auch unterstützende Software. Die üblichen Werkzeuge für die zweite Kategorie umfassen Datenbanken, Bildschirmmodelle und Simulationen, die sich in manchen Fällen auch in ein Endprodukt entwickeln lassen.

Proxy *Subst.* (proxy)
→ *siehe Proxy-Server.*

Proxy-Server *Subst.* (proxy server)
Eine Firewall-Komponente, die den Datenverkehr im Internet für ein lokales Netzwerk (LAN) verwaltet. Die weiteren Funktionen eines Proxy-Servers beinhalten Dokument-Cache und Zugangskontrolle. Ein Proxy-Server kann die Leistungsfähigkeit verbessern, indem er Daten zur Verfügung stellt, die häufig angefordert werden (z. B. eine häufig verwendete Web-Seite). Außerdem ist ein Proxy-Server in der Lage, unerwünschte Abfragen zu filtern und zu verwerfen (z. B. Abfragen für unberechtigten Zugriff auf proprietäre Dateien). → *siehe auch Firewall.*

Prozedur *Subst.* (procedure)
In einem Programm eine benannte Anweisungsfolge – meist mit zugehörigen Konstanten, Datentypen und Variablen – zur Ausführung einer bestimmten Aufgabe. Eine Prozedur läßt sich in der Regel sowohl durch andere Prozeduren als auch durch das Hauptprogramm aufrufen (ausführen). Einige Sprachen unterscheiden zwischen einer Prozedur und einer Funktion, wobei letztere einen Wert zurückgibt. → *siehe auch Funktion, Parameter, prozedurale Sprache, Routine, Unterroutine.*

prozedurale Sprache *Subst.* (procedural language)
Eine Programmiersprache, in der die Prozedur das grundlegende Programmelement darstellt. Unter Prozedur ist in diesem Sinne eine benannte Folge von Anweisungen, z. B. eine Routine, ein Unterprogramm oder eine Funktion zu verstehen. Die allgemein verwendeten Hochsprachen (C, Pascal, Basic, FORTRAN, COBOL, Ada) sind durchgängig prozedurale Sprachen. → *siehe auch Prozedur.*
→ *Vgl. nicht prozedurale Sprache.*

prozedurales Rendern *Subst.* (procedural rendering)
Die Wiedergabe eines zweidimensionalen Bildes aus dreidimensionalen Koordinaten mit einer Strukturierung, die den Benutzervorgaben entspricht (z. B. Richtung und Intensität der Beleuchtung).

Prozeduraufruf *Subst.* (procedure call)
Ein Begriff der Programmierung. Ein Befehl, durch den eine Prozedur ausgeführt wird. Der Prozeduraufruf kann in einer anderen Prozedur oder im Hauptteil des Programms enthalten sein. → *siehe auch Prozedur.*

Prozeduraufruf, asynchroner *Subst.* (asynchronous procedure call)
→ *siehe asynchroner Prozeduraufruf.*

Prozedur, reine *Subst.* (pure procedure)
→ *siehe reine Prozedur.*

Prozeß *Subst.* (process)
Ein Programm oder ein Teil davon. Eine zusammenhängende Folge von Schritten, die von einem Programm ausgeführt werden.

Prozessor *Subst.* (central processing unit, processor)
Auch: CPU (für »central processing unit«, zu deutsch »zentrale Verarbeitungseinheit«). Die Rechen- und Steuereinheit eines Computers; die Einheit, die Befehle interpretiert und ausführt. Die zentrale Verarbeitungseinheit bestand bei Großrechnern und frühen Mikrocomputern aus mehreren Leiterplatten, die mit einer Vielzahl an integrierten Schaltkreisen bestückt waren. Erst die Zusammenfassung aller Bestandteile der zentralen Verarbeitungseinheit auf einem Chip – dieser Chip wird auch als »Mikroprozessor« oder kurz als »Prozessor« bezeichnet – machte den Bau von Personal Computern und Arbeitsstationen möglich. Beispiele für Einchip-CPUs sind die Motorola-Prozessoren 68000, 68020 und 68030 sowie die Intel-Prozessoren 8080, 8086, 80286, 80386 und i486. Ein Prozessor besitzt die Fähigkeit, Befehle

zu holen, zu decodieren und auszuführen sowie Informationen von und zu anderen Ressourcen über die Hauptleitung des Computers, den Bus, zu übertragen. Im übertragenen Sinn kann der Prozessor auch als der Chip gesehen werden, der als »Gehirn« des Computers fungiert. In einigen Fällen schließt der Begriff »zentrale Verarbeitungseinheit« sowohl den Prozessor als auch den Arbeitsspeicher des Computers ein oder – im weitesten Sinne – die komplette Hauptcomputer-Konsole (im Gegensatz zu peripheren Einrichtungen).
→ siehe auch Mikroprozessor.
→ siehe Mikroprozessor.

Prozessor, anwendungsspezifischer *Subst.* (application processor)
→ siehe anwendungsspezifischer Prozessor.

Prozessor, skalarer *Subst.* (scalar processor)
→ siehe skalarer Prozessor.

Prozessor-Tick *Subst.* (clock tick)
→ siehe CPU-Zyklus.

Prozessor, wortadressierbarer *Subst.* (word-addressable processor)
→ siehe wortadressierbarer Prozessor.

Prüfbit *Subst.* (check bit)
Ein Bit (oder mehrere Bits), das einer Datennachricht an ihrem Ursprungsort hinzugefügt und durch den empfangenden Prozeß geprüft wird, um auf einen möglichen Fehler während der Übertragung schließen zu können. Im einfachsten Fall wird nur ein Paritätsbit verwendet. → siehe auch Datenintegrität, Paritätsbit.

Prüfpunkt *Subst.* (checkpoint)
Ein Zeitpunkt bei der Verarbeitung, an dem der gewöhnliche Betrieb eines Programms oder Systems vorübergehend ausgesetzt wird, um dessen Umgebungsstatus zu bestimmen.
Der Ausdruck bezieht sich außerdem auf eine Datei, die Informationen über den Zustand des Systems (der Umgebung) zu einem bestimmten Zeitpunkt enthält.

Prüfsumme *Subst.* (checksum)
Ein berechneter Wert, der verwendet wird, um Daten hinsichtlich etwaiger Fehler zu überprüfen,
die bei der Übertragung oder der Speicherung auf einen Datenträger entstehen können. Die Prüfsumme wird durch aufeinanderfolgende Zusammenfassung aller Bytes eines Datenblocks mittels arithmetischer oder logischer Operationen berechnet. Nach der Übertragung oder Speicherung der Daten wird die Prüfsumme nach demselben Prinzip aus den – möglicherweise fehlerhaft – übertragenen oder gespeicherten Daten berechnet. Stimmen dabei die alte und die neue Prüfsumme nicht überein, ist ein Fehler aufgetreten, und die Datenübertragung oder Speicherung sollte wiederholt werden. Mit Hilfe von Prüfsummen können nicht alle Fehler erkannt werden. Außerdem kann anhand der Prüfsumme keine Fehlerkorrektur durchgeführt werden. → *siehe auch fehlerkorrigierende Codierung.*

Prüfziffer *Subst.* (check digit, self-checking digit)
Eine Ziffer, die einer Zahl während der Codierung angehängt wird, um eine fehlerfreie Codierung zu bestätigen. → *siehe auch Paritätsbit, Prüfsumme.*
Außerdem eine Ziffer, die einer Kontonummer oder einem anderen Identifizierungs-Schlüssel hinzugefügt und bei Verwendung der Nummer neu berechnet wird. Dadurch lassen sich Fehler feststellen, die bei der Eingabe der Nummer entstanden sein können. → *siehe auch Prüfsumme.*

.ps
Eine Dateinamenerweiterung, die PostScript-Druckerdateien kennzeichnet. → *siehe auch PostScript.*

PS/2-Bus *Subst.* (PS/2 bus)
→ siehe Mikrokanal-Architektur.

psec *Subst.*
→ siehe Pikosekunde.

Pseudocode *Subst.* (pseudocode)
Abgekürzt P-Code. Eine Maschinensprache für einen hypothetischen Prozessor (eine sog. P-Maschine). Ein derartiger Code wird durch einen Software-Interpreter ausgeführt. Der wesentliche Vorteil eines P-Codes besteht in seiner Portabilität auf alle Computer, auf denen ein entsprechender Interpreter vorhanden ist. Die P-Code-Methode wurde mehrere Male in der Mikroprozessor-Industrie mit unterschiedlichem Erfolg getestet, wobei

die bekannteste Lösung das UCSD P-System war. → *siehe auch Pseudomaschine, UCSD p-System.*
»Pseudocode« kann auch eine formlose, transparente Notation bedeuten, in der ein Programm oder ein Algorithmus beschrieben wird. Viele Programmierer erstellen ihre Programme zuerst in einem Pseudocode, der aus einer Mischung von Englisch (oder der jeweiligen Landessprache) und ihrer favorisierten Programmiersprache, z.B. C oder Pascal, besteht. Dieser Pseudocode wird dann Zeile für Zeile in die tatsächlich verwendete Programmiersprache umgesetzt.

Pseudo-Compiler *Subst.* (pseudo compiler)
Ein Compiler, der eine Pseudosprache generiert. → *siehe auch Pseudosprache.*

Pseudocomputer *Subst.* (pseudocomputer)
→ *siehe Pseudomaschine.*

Pseudomaschine *Subst.* (pseudomachine)
Abgekürzt P-Maschine. Bezeichnet einen Prozessor, der als konkrete Hardware nicht existiert, jedoch per Software nachgebildet wird. Ein für die P-Maschine geschriebenes Programm kann auf verschiedenen Plattformen laufen, ohne daß eine erneute Kompilierung erforderlich ist. → *siehe auch Pseudocode, UCSD p-System.*

Pseudooperation *Subst.* (pseudo-operation)
Abgekürzt pseudo-op. In der Programmierung eine Anweisung, die einen Assembler oder Compiler steuert, jedoch nicht in einen Maschinensprache-Befehl übersetzt wird – z.B. ein Befehl zur Festlegung des Wertes einer Konstanten oder der Art und Weise, in der ein Boolescher (logischer) Ausdruck auszuwerten ist.

Pseudosprache *Subst.* (pseudolanguage)
Eine hypothetische Programmiersprache, d.h. eine Sprache, für die keine Implementierung existiert. Der Ausdruck kann sich entweder auf die Maschinensprache eines angenommenen Prozessors oder auf eine Hochsprache beziehen, für die kein Compiler existiert. → *siehe auch Pseudocode.*

PSK
→ *siehe Phasenverschiebung.*

PSN *Subst.*
Abkürzung für **P**acket-**S**witching **N**etwork. → *siehe Paketvermittlung.*

P-System *Subst.* (p-system)
Ein Betriebssystem basierend auf einer per Software realisierten Pseudomaschine. Ein für das P-System geschriebenes Programm läßt sich leichter portieren als ein Programm für ein maschinenabhängiges Betriebssystem. → *siehe auch UCSD p-System.*

.pt
Im Internet ein Kürzel für die übergreifende Länder-Domäne, die eine Adresse in Portugal angibt.

/pub
Kurzform für **pub**lic (öffentlich). Ein Verzeichnis in einem Anonymous-FTP-Archiv, das für die Öffentlichkeit zugänglich ist und im allgemeinen Dateien zum kostenlosen Kopieren bereithält. → *siehe auch Anonymous FTP.*

pub *Subst.*
→ *siehe /pub.*

Public Domain *Subst.* (public domain)
Kreative Werke, z.B. Bücher, Musik oder Software, die nicht urheberrechtlich geschützt sind. Der Inhalt einer Public Domain kann kostenlos kopiert, geändert und für jeden beliebigen Zweck verwendet werden. Der Großteil der Informationen des Internet befindet sich in der Public Domain. Urheberrechtlich geschützte Werke werden jedoch nicht in der Public Domain abgelegt. → *Vgl. proprietär.*

Public-Domain-Software *Subst.* (public-domain software)
Ein Programm, das der Eigentümer oder Entwickler jedem zugänglich macht und das ohne Einschränkung sowohl kopiert als auch vertrieben werden darf. → *Vgl. Freeware, freie Software, proprietäre Software, Shareware.*

Public-key-Kryptographie *Subst.* (public key cryptography)
→ *siehe Public-Key-Verschlüsselung.*

Public-Key-Verschlüsselung *Subst.* (public key encryption)
Ein asymmetrischer Algorithmus, bei dem jeder Teilnehmer zwei Schlüssel hat: einen öffentlichen Schlüssel (Public Key) zur Verschlüsselung der Daten und einen privaten oder geheimen Schlüssel (Secret Key) zum Entschlüsseln. Für digitale Unterschriften wird der Prozeß umgekehrt: Der Absender verwendet den Secret Key zum Erzeugen einer eindeutigen elektronischen Zahl (Signatur), die jedermann lesen kann, der den zugehörigen Public Key besitzt. Mit Hilfe des Public Key läßt sich dann verifizieren, ob die Nachricht wirklich vom Absender stammt. → *siehe auch öffentlicher Schlüssel, privater Schlüssel.*

Publizieren, elektronisches *Subst.* (electronic publishing)
→ *siehe elektronisches Publizieren.*

Puck *Subst.* (puck)
Ein Zeigegerät für Grafiktabletts. Ein Puck, der oft in technischen Anwendungen eingesetzt wird, ist ein mausähnliches Gerät mit Knöpfen für die Markierung von Elementen oder die Wahl von Befehlen und einer Lupe mit einem aufgedruckten Fadenkreuz. Die Position auf dem Grafiktablett, auf die der Schnittpunkt des Fadenkreuzes zeigt, wird an einer bestimmten Stelle auf dem Bildschirm abgebildet. Da das Fadenkreuz des Pucks auf einer transparenten Oberfläche aufgebracht ist, kann der Benutzer eine Zeichnung leichter verfolgen, indem er sie zwischen das Grafiktablett und den Puck legt und das Fadenkreuz über den Linien der Zeichnung verschiebt. → *siehe auch Grafiktablett, Griffel.*

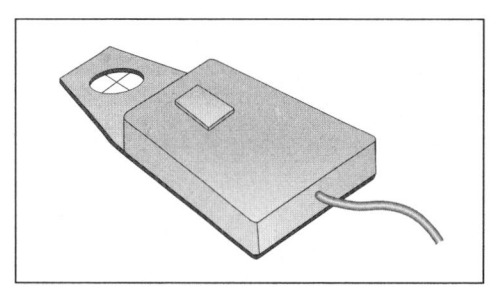

Puck

Puffer *Subst.* (buffer)
Ein reservierter Speicherbereich, in dem Daten vorübergehend abgelegt werden, bis sich eine Gelegenheit bietet, den Transfer zwischen zwei Orten – z.B. dem Datenbereich eines Anwendungsprogramms und einem Eingabe-Ausgabe-Gerät – vorzunehmen. Geräte (z.B. Drucker) und zugehörige Adapter verfügen in der Regel über eigene Puffer, in denen Daten zwischengespeichert werden, bis sie an den Computer übertragen oder im Gerät verarbeitet werden können.

puffern *Vb.* (buffer)
Das Verwenden eines Speicherbereichs, um Daten zwischenzuspeichern, bevor sie übertragen werden – insbesondere an ein oder von einem Eingabe-Ausgabe-Gerät wie einer Festplatte oder einem seriellen Port.

Puffer-Pool *Subst.* (buffer pool)
Ein Bereich im Arbeitsspeicher oder auf einem Massenspeicher, der – vor allem während Transfer-Operationen – für die Zwischenspeicherung reserviert wird.

Pufferspeicher *Subst.* (buffer storage)
Ein spezieller Bereich im Speicher, der für die vorübergehende Aufnahme von Daten dient, bevor ein Programm oder das Betriebssystem diese entgegennehmen und verarbeiten kann.
Außerdem ein Speicherbereich, der für die vorübergehende Aufnahme von Daten dient, wenn Daten zwischen zwei Geräten ausgetauscht werden, die nicht synchronisiert sind oder mit unterschiedlichen Übertragungsgeschwindigkeiten arbeiten.

Pulldown-Menü *Subst.* (pull-down menu)
Ein Menü, das aus einer Menüleiste »heruntergezogen« (englisch: pull-down) wird und so lange verfügbar bleibt, wie es der Benutzer geöffnet hält. → *Vgl. Drop-down-Menü.*

Pulsamplitudenmodulation *Subst.* (pulse amplitude modulation)
Abgekürzt PAM. Eine Methode zur Codierung von Informationen in einem Signal durch Veränderung der Impuls-Amplitude. Das unmodulierte Signal besteht aus einer kontinuierlichen Impulsfolge mit konstanter Frequenz, Impulsbreite und Amplitude. Während der Modulation wird die Amplitude der Impulse geändert, um die zu codierenden Informationen widerzuspiegeln. → *Vgl. Pulsbreiten-*

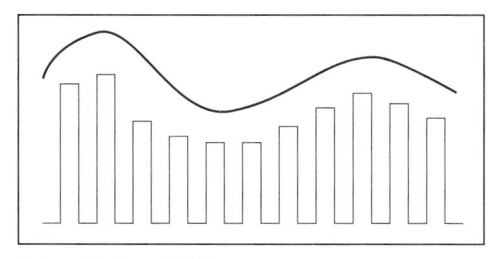

Pulsamplitudenmodulation

modulation, Pulscode-Modulation, Pulsphasenmodulation.

Pulsbreitenmodulation *Subst.* (pulse duration modulation, pulse width modulation)
Abgekürzt PDM. Manchmal auch als »Pulslängenmodulation« bezeichnet. Eine Methode zur Codierung von Informationen in einem Signal durch Veränderung der Impulsbreite. Das unmodulierte Signal besteht aus einer kontinuierlichen Impulsfolge mit konstanter Frequenz, Impulsbreite und Amplitude. Während der Modulation wird die Breite der Impulse geändert, um die zu codierenden Informationen widerzuspiegeln. → *auch genannt Pulsdauermodulation.*

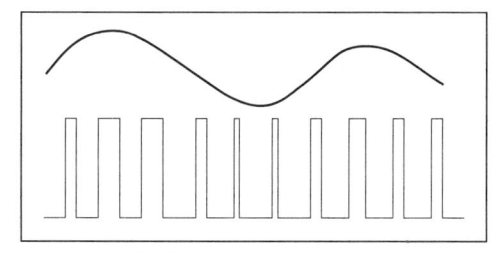

Pulsbreitenmodulation

Pulscode-Modulation *Subst.* (pulse code modulation)
Abgekürzt PCM. Eine Methode zur Codierung von Informationen in einem Signal durch Verändern der Impuls-Amplitude. Im Gegensatz zur Puls-Amplitudenmodulation (PAM), bei der die Amplituden stetig veränderbar sind, schränkt die Pulscode-Modulation die möglichen Impuls-Amplituden auf verschiedene vordefinierte Werte ein. Da es sich bei PCM um ein diskretes oder digitales Signal und nicht um ein analoges Signal handelt, ist die Störanfälligkeit, verglichen mit PAM, geringer. → *Vgl. Pulsamplitudenmodulation, Pulsbreitenmodulation, Pulsphasenmodulation.*

Puls-Code-Modulation, adaptive differentielle *Subst.* (adaptive differential pulse code modulation)
→ *siehe adaptive differentielle Puls-Code-Modulation.*

Pulsdauermodulation *Subst.* (pulse length modulation)
→ *siehe Pulsbreitenmodulation.*

Pulsphasenmodulation *Subst.* (pulse position modulation)
Abgekürzt PPM. Eine Methode zur Codierung von Informationen in einem Signal durch Verändern der relativen Impulslage. Das unmodulierte Signal besteht aus einer kontinuierlichen Impulsfolge mit konstanter Frequenz, Impulsbreite und Amplitude. Durch die Modulation wird die Lage der Impulse verändert, um die zu codierenden Informationen widerzuspiegeln. → *Vgl. Pulsamplitudenmodulation, Pulsbreitenmodulation, Pulscode-Modulation.*

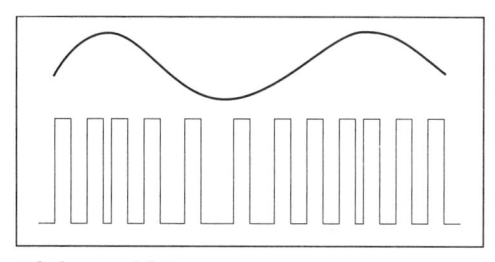

Pulsphasenmodulation

Punkt *Subst.* (dot, point)
In den Betriebssystemen UNIX, MS-DOS, OS/2 und anderen Betriebssystemen das Zeichen, das einen Dateinamen von einer Erweiterung trennt, z.B. TEXT.DOC.
In einer Internet-Adresse das Zeichen, das die unterschiedlichen Bestandteile des Domänen-Namens, z.B. den Namen der Entität, von der Domäne trennt. → *siehe auch Domäne, Domänen-Name.*
In der Computergrafik und in der Drucktechnik stellt ein Punkt einen kleinen »Fleck« dar, der zusammen mit anderen in einer Matrix aus Zeilen und Spalten kombiniert wird, um ein Textzeichen oder ein grafisches Element in einer Zeichnung oder einem Muster zu bilden. Als »Pixel« werden die Punkte bezeichnet, aus denen sich ein Bild auf dem Bildschirm zusammensetzt. Die Auflösung ei-

P nes Bildschirms oder Druckgerätes gibt man oft in Punkten pro Zoll (dots per inch, dpi) an. Punkte sind nicht das gleiche wie Spots, die eine Gruppe von Punkten darstellen und in der Halbton-Verarbeitung verwendet werden. → *siehe auch Auflösung, Pixel.* → *Vgl. Rasterpunkt.*

Des weiteren bezeichnet »Punkt« eine Position in einer geometrischen Form, die durch mehrere die Koordinaten eines Punktes bildende Zahlen dargestellt wird.

»Punkt« ist ferner eine typografische Maßeinheit von etwa $1/72$ Zoll, die häufig für die Angabe der Zeichenhöhe oder des freien Raumes zwischen Textzeilen (Zeilenabstand) verwendet wird.

Punktabstand *Subst.* (dot pitch)
Bei Druckern der Abstand zwischen zwei Punkten in einer Punktmatrix.

Punktadresse *Subst.* (dot address)
Eine IP-Adresse, die im entsprechenden IP-Format wiedergegeben wird (Dotted Quad). → *siehe auch IP-Adresse.*

Punktbefehl *Subst.* (dot command)
Ein Formatierungsbefehl, der wie normaler Text in ein Dokument eingegeben wird und dem unmittelbar ein Punkt (.) vorangehen muß, um ihn vom druckbaren Text zu unterscheiden. Programme zur Textformatierung, z.B. XENIX nroff-Editor, und Textverarbeitung, z.B. WordStar, verwenden zur Formatierung Punktbefehle.

Punkt com *Subst.* (dot com)
→ *siehe .com.*

Punktdatei *Subst.* (dot file)
Eine Datei unter UNIX, deren Name mit einem Punkt beginnt. Punktdateien werden in gewöhnlichen Auflistungen der Dateien eines Verzeichnisses nicht angezeigt. Diese Dateien werden häufig verwendet, um die Installationsdaten eines Programms für einen bestimmten Benutzer zu speichern. In einem Benutzer-Account gibt z.B. *.newsrc* an, welche Newsgroup der Benutzer abonniert hat.

Punktdiagramm *Subst.* (scatter diagram)
Ein Diagrammtyp, bei dem die Daten in einzelnen Punkten eingetragen werden. Mit Haufendiagram-

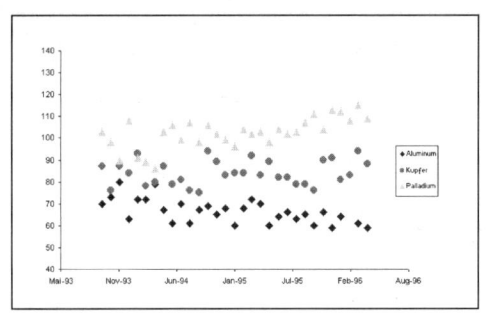

Haufendiagramm

men stellt man häufig die Beziehung zwischen einer oder mehreren Variablen und einer Testgruppe dar. → *auch genannt Haufendiagramm, Punktediagramm.*

Punktediagramm *Subst.* (point diagram)
→ *siehe Punktdiagramm.*

Punkte pro Zoll *Subst.* (dots per inch)
Abgekürzt dpi. Ein Maß für die Auflösung von Bildschirmen und Druckern, d.h. die Anzahl der Punkte, die ein Gerät pro Längeneinheit (Zoll) anzeigen oder drucken kann.

Punktmatrix *Subst.* (dot matrix)
Eine Punktmatrix ist ein rechteckiges Gitter oder eine Matrix aus kleinen »Zellen«, die bei der Anzeige oder beim Druck für die Bildung von Textzeichen, Kreisen, Quadraten und anderen Grafikelementen erforderlich sind. Je nach dem Bezugsrahmen variiert die Größe einer Punktmatrix von ein paar Zeilen und Spalten bis zu einem unsichtbaren Gitter, das den ganzen Bildschirm oder die gedruckte Seite bedeckt. → *siehe auch Matrixdrucker, Raster.*

punktweise Adressierung *Subst.* (dot-addressable mode)
Ein Betriebsmodus, bei dem ein Computerprogramm einzelne Punkte auf dem Bildschirm oder in einem zu druckenden Zeichen adressieren (ansprechen) kann. → *siehe auch All Points Addressable.*

Punkt-zu-Punkt-Konfiguration *Subst.* (point-to-point configuration)
Eine Kommunikationsverbindung, in der dedizierte Verknüpfungen zwischen individuellen Ursprün-

gen und Zielen bestehen. Die Punkt-zu-Punkt-Konfiguration unterscheidet sich von einer *Punkt-zu-Multipunkt-Konfiguration*, bei der das gleiche Signal mehrere Ziele (z.B. ein Kabel-TV-System) durchläuft. Außerdem unterscheidet sich die Punkt-zu-Punkt-Konfiguration von einer geschalteten Konfiguration, in der das Signal vom Ursprung zu einem Schalter gesendet wird, der das Signal an eines der möglichen Ziele weiterleitet.

push *Vb.*
Dem Stack (Stapelspeicher) ein neues Element hinzufügen. Der Stack ist eine Datenstruktur, die man im allgemeinen für die temporäre Ablage von zu transferierenden Daten oder von Teilergebnissen einer arithmetischen Operation verwendet. → *siehe auch Stack.* → *Vgl. POP.*
In der Netzwerk- und Internet-Terminologie bezeichnet »push« das Senden von Daten oder eines Programms von einem Server an einen Client auf Veranlassung des Servers. Man spricht dabei von »Server Push«. → *Vgl. abziehen.*

put *Vb.*
Ein Begriff der Programmierung. Im weiteren Sinne das Schreiben von Daten in eine Datei. Im engeren Sinne das Schreiben von sehr geringen Dateneinheiten (z.B. einzelnen Zeichen).

PVC *Subst.*
Abkürzung für **P**ermanent **V**irtual **C**ircuit. Eine permanente logische Verbindung zwischen zwei Knoten auf einem Netzwerk, auf dem Pakete ausgetauscht werden. Die PVC wird als dedizierte Linie zu den Knoten angezeigt. Die Daten können jedoch an einen häufig verwendeten Provider übertragen werden. → *siehe auch Knoten, öffentlicher Netzbetreiber, Paketvermittlung.* → *Vgl. SVC.*

.pw
Im Internet ein Kürzel für die übergreifende Länder-Domäne, die eine Adresse auf den Palauinseln angibt.

pwd *Subst.*
Abkürzung für **p**rint **w**orking **d**irectory. Der UNIX-Befehl zum Anzeigen des aktuellen Verzeichnisses.

PWM
→ *siehe Pulsbreitenmodulation.*

.py
Im Internet ein Kürzel für die übergreifende Länder-Domäne, die eine Adresse in Paraguay angibt.

Python *Subst.*
Eine portable, interpretierte, objektorientierte Programmiersprache, die vom Entwickler kostenlos zur Verfügung gestellt wird. Python kann u.a. auf den Plattformen von UNIX, Windows, OS/2 und Macintosh ausgeführt werden und wird für das Erstellen von TCP/IP-Anwendungen verwendet.

Q

.qa
Im Internet ein Kürzel für die übergreifende Länder-Domäne, die eine Adresse in Katar angibt.

QAM *Subst.*
→ *siehe Quadraturamplitudenmodulation, Queued Access Method.*

QBE *Subst.*
→ *siehe Abfrage durch Beispiel.*

.qc.ca
Im Internet ein Kürzel für die übergreifende Länder-Domäne, die eine Adresse im Bundesstaat Quebec in Kanada angibt.

.qt
Eine Dateinamenerweiterung zur Kennzeichnung von Multimedia-Dateien im Format Quick Time.
→ *siehe auch QuickTime.*

Quadbit *Subst.* (quadbit)
Ein Satz von 4 bit zur Darstellung einer von 16 möglichen Kombinationen. In der Kommunikationstechnik verwendet man Quadbit zur Erhöhung der Übertragungsgeschwindigkeit, indem gleichzeitig 4 bit anstelle von 1 oder 2 bit codiert werden. Die 16 quadbit stellt man wie folgt dar: 0000, 0001, 0010, 0011, 0100, 0101, 0110, 0111, 1000, 1001, 1010, 1011, 1100, 1101, 1110 und 1111. → *Vgl. Nibble.*

Quadraturamplitudenmodulation *Subst.* (quadrature amplitude modulation)
Abgekürzt QAM. In der Kommunikationstechnik ein Codierungsverfahren, das Amplitudenmodulation und Phasenmodulation kombiniert, um eine Konstellation von Signalpunkten zu erzeugen, die jeweils eine eindeutige Kombination von Bit repräsentieren. Eine derartige Bitkombination läßt sich mit einem möglichen Zustand identifizieren, in dem sich eine Trägerschwingung befinden kann.
→ *siehe auch Amplitudenmodulation, Konstellation, Phasenverschiebung, Trellis-Codierung.*

Quadratur-Codierung *Subst.* (quadrature encoding)
Das gebräuchlichste Verfahren, um die Richtung einer Mausbewegung zu bestimmen. In mechanischen Mäusen wird die Bewegung der Mauskugel durch ein Paar drehbarer Scheiben in horizontale und vertikale Richtung übersetzt (eine Scheibe für die horizontale und eine für die vertikale Bewegung). Die Scheiben öffnen und schließen Kontakte mit Sensoren, die auf den Scheiben angeordnet sind. Die beiden Sensoren befinden sich »außer Phase«, und die Mauselektronik erkennt, welcher Sensor zuerst einen Impuls liefert. Der Ausdruck *Quadratur-Codierung* geht darauf zurück, daß jeder Sensor ein Rechteck-Signal sendet, das in der Phase um 90 Grad gegenüber dem anderen Sensor verschoben ist: Tritt das erste Signal vor dem zweiten auf, nimmt man an, daß sich die Maus in der einen Richtung bewegt. Wenn das zweite Signal vor dem ersten erscheint, handelt es sich um die entgegengesetzte Richtung. → *siehe auch Maus, mechanische Maus, optomechanische Maus.*

Qualitätssicherung *Subst.* (quality assurance)
Ein System für Prozeduren, die ausgeführt werden, um sicherzustellen, daß ein Produkt oder ein System im Einklang mit bestimmten Normen ist.

quantifizieren *Vb.* (quantize)
Ein Element in separate, unterscheidbare Einheiten (lat. Quanta) unterteilen und jeder sich ergebenen Einheit einen Wert zuweisen, insbesondere im Zeitbereich. → *Vgl. digitalisieren.*

Quantum *Subst.* (quantum)
In der Kommunikationstechnik die Einheit, die sich aus der Unterteilung eines Signals durch Quantisierung ergibt.

Mit »Quantum« bezeichnet man auch den in einem Time-Sharing-System zugewiesenen Zeitabschnitt. → *Vgl. Zeitscheibe.*
»Quantum« charakterisiert ferner allgemein eine bestimmte Menge oder – in der Physik – eine Einheit der Strahlungsenergie.

Quarzkristall *Subst.* (quartz crystal)
In Form und Größe genau geschliffener Mineralquarz, dessen piezoelektrische Eigenschaften genutzt werden. Legt man eine Spannung an einen Quarzkristall, schwingt er mit einer Frequenz, die sich aus seiner Größe und Gestalt ergibt. Quarzkristalle werden im allgemeinen verwendet, um die Frequenz einer Oszillatorschaltung konstant zu halten, z.B. in den Uhren der Mikrocomputer. → *siehe auch piezoelektrisch.*

Quasi-Sprache *Subst.* (quasi-language)
Ein abwertender Begriff für eine Programmiersprache, die aufgrund von Mängeln nicht für eine ernsthafte Arbeit geeignet ist.

Quellaufwerk *Subst.* (source drive)
Das Laufwerk, von dem während eines Kopiervorgangs die Dateien kopiert werden.

Quellcode *Subst.* (source code)
Programmanweisungen, die in einer höheren Programmiersprache oder in Assembler geschrieben sind, und vom Menschen gelesen, aber nicht direkt von einem Computer verarbeitet werden können. → *Vgl. Objektcode.*

Quellcomputer *Subst.* (source computer)
Ein Computer, auf dem ein Programm kompiliert wird. → *Vgl. Objektcomputer.*
Außerdem ein Computer, von dem Daten zu einem anderen Computer übertragen werden.

Quelldatei *Subst.* (source file)
In Befehlen zum Kopieren von Daten oder Programmanweisungen unter MS-DOS oder Windows bezeichnet »Quelldatei« die Datei mit den zu kopierenden Daten oder Anweisungen.

Quelldaten *Subst.* (source data)
Die Ursprungsdaten, auf denen eine Computeranwendung aufsetzt.

Quelldatenerfassung *Subst.* (source data acquisition, source data capture)
Der Vorgang des Empfangens oder des Einlesens von Quelldaten, z.B. mit einem Strichcodeleser oder einem anderen Abtastgerät. → *siehe auch Quelldaten.*

Quelldatenträger *Subst.* (source disk)
Ein Datenträger, von dem Daten gelesen werden, z.B. während eines Kopiervorgangs oder beim Laden einer Anwendung in den Speicher. → *Vgl. Zieldatenträger.*

Quelldokument *Subst.* (source document)
Das Ursprungsdokument, dem Daten entnommen werden.

Quelle *Subst.* (source)
In der Informationsverarbeitung ein Datenträger, eine Datei, ein Dokument oder eine andere Anhäufung von Informationen, die als Ursprung der zu bearbeitenden Daten dient. → *Vgl. Ziel.*
Bei einem Feldeffekttransistor (FET) der Anschluß, von dem die Ladungsträger (Elektronen oder Löcher) gesteuert durch das Potential am Gate-Anschluß zum Drain-Anschluß fließen. → *siehe auch CMOS, Emitter, FET, NMOS, PMOS.*

Quellsprache *Subst.* (source language)
Die Programmiersprache, in der der Quellcode für ein Programm geschrieben ist. → *siehe auch Programmiersprache, Quellcode.*

Quelltext *Subst.* (source program)
Die Quellcode-Version eines Programms. → *siehe auch Quellcode.* → *Vgl. ausführbares Programm.*

Quelltext-Anweisung *Subst.* (source statement)
Eine einzelne Anweisung im Quellcode eines Programms. → *siehe auch Anweisung, Quellcode.*

Quellverzeichnis *Subst.* (source directory)
Das Verzeichnis, in dem sich die Originalversionen von Dateien für einen Kopiervorgang befinden.

Querformat *Subst.* (landscape mode)
Eine horizontale Druckorientierung, bei der Text oder Grafiken »seitlich« gedruckt werden, d.h. die Grafik oder die Seite ist breiter als hoch. → *Vgl. Hochformat.*

Querformat

Querformat-Monitor *Subst.* (landscape monitor)
Ein Monitor, der breiter als hoch ist, wobei das Verhältnis von Breite zu Höhe in der Regel mit 4:3 gewählt wird und damit etwa den Proportionen eines Fernsehgerätes entspricht. → *Vgl. Ganzseitenbildschirm, Hochformatmonitor.*

querprüfen *Vb.* (cross-foot)
Die Überprüfung der Richtigkeit einer Gesamtsumme – ähnlich wie bei der manuellen Methode in Verbindung mit einem Rechenblatt –, indem die Spaltensummen (oder Zeilensummen) separat berechnet werden und daraus die Gesamtsumme gebildet wird.

querverbundene Dateien *Subst.* (cross-linked files)
In den Betriebssystemen Windows 95, Windows 3.x und MS-DOS ein Dateispeicherfehler. Er ist darin begründet, daß eine oder mehrere Zuordnungseinheiten (Cluster) mehreren Dateien in der Dateizuordnungstabelle (FAT, File Allocation Table) zugewiesen wurden. Wie auch verlorene Zuordnungseinheiten (lost clusters) können querverbundene Dateien die Folge eines unsauberen oder abrupten Programmabbruchs sein, der in der Regel durch Programmfehler oder Programmmängel verursacht wird. → *siehe auch Dateizuordnungstabelle, verlorene Zuordnungseinheit.*

Queued Access Method *Subst.* (queued access method)
Ein Programmierverfahren, das Verzögerungen bei Ein-/Ausgabe-Operationen durch Synchronisierung des Informationstransfers zwischen Programmen und den Ein- und Ausgabegeräten des Computers minimiert.

QuickDraw *Subst.*
Auf dem Apple Macintosh die in das Betriebssystem integrierte Gruppe von Routinen, die die Anzeige von Grafik und Text steuern. Anwendungen rufen QuickDraw auf, um Informationen auf dem Bildschirm auszugeben. → *siehe auch Toolbox.*

QuickDraw 3-D *Subst.*
Eine Version der Macintosh QuickDraw-Bibliothek, die Routinen für dreidimensionale Grafikberechnungen enthält. → *siehe auch QuickDraw.*

Quicksort *Subst.* (quicksort)
Ein effizienter Sortieralgorithmus, der 1962 von C.A.R. Hoare beschrieben wurde und nach der Strategie »teile und herrsche« arbeitet. Der Algorithmus durchmustert zuerst die zu sortierende Liste nach einem Medienwert. Dieser Wert, der sog. *Pivot-Wert*, wird dann an seine endgültige Position in der Liste verschoben. Anschließend werden alle Elemente in der Liste, die kleiner sind als der Pivot-Wert, nach einer Seite der Liste gebracht und Elemente mit Werten größer als der Pivot-Wert auf der anderen Seite eingesetzt. Zuletzt werden beide Seiten sortiert, und man erhält als Ergebnis eine sortierte Liste. → *siehe auch Sortieralgorithmus.* → *Vgl. Bubble Sort, einfügendes Sortieren, einfügendes Sortieren.*

QuickTime *Subst.*
Die Multimedia-Erweiterungen für die Software von Apple Macintosh System 7, die auch für Windows verfügbar sind. QuickTime kann bis zu 32 Spuren für akustische Signale, Videobilder oder MIDI bzw. ein anderes Ausgabegerät synchronisieren.

Quick Viewers *Subst.*
Ein Satz mit Dateiansichten in Windows 95.

quit *Subst.*
Ein FTP-Befehl, der den Server anweist, die aktuelle Verbindung mit dem Client abzubrechen, von dem der Befehl ausgegangen ist.

QWERTY-Tastatur *Subst.* (QWERTY keyboard)
Ein Tastaturlayout, dessen Name sich aus der Anordnung der linken sechs Zeichentasten in der oberen Reihe der Buchstabentasten der meisten Tastaturen ableitet – das Standardlayout für Schreibmaschinen und Computertastaturen im englischsprachigen Raum. → *Vgl. Dvorak-Tastatur, ergonomische Tastatur.*

R

Rad *Subst.* (radian)
Eine Maßeinheit für Winkel, die auch Bogenmaß genannt wird. Im Einheitskreis (Kreis mit Radius 1) beschreibt 1 rad einen Kreisbogen der Länge 1. Der Umfang des Einheitskreises beträgt 2π, 1 rad entspricht somit 360/(2π) = 180/π, das sind etwa 57,2958 Grad. Durch Multiplikation eines Gradmaßes mit π/180 erhält man den Winkel in Bogenmaß; 360 Grad entsprechen 2π rad.

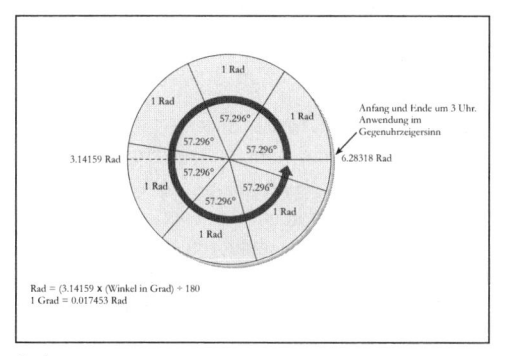

Rad

RAD *Subst.*
Abkürzung für Rapid Application Development (Schnelle Anwendungsentwicklung). Ein Verfahren zur Erstellung von Informationssystemen, bei dem die Programmierung und Implementierung abschnittsweise erfolgt und nicht die Fertigstellung des gesamten Systems bedingend für eine Implementierung ist. RAD wurde von dem Programmierer James Martin entwickelt und basiert auf CASE-Werkzeugen und objektorientierter Programmierung. → *siehe auch CASE, visuelle Programmierung.*

Radio *Subst.* (radio)
Audiosignale, die über das Internet übertragen werden. Ihre Qualität ist vergleichbar mit der von kommerziellen Radiostationen. → *siehe auch Internet Talk Radio, MBONE, RealAudio.*

Radio Frequency Interference *Subst.* (radio frequency interference)
→ *siehe RFI.*

Radiowellen *Subst.* (radio)
Elektromagnetische Wellen, die länger als 0,3 mm sind (d.h. Frequenzen unter 1 THz aufweisen). Radiowellen werden verwendet, um eine breite Vielfalt von Signalen zu übermitteln, wobei verschiedene Frequenzbereiche und Modulationsarten wie Amplituden- und Frequenzmodulation, Mikrowellen- und Fernsehübertragung eingesetzt werden. → *siehe auch Hertz, Hochfrequenz.*

RADIUS *Subst.*
Abkürzung für Remote Authentication Dial-In User Service Protocol (Dienstprotokoll für entfernte Benutzerauthentifikation im Einwahlverfahren). Ein Entwurf eines Internet-Protokolls, bei dem ein Netzwerkserver die Autorisierungs- und Authentifikationsinformationen eines Benutzers, der eine Verbindung herstellen will, von einem Authentifikationsserver erhält. → *siehe auch Authentifizierung, Protokoll, Server.*

Rändelrad *Subst.* (thumbwheel)
In Form einer Scheibe ausgeführter Drehknopf, der in einem Gehäuse versenkt angeordnet ist und nur mit einem Teil des gerändelten Umfangs herausragt. Ein Rändelrad kann man mit dem Daumen bedienen, um beispielsweise ein Bildschirmelement wie einen Zeiger oder einen Cursor zu steuern. Derartige Bedienelemente findet man bei dreidimensionalen Joysticks und Trackballs, um die virtuelle Bildtiefe des Zeigers oder Cursors zu steuern. → *siehe auch Joystick, relatives Zeigegerät, Trackball.*

räumliches Datensystem *Subst.* (spatial data management)
Die Darstellung von Daten als eine Ansammlung von Objekten im Raum, insbesondere als Symbole

auf einem Bildschirm, um das Begreifen und das Bearbeiten der Daten zu vereinfachen.

Rahmen *Subst.* (border, frame)
In fensterorientierten Programmen und Arbeitsumgebungen die Ränder, die einen der dem Benutzer zur Verfügung stehenden Arbeitsbereiche auf dem Bildschirm kennzeichnen. Fensterrahmen sind im allgemeinen eine sichtbare Begrenzung eines Dokuments oder einer Grafik. Abhängig vom System oder Programm, stellen Rahmen außerdem einen Bereich dar, der den Abruf bestimmter Funktionen mit Hilfe des Cursors oder Mauszeigers erlaubt. Beispielsweise kann der Benutzer in vielen Systemen durch einen Klick auf einen Fensterrahmen die Größe eines Fensters ändern oder das Fenster in zwei Fenster aufteilen. Für die Verwaltung von Bildschirmfenstern ist im allgemeinen das Betriebssystem und nicht die darin laufende Anwendung verantwortlich.

Bei der Einbindung von Grafiken in ein Dokument, speziell in Verbindung mit DTP-Programmen, bezeichnet »Rahmen« eine rechteckige Fläche, die die Grafik aufnimmt und deren Proportionen festlegt.

Bei der grafischen Gestaltung stellt ein Rahmen einen rechteckigen Bereich dar, der aus einer meist dekorativen Linie oder einem Schmuckmuster besteht und eine Grafik oder eine Seite umgibt.

Rahmenquelltext *Subst.* (frame source)
Ein Begriff aus der HTML-Frames-Umgebung. Ein Inhaltsdokument, das das Quelldokument sucht, um es in einem Rahmen anzuzeigen, der vom lokalen Browser gezeichnet wird. → *siehe auch HTML.*

RAID *Subst.*
Abkürzung für Redundant Array of Independent Disks (Redundantes Festplattenarray). Ein Verfahren zur Datenspeicherung, bei dem die Daten zusammen mit Fehlerkorrekturcodes (z.B. Paritätsbits oder Hamming-Codes) auf mindestens zwei Festplattenlaufwerken verteilt gespeichert werden, um Leistung und Zuverlässigkeit zu erhöhen. Das Festplattenarray wird durch Verwaltungsprogramme und einen Festplatten-Controller zur Fehlerkorrektur gesteuert. RAID wird meist für Netzwerkserver eingesetzt. Bei RAID gibt es verschiedene Stufen, die die Geschwindigkeit, Zuverlässigkeit und Systemkosten klassifizieren. → *siehe auch Disk-Controller, fehlerkorrigierende Codierung, Festplatte, Hamming-Code, Netzwerk-Server, Paritätsbit.*

RAID-Array *Subst.* (RAID array)
→ *siehe RAID.*

RAM *Subst.*
Abkürzung für Random Access Memory (Speicher mit wahlfreiem Zugriff). Ein Halbleiterspeicher, der vom Mikroprozessor oder anderen Hardwarebausteinen gelesen und beschrieben werden kann. Auf die Speicherorte läßt sich in jeder beliebigen Reihenfolge zugreifen. Zwar erlauben auch die verschiedenen ROM-Speichertypen einen wahlfreien Zugriff, diese können aber nicht beschrieben werden. Unter dem Begriff *RAM* versteht man dagegen im allgemeinen einen flüchtigen Speicher, der sowohl gelesen als auch beschrieben werden kann. → *Vgl. EPROM, Flash-Speicher, Kernspeicher, PROM, ROM.*

RAM-Cache *Subst.* (RAM cache)
Cache-Speicher, der vom System zum Speichern und Abrufen von Daten aus dem RAM verwendet wird. Um einen schnelleren Zugriff zu ermöglichen, können häufiger aufgerufene Datensegmente anstatt auf Sekundärspeichergeräten (Festplatten) im Cache gespeichert werden. → *siehe auch Cache, RAM.*

RAM-Chip *Subst.* (RAM chip)
Ein Halbleiter-Speicherbaustein. Man unterscheidet dynamische oder statische RAM-Chips. → *siehe auch dynamisches RAM, RAM, statisches RAM.*

RAMDAC *Subst.*
Abkürzung für Random Access Memory Digital-to-Analog Converter (RAM-A-/D-Wandler). Ein Halbleiterbaustein bei manchen VGA- und SVGA-Grafikkarten, der die digitale Darstellungsform eines Pixel in die für die Anzeige auf dem Bildschirm benötigten analogen Informationen umwandelt. Durch Verwendung eines RAMDAC-Bausteins wird im allgemeinen die Gesamtleistung des Grafiksystems verbessert. → *siehe auch SVGA, VGA.*

RAM-Disk *Subst.* (RAM disk)
Ein simuliertes Festplattenlaufwerk, dessen Daten in Wirklichkeit jedoch im RAM abgelegt werden.

Ein spezielles Programm ermöglicht es dem Betriebssystem, auf diesem simulierten Gerät Schreib- und Lesezugriffe durchzuführen, als ob es sich dabei um ein echtes Laufwerk handelt. RAM-Disks sind außerordentlich schnell, sie belegen jedoch einen Teil des Systemspeichers. Außerdem verwenden RAM-Disks im allgemeinen flüchtigen Speicher, so daß die auf ihnen gespeicherten Daten mit dem Ausschalten der Stromversorgung verlorengehen. Bei vielen tragbaren Computersystemen sind deshalb RAM-Disks aus batteriegepufferten CMOS-RAMs vorgesehen, um das Problem des Datenverlusts zu vermeiden. → siehe auch CMOS-RAM. → Vgl. Disk-Cache.

RAM, dynamisches Subst. (dynamic RAM)
→ siehe dynamisches RAM.

RAM-Karte Subst. (RAM card)
Eine Erweiterungskarte mit RAM-Speicher und der erforderlichen Schnittstellenlogik für die Dekodierung der Speicheradressen.

RAM-Komprimierung Subst. (RAM compression)
Kurzform für Random Access Memory-**Komprimierung** (Hauptspeicher-Komprimierung). Diese Technik war ein von mehreren Software-Herstellern unternommener Versuch, das Problem des Speicherverbrauchs unter Windows 3.x zu lösen. Eine Komprimierung der gewöhnlichen Speicherinhalte kann dazu führen, daß weniger Schreib- und Lesezugriffe auf dem virtuellen Speicher (auf der Festplatte) anfallen und somit die Systemleistung erhöht wird. Zugriffe auf den virtuellen Speicher sind nämlich wesentlich langsamer, als Zugriffe auf den Arbeitsspeicher (RAM). Aufgrund der sinkenden Preise für RAM-Speicherelemente und der Einführung der den Arbeitsspeicher effektiver verwaltenden Betriebssysteme Windows 95 und Windows NT, wird die RAM-Komprimierung nur noch auf älteren PCs eingesetzt. → siehe auch Komprimierung, RAM, Windows, Windows 95.

RAM-Refresh Subst. (RAM refresh)
→ siehe Refresh.

RAM-resident Adj. (RAM resident)
→ siehe speicherresident.

RAM-residentes Programm Subst. (RAM-resident program)
→ siehe Terminate-and-Stay-Resident Program.

RAM, statisches Subst. (static RAM)
→ siehe statisches RAM.

RAM-Steckmodul Subst. (RAM cartridge)
→ siehe Speichermodul.

Rand Subst. (margin)
Bezeichnet in der Typografie die außerhalb des Textkörpers – oben, unten, links und rechts – liegenden Bereiche.

Random Access Memory Subst. (random access memory)
→ siehe RAM.

Rangfolge Subst. (precedence)
Die Reihenfolge bei der Berechnung der Werte in mathematischen Ausdrücken. Im allgemeinen führen Anwendungsprogramme Multiplikationen und Divisionen zuerst aus, gefolgt von Addition und Subtraktion. Die Berechnungsreihenfolge läßt sich steuern, indem man Ausdrücke in Klammerpaare einschließt. → siehe auch Assoziativität, Operator-Rangfolge.

RARP Subst.
Abkürzung für Reverse Address Resolution Protocol (»Protokoll zur umgekehrten Adreßauflösung«). Ein TCP/IP-Protokoll, das die Bestimmung der IP-Adresse (logischen Adresse) eines Knotens in einem mit dem Internet verbundenen, lokalen Netzwerk ermöglicht, wenn lediglich die Hardware-Adresse (physikalische Adresse) bekannt ist. Wenngleich RARP nur für das Auffinden der IP-Adresse dient und ARP eigentlich die technische Bezeichnung für den umgekehrten Vorgang ist, ist ARP auch gebräuchlich als beide Verfahren gemeinsam bezeichnender Begriff. → siehe auch ARP.

RAS Subst.
→ siehe Remote Access Service, Server für Fernzugang.

Raster Subst. (raster)
Auf einem Bildschirm die horizontal verlaufenden Bildzeilen (engl.: scan line), davon abgeleitet der Begriff »Raster-Scan-Display«.

Raster *Subst.* (grid)
»Raster« bezeichnet ferner zwei Sätze von Linien oder linearen Elementen, die sich im rechten Winkel kreuzen. Ein Rechenblatt in einer Tabellenkalkulation stellt ein Raster aus Zeilen und Spalten dar. Ein Bildschirm ist ein Raster aus horizontalen und vertikalen Pixeln. In der optischen Zeichenerkennung verwendet man ein Raster für die Messung oder Festlegung von Zeichen. → *siehe auch kartesische Koordinaten.*

Rasterbild *Subst.* (raster image)
Ein Bild, das durch Muster aus hellen und dunklen bzw. unterschiedlich gefärbten Bildpunkten (Pixel) in einem rechteckigen Feld aufgebaut wird. → *siehe auch Rastergrafik.*

Raster-Display *Subst.* (raster display)
Ein Bildschirm (meist auf Basis einer Kathodenstrahlröhre), der ein Bild aus aufeinanderfolgenden, horizontalen Bildzeilen aufbaut, die den Schirm von oben nach unten durchlaufen. Jede Bildzeile besteht aus einzelnen Bildpunkten (Pixel), deren Helligkeit und Farbe sich einzeln steuern läßt. Fernsehbildschirme sowie die meisten Computerbildschirme stellen Raster-Displays dar. → *siehe auch CRT, Pixel.* → *Vgl. Vektor-Display.*

Rasterfrequenz *Subst.* (screen frequency)
→ *siehe Halbton.*

Rastergrafik *Subst.* (raster graphics)
Eine Methode zur Erzeugung von Grafiken, bei der die Bilder aus zahlreichen kleinen, unabhängig voneinander zu beeinflussenden und in Zeilen und Spalten angeordneten Bildpunkten (Pixel) bestehen. → *Vgl. Vektorgrafik.*

Raster-Prozessor *Subst.* (raster image processor)
Ein aus Hardware- und Software-Komponenten bestehendes Gerät, das Vektorgrafiken und Texte in Rasterbilder (Bitmap) umwandelt. Raster-Prozessoren werden in Seitendruckern, Lichtsatzanlagen und elektrostatischen Plottern verwendet. Sie berechnen die Werte für Helligkeit und Farbe für jeden Bildpunkt (Pixel) einer Seite, so daß in der Gesamtwirkung wieder ein Abbild der ursprünglichen Vektorgrafiken und Texte erzeugt wird.

Rasterpunkt *Subst.* (spot)
Ein »zusammengesetzter Punkt«, der durch den Halbtonprozeß eines PostScript-Druckers entsteht. Zusammengesetzt ist er aus einer Gruppe von Punkten, die in einem bestimmten Muster angeordnet sind, um die Graustufe eines wiederzugebenden Pixel wiederzugeben. → *siehe auch Graustufen, Halbton.* → *Vgl. Punkt.*

Rasterpunktfarbe *Subst.* (spot color)
Eine Methode der Farbverarbeitung in einem Dokument, bei der bestimmte Druckfarben festgelegt werden und auf jeder Seite Elemente in dieser Farbe als eigene Farbschicht gedruckt werden. Es erfolgt dann für jede im Dokument vorhandene Rasterpunktfarbe ein eigener Druckvorgang. → *siehe auch Farbmodell, Farbseparation, Pantone-System.* → *Vgl. Farbsynthese.*

Rasterpunktfunktion *Subst.* (spot function)
Eine PostScript-Prozedur, die für die Erzeugung eines gegebenen Raster-Typs bei der Halbtondarstellung verwendet wird. → *siehe auch Halbton, PostScript, Rasterpunkt.*

Raster-scan-Display *Subst.* (raster-scan display)
→ *siehe Raster-Display.*

Rasterung *Subst.* (rasterization)
Die Umwandlung von Vektorgrafiken (Bilder, die durch mathematische Elemente wie Punkte und Polynome beschrieben werden können) in äquivalente Bilder, die sich aus Mustern von Bildpunkten (Pixel) zusammensetzen und in Form einer Bitmenge gespeichert und verarbeitet werden können. → *siehe auch Pixel.*

Rasterwinkel *Subst.* (screen angle)
Der Winkel, in dem ein Halbton-Raster gedruckt wird. Durch Einstellung des korrekten Winkels werden ein Verwischen oder andere unerwünschte Wirkungen wie beispielsweise Moiré-Effekte vermieden. → *siehe auch Farbseparation, Halbton, Moiré.*

Rationalschrift *Subst.* (monospace font)
→ *siehe dicktengleiche Schrift.*

Rauchtest *Subst.* (smoke test)
Ein Test einer elektronischen Baugruppe durch einfaches Einschalten nach dem Zusammenbau

bzw. der Reparatur. Explodiert die Baugruppe dabei, zeigt sich eine Rauchentwicklung oder eine andere unerwartete dramatische Reaktion, hat die Baugruppe den Test nicht bestanden, selbst wenn sie ansonsten zu funktionieren scheint.

Raummultiplex *Subst.* (space-division multiplexing)
Die erste automatisierte Form einer Vermittlungsschaltung (Multiplex), die die Handvermittlung ersetzte. Das Raummultiplexverfahren wurde zunehmend durch moderne, vielkanalige Verfahren wie Frequenzmultiplex (FDM) und Zeitmultiplex (TDM) ersetzt. → *siehe auch FDM, Multiplexing, Zeit-Multiplexing.*

Rauschabstand *Subst.* (signal-to-noise ratio)
Abgekürzt S/N. Das Leistungsverhältnis, gemessen in Dezibel, um das an gleicher Stelle im Übertragungsweg das Nutzsignal über dem Rauschen des Kanals liegt. → *siehe auch Rauschen.*

Rauschen *Subst.* (noise)
Im weiteren Sinne Störungen, die den Betrieb eines Gerätes beeinflussen.
In der Kommunikationstechnik unerwünschte elektrische Signale, die entweder auf natürlichem Wege oder durch die Schaltung selbst hervorgerufen werden und die Qualität oder Leistung eines Kommunikationskanals herabsetzen. → *siehe auch Verzerrung.*

Raytracing *Subst.* (ray tracing)
Ein hochentwickeltes und komplexes Verfahren zur Erzeugung hochqualitativer Computergrafiken. Beim Raytracing werden für jeden einzelnen Bildpunkt (Pixel) Farbe und Intensität berechnet, indem einzelne Lichtstrahlen zurückverfolgt werden und bestimmt wird, wie die Strahlen auf dem Weg von einer definierten Lichtquelle, durch die das Bild ausgeleuchtet wird, beeinflußt werden. Das Raytracing-Verfahren stellt hohe Anforderungen an die Rechenleistung, da der Computer nicht nur die Reflexion, Brechung und Absorption einzelner Strahlen berechnen muß, sondern auch die Helligkeit, Transparenz und Reflexion jedes Objekts sowie die Positionen des Betrachters und der Lichtquelle.

R&D *Subst.*
Akronym für **r**esearch and **d**evelopment.

RDBMS *Subst.*
Abkürzung für **R**elational **D**ata**b**ase **M**anagement **S**ystem (Relationales Datenbank-Managementsystem). → *siehe relationale Datenbank.*

RDO *Subst.*
→ *siehe Remote Data objects.*

README *Subst.*
Eine Datei mit Informationen für den Benutzer eines Software-Produkts, die teils notwendig, teils informativ sind und nicht mehr in die gedruckte Dokumentation aufgenommen werden konnten. README-Dateien werden in reinem Textformat ausgegeben (ohne fremde oder programmspezifische Zeichen), so daß sie mühelos mittels eines beliebigen Textverarbeitungsprogramms gelesen werden können.

Read-Only Memory *Subst.* (read-only memory)
→ *siehe ROM.*

Read-Only Terminal *Subst.* (read-only terminal)
→ *siehe RO-Terminal.*

RealAudio *Subst.*
Ein Web-Programm, das aufgezeichnete oder live aufgenommene Audiosignale an einen Client (z. B. einen Web-Browser) überträgt und dabei gleichzeitig wieder dekomprimiert, so daß die Signale auf der Seite des Clients (beim Benutzer des Web-Browsers) in Echtzeit wiedergegeben werden können.

reallocate *Subst.*
Eine Funktion in C, mit deren Hilfe der Programmierer einen größeren Heap-Speicherbereich anfordern kann, als einem bestimmten Zeiger ursprünglich zugewiesen wurde. → *siehe auch dynamische Speicherallozierung.*

Real Mode *Subst.* (real mode)
Ein Betriebsmodus in der Mikroprozessorfamilie Intel 80×86. Im Real Mode kann der Prozessor nur jeweils ein Programm zu einer Zeit ausführen. Er kann nur etwa 1 Megabyte Speicher adressieren, aber frei auf den Systemspeicher und Ein-

gabe-/Ausgabegeräte zugreifen. Der Real Mode ist der einzige Betriebsmodus des 8086-Prozessors sowie der einzige, der von dem Betriebssystem MS-DOS unterstützt wird. Im Gegensatz hierzu steht der Protected Mode der Mikroprozessoren 80286 und höher. Er verfügt über Mechanismen zur Verwaltung und zum Schutz des Speichers, wie sie in Multitasking-Umgebungen wie Windows benötigt werden. → *siehe auch 8086, privilegierter Modus*. → *Vgl. Protected Mode, virtueller Real Mode*.

Real-Mode-Mapper *Subst.* (real-mode mapper)
Eine Erweiterung von Systemen unter Windows 3.*x*, die einen 32-Bit-Dateizugriff ermöglicht. Der Real-Mode-Mapper enthält eine Schnittstelle für den 32-Bit-Festplattenzugriff über die DOS-Treiber.

Real Mode, virtueller *Subst.* (virtual real mode)
→ *siehe virtueller Real Mode*.

Real Soon Now *Adv.*
Eine Redewendung des Internet-Jargons mit der Bedeutung »bald, aber doch nicht so bald, wie erwartet«. Sie gilt z.B. den angekündigten Eigenschaften eines Anwendungsprogramms, die sich schon bei den vorherigen Programmversionen als leere Versprechungen herausgestellt haben.

Realzahl *Subst.* (real number)
In Programmiersprachen wie Pascal stellen Realzahlen einen Datentyp dar. Dieser ist innerhalb bestimmter Genauigkeitsgrenzen für die Speicherung von Werten geeignet, die aus einem ganzzahligen und einem gebrochenen Teil bestehen. → *siehe auch doppelt genau, einfache Genauigkeit*. → *Vgl. Gleitkomma-Zahl, Integer*.

rebooten *Vb.* (reboot)
→ *siehe neu starten*.

Receive Data *Subst.*
→ *siehe RXD*.

rechenintensiv *Adj.* (computation-bound, CPU-bound)
Eigenschaft einer Aktion, bei der die Leistungsfähigkeit eines Computers durch die Anzahl der arithmetischen Operationen, die der Mikroprozes-

sor durchführen muß, eingeschränkt ist. Bei einem rechenintensiven System ist der Mikroprozessor mit Berechnungen überlastet.

Rechenzentrum *Subst.* (computer center)
Eine zentrale Einrichtung, die mit Computern – typischerweise Großrechnern oder Minicomputern – sowie den dazugehörigen Einrichtungen ausgestattet ist und einer Gruppe von Personen datenverarbeitende Dienste anbietet.

Rechner *Subst.* (calculator)
Im weiteren Sinn jedes Gerät, das arithmetische Operationen mit Zahlen durchführt. Spezialisiertere Rechner können für bestimmte Funktionen programmiert werden und Zahlen im Speicher ablegen. Derartige Rechner werden auch als »programmierbare (Taschen)rechner« bezeichnet. Rechner unterscheiden sich jedoch von Computern auf folgende Art und Weise: Sie haben in aller Regel einen festen Satz an Befehlen, verarbeiten nur Zahlen, aber keine Textzeichen, können keine Werte in Dateien ablegen und bieten keine Funktionen, um mit Werten zu kalkulieren, wie es aus Tabellenkalkulationsprogrammen bekannt ist.

Rechteckschwingung *Subst.* (square wave)
Ein mäanderförmiger Signalverlauf, wie er von einer Quelle erzeugt wird, die ohne Verzögerung zwischen zwei Zuständen umschaltet, meist mit einer konstanten Frequenz. → *Vgl. Sinusschwingung*.

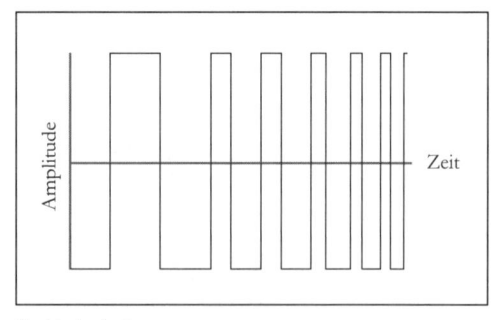

Rechteckschwingung

rechtsbündig ausrichten *Vb.* (right-justify)
Textzeilen und andere angezeigte Elemente so justieren, daß sich auf der rechten Seite eine gerade Flucht ergibt. → *siehe auch ausrichten, Flattersatz*. → *Vgl. linksbündig ausrichten*.

rechtsbündige Ausrichtung *Subst.* (right justification)
In Programmen für Textverarbeitung und Desktop Publishing sowie im Druckwesen das gleichmäßige Justieren von Text entlang dem rechten Rand einer Spalte oder eines Satzspiegels. Die linke Seite des Textes wird im Flattersatz belassen. → *siehe auch ausrichten, Flattersatz.* → *Vgl. Blocksatz, linksbündige Ausrichtung.*

rechtsbündiger Flattersatz *Adj.* (ragged right)
Bezeichnet die Ausrichtung von Zeilen, deren Enden nicht gerade untereinander stehen, sondern einen unregelmäßigen Verlauf bilden. Textverarbeitungsdokumente sind meist linksbündig ausgerichtet, wobei insbesondere Briefe rechts einen Flattersatz aufweisen. → *siehe auch Flattersatz, rechtsbündig ausrichten.*

Rechtschreibprüfung *Subst.* (spell checker, spelling checker)
Eine Anwendung, die mit Hilfe eines auf einem Datenträger gespeicherten Wörterbuches Dokumente auf orthographische Fehler prüft.

Rechtsklick *Vb.* (right click)
Eine Auswahl mit der rechten Taste der Maus oder eines anderen Zeigegeräts treffen. Bei Windows 95 erscheint dann in der Regel ein Kontextmenü, das auf das durch den Mauszeiger gerade bezeichnete Objekt anzuwendende Befehle enthält. → *siehe auch Maus, Zeigegerät.*

rec.-Newsgroups *Subst.* (rec. newsgroups)
Newsgroups im Usenet, die Teil der rec.-Hierarchie sind und deren Namen das Präfix »rec.« enthalten. Diese Newsgroups behandeln Themen aus den Bereichen Freizeit, Hobbies und Kunst. → *siehe auch Newsgroup, traditionelle Newsgroup-Hierarchie, Usenet.* → *Vgl. comp.-Newsgroups, misc.-Newsgroups, news.-Newsgroups, sci.-Newsgroups, soc.-Newsgroups, talk.-Newsgroups.*

Recreational Software Advisory Council *Subst.*
Eine unabhängige, gemeinnützige Organisation, die im Herbst 1994 durch eine Gruppe von sechs Handelsunternehmen gebildet wurde und von der Software Publishers Association geleitet wird. Das Ziel dieser Organisation war die Erstellung eines neuen, objektiven, inhaltsbezogenen Bewertungssystems für Freizeitsoftware und weitere Medien, wie beispielsweise das Internet.

Recto *Subst.* (recto)
Von zwei gegenüberliegenden Seiten die rechte Seite. Ein Recto trägt in der Regel eine ungerade Seitenzahl. → *Vgl. Verso.*

Red Book *Subst.*
Normenentwürfe der amerikanischen Sicherheitsbehörde NSA mit den Titeln »Trusted Network Interpretation of the Trusted Computer System Evaluation Criteria (NCSC-TG-005)« und »Trusted Network Interpretation (NCS-TG-011)«. Diese Dokumente definieren eine Systemklassierung von A1 (sehr sicher) bis D (nicht sicher), um die Eigenschaften von Computer-Netzwerken hinsichtlich der Informationssicherheit anzugeben. → *Vgl. Orange Book.*
»Red Book« ist außerdem eine Spezifikation für Musik-CDs. Die Spezifikation wurde von den Firmen Sony und Philips entwickelt und von der ISO übernommen. → *Vgl. Green Book, Plug-In.*
Des weiteren bezeichnet »Red Book« einen Telekommunikationsstandard, der vom Normungskomitee CCITT veröffentlicht wurde.

Reduced Instruction Set Computing *Subst.* (reduced instruction set computing)
→ *siehe RISC.*

redundanter Code *Subst.* (redundant code)
Code, dessen Funktion eine an anderer Stelle bereits implementierte Funktion (unnötigerweise) dupliziert – z.B. Code zum Sortieren einer Liste, die bereits sortiert wurde.

Redundanzprüfung *Subst.* (redundancy check)
→ *siehe CRC, LRC.*

Redundanzprüfung, vertikale *Subst.* (vertical redundancy check)
→ *siehe VRC.*

Redundanzüberprüfung, zyklische *Subst.* (cyclical redundancy check)
→ *siehe CRC.*

reelle Zahl *Subst.* (real number)
Eine Zahl, die sich durch Ziffern in einem Zahlensystem mit einer gegebenen Basis, wie z.B. dem

Dezimalsystem, darstellen läßt. Eine Realzahl kann aus einer endlichen oder aus einer unendlichen Folge von Ziffernstellen bestehen; beispielsweise ist 1,1 ebenso eine Realzahl wie 0,33333... → *siehe auch irrationale Zahl.* → *Vgl. imaginäre Zahl, komplexe Zahl.*

Reengineering *Vb.* (reengineer, reengineering)
Prozesse und Prozeduren überdenken und neu definieren. Bei Computersystemen bedeutet dies eine Abkehr von der bisherigen Arbeitsweise in Richtung einer maximalen Nutzung neuer Technologien.
Bezogen auf Software, eine Änderung der vorhandenen Programme, um gewünschte Eigenschaften zu verstärken und Nachteile zu beseitigen.
Bezogen auf das Unternehmensmanagement, der Einsatz von Informationstechnologie als Antwort auf die Herausforderungen der Globalisierung und zur Konsolidierung des Managements eines schnell wachsenden Unternehmens.

reentranter Code *Subst.* (reentrant code)
Code, der so konzipiert ist, daß er sich von mehreren Programmen zur gleichen Zeit gemeinsam verwenden läßt. Führt ein Programm reentranten Code aus, darf es von einem anderen Programm unterbrochen werden, das daraufhin denselben Code fortführen oder von Beginn ausführen kann. Viele Betriebssystem-Routinen sind reentrant geschrieben, es ist dann von jeder Routine nur eine Kopie im Speicher zu halten, um alle ausgeführten Programme bedienen zu können. → *siehe auch relozierbarer Code.*

Reference.COM *Subst.*
Eine Internet-Suchmaschine, die über 150 000 Usenet-Newsgroups, Adressenlisten und Web-Foren verzeichnet und unter http://www.reference.com zu finden ist.

Referenz *Subst.* (reference)
Ein Datentyp in der Programmiersprache C++. Eine Referenz muß mit dem Namen einer Variablen initialisiert werden. Die Referenz wird dadurch zu einem Alias dieser Variablen, enthält jedoch in Wirklichkeit nur deren Adresse.

Referenz, externe *Subst.* (external reference)
→ *siehe externe Referenz.*

referenzieren *Vb.* (reference)
Auf eine Variable zugreifen, z.B. auf ein Element eines Arrays oder ein Feld eines Datensatzes.

Referenz-Parameter *Subst.* (reference parameter)
Ein Parameter, bei dem anstelle des eigentlichen Wertes einer Variablen deren Speicheradresse an die aufgerufene Routine übergeben wird. → *siehe auch Parameter.*

Referenzübergabe *Subst.* (pass by reference)
→ *siehe Adreßübergabe.*

Reflecting Software *Subst.* (reflecting software)
→ *siehe Reflektor.*

reflektierendes Flüssigkristall-Display *Subst.* (reflective liquid-crystal display)
Eine Flüssigkristallanzeige, die anstelle einer Rand- oder Hintergrundbeleuchtung nur mit Hilfe des Umgebungslichts aufgehellt wird. Diese Displays sind in heller Umgebung, z.B. im Freien, schwer zu lesen. → *auch genannt reflektierendes LCD.*

reflektierendes LCD *Subst.* (reflective LCD)
→ *siehe reflektierendes Flüssigkristall-Display.*

reflektierendes Routing *Subst.* (reflective routing)
In Weitbereichsnetzen der Vorgang der Datenverteilung über einen Reflektor, wodurch die Auslastung des Netzwerkservers reduziert wird.
→ *siehe auch Reflektor.*

Reflektor *Subst.* (reflector)
Ein Programm, das eine Nachricht an mehrere Benutzer sendet, wenn es ein Signal von einem einzelnen Benutzer empfängt. Ein verbreiteter Anwendungsfall ist ein E-Mail-Reflektor, der empfangene E-Mail-Nachrichten an mehrere in einer Liste aufgeführte Empfänger weiterleitet. → *siehe auch Mehrfachempfänger.* → *Vgl. Mail Reflector.*

reformatieren *Vb.* (reformat)
In Anwendungen das Erscheinungsbild eines Dokuments durch stilistische Überarbeitungen ändern, z.B. durch Ändern von Schriftart, Layout, Einzug und Ausrichtung.
In Verbindung mit einem Datenträger die erneute Formatierung. Die bereits auf dem Datenträger

befindlichen Programme und Daten werden bei diesem Vorgang unwiederbringlich gelöscht.

Refresh *Vb.* (refresh)
Das Wiederaufladen von dynamischen RAM-Bauelementen (DRAM), das notwendig ist, um deren Speicherinhalte zu erhalten. Diese Aufgabe wird von entsprechenden Schaltkreisen auf der Speicherkarte automatisch ausgeführt. → *siehe auch Refresh-Zyklus.* → *auch genannt Auffrischspeicher.*

refreshable *Adj.*
Bezeichnet in der Programmierung ein Programm-Modul, das im Speicher ersetzt werden kann, ohne daß sich eine Auswirkung auf die Verarbeitung des Programms oder die vom Programm verwendeten Informationen ergibt.

Refresh-Zyklus *Subst.* (refresh cycle)
Ein Vorgang, bei dem ein Steuerungsschaltkreis periodisch elektrische Impulse an dynamische Halbleiterspeicher-Bauelemente (DRAM) sendet, um die in den Speicherzellen als elektrische Ladungen gespeicherten, binären Einsen zu erneuern. Die einzelnen Auffrischvorgänge werden als Refresh-Zyklen bezeichnet. Ohne den fortwährenden Refresh-Zyklus verlieren dynamische RAMs alle gespeicherten Informationen – ebenso wie wenn der Computer ausgeschaltet wird oder die Netzspannung ausfällt. → *siehe auch dynamisches RAM, statisches RAM.* → *auch genannt Auffrisch-Zyklus.*

REGEDIT *Subst.*
→ *siehe Registrierungseditor.* → *siehe auch Registrierung.*

Regel *Subst.* (rule)
Eine Anweisung bei Expertensystemen, die das Verifizieren von Prämissen und das Ziehen von Schlüssen ermöglicht. → *siehe auch Expertensystem.*

regelbasiertes System *Subst.* (rule-based system)
→ *siehe Expertensystem, Produktionssystem.*

Regenerationspuffer *Subst.* (regeneration buffer)
→ *siehe Videopuffer.*

Regenerator *Subst.* (regenerator)
→ *siehe Repeater.*

regenerieren *Vb.* (recover, regenerate)
→ *siehe wiederbeschreiben.*
Nach dem Auftreten eines Fehlers zu einem stabilen Zustand zurückkehren. Ein Programm kann nach einem Fehler seinen Kontext selbsttätig wiederherstellen, indem es sich durch eine Fehlerbehandlungsroutine stabilisiert und die Ausführung der Programmbefehle wiederaufnimmt.

Region *Subst.* (region)
Allgemein ein Bereich, der für einen bestimmten Zweck vorgesehen oder reserviert ist.
In der Grafikprogrammierung bezeichnet »Region« eine zusammenhängende Gruppe von Bildpunkten (Pixel), die sich als eine Einheit bearbeiten lassen. Auf dem Apple Macintosh ist eine Region z.B. ein Bereich in einem GrafPort, den man als Objekt definieren und bearbeiten kann. Der sichtbare Arbeitsbereich innerhalb eines Fensters stellt ebenfalls ein Beispiel für eine Region dar. → *siehe auch grafPort.*

Register *Subst.* (register)
Ein Hochgeschwindigkeitsspeicher für eine Gruppe von Bits, in einem Mikroprozessor oder einem anderen elektronischen Gerät, in dem Daten für einen bestimmten Zweck zwischengespeichert werden können. Bei einem Prozessor können die Register in Assemblerprogrammen über spezielle Namen wie beispielsweise *AX* (das Rechenregister eines Intel 80×86 Prozessors) oder *SP* (bei vielen Prozessoren das Stackzeiger-Register) angesprochen werden.

Registerkarte *Subst.* (card)
In Programmen wie dem Hypertext-Programm HyperCard eine Karteikarte, die einer gedruckten Karteikarte nachempfunden ist (wie sie z.B. in Karteikästen zu finden ist) und auf der Informationen eingegeben, gespeichert und verwaltet werden können. → *siehe auch Hypertext.*

Registrierung *Subst.* (Registry)
Eine zentrale, hierarchische Datenbank bei Windows 95 und Windows NT, in der wichtige Informationen über Systemkonfiguration, Benutzer, Anwendungen und Hardware-Geräte abgelegt sind. Die Registrierdatenbank enthält Informationen, die von Windows 95 bzw. Windows NT während des Betriebs fortwährend abgefragt werden, z.B.

über die Arbeitsumgebungen der einzelnen Benutzer, die installierten Anwendungen und die von diesen erstellten Dokumentarten, die Eigenschafteneinstellungen der Ordner- und Anwendungssymbole sowie die im System vorliegende Hardware und verwendeten Anschlüsse. Die Registry ersetzt die meisten der textbasierenden .ini-Dateien von Windows 3.*x* und die MS-DOS-Konfigurationsdateien, z.B. AUTOEXEC.BAT und CONFIG.SYS. Die Registrierdatenbanken von Windows 95 und Windows NT sind einander ähnlich, es gibt jedoch Unterschiede, z.B. was deren Speicherung auf dem Datenträger betrifft. → *siehe auch Eigenschaftenfenster, hierarchische Datenbank, .ini, portieren, Registrierungseditor.* → *auch genannt System-Registry.*

Registrierungseditor Subst. (registry editor)
Eine Anwendung von Windows 95, mit der die Einträge in der Systemregistrierung bearbeitet werden können. → *siehe REGEDIT.*

Regression, multiple Subst. (multiple regression) → *siehe multiple Regression.*

Regressionsanalyse Subst. (regression analysis)
Ein Gebiet der Statistik, das die Art der Abhängigkeiten zwischen einer unabhängigen und einer abhängigen Variablen (deren Wert von dem Wert einer anderen Variablen abhängt) untersucht und beschreibt. → *siehe auch multiple Regression.*

Regressionstest Subst. (regression testing)
Eine vollständiger, erneuter Test eines modifizierten Programms (im Gegensatz zum bloßen Test der modifizierten Routinen), um sicherzustellen, daß sich durch die Änderungen keine Fehler eingeschlichen haben.

Reihenfolge Subst. (order)
Im Zusammenhang mit Berechnungen stellt die Wertigkeit die Reihenfolge dar, mit der arithmetische Operationen durchgeführt werden.

Reihenschaltung Subst. (series circuit)
Eine elektrische Schaltung, bei der zwei oder mehr Bauelemente hintereinander geschaltet sind. Der Strom ist dabei an allen Punkten der Schaltung gleich, während sich die angelegte Spannung über die Bauelemente aufteilt. → *Vgl. Parallelschaltung.*

Reihenschaltung

reine Prozedur Subst. (pure procedure)
Jede Prozedur, die nur dynamisch zugewiesene Daten (in der Regel auf dem Stack) manipuliert. Eine reine Routine kann weder globale Daten noch ihre eigenen Daten verändern. Diese Einschränkung ermöglicht den gleichzeitigen Aufruf einer reinen Routine durch separate Tasks. → *siehe auch reentranter Code.*

Reiter Subst. (bleed)
In einem gedruckten Dokument jedes Element, das in den Seitenrand oder Bundsteg läuft. Reiter werden häufig in Büchern verwendet, um z.B. wichtige Seiten zu markieren, so daß sie leichter auffindbar sind. → *siehe auch Bundsteg.*

rekompilieren Vb. (recompile)
Ein Programm erneut kompilieren. Dies erfolgt in der Regel, nachdem aufgrund vorangegangener Fehlermeldungen des Compilers Änderungen des Quellcodes vorgenommen wurden. → *siehe auch kompilieren.*

Rekursion Subst. (recursion)
Eine Programmiertechnik, bei der eine Routine sich selbst aufruft. Dadurch lassen sich bestimmte Algorithmen mit kleinen und einfachen Routinen realisieren, eine besonders schnelle oder effiziente Ausführung ist damit jedoch nicht gewährleistet. Der unsachgemäße Einsatz von Rekursionen kann während der Laufzeit eines Programms zu einem Stacküberlauf führen, was sich dann in Form eines Programmabsturzes, manchmal sogar in einem vollständigen Systemabsturz äußert. → *siehe auch aufrufen, Routine.*

Relais Subst. (relay)
Durch ein elektrisches Signal aktivierbarer Schalter. Mit einem Relais läßt sich ein anderes Signal unmittelbar an dem Ort steuern, an dem es in der Schaltung anliegt, ohne daß man es erst zu einem Bedienfeld führen muß. Auch kann mit der relativ kleinen Leistung, die für die Ansteuerung des Relais benötigt wird, ein Signal hoher Leistung geschaltet werden.

Relation *Subst.* (relation)
Eine Struktur des relationalen Datenbank-Modells, die sich aus Attributen und Tupeln aufbaut. Relationen werden in relationalen Datenbank-Managementsystemen als Tabellen gespeichert. Attribute (Spalten) sind individuelle Kennzeichen, und Tupel (Zeilen) bilden die ungeordneten Kennzeichensätze, die eine bestimmte Entität (beispielsweise einen Kunden) beschreiben. Innerhalb einer Relation können Tupel nicht wiederholt werden – sie müssen eineindeutig sein. Weiterhin sind Tupel innerhalb einer Relation ungeordnet. Der Austausch zweier Tupel ändert nicht die Relation. Wenn schließlich die relationale Theorie anwendbar sein soll, muß die Domäne jedes Attributes atomisch sein – d. h. strukturierte Domänen (Arrays, Datensätze usw.) sind nicht erlaubt. Eine Relation, in der die Domänen aller Attribute atomisch sind, charakterisiert man als normalisiert oder in der ersten Normalform.

relationale Algebra *Subst.* (relational algebra)
In der Datenbankverwaltung eine Sammlung von Regeln und Operatoren zur Verarbeitung von Relationen (Tabellen). Zur relationalen Algebra zählt man gewöhnlich die folgenden Operatoren: SELECT, PROJECT, PRODUCT, UNION, INTERSECT, DIFFERENCE, JOIN (oder INNER JOIN) und DIVIDE. Unter Anwendung der relationalen Algebra entwickelt man Prozeduren, um neue Relationen auf der Basis der in der Datenbank vorhandenen Relationen aufzubauen.

relationale Datenbank *Subst.* (relational database)
Die Organisation einer Datenbank oder eines Datenbank-Managementsystems nach dem relationalen Modell. Danach sind die Informationen in Tabellen – Daten in Zeilen und Spalten – gespeichert. Für Suchoperationen verwendet man Daten in spezifizierten Spalten einer Tabelle, um zusätzliche Daten in einer anderen Tabelle zu ermitteln. In einer relationalen Datenbank stellen die Zeilen einer Tabelle die Datensätze (Sammlungen von Informationen über separate Elemente) und die Spalten die Felder (besondere Attribute eines Datensatzes) dar. Bei Suchoperationen vergleicht eine relationale Datenbank die Informationen eines Feldes in der einen Tabelle mit Informationen in einem korrespondierenden Feld einer anderen Tabelle, um eine dritte Tabelle zu produzieren, die die angeforderten Daten aus beiden Tabellen kombiniert. Enthält eine Tabelle z. B. die Felder PERSONALNUMMER, NACHNAME, VORNAME und EINSTELLUNGSDATUM und eine andere die Felder ABTEILUNG, PERSONALNUMMER und GEHALT, dann kann eine relationale Datenbank die Felder PERSONALNUMMER in beiden Tabellen vergleichen, um solche Informationen wie die Namen aller Beschäftigten mit einem bestimmten Gehalt oder die Abteilungen aller Beschäftigten mit einem bestimmten Einstellungsdatum zu finden. Eine relationale Datenbank verwendet also übereinstimmende Werte in zwei Tabellen, um die Informationen einer Tabelle mit den Informationen in der anderen in Verbindung zu bringen. Bei einem Großteil der gegenwärtig angebotenen Datenbankprodukte für Mikrocomputer handelt es sich um relationale Datenbanken. → *Vgl. invertierte Datenbank, lineare Datenbank.*

relationaler Ausdruck *Subst.* (relational expression)
Ein Ausdruck, der relationale Operatoren wie »kleiner als« oder »größer als« verwendet, um zwei oder mehr Ausdrücke zu vergleichen. Ein relationaler Ausdruck wird zu einem Booleschen Wert (wahr/falsch) aufgelöst. → *siehe auch Boolesch, relationaler Operator.*

relationaler Operator *Subst.* (relational operator)
Ein Operator, mit dem der Programmierer zwei (oder mehr) Werte oder Ausdrücke vergleichen kann. Typische relationale Operatoren sind größer als (>), gleich (=), kleiner als (<) sowie kleiner oder gleich (<=). → *siehe auch relationaler Ausdruck.*

relationales Datenbanksystem *Subst.* (relational database management system)
→ *siehe relationale Datenbank.*

relationales Modell *Subst.* (relational model)
Ein Datenmodell, bei dem die Daten in Relationen (Tabellen) organisiert sind. Dieses Modell ist in den meisten modernen Datenbank-Managementsystemen implementiert.

relationale Struktur *Subst.* (relational structure)
Die Datensatz-Organisation, die bei der Implementierung eines relationalen Modells verwendet wird.

Relation, berechnete *Subst.* (derived relation)
→ *siehe berechnete Relation.*

Relationskalkül *Subst.* (relational calculus)
In der Datenbankverwaltung eine nicht prozedurale Methode für die Manipulierung von Relationen (Tabellen). Es gibt zwei Familien des Relationenkalküls – Domänenkalkül und Tupelkalkül. Beide sind untereinander und auch zur relationalen Algebra mathematisch gleichwertig. Unter Verwendung einer der beiden Familien läßt sich die Beschreibung einer gewünschten Relation auf der Basis der in der Datenbank existenten Relationen formulieren.

relative Adresse *Subst.* (relative address)
Eine Speicherstelle (etwa im Hauptspeicher des Computers), die als Entfernung (Verschiebung oder »Offset«) zu einem Ausgangspunkt (Basisadresse) berechnet wird. Bei der Berechnung einer relativen Adresse addiert man in der Regel eine Offset- zu einer Basisadresse. Dieses Vorgehen läßt sich mit einem Lagersystem vergleichen, in dem sich ein bestimmter Artikel z.B. im Fach 6-214 befindet. In diesem Beispiel stellt die erste Ziffer (6) die Regalreihe (Basis) dar, in der das 214. Lagerfach (Offset) den gesuchten Artikel enthält. → *auch genannt indirekte Adresse.*

relative Bewegung *Subst.* (relative movement)
Eine Bewegung, deren Entfernung und Richtung relativ zu einem Bezugspunkt angegeben werden. Verschiebt man z.B. einen Mauszeiger auf dem Bildschirm, werden die Koordinaten der neuen Position des Zeigers relativ zum Ausgangspunkt berechnet. → *siehe auch relative Koordinaten, relatives Zeigegerät.*
In der Computergrafik und der Kinematographie bezieht sich »relative Bewegung« auf die Bewegung eines Objekts in Beziehung zu einem anderen – auf einer Rennbahn z.B. die Bewegung von Pferd A aus der Sicht von Pferd B.

relative Koordinaten *Subst.* (relative coordinates)
Die Festlegung von Koordinaten in bezug auf ihre Entfernung zu einem gegebenen Startpunkt – im Gegensatz zu absoluten Koordinaten, bei denen sie in bezug zum Ursprung (Schnittpunkt zweier Koordinatenachsen) festgelegt werden. Beispielsweise läßt sich unter Verwendung relativer Koor-

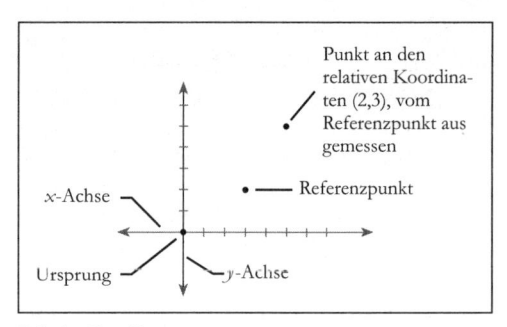

Relative Koordinaten

dinaten ein Quadrat auf dem Bildschirm konstruieren, indem man es – von einem Startpunkt ausgehend – als Folge von Linien zeichnet, die jeweils aus einer Verschiebung (mit bestimmter Distanz und Richtung) vom vorangehenden Endpunkt hervorgehen. Möchte man das gesamte Quadrat an einer anderen Position neu zeichnen, braucht man lediglich die Koordinaten des Anfangspunkts zu ändern, anstatt die Koordinaten jedes Eckpunkts mit Bezug auf den Ursprung neu zu berechnen. → *Vgl. absolute Koordinaten.*

relativer Pfad *Subst.* (relative path)
Ein Pfad, der das aktuelle Arbeitsverzeichnis einschließt. Wird ein Befehl ohne vollständigen Pfadnamen eingegeben, wird das aktuelle Arbeitsverzeichnis zum relativen Pfad, auf den sich der Befehl bezieht. → *Vgl. vollständiger Pfad.*

relativer URL *Subst.* (relative URL)
Kurzform für **relative** Uniform Resource Locator-Adresse. Eine Form einer URL-Adresse, bei der die Domäne sowie einige oder alle Verzeichnisnamen weggelassen werden, so daß nur Name und Erweiterung der Dokumentdatei erhalten bleiben (sowie u.U. eine verbleibende Liste von Verzeichnisnamen). Die angegebene Datei wird dabei relativ zum Pfadnamen des aktuellen Dokuments aufgesucht. → *siehe auch Dateierweiterung, URL.*

relatives Zeigegerät *Subst.* (relative pointing device)
Ein Gerät zur Cursor-Steuerung, wie beispielsweise eine Maus oder ein Trackball, bei dem die Bewegung eines Bildschirmcursors mit der Bewegung des Gerätes verknüpft ist, nicht aber mit dessen absoluter Position. Hebt der Benutzer beispielsweise die Maus hoch und setzt sie an einer

anderen Stelle wieder auf den Schreibtisch, bleibt die Lage des Bildschirmzeigers unverändert, da keine Bewegung (Rollen der Kugel in der Maus) stattgefunden hat. Sobald der Benutzer die Maus wieder hin- und herschiebt, bewegt sich auch der Cursor und gibt die Mausbewegung relativ zur Oberfläche des Schreibtischs wieder. Im Gegensatz zu relativen Zeigegeräten ist bei absoluten Zeigegeräten – z. B. Grafiktabletts – deren Position innerhalb eines definierten Bewegungsbereichs immer mit einer vordefinierten Bildschirmposition verknüpft. → *siehe auch relative Bewegung, relative Koordinaten.* → *Vgl. absolutes Zeigegerät.*

relozierbare Adresse *Subst.* (relocatable address) Bezeichnet in der Programmierung eine Adresse (Bezug auf eine Speicherstelle), die sich an den tatsächlichen Speicherbereich anpassen läßt, in den ein Programm zur Ausführung geladen wird. So sind Adressen, die im Programm relativ zueinander angegeben sind, relozierbar, absolute, physikalische Adressen jedoch nicht. Programme mit relozierbaren Adressen lassen sich im Speicher beliebig verschieben, so wie sich etwa ein Auto (Programm) in einem Parkhaus (Hauptspeicher) beliebig einstellen läßt: An einem Tag kann das Auto z. B. auf »Deck 2, Reihe G« geparkt sein, während es an einem anderen etwa auf »Deck 5, Reihe B« steht. Deck und Reihe entsprechen in diesem Beispiel der Adresse.

relozierbarer Code *Subst.* (relocatable code) Ein Programm, das man in einen beliebigen Teil des verfügbaren Speichers laden kann. Im relozierbaren Code werden vor dem Start des Programms die Adreßbezüge angepaßt, um der physikalischen Lage im Speicher zu entsprechen und den korrekten Ablauf der Programmbefehle sicherzustellen. → *siehe auch reentranter Code.*

relozieren *Subst.* (relocate) Das Verschieben von Programmen und Speicherblöcken innerhalb des verfügbaren Adreßraums, um Speicherressourcen flexibel und effizient nutzen zu können. Das Betriebssystem ist beim Laden eines relozierbaren Programms nicht an einen bestimmten Adreßbereich gebunden, sondern kann das Programm in einen beliebigen Teil des verfügbaren Speichers einlesen. Bei einem relozierbaren Speicherblock handelt es sich um einen Speicherabschnitt, den das Betriebssystem bei Bedarf frei verschieben kann. Dadurch ist das System z. B. in der Lage, mehrere relozierbare Speicherblöcke zusammenzufassen (unmittelbar hintereinander anzuordnen), um gegebenenfalls einem Programm auf Anforderung einen größeren freien Block zuweisen zu können.

Relozierung, dynamische *Subst.* (dynamic relocation)
→ *siehe dynamische Relozierung.*

RELURL *Subst.*
→ *siehe relativer URL.*

Remailer, anonymer *Subst.* (anonymous remailer)
→ *siehe anonymer Remailer.*

REM-Befehl *Subst.* (REM statement) Kurzform von **Rem**ark **Statement.** (Kommentaranweisung). Eine Anweisung der Programmiersprache Basic sowie der Befehlsinterpreter der Betriebssysteme MS-DOS und OS/2, mit deren Hilfe einem Programm bzw. einer Stapeldatei Kommentare hinzugefügt werden können. Anweisungen, die mit dem Wort *REM* beginnen, werden vom Compiler bzw. Interpreter ignoriert. → *siehe auch Kommentar.*

remote *Adj.*
Nicht in der unmittelbaren Nähe befindlich. Mit diesem Begriff bezeichnet man Computer oder andere Geräte, die an einem anderen Ort (Raum, Gebäude oder Stadt) untergebracht und über Kabel oder Kommunikationsverbindungen erreichbar sind.

Remote Access Dial-In User Service *Subst.* (Remote Authentication Dial-In User Service)
→ *siehe RADIUS.*

Remote Access Server *Subst.*

Remote Access Service *Subst.*
Windows-Software, die einem Benutzer einen aktiven Zugriff auf einen Netzwerk-Server über ein Modem ermöglicht. → *siehe auch Fernzugriff.*

Remote-Anmeldung *Subst.* (remote login)
Der Anmeldevorgang bei einem entfernten Computer über eine Datenübertragungsstrecke zur ak-

tuellen Arbeitsstation. Nach einer Remote-Anmeldung verhält sich der Computer des Benutzers wie ein an das entfernte System angeschlossenes Terminal. Im Internet erfolgt eine Remote-Anmeldung in erster Linie über »rlogin« und »telnet«.

Remote Data Objects *Subst.*
Ein objektorientiertes Datenzugriffsverfahren, das Bestandteil von Visual Basic 4.0 Enterprise Edition ist. Remote Data Objects besitzen kein eigenes Dateiformat und können nur zusammen mit Datenbanken verwendet werden, die dem neuesten ODBC-Standard entsprechen. Das Verfahren ist beliebt aufgrund seiner Leistungsstärke und minimalen Programmieranforderungen. → *siehe auch ODBC, Visual Basic.*

Remote-Prozeduraufruf *Subst.* (remote procedure call)
In der Programmierung der Aufruf eines Programms durch ein Programm auf einem entfernten System. Das aufgerufene Programm führt in der Regel eine Aufgabe aus und sendet die Ergebnisse zurück an das aufrufende Programm.

rename *Subst.*
Ein Befehl bei FTP-Clients und anderen Systemen, über den der Benutzer den Dateien einen neuen Namen zuweisen kann.

Rendering *Subst.* (rendering)
Die Erzeugung eines realitätsnahen Abbildes geometrischer Modelle durch den Einsatz von Farben und Schattierungen. Derartige Funktionen gehören gewöhnlich zur Ausstattung geometrischer Konstruktionssoftware (z. B. CAD-Programme). Rendering verwendet mathematische Methoden, um die Positionen von Lichtquellen in Relation zum Objekt zu beschreiben und Effekte wie Aufhellungen, Schatten und Farbveränderungen zu berechnen, die durch das Licht hervorgerufen würden. Der bewirkte Effekt kann dabei von einfachen Elementen aus durchsichtigen, schattierten Polygonen bis hin zu Bildern reichen, die bezüglich der Komplexität einer Fotografie nahe kommen. → *siehe auch Raytracing.*

rendern *Vb.* (render)
Eine Grafik aus einer Datei auf einem Ausgabegerät wie einem Bildschirm oder einem Drucker erzeugen.

Rendern, prozedurales *Subst.* (procedural rendering)
→ *siehe prozedurales Rendern.*

repaginieren *Vb.* (repaginate)
Die Seitenumbrüche in einem Dokument neu berechnen.

Repeater *Subst.* (repeater)
Ein Gerät, mit dem sich in Kommunikationsverbindungen Verzerrungen verringern lassen, indem ein Signal verstärkt und regeneriert wird, um es in seiner ursprünglichen Stärke und Form weiterzusenden. In einem Netzwerk verbindet ein Repeater zwei Netzwerke oder zwei Netzwerk-Segmente auf der Bitübertragungsschicht des ISO/OSI-Modells und führt eine Signalregenerierung durch.

repeating Ethernet *Subst.*
→ *siehe Repeater.*

RepeatKeys *Subst.*
Eine Funktion von Windows 95, mit deren Hilfe der Benutzer die Wiederholfunktion der Tastatur einstellen oder abschalten kann. Auf diese Weise können Benutzer mit eingeschränktem Bewegungsvermögen einem versehentlichen Auslösen der Wiederholautomatik begegnen. → *siehe auch Wiederholautomatik.* → *Vgl. Anschlagton, Anschlagverzögerung, Eingabehilfen, ShowSounds, SoundSentry, StickyKeys, Tastaturmaus.*

Replikation *Subst.* (replication)
Bei einem verteilten Datenbank-Managementsystem das Kopieren der Datenbank (oder von Teilen der Datenbank) auf andere Bereiche im Netzwerk. Durch Replikation wird die Integrität verteilter Datenbanksysteme gewährleistet. → *siehe auch verteilte Datenbank, verteiltes Datenbanksystem.*

Repository *Subst.* (repository)
Eine Sammlung von Informationen über ein Computersystem.
Außerdem eine Obermenge eines Datenbankverzeichnisses. → *siehe auch Datenbankverzeichnis.*

reprofähig *Adj.* (camera-ready)
Eigenschaft eines Dokuments, bei dem alle layoutbezogenen Vorgänge abgeschlossen sind – es sind

also z.B. alle typografischen Elemente und Grafiken eingefügt und plaziert –, so daß dieses belichtet werden kann. Der Belichter fotografiert dabei die reprofähige Kopie und erstellt die Druckplatten anhand der fotografischen Vorlage. Einige Anwendungen sind speziell auf die Bearbeitung von Dokumenten bis zur reprofähigen Stufe ausgerichtet, wodurch die Herstellung eines manuellen Layouts und die Klebemontage der Elemente auf einer entsprechenden Unterlage entfallen können.

Reprogrammable Read-Only Memory *Subst.* (reprogrammable read-only memory)
→ *siehe EPROM.*

reprogrammierbares PROM *Subst.* (reprogrammable PROM)
→ *siehe EPROM.*

Request for Comments *Subst.*
→ *siehe RFC.*

Request for Discussion *Subst.*
Ein formaler Antrag auf Hinzufügung einer Newsgroup zur Usenet-Hierarchie. Auf diesen ersten Schritt folgt ein Abstimmungsaufruf (»Call for Votes«). → *siehe auch traditionelle Newsgroup-Hierarchie, Usenet.*

Request To Send *Subst.* (Request to Send)
→ *siehe RTS.*

Research Libraries Information Network *Subst.*
Ein kombinierter Online-Katalog der Research Libraries Group, der zahlreiche wichtige Forschungsbibliotheken in den Vereinigten Staaten enthält.

reservieren *Subst.* (reserve)
Ein Befehl, der einem Gerät einen zusammenhängenden Speicherbereich auf der Festplatte als Arbeitsbereich zuteilt. Digitale Videogeräte können diesen Befehl erkennen.

reservierte Leitung *Subst.* (dedicated line)
Eine Telefonleitung, die nur für einen Zweck verwendet wird, z.B. das Empfangen oder Senden von Fax-Dokumenten oder das Bereitstellen einer Modemleitung.

reservierter Speicher *Subst.* (reserved memory)
→ *siehe Upper Memory Area.*

reserviertes Wort *Subst.* (reserved word)
Ein Wort, das in einem Programm oder einer Programmiersprache eine spezielle Bedeutung hat. Zu den reservierten Wörtern gehören z.B. Steueranweisungen (IF, FOR, END), Datendeklarationen und ähnliche Bezeichner. Die Verwendung eines reservierten Wortes ist auf den festgelegten Kontext beschränkt. Man kann es nicht für die Benennung von Dokumenten, Dateien, Marken, Variablennamen oder vom Benutzer erstellte Hilfsmittel – wie beispielsweise Makros – einsetzen.

reserviertes Zeichen *Subst.* (reserved character)
Ein Tastaturzeichen, dem in einem Programm eine spezielle Bedeutung zugeordnet ist und das man normalerweise nicht bei der Benennung von Dateien, Dokumenten oder vom Benutzer erstellten Hilfsmitteln – wie beispielsweise Makros – verwenden kann. Zu den häufig für spezielle Zwecke reservierten Zeichen gehören z.B. das Sternchen (*), der Schrägstrich (/), der umgekehrte Schrägstrich (\), das Fragezeichen (?) und der unterbrochene senkrechte Strich (|).

Reset-Schalter *Subst.* (reset button)
Ein Bedienelement, mit dem man den Computer ohne das Ausschalten der Stromversorgung neu starten kann. → *Vgl. Big Red Switch.*

residente Schrift *Subst.* (resident font)
→ *siehe interne Schrift.*

residentes Programm *Subst.* (resident program)
→ *siehe TSR.*

Resource Reservation Protocol *Subst.* (Resource Reservation Setup Protocol)
Ein Kommunikationsprotokoll, das eine angeforderte Bandbreite bereitstellen kann. Ein entfernter Empfänger fordert zur Übertragung eines Datenstroms die Reservierung einer bestimmten Bandbreite auf dem Server an. Der Server antwortet mit einer Nachricht (ähnlich einer Rückantwort auf eine Einladung), mit der die Annahme oder Ablehnung der Anforderung zurückgemeldet wird.

Ressource *Subst.* (resource)
Jeder Teil eines Computersystems oder eines Netzwerks, den man einem Programm oder einem Prozeß während der Ausführung zuteilen kann (z. B. Festplatte, Drucker oder Speicher).
Eine Ressource stellt außerdem ein Daten- oder Code-Element dar, das in mehreren Programmen oder an mehreren Stellen innerhalb eines Programms verwendet werden kann (z. B. Dialogfelder, Klangeffekte oder Fonts in einer fensterorientierten Programmumgebung). Der Einsatz von Ressourcen erlaubt die Anpassung zahlreicher Programmfunktionen, ohne daß man das Programm anhand des Quellcodes neu kompilieren muß. Ressourcen können mit einem speziellen Dienstprogramm, dem sog. *Ressourcen-Editor*, kopiert und von einem Programm in ein anderes eingefügt werden.

Ressourcedaten *Subst.* (resource data, resource file)
Eine Datei, die aus Ressourcendaten und der sie indizierenden Ressourcenzuordnung besteht. → *siehe auch Ressource, Ressourcenzweig*.
Außerdem die Datenstrukturen, Vorlagen, Definitionsprozeduren, Verwaltungsroutinen, Symbole usw., die mit einer bestimmten Ressource verbunden sind, z. B. mit einem Menü, Fester oder Dialogfeld. → *siehe auch Ressource, Ressourcenzweig*.

Ressource, gemeinsame *Subst.* (shared resource)
→ *siehe gemeinsame Ressource*.

Ressourcen-ID *Subst.* (resource ID)
Eine Zahl, die eine bestimmte Ressource innerhalb eines gegebenen Ressourcen-Typs im Betriebssystem des Apple Macintosh kennzeichnet – beispielsweise ein bestimmtes Menü unter mehreren Ressourcen des Typs MENU, die einem Programm zur Verfügung stehen.

Ressourcentyp *Subst.* (resource type)
Eine der zahlreichen Klassen struktureller und prozeduraler Ressourcen im Betriebssystem des Apple Macintosh, wie beispielsweise Code, Schriften, Fenster, Dialogfelder, Vorlagen, Symbole, Muster, Strings, Treiber, Cursor, Farbtabellen und Menüs. Ressourcentypen haben charakteristische Identifizierungs-Bezeichnungen, z. B. CODE für Blöcke von Programmbefehlen, FONT für Schriften, CURS für Maus-Cursor usw. → *siehe auch Ressource, Ressourcenzweig*.

Ressourcenzuordnung *Subst.* (resource allocation)
Der Vorgang einer Zuordnung der Verarbeitungsleistung eines Computersystems an verschiedene Komponenten eines durchzuführenden Auftrags.

Ressourcenzweig *Subst.* (resource fork)
Einer der beiden Zweige einer typischen Apple Macintosh-Datei (beim anderen handelt sich um den *Datenzweig*). Der Ressourcenzweig einer Programmdatei enthält wiederverwendbare Informationselemente, die das Programm zur Laufzeit einsetzen kann. Zu den Dutzenden von Ressourcentypen, die im Ressourcenzweig untergebracht sind, gehören Programmanweisungsblöcke, Schriften, Symbole, Fenster, Dialogfelder und Menüs. Die Daten eines vom Benutzer erstellten Dokuments werden normalerweise im Datenzweig gespeichert. Es lassen sich aber auch Elemente, die man eventuell mehrfach im Dokument nutzen möchte, im Ressourcenzweig ablegen. In einem HyperCard-Stack werden z. B. die Daten, die jede Card oder jeden Datensatz im Stack bilden, im Datenzweig gespeichert, während man die mehrfach verwendbaren, digitalisierten Klänge und Symbole im Ressourcenzweig unterbringt. Die Verwendung derartiger Ressourcen vereinfacht die Programmentwicklung, da sich Ressourcen unabhängig vom Programmcode erstellen und ändern lassen. → *siehe auch HyperCard, Ressource*. → *Vgl. Datenzweig*.

Restructured Extended Executor *Subst.*
→ *siehe REXX*.

Restrukturierung, wahlfreie *Subst.* (modify structure)
→ *siehe wahlfreie Restrukturierung*.

Reverse Address Recognition Protocol *Subst.*
→ *siehe RARP*.

Reverse ARP *Subst.*
→ *siehe RARP*.

Reverse Engineering *Subst.* (reverse engineering)
Ein Verfahren zur Analyse eines Produkts, bei dem das fertiggestellte Element untersucht wird,

um dessen Aufbau oder Bestandteile zu bestimmen. Dieses Vorgehen wird meist verwendet, um Kopien oder Konkurrenzprodukte herzustellen. Beispielsweise kann ein fertiggestellter ROM-Chip untersucht werden, um dessen Programmierung zu ermitteln, oder ein neues Computersystem, um dessen Konstruktion zu erschließen.

Revisable-Form-Text DCA *Subst.*
Ein Standard innerhalb der Document Content Architecture (DCA), nach dem die Speicherung eines Dokuments in einer Weise erfolgt, daß sich die Formatierung durch den Empfänger verändern läßt. Verwandt hierzu ist der Standard Final-Form-Text DCA. → *siehe auch DCA.* → *Vgl. Final-Form-Text DCA.*

REXX *Subst.*
Abkürzung für Restructured Extended Executor (zu deutsch etwa »Neustrukturiertes, erweitertes Programm«). Eine strukturierte Programmiersprache, die auf IBM-Großcomputern und unter OS/2, Version 2.0, eingesetzt wird. REXX-Programme können Anwendungsprogramme und Betriebssystembefehle aufrufen.

RF *Subst.*
→ *siehe Hochfrequenz.*

RFC *Subst.*
Abkürzung für Request For Comments (zu deutsch etwa »Eingabe zur Diskussion«). Ein Dokument, in dem Standards, Protokolle und andere Informationen, die die Tätigkeiten im Internet betreffen, veröffentlicht werden. Das RFC wird erst *nach* erfolgter Diskussion unter der Aufsicht der IAB herausgegeben und fungiert als Standard. RFCs können über Quellen wie InterNIC bezogen werden.

RFD *Subst.*
→ *siehe Request for Discussion.*

RFI *Subst.*
Abkürzung für Radio Frequency Interference (Hochfrequenzeinstrahlungen). Störsignale (z.B. Störgeräusche), die durch die elektromagnetische Strahlung elektronischer Geräte (z.B. Computer) erzeugt werden und andere elektronische Geräte (z.B. Radio- oder Fernsehgeräte) stören.

RFT *Subst.* (RFTDCA)
→ *siehe Revisable-Form-Text DCA.*

RGB *Subst.*
Abkürzung für Rot-Grün-Blau. Ein Modell zur Beschreibung von Farben, die durch farbiges Licht erzeugt werden – wie beispielsweise bei einem Bildschirm – und nicht durch lichtabsorbierende Körperfarben, wie dies etwa bei Druckfarben der Fall ist. Im Auge reagieren verschiedene Netzhautzellen auf rotes, grünes und blaues Licht. Durch additive Mischung von Anteilen dieser Primärfarben kann eine gewünschte Farbempfindung erzeugt werden. Sind alle Farbanteile gleich null, erhält man Schwarz, während die Überlagerung von jeweils 100 Prozent der drei Primärfarben in reinem Weiß resultiert. → *siehe auch CMYK, RGB-Monitor.* → *Vgl. CMY.*

RGB-Display *Subst.* (RGB display)
→ *siehe RGB-Monitor.*

RGB-Monitor *Subst.* (RGB monitor)
Ein Farbbildschirm, der die Bildsignale für Rot, Grün und Blau über drei getrennte Leitungen erhält. Ein RGB-Monitor liefert in der Regel schärfere und klarere Bilder als ein Komposit-Monitor, der die Farbsignale über eine einzelne Leitung erhält. → *siehe auch RGB.* → *Vgl. Composite-Video-Display.*

Rich-Text-Format *Subst.* (Rich Text Format)
Eine Adaption des DCA-Formats (Document Content Architecture). Das Rich-Text-Format ist für den Austausch formatierter Textdokumente zwischen verschiedenen Anwendungen vorgesehen, die auch auf verschiedenen Plattformen laufen können, wie beispielsweise zwischen IBM- oder kompatiblen PCs und Apple Macintosh-Computern. → *siehe auch DCA.*

Richtlinien für Konten *Subst.* (account policy)
In Windows NT sind die Zugriffsrechte ein Satz von Regeln, die den Gebrauch von Paßwörtern über Benutzer-Accounts einer Domäne oder eines Einzelcomputers kontrollieren. → *siehe auch Domäne.*

Richtungstaste *Subst.* (direction key)
→ *siehe Pfeiltaste.*

Ring-Netzwerk *Subst.* (ring network)
Ein lokales Netzwerk, bei dem die Geräte (Knoten) miteinander in einer geschlossenen Schleife bzw. einem Ring verbunden sind. Die Nachrichten in einem Ring-Netzwerk durchlaufen die aufeinanderfolgenden Knoten in einer Richtung. Jeder Knoten untersucht bei einer empfangenen Nachricht die darin enthaltene Zieladresse und nimmt die Nachricht entgegen, wenn diese Adresse mit der eigenen übereinstimmt. Andernfalls generiert er das Signal und leitet die Nachricht zum nächsten Knoten im Ring weiter. Durch eine derartige Signalaufbereitung kann ein Ring-Netzwerk größere Entfernungen überbrücken als ein Stern- oder Bus-Netzwerk. Es läßt sich auch so auslegen, daß fehlerhaft arbeitende oder ausgefallene Knoten umgangen werden. Aufgrund der geschlossenen Schleife kann sich allerdings das Hinzufügen neuer Knoten schwierig gestalten. → *siehe auch Token Passing, Token-Ring-Netzwerk.* → *Vgl. Bus-Netzwerk, Stern-Netzwerk.*

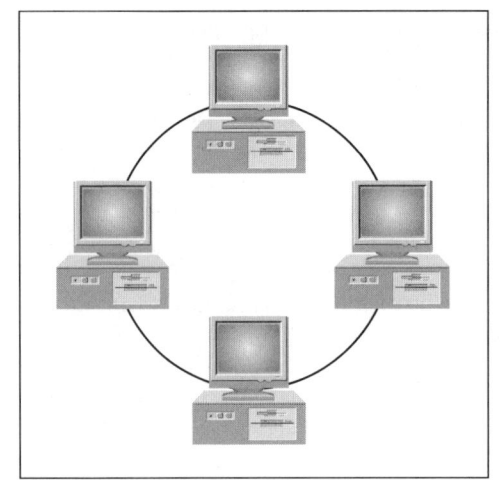

Ring-Netzwerk

RIP *Subst.*
→ *siehe Raster-Prozessor.*

RISC *Subst.*
Abkürzung für Reduced Instruction Set Computing (Prozessor mit reduziertem Befehlssatz). Ein Mikroprozessor-Design, das sich auf die schnelle und effiziente Verarbeitung eines verhältnismäßig kleinen und einfachen Befehlssatzes konzentriert. Dieser Befehlssatz enthält nur noch die häufigsten der Befehle, die üblicherweise von Mikroprozessoren dekodiert und ausgeführt werden. Diese Befehle sind in der RISC-Architektur allerdings derart optimiert, daß sie sehr schnell ausgeführt werden können – meist in einem einzigen Taktzyklus. RISC-Chips können somit einfache Befehle schneller ausführen als Allround-Mikroprozessoren, die einen umfassenderen, komplexeren Befehlssatz (CISC – Complex Instruction Set Computing) verarbeiten können. Langsamer sind die RISC-Mikroprozessoren allerdings in der Ausführung komplexer Befehle, die sie zuerst in zahlreiche Maschinenbefehle aufgliedern müssen, während sie von den CISC-Chips meist direkt ausgeführt werden können. Zu den Familien der RISC-Chips gehören die Prozessortypen SPARC von Sun Microsystems, 88000 von Motorola, i860 von Intel sowie der von Apple, IBM und Motorola entwickelte PowerPC. → *siehe auch Architektur, Skalar.* → *Vgl. CISC.*

Rivest-Shamir-Adleman-Verschlüsselung *Subst.* (Rivest-Shamir-Adleman encryption)
→ *siehe RSA-Verschlüsselung.*

RJ-11-Stecker *Subst.* (RJ-11 connector, RJ-11 jack)
→ *siehe Telefonstecker.*

RLIN *Subst.*
→ *siehe Research Libraries Information Network.*

RLL-Codierung *Subst.* (RLL encoding)
→ *siehe Run-Length Limited encoding.*

rlogin *Subst.*
Ein Protokoll für die Anmeldung bei Computersystemen über ein Netzwerk, bei dem das lokale System automatisch den Anmeldenamen des Benutzers bereitstellt. → *siehe auch Einloggen, Protokoll.* → *Vgl. telnet.*
Außerdem ein UNIX-Befehl der BSD-Version, durch den sich ein Benutzer auf einem entfernten Computer über ein Netzwerk mit Hilfe des Protokolls »rlogin« (Definition 1) anmelden kann. → *siehe auch BSD UNIX.*
Des weiteren die Bezeichnung für den Vorgang, bei dem eine Verbindung zu einem Computer über ein Netzwerk mit Hilfe des Protokolls »rlogin« (Definition 1) hergestellt wird.

RLSD *Subst.*
Abkürzung für Received Line Signal Detect. → siehe DCD.

RMM
→ *siehe Real-Mode-Mapper.*

.ro
Im Internet ein Kürzel für die übergreifende Länder-Domäne, die eine Adresse in Rumänien angibt.

roboposten *Vb.* (robopost)
Artikel automatisch an Newsgroups weiterleiten. Dies geschieht in der Regel mit Hilfe eines sog. Roboters. → *siehe auch Newsgroup, POST, Roboter.*

Roboter *Subst.* (bot, robot)
Eine Maschine, die Eingangsinformationen wahrnehmen, darauf reagieren und mit einem gewissen Grad von Intelligenz und (idealerweise) ohne menschliche Überwachung Änderungen in ihrer Umgebung bewirken kann. Obwohl Roboter oft zur Nachbildung menschlicher Arbeitsabläufe konstruiert sind, weisen sie selten eine menschenähnliche Erscheinung auf. Roboter findet man vor allem in der Produktion, wie beispielsweise bei der Herstellung von Autos oder Computern. → *siehe Spinne.* → *siehe auch Robotik.*
In einem Netzwerk stellt ein Roboter ein Programm dar, das bestimmte Aufgaben durchführt, insbesondere Aufgaben, die immer wieder anfallen oder die zeitintensiv sind.
Im Internet ist ein Roboter ein Programm, das wiederholt anfallende oder zeitintensive Arbeiten durchführt. Ein Beispiel ist ein Programm, das Websites und Newsgroups nach bestimmten Informationen durchsucht und diese in einer Datenbank ablegt. Ein derartiges Programm wird auch als »Spinne« (Spider) bezeichnet. Ein anderes Beispiel ist ein Programm, das einen oder mehrere Beiträge in mehreren Newsgroups ablegt. Derartige Programme werden häufig beim Spamming eingesetzt (dem Massenversand themenfremder Beiträge) und auch als »Spambots« bezeichnet. Ein weiteres Anwendungsgebiet für einen Roboter liegt darin, einen IRC-Kanal offenzuhalten. → *siehe auch IRC, Newsgroup, Spam, Spambot, Spinne.* → *auch genannt Internet-Roboter.*

Robotik *Subst.* (robotics)
Zweig des Maschinenbaus, der sich mit der Konstruktion und dem Einsatz von Robotern beschäftigt. Der Tätigkeitsbereich der Roboteringenieure erstreckt sich auf die unterschiedlichsten Fachgebiete, wozu etwa Mechanik, Elektronik, Kybernetik, Bionik und künstliche Intelligenz zählen. Ziel der Robotik ist es, die Erzeugnisse mit einem Maximum an sensorischer Wahrnehmung, mechanischer Beweglichkeit, Unabhängigkeit und Flexibilität auszustatten. → *siehe auch Bionik, künstliche Intelligenz, Kybernetik.*

robust *Adj.*
Die Fähigkeit, in unerwarteten Situationen zu funktionieren bzw. weiterhin gut zu funktionieren.

rödeln *Vb.* (grovel)
Arbeiten – speziell eine Suche – über einen längeren Zeitraum ohne ersichtlichen Fortschritt verrichten. Einige Programme durchsuchen z. B. erst eine ganze Eingabedatei, bevor die Ausgabe erfolgt. Programmierer müssen z. B. häufig ganze Handbücher auf der Suche nach einem bestimmten Befehl oder einen langen Code auf der Suche nach einem Bug lesen.

Röhren-Kühlkörper *Subst.* (heat pipe)
Ein Kühlgerät, das aus einem versiegelten Metallrohr besteht, das eine Flüssigkeit und einen Docht enthält. Die Flüssigkeit verdampft wärmeseitig. Der Dampf breitet sich dabei in dem Rohr kälteseitig aus und kondensiert im Docht. Die Flüssigkeit fließt durch Kapillarwirkung entlang des Dochtes zum heißen Ende. Röhren-Kühlkörper werden in Pentium-basierten Laptops eingesetzt. Diese Computer haben einen erhöhten Kühlbedarf und keinen Raum für konventionelle Kühlkörper. → *Vgl. Kühlkörper.*

ROFL
Abkürzung für Rolling On the Floor, Laughing (Im Deutschen etwa »Tränen lachen«). Ein Ausdruck, der meist in Newsgroups und Online-Konferenzen verwendet wird, um einen Witz oder einen anderen lustigen Umstand zu bekunden. → *auch genannt ROTFL.*

Rohdaten *Subst.* (raw data)
Unbearbeitete und meist unformatierte Daten, z. B. ein Datenstrom, der noch nicht nach Befehlen

R oder Sonderzeichen gefiltert wurde. → *siehe auch Rohmodus.* → *Vgl. Cooked Mode.*
Außerdem Informationen, die gesammelt, aber noch nicht ausgewertet wurden.

Rohmodus *Subst.* (raw mode)
Ein Betriebsmodus zur Abwicklung des Datentransfers mit zeichenorientierten Geräten, wie er bei den Betriebssystemen UNIX und MS-DOS vorkommt. Im Rohmodus filtert das Betriebssystem die Eingabedaten nicht und führt keine Sonderbehandlung von Wagenrücklauf-, Zeilenvorschub- und Tabluator-Zeichen oder Dateiendemarken durch. → *Vgl. Cooked Mode.*

Rollback *Subst.* (rollback)
Die Rückkehr zu einem vorher stabilen Zustand. Beispielsweise die Wiederherstellung des Dateninhalts nach einem Festplatten-Headcrash anhand einer Sicherungskopie.

Rollenplotter *Subst.* (pinch-roller plotter)
Ein Plottertyp, der von der Bauart her zwischen einem Trommelplotter und einem Flachbett-Plotter anzusiedeln ist und das Papier mit Hartgummi- oder Metallrollen gegen die primäre Laufrolle drückt. → *siehe auch Plotter.* → *Vgl. Flachbett-Plotter, Trommelplotter.*

Rollenspiel *Subst.* (role-playing game)
Ein Online-Spiel (z. B. MUD), bei dem die Teilnehmer die Persönlichkeit der miteinander agierenden Charaktere übernehmen. Oft finden diese Spiele in einem Rahmen von Fantasy oder Science Fiction statt und verfügen über gemeinsame Spielregeln, die alle Mitspieler befolgen müssen. → *siehe auch MUD.*

Rollen-Taste *Subst.* (Scroll Lock key)
Eine Taste, mit der sich die Wirkung der Cursor-Steuertasten beeinflussen läßt. Auf der IBM-PC/XT- und AT-Tastatur befindet sich diese Taste in der obersten Reihe des numerischen Tastenblocks, während sie auf der erweiterten Tastatur sowie beim Apple Macintosh in der obersten Reihe rechts neben den Funktionstasten untergebracht ist. Ihre Einstellung wird von den meisten heutigen Anwendungen nicht berücksichtigt.

ROM *Subst.*
Abkürzung für »Read-Only Memory«, zu deutsch »Nur-Lese-Speicher«. Ein Halbleiterspeicher, in dem bereits während der Herstellung Programme oder Daten dauerhaft abgelegt werden (die sog. Maskenprogrammierung). Eine Verwendung dieser Technologie ist erst dann wirtschaftlich, wenn große Stückzahlen mit identischem Speicherinhalt hergestellt werden. Für experimentelle Entwürfe oder Kleinserien sind PROMs oder EPROMs vorzuziehen.
Gelegentlich spricht man auch bei verwandten Bausteinen wie dem PROM und EPROM, bei denen der Inhalt im Gegensatz zum ROM entweder einmal beschrieben oder auch – mit einigen Einschränkungen – mehrfach geändert werden kann, von »ROM«, auch wenn dies strenggenommen nicht ganz korrekt ist. Beispielsweise ist häufig davon die Rede, daß sich der Inhalt des BIOS im ROM befindet, obwohl er möglicherweise in einem EPROM gespeichert ist. → *siehe auch EEPROM, EPROM, PROM.*

Roman *Adj.* (roman)
Bezeichnet eine Schriftart oder eine Schrift mit gerader Zeichenstellung, im Gegensatz zu den schräg gestellten Zeichen einer Kursivschrift. → *siehe auch Schriftfamilie.* → *Vgl. Kursivschrift.*

ROM-BASIC *Subst.* (ROM Basic)
Ein Basic-Interpreter, der vollständig in einem ROM-Speicher (Festspeicher) untergebracht ist, so daß der Benutzer sofort nach dem Einschalten der Maschine mit der Programmierung beginnen kann (gegenüber dem Laden des Basic-Interpreters von Diskette oder Magnetband). ROM-Basic war ein charakteristisches Merkmal der frühen Homecomputer.

ROM-BIOS *Subst.* (ROM BIOS)
Abkürzung für **R**ead-**O**nly **M**emory **B**asic **I**nput/**O**utput **S**ystem (ROM-basierendes E-/A-System). → *siehe BIOS.*

ROM-Emulator *Subst.* (ROM emulator)
Eine spezielle Schaltung, durch die die ROM-Chips eines Zielcomputers durch RAM-Speicher ersetzt werden können. Den Speicherinhalt des RAM liefert dabei ein separater Computer. Nachdem die RAM-Chips programmiert sind, werden sie vom

Zielcomputer anstelle des ursprünglichen ROM angesprochen. ROM-Emulatoren können für die Fehlersuche in ROM-residenter Software verwendet werden, ohne daß dafür ROM-Chips herzustellen sind (was mit hohen Kosten und Zeitaufwand verbunden wäre). Da sich ein ROM-Emulator wesentlich schneller umprogrammieren läßt als ein EPROM, wird der Einsatz eines ROM-Emulators dem (alternativ möglichen) Einsatz von EPROMs oft vorgezogen, auch wenn die Anschaffungskosten höher liegen. → *siehe auch EEPROM, EPROM, ROM.* → *auch genannt ROM-Simulator.*

ROM-Karte *Subst.* (ROM card)
Ein einsteckbares Modul, das z.B. eine oder mehrere Druckerschriften, Programme, Spiele oder andere Informationen enthält, die in einem ROM (Festspeicher) abgelegt sind. Eine typische ROM-Karte hat etwa die Länge und Breite einer Kreditkarte, ist aber um einiges dicker. Sie enthält Leiterplatten, auf denen die Informationen unmittelbar in integrierten Schaltkreisen gespeichert sind. → *siehe auch ROM, ROM-Steckmodul.* → *auch genannt Font-Karte, Game-Karte.*

ROM-Simulator *Subst.* (ROM simulator)
→ *siehe ROM-Emulator.*

ROM-Steckmodul *Subst.* (ROM cartridge)
Ein einsteckbares Modul, das Drucker-Schriften, Programme, Spiele oder andere Informationen enthält, die in ROM (Festspeicher)-Bauelementen gespeichert sind. Die ROM-Chips befinden sich auf einer Leiterplatte, die in ein Plastikgehäuse eingebaut und an einer Seite mit einem Steckverbinder versehen ist, so daß sich die Kassette leicht in einen Drucker, einen Computer, eine Spielkonsole oder ein anderes Gerät einstecken läßt. Ein Beispiel für ROM-Steckmodule sind z.B. die steckbaren Kassetten für Spielsysteme. → *siehe auch ROM, ROM-Karte.* → *auch genannt Spiel-Einsteckmodul.*

Root-Account *Subst.* (root account)
Auf UNIX-Systemen ein spezieller Benutzerzugang, der die Steuerung der Arbeitsweise des Computersystems ermöglicht. Der Systemverwalter verwendet diesen Zugang für die Systemwartung. → *siehe auch Systemadministrator.* → *auch genannt Superuser.*

ROT13-Verschlüsselung *Subst.* (ROT13 encryption)
Eine einfache Verschlüsselungsmethode, bei der jeder Buchstabe des Alphabets durch den entsprechenden Buchstaben des um 13 Zeichen verschobenen Alphabets ersetzt wird. Der Buchstabe A wird dann durch N ersetzt, N wird wiederum durch A ersetzt und Z durch M. Die ROT13-Verschlüsselung dient weniger einem sicheren Datenschutz, sondern sie wird in Newsgroups für die Maskierung möglicherweise unerwünschter Botschaften (z.B. anstößiger Witze) eingesetzt. Einige Leseprogramme für die Newsgroup-Nachrichten können ROT13-Verschlüsselungen per Tastendruck automatisch chiffrieren bzw. dechiffrieren.

RO-Terminal *Subst.* (RO terminal)
Abkürzung für **Read-Only Terminal** (»Nur-Lese-Terminal«). Ein Terminal, das Daten nur empfangen, aber nicht senden kann. Fast alle Drucker lassen sich als RO-Terminals klassifizieren.

ROTFL
→ *siehe ROFL.*

Rot Grün Blau *Subst.* (red-green-blue)
→ *siehe RGB.*

rotieren *Vb.* (rotate)
Bits in einem Register nach links bzw. nach rechts verschieben. Dabei wird das an einem Ende herausgeschobene Bit auf der gerade frei gewordenen Position am gegenüberliegenden Ende des Registers wieder eingefügt. → *Vgl. schieben.*

Round Robin *Subst.* (round robin)
Eine aufeinanderfolgende, umlaufende Belegung von Ressourcen durch mehrere Prozesse oder Geräte.

Router *Subst.* (router)
Eine Vermittlungsvorrichtung in einem Kommunikationsnetzwerk, das die Bereitstellung von Nachrichten beschleunigt. In einem einzelnen Netzwerk, bei dem viele Computer über ein Netz möglicher Verbindungen verknüpft sind, empfängt ein Router die gesendeten Nachrichten und schickt sie über die jeweils wirkungsvollste verfügbare Route an die korrekten Ziele weiter. Auf einem miteinander verbundenen Satz von lokalen Netzwerken

(LANs) mit einheitlichen Kommunikationsprotokollen übernimmt ein Router die Funktion eines Verknüpfungsrechners zwischen den LANs, um die Weiterleitung von Nachrichten von einem LAN zu einem anderen zu ermöglichen. → *siehe auch Brücke, Gateway.*

Route, virtuelle *Subst.* (virtual route)
→ *siehe virtuelle Verbindung.*

routfähiges Protokoll *Subst.* (routable protocol)
Ein Protokoll zur Datenübertragung, bei dem Daten mit Hilfe von Netzwerk- und Geräteadressen von einem Netzwerk auf ein anderes übertragen werden können. Ein Beispiel eines routfähigen Protokolls ist TCP/IP.

Routine *Subst.* (routine)
Ein Codeabschnitt, der innerhalb eines Programms aufgerufen (ausgeführt) werden kann. Eine Routine hat normalerweise einen ihr zugeordneten Namen (Bezeichner) und wird durch Referenzierung dieses Namens aktiviert. Verwandte Begriffe, die sich je nach Kontext synonym verwenden lassen, sind *Funktion, Prozedur* und *Unterprogramm* (Subroutine). → *siehe auch Funktion, Prozedur, Unterroutine.*

Routing, reflektierendes *Subst.* (reflective routing)
→ *siehe reflektierendes Routing.*

RPC *Subst.*
→ *siehe Remote-Prozeduraufruf.*

RPF *Subst.*
→ *siehe umgekehrte Weiterleitung.*

RPN *Subst.*
Abkürzung für Reverse Polish Notation (Umgekehrt Polnische Notation). → *siehe Postfix-Notation.*

RPROM *Subst.*
Abkürzung für Reprogrammable **PROM** (Mehrfach programmierbares PROM). → *siehe EPROM.*

RRP *Subst.*
→ *siehe Resource Reservation Protocol.*

RS-232-C-Standard *Subst.* (RS-232-C standard)
Ein anerkannter Industriestandard für die serielle Datenübertragung. Der von der EIA angenommene Standard – das RS steht für »Recommended Standard«, d.h. empfohlener Standard – definiert die spezifischen Leitungen und Signaleigenschaften, die durch serielle Kommunikations-Controller verwendet werden, und stellt damit eine einheitliche Grundlage für die Übertragung serieller Daten zwischen unterschiedlichen Geräten dar. Der Buchstabe »C« weist darauf hin, daß es sich bei der aktuellen Version des Standards um den dritten in einer Folge handelt. → *siehe auch CTS, DSR, DTR, RTS, RXD, TXD.*

RS-422/423/449 *Subst.*
Standards für die serielle Datenübertragung bei Entfernungen über 15 Meter. RS-449 vereinigt RS-422 und RS-423. Die seriellen Anschlüsse des Apple Macintosh entsprechen dem Standard RS-422. → *siehe auch RS-232-C-Standard.*

RSAC *Subst.*
→ *siehe Recreational Software Advisory Council.*

RSA-Verschlüsselung *Subst.* (RSA encryption)
Kurzform für **Rivest-Shamir-Adleman-Verschlüsselung**. Ein patentierter Verschlüsselungsalgorithmus mit öffentlichen Schlüsseln, der 1978 von Ronald Rivest, Adi Shamir und Leonard Adleman vorgestellt wurde und auf dem das Verschlüsselungsprogramm PGP (Pretty Good Privacy) basiert. → *siehe auch PGP, Public-Key-Verschlüsselung.*

RSI *Subst.*
→ *siehe Ermüdungsverletzungen.*

RSN
→ *siehe Real Soon Now.*

RSVP *Subst.*
→ *siehe Resource Reservation Protocol.*

RTF *Subst.*
→ *siehe Rich-Text-Format.*

RTFM
Abkürzung für Read The Flaming (oder Friendly) Manual (»Schlagen Sie im Handbuch nach!«). Eine Antwort, die im Internet in den Newsgroups oder Foren zur technischen Unterstützung eines Produkts auf Fragen gegeben wird, die ausführlich in der Anleitung oder Produktdokumentation behandelt werden. → *auch genannt RTM.*

RTM
Abkürzung für Read The Manual (»Konsultieren Sie das Handbuch!«). → *siehe RTFM*.

RTS *Subst.*
Abkürzung für Request To Send (Sendeanforderung). Ein in der seriellen Datenübertragung verwendetes Signal zur Anforderung der Sendeerlaubnis. Es wird z. B. von einem Computer an das angeschlossene Modem ausgegeben. Dem Signal RTS ist nach der Hardware-Spezifikation der Norm RS-232-C der Anschluß 4 zugeordnet. → *siehe auch RS-232-C-Standard*. → *Vgl. CTS*.

.ru
Im Internet ein Kürzel für die übergreifende Länder-Domäne, die eine Adresse in der Gemeinschaft Unabhängiger Staaten (GUS) angibt.

Ruder *Subst.* (rudder control)
Eine Vorrichtung aus einem Pedalpaar, die es einem Benutzer ermöglicht, in einem Flugsimulatorprogramm Ruderbewegungen einzugeben. Das Ruder wird zusammen mit einem Joystick (der die simulierten Quer- und Höhenruder steuert) und einer Drosselsteuerung eingesetzt.

rudimentär *Adj.* (bare bones)
Eigenschaft, die ein Produkt charakterisiert, das zweckmäßig orientiert ist oder aus anderen Gründen nicht über besondere Leistungsmerkmale verfügt. Rudimentäre Anwendungsprogramme weisen lediglich Grundfunktionen auf, die zur Durchführung der entsprechenden Arbeiten notwendig sind. Analog dazu besteht ein rudimentärer Computer nur aus den notwendigsten Hardwarebestandteilen oder wird ohne Peripheriegeräte verkauft. Typischerweise befindet sich bei einem derartigen Computer nur das Betriebssystem im Lieferumfang, aber keine weitere Software.

Rudimentärcomputer *Subst.* (bare bones)
Ein Computer, der nur aus den Grundbestandteilen – der Hauptplatine (bestückt mit dem Prozessor und RAM-Chips), dem Gehäuse, dem Netzteil, einem Diskettenlaufwerk und einer Tastatur – besteht. Weitere Komponenten wie Festplatte, Video-Adapter, Monitor und andere Peripheriegeräte müssen noch hinzugefügt werden. → *siehe auch Hauptplatine, Peripherie*.

Rudimentärsoftware *Subst.* (bare bones)
Ein Anwendungsprogramm, das lediglich über Grundfunktionen verfügt, die zur Durchführung der entsprechenden Arbeiten notwendig sind.

Rückflanke *Subst.* (trailing edge)
Der letzte Abschnitt eines elektronischen Impulses. Geht ein digitales Signal beispielsweise vom Wert 1 wieder auf den Wert 0 über, bezeichnet die Rückflanke der Verlauf dieses Übergangs.

Rückgabewert *Subst.* (return code)
Ein Code, den man in der Programmierung verwendet, um das Ergebnis einer Prozedur zurückzumelden oder nachfolgende Ereignisse zu beeinflussen, wenn eine Routine oder ein Prozeß terminiert (zurückkehrt) und die Steuerung des Systems an eine andere Routine übergibt. Rückgabewerte können beispielsweise anzeigen, ob eine Operation erfolgreich war. Auf dieser Grundlage läßt sich dann festlegen, welche Aktionen als nächstes auszuführen sind.

rückgängig machen *Vb.* (undo)
Das Umkehren der letzten Aktion – z. B. das Rückgängigmachen eines Löschvorgangs, um den dabei gelöschten Text in einem Dokument wiederherzustellen. Viele Anwendungen erlauben es dem Benutzer, eine Aktion sowohl rückgängig zu machen als auch die rückgängig gemachte Aktion selbst wieder umzukehren. → *siehe auch wiederherstellen*.

Rückkehr-nach-Null-Verfahren *Subst.* (return to zero)
Abgekürzt RZ. Für magnetische Medien verwendetes Aufzeichnungsverfahren, bei dem der Bezugspunkt – d. h. der »neutrale« Zustand – durch fehlende Magnetisierung repräsentiert wird. → *Vgl. Nonreturn to Zero*.

Rückkopplung *Subst.* (feedback)
Die Rückführung eines Teils des Systemausgangs auf den Eingang desselben Systems. Meist wird Rückkopplung in einem System bewußt eingesetzt, sie kann manchmal jedoch auch unerwünscht sein. In der Elektronik wird Rückkopplung für die Überwachung, Steuerung und in Verstärkerschaltungen eingesetzt.

Rückkopplungs-Schaltung *Subst.* (feedback circuit)
Jede Schaltung (oder allgemeiner: jedes System), die einen Teil des Ausgangssignals auf den eigenen Eingang zurückführt (zurückkoppelt). Ein bekanntes – wenn auch nicht gänzlich elektronisches – Beispiel eines Rückkopplungssystems findet man in der thermostatisch geregelten Haushaltsheizung. Dieser selbstbegrenzende oder selbstkorrigierende Prozeß stellt eine negative Rückkopplung dar, bei der die Ausgangsgröße so auf die Quelle zurückgeführt ist, daß sich Änderungen des Ausgangssignals gegenläufig auswirken. Bei der positiven Rückkopplung wird eine Vergrößerung des Ausgangssignals auf die Quelle zurückgeführt, wobei das Ausgangssignal weiter vergrößert wird, und es zeigt sich ein Schneeballeffekt. Eine unerwünschte positive Rückkopplung äußert sich z.B. als »Pfeifen«, wenn sich das Mikrofon in einer Verstärkeranlage zu nahe an einem Lautsprecher befindet.

Rückplatte *Subst.* (back panel)
Die Abdeckung an der Rückseite eines Computergehäuses, über die die meisten Anschlüsse für Stromversorgung und Peripheriegeräte nach außen geführt sind.

Rückplatte

Rückruf *Subst.* (callback)
Ein Authentisierungs-Schema für Benutzer, das auf Computern eingesetzt wird, auf denen Einwahldienste betrieben werden. Dabei wählt sich ein Benutzer in den Computer ein und gibt seinen Identifizierungscode (ID) und sein Paßwort ein. Daraufhin unterbricht der Computer die Verbindung und wählt den Benutzer automatisch über eine fest definierte, vorher autorisierte Nummer zurück. Auf diese Weise soll verhindert werden, daß sich nicht autorisierte Benutzer Zugang zum System verschaffen können, selbst wenn die ID und das Paßwort eines Benutzers in falsche Hände gelangt sind. → *siehe auch Authentifizierung.*

Rückruf-Modem *Subst.* (callback modem)
Ein Modem, das einen ankommenden Anruf nicht sofort beantwortet, sondern zunächst vom Anrufer erwartet, daß dieser einen Mehrfrequenzcode eingibt (vergleichbar mit der Fernabfrage bei Anrufbeantwortern). Daraufhin trennt das Modem die Verbindung und vergleicht den eingegebenen Code mit den gespeicherten Telefonnummern. Wenn der Code mit einer autorisierten Nummer übereinstimmt, wählt das Modem die entsprechende Nummer und stellt damit die Verbindung zum ursprünglichen Anrufer her. Rückruf-Modems werden eingesetzt, wenn Kommunikationsleitungen von außerhalb erreichbar sein müssen, aber erhöhte Sicherheitsanforderungen bestehen, um die Daten vor Unberechtigten zu schützen.

Rücktaste *Subst.* (Backspace key)
Auf Tastaturen von IBM und dazu kompatiblen Tastaturen eine Taste, die den Cursor eine Zeichenposition nach links bewegt und dabei gewöhnlich das Zeichen links vom Cursor löscht.
Auf Macintosh-Tastaturen eine Taste (auf einigen Macintosh-Tastaturen auch als »Löschtaste« bezeichnet), die den derzeit markierten Text löscht oder – falls kein Text markiert ist – das Zeichen links von der Einfügemarke (dem Cursor) entfernt.

Rückverkettung *Subst.* (backward chaining)
In Expertensystemen eine Form der Problemlösung, bei der zunächst eine Behauptung aufgestellt wird, der ein Satz an Regeln vorangestellt wird. Anschließend werden diese (gewissermaßen rückverketteten) Regeln mit Informationen aus einer Wissensdatenbank verglichen, woraufhin die Behauptung überprüft und als richtig oder falsch eingestuft werden kann. → *Vgl. Vorwärtsverkettung.*

runden *Vb.* (round)
Kürzen des gebrochenen Teils einer Zahl. Bei Dezimalzahlen wird dabei die letzte beibehaltene Dezimalstelle um eins erhöht, wenn die folgende Stelle einen Wert größer 5 hatte. Wird beispiels-

weise 0,3333 auf zwei Dezimalstellen gerundet, erhält man 0,33, bei 0,6666 dagegen 0,67. In Computerprogrammen wird das Runden häufig angewandt. Dabei können allerdings manchmal verwirrende Ergebnisse entstehen, wenn sich in den verbleibenden Werten Rundungsfehler bemerkbar machen. In Tabellenkalkulationen kann die Summe einzelner Prozentanteile dann beispielsweise anstelle 100 Prozent Werte von 99 oder 101 Prozent ergeben.

Rundspruch *Subst.* (broadcast)
Analog zu Rundfunk und Fernsehen eine Übertragung, die an mehrere Empfänger gerichtet ist.

Run-Length Limited encoding *Subst.* (run-length limited encoding)
Abgekürzt RLL-Codierung. Eine schnelle und hocheffiziente Methode der Datenspeicherung auf einem magnetischen Datenträger (in der Regel auf einer Festplatte). Die zu speichernden Informationen werden dabei nicht in ihrer wirklichen Form bitweise oder zeichenweise gespeichert, sondern vor der eigentlichen Aufzeichnung umcodiert. Bei der RLL-Codierung wird der magnetische Fluß abhängig von der Anzahl der hintereinander auftretenden Folge von Nullen im Code geändert. Gegenüber anderen Verfahren ist dadurch bei gleicher Anzahl von Bits eine geringere Häufigkeit der Flußwechsel für die Datenspeicherung erforderlich. Daraus resultiert eine beträchtlich höhere Speicherkapazität im Vergleich zu älteren Codierungstechnologien, die z.B. nach der Frequenzmodulation (FM) oder der modifizierten Frequenzmodulation (MFM) arbeiten. → *Vgl. Frequenzmodulationscodierung, Modified Frequency Modulation encoding.*

Run-Time-Version *Subst.* (run-time version)
Eine spezielle Programmversion, die dem Benutzer nur eine Auswahl der möglichen Leistungen eines umfasssenderen Softwarepaketes bietet.

.rw
Im Internet ein Kürzel für die übergreifende Länder-Domäne, die eine Adresse in Ruanda angibt.

R/W *Adj.*
→ *siehe lesen/schreiben.*

RXD *Subst.*
Abkürzung für Receive (**RX**) Data (Empfangsdaten). Eine Leitung für die Übertragung der empfangenen, seriellen Daten von einem Gerät zu einem anderen – z.B. von einem Modem zu einem Computer. Bei Verbindungen nach der Norm RS-232-C wird RXD auf den Anschluß 3 des Steckverbinders geführt. → *siehe auch RS-232-C-Standard.* → *Vgl. TXD.*

RZ *Subst.*
→ *siehe Rückkehr-nach-Null-Verfahren.*

S

S-100-Bus *Subst.* (S-100 bus)
Eine 100polige Bus-Spezifikation für Computerentwicklungen mit Mikroprozessoren der Typen Intel 8080 und Zilog Z-80. Auch die Prozessorfamilien 6800 und 68000 von Motorola sowie iAPx86 von Intel sind auf dem S-100-Bus eingesetzt worden. Systeme auf der S-100-Basis waren unter den ersten Computerbenutzern außerordentlich populär. Sie verfügten über eine offene Architektur, die eine beliebige Erweiterung der Systemkonfiguration mit Hilfe von Zusatzkarten ermöglichte.

.sa
Im Internet ein Kürzel für die übergreifende Länder-Domäne, die eine Adresse in Saudi-Arabien angibt.

SAA *Subst.*
Abkürzung für Systems Application Architecture (Architektur für Systemanwendungen). Ein von IBM entwickelter Standard für das Erscheinungsbild und die Bedienung von Anwendungssoftware. Damit sollen alle Programme, die für IBM-Computer (Großcomputer, Minicomputer und Personal Computer) entwickelt werden, ein gleichartiges Aussehen und eine ähnliche Bedienung aufweisen. SAA definiert die Schnittstelle einer Anwendung sowohl zum Benutzer als auch zum unterstützenden Betriebssystem. Echte SAA-konforme Anwendungen sind auf der Quell-Ebene (bevor sie kompiliert werden) mit jedem SAA-konformen Betriebssystem kompatibel – vorausgesetzt, daß das System in der Lage ist, alle durch die Anwendung geforderten Dienste bereitzustellen.

S-Abf-Taste *Subst.* (Sys Req key)
Systemabfragetaste. Eine Taste auf IBM-Tastaturen und kompatiblen, die die gleiche Funktion wie die Taste »Sys Req« auf den Terminals eines IBM-Großcomputers hat. Dort bewirkt sie das Zurücksetzen der Tastatur oder das Wechseln von einer Sitzung zu einer anderen.

Sabotage *Subst.* (information warfare)
Ein Angriff auf Computer-Operationen, die für die feindliche Nation in punkto Wirtschaft und Sicherheit von größter Bedeutung sind. So können z.B. Fluglotsensysteme oder Rechenzentren von Börsen Angriffspunkte für Sabotage sein.

Sad Mac *Subst.*
Eine Fehlermeldung, die bei einem Apple Macintosh ausgegeben wird, wenn der Selbsttest des Systems nach dem Einschalten fehlgeschlagen ist. Sad Mac ist ein Symbol des Macintosh mit einem finsteren Gesicht und Kreuzchen statt Augen. Der Fehlercode steht unterhalb des Symbols.

Sättigung *Subst.* (saturation)
Bezeichnet den vollständig leitenden Zustand bei einem elektronischen Schalter- oder Verstärkerbauelement – d.h., es fließt der maximal mögliche Strom. Auf diesen Begriff trifft man meist im Zusammenhang mit Bipolar- oder Feldeffekt-Transistoren.
In der Farbgrafik und im Druckwesen beschreibt »Sättigung« den – häufig als Prozentwert zwischen 0% und 100% angegebenen – Anteil der Farbe in einem bestimmten Farbton. → *siehe auch HSB.*

Säulendiagramm *Subst.* (column chart)
Eine Variante des Balkendiagramms, bei dem die Werte in Form vertikaler Balken angezeigt und gedruckt werden. → *siehe auch Balkendiagramm.*

Säulendiagramm

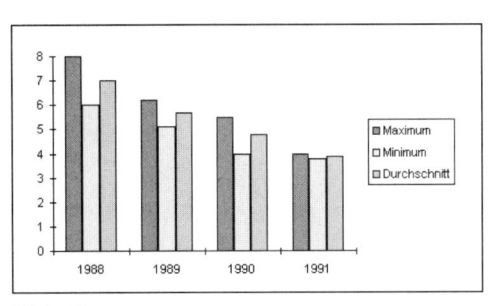

Sampling *Vb.* (sampling)
Bei der Umwandlung von analogen Signalen in eine digitale Darstellung werden in periodischen Abständen Stichproben entnommen, die dann mit Hilfe von Analog-/Digital-Wandlern in ein binäres, von Computern zu verarbeitendes Format umgewandelt werden. Die beiden Hauptkenngrößen bei diesem Abtastverfahren sind die Abtastrate (normalerweise in Abtastungen pro Sekunde ausgedrückt) und die Abtastgenauigkeit (ausgedrückt in bit; beispielsweise lassen sich mit 8-Bit-Abtastungen Eingangsspannungen mit einer Genauigkeit von 1/256 des Meßbereichs erfassen).

Sampling-Synthesizer *Subst.* (sampling synthesizer)
Ein Gerät zur Wiedergabe digitalisierter Schallereignisse, die in einem ROM (Festspeicher) abgelegt sind. Wurde z.B. ein Klavierton digitalisiert und im Speicher abgelegt, kann der Synthesizer ihn verwenden, um andere klavierähnliche Töne zu erzeugen.

SAP *Subst.*
→ *siehe Service Advertising Protocol.*

SAPI *Subst.*
Abkürzung für **S**peech **A**pplication **P**rogramming **I**nterface (Programmierschnittstelle für Sprachanwendungen). Eine Funktion von Windows 95 und Windows NT, die es ermöglicht, in Anwendungen Spracherkennung oder Umwandlung von Text in Sprache einzubinden. → *siehe auch Spracherkennung.* → *auch genannt Speech API.*

Satellit *Subst.* (satellite)
→ *siehe Nachrichtensatellit.*

Satellitencomputer *Subst.* (satellite computer)
Ein Computer, der mit einem anderen über eine Datenübertragungsstrecke verbunden ist. Der Satellitencomputer hat einen niedrigeren Stellenwert als der Haupt- bzw. Host-Computer. Der Host-Computer steuert den Satelliten entweder direkt oder er steuert die von ihm ausgeführten Tasks.
→ *siehe auch Datenfernübertragung.*

Satz *Subst.* (set)
Auf Drucker- oder Bildschirmausgaben bezogen, beschreibt ein Satz eine Gruppe zusammengehöriger Zeichen (Zeichensatz). → *siehe auch Zeichensatz.*

Satzzwischenraum *Subst.* (inter-record gap)
Ein nicht genutzter Bereich zwischen Datenblökken, die auf Diskette oder Magnetbank gespeichert sind. Da die Geschwindigkeit von Disketten und Magnetbändern während des Betriebes der Laufwerke leicht schwankt, lassen sich neue Datenblöcke nicht genau innerhalb des von den alten Datenblöcken eingenommenen Platzes schreiben. Durch den Satzzwischenraum wird verhindert, daß der neue Block Teile von nebeneinanderliegenden Blöcken überschreibt. → *auch genannt Blocklücke, Lücke.*

.sb
Im Internet ein Kürzel für die übergreifende Länder-Domäne, die eine Adresse auf den Salomoninseln angibt.

.sc
Im Internet ein Kürzel für die übergreifende Länder-Domäne, die eine Adresse auf den Seychellen angibt.

Scalar Processor Architecture *Subst.* (Scalable Processor Architecture)
→ *siehe SPARC.*

Scancode *Subst.* (scan code)
Eine Code-Nummer, die der Tastatur-Controller an einen IBM- oder kompatiblen PC sendet, wenn eine Taste gedrückt oder losgelassen wird. Jeder Taste auf der Tastatur ist ein eindeutiger Tastaturcode zugeordnet. Dieser Code entspricht nicht dem ASCII-Wert des Buchstabens, der Ziffer oder des Symbols, die jeweils auf der Taste abgebildet sind, sondern stellt ein spezielles Kennzeichen für die Taste selbst dar und ist für eine bestimmte Taste immer gleich. Beim Betätigen einer Taste sendet der Tastatur-Controller den Tastaturcode an den Computer, in dem ein Teil des ROM BIOS die Umwandlung des Tastaturcodes in den korrespondierenden ASCII-Wert übernimmt. Da eine einzelne Taste mehrfach belegt sein kann (z.B. sowohl mit dem Kleinbuchstaben *a* als auch dem Großbuchstaben *A*), wertet das ROM BIOS ebenfalls den Status der Tasten aus, die den Zustand der Tastatur verändern (wie beispielsweise den

der Umschalttaste), und berücksichtigt ihn bei der Übersetzung eines Tastaturcodes. → *Vgl. Tastencode.*

scannen *Vb.* (scan)
Bei optischen Technologien, wie man sie in Faxgeräten oder Kopierern findet, versteht man unter »scannen« die Bewegung eines lichtempfindlichen Bauelements über eine Bildvorlage (etwa eine Textseite), wobei die hellen und dunklen Bereiche auf der Oberfläche in binäre Werte zur Weiterverarbeitung durch einen Computer umgesetzt werden.

Scanner *Subst.* (scanner)
Ein optisches Eingabegerät, das lichtempfindliche Bauelemente verwendet, um ein Bild aufzunehmen, das sich auf Papier oder einem anderen Medium befindet. Das Bild wird in ein Digitalsignal umgewandelt, das dann durch Software zur optischen Zeichenerkennung (OCR) oder durch Grafikprogramme bearbeitet werden kann. Scanner werden in verschiedenen Bauarten hergestellt; man unterscheidet Flachbett-Scanner (der Scanner-Kopf wird über das stationäre Medium geführt), Einzugs-Scanner (das Medium wird über einen stationären Scanner-Kopf gezogen) und Trommelscanner (das Medium wird um einen stationären Scanner-Kopf herumgeführt) sowie Hand-Scanner (das Gerät wird vom Benutzer über das stationäre Medium geführt).

Scanner, dreidimensionaler *Subst.* (spatial digitizer)
→ *siehe dreidimensionaler Scanner.*

Scanner-Kopf *Subst.* (scan head)
Eine optische Vorrichtung in Scannern und Faxgeräten, die über das abzutastende Material geführt wird, helle und dunkle Bereiche in elektrische Signale umwandelt, und diese Signale zur Verarbeitung an das Abtastsystem weiterleitet.

Scanner, optischer *Subst.* (optical scanner)
→ *siehe optischer Scanner.*

Schablone *Subst.* (template)
Eine Kunststoff- oder Pappmaske, auf der eine Kurzübersicht der Funktionen eines Programms (insbesondere die Funktionstasten und Tastenkombinationen) oder einer Programmiersprache oder eine vergleichbare Kurzanleitung aufgedruckt ist. Die Schablone wird an einem Bildschirm, einem Grafiktablett oder einer Tastatur befestigt.
In der Bildverarbeitung ein Muster, mit dessen Hilfe ein abgetastetes Bild verglichen oder zugeordnet werden kann.

Schacht *Subst.* (bay)
Ein Einschub oder eine Öffnung zur Installation eines elektronischen Gerätes – beispielsweise der Raum, der für zusätzliche Diskettenlaufwerke, CD-ROM-Laufwerke, Festplatten und andere Zusatzeinrichtungen im Gehäuse von Mikrocomputern vorgesehen ist. → *siehe auch Laufwerksschacht.*

schadhafter Block *Subst.* (bad block)
Ein defekter Bereich im Arbeitsspeicher. Defekte Blöcke werden vom Speicher-Controller beim Selbsttest lokalisiert, der nach dem Einschalten oder einem Neustart des Computers durchgeführt wird. → *siehe schadhafter Sektor.*

schadhafter Sektor *Subst.* (bad sector)
Ein Disketten- oder Festplattensektor, der sich aufgrund von mechanischen Beschädigungen oder von Herstellungsfehlern nicht für die Datenspeicherung eignet. Die Ermittlung von schadhaften Sektoren, deren Markierung und das Überspringen dieser bei der Aufzeichnung von Daten gehören zu den vielen Aufgaben eines Betriebssystems. Ein Dienstprogramm zur Formatierung ist ebenfalls in der Lage, schadhafte Sektoren festzustellen und zu markieren.

schadhafte Spur *Subst.* (bad track)
Eine Spur auf einer Festplatte oder Diskette, bei der ein schadhafter Sektor festgestellt wurde und die daher vom Betriebssystem übersprungen wird.
→ *siehe auch schadhafter Sektor.*

Schärfe *Subst.* (sharpness)
→ *siehe Auflösung.*

Schallschutzgehäuse *Subst.* (sound hood)
Ein mit schalldämmendem Material ausgekleideter, unten geöffneter Kasten, der bei lauten Bürodruckern als Abdeckung dient, um deren Geräuschentwicklung zu dämpfen.

Schalter *Subst.* (switch)
Ein elektrisches Bauelement mit zwei Zuständen: ein und aus.
Außerdem eine Steuerungsvorrichtung, mittels der ein Benutzer aus zwei oder mehr möglichen Zuständen auswählen kann.
In Betriebssystemen wie MS-DOS stellt ein Schalter ein Befehlszeilenargument dar, das die Ausführung eines Befehls oder einer Anwendung steuert und meist mit einem Schrägstrich (/) eingeleitet wird.

Schaltfläche *Subst.* (button)
Ein grafisches Element in einem Dialogfeld, das beim Aktivieren eine bestimmte Funktion auslöst. Um eine Schaltfläche zu aktivieren, wird mit der Maus auf sie geklickt. Wenn die Schaltfläche über den Focus verfügt (das Element, das die derzeitige Vorauswahl kennzeichnet), kann alternativ auch die Return-Taste (Eingabe-Taste) gedrückt werden.

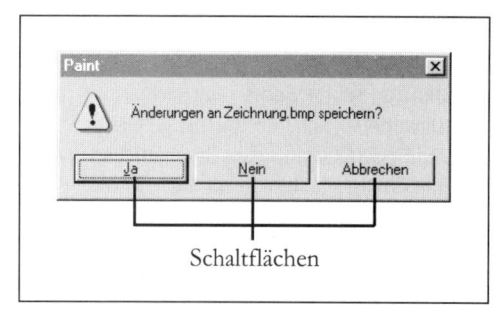

Schaltfläche

Schaltfläche »Maximieren« *Subst.* (Maximize button)
Die Schaltfläche »Maximieren« ist in Windows 3.x, Windows 95 und Windows NT eine Schaltfläche in der oberen rechten Ecke eines Fensters, mit der ein Fenster so maximiert werden kann, daß es den gesamten verfügbaren Anzeigebereich innerhalb eines größeren Fensters oder auf dem Bildschirm einnimmt. → *siehe auch Fenster, grafische Benutzeroberfläche.* → *Vgl. Schaltfläche »Minimieren«.*

Schaltfläche »Minimieren« *Subst.* (Minimize button)
Die Schaltfläche »Minimieren« wird in Windows 3.x, Windows 95 und Windows NT durch eine Schaltfläche in der oberen rechten Ecke eines Fensters dargestellt. In Windows 3.x sowie Windows NT 3.5 und den jeweiligen Vorgängerversionen wird ein Symbol auf dem Desktop angezeigt, das das Fenster darstellt. In Windows 95 und Windows NT 4.0 wird der Name des Fensters auf der Task-Leiste unten im Desktop-Fenster angezeigt. Wenn auf das Symbol oder auf den Namen geklickt wird, erhält das Fenster die vorherige Größe. → *siehe auch Fenster, grafische Benutzeroberfläche, Task-Leiste.*

Schaltfläche »Start« *Subst.* (Start button)
Eine Schaltfläche auf der Task-Leiste von Microsoft Windows 95, über die das Hauptmenü geöffnet wird.

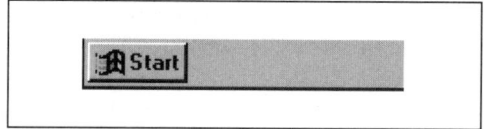

Start-Schaltfläche

Schaltkreis *Subst.* (circuit)
In der Elektronik eine Kombination aus elektrischen und elektronischen Bauelementen, die miteinander verbunden sind, um als Einheit bestimmte Vorgänge durchzuführen. Je nach Betrachtungsweise, kann ein Computer insgesamt als Schaltkreis aufgefaßt werden oder aber als Einheit aus mehreren hundert miteinander verbundenen Einzelschaltkreisen.

Schaltkreis-Analysator *Subst.* (circuit analyzer)
Ein Gerät zur Messung einer oder mehrerer Eigenschaften eines elektrischen Schaltkreises. Die am häufigsten gemessenen Kenngrößen sind Spannung, Stromstärke und Widerstand. Ein Beispiel für einen Schaltkreis-Analysator ist ein Oszilloskop.

Schaltkreis, bistabiler *Subst.* (bistable circuit)
→ *siehe bistabiler Schaltkreis.*

Schaltkreis, hybrider *Subst.* (hybrid circuit)
→ *siehe hybrider Schaltkreis.*

Schaltkreis, integrierter *Subst.* (integrated circuit)
→ *siehe integrierter Schaltkreis.*

Schaltkreis, logischer *Subst.* (logic circuit)
→ *siehe logischer Schaltkreis.*

Schaltplan *Subst.* (schematic)
Die zeichnerische Darstellung der Bauelemente und Verbindungen einer elektrischen Schaltung. Die hierzu verwendeten Symbole sind genormt (Schaltzeichen).

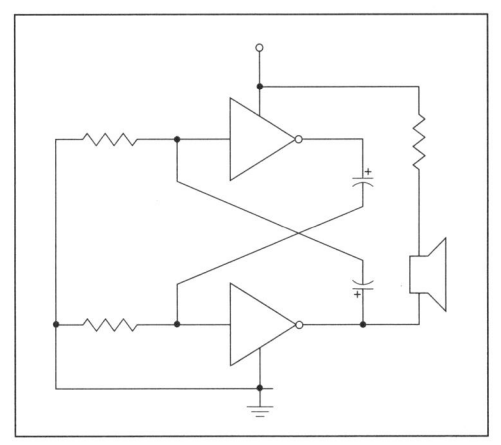

Schaltplan

Schaltung, elektronische *Subst.* (electronic circuit)
→ *siehe Leitung.*

schattieren *Vb.* (shade)
Einem Bild zusätzliche Dimensionen verleihen, indem man seine Erscheinung mit Hilfe von Licht und Schatten verändert. → *siehe auch Farbmodell.*

schattierter Druck *Subst.* (shadow print)
Eine auf Text angewendete Formatierung, bei der zusätzlich ein Duplikat jedes Zeichens, meist etwas nach unten und nach rechts verschoben, dargestellt wird, um einen Schatteneffekt zu erzeugen.

Schattierter Druck

Scheduler *Subst.* (scheduler)
Ein Betriebssystem-Prozeß, der Tasks (Programme) startet und beendet, parallel ausgeführte Prozesse verwaltet und Systemressourcen zuteilt.
→ *auch genannt Verteiler.*

Scheduling-Algorithmus *Subst.* (scheduling algorithm)
Ein Algorithmus zur zeitlichen Steuerung der Ereignisse in einem Betriebssystem oder einer Anwendung. Beispielsweise müßte ein funktionsfähiger Scheduling-Algorithmus zur Darstellung eines Computerfilms gewährleisten, daß die einzelnen Grafikobjekte abgerufen und verarbeitet werden, um sie fließend und ohne Unterbrechungen anzuzeigen. → *siehe auch Algorithmus.*

Schema *Subst.* (schema)
Die Beschreibung einer Datenbank für ein Datenbank-Managementsystem (DBMS) in der vom DBMS bereitgestellten Sprache. Ein Schema definiert Aspekte der Datenbank, wie beispielsweise Attribute (Felder) und Domänen sowie die Parameter der Attribute.

Schema, logisches *Subst.* (logical schema)
→ *siehe konzeptuelles Schema.*

Schicht *Subst.* (layer)
Protokolle, die auf einer bestimmten Ebene innerhalb des Protokollstapels operieren. Das IP-Protokoll fungiert z. B. innerhalb des Protokollstapels TCP/IP. Jede Schicht ist für bestimmte Dienste oder Funktionen für Computer zuständig, die Informationen über ein Kommunikationsnetzwerk austauschen. Dies gilt z. B. für die Schichten, die im ISO/OSI-Schichtenmodell entsprechend der unten angegebenen Tabelle gegliedert sind. Die Informationen werden anschließend von einer Schicht zur nächsten Schicht übertragen. Die Anzahl der Schichten variiert zwar je nach Protokollstapel, allgemein gilt jedoch, daß die höchste Schicht für die Software-Interaktionen auf der Anwendungsebene und die niedrigste Schicht für die Verbindungen der einzelnen Geräte auf Hardware-Ebene zuständig ist. → *siehe auch ISO/OSI-Schichtenmodell, Protokollstapel, TCP/IP.*
In der Kommunikationstechnik und der verteilten Verarbeitung bezeichnet »Schicht« einen Satz von Strukturen und Routinen, die eine bestimmte Klasse von Ereignissen behandeln.

Schicht, physikalische

ISO/OSI-Modell	
ISO/OSI-Schicht	*Funktion*
Anwendungsschicht (höchste Schicht)	Datenübertragung von Programm zu Programm
Darstellungsschicht	Textformatierung und -anzeige Codeumwandlung
Kommunikationssteuerschicht	Aufnahme Durchführung und Koordinierung der Kommunikation
Transportschicht	korrekte Bereitstellung Qualitätssicherung
Netzwerkschicht	Transport-Wegsteuerung Nachrichtenverarbeitung und -übertragung
Sicherungsschicht	Codierung Adressierung und Datenübertragung
physikalische Schicht	Hardware-Verbindungen

Schicht, physikalische *Subst.* (physical layer)
→ *siehe physikalische Schicht.*

Schichtung *Subst.* (layering)
In der Computergrafik die Gruppierung logisch verwandter Elemente in einer Zeichnung. Durch die Schichtung kann der Programmierer Teile einer Zeichnung (anstatt der ganzen Zeichnung) voneinander unabhängig betrachten und bearbeiten.

schieben *Vb.* (shift)
In der Programmierung die Bitwerte in einem Register oder einer Speicheradresse um eine Position nach links oder rechts transportieren. → *siehe auch end-around shift.* → *Vgl. rotieren.*

Schieberegister *Subst.* (shift register)
Ein Schaltkreis, bei dem mit jedem angelegten Taktimpuls alle Bits um eine Position verschoben werden. Der Aufbau kann entweder linear sein (mit jedem Taktimpuls wird an einem Ende ein Bit eingefügt, während am anderen Ende eines »verlorengeht«) oder *zyklisch* bzw. *ringförmig* (das »verlorene« Bit wird wieder am Anfang eingespeist). → *siehe auch Register, schieben.*

Schieberegler *Subst.* (elevator, thumb)
Wird auch als »Bildlauffeld« bezeichnet. Das quadratische Feld in einer Bildlaufleiste, das mit der Maus nach oben oder unten bewegt werden kann, um die Bildschirmanzeige zu ändern. → *siehe auch Bildlaufleiste.* → *auch genannt Bildlaufleiste.*

Schieberegler

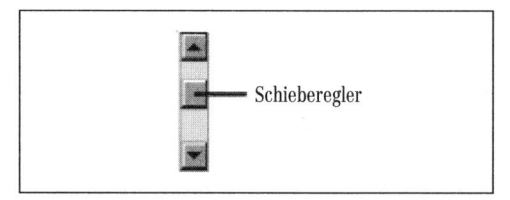

Schirm *Subst.* (display screen)
Der Teil eines Video-Ausgabegerätes, auf dem Bilder angezeigt werden. → *siehe auch CRT.*

schlafen *Vb.* (sleep, sleep)
Allgemein eine Operation suspendieren, ohne sie zu beenden.
In einer Multiprozessor-Umgebung ein vorübergehender Zustand der Prozeß-Suspendierung, während dessen der Kontext des Prozesses im Speicher verbleibt, so daß ihn ein bestimmtes Ereignis (wie beispielsweise ein Interrupt oder ein Aufruf aus einem anderen Prozeß) »aufwecken« kann.
In der Programmierung bezeichnet »schlafen« einen Zustand der Suspendierung eines Prozesses. Er wird durch eine Programmschleife bewirkt, welche eine beabsichtigte Verzögerung erzeugt.

Schlagbaum-Effekt *Subst.* (turnpike effect)
In der Kommunikationstechnik ein Äquivalent eines Verkehrsstaus: ein Bezug auf Engpässe, die durch extreme Auslastung in einem Kommunikationssystem oder Netzwerk verursacht werden.

schleichender Featureismus *Subst.* (creeping featurism)
Ein schleichender Prozeß, bei dem der Software-Entwickler mit jeder neuen Version zusätzliche Features (Leistungsmerkmale) in ein Programm einbaut, bis das Programm irgendwann sehr schwerfällig wird und schwierig zu bedienen ist. Der Prozeß ist im allgemeinen auf den Wettbewerb zurückzuführen – nur Programme, die mehr bieten als die Konkurrenz, lassen sich adäquat verkaufen.

Schleife *Subst.* (loop)
Ein Befehlssatz in einem Programm, der wiederholt ausgeführt wird. Dieser Satz enthält entweder die Anzahl der Wiederholungen oder die Anweisung, einen Befehl so lange zu wiederholen, bis für die Bedingung entweder *True* oder *False* gilt. → *siehe auch DO-Schleife, Endlosschleife, FOR-Schleife, iterative Anweisung.*
In der Kommunikation stellt eine Schleife ein Drahtpaar dar, das zwischen der Telefonzentrale und der Kundenanlage verläuft.

Schleife durchlaufen *Vb.* (loop)
Eine Gruppe von Anweisungen mehrfach ausführen.

Schleifeninvariante *Subst.* (loop invariant)
Eine Bedingung, die während eines Schleifendurchlaufs wahr bleibt.

Schleifenstruktur *Subst.* (loop structure)
→ *siehe iterative Anweisung.*

Schleifenzähler *Subst.* (repeat counter)
Ein Zähler für die Anzahl von Schleifendurchläufen. In einem Mikroprozessor wird dies meist in einem Register realisiert, das die Anzahl der Wiederholungen enthält, mit denen ein Prozeß auszuführen ist oder ausgeführt wurde.

schließen *Vb.* (close)
Bei der Arbeit mit Anwendungsprogrammen das Aufheben einer Verbindung zu einer Datei. Ein Zugriff auf die Datei ist erst dann wieder möglich, wenn die Datei erneut geöffnet wird.

Schließen-Schaltfläche *Subst.* (close button)
In der grafischen Benutzeroberfläche von Windows 95, Windows NT und X Window System ein Quadrat in der Fenster-Titelleiste ganz rechts (bei X Window System ganz links). Das Feld ist mit dem Zeichen * gekennzeichnet. Ein Klick auf dieses Feld schließt das Fenster. → *auch genannt X-Schaltfläche.* → *Vgl. Schließfeld.*

Schließfeld *Subst.* (close box)
In der grafischen Benutzeroberfläche des Apple Macintosh ein kleines quadratisches Feld in der Fenster-Titelleiste ganz links. Ein Klick auf dieses Feld schließt das Fenster. → *Vgl. Schließen-Schaltfläche.*

Schlüssel *Subst.* (encryption key, key)
Bei der Datenverschlüsselung eine Datenfolge, die als Muster fungiert, um die Daten so zu manipulieren, daß sie scheinbar unsinnige Informationen enthalten. Bei der Entschlüsselung wird der gegenteilige Vorgang durchgeführt: Die verschlüsselten Daten werden unter Anwendung des Schlüssels dechiffriert. → *siehe auch Entschlüsselung, Verschlüsselung.*
In der Datenbankverwaltung stellt ein Schlüssel einen Bezeichner für einen Datensatz oder eine Gruppe von Datensätzen in einer Datendatei dar. → *siehe auch B-Baum, hash, indizieren, invertierte Liste, Schlüsselfeld.*
Im Zusammenhang mit Computern, die mit einem hardwaremäßigen Schloß ausgestattet sind, kann sich »Schlüssel« auch auf einen greifbaren, »echten« Schlüssel beziehen. Um eine unbefugte Nutzung des Computers zu verhindern, kann dieser mit einem derartigen Metallschlüssel abgesperrt werden.

Schlüssel, dynamische *Subst.* (dynamic keys)
→ *siehe dynamische Schlüssel.*

Schlüsselfeld *Subst.* (key field)
Ein Feld in einer Datensatzstruktur oder ein Attribut einer relationalen Tabelle, das als Teil eines Schlüssels festgelegt wurde. Ein Feld kann man zum Schlüssel (oder Index) machen, um die Ausführung von Abfrage- und/oder Aktualisierungsoperationen zu verbessern oder zu vereinfachen. → *siehe auch Attribut, Feld, Primärschlüssel.*

schlüsselfertiges System *Subst.* (turnkey system)
Ein einsatzbereites Komplettsystem, ausgestattet mit der gesamten erforderlichen Hardware, der Dokumentation und der installierten Software.

Schlüssel, öffentlicher *Subst.* (public key)
→ *siehe öffentlicher Schlüssel.*

Schlüssel, privater *Subst.* (private key)
→ *siehe privater Schlüssel.*

Schlüsselsperre *Subst.* (lock)
Eine Sicherungsfunktion für Software, für die ein Schlüssel oder ein Dongle (Schutzstecker) erforderlich ist, um die Anwendung vollständig ausführen zu können. → *siehe auch Dongle.*

Schlüsselwort *Subst.* (keyword)
Die zahlreichen Wörter, die in ihrer Gesamtheit eine Programmiersprache oder einen Satz von Betriebssystem-Routinen ausmachen. → *siehe auch reserviertes Wort.*

Schlüssel, zusammengesetzter *Subst.* (composite key)
→ *siehe zusammengesetzter Schlüssel.*

Schmalband *Subst.* (narrowband)
Eine Bandbreite, die vom FCC für mobile oder portable Radio-Provider abgelehnt wurde. Schmalband beinhaltet z.B. erweiterte bidirektionale Funkrufsysteme mit Übertragungsraten zwischen 50 bps und 64 Kbps. Schmalband bezog sich zuvor auf eine Bandbreite von 50 bis 150 bps. → *siehe auch Bandbreite, FCC.* → *Vgl. Breitband-.*

Schmalbandübertragung *Subst.* (in-band signaling)
Eine Übertragung innerhalb des für Sprache oder Daten benutzten Frequenzbereichs eines Kommunikationskanals.

schmales Leerzeichen *Subst.* (thin space)
Bezeichnet in einer Schrift einen horizontalen Leerraum, der nur ein Viertel der normalen Zeichenbreite beträgt. Bei einer 12-Punkt-Schrift beispielsweise hat ein schmales Leerzeichen eine Breite von 3 Punkten. → *Vgl. festes Leerzeichen, Halbgeviert, Vollgeviert.*

Schmalschrift *Adj.* (condensed)
Schriftattribut, das von einigen Anwendungen unterstützt wird und bei dem die Breite der einzelnen Zeichen sowie der Abstand zwischen den Zeichen reduziert ist. Die meisten Matrixdrucker verfügen über eine Option zur Verringerung der Zeichenbreite und des Zeichenabstands, mit deren Hilfe sich mehr Zeichen in einer Zeile unterbringen lassen. → *Vgl. Breitschrift.*

Schneckenpost *Subst.* (snail mail)
Ein beliebter Ausdruck im Internet, der sich auf die Postdienste des U.S. Postal Service bzw. auf vergleichbare Zustelldienste anderer Länder bezieht. Der Ausdruck entspringt der Tatsache, daß der reguläre Postweg, verglichen mit E-Mail, sehr langsam ist.

Schnee *Subst.* (snow)
In der Fernsehtechnik eine durch Interferenz bewirkte, vorübergehende Bildstörung in Form zufällig verteilter weißer Flecken. Sie tritt in der Regel bei schwachen Bildsignalen auf.
In Verbindung mit Computerbildschirmen bezeichnet »Schnee« eine Bildstörung, die durch das kurzzeitige Aufblinken einzelner, zufälliger Pixelpositionen charakterisiert ist. Sie tritt auf, wenn der Mikroprozessor und der Grafikcontroller des Computers gleichzeitig versuchen, auf den Bildschirmspeicher zuzugreifen, wodurch sich eine gegenseitige Störung ergibt.

schneller Hack *Subst.* (kludge)
Ein Programm, dem es an Gestaltung oder Voraussicht mangelt, meist en passant geschrieben, um eine unmittelbare Forderung zu erfüllen. Ein schneller Hack funktioniert zwar grundsätzlich, aber es mangelt der Konstruktion oder Gestaltung an jeglicher Eleganz oder logischer Effizienz. → *siehe auch gehirngeschädigt, hacken, Spaghetticode.*

schneller Infrarot-Port *Subst.* (fast infrared port)
→ *siehe FIR-Port.*

Schnittstelle *Subst.* (interface)
Allgemein der Punkt, an dem eine Verbindung zwischen zwei Elementen hergestellt wird, damit sie miteinander arbeiten können.
Als »Schnittstelle« werden außerdem die Platinen, Stecker und andere Bauelemente bezeichnet, die Teile der Hardware mit dem Computer verbinden und eine Informationsübertragung von einer Stelle zu einer anderen ermöglichen. Standardisierte Schnittstellen zur Datenübertragung (z.B. RS-232-C und SCSI) erlauben beispielsweise das Herstellen von Verbindungen zwischen Computern, Druckern oder Festplatten. → *siehe auch RS-232-C-Standard, SCSI.*
Des weiteren charakterisiert »Schnittstelle« Netzwerk- oder Kommunikationsstandards, z.B. das OSI-Referenzmodell der ISO, die die Art und Weise festlegen, in der verschiedene Systeme untereinander in Verbindung treten und kommunizieren.

Schnittstelle, eingebettete *Subst.* (embedded interface)
→ *siehe eingebettete Schnittstelle.*

Schnittstelle, geschichtete *Subst.* (layered interface)
→ *siehe geschichtete Schnittstelle.*

Schnittstelle, grafische *Subst.* (graphics interface)
→ *siehe grafische Benutzeroberfläche.*

Schnittstellen-Adapter *Subst.* (interface adapter)
→ *siehe Netzwerkadapter.*

Schnittstellenkarte *Subst.* (interface card)
→ *siehe Adapter.*

Schnittstelle, objektorientierte *Subst.* (object-oriented interface)
→ *siehe objektorientierte Schnittstelle.*

Schnittstelle, parallele *Subst.* (parallel interface)
→ *siehe parallele Schnittstelle.*

Schnittstelle, serielle *Subst.* (serial interface)
→ *siehe serielle Schnittstelle.*

Schottky-Barrierendiode *Subst.* (Schottky barrier diode)
→ *siehe Schottky-Diode.*

Schottky-Diode *Subst.* (Schottky diode)
Eine Bauform einer Halbleiterdiode (ein Bauelement, das den Strom nur in einer Richtung durchläßt), bei der der Übergang aus einer Halbleiterschicht und einer Metallschicht gebildet wird. Sie zeichnet sich durch sehr kurze Schaltzeiten aus.
→ *auch genannt hot carrier diode, Schottky-Barrierendiode.*

Schrägschrift *Adj.* (oblique)
Ein Textstil, der durch Neigen einer Schrift erzeugt wird, um eine kursive Schrift zu simulieren, wenn keine »echte« Kursivschrift auf dem Computer oder Drucker verfügbar ist. → *siehe auch Kursivschrift, Roman, Schrift.*

Schrägstrich *Subst.* (virgule)

Schrägstrich, umgekehrter *Subst.* (backslash)
→ *siehe umgekehrter Schrägstrich.*

schrankmontiert *Adj.* (rack-mounted)
Bezieht sich auf Geräte, die für den Einbau in einen genormten Metallrahmen oder -schrank (19 oder 23 Zoll Einbaumaß) vorgesehen sind.

Schreib-Cache *Subst.* (write cache)
→ *siehe Write-back-Cache.*

Schreiben *Subst.* (write)
Eine Übertragung von Informationen an ein Speichergerät (etwa eine Diskette) oder an ein Ausgabegerät (etwa einen Bildschirm oder Drucker). Beispielsweise werden beim Schreiben auf eine Diskette Informationen aus dem Hauptspeicher zur Ablage auf einen Datenträger übertragen.
→ *siehe auch Ausgabe.* → *Vgl. lesen.*

schreiben *Vb.* (write)
Das Übertragen von Informationen entweder an ein Speichergerät (etwa eine Diskette) oder an ein Ausgabegerät (etwa einen Bildschirm oder Drucker). Durch Schreiben stellt der Computer die Ergebnisse der Verarbeitung bereit. Man sagt auch, daß ein Computer auf den Bildschirm schreibt und bezieht sich damit auf die grafische Anzeige der Informationen. → *siehe auch ausgeben.* → *Vgl. lesen.*

Schreibfehler *Subst.* (write error)
Ein Fehler, der bei der Informationsübertragung vom Hauptspeicher eines Computers auf den Massenspeicher (z.B. Festplatte) oder ein anderes Ausgabegerät aufgetreten ist. → *Vgl. Lesefehler.*

schreibgeschützt *Adj.* (read-only)
Die Eigenschaft von Daten, die abgerufen (gelesen) aber nicht verändert (geschrieben) werden können. Dateien oder Dokumente sind schreibgeschützt, wenn sie angezeigt oder gedruckt, jedoch nicht in irgendeiner Form verändert werden können. Ein schreibgeschütztes Speichermedium stellt z.B. das CD-ROM dar, das sich nur für die Wiedergabe, aber nicht für die Aufzeichnung von Informationen eignet. → *Vgl. lesen/schreiben.*

Schreibkerbe *Subst.* (write-protect tab)
→ *siehe Schreibkerbe/Schreibschieber.*

Schreibkerbe/Schreibschieber *Subst.* (write-protect notch)
Eine kleine Öffnung in der Hülle einer Diskette, mittels der ein Schreibschutz bewirkt werden kann. Bei einer 5,25-Zoll-Diskette ist dies eine rechteckige Aussparung am Rand der Diskettenhülle. Wird diese Aussparung überdeckt, kann die

Schreibkopf

S Diskette zwar gelesen, jedoch nicht mit neuen Informationen beschrieben werden. Bei 3,5-Zoll-Disketten, die sich in einem Plastikgehäuse befinden, wird die Schreibkerbe durch eine Öffnung in einer Gehäuseecke gebildet. Wird der darin befindliche Schieber so eingestellt, daß sich ein Loch im Gehäuse erkennen läßt, ist die Diskette schreibgeschützt. → *siehe auch schreiben.* → *auch genannt Schreibkerbe.*

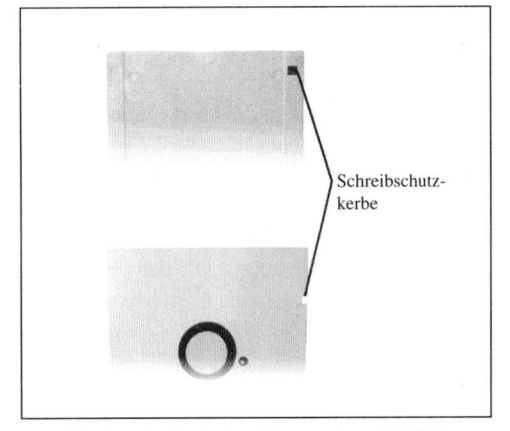

Schreibkerbe/Schreibschieber: Oben an einer 5,25-Zoll-, unten an einer 3,5-Zoll-Diskette

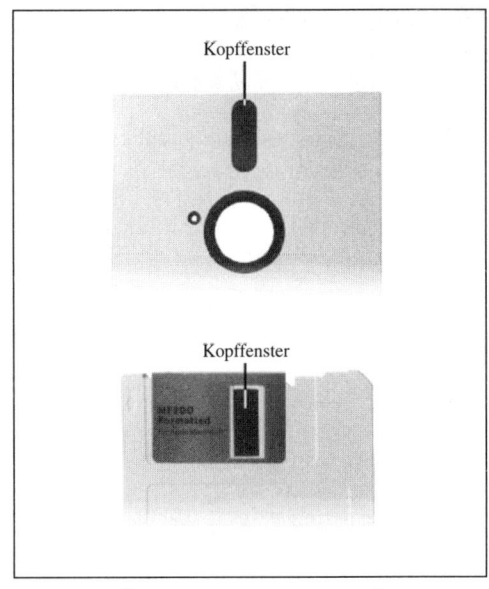

Schreib-Lese-Öffnung: Oben an einer 5,25-Zoll-, unten an einer 3,5-Zoll-Diskette. (Der Metallshutter der 3,5-Zoll-Diskette wurde zur besseren Einsicht zurückgeschoben.)

Schreibkopf *Subst.* (record head)
Das Bauelement eines Magnetbandgeräts, das die Daten auf das Band überträgt. Bei einigen Bandlaufwerken ist der Schreibkopf mit dem Lesekopf kombiniert.

Schreib-Lese-Kanal *Subst.* (read/write channel)
→ *siehe Eingabe-Ausgabe-Kanal.*

Schreib-Lese-Kopf *Subst.* (read/write head)
→ *siehe Kopf.*

Schreib-Lese-Öffnung *Subst.* (head slot)
Die rechteckige Öffnung in der Hülle einer Floppy-Disk, die den Zugriff des Lese-/Schreibkopfes auf die magnetische Oberfläche der Diskette ermöglicht.

Schreib-Lese-Speicher *Subst.* (read/write memory)
Speicher, der sich sowohl lesen als auch beschreiben (modifizieren) läßt. Typische Schreib-Lese-Speicher sind RAM- und Kernspeicher. → *Vgl. ROM.*

Schreibmodus *Subst.* (write mode)
Ein Betriebszustand eines Computers, in dem ein Programm Informationen in eine Datei schreiben (d.h. aufzeichnen) oder vorhandene Informationen ändern kann. → *Vgl. schreibgeschützt.*

Schreibrechte *Subst.* (write access)
Ein Zugriffsrecht bei einem Computersystem, das dem Benutzer das Speichern, Ändern und Löschen von Daten erlaubt. Die Schreibrechte werden bei einem Netzwerksystem meist vom Systemverwalter eingestellt, bei einem Einzelplatzsystem dagegen vom Benutzer selbst. → *siehe auch Zugriffsrechte.*

schreibschützen *Vb.* (write protect)
Das Schreiben (Aufzeichnen) von Informationen auf einen Datenträger (z.B. eine Diskette) verhindern. Mit einem (nicht unbedingt unfehlbaren) Schreibschutz kann man entweder eine gesamte Diskette oder nur einzelne Dateien auf einer Diskette oder einer Festplatte versehen. → *siehe auch Schreibkerbe/Schreibschieber.*

Schreibschutzattribut *Subst.* (read-only attribute)
Ein Dateiattribut von Windows und OS/2, das zusammen mit dem Verzeichnis gespeichert wird

und kennzeichnet, ob eine Datei bearbeitet werden kann oder nicht. Fehlt das Schreibschutzattribut, kann die Datei gelöscht werden, ist es vorhanden, kann die Datei nur gelesen werden.

Schreibsperre *Subst.* (lock)
Ein mechanisches Gerät bei einem externen Datenträger (z.B. der Clip bei einer Diskette), das ein Überschreiben des Inhalts verhindert. → *siehe auch Schreibkerbe/Schreibschieber.*

Schreibtisch-Datei *Subst.* (Desktop file)
Eine versteckte Datei, die vom Betriebssystem des Macintosh in einem besonderen Volumen (etwa vergleichbar mit einer Diskette) verwaltet wird und Informationen über darin befindliche Dateien, z.B. Versionsdaten, Listen von Symbolen und Dateibezüge, verwaltet.

Schreibtischzubehör *Subst.* (desk accessory)
Ein kleines Programm auf Macintosh-Computern und in fensterorientierten Programmen für IBM- und kompatible Computer, das die typischen Schreibtischutensilien, beispielsweise Uhr, Kalender, Rechner und andere Kleinigkeiten, auf elektronischem Wege ersetzen soll. Diese nützlichen Hilfsmittel lassen sich bei Bedarf aktivieren und nach Gebrauch wieder schließen oder in einen kleinen Bereich auf dem Bildschirm verschieben. Mit einer speziellen Art von Desk Accessory (Zubehör), dem sog. Kontrollfeld, kann der Benutzer sowohl die Uhrzeit ändern als auch die Bildschirmfarben, das Verhalten der Maus und andere Parameter festlegen. → *siehe auch Systemsteuerung.* → *auch genannt Desktop Accessory.*

schreien *Vb.* (shout)
GROSSBUCHSTABEN verwenden, um Teile einer E-Mail-Nachricht oder eines Newsgroup-Artikels zu betonen. Dieses Verfahren gilt allerdings als recht ungehobelt. Bevorzugt werden die Methoden, ein Wort durch *Sternchen* oder _Unterstriche_ zu betonen. → *siehe auch Netiquette.*

Schrift *Subst.* (font, type font)
Ein Satz von Zeichen, bei denen Schriftart (z.B. Garamond), Stil (z.B. kursiv) und Strichstärke (z.B. fett) gleich ist. Eine Schrift besteht aus allen Zeichen, die in einem bestimmten Stil für ein bestimmtes Design verfügbar sind. Schriftart bezeichnet das Design selbst. Schriften kommen in Computern für die Bildschirmanzeige und bei Druckern für die Druckausgabe zum Einsatz. In beiden Fällen werden die Schriften entweder als Bitmaps (Punktmuster) oder als Konturen (Beschreibung durch einen Satz mathematischer Formeln) gespeichert. Anwendungsprogramme können Informationen über Schriftart und Stil an einen Drucker senden, selbst wenn das System nicht in der Lage ist, die verschiedenen Schriftarten auf dem Bildschirm zu simulieren. Der Drucker kann dann die Schrift reproduzieren, wenn eine Schriftbeschreibung zur Verfügung steht. → *siehe auch Bitmap, Schriftgenerator.*

Schrift, abgeleitete *Subst.* (derived font)
→ *siehe abgeleitete Schrift.*

Schriftart *Subst.* (typeface)
Ein spezifisches, benanntes Design für einen Satz druckbarer Zeichen (beispielsweise Helvetica oder Times Roman) mit festgelegter Schrägstellung (Grad der Neigung) und Strichstärke (Dicke der Linie). Eine Schriftart ist weder mit einer *Schrift* gleichzusetzen, die eine spezifische Größe einer spezifischen Schriftart (wie 12 Punkt Helvetica oder 10 Punkt Times Roman) darstellt, noch mit einer *Schriftfamilie*, die eine Gruppe verwandter Schriftarten wie Helvetica, Helvetica Fett, Helvetica Kursiv und Helvetica Fett Kursiv bildet. → *siehe auch Schrift.*

Schrift, dicktengleiche *Subst.* (monospace font)
→ *siehe dicktengleiche Schrift.*

Schrift, eingebaute *Subst.* (built-in font)
→ *siehe interne Schrift.*
→ *siehe eingebaute Schrift.*

Schrift-Erweiterungsmodul *Subst.* (cartridge font)
Ein Erweiterungsmodul, das in einen Laserdrucker, einen Tintenstrahldrucker oder einen hochwertigen Nadeldrucker gesteckt wird und auf diese Weise den Drucker um eine oder mehrere Schriften erweitert. Neben den über Erweiterungsmodule zur Verfügung gestellten Schriften gibt es die internen Schriften, die sich im ROM des Druckers befinden und immer vorhanden sind, und die ladbaren Schriften (Softfonts), die sich auf einem Datenträger befinden und bei Bedarf an

den Drucker übertragen werden können. → *siehe auch Schriftkassette*. → *Vgl. interne Schrift*.

Schriftfamilie *Subst.* (font family)
Die Menge der verfügbaren Schriften, die Variationen innerhalb einer Schrift darstellen. Times Roman und Times Roman Italic sind z.B. Mitglieder der gleichen Schriftfamilie, wobei Times Roman Italic die *kursive Auszeichnung* der Schriftart »Times Roman« darstellt. Wenn der Benutzer z.B. einen kursiven Schriftschnitt festlegt, wählt das System die entsprechende Schriftart aus. Wenn für die Schriftfamilie jedoch keine kursive Schriftart zur Verfügung steht, werden die entsprechenden Zeichen lediglich schräg gestellt.
→ *siehe auch Kursivschrift, Roman*.

Schriftgenerator *Subst.* (font generator)
Ein Programm, das integrierte Zeichenkonturen in Bitmaps (Punktmuster) der für den Druck eines Dokuments erforderlichen Stile und Größen umwandelt. Schriftgeneratoren arbeiten mit Skalierung einer Zeichenkontur und können häufig auch die erzeugten Zeichen erweitern oder komprimieren. Einige Schriftgeneratoren speichern die erzeugten Zeichen auf Diskette, während andere diese Zeichen direkt an den Drucker senden.

Schriftgrad *Subst.* (font size, type size)
Die Größe von gedruckten Zeichen, die in der Regel in Punkt angegeben wird (ein Punkt entspricht ungefähr $\frac{1}{3}$ Millimeter).
→ *siehe auch zeigen*.

Schrift, interne *Subst.* (internal font)
→ *siehe interne Schrift*.

Schriftkassette *Subst.* (font cartridge)
Eine einsteckbare Einheit, die für verschiedene Drucker verfügbar ist und Schriftarten in mehreren unterschiedlichen Stilarten und Größen enthält. Ebenso wie ladbare Schriften sind auch Schriftkassetten dafür vorgesehen, daß man Zeichen in Größen und Stilarten drucken kann, die sich von den im Drucker fest eingebauten Schriften unterscheiden. → *siehe auch ROM-Steckmodul*.
→ *auch genannt Font-Karte*.

Schrift, ladbare *Subst.* (downloadable font)
→ *siehe ladbare Schrift*.

Schriftnummer *Subst.* (font number)
Die Nummer, über die eine Anwendung oder das Betriebssystem intern eine gegebene Schrift identifiziert. Auf dem Apple Macintosh lassen sich Schriften z.B. sowohl nach ihrem genauen Namen als auch nach der Schriftnummer ansprechen, und eine Schriftnummer kann geändert werden, falls eine Schrift in einem System installiert wird, in dem die entsprechende Nummer bereits vergeben ist. → *siehe auch Schrift*.

Schrift, residente *Subst.* (resident font)
→ *siehe interne Schrift*.

Schrift, skalierbare *Subst.* (scalable font)
→ *siehe skalierbare Schrift*.

Schriftstil *Subst.* (character style, type style)
Ein Attribut wie Fettschrift, Kursivschrift, unterstrichen oder Kapitälchen, das einem Zeichen zugewiesen wurde. Abhängig vom verwendeten Betriebssystem oder Programm, umfassen die vorhandenen Schriftstile auch die Schriftart, die wiederum das Aussehen einer Gruppe von Zeichen in einer gegebenen Größe bestimmt. → *siehe auch Schriftfamilie*.
Abhängig vom Kontext kann sich »Schriftstil« auch allgemein auf die Gesamterscheinung einer Schriftart bzw. Schriftfamilie oder aber auf ein bestimmtes Erscheinungsmerkmal beziehen. Typische Erscheinungsmerkmale sind die Schrägstellung bzw. der Grad der Neigung sowie bestimmte Variationen in der Schriftart, z.B. Roman, Fett, Kursiv und Fett/Kursiv.

Schrittmotor *Subst.* (stepper motor)
Ein elektrischer Antrieb, der sich mit jedem empfangenen Ansteuerimpuls um einen bestimmten Winkel weiterdreht.

Schrittschaltung, feste *Subst.* (fixed spacing)
→ *siehe dicktengleich (gleichbleibender Schaltschritt)*.

Schrittschaltung mit fester Breite *Subst.* (fixed-width spacing)
→ *siehe dicktengleich (gleichbleibender Schaltschritt)*.

Schrittschaltung mit fester Zeichendichte *Subst.* (fixed-pitch spacing)
→ *siehe dicktengleich (gleichbleibender Schaltschritt).*

Schrittschaltung, proportionale *Subst.* (proportional spacing)
→ *siehe proportionale Schrittschaltung.*

schulen *Vb.* (train)
Einen Endbenutzer in den Gebrauch eines Software- oder Hardware-Produkts einweisen.

Schusterjunge *Subst.* (orphan)
Eine alleinstehende Zeile eines Absatzes am unteren Rand einer Zeile oder Spalte. Schusterjungen sind optisch wenig attraktiv und werden daher in Publikationen nach Möglichkeit vermieden. → *Vgl. Hurenkind.*

schwache Typisierung *Subst.* (weak typing)
Eine Eigenschaft einer Programmiersprache, die es dem Programm erlaubt, den Datentyp einer Variablen während der Programmausführung zu ändern. → *siehe auch Datentyp, Variable.* → *Vgl. strikte Typisierung.*

Schwarzes-Brett-System *Subst.* (bulletin board system)
→ *siehe BBS.*

Schwellspannung *Subst.* (bias)
In der Elektronik die Spannung, die an einen Transistor oder ein anderes elektronisches Bauelement angelegt wird, um einen Bezugswert für den Betrieb des Bauelements zu definieren.

Schwimmen *Subst.* (swim)
Das langsame Wegbewegen von Bildern von vorbestimmten Positionen auf dem Bildschirm.

Schwingung *Subst.* (oscillation)
Eine periodische Änderung oder ein periodischer Wechsel. In der Elektronik stellen Schwingungen periodische Änderungen des elektrischen Signals dar.

Schwingung, überschnelle *Subst.* (race condition)
→ *siehe überschnelle Schwingung.*

Schwingung, wilde *Subst.* (race condition)
→ *siehe wilde Schwingung.*

sci.-Newsgroups *Subst.* (sci. newsgroups)
Newsgroups von Usenet, die Teil der sci.-Hierarchie sind und das Suffix sci. tragen. Hier werden die wissenschaftliche Forschung und ihre Anwendung behandelt – mit Ausnahme der Informatik, die in den comp.-Newsgroups behandelt wird. → *siehe auch Newsgroup, traditionelle Newsgroup-Hierarchie, Usenet.* → *Vgl. comp.-Newsgroups, misc.-Newsgroups, news.-Newsgroups, rec.-Newsgroups, soc.-Newsgroups, talk.-Newsgroups.*

Scissoring *Subst.* (scissoring)
→ *siehe clippen.*

Scope *Subst.* (scope)
In der Elektronik umgangssprachlich für Oszilloskop. → *siehe auch Oszilloskop.*

SCR *Subst.*
→ *siehe steuerbarer Gleichrichter.*

Scrambler *Subst.* (scrambler)
Ein Gerät oder ein Programm, das eine Signalfolge neu anordnet, um sie unlesbar zu machen. → *siehe auch Verschlüsselung.*

Scrap *Subst.* (scrap)
Eine Datei einer Anwendung oder eine Systemdatei, die zum Speichern von markierten Daten dient, um sie zu verschieben, zu kopieren oder zu löschen. → *siehe auch Zwischenablage.*

Scrapbook *Subst.* (scrapbook)
Eine Datei, in der Texte und Grafiken zu späterer Verwendung gespeichert werden können.
Ein »Scrapbook« ist z.B. auf dem Apple Macintosh zu finden und stellt dort eine Systemdatei dar. → *Vgl. Zwischenablage.*

Scratch *Subst.* (scratch)
Zu deutsch etwa »Notizblockspeicher«. Eine Speicherregion oder eine Datei, die von einem Programm oder Betriebssystem zur Zwischenspeicherung aktueller Arbeitsdaten verwendet wird. Sie wird gewöhnlich ohne Kenntnis des Benutzers angelegt und bleibt nur bis zum Ende der aktuellen

Sitzung bestehen. Die darin abgelegten Daten werden dann entweder permanent gespeichert oder verworfen. → *siehe auch temporäre Datei.* → *auch genannt Scratch-Datei.* → *Vgl. Scrap.*

Scratch-Datei *Subst.* (scratch file)
→ *siehe Scratch.*

scratchen *Vb.* (scratch)
Daten löschen oder verwerfen.

Scratchpad *Subst.* (scratchpad)
Ein temporärer Speicherbereich für Berechnungen, Daten und andere laufende Arbeiten. → *siehe auch scratchen, temporäre Datei.*
»Scratchpad« bezeichnet außerdem einen Hochgeschwindigkeits-Speicherschaltkreis, der für die Aufnahme von kleinen Datenelementen für den schnellen Abruf verwendet wird. → *siehe auch Cache.*

Scratchpad-RAM *Subst.* (scratchpad RAM)
Speicher, der vom Prozessor (CPU) zur vorübergehenden Datenspeicherung verwendet wird. → *siehe auch Prozessor, Register.* → *auch genannt Scratchpad, Scratchpad-Speicher.*

Scratchpad-Speicher *Subst.* (scratchpad memory)
→ *siehe Cache.*

Screen Name *Subst.* (screen name)
Ein Name, unter dem ein Benutzer des Online-Dienstes America Online bekannt ist. Der Screen-Name kann dem wirklichen Namen des Benutzers entsprechen. → *siehe auch America Online.*

Screenshot *Subst.* (screen shot)
Ein Bild, das Teile oder die Gesamtheit des Bildschirmbildes eines Computers wiedergibt. Die hier gezeigte Abbildung ist ein Screenshot, weitere sind unter den Einträgen *Alarm-Box, Zelle* und *Menüleiste* gezeigt.

scrollen *Vb.* (scroll)
Die Verschiebung eines Dokuments in einem Fenster, um den gewünschten Abschnitt in den Anzeigebereich zu bringen. Dies kann über die Maus, die Pfeiltasten oder andere Tasten der Computertastatur erfolgen. → *siehe auch Bildlaufleiste.*

Scrollen, horizontales *Subst.* (horizontal scrolling)
→ *siehe horizontales Scrollen.*

SCSI *Subst.*
Abkürzung für Small Computer System Interface (Schnittstelle für Kleinrechnersysteme). Eine genormte Hochgeschwindigkeits-Parallelschnittstelle, die durch das X3T9.2-Komitee des American National Standards Institute (ANSI) definiert wurde. Eine SCSI-Schnittstelle dient dem Anschluß peripherer Geräte wie Festplatten und Drucker an Mikrocomputer sowie der Verbindung zu anderen Computern und lokalen Netzwerken. → *Vgl. Enhanced Small Device Interface, IDE.*

SCSI-1 *Subst.*
→ *siehe SCSI.*

SCSI-2 *Subst.*
Ein erweiterter ANSI-Standard für SCSI-Systeme (Small Computer System Interface). Im Vergleich mit dem ursprünglichen SCSI-Standard (jetzt SCSI-1), der 8 bit parallel bei bis zu 5 Megabyte pro Sekunde überträgt, bietet SCSI-2 eine Erhöhung der Busbreite und Transferrate. Ein SCSI-2-Laufwerk oder -Adapter kann mit SCSI-1-Geräten zusammenarbeiten, wobei die Maximalgeschwindigkeit des älteren Standards erreicht wird. → *siehe auch Fast SCSI, Fast/Wide SCSI, SCSI, Wide SCSI.* → *Vgl. UltraSCSI.*

SCSI-Bus *Subst.* (SCSI bus)
Ein Parallelbus, der Daten und Steuersignale zwischen SCSI-Geräten und einem SCSI-Controller überträgt. → *siehe auch Bus, Controller, SCSI-Gerät.*

SCSI-Gerät *Subst.* (SCSI device)
Ein Peripheriegerät, bei dem der Austausch von Daten und Steuersignalen mit dem Prozessor eines

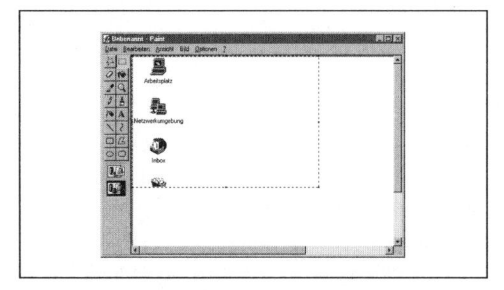

Screenshot

Computers auf der SCSI-Norm basiert. → *siehe auch Peripherie, SCSI.*

SCSI-ID *Subst.* (SCSI ID)
Die eindeutige Adresse eines SCSI-Geräts. Jedes der an den SCSI-Bus angeschlossenen Geräte muß eine eigene SCSI-ID haben. Auf ein und demselben SCSI-Bus können bis zu acht SCSI-IDs angegeben werden. → *siehe auch Bus, SCSI-Gerät.*

SCSI-Kette *Subst.* (SCSI chain)
Eine an einen SCSI-Bus angeschlossene Gruppe von Geräten. Jedes Gerät (außer dem SCSI-Adapter und dem letzten Gerät in der Kette) ist mit zwei benachbarten Geräten über Kabel verbunden, so daß sich eine kettenförmige Struktur ergibt. → *siehe auch Daisy Chain, SCSI.*

SCSI-Netzwerk *Subst.* (SCSI network)
Eine an einen SCSI-Bus angeschlossene Gruppe von Geräten, die eine Art lokales Netzwerk bilden. → *siehe auch SCSI.*

SCSI-Port *Subst.* (SCSI port)
Ein SCSI-Adapter in einem Computersystem, über den eine logische Verbindung zwischen dem Computer und den Geräten auf dem SCSI-Bus hergestellt wird. → *siehe auch SCSI.*
Außerdem ein Geräteanschluß für ein SCSI-Kabel. → *siehe auch SCSI.*

SCSI-Stecker *Subst.* (SCSI connector)
Ein Steckverbinder, der für den Anschluß eines SCSI-Geräts an den SCSI-Bus dient. → *siehe auch Bus, SCSI-Gerät, Stecker.*

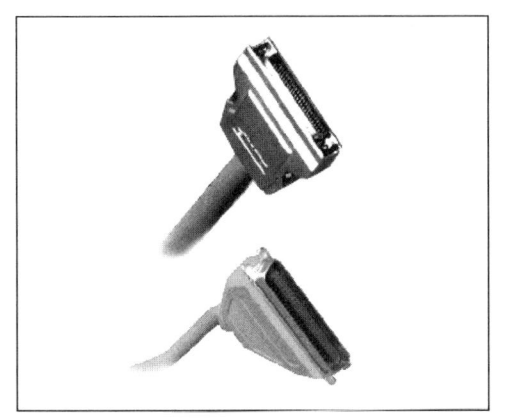

SCSI-Stecker

.sd
Im Internet ein Kürzel für die übergreifende Länder-Domäne, die eine Adresse im Sudan angibt.

SDK *Subst.*
Abkürzung für Software Developer's Kit (Entwicklungssystem). → *siehe Developer's Toolkit.*

SDLC *Subst.*
Abkürzung für Synchronous Data Link Control (Synchrone Datenübertragungssteuerung). Ein Protokoll zur synchronen Datenübertragung, das vor allem in Netzwerken nach der SNA (Systems Network Architecture) von IBM angewendet wird. Es ist dem von der ISO entwickelten HDLC-Protokoll ähnlich. → *siehe auch HDLC.*

SDM *Subst.*
→ *siehe Raummultiplex.*

SDRAM *Subst.*
→ *siehe synchrones DRAM.*

SDSL *Subst.*
→ *siehe Symmetric Digital Subscriber Line.*

.se
Im Internet ein Kürzel für die übergreifende Länder-Domäne, die eine Adresse in Schweden angibt.

.sea
Eine Dateinamenerweiterung eines mit StuffIt komprimierten, selbst-extrahierenden Dateiarchivs auf dem Apple Macintosh. → *siehe auch selbstentpackendes Archiv.*

Seat *Subst.* (seat)
Bezeichnet im Zusammenhang mit der Lizenzierung von Software eine einzelne Arbeitsstation oder einen einzelnen Computer. → *siehe auch Arbeitsstation, Lizenzvertrag.*

Secure Electronics Transactions protocol *Subst.*
Ein Protokoll zur Durchführung sicherer Transaktionen über das Internet. Es entstand in Zusammenarbeit von GTE, IBM, MasterCard, Microsoft, Netscape, SAIC, Terisa Systems, VeriSign und Visa.

Secure Hash Algorithm *Subst.*
→ *siehe SHA.*

Secure HTTP *Subst.*
→ *siehe S-HTTP.*

Secure HyperText Transport Protocol *Subst.*
(Secure Hypertext Transfer Protocol)
→ *siehe S-HTTP.*

Secure Multipurpose Internet Mail Extensions *Subst.* (Secure/Multipurpose Internet Mail Extensions)
→ *siehe S/MIME.*

Secure Socket Layer *Subst.* (Secure Sockets Layer)
Ein Entwurf eines offenen Standards der Firma Netscape Communications für den Aufbau sicherer Kommunikationskanäle, die den unberechtigten Zugriff auf sicherheitsrelevante Informationen, z.B. Kreditkartennummern, verhindern sollen. Der primäre Einsatzzweck von Secure Sockets Layer ist die Errichtung eines sicheren, elektronischen Zahlungsverkehrs über das World Wide Web, es ist jedoch auch ein Einsatz mit anderen Internet-Diensten möglich. Das Verfahren basiert auf öffentlichen Schlüsseln und ist bereits in den Web-Browser Netscape Navigator sowie in die kommerziellen Netscape-Server integriert. → *siehe auch kommerzieller Server, offener Standard, Public-Key-Verschlüsselung.* → *Vgl. S-HTTP.*

Secure Transaction Technology *Subst.*
Die Verwendung der Verfahren Secure Sockets Layer (SSL) und/oder Secure HTTP (S-HTTP) bei Online-Transaktionen, z.B. der Übertragung von Formularen oder Kreditkartenbuchungen. → *siehe auch Secure Socket Layer, S-HTTP.*

Segment *Subst.* (segment)
Ein Abschnitt eines Programms, der nach der Kompilierung einen zusammenhängenden Adreßraum einnimmt und für gewöhnlich positionsunabhängig ist – d.h. an eine beliebige Stelle des Speichers geladen werden kann. Bei Mikrocomputern auf der Basis der Intel-Prozessoren ist ein Segment (im Real Mode des Prozessors) ein logischer Bezug auf einen zusammenhängenden Teil des Hauptspeichers (RAM) von 64 Kilobyte, in dem die einzelnen Bytes über einen Offset-Wert zugänglich sind. Eine bestimmte physikalische Stelle im RAM wird über die Kombination aus Segment- und Offsetwerten referenziert. → *siehe auch Real Mode, Segmentierung, überlagern.*

segmentierte Adressierungsarchitektur *Subst.* (segmented addressing architecture)
Eine Methode der Speicheradressierung, deren typisches Beispiel die Prozessoren 80×86 der Firma Intel sind. Der Speicher wird bei dieser Architektur für Adressen im 16-Bit-Adreßformat in Segmente zu 64 Kilobyte unterteilt. Durch ein 32-Bit-Adreßformat kann der Speicher in Segmenten bis 4 Gigabyte adressiert werden. → *auch genannt segmentierte Befehlsadressierung, segmentierte Speicherarchitektur.* → *Vgl. lineare Adressierung.*

segmentierte Befehlsadressierung *Subst.* (segmented instruction addressing)
→ *siehe segmentierte Adressierungsarchitektur.*

segmentierter Adreßraum *Subst.* (segmented address space)
Ein Adreßraum, der in logische Einheiten, die sog. Segmente, unterteilt ist. Um eine gegebene Speicherstelle zu adressieren, muß ein Programm sowohl ein Segment als auch einen Offset innerhalb dieses Segments spezifizieren. (Der Offset stellt einen Wert relativ zum Beginn des betreffenden Segments dar.) Da sich Segmente überlappen können, sind die Adressen nicht eindeutig – es gibt viele logische Wege, um auf eine bestimmte physikalische Speicherstelle zuzugreifen. Die segmentierte Adressierung ist typisch für den Real Mode der Prozessorfamilie Intel 80×86, während die meisten anderen Mikroprozessor-Architekturen auf einem linearen Adreßraum arbeiten. → *siehe auch Segment.* → *Vgl. linearer Adreßraum.*

segmentierte Speicherarchitektur *Subst.* (segmented memory architecture)
→ *siehe segmentierte Adressierungsarchitektur.*

Segmentierung *Subst.* (segmentation)
Das Aufteilen eines Programms in mehrere Abschnitte bzw. Segmente. → *siehe auch Segment.*

Sehnenscheidenentzündung *Subst.* (carpal tunnel syndrome)
Eine Variante von RSI (Repetitive Strain Injury), die am Handgelenk und an der Hand auftritt. Durch die ständigen, kleinen Handbewegungen können Schwellungen und Vernarbungen des weichen Gewebes der Handgelenke auftreten, was zum Zusammendrücken der Hauptnervenbahnen

der Hand führt. Die Symptome der Sehnenscheidenentzündung sind Schmerzen und Brennen in den Fingern. In besonders schlimmen Fällen kann die Sehnenscheidenentzündung zu einem teilweisen oder vollständigen Verlust der Handfunktionen führen. Eine häufige Ursache für die Sehnenscheidenentzündung ist das jahrelange, ständige Tippen auf einer Computertastatur ohne geeignete Handballenauflage. → *siehe auch Ermüdungsverletzungen, Handballenauflage.*

sehr große Datenbank *Subst.* (Very Large Database)
Ein Datenbanksystem, das einen Datenumfang von mehreren hundert Gigabyte, teilweise sogar Terrabyte, hat. Eine sehr große Datenbank unterstützt häufig mehrere tausend Benutzer und Tabellen mit mehreren Milliarden von Datenzeilen. Diese Systeme müssen häufig in der Lage sein, über mehrere unterschiedliche Plattformen und Betriebssysteme mit verschiedenen Softwareprogrammen zu operieren. → *siehe auch Data Warehouse.*

sehr großer Speicher *Subst.* (Very Large Memory)
Ein Speichersystem für die Behandlung gewaltiger Datenblöcke einer sehr großen Datenbank. Dieser Speicher setzt 64-Bit-RISC-Technologie ein, um einen adressierbaren Hauptspeicher und Dateigrößen von über 2 GB sowie einen Cache von bis zu 14 GB bewältigen zu können. → *siehe auch RISC, sehr große Datenbank.*

sehr hohe Integrationsdichte *Subst.* (super-large-scale integration, very-large-scale integration)
Abkürzung: SLSI. Ein Begriff für die Bauelementdichte (Transistoren und andere Elemente) eines integrierten Schaltkreises und für die Feinheit der Verbindungen zwischen den Bauelementen. Auf einem SLSI-Schaltkreis sind meist 50 000 bis 100 000 Bauelemente integriert. → *siehe auch integrierter Schaltkreis.* → *Vgl. Hohe Integrationsdichte, niedrige Integrationsdichte, ultra-hohe Integrationsdichte.*
In einer etwas anderen Bedeutung geht der Ausdruck von einer deutlich niedrigeren Integrationsdichte aus und wird in diesem Zusammenhang auch als »VLSI« abgekürzt. Ein VLSI-Schaltkreis weist etwa 5 000 bis 50 000 Bauelemente auf. → *siehe auch integrierter Schaltkreis.* → *Vgl. hohe Integrationsdichte, mittlere Integrationsdichte, niedrige Integrationsdichte, ultra-hohe Integrationsdichte.*

Seite *Subst.* (page)
In der Textverarbeitung der Text und die Anzeigeelemente, die auf einem Blatt Papier gedruckt werden. Es gelten dabei u. a. festgelegte Formatoptionen bezüglich der Tiefe, der Seitenränder und der Anzahl der Spalten.
In der Computergrafik stellt eine Seite einen Teil eines Bildschirmspeichers dar, der den Inhalt eines kompletten Bildschirms aufnehmen kann – die interne Repräsentation einer vollständigen Bildschirmseite.

Seite, dynamische *Subst.* (dynamic page)
→ *siehe dynamische Seite.*

Seitenadresse *Subst.* (paged address)
In den seitenadressierten Speicherarchitekturen des 80386, i486 und Pentium eine Adresse im Speicher, die aus der Kombination der Segmentübersetzung und Seitenübersetzung entsteht. Nach dem Schema des seitenorientierten Speichers, bei dem die Seitenumsetzung (»Paging«) des Mikroprozessors aktiviert sein muß, werden logische Adressen in zwei Schritten in physikalische Adressen umgewandelt: Segmentübersetzung und Seitenübersetzung. Der erste Schritt, die Segmentübersetzung, konvertiert eine logische Adresse in eine lineare Adresse – eine Adresse, die sich indirekt auf eine physikalische Adresse bezieht. Nachdem die lineare Adresse ermittelt wurde, wandelt die Seitenverwaltung des Mikroprozessors die lineare Adresse in eine physikalische Adresse um, indem eine Seitentabelle (ein Feld aus 32-Bit-Seitenbezeichnern), eine Seite (eine 4-KB-Einheit aus fortlaufenden Adressen innerhalb des physikalischen Speichers) dieser Tabelle und ein Offset vom Seitenanfang angegeben werden. Diese Informationen ergeben die physikalische Adresse.

Seitenansicht *Subst.* (preview)
Eine Funktion von Textverarbeitungsprogrammen und anderen Anwendungen, bei der das formatierte Dokument nicht direkt an den Drucker weitergeleitet, sondern zuerst auf dem Bildschirm angezeigt wird.

Seitenausrichtung *Subst.* (page orientation)
→ *siehe Hochformat, Querformat.*

Seitenband *Subst.* (sideband)
Die oberen und unteren Frequenzbereiche einer amplitudenmodulierten Trägerschwingung. Die Seitenbänder übertragen in der Regel den gleichen Informationsgehalt, können aber auch unterschiedliche Daten übertragen, wodurch sich die über einen einzelnen Kommunikationskanal übertragbare Informationsmenge verdoppeln läßt.

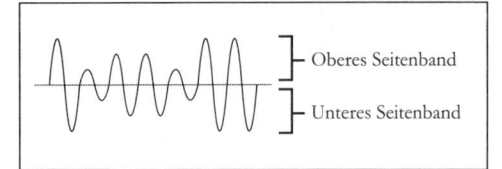

Seitenband

Seitenbeschreibungssprache *Subst.* (page-description language)
Abgekürzt PDL. Eine Programmiersprache, z.B. PostScript, zur Beschreibung der Ausgaben für Drucker oder Bildschirme, die dann ihrerseits über die Befehle der Seitenbeschreibungssprache Text und Grafiken des geforderten Seitenbildes erzeugen. Seitenbeschreibungssprachen sind mit anderen Computersprachen vergleichbar und erlauben komplizierte Manipulationen der Ausgaben durch entsprechende Gestaltung des logischen Programmablaufes. Eine Seitenbeschreibungssprache gibt in einer Art Blaupause die Spezifikationen (etwa für Schriften und Schriftgrößen) heraus, überläßt aber die eigentlichen Zeichenarbeiten für Zeichen und Grafiken dem Ausgabegerät selbst. Da bei dieser Methode die Detailarbeiten an das Gerät, das die Ausgaben produziert, delegiert werden, ist eine Seitenbeschreibungssprache maschinenunabhängig. Diese Fähigkeiten haben allerdings ihren Preis. Seitenbeschreibungssprachen erfordern Drucker mit Verarbeitungsleistungen und Speichergrößen, die denen von Personal Computern vergleichbar sind oder sie sogar übertreffen. → *siehe auch PostScript.*

Seitendrucker *Subst.* (page printer)
Ein Drucker, der eine vollständige Seite auf einmal drucken kann, z.B. ein Laserdrucker. Da Seitendrucker die Daten einer gesamten Seite zunächst im Speicher ablegen müssen, bevor der Ausdruck erfolgen kann, ist ein relativ großer Speicher erforderlich. → *Vgl. Zeilendrucker.*

Seiteneffekt *Subst.* (side effect)
Durch ein Unterprogramm verursachte Änderungen des Zustands. Beispielsweise kann eine Routine, die einen Wert aus einer Datei liest, dabei die aktuelle Position eines Dateizeigers verschieben.

Seiteneinrichtung *Subst.* (page setup)
Eine Reihe von Optionen, mit denen sich die Darstellung einer Datei auf einer gedruckten Seite beeinflussen läßt. Zur Seiteneinrichtung gehören die Bestimmung der passenden Papiergröße des Druckers, die Anpassung der Seitenränder, die Festlegung der tatsächlich zu druckenden Seiten eines Dokuments, die Skalierung (Abbildungsmaßstab) der Seiten sowie die Festlegung, ob mit einer anderen Datei unmittelbar nach dem Druck der ersten Datei fortzufahren ist.

Seitenfehler *Subst.* (page fault)
Der Interrupt, der durch Lese- oder Schreibzugriffe eines Programms auf eine virtuelle Speicherstelle ausgelöst wird, wenn die betreffende Speicherstelle als »nicht vorhanden« markiert ist. Die Hardware eines virtuellen Speichersystems verwaltet Statusinformationen über jede Seite im virtuellen Adreßraum. Eine Seite wird entweder auf eine physikalische Adresse abgebildet oder ist im physikalischen Speicher nicht vorhanden. Bei einer erkannten Lese- oder Schreiboperation mit einer momentan nicht als vorhanden gekennzeichneten virtuellen Adresse generiert die Speicherverwaltungshardware einen Seitenfehler-Interrupt. Das Betriebssystem muß auf diesen Seitenfehler reagieren, indem es Daten für die Seite einlagert und die Statusinformationen in der Speicherverwaltungseinheit aktualisiert. → *siehe auch auslagern, virtueller Speicher.*

Seitenlayout *Subst.* (page layout)
Im Desktop Publishing die Anordnung von Text und Grafiken auf den Seiten eines Dokuments. Seitenlayout-Programme zeichnen sich durch die Möglichkeiten der Textanordnung und der Handhabung spezieller Effekte der Textgestaltung aus und sind ansonsten mit Textverarbeitungsprogrammen vergleichbar. Hinsichtlich der Geschwin-

digkeit sind sie zwar reinen Textverarbeitungsprogrammen im allgemeinen unterlegen, beherrschen dafür aber umfangreiche Aufgaben wie Fließtext in komplexen mehrspaltigen Seitenentwürfen, Drucken von Dokumenten mit Signaturen (Bogenziffern), Handhabung von Farbauszügen und Unterstützung intelligenter Kerning- und Silbentrennungs-Merkmale.

Seitenleser *Subst.* (page reader)
→ *siehe Dokumentenleser.*

Seiten pro Minute *Subst.* (pages per minute)
Abgekürzt PPM oder ppm. Bei Druckern eine Kenngröße der Ausgabekapazität – wörtlich die Anzahl der gedruckten Seiten, die der Drucker in einer Minute produzieren kann. Die vom Druckerhersteller angegebene PPM-Kenngröße bezieht sich in der Regel auf eine »normale« Seite. Die Verwendung mehrerer Schriften und der Einbau von Grafiken kann die PPM-Rate eines Druckers drastisch senken.

Seitenrahmen *Subst.* (page frame)
Eine physikalische Adresse, auf die sich eine virtuelle Speicherseite abbilden läßt. In einem System mit Seitengrößen von 4096 Byte entspricht der Seitenrahmen 0 den physikalischen Adressen 0 bis 4095. → *siehe auch Paging, virtueller Speicher.*

Seitenspeicher *Subst.* (page-image buffer)
Ein Speicher, der in einem Seitendrucker eingesetzt wird, um die Bitmap (Bild) einer Seite so abzulegen, wie es der Raster Image-Prozessor (RIP) des Druckers aufbaut und wie es der Drucker zu Papier bringt. → *siehe auch Raster-Prozessor, Seitendrucker.*

Seitenumbruch *Subst.* (page break, page makeup)
Kennzeichnet den Punkt in einem Dokument, an dem der Textfluß an den Beginn einer neuen Seite übergeht. Die meisten Textverarbeitungsprogramme erzeugen einen automatischen Seitenumbruch, wenn das zu druckende Material auf der Seite eine festgelegte Maximaltiefe erreicht hat. Soll dagegen ein Seitenwechsel an einer bestimmten Stelle im Text erfolgen, kann man einen entsprechenden Befehl oder Code für einen »harten« oder »manuellen« Seitenumbruch einfügen. → *siehe auch Seitenvorschub.*

Als »Seitenumbruch« wird außerdem der manuelle oder automatische Vorgang bezeichnet, bei dem die Grafiken und der Text eines Dokuments auf einzelne Seiten aufgeteilt werden, bevor dieses gedruckt wird. Meist erfolgt der Seitenumbruch automatisch – einige unästhetische Umbrüche müssen jedoch meist manuell korrigiert werden.

Seitenverhältnis *Subst.* (aspect ratio)
Bei Computerbildschirmen und im Bereich der Computergrafik das Verhältnis von Breite und Höhe einer Grafik bzw. eines grafischen, rechteckigen Bereichs. Ein Seitenverhältnis von 2:1 gibt beispielsweise an, daß eine Grafik doppelt so breit wie hoch ist. Das Seitenverhältnis stellt einen wichtigen Aspekt dar, die korrekten Proportionen einer Grafik zu erhalten, wenn eine Grafik gedruckt, skaliert (also in der Größe verändert) oder in ein anderes Dokument eingefügt wird. Wird das Seitenverhältnis verfälscht, wird die Grafik gestaucht oder gestreckt.

Seitenvorschub *Subst.* (form feed)
Abgekürzt FF. Ein Befehl, der den Drucker anweist, am Anfang der nächsten Seite weiterzudrucken. Im ASCII-Zeichensatz hat das Seitenvorschub-Zeichen den dezimalen Wert 12 (hexadezimal 0C). Dieses Zeichen wird auch als Seitenauswurf-Zeichen bezeichnet, da es den Druck auf einer neuen Seite bewirkt.

Seitenwechsel *Subst.* (page break)
→ *siehe Seitenumbruch.*

Seite, sichtbare *Subst.* (visible page)
→ *siehe sichtbare Seite.*

Sektor *Subst.* (sector)
Ein Teil des Datenspeicherbereichs auf einem Datenträger. Eine Diskette oder eine Festplatte ist in

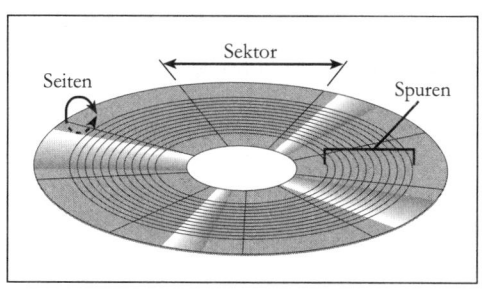

Sektor

Seiten (oben und unten), Spuren (konzentrische Ringe auf jeder Oberfläche) und Sektoren (Abschnitte jedes Rings) unterteilt. Sektoren sind die kleinsten physikalischen Speichereinheiten auf dem Datenträger und weisen eine feste Größe auf, z. B. 512 Byte.

Sektor, schadhafter *Subst.* (bad sector)
→ *siehe schadhafter Sektor.*

Sektorversatz *Vb.* (interleave, sector interleave)
Beim Sektorversatz sind die Sektoren auf einer Festplatte so angeordnet, daß nach dem Lesen eines Sektors der nächste Sektor in numerischer Folge erst dann am Kopf ankommt, wenn der Computer wieder für eine Leseoperation bereit ist, da anderenfalls der Computer eine ganze Umdrehung der Platte abwarten muß, bis der gewünschte Sektor ankommt. Die Anordung der Sektoren erfolgt durch ein Formatierungs-Dienstprogramm, das die Diskette für die Verwendung mit einem bestimmten Computertyp initialisiert.

Sektor-Zuordnungstabelle *Subst.* (sector map)
Eine Liste, die alle nichtnutzbaren Sektoren auf einer Diskette verzeichnet.
Außerdem eine Tabelle, die für die Übersetzung der vom Betriebssystem angeforderten Datenträger-Sektornummern in physikalische Sektoren verwendet wird. Die Sektor-Zuordnungstabelle stellt eine alternative Methode zur Realisierung des Sektorversatzes dar. In diesem Fall werden die Sektoren auf dem Datenträger in fortlaufender Reihenfolge formatiert. Über die Sektor-Zuordnungstabelle ist das System dann in der Lage, die Sektoren in einer nichtsequentiellen Folge zu lesen. Verwendet man beispielsweise einen Sektorversatz von 3 zu 1, muß der Laufwerktreiber bei einer Systemanforderung der Sektoren von 1 bis 4 die physikalischen Sektoren 1, 4, 7 und 10 lesen.
→ *siehe auch Sektorversatz.*

sekundärer Service-Provider *Subst.* (secondary service provider)
Ein Internet-Netzanbieter, der Kunden die Präsenz auf dem Web anbietet, jedoch keine direkte Verbindung. → *siehe auch Internet Service-Provider.*

Sekundärkanal *Subst.* (secondary channel)
Ein Übertragungskanal in einem Kommunikationssystem, der keine eigentlichen Nutzdaten, sondern Prüf- und Diagnose-Informationen transportiert. → *Vgl. Primärkanal.*

Sekundärschlüssel *Subst.* (candidate key, secondary key)
Ein eindeutiger Kennzeichner für einen Datensatz (Tupel) in einer Relation (Datenbank-Tabelle). Der Sekundärschlüssel kann entweder einfach (ein einzelnes Attribut) oder zusammengesetzt (zwei oder mehr Attribute) sein. Per Definition muß jede Relation zumindest über einen Sekundärschlüssel verfügen, wobei aber auch mehrere Sekundärschlüssel vorhanden sein können. Wenn es nur einen Sekundärschlüssel gibt, wird er automatisch zum Primärschlüssel der Relation. Sind mehrere Sekundärschlüssel vorhanden, muß der Entwickler einen davon als Primärschlüssel bestimmen. Jeder Sekundärschlüssel, der nicht als Primärschlüssel festgelegt wurde, stellt einen alternativen Schlüssel dar. → *siehe auch Primärschlüssel, Schlüssel.*
→ *siehe auch Alternativschlüssel.* → *Vgl. Primärschlüssel.*

Sekundärspeicher *Subst.* (secondary storage)
Jedes Datenspeichermedium, bei dem es sich nicht um RAM (d. h., den Haupt- oder Primärspeicher) des Computers handelt – in der Regel ein Magnetband, eine Festplatte oder eine Diskette. → *Vgl. Primärspeicher.*

selbstanpassend *Adj.* (self-adapting)
Die Fähigkeit von Systemen, Geräten oder Prozessen, ihr Betriebsverhalten an Umgebungsbedingungen anpassen zu können.

selbstdokumentierender Code *Subst.* (self-documenting code)
Durch den Einsatz geeigneter Hochsprachen und die Verwendung informativer Bezeichner läßt sich der Quelltext eines Programms auch ohne Kommentare so formulieren, daß ihn andere Programmierer ohne Schwierigkeiten verstehen können.

selbstentpackende Datei *Subst.* (self-extracting file)
Eine ausführbare Datei, die eine oder mehrere komprimierte Textdateien oder Datendateien enthält. Wenn ein Benutzer diese Programmdatei

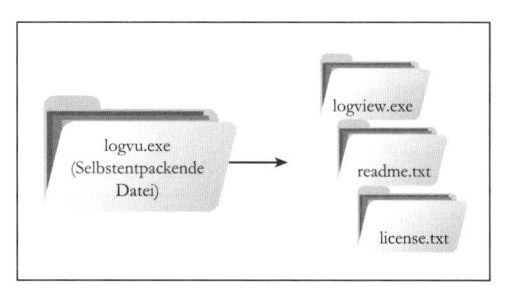

Selbstentpackende Datei

startet, werden die Dateien dekomprimiert und auf der Festplatte des Benutzers gespeichert.

selbstentpackendes Archiv *Subst.* (self-extracting archive)
→ *siehe selbstentpackende Datei.*

selbstgebraut *Subst.* (homebrew)
Hardware oder Software, die nicht für kommerzielle Zwecke, sondern von Privatpersonen für den Eigenbedarf entwickelt wird. Hierbei handelt es sich beispielsweise um die Hardware, die von Bastlern konstruiert wurde, als die Mikrocomputer in den siebziger Jahren erstmals auf den Markt kamen.

selbstgeschnitzte Software *Subst.* (homegrown software)
Im »stillen Kämmerlein« anstatt in einer professionellen Umgebung entwickelte Software. Die meisten Public Domain- und Shareware-Programme entstammen dieser Sphäre.

selbstmodifizierender Code *Subst.* (self-modifying code)
Programmcode (in der Regel ein von einem Compiler oder Assembler generierter Objektcode), der sich während der Ausführung selbst verändern kann, indem die existierenden Anweisungen durch neue Befehlscodes, Adressen oder Datenwerte überschrieben werden. → *siehe auch reine Prozedur.*

selbstprüfender Code *Subst.* (self-validating code)
Programmcode, der sein korrektes Verhalten selbsttätig verifizieren kann. Dies geschieht in der Regel durch Einlesen einer Reihe von Standard-Eingabewerten und Vergleichen der Ergebnisse mit den erwarteten Ausgabewerten.

selbstsynchronisierend *Subst.* (self-clocking)
Bezeichnet ein Verfahren, bei dem die Taktsignale in den Datenstrom eingefügt werden und nicht von einer externen Quelle stammen, wie dies z. B. bei der Phasen-Codierung der Fall ist.

Selbsttest *Subst.* (built-in check, self-test)
Eine Zusammenstellung diagnostischer Tests, die von einem Computer oder einem Peripheriegerät (z. B. einem Drucker) auf die eigene Hardware ausgeführt werden. → *siehe auch Power-On-Selbsttest.*
→ *siehe Hardware-Check, Power-On-Selbsttest.*

Selbstüberwachung *Subst.* (automonitor)
Die Eigenschaft eines Prozesses oder Systems, sich selbst hinsichtlich der internen Umgebung einstufen zu können.

Selbstwählfunktion *Subst.* (auto dial)
Eine Funktion in einem Modem, die selbsttätig eine Telefonverbindung herstellt, indem ein Wählton initiiert und daraufhin die angegebene Telefonnummer als Folge von Impulsen nach dem jeweiligen Wahlverfahren (Puls- oder Frequenzwahl) übermittelt wird.

selektierte Zelle *Subst.* (selected cell)
→ *siehe aktive Zelle.*

Selektion *Subst.* (selection)
In der Datenübertragung der Kontaktaufbau zwischen einem Computer und einer entfernten Station, die eine Nachricht empfangen soll.
In der Programmierung eine bedingte Verzweigung. → *siehe auch bedingte Verzweigung.*

Selektivruf *Subst.* (selective calling)
Bezeichnet die Fähigkeit einer Station, auf einer Übertragungsleitung die Station anzugeben, die die Sendung empfangen soll.

Selektorkanal *Subst.* (selector channel)
Eine Eingabe-/Ausgabe-Datenübertragungsleitung, die zu einem bestimmten Zeitpunkt exklusiv von einem Hochgeschwindigkeitsgerät belegt wird.

Self-Monitoring Analysis and Reporting Technology System *Subst.* (self-monitoring analysis and reporting technology system)
→ *siehe SMART-System.*

Self-Organizing Map *Subst.* (self-organizing map)
→ *siehe SOM.*

Semantik *Subst.* (semantics)
In der Programmierung die Beziehung zwischen Wörtern oder Symbolen und ihren zugeordneten Bedeutungen. Programmiersprachen sind bestimmten semantischen Regeln unterworfen. Eine Programmanweisung kann daher syntaktisch korrekt sein, jedoch semantische Fehler enthalten. Dies bedeutet, daß eine Anweisung in einer zulässigen Form geschrieben werden kann und doch eine fehlerhafte Bedeutung beinhaltet. → *siehe auch Syntax.*
In der Erforschung künstlicher Intelligenz bezeichnet der Ausdruck die Fähigkeit eines Netzwerks, Verhältnisse zwischen Objekten, Ideen oder Situationen in einer menschenähnlichen Weise darzustellen.

semantischer Fehler *Subst.* (semantic error)
Ein Fehler in der Bedeutung. In einem Programm eine Anweisung, die syntaktisch zwar korrekt (zulässig) ist, funktionell jedoch fehlerhaft. → *siehe auch Logik, Semantik, Syntax.*

Semaphore *Subst.* (semaphore)
In der Programmierung ein Signal (eine Flag-Variable), das verwendet wird, um den Zugriff auf gemeinsam genutzte Systemressourcen zu verwalten. Eine Semaphore zeigt anderen potentiellen Benutzern an, daß sich eine Datei oder eine Ressource in Verwendung befindet, und verhindert, daß mehr als ein Benutzer darauf zugreift. → *siehe auch Flag.*

Sende-Befehl *Subst.* (send statement)
In den Skriptsprachen für SLIP und PPP eine Angabe, die das Einwahlprogramm (das die Telefonverbindung zum Internet-Dienstanbieter herstellt) anweist, bestimmte Zeichen zu senden. → *siehe auch ISP, PPP, Skriptsprache, SLIP.*

senden *Subst.* (send)
Eine Nachricht oder eine Datei über einen Kommunikationskanal übertragen.

Sendung *Subst.* (upload)
In der Kommunikationstechnik der Vorgang der Übertragung einer Dateikopie von einem lokalen Computer auf einen entfernten Computer mit Hilfe eines Modems oder über ein Netzwerk.
Die Dateikopie, die von einem lokalen Computer auf einen entfernten Computer übertragen wird oder übertragen wurde.

Senke *Subst.* (drain)
Die Elektrode eines Feldeffekttransistors (FET), in dessen Richtung sich Ladungsträger (Elektronen) von der Quelle unter der Steuerung des Steueranschlusses bewegen. → *siehe Stromverbrauch.*
→ *siehe auch FET, MOSFET.*

senkrechte Anführungszeichen *Subst.* (dumb quotes)
Anführungszeichen, die nicht typografisch sind. Diese Anführungszeichen sind sowohl am Anfang als auch am Schluß oben und nicht geschwungen. Ein Beispiel ist das Zollzeichen ("). → *Vgl. typografische Anführungszeichen.*

senkrechter Balken *Subst.* (pipe)
Das Zeichen für eine vertikale Linie (|), das sich bei einer deutschen PC-Tastatur als Umschaltzeichen auf der Taste für das »Kleiner- bzw. Größer-als-Zeichen« befindet.

Sensor *Subst.* (sensor)
Ein Gerät, das eine Meßgröße nachweist oder mißt, indem es nichtelektrische Energie in elektrische Energie umwandelt. Eine Fotozelle beispielsweise erkennt oder mißt Licht durch Umwandlung in elektrische Energie. → *siehe auch Transducer.*

Sensor-Handschuh *Subst.* (sensor glove)
Ein Eingabegerät für Systeme mit virtueller Realität, das an der Hand getragen wird. Der Handschuh wandelt die Fingerbewegungen des Benutzers in Befehle um, mit denen die Objekte in der virtuellen Umwelt beeinflußt werden können. → *siehe auch virtuelle Realität.* → *auch genannt Datenhandschuh.*

SEPP *Subst.*
Abkürzung für Software Engineering for Parallel Processing (Softwareentwicklung für Parallelrechnersysteme). Ein Projekt von neun Europäischen Universitäten und Forschungsinstituten zur Entwicklung von Software-Werkzeugen für die Anwendungsprogrammierung von Multiprozessor-

Parallelverarbeitungssystemen mit verteiltem Speicher.

Sequenced Packet Exchange *Subst.*
→ *siehe SPX.*

sequentielle Ausführung *Subst.* (sequential execution)
Die Ausführung von Routinen oder Programmen in linearer Folge. → *Vgl. parallele Ausführung.*

sequentieller Algorithmus *Subst.* (sequential algorithm)
Ein Algorithmus, bei dem jeder Schritt in linearer Folge auftreten muß. → *siehe auch Algorithmus.* → *Vgl. paralleler Algorithmus.*

sequentieller Zugriff *Subst.* (sequential access)
Eine Methode zum Speichern oder Abrufen von Informationen, bei der das Programm mit dem Lesen am Anfang beginnen und so lange fortfahren muß, bis es die gewünschten Daten gefunden hat. Ein sequentieller Zugriff eignet sich am besten für Dateien, bei denen sich jede Informationseinheit auf die davorliegenden Informationen bezieht, wie beispielsweise bei Versandlisten-Dateien oder Textverarbeitungsdokumenten. → *siehe auch indexsequentieller Zugriff.* → *auch genannt serieller Zugriff.* → *Vgl. wahlfreier Zugriff.*

sequentielles Logikelement *Subst.* (sequential logic element)
Ein logisches Schaltelement, das mindestens einen Eingang und einen Ausgang aufweist, und bei dem das Ausgangssignal sowohl von den gegenwärtigen als auch von den vorausgegangenen Zuständen der Eingangssignale abhängig ist.

sequentielle Suche *Subst.* (sequential search)
→ *siehe lineare Suche.*

sequentielle Verarbeitung *Subst.* (sequential processing)
Die Verarbeitung von Informationselementen in der gleichen Reihenfolge, in der sie gespeichert sind oder eingegeben werden.
Außerdem die Ausführung eines Befehls, eines Unterprogramms oder eines Tasks, gefolgt von der Ausführung des jeweils nächsten Elements in einer linearen Folge. → *Vgl. Multiprocessing, parallele Verarbeitung, Pipelining.*

Sequenzprüfung *Subst.* (sequence check)
Ein Verfahren, bei dem geprüft wird, ob Daten oder Datensätze mit einer bestimmten Reihenfolge übereinstimmen. → *Vgl. Doublettenprüfung, Konsistenzprüfung, Vollständigkeitsprüfung.*

Serial Infrared *Subst.*
Ein von Hewlett-Packard entwickeltes System für die Übertragung von Daten zwischen Geräten mit einer Entfernung von bis zu einem Meter über einen Infrarot-Lichtstrahl. Die Infrarot-Sensoren auf Sender- und Empfängerseite müssen dazu aufeinander ausgerichtet werden. Serial Infrared wird bei Laptop- und Notebook-Computern eingesetzt sowie bei Peripheriegeräten wie Druckern. → *siehe auch Infrarot-Port.*

serialisieren *Vb.* (serialize)
Von einer parallelen (byteweisen) Übertragung in eine serielle (bitweise) Übertragung umwandeln. → *Vgl. deserialisieren.*

SerialKeys *Subst.*
Eine Funktion von Windows 95, die es ermöglicht, von einem Eingabehilfegerät Tastatureingaben und Mausbefehle über die serielle Schnittstelle des Computers einzugeben.

Serial Line Internet Protocol *Subst.*
→ *siehe SLIP.*

Serial Storage Architecture *Subst.*
→ *siehe SSA.*

seriell *Adj.* (serial)
Soviel wie »eines nach dem anderen«. Beispielsweise werden bei einer seriellen Übertragung Informationen durch aufeinanderfolgende einzelne Bits übertragen, und ein serieller Computer verfügt nur über ein einziges Rechenwerk, welches das ganze Programm Schritt für Schritt ausführen muß. → *Vgl. parallel.*

seriell, bitweise *Adj.* (bit serial)
→ *siehe bitweise seriell.*

serielle Kommunikation *Subst.* (serial communication)
Die bitweise Informationsübertragung zwischen Computern oder zwischen Computern und Peri-

S pheriegeräten über einen einzelnen Kanal. Serielle Kommunikation kann synchron oder asynchron sein. Sowohl Sender als auch Empfänger müssen die gleiche Baudrate, Parität und Steuerinformation verwenden. → *siehe auch Baudrate, Parität, Startbit, Stopbit.*

serielle Maus *Subst.* (serial mouse)
Ein Zeigegerät, das an den Computer über eine serielle Standardschnittstelle angeschlossen ist. → *siehe auch Maus.* → *Vgl. Busmaus.*

serieller Addierer *Subst.* (serial adder)
Ein Schaltkreis, der zwei Zahlen bitweise addiert (d.h. jeweils eine binäre Stelle).

serieller Drucker *Subst.* (serial printer)
Ein Drucker, der an den Computer über eine serielle Schnittstelle angeschlossen ist (in der Regel eine Schnittstelle nach RS-232-C oder einer kompatiblen Norm). Die Steckverbindungen für diese Art von Druckern sind sehr unterschiedlich, dies ist ein Grund dafür, daß sie im Einsatz mit IBM- und kompatiblen PCs weniger verbreitet sind als parallele Drucker. Serielle Drucker sind der Standard bei Apple-Computern. → *siehe auch DB-Stecker, seriell, serielle Übertragung.* → *Vgl. Paralleldrucker.*

serieller Port *Subst.* (serial port)
Eine Eingabe-/Ausgabeadresse (Kanal) für die bitweise Übertragung von Daten zum Prozessor eines Computers oder zu einem Datenübertragungsgerät. Serielle Schnittstellen werden für die serielle Datenübertragung verwendet sowie als Schnittstellen für verschiedene Peripheriegeräte wie Maus oder Drucker.

serieller Port-Adapter *Subst.* (serial port adapter)
Eine Schnittstellenkarte oder ein Gerät, das serielle Anschlüsse entweder direkt oder für andere Zwecke zur Verfügung stellt. → *siehe auch Schnittstellenkarte, serieller Port.*

serieller Zugriff *Subst.* (serial access)
→ *siehe sequentieller Zugriff.*

serielle Schnittstelle *Subst.* (serial interface)
Eine Datenübertragungseinrichtung, bei der Daten- und Steuerbits sequentiell über einen einzelnen Kanal gesendet werden. In bezug auf eine serielle Eingabe-/Ausgabeschnittstelle impliziert dieser Begriff in der Regel die Verwendung einer Schnittstelle nach RS-232 oder RS-422. → *siehe auch RS-232-C-Standard, RS-422/423/449.* → *Vgl. parallele Schnittstelle.*

serielle Übertragung *Subst.* (serial transmission)
Die sequentielle Übertragung diskreter Signale. In der Datenübertragungstechnik bezieht sich dieser Begriff auf das bitweise Senden von Informationen über eine einzelne Leitung, wie beispielsweise bei Verbindungen zwischen Modems. → *Vgl. parallele Übertragung.*

serielle Verarbeitung *Subst.* (serial processing)
→ *siehe sequentielle Verarbeitung.*

Serienbrieffunktion *Subst.* (mail merge)
Eine Massenpost-Funktion, bei der Namen, Adressen und manchmal auch relevante Angaben zum Empfänger einer Datenbank entnommen und in einen Formbrief oder in ein ähnliches Basisdokument eingesetzt werden.

Serife *Subst.* (serif)
Bezeichnet die kleinen Querstriche oder Verzierungen am Ende der Schriftzüge eines Schriftzeichens.

serifenbetont *Adj.* (serif)
Durch das Vorhandensein von Serifen gekennzeichnet. Beispielsweise ist Goudy eine Serifenschrift, während Helvetica eine serifenlose Schrift darstellt. → *Vgl. serifenlos.*

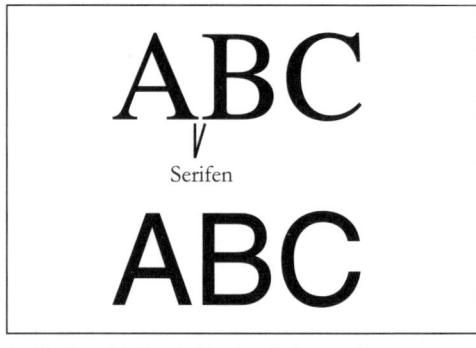

Serife: Eine Schrift mit (oben) und ohne Serifen

serifenlos *Adj.* (sans serif)
Wörtlich: »Ohne Striche«. Eine Schriftart, deren Zeichen keine Serifen aufweisen (Querstriche oder Verzierungen am Ende der Schriftzüge). Eine serifenlose Schrift hat im Vergleich zu einer Serifenschrift eine geradlinigere, geometrische Erscheinung, auch haben ihre Zeichen keine unterschiedlichen Linienstärken. Serifenlose Schriften werden eher für Überschriften als für Textblöcke verwendet. → *Vgl. Serife.*

Server *Subst.* (server)
In einem lokalen Netzwerk (LAN) ein Computer mit administrativer Software, der den Zugriff auf das Netzwerk und dessen Ressourcen steuert, wie Drucker und Festplattenlaufwerke, und den im Netzwerk als Arbeitsplatzstationen arbeitenden Computern Ressourcen zur Verfügung stellt.
Im Internet oder in einem anderen Netzwerk stellt ein Server einen Computer (oder ein Programm) dar, der auf Befehle eines Clients antwortet. Beispielsweise kann ein Dateiserver ein Archiv von Daten oder Programmdateien enthalten. Fordert ein Client eine Datei an, überträgt der Server eine Kopie der Datei an den Client. → *siehe auch Client-Server-Architektur.* → *Vgl. Client.*

Server, anonymer *Subst.* (anonymous server)
→ *siehe anonymer Remailer.*

serverbasierte Anwendung *Subst.* (server-based application)
Ein Programm, das in einem Netzwerk zur gemeinsamen Verwendung freigegeben ist. Das Programm wird dazu auf dem Netzwerk-Server gespeichert und kann so von mehreren Clients gleichzeitig verwendet werden.

Server-Cluster *Subst.* (server cluster)
Eine Gruppe unabhängiger Computer, die als System zusammenwirken. Ein Server-Cluster erscheint einem Client gegenüber als einzelner Server.

Server-Fehler *Subst.* (server error)
Ein Fehler bei der Durchführung einer Informationsanfrage über HTTP, bewirkt durch einen Fehler auf Server- und nicht auf Client- oder Benutzerseite. Server-Fehler werden durch HTTP-Statuscodes angegeben, die mit der Ziffer 5 beginnen. → *siehe auch HTTP, HTTP-Statuscodes.*

Server für Fernzugang *Subst.* (remote access server)
Ein mit Modem ausgerüstetes Host-System in einem lokalen Netzwerk, mit dem die Benutzer eine Verbindung zum Netzwerk über Telefonleitungen herstellen können.

Server, kommerzieller *Subst.* (commerce server)
→ *siehe kommerzieller Server.*

Server, objektrelationaler *Subst.* (object-relational server)
→ *siehe objektrelationaler Server.*

Server, paralleler *Subst.* (parallel server)
→ *siehe paralleler Server.*

Server Push-Pull *Subst.* (server push-pull)
Eine Kombination aus Client-/Server-Konzepten für das World Wide Web, die – einzeln genannt – »Server Push« und »Client Pull« heißen. Bei Server Push sendet der Server Daten an den Client, die Datenverbindung bleibt jedoch geöffnet. Damit wird es dem Server ermöglicht, das Senden der Daten an den Browser den Anforderungen entsprechend fortzusetzen. Bei Client Pull sendet der Server Daten an den Client, die Datenverbindung bleibt jedoch nicht geöffnet. Der Server sendet eine HTML-Anweisung an den Browser, um die Verbindung nach einem bestimmten Intervall wieder zu öffnen und weitere Daten zu übertragen oder möglicherweise eine neue URL-Adresse zu öffnen. → *siehe auch HTML, URL.*

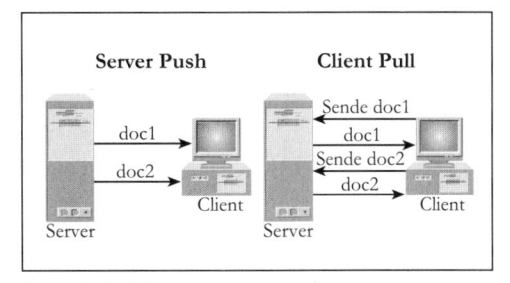

Server Push-Pull

Server-Side Include *Subst.* (server-side includes)
Ein Mechanismus zur Integration dynamischer Texte in Dokumente auf dem World Wide Web. Server-Side Include umfaßt spezielle Befehlscodes, die vom Server erkannt und interpretiert werden.

Das Ergebnis wird in den Dokumenttext eingebaut, bevor es an den Browser gesendet wird. Server-Side Include kann z. B. zum Einfügen eines Datum-/Uhrzeit-Feldes in den Text einer Datei verwendet werden.

Server, virtueller *Subst.* (virtual server)
→ *siehe virtueller Server.*

Service *Subst.* (service)
Eine kundenorientierte oder benutzerorientierte Tätigkeit, z. B. die Bereitstellung von Netzwerkdiensten oder technischer Unterstützung.
In der Programmierung bezeichnet »Service« ein Programm oder ein Unterprogramm, das eine Unterstützung für andere Programme bereitstellt, insbesondere auf niedriger Ebene (Hardware-Ebene). → *siehe auch Utility.*

Service Advertising Protocol *Subst.*
Ein Protokoll, das von einem Dienste anbietenden Knoten in einem Netzwerk verwendet wird (z. B. einem Datei- oder Anwendungsserver), um andere Knoten im Netzwerk auf die Zugriffsbereitschaft aufmerksam zu machen. Wird ein Server gestartet, verwendet er dieses Protokoll, um seine Dienste anzukündigen. Wird dieser Server abgeschaltet, teilt er über dieses Protokoll mit, daß die Dienste nicht länger verfügbar sind.

Service-Provider *Subst.* (service provider)
→ *siehe ISP.*

Service-Provider, sekundärer *Subst.* (secondary service provider)
→ *siehe sekundärer Service-Provider.*

Servo *Subst.* (servo)
Der Teil eines Servomechanismus, der, gesteuert durch die Regelkreisschaltung des Servomechanismus, die eigentliche mechanische Ausgangsgröße produziert. → *siehe auch Servomechanismus.*
→ *auch genannt Servomotor.*

Servomechanismus *Subst.* (servomechanism)
Ein Regelsystem, dessen Ausgangsgröße eine mechanische Bewegung ist. Ein Servomechanismus basiert auf einem Regelkreis, um Position, Geschwindigkeit oder Beschleunigung eines mechanischen Elements zu regeln. → *auch genannt Servosystem.*

Servomotor *Subst.* (servomotor)
→ *siehe Servo.*

Servosystem *Subst.* (servo system)
→ *siehe Servomechanismus.*

SET-Protokoll *Subst.* (SET protocol)
→ *siehe Secure Electronics Transactions protocol.*

Set-Top-Box *Subst.* (set-top box)
Ein Gerät, das Kabelfernsehsignale für ein Fernsehgerät aufbereitet. Eine Set-Top-Box kann auch für den Zugang zum World Wide Web genutzt werden.

Setup-Assistent *Subst.* (setup wizard)
In Microsoft Windows eine strukturierte Folge von Fragen und Optionen, mit deren Hilfe ein Benutzer beim Einrichten eines neuen Programms angeleitet wird.

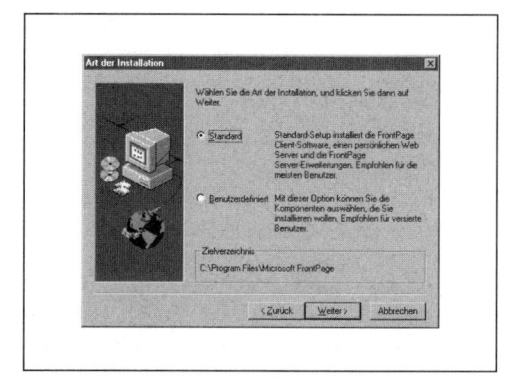

Setup-Assistent

Setup-Programm *Subst.* (setup program)
Ein integriertes BIOS-Programm zur Konfiguration der Systemparameter, z. B. nach Einbau einer neuen Festplatte. → *siehe Installationsprogramm.*
→ *siehe auch BIOS.*

Setup-String *Subst.* (setup string)
→ *siehe Steuercode.*

setzen *Vb.* (set)
Das Ändern eines Bitwertes auf den Wert 1. Außerdem das Einrichten einer bestimmten Bedingung, z. B. das Setzen von Tabulatoren, das Zurücksetzen eines Zählers auf 0 oder das Setzen eines Haltepunktes. → *siehe auch Haltepunkt.*

.sf.ca.us
Im Internet ein Kürzel für die übergreifende Länder-Domäne, die eine Adresse in San Francisco, im Bundesstaat Kalifornien in den Vereinigten Staaten angibt.

sfil *Subst.*
Der Dateityp einer Audiodatei auf einem Apple Macintosh unter dem Betriebssystem System 7.

.sg
Im Internet ein Kürzel für die übergreifende Länder-Domäne, die eine Adresse in Singapur angibt.

.sgm
Eine Dateinamenerweiterung von MS-DOS und Windows 3.*x*, die SGML-Dateien kennzeichnet. Da MS-DOS bzw. Windows 3.*x* keine Dateinamenerweiterungen mit mehr als drei Zeichen verarbeiten können, wird die Erweiterung .sgml in diesen Umgebungen auf drei Zeichen gekürzt. → *siehe auch SGML.*

.sgml
Eine Dateinamenerweiterung, die SGML-Dateien kennzeichnet. → *siehe auch SGML.*

SGML *Subst.*
Abkürzung für Standard Generalized Markup Language (standardisierte, generalisierte Auszeichnungssprache). Eine Norm für Informationsverwaltungszwecke, die 1986 vom Normungsinstitut ISO (International Organization for Standardization) als ISO-Standard 8879 übernommen wurde. SGML beschreibt ein Verfahren zur Bereitstellung plattform- und anwendungsunabhängiger Dokumente, bei dem Formatierung, Indizierung und verknüpfte Informationen erhalten bleiben. SGML enthält ein grammatikähnliches Schema, mit dem der Benutzer eine allgemeine Dokumentstruktur festlegen kann, und »Tags«, die es ihm ermöglichen, Strukturen in einzelnen Dokumenten zu kennzeichnen. → *siehe auch ISO.*

.sh
Im Internet ein Kürzel für die übergreifende Länder-Domäne, die eine Adresse auf St. Helena angibt.

sh
→ *siehe Bourne-Shell.*

SHA *Subst.*
Abkürzung für Secure Hash Algorithm. Ein Algorithmus, der eine auf 160 bit verdichtete Darstellung einer Nachricht oder einer Datendatei erzeugt (die sog. *Message Digest*). Der SHA-Algorithmus wird vom Sender und vom Empfänger einer Nachricht bei der Erstellung und Verifikation einer digitalen Unterschrift für Sicherheitszwecke verwendet. → *siehe auch Algorithmus, digitale Unterschrift.*

Shadow Memory *Subst.* (shadow memory)
Ein Verfahren, das bei einigen Computern auf der Basis der Architektur 80×86 vom BIOS verwendet wird. Dabei werden die BIOS-Routinen aus dem System-ROM während des Systemstarts in einen reservierten Bereich des Arbeitsspeichers kopiert. Aufrufe der BIOS-Systemroutinen werden dann auf ihre »Schattenkopien« (engl. »shadow«) im (schnelleren) RAM-Speicher umgeleitet, wodurch die Ausführungsgeschwindigkeit erhöht wird. → *auch genannt Shadow RAM, Shadow ROM.*

Shadow RAM *Subst.* (shadow RAM)
→ *siehe Shadow Memory.*

Shadow ROM *Subst.* (shadow ROM)
→ *siehe Shadow Memory.*

Shareware *Subst.* (shareware)
Urheberrechtlich geschützte Software, die auf der Basis »Erst testen – dann kaufen« verteilt wird. Benutzer, die das Programm nach der Testperiode weiterhin verwenden möchten, werden aufgefordert, eine Gebühr an den Autor des Programms zu entrichten. → *Vgl. Freeware, freie Software, Public-Domain-Software.*

Shelfware *Subst.* (shelfware)
Software, die über lange Zeit nicht verkauft oder nicht benutzt wurde, so daß sie auf dem Regal des Händlers oder Benutzers stehengeblieben ist.

Shell *Vb.* (shell, shell)
→ *siehe Shell öffnen.*
Zu deutsch »Schale«. In der Regel ein separates Programm, das als Softwareschnittstelle dem Benutzer die direkte Kommunikation mit dem Betriebssystem erlaubt. Beispiele für Shells sind der Apple Macintosh Finder und der Befehlsinter-

S preter COMMAND.COM in MS-DOS. → *siehe auch Bourne-Shell, C-Shell, Finder, Korn-Shell.* → *Vgl. Kernel.*

Shell-Archiv *Subst.* (shell archive)
In UNIX und GNU eine Zusammenstellung komprimierter Dateien, die für die Übertragung über einen E-Mail-Dienst mit Hilfe des Befehls »shar« vorbereitet wurden.

Shell öffnen *Vb.* (shell out)
Einen temporären Zugriff auf die Betriebssystem-Shell erhalten, ohne die laufende Anwendung schließen zu müssen, und nach Ausführen der gewünschten Shell-Funktion zu dieser Anwendung zurückkehren. Viele UNIX-Programme ermöglichen dem Benutzer das Öffnen einer Shell; in fensterorientierten Umgebungen kann der Benutzer durch einen Wechsel zum Hauptsystemfenster (Konsole) ebenso verfahren.

Shell-Skript *Subst.* (shell script)
Ein Skript, das vom Befehlsinterpreter (Shell) eines Betriebssystems ausgeführt wird. Der Begriff bezieht sich im allgemeinen auf Skripten, die auf UNIX-Plattformen durch die Bourne-, C- oder Korn-Shell ausgeführt werden. → *siehe auch Shell, Skript, Stapeldatei.* → *auch genannt Stapeldatei.*

Shellsort *Subst.* (Shell sort)
Ein Programmalgorithmus zum Sortieren von Daten, benannt nach seinem Erfinder, Donald Shell. Dieser Sortieralgorithmus ist schneller als die Algorithmen Bubblesort und einfügendes Sortieren. → *siehe auch Algorithmus.* → *Vgl. Bubble Sort, einfügendes Sortieren.*

Shockwave *Subst.*
Ein Format für Audio- und Video-Multimedia-Effekte in HTML-Dokumenten. Der Hersteller Macromedia vertreibt eine Produktfamilie der sog. Shockwave-Server sowie Zusatzprogramme für Web-Browser. → *siehe auch HTML.*

Shovelware *Subst.* (shovelware)
Eine kommerziell vertriebene CD-ROM mit einer Zusammenstellung verschiedenartiger Software, Bilder, Texte oder anderer Daten, die über andere Quellen zu geringen Kosten oder frei erhältlich wären (z.B. Freeware oder Shareware aus dem Internet und aus Mailboxen oder Public Domain ClipArt). → *siehe auch BBS, Freeware, Shareware.*

ShowSounds *Subst.*
Ein globales Flag bei Windows 95, das eine Anwendung anweist, im Falle der Ausgabe eines Signaltons gleichzeitig ein visuelles Signal auszugeben. Auf diese Weise können auch Benutzer mit Hörschäden oder in lauten Umgebungen aufmerksam gemacht werden.

SHTML *Subst.*
Abkürzung für Server-parsed **HTML** (HTML für Server-Auswertung). Ein HTML-Text, der Befehle für Server-Side Include enthält. SHTML-Dokumente werden vor Weitergabe an den Browser vom Server vollständig gelesen, ausgewertet und modifiziert. → *siehe auch HTML, Server-Side Include.*

S-HTTP *Subst.*
Abkürzung für Secure HyperText Transfer Protocol (Sicheres HTTP-Protokoll). Eine vorgeschlagene Erweiterung des HTTP-Protokolls, die verschiedene Verschlüsselungs- und Authentifizierungsverfahren unterstützt, um Transaktionen auf dem Übertragungsweg abzusichern.

.si
Im Internet ein Kürzel für die übergreifende Länder-Domäne, die eine Adresse in Slowenien angibt.

Sicherheit *Subst.* (security)
Der Schutz eines Computersystems und der darauf gespeicherten Daten gegen Schaden oder Verlust. Ein Hauptaspekt der Computersicherheit betrifft die unberechtigte Nutzung von Systemen. Insbesondere gilt das für Systeme, auf die viele Personen Zugriff haben oder die über Kommunikationsleitungen erreichbar sind.

Sicherheit-Kernel *Subst.* (security kernel)
Ein Betriebssystem-Kernel, der vor unberechtigtem Zugriff geschützt ist. → *siehe auch Kernel.*

Sicherheitsprotokoll *Subst.* (security log)
Ein Protokoll, das von einer Sicherheitsvorrichtung wie einem Firewall-System erstellt wird und sicherheitsrelevante Ereignisse – z.B. Zugangsver-

suche – auflistet, wobei die dabei beteiligten Benutzernamen und Befehle aufgezeichnet werden.
→ *siehe auch Firewall, Protokoll.*

sichern *Vb.* (back up)
Die Herstellung einer Kopie eines Programms, eines Datenträgers, z.B. einer Diskette, oder von Daten. → *siehe auch Sicherungskopie.*
Außerdem eine Strategie, bei der ein System in einen früheren, stabilen Zustand zurückgeführt wird – z.B. in einen Zustand, von dem bekannt ist, daß in ihm eine Datenbank noch vollständig und konsistent war.

Sicherung *Subst.* (fuse)
Ein Bauelement, das bei Überschreiten einer bestimmten Stromstärke schmilzt und den Stromkreis unterbricht. Eine Sicherung verhindert die Zerstörung einer Schaltung durch zu hohen Strom. Sie erfüllt damit die gleiche Funktion wie ein Überstromschalter, läßt sich aber nicht zurücksetzen und muß nach einem Durchbrennen ersetzt werden. Eine Sicherung besteht aus einem kurzen Draht von spezifischer Zusammensetzung und Dicke. Je dicker der Draht, desto mehr Strom kann fließen, bevor die Sicherung schmilzt und den Stromkreis unterbricht.

Sicherungsdatei *Subst.* (backup file)
→ *siehe Sicherungskopie.*

Sicherungskopie *Subst.* (backup, backup copy)
Ein Duplikat eines Programms, eines Datenträgers oder eines Datenbestandes, das entweder zu Archivierungszwecken oder als Schutz vor dem Verlust unersetzbarer Daten angelegt wird, falls die Arbeitskopie beschädigt oder zerstört wird. In diesem Sinne kann man eine Sicherungskopie auch als »Versicherungs«-Kopie bezeichnen. Einige Anwendungen erzeugen automatisch Sicherungskopien von Datendateien und verwalten dabei sowohl die aktuelle Version als auch die Vorgängerversion auf der Festplatte. → *auch genannt Sicherungsdatei.*

Sicherungsschicht *Subst.* (data-link layer)
Die zweite von insgesamt sieben Schichten im ISO/OSI-Schichtenmodell für die Normierung der Computer-zu-Computer-Kommunikation. Die Sicherungsschicht ist eine Schicht über der physikalischen Schicht. Diese Schicht verpackt und adressiert die Daten und verwaltet den Übertragungsfluß. Es ist die niedrigste der drei Schichten (Datensicherung, Netzwerk und Transport), die für das Verschieben von Daten zwischen Geräten verantwortlich sind. → *siehe auch ISO/OSI-Schichtenmodell.*

Sicherung und Wiederherstellung *Subst.* (backup and recovery, backup and restore)
Allgemein eine Strategie, bei der von Datenbeständen Sicherungskopien angelegt werden. Bei Bedarf werden die Sicherungskopien auf das Arbeitsmedium zurückgespielt.
In Verbindung mit Datenbank-Managementsystemen eine Strategie, die in vielen derartigen Systemen zu finden ist und es erlaubt, eine durch einen Software- oder Hardwarefehler beschädigte Datenbank in den Zustand zurückzuführen, in dem sie sich befand, nachdem die letzte vollständige Änderung (Transaktion) durchgeführt wurde. Um die Datenbank wiederherzustellen, wird zunächst auf die letzte Sicherungskopie der Datenbank zurückgegriffen und diese als Arbeitsdatenbank verwendet. Daraufhin werden die im Transaktionsprotokoll (oder in der Änderungsdatei) verzeichneten Transaktionen der Reihe nach durchgeführt, bis der letzte Prüfpunkt im Protokoll erreicht ist. → *siehe auch Protokoll, Prüfpunkt, Sicherungskopie.*

sichtbare Seite *Subst.* (visible page)
Bezeichnet in der Computergrafik das momentan auf dem Bildschirm angezeigte Bild. Der Begriff bezieht sich auf die abschnittsweise Speicherung von Bildschirminhalten im Display-Speicher des Computers. Die einzelnen Abschnitte werden dabei in Form sog. Seiten abgelegt, die jeweils ein volles Bildschirmbild aufnehmen können.

sichtbares Zeichen *Subst.* (graphic character)
Jedes Zeichen, das durch ein sichtbares Symbol dargestellt wird, z.B. ein ASCII-Zeichen. Ein sichtbares Zeichen ist nicht mit einem Grafikzeichen gleichzusetzen. → *Vgl. Grafikzeichen.*

Sieb des Eratosthenes *Subst.* (Eratosthenes' sieve, sieve of Eratosthenes)
Ein Algorithmus zur Ermittlung von Primzahlen. Er wird häufig als Benchmark-Test für die Ge-

S schwindigkeit von Computern oder Programmiersprachen verwendet. Benannt nach dem griechischen Mathematiker und Philosophen Eratosthenes.

Siebensegment-Anzeige *Subst.* (seven-segment display)
Eine Leuchtdioden- (LED) oder Flüssigkristallanzeige (LCD), bei der sieben Leuchtbalken (Segmente) in Form der Ziffer 8 angeordnet sind. Siebensegment-Anzeigen können alle 10 Ziffern des Dezimalsystems anzeigen und finden beispielsweise in Taschenrechnern Anwendung.

.sig
Eine Dateinamenerweiterung einer Signaturdatei für E-Mail-Nachrichten oder Newsgroups im Internet. Der Inhalt dieser Datei wird den E-Mail-Nachrichten oder Newsgroup-Beiträgen durch das jeweilige Client-Programm automatisch angehängt.
→ *siehe auch Signaturdatei.*

SIG *Subst.*
Abkürzung für »Special Interest Group« (im Deutschen »Spezialinteressengruppe«). Eine Gruppe von Benutzern, die online über E-Mail diskutieren oder sich treffen und Informationen austauschen; insbesondere eine Gruppe, die von der Organisation Association for Computing Machinery (ACM) unterstützt wird, wie z.B. SIGGRAPH im Bereich Computergrafik.

SIGGRAPH *Subst.*
Kurzform für Special Interest Group on Computer **Graph**ics, eine auf Computergrafik spezialisierte Untergruppe der Organisation »Association for Computing Machinery« (ACM).

Signal *Subst.* (signal)
Eine elektrische Größe, z.B. Spannung, Strom oder Frequenz, die zur Übertragung von Informationen dienen kann.
Außerdem ein Summton oder ein Klang aus dem Lautsprecher eines Computers oder eine auf dem Bildschirm angezeigte Eingabeaufforderung, um dem Benutzer mitzuteilen, daß der Computer für die Eingabe von Informationen bereit ist.

Signalabfall *Subst.* (degradation)
In der Kommunikationstechnik eine Verschlechterung der Signalqualität, die z.B. durch Überlagerungen auf der Leitung hervorgerufen wird.

Signalaufbereitung *Subst.* (conditioning)
Die Verwendung spezieller Einrichtungen, um die elektrischen Parameter einer Kommunikationsleitung für die Datenübertragung zu verbessern. Durch Signalaufbereitung können z.B. Dämpfung, Störungen und Verzerrungen beeinflußt und kompensiert werden. Die Signalaufbereitung läßt sich nur in Verbindung mit Mietleitungen einsetzen, da hier der Pfad vom sendenden zum empfangenden Computer im voraus bekannt ist.

Signal, digitales *Subst.* (digital signal)
→ *siehe digitales Signal.*

Signalgenerator, analoger *Subst.* (analog signal generator)
→ *siehe analoger Signalgenerator.*

Signalkonverter *Subst.* (signal converter)
Ein Gerät oder ein Schaltkreis, der ein Signal von einer Form in eine andere umwandelt, z.B. von analoger in digitale Form oder von PCM-Modulation in Frequenzmodulation.

Signalprozessor, digitaler *Subst.* (digital signal processor)
→ *siehe digitaler Signalprozessor.*

Signalstärke *Subst.* (line level)
Die Stärke eines Kommunikationssignals an einem vorgegebenen Punkt auf der Leitung. Die Signalstärke wird in Dezibel (der zehnte Teil des dekadischen Logarithmus aus dem Verhältnis zweier Größen) oder Neper (der natürliche Logarithmus des Verhältnisses zweier Größen) angegeben.

Signalverzögerung *Subst.* (propagation delay)
Die von einem Kommunikationssignal benötigte Laufzeit zwischen zwei Punkten. Bei Satellitenübertragungen macht sich z.B. eine Signalverzögerung zwischen einer viertel bis einer halben Sekunde bemerkbar, die durch die zu überbrückende Entfernung zwischen Bodenstation und Satellit verursacht wird.

Signatur *Subst.* (signature)
Eine für Identifizierungszwecke verwendete Datenkombination, z.B. ein Text, der einer E-Mail-Nachricht oder einem Fax angehängt wird. Außerdem eine eindeutige Nummer, die zum Zwecke der Authentifizierung in Hardware oder Software integriert wird.

Signaturblock *Subst.* (signature block)
Ein Textblock, den ein E-Mail-Client oder ein Newsreader automatisch an das Ende einer jeden Nachricht oder eines jeden Artikels anhängt, bevor diese gesendet werden. Signaturblöcke enthalten in der Regel den Namen, die E-Mail-Adresse und weitere Daten der Person, die die Nachricht oder den Artikel geschrieben hat.

Signaturdatei *Subst.* (signature file)
→ *siehe .sig.*

signifikante Stellen *Subst.* (significant digits)
In einer Zahl die Ziffernfolge von der ersten bis zur letzten von Null verschiedenen Stelle. Sie bildet ein Maß für die Genauigkeit der Zahl (beispielsweise hat die Zahl 12300 drei und die Zahl 0,000120300 vier signifikante Stellen). → *siehe auch Gleitkomma-Notation.*

sign off *Vb.*
→ *siehe Ausloggen.*

sign on *Vb.*
→ *siehe anmelden.*

sign propagation *Subst.*
→ *siehe Vorzeichenbit.*

Silbentrennprogramm *Subst.* (hyphenation program)
Ein Programm (häufig Bestandteil einer Textverarbeitung), das wahlweise Trennstriche bei Zeilenumbrüchen einfügt. Gute Trennprogramme vermeiden optionale Trennungen am Ende von mehr als drei aufeinanderfolgenden Zeilen und markieren entweder zweifelhafte Trennungen oder fordern eine Bestätigung an. → *siehe auch Bindestrich.*

Silicon Valley *Subst.*
Eine Region Kaliforniens, südlich der Bucht von San Francisco, auch als Santa Clara Valley be-

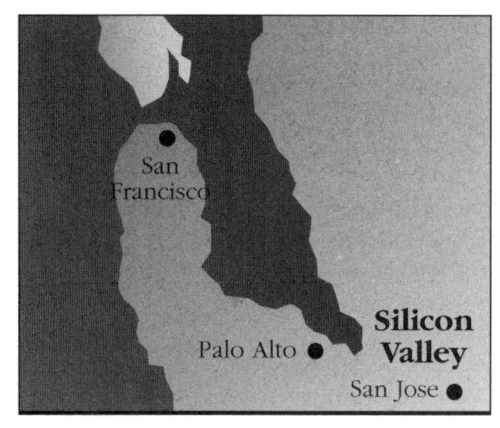

Silicon Valley

kannt, die sich ungefähr von Palo Alto bis nach San Jose erstreckt. Silicon Valley ist eines der Hauptzentren für Forschung, Entwicklung und Herstellung von Elektronik und Computern.

Silikatgel *Subst.* (silicate gel)
Ein Trockenmittel (feuchtigkeitsabsorbierende Substanz), das häufig den Verpackungen optischer oder elektronischer Geräte beigelegt wird.

Silikon *Subst.* (silicone)
Eine polymere Verbindung, bei der Silizium und Sauerstoff die Hauptbestandteile bilden. Silikon ist ein ausgezeichneter elektrischer Isolator, hat aber eine gute Wärmeleitfähigkeit.

Silizium *Subst.* (silicon)
Ein Halbleiter, der zur Herstellung zahlreicher elektronischer Bauelemente verwendet wird, insbesondere für integrierte Schaltkreise. Silizium, mit der Ordnungszahl 14 und dem Atomgewicht 28, ist in der Natur das zweithäufigste Element.

Silizium auf Saphir *Subst.* (silicon-on-sapphire)
Ein Verfahren zur Herstellung von Halbleiterbauelementen, bei dem die Bauelemente in einer dünnen Siliziumschicht ausgebildet werden, die auf einem isolierenden Substrat aus synthetischem Saphir aufgebracht ist.

Silizium-Chip *Subst.* (silicon chip)
Ein integrierter Schaltkreis, dessen Halbleitermaterial aus Silizium besteht.

Siliziumdioxid *Subst.* (silicon dioxide)
Ein Isolator, der bei bestimmten Halbleiterbauelementen zur Ausbildung dünner Isolierschichten verwendet wird. Siliziumdioxid ist auch der wichtigste Grundstoff bei der Herstellung von Glas.

Siliziumgießerei *Subst.* (silicon foundry)
Eine Fabrik oder eine Maschine zur Herstellung von Wafern aus kristallinem Silizium.

SIM *Subst.*
→ siehe *Society for Information Management.*

SIMD *Subst.*
Abkürzung für Single-Instruction, Multiple Datastream processing (Datenverarbeitung mit singulärem Befehls- und parallelem Datenstrang). Eine Kategorie der Parallelrechnerarchitekturen, bei der die Befehle von einem Befehlsprozessor gelesen und an mehrere weitere Prozessoren zur Verarbeitung weitergegeben werden. → *siehe auch parallele Verarbeitung.* → *Vgl. MIMD.*

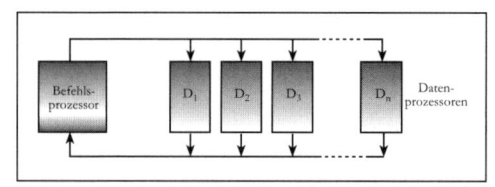

SIMD

SIMM *Subst.*
Abkürzung für single inline memory module (Speichermodul mit einseitiger, geradliniger Anschlußfolge). Eine kleine Leiterplatte, die mit oberflächenmontierten Speicherschaltkreisen bestückt ist.

SIMM

Simple Mail Transfer Protocol *Subst.*
Ein TCP/IP-Protokoll für die Übertragung von Nachrichten zwischen einzelnen Computersystemen über ein Netzwerk. Dieses Protokoll wird im Internet für die Weiterleitung von E-Mail verwendet. → *siehe auch Protokoll, TCP/IP.* → *Vgl. Post Office Protocol, X.400.*

Simple Network Management Protocol *Subst.*
→ *siehe SNMP.*

Simplex-Übertragung *Subst.* (simplex transmission)
Eine Übertragung, die nur in der Richtung vom Sender zum Empfänger stattfindet. → *Vgl. duplex, Halbduplex-Übertragung.*

Simulation *Subst.* (simulation)
Die Nachbildung eines physikalischen Vorgangs oder Objekts durch ein Programm. Dabei werden mathematische Methoden eingesetzt, um ein Computersystem auf Daten und Veränderungen von Bedingungen ebenso reagieren zu lassen, als handele es sich um den Vorgang oder das Objekt selbst. → *siehe auch Emulator, Modellierung.*

simultane Verarbeitung *Subst.* (simultaneous processing)
Echter Parallelprozessorbetrieb, bei dem mehrere Tasks gleichzeitig verarbeitet werden können. → *siehe auch Multiprocessing, parallele Verarbeitung.*
Eine parallele Verarbeitung mehrerer Tasks, bei der die Prozessorzeit zyklisch auf die einzelnen Tasks aufgeteilt wird. → *siehe auch Multitasking, parallel.*

Single In-line Memory Module *Subst.* (single in-line memory module)
→ *siehe SIMM.*

Single In-line Package *Subst.* (single inline package)
→ *siehe SIP.*

Single In-line Pinned Package *Subst.* (single in-line pinned package)
→ *siehe SIPP.*

Single Instruction, Multiple Data Stream Processing *Subst.* (single-instruction, multiple-data stream processing)
→ *siehe SIMD.*

Single Threading *Subst.* (single threading)
Eine Form der Datenverarbeitung, bei der die Prozeßschritte (Stränge) eines Programms einzeln und nacheinander bearbeitet werden.
Ferner bezeichnet der Ausdruck eine baumartige Datenstruktur, bei der jeder Knoten einen Zeiger auf seinen Parent-Knoten enthält. → *siehe auch Threading.*

Sinusschwingung *Subst.* (sine wave)
Eine gleichförmige, periodische Welle, die beispielsweise durch ein Objekt erzeugt wird, das auf einer konstanten Frequenz schwingt. → *Vgl. Rechteckschwingung.*

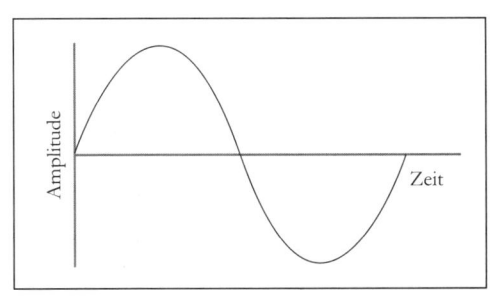

Sinusschwingung

SIP *Subst.*
Abkürzung für **s**ingle **i**nline **p**ackage (Gehäuse mit einseitiger Anschlußfolge). Eine Gehäuseform für elektronische Bauelemente, bei der alle Anschlüsse auf einer Seite des Gehäuses angeordnet sind. → *auch genannt Single In-line Pinned Package.* → *Vgl. DIP.*

SIP

SIPP *Subst.*
Abkürzung für **S**ingle **I**nline **P**inned **P**ackage (Gehäuseform mit einseitiger Anschlußreihe). Eine Gehäuseform von integrierten Schaltkreisen. → *siehe SIP.*

SIR *Subst.*
→ *siehe Serial Infrared.*

.sit
Eine Dateinamenerweiterung auf dem Apple Macintosh für eine mit Hilfe von StuffIt komprimierte Datei. → *siehe auch StuffIt.*

Site *Subst.* (site)
→ *siehe Website.*

Site, gesicherte *Subst.* (secure site)
→ *siehe gesicherte Site.*

Site, gespiegelte *Subst.* (mirror site)
→ *siehe gespiegelte Site.*

Site-Lizenz *Subst.* (site license)
Eine Vertriebsform für Software, die zu einem reduzierten Einzelpreis mehrere Kopien des gleichen Produkts umfaßt und für Installationen in einer Firma oder Institution gedacht ist.

Sitzung *Subst.* (session)
Die Zeit, in der ein Programm ausgeführt wird. Bei den meisten interaktiven Programmen stellt eine Sitzung die Zeit dar, während der das Programm Eingaben entgegennimmt und Informationen verarbeitet.
In der Datenübertragungstechnik bezeichnet »Sitzung« die Zeit, während der zwei Computer eine Verbindung aufrechterhalten.

.sj
Im Internet ein Kürzel für die übergreifende Länder-Domäne, die eine Adresse auf Spitzbergen oder Jan Mayen angibt.

.sk
Im Internet ein Kürzel für die übergreifende Länder-Domäne, die eine Adresse in der Slowakischen Republik angibt.

Skala *Subst.* (scale)
Eine horizontale oder vertikale Linie, die in einem Diagramm Minimum-, Maximum- und Einheitenwerte für die dargestellten Daten angibt.

Skalar *Subst.* (scalar)
Ein Faktor, ein Koeffizient oder eine Variable, der bzw. die nur aus einem einzelnen Wert besteht –

S im Gegensatz zu einem Datensatz, einem Array oder einer anderen komplexen Datenstruktur. → *Vgl. Vektor.*

skalarer Datentyp *Subst.* (scalar data type)
Ein Datentyp, der als abzählbare, geordnete Folge von Werten definiert ist, die sich mit Beziehungen wie »größer als«/»kleiner als« vergleichen lassen. Zu den skalaren Datentypen gehören Ganzzahlen, Zeichen, benutzerdefinierte Aufzählungstypen und (in den meisten Implementierungen) Boolesche Werte. Nicht ganz einig ist man sich, ob Gleitkommazahlen zu den skalaren Datentypen zu rechnen sind. Obwohl sie sich ordnen lassen, ist die Möglichkeit der Aufzählung (Enumeration) auf Grund der unvermeidlichen Rundungs- und Konvertierungsfehler oft fraglich. → *siehe auch Aufzählungstyp, Boolescher Ausdruck, Gleitkomma-Zahl.*

skalarer Prozessor *Subst.* (scalar processor)
Ein Prozessor, der für Hochgeschwindigkeitsberechnungen skalarer Werte vorgesehen ist. Ein skalarer Wert läßt sich durch eine einzelne Zahl darstellen.

skalare Variable *Subst.* (scalar variable)
→ *siehe Skalar.*

skalierbar *Adj.* (scalable)
Bezeichnet einen Bestandteil der Hardware oder Software, der eine Erweiterung hinsichtlich zukünftiger Erfordernisse ermöglicht. Beispielsweise erlaubt ein skalierbares Netzwerk dem Netzwerkverwalter, zahlreiche weitere Netzwerkknoten hinzuzufügen, ohne das zugrundeliegende System neu entwerfen zu müssen.

skalierbarer Parallelprozessor *Subst.* (scalable parallel processing)
Parallelprozessor-Architekturen, bei denen sich zusätzliche Prozessoren und Benutzer problemlos hinzufügen lassen, ohne eine besondere Zunahme der Komplexität oder eine Leistungseinbuße zu bewirken.

skalierbare Schrift *Subst.* (scalable font)
Jede Schrift, deren Zeichen in der Größe verändert werden können. Beispiele skalierbarer Schriften sind Bildschirmschriften in einer grafischen Benutzeroberfläche, Vektorschriften (wie beispielsweise Courier) und Konturschriften, wie sie bei den meisten PostScript-Druckern üblich sind, TrueType-Schriften und die im Apple Macintosh System 7 verwendete Methode zur Bildschirmschrift-Definition. Dagegen liefern die meisten textorientierten Oberflächen und Drucker (wie beispielsweise Typenraddrucker) lediglich Textdarstellungen in einer Größe. → *siehe auch Bildschirmschrift, Konturschrift, PostScript-Schrift, TrueType, Vektorschrift.*

skalieren *Vb.* (resize, scale)
Allgemein ein Objekt oder einen Raum vergrößern oder verkleinern.
Der Begriff wird in dieser Bedeutung hauptsächlich im Bereich von Grafikprogrammen und in der Textverarbeitung verwendet. In bezug auf Grafikprogramme lassen sich Zeichnungsteile und komplette Zeichnungen skalieren, d.h. durch proportionales Anpassen ihrer Abmessungen vergrößern oder verkleinern. In der Textverarbeitung bezieht sich »skalieren« auf die Verkleinerung und Vergrößerung von Schriftarten.
In einer weiteren Bedeutung charakterisiert »skalieren« die Änderung der Darstellungsform von Werten, um sie in einen anderen Meßbereich zu übertragen. Beispielsweise kann eine Bauzeichnung in Millimeter oder Zentimeter skaliert werden.
In der Programmierung bedeutet »skalieren« das Festlegen der Anzahl von Ziffernstellen, die durch Festkomma- oder Gleitkommazahlen eingenommen werden. → *siehe auch Festkomma-Notation, Gleitkomma-Zahl.*

Skalierung *Subst.* (scaling)
In der Computergrafik die Vergrößerung oder Verkleinerung einer grafischen Darstellung – beispielsweise die Skalierung einer Schrift auf die gewünschte Größe oder die Skalierung eines mit einem CAD-Programm erstellten Modells. → *siehe auch CAD.*

skasi *Subst.* (scuzzy)
→ *siehe SCSI.*

Skript *Subst.* (script)
Ein Programm, das aus einer Gruppe von Befehlen an eine Anwendung oder ein Dienstprogramm besteht. Die Befehle richten sich dabei nach den Re-

geln und der Syntax der jeweiligen Anwendung bzw. des Dienstprogramms. → *siehe auch Makro.*

Skriptsprache *Subst.* (scripting language)
Eine einfache Programmiersprache zur Ausführung spezieller oder begrenzter Aufgaben, manchmal auch mit einer bestimmten Anwendung oder Funktion verknüpft. Ein Beispiel einer Skriptsprache ist Perl. → *siehe auch Perl, Skript.*

Skutch-Box *Subst.* (Skutch box)
Ein umgangssprachlicher Begriff für ein von der Firma Skutch Electronics, Inc. hergestelltes Gerät, das die Funktion einer Telefonleitung mit guten Verbindungseigenschaften simuliert. Telefonsimulatoren werden für den Test von Telekommunikationssystemen und -geräten eingesetzt.

.sl
Im Internet ein Kürzel für die übergreifende Länder-Domäne, die eine Adresse in Sierra Leone angibt.

Slave *Subst.* (slave)
Ein Gerät, beispielsweise ein Computer, dessen Arbeitsweise durch ein anderes, als Master bezeichnetes Gerät kontrolliert wird. → *siehe auch Master-Slave-System.*

SLIP *Subst.*
Abkürzung für Serial Line Internet Protocol (Internet-Protokoll für serielle Verbindungen). Ein Datenübertragungsprotokoll, das die Übertragung von IP-Datenpaketen über telefonische Einwahlverbindungen erlaubt. Auf diese Weise wird einem Computer oder einem lokalen Netzwerk (LAN) der Anschluß an das Internet oder an ein anderes Netzwerk ermöglicht. → *siehe auch Datenverbindung, IP.* → *Vgl. PPP.*

SLIP-Emulator *Subst.* (SLIP emulator)
Software, die in UNIX-Shell-Zugängen, die keine direkte SLIP-Verbindung bereitstellen, eine SLIP-Verbindung simuliert. Viele Internet-Dienstanbieter arbeiten auf UNIX-Basis und bieten ihren Benutzern Shell-Zugänge zum Internet an. Wie bei einer SLIP-Verbindung, ermöglicht es auch der SLIP-Emulator dem Benutzer, beim Zugang zum Internet und beim Benutzen von Internet-Anwendungen (wie beispielsweise grafischer Web-Browser) einen direkten Kontakt mit der UNIX-Umgebung des Dienstanbieters zu vermeiden. → *siehe auch Befehlszeilenzugriff, ISP, SLIP.*

Slotted-Ring-Netzwerk *Subst.* (slotted-ring network)
Ein ringförmiges Netzwerk, bei dem Daten zwischen den angeschlossenen Stationen in einer Richtung übertragen werden können. Ein Slotted-Ring-Netzwerk überträgt die Daten in festgelegten Zeitscheiben (Abschnitten eines Datenrahmens mit einheitlicher Länge) im Sendedatenstrom über ein Übertragungsmedium. → *siehe auch Datenpaket, Ring-Netzwerk.* → *Vgl. Token-Ring-Netzwerk.*

SlowKeys *Subst.*
Eine Eingabehilfe des Apple Macintosh, die auch für Windows und DOS verfügbar ist und die Aktivierung einer Tastaturverzögerung gestattet. Eine Taste muß dann für eine bestimmte Dauer gedrückt gehalten werden, bevor sie eine Aktion auslöst. Durch diese Funktion wird die Bedienung der Tastatur für Benutzer mit physiologischen Beeinträchtigungen erleichtert, da versehentlich kurzzeitig berührte Tasten keine Fehleingabe bewirken.

SLSI *Subst.*
→ *siehe sehr hohe Integrationsdichte.*

.sm
Im Internet ein Kürzel für die übergreifende Länder-Domäne, die eine Adresse in San Marino angibt.

small computer system interface *Subst.* (Small Computer System Interface)
→ *siehe SCSI.*

Small-Modell *Subst.* (small model)
Ein Speichermodell der Prozessorfamilie 80×86 der Firma Intel, bei dem jeweils nur 64 Kilobyte (KB) für Code und Daten zulässig sind. → *siehe auch Speichermodell.*

Smalltalk *Subst.*
Eine objektorientierte Sprache mit Entwicklungssystem, die 1980 am Xerox Palo Alto Research Center (PARC) entwickelt wurde. Smalltalk war

S ein Vorreiter für zahlreiche Sprachen und Benutzeroberflächen, die heute in anderen Umgebungen weit verbreitet sind. Beispiele sind das Konzept eines Objekts, das Daten und Routinen enthält, oder Bildschirmsymbole, über die der Benutzer die Ausführung bestimmter Aufgaben veranlassen kann. → *siehe auch objektorientierte Programmierung.*

Smartcard *Subst.* (smart card)
In Computern und in der Elektronik eine Leiterplatte, die mit Hilfe von integrierter Logik oder Firmware in gewissem Umfang unabhängige Entscheidungen treffen kann.
Im Banken- und Finanzwesen stellt eine Smartcard eine Kreditkarte dar, die einen integrierten Schaltkreis enthält, durch den sie ein beschränktes Maß an »Intelligenz« und Erinnerungsvermögen erhält.

SMART-System *Subst.* (SMART system)
Kurzform für Self-Monitoring Analysis and Reporting Technology **system** (selbstüberwachendes Analyse- und Berichtsystem). Ein System, das eine spezielle Technik zur Überwachung und Vorhersage der Leistung und Zuverlässigkeit eines Gerätes einsetzt. Ein SMART-System verfügt über verschiedene Tests, um Hardwareprobleme zu erkennen, mit dem Ziel einer erhöhten Produktivität und verbesserten Datensicherheit.

SMDS *Subst.*
Abkürzung für Switched **M**ultimegabit **D**ata **S**ervices (Vermittelter Datenübertragungsdienst im Megabit-Bereich). Ein vermittelter Datenübertragungsdienst höchster Übertragungsrate, der lokale Netzwerke und Weitbereichsnetze über das öffentliche Telefonnetz verbindet.

Smiley *Subst.* (smiley)
Eine Zeichenfolge mit Textzeichen, die – von der Seite betrachtet – emotionale Gesichtszüge darstellen. Ein Emoticon wird häufig in einer E-Mail-Nachricht oder einem Newsgroups-Posting als Kommentar zum vorhergehenden Text verwendet. Typische Zeichenfolgen für positive Emotionen sind :-) oder :) oder ;-). Das Emoticon :-(drückt Trauer, die Zeichenfolge :-7 Ironie aus. Die Zeichenfolgen :D oder :-D bezeichnen einen Lacherfolg, wogegen :-O ausgesprochene Langeweile zum Ausdruck bringen soll. → *auch genannt Emoticon.*

S/MIME *Subst.*
Abkürzung für Secure/Multipurpose Internet Mail Extensions (Sicherheits-/Mehrzweckerweiterungen für Internet-E-Mail). Ein Sicherheitsstandard für Internet-E-Mail, für den eine Chiffrierung mit öffentlichen Schlüsseln eingesetzt wird. → *siehe auch Public-Key-Verschlüsselung.*

SMIS *Subst.*
Abkürzung für Society for Management Information Systems (Gesellschaft für Management-Informationssysteme). → *siehe Society for Management Information Systems.*

SMP *Subst.*
Abkürzung für Symmetric Multi Processing (Symmetrische Parallelverarbeitung). Eine Rechnerarchitektur, bei der mehrere Prozessoren auf den gleichen Speicher zugreifen. Der Speicher enthält dabei eine Instanz des Betriebssystems und je eine Instanz der verwendeten Anwendungen und Daten. Da das Betriebssystem die Verarbeitung in Tasks aufteilt und diese den jeweils freien Prozessoren zuteilt, führt SMP zu einer Reduzierung der Verarbeitungszeit. → *siehe auch Architektur, Prozessor.*

SMP-Server *Subst.* (SMP server)
Kurzform für Symmetric Multi Processing **Server** (Server mit symmetrischer Parallelverarbeitung). Ein Computersystem für den Einsatz als Server bei Client-/Server-Anwendungen, das auf der SMP-Architektur basiert, um hohe Leistungswerte zu erzielen. → *siehe auch SMP.*

SMT *Subst.*
→ *siehe Oberflächenmontage.*

SMTP *Subst.*
→ *siehe Simple Mail Transfer Protocol.*

.sn
Im Internet ein Kürzel für die übergreifende Länder-Domäne, die eine Adresse im Senegal angibt.

SNA *Subst.*
Abkürzung für Systems Network Architecture (Netzwerksystemarchitektur). Von IBM eingeführ-

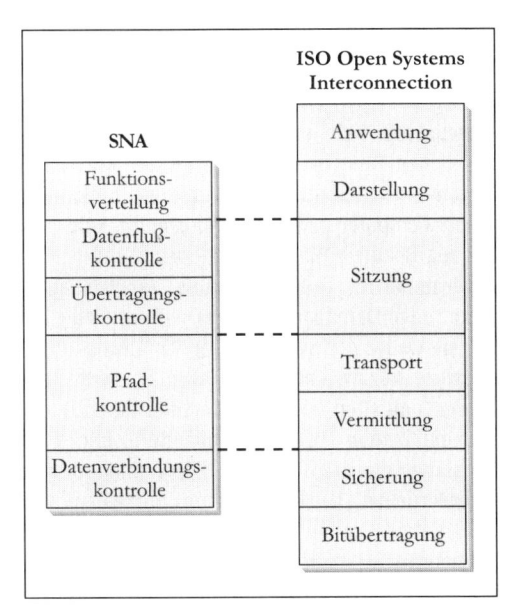

SNA: Vergleichbare (nicht kompatible) Schichten der SNA- und ISO/OSI-Architektur

tes und weitläufig verwendetes Konzept für Datenkommunikationssysteme. Es definiert Netzwerkfunktionen und legt Standards für den Austausch und die Verarbeitung von Daten durch Computersysteme fest.

Snap-In *Subst.* (snap-in)
→ *siehe Plug-In.*

Snapshot *Subst.* (snapshot)
Ein zu einem bestimmten Zeitpunkt erstellter Abzug des Hauptspeichers oder Bildschirmspeichers, der auf einem Drucker ausgegeben oder auf einem Datenträger gespeichert werden kann. → *siehe auch Bildschirmauszug.* → *auch genannt Snapshot-Auszug.*

Snapshot-Auszug *Subst.* (snapshot dump)
→ *siehe Snapshot.*

Snapshot-Programm *Subst.* (snapshot program)
Ein Programm, das momentane Abbilder bestimmter Speicherbereiche zu angegebenen Zeiten aufzeichnet.

.snd
Eine Dateinamenerweiterung für ein portierbares Audiodateiformat für Sun-, NeXT- und Silicon Graphics-Systeme. Es besteht aus den Rohaudiodaten, denen ein Textbezeichner vorangestellt ist.

Sneakernet *Subst.* (sneakernet)
Das Übertragen von Daten zwischen Computern, die nicht durch ein Netzwerk miteinander verknüpft sind. Hierbei müssen die Dateien im Quellcomputer auf eine Diskette geschrieben werden, die dann durch eine Person zum Zielcomputer gebracht werden muß.

SNMP *Subst.*
Abkürzung für **S**imple **N**etwork **M**anagement **P**rotocol (Einfaches Protokoll zur Netzwerkverwaltung). Das Protokoll für die Netzwerkverwaltung unter TCP/IP. In SNMP überwachen sog. Agenten (dies kann Hardware oder Software bezeichnen) die Aktivitäten der verschiedenen Geräte des Netzwerks und melden sie an die Arbeitsstation mit der Netzwerkkonsole. Die Steuerinformationen für jedes Gerät werden in einer Datenstruktur gespeichert, dem sog. Management Information Block.
→ *siehe auch TCP/IP.*

SNOBOL *Subst.*
Abkürzung für **S**tring-**O**riented Sym**bol**ic Language (zeichenfolgenorientierte, symbolische Sprache). Eine Sprache zur Verarbeitung von Zeichenfolgen und Text, die 1962–67 von Ralph Griswold, David Farber und I. Polonsky in den AT&T Bell Laboratories entwickelt wurde. → *siehe auch String.*

.so
Im Internet ein Kürzel für die übergreifende Länder-Domäne, die eine Adresse in Somalia angibt.

Society for Information Management *Subst.*
Eine kommerzielle Vereinigung mit Sitz in Chicago zur Verwaltung von Informationsdiensten (früherer Name: Society for Management Information Systems).

Society for Management Information Systems *Subst.*
→ *siehe Society for Information Management.*

Sockel *Subst.* (socket)
Eine Kennzeichnung für einen bestimmten Dienst auf einem bestimmten Netzwerkknoten. Der Sockel besteht aus einer Adresse für den Netzwerkknoten

und einer Port-Nummer (Anschlußnummer), die den Dienst kennzeichnet (z.B. bezeichnet »Port 80« auf einem Internet-Knoten einen Web-Server). → *siehe auch Port-Nummer.*

Im Hardwarebereich bezeichnet »Sockel« folgende Einheiten: Zunächst ist ein Sockel der Teil einer Steckverbindung (Buchse), der den Stecker aufnimmt. Überdies stellt ein Sockel die Einheit auf einer Platine dar, die einen Chip aufnehmen kann. Des weiteren werden die Steckplätze für Erweiterungskarten (Steckkarten) gelegentlich als »Sockel« bezeichnet. → *siehe auch Steckerbuchse.*

soc.-Newsgroups *Subst.* (soc. newsgroups)
Newsgroups von Usenet, die Teil der soc.-Hierarchie sind und den Präfix soc. tragen. Hier werden aktuelle Ereignisse und soziale Themen behandelt. soc.-Newsgroups sind eine von ursprünglich sieben Newsgroups der Usenet-Hierarchie. Die anderen sechs Newsgroups heißen comp. misc., news., rec., sci. und talk. → *siehe auch Newsgroup, traditionelle Newsgroup-Hierarchie, Usenet.*

Softcopy *Subst.* (soft copy)
Nicht permanente Bilder, wie sie auf einem Computerbildschirm angezeigt werden. → *Vgl. Hardcopy.*

Softfont *Subst.* (soft font)
→ *siehe ladbare Schrift.*

Softlink *Subst.* (soft link)
→ *siehe symbolischer Link.*

Softmodem *Subst.* (softmodem)
→ *siehe softwarebasierendes Modem.*

Softpatch *Subst.* (soft patch)
Eine Fehlerbehebung oder Programmodifizierung, die nur wirksam ist, während der zu ändernde Code sich im Arbeitsspeicher befindet. Die ausführbare Datei oder die Objektdatei wird dabei in keiner Weise verändert. → *siehe auch patchen.*

softsektorierter Datenträger *Subst.* (soft-sectored disk)
Ein Datenträger, insbesondere eine Diskette, dessen Sektoren durch aufgezeichnete Datenmarken gekennzeichnet sind und nicht durch eingestanzte Löcher. → *siehe auch Indexloch.* → *Vgl. hartsektorierte Diskette.*

Software *Subst.* (software)
Computerprogramme; Anweisungen, die die Computer-Hardware zur Ausführung von Aktionen veranlassen. Man unterscheidet die zwei hauptsächlichen Kategorien *Systemsoftware* (Betriebssysteme) zur Steuerung der internen Abläufe in einem Computer und *Anwendungen*, die Aufgaben für den Benutzer eines Computers ausführen, z.B. Programme für Textverarbeitung, Tabellenkalkulation oder Datenbanken. Zwei weitere Kategorien, die weder der System- noch der Anwendungssoftware zuzurechnen sind, aber Elemente von beiden enthalten, sind Netzwerksoftware für die Kommunikation zwischen Computern und Entwicklungssoftware, die dem Programmierer die erforderlichen Werkzeuge zum Schreiben von Programmen an die Hand gibt. Neben diesen aufgabenorientierten Kategorien unterscheidet man verschiedene Arten von Software hinsichtlich der Vertriebsmethoden. Dazu gehören Softwarepakete, die hauptsächlich über den Einzelhandel vertrieben werden, Freeware und Public Domain Software, die kostenlos verteilt werden, die ebenfalls kostenlos verteilte Shareware, für dessen fortgesetzte Verwendung der Benutzer jedoch eine geringe Registrierungsgebühr zu entrichten hat, sowie Vaporware, damit wird Software bezeichnet, die entweder den Markt gar nicht erreicht oder viel später als angekündigt erscheint. → *siehe auch Anwendung, Betriebssystem, Freeware, Konfektionsprogramm, Netzwerk-Software, Shareware, Systemsoftware, Vaporware.* → *Vgl. Firmware, Hardware, Liveware.*

softwareabhängig *Adj.* (software-dependent)
Computer oder Geräte, die an bestimmte, speziell für sie entwickelte Programme oder Programmpakete gebunden sind.

softwarebasierendes Modem *Subst.* (software-based modem)
Ein Modem, das anstelle eines speziellen Schaltkreises mit fest programmierten Modemfunktionen einen universellen, wiederprogrammierbaren Signalprozessor und einen RAM-Programmspeicher enthält. Ein softwarebasierendes Modem kann neu konfiguriert werden, um die Eigenschaften und Funktionen des Modems zu ändern und zu aktualisieren.

Software-Engineering *Subst.* (software engineering)
Der Entwurf und die Entwicklung von Software.
→ *siehe auch Programmierung.*

Software-Entwickler, unabhängiger *Subst.* (independent software vendor)
→ *siehe unabhängiger Software-Entwickler.*

Software, freie *Subst.* (free software)
→ *siehe freie Software.*

Software-Handshake *Subst.* (software handshake)
Ein Steuersignal (Handshake) aus Signalen, die über die gleichen Leitungen wie die Daten übertragen werden (z.B. bei Verbindungen zwischen Modems über Telefonleitungen) und nicht über getrennte Leitungen. → *siehe auch Handshake.*

Softwarehaus *Subst.* (software house)
Ein Unternehmen, das für seine Kunden Software entwickelt und eine entsprechende Unterstützung anbietet.

Software-IC *Subst.* (software IC)
→ *siehe integriertes Softwaremodul.*

Software-Interrupt *Subst.* (software interrupt)
Ein programmgenerierter Interrupt, der die aktuelle Verarbeitung unterbricht, um einen durch eine Interrupt-Behandlungsroutine bereitgestellten Dienst anzufordern (eine getrennte Gruppe von Anweisungen, die für die Ausführung der geforderten Aufgabe vorgesehen sind). → *auch genannt fangen.*

Software, kaufmännische *Subst.* (business software)
→ *siehe kaufmännische Software.*

Software-Kopierschutz *Subst.* (software protection)
→ *siehe Kopierschutz.*

Software, kundenspezifische *Subst.* (custom software)
→ *siehe kundenspezifische Software.*

Softwaremodul, integriertes *Subst.* (software integrated circuit)
→ *siehe integriertes Softwaremodul.*

Softwarepaket *Subst.* (software package)
Ein Programm, das gebrauchsfertig und allgemein erhältlich ist sowie alle erforderlichen Komponenten und Dokumentationen enthält.

Software-Piraterie *Subst.* (software piracy)
→ *siehe Piraterie.*

Software-Portabilität *Subst.* (software portability)
→ *siehe portabel.*

Software-Programm *Subst.* (software program)
→ *siehe Anwendung.*

Software, proprietäre *Subst.* (proprietary software)
→ *siehe proprietäre Software.*

Software-Publisher *Subst.* (software publisher)
Ein Unternehmen, das Computerprogramme entwickelt und vertreibt.

Software-Publishing *Subst.* (software publishing)
Entwurf, Entwicklung und Vertrieb nicht kundenspezifischer Softwarepakete.

Software, selbstgeschnitzte *Subst.* (homegrown software)
→ *siehe selbstgeschnitzte Software.*

Software-Stack *Subst.* (software stack)
→ *siehe Stack.*

Software-Suite *Subst.* (software suite)
→ *siehe Office-Paket.*

Software-Tools *Subst.* (software tools)
Programme, Dienstprogramme, Bibliotheken und andere Hilfsmittel, die bei der Entwicklung von Programmen eingesetzt werden. Hierzu gehören Editoren, Compiler und Debugger.

Softwarevertrieb, elektronischer *Subst.* (electronic software distribution)
→ *siehe elektronischer Softwarevertrieb.*

Solaris *Subst.*
Eine netzwerkfähige, UNIX-basierende Betriebssystemumgebung von Sun Microsystems, die vielfach für Serverstrukturen eingesetzt wird. Von So-

laris liegen Versionen für die Plattformen SPARC, Intel 386 (und höher) sowie PowerPC vor.

Solarzelle *Subst.* (solar cell)
Ein fotoelektrisches Bauelement, das elektrische Leistung erzeugt, wenn es einer Lichteinstrahlung ausgesetzt ist.

SOM *Subst.*
Abkürzung für System Object Model (System-Objektmodell). Eine von Programmiersprachen unabhängige Systemarchitektur von IBM, die den CORBA-Standard implementiert. → *siehe auch CORBA, OMA.*
»SOM« ist außerdem die Abkürzung für »Self-Organizing Map«, zu deutsch »selbststeuernde Zuordnung«. Eine Form eines neuronalen Netzwerks, bei dem nach Bedarf automatisch Neuronen und Verbindungen hinzugefügt werden, um die gewünschte Zuordnung von Eingabe- und Ausgabegröße zu entwickeln.

Sonderzeichen *Subst.* (special character)
Ein Zeichen, das weder einem Buchstaben, noch einer Ziffer noch dem Leerzeichen entspricht (z. B. ein Satzzeichen). → *siehe auch Jokerzeichen, reserviertes Zeichen.*

SONET *Subst.*
Abkürzung für Synchronous Optical Network (Synchrones, optisches Netzwerk). Eine Normenfamilie für die Übertragung optischer Signale über Glasfaser mit extrem hohen Datenübertragungsraten (von 51,84 Mbit/s bis 2,48 Gbit/s).

Sortieralgorithmus *Subst.* (sort algorithm)
Ein Algorithmus, der eine Sammlung von Datenelementen in eine geordnete Folge bringt. Sortieralgorithmen arbeiten zum Teil auf der Basis von Schlüsselwerten, die Bestandteil der jeweiligen Elemente sind. → *siehe auch Algorithmus, Bubble Sort, einfügendes Sortieren, Quicksort, verteilte Sortierung.*

sortieren *Vb.* (sort)
Das Anordnen von Daten in einer bestimmten Reihenfolge. Das Sortieren kann mit Hilfe von Programmen und Programmalgorithmen erfolgen, die sich in ihren Leistungswerten und Einsatzbereichen unterscheiden. → *siehe auch Bubble Sort,* *einfügendes Sortieren, Quicksort, verteilte Sortierung.*

Sortieren, einfügendes *Subst.* (merge sort)
→ *siehe einfügendes Sortieren.*

Sortieren, internes *Subst.* (internal sort)
→ *siehe internes Sortieren.*

Sortierer *Subst.* (sorter)
Ein Programm oder eine Routine zum Sortieren von Daten. → *siehe auch sortieren.*

Sortierfeld *Subst.* (sort field)
→ *siehe Sortierschlüssel.*

Sortierfolge *Subst.* (collation sequence)
Durch einen Mischsortiervorgang hergestelltes Ordnungsprinzip (Reihenfolge) zwischen Objekten.
→ *siehe auch Mischsortierung.*

Sortierschlüssel *Subst.* (sort key)
Ein Feld (meist als Schlüssel bezeichnet), nach dessen Einträgen sortiert wird, um eine gewünschte Anordnung der das Feld enthaltenden Datensätze herzustellen. → *siehe auch Primärschlüssel, Sekundärschlüssel.*

Sortierung, absteigende *Subst.* (descending sort)
→ *siehe absteigende Sortierung.*

Sortierung, alphanumerische *Subst.* (alphanumeric sort)
→ *siehe alphanumerische Sortierung.*

Sortierung, lexikografische *Subst.* (lexicographic sort)
→ *siehe lexikografische Sortierung.*

Sortierung, numerische *Subst.* (digital sort)
→ *siehe numerische Sortierung.*

Sortierung, verteilte *Subst.* (distributive sort)
→ *siehe verteilte Sortierung.*

SOS *Subst.*
→ *siehe Silizium auf Saphir.*

Soundclip *Subst.* (sound clip)
Eine Datei, die ein kurzes Audio-Element enthält, meist als Ausschnitt einer längeren Aufzeichnung.

Soundeditor *Subst.* (sound editor)
Ein Programm zur Erstellung und Bearbeitung von Audiodateien.

Soundgenerator *Subst.* (sound generator)
Ein integrierter Schaltkreis zur Erzeugung elektronischer Signale, die Klänge synthetisieren und über einen angeschlossenen Lautsprecher akustisch wahrnehmbar gemacht werden können.

Soundkarte *Subst.* (sound board, sound card)
Eine Erweiterungskarte für IBM-kompatible PCs, die die Wiedergabe und Aufnahme von Audiosignalen ermöglicht (z. B. als WAV- und MIDI-Dateien oder als Musik von einer CD). Heutzutage verfügen fast alle neuen PCs über eine Soundkarte. → *siehe auch Erweiterungskarte, MIDI, WAV.*

Soundpuffer *Subst.* (sound buffer)
Ein Speicherbereich zum Speichern des binären Abbildes von Klangfolgen, die an das Lautsprechersystem des Computers ausgegeben werden.

SoundSentry *Subst.*
Eine optionale Funktion von Windows 95 für Benutzer mit Hörschäden oder für laute Umgebungsbedingungen. Dabei gibt Windows zu jedem ausgegebenen Systemton gleichzeitig einen visuellen Hinweis aus, z. B. einen Bildschirmblitz oder eine blinkende Titelleiste.

späte Bindung *Subst.* (late binding)
→ *siehe dynamisches Binden.*

Spaghetticode *Subst.* (spaghetti code)
Code, der sich durch einen verschachtelten Programmfluß auszeichnet, was sich in der Regel auf den übermäßigen oder ungeeigneten Einsatz von Sprunganweisungen (wie GOTO oder JUMP) zurückführen läßt. → *siehe auch GOTO-Befehl, Sprungbefehl.*

Spalte *Subst.* (column)
Eine Einheit in einer Folge von vertikal angeordneten Elementen innerhalb eines Gitters – z. B. eine zusammenhängende Folge von Zellen, die in einem Tabellenblatt von oben nach unten verlaufen, eine Einheit von Zeilen mit festgelegter Breite auf einer Druckseite (beim Spaltensatz), eine vertikale Linie aus Pixeln bei einem Bildschirm oder eine Einheit von Werten, die innerhalb einer Tabelle oder einer Matrix senkrecht ausgerichtet sind. → *Vgl. Zeile.*
In einem relationalen Datenbanksystem ist »Spalte« ein Synonym für »Attribut«. Die Gesamtheit der Spaltenwerte, die eine bestimmte Entität beschreiben, wird als »Tupel« oder »Zeile« bezeichnet. In einem nichtrelationalen Datenbanksystem entspricht eine Spalte einem Feld innerhalb eines Datensatzes. → *siehe auch Entität, Feld, Tabelle, Zeile.*

Spam *Subst.* (spam)
Eine unaufgefordert an viele Empfänger auf einmal versandte E-Mail-Nachricht oder ein an viele Newsgroups gleichzeitig verteilter Nachrichtenartikel. Spam stellt das elektronische Äquivalent zu Wurfsendungen dar. In den meisten Fällen entspricht der Inhalt einer Spam-Nachricht oder eines Spam-Artikels nicht den Interessen der Empfänger bzw. dem Thema der Newsgroup. Spam ist ein Mißbrauch des Internet, um eine große Anzahl von Menschen mit einer bestimmten Botschaft (in der Regel kommerziell oder religiös) zu minimalen Kosten zu erreichen.

Spambot *Subst.* (spambot)
Ein Programm oder eine Vorrichtung zum automatischen Versenden großer Mengen von sich wiederholendem oder sonstigem eher unangebrachten Material an Newsgroups im Internet. → *siehe auch roboposten, Roboter, Spam.*

Spanne *Subst.* (span)
→ *siehe Bereich.*

Spannung *Subst.* (voltage)
→ *siehe elektromotorische Kraft.*

Spannungsregler *Subst.* (voltage regulator)
Eine Schaltung oder ein Bauelement zur Aufrecht-

Spannungsregler: Ein Spannungsregler vom Typ TO-220

S erhaltung einer konstanten Ausgangsspannung, auf die sich der Einfluß einer schwankenden Eingangsspannung nicht mehr auswirkt.

Spannungsregulierer *Subst.* (line regulator)
→ *siehe Spannungsregler.*

Spannungsspitze *Subst.* (power surge)
→ *siehe Überspannung.*

Spannungsstoß *Subst.* (line surge)
Ein abruptes, kurzzeitiges Anwachsen der Spannung auf einer Leitung. Ein naher Blitzschlag kann z. B. einen Spannungsstoß auf Energieversorgungsleitungen hervorrufen und eine Zerstörung elektrischer Einrichtungen bewirken. Empfindliche Geräte, z. B. Computer, lassen sich durch Zwischenschalten von Überspannungsbegrenzern in die Netzleitung gegen Spannungsstöße schützen.

SPARC *Subst.*
Abkürzung für Scalable Processor Architecture (Skalierbare Prozessorarchitektur). Eine Spezifikation der Firma Sun Microsystems für RISC-Mikroprozessoren (RISC, Reduced Instruction Set Computing = Prozessor mit reduziertem Befehlssatz).
→ *siehe auch Reduced Instruction Set Computing.*

Spec *Subst.* (spec)
→ *siehe Spezifikation.*

Special Interest Group *Subst.* (special interest group)
→ *siehe SIG.*

Speech API *Subst.*
→ *siehe SAPI.*

Speech Application Programming Interface *Subst.*
→ *siehe SAPI.*

Speech Recognition API *Subst.*
→ *siehe SRAPI.*

Speech Recognition Application Programming Interface *Subst.*
→ *siehe SRAPI.*

Speicher *Subst.* (memory, storage)
Bei Computern eine Vorrichtung, in der bzw. mit der Informationen gespeichert werden können.

Speicher lassen sich ganz grob in zwei Kategorien einteilen: flüchtige und nichtflüchtige Speicher. Flüchtige Speicher können die Daten nur bei aktiver Stromzufuhr aufrechterhalten. Zu den flüchtigen Speichern gehören der Arbeitsspeicher (RAM) sowie Pufferspeicher (Cache).
Nichtflüchtige Speicher – auch als »Permanentspeicher« bezeichnet – behalten dagegen die Informationen auch bei abgeschalteter Stromzufuhr. Nichtflüchtige Speicher lassen sich weiter unterteilen in Halbleiterspeicher (z. B. ROM, PROM und EPROM), bei denen die Informationen in Chips gespeichert sind, und sog. Massenspeicher wie Festplatten, Diskettenlaufwerke, CD-ROM-Laufwerke und Bandlaufwerke (Streamer). → *siehe auch EEPROM, EPROM, Flash-Speicher, Kernspeicher, PROM, RAM, ROM.* → *Vgl. Blasenspeicher, Kernspeicher.*

Speicherallozierung, dynamische *Subst.* (dynamic memory allocation)
→ *siehe dynamische Speicherallozierung.*

Speicherarchitektur, segmentierte *Subst.* (segmented memory architecture)
→ *siehe segmentierte Adressierungsarchitektur.*

Speicher, assoziativer *Subst.* (associative storage)
→ *siehe assoziativer Speicher.*

Speicherauszug, dynamischer *Subst.* (dynamic dump)
→ *siehe dynamischer Speicherauszug.*

Speicherbank *Subst.* (memory bank)
Die physikalische Stelle einer Hauptplatine, in der die Speicherplatine eingesteckt werden kann.
→ *siehe Bank.*

Speicherbereinigung *Subst.* (garbage collection)
Ein Prozeß für die automatische Wiederherstellung von Heap-Memory. Zugeordnete Speicherblöcke, die nicht mehr benötigt werden, werden freigegeben; weiterhin benötigte Speicherblöcke werden hingegen verschoben, um den freien Speicher in größeren Blöcken zur Verfügung zu stellen.

Speicher-Cache *Subst.* (memory cache)
→ *siehe CPU-Cache.*

Speicherchip *Subst.* (memory chip)
Eine integrierte Schaltung für den Speicher. Der Speicher kann *flüchtig* sein und Daten temporär verwalten (z.B. RAM). Der Speicher kann aber auch *nichtflüchtig* sein und Daten permanent halten (z.B. ROM, EPROM, EEPROM oder PROM). → *siehe auch EEPROM, EPROM, flüchtiger Speicher, integrierter Schaltkreis, nichtflüchtiger Speicher, PROM, RAM.*

Speicher, dynamischer *Subst.* (dynamic storage)
→ *siehe dynamischer Speicher.*

Speicher, externer *Subst.* (auxiliary storage)
→ *siehe externer Speicher.*

Speicher, flüchtiger *Subst.* (volatile memory)
→ *siehe flüchtiger Speicher.*

Speicher, gemeinsamer *Subst.* (shared memory)
→ *siehe gemeinsamer Speicher.*

Speichergerät *Subst.* (storage device)
Eine Vorrichtung zur Aufzeichnung von Computerdaten in mehr oder weniger permanenter Form. Es wird zwischen primären (Hauptspeicher) und sekundären (Zusatzspeicher) Speichergeräten unterschieden, dabei bezieht sich ersteres auf den Arbeitsspeicher (RAM) und letzteres auf Laufwerke und andere externe Geräte.

Speicher, hoher *Subst.* (high memory area)
→ *siehe hoher Speicher.*

Speicher, interner *Subst.* (internal memory)
→ *siehe Primärspeicher.*

Speicherkapazität *Subst.* (memory size)
Die Speicherkapazität eines Computers wird in der Regel in MB (Megabyte) gemessen. → *siehe auch Megabyte, Speicher.*

Speicherkarte *Subst.* (memory card)
Eine Speicherplatine, die verwendet wird, um die RAM-Speicherkapazität zu erweitern. Speicherkarten können auch anstelle von Festplatten bei tragbaren Computern (z.B. Laptops, Notebooks oder Handheld-Computern) verwendet werden. Die Platine ist in der Regel so groß wie eine Kreditkarte und kann in einen PCMCIA-kompatiblen tragbaren Computer eingesteckt werden. Die Platine kann EPROM-, RAM- oder ROM-Chips oder Flash-Speicher enthalten. → *siehe auch EPROM, Festplatte, Flash-Speicher, Handheld-PC, Modul, PCMCIA, RAM, ROM.* → *auch genannt RAM-Karte, ROM-Karte.*

Speicher, linearer *Subst.* (linear memory)
→ *siehe linearer Speicher.*

Speicher, löschbarer *Subst.* (erasable storage)
→ *siehe löschbarer Speicher.*

Speicher, lokaler *Subst.* (local memory)
→ *siehe lokaler Speicher.*

Speicher, magnetischer *Subst.* (magnetic storage)
→ *siehe magnetischer Speicher.*

Speichermedium *Subst.* (storage media)
Die verschiedenen Arten der physikalischen Materialien zur Aufnahme von Datenbits, wie beispielsweise Disketten, Festplatten, Magnetbänder und optische Datenträger.

Speichermodell *Subst.* (memory model)
Beschreibt die Adressierungsmethode für die in einem Computerprogramm verwendeten Code- und Datensegmente. Das Speichermodell legt fest, wieviel Speicher einem Programm für Code und Daten zur Verfügung steht. Die meisten Computer mit einem linearen Adreßraum unterstützen nur ein Speichermodell, während Computer mit einem segmentierten Adreßraum in der Regel mehrere Speichermodelle bieten. → *siehe auch Compact-Speichermodell, Large-Modell, linearer Adreßraum, Medium-Modell, segmentierter Adreßraum, Small-Modell, Tiny-Modell.*

Speichermodul *Subst.* (memory cartridge)
Ein Einsteckmodul, das RAM-Chips für die Speicherung von Daten oder Programmen enthält. Speichermodule kommen hauptsächlich in transportablen Computern als Ersatz für Diskettenlaufwerke zum Einsatz. Sie sind kleiner, leichter, aber auch teurer. Die Ausstattung von Speichermodulen erfolgt entweder mit nichtflüchtigen RAM-Typen, die ihren Inhalt beim Abschalten der Stromversorgung nicht verlieren, oder durch batteriegestützten RAM, dessen Speicherinhalt durch die Strom-

versorgung aus einer wiederaufladbaren Batterie innerhalb des Moduls erhalten bleibt. → *siehe auch RAM, Speicherkarte.* → *auch genannt RAM-Steckmodul.* → *Vgl. ROM-Steckmodul.*

speichern *Vb.* (save)
Daten (z. B. eine Datei) auf ein Speichermedium (z. B. Magnetband oder Diskette) übertragen.

Speichern, automatisch *Subst.* (autosave)
→ *siehe automatisches Speichern.*

Speicher, nichtflüchtiger *Subst.* (nonvolatile memory)
→ *siehe nichtflüchtiger Speicher.*

Speichern und Weiterleiten *Subst.* (store-and-forward)
In Kommunikationsnetzen eingesetzte Technik der Nachrichtenübergabe, bei der eine Nachricht vorübergehend auf einer Sammelstation aufbewahrt wird, bevor sie an die Zieladresse weitergereicht wird.

Speicher, oberer *Subst.* (high memory)
→ *siehe oberer Speicher.*

Speicherort *Subst.* (storage location)
Die Position, auf der ein bestimmtes Element zu finden ist – entweder eine adressierbare Stelle im Arbeitsspeicher oder eine eindeutig gekennzeichnete Stelle auf einer Festplatte, einem Band oder einem vergleichbaren Medium.

Speicher, physikalischer *Subst.* (physical storage)
→ *siehe wirklicher Speicher.*
→ *siehe physikalischer Speicher.*

Speicherprogrammkonzept *Subst.* (stored program concept)
Ein Konzept einer Systemarchitektur, das im wesentlichen auf den Mathematiker John von Neumann zurückgeht, und bei dem sich sowohl Programme als auch Daten in einem Speicher mit direktem Zugriff befinden (RAM). Hierdurch können Programmcode und Daten austauschbar behandelt werden. → *siehe auch Von-Neumann-Architektur.*

Speicher, reservierter *Subst.* (reserved memory)
→ *siehe Upper Memory Area.*

speicherresident *Adj.* (memory-resident)
Speicherresident bedeutet, daß sich Informationen dauerhaft im Speicher des Computers befinden und nicht bei Bedarf in den Speicher transportiert werden. → *siehe auch Speicher, TSR.*

Speicherröhre *Subst.* (storage tube)
→ *siehe Direktadressier-Röhre.*

Speicherschreibmaschine *Subst.* (memory typewriter)
Eine elektrische Schreibmaschine mit internem Speicher und typischerweise einer einzeiligen Flüssigkristallanzeige zur Darstellung des Speicherinhalts. Speicherschreibmaschinen können meist eine vollständige Textseite speichern und erlauben kleinere Modifikationen an dieser Textseite. Beim Ausschalten der Maschine geht der Speicherinhalt in der Regel verloren.

Speicher, sehr großer *Subst.* (Very Large Memory)
→ *siehe sehr großer Speicher.*

Speicherseite *Subst.* (page)
Ein Speicherblock fester Länge. Im Zusammenhang mit einer virtuellen Speicherverwaltung ein Speicherblock, bei dem der Zusammenhang zwischen logischer und physikalischer Adresse über eine Mapping Hardware festgelegt wird. → *siehe auch Expanded Memory Specification, Speicherverwaltungseinheit, virtueller Speicher.*

Speicher, temporärer *Subst.* (temporary storage)
→ *siehe temporärer Speicher.*

Speicherung, inhaltsbezogene *Subst.* (content-addressed storage)
→ *siehe assoziativer Speicher.*

Speicher, unterer *Subst.* (low memory)
→ *siehe unterer Speicher.*

Speicherverwaltung *Subst.* (memory management)
In Betriebssystemen für PCs versteht man unter »Speicherverwaltung« die Prozeduren für das Optimieren des RAM (Random Access Memory). Diese Prozeduren beinhalten das selektive Speichern von Daten, die genaue Überwachung der Daten und das Freisetzen von Speicher, wenn die Daten nicht mehr benötigt werden. Die meisten aktuellen

Betriebssysteme optimieren den RAM-Einsatz selbst. Ältere Betriebssysteme, z.B. die früheren Versionen von MS-DOS, benötigten externe Dienstprogramme für die Optimierung des RAM-Einsatzes. In diesem Fall mußten die Benutzer fundierte Kenntnisse über den Speicherbedarf des Betriebssystems und der Anwendungen besitzen. → *siehe auch RAM, Speicherverwaltungseinheit.*
Bei der Programmierung versteht man unter »Speicherverwaltung« den Prozeß, der erforderlich ist, um sicherzustellen, daß ein Programm Speicher freigibt, sobald er nicht mehr benötigt wird. In einigen Programmiersprachen, z.B. C und C++, ist es erforderlich, daß der Programmierer den Speichereinsatz des Programms überwacht. Bei Java, einer neueren Sprache, wird der Speicher automatisch freigegeben, sobald er nicht mehr benötigt wird. → *siehe auch C++, C, Java, Speicherbereinigung.*

Speicherverwaltungseinheit *Subst.* (memory management unit)
Die Hardware, die das Abbilden von virtuellen Speicheradressen auf physikalische Speicheradressen übernimmt. Bei einigen Systemen (z.B. Systemen auf der Basis eines 68020-Prozessors) ist die Speicherverwaltungseinheit vom Prozessor getrennt. Bei den meisten modernen Mikrocomputern ist die Speicherverwaltungseinheit jedoch im CPU-Chip integriert. Bei einigen Systemen stellt die Speicherverwaltungseinheit zwischen dem Mikroprozessor und dem Speicher eine Schnittstelle zur Verfügung. Diese Art der Speicherverwaltungseinheit ist in der Regel für Adreß-Multiplexing und, bei DRAMs, für den Refresh-Zyklus verantwortlich. → *siehe auch physikalische Adresse, Refresh-Zyklus, virtuelle Adresse.*

Speicherverwaltungsprogramm *Subst.* (memory management program)
Ein Programm, das dazu verwendet wird, Daten und Programme im Systemspeicher zu verwalten, den Einsatz zu überwachen und den freigegebenen Speicher nach der Ausführung neu zuzuweisen.
Außerdem ein Programm, das den freien Speicher auf der Festplatte als Erweiterung für den Arbeitsspeicher (Random Access Memory, RAM) einsetzt.

Speicher, virtueller *Subst.* (virtual memory)
→ *siehe virtueller Speicher.*

Speicher, wirklicher *Subst.* (real storage)
→ *siehe wirklicher Speicher.*

Speicherzelle *Subst.* (memory cell)
Eine elektronische Schaltung, die ein Datenbit speichert. → *siehe auch Bit.*

Speicherzugriff, direkter *Subst.* (direct memory access)
→ *siehe direkter Speicherzugriff.*

Speicherzugriff, versetzter *Subst.* (interleaved memory)
→ *siehe versetzter Speicherzugriff.*

spektrale Empfindlichkeit *Subst.* (spectral response)
Bei Sensoren die Beziehung zwischen der Empfindlichkeit des Geräts und der Frequenz der aufgenommenen Energie.

Spektralfarbe *Subst.* (spectral color)
In der Bildverarbeitung eine Farbe, die durch eine einzelne Wellenlänge im sichtbaren Spektrum dargestellt wird. → *siehe auch Farbmodell.*

Spektrum *Subst.* (spectrum)
Der Frequenzbereich einer bestimmten Strahlungsart. → *siehe auch elektromagnetisches Spektrum.*

sperren *Subst.* (lockout)
Den Zugriff zu einer bestimmten Ressource (Datei, Speicherort, I/O-Port) verweigern, in der Regel um sicherzustellen, daß nur ein Programm zu einer bestimmten Zeit diese Ressource verwendet.

spewen *Vb.* (spew)
Ein Internet-Begriff für das Versenden eines Übermaßes an E-Mail-Nachrichten oder Newsgroup-Artikeln.

Spezialsprache *Subst.* (special-purpose language)
Eine Programmiersprache, deren Syntax und Semantik sich vorrangig für bestimmte Fachgebiete oder Einsatzbereiche eignen. → *siehe auch Prolog.*

Spezifikation *Subst.* (specification)
Ganz allgemein eine detaillierte Beschreibung eines Sachverhalts.
In bezug auf die Hardware von Computersystemen eine Angabe zu den Komponenten, Fähigkeiten und Funktionen des Systems.
In bezug auf Software eine Beschreibung der Betriebssystemumgebung und der vorgesehenen Leistungsmerkmale eines neuen Programms.
In der Informationsverarbeitung eine Beschreibung der Datensätze, Programme und Prozeduren für eine bestimmte Aufgabe.

Spiegelabbild *Subst.* (mirror image)
Ein Bild, bei dem es sich um das spiegelverkehrte Duplikat des ursprünglichen Bildes handelt. Bei den Zeichen »<« und »>« handelt es sich beispielsweise um Spiegelabbilder.

Spiegelung *Subst.* (mirroring)
Bezeichnet in der Computergrafik die Darstellung eines Spiegelbildes einer Grafik. Dazu wird das Originalbild relativ zu einem gedachten Bezugspunkt, z.B. einer Symmetrieachse, gedreht oder gekippt und somit ein gespiegeltes Duplikat erzeugt.

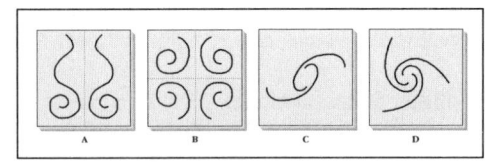

Spiegelung: (A) Zweifache Symmetrie an vertikaler Achse; (B) vierfache Symmetrie an vertikaler und horizontaler Achse; (C) zweifache und (D) dreifache Punktsymmetrie.

Spiel *Subst.* (game)
→ *siehe Computerspiel.*

Spielautomat *Subst.* (arcade game)
Ein vor allem in Spielhallen zu findendes Gerät für einen oder mehrere Spieler, auf dem ein meist schnelles Action-Spiel mit hochqualitativen Grafiken und Sounds läuft.

Spiel-Einsteckmodul *Subst.* (game cartridge)
→ *siehe ROM-Steckmodul.*

Spieltheorie *Subst.* (game theory)
Eine John von Neumann zugeschriebene mathematische Theorie, die sich mit der Analyse von Strategie und Wahrscheinlichkeit bezogen auf konkurrierende Spiele beschäftigt, in denen die Spieler Träger aller Entscheidungen sind und jeder versucht, einen Vorteil gegenüber den anderen zu erlangen.

Spindel *Subst.* (spindle)
Eine Achse für die Aufnahme einer Diskette oder Magnetbandspule.

Spinne *Subst.* (spider)
Ein automatisiertes Programm, das das Internet nach neuen Web-Dokumenten durchsucht und deren Adressen zusammen mit Informationen über die Inhalte in einer über eine Suchmaschine abzufragenden Datenbank ablegt. Spinnen können als eine Art Roboter bzw. »Internet-Roboter« gesehen werden. → *siehe auch Roboter, Suchmaschine.*

Spitze *Subst.* (spike)
Ein durch Schaltvorgänge verursachtes, elektrisches Signal von sehr kurzer Dauer und meist hoher Amplitude. → *Vgl. Überspannung.*

spitze Klammer *Subst.* (angle bracket)
→ *siehe < >.*

Spitzname *Subst.* (nickname)
→ *siehe Nickname.*

Spline *Subst.* (spline)
In der Computergrafik eine mit Hilfe mathematischer Funktionen berechnete Kurve, die einzelne Punkte unter Beachtung eines stetigen Verlaufs verbindet. → *siehe auch Bézier-Kurve.*

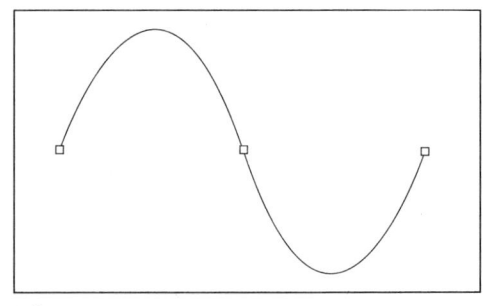

Spline

Spoiler *Subst.* (spoiler)
Eine Sendung an eine Newsgroup oder eine Verteilerliste, die gehütete Geheimnisse aufdeckt (z.B.

den Handlungsverlauf eines neuen Films oder einer beliebten Fernsehserie oder die Lösung eines Ratespiels). Die Betreff-Zeile sollte das Wort *Spoiler* enthalten. Die Internet-Etikette verlangt ferner, daß der Sender auch die Leser schützt, die ihre Post nicht vorab nach den Betreff-Zeilen durchsuchen. Der Sender sollte die Nachricht daher entweder verschlüsseln oder/und über dem offenbarenden Text mehrere Seiten Leerraum einfügen.
→ *siehe auch Netiquette.*

Spoofing *Subst.* (spoofing)
Eine Methode, eine Sendung so aussehen zu lassen, als ob sie von einem autorisierten Benutzer käme. Beispielsweise wird bei einem »IP-Spoofing« eine Sendung mit der IP-Adresse eines autorisierten Benutzers versehen, um den Zugriff auf einen Computer oder ein Netzwerk zu erlangen. → *siehe auch IP-Adresse.*

spoolen *Vb.* (spool)
Das Speichern eines Computer-Dokuments in einer Warteschlange, in der es bis zum Drucken verbleibt. → *siehe auch Drucker-Spooler.*

SPP *Subst.*
→ *siehe skalierbarer Parallelprozessor.*

Sprachausgabe *Subst.* (audio response, voice output)
Vom Computer erzeugte Sprache, die der menschlichen Sprache ähnelt oder dieser nahezu gleichkommt. Die Ausgabe erfolgt in der Regel als Reaktion auf bestimmte Formen von Benutzereingaben. Bei der Sprachausgabe werden entweder digitalisierte Einzelwörter aus einer Vokabular-Bibliothek zu kompletten Sätzen kombiniert, oder die Wörter der ausgegebenen Sätze werden auf synthetischem Weg mit Hilfe einer Phonemtabelle erzeugt (Phoneme sind die kleinsten bedeutungsunterscheidenden lautlichen Einheiten). → *siehe auch Frequenzgang, Phonem.*
→ *siehe Sprachsynthese.*

Sprachausgabe, digitale *Subst.* (digital speech)
→ *siehe Sprachsynthese.*

Sprachbeschreibungssprache *Subst.* (language-description language)
→ *siehe Metasprache.*

Sprache, algorithmische *Subst.* (algorithmic language)
→ *siehe algorithmische Sprache.*

Sprache der dritten Generation *Subst.* (third-generation language)
Eine höhere Programmiersprache für die dritte Computergeneration (bei der die Prozessoren aus integrierten Schaltkreisen bestehen), die etwa dem Zeitraum 1965–70 zuzuordnen ist. C, FORTRAN, Basic und Pascal sind Beispiele dieser Sprachen, die auch heute noch in Anwendung sind. → *siehe auch höhere Programmiersprache, integrierter Schaltkreis, Prozessor.* → *Vgl. niedrige Sprache, vierte Sprachgeneration.*

Sprache, erweiterbare *Subst.* (extensible language)
→ *siehe erweiterbare Sprache.*

Sprache, formalisierte *Subst.* (formal language)
→ *siehe formalisierte Sprache.*

Sprache, formatfreie *Subst.* (free-form language)
→ *siehe formatfreie Sprache.*

Spracheingabe *Subst.* (voice input)
Über ein Mikrofon in den Computer eingegebene Befehle, die mit Hilfe von Spracherkennungs-Technologien in ausführbare Befehle umgesetzt oder als Daten für ein Dokument verwendet werden. → *siehe auch Spracherkennung.*

Sprache, native *Subst.* (native language)
→ *siehe Host-Sprache.*

Sprache, natürliche *Subst.* (natural language)
→ *siehe natürliche Sprache.*

Sprache, nicht prozedurale *Subst.* (nonprocedural language)
→ *siehe nicht prozedurale Sprache.*

Sprache, niedrige *Subst.* (low-level language)
→ *siehe niedrige Sprache.*

Sprache, plattformunabhängige *Subst.* (computer-independent language)
→ *siehe plattformunabhängige Sprache.*

Sprache, portable *Subst.* (portable language)
→ *siehe portable Sprache.*

Sprache, prozedurale *Subst.* (procedural language)
→ *siehe prozedurale Sprache.*

Spracherkennung *Subst.* (speech recognition, voice recognition)
Die Fähigkeit eines Computers, gesprochene Wörter zu erkennen und damit Befehle und Dateneingaben vom Sprecher entgegennehmen zu können. Es wurden bereits Systeme entwickelt, die ein begrenztes Vokabular erkennen können, solange es von bestimmten Sprechern vorgetragen wird. Die Entwicklung eines Systems, das sowohl eine Vielzahl von Sprechweisen und Akzenten bewältigt, als auch die verschiedenen Arten, in denen eine Anfrage oder eine Anweisung formuliert werden kann, ist jedoch immer noch eine ungelöste Aufgabe für Systementwickler. → *siehe auch künstliche Intelligenz, neuronales Netzwerk.*

Sprache, symbolische *Subst.* (symbolic language)
→ *siehe symbolische Sprache.*

sprachfähiges Modem *Subst.* (voice-capable modem)
Ein Modem, das Sprach-Nachrichtensystem-Anwendungen und deren Datenfunktionen unterstützt.

Sprachkanal *Subst.* (voice-grade channel)
Ein Kommunikationskanal, der für die Sprachübertragung geeignet ist. Auf Telefonleitungen werden im Sprachkanal Frequenzen von 300 bis 3000 Hertz übertragen. Diese Kanäle verwendet man ebenfalls für Fax-Nachrichten sowie analoge und digitale Informationen. Datenübertragungen lassen sich in Sprachkanälen mit Geschwindigkeiten bis zu 33 Kilobit pro Sekunde (Kbps) realisieren.

Sprach-Nachrichtensystem *Subst.* (voice messaging)
Ein System, das Nachrichten in Form von Sprachaufzeichnungen sendet und empfängt.

Sprach-Navigation *Subst.* (voice navigation)
Der Einsatz gesprochener Befehle, um einen Web-Browser zu steuern. Bei der Sprach-Navigation handelt es sich um eine Funktion, die in einigen Plug-in-Anwendungen enthalten ist. Durch diese Funktion wird der Web-Browser anwenderfreundlicher, weil er auf sprachliche Kommunikation reagiert. → *siehe auch Web-Browser.*

Sprachprozessor *Subst.* (language processor)
Eine Hardware- oder Softwarelösung, die Befehle in einer bestimmten Programmiersprache entgegennimmt und sie in Maschinencode übersetzt. → *siehe auch Compiler, Interpreter.*

Sprachsynthese *Subst.* (speech synthesis, voice synthesis)
Die Fähigkeit eines Computers, »gesprochene« Worte zu generieren. Dabei werden entweder voraufgezeichnete Wörter zusammengefügt oder es werden mit Hilfe des Computers synthetische Laute erzeugt, aus denen gesprochene Worte gebildet werden. → *siehe auch künstliche Intelligenz, neuronales Netzwerk.*

Sprechblasen-Hilfe *Subst.* (balloon help)
Im Betriebssystem Mac OS 7.x ein in der Hilfefunktion verwendetes Merkmal, das die Form einer Sprechblase aufweist, wie sie aus Comic-Heften bekannt ist. In der Sprechblase wird ein erklärender Text angezeigt. Nachdem die Sprechblasen-Funktion durch einen Klick auf das entsprechende Symbol in der Werkzeugleiste aktiviert wurde, kann der Benutzer den Mauszeiger auf ein Symbol oder anderweitiges Element bewegen, zu dem er eine Hilfestellung benötigt. Daraufhin wird eine Sprechblase angezeigt, die die Funktion des ausgewählten Elements erklärt.

Sprite *Subst.* (sprite)
Bezeichnet in der Computergrafik ein kleines Bild, das auf dem Bildschirm verschoben werden kann, unabhängig von den anderen Bildern im Hintergrund. Sprites werden häufig bei Animationssequenzen und Videospielen verwendet. → *siehe auch Objekt.*

Sprühdose *Subst.* (spraycan)
Ein künstlerisches Werkzeug in Paintbrush oder anderen Grafikanwendungen für das Aufbringen von Punktmustern (Airbrush-Effekt) auf ein Bild.

Sprühdose

Sprung, bedingter *Subst.* (conditional jump)
→ *siehe bedingter Sprung.*

Sprungbefehl *Subst.* (jump instruction)
Eine Anweisung, die den Ausführungsfluß von einer Anweisung zur anderen überträgt. → *siehe auch GOTO-Befehl, Transferanweisung.*

Sprungtabelle *Subst.* (jump table)
→ *siehe Verteilertabelle.*

Sprungtest *Subst.* (leapfrog test)
Eine Diagnoseroutine, die sich wiederholt selbst auf das Speichermedium kopiert und für die Überprüfung der Disketten- oder Magnetband-Speicherung verwendet wird.

Spur *Subst.* (track)
Einer der zahlreichen kreisförmigen Datenspeicherbereiche auf einer Diskette oder Festplatte, der sich mit einer Schallplattenrille vergleichen läßt, jedoch nicht spiralförmig verläuft. Die in Sektoren unterteilten Spuren legt das Betriebssystem beim Formatieren einer Diskette (Festplatte) an. Auf anderen Speichermedien (z.B. bei Magnetbändern) verlaufen die Spuren parallel zu den Rändern des Mediums.

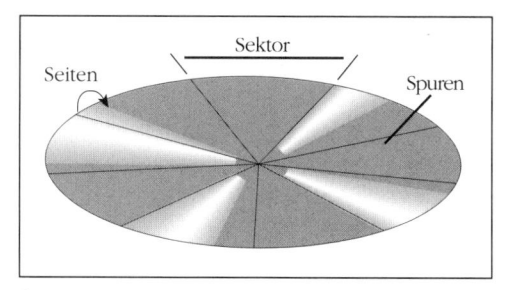

Spur

Spuren pro Zoll *Subst.* (tracks per inch)
Ein Maß für die Dichte der konzentrischen Spuren (Datenspeicherringe), die auf einer Diskette aufgezeichnet sind oder sich darauf unterbringen lassen. Je größer die Dichte (je mehr Spuren pro Radius), desto mehr Informationen kann man auf einer Diskette speichern.

Spur, schadhafte *Subst.* (bad track)
→ *siehe schadhafte Spur.*

Spurwechselzeit *Subst.* (step-rate time)
Die erforderliche Zeit für die Bewegung des Transportarms (Aktuator) einer Festplatte von einer Spur zur nächsten. → *siehe auch Aktuator, Schrittmotor.*

SPX *Subst.*
Abkürzung für »Sequenced Packet EXchange«, zu deutsch »sequentielle Paketübertragung«. Das von Novell NetWare verwendete Transportschicht-Protokoll (vierte Schicht im ISO/OSI-Referenzmodell). SPX basiert auf IPX für den Transport der Datenpakete, SPX sorgt dabei jedoch für die Vollständigkeit der Nachrichten. → *siehe Simplex-Übertragung.* → *siehe auch ISO/OSI-Schichtenmodell.* → *Vgl. IPX.*
»SPX« ist außerdem die Abkürzung für »SimPleX«, zu deutsch »Übertragung in nur einer Richtung«. → *siehe Simplex-Übertragung.*

SQL *Subst.*
→ *siehe strukturierte Abfragesprache.*

.sr
Im Internet ein Kürzel für die übergreifende Länder-Domäne, die eine Adresse in Surinam angibt.

SRAM *Subst.*
→ *siehe statisches RAM.*

SRAPI *Subst.*
Abkürzung für Speech Recognition Application Programming Interface (Programmierschnittstelle für Spracherkennungsanwendungen). Eine plattformübergreifende Schnittstelle für Anwendungsprogramme zur Spracherkennung und zur Umwandlung von Text in Sprache. Sie wird durch ein Konsortium von Entwicklern unterstützt, darunter die Firmen Novell, IBM, Intel und Philips Dictation Systems. → *siehe auch Anwendungs-Programmierschnittstelle, Spracherkennung.*

SSA *Subst.*
Abkürzung für Serial Storage Architecture (Serielle Speicherarchitektur). Eine Schnittstellenspezifikation von IBM, bei der die Geräte in einer Ring-Topologie angeordnet sind. Bei SSA, kompatibel zu SCSI-Geräten, können Daten mit 20 Megabyte pro Sekunde in beiden Richtungen übertragen werden. → *siehe auch SCSI-Gerät*.

SSD *Subst.*
Abkürzung für Solid-State Disk (Halbleiter-Festplatte). Eine Festplattennachbildung aus Halbleiter-Bauelementen. → *siehe Halbleiterlaufwerk*.

SSI *Subst.*
→ *siehe niedrige Integrationsdichte*.

SSL *Subst.*
→ *siehe Secure Socket Layer*.

.st
Im Internet ein Kürzel für die übergreifende Länder-Domäne, die eine Adresse auf Sao Tomé und Principe angibt.

ST506-Schnittstelle *Subst.* (ST506 interface)
Eine Hardware- und Signalspezifikation, die von der Firma Seagate Technologies für Festplatten-Controller und -Steckverbindungen entwickelt wurde. Die Version ST506/412 dieser Schnittstelle ist zu einer De-facto-Norm geworden.

Stab *Subst.* (wand)
Ein stiftförmiges Gerät zur Dateneingabe. Bezeichnet meistens einen stiftförmigen Scanner zum Einlesen von Strichcodes oder den Eingabestift eines Digitalisiertabletts. → *siehe auch optischer Scanner, Scanner-Kopf*. → *Vgl. Griffel*.

Stachelradvorschub *Subst.* (sprocket feed)
Ein Papiervorschub, bei dem Stifte in Löcher im Papier eingreifen, um es durch den Drucker zu ziehen. Zum Stachelradvorschub zählen Stachelwalze und Traktorvorschub. → *siehe auch Papiervorschub, Stachelwalze, Traktorvorschub*.

Stachelwalze *Subst.* (pin feed)
Eine Methode des Papiertransports in einem Drucker, bei der kleine Stifte, die auf Rollen an den Enden der Papierwalze montiert sind, durch

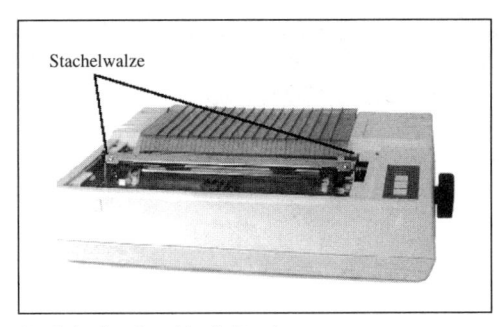

Stachelwalze eines Matrix-Druckers

die Löcher nahe der Kanten von Endlospapier stehen. → *siehe auch Endlospapier, Papiervorschub*. → *Vgl. Traktorvorschub*.

Stack *Subst.* (stack)
Ein reservierter Speicherbereich, in dem ein Programm Zustandsdaten zwischenspeichert, z.B. die Rückkehradressen von Prozeduren und Funktionen, übergebene Parameter sowie (manchmal) lokale Variablen. → *siehe auch POP, push*. → *Vgl. Heap*.

Stackware *Subst.* (stackware)
Eine HyperCard-Anwendung, die aus HyperCard-Daten und einem HyperCard-Programm besteht. → *siehe auch TCP/IP*.

Stackzeiger *Subst.* (stack pointer)
Ein Register, das jeweils die Adresse des aktuellen Speicherelements im Stack enthält. → *siehe auch Stack, Zeiger*.

Stale-Pointer-Bug *Subst.* (stale pointer bug)
→ *siehe Aliasing-Bug*.

Stammdatei *Subst.* (master file)
In einem Satz von Datenbank-Dateien die Datei, in der mehr oder weniger permanent beschreibende Informationen über die Hauptthemen der Datenbank, zusammenfassende Daten und ein oder mehrere entscheidende Schlüsselfelder enthalten sind. Beispielsweise können in einer Stammdatei Kundennamen, Kontonummern, Adressen und Kreditkonditionen gespeichert sein. → *Vgl. Transaktionsdatei*.

Stammsatz *Subst.* (master record)
Ein Datensatz in einer Master-Datei. In der Regel enthält der Stammsatz beschreibende und zusam-

menfassende Daten, die sich auf den Eintrag beziehen, der Gegenstand dieses Datensatzes ist.
→ *siehe auch Stammdatei.*

Stammsitz *Subst.* (home office)
Die Zentrale einer Firma.

Stammverzeichnis, virtuelles *Subst.* (virtual root)
→ *siehe virtuelles Stammverzeichnis.*

Standard *Subst.* (standard)
Eine gesetzlich gültige, technische Richtlinie (Norm), die von einer staatlichen oder einer nicht gewerblichen Organisation befürwortet wurde, um in einem bestimmten Bereich der Entwicklung von Hardware oder Software eine Einheitlichkeit zu erzielen. Der Standard ist das Ergebnis einer formalen Prozedur, basierend auf Spezifikationen, die von einer kooperativen Gruppe oder einem Komitee nach einer ausführlichen Untersuchung der vorliegenden Verfahren und Ansätze sowie technologischen Tendenzen und Entwicklungen erstellt werden. Der vorgeschlagene Standard wird später durch eine anerkannte Organisation ratifiziert bzw. bestätigt. Die Annahme erfolgt mit der Zeit, in Übereinstimmung damit, wie sich Produkte, die auf dem Standard beruhen, zunehmend auf dem Markt durchsetzen. Es gibt zahlreiche Standards dieser Art, dazu gehört der ASCII-Zeichensatz, der RS-232-C-Standard, die SCSI-Schnittstelle und Programmiersprachen nach dem ANSI-Standard, wie C und FORTRAN. → *siehe auch ANSI, Konvention, RS-232-C-Standard, SCSI.* Standards entstehen jedoch nicht immer durch entsprechende Normung von Organisationen oder Komitees. In der Praxis kommt es häufig vor, daß ein Produkt oder eine Produktphilosophie von einem einzelnen Unternehmen entwickelt wird und durch Erfolg und Nachahmung so weite Verbreitung findet, daß Abweichungen von dieser Norm zu Kompatibilitätsproblemen oder eingeschränkten Vermarktungschancen führen. Diese Art der inoffiziellen Festsetzung eines Standards ist am Beispiel Hayes-kompatibler Modems und IBM-kompatibler Computer zu erkennen. Im Zusammenhang mit derartigen technischen Richtlinien spricht man auch von einer »De-facto-Norm«.
→ *siehe auch Kompatibilität.*

Standardabweichung *Subst.* (standard deviation)
In der Statistik ein Maß für die Größe der Abweichung vom Mittelwert. Die Standardabweichung ist die Wurzel aus der Varianz oder Streuung einer Gruppe vom Meßwerten, relativ zum arithmetischen Mittelwert dieser Gruppe.

Standard-Disclaimer *Subst.* (standard disclaimer)
Ein Ausdruck, der in eine E-Mail-Nachricht oder einen Nachrichtenartikel eingefügt wird. Er ersetzt die von manchen Unternehmen und Institutionen verlangte Erklärung, daß der Inhalt der Nachricht oder des Artikels nicht die Meinungen und Anschauungen der Organisation wiedergibt, von deren E-Mail-System die Mitteilung stammt.

Standarddrucker *Subst.* (default printer)
Der Drucker, an den alle Dokumente so lange geschickt werden, bis ein anderer Drucker festgelegt wird.

Standardeinstellung *Subst.* (default)
Eine vom Programm festgelegte Auswahl, wenn der Benutzer keine Alternative spezifiziert. Standardeinstellungen sind in Programmen integriert, wenn ein bestimmter Wert oder eine Option für die Funktion des Programms erforderlich ist.

Standardfunktion *Subst.* (standard function)
Eine Funktion, die innerhalb einer bestimmten Programmiersprache immer verfügbar ist. → *siehe auch Funktion.*

Standard Generalized Markup Language *Subst.*
→ *siehe SGML.*

Standardgruppen *Subst.* (built-in groups)
Die standardmäßigen, vordefinierten Gruppen in Microsoft Windows NT und Microsoft Windows NT Advanced Server. Eine Gruppe definiert eine Sammlung von Rechten und Nutzungsberechtigungen für die Accounts der Benutzer, die zur Gruppe gehören. Standardgruppen stellen demzufolge ein komfortables Mittel dar, den Benutzern Zugriff auf häufig genutzte Ressourcen zu gewähren. → *siehe auch gruppieren.*

Standard-Homepage *Subst.* (default home page)
Eine Datei, die auf einem Web-Server zurückgegeben wird, wenn auf ein Verzeichnis ohne einen be-

S stimmten Dateinamen verwiesen wird. Die Standard-Homepage wird von der Software des Web-Servers angegeben. Es handelt sich hierbei in der Regel um die Datei *index.html* oder *index.htm*.

Standard-Kontrollelement *Subst.* (default button)
Ein Steuerelement, das automatisch aktiviert wird, wenn ein Fenster von einer Anwendung oder einem Betriebssystem angezeigt wird. Dieses Steuerelement wird in der Regel über die EINGABE-TASTE aufgerufen.

Standardlaufwerk *Subst.* (default drive)
Das Diskettenlaufwerk, das ein Betriebssystem für Lese- oder Schreiboperationen verwendet, solange kein anderes Laufwerk festgelegt wird.

Standard, offener *Subst.* (open standard)
→ *siehe offener Standard.*

Standardsoftware *Subst.* (horizontal market software, packaged software)
Anwendungsprogramme, z.B. Textverarbeitungsprogramme, die für alle Unternehmensbereiche eingesetzt werden können (im Gegensatz zu branchenspezifischen Anwendungen).
In einer etwas abweichenden Bedeutung charakterisiert der Ausdruck Software »von der Stange«, die über den Einzelhandel vertrieben wird, im Gegensatz zu Programmen, die individuell erstellt oder angepaßt wurden. → *Vgl. Konfektions-Software.*

Standfläche *Subst.* (footprint)
Die Fläche, die von einem Personal Computer oder einem anderen Gerät beansprucht wird.

Standleitung *Subst.* (dedicated line)
Ein Kommunikationskanal, der eine dauerhafte Verbindung zu mehreren Standorten herstellt. Bei Standleitungen handelt es sich nicht um öffentliche, sondern um private oder gemietete Leitungen. Ein Beispiel hierzu ist die T1-Leitung, die von zahlreichen Organisationen für die Internet-Verbindung verwendet wird. → *auch genannt Mietleitung, Private Line.* → *Vgl. Einwahlleitung.*

Stanzabfall *Subst.* (chad)
Die Papierbestandteile, die beim Stanzen von Löchern in Lochkarten oder Lochstreifen als Abfall entstehen. Auch beim Abtrennen der Lochränder von Endlospapierbahnen entsteht Stanzabfall.

Stapel *Subst.* (batch)
Eine Gruppe von Dokumenten oder Datensätzen, die als Einheit verarbeitet werden. → *siehe auch Batch-Job, Stapelverarbeitung.*

Stapeldatei *Subst.* (batch file)
Eine ASCII-Textdatei, die eine Folge von Betriebssystem-Befehlen enthält. Diese Befehle werden ggf. durch Parameter und Operatoren ergänzt, die von der jeweiligen Stapel-Programmiersprache unterstützt werden. Gibt der Benutzer den Namen einer Stapeldatei in der Eingabeaufforderung ein, werden die in der Stapeldatei enthaltenen Befehle der Reihe nach ausgeführt. → *siehe auch AUTOEXEC.BAT, .bat.* → *auch genannt Stapelprogramm.*

Stapel-Dateiübertragung *Subst.* (batch file transmission)
Die Übertragung mehrerer Dateien mit Hilfe eines einzigen Befehls.

Stapelprogramm *Subst.* (batch program)
Ein Programm, das ohne Beteiligung des Benutzers ausgeführt wird. → *siehe auch Stapeldatei.* → *Vgl. interaktives Programm.*

Stapelsystem *Subst.* (batch system)
Ein System, das Daten in getrennten Gruppen nacheinander verarbeitet; die entsprechenden Operationen werden dabei im voraus festgelegt und zu einem bestimmen Zeitpunkt ausgeführt. Das Gegenstück ist ein System, das interaktiv oder in Echtzeit arbeitet.

Stapelverarbeitung *Subst.* (batch processing)
Die Ausführung einer Stapeldatei. → *siehe auch Stapeldatei.*
Der Ausdruck kann sich auch auf das Speichern von Transaktionen innerhalb eines bestimmten Zeitraumes beziehen, bevor diese an einer Masterdatei durchgeführt werden, typischerweise in einer separaten Operation, die in der Nacht abläuft. → *Vgl. transaktionale Verarbeitung.*
Außerdem bezeichnet »Stapelverarbeitung« eine vor allem früher angewendete Methode – typischerweise in Verbindung mit Großrechnern –, bei der die Programme und die Daten, die die Benut-

zer verarbeiten möchten, zunächst gesammelt werden. Später werden die Programme und Daten der Reihe nach verarbeitet (in bestimmten Fällen auch mehrere gleichzeitig). Abschließend werden die Resultate den Benutzern übermittelt.

Startbit *Subst.* (start bit)
In der asynchronen Datenübertragung das Bit, das den Beginn eines Zeichens signalisiert. → *siehe auch asynchronous transmission.*

Startdiskette *Subst.* (startup disk)
→ *siehe Systemdatenträger.*

starten *Vb.* (launch, run)
Das Aktivieren (Ausführen) eines Anwendungsprogramms – entweder über die grafische Benutzeroberfläche des Betriebssystems oder – bei befehlsorientierten Systemen – durch Eingabe des entsprechenden Programmnamens.

Starthilfe-Dokument *Subst.* (starting point)
Ein Dokument auf dem World Wide Web, das neuen Benutzern Anleitung geben soll. Ein Starthilfe-Dokument verfügt meist über hilfreiche Werkzeuge, wie beispielsweise Suchmaschinen oder Hyperlinks zu ausgewählten Websites. → *siehe auch Hyperlink, Suchmaschine, World Wide Web.*

Start-ROM *Subst.* (startup ROM)
Ein Festwertspeicher (ROM) eines Computers, in dem die Bootstrap-Befehle abgelegt sind, die beim Systemstart ausgeführt werden. Die Routinen im Start-ROM befähigen den Computer, einen Selbsttest und einen Test der Geräte (wie Tastatur und Laufwerke) durchzuführen, den Betrieb vorzubereiten und den Urlader zu starten, ein kurzes Programm, das den Betriebssystem-Lader in den Arbeitsspeicher einliest. → *siehe auch Power-On-Selbsttest, urladen.*

Startseite *Subst.* (banner page, start page)
Beim Druck im Netzwerk die Titelseite, die den eigentlichen, ausgedruckten Seiten von den meisten Drucker-Spoolern hinzugefügt wird. Eine derartige Seite enthält in der Regel Angaben zum Account und zur Job-Länge sowie spezifische Informationen des Drucker-Spoolers und dient vor allem dazu, die ausgedruckten Seiten optisch zu trennen und auf diese Weise die Zuteilung an den Anwender zu erleichtern, der den Druckauftrag initiiert hat. → *siehe auch Drucker-Spooler.*
→ *siehe Homepage.*

Start/Stop-Übertragung *Subst.* (start/stop transmission)
→ *siehe asynchronous transmission.*

startup *Subst.*
→ *siehe booten.*

STARTUP.CMD *Subst.*
Eine spezielle Stapeldatei, die sich bei OS/2 im Stammverzeichnis des Startdatenträgers befindet – sie entspricht der Datei AUTOEXEC.BAT des Betriebssystems MS-DOS.

Startwert *Subst.* (seed)
Ein Wert, der bei der Erzeugung von Zufalls- oder Pseudozufallszahlen als Ausgangsbasis verwendet wird. → *siehe auch Zufallszahlen-Erzeugung.*

.state.us
Im Internet ein Kürzel für die übergreifende Länder-Domäne, die eine Adresse einer Bundesregierung der Vereinigten Staaten angibt.

Statik *Subst.* (static)
In der Kommunikationstechnik ein prasselndes Störgeräusch, das durch elektrische Interferenz von Sendesignalen bewirkt wird.

stationär *Adj.* (stationery)
Beschreibt die Eigenschaft eines Dokuments, von dem beim Öffnen durch den Anwender das System eine Kopie erstellt. Diese Kopie läßt sich bearbeiten, während das ursprüngliche Dokument unverändert bleibt. Stationäre Dokumente können als Dokumentvorlagen oder Textbausteine dienen. → *siehe auch Textbaustein.*

stationäres Dokument *Subst.* (stationery)
Ein stationäres Dokument. → *siehe auch stationär.*

statisch *Adj.* (static)
In der Informationsverarbeitung im Sinne von fest oder vorherbestimmt. Ein statischer Pufferspeicher beispielsweise bleibt während der Ausführung des Programms unverändert. Die gegensätzliche Bedingung ist *dynamisch*, d. h. stets veränderlich.

statische Belegung *Subst.* (static allocation)
Eine einmalig ausgeführte Speicherzuteilung, die meist beim Programmstart erfolgt und während der gesamten Ausführung des Programms bestehen bleibt. → *siehe auch allozieren, deallozieren.* → *Vgl. dynamische Allozierung.*

statische Bindung *Subst.* (static binding)
Die Umwandlung symbolischer Adressen im Programm in speicherbezogene Adressen während der Kompilierung oder des Bindens des Programms. → *auch genannt frühe Bindung.* → *Vgl. dynamisches Binden.*

statische Elektrizität *Subst.* (static electricity)
Die in einem Objekt angesammelte elektrische Ladung. Obwohl die Entladung statischer Elektrizität für Personen im allgemeinen ungefährlich ist, kann sie bei einem elektronischen Schaltkreis erhebliche Schäden bewirken.

statisches RAM *Subst.* (static RAM)
Ein Halbleiterspeicher (RAM), der aus bestimmten logischen Schaltkreisen (Flip-Flop) aufgebaut ist, die die gespeicherten Informationen nur bei anliegender Betriebsspannung behalten. In Computern werden statische RAMs meist nur für den Cache-Speicher eingesetzt. → *siehe auch CCITT, RAM.* → *Vgl. dynamisches RAM.*

Statistik *Subst.* (statistics)
Ein Zweig der Mathematik, der sich mit den gegenseitigen Abhängigkeiten von Zufallsgrößen befaßt sowie mit der Bedeutung von Ähnlichkeiten und Unterschieden bei diesen Größen. → *siehe auch Binominalverteilung, Monte-Carlo-Methode, Regressionsanalyse, Standardabweichung, stochastisch, Wahrscheinlichkeit.*

statistischer Multiplexer *Subst.* (statistical multiplexer)
Nach dem Zeitmultiplexverfahren arbeitender, »intelligenter« Multiplexer, der durch die Ausstattung mit einem Datenpuffer (zur temporären Speicherung) und einem Mikroprozessor in der Lage ist, separate Datenströme zu einem einzelnen Signal zusammenzuführen und die verfügbare Bandbreite dynamisch zu belegen. → *siehe auch dynamische Allozierung, Multiplexing, Zeit-Multiplexing.* → *auch genannt stat mux.*

stat mux *Subst.*
→ *siehe statistischer Multiplexer.*

Status *Subst.* (state, status)
Der Zustand eines der zahlreichen Elemente der Rechentechnik zu einem gegebenen Zeitpunkt. Dabei kann es sich u. a. um den Zustand eines Gerätes, eines Kommunikationskanals, einer Netzwerkstation, eines Programms oder eines Bits handeln. Über den Status können Computeroperationen gemeldet oder gesteuert werden.

statusarm *Adj.* (stateless)
Bezeichnet Prozesse oder Systeme, die den Zustand einer Aktivität nicht überwachen, an denen sie beteiligt sind. Beispielsweise berücksichtigt eine statusarme Bearbeitung von Nachrichten lediglich Quelle und Ziel der Nachrichten, nicht jedoch deren Inhalt. → *Vgl. statusbetont.*

statusbetont *Adj.* (stateful)
Bezeichnet Prozesse oder Systeme, die den Zustand einer Aktivität überwachen, an denen sie beteiligt sind. Beispielsweise berücksichtigt eine statusbetonte Bearbeitung von Nachrichten den Nachrichteninhalt. → *Vgl. statusarm.*

Statuscodes *Subst.* (status codes)
Zeichenketten aus Ziffern oder anderen Zeichen, die den Erfolg oder den Fehlschlag versuchter Geräteaktionen anzeigen. Statuscodes wurden bei den frühen Computerprogrammen meist zur Rückmeldung der Ergebnisse verwendet. Dies erfolgt in heutigen Programmen über Texte oder Grafiken. Statuscodes sind auch den Internet-Benutzern bei Web-Browsern oder FTP vertraut, insbesondere, wenn sie über die UNIX-Shell arbeiten. → *siehe auch HTTP-Statuscodes.*

Statusleiste *Subst.* (status bar)
In Microsoft Windows ein reservierter Bereich am unteren Rand eines Anwendungsfensters, der Meldungen über den aktuellen Programmzustand enthält. Bei einigen Programmen wird in der Status-

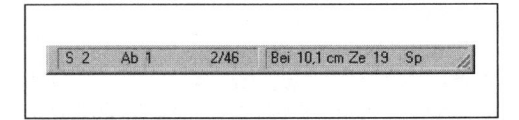

Statusleiste

zeile auch eine Beschreibung des gerade ausgewählten Menüs angezeigt.

staubfreier Raum *Subst.* (clean room)
Ein Raum, in dem Staub und andere kleine Partikel aus der Luft gefiltert werden und Schutzkleidung getragen werden muß, um die Verunreinigung elektronischer Bauelemente oder anderer hochempfindlicher Einrichtungen zu vermeiden.

Stecker *Subst.* (connector)
Eine Einheit, die zum Anschluß eines Kabels an ein Gerät oder zur Verbindung von Kabeln untereinander dient (ein RS-232-C-Stecker ermöglicht z.B. das Verbinden eines Modemkabels mit dem Computer). Die meisten Stecker sind in zwei »Geschlechtern« verfügbar – männlich und weiblich. Ein männlicher Stecker ist an einem oder mehreren heraustehenden Pins (stiftförmiges Aussehen) erkennbar, ein weiblicher Stecker an einer oder mehreren Buchsen, die zur Aufnahme der Pins dienen. Ein weiblicher Stecker wird häufig als »Buchse« oder »Steckerbuchse« bezeichnet (auch wenn es strenggenommen mehrere Buchsen sind).
→ *siehe auch DB-Stecker, DIN-Stecker.*

Steckerbuchse *Subst.* (female connector)
Bauform eines Steckverbinders mit einer oder mehreren Buchsen für die Aufnahme von Steckerstiften (Pins). Die Bauteilebezeichnungen einer Steckerbuchse kennzeichnet man oft durch *F* (Female), *S* (Socket – Sockel), *J* (Jack – Buchse) oder *R* (Receptacle – Aufnahme). Eine DB-25-Steckerbuchse kann z.B. als DB-25S oder DB-25F bezeichnet sein. (Es ist zu beachten, daß der Buchstabe *F* in diesem Zusammenhang der Kennzeichnung einer Steckerbuchse dient, während sich die Bezeichnung *F-Verbinder,* auf einen Koaxialkabel-Verbinder bezieht.) → *Vgl. Stiftbuchse.*

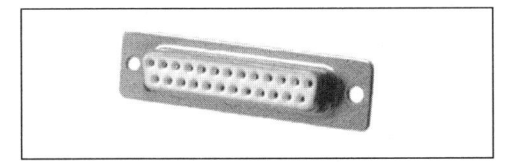

Steckerbuchse

steckerkompatibel *Adj.* (plug-compatible)
Eine Eigenschaft von Geräten, deren Steckverbinder im Hinblick auf andere Geräte sowohl im Aufbau als auch in der Verwendung äquivalent sind. Beispielsweise sind die meisten Modems mit DB-25-Steckern steckerkompatibel, d.h. man kann ein Modem durch ein anderes ersetzen, ohne daß die Kabel neu zu verdrahten sind. → *Vgl. pinkompatibel.*

Steckkarte *Subst.* (card, circuit card, perfboard)
Eine gedruckte Leiterplatte, die sich in einen Computer einstecken läßt, um die Funktionalität des Computers zu erhöhen oder diesen um zusätzliche Fähigkeiten zu erweitern. Steckkarten stellen spezialisierte Dienste bereit, die nicht von vornherein in den Computer eingebaut sind, z.B. Mausunterstützung oder Modemfunktionen. → *siehe auch Adapter, gedruckte Leiterplatte, Platine.*
→ *siehe Breadboard.*
→ *siehe Leiterplatte.*

Steckplatz *Subst.* (slot)
→ *siehe Erweiterungssteckplatz.*

Step-Frame *Subst.* (step-frame)
Das Digitalisieren von Fernsehaufzeichnungen in Einzelbildern. Dieses Verfahren wird bei Computersystemen eingesetzt, die nicht schnell genug sind, um analoge Fernsehaufzeichnungen in Echtzeit zu digitalisieren.

Stern, aktiver *Subst.* (active star)
→ *siehe aktiver Stern.*

Sternchen *Subst.* (asterisk)
Das Zeichen *. Es wird in Anwendungsprogrammen und innerhalb von Programmiersprachen als Multiplikationszeichen verwendet.
In Windows, MS-DOS, OS/2 und anderen Betriebssystemen stellt das Sternchen ein sog. Jokerzeichen dar, das stellvertretend für eine beliebige Kombination aus Zeichen mit beliebiger Länge geschrieben wird, z.B. »*.*«. Diese Angabe bezieht bei einer Operation alle Dateien (Dateiname und Dateierweiterung sind wahlfrei) eines Verzeichnisses mit ein. → *siehe auch Fragezeichen, Jokerzeichen, Stern Punkt Stern.*
In den Programmiersprachen C und C++ ist das Sternchen das Zeichen, das einen Zeiger auf eine Klasse oder eine Struktur dereferenziert. → *siehe auch dereferenzieren, Zeiger.*

Stern-Netzwerk *Subst.* (star network)
Ein lokales Netzwerk (LAN), bei dem jedes Gerät (Knoten) mit einem zentralen Computer in einer sternförmigen Konfiguration (Topologie) verbunden ist; häufig ein Netzwerk mit einem von Terminals umgebenen Zentralcomputer (dem Hub). → *Vgl. Bus-Netzwerk, Ring-Netzwerk.*

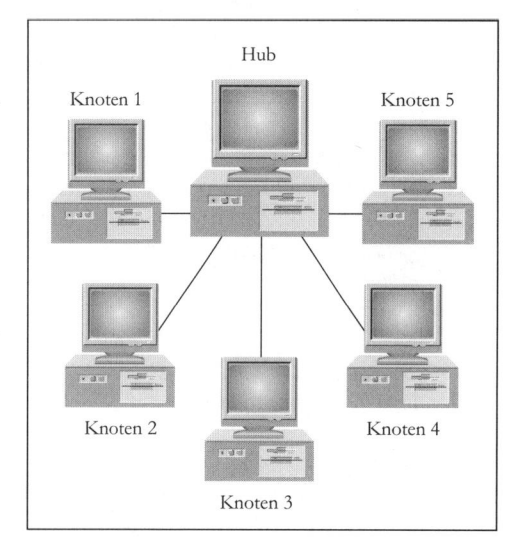

Stern-Netzwerk

Stern Punkt Stern *Subst.* (star-dot-star)
Eine Dateiangabe (*.*), die das Sternchen als Jokerzeichen enthält, was bei Betriebssystemen wie MS-DOS für jede mögliche Kombination aus Dateiname und Erweiterung steht. → *siehe auch Jokerzeichen, Sternchen.*

Steueranweisung *Subst.* (control statement)
Ein Befehl, der den Ablauf oder die Ausführung eines Programms beeinflußt. Zu den Steueranweisungen gehören Bedingungsanweisungen (z.B. CASE und IF-THEN-ELSE), iterative Anweisungen (z.B. DO, FOR, REPEAT und WHILE) und Transferanweisungen (z.B. GOTO). → *siehe auch Anweisung, Bedingungsanweisung, iterative Anweisung, Transferanweisung.*

steuerbarer Gleichrichter *Subst.* (silicon-controlled rectifier)
Ein Halbleitergleichrichter, dessen Leitfähigkeit durch ein Torsignal gesteuert werden kann. → *siehe auch Gleichrichter.*

Steuerbus *Subst.* (control bus)
Die Gruppe von Leitungen in einem Computer, über die Steuersignale zwischen dem Prozessor und anderen Geräten übertragen werden. Eine der Leitungen wird z.B. verwendet, um zu signalisieren, ob der Prozessor gerade einen Versuch unternimmt, Daten aus dem Arbeitsspeicher zu lesen oder in diesen zu schreiben. Eine weitere Leitung wird vom Arbeitsspeicher genutzt, um im Falle eines Speicherfehlers einen Interrupt auszulösen.

Steuercode *Subst.* (control code)
Ein oder mehrere nichtdruckbare Zeichen, mit denen ein Computerprogramm die Aktionen eines Gerätes steuert. Steuercodes werden beim Druck, in der Kommunikation sowie zur Steuerung der Bildschirmanzeige verwendet und spielen vor allem bei der Programmierung eine Rolle. Benutzer werden dagegen mit Steuerzeichen im allgemeinen nur bei der Anpassung eines Druckers konfrontiert. Diese ist notwendig, wenn ein Druckermodell von einer Anwendung nicht oder nur teilweise unterstützt wird. Bei der Bildschirmanzeige werden Steuercodes vom Computer an die Anzeige-Einheit gesendet, um das Aussehen des Textes zu beeinflussen oder den Cursor zu positionieren. Bekannte Steuercode-Sätze für die Bildschirmanzeige sind ANSI und VT-100. → *siehe auch Steuerzeichen.* → *auch genannt Escape-Sequenz, Setup-String.*

Steuerdaten *Subst.* (control data)
Daten, die Takt- und Schaltinformationen repräsentieren und dazu dienen, andere Daten zu synchronisieren und weiterzuleiten oder den Betrieb eines Gerätes, z.B. eines Busses oder Ports, zu steuern.

Steuereinheit *Subst.* (control unit)
Ein Gerät oder eine Schaltung zur Koordinierung oder Regelung. Beispielsweise steuert ein Speicher-Controller-Chip den Zugriff auf den Arbeitsspeicher und fungiert damit als Steuereinheit für den Arbeitsspeicher.

Steuerkonsole *Subst.* (computer control console)
→ *siehe Systemkonsole.*

Steuerlogik *Subst.* (control logic)
Eine elektronische Schaltung, die Steuerdaten erzeugt, interpretiert und verwendet.

Steuersequenz *Subst.* (control sequence)
→ *siehe Steuercode.*

Steuersignal *Subst.* (control signal)
Ein elektronisches Signal, das für die Steuerung interner und externer Geräte oder Prozesse verwendet wird.

Steuerung *Subst.* (control)
Die Koordinierung eines Computers und seiner Verarbeitungsfähigkeiten, um bei der Ausführung von Tasks und anderen Aktivitäten die Ordnung aufrechtzuerhalten. Dabei werden Einrichtungen und Strategien eingesetzt, um den zeitlich korrekten und fehlerfreien Ablauf von Aktivitäten in der richtigen Reihenfolge relativ zu anderen Datenbehandlungs- oder hardwareorientierten Aktivitäten sicherzustellen. Bei der Hardware werden die Systemoperationen u.a. über eine spezielle Datenleitung gesteuert, die als »Steuerbus« bezeichnet wird. Im Zusammenhang mit Software umschließt die Steuerung Programmbefehle, die Aufgaben im Bereich der Datenbehandlung durchführen.

Steuerungskonsole *Subst.* (control console)
→ *siehe Konsole.*

Steuerungstaste *Subst.* (Control key)
Abkürzung für »Steuerungs-Taste«. Eine Taste, die einer anderen Taste eine alternative Bedeutung verleiht, wenn beide Tasten gemeinsam gedrückt werden. In vielen Anwendungen dient die Strg-Taste zum Abruf von Spezialfunktionen. Auf englischsprachigen Tastaturen ist die Strg-Taste mit »Control« oder »Ctrl« beschriftet. → *siehe auch Steuerzeichen.*

Steuerzeichen *Subst.* (control character)
Die ersten 32 Zeichen im ASCII-Zeichensatz (dezimal mit der Codenummer 0 bis 31), denen jeweils eine genormte Steuerfunktion zugewiesen ist, z.B. Wagenrücklauf, Zeilenvorschub oder Rückwärtsschritt.
Gelegentlich bezieht sich »Steuerzeichen« nur auf die ersten 26 Zeichen (Control A bis Control Z, dezimal mit der Codenummer 1 bis 26). Diese lassen sich über die Tastatur durch Gedrückthalten der Strg-Taste (engl. »Ctrl« oder »Control«) und einem Druck auf die entsprechende Buchstaben-taste erzeugen. Die sechs verbleibenden Zeichen mit Steuerfunktionen – z.B. Escape (ASCII-Code 27) – können dagegen nicht über eine Strg-Tastenkombination erzeugt werden. → *Vgl. Steuercode.*

Stichprobenentnahme *Vb.* (sampling)
Ein statistisches Verfahren zur Erfassung von Daten aus einer repräsentativen Untermenge einer größeren Gruppe (der sog. Population) – beispielsweise die Bestimmung des Wahlausgangs in einem Land durch demographische Umfragen unter einem Querschnitt der Stimmberechtigten. Mit Stichprobenentnahmen läßt sich u.a. die Richtigkeit und Effizienz computerisierter Transaktionen durch Kontrollieren jeder hundertsten Transaktion überprüfen oder das Verkehrsaufkommen durch Messen des Verkehrsflusses in ausgewählten strategischen Straßen voraussagen. Es existieren zahlreiche statistische Prozeduren für die Abschätzung, wie genau eine gegebene Probe das Verhalten einer Gruppe als Ganzes widerspiegelt.

Stichwort *Subst.* (keyword)
Charakteristische Wörter, Wortverbindungen oder Codes, die in einem Schlüsselfeld gespeichert sind und für die Durchführung von Sortier- oder Suchvorgängen in Datensätzen verwendet werden.
→ *siehe auch Schlüsselfeld.*

Stichwortanalyse *Subst.* (keyword-in-context)
Ein automatisches Suchverfahren, das für die Erstellung von Stichwortverzeichnissen aus Dokumenttexten oder Überschriften eingesetzt wird. Dabei erfolgt die Speicherung jedes Schlüsselwortes mit dem ihn umgebenden Text (in der Regel vorangehende oder folgende Wörter oder Satzteile).

StickyKeys *Subst.*
Eine Eingabehilfe des Apple Macintosh, die auch für Windows und DOS verfügbar ist und bewirkt, daß Steuertasten, wie UMSCHALT, STRG und ALT, nach Betätigung aktiviert bleiben, so daß für Tastenkombinationen nicht mehr mehrere Tasten gleichzeitig gedrückt werden müssen. Diese Funktion erleichtert den Gebrauch der Steuertasten für Benutzer, die physiologische Schwierigkeiten haben, mehrere Tasten gleichzeitig zu betätigen.

Stift *Subst.* (pen)
→ *siehe Griffel, Lichtgriffel.*

Stiftbuchse *Subst.* (male connector)
Ein Steckverbinder, der mit Stiften (Pins) ausgerüstet und für die Einführung in Buchsen vorgesehen ist. Den Typenbezeichnungen für Stiftbuchsen fügt man häufig ein *M* (male = männlich) oder *P* (plug = Stecker) hinzu. Beispielsweise kann eine DB-25-Stiftbuchse die Bezeichnungen *DB-25M* oder *DB-25P* tragen. → *Vgl. Steckerbuchse.*

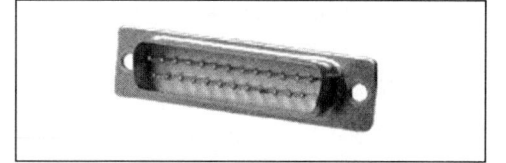

Stiftbuchse

stochastisch *Adj.* (stochastic)
Auf zufälligen Ereignissen beruhend. Ein stochastisches Modell beschreibt beispielsweise ein System unter Berücksichtigung sowohl zufälliger als auch vorhersehbarer Ereignisse.

Stolperstein *Subst.* (loophole)
Bei der Programmierung bezeichnet ein Stolperstein einen logischen Fehlschlag, der für alle Situationen gilt, die auftreten können. → *siehe auch Bug, Logikfehler.*

Stopbit *Subst.* (stop bit)
Ein Bit, das in der asynchronen Datenübertragung das Ende eines Zeichens signalisiert. Bei elektromechanischen Fernschreibern nutzte der Empfangsmechanismus die Dauer des Stopbits, um in die Ausgangslage zurückzukehren. Abhängig vom Mechanismus, hatte das Stopbit darum eine Dauer von 1, 1,5 oder 2 Datenbits. → *siehe auch asynchronous transmission.*

STP *Subst.*
Abkürzung für Shielded Twisted Pair (Abgeschirmtes, verdrilltes Leiterpaar). Ein Kabel aus einem oder mehr miteinander verdrillten Drähten und einer Isolierung aus einer Metallfolie und einer Kupferlitze. Die Verdrillung schützt die Leiterpaare vor gegenseitigen Einstrahlungen, und die Isolierung schützt die Leitungen vor externen Einstrahlungen. Aus diesem Grund kann das STP-Kabel für Hochgeschwindigkeitsübertragungen über lange Strecken eingesetzt werden. → *siehe auch Twisted-pair-Kabel.* → *Vgl. UTP.*

Strahlrücklauf *Subst.* (retrace)
Der von einem Elektronenstrahl bei einem Raster-Scan-Bildschirm vom rechten zum linken Rand oder von der untersten zur obersten Position des Bildschirms zurückzulegende Weg. Der Strahlrücklauf positioniert den Elektronenstrahl für den nächsten Durchlauf über den Bildschirm (jeweils von links nach rechts und zeilenweise von oben nach unten). Während diesem Intervall wird der Strahl kurz abgeschaltet, da er sonst eine unerwünschte Linie quer über den Schirm schreiben würde. Der Strahlrücklauf erfolgt analog zur Bildwiederholfrequenz mehrere tausend Mal pro Sekunde, wobei exakt synchronisierte Signale das zeitlich korrekte Zu- und Abschalten des Elektronenstrahls sicherstellen. → *siehe auch Austastung, horizontales Zurücksetzen (des Elektronenstrahls), Raster-Display, vertikaler Strahlrücklauf.*

Strang *Subst.* (thread, thread)
→ *siehe Thread.*
In einer baumartigen Datenstruktur ein Zeiger, der auf den Parent-Knoten verweist und so das Durchlaufen der Baumstruktur erleichtert.

Strangbaum *Subst.* (threaded tree)
Eine Baumstruktur, in der die Blattknoten (Endeknoten) Zeiger auf einige der Knoten enthalten, von denen sie entspringen. Diese Zeiger vereinfachen das Durchsuchen der Baumstruktur nach Informationen.

Straßenpreis *Subst.* (street price)
Der tatsächliche Verkaufspreis eines (Hardware- oder Software-) Produkts. In den meisten Fällen liegt der Straßenpreis etwas unter dem empfohlenen Verkaufspreis.

Stream Cipher *Subst.* (stream cipher)
Eine Methode zur Verschlüsselung einer unendlichen Datenfolge unter Zuhilfenahme eines Schlüssels fester Länge. → *Vgl. blockweise Verschlüsselung.*

Streamer-Band *Subst.* (streaming tape)
→ *siehe Magnetband.*

Streaming *Subst.* (streaming)
Bei Magnetbandgeräten ein kostengünstiges Verfahren zur Steuerung der Bandbewegung bei

reduziertem Pufferspeicher. Obwohl Streaming schlechtere Leistungswerte beim Anlaufen und Anhalten des Bandes ergibt, wird eine hohe Zuverlässigkeit bei der Speicherung und dem Abruf von Daten erreicht. Streaming eignet sich gut, wenn eine Anwendung oder ein System eine gleichmäßige Datenrate erfordert.

streamorientierte Datei *Subst.* (stream-oriented file)
Eine Datei, die für das Speichern eines weitgehend kontinuierlichen Datenstroms aus Bits, Bytes oder anderen kleinen, strukturell gleichen Einheiten verwendet wird.

streuen *Vb.* (disperse)
Etwas aufteilen und an mehreren Stellen plazieren – z.B. die Ergebnisse unter mehreren Sätzen von Daten oder Elementen (z.B. Felder in einem Datensatz) so verteilen, daß sie an mehreren Stellen in der Ausgabe plaziert werden. → *Vgl. verteilen.*

Streuspektrum *Adj.* (spread spectrum)
Ein Verfahren zur datengesicherten Funkübertragung, bei dem die Aussendung in Abschnitte von Sekundenbruchteilen unterteilt wird und diese Abschnitte auf verschiedenen Frequenzen gesendet werden. Im Empfänger werden sie als Streuspektrum-Signal erkannt und wieder zur ursprünglichen Form zusammengesetzt. Das Verfahren wurde 1940 von der Schauspielerin Hedy Lamarr erfunden, jedoch nicht vor 1962 eingesetzt.

Streuung *Subst.* (dispersion)
Kennzeichnet den Grad, mit dem die Daten in einem verteilten (untereinander verbundenen) System von Computern zu einem gegebenen Zeitpunkt an unterschiedlichen Orten oder auf verschiedenen Geräten gespeichert sind.

STRG (CTRL)
Abkürzung für »**Steuerung**«. Die Abkürzung, mit der die Steuerungstaste auf Computer-Tastaturen beschriftet ist. → *siehe auch Steuerungstaste, Steuerzeichen.*

Strg-Alt-Entf *Subst.* (Ctrl-Alt-Del)
Tastenkombination, die bei IBM-PCs und kompatiblen Computern zum Neustart (Reboot) des Computers dient. Durch einen gleichzeitigen Druck auf diese drei Tasten (Ctrl-Alt-Del bei englischsprachigen Tastaturen) wird beim Betriebssystem MS-DOS ein Warmstart durchgeführt, der sich von einem Kaltstart (beim Einschalten des Systems) dadurch unterscheidet, daß nicht alle internen Tests durchgeführt werden. In Windows 95 und Windows NT wird beim Druck auf Strg-Alt-Entf ein Dialogfeld mit der Beschriftung »Anwendung schließen« angezeigt, mit dessen Hilfe gezielt einzelne Anwendungen beendet oder der Computer heruntergefahren werden kann.

Strg-C *Subst.* (Ctrl-C)
Beim Betriebssystem UNIX die Tastenkombination, mit der der laufende Prozeß abgebrochen werden kann.
Die Zugriffstaste, die in einer Vielzahl von Programmen (z.B. in unter Windows betriebenen) die aktuelle Markierung in die Zwischenablage kopiert.

Strg-S *Subst.* (Ctrl-S)
Auf Systemen, bei denen ein softwaremäßiges Handshaking zwischen Terminals und dem Zentralcomputer eingesetzt wird, die Tastenkombination, die zum Unterbrechen der Ausgabe dient. Mit einem Druck auf Strg-Q (Ctrl-Q auf englischsprachigen Tastaturen) wird die Ausgabe wieder fortgesetzt. → *siehe auch Software-Handshake, XON/XOFF.*
Eine Zugriffstaste, die in einer Vielzahl von Programmen zum Speichern des aktuellen Dokuments oder der aktuellen Datei dient.

Strg-Untbr *Subst.* (Control-Break)
→ *siehe Unterbrechungstaste.*

Strich *Subst.* (stroke)
In der Typografie ein Linienabschnitt, der einen Teil eines Buchstabens darstellt.
In Malprogrammen ein mit der Maus oder der Tastatur ausgeführter »Pinselstrich« beim Erstellen einer Grafik.
In der Bildschirmtechnik eine Linie, die auf einem Vektorbildschirm als Vektor (ein Pfad zwischen zwei Koordinaten) erzeugt wird (im Gegensatz zu einer Pixellinie bei einem Rasterbildschirm, die aus einzelnen Punkten gebildet wird).

Strichzeichnung *Subst.* (line drawing)
Eine aus durchgehenden Linien bestehende Zeichnung ohne Schattierung oder andere Merkmale, die eine Masse oder Konturen andeuten.

strikte Typisierung *Subst.* (strong typing)
Eine Eigenschaft einer Programmiersprache, die es dem Programm nicht erlaubt, den Datentyp einer Variablen während der Programmausführung zu ändern. → *siehe auch Datentyp, Variable.* → *Vgl. schwache Typisierung.*

String *Subst.* (string)
Eine Datenstruktur, die aus einer Folge von Zeichen besteht und meistens einen vom Menschen lesbaren Text darstellt. → *Vgl. Zeichenfolge.*

String, Null-terminierter *Subst.* (null-terminated string)
→ *siehe ASCIIZ-String.*

String-Variable *Subst.* (string variable)
Ein beliebiger Name, den ein Programmierer einer alphanumerischen Zeichenfolge zugewiesen hat, und der zur Referenzierung dieser Zeichenfolge dient. → *siehe auch String.*

Strobe *Subst.* (strobe)
Ein Taktsignal, das die Übertragung von Daten initiiert und koordiniert, charakteristisch für Eingabe-/Ausgabe-Geräteschnittstellen (E/A), z.B. für eine Tastatur- oder Druckerschnittstelle.

Strom *Subst.* (current)
Die durch einen Leiter fließende elektrische Ladung oder die Größe dieses Flusses selbst (die Stromstärke). Die Stromstärke wird in Ampere gemessen. → *siehe auch Ampere, Coulomb.* → *Vgl. Volt.*

Stromausfall *Subst.* (power failure)
Der – meist unerwartete – Zusammenbruch der Stromzufuhr, der einen Verlust aller nicht gesicherten Daten im RAM des Computers nach sich zieht, wenn es keine Notstromversorgung gibt. → *Vgl. Überspannung.*

stromgesteuerte Logik *Subst.* (current-mode logic)
Ein Schaltkreistyp, bei dem die Transistoren in einem ungesättigten (verstärkenden) Modus arbeiten.

Stromverbrauch *Subst.* (current drain)
Der von einer Spannungsquelle durch die Last (das Objekt, das den Strom aufnimmt) fließende Strom. → *auch genannt Senke.*
Bei einer Taschenlampe handelt es sich z.B. um einen einfachen Stromkreis mit einer Batterie und einer Glühbirne, wobei der Stromverbrauch dem zwischen Batterie und Glühbirne fließenden Strom entspricht. Die Glühbirne selbst (die Last) wird auch als »Verbraucher« bezeichnet.

Stromversorgung, unterbrechungsfreie *Subst.* (peripheral power supply)
→ *siehe unterbrechungsfreie Stromversorgung.*
→ *siehe UPS.*

Struktur *Subst.* (structure)
Allgemein eine Zusammenstellung von Datenelementen. → *siehe auch Datenstruktur.*
In der Programmierung der Entwurf und die Zusammensetzung eines Programms, einschließlich Programmfluß, Hierarchie und Modularität.

strukturierte Abfragesprache *Subst.* (structured query language)
Eine Datenbanksprache zur Abfrage, Aktualisierung und Verwaltung relationaler Datenbanken – eine De-facto-Norm in Datenbank-Produkten.

strukturierte Grafik *Subst.* (structured graphics)
→ *siehe objektorientierte Grafik.*

strukturierte Konzeption *Subst.* (structured walkthrough)
Ein Zusammentreffen von Programmierern, die in unterschiedlichen Teilbereichen eines Software-Entwicklungsprojekts arbeiten, um diese Projektabschnitte zu koordinieren. Dabei werden die Ziele, Erfordernisse und Komponenten des Projekts systematisch untersucht, um Fehlentwicklungen des Produkts auszuschließen.

strukturierte Programmierung *Subst.* (structured programming)
Ein Programmierstil, der Programme hervorbringt, die sich durch einen sauberen Ablauf, klares Design und einen hohen Grad von Modularität oder hierarchischem Aufbau auszeichnen. → *siehe auch modulare Programmierung, objektorientierte Programmierung.* → *Vgl. Spaghetticode.*

strukturierte Untersuchung *Subst.* (structured walkthrough)
Ein systematisches Verfahren zur Untersuchung von Entwurf und Implementierung eines Computersystems.

Struktur, invertierte *Subst.* (inverted structure)
→ *siehe invertierte Struktur.*

Struktur, lineare *Subst.* (linear structure)
→ *siehe lineare Struktur.*

Struktur, relationale *Subst.* (relational structure)
→ *siehe relationale Struktur.*

STT *Subst.*
→ *siehe Secure Transaction Technology.*

StuffIt *Subst.*
Ein Komprimierungsprogramm, das ursprünglich für den Apple Macintosh entwickelt wurde und für die Speicherung einer Datei auf mehreren Disketten verwendet wird. StuffIt wurde ursprünglich als Shareware vertrieben, ist heute aber ein kommerzielles Produkt für Macs und PCs, das viele Komprimierungstechniken unterstützt und eine Dateiansicht ermöglicht. StuffIt-Dateien können durch den StuffIt Expander, ein Freeware-Programm, dekomprimiert werden.

Style Sheet *Subst.* (style sheet)
Eine Textdatei, die Anweisungen zum Einsatz struktureller Elemente enthält, z. B. Spezifikationen zum Seitenlayout für ein HTML-Dokument. → *siehe auch HTML-Dokument.*

.su
Im Internet ein Kürzel für die übergreifende Länder-Domäne, die eine Adresse in der früheren UdSSR angibt.

Sub-Befehl *Subst.* (subcommand)
Ein Befehl in einem Untermenü (einem Menü, das erscheint, wenn ein Benutzer ein Element einer höheren Menüebene aufruft).

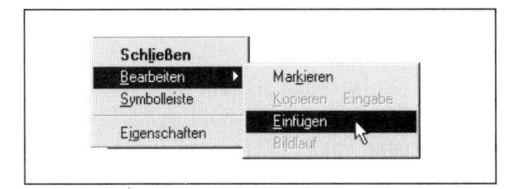

Subkommando

Subnet Mask *Subst.* (subnet mask)
→ *siehe Adressierungsmaske.*

Subnotebook-Computer *Subst.* (subnotebook computer)
Ein tragbarer Computer, der kleiner und leichter als ein konventioneller Laptop-Computer ist.

Suboperation *Subst.* (subtransaction)
→ *siehe verschachtelte Operation.*

Subportable *Subst.* (subportable)
→ *siehe Subnotebook-Computer.*

Subskript *Subst.* (subscript)
In der Programmierung Zahlen oder Variablen, die die Position eines Elements in einem Array kennzeichnen. → *siehe auch Array, indizieren.*

Substrat *Subst.* (substrate)
Ein inaktives Trägermaterial, das bei einem Herstellungsverfahren verwendet wird. Bei Leiterplatten ist es das Basismaterial, auf das die Leiterbahnen (Metallfolien) aufgebracht werden. Bei Magnetbändern und Disketten ist es das Material, auf dem die magnetischen Partikel fixiert werden.

Suchalgorithmus *Subst.* (search algorithm)
Ein Algorithmus zum Auffinden eines bestimmten Elements (dem Ziel) in einer Datenstruktur. → *siehe auch Algorithmus, binäre Suche, Hash-Suche, lineare Suche.*

Suchbegriff *Subst.* (search string)
Eine Zeichenfolge, die in einer Suche als Vergleichsmuster dient. Meistens wird dabei nach einem Text gesucht. Es sind aber auch andere Suchbegriffe möglich.

Suche *Subst.* (search, seek)
Eine bestimmte Datei oder bestimmte Daten auffinden. Eine Suche wird durch Vergleich oder Berechnung ausgeführt, um eine Übereinstimmung mit einem bestimmten Muster oder eine Erfüllung bestimmter Kriterien festzustellen. → *siehe auch binäre Suche, Hash-Suche, Jokerzeichen, lineare Suche, Suchen und Ersetzen.*
Außerdem bezeichnet »Suche« das Bewegen des Schreib-Lese-Kopfs eines Laufwerks auf eine bestimmte Spur des Datenträgers zum Zweck einer Lese- oder Schreiboperation.

Suche, aufzugsorientierte *Subst.* (elevator seeking)
→ *siehe aufzugsorientierte Suche.*

Suche, binäre *Subst.* (binary search)
→ *siehe binäre Suche.*

Suche, blinde *Subst.* (blind search)
→ *siehe blinde Suche.*

Suche, Boolesche *Subst.* (Boolean search)
→ *siehe Boolesche Suche.*

Suche, dichotomierende *Subst.* (dichotomizing search)
→ *siehe binäre Suche.*

Suche, kontextbezogene *Subst.* (contextual search)
→ *siehe kontextbezogene Suche.*

Suche, lineare *Subst.* (linear search)
→ *siehe lineare Suche.*

suchen *Vb.* (search)
Das Auffinden spezifischer Daten in einer Datei oder Datenstruktur. → *siehe auch ersetzen.*
Außerdem das Feststellen des Speicherorts einer Datei.

Suchen und Ersetzen *Subst.* (search and replace)
Eine für Textverarbeitungsprogramme typische Funktion, bei der der Benutzer zwei Zeichenfolgen angeben kann. Es werden dann alle Vorkommnisse der ersten Zeichenfolge im Dokument gesucht und durch die zweite Zeichenfolge ersetzt.

Suchen und Ersetzen, globales *Subst.* (global search and replace)
→ *siehe globales Suchen und Ersetzen.*

Suche, sequentielle *Subst.* (sequential search)
→ *siehe lineare Suche.*

Suche, tabellengestützte *Subst.* (table lookup)
→ *siehe tabellengestützte Suche.*

Suchkriterien *Subst.* (search criteria)
Die von einer Suchmaschine verwendeten Begriffe oder Bedingungen, um Elemente in einer Datenbank zu finden. → *siehe auch Suchmaschine.*

Suchmaschine *Subst.* (search engine)
Allgemein ein Programm, das in Dokumenten oder in Datenbanken nach Schlüsselwörtern sucht.
Im Internet ein Programm, das das World Wide Web, die Newsgroups, Gopher-Menüs und FTP-Archive nach Schlüsselwörtern in Dateien und Dokumenten durchsucht. Einige Suchmaschinen werden für eine einzige Internet-Site eingesetzt (z. B. die eigene Suchmaschine einer Website). Andere suchen in vielen Sites mit sog. Agenten und Spinnen, um Listen verfügbarer Dateien und Dokumente zu sammeln. Sie speichern diese Listen in Datenbanken, die die Benutzer über Schlüsselwörter abfragen können. Beispiele dieser Art Suchmaschinen sind Lycos, AliWeb und Excite. Suchmaschinen sind meist auf einem Server installiert. → *siehe auch Agent, FTP, Gopher, Newsgroup, Spinne, World Wide Web.*

Suchschlüssel *Subst.* (search key)
Das ausgewählte Feld (oder die Spalte) der in einer Datenbank zu suchenden Datensätze. → *siehe auch Primärschlüssel, Sekundärschlüssel.*
Auch der Wert, der in einem Dokument oder einer beliebigen Datensammlung zu suchen ist.

Suchzeit *Subst.* (seek time)
Die erforderliche Zeit für die Bewegung des Lese-/Schreibkopfes eines Laufwerkes auf eine bestimmte Spur des Datenträgers. → *siehe auch Zugriffszeit.*

SunOS *Subst.*
Kurzform für **Sun O**perating **S**ystem (Sun Betriebssystem). Eine Abwandlung des Betriebssystems UNIX für die Arbeitsstationen des Herstellers Sun Microsystems.

Supercomputer *Subst.* (supercomputer)
Ein großer, extrem schneller und aufwendiger Computer, der für komplexe oder anspruchsvolle Berechnungen verwendet wird. → *siehe auch Computer.*

SuperDrive *Subst.*
Ein 3,5-Zoll-Diskettenlaufwerk des Apple Macintosh, das Lese- und Schreibzugriffe sowohl in den Formaten Apple Macintosh (400 und 800 Kilobyte) als auch MS-DOS/Windows (720 Kilobyte und 1,44 Megabyte) durchführen kann.

Superminicomputer *Subst.* (superminicomputer)
→ *siehe Computer.*

Superpipelining *Subst.* (superpipelining)
Ein Verfahren zur Vorverarbeitung von Daten, das bei einigen Mikroprozessoren angewandt wird. Dabei werden Ausführungsschritte des Mikroprozessors (Holen, Dekodieren, Ausführen und Zurückschreiben) auf zwei oder mehr Pipelining-Stufen aufgeteilt, wodurch sich eine höhere Prozessorleistung ergibt. → *siehe auch DECchip 21064, Pipelining.*

Superserver *Subst.* (superserver)
Ein Netzwerkserver mit besonders hoher Geschwindigkeit und Speicherkapazität. → *siehe auch Netzwerk-Server.*

superskalar *Adj.* (superscalar)
Bezeichnet eine Mikroprozessorarchitektur, die den Prozessor befähigt, während eines einzigen Taktzyklus mehrere Befehle auszuführen. → *siehe auch Complex Instruction Set Computing, Reduced Instruction Set Computing.*

Superuser *Subst.* (superuser)
Ein Benutzerzugang in UNIX mit unbegrenzten Zugangsrechten, der meist nur dem Systemverwalter zur Verfügung steht. → *siehe auch Benutzerkonto, Root-Account, Systemadministrator.*

Super-VAR *Subst.* (super VAR)
Kurzform für **Super** Value-Added **R**eseller (zu deutsch: VAR = Vertragshändler). Ein größerer Vertragshändler. → *siehe auch Value-Added Reseller.*

Super-VGA *Subst.* (super VGA)
→ *siehe SVGA.*

Supervisor *Subst.* (supervisor)
Im weiteren Sinn ein Betriebssystem.
Im engeren Sinn ein Meta-Betriebssystem, unter dem mehrere andere Betriebssysteme aktiv sind.
→ *siehe auch Metabetriebssystem.*

Supervisor-Status *Subst.* (supervisor state)
Die Betriebsart eines Motorola 680×0-Mikroprozessors mit der höchsten Bevorrechtigung. Nur im Supervisor-Status dürfen alle vorhandenen Operationen des Mikroprozessors ausgeführt werden.
→ *siehe auch privilegierter Modus.* → *Vgl. Benutzerstatus.*

Supraleiter *Subst.* (superconductor)
Ein Werkstoff, der dem elektrischen Strom keinen Widerstand entgegensetzt.

Surfen *Subst.* (Net surfing)
Das »Durchforsten« des Internet, speziell des World Wide Web, ohne eine bestimmte Zielsetzung.

surfen *Vb.* (surf)
Das Durchsuchen von Informationssammlungen im Internet, in Newsgroups, im Gopher und vor allem im World Wide Web. Wie beim »Zappen« durch Fernsehkanäle, sucht ein Benutzer dabei nach einem interessanten Thema und geht von dort zu anderen Themen oder von einer Website zur nächsten über. → *auch genannt cruisen.*

.sv
Im Internet ein Kürzel für die übergreifende Länder-Domäne, die eine Adresse in El Salvador angibt.

SVC *Subst.*
Abkürzung für Switched Virtual Circuit (»Geschalteter, virtueller Schaltkreis«). Eine logische Verbindung zwischen zwei Knoten in einem paketvermittelten Netzwerk, die nur dann hergestellt wird, wenn Daten zu übertragen sind. → *siehe auch Knoten, Paketvermittlung.* → *Vgl. PVC.*

SVGA *Subst.*
Abkürzung für Super Video Graphics Array. Ein Grafikstandard, der 1989 von der Video Electronics Standards Association (VESA) erstellt wurde, um für IBM-kompatible Computer die Möglichkeit hochauflösender Farbbildschirme bereitzustellen. Obwohl es sich bei SVGA um einen Standard handelt, können Kompatibilitätsprobleme mit dem Video-BIOS auftreten. → *siehe auch BIOS, Video-Adapter.*

S-Video-Stecker *Subst.* (S-video connector)
Eine Hardware-Schnittstelle für Video-Geräte, die Chrominanz- (Farbe) und Luminanzsignal (Leuchtdichte) getrennt überträgt. Ein Gerät mit S-Video-Steckern ergibt ein schärferes Bild als eines mit Cinch-Steckern (für Kompositsignale).

S/WAN *Subst.*
→ *siehe gesichertes Weitbereichsnetz.*

Switched Ethernet *Subst.* (switched Ethernet)
Ein Ethernet-Netzwerk, das über einen Hochgeschwindigkeitsschalter und nicht über einen Ethernet-Hub betrieben wird. Ein Switched Ethernet gewährleistet eine echte Bandbreite von 10 Mbit/s zwischen den Stationen und nicht nur ein gemeinsames Netzwerkmedium.

Switched Multimegabit Data Services *Subst.*
→ *siehe SMDS.*

switched virtual circuit *Subst.*
→ *siehe SVC.*

Switcher *Subst.*
Ein spezielles Macintosh-Dienstprogramm, durch das mehr als ein Programm gleichzeitig im Speicher verbleiben konnte. Es wurde später durch den MultiFinder ersetzt. → *siehe auch MultiFinder.*

Switching Hub *Subst.* (switching hub)
Eine zentrale Vermittlungsvorrichtung, die eine Verbindung zwischen getrennten Kommunikationsleitungen in einem Netzwerk herstellt und Nachrichten sowie Pakete zwischen den Computern des Netzwerks weiterleitet. Der Switching Hub funktioniert wie ein Hub (PBX) für das Netzwerk. → *siehe auch Hub, Paket, paketvermitteltes Netzwerk, PBX, Schalter, Switched Ethernet.*

.sy
Im Internet ein Kürzel für die übergreifende Länder-Domäne, die eine Adresse in Syrien angibt.

SYLK-Datei *Subst.* (SYLK file)
Abkürzung für **SY**mbolic **L**in**K**-Datei. Ein spezielles Dateiformat von Microsoft, das hauptsächlich für den Datenaustausch bei Tabellenkalkulationen eingesetzt wird. In diesem Format bleiben Formatinformationen und die Beziehungen der Datenwerte zu denen anderer Zellen erhalten.

Symbol *Subst.* (icon, symbol)
Ein kleines Bildschirmsymbol zur Darstellung eines Objekts, das vom Benutzer manipuliert werden kann. Symbole sind visuelle Gedächtnisstützen und ermöglichen dem Benutzer, bestimmte Aktionen zu steuern, ohne den genauen Befehl zu kennen oder Befehle über die Tastatur einzugeben. Symbole sind daher ein bedeutender Faktor in der Benutzerfreundlichkeit von grafischen Benutzeroberflächen. → *siehe auch grafische Benutzeroberfläche.*

Symbol

In der Programmierung bezeichnet »Symbol« einen Namen, der ein Register, einen absoluten Wert oder eine Speicheradresse (relativ oder absolut) darstellt. → *siehe auch Bezeichner, Operator.*

symbolische Adresse *Subst.* (symbolic address)
Eine Speicheradresse, die in einem Programm über den Namen und nicht über die eigentliche Adresse referenziert wird.

symbolische Logik *Subst.* (symbolic logic)
Eine Darstellung kausaler Beziehungen und Folgen unter Verwendung von Symbolen anstelle sprachlicher Ausdrücke für die Formulierung von Behauptungen und Beziehungen. → *siehe auch Logik.*

symbolischer Link *Subst.* (symbolic link)
Ein Verzeichniseintrag auf einem Datenträger, der wie eine gewöhnliche Datei aussieht, jedoch in Wirklichkeit auf eine Datei in einem anderen Verzeichnis verweist. → *auch genannt Alias, Softlink, Symlink, Verknüpfung.*

symbolisches Codieren *Subst.* (symbolic coding)
Einen Algorithmus in Worten, Dezimalzahlen und Symbolen anstatt in Binärzahlen darstellen, um ihn für eine Person lesbar und verständlich werden zu lassen. Symbolisches Codieren wird in den höheren Programmiersprachen eingesetzt. → *siehe auch Algorithmus, höhere Programmiersprache.*

symbolische Sprache *Subst.* (symbolic language)
Eine Programmiersprache, die Befehle unter Verwendung von Symbolen – Schlüsselwörtern, Variablen und Operatoren – bildet. Mit Ausnahme der

Maschinensprache handelt es sich bei allen Programmiersprachen um symbolische Sprachen.

Symbolleiste *Subst.* (toolbar)
In einer Anwendung einer grafischen Benutzeroberfläche eine Zeile, eine Spalte oder ein Feld mit Schaltflächen oder Symbolen. Wird auf diese Schaltflächen oder Symbole mit der Maus geklickt, werden Makros oder bestimmte Funktionen der Anwendung aktiviert. Textverarbeitungsprogramme enthalten z. B. häufig Werkzeugleisten, um den Schriftschnitt (kursiv, fett u. a.) einzustellen. Die Werkzeugleisten lassen sich oft auch vom Benutzer anpassen und können in der Regel bedarfsgerecht auf dem Bildschirm verschoben werden. → *siehe auch grafische Benutzeroberfläche.* → *Vgl. Menüleiste, Palette, Task-Leiste, Titelzeile.*

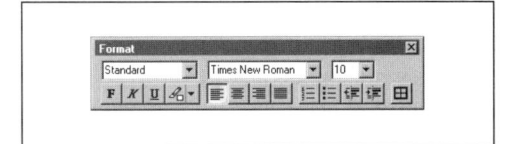

Symbolleiste

Symbol, logisches *Subst.* (logic symbol)
→ *siehe logisches Symbol.*

symbolorientierte Oberfläche *Subst.* (iconic interface)
Eine Benutzeroberfläche, die nicht auf eingegebenen Befehlen, sondern auf Symbolen basiert. → *siehe auch grafische Benutzeroberfläche, Symbol.*

Symbol-Parade *Subst.* (icon parade)
Die Folge von Symbolen, die beim Laden eines Macintosh Computers angezeigt werden.

Symbolsatz *Subst.* (symbol set)
Eine beliebige Zusammenstellung von Symbolen, die durch eine Codierungszuordnung (wie beispielsweise den erweiterten ASCII-Zeichensatz) oder eine Programmiersprache vereinbart wird.

Symbolschrift *Subst.* (symbol font)
Eine spezielle Schrift oder Schriftart, welche die normalerweise über die Tastatur erreichbaren Zeichen durch alternative – als Symbole verwendbare – Zeichen ersetzt. Dabei kann es sich beispielsweise um die Buchstaben des griechischen Alphabets oder um einen Satz wissenschaftlicher oder linguistischer Symbole handeln.

Symboltabelle *Subst.* (symbol table)
Bei der Kompilierung (oder Assemblierung) erstellte Liste aller im Programm vorgefundenen Bezeichner, ihren Adressen und den zugehörigen Attributen. Es können darin z. B. alle Variablen oder Unterprogramme aufgeführt sein. → *siehe auch Bezeichner, Compiler, Linker, Modul, Objektcode.*

Symlink *Subst.* (symlink)
→ *siehe symbolischer Link.*

symlink
→ *siehe symbolischer Link.*

Symmetric Digital Subscriber Line *Subst.* (symmetric digital subscriber line)
Eine Technik zur digitalen Datenfernübertragung, die Duplex-Übertragungsraten bis zu 384 Kbit/s über Kupferleitungen ermöglicht. → *Vgl. asymmetric digital subscriber line.*

Symmetric Multiprocessing *Subst.* (symmetric multiprocessing)
→ *siehe SMP.*

Symmetric Multiprocessing Server *Subst.* (symmetric multiprocessing server)
→ *siehe SMP-Server.*

symmetrische Verbindung *Subst.* (balanced line)
Eine Übertragungsleitung – beispielsweise eine Twisted-pair-Verkabelung (verdrillte Telefonleitung) –, die aus zwei Leitern besteht, deren Spannungen und Ströme jeweils gleich groß sind, aber entgegengesetzte Polarität bzw. Richtung aufweisen.

SYN *Subst.*
Abkürzung für **SYN**chronisierungszeichen. Ein Zeichen bei der synchronen (getakteten) Datenübertragung, das die Taktsynchronisierung zwischen Sender und Empfänger ermöglicht. → *auch genannt Synchronisierungszeichen.*

synchrone Operation *Subst.* (synchronous operation)
Eine Operation, die durch einen Taktgeber gesteuert abläuft. → *Vgl. asynchrone Operation.*

In der Kommunikationstechnik und bei Bus-Operationen eine von Taktimpulsen begleitete Datenübertragung. Die Taktimpulse werden dabei entweder in den Datenstrom eingefügt oder parallel auf einer separaten Leitung bereitgestellt.

synchrones DRAM *Subst.* (synchronous DRAM)
Eine Bauform dynamischer Halbleiterbausteine (DRAM), die mit höheren Taktraten betrieben werden kann als konventionelle DRAM-Schaltkreise. Dies wird durch Blockzugriffe ermöglicht, bei denen das DRAM jeweils die Adresse der nächsten anzusprechenden Speicheradresse angibt. → *siehe auch dynamisches RAM.*

synchrones Protokoll *Subst.* (synchronous protocol)
Eine Gruppe von Richtlinien zur Standardisierung der synchronen Kommunikation zwischen Computern. Unterschieden werden bitorientierte und zeichenorientierte, synchrone Protokolle. Beispiele sind das zeichenorientierte BISYNC-Protokoll sowie die bitorientierten Protokolle HDLC und SDLC. → *siehe auch BISYNC, HDLC, SDLC.*

synchrones UART *Subst.* (synchronous UART)
Ein universeller, asynchroner Sende- und Empfangsbaustein (UART), der auch eine synchrone, serielle Übertragung unterstützt, wobei Sender und Empfänger ein Taktsignal gemeinsam verwenden. → *siehe auch UART.*

synchrone Übertragung *Subst.* (synchronous transmission)
Eine Form der Datenübertragung, bei der die Informationen in Blöcken von Bits (Rahmen) zusammengefaßt werden. Diese Blöcke werden in einem einheitlichen Takt übertragen. → *Vgl. asynchronous transmission.*

Synchronisationssignal, vertikales *Subst.* (vertical sync signal)
→ *siehe vertikales Synchronisationssignal.*

Synchronisation, vertikale *Subst.* (vertical sync)
→ *siehe vertikale Bandbreite.*

synchronisieren *Vb.* (synchronize)
Ereignisse auf gleichzeitiges Auftreten abstimmen.

Synchronisierung *Subst.* (synchronization)
Bei einem Computer die zeitliche Anpassung zwischen den einzelnen Komponenten, um eine Koordinierung zu erzielen. Beispielsweise sind die Operationen des Betriebssystems in der Regel mit den Taktsignalen der Systemuhr des Computers synchronisiert. → *siehe auch Betriebssystem, Taktgeber.*
Bei Anwendungs- oder Datenbankdateien versteht man unter »Synchronisierung« Versionsvergleiche der Kopien, um sicherzustellen, daß sie die gleichen Daten enthalten.
Im Multimedia-Bereich bezeichnet »Synchronisierung« die exakte Echtzeitverarbeitung. Audio- und Videodaten werden synchron über ein Netzwerk transportiert, so daß sie ohne Verzögerungen zusammen wiedergegeben werden können. → *siehe auch Echtzeit.*
Im Netzwerkbereich charakterisiert »Synchronisierung« die Anpassung der Systemzeit zwischen den einzelnen Computern eines Netzwerks. In der Regel wird allen Computern die gleiche Systemzeit zugewiesen, um die Kommunikation zwischen ihnen zu erleichtern und zu koordinieren.
Im Netzwerkbereich versteht man unter »Synchronisierung« auch eine Kommunikationsübertragung, bei der Datenpakete aus mehreren Byte mit einer festen Übertragungsrate gesendet und empfangen werden. → *siehe auch Paket.*

Synchronisierungssignal *Subst.* (synchronization signal)
→ *siehe Sync-Signal.*

Synchronisierungszeichen *Subst.* (sync character)
→ *siehe SYN.*

Synchronizing Character *Subst.* (synchronous idle character)
→ *siehe SYN.*

Synchronous Data Link Control *Subst.*
→ *siehe SDLC.*

Sync-Signal *Subst.* (sync signal)
Abkürzung für **Syn**chronisierungs-**Signal**. Ein Abschnitt im Bildsignal einer Rasterbildanzeige, mit dem das Ende jeder Bildzeile (horizontales Sync-Signal) und das Ende der letzten Bildzeile (vertikales Sync-Signal) gekennzeichnet wird.

Synonym *Subst.* (synonym)
Ein Wort, das in der Bedeutung mit einem anderen Wort übereinstimmt. Die Substantive »Bildschirm« und »Monitor« sind Synonyme.
Beim Hashing-Verfahren stellt ein Synonym einen von zwei unterschiedlichen Schlüsseln dar, die die gleiche Hash-Adresse erzeugen. → *siehe auch hash.*

Syntax *Subst.* (syntax)
Die Grammatik einer bestimmten Sprache – d. h. die Regeln, die Struktur und Inhalt der Anweisungen bestimmen. → *siehe auch Logik, Programmiersprache, Syntaxfehler.* → *Vgl. Semantik.*

Syntax, abstrakte *Subst.* (abstract syntax)
→ *siehe abstrakte Syntax.*

Syntaxbaum, abstrakter *Subst.* (abstract syntax tree)
→ *siehe abstrakter Syntaxbaum.*

Syntaxfehler *Subst.* (syntax error)
Ein Fehler durch eine Anweisung, die grammatische Regeln einer Sprache verletzt und daher nicht zulässig ist. → *siehe auch Logik, Semantik, Syntax.*

Syntaxprüfung *Subst.* (syntax checker)
Ein Programm zur Erkennung syntaktischer Fehler in Programmen einer bestimmten Programmiersprache. → *siehe auch Syntax, Syntaxfehler.*

Synthese *Subst.* (synthesis)
Die Kombination separater Elemente zu einem geschlossenen Ganzen (z. B. die Kombination digitaler Impulse, um einen Klang nachzubilden, oder die Kombination digitalisierter Wörter zur künstlichen Erzeugung von Sprache). → *siehe auch Sprachsynthese.*

Synthesizer *Subst.* (synthesizer)
Ein Computer-Peripheriegerät, ein Chip oder ein eigenständiges System, das Klänge über digitale Befehle erzeugt und nicht mittels mechanischer Vorrichtungen oder aufgezeichneter Klänge. → *siehe auch MIDI.*

.sys
Eine Dateinamenerweiterung für Systemkonfigurationsdateien.

Sysadmin *Subst.* (sysadmin)
Der übliche Anmeldename oder die E-Mail-Adresse des Systemverwalters eines UNIX-Systems. → *siehe auch Systemadministrator.*

Sysgen *Subst.* (sysgen)
→ *siehe Systemgenerierung.*

Sysop *Subst.* (sysop)
Abkürzung für **System-Op**erator. Der Betreuer einer Mailbox oder eines kleineren Mehrbenutzer-Computersystems.

System *Subst.* (system)
Jede Sammlung von Einzelelementen, die zur Ausführung einer Aufgabe zusammenarbeiten. So stellt ein Computer ein Hardware-System dar, das aus einem Mikroprozessor, den zugehörigen Chips und Schaltkreisen sowie einem Eingabegerät (Tastatur, Maus, Diskettenlaufwerk), einem Ausgabegerät (Monitor, Diskettenlaufwerk) und beliebigen Peripheriegeräten (Drucker, Modem) besteht. Ein Betriebssystem besteht aus einem grundlegenden Satz von Programmen zur Verwaltung der Hardware und der Datendateien. Ein Datenbank-Managementsystem besteht aus Komponenten zur Verarbeitung bestimmter Arten von Informationen.

System-Abfrage-Taste *Subst.* (System Request key)
→ *siehe S-Abf-Taste.*

systemabhängig *Adj.* (computer-dependent)
→ *siehe hardwareabhängig.*

System, adaptives *Subst.* (adaptive system)
→ *siehe adaptives System.*

Systemadministrator *Subst.* (system administrator)
Die Person, die den Einsatz eines Mehrbenutzer-Computersystems und/oder eines Kommunikationssystems überwacht. Zu den Pflichten eines Systemverwalters gehören unter anderem die Zuweisung von Benutzerkonten und Paßwörtern, die Herstellung von Sicherheits-Zugriffsebenen und das Belegen von Speicherraum, das Erkennen unberechtigter Zugriffe sowie das Abwehren von Virus-Programmen oder »Trojanischen Pferden«.

S → *siehe auch Trojanisches Pferd, Virus.* → *auch genannt Sysadmin.* → *Vgl. Sysop.*

Systemanalyse *Subst.* (systems analysis)
Die Untersuchung eines Systems oder eines Problems mit dem Ziel, entweder ein vorhandenes System zu verbessern oder ein neues System zu entwerfen und zu implementieren. Als Wissenschaft ist die Systemanalyse mit der Kybernetik verwandt, einem Zweig der Technik, der das Verhalten von Systemen untersucht.

Systemanalytiker *Subst.* (systems analyst)
Eine Person, die am Entwurf und der Entwicklung von Systemen arbeitet. Um die geforderten Analysen erstellen zu können, verfügen Systemanalytiker meist über eine effektive Kombination aus technischem Wissen, Führungsqualitäten und kommunikativen Fähigkeiten.

Systemaufforderung *Subst.* (system prompt)
→ *siehe Eingabeaufforderung.*

Systemausfall *Subst.* (system failure)
Die Unfähigkeit eines Computers, weiterhin ordnungsgemäß zu funktionieren. Einem Systemausfall liegen in der Regel eher Software- als Hardware-Ursachen zugrunde.

System, ausfallgesichertes *Subst.* (fail-soft system)
→ *siehe ausfallgesichertes System.*

System, ausfallsicheres *Subst.* (fail-safe system)
→ *siehe ausfallsicheres System.*

System, befehlszeilenorientiertes *Subst.* (command-driven system)
→ *siehe befehlszeilenorientiertes System.*

Systemdatei *Subst.* (System file)
Eine Ressourcendatei auf dem Apple Macintosh, die vom Betriebssystem benötigte Ressourcen enthält, wie Schriften, Symbole und Standard-Dialogfelder.

Systemdatenträger *Subst.* (system disk)
Ein Datenträger, der ein Betriebssystem enthält und den man zum Starten (Booten) eines Computers einsetzen kann. → *siehe auch Betriebssystem, booten.* → *auch genannt Startdiskette.*

Systemeinheit *Subst.* (system unit)
→ *siehe Konsole.*

Systementwicklung *Subst.* (system development)
Umfaßt den gesamten Prozeß von der Festlegung geforderter Funktionen über den Entwurf, die Entwicklung, das Testen bis hin zur Implementierung eines neuen Systems.

Systemfehler *Subst.* (system error)
Ein Programmzustand, in dem der normale Funktionsablauf des Betriebssystems nicht mehr gewährleistet ist. Nach einem Systemfehler ist meist der Neustart des Systems erforderlich.

Systemgenerierung *Subst.* (system generation)
Die Konfigurierung und Installation von Systemsoftware für eine bestimmte Hardware-Ausstattung. Zum Lieferumfang komplexer Betriebssysteme wie UNIX gehören zahlreiche Gerätetreiber und Dienstprogramme, die aber für eine konkrete Hardware-Konfiguration nicht alle relevant sind. Zu den Aufgaben der Systemgenerierung zählt daher neben der Festlegung wichtiger Systemeigenschaften auch die Zusammenstellung der tatsächlich erforderlichen Software-Komponenten.
→ *auch genannt Sysgen.*

System, geschlossenes *Subst.* (closed system)
→ *siehe geschlossene Architektur.*

System-Heap *Subst.* (system heap)
→ *siehe Heap.*

Systemintegration *Subst.* (systems integration)
Die Entwicklung eines Computersystems für einen bestimmten Kunden durch die Zusammenstellung von Produkten verschiedener Original-Systemhersteller (OEM – Original Equipment Manufacturer).

Systemkonsole *Subst.* (system console)
Das Hauptbedienfeld eines Computersystems. Diesem Begriff begegnet man hauptsächlich in Großrechner- und Minicomputer-Umgebungen. Bei vernetzten oder verteilten Verarbeitungssystemen wird eine Arbeitsstation dem Systemverwalter zugeordnet und entspricht dann der LAN-Systemkonsole. → *siehe auch Konsole, LAN.*

System-Lebensdauer *Subst.* (system life cycle)
Die Nutzungsdauer eines Informationssystems. Nach Ablauf der System-Lebensdauer ist eine Reparatur oder Erweiterung nicht mehr durchführbar. Das System muß dann durch ein neues ersetzt werden.

Systemmeldung *Subst.* (message)
→ *siehe Alert.*

Systemmonitor *Subst.* (performance monitor)
Ein Prozeß oder ein Programm zur Bewertung und Aufzeichnung von Statusinformationen über verschiedene Systemgeräte und andere Prozesse.

Systemneukonfiguration, automatische *Subst.* (automatic system reconfiguration)
→ *siehe automatische Systemneukonfiguration.*

System Object Model *Subst.*
→ *siehe SOM.*

System, offenes *Subst.* (open system)
→ *siehe offenes System.*

Systemoperator *Subst.* (system operator)
→ *siehe Sysop.*

Systemordner *Subst.* (System folder)
Der Apple Macintosh-Dateiordner (Verzeichnis), der sowohl die System-Datei als auch andere wichtige Dateien wie den Finder, Gerätetreiber, INIT- und Kontrollfeld-Dateien enthält. → *siehe auch Finder, INIT, Systemdatei, Systemsteuerung.*

Systemplatine *Subst.* (system board)
→ *siehe Hauptplatine.*

Systemprogrammierung *Subst.* (systems programming)
Die Entwicklung oder Wartung von Programmen, die für die Ausführung als Teil eines Betriebssystems vorgesehen sind. Dabei kann es sich z.B. um E/A-Routinen, Benutzeroberflächen, Befehlszeilen-Interpreter, Task-Scheduling oder Speicherverwaltungsroutinen handeln.

System, regelbasiertes *Subst.* (rule-based system)
→ *siehe Produktionssystem.*

System-Registry *Subst.* (System Registry)
→ *siehe Registrierung.*

Systemressource *Subst.* (system resource)
Die zahlreichen, in der System-Datei des Apple Macintosh gespeicherten Routinen, Definitionen und Datenfragmente, wie z.B. Gleitkomma-Arithmetikroutinen, Schriftart-Definitionen und periphere Treiber. → *siehe auch Ressource.*

Systems Application Architecture *Subst.*
→ *siehe SAA.*

System, schlüsselfertiges *Subst.* (turnkey system)
→ *siehe schlüsselfertiges System.*

Systemschrift *Subst.* (system font)
Auf dem Apple Macintosh und in einigen PC-Anwendungen die vom Computer für Textelemente auf dem Bildschirm – wie Menütitel und Menüelemente – nicht aber in den Anwendungsfenstern selbst, benutzte Schrift. → *siehe auch Schrift.*

Systems Network Architecture *Subst.*
→ *siehe SNA.*

Systemsoftware *Subst.* (system software)
Die Gesamtheit aller Programme und Daten, die ein Betriebssystem ausmachen oder damit zu tun haben. → *Vgl. Anwendung.*

Systemsteuerung *Subst.* (control panel)
In Windows und beim Macintosh (beim Macintosh unter dem Namen »Kontrollfeld«) ein Systemprogramm, mit dem sich das Betriebssystem und die Hardware konfigurieren läßt. U.a. können Zeit und Datum, Tastatur sowie Netzwerkparameter beeinflußt werden.

System-Timer *Subst.* (system timer)
→ *siehe Taktgeber.*

Systemuhr *Subst.* (system clock)
→ *siehe Taktgeber.*

Systemunterstützung *Subst.* (system support)
Die Bereitstellung von Diensten und materiellen Ressourcen für den Einsatz, die Wartung und Verbesserung eines bereits implementierten Systems.

System V *Subst.*
Von AT&T und anderen Firmen gelieferte Version des UNIX-Systems. Man versteht unter diesem Begriff sowohl eine Normung, die hauptsächlich von AT&T kontrolliert wird, als auch eine Palette kommerzieller Produkte. → *siehe auch UNIX.*

Systemwiederherstellung *Subst.* (system recovery)
Eine Prozedur, die nach einem Systemausfall erfolgen muß, um das System wieder in den normalen Betriebszustand zurückzuversetzen. Die Systemwiederherstellung wird nach dem Neustart des Betriebssystems begonnen. Dabei ist es manchmal erforderlich, daß Reste der während des Ausfalls aktiven Tasks gelöscht werden müssen, sowie die während des Ausfalls vorliegende Speicherstruktur wiederhergestellt werden muß.

System, wissensorientiertes *Subst.* (knowledge-based system)
→ *siehe Expertensystem.*

System-Zeitgeber *Subst.* (system timer)
→ *siehe Taktgeber.*

.sz
Im Internet ein Kürzel für die übergreifende Länder-Domäne, die eine Adresse in Swasiland angibt.

T

T *Präfix*
→ *siehe Tera-.*

T1 *Subst.*
Ein Trägerfrequenzkanal (T-Carrier), der 1,544 Mbit/s bzw. 24 Sprachkanäle übertragen kann. Obwohl ursprünglich von AT&T für Sprachübertragung entworfen, kann dieses Breitbandverfahren auch Texte und Bilder übermitteln. T1-Leitungen werden in der Regel von größeren Organisationen für den Internet-Anschluß verwendet. → *siehe auch T-Carrier.* → *Vgl. Fractional T1, T2, T3, T4.*

T.120-Standard *Subst.* (T.120 standard)
Eine Normenfamilie der ITU (International Telecommunications Union) für Datenübertragungsdienste in Computeranwendungen, die mehrere Ziele gleichzeitig bedienen, z.B. für Konferenzschaltungen und Datenübertragungen an mehrere Zielpunkte.

T2 *Subst.*
Ein Trägerfrequenzkanal (T-Carrier), der 6,312 Mbit/s bzw. 96 Sprachkanälen übertragen kann. → *siehe auch T-Carrier.* → *Vgl. T1, T3, T4.*

T3 *Subst.*
Ein Trägerfrequenzkanal (T-Carrier), der 44,736 Mbit/s bzw. 672 Sprachkanälen übertragen kann. → *siehe auch T-Carrier.* → *Vgl. T1, T2, T4.*

T4 *Subst.*
Ein Trägerfrequenzkanal (T-Carrier), der mit 274,176 Mbit/s bzw. 4032 Sprachkanälen übertragen kann. → *siehe auch T-Carrier.* → *Vgl. T1, T2, T3.*

Tabelle *Subst.* (table)
In Textverarbeitungs-, DTP- und HTML-Dokumenten ein Textblock, der in Zeilen und Spalten ausgerichtet ist.
In relationalen Datenbanken bezeichnet »Tabelle« eine Datenstruktur aus Zeilen und Spalten. Dabei bilden die Schnittpunkte aus jeweils einer Spalte und einer Zeile die Zellen, die zur Aufnahme der Daten dienen. Die Tabelle ist die zugrundeliegende Struktur einer Relation. → *siehe auch relationale Datenbank.*
In der Programmierung stellt eine Tabelle eine Datenstruktur dar, die gewöhnlich aus einer Liste von Einträgen besteht, wobei jeder Eintrag durch einen eindeutigen Schlüssel identifiziert wird und einen Satz zusammengehöriger Werte enthält. Eine Tabelle implementiert man oft als Array von Datensätzen, verketteten Listen oder (in einfacheren Sprachen) mehreren Arrays unterschiedlichen Datentyps, die alle ein gemeinsames Indizierungsschema verwenden. → *siehe auch Array, aufzeichnen, Liste.*

Tabellenblatt *Subst.* (worksheet)
Eine Bildschirmseite eines Tabellenkalkulationsprogramms, die in Zeilen und Spalten aufgeteilt ist und zur Erstellung einer einzelnen Tabelle dient. → *auch genannt Arbeitsblatt.*

Tabellenblatt, elektronisches *Subst.* (electronic spreadsheet)
→ *siehe Tabellenkalkulationsprogramm.*

tabellengestützte Suche *Subst.* (table lookup)
Die Verwendung eines bekannten Wertes zur Suche nach Daten in einer vorher aufgebauten Wertetabelle. Beispielsweise kann man für ein gegebenes Einkommen in einer Steuertabelle nach dem entsprechenden Steuersatz suchen. → *siehe auch Lookup.*

Tabellenkalkulationsprogramm *Subst.* (spreadsheet program)
Eine Anwendung, die häufig für Kalkulationen, Prognosen und andere finanzbezogene Aufgaben

T eingesetzt wird. Dabei werden numerische Daten in Tabellenfelder (Zellen) eingegeben. Zwischen den Zellen können durch Formeln mathematische Beziehungen definiert werden. Die Änderung einer Zelle bewirkt dann eine Neuberechnung aller zugehörigen Zellen. Für die Erstellung von Ausdrucken verfügen Tabellenkalkulationsprogramme in der Regel über grafische Fähigkeiten sowie über eine Vielzahl von Formatierungsoptionen für Text, Zahlenwerte und Graphiken.

tabellieren *Vb.* (tabulate)
Informationen in Tabellenform anordnen.

Tablett *Subst.* (tablet)
→ *siehe Grafiktablett.*

Tablett, berührungssensitives *Subst.* (touch-sensitive tablet)
→ *siehe Touchpad.*

Tabulatortaste *Subst.* (Tab key)
Eine Taste, die ihrem eigentlichen Verwendungssinn nach (z.B. bei Textverarbeitungsprogrammen) für das Einfügen von Tabulator-Zeichen in ein Dokument gedacht und meist mit einem nach links und einem nach rechts weisenden Pfeil beschriftet ist. Andere Anwendungen (z.B. menügesteuerte Programme) setzen die Tabulatortaste dagegen häufig für die Bewegung einer Bildschirm-Markierung (Hervorhebung) von einer Position zur nächsten ein. Bei den meisten Datenbank- und Tabellenkalkulationsprogrammen ist mit Hilfe der Tabulatortaste die Bewegung zwischen den Datensätzen oder Zellen möglich. Der Begriff Tabulatortaste stammt von der Schreibmaschinentastatur, bei der diese Taste zum Erstellen von Tabellen vorgesehen ist. → *siehe auch Tabulatorzeichen.*

Tabulatorzeichen *Subst.* (tab character)
Ein Zeichen, das für die Ausrichtung von Zeilen und Spalten auf dem Bildschirm und auf der gedruckten Seite verwendet wird. Obwohl sich ein Tabulatorzeichen visuell nicht von einer Folge von Leerzeichen unterscheidet, behandelt der Computer Tabulatorzeichen und Leerzeichen in unterschiedlicher Weise. Ein Tabulatorzeichen ist ein einzelnes Zeichen und läßt sich daher mit einem einzelnen Tastendruck hinzufügen, löschen oder überschreiben. Im ASCII-Codierungsschema sind zwei Codes für Tabulatorzeichen festgelegt: ein horizontales Tabulatorzeichen für Leerräume entlang des Bildschirms oder der Dokumentseite und ein vertikales für die Erzeugung senkrechter Abstände auf dem Bildschirm oder dem Papier. → *siehe auch Tabulatortaste.*

tabulieren *Vb.* (tabulate)
Das Bilden der Gesamtsumme über eine Zeile oder Spalte mit numerischen Werten.

TACACS *Subst.*
Abkürzung für Terminal Access Controller Access Control System (zu deutsch etwa »Zugangsverwaltung von Terminalzugängen über Steuerungsrechner«). Ein Netzwerkzugriffsverfahren, bei dem sich die Benutzer bei einem einzelnen, zentralen Server anmelden, der über eine Datenbank der autorisierten Zugangskennungen verfügt. Hat der Zugangsserver den Benutzer authentifiziert, leitet er die Anmeldedaten an den vom Benutzer angeforderten Datenserver weiter. → *siehe auch Authentifizierung, Server.*

Tag *Subst.* (tag)
Zu deutsch »Marke«. In Auszeichnungssprachen, wie SGML und HTML, ein Code zur Kennzeichnung eines bestimmten Elements in einem Dokument, z.B. einer Überschrift oder eines Absatzes, um so die Informationen im Dokument zu formatieren, zu indizieren oder zu verknüpfen. Sowohl bei SGML als auch bei HTML besteht ein »Tag« im allgemeinen aus einem Paar Winkelklammern, die ein oder mehrere Zeichen oder Zahlen umschließen. Meist ist dem Element ein solches Klammerpaar vorangestellt und ein weiteres Paar nachgestellt. Auf diese Weise wird der Beginn und das Ende der Kennzeichnung angegeben. In HTML bezeichnet z.B. *Replace later*, daß der Satz »Hello World« kursiv gesetzt erscheinen soll. → *siehe auch Element, Emotag, HTML, <>, SGML.*

Tagged Image File Format *Subst.*
→ *siehe TIFF.*

Tag Sort *Subst.* (tag sort)
Ein Sortierverfahren, das mit einem oder mehreren Schlüsselfelder(n) arbeitet, um die gewünschte Reihenfolge der zugehörigen Datensätze herzustellen. → *auch genannt Key Sort.*

Tag Switching *Subst.* (tag switching)
Eine von Cisco Systems entwickelte Vermittlungstechnologie für das Internet, die auf mehreren Schichten Weiterleitung und Vermittlung umfaßt.

Taktfrequenz *Subst.* (clock rate)
Die Frequenz, mit der der Taktgeber in einem elektronischen Gerät, z.B. einem Computer, schwingt. Die Taktfrequenz wird gewöhnlich in Hertz (Hz, eine Schwingung pro Sekunde), Kilohertz (kHz, 1 000 Schwingungen pro Sekunde) oder Megahertz (MHz, 1 000 000 Schwingungen pro Sekunde) angegeben. Die in Personal Computern übliche Taktfrequenz stieg innerhalb der letzten Jahre deutlich an, im Zeitraum von 1981 bis 1995 von etwa 5 MHz bis auf etwa 50 MHz. → *siehe auch Taktgeber.* → *auch genannt Taktgeschwindigkeit.*

Taktgeber *Subst.* (clock)
Der elektronische Schaltkreis in einem Computer, der eine stetige Folge von Taktimpulsen erzeugt – die digitalen Signale zur Synchronisation aller Operationen eines Computers. Das Signal wird mit Hilfe eines Quarzkristalls konstant gehalten. Das erzeugte Signal weist typischerweise eine Frequenz im Bereich von 1 bis 50 Millionen Schwingungen pro Sekunde (Megahertz oder MHz) auf. Die Taktfrequenz ist einer der ausschlaggebenden Faktoren für die Geschwindigkeit eines Computers und kann so hoch sein, wie es die Einzelkomponenten des Computers zulassen. → *auch genannt Systemuhr, System-Zeitgeber.*

Taktgeschwindigkeit *Subst.* (clock speed, hertz time)
→ *siehe Taktfrequenz.*

Taktsignale *Subst.* (clock pulse, timing signals)
Von einem Quarz-Oszillator periodisch erzeugte elektronische Impulse, mit denen die Aktionen eines digitalen Gerätes synchronisiert – also zeitlich abgestimmt – werden.

Taktverdoppler *Subst.* (clock doubling)
Ein Prozessor, der Daten und Befehle mit der doppelten Geschwindigkeit wie der Rest des Computers verarbeitet. Die dabei zugrundeliegende Technologie wird bei einigen Prozessoren von der Firma Intel eingesetzt. → *siehe auch i486DX2.*

talk *Subst.*
Ein UNIX-Befehl, dem der Name und die Adresse eines anderen Benutzers nachgestellt wird, um eine Anfrage für eine Duplex-Gesprächsrunde auf dem Internet auszugeben.

talken *Vb.* (talk)
→ *siehe chatten.*

Talker *Subst.* (talker)
Ein Duplex-Kommunikationsmodus für das Internet, der meist für Gesprächsrunden mit mehreren Teilnehmern eingesetzt wird. Solche Systeme verfügen in der Regel über spezielle Befehle, mit deren Hilfe mehrere virtuelle *Räume* (Gesprächsbereiche) betreten werden können. Auch können die Benutzer untereinander in Echtzeit über Textnachrichten und symbolische Gestik kommunizieren sowie Mailbox-Systeme (BBS) zum Senden von Kommentaren verwenden und interne E-Mail-Nachrichten senden. → *siehe auch Chat, Schwarzes-Brett-System.*

talk.-Newsgroups *Subst.* (talk. newsgroups)
Newsgroups von Usenet, die Teil der talk.-Hierarchie sind und das Präfix talk. als Teil ihres Namens tragen. Hier werden kontroverse Themen behandelt. talk.-Newsgroups sind eine von ursprünglich sieben Newsgroups der Usenet-Hierarchie. Die anderen sechs Newsgroups heißen comp. misc., news., rec., sci. und soc. → *siehe auch Newsgroup, traditionelle Newsgroup-Hierarchie, Usenet.*

Tandem-Prozessoren *Subst.* (tandem processors)
Mehrere miteinander verknüpfte Prozessoren, bei denen bei Ausfall eines Prozessors die CPU-Operationen an einen anderen Prozessor übergeben werden. Die Verwendung von Tandem-Prozessoren ist ein Teilkonzept zur Implementierung fehlertoleranter Computersysteme. → *siehe auch Prozessor.*

TANSTAAFL
Abkürzung für »There Ain't No Such Thing As A Free Lunch« (im Deutschen etwa »Ohne Fleiß kein Preis«). Ein Ausdruck, der auf dem Internet in E-Mail-Nachrichten, Gesprächsrunden, Verteilerlisten, Newsgroups und anderen Online-Foren gebräuchlich ist. → *siehe auch Chat, E-Mail, Newsgroup, Verteilerliste.*

Tap *Subst.* (tap)
Ein Gerät, das auf einem Ethernet-Buskabel angebracht wird und den Anschluß eines Computers ermöglicht.

TAPI *Subst.*
Abkürzung für Telephony Application **Programming** Interface (Programmierschnittstelle für Telefonanwendungen). In der Windows Open Systems Architecture (WOSA) eine Programmierschnittstelle, über die Windows-Client-Anwendungen Zugriff auf Telefondienste eines Servers erhalten können. TAPI erleichtert die Zusammenarbeit von PCs und Telefonanlagen. → *siehe auch API, WOSA.* → *auch genannt Telephony API.* → *Vgl. TSAPI.*

.tar
Eine Dateinamenerweiterung, die nicht komprimierte UNIX-Archive in dem vom Programm »tar« erzeugten Format kennzeichnet.

tar *Subst.*
Abkürzung für »tape **ar**chive«, zu deutsch »Magnetbandarchiv«. Ein UNIX-Dienstprogramm, das aus einer Gruppe von Dateien, die ein Benutzer zusammen speichern möchte, eine einzige Datei erzeugt. Die Ergebnisdatei hat die Erweiterung ».tar«. Anders als PKZIP, komprimiert tar die Dateien nicht, so daß die .tar-Dateien in der Regel noch mit den Dienstprogrammen compress oder gzip bearbeitet werden, wodurch sich Dateien mit der Erweiterung ».tar.gz« bzw. ».tar.Z« ergeben. → *siehe auch gzip, komprimieren, PKZIP.* → *Vgl. untar.*
»tar« bezeichnet gleichzeitig den Vorgang, bei dem mit Hilfe des Dienstprogramms »tar« aus einer Gruppe von Dateien eine einzelne Datei erstellt wird. → *siehe auch komprimieren, PKZIP.* → *Vgl. untar.*

Task *Subst.* (task)
Eine eigenständige Anwendung oder ein Unterprogramm, das sich als unabhängige Einheit ausführen läßt.

Task-Leiste *Subst.* (taskbar)
Eine grafische Symbolleiste in Windows 95, die mit Hilfe der Maus eine Auswahl unter den geöffneten Anwendungen ermöglicht. → *siehe auch Symbolleiste, Task-Schaltfläche.*

Task-Leiste

Task-Schaltfläche *Subst.* (task button)
Eine Schaltfläche in Windows 95, die auf der Task-Leiste erscheint, wenn eine Anwendung geöffnet ist. Durch Klicken auf diese Schaltfläche kann der Benutzer von einer Anwendung auf die zur Schaltfläche gehörende Anwendung umschalten. → *siehe auch Task-Leiste.*

Task Switching *Subst.* (task swapping, task switching)
Der Übergang von einem Programm zu einem anderen, ohne das erste zu beenden. Task Switching gehört zur Einzelverarbeitung. Zwar findet auch beim Multitasking ein Umschalten zwischen mehreren Programmen statt, hier jedoch mit dem Ziel einer parallelen Verarbeitung. → *siehe auch Task.* → *Vgl. Multitasking.*
Falls beim Task Switching der Platz im Arbeitsspeicher nicht ausreicht, um die Programme und Daten zwischenzuspeichern, lagert das Betriebssystem die Informationen in der Regel auf die Festplatte aus und lädt sie bei Bedarf wieder in den Arbeitsspeicher. Man spricht in diesem Zusammenhang von »Swapping«. → *siehe auch Task.*

Task-Verwaltung *Subst.* (task management)
Ein Betriebssystem-Prozeß, der – insbesondere in einer Multitasking-Umgebung – den Ablauf der einzelnen Tasks überwacht und ihnen die erforderlichen Ressourcen zuteilt.

Tastatur *Subst.* (keyboard)
Angeordnete Tasten, die der Tastatur von Schreibmaschinen gleichen. Die Tasten leiten die entsprechenden Informationen des Benutzers an den Computer oder den Schaltkreis für die Datenübertragung weiter. → *siehe auch Alt-Taste, Apple-Taste, Befehlstaste, Bild-ab-Taste, Bild-auf-Taste, Druck-Taste, Dvorak-Tastatur, Einfügetaste, Eingabetaste, Eingabetaste, Ende-Taste, Entf-Taste, ergonomische Tastatur, erweiterte Tastatur, Escape-Taste, Feststell-Taste, Funktionstaste, Hilfetaste, Löschtaste, numerischer Tastenblock, Num-Taste, Optionstaste, originale Macintosh-Tastatur, Pause-Taste, PC/XT-Tastatur, Pfeiltaste, Pos1-*

Taste, Power-on-Taste, QWERTY-Tastatur, Rollen-Taste, Rücktaste, S-Abf-Taste, Scancode, Steuerungstaste, Steuerzeichen, Tabulatortaste, Tastatur-Controller, Tastaturerweiterung, Tastaturpuffer, Tastenkappe, Umschalttaste, Unterbrechungstaste, Zeichencode.

Tastatur-Controller *Subst.* (keyboard controller)
In einer Tastatur eingebauter Mikroprozessor, dessen Hauptfunktion im Warten auf einen Tastenanschlag und im Melden dieses Ereignisses besteht.

Tastatur, ergonomische *Subst.* (ergonomic keyboard)
→ *siehe ergonomische Tastatur.*

Tastatur, erweiterte *Subst.* (enhanced keyboard)
→ *siehe erweiterte Tastatur.*

Tastaturerweiterung *Subst.* (keyboard enhancer)
Auch als Tastaturdienstprogramm, Makroprogramm oder Makrodienstprogramm bezeichnet. Ein Programm, mit dem sich alle laufenden Tastenanschläge überwachen und die Bedeutungen bestimmter Tasten oder Tastenkombinationen neu festlegen lassen. Tastaturerweiterungen werden zur Erzeugung und Speicherung von Makros – Folgen von Tastenanschlägen, Mausaktionen, Menüauswahlen oder anderen Befehlen – verwendet, denen Tasten zugeordnet sind. → *auch genannt Makroprogramm.*

Tastaturlayout *Subst.* (keyboard layout)
Die Anordnung der Tasten einer bestimmten Tastatur. Dies bezieht die Anzahl der Tasten (nach aktuellem Standard: 101) und deren Konfiguration (deutsche Tastatur: QWERTZ) ein. Einige proprietäre Systeme verwenden verschiedene Layouts. Es ist in einigen Fällen auch möglich, Tasten mit anderen Zeichen zu belegen.

Tastaturmaus *Subst.* (MouseKeys)
Eine Funktion in Microsoft Windows, die es Benutzern ermöglicht, den Mauszeiger über den numerischen Tastenblock zu bewegen. Die Tastaturmaus ist speziell für Benutzer konzipiert worden, die aufgrund einer Körperbehinderung nicht in der Lage sind, eine Maus optimal zu nutzen.
→ *siehe auch Maus.*

Tastaturprozessor *Subst.* (keyboard processor)
→ *siehe Tastatur-Controller.*

Tastaturpuffer *Subst.* (keyboard buffer, type-ahead buffer)
Ein kleiner Bereich im Systemspeicher zur Aufnahme der zuletzt eingegebenen Zeichen. Dieser Puffer wird verwendet, um die bereits eingegebenen, aber noch nicht verarbeiteten Zeichen zwischenzuspeichern.

Tastaturpuffer-Funktion *Subst.* (type-ahead capability)
Die Fähigkeit eines Computerprogramms, die über Tastatur eingegebenen Zeichen in einen temporären Speicherbereich (Puffer) aufzunehmen, bevor sie auf dem Bildschirm angezeigt werden. Durch diese Funktion wird gewährleistet, daß Zeichen, die schneller eingegeben werden als das Programm sie anzeigen kann, nicht verloren gehen.

Tastaturschablone *Subst.* (keyboard template)
Aus Plastik oder Karton bestehende Schablone, die sich auf die Tastatur auflegen läßt und mit Informationen für bestimmte Tasten oder Tastengruppen (meist für Funktionstasten) beschriftet ist.

Taste *Subst.* (button, key)
Auf einer Tastatur die Kombination einer Tastenkappe aus Plastik, einer Feder, die den Tastenmechanismus nach dem Niederdrücken sicher in die Ruhelage zurückbringt, und einer elektronischen Komponente, die sowohl das Drücken als auch das Loslassen der Taste registriert.
Bei einer Maus dienen die Tasten dazu, bestimmte Funktionen zu aktivieren. Ältere Mäuse besitzen zum Teil nur eine Maustaste, neuere Modelle haben meist zwei oder mehr Maustasten.

Tastenanschlag *Subst.* (keystroke)
Das Drücken einer Taste, um ein Zeichen einzugeben oder einen Befehl für ein Programm festzulegen. Die Leistungsfähigkeit bestimmter Anwendungen wird oft an der Fähigkeit gemessen, wie viele Tastenanschläge für häufig verwendete Operationen benötigt werden. → *siehe auch Befehl, Schlüssel, Tastatur.*

Tastenblock, numerischer *Subst.* (numeric keypad)
→ siehe *numerischer Tastenblock*.

Tastencode *Subst.* (key code)
Eine eindeutige Codenummer, die einer bestimmten Taste auf einer Computertastatur zugewiesen ist und dem Computer mitteilt, welche Taste gedrückt oder losgelassen wurde. Unabhängig von den auf der Taste abgebildeten Buchstaben, Zahlen bzw. Symbolen oder der von der Taste erzeugten Zeichen, handelt es sich bei einem Tastencode immer um einen speziellen Bezeichner für die Taste selbst, der für eine bestimmte Taste immer gleich ist. → *Vgl. Scancode, Zeichencode.*

Tastenkappe *Subst.* (keycap)
Das Plastikteil, das eine Taste auf einer Tastatur identifiziert.

Tastenkombination *Subst.* (keyboard shortcut)
→ siehe *Anwendungs-Schnelltaste*.

Tastenwiederholfunktion *Subst.* (auto-key)
→ siehe *Wiederholautomatik*.

Tastenwiederholung *Subst.* (keyboard repeat)
→ siehe *Wiederholautomatik*.

Taste, tote *Subst.* (dead key)
→ siehe *tote Taste*.

TB *Subst.*
→ siehe *Terabyte*.

.tc
Im Internet ein Kürzel für die übergreifende Länder-Domäne, die eine Adresse auf den Turks- oder Caicosinseln angibt.

T-Carrier *Subst.* (T-carrier)
Ein Kanal zur digitalen Datenübertragung über große Distanzen, der durch ein einheitliches Trägerfrequenzsystem gebildet wird. Für die Übermittlung werden mehrere Sprachkanäle und digitale Datenströme durch Multiplexer beim Senden zusammengefügt und beim Empfang getrennt. T-Carrier-Dienste, von der Firma AT&T 1993 eingeführt, werden nach Kapazitätsstufen definiert: T1, T2, T3, T4. T-Carrier werden auch für Internet-Anschlüsse verwendet. → *siehe auch T1, T2, T3, T4.*

Tcl/Tk *Subst.*
Abkürzung für Tool command language/Tool kit. Ein Programmiersystem, das eine Skriptsprache (Tcl) und ein Toolkit für eine grafische Benutzeroberfläche (Tk) enthält. Die Tcl-Sprache gibt Befehle an interaktive Programme aus (z.B. Texteditoren, Debugger und Shells), durch die komplexe Datenstrukturen in Skripten verknüpft werden. → *siehe auch grafische Benutzeroberfläche, Skript, Skriptsprache.*

TCM *Subst.*
→ siehe *Trellis-Codierung*.

TCP *Subst.*
Abkürzung für Transmission Control Protocol. Das Protokoll innerhalb von TCP/IP, das die Trennung von Daten in Pakete steuert, die per IP verschickt werden, sowie die empfangsseitige Zusammensetzung und Überprüfung der vollständigen Mitteilungen aus den über IP empfangenen Paketen lenkt. TCP entspricht der Transportschicht im ISO/OSI-Referenzmodell. → *siehe auch ISO/OSI-Schichtenmodell, Paket, TCP/IP.* → *Vgl. IP.*

TCP/IP *Subst.*
Abkürzung für Transmission Control Protocol/Internet Protocol (Übertragungssteuerungsprotokoll/Internet-Protokoll). Vom amerikanischen Verteidigungsministerium entwickeltes Protokoll für die Kommunikation zwischen Computern. TCP/IP ist in das Betriebssystem UNIX integriert und ein De-facto-Standard für die Datenübertragung über Netzwerke, einschließlich dem Internet.

TCP/IP-Stack *Subst.* (TCP/IP stack)
Die Gruppe der TCP/IP-Protokolle. → *siehe auch Protokollstapel, TCP/IP.*

.td
Im Internet ein Kürzel für die übergreifende Länder-Domäne, die eine Adresse im Tschad angibt.

TDM *Subst.*
→ siehe *Zeit-Multiplexing*.

Techie *Subst.* (techie)
Eine technisch orientierte Person. Ein »Techie« ist meist diejenige Person, die zur Hilfe gerufen wird, wenn ein technisches Problem auftritt oder nicht verstanden wird. Ein »Techie« kann ein Ingenieur oder ein Techniker sein, es sind jedoch nicht alle Ingenieure wahre »Techies«. → *siehe auch Guru.*

technischer Autor *Subst.* (technical author)
→ *siehe Tech Writer.*

Technologie *Subst.* (technology)
Die Anwendung von Wissenschaft und Technik auf die Entwicklung von Maschinen und Verfahren für die Erweiterung oder Verbesserung der menschlichen Lebensbedingungen und Leistungsfähigkeit. → *siehe auch High Tech.*

Technophile *Subst.* (technophile)
Eine Person, die sich für die Neuerungen der Technik begeistert. → *Vgl. Computerfreak.*

Tech Writer *Subst.* (tech writer)
Eine Person, die Dokumentationsmaterial für ein Hardware- oder Software-Produkt verfaßt. → *siehe technischer Autor.* → *siehe auch Dokumentation.* → *auch genannt technischer Autor.*

Teilnetz *Subst.* (subnet)
Ein Netzwerk, das Teil eines größeren Netzwerks ist.

Teilstring *Subst.* (substring)
Ein zusammenhängender Abschnitt einer Zeichenfolge. → *siehe auch String.*

Telco *Subst.* (telco)
Kurzform für **Telephone Company** (Telefongesellschaft). Ein Begriff, der allgemein für die Bereitstellung von Internet-Diensten durch Telefongesellschaften gebraucht wird.

Telefonie *Subst.* (telephony)
Fernsprechen. Die Übermittlung von Sprache durch Umwandlung in elektrische Signale, deren drahtgebundene oder drahtlose Übertragung an einen anderen Ort und die Rückverwandlung in Schallsignale.

Telefonieren mit dem Computer *Subst.* (computer telephone integration)
Eine Technik, mit der der Computer als Ersatz für einen Telefonapparat verwendet werden kann. Gegenüber einem herkömmlichen Telefonapparat sind weitaus komfortablere Funktionen möglich, die aus Anwendungen genutzt werden können. Zu den Funktionen gehören: die Annahme eingehender Anrufe, die Zurverfügungstellung von Datenbankinformationen auf dem Bildschirm zum gleichen Zeitpunkt, zu dem der Anruf eingeht, sowie das automatische Verbinden und Zurückverbinden von Anrufen per Drag & Drop. Weitere Funktionen sind die automatische Wahl bzw. Wahlwiederholung, Kurzwahl mit Hilfe einer residenten Datenbank sowie die Identifikation eingehender Kundenanrufe und das Verbinden dieser Kunden mit vordefinierten Telefonnummern. → *siehe auch Drag & Drop.*

Telefonstecker *Subst.* (modular jack, phone connector)
Ein Steckverbinder, in der Regel ein RJ-11-Stecker, der eine Telefonleitung mit einem Gerät, z.B. einem Modem, verbindet.

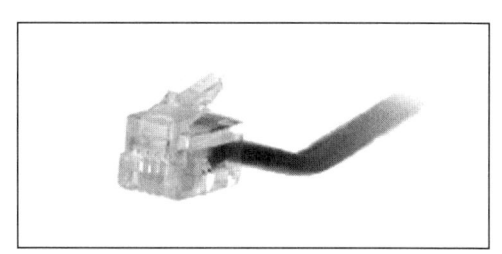

Telefonstecker

Telekommunikation *Subst.* (telecommunications)
Oberbegriff für die elektronische Übertragung aller Arten von Information – einschließlich Daten, Fernsehbilder, Sprach- oder Faxsendungen – durch elektrische oder optische Signale, die drahtlos oder über Kupfer- oder Glasfaserkabel gesendet werden.

Telekonferenz *Subst.* (teleconferencing)
Der Einsatz von Audio-, Video- und Computer-Technik über ein Kommunikationssystem, um geographisch entfernten Teilnehmern zu ermöglichen, an Besprechungen und Diskussionen teilzunehmen. → *siehe auch Videokonferenz.*

Telematik *Subst.* (telematics)
Bezeichnet in der Kommunikationstechnik die Kombination von Computern und Einrichtungen der Telekommunikation.

Telephongerät *Subst.* (telephony device)
Eine Vorrichtung, die zum Zwecke der Übertragung Schall in elektrische Signale umwandelt und empfangene Signale zurück in Schall umwandeln kann.

Telephony API *Subst.*
→ *siehe TAPI.*

Telescript *Subst.*
Eine Programmiersprache mit Schwerpunkt auf Datenübertragungen, die 1994 von der Firma General Magic vorgestellt wurde und dem Bedarf an plattformübergreifenden, netzwerkunabhängigen Signalisierungen sowie Beschreibungen komplexer Netzwerkprotokolle entsprechen soll.
→ *siehe auch Protokoll.*

Teletype *Subst.*
Kurzname für die Teletype Corporation, Hersteller des Fernschreibers (»TTY«) sowie zahlreicher Drucker für Computer- und Kommunikationssysteme. → *siehe auch Teletypewriter.*

Teletypewriter *Subst.* (teletypewriter)
→ *siehe TTY.*

telnet *Vb.*
Das Zugreifen auf einen entfernten Computer über das Internet mit Hilfe des Telnet-Protokolls.

Telnet *Subst.* (telnet)
Ein Protokoll, das einen Internet-Benutzer befähigt, sich in gleicher Weise auf einem entfernten, an das Internet angeschlossenen Computer anzumelden und diesem Befehle zu übermitteln, wie bei einer direkten Verbindung mit einem textbasierenden Terminal. Telnet gehört zu den TCP/IP-Protokollanwendungen.
Ein Client-Programm, das das Telnet-Protokoll implementiert.

Temp-Datei *Subst.* (temp file)
→ *siehe temporäre Datei.*

Template *Subst.* (template)
Im Betriebssystem MS-DOS ein kleiner Speicherbereich, der die zuletzt eingegebenen MS-DOS-Befehle speichert.

temporäre Datei *Subst.* (temporary file)
Vom Betriebssystem oder einem anderen Programm im Speicher oder auf einem Datenträger angelegte Hilfsdatei, die nur vorübergehend während einer Sitzung verwendet und anschließend wieder gelöscht wird. → *siehe auch scratchen.*
→ *auch genannt Temp-Datei.*

temporärer Speicher *Subst.* (temporary storage)
Ein Bereich im Speicher oder Massenspeicher, der temporär zur Zwischenspeicherung von Daten bei Berechnungen, Sortiervorgängen oder Transfer-Operationen belegt wird.

Tera- *Präfix* (tera-)
Ein Maßeinheitenvorsatz in der Bedeutung 10^{12}: das Billionenfache einer Einheit (im Amerikanischen »trillion«). Kurzzeichen T. → *siehe auch Terabyte.*

Terabyte *Subst.* (terabyte)
Eine Maßeinheit für sehr große Speicherkapazitäten. Ein Terabyte ist gleich 2^{40} oder 1.099.511.627.776 Byte, meist wird es jedoch mit einer Billion Byte gleichgesetzt. Kurzzeichen TB.

Teraflops *Subst.* (teraflops)
Eine Billion Gleitkommaoperationen (»FLOPS«) pro Sekunde. Eine Benchmark für größere Computersysteme, der die Anzahl der während einer bestimmten Zeitdauer durchgeführten Gleitkommaoperationen bestimmt. → *siehe auch FLOPS.*
→ *auch genannt TFLOPS.*

Terminal *Subst.* (terminal)
Ein Datensichtgerät, das aus einem Grafikcontroller, einem Bildschirm und einer Tastatur besteht. Controller und Bildschirm sind gewöhnlich zu einer Einheit zusammengefaßt, in die manchmal auch gleich die Tastatur integriert ist. Ein Terminal führt selbst nur wenige oder gar keine Verarbeitungsleistungen aus, sondern ist mit einem Computer über eine Kommunikationseinrichtung per Kabel verbunden. Terminals werden vor allem

in Mehrbenutzersystemen eingesetzt und sind in den heutigen Einzelplatzsystemen (PCs) kaum mehr vorzufinden. → *siehe auch dummes Terminal, intelligentes Terminal, Terminal-Emulation.*

Terminal Access Controller Access Control System *Subst.*
→ *siehe TACACS.*

Terminal, dummes *Subst.* (dumb terminal)
→ *siehe dummes Terminal.*

Terminal-Emulation *Subst.* (terminal emulation)
Die Nachbildung eines Terminals per Software, die meist einem Standard entspricht, wie beispielsweise dem ANSI-Standard für Terminal-Emulation. Ein Mikrocomputer läßt sich damit in der Art eines bestimmten Terminals betreiben, während er mit einem anderen Computer – z.B. mit einem Großcomputer – kommuniziert. → *siehe auch VT-52, VT-100, VT-200.*

Terminal, intelligentes *Subst.* (intelligent terminal)
→ *siehe intelligentes Terminal.*

Terminal-Server *Subst.* (terminal server)
In einem lokalen Netzwerk ein Computer oder Controller, der Terminals, Microcomputern und anderen Geräten den Zugang zu einem Netzwerk oder Host-Computer bzw. Geräten an diesem Host-Computer ermöglicht. → *siehe auch Controller, lokales Netzwerk, Mikrocomputer, Terminal.*

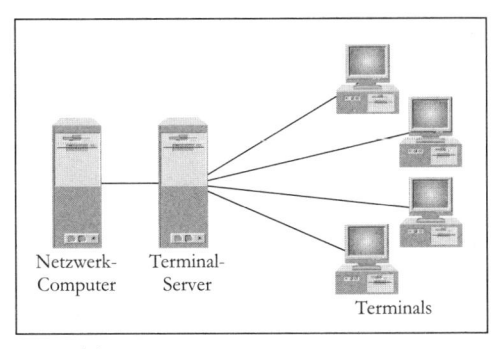

Terminal-Server

Terminal-Sitzung *Subst.* (terminal session)
Die mit der aktiven Benutzung eines Terminals verbrachte Zeit. → *siehe auch Sitzung.*

Terminal, virtuelles *Subst.* (virtual terminal)
→ *siehe Terminal-Emulation.*

Terminate-and-Stay-Resident Program *Subst.* (terminate-and-stay-resident program)
→ *siehe TSR.*

Terminator *Subst.* (terminator)
Ein Zeichen, das das Ende einer Zeichenfolge kennzeichnet, z.B. das Null-Zeichen bei einer ASCII-Zeichenfolge. → *siehe auch ascii, ASCIIZ-String.*

ternär *Adj.* (ternary)
Bezeichnet in der Programmierung ein Element mit drei möglichen Werten, eine Bedingung mit drei möglichen Zuständen oder das Zahlensystem mit der Basis 3. → *Vgl. binary, unär.*

Testautomatisierungs-Software *Subst.* (test automation software)
Ein Programm, das automatisch die Eingabe einer vordefinierten Folge von Zeichen oder Befehlen bewirkt, um neue Versionen von Softwareanwendungen zu testen.

Testdaten *Subst.* (test data)
Eine Menge von Eingangswerten für die Überprüfung der korrekten Funktionsweise eines Programms. Bei der Wahl bestimmter Testdaten berücksichtigt man sowohl die Verifizierung bekannter Ausgabewerte (erwartete Ergebnisse) als auch das Überschreiten von Grenzbedingungen, die möglicherweise zum Fehlverhalten eines Programms führen können.

testen *Vb.* (test)
Überprüfen der korrekten Funktion eines Programms durch Ausprobieren verschiedener Abläufe und Eingabewerte. → *siehe auch debuggen, Testdaten.*

Testpost *Subst.* (test post)
Ein Newsgroup-Artikel, der keine tatsächliche Nachricht enthält, sondern nur zum Testen der Verbindung dient. → *siehe auch Beitrag, Newsgroup.*

Testprogramm *Subst.* (exerciser)
Ein Programm, das für den Dauertest von Hardware oder Software vorgesehen ist und in diesem

T Zusammenhang einen umfangreichen Satz von Betriebsabläufen nachbildet.

TeX
Ein Programm für den Textsatz, das von dem Mathematiker und Informatiker Donald Knuth entwickelt wurde, um aus reinen Textquellen druckreife Dokumente wissenschaftlicher, mathematischer oder anderer komplexer, technischer Natur zu erstellen. Von TeX sind Versionen für UNIX, MS-DOS und Windows sowie Apple Macintosh frei über das Internet erhältlich (ftp://ftp.tex.ac.uk/tex-archive/). Es werden jedoch auch kommerzielle Versionen vertrieben, die meist über Erweiterungen verfügen. Formate und Sonderzeichen werden bei TeX über Befehle erzeugt, z.B. bewirkt $\${\backslash}pi\}r\^{}2\$$ die Ausgabe r^2. TeX kann durch Makros erweitert werden, wobei bereits für eine Vielzahl von Anwendungen fertige Makrodateien erhältlich sind. → *siehe auch LaTeXen.*

Texas Instruments Graphics Architecture *Subst.*
→ *siehe TIGA.*

Text *Subst.* (text)
Daten, die aus Zeichen zur Darstellung der Wörter und Symbole menschlicher Sprache bestehen. Die Codierung der Zeichen entspricht normalerweise dem ASCII-Standard, durch den Ziffern, Buchstaben und bestimmten Symbolen numerische Werte zugewiesen werden.
In Programmen für Textverarbeitung und Desktop Publishing bildet der Text den Hauptbestandteil eines Dokuments – im Gegensatz zu anderen Elementen, z.B. Überschriften, Tabellen, Abbildungen oder Fußnoten.

Textbaustein *Subst.* (boilerplate)
Ein wiederverwendbarer Text. Mit Hilfe von Textbausteinen lassen sich Texte mehrfach verwenden – im gleichen oder einem anderen Dokument –, ohne diese jeweils neu eingeben zu müssen. Da Textbausteine dauerhaft gespeichert werden, stehen sie auch in späteren Sitzungen zur Verfügung. Textbausteine dürfen meist eine beliebige Länge aufweisen, von einem Wort bis hin zu ganzen Seiten. Typischerweise werden als Textbausteine lange, schwierige Wörter definiert sowie Textabschnitte, die unverändert oder mit leichter Abwandlung immer wieder benötigt werden. Typische Beispiele sind der Firmenname, Phrasen wie »mit freundlichen Grüßen«, aber auch Befehle, die eine Grafik, z.B. das Firmenlogo, einfügen. Textbausteine werden auch bei der Programmierung eingesetzt, um das Eingeben von Befehlswörtern und längeren Konstrukten zu beschleunigen.

Textdatei *Subst.* (text file)
Eine aus Textzeichen bestehende Datei. Dies kann ein Textverarbeitungsdokument sein, aber auch eine nur aus ASCII-Zeichen bestehende Datei, deren Format praktisch jedes Computersystem lesen kann. → *siehe auch ASCII-Datei, Text.*

TextEdit *Subst.*
Ein Standardsatz von Routinen im Betriebssystem des Apple Macintosh, die Programmen zur Verfügung stehen, um die Art und Weise der Textdarstellung zu steuern. → *siehe auch Toolbox.*

Texteditor *Subst.* (text editor)
→ *siehe Editor.*

Texteingabe *Subst.* (text entry)
Die Eingabe von Textzeichen mittels einer Tastatur.

Textende-Zeichen *Subst.* (end-of-text)
Abgekürzt ETX. In der Datenübertragung verwendetes Zeichen, das das Ende einer Textdatei markiert. Damit ist aber nicht notwendigerweise auch das Ende einer Übertragung (End of Transmission) gemeint. Es können sich auch andere Informationen, z.B. Zeichen zur Fehlerprüfung oder Steuerung, am Ende der Datei befinden. Im ASCII-Code wird das ETX-Zeichen durch den dezimalen Wert 3 (hexadezimal 03) dargestellt.

Textfeld *Subst.* (text box)
In einem Dialogfeld oder einem HTML-Formular ein Feld, in das der Benutzer Text eingeben kann.

Textilfarbband *Subst.* (cloth ribbon)
Ein mit Druckfarbe getränktes Band, das im allgemeinen bei Anschlagdruckern und Schreibmaschinen eingesetzt wird. Textilfarbbänder sind auf einer Spule aufgewickelt oder in einer Kassette untergebracht. Beim Drucken trifft das Druckelement (die Schreibtype oder die Nadeln bei einem Nadeldrucker) gegen das Band und drückt

dieses gegen das Papier, wodurch Druckfarbe übertragen wird. Damit sich im Druckbild die Abnutzung des Bandes nicht bemerkbar macht, wird das Band nach jedem Anschlag ein kleines Stück weitertransportiert. Anstelle von Textilfarbbändern werden gelegentlich Karbonbänder eingesetzt, insbesondere dort, wo hohe Qualitätsansprüche gestellt werden. Der Vorteil eines Textilfarbbands liegt jedoch darin, daß es mehrmals durchlaufen kann, im Gegensatz zu einem Karbonband, das bereits nach dem ersten Durchlauf ersetzt werden muß. → *Vgl. Karbonband.*

Text in Sprache *Subst.* (text-to-speech)
Die Umwandlung von Textdaten in eine Sprachausgabe mit Hilfe von Vorrichtungen zur Sprachsynthese. Auf diese Weise können z. B. Informationen über Telefon abgerufen werden und seh- oder lesebehinderte Menschen ebenfalls Computer verwenden.

Textkörper *Subst.* (body)
→ *siehe Body.*

Textmarke *Subst.* (bookmark)
Bei der Textverarbeitung eine Marke, die an einer bestimmten Position innerhalb eines Dokuments eingefügt wird. An diese Stelle kann der Benutzer zu einem späteren Zeitpunkt wieder zurückkehren, indem er den entsprechenden Befehl eingibt.

Textmodus *Subst.* (text mode)
Ein Anzeigemodus, in dem ein Computerbildschirm Buchstaben, Zahlen und andere Textzeichen anzeigen kann, aber keine Grafiken oder »WYSIWYG«-Zeichenformatierungen (z. B. kursive Zeichen oder hochgestellte Zahlen). → *auch genannt alphanumerischer Modus, Zeichenmodus.* → *Vgl. Grafikmodus.*

Textur *Subst.* (texture)
In der Computergrafik die Bezeichnung für Schattierungen oder andere Attribute, mit denen man eine Grafik versehen kann, um den Eindruck einer »stofflichen« Oberfläche zu bewirken. Beispielsweise läßt sich eine Oberfläche mit Reflexionen versehen, um Metall oder Glas nachzubilden. Ebenso kann man einer Form eine durch Einscannen gewonnene digitalisierte Holzmaserung zuweisen, um ein aus Holz hergestelltes Objekt zu simulieren.

Textverarbeitung *Subst.* (word processing)
Die Eingabe und Bearbeitung von Texten mit Hilfe eines Textverarbeitungsprogramms.

Textverarbeitungsprogramm *Subst.* (word processor)
Eine Anwendung für die Bearbeitung textorientierter Dokumente – das elektronische Äquivalent zu Papier, Stift, Schreibmaschine, Radiergummi und meist auch zu Wörterbuch und Thesaurus. Je nach verwendetem Programm und vorhandener Ausrüstung bieten Textverarbeitungsprogramme verschiedene Darstellungsmodi für die zu bearbeitenden Dokumente. Im Textmodus werden die Formatierungen (z. B. kursiver oder fetter Schriftschnitt) durch Hervorhebungen und verschiedene Farben gekennzeichnet. Im Grafikmodus werden die Formatierungen und oft auch die verschiedenen Schriften so auf dem Bildschirm dargestellt, wie sie später auf der gedruckten Seite erscheinen. Alle Textverarbeitungsprogramme verfügen zumindest in begrenztem Umfang über Funktionen für die Formatierung von Dokumenten, wie Schriftenwechsel, Seitenlayout, Absatzeinzug. Einige Textverarbeitungsprogramme können außerdem die Rechtschreibung überprüfen, Synonyme finden, mit anderen Programmen erzeugte Grafiken einbinden, mathematische Formeln korrekt ausrichten, Formbriefe erstellen und drucken, Berechnungen ausführen und Dokumente in mehreren Bildschirmfenstern darstellen. Oft hat der Benutzer auch die Möglichkeit, Makros aufzuzeichnen, um schwierige oder sich ständig wiederholende Operationen per Tastendruck ausführen zu lassen. → *Vgl. Editor, Zeileneditor.*

.tf
Im Internet ein Kürzel für die übergreifende Länder-Domäne, die eine Adresse in Französisch-Polynesien angibt.

TFLOPS *Subst.*
→ *siehe Teraflops.*

TFT *Subst.*
Abkürzung für Thin Film Transistor (Dünnfilm-Transistor). Ein mittels Dünnfilmtechnik hergestellter Transistor. → *siehe auch Dünnfilm, Transistor.*

TFT-Display *Subst.* (TFT display)
→ *siehe aktive Matrix.*

TFT LCD *Subst.*
→ *siehe aktive Matrix.*

.tg
Im Internet ein Kürzel für die übergreifende Länder-Domäne, die eine Adresse in Togo angibt.

TGA *Subst.*
Kurzform für »**Targa**«. Ein Dateiformat für Rastergrafiken der Firma Truevision, Inc., das Farbtiefen von 16, 24 und 32 bit ermöglicht. → *siehe auch 16-Bit-Farbtiefe, 24-Bit-Farbtiefe, 32-Bit-Farbtiefe, Rastergrafik, Video-Grafikkarte.*
Außerdem ein Markenname von hochauflösenden Grafikkarten.

.th
Im Internet ein Kürzel für die übergreifende Länder-Domäne, die eine Adresse in Thailand angibt.

Themenbaum *Subst.* (subject tree)
Ein nach Themenkategorien strukturiertes Verzeichnis für das World Wide Web, das wiederum häufig in Unterkategorien oder »Äste« aufgegliedert sind. Die niedrigste Ebene dieser Baumstruktur besteht aus Verknüpfungen zu den einzelnen Web-Seiten. Ein Beispiel eines Themenbaumes im World Wide Web ist »Yahoo!« (http://www.yahoo.com). → *siehe auch Yahoo!.*

Themen-Gruppe *Subst.* (topic group)
Ein Online-Diskussionsbereich für Teilnehmer mit einem gemeinsamen Interesse für ein bestimmtes Thema.

The Microsoft Network *Subst.*
Ein Online-Dienst von Microsoft mit einer Vielzahl von Angeboten, der mit der Einführung von Windows 95 im August 1995 gestartet wurde.

Thermodrucker *Subst.* (thermal printer)
Ein anschlagfreier Drucker, der durch Wärmeeinwirkung ein Bild auf speziell behandeltem Papier erzeugt. Der Druckkopf enthält zu diesem Zweck Stifte, die aber nicht wie beim Nadeldrucker gegen ein Farbband drücken, sondern aufgeheizt und mit dem Papier in Kontakt gebracht werden. Durch die Wärmeeinwirkung verfärbt sich die Spezialbeschichtung auf dem Papier.

Thermotransferdrucker *Subst.* (thermal transfer printer, thermal wax-transfer printer)
Ein spezieller anschlagfreier Drucker, der, um ein Druckbild zu erzeugen, farbiges Wachs unter Wärmeeinwirkung auf Papier aufschmilzt. Wie ein normaler Thermodrucker verwendet er Nadeln, um die Hitze zu übertragen. Anstatt aber Kontakt mit dem beschichteten Papier herzustellen, berühren die Nadeln ein breites Farbband, das mit unterschiedlichen Farbwachsen gesättigt ist. Das Wachs schmilzt unter den Nadeln und bleibt am Papier haften.

Thermowachsdrucker *Subst.* (thermal wax printer)
→ *siehe Thermotransferdrucker.*

Thesaurus *Subst.* (thesaurus)
Allgemein ein Synonymwörterbuch.
In Mikrocomputer-Anwendungen ein elektronisches Synonymwörterbuch, mit dessen Hilfe sich Synonyme zu einem Begriff anzeigen und in ein Dokument einfügen lassen.

The World<EMD>-Public Access UNIX *Subst.*
Einer der ersten öffentlichen Internet-Dienstleister mit Sitz in Boston. The World begann 1990 damit, öffentliche Einwahlzugänge in das Internet anzubieten. Weitere Dienste umfassen den Zugang zum World Wide Web, Usenet, SLIP/PPP-Unterstützung, Telnet, FTP, IRC, Gopher und E-Mail. 1995 begann The World dann damit, örtliche Einwahlzugänge über UUNET anzubieten. → *siehe auch ISP.*

Thick Ethernet *Subst.* (thick Ethernet)
→ *siehe 10Base5, Ethernet.*

ThickNet *Subst.*
→ *siehe 10Base5.*

ThickWire *Subst.*
→ *siehe 10Base5.*

Thin Client *Subst.* (thin client)
In einer Client-/Server-Architektur ein Client-System, das nur wenig oder überhaupt keine Datenverarbeitungen durchführt. Die Verarbeitung

erfolgt statt dessen auf dem Server. → *siehe auch Client-Server-Architektur, Fat Server, Thin Server.* → *Vgl. Fat Client.*

Thin Ethernet *Subst.* (thin Ethernet)
→ *siehe 10Base2, Ethernet.*

ThinNet *Subst.*
→ *siehe 10Base2.*

Thin Server *Subst.* (thin server)
Eine Client-/Server-Architektur, bei der der Großteil einer Anwendung auf dem Client-System ausgeführt wird (dem sog. »Fat Client«) und nur vereinzelt Datenverarbeitungen auf dem entfernten Server stattfinden. Solche Konfigurationen erzielen eine hohe Client-Leistung, erschweren jedoch administrative Aufgaben wie z.B. Software-Aktualisierungen. → *siehe auch Client-Server-Architektur, Fat Client, Thin Client.* → *Vgl. Fat Server.*

Thin System *Subst.* (thin system)
→ *siehe Thin Server.*

ThinWire *Subst.*
→ *siehe 10Base2.*

Thread *Subst.* (thread)
In der Programmierung ein Prozeß, der Teil eines größeren Prozesses oder Programms ist.
Bei E-Mails und Internet-Newsgroups eine Folge von Nachrichten und Antworten zu einem bestimmten Thema. → *auch genannt Diskussionsfaden.*

Threading *Subst.* (threading)
Eine von bestimmten Interpreter-Sprachen (wie in vielen Forth-Implementationen) verwendete Technik zur Erhöhung der Ausführungsgeschwindigkeit. In jeder auf diese Weise unterstützten Routine (wie z.B. einem vordefinierten Wort in Forth) werden die Bezüge auf andere Routinen durch Zeiger auf diese Routinen ersetzt. → *siehe auch Forth.*

TIA *Subst.*
Abkürzung für Thanks In Advance (»Danke im voraus«). Im Internet eine gebräuchliche Schlußformel für eine Anfrage. → *auch genannt aTdHvAaNnKcSe.*

Tick *Subst.* (tick)
Ein periodisches Signal hoher Frequenz, das von einer Taktgeberschaltung ausgesandt wird. Als »Tick« bezeichnet man auch den von diesem Signal generierten Interrupt.
In einigen Mikrocomputersystemen stellt ein Tick die grundlegende Zeiteinheit des internen Taktsignals dar, das für die Programme verfügbar ist. Beim Apple Macintosh umfaßt ein Tick 1/60 Sekunde, bei IBM-kompatiblen PCs 1/18 Sekunde.

Tiefpaßfilter *Subst.* (lowpass filter)
Eine elektrische Schaltung, die alle Frequenzen unterhalb einer festgelegten Grenzfrequenz durchläßt. → *Vgl. Bandbreiten-Filter, Hochpaßfilter.*

Tiefstellung *Subst.* (subscript)
Zeichen, die leicht unterhalb der Grundlinie des umgebenden Textes gedruckt werden. → *siehe auch Grundlinie.* → *Vgl. Hochstellung.*

.tif
Eine Dateinamenerweiterung, die Bitmap-Grafiken im TIFF-Format (Tagged Image File Format) kennzeichnet. → *siehe auch TIFF.*

TIFF *Subst.*
Abkürzung für Tagged Image File Format bzw. Tag Image File Format. Ein genormtes Dateiformat, das häufig beim Scannen, Speichern und Austauschen von Graustufen-Bildern zum Einsatz kommt. TIFF stellt bei älteren Programmen das einzige verfügbare Format dar (z.B. bei früheren Versionen von MacPaint), die meisten heutigen Programme bieten jedoch eine Vielzahl anderer Formate zum Speichern an, wie beispielsweise GIF oder JPEG. → *siehe auch Graustufen.* → *Vgl. GIF, JPEG.*

TIGA *Subst.*
Abkürzung für Texas Instruments Graphics Architecture. Ein auf dem Grafikprozessor 340×0 von Texas Instruments basierender Grafikcontroller.

Timer *Subst.* (timer)
Ein Register (schneller Speicher) oder eine spezielle Schaltung, ein Chip oder eine Software-Routine in einem Computersystem zur Messung von Zeitintervallen. Ein Timer ist nicht identisch mit der Systemuhr, obwohl sich dessen Impulse von

der Taktfrequenz der Systemuhr ableiten lassen. → *siehe auch Uhrzeit und Datum.* → *Vgl. Taktgeber, Uhr/Kalender.*

Timer-Treiber, virtueller *Subst.* (virtual timer device driver)
→ *siehe virtueller Gerätetreiber.*

Time to Live *Subst.*
Ein Feld mit Kopfinformationen für ein über das Internet gesendetes Paket, in dem angegeben ist, wie lange das Paket gespeichert werden soll. → *siehe auch Kopf, Paket.*

Tintenkassette *Subst.* (ink cartridge)
Ein mit Tinte gefülltes Einwegmodul, das in der Regel in einem Tintenstrahldrucker zum Einsatz kommt. → *siehe auch Tintenstrahldrucker.*

Tintenstrahldrucker *Subst.* (ink-jet printer)
Ein anschlagfreier Drucker, bei dem flüssige Tinte im Druckkopf durch Vibration oder Aufheizen in feinste Tröpfchen aufgelöst und durch kleinste Löcher verspritzt wird, um Zeichen oder Grafiken auf Papier zu bringen. Tintenstrahldrucker fordern einige Laserdrucker hinsichtlich Preis und Druckqualität heraus, obwohl sie langsamer als Laserdrucker arbeiten. Die größten Probleme bei der Tintenstrahl-Technologie ergeben sich aus der erforderlichen Spezialtinte, die hochlöslich sein muß, um das Verkleben der Düsen im Druckkopf zu vermeiden. Bei der Verwendung von einigen Papierarten läuft die Tinte aus, wodurch sich ein unscharf erscheinendes Druckbild ergibt. Außerdem verschmiert frisch bedrucktes Papier, wenn man es berührt oder anfeuchtet. → *siehe auch anschlagfreier Drucker, Druckkopf.*

Tiny-Modell *Subst.* (tiny model)
Ein Speichermodell der Mikroprozessorfamilie Intel 80×86. Das Tiny-Modell erlaubt die Verwendung von lediglich 64 Kilobyte (KB) für Code und Daten zusammen. → *siehe auch 8086, Speichermodell.*

Tiny MUD *Subst.*
→ *siehe MUD.*

Titelschrift *Subst.* (display face)
Eine für Überschriften und Titel in Dokumenten passende Schrift, die sich durch die Fähigkeit zur Hervorhebung vom anderen Text auf der Seite auszeichnet. Schriften ohne Serifen, z. B. Helvetica und Avant Garde, eignen für sich Titelschriften. → *siehe auch serifenlos.* → *Vgl. Brotschrift.*

Titelzeile *Subst.* (title bar)
Bei einer grafischen Benutzeroberfläche ein horizontaler Bereich am oberen Rand eines Fensters, der den Namen des Fensters enthält. Meist sind in den Titelzeilen auch Schaltflächen enthalten, um das Fenster zu schließen oder seine Größe zu verändern. Durch Klicken auf die Titelzeile läßt sich das gesamte Fenster verschieben.

.tj
Im Internet ein Kürzel für die übergreifende Länder-Domäne, die eine Adresse in Tadschikistan angibt.

.tk
Im Internet ein Kürzel für die übergreifende Länder-Domäne, die eine Adresse auf den Tokelauinseln angibt.

TLA *Subst.*
Abkürzung für Three-Letter Acronym (Drei-Buchstaben-Abkürzung). Ein ironischer Begriff, der meist zum Spaß in E-Mail-Nachrichten, Newsgroups und anderen Online-Foren auf dem Internet verwendet wird und auf die zahlreichen, häufig aus drei Buchstaben bestehenden Abkürzungen im Computerumfeld anspielt.

.tm
Im Internet ein Kürzel für die übergreifende Länder-Domäne, die eine Adresse in Turkmenistan angibt.

TMS34010 *Subst.*
→ *siehe 34010, 34020.*

.tn
Im Internet ein Kürzel für die übergreifende Länder-Domäne, die eine Adresse in Tunesien angibt.

.to
Im Internet ein Kürzel für die übergreifende Länder-Domäne, die eine Adresse auf Tonga angibt.

Tochterboard *Subst.* (daughterboard)
Eine Platine, die mit einer anderen Platine – meist der Systemplatine (Hauptplatine) – verbunden wird, um die Funktionalität zu erweitern. → *siehe auch Hauptplatine.*

Tochterboard

töten *Vb.* (nuke)
Das Anhalten eines Prozesses in einem Betriebssystem, einer Anwendung oder einem Programm. → *auch genannt killen.*

TOF *Subst.*
→ *siehe Dateianfang.*

Token *Subst.* (token)
Ein eindeutiges, strukturiertes Datenobjekt oder eine Nachricht, die kontinuierlich zwischen den Knoten eines Token Ring-Netzwerks zirkuliert und den aktuellen Zustand des Netzwerks beschreibt. Bevor ein Knoten eine Nachricht senden kann, muß er zuerst die Kontrolle über das Token an sich bringen. → *siehe auch Token-Bus-Netzwerk, Token Passing, Token-Ring-Netzwerk.*

Token-Bus-Netzwerk *Subst.* (token bus network)
Ein lokales Netzwerk, das in einer Bus-Topologie (die Stationen sind durch eine einzelne, gemeinsam genutzte Datenübertragungsstrecke verbunden) aufgebaut ist und Token Passing zur Regelung des Verkehrs auf der Leitung verwendet. Auf einem Token Bus-Netzwerk wird ein Token, das das Recht zum Senden regelt, von einer Station zu einer anderen weitergeleitet. Jede Station übernimmt das Token für eine kurze Zeit, in der diese Station allein Informationen senden kann. Das Token wird gemäß einer Prioritätenfolge von einer »Upstream«-Station zur nächsten »Downstream«-Station weitergeleitet, wobei es sich nicht unbedingt um die physikalisch nächste Station handeln muß. So »kreist« das Token im Netzwerk eigentlich in einem logischen Ring und nicht in einem physikalischen. Token Bus-Netzwerke sind nach IEEE 802.4 genormt. → *siehe auch Bus-Netzwerk, IEEE 802-Standards, Token Passing.* → *Vgl. Token-Ring-Netzwerk.*

Token Passing *Subst.* (token passing)
Ein Verfahren der Zugriffssteuerung auf einem lokalen Netzwerk durch die Verwendung eines speziellen Signals, dem sog. »Token«, das bestimmt, welche Station senden darf. Bei einem Token handelt es sich um eine kurze Nachricht, die von Station zu Station im Netzwerk weitergereicht wird. Nur die Station, die das Token besitzt, hat auch das Recht zum Senden von Informationen. → *siehe auch Token-Bus-Netzwerk, Token-Ring-Netzwerk.* → *Vgl. CSMA/CD, Kollisionserkennung, Konkurrenz.*

Token-Ring-Netzwerk *Subst.* (Token Ring network, token ring network)
Ein lokales Netzwerk, das in einer ringförmigen Bus-Topologie aufgebaut ist und Token Passing zur Regelung des Verkehrs auf der Leitung ver-

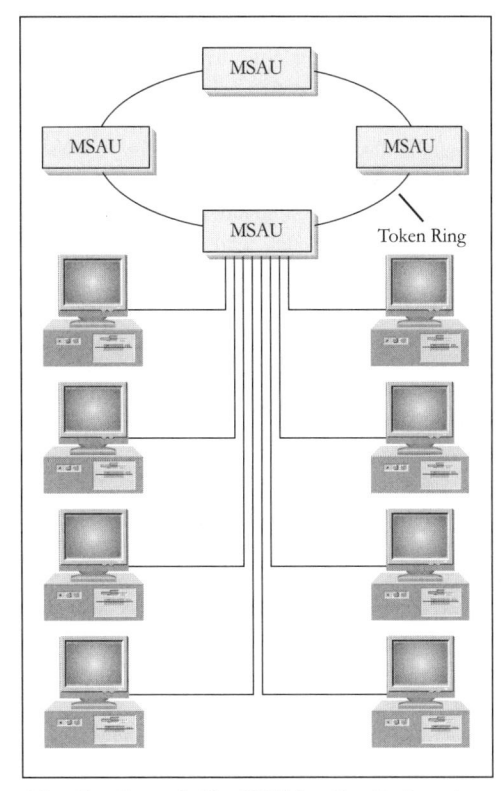

Token-Ring-Netzwerk: Eine IBM Token Ring-Konfiguration mit MSAUs

wendet. Auf einem Token Bus-Netzwerk wird ein Token, das das Recht zum Senden regelt, von einer Station zu einer anderen weitergeleitet. Liegen bei einer Station Informationen zum Senden vor, nimmt diese das Token vom Bus, markiert es als belegt und fügt die Informationen in das Token ein. Das Token wird nun mitsamt der neuen Nachricht im Ring weitergegeben, am Zielort kopiert und schließlich an den Absender zurückgesandt. Die Absender-Station entfernt die angehängte Nachricht wieder und gibt das freigegebene Token an die nächste Station im Ring weiter. Token-Ring-Netzwerke sind nach IEEE 802.5 genormt. → *siehe auch IEEE 802-Standards, Ring-Netzwerk, Token Passing.* → *Vgl. Token-Bus-Netzwerk.*

Der Ausdruck »Token-Ring-Netzwerk« bezeichnet außerdem ein von IBM entwickeltes Ringsystem mit Token Passing, das mit einer Geschwindigkeit von 4 Megabit (etwa 4 Millionen bit) pro Sekunde arbeitet. Es basiert auf dem Funktionsprinzip, wie es in Definition 1 beschrieben ist. Bei Verkabelung über normale Telefonleitungen kann Token Ring bis zu 72 Geräte verbinden. Mit geschirmter Twisted Pair-Verkabelung (STP) unterstützt das Netzwerk bis zu 260 Geräte. Obwohl dieses Verfahren auf einer Ring-Topologie (geschlossene Schleife) aufbaut, verwendet ein Token Ring-Netzwerk sternförmige Cluster mit bis zu acht, an einen Konzentrator (Multistation Access Unit, oder MSAU) angeschlossenen Arbeitsstationen, wobei der Konzentrator selbst mit dem Hauptring verbunden ist. Das Token Ring-Netzwerk läßt sich an Mikrocomputer, Minicomputer und Großcomputer anpassen und entspricht der Norm IEEE 802.5 für Token Ring-Netzwerke. → *siehe auch Ring-Netzwerk, STP, Token Passing.*

Ton *Subst.* (tone)
Eine bestimmte Farbschattierung. → *siehe auch Farbmodell, Helligkeit.* → *auch genannt schattieren, Wert.*
Außerdem ein Klang oder Signal mit einer bestimmten Frequenz.

Toner *Subst.* (toner)
Pigmentpulver, das für Bürokopierer und in Laser-, LED- und LCD-Druckern verwendet wird. → *siehe auch elektrofotografische Drucker.*

Toner-Kassette *Subst.* (toner cartridge)
Ein auswechselbarer Behälter, der den Toner für einen Laserdrucker oder einen anderen Seitendrucker bevorratet. Manche Toner-Kassetten enthalten nur den Toner allein, bei den gebräuchlichsten Druckwerken sind jedoch sowohl die Verbrauchsmaterialien als auch die Verschleißteile – d.h. der Toner und die fotoempfindliche Trommel – in einer Kassette zusammengefaßt. Die Toner-Kassetten sind zwischen Druckern, die das gleiche Druckwerk verwenden, austauschbar.

Toolbox *Subst.* (toolbox)
Eine Gruppe vordefinierter (und in der Regel bereits kompilierter) Routinen, die ein Programmierer beim Erstellen von Programmen für eine bestimmte Maschine, Umgebung oder Anwendung einsetzen kann. → *siehe auch Bibliothek.* → *auch genannt Toolkit.*
Beim Apple Macintosh ein Satz von Routinen, die größtenteils im ROM gespeichert sind und dem Anwendungsprogrammierer als Schnittstelle zur grafischen Benutzeroberfläche des Computers dienen. → *auch genannt Benutzeroberflächen-Toolbox.*

Tool Command Language/Tool Kit *Subst.*
→ *siehe Tcl/Tk.*

Toolkit *Subst.* (toolkit)
→ *siehe Toolbox.*

Top-down-Design *Subst.* (top-down design)
Ein Entwurfskonzept für Programme, bei dem man zunächst die Funktionalität eines Programms (als eine Folge von Tasks) auf der höchsten Ebene festlegt und dann schrittweise jeden Task in Funktionsblöcke auf der jeweils darunterliegenden Ebene aufteilt. → *siehe auch Bottom-Up-Programmierung, Top-down-Programmierung.* → *Vgl. Bottom-Up-Design.*

Top-down-Programmierung *Subst.* (top-down programming)
Eine Methode der Programmierung, die ein Programm nach dem Topdown-Prinzip umsetzt. Dabei wird in der Regel zunächst ein Hauptprogramm erstellt, das verschiedene Hauptroutinen (zunächst als Dummy-Routine implementiert) aufruft. Daraufhin werden die einzelnen Routinen programmiert, die wiederum weitere, darunterliegende

Routinen aufrufen (auch diese zu Beginn als Dummy-Routinen realisiert). → *siehe auch Bottom-Up-Design, Dummy-Routine, Top-down-Design.* → *Vgl. Bottom-Up-Programmierung.*

Top-Level-Domäne *Subst.* (top-level domain)
Im Internet-DNS-Adressensystem ist dies die übergreifende Namenskategorie, der alle weiteren Domänen untergeordnet sind. Die Top-Level-Domänen für Adressen in den Vereinigten Staaten lauten .com, .edu, .gov, .net und .org. → *siehe auch Länderkürzel.*

Topologie *Subst.* (topology)
Die Konfiguration, die durch die Verbindungen zwischen den Geräten in einem lokalen Netzwerk (LAN) oder zwischen mehreren solcher Netzwerke gebildet wird. → *siehe auch Baum-Netzwerk, Bus-Netzwerk, lokales Netzwerk, Ring-Netzwerk, Stern-Netzwerk, Token-Ring-Netzwerk.*

.tor.ca
Im Internet ein Kürzel für die übergreifende Länder-Domäne, die eine Adresse in Toronto in Kanada angibt.

Tortengrafik *Subst.* (pie chart)
Auch als Kreisdiagramm bezeichnet. Ein Diagrammtyp, bei dem die Werte prozentual (Tortenstücke) bezüglich eines Ganzen (Torte) präsentiert werden. → *auch genannt Kreisdiagramm.*

toter Link *Subst.* (stale link)
Ein Hyperlink zu einem HTML-Dokument, das gelöscht oder verschoben wurde, wodurch der Hyperlink nutzlos wird. → *siehe auch HTML-Dokument, Hyperlink.*

tote Taste *Subst.* (dead key)
Eine Taste, die zusammen mit einer anderen Taste verwendet wird, um ein Akzentzeichen zu erzeugen. Eine tote Taste produziert kein unmittelbar sichtbares Zeichen (daher ihr Name), zeigt jedoch dem Computer an, daß das vor ihr dargestellte Akzentzeichen mit dem nächsten eingegebenen Buchstaben zu kombinieren ist.

Touchpad *Subst.* (touch pad)
Eine Variante des grafischen Tabletts, das anstelle der bei hochwertigen, hochauflösenden Tabletts verwendeten elektromagnetischen Sensoren mit druckempfindlichen Sensoren arbeitet, um die Lage eines Gerätes auf der Tablettoberfläche zu verfolgen. → *siehe auch absolutes Zeigegerät, Grafiktablett.*

Touchscreen *Subst.* (touch screen)
Ein Computerbildschirm, der für die Erkennung einer Berührung auf seiner Oberfläche entwickelt oder modifiziert wurde. Durch die Berührung des Bildschirms kann der Benutzer eine Auswahl treffen oder einen Cursor verschieben. Beim einfachsten Typ eines Sensorbildschirms liegt über dem Schirm ein Gitter aus Sensordrähten, die eine Positionsbestimmung durch Lokalisierung der vertikalen und horizontalen Kontakte ermöglichen. Andere, genauere Arten arbeiten mit einer elektrisch geladenen Oberfläche und Sensoren an den Bildschirmrändern, um die elektrische Feldstörung zu erkennen und den genauen Punkt der Berührung zu bestimmen. Bei einem dritten Typ sind entlang der Bildschirmränder LEDs und Sensoren eingebettet. Diese Bauelemente erzeugen an der Vorderseite des Schirms ein unsichtbares Infrarotgitter, das von den Fingern des Benutzers unterbrochen wird. → *Vgl. Lichtgriffel.*

Tower *Subst.* (tower)
Ein Mikrocomputer-System mit einem etwa 60 Zentimeter hohen, schmalen Gehäuse. Die System-

Tower

T platine ist dabei in der Regel vertikal eingebaut, während die Laufwerke in waagerechter Position montiert sind. → *siehe auch Gehäuse, Hauptplatine, Mikrocomputer.* → *Vgl. Minitower.*

.tp
Im Internet ein Kürzel für die übergreifende Länder-Domäne, die eine Adresse auf Ost-Timor angibt.

TP *Subst.*
→ *siehe transaktionale Verarbeitung.*

TPC *Subst.*
→ *siehe Transaction Processing Council.*

TPC-D *Subst.*
Abkürzung für Transaction Processing Council Benchmark **D** (Benchmark zur beratenden Transaktionsverarbeitung). Eine Standard-Benchmark, die für eine breite Palette von Entscheidungshilfe-Anwendungen entworfen ist und auf komplexen Datenstrukturen basiert. → *siehe auch Transaction Processing Council.*

TP-Monitor *Subst.* (TP monitor)
Kurzform für T**tele**Processing **Monitor** or Transaction Processing **Monitor** (Fernverarbeitungsüberwachung). Ein Programm, das die Übertragung von Daten zwischen Terminals (bzw. Clients) und einem Großcomputer (bzw. Server) steuert, um für Anwendungen zur Online-Datenverarbeitung (OLTP) eine konsistente Umgebung zu gewährleisten. Ein TP-Monitor kann auch die Bildschirmdarstellungen steuern und das korrekte Format der Eingabedaten prüfen. → *siehe auch Client, Großrechner, Online Transaction Processing, Server.*

.tr
Im Internet ein Kürzel für die übergreifende Länder-Domäne, die eine Adresse in der Türkei angibt.

Trackball *Subst.* (trackball)
Ein Zeigegerät, bestehend aus einer Kugel, die auf zwei Rollen gelagert ist. Die Rollen sind im rechten Winkel zueinander angeordnet und wandeln eine Bewegung der Kugel in vertikale und horizontale Bewegungen auf dem Bildschirm um. Ein

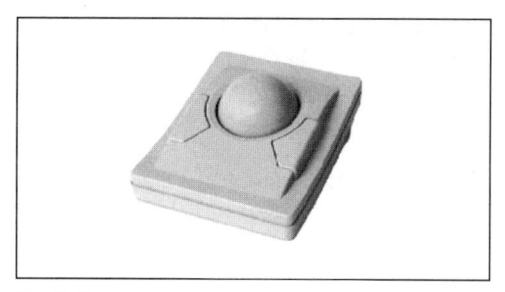

Trackball

Trackball verfügt in der Regel auch über eine oder mehrere Tasten zum Auslösen anderer Aktionen. Das Gehäuse des Trackballs ist stationär, die Kugel wird mit der Handfläche bewegt. → *Vgl. mechanische Maus.*

Trackpad *Subst.* (trackpad)
Ein Zeigegerät, das aus einer kleinen, flachen, berührungsempfindlichen Sensorfläche besteht. Der Mauszeiger auf dem Bildschirm kann verschoben werden, indem man mit dem Finger über die Oberfläche des Trackpad fährt. Vorrichtungen dieser Art finden sich meist bei tragbaren Computern. → *siehe auch Zeigegerät.*

traditionelle Newsgroup-Hierarchie *Subst.* (traditional newsgroup hierarchy)
Die sieben Standardkategorien für Newsgroups im Usenet: comp., misc., news., rec., sci., soc. und talk. Eine Hinzufügung weiterer Newsgroups zur traditionellen Hierarchie setzt eine formale Abstimmungsprozedur voraus. → *siehe auch comp.-Newsgroups, misc.-Newsgroups, Newsgroup, news.-Newsgroups, rec.-Newsgroups, Request for Discussion, sci.-Newsgroups, soc.-Newsgroups, talk.-Newsgroups, Usenet.* → *Vgl. alt.-Newsgroups.*

Trägerfrequenz *Subst.* (carrier frequency)
Ein Hochfrequenzsignal, das z.B. in Verbindung mit Modems und in Netzwerken verwendet wird und zur Übertragung von Informationen dient. Die Trägerfrequenz schwingt eine bestimmte Anzahl in der Sekunde (Einheit: Hertz, 1 Hertz = 1 Schwingung pro Sekunde). Die Codierung der Informationen auf die Trägerfrequenz erfolgt durch Änderung der Amplitude, der Phase oder der Frequenz. Dieser Vorgang wird als »Modulation« bezeichnet.

Trägerfrequenz-System *Subst.* (carrier system)
Ein Kommunikationsverfahren, das unterschiedliche Trägerfrequenzen verwendet, um die Informationen über mehrere Kanäle auf einem einzelnen physikalischen Pfad zu übertragen. Zu diesem Zweck wird das Signal von der Sendestation auf eine bestimmte Trägerfrequenz aufmoduliert und von der Empfangsstation entsprechend demoduliert.

Trägersignal *Subst.* (carrier)
In der Kommunikationstechnik eine festgelegte Frequenz, auf die die zu übertragenden Informationen aufmoduliert werden.

Traktorvorschub *Subst.* (tractor feed)
In einem Drucker verwendete Vorrichtung für den Papiertransport, bei der auf zwei rotierenden Bändern Führungsstifte zum Transport des Papiers angebracht sind. Die Stifte greifen in die Löcher an den Rändern von Endlospapier ein und ziehen oder schieben das Papier durch. → *siehe auch Endlospapier.* → *Vgl. Stachelwalze.*

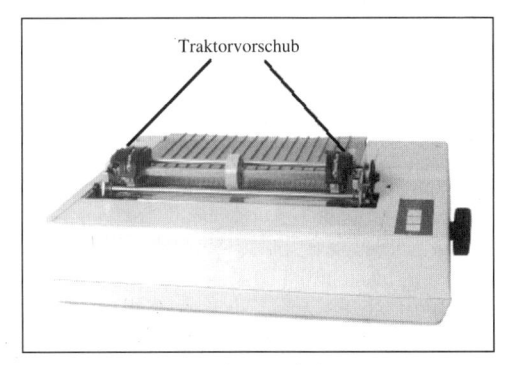

Traktorvorschub: Der Traktorvorschub eines Matrix-Druckers

Transaction Processing Council *Subst.*
Eine Gruppe von Hardware- und Software-Herstellern, die sich zur Vereinbarung und Veröffentlichung von Standard-Benchmarks zusammengeschlossen haben.

transaction processing monitor *Subst.*
→ *siehe TP-Monitor.*

Transaktion *Subst.* (transaction)
Eine in sich abgeschlossene Aktivität innerhalb eines Computersystems, z.B. die Erfassung einer Kundenbestellung oder die Aktualisierung einer Bestandsposition. Transaktionen beziehen sich in der Regel auf Systeme zur Datenbankverwaltung oder Auftragserfassung sowie andere Online-Systeme.

transaktionale Verarbeitung *Subst.* (transaction processing)
Eine Verarbeitungsmethode, bei der Transaktionen unmittelbar nachdem sie das System empfangen hat, ausgeführt werden. → *siehe auch Transaktion.* → *Vgl. Stapelverarbeitung.*

Transaktionsdatei *Subst.* (transaction file)
Eine Datei, die Einzelheiten von Transaktionen enthält, wie beispielsweise Artikel und Listenpreise, und für die Aktualisierung einer Master-Datenbankdatei verwendet wird. → *siehe auch Transaktion.* → *Vgl. Stammdatei.*

Transaktionsprotokoll *Subst.* (transaction log)
→ *siehe Änderungsdatei.*

Transceiver *Subst.* (transceiver)
Abkürzung für **Trans**mitter/**Rec**eiver (Sendeempfänger). Ein Gerät, das Signale sowohl senden als auch empfangen kann. In lokalen Netzwerken wird mit Transceiver eine Vorrichtung zum Anschluß eines Computers an das Netzwerk bezeichnet.

Transceiver-Kabel *Subst.* (transceiver cable)
Ein Kabel zur Verbindung des Netzwerkadapters eines Computers mit einem lokalen Netzwerk (LAN). → *siehe auch LAN.*

Transducer *Subst.* (transducer)
Ein Gerät, das eine Energieform in eine andere umwandelt. Elektronische Transducer konvertieren entweder elektrische Energie in eine andere Energieform oder nichtelektrische in elektrische Energie.

Transfer *Subst.* (transfer)
Die Bewegung von Daten von einem Ort zu einem anderen.
Die Übergabe der Programmsteuerung von einem Codeabschnitt an einen anderen.

Transferanweisung *Subst.* (transfer statement)
Eine Anweisung in einer Programmiersprache, die den Programmablauf an eine andere Stelle im

T Programm versetzt. → *siehe auch GOTO-Befehl, Sprungbefehl, Verzweigungsbefehl.*

Transferrate *Subst.* (transfer rate)
Die Geschwindigkeit, mit der eine Schaltung oder ein Kommunikationskanal Informationen von der Quelle zum Ziel überträgt, z.B. über ein Netzwerk oder zu und von einem Diskettenlaufwerk. Die Transferrate wird in Informationseinheiten pro Zeit gemessen – beispielsweise in bit oder Zeichen pro Sekunde – und entweder als Nettorate angegeben, die die maximale Übertragungsgeschwindigkeit darstellt, oder als Durchschnittsrate, die die zeitlichen Abstände zwischen den Datenblöcken als Teil der Übertragungszeit berücksichtigt.

Transferzeit *Subst.* (transfer time)
Die Zeitdauer zwischen dem Beginn und dem Ende einer Datenübertragung.

Transformator *Subst.* (transformer)
Ein Gerät zur Änderung der Spannung oder der Impedanz in Wechselstromkreisen.

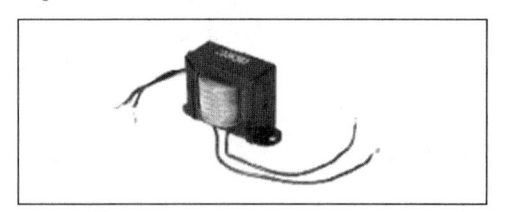

Transformator

transformieren *Vb.* (transform)
Das Erscheinungsbild oder das Format von Daten ohne Änderung des Inhalts umwandeln, z.B. durch Codierung von Informationen nach vorgegebenen Regeln.
In der Mathematik und der Computergrafik bezieht sich der Begriff »transformieren« auf die Veränderung der Position, Größe oder Beschaffenheit eines Objekts, indem man es z.B. an einen anderen Ort verschiebt (Translation), es vergrößert oder verkleinert (Skalierung), dreht (Rotation) oder seine Beschreibung von einer Art Koordinatensystem in eine andere überführt.

Transistor *Subst.* (transistor)
Kurzform für **Trans**fer Re**sistor** (steuerbarer Widerstand). Ein Halbleiterbauelement, in der Regel mit drei Anschlüssen, in dem ein Stromfluß durch

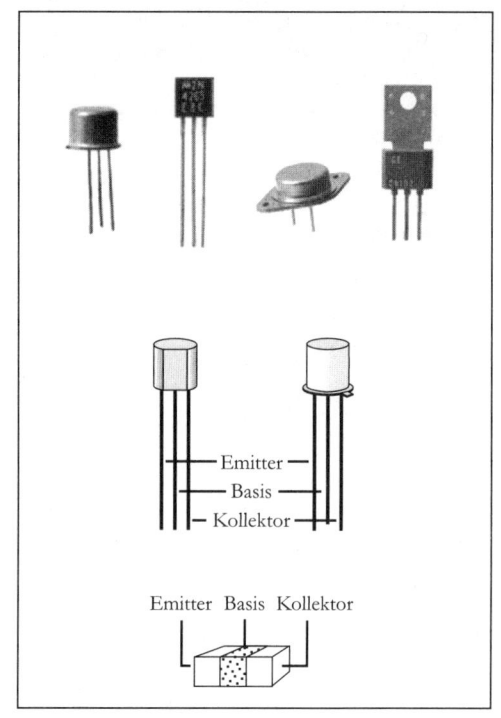

Transistor: Die Abbildungen oben zeigen vier verschiedene Transistoren: (v.l.n.r) TO-39, TO-92, TO-3 und TO-202. (Der dritte Pin des TO-3 ist in der Regel die Befestigungsplatte.) Die Zeichnung unten zeigt zwei typische Bipolartransistoren.

eine Spannung oder einen Strom gesteuert wird. Ein Transistor kann für zahlreiche Funktionen eingesetzt werden, z.B. als Verstärker, Schalter oder Oszillator. Er stellt das fundamentale Bauelement der modernen Elektronik dar. → *siehe auch FET, NPN-Transistor, PNP-Transistor.*

Transistorlogik, direkt gekoppelte *Subst.* (direct-coupled transistor logic)
→ *siehe direkt gekoppelte Transistorlogik.*

Transistor-Transistor-Logik *Subst.* (transistor-transistor logic)
Abgekürzt TTL. Eine bipolare Schaltungstechnologie, bei der Transistoren entweder direkt oder über Widerstände miteinander verbunden sind. Die mit hoher Geschwindigkeit bei gutem Störabstand arbeitenden TTL-Schaltkreise werden in vielen digitalen Schaltungen eingesetzt. Auf einem einzelnen Chip lassen sich eine große Zahl von TTL-Gattern unterbringen.

Transmission Control Protocol/Internet Protocol *Subst.*
→ *siehe TCP/IP.*

Transmit Data *Subst.*
→ *siehe TXD.*

Transmitter *Subst.* (transmitter)
Eine Schaltung oder ein elektronisches Gerät für das Versenden elektronisch codierter Daten an einen anderen Ort.

transparent *Adj.*
Beschreibt beim Einsatz von Computern eine Eigenschaft von Geräten, Funktionen oder Teilen eines Programms, deren Arbeit so unauffällig und problemlos vonstatten geht, daß sie für den Benutzer nicht sichtbar ist. Als »transparent« bezeichnet man z.B. die Fähigkeit einer Anwendung, mit Dateien aus einem anderen Programm arbeiten zu können, wenn sich dabei keine Probleme beim Öffnen, Lesen oder Verwenden dieser Dateien ergeben, so daß dem Benutzer die Verwendung der anderen Dateiformate nicht einmal bewußt wird.
In der Kommunikationstechnik bezeichnet »transparent« die Eigenschaft eines Übertragungsmodus, bei dem Daten aus beliebigen Zeichen – einschließlich Gerätesteuerzeichen – bestehen können, ohne daß eine Fehlinterpretation durch die Empfangsstation zu erwarten ist. So kann z.B. eine vorzeitige Beendigung der Übertragung im transparenten Modus nicht eintreten, da die Übertragung von der Empfangsstation erst nach Empfang eines entsprechenden Steuerzeichens beendet wird.
In der Computergrafik charakterisiert »transparent« das Fehlen einer Farbfüllung in einem bestimmten Bildbereich, so daß die Hintergrundfarbe des Bildes durchscheinen kann.

Transpiler *Subst.* (language translation program)
Ein Programm, das die Befehle einer Sprache in eine andere Sprache übersetzt. Dieses Programm wird in der Regel für fortgeschrittene Programmiersprachen verwendet. → *siehe auch höhere Programmiersprache.*

Transponder *Subst.* (transponder)
Eine Sende-Empfangsvorrichtung eines Kommunikationssatellits, die ein Signal von einer Bodenstation empfängt und auf einer anderen Frequenz zu einer oder mehreren Bodenstationen zurücksendet.

transponieren *Vb.* (transpose, transpose)
Das Umkehren oder Umstellen einer Anordnung – etwa das Vertauschen der Buchstabenreihenfolge von *d* und *n* in *udn* in die korrekte Schreibweise *und*, oder das Vertauschen zweier Drähte in einer Schaltung.
In der Mathematik und in Rechenblättern von Tabellenkalkulationen steht dieser Begriff für das Drehen einer Matrix (ein zweidimensionales Array) um eine diagonale Achse.

transportabler Computer *Subst.* (transportable computer)
→ *siehe portabler Computer.*

Transportschicht *Subst.* (transport layer)
Die vierte Schicht im OSI-Referenzmodell für die Standardisierung der Kommunikation zwischen Computern. Die Transportschicht liegt direkt über der Netzwerkschicht und ist sowohl für die Qualität des Dienstes als auch die korrekte Bereitstellung der Informationen verantwortlich. Zu den auf dieser Schicht ausgeführten Aufgaben gehören die Fehlererkennung und Fehlerkorrektur. → *siehe auch ISO/OSI-Schichtenmodell.*

Transputer *Subst.* (transputer)
Kurzform für **Trans**istor **Comp**uter. Ein vollständiger Computer auf einem einzigen integrierten Schaltkreis, einschließlich RAM und Gleitkommaprozessor, der als Baustein für Parallelverarbeitungssysteme entworfen wurde.

Trap *Subst.* (trap)
→ *siehe Interrupt.*

Trap Handler *Subst.* (trap handler)
→ *siehe Interrupt-Handler.*

Treiber *Subst.* (driver)
Eine Hardwareeinrichtung oder ein Programm zur Steuerung oder Regelung eines anderen Gerätes. Ein Leitungstreiber verstärkt beispielsweise Signale, die über eine Kommunikationsleitung übertragen werden. Ein Gerätetreiber ist ein geräteabhängiges Steuerprogramm, das einen Computer in die Lage versetzt, mit einem bestimmten Gerät,

z.B. einem Drucker oder einem Diskettenlaufwerk, zu arbeiten. → *siehe auch Gerätetreiber.*

Trellis-Codierung *Subst.* (trellis-coded modulation)
Eine erweiterte Form der Quadratur-Amplitudenmodulation, die man bei Modems mit einer Übertragungsrate über 9600 bit/s einsetzt. Dabei werden die Informationen als eindeutige Bitgruppen verschlüsselt, die mit Wechseln sowohl in der Phase als auch der Amplitude des Trägers verbunden sind. Die Trellis-Codierung verwendet zusätzliche Signalpunkte für Fehlerprüf-Bits. → *siehe auch Quadraturamplitudenmodulation.*

trennen *Vb.* (decollate, disconnect)
Eine Kommunikationsverbindung unterbrechen. Auch das Aufteilen von Kopien in einem mehrteiligen Endlospapierformat.

Trennlinie *Subst.* (rule)
Eine Linie, die oberhalb, unterhalb oder seitlich eines Seitenelements gedruckt wird, entweder um das Element vom restlichen Seiteninhalt abzusetzen oder um das Aussehen der Seite zu verbessern. Fußnoten werden z.B. oft unter einer kurzen Trennlinie gedruckt, durch die sie vom Haupttext abgesetzt werden. Die Stärke einer Trennlinie wird meist in Punkten (pt) angegeben. (Ein Punkt entspricht etwa $1/3$ mm.)

Treppeneffekt *Subst.* (jaggies, stairstepping)
In der Computergrafik das gezackte (»treppenartige«) Aussehen von Kurven und diagonalen Linien, die bei niedrigen Auflösungen entstehen. → *auch genannt Aliasing.*

trichromatisch *Adj.* (trichromatic)
Charakterisiert ein System, das aus drei Grundfarben (in der Computergrafik Rot, Grün und Blau) alle anderen Farben erzeugt. → *siehe auch Farbmodell.*

Trigger *Subst.* (trigger)
Eine Aktion in einer Datenbank, die die automatische Ausführung einer Prozedur bewirkt, wenn ein Benutzer versucht, Daten zu ändern. Der Trigger kann, je nach der Art der versuchten Änderung, eine spezifische Aktion im Datenbanksystem bewirken. Unzulässige, unerwünschte oder nicht autorisierte Änderungen können auf diese Weise verhindert werden, um die Integrität der Datenbank zu schützen.

Trigonometrie *Subst.* (trigonometry)
Ein Zweig der Mathematik, dessen Gegenstand die Berechnung ebener und sphärischer Dreiecke mit Hilfe von Winkelfunktionen (wie Sinus und Cosinus) ist. Beispielsweise lassen sich die Beziehungen zwischen zwei Seiten eines rechtwinkligen Dreiecks oder zwischen zwei Komplementwinkeln darstellen.

Tristimulus-Werte *Subst.* (tristimulus values)
In der Farbgrafik die variierenden Anteile dreier Grundfarben (z.B. Rot, Blau, Grün), die zur Erzeugung anderer Farbtöne gemischt werden. → *siehe auch Farbe, Farbmodell.*

Trockenlauf *Subst.* (dry run)
Die Ausführung eines Programms, mit dem mehr oder weniger gravierende Effekte beabsichtigt sind, verwendet wird das Formatieren einer Diskette oder das Drucken eines Buchs, wobei aber die eigentliche Wirkung unterdrückt wird. Dadurch kann die prinzipielle Funktion des Programms getestet werden, ohne aber – wie im Beispiel – die Daten auf der Diskette zu überschreiben oder Papier zu verschwenden.

Trockentinte *Subst.* (solid ink)
Druckfarbe, die – ähnlich wie Wachsmalkreide – in der Form fester Stifte hergestellt und in Trockentintendruckern verwendet wird. → *siehe auch Trockentintendrucker.*

Trockentintendrucker *Subst.* (solid-ink printer)
Ein Computerdrucker, der Stifte mit fester Druckfarbe verwendet. Diese Stifte werden bis zum Schmelzen erhitzt, und die geschmolzene Farbe wird auf die Seite gesprüht, auf der sie abkühlt und sich verfestigt. → *siehe auch Trockentinte.*

troff *Subst.*
Kurzform für Typesetting **runoff.** (Satzabzug). Ein UNIX-Programm zur Formatierung von Textdateien, das u.a. zur Formatierung der Manualseiten (»man pages«) dient. → *siehe auch Man Pages.* → *Vgl. TeX.*

Trojanisches Pferd *Subst.* (Trojan horse)
Ein Programm mit zerstörerischer Wirkung, das

als Spiel, Dienstprogramm oder Anwendung getarnt ist. Nach dem Start führt ein Trojanisches Pferd Manipulationen am Computersystem aus, während es sich nach außen hin so verhält, als würde es nützliche Aufgaben verrichten. → *siehe auch Virus, WORM.*

trollen *Vb.* (troll)
Das Weiterleiten einer Mitteilung in einer Newsgroup oder einer anderen Online-Konferenz, in der Hoffnung, daß jemand diese Mitteilung als so provokant erachtet, daß schließlich eine kontroverse Diskussion ausgelöst wird. Ein klassisches Beispiel für das Trollen wäre ein Artikel, der in einer Newsgroup von Haustierliebhabern weitergeleitet wird und sich für Tierquälerei ausspricht. Das Ganze ist natürlich nicht ernst gemeint. → *siehe auch YHBT.*

Trommel *Subst.* (drum)
Ein rotierender Zylinder, der in verschiedenen Typen von Druckern und Plotter und als magnetisches Speichermedium für Daten zum Einsatz kommt (in der Zeit der Großcomputer). Bei Laserdruckern weist die rotierende Trommel eine Beschichtung aus fotoelektrischem Material auf, das nach der Belichtung mit einem Laserstrahl eine Ladung beibehält. Diese elektrisch geladenen Punkte ziehen dann die Tonerpartikel an, und die Trommel gibt den Toner an das Papier ab, wenn es die Trommel passiert.

Trommelplotter *Subst.* (drum plotter)
Ein Plotter, bei dem das Papier um eine große umlaufende Trommel geführt wird, wobei sich am obersten Punkt der Trommel ein Stift bewegt. Um den richtigen Punkt auf dem Papier nach dem Stift auszurichten, wird das Papier zusammen mit der Trommel gedreht. Trommelplotter nehmen nur einen Bruchteil des Platzes ein, den Flachbett-Plotter bei der Verarbeitung des gleichen Papierformats benötigen. Ein zusätzlicher Vorteil des Trommelplotters in bestimmten Anwendungen besteht darin, daß es keine Begrenzung bezüglich der Papierlänge gibt. → *siehe auch Plotter.* → *Vgl. Flachbett-Plotter, Rollenplotter.*

Trommel-Scanner *Subst.* (drum scanner)
Ein Scanner, in dem das Medium (z.B. ein Blatt Papier) um einen stationären Scanner-Kopf gedreht wird. → *siehe auch Scanner.* → *Vgl. Einzugs-Scanner, Flachbett-Scanner, Handheld-Scanner.*

Troubleshooting *Subst.* (troubleshoot)
→ *siehe Problembehandlung.*

True BASIC *Subst.* (True Basic)
Eine 1983 von den Urhebern der ursprünglichen Basic-Programmiersprache – John Kemeny und Thomas Kurtz END- entwickelte Basic-Version mit dem Ziel der Standardisierung und Modernisierung dieser Sprache. True Basic ist eine strukturierte Basic-Version, die kompiliert wird, keine Zeilennummern mehr benötigt sowie über weiterentwickelte Steuerstrukturen verfügt, um eine strukturierte Programmierung zu fördern. → *siehe auch Basic, strukturierte Programmierung.*

TrueType *Subst.*
Eine Konturschrift-Technologie, die von Apple Computer im Jahre 1991 und von Microsoft im Jahre 1992 als Mittel für das Einbinden von hochwertigen Schriften mit den Betriebssystemen des Apple Macintosh bzw. Microsoft Windows eingeführt wurde. TrueType ist eine WYSIWYG-Schrifttechnologie, d.h. die ausgedruckten TrueType-Schriften sind identisch zur Erscheinung auf dem Bildschirm. → *siehe auch Bitmap-Schrift, Konturschrift, PostScript.*

TSAPI *Subst.*
Abkürzung für Telephony Services Application Programming Interface (Programmierschnittstelle für Telefondienste). Eine Normenfamilie für Schnittstellen zwischen einem großen Telefonnetz und den Servern eines Computernetzwerks, das von den Firmen Novell und AT&T entwickelt wurde sowie von zahlreichen Telefonbaufirmen und Softwareherstellern unterstützt wird. → *Vgl. TAPI.*

TSR *Subst.*
Abkürzung für Terminate-and-Stay-Resident (»Beenden und im Speicher verbleiben«). Ein Programm, das im Hauptspeicher verbleibt, auch wenn es gerade nicht ausgeführt wird. Es läßt sich daher schnell für eine spezifische Aufgabe aktivieren, während eine andere Anwendung arbeitet. TSR-Programme werden meist unter Betriebssystemen eingesetzt, die kein Multitasking gestatten, z.B. bei MS-DOS. → *siehe auch hot key.*

T

.tt
Im Internet ein Kürzel für die übergreifende Länder-Domäne, die eine Adresse auf Trinidad und Tobago angibt.

TTFN *Subst.*
Abkürzung für »Ta Ta For Now« (»Tschüs solange!«). Ein Ausdruck, der in Internet-Diskussionsrunden (z.B. einem IRC Internet Relay Chat), für das vorübergehende Abmelden eines Teilnehmers verwendet wird. → *siehe auch IRC.*

TTL *Subst.*
→ *siehe Time to Live, Transistor-Transistor-Logik.*

TTY *Subst.*
Abkürzung für TeleTYpewriter (Fernschreiber). Ein Kommunikationsgerät, das aus einer Tastatur und einem Drucker besteht und für eine – relative langsame – Nachrichtenübertragung über Telefonleitungen vorgesehen ist. Jeder Tastendruck auf der sendenden Maschine erzeugt einen Zeichencode, der an die empfangende Maschine übertragen wird und dort von einem Druckwerk ausgegeben wird. Fernschreiber dienten früher als Ein- und Ausgabegerät in der EDV und wurden später von Datensichtgeräten (Terminals) ersetzt. → *siehe auch Fernschreibermodus, KSR-Terminal.*

tunneln *Vb.* (tunnel)
Ein Paket oder eine Nachricht eines Protokolls in ein anderes einbauen. Das eingebaute Paket wird dann über das Netzwerk im neuen Protokoll übertragen. Diese Methode der Paketübertragung wird verwendet, um Protokollbeschränkungen zu umgehen. → *siehe auch Paket, Protokoll.*

Tupel *Subst.* (tuple)
In einer Datenbanktabelle (Relation) ein Satz von zusammengehörigen Werten, die jeweils ein Attribut (Spalte) repräsentieren. Ein Tupel wird in einem relationalen Datenbank-Managementsystem als Zeile gespeichert und ist mit einem Datensatz in einer nicht relationalen Datei vergleichbar. → *siehe auch Relation.*

Turing-Maschine *Subst.* (Turing machine)
Ein theoretisches Modell, das durch den britischen Mathematiker Alan Mathison Turing 1936 entwickelt wurde und als Prototyp für digitale Computer gilt. Es wurde in dem Aufsatz »On Computable Numbers, with an Application to the Entscheidungsproblem« beschrieben, der in den *Proceedings of the London Mathematical Society* erschien. Die Turing-Maschine stellt ein logisches Gerät dar, das pro Zeittakt ein quadratisches Feld auf einem Papierstreifen abtasten kann. Jedes Feld enthält ein Symbol oder ist leer. Abhängig von dem Symbol, das aus dem aktuellen (Arbeits-)Feld gelesen wird, ändert die Maschine ihren Zustand und/oder verschiebt das Band vor oder zurück, um ein anderes Feld zu lesen oder zu beschreiben. → *siehe auch Status.*

Als »Turing-Maschine« wird ferner ein Computer bezeichnet, der im Turing-Test erfolgreich menschliche Intelligenz simulieren kann.

Turing-Test *Subst.* (Turing test)
Vom britischen Mathematiker und Entwickler der Turing-Maschine, Alan Turing, vorgeschlagener Test der Maschinenintelligenz. Im Turing-Test, der auch als Imitationsspiel bekannt ist, stellt eine Person eine Reihe von Fragen an zwei unsichtbare Antwortende, einen Menschen und einen Computer, um auf diese Weise den Computer herauszufinden.

Turtle *Subst.* (turtle)
Eine kleine Bildschirmfigur in der Form eines Dreiecks oder einer Schildkröte, die als Zeichenwerkzeug für Grafiken dient. Eine Turtle (deutsch: Schildkröte) ist ein bedienungsfreundliches, leicht zu handhabendes Werkzeug und speziell für Kinder gedacht, die den Umgang mit dem Computer erlernen. Der Name geht auf eine mechanische, gewölbte »Schildkröte« zurück, die für die Programmiersprache Logo entwickelt wurde. Diese Schildkröte konnte Befehle dieser Sprache in Bewegungen umsetzen und einen Stift anheben und senken, um auf ein Stück Papier zu zeichnen.

Turtle-Grafik *Subst.* (turtle graphics)
Eine einfache Grafikumgebung, die man z.B. in Logo und anderen Sprachen findet. Charakteristisch für die Turtlegrafik ist die Steuerung einer Schildkröte (engl.: turtle) durch einfache Befehle, (wobei die Bewegung der Schildkröte wahlweise eine Spur hinterläßt). Einige Versionen zeigen die Schildkröte und ihre Spur auf dem Bildschirm an, während andere mit elektromechanischen Schildkröten arbeiten, die auf Papier schreiben.

Tutorial *Subst.* (tutorial)
Ein Lehrhilfsmittel, das die Benutzer beim Erlernen der Verwendung eines Produktes oder eines Verfahrens unterstützen soll. Bei Computeranwendungen kann ein Tutorial entweder als Buch oder Handbuch vorliegen, jedoch auch als interaktive Folge von Lektionen, die als Software zum Programmpaket gehören.

.tv
Im Internet ein Kürzel für die übergreifende Länder-Domäne, die eine Adresse auf Tuvalu angibt.

.tw
Im Internet ein Kürzel für die übergreifende Länder-Domäne, die eine Adresse in Taiwan angibt.

TWAIN *Subst.*
Abkürzung für Technology Without An Interesting Name (»Technologie ohne interessanten Namen«). Eine De-facto-Standardschnittstelle zwischen Anwendungsprogrammen und Geräten zur Bilderfassung, wie beispielsweise Scannern. Scanner verfügen fast immer über einen TWAIN-Treiber, jedoch kann nur TWAIN-kompatible Software diese Technologie nutzen. → *siehe auch Scanner.*

tween *Vb.*
In einem Grafikprogramm die Berechnung von Zwischenfiguren während der Umwandlung einer Grafikform in eine andere.

Twinax *Adj.* (twinaxial)
Ein Kabel, das zwei Koaxialkabel in einer umschließenden Isolation enthält. → *siehe auch Koaxialkabel.*

Twisted-pair-Kabel *Subst.* (twisted-pair cable)
Ein Kabel aus zwei separaten, isolierten Einzeldrähten, die miteinander verdrillt sind. Einer der Drähte im Paar überträgt das empfindliche Signal, während der andere Draht geerdet ist. Durch Twisted Pair-Verkabelung lassen sich die Einflüsse starker Störquellen im Hochfrequenzbereich (etwa von einem benachbarten Kabel) reduzieren.

TXD *Subst.*
Abkürzung für Transmit (TX) Data (Sendedaten). Eine Leitung für die Übertragung der gesendeten, seriellen Daten von einem Gerät zu einem anderen – z. B. von einem Computer zu einem Modem. Bei Verbindungen nach dem Standard RS-232-C wird TXD auf den Anschluß 2 des Steckverbinders geführt. → *siehe auch RS-232-C-Standard.* → *Vgl. RXD.*

.txt
Eine Dateinamenerweiterung, die ASCII-Textdateien kennzeichnet. In den meisten Fällen enthält ein Dokument mit dieser Erweiterung keine zusätzlichen Formatierungsbefehle, so daß es mit jedem Texteditor oder Textverarbeitungsprogramm gelesen werden kann. → *siehe auch ASCII.*

Tymnet *Subst.*
Ein öffentliches Datennetzwerk, das in über 100 Ländern verfügbar ist und über Verknüpfungen zu einigen Online-Diensten und Internet-Dienstanbietern verfügt.

Typ *Subst.* (type)
Definition der Beschaffenheit einer Variablen – beispielsweise Integer (Ganzzahl), Realzahl, Textzeichen oder Gleitkommazahl. Die Datentypen werden in einem Programm durch den Programmierer festgelegt, der damit bestimmt, welchen Wertebereich eine Variable annehmen kann und welche Operationen sich mit ihr ausführen lassen. → *siehe auch Datentyp.*

Typdeklaration *Subst.* (type declaration)
Eine Deklaration in einem Programm, mit der die Eigenschaften eines neuen Datentyps festgelegt werden. Dies geschieht in der Regel durch Kombinieren aus bereits vorhandenen, einfacheren Datentypen.

Type *Subst.* (type)
In der Drucktechnik die Zeichen, aus denen gedruckter Text besteht, die Gestaltung eines Zeichensatzes (engl.: typeface) oder allgemeiner der vollständige Satz von Zeichen in einer gegebenen Größe und einem gegebenen Stil (Schrift). → *siehe auch Schrift, Schriftart.*

Typenkorb *Subst.* (thimble)
Eine Druckeinheit, die ähnlich einem Typenrad einen vollständigen Zeichensatz trägt, wobei sich jedes Zeichen auf einem separaten Typenhebel befindet. Wie bei einem Typenrad verlaufen die

T Typenhebel (oder Speichen) strahlenförmig von einer Nabe nach außen. Allerdings ist bei einem Typenkorb-Element jeder Typenhebel etwa auf halber Länge um 90 Grad nach oben abgewinkelt, so daß die einzelnen Speichen eine Art Korb bilden, an dessen oberen Rand die Drucktypen nach außen gewandt sind. → *siehe auch Typenkorbdrucker.* → *Vgl. Typenrad, Typenraddrucker.*

Typenkorbdrucker *Subst.* (thimble printer)
Ein Drucker, der mit einem Typenkorb arbeitet und durch eine Produktlinie von NEC bekannt wurde. Da diese Drucker vollständig ausgeformte Zeichen wie bei einer Schreibmaschine verwenden, erzeugen sie Ausgaben in Briefqualität, die sich nicht von den Ausgaben einer Schreibmaschine unterscheiden lassen. Dazu gehört auch die leichte Prägung, die die Typen beim Anschlagen des Farbbandes auf dem Papier hinterlassen, ein Unterscheidungsmerkmal zu den Ausdrucken eines Laserdruckers. → *siehe auch Typenkorb.* → *Vgl. Typenraddrucker.*

Typenrad *Subst.* (daisy wheel)
Ein Bauelement bei Typenraddruckern, das aus einem Satz geformter Zeichen besteht. Die Zeichen sind auf separaten Speichen montiert, die strahlenförmig von einer zentralen Nabe nach außen verlaufen. → *siehe auch Typenkorb, Typenkorbdrucker, Typenraddrucker.*

Typenraddrucker *Subst.* (daisy-wheel printer, wheel printer)
Ein Drucker, der mit einem Typenrad arbeitet. Die Ausgaben sind klar, leicht eingeprägt und haben somit Schreibmaschinenqualität. Typenraddrucker wurden für Druckausgaben mit hoher Qualität eingesetzt, bis sie von kostengünstigen Laserdruckern verdrängt wurden. → *siehe auch Typenkorb, Typenkorbdrucker, Typenrad.*

Typisierung, schwache *Subst.* (weak typing)
→ *siehe schwache Typisierung.*

Typisierung, strikte *Subst.* (strong typing)
→ *siehe strikte Typisierung.*

Typografie *Subst.* (typography)
Buchdruckkunst. → *siehe auch Computersatz, Schrift.*
Außerdem die Umsetzung eines nicht formatierten Textes in einen druckreifen Fotosatz. → *siehe auch reprofähig.*

typografische Anführungszeichen *Subst.* (curly quotes, smart quotes)
Eine Funktion in Textverarbeitungsprogrammen, die die durch die Computertastatur erzeugten, geraden Anführungszeichen (") automatisch in die typografischen Anführungszeichen (» und «) des Buchsatzes umwandelt.

Typprüfung *Subst.* (type checking)
Die Überprüfung der Programmanweisungen durch einen Compiler oder Interpreter, um die Verwendung der korrekten Datentypen sicherzustellen. → *siehe auch Compiler, Datentyp, Interpreter.*

.tz
Im Internet ein Kürzel für die übergreifende Länder-Domäne, die eine Adresse in Tansania angibt.

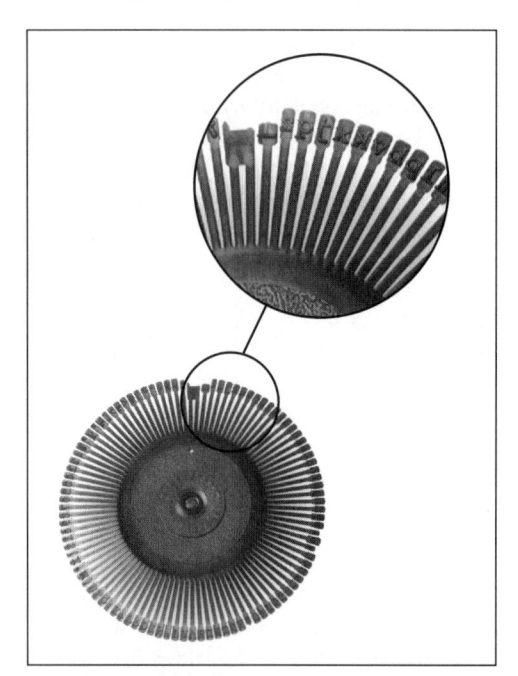

Typenrad mit Detailvergrößerung

U

u *Präfix*
Ersetzt in seltenen Fällen den griechischen Buchstaben μ (mü), der als Maßeinheitenvorsatz mit der Bedeutung ein Millionstel (oder 10E-6) verwendet wird.

.ua
Im Internet ein Kürzel für die übergreifende Länder-Domäne, die eine Adresse in der Ukraine angibt. → *siehe .us.*

UA *Subst.*
→ *siehe Anwender-Agent.*

UART *Subst.*
Abkürzung für Universal Asynchronous Receiver-Transmitter (»universeller asynchroner Sende- und Empfangsbaustein«). Ein meist nur aus einem einzelnen integrierten Schaltkreis bestehendes Modul, das die erforderlichen Schaltungen für die asynchrone serielle Kommunikation sowohl zum Senden als auch zum Empfangen vereinigt. In Modems für den Anschluß an Personalcomputer stellt der UART den gebräuchlichsten Schaltkreistyp dar. → *Vgl. USRT.*

UART, synchrones *Subst.* (synchronous UART)
→ *siehe synchrones UART.*

UCSD p-System *Subst.*
Ein Betriebssystem und eine Entwicklungsumgebung, die von Kenneth Bowles an der University of California in San Diego entwickelt wurden. Das System basiert auf einer simulierten, stackorientierten »Pseudomaschine« (16 bit). Zur Entwicklungsumgebung gehören ein Texteditor und ein Compiler für mehrere Sprachen wie FORTRAN und Pascal. Für das P-System geschriebene Programme lassen sich leichter portieren als Programme, die in Maschinensprache kompiliert sind.
→ *siehe auch Byte-Code, P-machine, P-System, virtuelle Maschine.*

UDP *Subst.*
Abkürzung für User Datagram Protocol (Protokoll für Benutzer-Datagramme). Ein verbindungsloses Protokoll der TCP/IP-Familie, das im OSI-Referenzmodell der Transportschicht entspricht. UDP wandelt die von einer Anwendung erzeugten Datennachrichten in einzelne Pakete für die Übertragung über IP um, überprüft jedoch nicht die ordnungsgemäße Zustellung. UDP ist darum effizienter als TCP und wird daher für verschiedene Zwecke einschließlich SNMP verwendet. Die Zuverlässigkeit ist weitgehend von der die Nachricht erzeugenden Anwendung abhängig. → *siehe auch ISO/OSI-Schichtenmodell, Paket, Protokoll, SNMP, TCP/IP.* → *Vgl. IP, TCP.*

UDT *Subst.*
Abkürzung für Uniform Data Transfer (einheitliche Datenübertragung). Ein Dienst, der von den OLE-Erweiterungen von Microsoft Windows verwendet wird und ermöglicht, daß zwei Anwendungen Daten austauschen, ohne daß deren interne Struktur gegenseitig bekannt ist.

Überarbeiten-Modus *Subst.* (redlining)
Eine Funktion von Textverarbeitungsprogrammen zur Markierung von Änderungen, Hinzufügungen oder Streichungen, die bei der Bearbeitung eines Dokuments durch verschiedene Autoren erfolgt sind. Der Zweck dieses Modus ist das Aufzeichnen der einzelnen Entwicklungsschritte des Dokuments.

überdrucken *Vb.* (overprint, overstrike)
Vorgang, bei dem ein Element in einer bestimmten Farbe über ein bereits bestehendes, andersfarbiges Element gedruckt wird, ohne daß das sich darunter befindende Material entfernt wird.
→ *Vgl. Knockout.*
Außerdem ein Vorgang, bei dem ein Zeichen über ein bereits bestehendes geschrieben oder gedruckt wird, so daß sich beide Zeichen überlagern.

Übergabe, bedingte *Subst.* (conditional transfer)
→ *siehe bedingte Übergabe.*

Übergangsstelle *Subst.* (connector)
In der Programmierung ein Kreis-Symbol, das in einem Flußdiagramm eine Unterbrechung kennzeichnet und darauf hinweist, daß die unterbrochene Linie an einer anderen Stelle fortgesetzt wird, z.B. auf einer anderen Seite.

übergeben *Vb.* (pass)
Ein Datenelement von einem Programmteil an einen anderen weiterreichen. → *siehe auch Adreßübergabe, Wertübergabe.*

übergreifende Funktionsfähigkeit *Subst.* (interoperability)
Bezeichnet Komponenten von Computersystemen, die in verschiedenen Umgebungen eingesetzt werden können. Das Betriebssystem NT von Microsoft ist auf Intel, DEC Alpha sowie anderen CPUs übergreifend funktionsfähig. Ein weiteres Beispiel stellt der SCSI-Standard für Diskettenlaufwerke und andere Peripheriegeräten dar, der eine Interoperabilität mit anderen Betriebssystemen ermöglicht. Bei Software ist eine übergreifende Funktionsfähigkeit gegeben, wenn Programme Daten und Ressourcen gemeinsam nutzen können. Microsoft Word ist z.B. in der Lage, Dateien zu lesen, die in Microsoft Excel erstellt wurden.

Überladen von Operatoren *Subst.* (operator overloading)
Die Zuweisung mehrerer Funktionen an einen bestimmten Operator, wobei die tatsächlich auszuführende Operation vom jeweils beteiligten Datentyp (dem Operanden) abhängt. Einige Programmiersprachen, z.B. Ada und C++, besitzen ausgeprägte Eigenschaften, die das Überladen von Operatoren erlauben. → *siehe auch Ada, C++, Funktionsüberladung, Operator.*

überlagern *Vb.* (overlay)
Das Darstellen einer Computergrafik über einer anderen. Die darübergelegte Grafik ist dabei opak (verdeckt also die darunterliegende Grafik) oder halbtransparent (die darunterliegende Grafik ist noch schemenhaft zu erkennen).
Im Videobereich bezeichnet »überlagern« die gemeinsame Darstellung eines Computerbildes (z.B. Standbild oder Animation) und eines Videobildes. Das Computerbild wird dabei opak oder halbtransparent dargestellt. Ein Beispiel ist eine Titeleinblendung in einem Videofilm. Die Überlagerung kann in Echtzeit (live) erzeugt werden oder aber zu einem späteren Zeitpunkt, also mit Hilfe des bereits aufgezeichneten Videofilms.

überlappende Fenster *Subst.* (cascading windows, overlaid windows)
Eine Darstellungsart in einer grafischen Benutzeroberfläche, bei der die Fenster so übereinandergelegt angezeigt werden, daß von jedem Fenster die Titelzeile (ggf. auch die linke oder rechte Fensterbegrenzung) zu sehen ist.

überlappendes Menü *Subst.* (cascading menu)
Ein hierarchisches, meist grafisches Menüsystem, bei dem bestimmte Menüpunkte unter Hauptmenüpunkten zusammengefaßt werden. Diese Untermenüpunkte werden dann zur Auswahl angeboten, wenn der Hauptmenüpunkt angewählt wird.

Überlastung *Subst.* (thrashing)
Der Zustand eines virtuellen Speichersystems, wenn aufgrund der Speicherknappheit mehr Zeit für das laufende Auslagern von Kontexten verbraucht wird, als für die eigentliche Ausführung der Anwendungen. → *siehe auch auslagern, virtueller Speicher.*

Überlauf *Subst.* (overflow, overrun)
Im allgemeinen ein Zustand, der eintritt, wenn Ergebnisdaten, die aus einer Eingabe oder Verarbeitung resultieren, bei der Darstellung oder Speicherung mehr Bits benötigen, als von Hard- oder Software zur Verfügung gestellt wurden. Ein Beispiel für einen Überlauf ist eine Gleitkomma-Operation, deren Ergebniswert mehr Bits umfaßt, als für den Exponenten erlaubt sind. Weitere Beispiele sind eine Zeichenkette, die die Grenzen des allozierten Arrays überschreitet, und eine Integeroperation, deren Ergebniswert mehr Bits benötigt, als das Register erlaubt, in dem der Wert gespeichert wird. → *siehe auch Überlauffehler.* → *Vgl. Unterlauf.*
»Überlauf« steht allerdings nicht nur stellvertretend für den Zustand; auch der Teil eines Datenelements, der infolge der Kapazitätsüberschreitung der Datenstruktur nicht mehr gespeichert

oder dargestellt werden kann, wird als »Überlauf« bezeichnet.
Bei der Datenübertragung bezeichnet »Überlauf« einen Fehler, der eintritt, wenn die Daten bei einem empfangenden Gerät mit einer höheren Geschwindigkeit ankommen, als das Gerät diese bearbeiten oder verwenden kann. → *siehe auch Eingabe-Ausgabe-intensiv.*

Überlauffehler *Subst.* (overflow error)
Ein Fehler, der auftritt, wenn eine Zahl – häufig als Ergebnis einer arithmetischen Operation – zu groß ist, um in der vom Programm dafür vorgegebenen Datenstruktur aufgenommen zu werden.

überschnelle Schwingung *Subst.* (race condition)
Ein Zustand, in dem die Daten einen Logikschaltkreis schneller durchlaufen als das zur Steuerung dienende Taktsignal.

Überschreibemodus *Subst.* (overtype mode, overwrite mode, typeover mode)
Ein Modus bei der Texteingabe, bei dem neu eingegebene Zeichen die vorhandenen Zeichen ersetzen, die sich unter dem Cursor bzw. links davon befinden. → *Vgl. Einfügemodus.*

übersetzen *Vb.* (translate)
Das Konvertieren eines Programms von einer Sprache in eine andere. Die Ausführung erfolgt durch spezielle Programme wie Compiler, Assembler und Interpreter.

Übersetzer *Subst.* (translator)
Ein Programm, mit dem eine Sprache oder ein Datenformat in eine andere Sprache bzw. ein anderes Datenformat übersetzt wird.

übersetzte Datei *Subst.* (translated file)
Eine Datei mit Daten, die aus dem Binärformat (8 bit) in ein ASCII-Format (7 bit) umgewandelt wurden. Dies wird z.B. von den Dienstprogrammen »BinHex« und »uuencode« durchgeführt. Eine solche Umwandlung ist erforderlich, um Daten über Systeme zu übertragen, bei denen das achte Bit eines Zeichens nicht erhalten bleibt (z.B. E-Mail). Eine übersetzte Datei muß zu ihrer Verwendung wieder in das Binärformat dekodiert werden. → *siehe auch BinHex, uuencoden.*

Überspannung *Subst.* (surge)
Ein plötzliches – und möglicherweise schädliches – Ansteigen der Netzspannung. → *siehe auch Spannungsregler, Überspannungsschutz.* → *Vgl. Stromausfall.*

Überspannungsschutz *Subst.* (surge protector, surge suppressor)
Ein Gerät oder Bauelement, das Computer oder andere elektronische Geräte vor Überspannungen schützt. → *siehe auch Ausgleichsschaltung, Überspannung.*

Übersprechen *Subst.* (crosstalk)
Eine Störung, die durch eine Signalübertragung von einem Stromkreis auf einen anderen hervorgerufen wird – z.B. auf einer Telefonleitung.

Überstromschalter *Subst.* (circuit breaker)
Ein Schalter, der bei Überschreitung eines eingestellten Überlaststroms aktiv wird und den Stromfluß unterbricht. Überstromschalter werden in kritischen Punkten innerhalb von Stromkreisen eingesetzt, um eine Zerstörung aufgrund eines zu starken Stromflusses zu verhindern, der z.B. durch einen Ausfall eines Bauelements hervorgerufen wird. Überstromschalter werden häufig anstelle von gewöhnlichen (Schmelz-)Sicherungen eingesetzt, da sie einfach zurückgesetzt werden können und nicht ausgetauscht werden müssen. → *Vgl. Überspannungsschutz.*

Übertrag *Subst.* (carry)
In der Arithmetik die Verschiebung einer Stelle auf die nächsthöhere Position, wenn die Summe größer ist als die größte Ziffer im verwendeten Zahlensystem. Computer sind häufig in der Lage, alle Stellen einer Zahl gleichzeitig (parallel) zu addieren, und führen die Übertragsberechnungen nach verschiedenen, zum Teil exotischen Verfahren aus. Ein Beispiel ist die Bildung kompletter Überträge, wobei sich ein Übertrag fortpflanzt, das heißt andere Überträge an anderen Ziffernpositionen erzeugen kann. Es lassen sich auch Teilüberträge bilden, bei denen die aus einer Paralleladdition gebildeten Additionen vorübergehend zwischengespeichert werden.

übertragen *Vb.* (transmit)
Informationen über Kommunikationsleitungen oder -geräte senden. Bei Computern können

Datenübertragungen auf folgende Weise erfolgen:

- asynchron (zeitunabhängig) oder synchron (zeitgesteuert)
- seriell (bitweise) oder parallel (byteweise; eine Bitgruppe)
- Duplex oder Vollduplex (gleichzeitige Übertragung in zwei Richtungen) Halbduplex (abwechselnde Übertragung in jeweils nur einer Richtung) oder Simplex (Übertragung nur in einer Richtung)
- Burst (intermittierende – also mit Unterbrechungen stoßweise – Übertragung von Informationsblöcken)

Übertragung, asymmetrische *Subst.* (asymmetrical transmission)
→ *siehe asymmetrische Übertragung.*

Übertragung, binäre *Subst.* (binary transfer)
→ *siehe binäre Übertragung.*

Übertragung, blockweise *Subst.* (block transfer)
→ *siehe blockweise Übertragung.*

Übertragung, parallele *Subst.* (parallel transmission)
→ *siehe parallele Übertragung.*

Übertragungsende-Zeichen *Subst.* (end-of-transmission)
Abgekürzt EOT. Ein Zeichen, das das Ende einer Übertragung kennzeichnet. Im ASCII-Code ist für dieses Zeichen der Dezimalwert 4 (hexadezimal 04) vorgesehen.

Übertragung, serielle *Subst.* (serial transmission)
→ *siehe serielle Übertragung.*

Übertragungskanal *Subst.* (transmission channel)
→ *siehe Kanal.*

Übertragung, synchrone *Subst.* (synchronous transmission)
→ *siehe synchrone Übertragung.*

überwachen *Subst.* (audit)
Die Überprüfung von Einrichtungen, Programmen, Aktivitäten und Prozeduren mit dem Ziel, die Leistungsfähigkeit des Gesamtsystems zu übermitteln – insbesondere im Hinblick auf die Datenintegrität und -sicherheit.

überwachen und aufzeichnen *Subst.* (audit trail)
Vorgang, bei dem alle Aktivitäten verfolgt und gespeichert werden, die eine Informationseinheit betreffen (z. B. einen Datensatz), vom Zeitpunkt des Eintritts in das System bis zu dem Zeitpunkt, an dem diese wieder gelöscht wird. Aus der dadurch erzeugten Protokolldatei geht z. B. hervor, welcher Benutzer Änderungen an einem bestimmten Datensatz durchgeführt hat und zu welchem Zeitpunkt dies geschehen ist.

Überwachung *Subst.* (auditing)
Der Prozeß, mit dem ein Betriebssystem sicherheitsbezogene Ereignisse erkennt und aufzeichnet. Dazu gehören insbesondere Versuche, Objekte wie Dateien und Verzeichnisse zu erzeugen, darauf zuzugreifen oder sie zu löschen. Die Protokollierung der sicherheitsbezogenen Ereignisse erfolgt in einer Datei, die gewöhnlich als »Sicherheitsprotokoll« bezeichnet wird und deren Inhalt nur denjenigen zugänglich ist, die eine entsprechende Erlaubnis besitzen. → *siehe auch Sicherheitsprotokoll.*

.ug
Im Internet ein Kürzel für die übergreifende Länder-Domäne, die eine Adresse in Uganda angibt.

Uhr/Kalender *Subst.* (clock/calendar)
Ein unabhängiger Zeitgeberschaltkreis in einem Mikrocomputer, der zur Verwaltung der korrekten Uhrzeit und des Kalenderdatums dient. Ein derartiger Schaltkreis ist akkugepuffert, so daß er auch bei ausgeschaltetem Computer weiterläuft. Die zur Verfügung gestellten Zeit- und Datumsinformationen werden vom Betriebssystem ausgewertet, z. B. um eine Datei mit dem Datum und der Zeit zu versehen, so daß ersichtlich ist, wann die Datei angelegt bzw. das letzte Mal geändert wurde. In Anwendungsprogrammen können die Informationen ebenfalls genutzt werden, z. B. um das Datum und die Uhrzeit in ein Dokument einzufügen.
→ *auch genannt interne Uhr, Taktgeber.*

Uhrzeit und Datum *Subst.* (time and date)
Bezieht sich auf die Funktionen eines Computers zur Bestimmung des Kalenderdatums und der aktuellen Uhrzeit. Diese Informationen verwendet beispielsweise das Betriebssystem, um eine Datei mit Datum und Uhrzeit der Erstellung oder letzten Änderung zu versehen.

UI *Subst.*
→ siehe *Benutzeroberfläche*.

.uk
Im Internet ein Kürzel für die übergreifende Länder-Domäne, die eine Adresse im Vereinigten Königreich von Großbritannien und Nordirland angibt.

UKnet *Subst.*
Das Campus-Netzwerk der University of Kentucky (in den Vereinigten Staaten).
Außerdem ein Internet-Dienstleister in Großbritannien mit Sitz an der University of Kent.
→ siehe auch *Internet Service-Provider*.

ULSI *Subst.*
→ siehe *ultra-hohe Integrationsdichte*.

Ultra DMA/33 *Subst.*
Ein neu entwickeltes Datentransferprotokoll, das auf direktem Speicherzugriff (DMA) basiert. Ultra DMA/33 führt zu einer verbesserten Leistung von ATA/IDE-Systemen, verdoppelt die Transferrate bei Burst-Zugriffen auf 33 Megabyte pro Sekunde und erhöht die Zuverlässigkeit des Datentransfers.
→ siehe auch *ATA, direkter Speicherzugriff, IDE*.

Ultrafiche *Subst.* (ultrafiche)
Ein Mikrofiche mit sehr hoher Informationsdichte. Das Bild in einem Ultrafiche ist mindestens um den Faktor 90 gegenüber seiner Originalgröße verkleinert. → siehe auch *Microfiche*.

ultra-hohe Integrationsdichte *Subst.* (ultra-large-scale integration)
Die nach dem aktuellen Stand der Technik höchstmögliche Dichte, mit der Bauelemente (Transistoren und andere Elemente) auf einem integrierten Schaltkreis aufgebracht werden können. Die Größenordnung von »ultra-hoch« ist nicht genau definiert, bezieht sich aber meist auf integrierte Schaltkreise mit mehr als 100 000 Komponenten.
→ siehe auch *integrierter Schaltkreis*. → Vgl. *Hohe Integrationsdichte, mittlere Integrationsdichte, niedrige Integrationsdichte, sehr hohe Integrationsdichte*.

ultraleichter Computer *Subst.* (ultralight computer)
→ siehe *portabler Computer*.

UltraSCSI *Subst.*
Eine Erweiterung des SCSI-2-Standards, durch die die Übertragungsrate von Fast-SCSI verdoppelt wird auf 20 Megabyte pro Sekunde (MB/s) bei einer 8-Bit-Verbindung bzw. 40 Megabyte pro Sekunde (MB/s) bei einer 16-Bit-Verbindung.
→ siehe auch *SCSI, SCSI-2*.

Ultra Wide SCSI *Subst.*
→ siehe *UltraSCSI*.

UMA *Subst.*
Abkürzung für Upper Memory Area (Oberer Speicherbereich). Bei MS-DOS der Abschnitt des Arbeitsspeichers zwischen den ersten 640 Kilobyte und 1 Megabyte. → Vgl. *hoher Speicher*.

UMB *Subst.*
Abkürzung für Upper Memory Block (Oberer Speicherblock). Ein Teil des UMA-Speichers (Upper Memory Area = Oberer Speicherbereich), der für Gerätetreiber oder TSR-Programme verwendet werden kann. Ein UMB-Bereich wird über spezielle Speicherverwaltungsprogramme wie EMM386.EXE zugeteilt und verwaltet. → siehe auch *Gerätetreiber, TSR, UMA*.

Umdrehungswartezeit *Subst.* (rotational delay)
Die erforderliche Zeit, um einen gewünschten Sektor (einer Diskette oder Festplatte) durch Drehen des Datenträgers bis zum Lese-/Schreibkopf zu bewegen.

Umgebung *Subst.* (environment)
Die Konfiguration von Ressourcen, die dem Benutzer zur Verfügung stehen. Der Begriff *Umgebung* bezieht sich auf die Hardware und das Betriebssystem, die in der jeweiligen Umgebung laufen. Microsoft Windows und Apple Macintosh werden z. B. als »Fensterumgebungen« bezeichnet, da sie auf Bildschirmbereichen basieren, den sog. Fenstern.
In Verbindung mit Mikrocomputern bezeichnet »Umgebung« außerdem eine Definition der Spezifikationen, z. B. ein Befehlsweg, auf dem ein Programm abläuft.

umgekehrte Byte-Sortierung *Subst.* (reverse byte ordering)
→ siehe *Little-Endian*.

umgekehrte Polnische Notation *Subst.* (reverse Polish notation)
→ *siehe Postfix-Notation.*

umgekehrter Schrägstrich *Subst.* (backslash)
Das Zeichen »\«. Es dient dazu, unter MS-DOS die Verzeichnisnamen eines Dateipfades zu trennen. Wird das Zeichen ganz am Anfang des Dateipfades verwendet, bezieht sich dieser auf die höchste Ebene des Laufwerks, also auf das Stamm- oder Wurzelverzeichnis. → *siehe auch Pfad.*

umgekehrte Weiterleitung *Subst.* (reverse path forwarding)
Ein Verfahren, das die Entscheidungen über die Weiterleitung in TCP/IP-Netzwerken dadurch trifft, daß sie anstelle der Zieladresse eines Datagramms dessen Quelladresse verwendet. Umgekehrte Weiterleitung wird bei Verteilernetzen eingesetzt, um die Anzahl redundanter Mehrfachübertragungen an die Empfänger zu verringern. → *siehe auch Datagramm, TCP/IP.*

umkehren *Vb.* (revert)
Zu der zuletzt gespeicherten Version eines Dokuments zurückkehren. Die Wahl dieses Befehls weist die Anwendung an, alle Änderungen an einem Dokument zu verwerfen, die seit der letzten Speicherung durchgeführt wurden.

Umlaufzeit *Subst.* (turnaround time)
Die verstrichene Zeit zwischen der Auftragserteilung und der Fertigstellung eines Rechenauftrags (Job).
In der Kommunikationstechnik die Zeit, die bei Halbduplex-Übertragungen für die Richtungsumkehr der Übertragung benötigt wird. → *siehe auch Halbduplex-Übertragung.*

Umleitung *Subst.* (redirection)
Ausgaben auf ein anderes Gerät (bzw. Schreiben in eine andere Datei) oder Eingaben von einem anderen Gerät (bzw. Lesen von einer anderen Datei), als normalerweise für die entsprechenden Operationen als Ziel oder Quelle vorgesehen. Beispielsweise läßt sich eine Verzeichnisliste vom Bildschirm auf den Drucker umleiten, wofür in den Betriebssystemen MS-DOS und OS/2 der Befehl »dir prn« einzugeben ist. → *Vgl. Pipe.*

Umschalt+Druck *Subst.* (Shift-PrtSc)
→ *siehe Druck-Taste.*

umschalten *Vb.* (toggle)
Das Hin- und Herschalten zwischen zwei Zuständen. Beispielsweise läßt sich auf einer IBM- oder kompatiblen Tastatur über die Taste NUM die Funktion des numerischen Tastenblocks zwischen Zahleneingabe und Cursorsteuerung umschalten.

Umschalt+klicken (Shift+click)
Die Umschalttaste gedrückt halten und gleichzeitig mit der Maustaste klicken. Umschalt+klicken hat in den verschiedenen Anwendungen eine unterschiedliche Auswirkung. In seiner häufigsten Verwendung unter Windows dient es jedoch zur Auswahl mehrerer Elemente (z.B. Dateien) in einer Liste für eine gemeinsame Aktion (z.B. Löschen oder Kopieren).

Umschalttaste *Subst.* (modifier key, Shift key)
Eine Taste auf der Computertastatur, die einer anderen Taste eine alternative Bedeutung gibt, wenn beide Tasten gemeinsam gedrückt werden. So wird beispielsweise ein Großbuchstabe erzeugt, wenn die Umschalttaste zusammen mit einer Buchstabentaste betätigt wird. Die Umschalttaste wird auch bei zahlreichen Tastaturbefehlen verwendet, um nichtstandardgemäße Zeichen zu erzeugen oder spezielle Operationen auszuführen. Der englische Begriff »Shift key« ist aus der Verwendung der mechanischen Schreibmaschinen abgeleitet, bei denen durch diese Taste die Typenhebel mechanisch verschoben wurden (shift = verschieben), um ein alternatives Zeichen zu schreiben. → *siehe auch Feststell-Taste.*
Der Ausdruck »Umschalttaste« bezeichnet außerdem allgemein eine Taste, die einer anderen Taste eine andere Bedeutung verleiht, wenn man beide Tasten gemeinsam drückt. Dazu gehören neben der Großbuchstaben-Umschalttaste (Definition 1) auch Tasten wie Strg und Alt. Meist ist mit »Umschalttaste« die Großbuchstaben-Umschalttaste gemeint. → *siehe auch Alt-Taste, Befehlstaste, Steuerungstaste.*

Umschaltungszeichen *Subst.* (data link escape)
Ein Steuerzeichen, das in der Datenübertragung verwendet wird und die Bedeutung der unmittelbar darauffolgenden Zeichen verändert.

umschließendes Rechteck *Subst.* (bounding box)
→ siehe *Grafikbegrenzung*.

unabhängiger Content-Provider *Subst.* (independent content provider)
Unternehmen oder Organisationen, die Online-Diensten (z.B. AOL) Informationen anbieten. Diese Informationen können von den Mitgliedern des Online-Dienstes erworben werden. → siehe auch *Online-Dienst*.

unabhängiger Software-Entwickler *Subst.* (independent software vendor)
Software eines Drittanbieters. Dabei kann es sich um natürliche Personen oder um Organisationen handeln, die Computersoftware unabhängig entwickeln.

unär *Adj.* (unary)
Bezieht sich auf eine mathematische Operation mit einem einzelnen Operanden (Objekt). Auch monadisch genannt. → *Vgl. dyadisch*.

unärer Operator *Subst.* (unary operator)
Ein Operator, der sich auf nur einen Operanden bezieht (z.B. das unäre Minus wie in -2,5). → siehe auch *Operator*. → *Vgl. Boolescher Operator*.

unbedingter Bindestrich *Subst.* (required hyphen)
→ siehe *Bindestrich*.

unbedingte Verzweigung *Subst.* (unconditional branch)
Die Fortsetzung eines Programms mit einer anderen als der nächsten Codezeile. Eine unbedingte Verzweigung wird in einem Programm immer ausgeführt, da sie nicht von der Auswertung einer Bedingung (wahr oder falsch) abhängig ist. → siehe auch *Verzweigung*. → *Vgl. bedingte Verzweigung*.

unbekannter Empfänger *Subst.* (unknown recipients)
Eine Antwort auf eine E-Mail-Nachricht, die angibt, daß der Mail-Server die Zieladresse(n) nicht auflösen kann.

unbekannter Host *Subst.* (unknown host)
Eine Antwort auf eine Verbindungsanfrage an einen Server, die angibt, daß das Netzwerk die angegebene Adresse nicht auffinden kann. → siehe auch *Server*.

unbestückte Platine *Subst.* (unpopulated board)
Eine Leiterplatte, deren Sockel leer sind. → *Vgl. voll bestückte Platine*.

UNC *Subst.*
→ siehe *Uniform Naming Convention*.

Undernet *Subst.*
Ein internationales Netzwerk aus IRC-Servern (Internet Relay Chat = Internet-Diskussionsrunden), 1992 als Alternative zu dem größeren und schlechter organisierten IRC-Hauptnetzwerk entstanden. Informationen über den Zugang zu Undernet sind unter der Web-Adresse http://www.undernet.org zu erhalten. → siehe auch *IRC*.

unformatierter Text *Subst.* (plaintext)
Eine Datei, die als reine ASCII-Datei gespeichert ist.

ungebündelt *Adj.* (unbundled)
Nicht zu einem kompletten Hardware-/Software-Paket gehörend. Der Begriff bezieht sich insbesondere auf ein Produkt, das ursprünglich im Paket erhältlich war, im Gegensatz zu einem Produkt, das man schon immer separat erwerben konnte.

ungepuffert *Adj.* (unbuffered)
Bezeichnet Daten, die nicht in einem Speicher zwischengespeichert, sondern direkt nach Empfang verarbeitet werden. → siehe auch *puffern*.

ungerade Parität *Subst.* (odd parity)
→ siehe *Parität*.

ungeschirmtes Kabel *Subst.* (unshielded cable)
Ein Kabel, das nicht von einer metallenen Abschirmung umgeben ist. Sind die Einzeldrähte eines ungeschirmten Kabels auch nicht paarweise verdrillt, liegt für die übertragenen Signale kein Schutz vor einer Einstrahlung durch externe elektromagnetische Felder vor. Ungeschirmtes Kabel sollte daher nur für sehr kurze Entfernungen eingesetzt werden. → *Vgl. Flachbandkabel, Koaxialkabel, Twisted-pair-Kabel, Unshielded Twisted Pair*.

ungültig *Adj.* (invalid)
Fehlerhaft oder nicht erkennbar infolge eines logischen Fehlers oder einer fehlerhaften Eingabe. Ungültige Ergebnisse können z.B. auftreten, wenn

die Logik eines Programms nicht korrekt ist. → *Vgl. illegal.*

Unibus *Subst.*
Eine Busarchitektur, die 1970 von der Firma Digital Equipment Corporation gegründet wurde.

Unicode *Subst.*
Ein Zeichensatz-Standard aus 16-Bit-Zeichen, der 1988-91 durch das Unicode Consortium entwickelt wurde. Unicode verwendet für die Darstellung eines Zeichens zwei Byte und kann auf diese Weise fast alle Schriftsprachen der Welt mittels eines einzigen Zeichensatzes darstellen. (Im Gegensatz hierzu kann der aus 8-Bit-Zeichen bestehende ASCII-Code noch nicht einmal alle möglichen Buchstaben und diakritischen Zeichen des lateinischen Alphabets darstellen.) Es wurden bereits etwa 39 000 der 65 536 möglichen Unicode-Zeichencodes zugewiesen, davon wurden 21 000 für chinesische Begriffszeichen verwendet. Die verbleibenden Codes stehen für Erweiterungen zur Verfügung. → *Vgl. ASCII.*

Uniform Data Transfer *Subst.*
→ *siehe UDT.*

Uniform Naming Convention *Subst.*
Ein System zur Benennung von Dateien bei vernetzten Computersystemen, das bewirkt, daß eine Datei immer den gleichen Pfadnamen hat, gleich von welchem Computer im Netzwerk auf sie zugegriffen wird. Wird z.B. das Verzeichnis *C:\Pfad1\Pfad2\...Pfadn* auf dem Computer *Server_n* unter dem Namen *PfadVerz* freigegeben, muß ein anderer Computer den Namen *\\Server_n\PfadVerz\Dateiname* verwenden, um auf die Datei *C:\Pfad1\Pfad2\...Pfadn\Dateiname* auf *Server_n* zuzugreifen. → *siehe auch URL, virtueller Pfad.*

Uniform Resource Citation *Subst.*
Eine Beschreibung eines Objekts auf dem World Wide Web, die jeweils aus Attributen und deren Wert besteht. Dies sind z.B. die URI-Bezeichner zugehöriger Ressourcen, die Namen der Urheber und Verleger sowie Datumsangaben und Preise.

uniform resource identifier *Subst.* (Uniform Resource Identifier)
Eine Zeichenfolge zur Kennzeichnung einer Ressource (z.B. einer Datei) im Internet über Typ und Adresse. Unter dem Begriff Uniform Resource Identifier werden die Adreßformen Uniform Resource Name (URN) und Uniform Resource Locator (URL) zusammengefaßt. → *siehe auch relativer URL, Uniform Resource Locator, Uniform Resource Name.*

Uniform Resource Locator *Subst.*
→ *siehe URL.*

Uniform Resource Name *Subst.*
Ein Konzept zur eindeutigen Kennzeichnung von Ressourcen, die auf dem Internet verfügbar sein können, anhand des Namens und ohne Berücksichtigung des tatsächlichen Speicherorts. Die Spezifikationen für Uniform Resource Name werden von der Internet Engineering Task Force (IETF) ausgearbeitet. Sie enthalten alle URI-Bezeichner des Typs urn:, fpi: und path:, d.h. alle Bezeichner, die keine URL-Adressen darstellen. → *siehe auch IETF, uniform resource identifier, URL.*

UniForum *Subst.*
Eine Organisation von UNIX-Benutzern und -Systemverwaltern, die »International Association of Open System Professionals«.
Außerdem der Name einer Reihe von UNIX-Vorführungen, die vom UniForum (Definition 1) finanziert und von der Firma Softbank COMDEX, Inc. verwaltet werden. → *siehe auch COMDEX.*

unipolar *Adj.*
Einen Zustand besitzend. In der Elektronik wird ein unipolares Gerät oder Signal mit der gleichen Spannungspolarität (positiv oder negativ) verwendet, um binäre Zustände darzustellen. → *Vgl. bipolar.*

United States of America Standards Institute *Subst.*
Ein früherer Name der Normierungsorganisation American National Standards Institute (ANSI). → *siehe ANSI.*

UNIVAC I *Subst.*
Abkürzung für **Uni**versal **A**utomatic **C**alculator (Universelle, automatische Rechenanlage). Der erste kommerziell erhältliche elektronische Computer, der von J. Presper Eckert und John Mauchly entwickelt wurde, den Erfindern des ENIAC (der

als der erste vollelektronische Computer gilt). UNIVAC I war der erste Computer, der sowohl numerische Daten als auch Textinformationen handhaben konnte.

Universal Asynchronous Receiver-Transmitter *Subst.* (universal asynchronous receiver-transmitter)
→ *siehe UART.*

Universal Product Code *Subst.*
→ *siehe UPC.*

universal serial bus *Subst.*
→ *siehe USB.*

Universal Server *Subst.*
Software des Herstellers Oracle Corporation, die auf HTTP-Anforderungen hin Informationen aus einer Datenbank in verschiedenen Formen bereitstellen kann, z. B. als Text-, Audio- und Videodaten.
Außerdem ist »Universal Server« der Name einer Datenbank-Software des Herstellers Informix, die auf individuell einzusetzenden Softwaremodulen basiert, um den Erfordernissen des Benutzers bezüglich bestimmter Datentypen und Verarbeitungsweisen zu entsprechen.

Universal Synchronous Receiver-Transmitter *Subst.* (universal synchronous receiver-transmitter)
→ *siehe USRT.*

Universal Time Coordinate *Subst.*
Ein Zeitsystem, das vom praktischen Gesichtspunkt her mit der Greenwich Mean Time übereinstimmt und zur Synchronisierung der Computersysteme im Internet herangezogen wird. → *auch genannt Coordinated Universal Time Format.*

Universitäts-Informationssystem *Subst.* (campus-wide information system)
Informationen und Dienste, die von einer Universität oder einer Fachhochschule über entsprechende Netzwerke angeboten werden. Derartige Informationssysteme stellen typischerweise Studenten- und Fakultätsverzeichnisse, einen Kalender mit Veranstaltungen und diverse Datenbanken zur Verfügung.

UNIX *Subst.*
Ein Mehrbenutzer- und Multitasking-Betriebssystem, das 1969 von Ken Thompson und Dennis Ritchie an den AT&T Bell Laboratories für den Einsatz auf Minicomputern entwickelt wurde. UNIX gilt als leistungsstarkes Betriebssystem und ist gegenüber anderen Betriebssystemen leichter portierbar (weniger an eine bestimmte Architektur gebunden), da die Systemsoftware zum größten Teil in der Sprache C geschrieben ist. Zu den zahlreichen verwandten UNIX-Versionen gehören AIX (eine von IBM adaptierte UNIX-Version für den Betrieb auf RISC-basierenden Arbeitsstationen), A/UX (eine grafische Version für den Apple Macintosh) und Mach (ein neu geschriebenes, aber im wesentlichen UNIX-kompatibles Betriebssystem für den NeXT-Computer). → *siehe auch BSD UNIX, GNU, Linux.*

UNIX-Guru *Subst.* (UNIX wizard)
Ein besonders erfahrener und hilfreicher UNIX-Programmierer. Einige Firmen verwenden diesen Begriff sogar als Stellenbezeichnung. Die Newsgroup comp.unix.wizards kann zu vielen typische Fragen der Benutzer passende Antworten geben.

UNIX-Shell-Account *Subst.* (UNIX shell account)
Ein Shell-Zugang, der den Zugriff auf ein UNIX-System über die Befehlszeile ermöglicht. → *siehe auch Befehlszeilenzugriff.*

UNIX-Shell-Skripts *Subst.* (UNIX shell scripts)
Abfolgen von UNIX-Befehlen, die in einer Datei gespeichert sind und als Programme ausgeführt werden können. Die Stapeldateien von MS-DOS (.bat) verfügen über ähnliche Eigenschaften.
→ *siehe auch Shell-Skript, Stapeldatei.*

UNIX-to-UNIX Copy *Subst.*
→ *siehe UUCP.*

unmittelbarer Zugriff *Subst.* (immediate access)
→ *siehe direkter Zugriff, wahlfreier Zugriff.*

Unshielded Twisted Pair *Subst.* (unshielded twisted pair)
→ *siehe UTP.*

untar *Subst.*
Ein Dienstprogramm, das bei UNIX-Systemen zusätzlich erhältlich ist und die einzelnen Dateien ei-

nes mit Hilfe des UNIX-Programms *tar* erstellten Archivs auslesen kann. → *Vgl. tar.*
Des weiteren bezeichnet »untar« den Vorgang, bei dem die einzelnen Dateien aus einem mit Hilfe des UNIX-Dienstprogramms *tar* erstellten Archivs ausgelesen werden. → *Vgl. tar.*

unteilbare Operation *Subst.* (atomic operation)
Wörtlich: atomare Operation. Eine Operation, die funktional als unteilbar angesehen wird oder deren Unteilbarkeit sichergestellt ist (in Analogie zu der Unteilbarkeit von Atomen, die früher angenommen wurde). Eine unteilbare Operation ist entweder nicht unterbrechbar, oder es ist im Falle eines Abbruches ein Mechanismus vorgesehen, der die Rückkehr des Systems in den Zustand sicherstellt, in dem sich das System vor dem Beginn der Operation befunden hat.

Unterbaum *Subst.* (subtree)
Innerhalb einer Baumstruktur ein Knoten mit allen damit verbundenen, untergeordneten Knoten.
→ *siehe auch Baum, Knoten.*

unterbrechungsfreie Stromversorgung *Subst.* (peripheral power supply, uninterruptible power supply)
Eine Zusatzstromversorgung für einen Computer oder ein Gerät, die die Energieversorgung bei einem Stromausfall übernimmt.
→ *siehe UPS.*

Unterbrechungstaste *Subst.* (Break key)
Eine Taste oder Tastenkombination, die den Computer anweist, zu stoppen oder abzubrechen, unabhängig davon, welcher Vorgang gerade durchgeführt wird. Auf IBM-PCs und kompatiblen Computern unter DOS wird die Unterbrechung mit einem Druck auf Strg+Untbr (Ctrl+Break bei englischsprachigen Tastaturen) oder Strg+C (Ctrl+C) ausgelöst. Die entsprechende Tastenkombination beim Apple Macintosh ist Befehlstaste+Punkt.

unterbrochene Datenstruktur *Subst.* (noncontiguous data structure)
Bezeichnet in der Programmierung eine Datenstruktur, deren Elemente nicht aneinander angrenzend im Speicher abgelegt werden. Datenstrukturen, z. B. Graphen und Bäume, in denen die Elemente durch Verweise miteinander verbunden sind, stellen unterbrochene Datenstrukturen dar.
→ *Vgl. fortlaufende Datenstruktur.*

unterdrücken *Vb.* (inhibit)
Ein Ereignis verhindern. Beispielsweise bedeutet das Unterdrücken von Interrupts eines externen Gerätes, daß man durch geeignete Maßnahmen im Programm das externe Gerät am Senden von Interrupts hindert.

unterer Speicher *Subst.* (low memory)
Speicherstellen, die von den niedrigsten Zahlen adressiert werden. Im IBM-PC, der über einen Adreßraum von 1 Megabyte (MB) verfügt, bezeichnet man den Bereich von 0 bis 640 Kilobyte (KB) als unteren Speicher. Der untere Speicher ist für RAM reserviert, der vom Betriebssystem MS-DOS und von Anwendungsprogrammen gemeinsam genutzt wird. → *Vgl. oberer Speicher.*

Unterfarbseparation *Subst.* (undercolor separation)
Im CMYK-Farbmodell der Prozeß der Konvertierung gleicher Quantitäten von Cyan, Magenta und Gelb in gleichwertige Graustufen, die dann mit schwarzer Tinte gedruckt werden. Auf diese Weise werden Grautöne erzeugt, die klarer und schärfer als Grautöne sind, die durch Mischung farbiger Tinten entstehen. → *siehe auch CMY, CMYK, Farbmodell.*

untergeordnetes Element *Subst.* (child)
→ *siehe Child.*

untergeordnetes Menü *Subst.* (child menu)
→ *siehe Untermenü.*

untergeordnetes Verzeichnis *Subst.* (child directory)
→ *siehe Unterverzeichnis.*

Unterlänge *Subst.* (descender)
Der Teil eines Kleinbuchstabens, der bis unter die Grundlinie führt. → *siehe auch Grundlinie, x-Höhe.*
→ *Vgl. Oberlänge.*

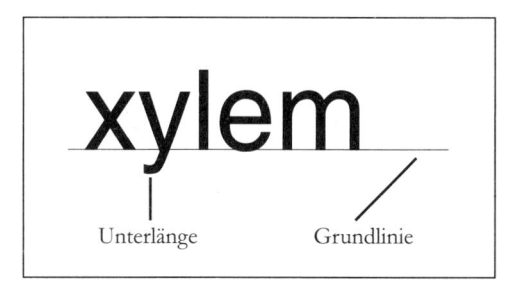

Unterlänge

Unterlauf *Subst.* (underflow)
Eine Fehlerbedingung, die auftreten kann, wenn das Ergebnis einer numerischen Berechnung zu nahe bei Null liegt. In diesem Fall reicht die dem Computer zur Verfügung stehende Anzahl binärer Stellen nicht aus, um die Zahl mit der geforderten Genauigkeit ausdrücken zu können. → *siehe auch einfache Genauigkeit, Genauigkeit.*

Untermenü *Subst.* (submenu)
Ein Menü, das bei Auswahl eines Elements einer höheren Menüebene erscheint.

Unternehmens-Netzwerk *Subst.* (enterprise network)
Das Netzwerk für die Computersysteme in größeren Firmen (z.B. Aktiengesellschaften), die Eigentum der jeweiligen Firma sind. Dieses Netzwerk kann diverse geographische Standorte haben, und es umfaßt in der Regel mehrere Plattformen, Betriebssysteme, Protokolle und Netzwerkarchitekturen.

Unterprogramm *Subst.* (subprogram)
Ein Begriff, der in einigen Programmiersprachen anstelle von *Routine* (Prozedur oder Funktion) verwendet wird, weil Struktur und Syntax eines Unterprogramms denen eines Programms sehr nahe kommen. → *siehe auch Programm, Routine.*

Unterroutine *Subst.* (subroutine)
Ein allgemeiner Ausdruck für *Routine*, der meist zur Bezeichnung kürzerer, universeller oder häufig aufgerufener Routinen verwendet wird. → *siehe auch Prozedur, Routine.*

Unterschema *Subst.* (subschema)
Die Definition der Benutzeransicht einer Datenbank (nur bei CODASYL/DBTG-Systemen). Das Unterschema entspricht in etwa dem externen Schema eines Datenbank-Managementsystems nach ANSI/X3/SPARC oder einer Ansicht in einem relationalen Datenbank-Managementsystem. → *siehe auch Schema.*

unterschneiden *Vb.* (kern)
Bezeichnet die individuelle Festlegung des Abstandes zwischen zwei Buchstaben, um die Lesbarkeit einer Schrift zu erhöhen und ein abgestimmtes und ausgewogenes Schriftbild zu erhalten.

Unterschneiden: Die ersten drei Buchstaben des zweiten Beispiels sind unterschnitten

unterstreichen *Vb.* (underline)
Das Formatieren eines markierten Textabschnitts, so daß etwas unterhalb des gedruckten Textes eine Linie erscheint.

Unterstrich *Subst.* (underscore)
Ein Unterstreichungszeichen, das man häufig verwendet, um einen Buchstaben oder ein Wort hervorzuheben. Bei Bildschirmdarstellungen im Textmodus kennzeichnet der Unterstrich in der Regel eine Zeichenformatierung in Kursivschrift.

unterstützen *Vb.* (support)
Mit einem anderen Programm oder Produkt zusammenarbeiten. Eine Anwendung kann beispielsweise Dateiübertragungen aus einem anderen Programm unterstützen.

Unterstützung *Subst.* (support)
Hilfestellungen und technische Ratschläge für die Kunden eines Produkts oder einer Dienstleistung.

Untertauchen *Subst.* (submarining)
Ein Phänomen, das auftritt, wenn sich ein Bildausschnitt auf einem Bildschirm schneller bewegt, als dies vom Bildschirm dargestellt werden kann. Das Objekt (z.B. der Mauszeiger) verschwindet dann

U

vom Bildschirm und erscheint erst wieder am Zielort, ähnlich einem auftauchenden Unterseeboot. Das Untertauchen tritt insbesondere bei den langsam reagierenden passiven LCD-Matrixanzeigen von Laptop-Computern auf.

Unterverzeichnis *Subst.* (subdirectory)
Ein Verzeichnis (eine logische Gruppierung zusammengehöriger Dateien) innerhalb eines anderen Verzeichnisses.

unzip *Vb.*
Ein Dateiarchiv extrahieren, das mit Hilfe eines Dienstprogramms wie »compress«, »gzip« oder »PKZIP« komprimiert wurde.

up *Adj.*
Funktionsfähig und betriebsbereit; verwendet zur Beschreibung von Computern, Druckern, Kommunikationsverbindungen in Netzwerken und anderer vergleichbarer Hardware.

UPC *Subst.*
Abkürzung für Universal Product Code (Universeller Produktcode). Ein System zur Numerierung kommerzieller Produkte mittels Strichcodes. Ein UPC-Code besteht aus 12 Ziffern: einem Bezeichner für das Zahlensystem, einer fünfstelligen Zahl zur Kennzeichnung des Herstellers, einem fünfstelligen Produktcode dieses Herstellers und einer modulo 10-Prüfziffer. → *siehe auch Barcode.*

Update *Subst.* (update)
Eine Neuveröffentlichung eines vorhandenen Softwareprodukts. Ein Software-Update fügt dem bisherigen Produkt in der Regel eher unbedeutende neue Funktionen hinzu oder korrigiert Fehler (Bugs), die nach der Veröffentlichung des Programms entdeckt wurden. Updates werden im allgemeinen durch kleine Änderungen in der Software-Versionsnummer gekennzeichnet, wie z.B. als Folge von Version 4.01 auf 4.02. → *siehe auch Versionsnummer.* → *Vgl. freigeben.*

updaten *Vb.* (update)
Ein System oder eine Datendatei ändern und auf einen neueren Stand bringen.

Upgrade *Subst.* (upgrade)
Die neue oder erweiterte Version eines Produkts.

upgraden *Vb.* (upgrade)
Wechseln zu einer neueren, meist leistungsstärkeren oder höherentwickelten Version.

Uplink *Subst.* (uplink)
Die Übertragungsstrecke von einer Bodenstation zu einem Kommunikationssatelliten.

uploaden *Vb.* (upload)
Das Übertragen einer Dateikopie von einem lokalen Computer auf einen entfernten Computer. → *Vgl. downloaden.*

Upper Memory Area *Subst.* (upper memory area)
→ *siehe UMA.*

Upper Memory Block *Subst.* (upper memory block)
→ *siehe UMB.*

UPS *Subst.*
Abkürzung für Uninterruptible Power Supply (Unterbrechungsfreie Stromversorgung). Ein Gerät, das zwischen einen Computer (oder eine andere elektronische Einrichtung) und eine Energiequelle (normalerweise eine Netzsteckdose) geschaltet wird, um Unterbrechungen der Stromversorgung durch einen Netzausfall zu überbrücken und meist auch den Computer gegen mögliche Schäden aufgrund von Spannungsspitzen oder Brownouts zu schützen. Alle UPS-Einheiten sind mit einer Batterie und einem Unterspannungssensor ausgerüstet. Stellt der Sensor einen Spannungsabfall fest, schaltet das Gerät auf Batteriebetrieb um, so daß der Benutzer noch Zeit hat, seine Arbeit zu sichern und den Computer abzuschalten. → *siehe auch Blackout, Brownout.*

URC *Subst.*
→ *siehe Uniform Resource Citation.*

URI *Subst.*
→ *siehe uniform resource identifier.*

URL *Subst.*
Abkürzung für Uniform Resource Locator (einheitliche Ressourcenadresse). Eine Adresse für eine Ressource im Internet. URL-Adressen werden von Web-Browsern verwendet, um Internet-Ressourcen zu lokalisieren. Eine URL-Adresse gibt das für den Zugriff auf eine Ressource zu verwendende

Protokoll an (z. B. »http:« für eine Web-Seite oder »ftp:« für eine FTP-Site), den Namen des Servers, auf dem sich die Ressource befindet (z. B. »//www.whitehouse.gov«) sowie – frei wählbar – den Pfad zu einer Ressource (z. B. einem HTML-Dokument oder einer Datei auf diesem Server). → *siehe auch HTML-Dokument, Pfad, Protokoll, Server, Web-Browser.*

urladen *Vb.* (bootstrap)
→ *siehe booten.*

Urladeprozeß *Subst.* (initial program load)
Der Prozeß, der das Betriebssystem in den Speicher kopiert, wenn das System gebootet wird.
→ *siehe auch booten, startup.*

Urlader *Subst.* (boot loader, bootstrap loader)
Ein Programm, das automatisch ausgeführt wird, wenn ein Computer eingeschaltet oder neu gestartet wird. Nachdem einige grundlegende Hardwaretests durchgeführt wurden, lädt der Urlader (Bootstrap Loader) einen größeren Lader und übergibt die Kontrolle an diesen, der wiederum das Betriebssystem lädt. Der Urlader befindet sich typischerweise im ROM des Computers.

URL, relativer *Subst.* (relative URL)
→ *siehe relativer URL.*

URN *Subst.*
→ *siehe Uniform Resource Name.*

.us
Im Internet ein Kürzel für die übergreifende Länder-Domäne, die eine Adresse in den Vereinigten Staaten angibt. Im (nicht mehr gültigen) Adressierungssystem des früheren ARPANET waren die Vereinigten Staaten der einzig mögliche Standort für eine Domäne. Daher befanden sich alle Domänennamen-Adressen, die mit .com, .gov, .edu, .org, .mil und .net enden, bis vor wenigen Jahren standardmäßig in den Vereinigten Staaten. Seit einigen Jahren werden Domänennamen-Adressen, die mit .com, .net und .org enden, auch in anderen Ländern vergeben. → *siehe auch ARPANET, .com, Domänen-Name, .edu, .gov, .mil, .net, .org.*

usable *Adj.*
Bezeichnet ein Produkt, daß sich mühelos in den vorgesehenen Betriebsablauf eingliedern läßt.

Ein mit »usable« bezeichnetes Produkt garantiert Benutzerfreundlichkeit, Flexibilität, Fehlerfreiheit und ein gutes Konzept, das ohne unnötig verkomplizierte Abläufe auskommt.

USB *Subst.*
Abkürzung für Universal Serial Bus (Universeller, serieller Bus). Ein serieller Bus mit einer Bandbreite von bis zu 1,5 Megabit pro Sekunde (Mbit/s) für den Anschluß von Peripheriegeräten an einen Mikrocomputer. Über den USB-Bus können an das System über einen einzelnen Mehrzweckanschluß bis zu 127 Geräte angeschlossen werden, z. B. externe CD-Laufwerke, Drucker, Modems sowie Maus und Tastatur. Dies wird durch Hintereinanderreihen der Geräte realisiert. USB ermöglicht einen Gerätewechsel bei eingeschalteter Stromversorgung (»Hot Plugging«) und mehrfach überlagerte Datenströme. USB wurde von Intel entwickelt und ist bei langsameren Einsatzbereichen ein Kontrahent zum ACCESS.bus der Firma DEC.
→ *siehe auch Bus, Daisy Chain, Einbau im laufenden Betrieb, Peripherie, portieren.* → *Vgl. ACCESS.bus.*

U.S. Department of Defense *Subst.*
Das US-amerikanische Verteidigungsministerium. Das Department of Defense (DoD) hat MILNET entwickeln lassen sowie ARPANET, den Vorläufer des heutigen Internet. → *siehe auch ARPANET, Internet, MILNET.*

Usenet *Subst.*
Ein weltweites Netzwerk von UNIX-Systemen mit dezentralisierter Verwaltung, das als eine Mailbox sog. Special-Interest-Diskussionsgruppen genutzt wird. Usenet, das als Teil des Internet angesehen wird (obwohl Usenet älter ist), besteht aus Tausenden von Newsgroups, von denen sich jede einem einzelnen Thema widmet. Benutzer können ihre Nachrichten hinterlassen und die Nachrichten anderer in den Newsgroups lesen – ähnlich wie in Einwahl-Mailboxen. Ursprünglich wurde Usenet mit Hilfe von UUCP-Software (UNIX-to-UNIX Copy) und Telefonverbindungen realisiert. Diese Methode der Kommunikation bleibt weiterhin von Bedeutung, obgleich modernere Methoden wie NNTP und Netzwerkverbindungen im allgemeinen häufiger zum Einsatz kommen. → *siehe auch BBS, Newsgroup, Newsreader, NNTP, UUCP.*

Usenet User List *Subst.*
Eine vom Massachusetts Institute of Technology (MIT) geführte Liste mit Namen und E-Mail-Adressen der Usenet-Benutzer. → *siehe auch Usenet.*

User Datagram Protocol *Subst.*
→ *siehe UDP.*

USnail *Subst.*
Umgangssprachlich für den amerikanischen Postdienst United States Postal Service. »USnail« spielt darauf an, wie langsam der Postdienst im Vergleich mit E-Mail ist.
Außerdem die Post, die durch den amerikanischen Postdienst United States Postal Service zugestellt wird. → *siehe auch Schneckenpost.*

/usr
Ein Verzeichnis in einem Computersystem, das einzelnen Benutzern gehörende oder von diesen verwaltete Unterverzeichnisse enthält. Diese Unterverzeichnisse können Dateien und zusätzliche Unterverzeichnisse enthalten. In der Regel werden /usr-Verzeichnisse in UNIX-Systemen verwendet und finden sich auf vielen FTP-Sites. → *siehe auch FTP-Site.*

USRT *Subst.*
Abkürzung für Universal Synchronous Receiver-Transmitter (universeller, synchroner Sende- und Empfangsbaustein. Ein meist aus einem einzelnen integrierten Schaltkreis bestehendes Modul, das die erforderlichen Schaltungen für die synchrone serielle Kommunikation sowohl zum Senden als auch zum Empfangen vereinigt. → *Vgl. UART.*

UTC *Subst.*
→ *siehe Universal Time Coordinate.*

Utility *Subst.* (utility)
Ein Programm, das dazu bestimmt ist, eine einzelne Funktion auszuführen. Bezieht sich in der Regel auf Software mit eng umgrenztem Problembereich oder auf Programme für die Systemverwaltung des Computers. → *siehe auch Anwendung.*

Utility-Programm *Subst.* (utility program)
Ein Programm, das dazu bestimmt ist, Wartungsarbeiten des Systems oder der Systemkomponenten auszuführen (z. B. ein Datensicherungsprogramm, ein Wiederherstellungsprogramm für Platten- und Datei-Inhalte oder ein Ressourcen-Editor).

UTP *Subst.*
Abkürzung für Unshielded Twisted Pair (Nicht abgeschirmtes Leiterpaar). Ein Kabel aus einem oder mehreren miteinander verdrillten Drahtpaaren ohne zusätzliche Isolierung. UTP-Kabel sind flexibler und platzsparender als isolierte Twisted-Pair-Kabel, haben aber eine geringere Bandbreite. → *siehe auch Twisted-pair-Kabel.* → *Vgl. STP.*

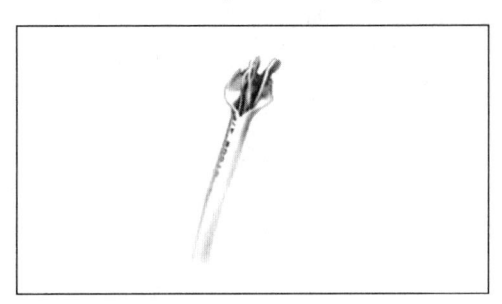

UTP

.uu
Die Dateinamenerweiterung einer Binärdatei, die mit Hilfe des Dienstprogramms »uuencode« in das ASCII-Format umgewandelt wurde. → *siehe auch ASCII, Binärdatei, uuencoden.* → *auch genannt .uud.* → *Vgl. .uue.*

UUCP *Subst.*
Abkürzung für UNIX-to-UNIX Copy (im Deutschen etwa »Kopieren zwischen UNIX-Systemen«) . Ein Programmpaket zur Informationsübertragung zwischen UNIX-Systemen über eine serielle Datenverbindung (hauptsächlich über das öffentliche Fernsprechnetz). → *siehe auch uupc.*

.uud
→ *siehe .uu.*

uudecode *Subst.*
Ein UNIX-Programm, das eine mit dem Dienstprogramm »uuencode« codierte Datei zurück in das ursprüngliche, binäre Format umwandelt. Dieses Programm (zusammen mit »uuencode«) ermöglicht die Übertragung binärer Daten (z. B. Grafiken oder Programmcode) über E-Mail- oder Newsgroup-Dienste. → *Vgl. uuencode.*

uudecoden *Vb.* (uudecode)
Eine mit »uuencode« verschlüsselte Datei mit Hilfe des Programms »uudecode« zurück in ihre binäre Ursprungsform umwandeln. → *Vgl. uuencoden.*

.uue
Die Dateinamenerweiterung einer Datei, die mit Hilfe des Dienstprogramms »uudecode« aus dem ASCII-Format zurück in das Binärformat umgewandelt wurde. → *siehe auch ASCII, Binärdatei, uudecoden.*

uuencode *Subst.*
Ein UNIX-Programm, das eine binäre Datei, in der alle acht bit eines jeden Byte gewertet werden, ohne Informationsverlust in druckbare 7-Bit-ASCII-Zeichen umwandelt. Dieses Programm (zusammen mit »uudecode«) ermöglicht es, binäre Daten, wie Bilder oder ausführbaren Code, über E-Mail oder über Newsgroups zu versenden. Eine Datei, die auf diese Weise verschlüsselt wurde, ist um ein Drittel größer als die Ursprungsdatei. → *Vgl. uudecode.*

uuencoden *Vb.* (uuencode)
Eine binäre Datei mit Hilfe des Dienstprogramms »uuencode« in druckbaren 7-Bit-ASCII-Text umwandeln. → *Vgl. uudecoden.*

uupc *Subst.*
Eine Version von UUCP für IBM- und kompatible PCs unter den Betriebssystemen DOS, Windows oder OS/2. Diese Version besteht aus einem Programmpaket zum Anmelden, Kopieren von Dateien und Ausführen von Programmen auf entfernten, vernetzten Computern. → *siehe auch UUCP.*

.uy
Im Internet ein Kürzel für die übergreifende Länder-Domäne, die eine Adresse in Uruguay angibt.

.uz
Im Internet ein Kürzel für die übergreifende Länder-Domäne, die eine Adresse in Usbekistan angibt.

V

V.120 *Subst.*
Ein Standard der International Telecommunications Union (ITU), der die serielle Kommunikation für ISDN-Leitungen festlegt. Die Daten werden über ein Protokoll gekapselt, das so ähnlich ist, wie das Lightweight Directory Access Protocol (LDAP). Es können mehrere Verbindungen auf einem Kommunikationskanal vervielfältigt werden. → *siehe auch ISDN, ITU, Kommunikationskanal, LDAP, Multiplexing, Protokoll, Standard.*

V20, V30 *Subst.*
Mikroprozessoren der Firma NEC, die leicht verbesserte Versionen der Intel-Prozessoren 8088 und 8086 darstellen. Sie verwenden den gleichen Befehlssatz wie die entsprechenden Intel-Prozessoren, unterscheiden sich aber im Mikrocode.

V.27ter *Subst.*
Eine Empfehlung der ITU-T, die das Modulationsschema der Fax-Gruppe 3 für Bildübertragungen bei einer Geschwindigkeit von 2400 und 4800 bit pro Sekunde (bps) angibt. → *siehe auch CCITT V series, Fax, International Telecommunications Union.*

V.29 *Subst.*
Eine Empfehlung der ITU-T, die das Modulationsschema der Fax-Gruppe 3 für Bildübertragungen bei einer Geschwindigkeit von 9600 und 7200 bit pro Sekunde (bps) für Einwählverbindungen angibt. → *siehe auch CCITT V series, Fax, International Telecommunications Union.*

V.2x, V.3x, V.4x, V.5x series *Subst.*
→ *siehe CCITT V series, International Telecommunications Union.*

V.32terbo *Subst.*
Ein Modem-Protokoll der AT&T für 19200-Bps-Modems, mit Rückfall auf Geschwindigkeiten, die vom Standard CCITT V.32 unterstützt werden. V.32terbo ist ein proprietäres Protokoll der AT&T, das nicht von der CCITT aufgestellt wurde. V.34 ersetzt in der Serie CCITT V das Protokoll V.32terbo. → *siehe auch CCITT V series, International Telecommunications Union.*

V.54 *Subst.*
Eine Empfehlung der ITU-T, die die Operation von Geräten für Schleifentests in Modems angibt. → *siehe auch CCITT V series, International Telecommunications Union.*

V.56 bis *Subst.*
Eine Empfehlung der ITU-T, die ein Netzwerkübertragungsmodell für die Bewertung der Modemleistung über eine Sprachverbindung mit zwei Drähten, also eine normale Telefonleitung, definiert. → *siehe auch International Telecommunications Union.*

V86-Modus *Subst.* (V86 mode)
→ *siehe virtueller Real Mode.*

V86-Modus, virtueller *Subst.* (virtual V86 mode)
→ *siehe virtueller Real Mode.*

.va
Im Internet ein Kürzel für die übergreifende Länder-Domäne, die eine Adresse im Vatikan angibt.

VAB *Subst.*
→ *siehe gesprochene Anworten.*

VAC *Subst.*
→ *siehe Wechselspannung.*

Vakuumröhre *Subst.* (vacuum tube)
Ein System mit Metallelektroden und Gittern zur Steuerung des Elektronenflusses, das in einem praktisch luftleer gepumpten Glaskolben (Vaku-

Vakuumröhre

um) untergebracht ist. Vor Einführung der Halbleiterbauelemente in den fünfziger Jahren wurden mit Vakuumröhren Verstärker- und Schalterfunktionen in elektronischen Schaltungen realisiert. In der Leistungselektronik oder als Kathodenstrahlröhren finden Vakuumröhren aber auch heute noch Verwendung.

Validierung *Subst.* (validity check)
Die Analyse von Daten mit dem Ziel, ihre Vollständigkeit und Konsistenz hinsichtlich vordefinierter Parameter zu überprüfen.

Validierungssuite *Subst.* (validation suite)
Eine Menge von Tests, mit denen die Einhaltung eines Standards geprüft wird, insbesondere die Standarddefinition einer Programmiersprache.

Value-Added Reseller *Subst.* (value-added reseller)
Ein Unternehmen, das komplette Hardware- und Software-Produkte einkauft und an den Endkunden weiterverkauft, wobei zusätzliche Dienstleistungen, z.B. Benutzerunterstützung, angeboten werden.

VAN *Subst.*
→ *siehe Mehrwert-Netzwerk.*

.vancouver.ca
Im Internet ein Kürzel für die übergreifende Länder-Domäne, die eine Adresse in Vancouver in Kanada angibt.

Vaporware *Subst.* (vaporware)
Zu deutsch »Dampfware«. Software, die zwar angekündigt, jedoch niemals auf den Markt gebracht wurde. Dieser Begriff impliziert auf sarkastische Weise, daß das Produkt von »Dampfplauderern« angekündigt wurde. → *Vgl. Freeware, Shareware.*

VAR *Subst.*
→ *siehe Value-Added Reseller.*

Variable *Subst.* (variable)
In der Programmierung ein symbolischer Name für Speicherstellen, die einen bestimmten Datentyp aufnehmen können und deren Inhalt sich während der Programmausführung modifizieren läßt. → *siehe auch Datenstruktur, Datentyp, globale Variable, lokale Variable.* → *Vgl. Konstante.*

Variable, abhängige *Subst.* (dependent variable)
→ *siehe abhängige Variable.*

Variable, globale *Subst.* (global variable)
→ *siehe globale Variable.*

Variable, lokale *Subst.* (local variable)
→ *siehe lokale Variable.*

variabler Ausdruck *Subst.* (variable expression)
Jeder Ausdruck, der zumindest eine Variable enthält. Die Auswertung eines variablen Ausdrucks muß daher zur Laufzeit des Programms erfolgen. → *siehe auch Laufzeit, Variable.* → *Vgl. konstanter Ausdruck.*

Variable, skalare *Subst.* (scalar variable)
→ *siehe Skalar.*

Vater *Subst.* (father)
→ *siehe Generationenprinzip.*

Vaterkopie *Subst.* (father file)
Eine Datei, die den zuletzt gültigen Satz von veränderlichen Daten darstellt. Der Vaterkopie geht unmittelbar eine Großvaterkopie voraus, und sie wird unmittelbar von ihrem Sohn gefolgt. Die Begriffspaare *Vater* und *Sohn*, *Eltern* und *Kind* (oder *Nachkomme*) sowie *unabhängig* und *abhängig* sind jeweils synonym. → *siehe auch Generationenprinzip.*

.va.us
Im Internet ein Kürzel für die übergreifende Länder-Domäne, die eine Adresse in Virginia in den Vereinigten Staaten angibt.

VAX *Subst.*
Abkürzung für **V**irtual **A**ddress E**x**tension. Eine Produktfamilie von 32-Bit-Minicomputern, die 1978 von der Digital Equipment Corporation vorgestellt wurde. Ein VAX-Prozessor verfügt, wie der später entwickelte Mikroprozessor 68000, über einen linearen Adreßraum und einen großen Befehlssatz. Der VAX-Computer wurde vor allem von Hackern sehr geschätzt. Diese Produktfamilie mußte jedoch später der Mikroprozessor-Technologie und den RISC-Arbeitsstationen weichen. → *siehe auch Befehlssatz, linearer Adreßraum, Mikroprozessor, Minicomputer, RISC.*

VBA *Subst.*
→ *siehe Visual Basic for Applications.*

VBScript *Subst.*
→ *siehe Visual Basic Scripting Edition.*

VBX *Subst.*
Abkürzung für **V**isual **B**asic Custom Control. Wenn dieses Softwaremodul von einer Visual Basic-Anwendung aufgerufen wird, erzeugt es ein Steuerelement, das der Anwendung eine gewünschte Funktion hinzufügt. Bei einem VBX-Modul handelt es sich um eine separate, ausführbare Datei, die in der Regel in der Programmiersprache C geschrieben ist. Dieses Modul ist dynamisch mit der Anwendung zum Zeitpunkt der Laufzeit verknüpft und kann u.a. auch von Anwendungen benutzt werden, die nicht in Visual Basic entwickelt wurden. Die VBX-Technologie wurde von Microsoft entwickelt, die meisten VBX-Module stammen jedoch von Fremdfirmen. VBX-Module werden zwar noch verwendet, sie sind jedoch weitgehend von OCX- und ActiveX-Steuerelementen verdrängt worden. → *siehe auch Steuerung, Visual Basic.* → *Vgl. ActiveX-Steuerelemente, dynamische Bibliothek, OCX.*

.vc
Im Internet ein Kürzel für die übergreifende Länder-Domäne, die eine Adresse auf St. Vincent in der Karibik angibt.

VCACHE *Subst.*
Eine Disk-Cache-Software, die vom VFAT-Treiber von Windows 95 eingesetzt wird. VCACHE verwendet 32-Bit-Code und wird im Protected Mode ausgeführt. Diese Software teilt automatisch Speicher im RAM zu. Es ist deshalb nicht erforderlich, daß der Benutzer Speicher für den Cache reservieren muß. → *siehe auch Cache, Protected Mode, RAM, Treiber, VFAT.*

VCOMM *Subst.*
Der Kommunikationsgerätetreiber in Windows 95, der die Schnittstelle zwischen fensterbasierten Anwendungen und Treibern auf der einen Seite und den Port-Treibern und Modems auf der anderen Seite zur Verfügung stellt. → *siehe auch Treiber.*

VCPI *Subst.*
→ *siehe Virtual Control Program Interface.*

VCR-style mechanism *Subst.*
Ein motorisierter Sperrmechanismus, in dem ein Laptop oder ein Notebook von der Docking Station eingeschlossen ist. Der Vorteil dieses Videoabspiel-Programms liegt darin, daß eine elektrisch konsistente, sichere Bus-Verbindung zur Verfügung gestellt wird. → *siehe auch Andock-Mechanismus, Docking Station, Laptop, Notebook-Computer.*

VDD *Subst.*
Abkürzung für **V**irtual **D**isplay **D**evice Driver. → *siehe virtueller Gerätetreiber.*

VDL *Subst.*
Abkürzung für **V**ienna **D**efinition **L**anguage. Eine Metasprache für die Definition anderer Sprachen. VDL enthält sowohl eine syntaktische als auch eine semantische Metasprache. → *siehe auch Metasprache.*

VDM *Subst.*
→ *siehe Video-Display-Metadatei.*

VDT *Subst.*
Abkürzung für **V**ideo **D**isplay **T**erminal. Ein Terminal mit einer Kathodenstrahlröhre (CRT) und einer Tastatur. → *siehe auch CRT.*

VDU *Subst.*
Abkürzung für **V**ideo **D**isplay **U**nit. Ein Monitor. → *siehe auch Monitor.*

V

.ve
Im Internet ein Kürzel für die übergreifende Länder-Domäne, die eine Adresse in Venezuela angibt.

Vektor *Subst.* (vector)
In der Mathematik und der Physik eine Variable, die sowohl durch eine Länge als auch eine Richtung charakterisiert ist. → *Vgl. Skalar.*
In der Computergrafik stellt ein Vektor eine gerichtete Linie zwischen einem Anfangs- und einem Endpunkt dar, die durch *x-/y*-Koordinaten in einem Gitter festgelegt sind. Vektoren werden in Zeichenprogrammen verwendet, in denen grafische Darstellungen als Folge von Linien und nicht in Form von einzelnen Punkten (auf Papier) oder Pixel (auf dem Bildschirm) erzeugt werden. → *siehe auch Vektorgrafik.*
In Datenstrukturen bezeichnet man mit »Vektor« eindimensionale Felder (Arrays), deren Elemente in einer einzelnen Spalte oder Zeile angeordnet ist. → *siehe auch Array, Matrix.*

Vektorbildschirm *Subst.* (stroke writer)
In der Computer-Videotechnik ein Bildschirm, der Zeichen und Grafiken als Menge von Vektoren darstellt – einzelne Koordinatenpunkte verbindenden Linien oder Kurven – und nicht als eine Menge von Punkten, wie dies bei einem Rasterbildschirm der Fall ist. → *siehe auch Vektorgrafik.*

Vektor-Display *Subst.* (vector display)
Eine Kathodenstrahlröhre (CRT), die eine beliebige Ablenkung des Elektronenstrahls auf der Basis von Signalen bezüglich der *x-/y*-Koordinaten ermöglicht. Um z.B. eine Linie auf einem Vektor-Display zu zeichnen, sendet der Video-Adapter Signale an die X- und Y-Ablenkspulen, um den Elektronenstrahl auf dieser Linie zu steuern. Es gibt keinen aus Bildzeilen bestehenden Hintergrund, so daß die auf dem Display gezeichnete Linie nicht aus Pixeln aufgebaut wird. Vektor-Displays kommen im allgemeinen in Oszilloskopen und Direktadressier-Röhren (Direct View Storage Tube, DVST) zum Einsatz. → *siehe auch Ablenkspule, CRT.* → *Vgl. Raster-Display.*

Vektorgrafik *Subst.* (vector graphics)
Ein Verfahren zur Erzeugung von Bildern, das auf mathematischen Beschreibungen zur Festlegung von Lage, Länge und Richtung zu zeichnender Linien beruht. In der Vektorgrafik werden Objekte als Sammlung von Linien erstellt und nicht als Muster einzelner Punkte (Pixel). → *Vgl. Rastergrafik.*

Vektorschrift *Subst.* (stroke font, vector font)
Eine Schrift, bei der die Zeichen als Anordnung von Liniensegmenten und nicht in Form von Bits gezeichnet werden. → *siehe auch Schrift.* → *Vgl. Bitmap-Schrift.*
In einer etwas abweichenden Bedeutung charakterisiert der Ausdruck eine Schrift, deren Zeichen durch Zusammensetzen gleich breiter Linien gebildet werden und nicht durch Ausfüllen einer Figur, wie es bei einer Konturschrift der Fall ist. → *Vgl. Konturschrift.*

Vektortabelle *Subst.* (vector table)
→ *siehe Verteilertabelle.*

Venn-Diagram *Subst.* (Venn diagram)
Ein Diagramm zur grafischen Darstellung des Ergebnisses von Operationen auf Mengen. In diesem Diagramm wird das Universum durch einen rechteckigen Raum dargestellt. Die darin enthaltenen Kreise stellen die Objekte dar. Die Beziehungen zwischen den einzelnen Mengen werden durch die Positionen der Kreise zueinander verdeutlicht. Das Venn-Diagram ist nach John Venn (1834–1923) benannt, einem Logiker von der Universität Cambridge (England).

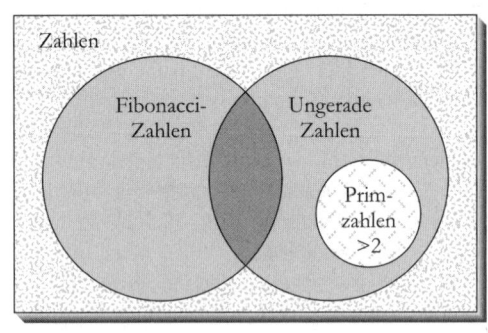

Venn-Diagramm

Ventil *Subst.* (valve)
→ *siehe Elektronenröhre.*

Ventilator *Subst.* (fan)
Der Kühlmechanismus, der in Computergehäusen, Laserdruckern oder ähnlichen Geräten eingebaut

ist, um Fehlfunktionen infolge von Hitzestau zu vermeiden. Ventilatoren sind die Hauptquelle für das kontinuierliche Summen, das man mit Computern und anderer Hardware in Verbindung bringt.

verarbeiten *Vb.* (process)
Daten mit Hilfe eines Programms manipulieren.

Verarbeitung *Subst.* (processing)
Das Manipulieren von Daten innerhalb eines Computersystems. Die Verarbeitung ist der wesentliche Schritt zwischen dem Empfang von Daten (Eingabe) und der Erzeugung von Ergebnissen (Ausgabe) – die Aufgabe, die für die Computer vorgesehen sind.

verarbeitungsintensiv *Adj.* (process-bound)
Durch einen hohen Verarbeitungsaufwand in der Leistungsfähigkeit eingeschränkt. → *siehe auch rechenintensiv.*

verbinden *Vb.* (concatenate, link)
Das Aneinanderhängen von Elementen. Beispielsweise können die Zeichenketten »Abend« und »rot« zu einer Zeichenkette (»Abendrot«) zusammengefügt werden. → *siehe auch Zeichenfolge.*
Außerdem das Herstellen einer Verbindung zwischen zwei Elementen in einer Datenstruktur durch Verwendung von Indexvariablen oder Zeigervariablen. → *siehe auch indizieren, Zeiger.*

Verbindung *Subst.* (access, connection, join)
In der Datenkommunikation eine physikalische Verbindung zwischen zwei oder mehreren Kommunikationsgeräten. Als Übertragungsmedien werden u.a. Kupferkabel, Glasfaserkabel und Funksignale eingesetzt.
In einer sehr ähnlichen Bedeutung – insbesondere im Zusammenhang mit Weitbereichsnetzen wie dem Internet – gibt der Ausdruck an, daß die Systeme nicht nur physikalisch zusammengeschlossen sind, sondern daß derzeit auch ein aktiver Anschluß besteht, d.h. die Computer können miteinander kommunizieren.
In Bezug auf Datenbanken charakterisiert »Verbindung« eine Tabellenoperation, die für jeden Tabelleneintrag, dessen Schlüsselfeld mit dem eines Eintrags in einer anderen Tabelle übereinstimmt, einen resultierenden Eintrag in einer dritten Tabelle erzeugt. → *siehe auch Inner Join.*

In der Programmierung bezeichnet »Verbindung« einen Multiprocessing-Befehl, der die Rückgabe der Steuerung von einem Kind-Prozeß (Child) an seinen Elternprozeß (Parent) bewirkt. → *siehe auch Multiprocessing.*

Verbindung, belastete *Subst.* (loaded line)
→ *siehe belastete Verbindung.*

Verbindung, digitale *Subst.* (digital line)
→ *siehe digitale Verbindung.*

Verbindung, kaskadierte *Subst.* (cascade connection)
→ *siehe Pipe.*

Verbindung lösen *Vb.* (disassociate)
In Windows 95 und Windows NT eine Verbindung zwischen einer Datei und einer Anwendung lösen. → *Vgl. zuordnen.*

Verbindungsanalysator *Subst.* (line analyzer)
Ein Überwachungsgerät für die Überprüfung oder den Test der Übertragungseigenschaften einer Kommunikationsleitung.

Verbindungsdauer *Subst.* (connect time)
Die Zeitspanne, in der Benutzer aktiv mit dem entfernten Computer verbunden sind. In kommerziellen Systemen werden die zu entrichtenden Gebühren häufig abhängig von der Verbindungsdauer berechnet (neben anderen Faktoren wie z.B. einer zusätzlichen Grundgebühr). → *siehe auch Anschaltgebühr.*

Verbindungsdiagramm *Subst.* (cabling diagram)
Ein Plan, der den Verlauf der Kabelverbindungen zeigt, mit denen Systemkomponenten oder Peripheriegeräte untereinander verbunden werden. Verbindungsdiagramme sind z.B. wichtig, um dem Benutzer den Anschluß von Festplatten an einen Controller zu erleichtern.

Verbindungsgeschwindigkeit *Subst.* (line speed)
→ *siehe Baudrate, Datenrate.*

verbindungslos *Adj.* (connectionless)
In der Datenkommunikation die Eigenschaft einer Datenübertragungsmethode, die keine direkte Verbindung zwischen zwei Knoten eines oder mehre-

verbindungsorientiert

V rer Netzwerke erfordert. Verbindungslose Datenübertragungen werden mit Hilfe der Wegsteuerung (Routing) realisiert. Die Daten werden dabei in Form von Datenpaketen übertragen, wobei jedes Datenpaket Adreßinformationen über seinen Herkunfts- und seinen Bestimmungsort enthält. Anhand des Bestimmungsortes sucht sich das Datenpaket den Weg selbst und wandert dabei von Knoten zu Knoten, bis das Ziel erreicht ist. → siehe auch Knoten, Paket. → Vgl. verbindungsorientiert.

verbindungsorientiert *Adj.* (connection-oriented)
Eigenschaft einer Datenübertragungsmethode, die eine direkte Verbindung zwischen zwei Knoten eines oder mehrerer Netzwerke erfordert. → *Vgl. verbindungslos.*

Verbindung, symmetrische *Subst.* (balanced line)
→ siehe symmetrische Verbindung.

Verbindung, virtuelle *Subst.* (virtual circuit)
→ siehe virtuelle Verbindung.

Verbreitung *Subst.* (propagation)
Die Übertragung eines Signals – z.B. eines Internet-Pakets – von der Quelle an das Ziel. Die Verbreitung von Nachrichten über verschiedene Pfade mit unterschiedlichen Längen hat zur Folge, daß Nachrichten mit variierender Geschwindigkeit übertragen werden. → *siehe auch Signalverzögerung.*

verbunden *Adj.* (wired)
Über Zugang zum Internet verfügen.

verbundene Datensätze *Subst.* (concatenated data set)
Eine Gruppe separater Sätze zusammengehöriger Daten, die zur Verarbeitung als Einheit behandelt werden.

verbundene Laufwerke *Subst.* (mapped drives)
In der Windows-Umgebung handelt es sich bei verbundenen Laufwerken um die Netzlaufwerke, denen lokale Laufwerksbuchstaben zugewiesen wurden und die lokal verfügbar sind.

Verdichtung *Subst.* (compaction)
Das Zusammenfassen momentan belegter Abschnitte des Haupt- oder Hilfsspeichers in einem möglichst kleinen Bereich, um dadurch den maximal möglichen zusammenhängenden, freien Speicherplatz zu schaffen. → *Vgl. Dateifragmentierung, Streuung.*

verdrahtet *Adj.* (wired)
Bezeichnet einen Schaltkreis oder eine Baugruppe, bei der – im Gegensatz zur Programmierung über Software oder Programmschalter – die feste Verdrahtung der einzelnen Komponenten im Vordergrund steht.

Vereinigung *Subst.* (union)
In der Mengenlehre die Menge aller Elemente, die mindestens einer von zwei Mengen angehören.
In der Logik die inklusive ODER-Operation: Das Ergebnis C einer beliebigen Vereinigung von A und B ist immer wahr (1), es sei denn, A und B sind beide falsch (0) (vgl. folgende Wahrheitstabelle).

A OR B	= C
1 1	1
1 0	1
0 1	1
0 0	0

In der Programmierung eine Struktur, die verwendet werden kann, um verschiedene Datentypen (wie Ganzzahlen, Zeichen oder Boolesche Werte) zu speichern.
In der Datenbankverwaltung stellt »Vereinigung« einen relationalen Operator dar. Sind zwei Relationen (Tabellen) A und B gegeben, die vereinigungskompatibel sind (d.h. die gleiche Anzahl von Feldern enthalten, wobei korrespondierende Felder die gleichen Typen von Werten aufweisen), dann liefert A UNION B eine neue Relation, die diejenigen Tupel (Datensätze) enthält, die entweder in A oder in B oder in beiden erscheinen. → *Vgl. Differenz, Durchschnitt.*

vereinigungskompatibel *Adj.* (union-compatible)
In der Datenbankverwaltung bezogen auf zwei Relationen (Tabellen) der gleichen Ordnung (mit der gleichen Anzahl von Attributen), wobei die korrespondierenden Attribute auf den gleichen Domänen (Menge der zulässigen Werte) aufbauen.

vererbter Code *Subst.* (inheritance code)
In der objektorientierten Programmierung die zu einem Objekt gehörende Menge struktureller und prozeduraler Attribute, die dem Objekt von einer Klasse bzw. einem Objekt übergeben werden, von dem der bzw. es abgeleitet ist. → *siehe auch objektorientierte Programmierung.*

Vererbung *Subst.* (inheritance)
In der objektorientierten Programmierung die Weitergabe bestimmter Eigenschaften einer Klasse an ihre Nachkommen. Wenn z. B. »Gemüse« eine Klasse ist, die die Eigenschaft »Grün« und »Gelb« enthält, werden diese beiden Nachkommen die Eigenschaften von »Gemüse« (Name, Saison usw.) erben. → *siehe auch Klasse, objektorientierte Programmierung.*
Im allgemeinen betrifft die Vererbung auch den Transfer bestimmter Eigenschaften, z. B. geöffnete Dateien, von einem Elternprozeß (Programm) auf einen anderen, den der Elternprozeß gestartet hat. → *siehe auch Child.*

Verfälschung *Subst.* (corruption)
Die unbeabsichtigte Veränderung von Daten im Arbeitsspeicher oder auf einem Datenträger, wodurch die Bedeutung der Daten wechselt oder verlorengeht.

verfallen *Vb.* (expire)
Das teilweise oder vollständige Aussetzen der Funktionsfähigkeit. Betaversionen werden häufig so programmiert, daß diese nach der Freigabe der neuen Version verfallen.

Verfallsdatum *Subst.* (expiration date)
Das Datum, an dem Shareware, Beta- oder Probeversionen eines Programms erst dann wieder ausgeführt werden können, wenn eine Vollversion installiert oder ein Zugriffscode eingegeben wird.

verfolgen *Vb.* (trace)
Ein Programm so ausführen, daß sich die Abfolge der auszuführenden Anweisungen beobachten läßt. → *siehe auch Debugger, Einzelschrittdurchgang.*

Verfügbarkeit *Subst.* (availability)
Bei der Datenverarbeitung die Zugänglichkeit eines Computersystems oder einer Ressource im Sinne der Verwendung (z. B. die Verfügbarkeit eines Netzwerkdruckers) oder prozentual zur gesamten Zeit, in der ein Gerät benötigt wird.

Verfügbarkeitszeit *Subst.* (available time)
→ *siehe Betriebszeit.*

vergleichen *Vb.* (compare)
Das Testen zweier Elemente auf Gleichheit oder Unterschiede, z. B. bei Wörtern, Dateien oder numerischen Werten. In einem Programm ist es häufig vom Ergebnis einer Vergleichsoperation abhängig, welche von mehreren möglichen Anweisungsfolgen als nächste auszuführen ist.

vergrößern *Vb.* (enlarge)
Ein Begriff aus dem Bereich von Microsoft Windows und anderen grafischen Benutzeroberflächen. Mit diesem Begriff ist das Erhöhen der Größe eines Fensters gemeint. → *siehe auch maximieren.* → *Vgl. minimieren, verkleinern.*

verifizieren *Vb.* (verify)
Feststellen, ob entweder ein Ergebnis korrekt ist oder eine Prozedur oder Folge von Operationen ausgeführt wurde.

Verkehr *Subst.* (traffic)
Die Auslastung einer Kommunikationsverbindung oder eines Kanals.

verkettete Liste *Subst.* (linked list)
Eine in der Programmierung eingesetzte Datenstruktur in der Form einer Liste von Knoten oder Elementen, die jeweils durch Zeiger miteinander verknüpft sind. Bei einer einfach verketteten Liste existiert in jedem Knoten ein Zeiger, der auf den jeweils nächsten Knoten in der Liste zeigt. Eine doppelt verkettete Liste verwendet in jedem Knoten zwei Zeiger, von denen einer auf den nächsten und einer auf den vorangehenden Knoten zeigt. In einer zirkulären Liste sind außerdem der erste und der letzte Knoten der Liste miteinander verknüpft. → *siehe auch Array, Knoten, Liste, Schlüssel.* → *Vgl. lineare Liste.*

Verkettung *Subst.* (chaining)
Das Verknüpfen von zwei oder mehr Entitäten, so daß sie funktionell voneinander abhängig sind. In der Programmierung werden Programme als

»verkettet« bezeichnet, wenn das erste Programm die Ausführung des zweiten veranlaßt. Des weiteren sind Programmbefehle »verkettet«, wenn jede Anweisung – mit Ausnahme der ersten – von dem vorangehenden Befehl hinsichtlich der Eingaben abhängig ist. Bei Stapeldateien wird von »Verkettung« gesprochen, wenn die vollständige Ausführung der ersten Stapeldatei die Ausführung der zweiten initiiert. In der Datenspeicherung bezieht sich der Ausdruck »verkettet« auf zwei oder mehr einzelne Speichereinheiten, die miteinander verknüpft sind. Beispielsweise kann eine Datei auf mehrere Sektoren verteilt sein, die sich an unterschiedlichen Stellen des Datenträgers befinden. Jeder Sektor, der Bestandteil der Datei ist, enthält dabei einen Zeiger, der den jeweils folgenden Sektor angibt. Derartige Sektoren werden als »verkettet« bezeichnet oder, genauer, bilden eine Kette aus Zuordnungseinheiten.

verkleinern *Vb.* (reduce)
Die Größe eines Fensters in einer grafischen Benutzeroberfläche herabsetzen. Dies kann durch Klicken auf die entsprechende Schaltfläche in der Titelleiste geschehen oder durch Ziehen der Fensterumrandung mit der Maus zur Mitte des Fensters hin. → *siehe auch maximieren, minimieren.*

Verklemmung *Subst.* (deadly embrace)
→ *siehe Deadlock.*

Verknüpfung *Subst.* (shortcut)
In Windows 95 ein Symbol, das durch Doppelklicken den sofortigen Zugriff auf ein Programm, eine Text- oder Datendatei oder eine Web-Seite ermöglicht. → *siehe auch symbolischer Link.*

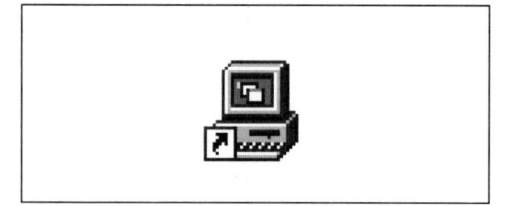

Verknüpfung

Verknüpfung, manuelle *Subst.* (cold link)
→ *siehe manuelle Verknüpfung.*

verkrüppelte Version *Subst.* (crippled version)
Eine reduzierte Version einer Hardware oder Software, die zu Demonstrationszwecken verkauft oder verschenkt wird. → *siehe auch Demo.*

verlorene Zuordnungseinheit *Subst.* (lost cluster)
Eine Zuordnungseinheit, bei der das Betriebssystem feststellt, daß diese zwar verwendet wird, jedoch keinen Bestandteil einer Kette mit gespeicherten Dateisegmenten darstellt. Eine verlorene Zuordnungseinheit stellt in der Regel die Überreste einer unvollständigen Datenverwaltung dar. Diese kann durch einen Systemabsturz oder durch plötzliches Beenden einer Anwendung entstehen.

Verlustausgleich *Subst.* (loss balancing)
Die Erweiterung eines Signals oder eines Wertes, um den Verlust bei einer Übertragung oder einer Konvertierung eines Wertes auszugleichen.

verlustfreie Komprimierung *Subst.* (lossless compression)
Der Prozeß einer Dateikomprimierung, bei dem nach der Komprimierung und Dekomprimierung das ursprüngliche Format Bit für Bit übereinstimmt. Text, Code und numerische Datendateien müssen nach der Methode der verlustfreien Komprimierung komprimiert werden. Durch dieses Verfahren können Dateien in der Regel auf 40 Prozent ihrer ursprünglichen Größe komprimiert werden. → *Vgl. verlustreiche Komprimierung.*

verlustreiche Komprimierung *Subst.* (lossy compression)
Der Prozeß einer Dateikomprimierung, bei dem nach der Komprimierung und Dekomprimierung Daten verlorengehen. Video- und Audio-Dateien enthalten oft Daten, die vom Benutzer gar nicht wahrgenommen werden. Wenn diese überschüssigen Daten über diese Methode entfernt werden, kann die Datei auf 5 Prozent ihrer ursprünglichen Größe reduziert werden. → *Vgl. verlustfreie Komprimierung.*

Vermächtnis *Adj.* (legacy)
Bezieht sich auf Dokumente oder Daten, die bereits vor einem bestimmten Zeitraum vorhanden waren. Dieser Begriff gilt insbesondere dann, wenn alte Datendateien aufgrund einer Systemänderung in ein neues Format umgewandelt werden müssen.

Vermitteln *Subst.* (switching)
Ein Kommunikationsverfahren, das temporär belegte anstelle von fest geschalteten Leitungen zum Einrichten einer Verbindung oder zum Weiterleiten von Informationen zwischen zwei Teilnehmern verwendet. Beispielsweise führt im Wählsystem des öffentlichen Telefonnetzes die Leitung des Anrufers zunächst zu einer Vermittlungsstelle, von der aus dann die tatsächliche Verbindung zum angerufenen Teilnehmer hergestellt wird. In Computernetzen realisiert man den Informationsaustausch zwischen zwei Teilnehmern unter anderem über Nachrichtenvermittlung und Paketvermittlung. In beiden Fällen werden Nachrichten über zwischengeschaltete Stationen, die alle an der Verbindung von Sender und Empfänger beteiligt sind, weitergeleitet (vermittelt).

Vermittlungseinrichtung *Subst.* (switch)
In der Kommunikationstechnik ein Computer oder eine elektromechanische Vorrichtung, die das Weiterleiten eines Signals und die Betriebsart des Signalwegs steuert.

Vermittlungsgeschwindigkeit *Subst.* (switching speed)
Bei einem paketvermittelten Telekommunikationsverfahren (z. B. ATM) die Geschwindigkeit, mit der die Datenpakete über das Netzwerk gesendet werden. Die Vermittlungsgeschwindigkeit wird meist in Kbit/s oder Mbit/s angegeben. → *siehe auch Paketvermittlung.*

Veronica *Subst.*
Abkürzung für Very Easy Rodent-Oriented Netwide Index to Computerized Archives. Ein Internet-Dienstanbieter, der von der Universität von Nevada (USA) entwickelt wurde und Gopher-Archive nach Schlüsselwörtern durchsucht. Die Suchkriterien können mit Booleschen Operatoren (z. B. AND, OR oder XOR) eingegrenzt oder erweitert werden. Wenn übereinstimmende Archive ermittelt wurden, werden diese in einem neuen Gopher-Menü aufgelistet. → *siehe auch Boolescher Operator, Gopher.* → *Vgl. Archie, Jughead.*

Verpackung *Subst.* (envelope)
In der Kommunikationstechnik eine einzelne Informationseinheit, die mit anderen Elementen gruppiert ist, z. B. selbstprüfende Bits.

verriegeln *Vb.* (interlock)
Diese Maßnahme hindert ein Gerät an der Durchführung von Aktionen, während die aktuelle Operation verarbeitet wird.

Versatz *Subst.* (skew)
Unterschied von Ist- zu Sollwert – bei einer Druckseite beispielsweise eine fehlerhafte Ausrichtung, die eine korrekte Reproduktion verhindert, oder bei elektronischen Schaltkreisen Abweichungen zwischen Eingang und Ausgang aufgrund unterschiedlicher Laufzeiten eines Taktsignals.

verschachteln *Vb.* (nest)
Das Einbetten eines Konstrukts in ein anderes Konstrukt. Eine Datenbank kann z. B. eine verschachtelte Tabelle (eine Tabelle innerhalb einer Tabelle), ein Programm eine verschachtelte Prozedur (eine Prozedur, die in einer Prozedur deklariert ist) und eine Datenstruktur einen verschachtelten Datensatz (einen Datensatz, der ein Feld enthält, das ebenfalls ein Datensatz ist) enthalten.

verschachtelte Operation *Subst.* (nested transaction)
Ein Begriff der Programmierung. Eine Operation oder Sequenz mit Operationen, die innerhalb einer größeren Transaktion stattfinden. Eine verschachtelte Operation kann abgebrochen werden, ohne die größere Transaktion abzubrechen. → *siehe auch verschachteln.* → *auch genannt Suboperation.*

verschieben *Subst.* (move, translate)
Allgemein ein Befehl oder eine Anweisung zum Übergeben von Informationen von einer Quelle an ein Ziel. Die dabei ausgeführten Operationen können die Daten im Speicher des Computers betreffen oder sich auf Text oder Grafiken in einer Datendatei beziehen. In der Programmierung läßt sich z. B. mit einem Transportbefehl ein einzelner Wert von einer Speicherstelle zu einer anderen übertragen. Durch einen entsprechenden Befehl in einer Anwendung kann man andererseits einen ganzen Textabsatz neu anordnen oder eine Grafik teilweise oder vollständig von einer Stelle im Dokument an eine andere verschieben. Im Gegensatz zu einer Kopierprozedur (copy), für die das Duplizieren von Informationen typisch ist, schließt ein Verschiebebefehl (move) das mögliche oder tatsächliche Löschen der Informationen

an ihrer ursprünglichen Position ein. → *Vgl. kopieren.*

In der Computergrafik bewirkt ein Verschiebevorgang, daß ein Bild in dem durch den Bildschirm repräsentierten »Raum« bewegt wird, ohne daß das Bild dabei gedreht wird.

Verschiebung, blockweise *Subst.* (block move)
→ *siehe blockweise Verschiebung.*

verschlüsseln *Vb.* (encode)
In der Datensicherheit das Verschlüsseln von Daten. → *siehe auch Verschlüsselung.*

Verschlüsselung *Subst.* (encryption)
Die Codierung von Daten, um sie – insbesondere bei Datenübertragungen – gegen unberechtigten Zugriff zu schützen. Eine Verschlüsselung basiert in der Regel auf einem Schlüssel, ohne den sich die Informationen nicht entschlüsseln (decodieren) lassen. Das »U.S. National Bureau of Standards« hat einen komplizierten Verschlüsselungsstandard namens DES (Data Encryption Standard) entwickelt, der nahezu unbegrenzte Möglichkeiten zur Verschlüsselung von Dokumenten bietet. → *siehe auch Data Encryption Standard.*

Verschlüsselung, blockweise *Subst.* (block cipher)
→ *siehe blockweise Verschlüsselung.*

versetzter Speicherzugriff *Subst.* (interleaved memory)
Eine Technik zum Organisieren der Adressen im RAM, um Wartezustände zu reduzieren. Beim versetzten Speicherzugriff werden angrenzende Speicherstellen in separate Zeilen von Chips gespeichert. Nach einem Zugriff auf ein Byte muß der Prozessor daher nicht mehr einen vollständigen Speicherzyklus abwarten, bevor sich ein anderes Byte ansprechen läßt. → *siehe auch Waitstate, Zugriffszeit.*

Version *Subst.* (release, version)
Eine bestimmte Ausgabe eines Programms, die meist im Zusammenhang mit der neuesten Variante genannt wird (wie in »die letzte Version des Programms X«). Einige Softwarehäuser – beispielsweise Lotus – verwenden diesen Begriff als integralen Bestandteil des Produktnamens (wie in »Lotus 1-2-3 Version 2.2«).

Der Ausdruck »Version« charakterisiert auch allgemein ein bestimmtes Softwareprodukt (selten ein Hardwareprodukt), insbesondere in Verbindung mit Produkten, die in mehreren Varianten (d.h. von verschiedenen Firmen bzw. für unterschiedliche Computersysteme) verfügbar sind, z.B. Programmiersprachen und Betriebssysteme. Man spricht dabei z.B. von »eine Version des Betriebssystems UNIX«, was gleichbedeutend ist mit »eine Variante des Betriebssystems UNIX«. → *Vgl. Betaversion.*

Versionskontrolle *Subst.* (version control)
Die Verwaltung einer Datenbank, die den Quellcode und die zugehörigen Dateien eines Software-Projekts enthält. Das Ziel der Versionskontrolle ist die Überwachung von Änderungen, die im Verlauf des Projekts vorgenommen wurden.

Versionsnummer *Subst.* (version number)
Eine Nummer, mit der ein Software-Entwickler ein bestimmtes Programm auf einer bestimmten Entwicklungsstufe kennzeichnet. Im allgemeinen besteht eine Versionsnummer aus zwei Teilen, die durch einen Punkt getrennt sind. Nachfolgende Programmversionen werden durch eine höhere Nummer gekennzeichnet. Größere Änderungen eines Programms versieht man mit einer höheren Hauptversionsnummer vor dem Punkt. Geringfügige Änderungen gibt man in der Versionsnummer durch die nächsthöhere Zahl nach dem Punkt an.

Verso *Adj.* (verso)
Ein Begriff aus dem Druck- und Verlagswesen. *Verso* bezeichnet die linke Buchseite, die immer eine gerade Seitenzahl hat. → *Vgl. Recto.*

Verstärkung *Subst.* (gain)
Das Erhöhen der Amplitude eines Signals (z.B. Spannung oder Strom) das von einem Baustein ausgeht. Die Verstärkung kann entweder als Faktor oder in Dezibel angegeben werden. → *siehe auch Dezibel.*

verstecken *Vb.* (hide)
Das Ausblenden des aktiven Fensters der Anwendung, ohne die Anwendung zu beenden. Versteckte Fenster können durch entsprechende Befehle an das Betriebssystem wieder angezeigt werden.

versteckte Datei *Subst.* (hidden file)
Eine Datei, die in einer normalen Verzeichnisauflistung nicht erscheint. Dateien werden versteckt, um sie gegen Änderung oder Löschen zu schützen. Versteckte Dateien werden häufig verwendet, um Codes oder Daten zu speichern, die Fehler im Betriebssystem erzeugen können.

versteckte Linie *Subst.* (hidden line)
In Anwendungen, die feste dreidimensionale Objekte darstellen (z.B. CAD-Programme), eine Linie, die in einer Zeichnung normalerweise nicht sichtbar ist, wenn man das Objekt als massive Konstruktion wahrnimmt. Das Entfernen derartiger Linien nennt man Hidden-Line Removal. → *siehe auch CAD, versteckte Oberfläche.*

versteckte Oberfläche *Subst.* (hidden surface)
In Anwendungen, die feste dreidimensionale Objekte darstellen (z.B. CAD-Programme), eine Oberfläche, die aus einem bestimmten Betrachtungswinkel normalerweise nicht sichtbar ist, z.B. die Unterseite einer Flugzeug-Tragfläche von oben gesehen. → *siehe auch CAD, versteckte Linie.*

verteilen *Vb.* (distribute)
Etwas auf mehrere Orte oder Einrichtungen aufteilen. Eine Datenverarbeitungsfunktion läßt sich z.B. durch mehrere Computer und andere Geräte realisieren, die über ein Netzwerk miteinander verbunden sind.

Verteiler *Subst.* (dispatcher)
In einigen Multitasking-Betriebssystemen eine Anzahl von Routinen, die für die Verteilung (Zuweisung) der Rechenzeit (CPU-Zeit) auf mehrere Anwendungen verantwortlich sind.

Verteilerliste *Subst.* (distribution list, mailing list)
Eine Liste der Empfänger, die eine Kopie einer E-Mail erhalten. Derartige Listen werden in der Regel mit einem Verteilerlisten-Programm (z.B. LISTSERV) erzeugt und eingesetzt, wenn ein Unternehmen oder ein Service-Provider eine Massen-E-Mail an alle Benutzer oder an alle Benutzer einer bestimmten Gruppe versendet. Beispielsweise kann man im Internet bestimmte Informationen (häufig als »News-Letter« bezeichnet) abonnieren und enthält diese in meist regelmäßigen Abständen als E-Mail. Wenn der Name der Verteilerliste in das Empfängerfeld des E-Mail-Clients eingegeben wird, sendet der Computer, auf dem die Verteilerliste gespeichert ist, Kopien der E-Mail an alle Adressen, die in der Liste verzeichnet sind (wobei die Möglichkeit besteht, daß die E-Mail zuerst von einem Moderator bearbeitet wird, bevor die Kopien tatsächlich versendet werden). → *siehe auch Alias, LISTSERV.*
→ *siehe auch LISTSERV, Mailing-Listmanager, Majordomo, Moderator.*

Verteilertabelle *Subst.* (dispatch table)
Auch als Sprungtabelle, Vektortabelle oder Interruptvektor-Tabelle bezeichnet. Eine Tabelle mit Bezeichnern und Adressen für eine bestimmte Klasse von Routinen, z.B. Interrupt-Handler (Routinen, die als Antwort auf bestimmte Signale oder Zustände ausgeführt werden). → *siehe auch Interrupt-Handler.* → *auch genannt Interrupt-Vektortabelle, Sprungtabelle, Vektortabelle.*

verteilte Datenbank *Subst.* (distributed database)
Auf einem Netzwerk realisierte Datenbank, bei der die Komponentenpartitionen über verschiedene Knoten (Stationen) des Netzwerks verteilt sind. Abhängig vom konkreten Datenverkehr für Aktualisierungen und Abfragen können verteilte Datenbanken die Gesamtleistung beträchtlich erweitern. → *siehe auch Partition.*

verteilte Datenverarbeitung *Subst.* (distributed computing, distributed processing)
Eine Form der Informationsverarbeitung, bei der die Arbeit durch separate Computer ausgeführt wird, die über ein Kommunikations-Netzwerk miteinander verbunden sind. Man unterscheidet vollständig verteilte Datenverarbeitung und echte verteilte Datenverarbeitung. Vollständig verteilte Datenverarbeitung gliedert die Arbeitslast unter Computern auf, die miteinander kommunizieren können. Bei echter verteilter Datenverarbeitung läßt man separate Computer unterschiedliche Aufgaben so ausführen, daß sie ihre kombinierte Arbeit zu einem größeren Ziel beisteuern können. Dieser zweite Verarbeitungstyp erfordert eine stark strukturierte Umgebung, in der Hardware und Software miteinander kommunizieren, Ressourcen gemeinsam nutzen und Informationen frei austauschen können.

verteilte Dialogverarbeitung *Subst.* (distributed transaction processing)
Ein Teilhaberbetrieb, der an mehreren Computern ausgeführt werden kann, die über ein Netzwerk miteinander kommunizieren. → *siehe auch transaktionale Verarbeitung, verteilte Datenverarbeitung.*

verteilte Intelligenz *Subst.* (distributed intelligence)
Ein System, in dem die Verarbeitungsfähigkeit (Intelligenz) unter mehreren Computern und anderen Geräten aufgeteilt ist, die jeweils bis zu einem gewissen Grad unabhängig voneinander arbeiten, aber auch mit anderen Geräten kommunizieren können, um als Teil eines größeren Systems zu funktionieren. → *siehe auch verteilte Datenverarbeitung.*

verteiltes Dateisystem *Subst.* (distributed file system)
Ein Dateiverwaltungssystem, in dem Dateien auf mehreren Computern gespeichert werden können, die an ein lokales oder Weitbereichsnetz angeschlossen sind.

verteiltes Datenbanksystem *Subst.* (distributed database management system)
Abgekürzt DDBMS. Ein Datenbank-Managementsystem, das in der Lage ist, eine verteilte Datenbank zu verwalten. → *siehe auch verteilte Datenbank.*

verteiltes Netzwerk *Subst.* (distributed network)
Ein Netzwerk, in dem Verarbeitung, Speicherung und andere Funktionen durch separate Einheiten (Knoten) und nicht nur durch einen einzelnen Hauptcomputer übernommen werden.

verteilte Sortierung *Subst.* (distributive sort)
Ein Sortierverfahren, das eine Liste in mehrere Teile untergliedert und anschließend in einer bestimmten Reihenfolge wieder zusammenbaut. → *siehe auch Sortieralgorithmus.* → *Vgl. Bubble Sort, einfügendes Sortieren, Quicksort.*

verteiltes Schwarzes Brett *Subst.* (distributed bulletin board)

vertikale Aufzeichnung *Subst.* (perpendicular recording, vertical recording)
Ein Verfahren zur Erhöhung der Speicherdichte auf magnetischen Medien. Die magnetischen Dipole, deren Orientierung den Wert eines Bit bestimmt, werden dabei senkrecht zur Aufzeichnungsoberfläche ausgerichtet.

vertikale Bandbreite *Subst.* (vertical bandwidth)
Die Rate in Hertz (Hz), mit der das Monitorbild vollständig neu aufgebaut wird. Die vertikale Bandbreite von Anzeigesystemen liegt im Bereich von 45 Hz bis über 100 Hz. → *auch genannt vertikale Synchronisation, vertikale Wiederholungsrate, V-sync.*

vertikaler Bildlauf *Subst.* (vertical scrolling)
Die Verschiebung eines angezeigten Dokuments nach oben oder unten. → *siehe auch Bildlaufleiste.*

vertikale Redundanzprüfung *Subst.* (vertical redundancy check)
→ *siehe VRC.*

vertikaler Strahlrücklauf *Subst.* (vertical retrace)
Auf Raster-Scan-Displays die Bewegung des Elektronenstrahls von der unteren rechten Ecke des Bildschirms zurück zur oberen linken Ecke, nachdem der Strahl einen vollständigen Durchlauf über den Bildschirm ausgeführt hat. → *siehe vertikale Bandbreite.* → *siehe auch Austastlücke, Austastung.* → *Vgl. horizontales Zurücksetzen (des Elektronenstrahls), vertikale Wiederholungsrate.*

vertikales Synchronisationssignal *Subst.* (vertical sync signal)
Der Teil des Videosignals für ein Raster-Display, der das Ende der letzten Bildzeile am unteren Rand des Display anzeigt.

vertikale Synchronisation *Subst.* (vertical sync)
→ *siehe vertikale Bandbreite.*

vertikale Wiederholungsrate *Subst.* (vertical scan rate)
→ *siehe vertikale Bandbreite.*

Verweissammlung *Subst.* (point listing)
Eine Datenbank mit häufig verwendeten Websites, die nach Interessengebieten geordnet und nach Inhalt und Design bewertet wird.

Very-High-Level-Sprache *Subst.* (very-high-level language)
→ *siehe vierte Sprachgeneration.*

Very-High-Speed Integrated Circuit *Subst.* (very-high-speed integrated circuit)
Ein integrierter Schaltkreis, der – meist logische – Operationen mit sehr hoher Geschwindigkeit ausführt.

Very Long Instruction Word *Subst.*
→ *siehe VLIW.*

Very-Low-Frequency Electromagnetic Radiation *Subst.* (very-low-frequency electromagnetic radiation)
→ *siehe VLF-Strahlung.*

Verzeichnis *Subst.* (directory)
Ein Katalog für Dateinamen und andere Verzeichnisse, die auf einer Diskette gespeichert sind. Verzeichnisse dienen der Organisation und Gruppierung von Daten, damit der Benutzer nicht durch unübersichtlich lange Dateilisten überwältigt wird. Die oberste Verzeichnisebene ist das sog. Hauptverzeichnis (*Root Directory*). Die Verzeichnisse in einem Verzeichnis werden als Unterverzeichnis bezeichnet. Je nach Betriebssystem lassen sich Dateinamen in einem Verzeichnis nach verschiedenen Arten anzeigen und ordnen – z.B. alphabetisch, nach dem Datum, nach der Größe oder als Symbol auf einer grafischen Benutzeroberfläche. Die angezeigten Verzeichnisinformationen basieren auf Datenstrukturen, die das Betriebssystem auf dem jeweiligen Datenträger speichert und verwaltet. Diese Tabellen enthalten sowohl die Eigenschaften, die mit jeder Datei verbunden sind, als auch den Standort der Datei. In den Betriebssystemen Macintosh und Windows 95 werden Verzeichnisse als *Ordner* bezeichnet.

Verzeichnis, aktuelles *Subst.* (current directory)
→ *siehe aktuelles Verzeichnis.*

Verzeichnisbaum *Subst.* (directory tree)
Eine grafische Anzeige, die die Verzeichnisse und Unterverzeichnisse einer Festplatte verzweigt darstellt. → *siehe auch Baumstruktur, Verzeichnis, Verzweigung.*

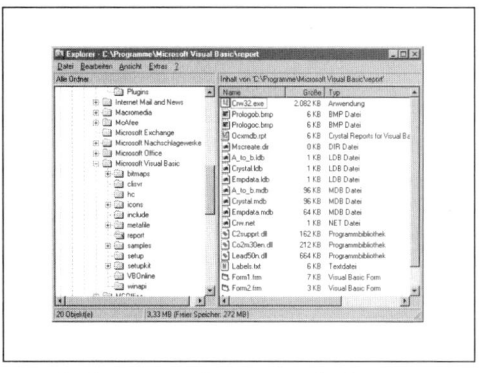

Verzeichnisbaum: Beispiel eines Verzeichnisbaumes im Windows-Explorer

Verzeichnis, gemeinsames *Subst.* (shared directory)
→ *siehe Netzwerkverzeichnis.*

Verzeichnis, lineares *Subst.* (flat file directory)
→ *siehe lineares Verzeichnis.*

Verzeichnis, öffentliches *Subst.* (public directory)
→ *siehe öffentliches Verzeichnis.*

Verzeichnispfad *Subst.* (directory path)
→ *siehe Pfadname.*

Verzeichnis-Spiegelung *Subst.* (directory replication)
Das Kopieren einer Reihe von Master-Verzeichnissen von einem Server (dem *Export-Server*) auf festgelegte Server oder Workstations (die *Import-Computer*) in denselben oder anderen Domänen. Durch Spiegelung lassen sich identische Sätze von Verzeichnissen und Dateien auf mehreren Computern einfach verwalten, da nur eine einzelne Masterkopie der Daten zu aktualisieren ist. → *siehe auch Server, Verzeichnis.*

Verzeichnis, untergeordnetes *Subst.* (child directory)
→ *siehe Unterverzeichnis.*

Verzerrung *Subst.* (distortion)
Eine unerwünschte Änderung der Wellenform eines Signals. Während einer Signalübertragung auftretende Verzerrungen äußern sich z.B. in der unverständlichen Wiedergabe einer Rundfunksendung. Verzerrungen können auch entstehen,

wenn ein Signal durch eine elektronische Schaltung läuft und der Lautstärkeregler eines Stereogerätes zu weit aufgedreht wird. Verzerrungen resultieren häufig im Verlust von Informationen und stellen damit ein Hauptproblem bei der Verarbeitung analoger Signale dar. Dagegen werden digitale Signale durch mäßige Verzerrung nicht beeinflußt.

Verzögerungsverzerrung *Subst.* (delay distortion)
→ *siehe Gruppenlaufzeit.*

verzweigen *Vb.* (fork)
Das Einleiten eines Child-Prozesses in einem Multitasking-System nachdem der Parent-Prozeß gestartet wurde. → *siehe auch Multitasking.*

Verzweigung *Subst.* (branch)
Ein Knoten, der sich zwischen der Wurzel und den Blättern in einigen Arten von logischen Baumstrukturen befindet, z.B. im Verzeichnisbaum von Windows oder in einem Organisationsschema für die Verteilung von Magnetbändern. → *siehe Verzweigungsbefehl.*
Außerdem jede Verbindung zwischen zwei Elementen, z.B. zwischen Blöcken in einem Flußdiagramm oder Knoten in einem Netzwerk. → *siehe Verzweigungsbefehl.*

Verzweigung, bedingte *Subst.* (conditional branch)
→ *siehe bedingte Verzweigung.*

Verzweigungsannahme *Subst.* (branch prediction)
Eine verbesserte Technik des »Prefetching« (zu deutsch »vorabholen«), die in einigen Prozessoren eingesetzt wird. Beim gewöhnlichen »Prefetching« wird die Geschwindigkeit gesteigert, indem bereits der nächste Befehl geladen wird, wenn sich der aktuelle Befehl noch in der Ausführungsphase befindet. Wenn jedoch der nächste Befehl eine Verzweigung darstellt, funktioniert die Geschwindigkeitssteigerung nicht so ohne weiteres, da nicht bekannt ist, an welche Stelle die Verzweigung führt. Bei der Verzweigungsannahme wird versucht, auch in diesen Fällen eine Geschwindigkeitssteigerung zu erreichen. Wenn ein Verzweigungsbefehl bearbeitet wird, werden dabei dieser und der nächste ausgeführte Befehl in einem Puffer gespeichert. Wird die Verzweigung ein weiteres Mal ausgeführt, wird angenommen, daß die Verzweigung denselben Weg nimmt, da die Wahrscheinlichkeit dafür sehr hoch ist, und der angenommene Befehl wird aus dem Puffer vorabgeladen. In über 90 Prozent der Fälle trifft die Annahme zu, und die Notwendigkeit, den Befehl nachzuladen, entfällt; die Ausführung der Verzweigung verursacht dann keinen Pipeline Break, so daß das System nicht abgebremst wird. → *siehe auch Pipeline-Verarbeitung, Prozessor, puffern, Verzweigungsbefehl.*

Verzweigungsbefehl *Subst.* (branch instruction)
Ein Assembler- oder Maschinensprachebefehl, der die Programmabarbeitung an einer anderen Stelle als der aktuellen fortsetzt. Meist ist die Verzweigung an eine Bedingung gekoppelt; die Verzweigung erfolgt dann abhängig davon, ob das Ergebnis der Bedingung »wahr« oder »falsch« ist. Verzweigungsbefehle stellen sehr häufig relative Sprünge dar, bei denen um eine bestimmte Anzahl an Code-Bytes nach oben oder unten gesprungen wird. → *siehe auch GOTO-Befehl, Sprungbefehl.*

Verzweigungspunkt *Subst.* (branchpoint)
Die Stelle, an der ein Verzweigungsbefehl ausgeführt wird, wenn eine zugehörige Bedingung (falls vorhanden) »wahr« ist. → *siehe auch Verzweigungsbefehl.*

Verzweigung, unbedingte *Subst.* (unconditional branch)
→ *siehe unbedingte Verzweigung.*

VESA *Subst.*
Abkürzung für »Video Electronics Standards Association«. Eine Organisation von Hardware-Herstellern und –Lieferanten, deren Ziel es ist, Standards für Video- und Multimedia-Geräte zu entwerfen und zu verbessern. Die VESA hat u.a. folgende Standards entworfen: Display Data Channel (DDC), Display Power Management Signaling (DPMS) und VESA Local Bus (VL-Bus). → *siehe auch DDC, DPMS, VL-Bus.*
Der Ausdruck bezeichnet außerdem eine Eigenschaft, die angibt, daß ein Computer einen VESA Local Bus (VL-Bus) aufweist. → *siehe auch Erweiterungssteckplatz, VL-Bus.* → *auch genannt VLB.*
→ *Vgl. VESA/EISA, VESA/ISA.*

VESA DDC *Subst.*
→ *siehe DDC.*

VESA Display Data Channel *Subst.*
→ *siehe DDC.*

VESA Display Power Management Signaling *Subst.*
→ *siehe DPMS.*

VESA/EISA *Adj.*
Mit Erweiterungssteckplätzen des EISA- und VL-Busses versehen. → *siehe auch EISA, Erweiterungssteckplatz, VESA, VL-Bus.* → *Vgl. VESA, VESA/ISA.*

VESA/ISA *Adj.*
Mit Erweiterungssteckplätzen des ISA- und VL-Busses versehen. → *siehe auch Erweiterungssteckplatz, ISA, VESA, VL-Bus.* → *Vgl. VESA, VESA/EISA.*

VESA Local Bus *Subst.* (VESA local bus)
→ *siehe VL-Bus.*

Vesikularfilm *Subst.* (vesicular film)
Eine Beschichtung für optische Discs, die kleine Erhebungen auf der Oberfläche anstelle von Vertiefungen in den normalen CD-ROM-Discs aufweist. Diese Erhebungen lassen sich – im Gegensatz zu Vertiefungen – einebnen, um eine optische Disc löschbar und demzufolge wiederbeschreibbar zu machen.

V.everything *Subst.*
Ein Begriff aus dem Marketing-Bereich. Dieser Terminus wird gelegentlich für Modems verwendet, die im Einklang mit dem Standard CCITT V.34 und den verschiedenen proprietären Protokollen sind, die vor dem Beschluß dieses Standards angewendet wurden (z.B. V.Fast Class). Ein V.everything-Modem ist jedoch in der Regel mit jedem anderen Modem kompatibel, das mit der gleichen Geschwindigkeit fährt. → *siehe auch CCITT V series, V.Fast Class.*

V.Fast Class *Subst.*
Ein De-facto-Modulationsstandard für Modems, die von der Rockwell International vor der Annahme des V.34-Protokolls (des Standards) implementiert wurde. Die Protokolle V.Fast Class und V.34 sind zwar beide für eine Übertragungsrate von 28,8 Kbps zugelassen, es können jedoch Modems mit dem Protokoll V.Fast Class nicht mit V.34-Modems kommunizieren, wenn diese nicht entsprechend angepaßt wurden. → *siehe auch V Series.*

VFAT *Subst.*
Abkürzung für Virtual File Allocation Table. Die Dateisystem-Treiber des Installable File System Manager (IFS) unter Windows 95. VFAT ermöglicht den Zugriff auf Datenträger. VFAT kann auch von MS-DOS-Datenträgern gelesen werden, ist jedoch leistungsfähiger als FAT. VFAT verwendet 32-Bit-Code und wird im Protected Mode ausgeführt. Außerdem verwendet dieser Treiber VCACHE für den Disk-Cache und unterstützt lange Dateinamen. → *siehe auch IFS, lange Dateinamen, Protected Mode, VCACHE, Windows 95.* → *Vgl. FAT.*

V.FC
→ *siehe V.Fast Class.*

.vg
Im Internet ein Kürzel für die übergreifende Länder-Domäne, die eine Adresse auf den amerikanischen Jungferninseln angibt.

VGA *Subst.*
Abkürzung für Video Graphics Adapter. Ein Video-Adapter, der alle Video-Modi des EGA (Enhanced Graphics Adapter) beherrscht und mehrere neue Modi hinzufügt. → *siehe auch Video-Adapter.* → *Vgl. EGA.*

VHLL *Subst.*
Abkürzung für Very-High-Level Language. → *siehe vierte Sprachgeneration.*

VHSIC *Subst.*
→ *siehe Very-High-Speed Integrated Circuit.*

.vi
Im Internet ein Kürzel für die übergreifende Länder-Domäne, die eine Adresse auf den britischen Jungferninseln angibt.

vi *Subst.*
Abkürzung für »visual«. Der erste Text-Editor unter UNIX mit vollständiger Bildschirmanzeige. Der vi-Editor bietet viele leistungsfähige Tastaturbefehle, die jedoch nicht sehr intuitiv sind. Dieser Editor wird immer noch in UNIX-Systemen einge-

V

setzt, obwohl bereits andere Editoren (z.B. Emacs) entwickelt wurden. → *siehe auch Editor, UNIX.* Der Ausdruck bezeichnet außerdem das Bearbeiten von Dateien mit dem Editor vi.

.victoria.ca
Im Internet ein Kürzel für die übergreifende Länder-Domäne, die eine Adresse auf der Victoria-Insel in Kanada angibt.

Video *Adj.* (video)
Bezeichnet die sichtbaren Komponenten eines Fernsehsignals. In der Computertechnik bezieht sich *Video* auf die Technologie, die zur Wiedergabe von Text und Grafiken auf dem Bildschirm zum Einsatz kommt. → *Vgl. Audio.*

Videoabspiel-Programm *Subst.* (VCR-style mechanism)
Eine Benutzeroberfläche zum Abspielen von Videos. Die Steuerelemente dieses Programms sind ähnlich konzipiert wie bei einem Videorecorder.

Video-Adapter *Subst.* (video adapter)
Auch als Video-Controller bezeichnet. Die erforderliche Schaltungstechnik zur Erzeugung eines Videosignals, das über ein Kabel an das Video-Display gesendet wird. Der Video-Adapter befindet sich auf der Hauptplatine des Computers oder auf einer Erweiterungskarte, kann aber auch Teil eines Terminals sein. → *auch genannt Video-Adapterkarte, Video-Board, Video-Controller, Video-Display-Adapter, Videokarte.*

Video-Adapterkarte *Subst.* (video adapter board)
→ *siehe Video-Adapter.*

Video-Ausgabegerät *Subst.* (video display unit)
→ *siehe Monitor.*

Videobeschleunigerkarte *Subst.* (video accelerator)
→ *siehe Grafik-Engine.*

Video-Board *Subst.* (video board)
→ *siehe Video-Adapter.*

Video-Capture-Board *Subst.* (video capture board)
→ *siehe Video-Capture-Karte.*

Video-Capture-Gerät *Subst.* (video capture device)
Eine Erweiterungskarte, die analoge Videosignale digitalisiert und auf die Festplatte eines Computers oder auf eine andere Massenspeichereinheit speichert. Einige Video-Capture-Geräte können auch digitales Video in analoges Video für einen Videorecorder umwandeln. → *siehe auch Erweiterungskarte.* → *auch genannt Video-Capture-Board, Video-Capture-Karte.*

Video-Capture-Karte *Subst.* (video capture card)
→ *siehe Video-Capture-Gerät.*

Videoclip *Subst.* (video clip)
Eine Datei, die einen kurzen Videofilm enthält, bei dem es sich in der Regel um einen Ausschnitt aus einer längeren Aufzeichnung handelt.

Video-Controller *Subst.* (video controller)
→ *siehe Video-Adapter.*

Video-Digitizer *Subst.* (video digitizer)
In der Computergrafik eingesetztes Gerät, das mit einer Videokamera anstelle eines Scanners arbeitet, um ein Videobild aufzuzeichnen und es über eine speziell dafür ausgerüstete Leiterplatte im Speicher abzulegen. → *siehe auch digitalisieren.* → *Vgl. digitale Kamera.*

Videodisc *Subst.* (videodisc)
Eine optische Disc zur Speicherung von Videobildern und zugehörigen Audio-Informationen. → *siehe auch CD-ROM.*

Videodisc, digitale *Subst.* (digital video disc)
→ *siehe digitale Videodisc.*

Videodisc, wiederbeschreibbare digitale *Subst.* (rewritable digital video disc)
→ *siehe wiederbeschreibbare digitale Videodisc.*

Video-Display *Subst.* (video display)
Ein Gerät, das Text- oder Grafikausgaben eines Computers anzeigen kann, bei dem es sich aber nicht um ein Hardcopy-Gerät (z.B. einen Drucker) handelt.

Video-Display-Adapter *Subst.* (video display adapter)
→ *siehe Video-Adapter.*

Video-Display-Karte *Subst.* (video display card)
→ *siehe Videokarte.*

Video-Display-Metadatei *Subst.* (video display metafile)
Eine Datei mit Video-Informationen für den Transport von Bildern zu einem anderen System.

Video-Display-Terminal *Subst.* (video display terminal)
→ *siehe VDT.*

Video-DRAM *Subst.* (video DRAM)
→ *siehe Video-RAM.*

Video-Editor *Subst.* (video editor)
Ein Gerät oder ein Programm zum Ändern des Inhalts einer Videodatei.

Video Electronics Standards Association *Subst.*
→ *siehe VESA.*

Video-Grafikkarte *Subst.* (video graphics board)
Ein Video-Adapter, der die für die Anzeige grafischer Bilder auf einem Videoschirm erforderlichen Videosignale erzeugen kann.

Video Graphics Array *Subst.* (Video Graphics Adapter)
→ *siehe VGA.*

Video, interaktives *Subst.* (interactive video)
→ *siehe interaktives Video.*

Video, invertiertes *Subst.* (reverse video)
→ *siehe invertiertes Video.*

Videokarte *Subst.* (video card, video display board)
→ *siehe Video-Adapter.*
Ein Video-Adapter, der als Erweiterungskarte und nicht auf der Hauptplatine des Computers realisiert ist. → *siehe auch Video-Adapter.*

Videokomprimierung *Subst.* (video compression)
Verringern der Größe von digitalen Videodateien. Ohne dieses Verfahren hätten diese Dateien gewaltige Ausmaße: digitale 24-Bit-Farbvideos bei 640×480 Pixel belegen fast 1 MB pro Frame bzw. über 1 GB pro Minute. Die Videokomprimierung kann zu Datenverlusten führen, die jedoch vom menschlichen Auge nicht wahrgenommen werden.
→ *siehe auch Motion JPEG, MPEG, verlustreiche Komprimierung.*

Videokonferenz *Subst.* (video conferencing)
Eine Telekonferenz, in der Videobilder zu den Teilnehmern einer Besprechung gesendet werden, die geographisch voneinander getrennt sind. Ursprünglich wurden bei diesem Verfahren analoge Videosignale an Satelliten geschickt. Mittlerweile ist die Technik jedoch so weit fortgeschritten, daß bei Videokonferenzen komprimierte digitale Bilder über Weitbereichsnetze oder das Internet übertragen werden. Ein Kommunikationskanal mit 56 K unterstützt Freeze-Frame Video. Bei einem T1-Kanal mit 1,544 Mbps können bereits Full-Motion-Videos übertragen werden. → *siehe auch 56K, Desktop-Konferenz, Freeze-Frame Video, Full-Motion-Video, T1, Telekonferenz.* → *Vgl. Datenkonferenz.*

Video-look-up-Tabelle *Subst.* (video look-up table)
→ *siehe Farb-Indextabelle.*

Videomodus *Subst.* (video mode)
Die Art und Weise, in der der Video-Adapter und der Monitor eines Computers die Bilder auf dem Bildschirm darstellen. Die gebräuchlichsten Videomodi sind der Textmodus (Zeichenmodus) und der Grafikmodus. Im Textmodus umfassen die angezeigten Zeichen Buchstaben, Ziffern und bestimmte Symbole, jedoch keine punktweise als »Bildschirmzeichnungen« erzeugten Grafiken. Im Gegensatz dazu erzeugt der Grafikmodus alle Bildschirmdarstellungen – Buchstaben, Ziffern, Symbole oder Zeichnungen – als Pixelmuster (Punkte), die pixelweise nacheinander gezeichnet werden.

Videophone *Subst.* (videophone)
Ein Gerät, das mit einer Kamera, einem Bildschirm, einem Mikrofon und einem Lautsprecher ausgestattet ist. Ein Videophone kann sowohl Videosignale als auch Sprachsignale über eine Telefonleitung übertragen und empfangen. Über konventionelle Telefonleitungen kann jedoch nur Freeze-Frame Video übertragen werden. → *siehe auch Freeze-Frame Video.*

Videoport *Subst.* (display port, video port)
Ein Ausgabeport eines Computers, der ein Signal für ein Darstellungsgerät (z.B. einen Videomonitor) ausgibt.
Außerdem ein Kabelstecker an einem Computer, der für die Ausgabe von Videosignalen auf einem Bildschirm verwendet wird.

Videopuffer *Subst.* (video buffer)
Der Speicher auf einem Video-Adapter zur Ablage der Daten, die für die Anzeige auf dem Video-Display bestimmt sind. Wenn der Video-Adapter im Zeichenmodus arbeitet, repräsentieren diese Daten jeweils den ASCII-Zeichencode und ein Zeichenattribut für jedes darzustellende Zeichen. Betreibt man den Video-Adapter in einem der Grafikmodi, wird jedes Pixel durch ein oder mehrere Datenbits definiert. → *siehe auch Bitbild, Bit-Ebene, Farb-Bits, Pixelgrafik.*

Video-RAM *Subst.* (video RAM)
Abgekürzt VRAM. Ein spezieller Typ von dynamischem RAM (DRAM), der in schnellen Videoanwendungen eingesetzt wird. Video-RAM stellt separate Pins für den Prozessor und die Videoschaltung bereit, wobei der Videoschaltung ein spezielles »Hintertürchen« zum VRAM zur Verfügung steht. Die Videoschaltung kann darüber auf den Speicher bitweise (seriell) zugreifen, was sich für die Übertragung der Pixel auf dem Bildschirm besser eignet als der parallele Zugriff, der durch konventionellen DRAM geboten wird. → *siehe auch dynamisches RAM.*

Videoröhre *Subst.* (video display tube)
→ *siehe CRT.*

Videoseite *Subst.* (video display page)
Ein Bestandteil des Videopuffers im Computer, der die vollständige Bildschirmanzeige enthält. Wenn der Puffer mehrere Seiten bzw. Frames aufnehmen kann, kann die Aktualisierung schneller erfolgen, weil gleichzeitig mit der Anzeige einer Seite eine andere Seite gefüllt werden kann.

Video-Server *Subst.* (video server)
Ein Server, der digitales Video-On-Demand sowie andere interaktive Breitband-Dienste für die Öffentlichkeit über ein Weitbereichsnetz überträgt.

Videosignal *Subst.* (video signal)
Das von einem Video-Adapter oder einer anderen Videoquelle an ein Raster-Display gesendetes Signal. Das Videosignal kann sowohl Horizontal- und Vertikalsynchronisationsimpulse als auch die Bildinformationen enthalten. → *siehe auch Composite-Video-Display, RGB-Monitor.*

Videospeicher *Subst.* (video memory)
Ein separater Speicher, der sich im Video-Adapter oder dem Video-Untersystem befindet und für die Erzeugung des Display-Bildes eingesetzt wird. Wenn der Zugriff auf den Videospeicher sowohl durch den Videoprozessor als auch die CPU möglich ist, werden die Bilder durch die Veränderung des Videospeichers von der CPU produziert. Die Video-Schaltungstechnik hat Priorität gegenüber dem Prozessor, falls beide versuchen, eine Videospeicherstelle zu lesen oder zu beschreiben. Infolgedessen verläuft die Aktualisierung des Videospeichers oft langsamer als der Zugriff auf den Hauptspeicher. → *siehe auch Video-RAM.*

Videospiel *Subst.* (video game)
→ *siehe Computerspiel.*

Video-Terminal *Subst.* (video terminal)
→ *siehe Terminal.*

Videotex *Subst.* (videotex)
Ein interaktiver Informationsdienst, auf den der Teilnehmer über eine Telefonleitung zugreifen kann. Für die Anzeige der Informationen ist ein entsprechend ausgerüstetes Heim-Fernsehgerät oder ein Bildschirmtext-Terminal erforderlich. Dabei werden über die Tastatur der Fernbedienung Menüs und bestimmte Textseiten aufgerufen. → *auch genannt Videotext.*

Videotext *Subst.* (teletext, videotext)
→ *siehe Videotex.*
Textinformationen, die durch einen Fernsehsender zusätzlich zum normalen Fernsehbild ausgestrahlt werden.

Videotreiber *Subst.* (video driver)
Software, die die Schnittstelle zwischen dem Video-Adapter und anderen Programmen (einschließlich des Betriebssystems) zur Verfügung stellt. Der Benutzer kann auf den Videotreiber zugreifen, um

die Auflösung und die Farb-Bit-Tiefe von Bildern auf dem Monitor während des Setup-Prozesses anzugeben. → *siehe auch Monitor, Treiber, Video-Adapter.*

Vienna Definition Language *Subst.*
→ *siehe VDL.*

vierte Computergeneration *Subst.* (fourth-generation computer)
→ *siehe Computer.*

vierte Normalenform *Subst.* (fourth normal form) Abgekürzt 4NF. → *siehe Normalform.*

vierte Sprachgeneration *Subst.* (fourth-generation language)
→ *siehe 4GL.*

Viewer *Subst.* (viewer)
Eine Anwendung, in der Dateien auf dem Bildschirm angezeigt werden können, die aus anderen Anwendungen stammen. Es gibt z. B. Betrachterprogramme, in denen die Bilder von GIF- oder JPEG-Dateien angezeigt werden können. → *siehe auch GIF, JPEG.*

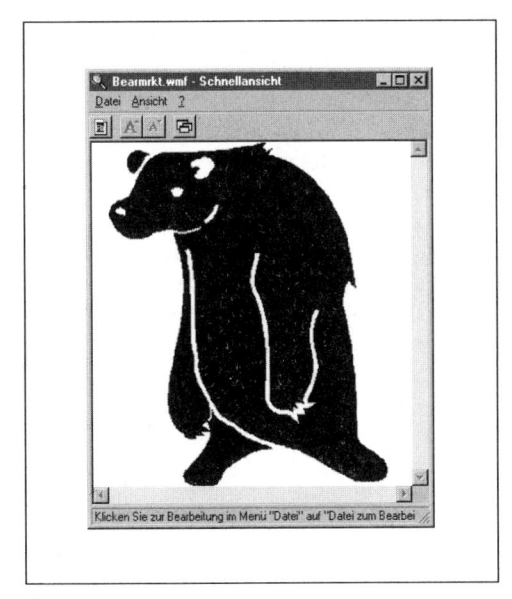

Viewer

Viewer, externer *Subst.* (external viewer)
→ *siehe externer Viewer.*

Viewport *Subst.* (viewport)
In der Computergrafik ein Blick in ein Dokument oder eine grafische Darstellung, den man mit der Sicht durch ein Fenster vergleichen kann, der sich aber demgegenüber durch das Abschneiden der Teile des Dokuments oder der Grafik unterscheidet, die außerhalb des Zeichenfensters liegen. → *Vgl. Fenster.*

Vine *Subst.* (vine)
Ein Verfahren zum Verteilen von Audio-Bändern, das einer baumartigen Bandverteilung gleicht. Vine-Bänder haben ein digitales Format. Deshalb wird die Klangqualität nicht in Mitleidenschaft gezogen, wenn die Vine-Bänder kopiert werden. → *Vgl. baumartige Bandverteilung.*

Virtual Control Program Interface *Subst.*
Eine Spezifikation für MS-DOS-Programme für den Zugriff auf Extended Memory (Erweiterungsspeicher) unter einer Multitasking-Umgebung (z. B. Microsoft Windows) für Intel-Prozessoren ab der Generation 80386. → *siehe auch Erweiterungsspeicher, Multitasking.* → *Vgl. Protected Mode.*

Virtual File Allocation Table *Subst.*
→ *siehe VFAT.*

Virtual Reality Modeling Language *Subst.*
→ *siehe VRML.*

virtuell *Adj.* (virtual)
»Den Anschein erweckend«. Geräte, Dienste oder Eingaben, die in der Regel »realistischer« wahrgenommen werden, als dies in Wirklichkeit der Fall ist.

virtuelle Adresse *Subst.* (virtual address)
In einem virtuellen Speichersystem die Adresse, die die Anwendung für die Referenzierung des Speichers verwendet. Die Speicherverwaltungseinheit (Memory Management Unit) übersetzt diese Adresse in eine physikalische, bevor der Speicher tatsächlich gelesen oder beschrieben wird. → *siehe auch physikalische Adresse, virtueller Speicher.* → *Vgl. echte Adresse.*

virtuelle Brenndatei *Subst.* (virtual-image file)
Eine Datei, die das Datenmaterial angibt, das auf eine CD-ROM gebrannt werden soll. Eine virtuelle Brenndatei ist nicht in einem bestimmten

Bereich gespeichert, sondern enthält in der Regel Zeiger auf Dateien, die auf einer Festplatte gespeichert sind. Da eine vollständige Kopie des Datenmaterials nicht assembliert ist, können Probleme beim Brennen der CD-ROM auftreten, die aufgrund von Verzögerungen beim Assemblieren des Datenmaterials von einer Dateigruppe verursacht werden. → *siehe auch CD-ROM.* → *Vgl. Brenndatei.*

virtuelle Gemeinde *Subst.* (virtual community)
→ *siehe Online-Gemeinde.*

virtuelle Maschine *Subst.* (virtual machine)
Software, die das Verhalten eines physikalischen Gerätes nachbildet. Mit einem derartigen Programm lassen sich z.B. Anwendungen, die für einen Intel-Prozessor geschrieben sind, auf einem Computer mit Motorola-Chip betreiben.

virtueller 8086-Modus *Subst.* (virtual 8086 mode)
→ *siehe virtueller Real Mode.*

Virtueller 86-Modus *Subst.* (virtual 86 mode)
→ *siehe virtueller Real Mode.*

virtueller Bildschirm *Subst.* (virtual screen)
Ein Bildbereich, der die Dimensionen des physikalischen Bildschirms überschreitet. Dadurch können umfangreiche Dokumente oder mehrere Dokumente manipuliert werden, die sich teilweise außerhalb der normalen Bildschirmansicht befinden. → *siehe auch Monitor.*

virtueller Datenträger *Subst.* (virtual disk)
→ *siehe RAM-Disk.*

virtueller Desktop *Subst.* (virtual desktop)
Ein Werkzeug für die Optimierung des Desktop, das den Zugriff auf den Desktop ermöglicht, wenn dieser durch geöffnete Fenster verdeckt ist. Außerdem erweitert der virtuelle Desktop die Größe des normalen Desktop. → *siehe auch Desktop.*

virtueller Display-Treiber *Subst.* (virtual display device driver)
→ *siehe virtueller Gerätetreiber.*

virtueller Drucker *Subst.* (virtual printer)
Eine Funktion in vielen Betriebssystemen. Durch einen virtuellen Drucker kann die Ausgabe des Druckers zwischenzeitlich in eine Datei umgeleitet werden, bis der Drucker verfügbar ist.

virtueller Druckertreiber *Subst.* (virtual printer device driver)
→ *siehe virtueller Gerätetreiber.*

virtuelle Realität *Subst.* (virtual reality)
Eine simulierte 3D-Umgebung, in die die Benutzer »eintauchen« können. Es wird durch Bildschirme, die mit speziellen Brillen betrachtet werden können, eine neue Realität vermittelt. Eine besondere Eingabeausstattung, z.B. Handschuhe oder Anzüge mit Bewegungssensoren, reagiert auf die jeweiligen Aktionen der Benutzer.

virtueller Gerätetreiber *Subst.* (virtual device driver)
Software in Windows 95, die die Systemressourcen von Hardware oder Software verwaltet. Wenn eine Ressource Informationen von einem Zugriff zum nächsten beibehält, die sich auf das Zugriffsverhalten auswirken (z.B. ein Disk-Controller mit Statusinformationen und Puffern), müssen diese Informationen von einem virtuellen Gerätetreiber verwaltet werden. Virtuelle Gerätetreiber werden durch drei Buchstaben beschrieben. Der erste Buchstabe ist ein *V* und der letzte Buchstabe ein *D.* Der mittlere Buchstabe kennzeichnet das Gerät, z.B. *D* für Display (Anzeige), *P* für Printer (Drucker) oder *T* für Timer. Wenn der mittlere Buchstabe ein *x* ist, ist der Gerätetyp nicht relevant. → *siehe auch Gerätetreiber.*

virtueller Kanal *Subst.* (virtual channel)
Ein Begriff aus dem Bereich des Asynchronous Transfer Mode (ATM). Der Pfad für Daten, die von einem Sende- zu einem Empangsgerät übertragen werden. → *siehe auch ATM, virtueller Pfad.*

virtueller Laden *Subst.* (virtual storefront)
Die Präsenz einer Firma auf dem Web, bei der für Benutzer die Möglichkeit besteht, Online-Käufe zu tätigen. → *auch genannt digitale Ladenzeile.*

virtueller Monitor *Subst.* (virtual monitor)
Ein optimiertes Anzeigesystem für sehbehinderte Benutzer. Der Anwender setzt einen speziellen »Kopfhörer« auf, der an den Computer angeschlossen wird. Durch eine spezielle Technik wird der

vergrößerte Text auf dem Bildschirm in die Gegenrichtung der Kopfbewegung verschoben. → *siehe auch virtuelle Realität.*

virtueller Namensbereich *Subst.* (virtual name space)
Ein Satz, der alle hierarchischen Namenssequenzen enthält, die von einer Anwendung verwendet werden, um Objekte zu lokalisieren. Eine Namenssequenz definiert den Pfad des virtuellen Namensbereichs. Es ist hierbei nicht von Bedeutung, ob die Namenshierarchie der tatsächlichen Objektanordnung des Systems entspricht. Der virtuelle Namensbereich eines Web-Servers besteht aus allen Kombinationen der URLs, die sich auf dem Netzwerk befinden, auf dem der Server ausgeführt wird. → *siehe auch URL.*

virtuelle Route *Subst.* (virtual route)
→ *siehe virtuelle Verbindung.*

virtueller Pfad *Subst.* (virtual path)
Eine Abfolge von Namen, die verwendet wird, um die Position einer Datei zu ermitteln. Diese Abfolge hat zwar die gleiche Form wie ein Pfadname im Dateisystem, es handelt sich dabei jedoch nicht immer um die tatsächliche Abfolge der Verzeichnisnamen, unter der sich die Datei befindet. Der Bestandteil eines URL, der auf den Servernamen folgt, heißt virtueller Pfad. Wenn z.B. im lokalen Netzwerk in der Domäne *foo.de* auf dem Server *www* das Verzeichnis *c:\dokumente\html\elena* die Datei *elena.html* enthält und dieser Server unter dem Namen *\\www\elena* freigegeben ist, dann kann diese Datei bei einer Web-Abfrage nach dem Pfad *http://www.foo.de/elena/elena.html* durch den Server zurückgegeben werden.
In Verbindung mit dem Asynchronous Transfer Mode (ATM) charakterisiert »virtueller Pfad« einen Satz, der aus virtuellen Kanälen besteht, die als eine Einheit im Netzwerk geschaltet sind. → *siehe auch ATM, virtueller Kanal.*

virtueller Real Mode *Subst.* (virtual real mode)
Ein Merkmal der Mikroprozessoren 80386 (SX und DX) und höher, das die gleichzeitige Emulation mehrerer 8086-Umgebungen (Real Mode-Umgebungen) ermöglicht. Der Mikroprozessor stellt für jede virtuelle 8086-Umgebung einen Satz virtueller Register und virtuellen Speicherraum zur Verfügung. Eine Anwendung, die in einer virtuellen 8086-Umgebung läuft, ist vollständig gegenüber anderen 8086-Umgebungen im System geschützt und verhält sich so, als würde sie die Steuerung des gesamten Systems übernehmen. → *siehe auch Real Mode.* → *auch genannt V86-Modus, V86-Modus, virtueller 8086-Modus, virtueller V86-Modus.*

virtueller Server *Subst.* (virtual server)
Eine virtuelle Maschine, die sich auf einem HTTP-Server befindet. Den Benutzern wird jedoch der Eindruck vermittelt, es handele sich um einen separaten HTTP-Server. Es können mehrere virtuelle Server auf einem HTTP-Server abgelegt werden, die jeweils eigene Programme ausführen können und einen individuellen Zugriff auf Eingabe- und Peripheriegeräte haben. Jeder virtuelle Server hat einen eigenen Domänen-Namen und eine eigene IP-Adresse. Deshalb wirken diese Server, als wären sie eine jeweils eigene Website. Einige Internet-Dienstanbieter verwenden virtuelle Server für Benutzer, die eigene Domänen-Namen verwenden möchten. → *siehe auch Domänen-Name, HTTP-Server, IP-Adresse.*

virtueller Speicher *Subst.* (virtual memory)
Eine Technik, die einer Anwendung einen scheinbar großen und einheitlichen Hauptspeicher bereitstellt, der aber in Wirklichkeit kleiner ist. Virtueller Speicher kann teilweise durch einen sekundären Speicher, z.B. eine Festplatte, simuliert werden. Der Zugriff auf den Speicher erfolgt durch die Anwendung über virtuelle Adressen, die spezielle Hardware und Software auf physikalische Adressen übersetzen (abbilden). → *siehe auch Paging, Segmentierung.* → *auch genannt Disk-Speicher.*

virtueller Timer-Treiber *Subst.* (virtual timer device driver)
→ *siehe virtueller Gerätetreiber.*

virtueller V86-Modus *Subst.* (virtual V86 mode)
→ *siehe virtueller Real Mode.*

virtuelles Bild *Subst.* (virtual image)
Ein Bild, das sich zwar im Speicher des Computers befindet, aber aufgrund seiner Größe nicht vollständig auf dem Bildschirm darstellbar ist. Um die

nicht sichtbaren Teile des virtuellen Bildes in den Anzeigebereich zu bringen, verwendet man Scrollen und Panning. → *siehe auch virtueller Bildschirm.*

virtuelles Gerät *Subst.* (virtual device)
Ein Gerät, das sich zwar referenzieren läßt, aber physikalisch nicht vorhanden ist. Beispielsweise verwendet man bei der virtuellen Speicheradressierung einen externen Hilfsspeicher, um einen Speicher zu simulieren, der wesentlich größer als der physikalisch verfügbare Hauptspeicher ist.

virtuelles LAN *Subst.* (virtual LAN)
Abkürzung für **Virtual** Local Area Network. Ein lokales Netzwerk, das aus Host-Gruppen besteht, die sich zwar auf physikalisch verschiedenen Segmenten befinden, jedoch so miteinander kommunizieren können, als ob sie direkt miteinander verbunden wären. → *siehe auch lokales Netzwerk.*

virtuelles Netzwerk *Subst.* (virtual network)
Ein Bestandteil eines Netzwerks, der den Anschein erweckt, ein eigenes Netzwerk zu sein. Ein Internet-Dienstanbieter kann z.B. mehrere Domänen auf einem einzelnen HTTP-Server einrichten, so daß jede Domäne mit dem registrierten Domänen-Namen der Firma adressiert werden kann. → *siehe auch Domänen-Name, HTTP-Server, ISP.*

virtuelles Peripheriegerät *Subst.* (virtual peripheral)
Ein Peripheriegerät, das sich zwar referenzieren läßt, aber physikalisch nicht vorhanden ist. Beispielsweise kann eine Anwendung einen seriellen Port, über den Daten übertragen werden, als Drucker ansprechen, auch wenn es sich beim tatsächlichen Empfänger der Daten um einen anderen Computer handelt.

virtuelles Privatnetzwerk *Subst.* (virtual private network)
Bestimmte Knoten eines öffentlichen Netzwerks (z.B. des Internet), die sich untereinander mit einer Verschlüsselungstechnologie verständigen. Die Nachrichten können somit von Unbefugten nicht abgefangen werden. Durch diese Knoten wird in einem öffentlichen Netzwerk sozusagen ein Privatnetzwerk integriert.

Außerdem bezeichnet der Ausdruck ein Weitbereichsnetz, das aus Permanent Virtual Circuits (PVCs) auf einem anderen Netzwerk gebildet ist, bei dem u.a. ATM- oder Frame Relay-Technologien eingesetzt werden können. → *siehe auch ATM, Frame Relay, PVC.*

virtuelles Stammverzeichnis *Subst.* (virtual root)
Das Stammverzeichnis, das angezeigt wird, wenn ein Benutzer eine Verbindung mit einem Internet-Server, z.B. einem HTTP- oder FTP-Server, aufgebaut hat. Beim virtuellen Stammverzeichnis handelt es sich um einen Zeiger auf ein physikalisches Stammverzeichnis, das einen anderen Speicherort (z.B. einen anderen Server) haben kann. Die Vorteile dieses Verzeichnisses bestehen darin, daß ein einfacher URL für die Internetsite erstellt und das Stammverzeichnis verschoben werden kann, ohne den URL zu beeinflussen. → *siehe auch Hauptverzeichnis, Server, URL, Zeiger.* → *auch genannt v-root.*

virtuelles Terminal *Subst.* (virtual terminal)
→ *siehe Terminal-Emulation.*

virtuelle Verbindung *Subst.* (virtual circuit)
Eine Kommunikationsverbindung, die scheinbar direkt zwischen Sender und Empfänger besteht, obwohl sie physikalisch eine Weiterleitung über mehrere Vermittlungsstationen einschließen kann.

virtuelle Welt *Subst.* (virtual world)
Eine Umgebung in 3D, die häufig in VRML erstellt wird, in der der Benutzer mit dem Viewer Variablen austauschen kann. → *siehe auch Viewer, VRML.*
Außerdem eine elektronische Umgebung, die nicht auf der physikalischen Welt basiert. Multiuser dungeons (MUDs), Talkers und Chat Rooms werden häufig im Zusammenhang mit virtuellen Welten gebracht. → *siehe auch MUD, Talker.*

Virus *Subst.* (virus)
Ein Programm, das Kopien von sich selbst in Computerdateien einfügt und diese damit »infiziert«. Sobald man eine derartige Datei in den Speicher lädt und startet, wird in der Regel auch eine Kopie des Virus aktiviert, der damit andere Dateien »befallen« kann. Viren haben oft zerstörerische Wirkung auf Datenbestände, die zum Teil beabsichtigt

sind. Einige Viren können z. B. die Festplatte eines Computers zerstören oder Speicherplatz einnehmen, der anderenfalls von Programmen verwendet werden könnte. → *siehe auch Good Times Virus, Trojanisches Pferd, WORM.*

Virus, gutartiger *Subst.* (benign virus)
→ *siehe gutartiger Virus.*

Virussignatur *Subst.* (virus signature)
Ein Teil eines eindeutigen Computercodes, der in einem Virus enthalten ist. Antivirus-Programme suchen nach bekannten Virussignaturen, um infizierte Programme und Dateien zu ermitteln.
→ *siehe auch Virus.*

Visual Basic *Subst.*
Eine hochentwickelte Basic-Version für die visuelle Programmierung. Visual Basic wurde von Microsoft für das Erstellen von Windows-Anwendungen entwickelt. → *siehe auch Basic, Visual Basic for Applications, visuelle Programmierung.*

Visual Basic for Applications *Subst.*
Eine Version von Visual Basic auf der Basis einer Makrosprache. Visual Basic for Applications wird zum Programmieren von zahlreichen Windows 95-Anwendungen eingesetzt und ist in verschiedenen Microsoft-Anwendungen bereits enthalten. → *siehe auch Makrosprache, Visual Basic.*

Visual Basic Script *Subst.*
→ *siehe Visual Basic Scripting Edition.*

Visual Basic Scripting Edition *Subst.* (Visual Basic, Scripting Edition)
Ein Teilbereich der Programmiersprache »Visual Basic for Applications«, der für das Programmieren in einer Web-Umgebung konzipiert ist. Der Code für Visual Basic Scripting Edition wird, wie bei JavaScript, in HTML-Dokumente eingebettet. Diese Version ist in Internet Explorer enthalten.
→ *siehe Visual Basic Script.* → *siehe auch Visual Basic for Applications.* → *auch genannt VBScript.*

Visual C++ *Subst.*
Ein Anwendungs-Entwicklungssystem von Microsoft für die Programmiersprache C++, das unter MS-DOS und Windows ausgeführt wird. Bei Visual C++ handelt es sich um eine visuelle Program-

mierumgebung. → *siehe auch visuelle Programmierung.* → *Vgl. Visual Basic, Visual J++.*

Visualisierung *Subst.* (visualization)
Die Funktion einer Anwendung, die Daten in Form eines Videobildes anzeigt. Es können z. B. einige Datenbanken Daten in Form eines zwei- oder dreidimensionalen Modells interpretieren und anzeigen.

Visual J++ *Subst.*
Die visuelle Programmierumgebung für Java von Microsoft, die zum Erstellen von Applets und Anwendungen in der Programmiersprache Java eingesetzt wird. → *siehe auch Applet, Java, Java-Applet, visuelle Programmierung.*

visuelle Oberfläche *Subst.* (visual interface)
→ *siehe grafische Benutzeroberfläche.*

visuelle Programmierung *Subst.* (visual programming)
Eine Methode für das Programmieren in einer Programmierumgebung oder in einer Programmiersprache, in der einfache Programm-Komponenten über Menüs, Schaltflächen, Symbole und andere vordefinierte Methoden ausgeführt werden können.

visuelle Verarbeitung *Subst.* (computer vision)
Variante der künstlichen Intelligenz, bei der eine symbolische Beschreibung von Bildern – die von einer Videokamera oder von optischen Sensoren stammen – erzeugt wird, um die Bilder auf diese Weise in eine digitale Form zu konvertieren. Die visuelle Verarbeitung wird häufig im Bereich der Robotik eingesetzt. → *siehe auch künstliche Intelligenz, Robotik.*

VxD *Subst.*
→ *siehe virtueller Gerätetreiber.*

VLAN *Subst.*
→ *siehe virtuelles LAN.*

VLB *Adj.*
→ *siehe VESA.*
→ *siehe VL-Bus.*

VL-Bus *Subst.* (VL bus)
Abkürzung für VESA Local Bus. Eine von Video Electronics Standards Association eingeführte Lo-

cal-Bus-Architektur. Die VL-Bus-Spezifikation ermöglicht den Einbau von bis zu drei VL-Bus-Slots in eine PC-Hauptplatine und unterstützt den Einsatz von Busmastern (eine Technik, die »intelligenten« Adapterkarten Verarbeitungen unabhängig von der System-CPU gestattet). Ein VL-Bus-Slot besteht aus einem Standardverbinder und einem zusätzlichen Verbinder für 16-Bit-Mikrokanal-Architektur. Ein VL-Bus-Slot muß bereits vom Hersteller in die Hauptplatine integriert werden. Standardverbinder lassen sich nicht einfach in einen VL-Bus-Slot umwandeln. Eine Nicht-VL-Bus-Adapterkarte kann zwar in einem VL-Bus-Slot verwendet werden, sie kann jedoch nicht den Local Bus nutzen und arbeitet daher wie in einem Nicht-VL-Bus-Slot. → *siehe auch Local Bus, PCI Localbus.* → *auch genannt VL Local Bus.*

VLF-Strahlung *Subst.* (VLF radiation)
Abkürzung für Very-Low-Frequency **Radiation**. Elektromagnetische Strahlung bei Frequenzen, die im Bereich von ungefähr 300 Hz bis 30000 Hz (30 kHz) liegen. Computer-Bildschirme emittieren diese Strahlung. Ein nicht obligatorischer Standard, MPR II, legt die zulässige VLF-Strahlung für Bildschirme fest. → *siehe auch MPR II.*

VLIW *Subst.*
Abkürzung für Very Long Instruction Word. Eine Architektur, die zahlreiche einfache Befehle über verschiedene Register in einen langen Befehl umwandelt.

VL Local Bus *Subst.* (VL local bus)
→ *siehe VL-Bus.*

VLSI *Subst.*
→ *siehe sehr hohe Integrationsdichte.*

VM *Subst.*
Abkürzung für »Virtual Machine«. Ein Betriebssystem für IBM-Großrechner, das die Fähigkeiten einer virtuellen Maschine enthält. VM wurde von IBM-Anwendern entwickelt und später von IBM unter dem Namen OS/VM auf den Markt gebracht. → *siehe virtuelle Maschine, virtueller Speicher.*

.vn
Im Internet ein Kürzel für die übergreifende Länder-Domäne, die eine Adresse in Vietnam angibt.

Voice Mail *Subst.* (voice mail)
Ein System, das telefonische Nachrichten aufzeichnet und im Speicher des Computers ablegt. Im Gegensatz zu einem normalen Anrufbeantworter enthält ein Voice Mail-System separate Mailboxen für mehrere Benutzer, in denen Nachrichten individuell kopiert, gespeichert oder weitergeleitet werden können.

Voice-Modem *Subst.* (voice modem)
Ein Gerät für die Modulation und Demodulation. Dieses Gerät unterstützt einen Schalter, um die Modi für Telefonie und Datenübertragung zu wechseln. Das Gerät kann einen integrierten Lautsprecher und ein Mikrofon für die Kommunikation verwenden. Es wird jedoch in der Regel die Soundkarte des Computers eingesetzt. → *siehe auch Modem, Soundkarte, Telefonie.*

Voice-Net *Subst.* (voice-net)
Ein Begriff aus dem Bereich der Internet-Terminologie. Voice-Net verweist auf ein Telefonsystem, das häufig vor der Telefonnummer des Benutzers in einer E-Mail-Signatur angegeben wird.

Vollabsturz *Subst.* (dead halt)
Ein Maschinenstop, der sich weder durch das Programm noch durch das Betriebssystem beheben läßt. Die einzige Lösung nach einem Vollabsturz besteht im Rebooten (Neustarten) des Computers. → *siehe auch hängen.* → *auch genannt Drop-Dead Halt.* → *Vgl. neu starten.*

Volladdierer *Subst.* (full adder)
Eine logische Schaltung, die in einem Computer zur Addition von Binärzahlen verwendet wird. Ein Volladdierer nimmt drei digitale Inputs (Bits) an: 2 Bit, die hinzugefügt werden und ein Carry-Bit von einer anderen Ziffernstelle. Der Volladdierer erzeugt zwei Outputs: eine Summe und ein Carry-Bit. Volladdierer werden mit Eingangsschaltungen mit der Bezeichnung *Halbaddierer* kombiniert, damit Computer mehr als 4 Bit hinzufügen können. → *siehe auch Carry-Bit, Halbaddierer.*

voll bestückte Platine *Subst.* (fully populated board)
Eine gedruckte Leiterplatte, deren integrierte Modulstecker *(IC-Stecker)* alle belegt sind. Insbesondere Speichererweiterungskarten haben oft eine

geringere Anzahl an Speicherchips als maximal zur Verfügung stehen, wodurch einige IC-Stecker frei sind. Derartige Platinen sind *teilweise bestückt*.

vollbildorientiert *Adj.* (full-screen)
Die Ausnutzung des gesamten Anzeigebereichs eines Bildschirms. Obwohl den Anwendungen in fensterorientierten Umgebungen der gesamte Bildschirmbereich zur Verfügung steht, belegen sie häufig kleinere Bereiche, die sich aber jeweils vergrößern lassen und damit auch den gesamten Bildschirm ausfüllen können.

Vollduplex *Subst.* (full duplex)
→ *siehe Vollduplex-Übertragung*.

Vollduplex-Übertragung *Subst.* (full-duplex transmission)
→ *siehe duplex*.

Vollgeviert *Subst.* (em space)
Eine typografische Einheit, deren Maß einer bestimmten Schriftgröße in Punkt entspricht. Die englische Bezeichnung geht darauf zurück, daß in einigen Schriften ein derartiger Leerschritt genauso breit ist wie der Großbuchstabe »M«, dessen Breite wiederum der Schriftgröße in Punkt entspricht. → *Vgl. festes Leerzeichen, Halbgeviert, schmales Leerzeichen*.

Vollgeviertstrich *Subst.* (em dash)
Ein Satzzeichen, das einen Wechsel oder eine Unterbrechung in einem Satz kennzeichnet. Der Vollgeviertstrich wird im Deutschen in der Regel durch ein Divis ersetzt. Er wird nach *em* genannt, einer typografischen Maßeinheit, die in einigen Schriften der Breite des Buchstaben »M« entspricht. → *Vgl. Bindestrich, Divis*.

Vollkonturen-Zeichen *Subst.* (fully formed character)
Ein Zeichen, das – wie bei einer Schreibmaschine – durch Druck auf ein Farbband entsteht. Anschlagdrucker, die Vollkonturen-Zeichen ausgeben, verwenden keinen Matrix-Druckkopf, sondern Buchstaben, die über Räder (Typenräder), Kugelköpfe, Typenkörbe, Bänder oder Ketten gedruckt werden. → *siehe auch Near Letter Quality, Typenkorb, Typenrad*.

vollständiger Name *Subst.* (full name)
Der normalerweise aus Nachname und Vorname (u. a. in den Vereinigten Staaten auch dem Initial des zweiten Vornamens) bestehende Benutzername. Der vollständige Name wird oft durch das Betriebssystem als Teil der Informationen verwaltet, die ein Benutzerkonto identifizieren und definieren. → *siehe auch Benutzerkonto*.

vollständiger Pfad *Subst.* (full path)
Ein Pfadname, der alle möglichen Komponenten eines Pfadnamens enthalten kann. Hierzu gehören das Laufwerk, das Stammverzeichnis, die Unterverzeichnisse und der Datei- oder Objektname. → *siehe auch Hauptverzeichnis, Pfadname, Unterverzeichnis*. → *Vgl. relativer Pfad*.

vollständiger Pfadname *Subst.* (full pathname)
In einem hierarchischen Dateisystem eine Liste von Verzeichnissen oder Ordnern, die vom Stammverzeichnis eines Laufwerks zu einer bestimmten Datei führt. Beispielsweise zeigt der vollständige Pfadname von MS-DOS c:\BUCH\KAPITEL\EPILOG.DOC an, daß sich die Datei EPILOG.DOC in einem Verzeichnis namens *KAPITEL* befindet, das wiederum in einem Verzeichnis namens *BUCH* im Stammverzeichnis von Laufwerk C: zu finden ist. → *siehe auch Pfad*.

Vollständigkeitsprüfung *Subst.* (completeness check)
Eine Kontrolle, mit der überprüft wird, ob alle erforderlichen Daten in einem Datensatz vorhanden sind. → *Vgl. Konsistenzprüfung*.

Volltextsuche *Subst.* (full-text search)
Eine Suche nach einem oder mehreren Dokumenten, Datensätzen oder Strings basierend auf tatsächlichen Textdaten und nicht auf einem Index mit einer begrenzten Anzahl von Schlüsselwörtern. Beispielsweise kann eine Volltextsuche ein Dokument mit den Wörtern »Albatrosse sind an Land plump« lokalisieren, indem Dateien nur nach diesen Wörtern durchsucht werden, ohne einen Index mit dem Schlüsselwort »Albatross« verwenden zu müssen. → *siehe auch indizieren*.

Volltonbild *Subst.* (continuous-tone image)
Ein Bild, z.B. eine Fotografie, in dem Farben oder verschiedene Graustufen als Gradienten (Punkte

mit fließenden Farbübergängen) reproduziert werden und nicht als zusammengefaßte oder in variabler Größe dargestellte Punkte wie in herkömmlichen Druckverfahren, wie sie in Büchern und Zeitschriften eingesetzt werden. Volltonbilder eignen sich für die Wiedergabe auf Analogmonitoren (Computerbildschirm und Fernsehgerät), da diese stetig veränderbare Eingangssignale akzeptieren. Volltonbilder können dagegen nicht auf Digitalmonitoren dargestellt werden, da diese nur Werte in festen, abgestuften Einheiten verarbeiten können. Des weiteren sind Volltonbilder nicht für Druckverfahren geeignet, bei denen die Abbildungen aus Gruppen von – wenn auch sehr kleinen – Punkten zusammengesetzt werden. → *siehe auch scannen, Video-Digitizer*. → *Vgl. Halbton*.

Volltondrucker *Subst.* (continuous-tone printer)
Ein Drucker, der beim Grafikdruck weiche, fließende Farb- und Graustufenübergänge erzeugt, indem die Mischung der Grundfarben – bei Tintenstrahldruckern meist aus 4 Tintentanks (Cyan, Magenta, Gelb und Schwarz) – nahezu übergangslos erfolgt. → *Vgl. Dithering*.

Volt *Subst.* (volt)
Kurzzeichen V. Die Maßeinheit der elektrischen Spannung, die bei der Messung der Potentialdifferenz oder elektromotorischen Kraft verwendet wird. Ein Volt ist definiert als das Potential, über das eine bewegte elektrische Ladung von 1 Coulomb eine Energie von 1 Joule abgibt. Durch Umformen oder Ersetzen erhält man die praktischere Beziehung: 1 Volt ist das Potential, das ein elektrischer Strom von 1 Ampere über einen Widerstand von 1 Ohm erzeugt. → *siehe auch elektromotorische Kraft*.

Volume *Subst.* (volume)
Ein anderer Name für eine Diskette oder ein Magnetband zur Speicherung von Computerdaten. Gelegentlich unterteilt man eine große Festplatte in mehrere Volumina, die sich dann als getrennte Laufwerke behandeln lassen.

Volumen *Subst.* (volume)
Die Lautstärke eines akustischen Signals.

Volumen, gesperrtes *Subst.* (locked volume)
→ *siehe gesperrtes Volumen*.

Volumenmodell *Subst.* (solid model)
Eine geometrische Form oder Konstruktion mit Längen-, Breiten- und Tiefenausdehnung, die von einem Programm so behandelt wird, als würde sie sowohl eine Oberfläche als auch eine innere Substanz aufweisen. → *Vgl. Drahtmodell, Oberflächenmodellierung*.

Volumenname *Subst.* (volume name)
→ *siehe Datenträgername*.

vom Thema abkommen *Subst.* (subject drift, topic drift)
Die Tendenz einer Online-Diskussion, vom ursprünglichen Thema in andere verwandte oder themenfremde Richtungen abzudriften. Beispielsweise stellt ein Teilnehmer einer Diskussionsrunde über das Fernsehen Fragen zu einer Nachrichtensendung, ein zweiter sagt etwas zu einem Beitrag über Nahrungsmittelgifte in diesem Programm, was wiederum einen dritten dazu veranlaßt, eine generelle Diskussion über die Vorteile ökologisch angebauter Früchte und Gemüse zu beginnen.

VON *Subst.*
Abkürzung für **V**oice **O**n the **N**et. Eine breitgefächerte Kategorie von Hardware- und Software-Technologie für Sprach- und Video-Übertragungen in Echtzeit im Internet. Dieser Terminus wurde von Jeff Pulver geprägt, der eine Gruppe mit der Bezeichnung »VON Coalition« gründete, die sich gegen die Regulierung der VON-Technologie wehrt und den öffentlichen Einsatz dieser Technologie befürwortet.

Von-Neumann-Architektur *Subst.* (von Neumann architecture)
Nach dem Mathematiker John von Neumann benannte Computer-Architektur, die charakteristisch für die meisten gebräuchlichen Computer-Systeme ist. Die Von-Neumann-Architektur ist synonym mit dem Konzept eines gespeicherten Programms – eines Programms, das ständig in einem Computer abgelegt sein kann, manipulierbar ist oder sich über maschinenorientierte Befehle selbstmodifizierend gestalten läßt. Das Konzept der sequentiellen Verarbeitung ist typisch für die Von-Neumann-Architektur. Um die Einschränkungen der sequentiellen Befehlsabarbeitung zu umgehen,

haben sich verschiedene Parallel-Architekturen herausgebildet. → *siehe auch Parallelcomputer.*

Von-Neumann-Flaschenhals *Subst.* (von Neumann bottleneck)
Eine Engpaßsituation bei einem Prozessor, die beim Lesen von Daten und gleichzeitigem Ausführen von Befehlen entsteht. John von Neumann entdeckte, daß ein Computer, der auf einer Architektur basiert, die einen einzelnen Prozessor mit Speicher verknüpft, mehr Zeit für die Speicherabfrage aufwendet als für die Verarbeitung. Dieser Engpaß entsteht, wenn der Prozessor eine große Anzahl von Befehlen pro Sekunde ausführen und gleichzeitig einen hohen Datenumfang lesen muß. → *siehe auch CPU.*

vorauseilende Fehlerkorrektur *Subst.* (forward error correction)
In der Kommunikationstechnik ein Verfahren zur Kontrolle von Fehlern durch Einfügen zusätzlicher (redundanter) Bit in einem Datenstrom, der an ein anderes Gerät übertragen wird. Die redundanten Bit kann das Empfangsgerät für die Erkennung und – wo es möglich ist – für die Korrektur von Datenfehlern verwenden. → *siehe auch fehlerkorrigierende Codierung.*

vorbeugende Wartung *Subst.* (preventive maintenance)
Wie alle technischen Geräte bedürfen auch Computer und periphere Einrichtungen regelmäßiger Wartung und Pflege, um die ordnungsgemäße Funktion zu jedem Zeitpunkt zu garantieren und Probleme zu erkennen, bevor sie sich zu schweren Störungen ausweiten.

Vorderflanke *Subst.* (leading edge)
Der erste Abschnitt eines elektronischen Impulses. Wenn ein digitales Signal vom Aus- in den Ein-Zustand wechselt, bezeichnet man den Übergang von Aus nach Ein als Vorderflanke des Signals.

Vordergrund *Subst.* (foreground)
Die Farbe der angezeigten Zeichen und Grafiken. → *Vgl. Hintergrund.*
Außerdem der Zustand des Programms oder des Dokuments, das aktiv ist und auf Befehle und Dateneingaben in einer Fensterumgebung reagiert. → *Vgl. Hintergrund.*

Vordergrund- *Adj.* (foreground)
Im System aktiv und in der Lage auf Befehle vom Benutzer reagieren zu können. → *siehe auch Multitasking.* → *Vgl. Hintergrund.*

Vorführgerät *Subst.* (demo)
Ein Computer, der Kunden in einem Geschäft zu Demonstrationszwecken bereitgestellt wird.

Vorlage *Subst.* (template)
In Tabellenkalkulationen ein vorgegebenes Tabellenblatt, das bereits Formeln, Beschriftungen und andere Elemente enthält.

vorprogrammieren *Vb.* (schedule)
Einen Computer zur Ausführung einer bestimmten Aktion zu einem bestimmten Zeitpunkt programmieren.

vorschieben *Vb.* (feed)
Papier durch einen Drucker vorschieben.

Vorwärtsverkettung *Subst.* (forward chaining)
Eine Problemlösungsmethode in Expertensystemen, die mit einem Satz von Regeln und einer Fakten-Datenbank beginnt und auf eine Schlußforderung – die sich auf Fakten stützt, die alle mit den in Regeln aufgestellten Prämissen übereinstimmen – hinarbeitet. → *siehe auch Expertensystem.* → *auch genannt Strang.* → *Vgl. Rückverkettung.*

Vorwärtszeiger *Subst.* (forward pointer)
Ein Zeiger in einer verketteten Liste, der die Adresse (den Ort) des nächsten Listenelements enthält.

Vorzeichen *Subst.* (sign)
Ein Zeichen zur Kennzeichnung einer positiven oder einer negativen Zahl. In der maschinennahen Programmierung (Assembler) wird das Vorzeichen durch das Vorzeichenbit einer Zahl angegeben. → *siehe auch Vorzeichenbit.*

Vorzeichenbit *Subst.* (sign bit)
Das höchstsignifikante (am weitesten links stehende) Bit eines Zahlenfeldes. Bei negativen Zahlen ist das Vorzeichenbit in der Regel auf den Wert 1 gesetzt.

V **Vorzeichenerweiterung** *Subst.* (sign extension)
→ *siehe Vorzeichenbit.*

VPD *Subst.*
Abkürzung für Virtual Printer Device Driver.
→ *siehe virtueller Gerätetreiber.*

VPN *Subst.*
→ *siehe virtuelles Privatnetzwerk.*

VR *Subst.*
→ *siehe virtuelle Realität.*

VRAM *Subst.*
→ *siehe Video-RAM.*

VRC *Subst.*
Abkürzung für Vertical Redundancy Check. Eine Methode für das Überprüfen der Genauigkeit einer Datenübertragung. VRC generiert ein Extrabit (Paritätsbit) für jedes übertragene Zeichen. Das Paritätsbit gibt an, ob das Zeichen eine ungerade oder eine gerade Anzahl an Bits mit dem Wert *1* hat. Wenn dieser Wert nicht mit dem Zeichentyp übereinstimmt, geht VRC davon aus, daß dieses Zeichen nicht korrekt übertragen wurde. → *siehe auch Parität.* → *Vgl. LRC.*

VRML *Subst.*
Abkürzung für Virtual Reality Modeling Language. Eine Makrosprache zum Erstellen von 3D-interaktiven Web-Grafiken, in der auch Szenen für Videospiele generiert werden können. Dadurch können Benutzer sich in einer Grafik »bewegen« und mit Objekten agieren. VRML, ein Teilbereich des Inventor File Format (ASCII) von Silicon Graphics, wurde 1994 von Mark Pesce und Tony Parisi entwickelt. VRML-Dateien werden in der Regel in CAD-Anwendungen sowie Modell- und Animationsprogrammen und VRML-Autoren-Software erstellt, können jedoch auch in einem einfachen Texteditor erstellt werden. VRML-Dateien befinden sich auf einem HTTP-Server. Die Verknüpfungen zu diesen Dateien können in HTML-Dokumente eingebettet werden. Es ist jedoch auch möglich, auf die VRML-Dateien direkt zuzugreifen. Um VRML-Web-Seiten anzuzeigen, ist ein VRML-fähiger Browser – z. B. WebSpace von Silicon Graphics oder ein VRML-Plug-in für Internet Explorer oder Netscape Navigator – erforderlich. → *siehe auch 3D-Grafik, HTML-Dokument.*

v-root *Subst.*
→ *siehe virtuelles Stammverzeichnis.*

V Series *Subst.* (V series)
→ *siehe CCITT V series.*

V-sync *Subst.*
→ *siehe vertikale Bandbreite.*

VT-52, VT-100, VT-200 *Subst.*
Ein häufig verwendeter Satz mit Steuercodes, die bei Terminals mit den Modellnummern eingesetzt werden, die ursprünglich von der Digital Equipment Corporation hergestellt wurden. Durch geeignete Software können Mikrocomputer aktiviert werden, die diese Codes verwenden, um die Terminals zu emulieren.

VTD *Subst.*
Abkürzung für Virtual Timer Device Driver. → *siehe virtueller Gerätetreiber.*

.vt.us
Im Internet ein Kürzel für die übergreifende Länder-Domäne, die eine Adresse in Vermont in den Vereinigten Staaten angibt.

.vu
Im Internet ein Kürzel für die übergreifende Länder-Domäne, die eine Adresse auf Vanuatu angibt.

W

W3 *Subst.*
→ *siehe World Wide Web.*

W3C *Subst.*
→ *siehe World Wide Web Consortium.*

wählen *Vb.* (select)
Im Datenbank-Management das Auswählen von Datensätzen nach bestimmten Kriterien. → *siehe auch sortieren.*
In der Informationsverarbeitung eine Auswahl aus einer Anzahl von Optionen oder Alternativen treffen, z.B. Unterprogramme oder Eingabe-/Ausgabekanäle auswählen.

Wählen, automatisches *Subst.* (automatic dialing)
→ *siehe Selbstwählfunktion.*

Wafer *Subst.* (wafer)
Eine dünne, flache Scheibe aus einem Halbleitereinkristall für die Herstellung integrierter Schaltkreise. Über zahlreiche Maskierungs-, Ätz- und Dotierungsschritte werden auf der Waferoberfläche die Bauelemente der Schaltung erzeugt. In der Regel werden auf einem einzelnen Wafer mehrere identische Schaltkreise nebeneinander ausgebildet und später vereinzelt. Die integrierten Schaltkreise werden anschließend in ein Trägergehäuse eingesetzt und kontaktiert. → *siehe auch Halbleiter, integrierter Schaltkreis.*

Wafer-scale-Integration *Subst.* (wafer-scale integration)
Die Herstellung verschiedener Mikroschaltkreise auf einem einzelnen Wafer, die anschließend verbunden werden und eine Schaltung mit der Ausdehnung des gesamten Wafers ergeben. → *siehe auch Wafer.*

Wagen *Subst.* (carriage)
Bei einer Schreibmaschine oder einem schreibmaschinenähnlichen Drucker die Einheit, auf der die Druckwalze montiert ist. Bei einer herkömmlichen Schreibmaschine treffen die Schreibtypen von einer fixen Position im Gehäuse aus auf das Papier, und der Wagen bewegt sich mit der Walze an dieser Position vorbei. Die Walze ist drehbar, um das im Wagen gehaltene Papier zeilenweise weiterzutransportieren. Bei den meisten Anschlagdruckern bewegt sich der Wagen mit dem darauf montierten Druckkopf auf einer Führungsschiene entlang einer Walze, die zwar ebenfalls drehbar ist, sich aber nicht in horizontaler Richtung bewegt. In diesem Zusammenhang wird der Wagen auch als »Schlitten« bezeichnet. → *siehe auch Wagenrücklauf, Walze.*

Wagenrücklauf *Subst.* (carriage return)
Abkürzung: CR. Ein Steuerzeichen, das den Computer oder Drucker anweist, an den Anfang der aktuellen Zeile zurückzukehren. Die Wirkung dieses Steuerzeichens läßt sich mit dem Wagenrücklauf einer Schreibmaschine vergleichen, bewirkt allerdings im Unterschied dazu keine automatische Weiterschaltung zur nächsten Zeile. Beispielsweise bewirkt ein alleiniges Wagenrücklaufzeichen, das sich am Ende der Wörter Beispiel für eine Druckzeile befindet, daß der Cursor oder Druckkopf zum ersten Buchstaben des Wortes »Beispiel« zurückkehrt. Im ASCII-Zeichensatz hat das Wagenrücklaufzeichen die Codenummer 13 (hexadezimal 0D).

wahlfreie Restrukturierung *Subst.* (modify structure)
In einigen Datenbank-Managementsystemen verfügbarer Operator, mit dem sich Felder (Spalten) hinzufügen oder löschen lassen, ohne die gesamte Datenbank aufbauen zu müssen.

wahlfreier Zugriff *Subst.* (random access)
Ein Zugriffsverfahren, bei dem ein Computer eine bestimmte Speicherstelle direkt ermitteln und ansprechen kann, ohne eine Suche von der ersten

W Speicherstelle an sequentiell durchführen zu müssen. Den wahlfreien Zugriff kann man mit einem Adreßbuch vergleichen, in dem man ebenfalls nicht von der ersten Seite an fortlaufend alle Adressen durchsuchen muß. Die Halbleiterspeicher eines Computersystems (RAM und ROM) bieten einen wahlfreien Zugriff, in manchen Betriebssystemen auch bestimmte Dateiarten auf Massenspeichern. Solche Dateien eignen sich am besten für Daten, bei denen kein Datensatz interne Beziehungen zu den davor oder danach liegenden Informationen aufweist. Dies ist z.B. bei Kunden- oder Inventarlisten der Fall. → *siehe auch RAM, ROM.* → *auch genannt direkter Zugriff.* → *Vgl. indexsequentieller Zugriff, sequentieller Zugriff.*

wahlweiser Bindestrich *Subst.* (discretionary hyphen, optional hyphen)
→ *siehe Bindestrich.*

Wahrheitstabelle *Subst.* (truth table)
Eine Tabelle zur Darstellung der Ausgangswerte eines Booleschen Ausdrucks für jede mögliche Kombination der Eingangswerte (Variablen).
→ *siehe auch AND, Boolescher Operator, exklusives ODER, NOT, OR.*

Wahrscheinlichkeit *Subst.* (probability)
Ein Maß für die Möglichkeit des Auftretens eines bestimmten Ereignisses, das sich meist mathematisch abschätzen läßt. In der Mathematik sind Statistik und Wahrscheinlichkeitstheorie eng miteinander verwandte Gebiete. In der Rechentechnik verwendet man die Wahrscheinlichkeit, um die Möglichkeit des Ausfalls oder fehlerhaften Verhaltens in einem System oder Gerät zu bestimmen.

WAIS *Subst.*
Abkürzung für Wide Area Information Server (Weitbereichs-Informationsserver). Ein UNIX-basierendes Such- und Abrufsystem für Dokumente im Internet. In über 400 WAIS-Bibliotheken kann damit nach indizierten Dateien gesucht werden, die bestimmten Schlüsselworten entsprechen. WAIS kann außerdem auf einer individuellen Website als Suchmaschine eingesetzt werden. WAIS, entwickelt von den Firmen Thinking Machines Corporation, Apple Computer und Dow Jones, verwendet den Z39.50-Standard, um natürlichsprachliche Anfragen zu verarbeiten. Die Liste der von WAIS angezeigten Dokumente enthält meist eine Menge falscher Treffer. Um einen WAIS-Server zu benutzen, wird ein WAIS-Client benötigt.
→ *siehe auch natürlichsprachliche Abfrage, Project Gutenberg, Suchmaschine, Z39.50-Standard.*

WAIS-Datenbank *Subst.* (WAIS database)
→ *siehe WAIS.*

Waise *Subst.* (orphan file)
Eine Datei, die auf einem System erhalten bleibt, nachdem sie nicht mehr benutzt wird. Beispielsweise könnte eine Datei angelegt werden, die eine bestimmte Anwendung unterstützt. Wird diese Datei nach dem Entfernen der Anwendung nicht ebenfalls gelöscht, bleibt sie als Waise erhalten.

waisindex *Subst.*
Ein UNIX-Dienstprogramm, mit dem ein Textdateienindex für WAIS-Zugriffe erstellt werden kann. Außerdem eine URL-Adresse für den Zugriff auf WAIS. Die Adresse hat die Form wais://*Hostanschluß/Datenbank* [?*Suchbegriff*].

WAIS-Server *Subst.* (WAIS server)
→ *siehe WAIS.*

Waitstate *Subst.* (wait state)
Eine Pause von einem oder mehreren Taktzyklen, während derer ein Mikroprozessor auf Daten von einem Eingabe-/Ausgabegerät oder vom Speicher wartet. Ein einzelner Waitstate kann zwar vom Menschen nicht wahrgenommen werden, der kumulative Effekt mehrerer Waitstates kann jedoch die Systemleistung beeinträchtigen. → *siehe auch ohne Waitstates.*

Waitstates, ohne *Subst.* (zero wait state)
→ *siehe ohne Waitstates.*

Wallet-PC *Subst.* (wallet PC)
Ein tragbarer Computer, mit Abmessungen und Funktionen, die einer (elektronischen) Brieftasche gleichkommen. Er enthält »virtuelle« Realisierungen von Personalausweis, Geld, Kreditkarten sowie weiteren wichtigen Elementen und dient außerdem als mobile Informationsquelle und Kommunikationswerkzeug. Wallet-PCs werden laufend weiterentwickelt.

Wallpaper *Subst.* (wallpaper)

Walze *Subst.* (platen)
In den meisten Anschlagdruckern und in Schreibmaschinen vorhandener Zylinder, um den das Papier herumgeführt wird und der der Druckmechanik beim »Schlag« auf das Papier einen Widerstand entgegensetzt. Die Papierhalterung, eine federnde Schiene mit kleinen Rollen, drückt das Papier unmittelbar über dem Druckmechanismus leicht gegen die Walze.

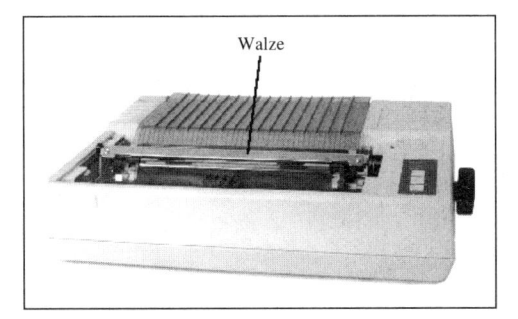

Walze

WAN *Subst.*
→ *siehe Weitbereichsnetz.*

Wanderer *Subst.* (wanderer)
Eine Person, die das World Wide Web häufig durchsucht und dabei Listen interessanter Informationen erstellt. → *siehe Spinne.*

Warenzeichen *Subst.* (trademark)
Ein Wort, Motto, Symbol oder Design (oder eine Kombination daraus) zur Identifizierung eines Produkts. Die begleitenden Symbole <TM> und <RG> kennzeichnen bestimmte Schutzrechte.

warm start *Subst.*
→ *siehe Warmstart.*

Warmstart *Subst.* (soft boot, warm boot)
Der Neustart eines bereits im Betrieb befindlichen Computersystems, der ohne Abschalten der Stromversorgung durchgeführt wird. → *auch genannt warm start.*

Warteschlange *Subst.* (queue)
Eine mehrelementige Datenstruktur, aus der sich (streng nach Definition) Elemente nur in der Reihenfolge entfernen lassen, in der sie hinzugefügt wurden. Eine Warteschlange folgt demnach einer First In/First-Out-Bedingung (FIFO). Außerdem gibt es mehrere Arten von Warteschlangen, bei denen das Entfernen auf der Basis anderer Faktoren als das Einfügen erfolgt. In einer Prioritätenwarteschlange werden die Elemente z.B. entsprechend bestimmter Prioritätswerte entfernt, die den Elementen zugeordnet sind. → *siehe auch Deque, Element.* → *Vgl. Stack.*

Wartung *Subst.* (maintenance)
Das Ergreifen von Maßnahmen, die sicherstellen, daß die Hardware, die Software oder das Datenbanksystem richtig funktioniert und auf dem neuesten Stand ist.

Was-wäre-wenn-Analyse *Subst.* (»what-if« evaluation)
Eine besondere Form der Auswertung in einem Rechenblatt zur Analyse von Ergebnissen, die sich mit unterschiedlichen Wertannahmen erzielen lassen. Beispielsweise kann man für ein Darlehen verschiedene Hypothekensätze und Laufzeiten ausprobieren, um die Auswirkung auf die monatlichen Rückzahlungen und die gesamte Zinssumme zu studieren.

Watt *Subst.* (watt)
Die Einheit für Leistung, die einem Energiedurchsatz von 1 Joule in 1 Sekunde entspricht. Die Leistung eines Schaltkreises ist eine Funktion der am Schaltkreis anliegenden Spannung und des durch den Schaltkreis fließenden Stroms. Gilt E = Spannung, I = Strom und R = Widerstand, kann die Leistung in Watt zu $I \times E$, $I^2 \times R$ bzw. E^2/R errechnet werden.

.wav
Eine Dateinamenerweiterung, die als Signalform (WAV-Format) gespeicherte Audiodateien kennzeichnet. → *siehe auch WAV.*

WAV *Subst.*
Ein Dateiformat von Windows zum Speichern von Klängen als Signalformbeschreibung in Dateien mit der Dateinamenerweiterung .wav. Abhängig von der Abtastrate und davon, ob das Signal monophon oder stereophon vorliegt und ob 8 oder 16 bit für jeden Abtastwert verwendet werden,

kann eine Aufzeichnung von einer Minute Dauer zwischen 644 Kilobyte und 27 Megabyte Speicher benötigen. → *siehe auch Sampling, Wellenform.*

Wavelet *Subst.* (wavelet)
Eine mathematische Funktion, die sich innerhalb einer begrenzten Zeitspanne ändert. Wavelets werden zunehmend bei der Analyse von Signalen (z. B. Audiosignalen) eingesetzt. Sie weisen eine begrenzte Dauer sowie rasche Änderungen in Frequenz und Amplitude auf, im Gegensatz zu der unbegrenzten Dauer bzw. konstanten Frequenz und Amplitude der Sinus- und Cosinusfunktionen. → *Vgl. Fourier-Transformation.*

WBEM *Subst.*
Abkürzung für **Web-Based Enterprise Management** (Web-basierendes Unternehmensmanagement). Ein Protokoll, das einen Web-Browser direkt mit einem Gerät oder einer Anwendung zur Überwachung eines Netzwerks verknüpft. → *siehe auch Protokoll.*

WDEF *Subst.*
→ *siehe Fensterdefinition.*

WDL *Subst.*
→ *siehe Windows Driver Library.*

Web *Subst.* (web)
Eine Gruppe miteinander verknüpfter Dokumente in einem Hypertext-System. Der Benutzer greift auf das Web über eine sog. Homepage zu. → *siehe auch World Wide Web.*
→ *siehe World Wide Web.*

Web-Adresse *Subst.* (Web address)
→ *siehe URL.*

Web Based Enterprise Management *Subst.* (Web-Based Enterprise Management)
→ *siehe WBEM.*

Web-Browser *Subst.* (Web browser)
Eine Client-Anwendung, die es einem Benutzer ermöglicht, HTML-Dokumente auf dem World Wide Web bzw. einem anderen Netzwerk oder auf dem eigenen Computer zu betrachten. Auch können mit Hilfe des Browsers die Hyperlinks zwischen den Dateien verfolgt und Dateien übertragen werden. Textorientierte Web-Browser (z. B. Lynx) sind zwar nützlich für Benutzer mit Shell-Zugängen, zeigen aber lediglich die Textelemente eines HTML-Dokuments an. Die meisten Browser jedoch basieren auf einer Verbindung, die neben der Verarbeitung der IP-Pakete auch Grafiken im Dokument darstellen, Audio- und Videodateien wiedergeben und kleine Programme ausführen kann (z. B. Java Applets, ActiveX –Steuerelemente), die in HTML-Dokumenten eingebettet sein können. Einige Web-Browser benötigen zusätzliche Hilfsanwendungen (Plug-Ins), um solche Funktionen bewerkstelligen zu können. Darüber hinaus ermöglichen es die meisten heutigen Web-Browser ihren Benutzern, E-Mail zu senden und zu empfangen sowie an Newsgroups teilzunehmen. → *siehe auch ActiveX-Steuerelemente, Hilfsprogramm, Hyperlink, Internet Explorer, Java-Applet, Lynx, Mosaic, Netscape Navigator, Plug-In.* → *auch genannt Browser.*

WebCrawler *Subst.*
Eine Suchmaschine des World Wide Web, die von dem Online-Dienst America Online betrieben wird.
→ *siehe auch Suchmaschine.*

Web-Entwicklung *Subst.* (Web development)
Der Entwurf und die Programmierung von Seiten für das World Wide Web.

Web-Index *Subst.* (Web index)
Eine Website, über die die Benutzer weitere Ressourcen auf dem Web finden können. Ein Web-Index kann eine Suchmaschine enthalten, aber auch nur einzelne Hyperlinks auf die verzeichneten Ressourcen.

Webmaster *Subst.*
Eine Person, die für das Erstellen und die Wartung einer Website zuständig ist. Der Webmaster kümmert sich oft auch um die Beantwortung der E-Mail-Nachrichten, die ordnungsgemäße Funktion der Site, das Erstellen und Aktualisieren der Web-Seiten sowie die allgemeine Organisation und die Gestaltung der Website. → *auch genannt Webmistress, Webweaver.*

Webmistress *Subst.* (webmistress)
→ *siehe Webmaster.*

Web-Seite *Subst.* (Web page)
Ein Dokument im World Wide Web. Eine Web-Seite beruht auf einer HTML-Datei und den damit verbundenen Dateien für Grafiken und Skripten, die sich in einem bestimmten Verzeichnis auf einem bestimmten Computer befinden (und daher durch eine URL-Adresse bestimmbar sind). Eine Web-Seite enthält in der Regel Verknüpfungen zu weiteren Web-Seiten. → *siehe auch URL.*

Web-Seite, dynamische *Subst.* (dynamic Web page)
→ *siehe dynamische Web-Seite.*

Web-Server *Subst.* (Web server)
→ *siehe HTTP-Server.*

Website *Subst.* (Web site)
Eine Gruppe zusammengehöriger HTML-Dokumente und damit verknüpfter Dateien, Skripten und Datenbanken, die von einem HTTP-Server im World Wide Web bereitgestellt werden. Die HTML-Dokumente einer Website behandeln meist zusammenhängende Themen und sind durch Hyperlinks untereinander verknüpft. Die meisten Websites verfügen über eine Homepage als Startpunkt, die häufig als Inhaltsverzeichnis dient. Viele große Organisationen und Firmen verfügen über einen oder mehrere HTTP-Server für eigene Websites. Ein HTTP-Server kann jedoch auch mehrere kleine Websites z.B. für Privatpersonen bedienen. Für den Zugriff auf eine Website werden ein Web-Browser und ein Internet-Zugang benötigt. → *siehe auch Homepage, HTML, HTTP-Server, Web-Browser.*

Web-Telefon *Subst.* (Web phone)
→ *siehe Internet-Telefonie.*

Web-Terminal *Subst.* (Web terminal)
Ein System, das einen Prozessor (CPU) enthält, RAM-Speicher, ein Hochgeschwindigkeitsmodem und leistungsstarke Grafikhardware, jedoch keine Festplatte. Es dient ausschließlich als Client für das World Wide Web und nicht als Allzweck-Computersystem. → *auch genannt Netzwerkcomputer.*

Web-TV *Subst.* (Web TV)
Ein System für den Zugriff auf das World Wide Web, bei dem die Web-Seiten mit Hilfe einer Set-Top-Box auf einem Fernsehgerät dargestellt werden.

Web-Verzeichnis *Subst.* (Web directory)
Eine Liste von Websites, deren Einträge die jeweiligen URL-Adressen und eine Beschreibung enthalten. → *siehe auch URL.*

Webweaver *Subst.* (webweaver)
→ *siehe Webmaster.*

Webzine *Subst.* (webzine)
Eine elektronische Veröffentlichung, die in erster Linie über das World Wide Web und erst in zweiter Linie als gedrucktes Magazin vertrieben wird. → *siehe auch Ezine.*

wechselbarer Datenträger *Subst.* (removable disk)
Ein Datenträger, der sich aus dem Laufwerk entfernen läßt. Disketten sind wechselbare Datenträger, Festplatten in der Regel nicht. → *auch genannt austauschbarer Datenträger.*

Wechselbetrieb *Subst.* (duplex transmission)
→ *siehe Duplex.*

wechseln *Vb.* (swap)
Ein Element gegen ein anderes austauschen, wie z.B. das Wechseln von Disketten in einem Laufwerk.

Wechselplatte *Subst.* (disk cartridge)
Ein wechselbarer Datenträger, der in einer schützenden Hülle untergebracht ist. Bestimmte Arten von Festplattenlaufwerken und verwandte Geräte sind für den Einsatz einer Wechselplatte ausgelegt, z.B. externe Datenspeichereinheiten, die Bernoulli Boxen.

Wechselspannung *Subst.* (volts alternating current)
Das Maß des Spitze-zu-Spitze-Spannungshubs eines elektrischen Signals.

Wechselstrom *Subst.* (alternating current)
Abkürzung: AC. Elektrischer Strom, dessen Richtungsfluß (Polarität) sich periodisch gemäß der Frequenz ändert. Die Frequenz wird in Hertz bzw. Zyklen pro Sekunde gemessen. → *Vgl. Gleichstrom.*

weich *Adj.* (soft)
In der Datenverarbeitung für »vorübergehend« oder »veränderbar« gebraucht. Ein »soft error« (= weicher Fehler) ist beispielsweise ein Fehler, den das System selbsttätig überwinden kann, und ein »soft patch« (= weicher Patch) ist eine temporäre Programmfehlerbehebung, die nur für die Zeit der Ausführung des Programms wirksam ist. → *Vgl. hart.*
In der Physik charakterisiert »weich« eine Eigenschaft von magnetischen Werkstoffen, die ihren Magnetismus nicht beibehalten, wenn sie aus dem Wirkungsbereich eines magnetischen Feldes herausgenommen werden. → *Vgl. hart.*

weicher Bindestrich *Subst.* (soft hyphen)
→ *siehe Bindestrich.*

weicher Fehler *Subst.* (soft error)
Ein Fehler, den ein Programm oder ein Betriebssystem selbsttätig überwinden kann. → *Vgl. harter Fehler.*

weicher Zeilenvorschub *Subst.* (soft return)
Ein Zeilenumbruch, der von einem Textverarbeitungsprogramm in ein Dokument eingefügt wird, wenn das nächste Wort in der aktuellen Zeile den rechten Seitenrand überschreiten würde – ein verschiebbarer Zeilenumbruch. → *siehe auch Zeilenumbruch.* → *Vgl. harter Zeilenvorschub.*

weißes Rauschen *Subst.* (white noise)
Rauschen, bei dem die statistische Verteilung der Frequenzanteile über den gesamten – zumindest aber im interessierenden – Frequenzbereich konstant ist. Der Name wurde in Analogie zum weißen Licht gewählt, das alle Frequenzbereiche des sichtbaren Lichts enthält. Im hörbaren Spektrum ist weißes Rauschen als Zischen oder Brausen wahrzunehmen, wie es sich etwa beim Empfang eines nicht belegten Fernsehkanals äußert.

Weitbereichsnetz *Subst.* (wide area network)
Ein Kommunikationsnetzwerk zur Verbindung geographisch getrennter Regionen.

Weitbereichsnetz, gesichertes *Subst.* (secure wide area network)
→ *siehe gesichertes Weitbereichsnetz.*

weiterleiten *Vb.* (forward)
Ein Begriff aus dem Bereich der E-Mail-Terminologie. Das Senden einer bereits erhaltenen Nachricht an einen neuen Empfänger. Die Nachricht kann zuvor bearbeitet werden.

Welcome-Seite *Subst.* (welcome page)
→ *siehe Homepage.*

WELL *Subst.*
Abkürzung für Whole Earth 'Lectronic Link (zu deutsch etwa »Elektronische Verbindung der Welt«). Ein Konferenzsystem aus San Francisco, das über das Internet und über Einwahlpunkte in vielen größeren Städten zugänglich ist. Das WELL zieht viele professionelle Computerbenutzer und andere Leute an, die gerne an einer der erfolgreichsten virtuellen Gemeinden im Internet teilhaben möchten. Bedingt durch zahlreiche Journalisten und Prominente, die an WELL teilnehmen, hat es trotz seiner relativ kleinen Anzahl von Abonnenten einen enormen Einfluß.

Welle *Subst.* (wave)
Die räumliche Ausbreitung eines periodischen Vorgangs, z. B. Lichtwellen oder Schallwellen. → *siehe auch Wellenform.*
In der Elektronik das Zeit-/Amplitudenverhalten eines elektrischen Signals.

Wellenform *Subst.* (waveform)
Die Art der zeitlichen Änderung der Amplitude eines Signals. → *siehe auch Periode, Phase, Wellenlänge.*

Wellenlänge *Subst.* (wavelength)
Die Entfernung zwischen aufeinanderfolgenden Wellenbergen oder Wellentälern in einem periodischen Signal, das sich im Raum ausbreitet. Die Wellenlänge wird mit dem griechischen Buchstaben (λ) bezeichnet und errechnet sich aus dem Quotienten von Geschwindigkeit durch Frequenz.

Wert *Subst.* (value)
Eine Größe, die sich einer Variablen, einem Symbol oder einem vergleichbaren Element zuordnen läßt. → *siehe Ton.*

Werteliste *Subst.* (value list)
Eine Liste mit Werten, die von einer Anwendung, z. B. einer Datenbank, als Suchbegriff oder als

Werte für eine gefilterte Abfrage verwendet werden. → *siehe auch Suchbegriff.*

Wertigkeit *Subst.* (order)
Bei der internen Darstellung von Werten die relative Bedeutung einer Ziffer oder eines Bytes. Man unterscheidet die höchstwertige Ziffer (bzw. das höchstwertige Byte), die sich in einem Wert gewöhnlich links befindet, und die niedrigstwertige Ziffer (bzw. das niedrigstwertige Byte), die sich in einem Wert gewöhnlich rechts befindet.

Wertübergabe *Subst.* (pass by value)
Eine Methode für die Übergabe von Argumenten oder Parametern an ein Unterprogramm. Dabei wird eine Kopie des Arguments erzeugt und an die aufgerufene Routine übergeben. Nach dieser Methode kann die aufgerufene Routine zwar die Kopie des Arguments verwenden und modifizieren, jedoch nicht den Originalwert. → *siehe auch Argument, aufrufen.* → *Vgl. Adreßübergabe.*

Wetware *Subst.* (wetware)
Lebende Wesen und deren Wahrnehmung als der lebendige Teil einer Umwelt, die auch Hardware und Software beinhaltet.

whatis *Subst.*
Ein UNIX-Dienstprogramm, das eine Zusammenfassung der Dokumentation zu einem Schlüsselwort zurückgibt. → *siehe auch Man Pages.*
Außerdem ein Archie-Befehl zum Auffinden von Programmen, deren Beschreibung gesuchte Begriffe enthält.

What You See Before You Get It *Adj.*
→ *siehe WYSBYGI.*

what-you-see-is-what-you-get *Adj.* (What You See Is What You Get)
→ *siehe WYSIWYG.*

Whetstone *Subst.*
Ein Benchmark-Test für die Ermittlung von Geschwindigkeit und Effizienz bei der Ausführung von Gleitkomma-Operationen durch einen Computer. Das Ergebnis des Tests gibt man in *Whetstone* genannten Einheiten an. Die Whetstone-Benchmark ist nicht mehr besonders beliebt, da sie inkonsistente Ergebnisse im Vergleich zu anderen Benchmarks wie beispielsweise »Dhrystone« und »Sieb des Eratosthenes« liefert. → *siehe auch benchmarken, Dhrystone, Sieb des Eratosthenes.*

WHIRLWIND *Subst.*
Ein aus Elektronenröhren konstruierter Computer, der am Massachusetts Institute of Technology (MIT) in den 40er Jahren entwickelt und während der 50er Jahre eingesetzt wurde. Die durch den WHIRLWIND eingeführten Neuerungen umfaßten Bildschirme als Anzeigeelemente und Datenverarbeitung in Echtzeit. Unter den Projektmitarbeitern befand sich auch Kenneth H. Olsen, der 1957 die Firma Digital Equipment Corporation gründete. → *siehe auch CRT, Echtzeit, Vakuumröhre.*

Whiteboard *Subst.* (whiteboard)
Software, die mehreren über ein Netzwerk verbundenen Benutzern die gemeinsame Arbeit an einem Dokument ermöglicht. Das Dokument wird dabei auf den Bildschirmen aller Benutzer angezeigt, und Änderungen werden auf allen Bildschirmen gleichzeitig sichtbar, ganz so, als würden die Benutzer gemeinsam auf einer realen Schreibtafel zeichnen.

White Pages *Subst.* (white pages)
→ *siehe DIB.*

White Paper *Subst.* (white paper)
Eine formlose Abhandlung meist technischer Art über Grundlagen oder Beschreibungen von Systementwürfen. → *siehe auch Spezifikation.*

whois *Subst.*
Ein Internet-Dienst, der von manchen Domänen zur Verfügung gestellt wird und E-Mail-Adressen sowie andere Informationen über Benutzer, die in einer Datenbank dieser Domäne eingetragen sind, zur Verfügung stellt.
Gleichzeitig ist »whois« ein UNIX-Befehl für den Zugriff auf den Whois-Dienst.
In einem Novell-Netzwerk stellt »whois« einen Befehl dar, der eine Liste aller auf einem Netzwerk angemeldeten Benutzer ausgibt.

Whois-Client *Subst.* (whois client)
Ein Programm (z.B. der UNIX-Befehl »whois«), über das ein Benutzer auf Datenbanken über Benutzernamen, E-Mail-Adressen und andere Informationen zugreifen kann. → *siehe auch whois.*

Whois-Server *Subst.* (whois server)
Software, die den Benutzern von Whois-Clients auf Anfrage Benutzernamen und E-Mail-Adressen aus einer Datenbank (z. B. über die Benutzer aus einer bestimmten Internet-Domäne) bereitstellt. → *siehe auch whois.*

Whole Earth 'Lectronic Link *Subst.*
→ *siehe WELL.*

Wichte *Subst.* (stroke weight)
Die Breite oder Dicke der Linien (Striche), aus denen sich ein Zeichen zusammensetzt. → *siehe auch Schrift.*

Wide Area Information Server *Subst.*
→ *siehe WAIS.*

Widerstand *Subst.* (resistance, resistor)
Die Fähigkeit, den elektrischen Stromfluß zu verringern (ihm entgegenzuwirken). Abgesehen von supraleitfähigen Stoffen weisen alle Materialien einen mehr oder weniger großen Widerstand auf. Als *Leiter* bezeichnet man Stoffe mit sehr geringem Widerstand (z. B. Metalle), die Elektrizität gut leiten. Stoffe mit sehr hohem Widerstand (z. B. Glas und Gummi) leiten Elektrizität schlecht und werden *Nichtleiter* oder *Isolatoren* genannt.
Als »Widerstand« wird außerdem ein Bauelement bezeichnet, das dem elektrischen Strom einen definierten Widerstand entgegensetzt.

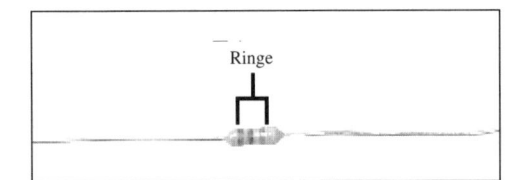

Widerstand: Die Ringe zeigen den Ohm'schen Widerstand sowie die Toleranzbreite des Widerstands an

Wide SCSI *Subst.*
Eine Form der SCSI-2-Schnittstelle, die Daten über einen 16-Bit-Bus mit bis zu 20 Megabyte pro Sekunde übertragen kann. Der Steckverbinder von Wide SCSI hat 68 Anschlüsse. → *siehe auch SCSI, SCSI-2.* → *Vgl. Fast SCSI, Fast/Wide SCSI.*

wieder auf der Bildfläche erscheinen *Vb.* (return from the dead)
Wörtlich übersetzt »von den Toten zurückkehren«. Nach einer längeren Unterbrechung wieder über Zugang zum Internet verfügen.

wiederbeschreibbare digitale Videodisc *Subst.* (rewritable digital video disc)
Eine Technologie zum Aufzeichnen von Daten auf Datenträgern mit der Speicherkapazität einer Digitalen Video Disc (DVD), die aber, ähnlich einer wiederbeschreibbaren CD (CD-RW), neu beschrieben werden können. → *siehe auch digitale Videodisc, PD-CD-Laufwerk.*

wiederbeschreiben *Vb.* (rewrite)
Einen Schreibvorgang wiederholen – insbesondere dann, wenn Informationen nicht permanent gespeichert werden, wie beispielsweise bei einem RAM-Speicher oder einer Bildschirmanzeige. → *siehe auch dynamisches RAM.* → *auch genannt Refresh, regenerieren.*

wiederherstellen *Vb.* (recover, restore, restore, undelete, unerase)
In einen stabilen Zustand zurückversetzen. Beispielsweise kann der Benutzer eines Computersystems versuchen, verlorengegangene oder beschädigte Daten wiederherstellen, indem er mit Hilfe eines Dienstprogramms den Speicher nach verbleibenden Informationen durchsucht. Wenn es in einer Datenbank zu Integritätsproblemen gekommen ist, die ihre Ursache z. B. in einer abnormalen Beendigung des Datenbank-Managementprogramms hatten, kann man versuchen, sie durch eine Reorganisation des Datenbestandes wiederherzustellen.
In Verbindung mit der Datensicherung (Backup) bezeichnet »wiederherstellen« das Kopieren der Dateien von einer Sicherungskopie an ihren ursprünglichen Speicherort. Dieser Vorgang wird insbesondere durchgeführt, um unbeabsichtigterweise gelöschte oder verlorengegangene Dateien zu ersetzen.
Im Zusammenhang mit der Dateispeicherung charakterisiert »wiederherstellen« das Rekonstruieren der Speicherinformationen einer Datei, so daß auf die gelöschte Datei wieder zugegriffen werden kann. → *siehe auch Dateiwiederherstellung.*
→ *siehe auch Sicherungskopie, Wiederherstellung.*

Wiederherstellung *Subst.* (recovery, undelete)
Bezeichnet das Zurückgewinnen gelöschter Informationen. Eine Wiederherstellung ist mit einem »Rückgängig«-Befehl vergleichbar (und meist auch Bestandteil eines derartigen Befehls). Während allerdings *Rückgängig* eine beliebige, vorhergehende Aktion umkehrt, meint *Wiederherstellen* im wörtlichen Sinne lediglich die Umkehr eines Löschvorgangs. *Wiederherstellen* bezieht sich im allgemeinen nur auf ausgeschnittenen Text oder auf Dateien. → *siehe auch rückgängig machen.*
In Verbindung mit einem Systemausfall bedeutet »Wiederherstellung« das Wiedergewinnen verlorengegangener Daten oder das Löschen widersprüchlicher oder fehlerhafter Daten. Die Wiederherstellung wird meist mit Hilfe von Sicherungskopien und Systemprotokollen vorgenommen. → *siehe auch Sicherungskopie.*

Wiederherstellung nach Absturz *Subst.* (crash recovery)
Die Fähigkeit eines Computers, die Arbeit nach einem schwerwiegenden Fehler, z. B. dem Ausfall einer Festplatte, wiederaufzunehmen. Im Idealfall tritt dabei kein Datenverlust auf. In der Praxis geht aber in der Regel zumindest ein Teil der Daten verloren. → *siehe auch crashen.*

Wiederholautomatik *Adj.* (typematic)
Eine Tastaturfunktion zur automatischen Wiederholung eines Tastendrucks, die wirksam wird, wenn man eine Taste länger als üblich drückt. → *siehe auch RepeatKeys, Wiederholtaste.* → *auch genannt automatische Wiederholung, Tastenwiederholfunktion.*

Wiederholen *Subst.* (Repeat)
Ein Befehl in Microsoft Word, durch den die Eingaben aus dem vorangegangenen Dialogfeld oder aus der letzten, nicht unterbrochenen Bearbeitungsfolge wiederholt werden.

Wiederholtaste *Subst.* (repeat key)
Auf einigen Tastaturen eine Taste, die gleichzeitig mit einer anderen Taste niederzuhalten ist, um den Tastencode der Zeichentaste wiederholt zu senden. Auf den meisten Computertastaturen ist allerdings keine Wiederholtaste erforderlich, da die Tastatur-Hardware automatisch das wiederholte Betätigen einer Taste nachbildet, wenn man eine Taste über eine programmierbare Verzögerungszeit hinaus gedrückt hält. → *Vgl. Wiederholautomatik.*

Wiederholungsrate, vertikale *Subst.* (vertical scan rate)
→ *siehe vertikale Bandbreite.*

wiederprogrammierbare Logik *Subst.* (field-programmable logic array)
Ein integrierter Schaltkreis mit einer Array logischer Schaltkreise, in dem die Verbindungen zwischen den einzelnen Schaltkreisen – und damit die logischen Funktionen des Array – nach der Herstellung programmiert werden können. Dies erfolgt in der Regel zum Zeitpunkt der Installation. Die Programmierung kann lediglich einmal ausgeführt werden, in der Regel geschieht dies, indem ein stärkerer Strom durch Fusible Links auf dem Chip geleitet wird. → *auch genannt PLA, programmierbares Logik-Array.*

Wiederverwendbarkeit *Subst.* (reusability)
Die Eigenschaft eines Programms oder Entwurfs, in anderen Anwendungen oder Systemen erneut eingesetzt werden zu können.

wilde Schwingung *Subst.* (race condition)
Ein Zustand, bei dem eine Rückkopplungsschaltung mit internen Schaltungsabläufen derart in Wechselwirkung tritt, daß ein chaotisches Ausgangsverhalten entsteht.

Win32 *Subst.*
Eine Schnittstelle zur Anwendungsprogrammierung (API) in Windows 95 und Windows NT, die Anwendungen ermöglicht, über die 32-Bit-Befehle des Prozessors 80386 und dessen Nachfolger zu verfügen. Obwohl Windows 95 und Windows NT bereits die 16-Bit-Befehle des 80x86 unterstützen, bietet Win32 eine erheblich verbesserte Systemleistung. → *siehe auch 16-Bit-Computer, 32-Bit-Computer, 80386DX, 80×86, Anwendungs-Programmierschnittstelle, Prozessor, Win32s.*

Win32s *Subst.*
Eine Untermenge der Win32-Schnittstelle für Windows 3.x. Durch Einsatz der als Freeware kostenlos erhältlichen Win32s-Software können Anwendungen unter Windows 3.x über die 32-Bit-Be-

W fehle des Prozessors 80386 und dessen Nachfolger verfügen und so eine höhere Verarbeitungsleistung erreichen. → *siehe auch 32-Bit-Computer, 80386DX, Prozessor, Win32.*

Winchester *Subst.* (Winchester disk)
Eine frühere Bezeichnung von IBM-Festplatten. Der Begriff geht auf den intern von IBM verwendeten Codenamen für die erste Festplatte zurück, die 30 Megabyte speichern konnte und eine Zugriffszeit von 30 Millisekunden hatte. Diese Werte erinnerten die Entwickler an das als ».30-30.« bekannt gewordene Winchester-Gewehr Kaliber .30.

Window Random Access Memory *Subst.* (window random access memory)
→ *siehe WRAM.*

Windows *Subst.*
Ein 1983 von der Firma Microsoft eingeführtes Betriebssystem. Windows ist eine grafische Benutzeroberfläche mit Multitasking-Eigenschaften, die sowohl auf MS-DOS-basierenden Computern läuft (Windows und Windows for Workgroups) als auch als eigenständiges Betriebssystem zur Verfügung steht (Windows 95, Windows NT). Windows stellt eine standardisierte Schnittstelle auf der Basis von Dropdown-Menüs und Bildschirmfenstern dar und erlaubt die Bedienung über ein Zeigegerät wie beispielsweise eine Maus.

Windows 95 *Subst.*
Ein Betriebssystem mit einer grafischen Benutzeroberfläche für die Prozessoren 80386 und höher, das von der Firma Microsoft im August 1995 veröffentlicht wurde. Windows 95, das die Systeme Windows 3.11, Windows for Workgroups 3.11 und MS-DOS ersetzen soll, ist ein komplettes Betriebssystem und nicht nur eine auf MS-DOS basierende Shell (wie Windows 3.*x*). Um die Abwärtskompatibilität sicherzustellen, kann auf Windows 95 auch MS-DOS-Software ausgeführt werden. Das Symbol »Computer« auf dem Windows 95-Desktop ermöglicht den Zugriff auf Systemdateien und Ressourcen und das Symbol »Netzwerkumgebung« ermöglicht den Zugriff auf jedes Netzwerk (falls der Computer an ein solches angeschlossen ist). Windows 95 unterstützt die Plug & Play-Methode für das Installieren und Konfigurieren von Hardware und kann auf Windows-Netzwerke, NetWare-Netz-

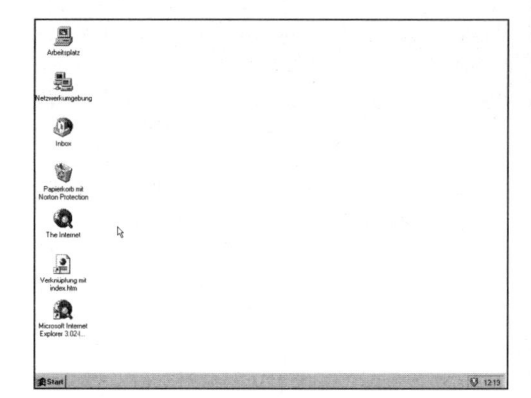

Windows 95

werke und UNIX-Netzwerke zugreifen. Die Minimalkonfiguration für Windows 95 ist ein 80386-Prozessor mit 4 Megabyte Arbeitsspeicher, empfohlen wird jedoch mindestens ein i486-Prozessor mit 8 Megabyte Speicher. → *siehe auch NetWare, NetWare, Plug and Play, Plug and Play, Windows for Workgroups.*

Windows-Anwendung *Subst.* (Windows application)
Ein Anwendungsprogramm, das für die Verwendung mit Microsoft Windows entwickelt wurde.

Windows-basierte Beschleunigerkarte *Subst.* (Windows-based accelerator card)
→ *siehe Windows-Beschleuniger.*

Windows-Beschleuniger *Subst.* (Windows-based accelerator)
Eine Super-VGA-Grafikkarte (SVGA), die speziell auf die schnelle Bildschirmdarstellung unter Windows und den darunter laufenden Anwendungen optimiert ist. Ein Windows-Beschleuniger erreicht Leistungsverbesserungen gegenüber einer Standard-SVGA-Grafikkarte durch den Einsatz spezieller Routinen, die in das ROM der Karte integriert sind. Diese Routinen entlasten das Windows-Betriebssystem von bestimmten Aufgaben, die sich auf die Bildschirmausgabe beziehen und auf nicht beschleunigten Systemen von Windows selbst auszuführen sind. → *siehe auch SVGA.* → *auch genannt Windows-basierte Beschleunigerkarte.*

Windows CE *Subst.*
Eine Anpassung des Betriebssystems Microsoft Windows für Handheld-PCs. Windows CE enthält

auch entsprechend angepaßte Versionen verschiedener Microsoft Anwendungsprogramme, z. B. Excel, Word, Internet Explorer und Schedule+ sowie einen E-Mail-Client. → *siehe auch Handheld-PC.*

Windows Driver Library *Subst.*
Eine Zusammenstellung von Hardware-Gerätetreibern für das Betriebssystem Microsoft Windows, die im Windows-Originalpaket nicht enthalten sind. → *siehe auch Treiber.*

Windows Explorer *Subst.*
Ein Dienstprogramm in Windows 95, mit dem der Benutzer Dateien und Ordner suchen und öffnen kann. Der Windows-Explorer ähnelt dem Datei-Manager von Windows 3.1. Der Benutzer kann auf der linken Seite des Fensters einen Ordner aus einer Liste auswählen und auf der rechten Seite auf die Dateien eines ausgewählten Ordners zugreifen.

Windows for Workgroups *Subst.*
Eine 1992 veröffentlichte Windows-Version, die für den Betrieb in einem LAN (Local Area Network) auf Ethernet-Basis vorgesehen ist und ohne zusätzliche LAN-Software auskommt. → *siehe auch LAN, Windows.*

Windows-Metadateiformat *Subst.* (Windows Metafile Format)
Ein Windows-Dateiformat für Vektorgrafiken zum Austausch zwischen Anwendungsprogrammen und zum Speichern zwischen einzelnen Sitzungen. → *siehe auch Vektorgrafik.*

Windows NT *Subst.*
Ein 1993 von der Firma Microsoft veröffentlichtes Betriebssystem. Windows NT (manchmal auch kurz »NT« genannt) liegt als Mitglied der Betriebssystem-Familie von Microsoft im oberen Leistungsbereich. Es stellt ein eigenständiges Betriebssystem mit einer integrierten grafischen Benutzeroberfläche dar. Windows NT ist ein präemptives 32-Bit-Multitasking-Betriebssystem, das symmetrisches Multiprozessing, Multithreading und Netzwerk- und Sicherheitsfunktionen enthält. Es ist portierbar und läuft auf einer Vielfalt von Hardware-Plattformen, einschließlich der Intel-Mikroprozessoren 80386, i486 und Pentium sowie den MIPS-Prozessoren. Auch der Einsatz auf Multiprozessor-Computern ist möglich. Windows NT unterstützt bis zu 4 Gigabyte virtuellen Speicher und kann Anwendungen für MS-DOS, POSIX und OS/2 (Zeichenmodus) ausführen. → *siehe auch Betriebssystem, MS-DOS, OS/2, POSIX, Windows.*

Windows NT Advanced Server *Subst.*
Eine Erweiterung von Windows NT mit zentralisierter, auf Domänen basierter Netzwerkverwaltung und Sicherheitseinrichtungen. Windows NT Advanced Server bietet auch weiterentwickelte fehlertolerante Funktionen für Festplatten, wie beispielsweise das Spiegeln der Inhalte, und zusätzliche Vernetzungsmöglichkeiten. → *siehe auch Windows NT.*

Windows Open System Architecture *Subst.*
→ *siehe WOSA.*

Windows Sockets *Subst.* (Windows sockets)
→ *siehe Winsock.*

WinG *Subst.*
Kurzform für **Win**dows **G**ames (Windows Spiele). Eine Schnittstelle zur Anwendungsprogrammierung (API) für Spiele unter Windows 95, die durch direkten Zugriff auf den Bildschirmspeicher eine schnellere Bildfolge ermöglicht. → *siehe auch Anwendungs-Programmierschnittstelle, Einzelbild-Puffer, puffern.*

WINS *Subst.*
Abkürzung für **W**indows **I**nternet **N**aming **S**ervice. Ein Verfahren von Windows NT Server für die Zuordnung des Hostnamens eines Computers zu seiner Adresse. → *auch genannt INS, Internet Naming Service.* → *Vgl. DNS.*

Winsock *Subst.*
Kurzform für **Win**dows **Sock**ets. Eine Standardschnittstelle zur Anwendungsprogrammierung (API) für Programme, die eine TCP/IP-Schnittstelle unter Windows einrichten. Der Winsock-Standard entwickelte sich aus einer 1991 unter Softwareherstellern auf einer UNIX-Konferenz eröffneten Diskussion. Er wird inzwischen von vielen Softwareentwicklern unterstützt, darunter auch von Microsoft. → *siehe auch Anwendungs-Programmierschnittstelle, BOF, Sockel, TCP/IP.*

Wintel *Adj.*
Bezeichnet ein Computersystem, das mit dem Betriebssystem Microsoft Windows und einem Prozessor (CPU) der Firma Intel ausgestattet ist. → *siehe auch 80×86, PC-kompatibel, Windows.*

wired *Adj.*
Sich gut auskennen mit den Ressourcen, den Systemen und der Kultur des Internet.

Wirewrap-Technik *Subst.* (wire-wrapped circuits)
Eine Technik zum Schaltungsaufbau auf Lochrasterplatten, bei der die Verbindungen der Bauelemente durch Einzeldrähte hergestellt werden, analog zu den Leiterbahnen einer gedruckten Schaltung. Die abisolierten Drahtenden wickelt man dabei um die Stifte spezieller Wirewrap-Sockel für integrierte Schaltkreise. Mittels Wirewrap-Technik hergestellte Schaltungen sind in der Regel handgefertigte Einzelstücke, die in der Elektrotechnik für Prototypen und Entwicklungen verwendet werden. → *Vgl. gedruckte Leiterplatte.*

wirklicher Speicher *Subst.* (real storage)
Die Größe des RAM-Speichers in einem Computersystem (im Gegensatz zum virtuellem Speicher). → *siehe auch virtueller Speicher.* → *auch genannt physikalischer Speicher.*

wisiwig *Subst.* (wizzywig)
→ *siehe WYSIWYG.*

wissenschaftliche Notation *Subst.* (scientific notation)
Eine Zahlendarstellung im Gleitkommaformat, die sich insbesondere für sehr große oder sehr kleine Zahlen eignet. Eine Zahl wird dabei als Produkt aus einer Zahl zwischen 1 und 10 und einer Zehnerpotenz dargestellt. → *siehe auch Gleitkomma-Notation.*

Wissensdarstellung *Subst.* (knowledge representation)
Die Methodik, die die Basis für die Entscheidungsstruktur eines Expertensystems bildet. Bei dieser Basis handelt es sich meistens um Wenn-Dann-Regeln. → *siehe auch Expertensystem.*

Wissensdatenbank *Subst.* (knowledge base)
In Expertensystemen verwendete Form einer Datenbank, die das angehäufte Wissen menschlicher Spezialisten eines bestimmten Fachgebiets enthält. Das Ziehen von Schlüssen oder die Anwendung von Problemlösungsmethoden (vergleichbar mit der Vorgehensweise der Spezialisten) sind Gegenstand des Inferenzsystems, das einen weiteren entscheidenden Bestandteil eines Expertensystems bildet. → *siehe auch Expertensystem, Inferenzsystem.*

Wissensdomäne *Subst.* (knowledge domain)
Der bestimmte Bereich der Expertise, auf dem ein Expertensystem aufgebaut ist. → *siehe auch Expertensystem.*

Wissenserwerb *Subst.* (knowledge acquisition)
Das Umwandeln von menschlicher Expertise in ein Computerformat, um ein Expertensystem aufzubauen. → *siehe auch Expertensystem.*

Wissensexplosion *Subst.* (information explosion)
Der Begriff Wissensexplosion wird außerdem in Bezug auf das schnelle Wachstum der heutzutage verfügbaren Informationsmenge verwendet. → *auch genannt Informationsrevolution.*

Wissens-Ingenieur *Subst.* (knowledge engineer)
Ein Computerwissenschaftler, der ein Expertensystem aufbaut, in dem das erforderliche Wissen erworben und für das Programm konvertiert wird. → *siehe auch Expertensystem.*

wissensorientiertes System *Subst.* (knowledge-based system)
→ *siehe Expertensystem.*

.wmf
Eine Dateinamenerweiterung, die eine als »Microsoft Windows Metafile« codierte Vektorgrafik kennzeichnet.

WMF *Subst.*
→ *siehe Windows-Metadateiformat.*

Workaround *Subst.* (workaround)
Ein Lösungsweg zur Durchführung einer Aufgabe trotz eines Fehlers oder eines anderen Mangels von Software oder Hardware, bei dem das zugrundeliegende Problem jedoch nicht beseitigt wird. → *siehe auch Notkonstruktion.*

Workgroup Computing *Subst.* (workgroup computing)
Ein Konzept der elektronischen Zusammenarbeit einzelner Individuen, die dabei über eine Netzwerkstruktur (z.B. ein lokales Netzwerk) auf die gleichen Ressourcen und Dateien zugreifen und ihre getrennten Aufgaben koordinieren können. Ermöglicht wird dies durch speziell für Workgroup Computing entwickelte Programme. → *siehe auch Groupware*.

Workplace Shell *Subst.*
Die grafische Benutzeroberfläche von OS/2. Wie bei Mac OS und Windows 95, ist die Workplace Shell dokumentorientiert. Die Dokumentdateien werden als Symbole dargestellt, Klicken auf ein Symbol startet die zugehörige Anwendung, und das Drucken geschieht durch Ziehen der Dokumentsymbole auf ein Druckersymbol. Die Workplace Shell verwendet die grafischen Funktionen des Presentation Manager.

Workstation *Subst.* (workstation)
Ein leistungsstarker, eigenständiger Computer für den Einsatz in CAD-Anwendungen und anderen Bereichen, in denen in der Regel teure Maschinen der oberen Leistungsklasse mit beträchtlicher Rechenleistung oder grafischen Fähigkeiten benötigt werden.

World Wide Web *Subst.*
Die komplette Sammlung von Hypertext-Dokumenten, die auf HTTP-Servern in der ganzen Welt abgelegt sind. Dokumente im World Wide Web, die sog. Seiten oder Web-Seiten, sind in HTML (HyperText Markup Language) geschrieben. Sie werden durch URL-Adressen (Uniform Resource Locator) identifiziert, die einen bestimmten Server angeben sowie den Pfadnamen, unter dem auf eine Datei dort zugegriffen werden kann. Die Dateien werden von Knoten zu Knoten bis zum Benutzer mittels des Protokolls HTTP (HyperText Transfer Protocol) übertragen. Spezielle Codes, sog. Tags, die in ein HTML-Dokument eingebunden sind, verknüpfen bestimmte Wörter und Bilder in einem Dokument mit URL-Adressen. Über diese Adressen kann der Benutzer mittels Tastenbedienung oder Mausklick wiederum auf weitere Dateien zugreifen, die sich möglicherweise am anderen Ende der Welt befinden. Die Dateien können Text enthalten (in einer Vielfalt von Schriften und Schriftarten), Grafiken, Videodateien, Klänge sowie Java Applets, ActiveX-Steuerelemente oder andere kleine eingebundene Programme, die ausgeführt werden, wenn der Benutzer sie durch Anklicken eines Links aktiviert. Die Nutzung von Verknüpfungen auf einer Web-Seite ermöglicht es dem Besucher dieser Web-Seite darüber hinaus, Dateien von einer FTP-Site zu kopieren sowie über E-Mail Nachrichten an andere Benutzer zu senden. Das World Wide Web wurde 1989 von Timothy Berners-Lee für das Europäische Zentrum für Nuklearforschung (CERN) entwickelt. → *siehe auch ActiveX-Steuerelemente, HTML, HTTP, HTTP-Server, Java-Applet, URL*. → *auch genannt W3, W3, Web*.

World Wide Web Consortium *Subst.*
Ein Konsortium aus kommerziellen Organisationen und Bildungsinstitutionen, das die Entwicklungen des World Wide Web beaufsichtigt und Standards für alle damit zusammenhängenden Bereiche unterstützt.

WORM *Subst.*
Abkürzung für **W**rite **O**nce, **R**ead **M**any (»Einmal schreiben, oft lesen«). Eine Bauart eines optischen Datenträgers, bei der nach einmaliger Aufzeichnung keine Änderung der Daten möglich ist, Lesezugriffe jedoch unbegrenzt erfolgen können. WORMs sind Speichermedien mit hoher Kapazität. Da sie weder löschbar noch erneut beschreibbar sind, eignen sie sich für die Speicherung von Archiven und anderer großer Mengen unveränderlicher Informationen. → *siehe auch Bakterie*.

Wort *Subst.* (word)
Die systembedingte Speichereinheit einer bestimmten Maschine. Ein Wort ist die größte Datenmenge, die von einem Prozessor in einem Verarbeitungsschritt ausgeführt werden kann, und entspricht meist der Breite des Hauptdatenbus. Die häufigsten Wortbreiten sind 16 und 32 bit. → *Vgl. Byte, Octet*.

wortadressierbarer Prozessor *Subst.* (word-addressable processor)
Ein Prozessor, der nicht auf einzelne Speicherbytes, sondern nur auf größere Einheiten (Worte) zugreifen kann. Zur Ausführung von Operationen auf ein einzelnes Byte muß der Prozessor den

Speicher in der größeren Einheit lesen und beschreiben. → siehe auch Prozessor.

Wortlänge, feste Subst. (fixed-word-length computer)
→ siehe feste Wortlänge.

Wort, reserviertes Subst. (reserved word)
→ siehe reserviertes Wort.

WOSA Subst.
Abkürzung für Windows Open System Architecture (Offengelegte Systemarchitektur für Windows). Eine Zusammenstellung von Schnittstellen zur Anwendungsprogrammierung (API) von Microsoft, über die Windows-Anwendungen verschiedener Hersteller miteinander kommunizieren können (z. B. über ein Netzwerk). Die Schnittstellen des WOSA-Standards verfügen über ODBC-, MAPI-, TAPI- und RPC-Funktionalität sowie Windows-Sockets (Winsock). → siehe auch MAPI, ODBC, Remote-Prozeduraufruf, TAPI, Winsock.

.wp
Eine Dateinamenerweiterung zur Kennzeichnung von Dateien im Format des Textverarbeitungsprogramms WordPerfect.

WP Subst.
→ siehe Textverarbeitung.

WPS Subst.
→ siehe Workplace Shell.

WRAM Subst.
Abkürzung für Window Random Access Memory (»Fenster-RAM«). Ein spezieller Typ von RAM-Speicherbauelementen, der bei Grafikkarten eingesetzt wird. Ähnlich wie Video-RAM (VRAM), kann auch durch WRAM gleichzeitig ein Bildaufbau und ein Schreibvorgang stattfinden. WRAM ist jedoch noch schneller. → Vgl. Video-RAM.

Wraparound Vb. (wrap around)
Eine Bewegung am Anfang oder an einem neuen Startpunkt fortsetzen und nicht anhalten, wenn das Ende einer Folge erreicht ist – z.B. bei einer Cursorbewegung oder einer Suchoperation. Der Bildschirm-Cursor beispielsweise springt in der Regel auf die erste Spalte der nächsten Zeile, wenn der rechte Rand der Zeile erreicht ist, und bleibt nicht am Ende der aktuellen Zeile stehen. Ebenfalls kann man ein Programm anweisen, mit dem Suchen oder Ersetzen vom Anfang des Dokuments an fortzufahren, wenn man mit diesen Operationen in der Mitte begonnen hat und das Ende des Dokuments erreicht ist.

.wri
Die Dateinamenerweiterung von Dokumenten im Format von Microsoft Write.

Write-back-Cache Subst. (write-back cache)
Eine Form der temporären Speicherung in einem Cache-Speicher. Finden Änderungen der temporären Daten statt, werden sie beim Write-Back-Cache nicht sofort auf die Ursprungsdaten übertragen. Statt dessen werden sie markiert und erst beim Leeren des Cache zur Aktualisierung der Ursprungsdaten verwendet. Im Gegensatz dazu werden bei einem Write-Through-Cache Änderungen der temporären Daten sofort auf die Ursprungsdaten übertragen. Im Vergleich beider Verfahren erzielt der Write-Back-Cache eine höhere Systemleistung. Allerdings können unter bestimmten Umständen die Unterschiede der temporären und ursprünglichen Daten zu Problemen führen, es müssen dann Write-Through-Verfahren eingesetzt werden. → siehe auch Cache. → auch genannt Schreib-Cache, Write-behind-Cache.

Write-behind-Cache Subst. (write-behind cache)
Eine Form der temporären Speicherung, bei der die Daten vorübergehend im Speicher verbleiben (Caching), bevor sie zur permanenten Speicherung auf den Datenträger geschrieben werden. Caching verbessert die allgemeine Systemleistung, da die durchschnittliche Anzahl der relativ langsamen Lese- und Schreibzugriffe auf den Datenträger reduziert wird. → siehe auch CCITT, CPU-Cache.

.ws
Im Internet ein Kürzel für die übergreifende Länder-Domäne, die eine Adresse auf Westsamoa angibt.

w3 Subst.
→ siehe World Wide Web.

Wurm *Subst.* (worm)
Ein Programm, das sich in Computersystemen fortpflanzen kann, indem es in den Arbeitsspeichern der betroffenen Systeme Kopien von sich erstellt. Dabei kann sich ein Wurm innerhalb eines Computersystems so oft duplizieren, daß das System abstürzt. Ein Wurm kann auch aus einzelnen, separat programmierten Segmenten bestehen. Er wird unbemerkt in ein Host-System eingeschleust, was unter Computerfachleuten manchmal als Scherz verstanden wird, oft aber auch gezielt erfolgt, um Informationen zu zerstören. → *siehe auch Bakterie, Internet-Wurm, Trojanisches Pferd, Virus.*

Wurzel *Subst.* (root)
Die Hauptebene oder oberste Ebene in einer hierarchisch organisierten Informationsmenge. Die Wurzel ist der Punkt, von dem Untermengen in logischer Folge verzweigen, wobei sich die Darstellung vom Allgemeinen zum Speziellen bewegt. → *siehe auch Baum, Blatt (eines Logikbaums).*

.wv.us
Im Internet ein Kürzel für die übergreifende Länder-Domäne, die eine Adresse in West Virginia in den Vereinigten Staaten angibt.

WWW *Subst.*
→ *siehe World Wide Web.*

WYSBYGI *Subst.*
Abkürzung für What You See Before You Get It (»Was Sie sehen, bevor Sie es erhalten«). Ein Konzept in Anwendungen, bei dem vor endgültiger Übernahme der vom Benutzer durchgeführten Änderungen eine entsprechende Vorschau angezeigt wird. Beispielsweise kann ein Dialogfeld eines Textverarbeitungsprogramms eine Vorschau einer ausgewählten, neuen Schrift anzeigen, bevor die Schrift im Dokument tatsächlich geändert wird. Der Benutzer hat auf diese Weise die Möglichkeit, die Änderungen bei Nichtgefallen aufzuheben und das Dokument unverändert zu lassen. → *siehe auch WYSIWYG.*

WYSIWYG *Subst.*
Abkürzung für What You See Is What You Get (»Was Du siehst, bekommst Du auch«). Ein Darstellungsverfahren, durch das der Benutzer ein Dokument auf dem Bildschirm genauso angezeigt erhält, wie es im Druck erscheint. Dabei können Texte, Grafiken oder andere Elemente in der Ansicht direkt bearbeitet werden. Eine WYSIWYG-Sprache ist meist einfacher zu verwenden als eine Auszeichnungssprache, die keine direkte visuelle Rückmeldung der durchgeführten Änderungen vorsieht. → *Vgl. Auszeichnungssprache.*

.wy.us
Im Internet ein Kürzel für die übergreifende Länder-Domäne, die eine Adresse in Wyoming in den Vereinigten Staaten angibt.

X

X.21 *Subst.*
→ *siehe CCITT X series.*

X.25 *Subst.*
Eine von ITU-T (ehemals CCITT) veröffentlichte Empfehlung, die die Verbindung zwischen einem Terminal und einer Paketnetzvermittlung (Packet-Switching Network) definiert. X.25 umfaßt drei Definitionen: die elektrischen Verbindungen zwischen dem Terminal und dem Netzwerk, das Übertragungssicherungs- oder Datenverbindungs-Protokoll und die Implementation virtueller Verbindungen zwischen den Netzwerk-Teilnehmern. Zusammengenommen spezifizieren diese Definitionen eine synchrone Vollduplex-Verbindung zwischen Terminal und Netzwerk. Paketformat, Fehlerkontrolle und andere Merkmale entsprechen dem von der ISO festgelegten HDLC-Protokoll (High-level Data Link Control). → *siehe auch CCITT X series, HDLC, Paketvermittlung, virtuelle Verbindung.*

X.32 *Subst.*
→ *siehe CCITT X series.*

X.400 *Subst.*
→ *siehe CCITT X series.*

X.445 *Subst.*
→ *siehe CCITT X series.*

X.500 *Subst.*
→ *siehe CCITT X series.*

X.75 *Subst.*
→ *siehe CCITT X series.*

×86 *Subst.*
Jeder Computer, der auf einem der folgenden Mikroprozessoren basiert: 8086, 80286, 80386, 80486 oder Pentium.

x-Achse *Subst. (x-axis)*
Die horizontale Bezugslinie von Rastern, Diagrammen oder Graphen, die über horizontale und vertikale Dimensionen verfügen. → *siehe auch kartesische Koordinaten.*

Xbase *Subst.*
Eine allgemeine Bezeichnung für Datenbank-Sprachen, die auf der Grundlage von dBASE fungieren, einem urheberrechtlich geschützten Produkt der Ashton-Tate Corporation. Der Begriff wurde ursprünglich geprägt, um einen Rechtsstreit mit Ashton-Tate zu vermeiden. Xbase-Sprachen haben mittlerweile eigene Merkmale und sind nur noch teilweise mit der dBASE-Sprachfamilie kompatibel.

XCMD *Subst.*
Abkürzung für EXternal CoMmanD. Es handelt sich um eine externe Code-Ressource, die in HyperCard (einem für den Macintosh entwickelten Hypermedia-Programm) verwendet wird. → *siehe auch HyperCard, XFCN.*

X Consortium *Subst.*
Ein Gremium, das aus verschiedenen Hardware-Firmen zusammengesetzt wird, die die Standards für das X Window System festlegen. Das X Project Team der Open Group ist derzeit für das X Window System verantwortlich. → *siehe auch X Window System.*

XENIX *Subst.*
Eine Version des UNIX-Systems, die ursprünglich von Microsoft für Personal Computer auf Intel-Basis angepaßt wurde. Obwohl der Verkauf von XENIX durch mehrere Anbieter erfolgte, zu denen Microsoft, Intel und SCO (Santa Cruz Operation) gehören, identifiziert man es hauptsächlich mit SCO. → *siehe auch UNIX.*

Xerographie *Subst.* (xerography)
→ siehe Elektrofotografie.

Xerox PARC *Subst.*
Abkürzung für **X**erox **P**alo **A**lto **R**esearch **C**enter. Das Forschungszentrum der Firma Xerox in Palo Alto, USA. Xerox PARC ist die Geburtsstätte bedeutender Technologien: Hier wurden u.a. das lokale Netzwerk (LAN), der Laserdrucker und die grafische Benutzeroberfläche (GUI) entwickelt.

XFCN *Subst.*
Abkürzung für E**x**ternal **F**u**n**ction. Es handelt sich um eine externe Code-Ressource, die nach ihrer vollständigen Ausführung einen Wert zurückgibt und in HyperCard (einem für den Macintosh entwickelten Hypermedia-Programm) verwendet wird. → siehe auch HyperCard, XCMD.

XGA *Subst.*
→ siehe eXtended Graphics Array.

x-Höhe *Subst.* (x-height)
Bezeichnet in der Typografie die Höhe des Kleinbuchstabens x in einer bestimmten Schriftart. Die x-Höhe repräsentiert damit nur die Mittellänge, d.h. den Rumpf eines Kleinbuchstabens, ausschließlich der Oberlängen (z.B. des oberen Teils des Buchstabens b) und der Unterlängen (z.B. des Häkchens im Buchstaben g). → siehe auch Oberlänge, Unterlänge.

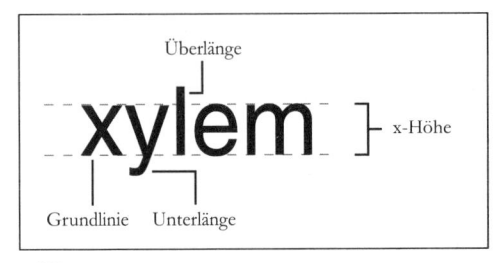

x-Höhe

Xmodem *Subst.*
Ein Protokoll für die Dateiübertragung bei der asynchronen Datenübertragung. Die Informationsübertragung erfolgt in Blöcken zu 128 Byte.

Xmodem 1K *Subst.*
Eine Version des Dateitransfer-Protokolls Xmodem, die für umfangreichere Datenübertragungen über größere Entfernungen vorgesehen ist. Xmodem 1K sendet Informationen in Blöcken von 1 KB (1024 Byte) und setzt eine zuverlässigere Methode der Fehlerprüfung ein. → siehe auch Xmodem.

Xmodem-CRC *Subst.*
Eine erweiterte Version des Dateitransfer-Protokolls Xmodem, die eine zyklische Redundanzprüfung (CRC) mit 2 Byte für die Erkennung von Übertragungsfehlern einschließt. → siehe auch CRC.

XMS *Subst.*
→ siehe extended memory specification.

XMT *Subst.*
Abkürzung für **T**rans**m**i**t**. Ein Signal, das in der seriellen Kommunikation verwendet wird.

XON/XOFF *Subst.*
Ein Protokoll zur asynchronen Datenübertragung, bei dem das empfangende Gerät (oder der Computer) mit speziellen Zeichen den Datenfluß vom sendenden Gerät (oder Computer) steuert. Kann der empfangende Computer den Datenempfang nicht fortsetzen, übermittelt er dem Sender ein XOFF-Steuerzeichen und bewirkt damit einen Übertragungsstop. Ist die Wiederaufnahme der Übertragung möglich, signalisiert dies der Computer dem Sender mit einem XON-Zeichen. → siehe auch Handshake. → auch genannt Software-Handshake.

XOR *Subst.*
→ siehe exklusives ODER.

X-Schaltfläche *Subst.* (X button)
→ siehe Schließen-Schaltfläche.

X series *Subst.*
→ siehe CCITT X series.

X-Terminal *Subst.* (X terminal)
Ein intelligentes Anzeigegerät, das an ein Ethernet-Netzwerk angeschlossen wird und Operationen auf Abfrage von Client-Anwendungen unter dem X Window System ausübt. → siehe auch Ethernet, X Windows.

XT-Tastatur *Subst.* (XT keyboard)
→ siehe PC/XT-Tastatur.

X Windows *Subst.*
→ *siehe X Window System.*

X Window System *Subst.*
Eine nichtproprietäre, standardisierte Menge von Display-Behandlungsroutinen, die am MIT entwickelt wurden. Dieses System wird häufig bei UNIX-Arbeitsstationen eingesetzt. Das X Window System ist nicht von der Hardware oder dem Betriebssystem abhängig. Ein X Window System-Client ruft einen Server auf, der sich auf der Arbeitsstation des Benutzers befindet, um ein Fenster aufzurufen, in dem der Client die Text- oder Grafikanzeige generieren kann. → *siehe auch X Consortium.* → *auch genannt X Windows.*

x-y-Display *Subst.* (X-Y display)
→ *siehe Vektor-Display.*

x-y-Matrix *Subst.* (*x-y* matrix)
Eine Anordnung von Reihen und Spalten mit einer horizontalen (*x*)-Achse und einer vertikalen (*y*)-Achse.

x-y-Plotter *Subst.* (*x-y* plotter)
→ *siehe Plotter.*

x-y-z-Koordinatensystem *Subst.* (*x-y-z* coordinate system)
Ein dreidimensionales, kartesisches Koordinatensystem, bei dem eine dritte (*z*)-Achse senkrecht auf der horizontalen (*x*)- und der vertikalen (*y*)-Achse steht. In der Computergrafik wird das x-y-z-Koordinatensystem zur Erzeugung von Modellen mit Länge, Breite und Tiefe verwendet. → *siehe auch kartesische Koordinaten.*

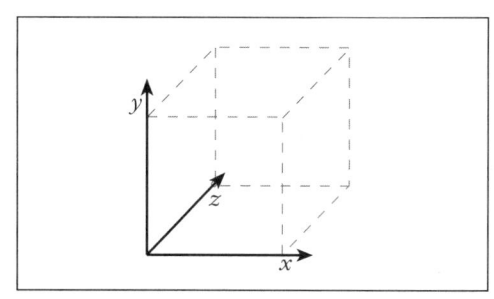

x-y-z-Koordinatensystem

Y

y-Achse *Subst.* (*y*-axis)
Die vertikale Bezugslinie von Rastern, Diagrammen oder Graphen, die über horizontale und vertikale Dimensionen verfügen. → *siehe auch kartesische Koordinaten.*

Yahoo! *Subst.*
Das erste große Online-Verzeichnis des Internet für World Wide Web-Ressourcen mit einer Suchmaschine, das unter http://www.yahoo.com zu erreichen ist.

Yanoff-Liste *Subst.* (Yanoff list)
Eine umgangssprachliche Bezeichnung für die von Scott Yanoff erstellte und aktualisierte Liste von Internet-Diensten. Die Yanoff-Liste bildete eines der ersten Verzeichnisse von Diensten und Ressourcen im Internet. Ihre Adresse lautet: http://www.spectracom.com/islist/.

.ye
Im Internet ein Kürzel für die übergreifende Länder-Domäne, die eine Adresse im Jemen angibt.

Yellow Pages *Subst.*
Der frühere Name eines UNIX-Dienstprogramms, hergestellt von SunSoft (einer Tochterfirma von Sun Microsystems), das eine zentrale Datenbank mit den Namen und Orten der Ressourcen eines Netzwerks verwaltet. Die Yellow Pages ermöglichen es den Prozessen auf den einzelnen Netzwerkknoten, die Ressourcen über deren Namen zu adressieren. Heute ist dieses Dienstprogramm formal unter dem Namen NIS (Network Information Service) bekannt.
Der Name »Yellow Pages« bezeichnet außerdem eine Datenbank des Registrierungsdienstes der InterNIC für Domänennamen und deren IP-Adressen. → *siehe auch Domänen-Name, IP-Adresse.*
Ferner stellt »Yellow Pages« eines der verschiedenen Branchenverzeichnisse für das Internet dar. Derartige Branchenverzeichnisse erscheinen gedruckt, in rein elektronischer Form oder in beiden Formaten.

YHBT *Subst.*
Abkürzung für You Have Been Trolled. Ein in E-Mail-Nachrichten und Newsgroups verwendeter Ausdruck, um anzumerken, daß der Empfänger handfest gefoppt wurde. → *siehe auch trollen.*

YHL *Subst.*
Abkürzung für You Have Lost (zu deutsch »Du hast verloren!«). Ein in E-Mail-Nachrichten und Newsgroups verwendeter Ausdruck, der häufig dem Ausdruck YHBT folgt. → *siehe auch YHBT.*

.yk.ca
Im Internet ein Kürzel für die übergreifende Länder-Domäne, die eine Adresse in Yukon in Kanada angibt.

Ymodem *Subst.*
Eine Variante des Dateitransferprotokolls Xmodem mit folgenden Erweiterungen: Fähigkeit zur Übertragung von Informationen in Blöcken von 1 Kilobyte (1024 Byte), Fähigkeit zum Senden mehrerer Dateien (bei Steuerung durch Stapeldatei), zyklische Redundanzprüfung (CRC – Cyclical Redundancy Checking) sowie Fähigkeit zum Abbruch einer Übertragung durch das Senden von zwei aufeinanderfolgenden CAN-Zeichen (von engl.: Cancel = Abbrechen). → *siehe auch CRC, Xmodem.*

yokto *Präfix* (yocto-)
Ein Maßeinheitenvorsatz in der Bedeutung 10^{-24}.

yotta *Präfix* (yotta-)
Ein Maßeinheitenvorsatz in der Bedeutung 10^{24}.

Y

.yt
Im Internet ein Kürzel für die übergreifende Länder-Domäne, die eine Adresse auf Mayotte angibt.

.yu
Im Internet ein Kürzel für die übergreifende Länder-Domäne, die eine Adresse im früheren Jugoslawien angibt.

Z

.z
Eine UNIX-Dateinamenerweiterung, die eine mit Hilfe der Dienstprogramme »gzip« oder »compact« komprimierte Datei kennzeichnet. → *siehe auch gzip.*

.Z
Eine UNIX-Dateinamenerweiterung, die eine mit Hilfe des Dienstprogramms »compress« komprimierte Datei kennzeichnet.

Z39.50-Standard *Subst.* (Z39.50 standard)
Eine Spezifikation einer Abfragesprache, die auf SQL (Strukturierter Abfragesprache) basiert. Sie wird neben anderen Internet-Diensten für WAIS eingesetzt, um über Schlüsselworte nach Dateien zu suchen, und dient häufig für den entfernten Zugriff auf Bibliothekskataloge. → *siehe auch SQL, WAIS.*

Z80 *Subst.*
Ein 8-Bit-Mikroprozessor der Firma Zilog, die von ehemaligen Intel-Ingenieuren gegründet wurde. Der Z80 verfügt über einen 16-Bit-Adreßbus, mit dem sich 64 Kilobyte Speicher direkt adressieren lassen, und einen 8-Bit-Datenbus. Als Nachfolger des Intel 8080 war der Z80 der bevorzugte Prozessor in der Ära des Betriebssystems CP/M. Einer der bekanntesten Computer der frühen 80er Jahre, der TRS-80 der Firma Radio Shack, basierte auf diesem Chip. → *siehe auch CP/M.*

.za
Im Internet ein Kürzel für die übergreifende Länder-Domäne, die eine Adresse in Südafrika angibt.

z-Achse *Subst.* (z-axis)
Die dritte Achse eines dreidimensionalen Koordinatensystems, die in der Computergrafik zur Darstellung der Tiefe verwendet wird. → *siehe auch x-y-z-Koordinatensystem, kartesische Koordinaten.*

Zähler *Subst.* (counter)
In der Programmierung eine Variable, die eine Zählfunktion übernimmt.
In der Elektronik ein Schaltkreis, der eine bestimmte Anzahl an Impulsen zählt, bevor er eine Ausgabe initiiert.
Im World Wide Web eine Einrichtung, die die Anzahl der Besucher einer Website zählt.

Zählschleife *Subst.* (counting loop)
Eine Gruppe von Befehlen in einem Programm, die mehrfach ausgeführt werden, wobei eine als Zähler fungierende Variable inkrementiert (hochgezählt) wird. Beispielsweise kann ein Programm wiederholt eine Zählschleife durchlaufen, die einen Ausgangswert (z.B. 0) so lange um den Wert 1 inkrementiert, bis der Endwert 10 erreicht ist. → *siehe auch Schleife durchlaufen.*

Zahlenfresser *Subst.* (number cruncher)
Ein Computer, der in der Lage ist, umfangreiche mathematische Berechnungen schnell auszuführen.
Außerdem die Bezeichnung für eine leistungsfähige Workstation.
Ferner ein Programm, dessen Hauptvorgang darin besteht, mathematische Berechnungen auszuführen (z.B. ein Statistikprogramm).
Außerdem die umgangssprachliche Bezeichnung für eine Person, die einen Computer für Zahlenanalysen verwendet.

zap *Vb.*
Ein dauerhaftes Löschen. Beispielsweise meint der Ausdruck »eine Datei zerschießen« sie zu entfernen, ohne sie jemals wieder abrufen zu können.

ZD Net *Subst.*
Eine Website für PC-Benutzer, die eine breite Palette von technischen Special-Interest-Gruppen (SIGs) verwaltet sowie Freeware- und Shareware-

Programme bereitstellt. Das ZD Net wurde von der Ziff Davis Verlagsgruppe als ein Online-Informationsdienst gegründet. → *siehe auch SIG*. → *auch genannt ZiffNet*.

Zehnerkomplement *Subst.* (ten's complement)
Eine Zahl im Dezimalsystem, die das Echtkomplement einer anderen Zahl ist. Gebildet wird das Zehnerkomplement entweder durch Subtraktion jeder Ziffer von der um 1 verringerten Basis und abschließendem Addieren einer 1 zum Ergebnis oder durch Subtraktion der gesamten Zahl von der nächsthöheren Potenz der Basis. Beispielsweise lautet das Zehnerkomplement von 25 gleich 75. Nach der ersten Methode subtrahiert man jede Ziffer von 9 – der um 1 verminderten Basis – (9–2 = 7 und 9–5 = 4) und addiert 1 zum Ergebnis (74+1 = 75). Zum gleichen Resultat gelangt man durch Subtraktion der Zahl 25 von der nächsthöheren Potenz von 10 – im Beispiel 100 – (100–25 = 75). → *siehe auch Komplement*. → *Vgl. Neunerkomplement*.

Zeichen *Subst.* (character)
Buchstaben, Ziffern, Satzzeichen, andere Symbole oder Steuerzeichen, die der Computer durch jeweils eine Informationseinheit – 1 Byte – darstellt. Ein Zeichen muß auf dem Papier oder Bildschirm nicht unbedingt sichtbar sein – ein Leerzeichen ist ebenso ein Zeichen wie ein Buchstabe (z. B. »a«) oder eine Ziffer von 0 bis 9. Da ein Computer nicht nur sog. druckbare Zeichen verarbeitet, sondern sich auch um das Aussehen (die Formatierung) und die Übertragung von elektronisch gespeicherten Informationen kümmert, kann es sich bei einem Zeichen auch um einen Wagenrücklauf oder eine Absatzmarke in einem mit einem Textverarbeitungsprogramm angefertigten Dokument handeln. Außerdem gibt es Zeichen, die einen Kontrollton (Beep) auslösen, eine neue Seite initiieren oder das Ende einer Datei kennzeichnen. → *siehe auch ASCII, EBCDIC, Steuerzeichen*.

Zeichenabbild *Subst.* (character image)
Eine Menge an Bits, die in der Form eines Zeichens angeordnet sind. Jedes Zeichenabbild existiert innerhalb eines rechteckigen Bereichs, dem Zeichenrechteck, das Höhe und Breite des Zeichenabbildes definiert. → *siehe auch Bitmap-Schrift*.

Zeichencode *Subst.* (character code)
Ein spezieller Code, der ein bestimmtes Zeichen in einem Zeichensatz (z. B. dem ASCII-Zeichensatz) repräsentiert. Der Zeichencode für eine bestimmte Taste ist abhängig davon, ob eine andere Taste (z. B. die Umschalttaste) zur gleichen Zeit gedrückt wird. Wird z. B. die Taste »A« alleine gedrückt, wird der Zeichencode für den Kleinbuchstaben »a« erzeugt. Wird dagegen die Taste in Verbindung mit der Umschalttaste betätigt, wird der Zeichencode für den Großbuchstaben »A« erzeugt. → *Vgl. Tastencode*.

Zeichendefinitionstabelle *Subst.* (character definition table)
Eine Tabelle mit Mustern, die ein Computer im Speicher ablegt und als Grundlage verwendet, um die Anordnung der Punkte zu bestimmen, aus denen Bitmap-Zeichen erzeugt und auf dem Bildschirm angezeigt werden. → *siehe auch Bitmap-Schrift*.

Zeichendichte *Subst.* (character density)
Beim Druck und bei der Bildschirmdarstellung ein Maß für die Anzahl der Zeichen pro Flächen- oder Längeneinheit. → *siehe auch Druckweite*.

Zeichendrucker *Subst.* (character printer)
Ein Drucker, der die einzelnen Zeichen nacheinander druckt, z. B. ein Standard-Matrixdrucker oder ein Typenraddrucker. → *Vgl. Seitendrucker, Zeilendrucker*.
Ein Drucker, der nur Textzeichen, aber keine Grafiken ausgeben kann. Zu den Textdruckern gehören Typenraddrucker, aber auch bestimmte Matrixdrucker und Laserdrucker, die nicht über einen Grafikmodus verfügen. Textdrucker empfangen lediglich die Zeichencodes vom steuernden System und drucken die entsprechenden Zeichen. → *Vgl. Grafikdrucker*.

Zeichenerkennung *Subst.* (character recognition)
Die Umwandlung von Texten, die als Bitmap-Grafik vorliegen und typischerweise mit einem Scanner eingelesen wurden, in eine Folge einzeln unterscheidbarer alphanumerischer Zeichen und Satzzeichen. Diese Umwandlung erfolgt mit Hilfe von Mustervergleichsverfahren. Aufgrund der Vielzahl unterschiedlicher Schriftarten und Schriftattribute (z. B. Fett- und Kursivschrift) bestehen

häufig große Unterschiede in der Gestaltung der Zeichen, so daß eine absolut fehlerfreie Zeichenerkennung in der Regel nicht möglich ist. Einige Systeme arbeiten nur mit einer begrenzten Anzahl vorgegebener Schriftarten und Schriftgrößen und können keine unterschiedlichen Schriftattribute verarbeiten. Derartige Systeme erreichen zwar eine sehr hohe Trefferquote, können aber nur Texte einlesen, die speziell für die Zeichenerkennung gedruckt wurden. Andere Systeme wiederum verwenden äußerst komplexe Mustervergleichsverfahren, die auch das Erlernen neuer Schriftarten und Schriftgrößen erlauben und inzwischen brauchbare Ergebnisse liefern. → *siehe auch Magnetschrifterkennung, Mustererkennung, optische Zeichenerkennung.*

Zeichenerkennung, optische *Subst.* (optical character recognition)
→ siehe optische Zeichenerkennung.

Zeichenfolge *Subst.* (character string, token)
Eine Menge von Zeichen, die als Einheit behandelt und vom Computer als Text und nicht als Folge von Zahlen interpretiert wird. Eine Zeichenfolge kann eine beliebige Sequenz von Elementen eines bestimmten Zeichensatzes enthalten, z.B. Buchstaben, Ziffern, Steuerzeichen und erweiterte ASCII-Zeichen. → *siehe auch ASCII, erweitertes ASCII, Steuerzeichen.* → *auch genannt String.*
Eine Zeichenfolge bezeichnet außerdem ein unteilbares Textelement, nach dem Daten analysiert werden (Parsing) – beispielsweise nach dem Vorkommen eines Variablennamens, eines reservierten Wortes oder eines Operators im Text eines Quellprogramms. Zeichenfolgen können auch zur Speicherung von Kurzbefehlen in Programmen dienen und so die Ausführungsgeschwindigkeit erhöhen. → *siehe auch Basic, parsen.*

Zeichengenerator *Subst.* (character generator)
Ein Programm oder ein Gerät, das einen bestimmten Zeichencode, z.B. einen ASCII-Code, in ein entsprechendes Pixelmuster für die Anzeige auf dem Bildschirm übersetzt. Entsprechende Geräte sind hinsichtlich der Anzahl und der Variierung von Schriftstilen meist begrenzt – im Unterschied zu Geräten, die mit Bitmap-Zeichen arbeiten. → *Vgl. Bitmap-Schrift.*

Zeichenmodus *Subst.* (character mode)
→ siehe Textmodus.

zeichenorientierte Benutzeroberfläche *Subst.* (character user interface)
Eine Benutzeroberfläche, in der nur Textzeichen dargestellt werden können. → *siehe auch Benutzeroberfläche.* → *Vgl. grafische Benutzeroberfläche.*

zeichenorientiertes Gerät *Subst.* (character device)
Ein Peripheriegerät, z.B. eine Tastatur oder ein Drucker, das Informationen als Folgen von Zeichen empfängt oder sendet. Die Zeichen werden entweder bitweise (seriell) oder byteweise (parallel) übertragen. Entscheidend dabei ist, daß keine Verschiebung in Blöcken (also in Gruppen aus jeweils mehreren Bytes) von einer Stelle zu einer anderen erfolgt. → *Vgl. blockorientiertes Gerät.*
In bezug auf Video-Displays stellt ein »zeichenorientiertes Gerät« ein Gerät dar, das nur Textzeichen, aber keine Grafiken anzeigen kann. → *siehe auch Textmodus.*

zeichenorientiertes Protokoll *Subst.* (character-oriented protocol)
→ siehe byte-orientiertes Protokoll.

Zeichenprogramm *Subst.* (drawing program)
Ein Programm zur Manipulierung von objektorientierten Grafiken – im Gegensatz zu Pixelbildern. In einem Zeichenprogramm kann der Benutzer ein Element, z.B. eine Linie, einen Kreis oder einen Textblock, als unabhängiges Objekt manipulieren, indem er es einfach markiert und verschiebt. → *siehe auch objektorientierte Grafik, Pixelgrafik, Vektorgrafik.*

Zeichen pro Sekunde *Subst.* (characters per second)
Abkürzung: cps. Eine Maßeinheit für die Geschwindigkeit von zeichenorientierten Druckern, z.B. Matrixdruckern oder Tintenstrahldruckern, nicht aber von Laserdruckern.
In der Einheit cps wird auch die Geschwindigkeit angegeben, mit der ein Gerät (z.B. ein Diskettenlaufwerk) Daten übertragen kann. Die Geschwindigkeit bei einer seriellen Übertragung, vor allem in Verbindung mit einem Modem, wird in der Regel in bps (Bit pro Sekunde) angegeben. Teilt man

den bps-Wert durch 10, erhält man in etwa die Anzahl der Zeichen, die pro Sekunde übertragen werden.

Zeichen pro Zoll *Subst.* (characters per inch)
Abkürzung: cpi. Ein Maß für die Anzahl der Zeichen einer bestimmten Größe und Schriftart, die auf einer Länge von 1 Zoll (etwa 2,54 cm) untergebracht werden können. Diese Anzahl wird durch zwei Merkmale beeinflußt: der Punktgröße und der Breite der Buchstaben in der jeweiligen Schrift. Bei dicktengleichen Schriften haben die Zeichen eine konstante Breite; bei Proportionalschriften sind die einzelnen Zeichen dagegen unterschiedlich breit, so daß Maßangaben in Zeichen pro Zoll einen Mittelwert darstellen. → *siehe auch dicktengleiche Schrift, Druckweite, Proportionalschrift.*

Zeichenrechteck *Subst.* (character rectangle)
Der Raum, der von der grafischen Repräsentation (der Bitmap) eines Zeichens eingenommen wird. → *siehe auch Bitmap.*

Zeichenrechteck

Zeichensatz *Subst.* (character set)
Eine Gruppierung von alphabetischen, numerischen und anderen Zeichen, die gemeinsame Merkmale aufweisen. Beispielsweise umfaßt der Standard-ASCII-Zeichensatz Buchstaben, Ziffern, Symbole und Steuerzeichen, die in ihrer Gesamtheit das ASCII-Codierungsschema bilden.

Zeichensatz mit fester Breite *Subst.* (fixed-width font)
→ *siehe dicktengleiche Schrift.*

Zeichenzelle *Subst.* (character cell)
Ein rechteckiger Block aus Bildpunkten (Pixeln), der die Fläche eines auf dem Bildschirm darzustellenden Zeichens vorgibt. Die Größe des Bereichs kann von Display zu Display unterschiedlich sein. Bei dicktengleichen Schriften weist eine Zeichenzelle immer die gleiche Größe auf, unabhängig davon, welcher Buchstabe dargestellt wird. In Verbindung mit Proportionalschriften (wie sie z.B. beim Macintosh verwendet werden) besitzen die einzelnen Zeichen dagegen eine unterschiedliche Breite (ein »m« ist z.B. breiter als ein »i«) – analog dazu hängt die Breite der Zeichenzelle vom jeweiligen Zeichen ab.

Zeichenzuordnung *Subst.* (character map)
In der textorientierten Computergrafik ein Block von Speicheradressen, der Zeichenflächen auf einem Bildschirm entspricht. Der jeder Zeichenfläche zugeordnete Speicher nimmt die Beschreibung des Zeichens auf, das in dieser Fläche anzuzeigen ist. → *siehe auch alphageometrisch.*

Zeigegerät *Subst.* (pointing device)
Ein Eingabegerät, das für die Steuerung eines Bildschirmcursors verwendet wird und mit dem sich Aktionen wie das »Betätigen« von Schaltflächen in Dialogfeldern, das Auswählen von Menüelementen und das Markieren von Zellbereichen in Tabellenblättern oder einer Gruppe von Wörtern in einem Dokument realisieren lassen. Ein Zeigegerät verwendet man häufig auch zum Erstellen von Zeichnungen oder grafischen Figuren. Das gebräuchlichste Zeigegerät ist die Maus, die vor allem durch ihre zentrale Rolle im Design des Apple Macintosh popularisiert wurde. Andere Zeigegeräte sind Grafiktablett, Griffel, Lichtgriffel, Joystick, Puck und Trackball. → *siehe auch Grafiktablett, Griffel, Joystick, Lichtgriffel, Maus, Puck, Trackball.*

Zeigegerät, absolutes *Subst.* (absolute pointing device)
→ *siehe absolutes Zeigegerät.*

Zeigegerät, relatives *Subst.* (relative pointing device)
→ *siehe relatives Zeigegerät.*

zeigen *Vb.* (point)
Einen Pfeil oder ein entsprechendes Hinweissymbol zu einem bestimmten Element oder zu einer bestimmten Position auf dem Bildschirm bewegen unter Verwendung der Pfeiltasten oder eines Zeigegerätes, z. B. einer Maus.

Zeigen und Klicken *Adj.* (point-and-click)
Die Möglichkeit für Benutzer, über die Maus oder über eine andere Zeigerfunktion Daten auszuwählen und Programme zu aktivieren, indem ein Cursor auf die gewünschte Stelle (»Punkt«) gerichtet und anschließend eine Maustaste gedrückt (»geklickt«) wird.

Zeiger *Subst.* (pointer)
In der Programmierung und Informationsverarbeitung versteht man unter Zeiger eine Variable, in der die Speicherstelle (Adresse) von Daten und nicht die Daten selbst enthalten sind. → *siehe Mauszeiger.* → *siehe auch adressieren, Handle, referenzieren.*

Zeile *Subst.* (line, row)
Eine Folge von Elementen, die innerhalb eines bestimmten Rahmens horizontal angeordnet sind – beispielsweise eine von rechts nach links fortlaufende Folge von Zellen in einem Tabellenblatt, eine horizontale Pixellinie auf einem Bildschirm oder eine Gruppe von Daten, die in einer Tabelle horizontal ausgerichtet sind. → *Vgl. Spalte.*
In der Programmierung bezeichnet der Begriff eine Anweisung (einen Befehl), die eine Zeile des Programms einnimmt. In diesem Kontext spricht man auch von »Programmzeile« oder »Codezeile«.

Zeilenabstand *Subst.* (leading, line spacing)
Auch als »Durchschuß« bezeichnet. Der Leerraum zwischen zwei Druckzeilen. Der Zeilenabstand wird in der typografischen Maßeinheit Punkt ausgedrückt und von der Grundlinie (der untersten Linie) einer Zeile zur Grundlinie der nächsten Zeile gemessen. Der Begriff entstammt der Praxis des traditionellen Bleisatzes, bei dem zwischen den Zeilen aus metallischen Lettern dünne Bleistreifen eingefügt (gewissermaßen »durchgeschossen«) wurden. → *siehe auch zeigen.*

Zeilenabstand: In der Regel ist der Zeilenabstand zwei bis drei Punkt größer als der Schriftgrad

Zeilenbreite *Subst.* (line width)
Die Länge einer Druckzeile auf einem Papierblatt oder einem Computermonitor, gemessen vom linken bis zum rechten Rand. Bei Schreibmaschinen wird die Zeilenbreite in der Regel als Anzahl der alphanumerischen Monospace-Zeichen angegeben, die auf eine Zeile passen. Übliche Maßeinheiten für die Zeilenbreite von Computerdruckern oder Monitoren sind Zoll, Zentimeter, Punkt oder Pica.

Zeilendrucker *Subst.* (line printer)
Ein Drucker, der jeweils eine komplette Zeile auf einmal druckt, im Gegensatz zum zeichenweisen Druck (wie bei vielen Matrixdruckern) oder dem seitenweisen Druck (wie bei einigen Matrixdruckern und den Laserdruckern). Charakteristisch für diesen Druckertyp sind die bekannten 11 mal 17 Zoll großen »Computerausdrucke«. Zeilendrucker sind Hochgeschwindigkeitsgeräte, die vor allem bei Großrechnern, Minicomputern oder Netzwerkmaschinen eingesetzt werden und bei Einbenutzersystemen kaum anzutreffen sind.

Zeileneditor *Subst.* (line editor)
Ein Programm zur Textbearbeitung, bei dem jede Zeile numeriert ist und sich Dokumente nur auf einer zeilenorientierten und nicht auf einer wortorientierten Basis bearbeiten lassen. → *siehe auch Editor.*

Zeilennummer *Subst.* (line number)
Eine Zahl, die einer Textzeile von einem Zeileneditor zugewiesen wird und als Bezug auf diese Zeile zum Anzeigen, Bearbeiten oder Drucken verwendet wird. Die Vergabe der Zeilennummern erfolgt fortlaufend. → *siehe auch Zeileneditor.*

zeilenorientierter Browser *Subst.* (line-based browser)
Ein Web-Browser, dessen Anzeige nicht auf Grafiken, sondern auf Text basiert. Ein häufig verwendeter zeilenorientierter Browser ist z. B. Lynx. → *siehe auch Lynx, Web-Browser.*

Zeilen pro Minute *Subst.* (lines per minute)
Ein Maß für die Druckergeschwindigkeit, das die Anzahl der in einer Minute gedruckten Zeichenzeilen angibt.

Zeilenschaltzeichen *Subst.* (newline character)
Ein Steuerzeichen, das den Cursor auf einem Display oder den Druckmechanismus eines Druckers an den Beginn der nächsten Zeile bringt. Das Zeilenschaltzeichen ist funktionell äquivalent mit der Zeichenkombination Wagenrücklauf (CR, Carriage Return) und dem Zeilenvorschub (LF, Linefeed).
→ *siehe auch Wagenrücklauf, Zeilenvorschub.*

Zeilensprungverfahren *Subst.* (interlacing)
Eine Technik, die in manchen Raster-Scan-Displays verwendet wird, wobei der Elektronenstrahl zunächst alle ungeradzahligen Zeilen und im nächsten Durchlauf alle geradzahligen Zeilen auffrischt (aktualisiert). Das Zeilensprungverfahren nutzt sowohl das Nachleuchten des phosphorbeschichteten Schirms als auch die Trägheit des menschlichen Auges aus, feine Unterschiede in der Lichtintensität zu mitteln oder zu überblenden. Durch die wechselweise Aktualisierung der Bildschirmzeilen halbiert sich beim Zeilensprungverfahren die Anzahl der Zeilen, die in einem Durchlauf aufzufrischen sind und ebenso die Anzahl der Informationen, die durch das Display-Signal pro Zeiteinheit zu übertragen sind. → *Vgl. ohne Zeilensprung.*

Zeilenumbruch *Subst.* (wordwrap)
Die Fähigkeit eines Textverarbeitungsprogramms, Textzeilen automatisch so umzubrechen, daß sie innerhalb der Seitenränder eines Dokuments bleiben. Der Benutzer muß Zeilenumbrüche dann nicht mehr manuell einfügen, während dies auf einer Schreibmaschine mit Hilfe der Wagenrücklauftaste erfolgen muß. → *siehe auch harter Zeilenvorschub, weicher Zeilenvorschub.*

Zeilenvorschub *Subst.* (linefeed)
Ein Steuerzeichen, das den Computer oder Drucker anweist, auf die Zeile unterhalb der aktuellen Zeile weiterzuschalten, ohne dabei die Position des Cursors oder Druckkopfes zu verschieben.

Zeilenvorschub, harter *Subst.* (hard return)
→ *siehe harter Zeilenvorschub.*

Zeilenvorschub, weicher *Subst.* (soft return)
→ *siehe weicher Zeilenvorschub.*

Zeilenzahl *Subst.* (lines of code)
Ein Maß für die Programmlänge. In Abhängigkeit von der jeweiligen Situation, kann es sich bei einer Codezeile um jede beliebige Zeile im Programm (Leerzeilen und Kommentare eingeschlossen), um jede Zeile, die tatsächlich Code enthält, oder um jede Anweisung handeln. → *siehe auch Anweisung.*

Zeit-Multiplexing *Subst.* (time-division multiplexing)
Eine Form des Multiplexing, bei der die Übertragungszeit in Abschnitte aufgeteilt wird und jeder Zeitabschnitt jeweils ein Element eines bestimmten Signals überträgt. → *siehe auch statistischer Multiplexer.* → *Vgl. FDM.*

Zeitscheibe *Subst.* (slice, time slice)
Eine kurze Zeitspanne, innerhalb der in einer zeitgeteilten Multitasking-Umgebung ein bestimmter Task die Zuteilung des Mikroprozessors erhält. → *siehe auch Multitasking, preemptives Multitasking.* → *Vgl. Quantum.*

Zeitscheiben-Multitasking *Subst.* (time-slice multitasking)
→ *siehe preemptives Multitasking.*

Zeitscheibenverfahren *Subst.* (time-sharing)
Die Verwendung eines Computersystems durch mehr als eine Person zur gleichen Zeit. Dabei werden separate Programme quasi parallel ausgeführt, indem allen Programmen (Benutzern) festgelegte Abschnitte der Prozessorzeit in schneller Folge nacheinander zugeteilt werden. → *siehe auch Zeitscheibe.*

Zeitüberschreitung *Subst.* (time out)
Ein Ereignis, das anzeigt, daß eine vorgegebene Zeitspanne ohne das Eintreten eines bestimmten erwarteten Ereignisses verstrichen ist. Das Timeout-Ereignis dient dazu, den wartenden Prozeß zu unterbrechen. Beispielsweise kann ein Einwahlnetzwerksystem nach dem Herstellen der Verbindung dem Benutzer 60 Sekunden für das Anmelden zuteilen. Erfolgt in dieser Zeit keine gültige Eingabe von Anmeldename und Paßwort, bricht

das System die Verbindung ab. Dies ist zum einen ein Schutz vor unbefugten Eindringlingen und gibt zum anderen die Leitung frei, falls sich die Verzögerung aufgrund eines Fehlers in der Verbindung ergeben hat.

zeitverzögerte Verarbeitung *Subst.* (deferred processing)
Die Verarbeitung von Daten, nachdem sie empfangen und in Blöcken gespeichert wurden. → *Vgl. Direktverarbeitung.*

Zellanimation *Subst.* (cell animation)
Ein Verfahren bei der Animation, das auf einer herkömmlichen Technik aufbaut, bei der mit transparenten Zelluloidfolien gearbeitet wird. Beim herkömmlichen Verfahren werden Folien angefertigt, die die einzelnen Phasen der Animation im Vordergrund zeigen. Die Folien werden dann nacheinander auf einen statischen Hintergrund gelegt (ggf. auch mehrere Folien übereinander), und jede daraus entstandene Sequenz wird fotografiert. Die softwaremäßige Zellanimation funktioniert nach demselben Prinzip und ist sehr effizient, da Bilder leicht reproduziert und verändert werden können.

Zellanimation

Zelle *Subst.* (cell)
In Verbindung mit der Tabellenkalkulation der Schnittpunkt einer Zeile und einer Spalte. Jede Zeile und jede Spalte hat eine eindeutige Nummer, so daß eine Zelle eindeutig adressiert werden kann. Beispielsweise liegt die Zelle B17 am Schnittpunkt von der Spalte B mit der Zeile 17. Jede Zelle wird als rechteckiger Bereich dargestellt und kann einen Text, einen Wert oder eine Formel enthalten.
Bei der Speicherverwaltung stellt eine »Zelle« eine (über einen Namen oder eine numerische Angabe) adressierbare Speichereinheit für Informationen dar. Eine binäre Zelle kann z.B. 1 bit aufnehmen – das heißt, die Zelle kann sich in einem der Zustände »ein« oder »aus« befinden.

Zelle, aktive *Subst.* (active cell)
→ *siehe aktive Zelle.*

Zelle, aktuelle *Subst.* (current cell)
→ *siehe aktive Zelle.*

Zelle, selektierte *Subst.* (selected cell)
→ *siehe aktive Zelle.*

zellularer Automat *Subst.* (cellular automata)
In der Informatik ein theoretisches Modell eines Parallelcomputers. Mit Hilfe derartiger Modelle sind Forschungen hinsichtlich der parallelen Verarbeitung von Daten möglich, ohne daß die Computer tatsächlich gebaut werden müssen. Ein zellularer Automat besteht aus einem Netzwerk mehrerer Zellen, die jeweils einen Prozessor des Parallelcomputers darstellen. Die einzelnen Zellen müssen identisch sein und eine begrenzte Menge an verfügbarem Speicher besitzen. Jede Zelle berechnet aus den Eingangswerten, die sie von den benachbarten Zellen empfängt, einen Ausgangswert, wobei alle Zellen ihre Werte gleichzeitig ausgeben.

Zensur *Subst.* (censorship)
Vorgang, bei dem die Verbreitung von Daten, die von einem Netzbetreiber als anstößig oder anderweitig unerwünscht eingestuft werden, unterbunden wird. Das Internet als ganzes wird nicht zensiert, aber einige Teile werden mit unterschiedlichem Ausmaß kontrolliert. Beispielsweise werden News-Server häufig so konfiguriert, daß bestimmte oder alle alt.-Newsgroups ausgenommen sind, wie alt.sex.* oder alt.music.white-power, da diese nicht moderiert sind und dazu tendieren, umstrittene oder polemische Inhalte zu verbreiten. Eine moderierte Newsgroup- oder Verteilerliste kann als Zensur angesehen werden, da der Moderator im allgemeinen besonders polemische und obszöne Inhalte oder Inhalte, die vom eigentlichen The-

ma der Newsgroup abweichen, löscht. Online-Dienste haben identifizierbare Besitzer, die häufig einen Teil der Verantwortung darüber übernehmen, welche Inhalte auf die Bildschirme der Netzteilnehmer gelangen. In einigen Ländern ist die Zensur von bestimmten politischen oder kulturellen Websites ein Gegenstand der nationalen Politik.

Zenti- *Präfix* (centi-)
Das Präfix für »Hundertstel«, z.B. in »Zentimeter« (ein Hundertstel eines Meters).
»Zenti« ist auch gelegentlich das Präfix für »Hundert«.

Zentrale *Subst.* (central office)
In der Datenkommunikation die Vermittlungsstelle, in der Verbindungen zwischen den einzelnen Leitungen der Kunden hergestellt werden.

zentrale Datenverarbeitung *Subst.* (centralized processing)
Die Konzentration von Datenverarbeitungsanlagen und die Ausführung der Operationen an einem einzelnen (zentralen) Ort. → *Vgl. dezentrale Datenverarbeitung, verteilte Datenverarbeitung.*

zentrieren *Vb.* (center)
Das Ausrichten von Textzeilen in der Mitte einer Zeile, Seite oder eines anderen Bereichs. Die äußere Begrenzung des Textes weist dann zu allen Rändern oder den Linien des Rahmens den gleichen Abstand auf. → *siehe auch ausrichten.*

zepto *Präfix* (zepto-)
Ein Maßeinheitenvorsatz in der Bedeutung 10^{-21}.

Zeroflag *Subst.* (zero flag)
Ein Flag (Bit) im Mikroprozessor, das meist Bestandteil des sog. Flagregisters ist und gesetzt (eingeschaltet) wird, wenn das Ergebnis einer Operation gleich Null ist.

Zero-Insertion-Force-Socket *Subst.* (zero-insertion-force socket)
→ *siehe ZIF-Sockel.*

zerschießen *Vb.* (fry, zap)
Eine Platine oder ein anderes Bauelement eines Computers zerstören, in der Regel durch sich entladende statische Elektrizität oder das Anlegen einer zu hohen Versorgungsspannung.

Auch unter normalen Betriebsbedingungen kann ein elektronisches Bauelement »zerstört« werden, wenn es ausfällt oder der fließende Strom die zulässigen Grenzwerte des Designs übersteigt.

zerstörendes Lesen *Subst.* (destructive read)
Ein Merkmal bestimmter Speichersysteme, insbesondere der Kernspeicher, bei denen durch das Lesen einer Speicherstelle zwar die Übergabe der Daten an den Prozessor erfolgt, aber die im Speicher befindliche Kopie durch den Leseprozeß zerstört wird. Diese Systeme erfordern eine spezielle Logik, um die Daten nach dem Lesen wieder zurück in die Speicherstelle zu schreiben. → *siehe auch Kernspeicher.* → *Vgl. zerstörungsfreies Lesen.*

zerstörungsfreies Lesen *Subst.* (nondestructive readout)
Eine Leseoperation, bei der keine Zerstörung der gelesenen Daten erfolgt, weil durch die verwendete Speichertechnologie der Datenerhalt gesichert ist oder das Lesen von einem Refresh-Prozeß (Aktualisierung) begleitet wird. → *Vgl. zerstörendes Lesen.*

Zertifikation *Subst.* (certification)
Das Verleihen eines besonderen Dokuments, um die Fähigkeiten von EDV-Benutzern und EDV-Profis auf einem bestimmten Gebiet zu belegen. Einige Hardware- und Softwarehersteller, z.B. Microsoft und Novell, verleihen Zertifikate, die die Anwendung ihrer Produkte betreffen. Diverse Verbände, z.B. das ICCP (Institute for Certification of Computer Professionals) und die CompTIA (Computing Technology Industry Association) ermöglichen es, Zertifikate in allgemeineren EDV-Bereichen zu erlangen.
Zertifikate werden nicht nur an Benutzer verliehen, sondern auch an Hardware- und Softwareprodukte. Derartige Zertifikate belegen, daß ein Produkt eine Reihe von Spezifikationen einhält, z.B. hinsichtlich der korrekten Zusammenarbeit mit bestimmten anderen Hardware- und Softwareprodukten.
Des weiteren werden Zertifikate an Benutzer verliehen, denen vertraut wird, soweit dies z.B. den adäquaten Umgang mit brisanten Daten betrifft, und die Sicherheitsrichtlinien einhalten. Ferner werden Zertifikate an Websites verliehen, in denen sicherheitsrelevante Aspekte berücksich-

tigt werden und deren Inhalte gut recherchiert sind.

zetta *Präfix* (zetta-)
Ein Maßeinheitenvorsatz in der Bedeutung 10^{21}.

ziehen *Vb.* (drag)
Auf grafischen Benutzeroberflächen das Verschieben eines Bildes oder eines Fensters von einer Stelle auf dem Bildschirm zu einer anderen, indem das entsprechende Objekt »angefaßt« und mit Hilfe der Maus auf die neue Position gebracht wird. Der Mauszeiger wird über das Objekt positioniert, und die Maustaste wird gedrückt und gehalten, während das Objekt mittels der Maus an den neuen Ort verschoben wird.

Ziehpunkt *Subst.* (handle)
Eines von verschiedenen kleinen Quadraten, das um ein grafisches Objekt in einem Grafikprogramm angezeigt wird. Der Benutzer kann das Objekt verschieben oder umformen, indem auf den Handle geklickt und dieser anschließend gezogen wird.

Ziel *Subst.* (destination, target)
Im weitesten Sinne ein Gegenstand, auf den sich ein Computerbefehl oder eine Operation bezieht. Beispiele dafür sind: Ein Computer, der ein für ihn übersetztes Programm ausführen soll; eine »fremde« Sprache (für einen anderen Computer), in die ein Programm übersetzt wird; oder eine Gruppe von Menschen, für die ein bestimmtes Produkt entworfen wurde. Im Betriebssystem MS-DOS wird mit dem Begriff Ziel meist die Diskette bezeichnet, auf die sich die vom Betriebssystem angezeigte Eingabeaufforderung bei einem Kopierbefehl bezieht (z.B.: »Zieldiskette in Laufwerk A: einlegen«). Im Zusammenhang mit dem SCSI-Anschluß (Small Computer System Interface) beschreibt dieser Begriff das Gerät, das die Befehle empfängt. → *siehe auch SCSI, Zielcomputer, Zieldatenträger, Zielsprache.*
→ *Vgl. Quelle.*

Zielcomputer *Subst.* (target computer)
Bezeichnet einen Computer, der Daten von einem Kommunikationsgerät, einem Hardware-Zusatzgerät oder einem Software-Paket empfängt.

Zieldatenträger *Subst.* (target disk)
Der Datenträger, auf den bei einer Operation (z.B. Kopieren) die Daten geschrieben werden. → *siehe auch Ziel.* → *Vgl. Quelldatenträger.*

Zielsprache *Subst.* (target language)
Die Sprache, in die der Quelltext kompiliert oder assembliert wird. → *siehe auch Assembler, Compiler, Cross-Compiler.*

Ziffer *Subst.* (digit)
Eines der Zeichen, das in einem Zahlensystem für die Darstellung einer vollständigen Zahl (als Einheit) verwendet wird. In jedem Zahlensystem entspricht die Anzahl der möglichen Ziffern der verwendeten Basis. Das Dezimalsystem (mit der Basis 10) verfügt z.B. über die 10 Ziffern von 0 bis 9, das Binärsystem (Basis 2) kennt nur die zwei Ziffern 0 und 1, und im Hexadezimalsystem (Basis 16) werden 16 Ziffern verwendet – 0 bis 9 und A bis F.

Ziffernblock *Subst.* (keypad)
→ *siehe numerischer Tastenblock.*

Zifferncode *Subst.* (cipher)
Ein Code oder ein codiertes Zeichen.

ZiffNet *Subst.*
→ *siehe ZD Net.*

ZIF-Sockel *Subst.* (ZIF socket)
Kurzform für Zero-Insertion-Force **socket** (Nullkraftsockel). Ein Sockel für integrierte Schaltkreise, der über einen Hebel oder einen Drehverschluß geöffnet werden kann. Der Schaltkreis kann dann ohne Kraftanwendung eingesetzt werden. Durch Schließen des Hebels oder des Drehverschlusses werden die Anschlüsse des Schaltkreises kontaktiert. ZIF-Sockel erleichtern das häufigere Einsetzen und Entfernen der Schaltkreise, benötigen allerdings mehr Montagefläche und sind teurer als konventionelle Sockel.

.zip
Eine Dateinamenerweiterung, die ein im ZIP-Format (z.B. durch PKZIP) komprimiertes Dateiarchiv kennzeichnet. → *siehe auch komprimierte Datei, PKZIP.*

Zip-Laufwerk *Subst.* (Zip drive)
Ein von der Firma Iomega entwickeltes Diskettenlaufwerk, das wechselbare 3,5-Zoll-Disketten (»Zip-Disketten«) mit einer Speicherkapazität von 100 Megabyte verwendet. → *siehe auch Diskettenlaufwerk.*

Zip-Laufwerk

.zm
Im Internet ein Kürzel für die übergreifende Länder-Domäne, die eine Adresse in Sambia angibt.

Zmodem *Subst.*
Eine Erweiterung des Dateitransferprotokolls Xmodem zur Übertragung größerer Datenmengen bei verbesserter Fehlersicherheit. Wenn der Dateitransfer durch einen Leitungsausfall unterbrochen wurde, kann Zmodem einen Neustart (Checkpoint Restart) ausführen. Dabei wird die Übertragung an der Stelle wieder aufgenommen, an der sie unterbrochen wurde, anstatt von vorn zu beginnen. → *siehe auch Xmodem.*

Zone *Subst.* (zone)
Auf einem lokalen Netzwerk eine Untergruppe von Benutzern innerhalb einer größeren Gruppe miteinander verbundener Netzwerke.
Beim Apple Macintosh bezeichnet »Zone« den Teil des Speichers, der durch die Speicherverwaltung belegt oder freigegeben wird, wenn Anwendungen oder andere Teile des Betriebssystems Speicher anfordern bzw. nicht mehr benötigen. → *siehe auch Heap.*

Zone Header *Subst.* (zone header)
Beim Apple Macintosh ein Bereich am Anfang eines Speicherblocks, der Informationen für die Speicherverwaltungsfunktionen enthält und eine effektive Verwendung des Speicherblocks ermöglicht.

.zoo
Eine Dateinamenerweiterung für Dateiarchive, die mit Hilfe des Dienstprogramms »zoo« komprimiert wurden. → *siehe auch zoo210.*

zoo210 *Subst.*
Die Version 2.1 von »zoo«, einem Dienstprogramm zur Erstellung komprimierter Dateiarchive (mit der Dateinamenerweiterung ».zoo«). Der Algorithmus für zoo210 basiert auf dem von LHARC. Implementierungen von zoo210 sind für UNIX- und Intel-Systeme erhältlich. → *siehe auch Archivdatei, LHARC.*

zoomen *Vb.* (zoom)
Das Vergrößern eines ausgewählten Ausschnitts einer Grafik oder eines Dokuments auf Fenster- oder Bildschirmgröße. Das Zoomen ist eine Funktion vieler Programme (wie Grafik-, Textverarbeitungs- und Tabellenkalkulationsprogramme), mit der der Benutzer einen kleinen Ausschnitt des Bildschirms auswählen, diese Auswahl vergrößern (zoomen) und Änderungen an dem vergrößerten Ausschnitt in einer höheren Auflösung vornehmen kann. → *siehe auch Fenster.*

Zoom-Schaltfläche *Subst.* (zoom box)
Ein Kontrollfeld in der rechten oberen Bildschirmecke eines Apple Macintosh. Durch Klicken auf die Zoom-Schaltfläche wird die Größe des Fensters zwischen der maximalen Größe und einer voreingestellten, benutzerdefinierten Größe umgeschaltet. → *Vgl. Schaltfläche »Maximieren«.*

.zr
Im Internet ein Kürzel für die übergreifende Länder-Domäne, die eine Adresse in Zaire angibt.

Zubehör *Subst.* (accessory)
→ *siehe Peripherie.*

Zufallsrauschen *Subst.* (random noise)
Ein Signal, bei dem keinerlei Beziehungen zwischen Amplitude und Zeit bestehen und in dem viele Frequenzen zufällig, ohne Muster und in nicht voraussagbarer Folge auftreten.

Zufallszahlen-Erzeugung *Subst.* (random number generation)
Die Erzeugung einer nicht voraussagbaren Zahlenfolge, bei der keine Zahl zu einem gegebenen Zeitpunkt oder einer bestimmten Position in der Folge wahrscheinlicher auftritt als irgendeine andere. Die Erzeugung echter Zufallszahlen gilt im allgemeinen als nicht realisierbar. Der in Computern eingesetzte Algorithmus muß daher richtiger »Pseudozufallszahlen-Erzeugung« heißen.

Zugangs-Provider *Subst.* (access provider)
→ *siehe ISP.*

zugreifen *Vb.* (access)
Ein Vorgang, mit dem Daten aus dem Speicher gelesen oder in diesen geschrieben werden.

Zugriff *Subst.* (access, hit)
Ein Vorgang, mit dem Daten aus dem Speicher gelesen oder in diesen geschrieben werden.
Im Internet ein Dokumentaufruf, z.B. eine Homepage, von einer Website.

Zugriff, direkter *Subst.* (direct address)
→ *siehe direkter Zugriff.*
→ *siehe absolute Adresse.*

Zugriff, gleichzeitiger *Subst.* (simultaneous access)
→ *siehe paralleler Zugriff.*

Zugriff, indexsequentieller *Subst.* (indexed sequential access method)
→ *siehe indexsequentieller Zugriff.*

Zugriff, paralleler *Subst.* (parallel access)
→ *siehe paralleler Zugriff.*

Zugriffsarm *Subst.* (access arm, head arm)
Ein mechanischer Arm in einer Festplatte oder einem Diskettenlaufwerk, der die Schreib-Lese-Köpfe über die Oberfläche der Magnetplatte bzw. Diskette bewegt.

Zugriffsart *Subst.* (access mechanism)
Im Bereich der Programmierung die Art und Weise, in der ein Anwendungsprogramm lesend

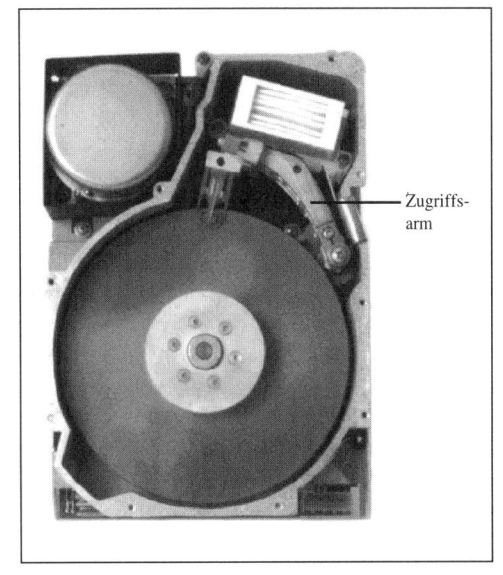

Zugriffsarm

oder schreibend auf Ressourcen zugreift. → *auch genannt Zugriffsmethode.*

Zugriffscode *Subst.* (access code)
→ *siehe Kennwort.*

Zugriff, sequentieller *Subst.* (sequential access)
→ *siehe sequentieller Zugriff.*

Zugriff, serieller *Subst.* (serial access)
→ *siehe sequentieller Zugriff.*

Zugriffsgeschwindigkeit *Subst.* (access speed)
→ *siehe Zugriffszeit.*

Zugriffskontrolle *Subst.* (access control)
Der Mechanismus in einem Netzwerk, um abhängig von der Identität des Benutzers und seiner Zugehörigkeit den Zugriff auf bestimmte Informationen oder Funktionen zu beschränken. Typischerweise gibt es vordefinierte Gruppen mit unterschiedlichen Rechten, wobei der Benutzer einer dieser Gruppen zugeordnet ist. Die Zugangskontrolle wird gewöhnlich von den Systemadministratoren eingerichtet und verwaltet, um den Benutzerzugriff auf Netzwerkressourcen, z.B. Server, Verzeichnisse und Dateien, zu regeln. → *siehe auch Systemadministrator, Zugriffsrechte.*

Zugriffskontroll-Liste *Subst.* (access control list)
Eine Liste, die mit einer Datei verknüpft ist und Informationen darüber enthält, welche Benutzer bzw. Benutzergruppen Rechte besitzen, auf diese Datei zuzugreifen oder diese zu ändern.

Zugriffsmechanismus *Subst.* (access mechanism)
Bei einem Laufwerk die Bestandteile, die den Schreib-Lese-Kopf (bzw. die Schreib-Lese-Köpfe) über der korrekten Spur eines magnetischen oder optischen Datenträgers positionieren.
Im Bereich der Halbleitertechnik ein Schaltkreis, der es einem Bestandteil eines Computersystems erlaubt, Signale an einen anderen Bestandteil zu senden. → *siehe auch Disk-Controller.*

Zugriffsmethode *Subst.* (access method)
→ *siehe Zugriffsmechanismus.*

Zugriffspfad *Subst.* (access path)
Der vom Betriebssystem verfolgte Weg beim Auffinden einer gespeicherten Datei. Der Zugriffspfad beginnt mit dem Laufwerks- oder Volumenbezeichner, setzt sich mit der Kette der Verzeichnisse und Unterverzeichnisse (falls vorhanden) fort und endet mit dem Dateinamen. Beispiel für einen Zugriffspfad: »C:\Bücher\Wörterbücher\Start.exe«.

Zugriffsrechte *Subst.* (access privileges, access rights, account policy)
Die Arten von Operationen, für die der Anwender die Erlaubnis besitzt, bestimmte Systemressourcen in einem Netzwerk oder auf einem Datei-Server zu nutzen. Eine Reihe von Operationen, so z.B. die Möglichkeit, auf einen Server zuzugreifen, den Inhalt eines Verzeichnisses einzusehen, Dateien zu öffnen oder zu übertragen sowie Dateien anzulegen, zu ändern oder zu löschen, können vom Systemadministrator entweder freigegeben oder gesperrt werden. Das Zuordnen von benutzerspezifischen Zugriffsrechten hilft dem Systemadministrator, die Sicherheit im System zu gewährleisten. Außerdem wird sichergestellt, daß vertrauliche Daten nicht in falsche Hände gelangen und daß Systemressourcen wie der Festplattenspeicherplatz adäquat belegt werden. → *siehe auch Dateischutz, Datei-Server, Erlaubnis, Schreibrechte, Systemadministrator.*
Im abstrakteren Sinne stellen die Zugriffsrechte einen Satz von Regeln dar, die darüber entscheiden, ob ein neuer Anwender Zugang zu einem lokalen Netzwerk oder einem Mehrbenutzersystem bekommt und unter welchen Umständen die Rechte bereits eingetragener Anwender erweitert werden, so daß diese zusätzliche Systemressourcen nutzen können. Im allgemeinen bestimmen die Zugriffsrechte auch darüber, welche Vorschriften die Benutzer während der Arbeit im System einhalten müssen – andernfalls riskieren sie den Verlust von allen oder bestimmten Zugriffsmöglichkeiten.

Zugriffstaste *Subst.* (accelerator, shortcut key)
In Anwendungsprogrammen eine Taste oder Tastenkombination, mit der eine bestimmte Funktion abgerufen werden kann. → *auch genannt Tastenkombination.*

Zugriffsverzögerung durch Umdrehung *Subst.* (rotational latency)
→ *siehe Umdrehungswartezeit.*

Zugriffszeit *Subst.* (access time)
Im Zusammenhang mit Speicheroperationen die Zeitspanne, die vom Angeben der Adresse bis zu dem Zeitpunkt verstreicht, an dem die Daten vom Arbeitsspeicher an den Prozessor übertragen wurden.
In Verbindung mit Laufwerken die Zeitspanne, die benötigt wird, um den Schreib-Lese-Kopf über einer bestimmten Spur zu positionieren. Die Zugriffszeit wird gewöhnlich in Millisekunden gemessen und als Indikator für die Leistungsfähigkeit von Festplatten sowie CD-ROM-Laufwerken verwendet. → *siehe auch Kopfberuhigungszeit, Schreib-Lese-Kopf, Suchzeit, Waitstate.* → *Vgl. Zykluszeit.*

Zugriff, unmittelbarer *Subst.* (immediate access)
→ *siehe wahlfreier Zugriff.*

Zugriff, wahlfreier *Subst.* (random access)
→ *siehe wahlfreier Zugriff.*

Zulu Time *Subst.* (Zulu time)
Umgangssprachlich für Greenwich Mean Time (GMT).

zuordnen *Vb.* (associate)
Bei der betriebssystemspezifischen Dateiverwaltung das Verknüpfen einer bestimmten Datei-

erweiterung mit einer bestimmten Anwendung. Entsprechend verknüpfte Dateien lassen sich einfach bearbeiten, auch wenn sich das Anwendungsprogramm noch nicht im Arbeitsspeicher befindet. Es muß nur die Datei geöffnet werden (typischerweise vom Desktop aus), woraufhin die jeweilige Anwendung automatisch vom Betriebssystem geladen und in dieser die Datei nachgeladen wird.

Zuordnungseinheit *Subst.* (cluster)
Die kleinste Speichereinheit, in der das Betriebssystem Daten liest und schreibt. Eine Zuordnungseinheit besteht aus einer festen Anzahl von Sektoren (Speichersegmenten auf einem Datenträger). Typischerweise setzt sich eine Zuordnungseinheit aus 2 bis 8 Sektoren zusammen, von denen jeder eine bestimmte Anzahl von Bytes (Zeichen) aufnimmt.

Zuordnungseinheit, verlorene *Subst.* (lost cluster)
→ *siehe verlorene Zuordnungseinheit.*

zurückgeben *Vb.* (return)
Das Ergebnis einer aufgerufenen Routine dem aufrufenden Programm bzw. der aufrufenden Routine zurückmelden.

zurücksetzen *Vb.* (unset)
Den Wert eines Bit auf 0 (Null) einstellen. → *Vgl. setzen.*

zurückspringen *Vb.* (exit, return)
In der Programmierung das Übergeben der Steuerung des Systems von einer aufgerufenen Routine (bzw. Programm) zurück an die aufrufende Routine (Programm). Einige Programmiersprachen unterstützen explizite Anweisungen wie *Return* oder *Exit*, andere gestatten das Zurückspringen nur am Ende (letzte Anweisung) der aufgerufenen Routine (bzw. Programm). Bei der ersten Kategorie von Programmiersprache lassen sich innerhalb einer Routine in der Regel mehrere Rücksprung-Stellen definieren, um die Beendigung in Abhängigkeit von verschiedenen Bedingungen zu erlauben. → *siehe auch aufrufen.*

zurückspulen *Vb.* (rewind)
Das Magnetband einer Spule oder Kassette in die Anfangsposition bringen.

Zurückverfolgung *Subst.* (backtracking)
Die Fähigkeit eines Expertensystems, alternative Lösungen als Versuch auszuprobieren, die Antwort auf ein Problem zu finden. Die Alternativen können als Zweige eines Baumes betrachtet werden. Die Zurückverfolgung unterliegt folgendem Prinzip: Das Programm folgt einem Ast. Erreicht es dabei ein Astende, ohne das gesuchte Element gefunden zu haben, kehrt es zurück und untersucht einen anderen Ast.

zusammenfassen *Vb.* (summarize)
Die Ergebnisse einer Umfrage oder einer Wahl nach der Auszählung in kurzer Form per E-Mail an eine Newsgroup oder Verteilerliste senden.

Zusammenfassung *Subst.* (abstract)
In der Informationsverarbeitung und der Bibliothekswissenschaft eine Inhaltsangabe, die typischerweise aus einem oder einigen wenigen Absätzen besteht und sich am Anfang eines längeren Textes befindet, z.B. einer wissenschaftlichen Abhandlung.

zusammengebrochener Backbone *Subst.* (collapsed backbone)
→ *siehe Backbone.*

zusammengesetzte Anweisung *Subst.* (compound statement)
Ein selbständiger Befehl, der aus zwei oder mehr Einzelbefehlen besteht.

zusammengesetzter Schlüssel *Subst.* (composite key)
Ein Schlüssel, dessen Definition aus zwei oder mehr Feldern in einer Datei, Spalten in einer Tabelle oder Attributen in einer Relation besteht.

Zusatzeinrichtung *Subst.* (auxiliary equipment)
→ *siehe Zubehör.*

Zusatzgerät *Subst.* (ancillary equipment)
→ *siehe Peripherie.*

Zusatzprozessor *Subst.* (attached processor)
In einem Computersystem eingesetzter sekundärer Prozessor, z.B. ein Tastatur- oder Video-Subsystem-Prozessor.

Zuverlässigkeit *Subst.* (reliability)
Die Wahrscheinlichkeit, mit der ein Computersystem oder ein anderes Gerät über einen gegebenen Zeitraum und unter bestimmten Bedingungen funktioniert. Als Maß für die Zuverlässigkeit verwendet man verschiedenartige Leistungsindizes. Beispielsweise wird die Zuverlässigkeit einer Festplatte als »Mean Time Between Failures« (MTBF), im Deutschen »mittlere fehlerfreie Betriebszeit«, angegeben. Es handelt sich hier um die Angabe der Zeitspanne zwischen zwei Ausfällen, innerhalb derer man statistisch von der einwandfreien Funktion der Festplatte ausgehen kann. → *siehe auch MTBF, MTTR.*

Zuweisung bei Kompilierung *Subst.* (compile-time binding)
Das Zuweisen der einzelnen Bezeichner in einem Programm (z.B. Funktionsnamen und Konstanten) mit Werten zu dem Zeitpunkt, zu dem das Programm kompiliert wird. Das Gegenstück ist die Zuweisung zur Laufzeit. → *Vgl. Laufzeitbindung.*

Zuweisungsbefehl *Subst.* (assignment statement)
Ein Befehl in einer Programmiersprache, der dazu dient, einer Variablen einen Wert zuzuweisen. Die Zuweisung besteht gewöhnlich aus drei Elementen (von links nach rechts in bezug auf die Schreibweise im Programm): der Zielvariablen, dem Zuweisungsoperator (typischerweise ein Symbol wie = oder :=) und dem zuzuweisenden Ausdruck. Bei Ausführung der Zuweisung wird der Ausdruck ausgewertet und der Ergebniswert im angegebenen Ziel gespeichert. → *siehe auch Ausdruck, Variable, Zuweisungsoperator.*

Zuweisungsoperator *Subst.* (assignment operator)
Ein Operator, der dazu dient, einer Variablen oder einer Datenstruktur einen Wert zuzuweisen. → *siehe auch Operator, Zuweisungsbefehl.*

Zwei-aus-fünf-Code *Subst.* (two-out-of-five code)
Ein fehlererkennender Code, der fünf Binärstellen für die Speicherung der zehn Dezimalziffern (0 bis 9) verwendet. Jedes Codewort enthält dabei entweder zwei Einsen und drei Nullen oder zwei Nullen und drei Einsen.

zweidimensional *Adj.* (two-dimensional)
Durch zwei Bezugsgrößen – wie beispielsweise Höhe und Breite – definiert. Als zweidimensional bezeichnet man z.B. Modelle, die bezüglich einer x- und einer y-Achse gezeichnet werden, oder ein Array, in dem die Zahlen in Zeilen und Spalten angeordnet sind. → *siehe auch kartesische Koordinaten.*

zweidimensionales Array *Subst.* (two-dimensional array)
Eine geordnete Zusammenstellung von Informationen, wobei sich die Lage eines Elements durch zwei (ganze) Zahlen bestimmen läßt, die den Zeilen- und Spaltenindex in einer Matrix angeben.

zweidimensionales Modell *Subst.* (two-dimensional model)
Eine Computersimulation eines räumlichen Objekts, bei der Länge und Breite reale Attribute darstellen, nicht jedoch die Tiefe. Ein Modell mit x- und y-Achen. → *Vgl. dreidimensionales Modell.*

Zweierkomplement *Subst.* (two's complement)
Eine Zahl im Binärsystem (mit der Basis 2), die das Echtkomplement einer anderen Zahl ist. Die Bildung des Zweierkomplements erfolgt durch Negation der einzelnen Stellen einer Binärzahl (Umwandlung der Einsen in Nullen und umgekehrt) und anschließender Addition von 1. Bei der Darstellung negativer Zahlen im Zweikomplement ist die höchstwertige (am weitesten links stehende) Binärstelle immer mit einer 1 besetzt. → *siehe auch Komplement.*

Zweig *Subst.* (fork)
Einer der beiden Bestandteile einer Datei, die Mac OS erkennt. Eine Macintosh-Datei besteht aus einem Datenzweig und einem Ressourcenzweig. Der größte oder gesamte Teil eines vom Benutzer erstellten Dokuments befindet sich im Datenzweig, während der Ressourcenzweig normalerweise anwendungsorientierte Informationen enthält, z.B. Schriften, Dialogfelder und Menüs. → *siehe auch Datenzweig, Ressourcenzweig.*

Zweikanal-Controller *Subst.* (dual channel controller)
Eine Einheit oder ein Gerät mit zwei Kanälen, das den Signalzugriff auf die Einheiten steuert, die an zwei Strängen angeschlossen sind.

Zwei-Schichten-Client-Server *Subst.* (two-tier client/server)
Eine Client-/Server-Architektur, bei der Softwaresysteme in zwei Schichten organisiert sind: die Schicht Benutzeroberfläche/Geschäftsstruktur und die Datenbankschicht. Die Sprachen der vierten Generation (4GL) haben dazu beigetragen, die Zwei-Schichten-Client-Server-Architektur bekannt zu machen. → *siehe auch Client-Server-Architektur, vierte Sprachgeneration.* → *auch genannt 4GL-Architektur.* → *Vgl. Drei-Schichten-Client-Server.*

zweite Normalenform *Subst.* (second normal form)
→ *siehe Normalform.*

Zwischenablage *Subst.* (clipboard)
Eine spezielle Speicherressource, die von fensterorientierten Betriebssystemen verwaltet wird. Die Zwischenablage enthält eine Kopie der Daten, die zuletzt »kopiert« oder »ausgeschnitten« wurden. Mit Hilfe der »Einfügen«-Funktion kann der Inhalt der Zwischenablage in das aktuelle Programm übernommen werden. Durch Verwendung der Zwischenablage lassen sich Daten von einem Programm in ein anderes übertragen, vorausgesetzt, daß das zweite Programm die Daten des ersten lesen kann. Die Übernahme ist statisch – werden die ursprünglichen Daten später geändert, hat diese Änderung keinen Einfluß auf etwaige bereits an anderen Stellen eingefügte Daten. → *siehe auch Ausschneiden und Einfügen, dynamischer Datenaustausch.* → *Vgl. Scrap.*

Zwischenergebnis *Subst.* (batch total)
Ein Kontrollwert, der aus einer Gruppe (einem Stapel) von Datensätzen berechnet wird. Mit dieser Methode läßt sich verifizieren, ob alle Informationen verbucht und korrekt eingegeben wurden. Beispielsweise kann der Tagesumsatz als Kontrollwert für die Überprüfung der Einzelverkäufe verwendet werden.

Zwischenspeicher *Subst.* (cache)
→ *siehe Cache.*

Zwischensprache *Subst.* (intermediate language)
Eine Computersprache, die als Zwischenschritt zwischen der ursprünglichen Quellsprache (in der Regel einer Hochsprache) und der Zielsprache (im allgemeinen dem Maschinencode) verwendet wird. Viele Hochsprachen-Compiler verwenden Assembler-Sprachen als Zwischensprache. → *siehe auch Compiler, Objektcode.*

zyklischer Binärcode *Subst.* (cyclic binary code)
Eine binäre Zahlendarstellung, bei der sich jede Ziffer von der vorangehenden nur in einer Einheit (Bit) auf einer Position unterscheidet. Zahlen im zyklischen Binärcode weichen von gewöhnlichen Binärzahlen ab, obwohl beide Codes auf den Ziffern 0 und 1 basieren. Die Zahlendarstellung im zyklischen Binärcode ist in etwa mit dem Morse-Code vergleichbar, wohingegen gewöhnliche Binärzahlen die tatsächlichen Werte im binären Zahlensystem repräsentieren. Da sich die einzelnen, aufsteigenden Ziffern nur in einem Bit unterscheiden, wird der zyklische Binärcode zur Fehlerreduzierung bei der Darstellung von Einheiten-Messungen eingesetzt.

Dezimal	*zyklischer Binärcode*	*gewöhnlicher Binärcode*
0	0000	0000
1	0001	0001
2	0011	0010
3	0010	0011
4	0110	0100
5	0111	0101
6	0101	0110
7	0100	0111
8	1100	1000
9	1101	1001

zyklische Redundanzüberprüfung *Subst.* (cyclical redundancy check)
→ *siehe CRC.*

Zykluszeit *Subst.* (cycle time)
Die Zeit zwischen einem RAM-Speicherzugriff und dem frühestmöglichen Zeitpunkt, zu dem ein erneuter Zugriff stattfinden kann. → *siehe auch Zugriffszeit.*

Fachwörterbuch englisch/deutsch

0 wait state (0 Waitstates)
100BaseT (100BaseT)
101-key keyboard (101-Tasten-Tastatur)
10Base2 (10Base2)
10Base5 (10Base5)
10BaseF (10BaseF)
10BaseT (10BaseT)
12-hour clock (12-Stunden-Uhr)
1.2M (1,2 MB)
1.44M (1,44 MB)
16-bit (16-Bit)
16-bit application (16-Bit-Anwendung)
16-bit color (16-Bit-Farbtiefe)
16-bit machine (16-Bit-Computer)
1NF (1NF)
2000 time problem (Jahr-2000-Problem)
24-bit color (24-Bit-Farbtiefe)
24-hour clock (24-Stunden-Uhr)
256-bit (256 Bit)
2NF (2NF)
2.PAK (2.PAK)
32-bit (32-Bit)
32-bit application (32-Bit-Anwendung)
32-bit clean (echte 32 Bit)
32-bit color (32-Bit-Farbtiefe)
32-bit driver (32-Bit-Treiber)
32-bit machine (32-Bit-Computer)
32-bit operating system (32-Bit-Betriebssystem)
3.5-inch floppy disk (3,5-Zoll-Diskette)
3-D (3D)
3-D array (3D-Matrix)
3-D audio (3D-Audio)
3-D graphic (3D-Grafik)
3-D metafile (3D-Metadatei)
3DMF (3DMF)
3-D model (3D-Modell)
3-D sound (3D-Sound)
3GL (3GL)
3NF (3NF)
3Station (3Station)
4GL (4GL)

4GL architecture (4GL-Architektur)
4mm tape (4-mm-Band)
4NF (4NF)
5.25-inch floppy disk (5,25-Zoll-Diskette)
5NF (5NF)
64-bit (64-Bit)
64-bit machine (64-Bit-Computer)
7-bit ASCII (7-Bit-ASCII)
7-track (7-Spur-System)
802.x standards (802.x-Standards)
80-character line length (80 Zeichen pro Zeile)
8-bit, 16-bit, 32-bit, 64-bit (8 Bit, 16 Bit, 32 Bit, 64 Bit)
8-bit machine (8-Bit-Computer)
8mm tape (8-mm-Band)
8-N-1 (8-N-1)
9-track (9-Spur-System)
Å (Å)
A: (A:)
ABC (ABC)
.ab.ca (.ab.ca)
abend (abend)
ABI (ABI)
ABIOS (ABIOS)
abnormal end (abnormal end)
abort (abbrechen)
absolute address (absolute Adresse)
absolute coding (absolute Codierung)
absolute coordinates (absolute Koordinaten)
absolute path (absoluter Pfad)
absolute pointing device (absolutes Zeigegerät)
absolute value (absoluter Wert)
abstract (abstrakt)
abstract (Zusammenfassung)
abstract class (abstrakte Klasse)
abstract data type (abstrakter Datentyp)
abstract machine (abstrakte Maschine)
abstract syntax (abstrakte Syntax)
Abstract Syntax Notation One (Abstract Syntax Notation One)
abstract syntax tree (abstrakter Syntaxbaum)

A/B switch box (A/B-Umschaltbox)
AC (AC)
AC adapter (AC-Adapter)
accelerator (Beschleuniger)
accelerator (Zugriffstaste)
accelerator board (Beschleunigerkarte)
accelerator card (Beschleunigerkarte)
acceptable use policy (Benutzungsrichtlinien)
acceptance test (Abnahme)
access (Verbindung)
access (zugreifen)
access (Zugriff)
access arm (Zugriffsarm)
ACCESS.bus (ACCESS.bus)
access code (Zugriffscode)
access control (Zugriffskontrolle)
access control list (Zugriffskontroll-Liste)
accessibility (Bedienkomfort)
access mechanism (Zugriffsart)
access mechanism (Zugriffsmechanismus)
access method (Zugriffsmethode)
access number (Einwahlnummer)
accessory (Zubehör)
access path (Zugriffspfad)
access privileges (Zugriffsrechte)
access provider (Zugangs-Provider)
access rights (Zugriffsrechte)
access speed (Zugriffsgeschwindigkeit)
access time (Zugriffszeit)
account (Account)
accounting file (Druckwarteschlange-Datei)
accounting machine (Buchhaltungscomputer)
accounting machine (Buchhaltungsmaschine)
account policy (Richtlinien für Konten)
account policy (Zugriffsrechte)
ACCU (ACCU)
accumulator (Akkumulator)
accuracy (Genauigkeit)
ACIS (ACIS)
ACK (ACK)
ACL (ACL)
ACM (ACM)
acoustic coupler (Akustikkoppler)
Acrobat (Acrobat)
acronym (Akronym)
ACSE (ACSE)
action statement (Ausführungsbefehl)
activation record (Ausführungsdatensatz)
active (aktiv)
active cell (aktive Zelle)

active content (aktiver Inhalt)
active file (aktive Datei)
Active Framework for Data Warehousing (Active Framework for Data Warehousing)
active hub (aktiver Hub)
active-matrix display (aktive Matrix)
ActiveMovie (ActiveMovie)
active program (aktives Programm)
active star (aktiver Stern)
active window (aktives Fenster)
ActiveX (ActiveX)
ActiveX controls (ActiveX-Steuerelemente)
activity ratio (Fluktuationsrate)
ACTOR (ACTOR)
actuator (Aktuator)
.ad (.ad)
Ada (Ada)
adapter (Adapter)
adaptive answering (adaptives Anwortverhalten)
adaptive delta pulse code modulation (adaptive Delta-Puls-Code-Modulation)
adaptive differential pulse code modulation (adaptive differentielle Puls-Code-Modulation)
adaptive system (adaptives System)
ADB (ADB)
ADC (ADC)
A-D converter (A/D-Wandler)
adder (Addierer)
add-in (Add-In)
addition record (Ergänzungsdatenbank)
addition record (Ergänzungsdatensatz)
add-on (Add-On)
address (Adresse)
address (adressieren)
addressable cursor (adressierbarer Cursor)
address book (Adreßbuch)
address bus (Adreßbus)
address decoder (Adreßdecoder)
addressing (Adressierung)
address mapping table (Adreß-Zuordnungstabelle)
address mark (Adreßmarke)
address mask (Adressierungsmaske)
address mode (Adressierungsmodus)
address modification (Adreßänderung)
address register (Adreßregister)
address resolution (Adreßauflösung)
Address Resolution Protocol (Adreßauflösungs-Protokoll)
address space (Adreßraum)

address translation (Adreß-Übersetzung)
ADJ (ADJ)
ADN (ADN)
Adobe Type Manager (Adobe Type Manager)
ADP (ADP)
ADPCM (ADPCM)
ADSL (ADSL)
Advanced Digital Network (Advanced Digital Network)
Advanced Power Management (Advanced Power Management)
Advanced Program-to-Program Communication (Advanced Program-to-Program Communication)
Advanced Research Projects Agency Network (Advanced Research Projects Agency Network)
Advanced RISC (Advanced RISC)
Advanced RISC Computing Specification (Advanced-RISC-Spezifikation)
Advanced SCSI Programming Interface (Advanced-SCSI-Programmierschnittstelle)
.ae (.ae)
.af (.af)
AFDW (AFDW)
AFIPS (AFIPS)
AFK (AFK)
.af.mil (.af.mil)
AFS (AFS)
.ag (.ag)
agent (Agent)
.ai (.ai)
AI (KI)
.aiff (.aiff)
AIFF (AIFF)
AIX (AIX)
.ak.us (.ak.us)
.al (.al)
alarm (Alarm)
alert (Alarm)
alert (Alert)
alert box (Alarm-Box)
ALGOL (ALGOL)
algorithm (Algorithmus)
algorithmic language (algorithmische Sprache)
alias (Alias)
aliasing (Aliasing)
aliasing bug (Aliasing-Bug)
align (ausrichten)
alignment (Ausrichtung)
allocate (allozieren)
allocation (Allozierung)

allocation block size (Allozierungs-Blockgröße)
allocation unit (Belegungseinheit)
all points addressable (All Points Addressable)
alpha (alpha)
alpha (Alpha-Version)
Alpha (Alpha)
Alpha AXP (Alpha AXP)
alphabet (Alphabet)
alphabetic (alphabetisch)
Alpha box (Alpha-Box)
alpha channel (Alpha-Kanal)
Alpha chip (Alpha-Chip)
alphageometric (alphageometrisch)
alphamosaic (alphamosaikbezogen)
alphanumeric (alphanumerisch)
alphanumeric display terminal (alphanumerisches Display)
alphanumeric mode (alphanumerischer Modus)
alphanumeric sort (alphanumerische Sortierung)
alpha test (Alphatest)
Altair 8800 (Altair 8800)
AltaVista (AltaVista)
alternate key (Alternativschlüssel)
alternating current (Wechselstrom)
Alt key (Alt-Taste)
alt. newsgroups (alt.-Newsgroups)
ALU (ALU)
.am (.am)
AM (AM)
American Federation of Information Processing Societies (American Federation of Information Processing Societies)
American National Standards Institute (American National Standards Institute)
American Standard Code for Information Interchange (American Standard Code for Information Interchange)
America Online (America Online)
AMI BIOS (AMI BIOS)
Amiga (Amiga)
amp (amp)
ampere (Ampere)
amplitude (Amplitude)
amplitude modulation (Amplitudenmodulation)
AMPS (AMPS)
AMPS/NAMPS (AMPS/NAMPS)
AMT (AMT)
.an (.an)
analog (analog)
analog channel (Analogkanal)

analog computer (Analogcomputer)
analog data (Analogdaten)
analog display (Analogdisplay)
analog line (Analogleitung)
analog signal generator (analoger Signalgenerator)
analog-to-digital converter (Analog-Digital-Wandler)
analysis (Analyse)
analysis graphics (Geschäftsgrafik)
Analytical Engine (Analytical Engine)
anchor (Anker)
ancillary equipment (Zusatzgerät)
AND (AND)
AND gate (AND-Gatter)
Andrew File System (Andrew File System)
angle bracket (spitze Klammer)
angstrom (Angström)
animated cursors (animierter Cursor)
animated GIF (animiertes GIF)
animation (Animation)
ANN (ANN)
annotation (Anmerkung)
annoybot (Annoybot)
anode (Anode)
anonymity (Anonymität)
anonymous (anonymous)
anonymous FTP (Anonymous FTP)
anonymous post (anonymer Artikel)
anonymous remailer (anonymer Remailer)
anonymous server (anonymer Server)
ANSI (ANSI)
ANSI C (ANSI C)
ANSI/SPARC (ANSI/SPARC)
ANSI.SYS (ANSI.SYS)
answer mode (Antwortmodus)
answer-only modem (Nur-Antwort-Modem)
answer/originate modem (Antwort-Wähl-Modem)
anti-aliasing (Anti-Aliasing)
anti-glare (entspiegeln)
antistatic device (Antistatik-Einrichtung)
antivirus program (Antivirus-Programm)
any key (beliebige Taste)
any-to-any connectivity (Any-to-Any Connectivity)
.ao (.ao)
AOL (AOL)
APA (APA)
APC (APC)
API (API)

APL (APL)
APM (APM)
app (app)
APPC (APPC)
append (anfügen)
Apple Desktop Bus (Apple Desktop Bus)
AppleDraw (AppleDraw)
Apple Events (Apple Events)
Apple Extended Keyboard (Apple Extended Keyboard)
Apple II (Apple II)
Apple key (Apple-Taste)
Apple Macintosh (Apple Macintosh)
Apple Newton (Apple Newton)
AppleScript (AppleScript)
AppleShare (AppleShare)
applet (Applet)
AppleTalk (AppleTalk)
application (Anwendung)
application binary interface (binäre Anwendungsschnittstelle)
application-centric (anwendungsspezifisch)
application developer (Anwendungsprogrammierer)
application development environment (Anwendungs-Entwicklungsumgebung)
application development language (Anwendungs-Programmiersprache)
application development system (Anwendungs-Entwicklungssystem)
application file (Anwendungsdatei)
application gateway (Anwendungsübergang)
application generator (Programmgenerator)
application heap (Anwendungs-Heap)
application layer (Anwendungsschicht)
application processor (anwendungsspezifischer Prozessor)
application program (Anwendungsprogramm)
application programming interface (Anwendungs-Programmierschnittstelle)
application shortcut key (Anwendungs-Schnelltaste)
application software (Anwendungs-Software)
application-specific integrated circuit (anwendungsspezifisches IC)
application suite (Anwendungs-Suite)
.aq (.aq)
.ar (.ar)
arbitration (Arbitration)
.arc (.arc)

arcade game (Arcade-Spiel)
arcade game (Spielautomat)
Archie (Archie)
Archie client (Archie-Client)
Archie server (Archie-Server)
architecture (Architektur)
archive (Archiv)
archive (archivieren)
archive bit (Archiv-Bit)
archive file (Archivdatei)
archive site (Archiv-Site)
area chart (Flächendiagramm)
area search (Bereichssuche)
arg (arg)
argument (Argument)
arithmetic (Arithmetik)
arithmetic (arithmetisch)
arithmetic expression (arithmetischer Ausdruck)
arithmetic logic unit (arithmetisch-logische Einheit)
arithmetic operation (arithmetische Operation)
arithmetic operator (arithmetischer Operator)
.arj (.arj)
.army.mil (.army.mil)
ARP (ARP)
ARPANET (ARPANET)
ARP request (ARP request)
array (Array)
array element (Array-Element)
array processor (Array-Prozessor)
arrow key (Pfeiltaste)
article (Beitrag)
artificial intelligence (künstliche Intelligenz)
artificial life (künstliches Leben)
artificial neural network (künstliches neuronales Netzwerk)
.ar.us (.ar.us)
.as (.as)
.asc (.asc)
ascender (Oberlänge)
ascending order (aufsteigende Reihenfolge)
ascending sort (aufsteigende Sortierung)
ascii (ascii)
ASCII (ASCII)
ASCII character set (ASCII-Zeichensatz)
ASCII EOL value (ASCII-EOL-Wert)
ASCII file (ASCII-Datei)
ASCII transfer (ASCII-Übertragung)
ASCIIZ string (ASCIIZ-String)
ASIC (ASIC)
ASN.1 (ASN.1)
aspect ratio (Seitenverhältnis)
ASPI (ASPI)
ASR (ASR)
assemble (assemblieren)
assembler (Assembler)
assembly language (Assembler-Sprache)
assembly listing (Assembler-Listing)
assertion (Annahme)
assignment operator (Zuweisungsoperator)
assignment statement (Zuweisungsbefehl)
associate (zuordnen)
Association Control Service Element (Association Control Service Element)
Association for Computing Machinery (Association for Computing Machinery)
Association of C and C++ Users (Association of C and C++ Users)
associative storage (assoziativer Speicher)
associativity (Assoziativität)
asterisk (Sternchen)
asymmetrical transmission (asymmetrische Übertragung)
asymmetric digital subscriber line (asymmetric digital subscriber line)
asymmetric digital subscriber loop (asymmetric digital subscriber loop)
asynchronous device (asynchrones Gerät)
asynchronous operation (asynchrone Operation)
asynchronous procedure call (asynchroner Prozeduraufruf)
Asynchronous Protocol Specification (Asynchronous Protocol Specification)
Asynchronous Transfer Mode (Asynchronous Transfer Mode)
asynchronous transmission (asynchronous transmission)
.at (.at)
ATA (ATA)
ATA hard disk drive card (ATA-Festplattenkarte)
ATA/IDE hard disk drive (ATA/IDE-Festplatte)
ATAPI (ATAPI)
AT Attachment (AT Attachment)
AT bus (AT-Bus)
aTdHvAaNnKcSe (aTdHvAaNnKcSe)
ATDP (ATDP)
ATDT (ATDT)
.atl.ga.us (.atl.ga.us)
ATM (ATM)
ATM Forum (ATM Forum)

atomic operation (unteilbare Operation)
at sign (at-Zeichen)
at sign (Klammeraffe)
attach (anhängen)
attached document (angehängtes Dokument)
attached processor (Zusatzprozessor)
attenuation (Dämpfung)
atto- (Atto-)
attribute (Attribut)
AT&T System V (AT&T System V)
ATX (ATX)
.au (.au)
audio (Audio)
audio board (Audiokarte)
audio card (Audiokarte)
audiocast (Audiocast)
audio compression (Audiokomprimierung)
audio output (Audioausgabe)
audio output port (Audio-Ausgabeport)
audio response (Sprachausgabe)
audiotex (Audiotex)
audiotext (Audiotext)
Audio Video Interleaved (Audio Video Interleaved)
audiovisual (audiovisuell)
audit (überwachen)
auditing (Überwachung)
audit trail (überwachen und aufzeichnen)
AUP (AUP)
authentication (Authentifizierung)
authoring language (Autorensprache)
authoring system (Autorensystem)
authorization (Autorisierung)
authorization code (Autorisierungscode)
auto answer (Auto-Antwortfunktion)
AutoCorrect (AutoKorrektur)
auto dial (Selbstwählfunktion)
AUTOEXEC.BAT (AUTOEXEC.BAT)
auto-key (Tastenwiederholfunktion)
automata theory (Automatentheorie)
automated office (automatisiertes Büro)
automatic answering (automatisches Antwortverhalten)
automatic data processing (automatische Datenverarbeitung)
automatic dialing (automatisches Wählen)
automatic error correction (automatische Fehlerkorrektur)
Automatic Sequence Controlled Calculator (Automatic Sequence Controlled Calculator)

automatic system reconfiguration (automatische Systemneukonfiguration)
automonitor (Selbstüberwachung)
AutoPlay (AutoPlay)
autopolling (Autopolling)
auto-repeat (automatische Wiederholung)
autorestart (automatischer Neustart)
autosave (automatisches Speichern)
autosave (Speichern, automatisch)
autosizing (automatische Größenanpassung)
autostart routine (Autostart-Routine)
autotrace (Autotrace)
A/UX (A/UX)
AUX (AUX)
auxiliary equipment (Zusatzeinrichtung)
auxiliary storage (externer Speicher)
availability (Verfügbarkeit)
available time (Verfügbarkeitszeit)
avatar (Avatar)
.avi (.avi)
AVI (AVI)
AVI cable (AVI-Kabel)
.aw (.aw)
axis (Achse)
.az (.az)
b (b)
b (b)
B (B)
B: (B:)
.ba (.ba)
backbone (Backbone)
backbone cabal (Backbone Cabal)
back door (Hintertür)
back end (Back-End)
back-end processor (Back-end-Prozessor)
background (Hintergrund)
background (Hintergrund)
background noise (Hintergrundrauschen)
background printing (Hintergrunddruck)
background processing (Hintergrundverarbeitung)
background program (Hintergrundprogramm)
background task (Hintergrund-Task)
back-lit display (Display mit Hintergrundbeleuchtung)
back panel (Rückplatte)
backplane (Backplane)
backslash (umgekehrter Schrägstrich)
Backspace key (Rücktaste)
backtracking (Zurückverfolgung)

back up (sichern)
backup (Sicherungskopie)
backup and recovery (Sicherung und Wiederherstellung)
backup and restore (Sicherung und Wiederherstellung)
backup copy (Sicherungskopie)
backup file (Sicherungsdatei)
Backus-Naur form (Backus-Naur-Form)
backward chaining (Rückverkettung)
bacterium (Bakterie)
bad block (schadhafter Block)
bad sector (schadhafter Sektor)
bad track (schadhafte Spur)
.bak (.bak)
balanced line (symmetrische Verbindung)
balloon help (Sprechblasen-Hilfe)
ball printer (Kugelkopfdrucker)
band (Band)
bandpass filter (Bandbreiten-Filter)
bandwidth (Bandbreite)
bandwidth on demand (Bandbreite auf Anforderung)
bank (Bank)
bank switching (Bank-Umschaltung)
banner (Banner)
banner page (Eröffnungsbildschirm)
banner page (Startseite)
bar chart (Balkendiagramm)
bar code (Barcode)
bar code reader (Barcode-Lesegerät)
bar code scanner (Barcode-Scanner)
bare board (Leerplatine)
bare bones (rudimentär)
bare bones (Rudimentärcomputer)
bare bones (Rudimentärsoftware)
bar graph (Balkengrafik)
base (Basis)
base 10 (Basis 10)
base 16 (Basis 16)
base 2 (Basis 2)
base 8 (Basis 8)
base address (Basisadresse)
baseband (Basisband-)
baseband network (Basisband-Netzwerk)
base class (Basisklasse)
baseline (Grundlinie)
base memory (Basisspeicher)
base RAM (Basis-RAM)
Basic (Basic)

Basic Rate Interface (Basic Rate Interface)
.bat (.bat)
batch (Stapel)
batch file (Stapeldatei)
batch file transmission (Stapel-Dateiübertragung)
batch job (Batch-Job)
batch processing (Stapelverarbeitung)
batch program (Stapelprogramm)
batch system (Stapelsystem)
batch total (Zwischenergebnis)
battery (Batterie)
battery backup (Batterie-Backup)
battery meter (Batterieprüfer)
baud (Baud)
Baudot code (Baudot-Code)
baud rate (Baudrate)
bay (Schacht)
.bb (.bb)
BBL (BBL)
BBS (BBS)
bcc (bcc)
.bc.ca (.bc.ca)
BCD (BCD)
BCNF (BCNF)
.bd (.bd)
.be (.be)
bearer channel (B-Kanal)
BeBox (BeBox)
beginning-of-file (Dateianfang)
Bell communications standards (Bell-Kommunikationsstandards)
Bell-compatible modem (Bell-kompatibles Modem)
bells and whistles (Extras)
benchmark (Benchmark)
benchmark (benchmarken)
benign virus (gutartiger Virus)
BeOS (BeOS)
Bernoulli box (Bernoulli-Box)
Bernoulli distribution (Bernoulli-Verteilung)
Bernoulli process (Bernoulli-Prozeß)
Bernoulli sampling process (Bernoulli-Sampling-Prozeß)
best of breed (Bestes seiner Klasse)
beta (Beta)
beta (Betaversion)
beta site (Betatester)
beta test (Betatest)
betweening (Betweening)
Bézier curve (Bézier-Kurve)

BFT (BFT)
.bg (.bg)
BGP (BGP)
.bh (.bh)
bias (Abweichen)
bias (Abweichung (math.))
bias (Schwellspannung)
bidirectional (bidirektional)
bidirectional parallel port (bidirektionaler Port)
bidirectional printing (bidirektionaler Druck)
bi-endian (bi-endian)
bifurcation (Gabelung)
Big Blue (Big Blue)
big endian (big endian)
big red switch (Big Red Switch)
billion (Billion)
billion (Milliarde)
billisecond (Milliardstelsekunde)
.bin (.bin)
binary (binär)
binary (binary)
binary chop (binäres Abschneiden)
binary-coded decimal (binär-codierte Dezimalzahlen)
binary compatibility (Binärkompatibilität)
binary conversion (binäre Umwandlung)
binary device (binäres Gerät)
binary digit (Binärziffer)
binary file (Binärdatei)
binary file transfer (binäre Dateiübertragung)
binary format (Binärformat)
binary notation (Binärschreibweise)
binary number (Binärziffer)
binary search (binäre Suche)
binary synchronous protocol (binäres synchrones Protokoll)
binary transfer (binäre Übertragung)
binary tree (binärer Baum)
binaural sound (binauraler Klang)
bind (binden)
binding time (Bindungszeit)
BinHex (BinHex)
BinHex (BinHex)
binomial distribution (Binominalverteilung)
bionics (Bionik)
BIOS (BIOS)
bipolar (bipolar)
BIS (BIS)
bistable (bistabil)
bistable circuit (bistabiler Schaltkreis)

bistable multivibrator (bistabiler Multivibrator)
BISYNC (BISYNC)
bit (Bit)
bit block (Bit-Block)
bit block transfer (Bit-Blocktransfer)
bitblt (bitblt)
bit bucket (Bit Bucket)
bit density (Bitdichte)
bit depth (Bit-Tiefe)
bit flipping (bitweise Invertierung)
bit image (Bitbild)
bit manipulation (Bit-Manipulation)
bit map (Bitmap)
bitmapped font (Bitmap-Schrift)
bitmapped graphics (Bitmap-Grafik)
BITNET (BITNET)
bit. newsgroups (bit.-Newsgroups)
bit-oriented protocol (bitorientiertes Protokoll)
bit parallel (bitweise parallel)
bit pattern (Bitmuster)
bit plane (Bit-Ebene)
bit rate (Bitrate)
bit serial (bitweise seriell)
bit slice microprocessor (Bit-Slice-Prozessor)
bits per inch (Bits pro Zoll)
bits per second (Bits pro Sekunde)
bit stream (Bitstrom)
bit stuffing (Bit Stuffing)
bit transfer rate (Bit-Übertragungsrate)
bit twiddler (Bit-Verdreher)
BIX (BIX)
biz. newsgroups (biz.-Newsgroups)
.bj (.bj)
black box (Blackbox)
blackout (Blackout)
blank (ausblenden)
blank (Leerzeichen)
blanking (Austastung)
blast (brennen)
bleed (Reiter)
blind carbon copy (Blind Carbon Copy)
blind courtesy copy (Blind Courtesy Copy)
blind search (blinde Suche)
blink (blinken)
blink speed (Blinkgeschwindigkeit)
blip (Blip)
bloatware (aufgeblähte Software)
block (Block)
block (blockieren)
block (blockweise speichern)

block (markieren)
block cipher (blockweise Verschlüsselung)
block cursor (Block-Cursor)
block device (blockorientiertes Gerät)
block diagram (Blockdiagramm)
block gap (Block Gap)
block header (Datenblock-Kopf)
blocking factor (Blockfaktor)
blocking factor (Blockgröße)
block length (Blocklänge)
block move (blockweise Verschiebung)
block size (Blockgröße)
block structure (Blockstruktur)
block transfer (blockweise Übertragung)
blow (brennen)
blow up (abstürzen)
blue screen (Blueboxing)
.bm (.bm)
.bmp (.bmp)
.bn (.bn)
BNC connector (BNC-Stecker)
.bo (.bo)
board (Platine)
board computer (Platinencomputer)
board level (Platinenebene)
body (Body)
body (Textkörper)
body face (Brotschrift)
BOF (BOF)
boilerplate (Textbaustein)
boldface (Fettschrift)
bomb (abstürzen)
bomb (Bombe)
bookmark (Lesezeichen)
bookmark (Textmarke)
bookmark file (Lesezeichen-Datei)
Boolean (Boolesch)
Boolean algebra (Boolesche Algebra)
Boolean expression (Boolescher Ausdruck)
Boolean logic (Boolesche Logik)
Boolean operator (Boolescher Operator)
Boolean search (Boolesche Suche)
boot (Booten)
boot (booten)
bootable (bootfähig)
bootable disk (bootfähige Diskette)
boot block (Boot-Block)
boot disk (Boot-Diskette)
boot drive (Boot-Laufwerk)
boot failure (Boot-Fehler)

boot loader (Urlader)
BOOTP (BOOTP)
boot partition (Boot-Partition)
Boot Protocol (Boot-Protokoll)
boot record (Boot-Record)
boot sector (Boot-Sektor)
bootstrap (Bootstrap)
bootstrap (urladen)
bootstrap loader (Urlader)
boot up (hochfahren)
border (Rahmen)
Border Gateway Protocol (Border Gateway Protocol)
boss screen (Chef-Bildschirm)
bot (bot)
bot (Roboter)
bottom-up design (Bottom-Up-Design)
bottom-up programming (Bottom-Up-Programmierung)
bounce (bouncen)
BounceKeys (Anschlagverzögerung)
bound (begrenzt)
bound (Grenze)
bounding box (umschließendes Rechteck)
Bourne shell (Bourne-Shell)
Boyce-Codd normal form (Boyce-Codd-Normalform)
bozo (Bozo)
bozo filter (Bozo-Filter)
BPI (BPI)
bps (bps)
.br (.br)
braindamaged (gehirngeschädigt)
brain dump (Brain Dump)
branch (Verzweigung)
branch instruction (Verzweigungsbefehl)
branchpoint (Verzweigungspunkt)
branch prediction (Verzweigungsannahme)
BRB (BRB)
breadboard (Breadboard)
break (abbrechen)
break (Abbruch)
Break key (Unterbrechungstaste)
breakout box (Breakout-Box)
breakpoint (Haltepunkt)
BRI (BRI)
bridge (Brücke)
bridge router (Bridge Router)
bridgeware (Bridgeware)
Briefcase (Aktenkoffer)

brightness (Helligkeit)
broadband (Breitband-)
broadband modem (Breitband-Modem)
broadband network (Breitband-Netzwerk)
broadcast (broadcast)
broadcast (Broadcast)
broadcast (Rundspruch)
broadcast storm (Broadcast Storm)
Brouter (Brouter)
brownout (Brownout)
browse (blättern)
browse (durchsuchen)
browser (Browser)
browser box (Browser-Box)
BRS (BRS)
brush (Pinsel)
.bs (.bs)
BSC (BSC)
BSD UNIX (BSD UNIX)
.bt (.bt)
B-tree (B-Baum)
BTW (BTW)
bubble chart (Blasengrafik)
bubble-jet printer (Bubble-Jet-Drucker)
bubble memory (Blasenspeicher)
bubble sort (Bubble Sort)
bubble storage (Blasenspeicher)
bucket (Eimer)
buffer (Puffer)
buffer (puffern)
buffer pool (Puffer-Pool)
buffer storage (Pufferspeicher)
bug (Bug)
buggy (buggy)
building-block principle (blockweiser Aufbau)
built-in check (Selbsttest)
built-in font (eingebaute Schrift)
built-in groups (Standardgruppen)
bulk eraser (Magnetspulen-Löschgerät)
bulk storage (Massenspeicher)
bullet (Aufzählungszeichen)
bulletin board system (Schwarzes-Brett-System)
bulletproof (kugelsicher)
bundle (bündeln)
bundled software (Bundling-Software)
burn (brennen)
burn in (Burn-In)
burn in (einbrennen)
burst (abtrennen)
burst (Burst)

burster (Burster)
burst mode (Burst-Modus)
burst rate (Burst-Rate)
burst speed (Burst-Geschwindigkeit)
bursty (bursty)
bus (Bus)
bus enumerator (Bus-Enumerator)
bus extender (Bus-Extender)
business graphics (Geschäftsgrafik)
business information system (Business Information System)
business software (kaufmännische Software)
bus mouse (Busmaus)
bus network (Bus-Netzwerk)
bus system (Bussystem)
bus topology (Bus-Topologie)
button (Schaltfläche)
button (Taste)
button bomb (Bomben-Schaltfläche)
button help (Hilfe per Knopfdruck)
.bw (.bw)
bypass (Bypass)
byte (Byte)
bytecode (Byte-Code)
BYTE Information Exchange (BYTE-Informationsaustausch)
byte-oriented protocol (byte-orientiertes Protokoll)
bytes per inch (Bytes pro Zoll)
.bz (.bz)
C (C)
C++ (C++)
C2 (C2)
.ca (.ca)
.cab (.cab)
cabinet (Gehäuse)
cable (Kabel)
cable connector (Kabelstecker)
cable matcher (Kabeladapter)
cable modem (Kabelmodem)
cabling diagram (Verbindungsdiagramm)
cache (Cache)
cache (Zwischenspeicher)
cache card (Cache-Karte)
cache memory (Cache-Speicher)
CAD (CAD)
CAD/CAM (CAD/CAM)
CADD (CADD)
caddy (Caddy)
CAE (CAE)

CAI (CAI)
CAL (CAL)
calculator (Rechner)
calendar program (Kalender)
.calgary.ca (.calgary.ca)
call (anrufen)
call (Aufruf)
call (aufrufen)
callback (Rückruf)
callback modem (Rückruf-Modem)
calling sequence (Aufruffolge)
CALL instruction (CALL-Befehl)
CALS (CALS)
CAM (CAM)
camera-ready (reprofähig)
campuswide information system (Universitäts-Informationssystem)
cancel (Cancel-Zeichen)
cancelbot (Cancelbot)
cancel message (Cancel-Nachricht)
candidate key (Sekundärschlüssel)
canned program (Konfektionsprogramm)
canned routine (Konfektionsroutine)
canned software (Konfektions-Software)
canonical form (kanonische Form)
capacitance (Kapazität)
capacitor (Kondensator)
capacity (Kapazität)
caps (Großbuchstaben)
Caps Lock key (Feststell-Taste)
capstan (Capstan)
capture (protokollieren)
capture board (Capture Board)
capture card (Capture Card)
carbon copy (Carbon Copy)
carbon ribbon (Karbonband)
card (Lochkarte)
card (Registerkarte)
card (Steckkarte)
card cage (Käfig)
cardinal number (Kardinalzahl)
card punch (Kartenstanzer)
card reader (Kartenleser)
caret (Caret)
careware (Careware)
carpal tunnel syndrome (Sehnenscheidenentzündung)
carriage (Wagen)
carriage return (Wagenrücklauf)
carrier (Netzbetreiber)

carrier (Trägersignal)
Carrier Detect (Carrier Detect)
carrier frequency (Trägerfrequenz)
carrier system (Trägerfrequenz-System)
carry (Übertrag)
carry bit (Carry-Bit)
carry flag (Carry-Flag)
Cartesian coordinates (kartesische Koordinaten)
Cartesian product (kartesisches Produkt)
cartridge (Modul)
cartridge font (Schrift-Erweiterungsmodul)
cascade (Kaskade)
cascade connection (kaskadierte Verbindung)
cascading menu (überlappendes Menü)
Cascading Style Sheet mechanism (Cascading-Style-Sheet-Mechanismus)
cascading style sheets (Cascading Style Sheets)
cascading windows (überlappende Fenster)
case (Groß-/Kleinschreibung)
CASE (CASE)
case-sensitive search (Groß-/Kleinschreibung beachtende Suche)
case sensitivity (Beachtung der Groß-/Kleinschreibung)
case statement (Case-Befehl)
cassette (Kassette)
cassette tape (Kassettenband)
cast (Datentypkonvertierung)
CAT (CAT)
catalog (Katalog)
catena (Kette)
cathode (Kathode)
cathode-ray oscilloscope (Kathodenstrahl-Oszilloskop)
cathode-ray tube (Kathodenstrahlröhre)
.ca.us (.ca.us)
CBEMA (CBEMA)
CBL (CBL)
CBT (CBT)
.cc (.cc)
cc (cc)
CCD (CCD)
CCI (CCI)
CCITT (CCITT)
CCITT (CCITT)
CCITT Groups 1–4 (CCITT Groups 1–4)
CCITT V series (CCITT V series)
CCITT X series (CCITT X series)
ccNUMA (ccNUMA)
CCP (CCP)

cd (cd)
CD (CD)
CD burner (CD-Brenner)
CD-E (CD-E)
cdev (Cdev)
CDFS (CDFS)
CD-I (CD-I)
CDMA (CDMA)
CDP (CDP)
CDPD (CDPD)
CD Plus (CD Plus)
CD-R (CD-R)
CD-R/E (CD-R/E)
CD recorder (CD-Rekorder)
CD-R machine (CD-R machine)
CD-ROM (CD-ROM)
CD-ROM burner (CD-ROM-Brenner)
CD-ROM drive (CD-ROM-Laufwerk)
CD-ROM Extended Architecture (CD-ROM Extended Architecture)
CD-ROM File System (CD-ROM File System)
CD-ROM jukebox (CD-ROM-Jukebox)
CD-ROM/XA (CD-ROM/XA)
CD-RW (CD-RW)
CDS (CDS)
CDV (CDV)
CD Video (CD Video)
cell (Zelle)
cell animation (Zellanimation)
cellular automata (zellularer Automat)
Cellular Digital Packet Data (Cellular Digital Packet Data)
censorship (Zensur)
censorware (Antizensur-Software)
center (zentrieren)
centi- (Zenti-)
centralized processing (zentrale Datenverarbeitung)
central office (Zentrale)
central processing unit (Prozessor)
Centronics parallel interface (Centronics-Schnittstelle)
CERN (CERN)
CERN server (CERN-Server)
CERT (CERT)
certification (Zertifikation)
.cf (.cf)
.cg (.cg)
CGA (CGA)
CGI (CGI)

cgi-bin (cgi-bin)
CGI script (CGI-Skript)
CGM (CGM)
.ch (.ch)
chad (Stanzabfall)
chaining (Verkettung)
chain printer (Kettendrucker)
chalkware (Chalkware)
Challenge Handshake Authentication Protocol (Challenge Handshake Authentication Protocol)
change file (Änderungsdatei)
channel (Kanal)
channel access (Kanalzugriff)
channel adapter (Kanaladapter)
channel capacity (Kanalkapazität)
channel hop (Channel-Hopping)
channel op (Channel Op)
CHAP (CHAP)
character (Zeichen)
character cell (Zeichenzelle)
character code (Zeichencode)
character definition table (Zeichendefinitionstabelle)
character density (Zeichendichte)
character device (zeichenorientiertes Gerät)
character generator (Zeichengenerator)
character image (Zeichenabbild)
characteristic (Gleitkommaexponent)
character map (Zeichenzuordnung)
character mode (Zeichenmodus)
character-oriented protocol (zeichenorientiertes Protokoll)
character printer (Zeichendrucker)
character recognition (Zeichenerkennung)
character rectangle (Zeichenrechteck)
character set (Zeichensatz)
characters per inch (Zeichen pro Zoll)
characters per second (Zeichen pro Sekunde)
character string (Zeichenfolge)
character style (Schriftstil)
character user interface (zeichenorientierte Benutzeroberfläche)
charge (Ladung)
charge-coupled device (Charge-Coupled Device)
chart (Diagramm)
chassis (Einbaurahmen)
chat (Chat)
chat (chatten)
Cheapernet (Cheapernet)
check bit (Prüfbit)

check box (Kontrollkästchen)
check digit (Prüfziffer)
checkpoint (Prüfpunkt)
checksum (Prüfsumme)
chiclet keyboard (Kaugummitastatur)
child (Child)
child (untergeordnetes Element)
child directory (untergeordnetes Verzeichnis)
child menu (untergeordnetes Menü)
child process (Child-Prozeß)
chimes of doom (Chimes of Doom)
chip (Chip)
chip set (Chipsatz)
choke (Choke)
choose (auswählen)
Chooser (Auswahl)
Chooser extension (Auswahlerweiterung)
chroma (Chroma)
CHRP (CHRP)
churn rate (Churn Rate)
.ci (.ci)
CIDR (CIDR)
CIFS (CIFS)
CIM (CIM)
.cincinnati.oh.us (.cincinnati.oh.us)
cipher (Cipher)
cipher (Zifferncode)
circuit (Leitung)
circuit (Schaltkreis)
circuit analyzer (Schaltkreis-Analysator)
circuit board (Leiterplatte)
circuit breaker (Überstromschalter)
circuit card (Steckkarte)
Circuit Data Services (Circuit Data Services)
circuit switching (Leitungsvermittlung)
circular list (kreisförmige Liste)
CISC (CISC)
CIX (CIX)
.ck (.ck)
.cl (.cl)
ClariNet (ClariNet)
clari. newsgroups (clari.-Newsgroups)
class (Klasse)
Class A network (Class-A-Netzwerk)
classless interdomain routing (Classless Interdomain Routing)
clean boot (abgesichertes Hochfahren)
clean install (aggressive Neuinstallation)
clean interface (Clean Interface)
clean room (staubfreier Raum)

Clear key (Entf-Taste)
Clear To Send (Clear To Send)
click (klicken)
clickable maps (anklickbare Map)
click speed (Klickgeschwindigkeit)
clickstream (Clickstream)
client (Client)
client error (Client-Fehler)
client/server architecture (Client-Server-Architektur)
client-side image maps (clientbezogene Imagemaps)
clip (clippen)
clip art (Clipart)
clipboard (Pen-Computer)
clipboard (Zwischenablage)
clipboard computer (Pen-Computer)
Clipper Chip (Clipper-Chip)
clipping path (Freihand-Markierwerkzeug)
clobber (clobbern)
clock (Echtzeituhr)
clock (Taktgeber)
clock/calendar (Uhr/Kalender)
clock doubling (Taktverdoppler)
clocking (Gleichlaufsteuerung)
clock pulse (Taktsignale)
clock rate (Taktfrequenz)
clock speed (Taktgeschwindigkeit)
clock tick (Prozessor-Tick)
clone (Klon)
close (abmelden)
close (close)
close (schließen)
close box (Schließfeld)
close button (Schließen-Schaltfläche)
closed architecture (geschlossene Architektur)
closed file (geschlossene Datei)
closed shop (Closed Shop)
closed system (geschlossenes System)
cloth ribbon (Textilfarbband)
cluster (Cluster)
cluster (Zuordnungseinheit)
cluster controller (Cluster-Controller)
.cm (.cm)
CMI (CMI)
CMOS (CMOS)
CMOS RAM (CMOS-RAM)
CMOS setup (CMOS-Setup)
CMS (CMS)
CMY (CMY)

CMYK (CMYK)
.cn (.cn)
.co (.co)
coaxial cable (Koaxialkabel)
COBOL (COBOL)
cobweb site (Cobweb Site)
CODASYL (CODASYL)
code (Code)
code (kodieren)
codec (Codec)
code conversion (Code-Konvertierung)
code conversion (Portierung)
Code Division Multiple Access (Code Division Multiple Access)
code page (Codeseite)
coder (Coder)
code segment (Codesegment)
code snippet (Code-Abschnitt)
coding form (Kodierformular)
coercion (Coercion)
coherence (Kohärenz)
cold boot (Kaltstart)
cold fault (Cold Fault)
cold link (manuelle Verknüpfung)
cold start (Kaltstart)
collaborative filtering (kollaborative Filterung)
collapsed backbone (zusammengebrochener Backbone)
collate (mischen und einfügen)
collating sort (Mischsortierung)
collation sequence (Sortierfolge)
collector (Kollektor)
collision (Kollision)
collision detection (Kollisionserkennung)
color (Farbe)
color bits (Farb-Bits)
color box (Farbpalette)
color burst (Farbsynchronsignal)
color cycling (Colorcycling)
Color/Graphics Adapter (Color/Graphics Adapter)
colorimeter (Farbmesser)
color look-up table (Farb-Indextabelle)
color management (Farbmanagement)
color management system (Farbmanagementsystem)
color map (Farbzuordnungstabelle)
color model (Farbmodell)
color monitor (Farbmonitor)
color palette (Farbpalette)
color plane (Farbebene)
color printer (Farbdrucker)
color saturation (Farbsättigung)
color scanner (Farbscanner)
color separation (Farbauszugsdatei)
color separation (Farbseparation)
color table (Farbtabelle)
.columbus.oh.us (.columbus.oh.us)
column (Spalte)
column chart (Säulendiagramm)
.com (.com)
COM (COM)
COM1 (COM1)
COM2 (COM2)
COM3 (COM3)
combinatorial explosion (kombinatorische Explosion)
combinatorics (Kombinatorik)
COMDEX (COMDEX)
Comité Consultatif International Télégraphique et Téléphonique (Comité Consultatif Internationale de Télégraphie et Téléphonie)
comma-delimited file (kommagetrennte Datei)
command (Befehl)
command (Kommando...)
command buffer (Befehlspuffer)
command button (Befehlsschaltfläche)
COMMAND.COM (COMMAND.COM)
command-driven (befehlszeilenorientiert)
command-driven system (befehlszeilenorientiertes System)
command interpreter (Befehlsinterpreter)
Command key (Befehlstaste)
command language (Befehlssprache)
command line (Befehlszeile)
command-line interface (Befehlszeilen-Schnittstelle)
command mode (Befehlsmodus)
command processing (Befehlszeilen-Verarbeitung)
command processor (Befehlsprozessor)
command shell (Befehls-Shell)
command state (Befehlsmodus)
comment (Kommentar)
comment out (auskommentieren)
commerce server (kommerzieller Server)
commercial access provider (kommerzieller Zugangs-Provider)
Commercial Internet Exchange (Commercial Internet Exchange)
Common Access Method (Common Access Method)

common carrier (öffentlicher Netzbetreiber)
Common Client Interface (Common Client Interface)
Common Gateway Interface (Common Gateway Interface)
Common Hardware Reference Platform (Common Hardware Reference Platform)
Common Internet File System (Common Internet File System)
Common LISP (Common LISP)
Common Object Request Broker Architecture (Common Object Request Broker Architecture)
Common User Access (Common User Access)
communications (Kommunikation)
Communications Act of 1934 (Communications Act of 1934)
communications channel (Kommunikationskanal)
communications controller (Kommunikations-Controller)
communications link (Kommunikationsverbindung)
communications network (Kommunikationsnetzwerk)
communications parameter (Kommunikationsparameter)
communications port (Kommunikations-Port)
communications program (Kommunikationsprogramm)
communications protocol (Kommunikationsprotokoll)
communications satellite (Nachrichtensatellit)
communications server (Kommunikations-Server)
communications slot (Kommunikations-Steckplatz)
communications software (Kommunikations-Software)
communications system (Kommunikations-System)
Communications Terminal Protocol (Communications Terminal Protocol)
compact disc (Compact Disc)
compact disc-erasable (Compact Disc, löschbar)
compact disc-interactive (Compact Disc, interaktiv)
compact disc player (Compact-Disc-Player)
compact disc-recordable and erasable (Compact Disc, beschreibbar und löschbar)
compact disc-rewritable (Compact Disc, wiederbeschreibbar)
compaction (Verdichtung)

compact model (Compact-Speichermodell)
comparator (Komparator)
compare (vergleichen)
compatibility (Kompatibilität)
compatibility box (Kompatibilitäts-Box)
compatibility mode (Kompatibilitätsmodus)
compile (kompilieren)
compile-and-go (kompilieren und starten)
compiled Basic (Compiler-Basic)
compiled language (Compiler-Sprache)
compiler (Compiler)
compile time (Kompilierungszeit)
compile-time binding (Zuweisung bei Kompilierung)
complement (Komplement)
complementary metal-oxide semiconductor (komplementärer Metalloxidhalbleiter)
complementary operation (komplementäre Operation)
completeness check (Vollständigkeitsprüfung)
complex instruction set computing (Complex Instruction Set Computing)
complex number (komplexe Zahl)
comp. newsgroups (comp.-Newsgroups)
component (Komponente)
Component Object Model (Component Object Model)
component software (Modulbibliothek)
componentware (Componentware)
COM port (COM-Port)
composite display (Composite-Display)
composite key (zusammengesetzter Schlüssel)
composite video display (Composite-Video-Display)
compound statement (zusammengesetzte Anweisung)
compress (compress)
compress (komprimieren)
compressed digital video (Compressed Digital Video)
compressed disk (komprimierter Datenträger)
compressed drive (komprimiertes Laufwerk)
compressed file (komprimierte Datei)
Compressed SLIP (Compressed SLIP)
compression (Komprimierung)
compressor (Kompressor)
CompuServe (CompuServe)
computation-bound (rechenintensiv)
compute (berechnen)
computer (Computer)

745

computer-aided design (computerunterstützte Konstruktion)
computer-aided design and drafting (computerunterstütztes Zeichnen und Konstruieren)
computer-aided design/computer-aided manufacturing (computerunterstützte Konstruktion/computerunterstützte Fertigung)
computer-aided engineering (computerunterstützte Entwicklung)
computer-aided instruction (computerunterstützter Unterricht)
computer-aided manufacturing (computerunterstützte Fertigung)
computer-aided testing (computerunterstütztes Testen)
Computer and Business Equipment Manufacturers Association (Computer and Business Equipment Manufacturers Association)
computer art (Computerkunst)
computer-assisted diagnosis (computerunterstützte Diagnose)
computer-assisted instruction (computerunterstützter Unterricht)
computer-assisted learning (computerunterstütztes Lernen)
computer-assisted teaching (computerunterstützter Unterricht)
computer-based learning (computerorientiertes Lernen)
computer-based training (computerorientierte Schulung)
computer center (Rechenzentrum)
computer conferencing (Computerkonferenz)
computer control console (Steuerkonsole)
computer crime (Computerkriminalität)
computer-dependent (systemabhängig)
Computer Emergency Response Team (Computer Emergency Response Team)
computer engineering (Computerentwicklung)
computer family (Computerfamilie)
computer game (Computerspiel)
computer graphics (Computergrafik)
Computer Graphics Interface (Computer Graphics Interface)
Computer Graphics Metafile (Computer Graphics Metafile)
computer-independent language (plattformunabhängige Sprache)
computer-input microfilm (computer-input microfilm)

computer instruction (Computerbefehl)
computer instruction (Computerunterricht)
computer-integrated manufacturing (computer-integrated manufacturing)
computer interface unit (Computerschnittstelle)
computerized axial tomography (computergestützte axiale Tomographie)
computerized mail (computerisierte Post)
computer language (Computersprache)
computer letter (Computerbrief)
computer literacy (Computerkenntnis)
computer-managed instruction (computerunterstützter Unterricht)
computer name (Computername)
computer network (Computernetzwerk)
computer-output microfilm (Computer-Output Microfilm)
computerphile (Computerfreak)
computer power (Leistungsfähigkeit)
Computer Press Association (Computer Press Association)
Computer Professionals for Social Responsibility (Computer Professionals for Social Responsibility)
computer program (Computerprogramm)
computer-readable (maschinenlesbar)
computer revolution (Computer-Revolution)
computer science (Informatik)
computer security (Computersicherheit)
computer simulation (Computersimulation)
computer system (Computersystem)
computer telephone integration (Telefonieren mit dem Computer)
computer typesetting (Computersatz)
computer users' group (Computer-Benutzergruppe)
computer utility (Computerhilfsprogramm)
computer virus (Computervirus)
computer vision (visuelle Verarbeitung)
COM recorder (COM-Rekorder)
CON (CON)
concatenate (verbinden)
concatenated data set (verbundene Datensätze)
concentrator (Konzentrator)
conceptual schema (konzeptuelles Schema)
concordance (Konkordanz)
concurrent (parallel)
concurrent execution (parallele Ausführung)
concurrent operation (parallele Operation)
concurrent processing (parallele Verarbeitung)

Fachwörterbuch englisch/deutsch

concurrent program execution (parallele Programmausführung)
condensed (Schmalschrift)
condition (Bedingung)
conditional (bedingt)
conditional branch (bedingte Verzweigung)
conditional compilation (bedingte Kompilierung)
conditional expression (bedingter Ausdruck)
conditional jump (bedingter Sprung)
conditional statement (Bedingungsanweisung)
conditional transfer (bedingte Übergabe)
condition code (Bedingungscode)
conditioning (Signalaufbereitung)
conductor (Leiter)
Conference on Data Systems Languages (Conference on Data Systems Languages)
CONFIG.SYS (CONFIG.SYS)
configuration (Konfiguration)
configuration file (Konfigurationsdatei)
connect charge (Anschaltgebühr)
connection (Verbindung)
connectionless (verbindungslos)
connection-oriented (verbindungsorientiert)
connectivity (Connectivity)
connectoid (DFÜ-Skript-Verwaltung)
connector (Stecker)
connector (Übergangsstelle)
connect time (Verbindungsdauer)
consistency check (Konsistenzprüfung)
console (Konsole)
constant (Konstante)
constant expression (konstanter Ausdruck)
constellation (Konstellation)
constraint (Grenzbedingung)
consultant (EDV-Berater)
contact manager (Kontaktmanager)
container (Container)
content (Content)
content-addressed storage (inhaltsbezogene Speicherung)
contention (Konkurrenz)
contents directory (Contents Directory)
context-dependent (kontextabhängig)
context-sensitive help (kontextbezogene Hilfe)
context-sensitive menu (kontextbezogenes Menü)
context switching (kontextbezogenes Multitasking)
contextual search (kontextbezogene Suche)
contiguous (durchgehend)

contiguous data structure (fortlaufende Datenstruktur)
continuous carrier (Dauerton-Trägersignal)
continuous-form paper (Endlospapier)
continuous processing (kontinuierliche Verarbeitung)
continuous-tone image (Volltonbild)
continuous-tone printer (Volltondrucker)
contouring (Konturen)
contrast (Kontrast)
contrast (Kontrast)
contrast (Kontrastregler)
contrast (Kontrastregler)
control (Kontrollelement)
control (Steuerung)
control break (Control Break)
Control-Break (Strg-Untbr)
control bus (Steuerbus)
control character (Steuerzeichen)
control code (Steuercode)
control console (Steuerungskonsole)
control data (Steuerdaten)
control flow (Flußaufzeichnung)
Control key (Steuerungstaste)
controller (Controller)
control logic (Steuerlogik)
control panel (Kontrollfeld)
control panel (Systemsteuerung)
control sequence (Steuersequenz)
control signal (Steuersignal)
control statement (Steueranweisung)
control strip (Control Strip)
control structure (Kontrollstruktur)
control unit (Steuereinheit)
control variable (Laufvariable)
convention (Konvention)
conventional memory (konventioneller Arbeitsspeicher)
convergence (Konvergenz)
conversational (dialogbezogen)
conversational interaction (interaktiver Nachrichtenaustausch)
conversational language (Dialogsprache)
conversational mode (Dialogmodus)
conversion (Konvertierung)
conversion table (Konvertierungstabelle)
converter (Konverter)
cookbook (Kochbuch)
cooked mode (Cooked Mode)
cookie (Cookie)

747

cookie filtering tool (Cookie-Filter)
cooperative multitasking (kooperatives Multitasking)
cooperative processing (kooperative Verarbeitung)
coordinate (Koordinate)
coordinate dimensioning (koordinatenbezogene Positionierung)
coordinated universal time format (Coordinated Universal Time Format)
coprocessor (Coprozessor)
copy (kopieren)
copy disk (diskcopy)
copy holder (Konzepthalter)
copyleft (Copyleft)
copy program (Knackprogramm)
copy program (Kopierprogramm)
copy protection (Kopierschutz)
copyright (Copyright)
CORBA (CORBA)
core (Kernspeicher)
core program (Kernprogramm)
coresident (koresident)
corona wire (Koronadraht)
coroutine (Koroutine)
corrective maintenance (fehlerbehebende Wartung)
correspondence quality (Korrespondenzqualität)
corruption (Verfälschung)
cost-benefit analysis (Kosten-Nutzen-Analyse)
coulomb (Coulomb)
counter (Zähler)
counting loop (Zählschleife)
country code (Ländercode)
country-specific (landesspezifisch)
courseware (Courseware)
courtesy copy (Courtesy Copy)
CPA (CPA)
cpi (cpi)
CP/M (CP/M)
CPM (CPM)
cps (cps)
CPSR (CPSR)
CPU (CPU)
CPU-bound (rechenintensiv)
CPU cache (CPU-Cache)
CPU cycle (CPU-Zyklus)
CPU fan (CPU-Lüfter)
CPU speed (CPU-Geschwindigkeit)
CPU time (CPU-Zeit)

.cr (.cr)
CR (CR)
cracker (Cracker)
crash (Crash)
crash (crashen)
crash recovery (Wiederherstellung nach Absturz)
crawler (Crawler)
Cray-1 (Cray-1)
CRC (CRC)
creator (Creator)
creeping featurism (schleichender Featureismus)
crippled version (verkrüppelte Version)
critical error (kritischer Fehler)
critical-error handler (Fehlerbehandlungsroutine)
critical path method (Netzplanmethode)
crop (freistellen)
crop marks (Beschnittmarken)
crop marks (Beschnittmarken)
cross-assembler (Cross-Assembler)
cross-check (Gegenprüfung)
cross-compiler (Cross-Compiler)
cross development (Cross-Entwicklung)
cross-foot (querprüfen)
cross hairs (Fadenkreuz)
cross-hatching (Kreuzschraffur)
cross-linked files (querverbundene Dateien)
cross-platform (plattformübergreifend)
cross-post (cross-posten)
crosstalk (Übersprechen)
CRT (CRT)
CRT controller (CRT-Controller)
cruise (cruisen)
crunch (crunchen)
cryoelectronic (kryoelektronisch)
cryptoanalysis (Kryptoanalyse)
cryptography (Kryptographie)
.cs (.cs)
C shell (C-Shell)
CSLIP (CSLIP)
CSMA/CD (CSMA/CD)
CSO (CSO)
CSO name server (CSO-Name-Server)
CSS (CSS)
CSS1 (CSS1)
CTERM (CTERM)
CTI (CTI)
CTL (CTL)
CTRL (STRG)
Ctrl-Alt-Del (Strg-Alt-Entf)

Ctrl-C (Ctrl-C)
Ctrl-C (Strg-C)
Ctrl-S (Ctrl-S)
Ctrl-S (Strg-S)
CTS (CTS)
.cu (.cu)
CUA (CUA)
CUI (CUI)
CUL8R (CUL8R)
curly quotes (typografische Anführungszeichen)
current (Strom)
current cell (aktuelle Zelle)
current directory (aktuelles Verzeichnis)
current drain (Stromverbrauch)
current location counter (Current Location Counter)
current-mode logic (stromgesteuerte Logik)
cursor (Cursor)
cursor blink speed (Cursor-Blinkgeschwindigkeit)
cursor control (Cursorsteuerung)
cursor key (Cursortaste)
CUSeeMe (CUSeeMe)
customize (anpassen)
custom software (kundenspezifische Software)
cut (ausschneiden)
cut and paste (Ausschneiden und Einfügen)
.cv (.cv)
CV (CV)
CWIS (CWIS)
.cy (.cy)
cybercafe (Cybercafé)
cybercash (Cybercash)
cyberchat (Cyberchat)
cybercop (Cyberpolizist)
Cyberdog (Cyberdog)
cybernaut (Cybernaut)
cybernetics (Kybernetik)
cyberpunk (Cyberpunk)
cybersex (Cybersex)
cyberspace (Cyberspace)
cybrarian (Cybrarian)
cycle power (Cycle Power)
cycle time (Zykluszeit)
cyclical redundancy check (zyklische Redundanzüberprüfung)
cyclic binary code (zyklischer Binärcode)
Cycolor (Cycolor)
.cz (.cz)
DA (DA)
DAC (DAC)

daemon (Dämon)
daisy chain (Daisy Chain)
daisy wheel (Typenrad)
daisy-wheel printer (Typenraddrucker)
damping (Dämpfung)
DAP (DAP)
dark fiber (Dark Fiber)
Darlington circuit (Darlington-Schaltung)
Darlington pair (Darlington-Paar)
DARPA (DARPA)
DARPANET (DARPANET)
DASD (DASD)
.dat (.dat)
DAT (DAT)
data (Daten)
data acquisition (Datenerfassung)
data aggregate (Datensammlung)
data attribute (Datenattribute)
data bank (Datenbank)
database (Datenbank)
database administrator (Datenbank-Administrator)
database analyst (Datenbank-Analytiker)
database designer (Datenbank-Designer)
database engine (Datenbank-Engine)
database machine (Datenbank-Computer)
database machine (Datenbank-Maschine)
database management system (Datenbank-Managementsystem)
database manager (Datenbank-Manager)
database publishing (Datenbank-Publizierung)
database server (Datenbank-Server)
database structure (Datenbankstruktur)
data bit (Datenbit)
data buffer (Datenpuffer)
data bus (Datenbus)
data cable (Datenkabel)
data capture (Datenerfassung)
data capture (Datenprotokollierung)
data carrier (Datenträgersignal)
Data Carrier Detected (Data Carrier Detected)
data chaining (Datenverkettung)
data channel (Datenkanal)
data collection (Daten sammeln)
data collection (Datenerfassung)
datacom (datacom)
data communications (Datenkommunikation)
data compaction (Datenreduktion)
data compression (Datenkomprimierung)
data conferencing (Datenkonferenz)

749

data control (Datenkontrolle)
data corruption (Datenverfälschung)
data declaration (Datendeklaration)
data definition language (Datendefinitionssprache)
data description language (Datenbeschreibungssprache)
data dictionary (Datenbankverzeichnis)
data directory (Datenverzeichnis)
data-driven processing (datengesteuerte Verarbeitung)
data element (Datenelement)
data encryption (Datenverschlüsselung)
data encryption key (Datenschlüssel)
data encryption standard (Data Encryption Standard)
data entry (Dateneingabe)
data/fax modem (Daten-Fax-Modem)
data field (Datenfeld)
data field masking (Datenfeld-Maskierung)
data file (Datendatei)
data flow (Datenfluß)
data fork (Datenzweig)
data format (Datenformat)
data frame (Datenpaket)
data glove (Datenhandschuh)
datagram (Datagramm)
data independence (Datenunabhängigkeit)
data integrity (Datenintegrität)
data interchange format (Datenaustauschformat)
data item (Datenelement)
data library (Datenbibliothek)
data link (Datenverbindung)
data link escape (Umschaltungszeichen)
data-link layer (Sicherungsschicht)
data management (Datenverwaltung)
data manipulation (Datenbearbeitung)
data manipulation language (Datenmanipulations-Sprache)
data mart (Data Mart)
data medium (Datenträger)
data migration (Datenmigration)
data mining (Datenfilterung)
data model (Datenmodell)
data network (Datennetzwerk)
data packet (Datenpaket)
data point (Datenpunkt)
data processing (Datenverarbeitung)
Data Processing Management Association (Data Processing Management Association)

data protection (Datenschutz)
data rate (Datenrate)
data record (Datensatz)
data reduction (Datenreduktion)
data segment (Datensegment)
data set (Dateneinheit)
data set (Datenübertragungseinrichtung)
Data Set Ready (Data Set Ready)
data sharing (gemeinsame Datennutzung)
data signal (Nutzsignal)
data sink (Datensenke)
data source (Datenquelle)
data stream (Datenstrom)
data structure (Datenstruktur)
data switch (Datenverteiler)
Data Terminal Ready (Data Terminal Ready)
data traffic (Datenverkehr)
data transfer (Datentransfer)
data transfer rate (Daten-Transferrate)
data transmission (Datenübertragung)
data type (Datentyp)
data validation (Datenüberprüfung)
data value (Datenwert)
data warehouse (Data Warehouse)
date stamping (Datumsabdruck)
datum (Datum)
daughterboard (Tochterboard)
DAV connector (DAV-Stecker)
dB (dB)
DB (DB)
DBA (DBA)
DB connector (DB-Stecker)
.dbf (.dbf)
DBMS (DBMS)
DC (DC)
DCA (DCA)
DCD (DCD)
DCE (DCE)
DCOM (DCOM)
DCTL (DCTL)
DDBMS (DDBMS)
DDC (DDC)
DDE (DDE)
DDL (DDL)
.de (.de)
dead halt (Vollabsturz)
dead key (tote Taste)
dead-letter box (Dead-Letter-Box)
deadlock (Deadlock)
deadly embrace (Verklemmung)

deallocate (deallozieren)
deblock (entblocken)
debug (debuggen)
debugger (Debugger)
decay (Abklingen)
DECchip 21064 (DECchip 21064)
deceleration time (Abbremszeit)
decentralized processing (dezentrale Datenverarbeitung)
deci- (Dezi-)
decibel (Dezibel)
decimal (Dezimalsystem)
decision box (Entscheidungs-Symbol)
decision support system (Entscheidungshilfe-System)
decision table (Entscheidungstabelle)
decision tree (Entscheidungsbaum)
deck (Deck)
declaration (Deklaration)
declarative markup language (deklarative Auszeichnungssprache)
declare (deklarieren)
decoder (Decoder)
decollate (trennen)
decompiler (Decompiler)
decompress (dekomprimieren)
.de.co.us (.de.co.us)
decrement (Dekrement)
decrement (dekrementieren)
decryption (Entschlüsselung)
DECstation (DECstation)
dedicated (dediziert)
dedicated channel (dedizierter Kanal)
dedicated line (reservierte Leitung)
dedicated line (Standleitung)
deep copy (Deep Copy)
deep hack (Deep Hack)
de facto standard (De-facto-Standard)
default (default)
default (Standardeinstellung)
default button (Standard-Kontrollelement)
default drive (Standardlaufwerk)
default home page (Standard-Homepage)
default printer (Standarddrucker)
Defense Advanced Research Projects Agency (Defense Advanced Research Projects Agency)
deferred address (aufgeschobene Adresse)
deferred processing (zeitverzögerte Verarbeitung)
deflection coils (Ablenkspulen)

deformation (Deformation)
defragmentation (Defragmentierung)
degausser (Entmagnetisierer)
degradation (Leistungsabfall)
degradation (Signalabfall)
deinstall (deinstallieren)
dejagging (Anti-Aliasing)
de jure standard (De-jure-Standard)
DEK (DEK)
deka- (Deka-)
delay distortion (Verzögerungsverzerrung)
delete (löschen)
Delete key (Löschtaste)
deletia (Deletia)
delimit (begrenzen)
delimiter (Begrenzungszeichen)
Del key (Entf-Taste)
Delphi Information Service (Delphi Information Service)
demand-driven processing (abrufbasierende Verarbeitung)
demand paging (Paging auf Abruf)
demo (Demo)
demo (Vorführgerät)
demodulation (Demodulation)
demonstration program (Demonstrationsprogramm)
denizen (Denizen)
dependence (Abhängigkeit)
dependent variable (abhängige Variable)
depth queuing (Depth Queuing)
deque (Deque)
dequeue (Dequeue)
dereference (dereferenzieren)
derived class (abgeleitete Klasse)
derived font (abgeleitete Schrift)
derived relation (berechnete Relation)
DES (DES)
descendant (Abkömmling)
descender (Unterlänge)
descending sort (absteigende Sortierung)
descriptor (Deskriptor)
deselect (deselektieren)
deserialize (deserialisieren)
design cycle (Designzyklus)
desk accessory (Schreibtischzubehör)
desktop (Desktop)
desktop accessory (Desktop Accessory)
desktop computer (Desktop-Computer)
desktop conferencing (Desktop-Konferenz)

desktop enhancer (Desktop-Enhancer)
Desktop file (Schreibtisch-Datei)
Desktop Management Interface (Desktop Management Interface)
desktop publishing (Desktop Publishing)
desktop video (Desktop-Video)
destination (Ziel)
destructive read (zerstörendes Lesen)
detail file (Detaildatei)
detection (Erkennung)
determinant (Determinante)
determinism (Determinismus)
developer's toolkit (Developer's Toolkit)
development cycle (Entwicklungszyklus)
device (Gerät)
device address (Geräteadresse)
device control character (Gerätesteuerzeichen)
device controller (Geräte-Comtroller)
device dependence (Geräteabhängigkeit)
device driver (Gerätetreiber)
device independence (Geräteunabhängigkeit)
device-independent bitmap (geräteunabhängige Bitmap)
device manager (Geräte-Manager)
Device Manager (Geräte-Manager)
device name (Gerätename)
device resolution (gerätespezifische Auflösung)
DFS (DFS)
DGIS (DGIS)
DHCP (DHCP)
Dhrystone (Dhrystone)
DIA (DIA)
diacritical mark (Diakritikum)
dialect (Dialekt)
dialog (Dialog)
dialog box (Dialogfeld)
dial-up (einwahlorientiert)
dial-up access (Einwahlzugriff)
dial-up service (Einwahldienst)
DIB (DIB)
DIBengine (DIBengine)
dibit (Dibit)
dichotomizing search (dichotomierende Suche)
DIF (DIF)
difference (Differenz)
Difference Engine (Differenz-Maschine)
differential (differentiell)
differential phase-shift keying (Differential-Phasenverschiebung)
differentiator (Differentiator)

digest (Digest)
digicash (Digicash)
digit (Ziffer)
digital (digital)
digital audio disc (digitale Audiodisk)
digital audio tape (Digital Audio Tape)
digital audio/video connector (Digital Audio/Video Connector)
digital camera (digitale Kamera)
digital cash (Digital Cash)
digital communications (digitale Kommunikation)
digital computer (Digitalcomputer)
Digital Darkroom (Digital Darkroom)
digital data transmission (digitale Datenübertragung)
digital display (digitales Display)
digital line (digitale Verbindung)
digital linear tape (digitales lineares Tape)
Digital Micromirror Display (Digital Micromirror Display)
digital photography (digitale Fotografie)
digital proof (digital proof)
digital recording (digitale Aufzeichnung)
digital signal (digitales Signal)
digital signal processor (digitaler Signalprozessor)
digital signature (digitale Unterschrift)
Digital Simultaneous Voice and Data (Digital Simultaneous Voice and Data)
digital sort (numerische Sortierung)
digital speech (digitale Sprachausgabe)
digital subscriber line (Digital Subscriber Line)
digital-to-analog converter (Digital-Analog-Wandler)
digital versatile disc (Digital Versatile Disc)
digital video disc (digitale Videodisc)
digital video disc-erasable (digitale Videodisc, löschbar)
digital video disc-recordable (digitale Videodisc, beschreibbar)
digital video disc-ROM (digitale Videodisc, ROM)
digital video-interactive (digital video-interactive)
Digital Video Interface (Digital Video Interface)
digiterati (Digiterati)
digitize (digitalisieren)
digitizing tablet (Digitalisiertablett)
DikuMUD (DikuMUD)
dimensioning (Bemaßung)
dimmed (abgeblendet)
DIN connector (DIN-Stecker)

dingbat (Dingbat)
diode (Diode)
diode-transistor logic (Dioden-Transistor-Logik)
DIP (DIP)
dipole (Dipol)
DIP switch (DIP-Schalter)
dir (dir)
direct access (direkter Zugriff)
direct access storage device (Direktzugriffsspeicher)
direct address (direkter Zugriff)
direct cable connection (Kabel-Direktverbindung)
direct-connect modem (Direktverbindungs-Modem)
direct-coupled transistor logic (direkt gekoppelte Transistorlogik)
direct current (Gleichstrom)
direct digital color proof (direkter Digital-Farbabzug)
Direct Graphics Interface Specification (Direct Graphics Interface Specification)
DirectInput (DirectInput)
direction key (Richtungstaste)
direct memory access (direkter Speicherzugriff)
directory (Verzeichnis)
Directory Access Protocol (Directory Access Protocol)
Directory Client Agent (Directory Client Agent)
Directory Information Base (Directory Information Base)
directory path (Verzeichnispfad)
directory replication (Verzeichnis-Spiegelung)
Directory Server Agent (Directory Server Agent)
directory service (Directory Service)
Directory System Agent (Directory System Agent)
directory tree (Verzeichnisbaum)
Directory User Agent (Directory User Agent)
direct processing (Direktverarbeitung)
direct read after write (direktes Prüflesen nach Schreibvorgang)
direct read during write (direktes Prüflesen während Schreibvorgang)
direct sequence (Direktsequenz)
direct view storage tube (Direktadressier-Röhre)
DirectX (DirectX)
dirty (dirty)
dirty bit (dirty Bit)
dirty power (dirty Power)
dirty ROM (Dirty ROM)
disable (abschalten)

disabled folders (gesperrte Ordner)
disassembler (Disassembler)
disassociate (Verbindung lösen)
disaster dump (Postmortem-Speicherauszug)
disc (Disc)
disconnect (trennen)
discrete (diskret)
discrete multitone (Discrete Multitone)
discretionary hyphen (wahlweiser Bindestrich)
discussion group (Diskussionsgruppe)
disk (Disk)
disk access time (Disk-Zugriffszeit)
disk buffer (Disk-Puffer)
disk cache (Disk-Cache)
disk cartridge (Wechselplatte)
disk controller (Disk-Controller)
disk copy (1:1-Kopie)
disk crash (Disk-Crash)
disk directory (Diskverzeichnis)
disk drive (Diskettenlaufwerk)
disk driver (Disk-Treiber)
disk duplexing (Disk-Duplexing)
disk envelope (Diskettenhülle)
diskette (Diskette)
disk interface (Disk-Schnittstelle)
disk jacket (Diskettengehäuse)
diskless workstation (Arbeitsstation ohne Laufwerk)
disk memory (Disk-Speicher)
disk mirroring (Plattenspiegelung)
disk operating system (datenträgerorientiertes Betriebssystem)
disk pack (Plattenstapel)
disk partition (Plattenpartition)
disk server (Disk-Server)
disk striping (Disk-Striping)
disk striping with parity (Disk-Striping mit Paritätsprüfung)
disk unit (Disk-Einheit)
dispatcher (Verteiler)
dispatch table (Verteilertabelle)
disperse (streuen)
dispersion (Streuung)
display (Display)
display adapter (Display-Adapter)
display attribute (Darstellungsattribut)
display background (Bildschirmhintergrund)
display board (Bildschirmkarte)
display card (Grafikkarte)
display cycle (Bildschirmzyklus)

Display Data Channel (Display Data Channel)
display device (Darstellungsgerät)
display element (Darstellungselement)
display entity (Darstellungselement)
display face (Titelschrift)
display frame (Einzelbild)
display image (Einzelbild)
display page (Bildspeicherseite)
display port (Videoport)
Display PostScript (Display PostScript)
Display Power Management Signaling (Display Power Management Signaling)
display screen (Schirm)
display terminal (Bildschirm-Terminal)
Distance Vector Multicast Routing Protocol (Distance Vector Multicast Routing Protocol)
distortion (Verzerrung)
distribute (verteilen)
distributed bulletin board (verteiltes Schwarzes Brett)
Distributed COM (Distributed COM)
Distributed Component Object Model (Distributed Component Object Model)
distributed computing (verteilte Datenverarbeitung)
Distributed Computing Environment (Distributed Computing Environment)
distributed database (verteilte Datenbank)
distributed database management system (verteiltes Datenbanksystem)
distributed file system (verteiltes Dateisystem)
distributed intelligence (verteilte Intelligenz)
distributed network (verteiltes Netzwerk)
distributed processing (verteilte Datenverarbeitung)
Distributed System Object Model (Distributed System Object Model)
distributed transaction processing (verteilte Dialogverarbeitung)
distribution list (Verteilerliste)
distributive sort (verteilte Sortierung)
dithering (Dithering)
divergence (Divergenz)
divide overflow (Divisionsüberlauf)
division by zero (Division durch Null)
.dj (.dj)
.dk (.dk)
.dl_ (.dl_)
DLC (DLC)
.dll (.dll)
DLL (DLL)
DLT (DLT)
DMA (DMA)
DMD (DMD)
DMI (DMI)
DML (DML)
DMT (DMT)
DMTF (DMTF)
DNS (DNS)
DNS server (DNS-Server)
.do (.do)
.doc (.doc)
dock (andocken)
docking mechanism (Andock-Mechanismus)
docking station (Docking Station)
doctype (DOCTYPE)
document (Dokument)
document (dokumentieren)
documentation (Dokumentation)
document-centric (dokumentorientiert)
Document Content Architecture (Document Content Architecture)
document file (Dokumentdatei)
document image processing (bitmaporientierte Dokumentenbearbeitung)
Document Interchange Architecture (Document Interchange Architecture)
document management (Dokumentenmanagement)
document processing (Dokumentenbearbeitung)
document reader (Dokumentenleser)
document retrieval (Dokumentenwiedergewinnung)
document source (Dokumentquelltext)
Document Style Semantics and Specification Language (Document Style Semantics and Specification Language)
document window (Dokumentfenster)
DoD (DoD)
DO loop (DO-Schleife)
domain (Domäne)
domain name (Domänen-Name)
domain name address (Domänen-Adresse)
domain name server (Domain-Name-Server)
Domain Name System (Domain Name System)
Domain Naming System (Domain Naming System)
dongle (Dongle)
do-nothing instruction (Leerlauf-Befehl)
dopant (Dotiersubstanz)

DOS (DOS)
DOS box (DOS-Box)
DOS box (DOS-Kompatibilitätsbox)
DOS extender (DOS-Extender)
DOS prompt (DOS-Eingabeaufforderung)
dot (Punkt)
dot address (Punktadresse)
dot-addressable mode (punktweise Adressierung)
dot com (Punkt com)
dot command (Punktbefehl)
dot file (Punktdatei)
dot matrix (Punktmatrix)
dot-matrix (matrixbezogen)
dot-matrix printer (Matrixdrucker)
dot pitch (Lochabstand)
dot pitch (Punktabstand)
dots per inch (Punkte pro Zoll)
double buffering (Doppelpufferung)
double-click (doppelklicken)
double dabble (double dabble)
double-density disk (Diskette mit doppelter Dichte)
double-dereference (doppelt dereferenzieren)
double-precision (doppelt genau)
double-sided disk (beidseitige Diskette)
double-strike (Doppeldruck)
double word (Doppelwort)
doubly linked list (doppelt verkettete Liste)
down (down)
downlink (Downlink)
download (downloaden)
download (herunterladen)
downloadable font (ladbare Schrift)
downsizing (Downsizing)
downstream (Downstream)
downtime (Ausfallzeit)
downward compatibility (Abwärtskompatibilität)
DP (DP)
dpi (dpi)
DPMA (DPMA)
DPMI (DPMI)
DPMS (DPMS)
DPSK (DPSK)
draft mode (Entwurfsmodus)
draft quality (Entwurfsqualität)
drag (ziehen)
drag-and-drop (Drag & Drop)
drain (Senke)
DRAM (DRAM)
DRAW (DRAW)

drawing interchange format (Drawing Interchange Format)
drawing program (Zeichenprogramm)
DRDW (DRDW)
dribbleware (Dribbleware)
drift (Drift)
drill down (drill down)
drive (Laufwerk)
drive bay (Laufwerksschacht)
drive letter (Laufwerksbuchstabe)
drive mapping (Laufwerkszuordnung)
drive number (Laufwerksnummer)
driver (Treiber)
DRO (DRO)
drop cap (Initial)
drop-dead halt (Drop-Dead Halt)
drop-down menu (Drop-down-Menü)
drop in (drop in)
droplet (Droplet)
drop out (drop out)
drum (Trommel)
drum plotter (Trommelplotter)
drum scanner (Trommel-Scanner)
.drv (.drv)
dry run (Trockenlauf)
DSA (DSA)
DSL (DSL)
DSOM (DSOM)
DSP (DSP)
DSR (DSR)
DSS (DSS)
DSSSL (DSSSL)
DSVD (DSVD)
DTE (DTE)
DTL (DTL)
DTP (DTP)
DTR (DTR)
DTV (DTV)
DUA (DUA)
dual boot (Dual Boot)
dual channel controller (Zweikanal-Controller)
dual density (doppelte Dichte)
dual disk drive (Doppeldiskettenlaufwerk)
dual in-line package (dual in-line package)
dual processors (Doppelprozessor-System)
dual-scan display (Dual-scan-Display)
dual-sided disk drive (doppelseitiges Laufwerk)
dumb quotes (senkrechte Anführungszeichen)
dumb terminal (dummes Terminal)
dummy (Dummy)

dummy argument (Dummy-Parameter)
dummy instruction (Dummy-Befehl)
dummy module (Dummy-Modul)
dummy routine (Dummy-Routine)
duplex (Duplex)
duplex (duplex)
duplex channel (Duplex-Kanal)
duplex printer (Duplex-Drucker)
duplex system (Duplex-System)
duplex transmission (Wechselbetrieb)
duplicate key (Doublette)
duplication check (Doublettenprüfung)
DVD (DVD)
DVD-E (DVD-E)
DVD-R (DVD-R)
DVD-ROM (DVD-ROM)
DVI (DVI)
DV-I (DV-I)
DVMRP (DVMRP)
Dvorak keyboard (Dvorak-Tastatur)
DVST (DVST)
DXF (DXF)
dyadic (dyadisch)
dye-diffusion printer (Dye-Diffusion-Drucker)
dye-polymer recording (Farbstoff-Polymer-Aufzeichnung)
dye-sublimation printer (Farbsublimations-Drucker)
dynalink (dynalink)
Dynaload drivers (Dynaload-Treiber)
dynamic (dynamisch)
dynamic address translation (dynamische Adreßumsetzung)
dynamic allocation (dynamische Allozierung)
dynamic binding (dynamisches Binden)
dynamic caching (dynamisches Caching)
Dynamic Data Exchange (dynamischer Datenaustausch)
dynamic dump (dynamischer Speicherauszug)
Dynamic Host Configuration Protocol (Dynamic Host Configuration Protocol)
dynamic keys (dynamische Schlüssel)
dynamic-link library (dynamische Bibliothek)
dynamic memory allocation (dynamische Speicherallozierung)
dynamic page (dynamische Seite)
dynamic RAM (dynamisches RAM)
dynamic random access memory (dynamic random access memory)
dynamic relocation (dynamische Relozierung)

dynamic scheduling (dynamische Arbeitsverteilung)
dynamic SLIP (dynamic SLIP)
dynamic storage (dynamischer Speicher)
dynamic Web page (dynamische Web-Seite)
.dz (.dz)
e (e)
E (E)
early binding (frühe Bindung)
EAROM (EAROM)
Easter egg (Osterei)
EBCDIC (EBCDIC)
e-bomb (E-Bomb)
.ec (.ec)
e-cash (E-Cash)
ECC (ECC)
echo (Echo)
echo (echo)
echo cancellation (Echo-Ausblendung)
echo check (Echoprüfung)
echoplex (Echoplex)
echo suppressor (Echo-Unterdrücker)
ECL (ECL)
ECMA (ECMA)
e-commerce (E-Commerce)
e-credit (E-Credit)
edge (Kante)
edge connector (Platinenstecker)
EDI (EDI)
edit (bearbeiten)
editing keys (Bearbeitungstasten)
edit key (Bearbeitungstaste)
edit mode (Bearbeitungsmodus)
editor (Editor)
Edlin (Edlin)
.edmonton.ca (.edmonton.ca)
EDO DRAM (EDO DRAM)
EDO RAM (EDO RAM)
EDP (EDP)
.edu (.edu)
edutainment (Edutainment)
.ee (.ee)
EEMS (EEMS)
EEPROM (EEPROM)
EFF (EFF)
e-form (E-Form)
.eg (.eg)
EGA (EGA)
EGP (EGP)
.eh (.eh)

EIA (EIA)
EIDE (EIDE)
Eiffel (Eiffel)
EIS (EIS)
EISA (EISA)
electroluminescent (elektrolumineszent)
electroluminescent display (Elektrolumineszenz-Bildschirm)
electrolysis (Elektrolyse)
electromagnet (Elektromagnet)
electromagnetic radiation (elektromagnetische Strahlung)
electromagnetic spectrum (elektromagnetisches Spektrum)
electromotive force (elektromotorische Kraft)
electron beam (Elektronenstrahl)
electron gun (Elektronenkanone)
electronic bulletin board (elektronisches Anschlagbrett)
electronic cash (elektronisches Geld)
electronic circuit (elektronische Schaltung)
electronic commerce (elektronisches Einkaufen)
electronic credit (elektronisches Einkaufen mit Kreditkarte)
electronic data interchange (elektronischer Datenaustausch)
electronic data processing (elektronische Datenverarbeitung)
electronic form (elektronisches Formular)
Electronic Frontier Foundation (Electronic Frontier Foundation)
Electronic Industries Association (Electronic Industries Association)
electronic journal (elektronische Zeitschrift)
electronic mail (elektronische Post)
electronic mail services (Elektronische-Post-Dienste)
electronic mall (digitales Kaufhaus)
electronic money (elektronisches Geld)
electronic music (elektronische Musik)
electronic office (elektronisches Büro)
electronic photography (elektronische Fotografie)
electronic publishing (elektronisches Publizieren)
electronics (Elektronik)
electronic software distribution (elektronischer Softwarevertrieb)
electronic spreadsheet (elektronisches Tabellenblatt)
electronic storefront (digitale Ladenzeile)
electronic text (elektronischer Text)

electron tube (Elektronenröhre)
electrophotographic printers (elektrofotografische Drucker)
electrophotography (Elektrofotografie)
electroplating (Elektroplattierung)
electrostatic (elektrostatisch)
electrostatic discharge (elektrostatische Entladung)
electrostatic plotter (elektrostatischer Plotter)
electrostatic printer (elektrostatischer Drucker)
elegant (elegant)
element (Element)
elevator (Schieberegler)
elevator seeking (aufzugsorientierte Suche)
elite (Elite)
ELIZA (ELIZA)
ellipsis (Auslassungszeichen)
elm (elm)
e-mail (E-Mail)
e-mail (E-Mail)
e-mail address (E-Mail-Adresse)
e-mail filter (E-Mail-Filter)
embedded (eingebettet)
embedded command (eingebetteter Befehl)
embedded controller (eingebetteter Controller)
embedded hyperlink (eingebetteter Hyperlink)
embedded interface (eingebettete Schnittstelle)
em dash (Vollgeviertstrich)
EMF (EMF)
emitter (Emitter)
emitter-coupled logic (emitter-gekoppelte Logik)
EMM (EMM)
e-money (E-Money)
emotag (Emotag)
emoticon (Emoticon)
EMS (EMS)
em space (Vollgeviert)
emulate (emulieren)
emulation (Emulation)
emulator (Emulator)
emulsion laser storage (Emulsions-Laserspeichertechnik)
enable (einschalten)
encapsulate (kapseln)
Encapsulated PostScript (Encapsulated PostScript)
encapsulated type (gekapselter Typ)
encipher (chiffrieren)
encode (codieren)
encode (verschlüsseln)

encryption (Verschlüsselung)
encryption key (Schlüssel)
end-around carry (end-around carry)
end-around shift (end-around shift)
en dash (Divis)
End key (Ende-Taste)
endless loop (Endlosschleife)
end mark (Endemarkierung)
end-of-file (Dateiende-Zeichen)
end-of-text (Textende-Zeichen)
end-of-transmission (Übertragungsende-Zeichen)
endpoint (Endpunkt)
end user (Endanwender)
End-User License Agreement (Endbenutzer-Lizenzvertrag)
Energy Star (Energy Star)
engine (Engine)
Enhanced Expanded Memory Specification (Enhanced Expanded Memory Specification)
Enhanced Graphics Adapter (Enhanced Graphics Adapter)
Enhanced Graphics Display (Enhanced Graphics Display)
Enhanced IDE (Enhanced IDE)
enhanced keyboard (erweiterte Tastatur)
enhanced parallel port (erweiterter Parallelport)
enhanced serial port (erweiterter serieller Port)
Enhanced Small Device Interface (Enhanced Small Device Interface)
ENIAC (ENIAC)
enlarge (vergrößern)
E notation (E-Notation)
ENQ (ENQ)
enquiry character (Anfragezeichen)
en space (Halbgeviert)
Enter key (Eingabetaste)
enterprise computing (Computereinsatz in Unternehmen)
enterprise network (Unternehmens-Netzwerk)
enterprise networking (Netzwerkeinsatz in Unternehmen)
entity (Entität)
entry (Eingabe)
entry (Eintrag)
entry point (Einsprungstelle)
enumerated data type (Aufzählungstyp)
envelope (Hüllkurve)
envelope (Verpackung)
envelope delay (Gruppenlaufzeit)
environment (Umgebung)

EOF (EOF)
EOL (EOL)
EOT (EOT)
epitaxial layer (Epitaxial-Schicht)
EPP (EPP)
EPP IEEE standard (EPP IEEE standard)
EPROM (EPROM)
.eps (.eps)
EPS (EPS)
EPSF (EPSF)
equality (Gleichheit)
equalization (Entzerrung)
equation (Gleichung)
.er (.er)
erasable programmable read-only memory (Erasable Programmable Read-Only Memory)
erasable storage (löschbarer Speicher)
erase (löschen)
erase head (Löschkopf)
Eratosthenes' sieve (Sieb des Eratosthenes)
ergonomic keyboard (ergonomische Tastatur)
ergonomics (Ergonomie)
error (Fehler)
error analysis (Fehleranalyse)
error checking (Fehlerprüfung)
error control (Fehlerkontrolle)
error-correcting code (Fehlerkorrekturcode)
error-correction coding (fehlerkorrigierende Codierung)
error detection and correction (Fehlererkennung und -beseitigung)
error-detection coding (fehlererkennende Codierung)
error file (Fehlerprotokolldatei)
error handling (Fehlerbehandlung)
error message (Fehlermeldung)
error rate (Fehlerrate)
error ratio (Fehlerverhältnis)
error trapping (Fehlerbehandlung)
.es (.es)
escape character (Escape-Zeichen)
escape code (Escape-Code)
Escape key (Escape-Taste)
escape sequence (Escape-Sequenz)
ESC character (ESC-Zeichen)
Esc key (Esc-Taste)
ESD (ESD)
ESDI (ESDI)
ESP (ESP)
ESP IEEE standard (ESP-IEEE-Standard)

Fachwörterbuch englisch/deutsch

.et (.et)
e-text (E-Text)
Ethernet (Ethernet)
Ethernet/802.3 (Ethernet/802.3)
E-time (E-time)
etiquette (Etikette)
ETX (ETX)
Eudora (Eudora)
EULA (EULA)
European Computer Manufacturers Association (European Computer Manufacturers Association)
European Laboratory for Particle Physics (European Laboratory for Particle Physics)
evaluation (Auswertung)
even parity (gerade Parität)
event (Ereignis)
event-driven (ereignisgesteuert)
event-driven processing (ereignisgesteuerte Verarbeitung)
event-driven programming (ereignisgesteuerte Programmierung)
exa- (Exa-)
exabyte (Exabyte)
exception (Ausnahme)
exception error 12 (Ausnahmefehler 12)
exception handling (Ausnahmebehandlung)
exchangeable disk (austauschbarer Datenträger)
exchange sort (Austausch-Sortierung)
exclusive NOR (exklusives NOR)
exclusive OR (exklusives ODER)
.exe (.exe)
executable (ausführbar)
executable (ausführbar)
executable program (ausführbares Programm)
execute (ausführen)
execution time (Ausführungszeit)
executive (Executive)
executive information system (executive information system)
exerciser (Testprogramm)
exit (zurückspringen)
expanded (Breitschrift)
expanded memory (Expansionsspeicher)
Expanded Memory Manager (Expanded Memory Manager)
Expanded Memory Specification (Expanded Memory Specification)
expansion (Erweiterung)
expansion board (Erweiterungskarte)
expansion bus (Erweiterungsbus)
expansion card (Expansion Card)
expansion slot (Erweiterungssteckplatz)
expert system (Expertensystem)
expiration date (Verfallsdatum)
expire (verfallen)
exploded view (Explosionszeichnung)
Explorer (Explorer)
exponent (Exponent)
exponential notation (Exponentialschreibweise)
exponentiation (Potenzierung)
export (exportieren)
expression (Ausdruck)
extended ASCII (erweitertes ASCII)
Extended Binary Coded Decimal Interchange Code (Extended Binary Coded Decimal Interchange Code)
extended characters (erweiterte Zeichen)
extended data out random access memory (extended data out random access memory)
Extended Edition (Extended Edition)
eXtended Graphics Array (eXtended Graphics Array)
Extended Industry Standard Architecture (Extended Industry Standard Architecture)
extended memory (Erweiterungsspeicher)
extended memory specification (extended memory specification)
extended VGA (Extended VGA)
extender board (Extenderkarte)
extensible language (erweiterbare Sprache)
extension (Erweiterung)
extension manager (Erweiterungs-Manager)
extent (Extent)
external command (externer Befehl)
external function (externe Funktion)
External Gateway Protocol (External Gateway Protocol)
external hard disk (externe Festplatte)
external interrupt (externer Interrupt)
external modem (externes Modem)
external reference (externe Referenz)
external storage (externer Speicher)
external viewer (externer Viewer)
extract (extrahieren)
extra-high-density floppy disk (Diskette mit besonders hoher Dichte)
extranet (Extranet)
extrinsic semiconductor (Extrinsic-Halbleiter)
ezine (Ezine)
F (F)

F2F (F2F)
face (face)
face (Oberfläche)
face time (Face Time)
facsimile (Faksimile)
factor (Faktor)
factorial (Fakultät)
fail-safe system (ausfallsicheres System)
fail-soft system (ausfallgesichertes System)
failure (Ausfall)
failure rate (Ausfallhäufigkeit)
fair use (Fair Use)
fallout (Ausfallquote)
family (Familie)
fan (fächern)
fan (Ventilator)
fanfold paper (Leporellopapier)
fan-in (Fan-In)
fan-out (Fan-Out)
fanzine (Fanzine)
FAQ (FAQ)
farad (Farad)
FARNET (FARNET)
Fast Ethernet (Fast Ethernet)
fast Fourier transform (Fast-Fourier-Transformation)
fast infrared port (schneller Infrarot-Port)
fast packet (Fast Packet)
Fast SCSI (Fast SCSI)
Fast/Wide SCSI (Fast/Wide SCSI)
FAT (FAT)
fatal error (fataler Fehler)
fat application (Fat Application)
fat binary (Fat Binary)
fatbits (Fatbits)
fat client (Fat Client)
FAT file system (FAT-Dateisystem)
father (Vater)
father file (Vaterkopie)
fat server (Fat Server)
fatware (Fatware)
fault (Defekt)
fault tolerance (Fehlertoleranz)
favorite (Favorit)
Favorites folder (Favoriten-Ordner)
fax (Fax)
fax machine (Faxgerät)
fax modem (Faxmodem)
fax on demand (Empfangsabruf)
fax program (Faxprogramm)

fax server (Fax-Server)
FCB (FCB)
FCC (FCC)
F connector (F-Stecker)
FDDI (FDDI)
FDHP (FDHP)
FDM (FDM)
feasibility study (Durchführbarkeitsstudie)
feature (Feature)
feature extraction (Charakteristika-Extraktion)
Federal Communications Commission (Federal Communications Commission)
Federal Information Processing Standards (Federal Information Processing Standards)
Federal Internet Exchange (Federal Internet Exchange)
federated database (föderierte Datenbank)
Federation of American Research Networks (Federation of American Research Networks)
Federation on Computing in the United States (Federation on Computing in the United States)
feed (einlegen)
feed (einlegen)
feed (vorschieben)
feedback (Rückkopplung)
feedback circuit (Rückkopplungs-Schaltung)
feed scanner (Einzugs-Scanner)
female connector (Steckerbuchse)
femto- (Femto-)
femtosecond (Femtosekunde)
FEP (FEP)
ferric oxide (Eisenoxid)
ferric RAM (Ferro-RAM)
ferromagnetic domain (ferromagnetische Domäne)
ferromagnetic material (ferromagnetisches Material)
FET (FET)
fetch (Abholen)
fetch time (Abholzeit)
FF (FF)
FFT (FFT)
FFTDCA (FFTDCA)
.fi (.fi)
Fiber Distributed Data Interface (Fiber Distributed Data Interface)
fiber optics (Glasfasertechnik)
Fibonacci numbers (Fibonacci-Zahlen)
fiche (Fiche)
Fidonet (Fidonet)

.fidonet.org (.fidonet.org)
field (Feld)
field-effect transistor (Feldeffekt-Transistor)
field-programmable logic array (wiederprogrammierbare Logik)
field separator (Feldtrennzeichen)
FIFO (FIFO)
fifth-generation computer (fünfte Computergeneration)
fifth normal form (Fünfte Normalenform)
file (Datei)
file allocation table (Dateizuordnungstabelle)
file attribute (Dateiattribut)
file backup (Dateisicherung)
file compression (Dateikomprimierung)
file control block (Dateisteuerblock)
file conversion (Dateikonvertierung)
file extension (Dateierweiterung)
file extent (File Extent)
file format (Dateiformat)
file fragmentation (Dateifragmentierung)
file gap (Dateiabstand)
file handle (Dateikennziffer)
file-handling routine (Dateibearbeitungsroutine)
file header (Dateikopf)
file layout (Dateistruktur)
file librarian (Dateiverwalter)
file maintenance (Dateiwartung)
file manager (Datei-Manager)
filename (Dateiname)
filename extension (Dateinamenerweiterung)
file protection (Dateischutz)
file recovery (Dateiwiederherstellung)
file retrieval (Dateiaufruf)
file server (Datei-Server)
file sharing (gemeinsame Dateinutzung)
file size (Dateigröße)
filespec (Filespec)
file specification (Dateiangabe)
file specification (Dateispezifikation)
file specification (Namensschema)
file structure (Dateiorganisation)
file system (Dateisystem)
file transfer (Datentransfer)
File Transfer Protocol (File Transfer Protocol)
file type (Dateityp)
fill (füllen)
film at 11 (Film um 11)
film recorder (Filmrekorder)
film ribbon (Filmstreifen)

filter (Filter)
filtering program (Filterprogramm)
FilterKeys (Eingabehilfen)
Final-Form-Text DCA (Final-Form-Text DCA)
find (finden)
Finder (Finder)
finger (Finger)
finger (finger)
fingerprint reader (Fingerabdruckleser)
FIPS (FIPS)
firewall (Firewall)
firmware (Firmware)
FIR port (FIR-Port)
FIRST (FIRST)
first-generation computer (erste Computergeneration)
first in, first out (First In, First Out)
first normal form (erste Normalenform)
fitting (Linienanpassung)
FIX (FIX)
fixed disk (Festplatte)
fixed-length field (feste Feldlänge)
fixed-pitch spacing (Schrittschaltung mit fester Zeichendichte)
fixed-point arithmetic (Festkomma-Arithmetik)
fixed-point notation (Festkomma-Notation)
fixed space (festes Leerzeichen)
fixed spacing (feste Schrittschaltung)
fixed storage (Festspeicher)
fixed-width font (Zeichensatz mit fester Breite)
fixed-width spacing (Schrittschaltung mit fester Breite)
fixed-word-length computer (feste Wortlänge)
.fj (.fj)
F keys (F-Tasten)
flag (Flag)
flame (Flame)
flame (flamen)
flame bait (Flame Bait)
flamefest (Flamefest)
flamer (Flamer)
flame war (Flame War)
flash memory (Flash-Speicher)
flash ROM (Flash-ROM)
flat address space (linearer Adreßraum)
flatbed plotter (Flachbett-Plotter)
flatbed scanner (Flachbett-Scanner)
flat file (lineare Datei)
flat-file database (lineare Datenbank)
flat file directory (lineares Verzeichnis)

flat file system (lineares Dateisystem)
flat memory (linearer Speicher)
flat pack (Flatpack)
flat-panel display (Flachdisplay)
flat screen (Flachbildschirm)
flavor (Derivat)
flexible disk (flexible Diskette)
.fli (.fli)
flicker (Flimmern)
flight simulator (Flugsimulator)
flip-flop (Flipflop)
flippy-floppy (Flip-Diskette)
float (float)
floating-point arithmetic (Gleitkomma-Arithmetik)
floating-point constant (Gleitkomma-Konstante)
floating-point notation (Gleitkomma-Notation)
floating-point number (Gleitkomma-Zahl)
floating-point operation (Gleitkomma-Operation)
floating-point processor (Gleitkomma-Prozessor)
floating-point register (Gleitkomma-Register)
FLOP (FLOP)
floppy disk (Floppy Disk)
floppy disk controller (Floppy-Disk-Controller)
floppy disk drive (Floppy-Disk-Laufwerk)
FLOPS (FLOPS)
floptical (Floptical)
flow analysis (Flußanalyse)
flowchart (Flußdiagramm)
.fl.us (.fl.us)
flush (bündig)
flush (entleeren)
flux (Fluß)
flux (Flußmittel)
flux reversal (Flußumkehr)
.fm (.fm)
FM (FM)
FM encoding (FM-Codierung)
.fo (.fo)
focus (fokussieren)
FOCUS (FOCUS)
FOD (FOD)
folder (Ordner)
folio (Pagina)
follow-up (Follow-Up)
font (Schrift)
font card (Font-Karte)
font cartridge (Schriftkassette)
Font/DA Mover (Font/DA Mover)
font editor (Font-Editor)

font family (Schriftfamilie)
font generator (Schriftgenerator)
font number (Schriftnummer)
font page (Font-Seite)
font size (Schriftgrad)
font suitcase (Font-Koffer)
foo (foo)
footer (Fußzeile)
footprint (Standfläche)
force (erzwingen)
foreground (Vordergrund)
foreground (Vordergrund-)
fork (verzweigen)
fork (Zweig)
FOR loop (FOR-Schleife)
form (Form)
form (Formular)
formal language (formalisierte Sprache)
formal logic (formale Logik)
format (Format)
format (formatieren)
format bar (Formatpalette)
formatting (Formatierung)
form feed (Seitenvorschub)
form letter (Formbrief)
formula (Formel)
Forth (Forth)
FORTRAN (FORTRAN)
fortune cookie (Fortune-Cookie)
forum (Forum)
Forum of Incident Response and Security Teams (Forum of Incident Response and Security Teams)
forward (weiterleiten)
forward chaining (Vorwärtsverkettung)
forward error correction (vorauseilende Fehlerkorrektur)
forward pointer (Vorwärtszeiger)
FOSDIC (FOSDIC)
Fourier transform (Fourier-Transformation)
fourth-generation computer (vierte Computergeneration)
fourth-generation language (vierte Sprachgeneration)
fourth normal form (vierte Normalenform)
FPD (FPD)
FPLA (FPLA)
FPU (FPU)
.fr (.fr)
fractal (Fraktal)
fractional T1 (Fractional T1)

FRAD (FRAD)
fragmentation (Fragmentierung)
FRAM (FRAM)
frame (Datenpaket)
frame (Einzelbild)
frame (Einzelbild-Puffer)
frame (Frame)
frame (Rahmen)
frame buffer (Einzelbild-Puffer)
frame grabber (Frame Grabber)
frame rate (Bildwiederholgeschwindigkeit)
frame relay (Frame Relay)
frame relay assembler/disassembler (Frame-Relay-Assembler/Disassembler)
frame source (Rahmenquelltext)
frames per second (Bilder pro Sekunde)
framework (Framework)
FRC (FRC)
fred (fred)
free block (freier Block)
FreeBSD (FreeBSD)
free-form language (formatfreie Sprache)
freenet (Freenet)
.freenet.edu (.freenet.edu)
free software (freie Software)
Free Software Foundation (Free Software Foundation)
free space (freie Kapazität)
freeware (Freeware)
freeze-frame video (Freeze-Frame Video)
frequency (Frequenz)
frequency counter (Frequenzzähler)
frequency-division multiplexing (Frequenz-divisions-Multiplexing)
frequency hopping (Frequenzsprung-Verfahren)
frequency modulation (Frequenzmodulation)
frequency modulation encoding (Frequenz-modulationscodierung)
frequency response (Frequenzgang)
frequency-shift keying (Frequenzwechsel-Codierung)
frequently asked questions (Frequently Asked Questions)
friction feed (Friktionsantrieb)
friendly (benutzungsfreundlich)
fringeware (Fringeware)
front end (Front End)
front-end processor (Front-End-Prozessor)
front panel (Frontplatte)
fry (zerschießen)

fs (fs)
FSK (FSK)
FT1 (FT1)
FTAM (FTAM)
FTP (FTP)
FTP (FTP)
FTP client (FTP-Client)
FTP commands (FTP-Befehle)
FTP program (FTP-Programm)
FTP server (FTP-Server)
FTP site (FTP-Site)
full adder (Volladdierer)
full duplex (Vollduplex)
full-duplex transmission (Vollduplex-Übertragung)
full justification (Blocksatz)
full-motion video (Full-Motion-Video)
full-motion video adapter (Full-Motion-Videokarte)
full name (vollständiger Name)
full-page display (Ganzseitenbildschirm)
full path (vollständiger Pfad)
full pathname (vollständiger Pfadname)
full-screen (vollbildorientiert)
full-text search (Volltextsuche)
fully formed character (Vollkonturen-Zeichen)
fully populated board (voll bestückte Platine)
function (Funktion)
functional design (funktionelles Design)
functional programming (funktionelle Programmierung)
functional redundancy checking (Functional Redundancy Checking)
functional specification (funktionale Spezifikation)
function call (Funktionsaufruf)
function key (Funktionstaste)
function library (Funktionsbibliothek)
function overloading (Funktionsüberladung)
fuse (Sicherung)
fusible link (Fusible Link)
fuzzy logic (Fuzzy-Logik)
FWIW (FWIW)
.fx (.fx)
FYI (FYI)
G (G)
.ga (.ga)
GaAs (GaAs)
gain (Verstärkung)
gallium arsenide (Galliumarsenid)

game (Spiel)
game card (Game-Karte)
game cartridge (Spiel-Einsteckmodul)
Game Control Adapter (Game Control Adapter)
game port (Game Port)
game theory (Spieltheorie)
Gantt chart (Gantt-Diagramm)
gap (Lücke)
garbage (Müll)
garbage collection (Speicherbereinigung)
garbage in, garbage out (Müll rein, Müll raus)
gas-discharge display (Gasentladungsbildschirm)
gas-plasma display (Plasmabildschirm)
gate (Gate)
gate (Gatter)
gate array (Gatter-Array)
gated (gated)
gated (gegated)
gate electrode (Gateelektrode)
gateway (Gateway)
gating circuit (Gatter-Schaltkreis)
.ga.us (.ga.us)
.gb (.gb)
GB (GB)
Gbps (Gbps)
.gd (.gd)
GDI (GDI)
.ge (.ge)
geek (Geek)
gender bender (Invertieradapter)
gender changer (Invertieradapter)
General Protection Fault (General Protection Fault)
General Public License (General Public License)
general-purpose computer (Mehrzweck-Computer)
general-purpose controller (Mehrzweck-Controller)
General-Purpose Interface Bus (Mehrzweckbus)
general-purpose language (Mehrzwecksprache)
general-purpose register (Mehrzweckregister)
generation (Generation)
generation (Generationenprinzip)
generic icon (Anwendungs-Symbol)
GEnie (GEnie)
geographic information system (geographisches Informationssystem)
geometry (Geometrie)
GeoPort (GeoPort)
GEOS (GEOS)

geostationary (geostationär)
geosynchronous (geostationär)
germanium (Germanium)
get (get)
.gf (.gf)
GFLOP (GFLOP)
.gh (.gh)
ghost (duplizieren)
ghost (Geisterbild)
ghost (inaktivieren)
ghosting (einbrennen)
.gi (.gi)
.gif (.gif)
GIF (GIF)
giga- (Giga-)
Gigabit Ethernet (Gigabit Ethernet)
gigabits per second (Gigabit pro Sekunde)
gigabyte (Gigabyte)
gigaflops (Gigaflops)
gigahertz (Gigahertz)
GIGO (GIGO)
GIS (GIS)
GKS (GKS)
.gl (.gl)
glare filter (Entspiegelungsfolie)
glitch (Glitch)
global (global)
global group (globale Gruppe)
globally unique identifier (global einheitlicher Identifikator)
global operation (globale Operation)
global search and replace (globales Suchen und Ersetzen)
Global System for Mobile Communications (Global System for Mobile Communications)
global universal identification (globale Identifikation)
global variable (globale Variable)
.gm (.gm)
.gn (.gn)
gnomon (Gnomon)
GNU (GNU)
Good Times virus (Good Times Virus)
Gopher (Gopher)
Gopher server (Gopher-Server)
Gopher site (Gopher-Site)
Gopherspace (Gopherspace)
GOSIP (GOSIP)
GOTO statement (GOTO-Befehl)
.gov (.gov)

.gov.ca (.gov.ca)
Government Open Systems Interconnection Profile (Government Open Systems Interconnection Profile)
.gp (.gp)
GPF (GPF)
GPIB (GPIB)
GPL (GPL)
.gq (.gq)
.gr (.gr)
grabber (Grabber)
graceful exit (geregelte Beendigung)
grade (Frequenzbereich)
grade of service (Erreichbarkeitswahrscheinlichkeit)
grafPort (grafPort)
graftal (Graftal)
grammar checker (Grammatikprüfung)
grandfather (Großvater)
grandfather/father/son (Großvater/Vater/Sohn)
grandparent (Großeltern)
granularity (Granularität)
graph (Graph)
Graphical Device Interface (Graphical Device Interface)
graphical interface (grafische Oberfläche)
Graphical Kernel System (Graphical Kernel System)
graphical user interface (grafische Benutzeroberfläche)
graphic character (sichtbares Zeichen)
graphic limits (Grafikbegrenzung)
graphics accelerator (Grafikbeschleuniger)
graphics adapter (Grafikadapter)
graphics card (Grafikkarte)
graphics character (Grafikzeichen)
Graphics Controller (Grafik-Controller)
graphics coprocessor (Grafik-Coprozessor)
graphics data structure (Grafik-Datenstruktur)
graphics engine (Grafik-Engine)
Graphics Interchange Format (Graphics Interchange Format)
graphics interface (grafische Schnittstelle)
graphics mode (Grafikmodus)
graphics port (Graphics Port)
graphics primitive (grafische Primitive)
graphics printer (Grafikdrucker)
graphics processor (Grafikprozessor)
graphics tablet (Grafiktablett)
graphics terminal (Grafikterminal)

Gray code (Gray-Code)
gray scale (Graustufen)
greater than (größer als)
greater than or equal to (größer gleich als)
Great Renaming (Great Renaming)
greeking (Blindtext)
greeking (Dummytext)
greek text (Blindtext)
Green Book (Green Book)
green PC (grüner PC)
Gregorian calendar (Gregorianischer Kalender)
grep (grep)
grep (grepen)
grid (Raster)
grok (groken)
ground (Erde)
grounding (Erdung)
group (Gruppe)
group (gruppieren)
groupware (Groupware)
grovel (rödeln)
GSM (GSM)
.gt (.gt)
.gu (.gu)
guest (Gast)
guest (guest)
GUI (GUI)
GUID (GUID)
gunzip (gunzip)
guru (Guru)
gutter (Bundsteg)
.gy (.gy)
.gz (.gz)
gzip (gzip)
H (H)
H.324 (H.324)
hack (Hack)
hack (Hack)
hack (hacken)
hacker (Hacker)
HAGO (HAGO)
hairline (Haarlinie)
HAL (HAL)
half adder (Halbaddierer)
half-card (halbe Karte)
half-duplex (halbduplex)
half-duplex transmission (Halbduplex-Übertragung)
half-height drive (halbhohes Laufwerk)
half router (Halb-Router)

halftone (Halbton)
half-word (Halbwort)
hammer (Anschlaghammer)
Hamming code (Hamming-Code)
handheld computer (Handheld-Computer)
handheld PC (Handheld-PC)
handheld scanner (Handheld-Scanner)
handle (Handle)
handle (Ziehpunkt)
handler (Behandlungsroutine)
handler (Handler)
handshake (Handshake)
hands-on (praxisbezogen)
handwriting recognition (Handschrifterkennung)
hang (hängen)
hanging indent (hängender Einzug)
hanging indent (negativer Einzug)
hard (hart)
hard card (Festplattenkarte)
hard-coded (hartcodiert)
hard copy (Hardcopy)
hard disk (Festplatte)
hard disk drive (Festplattenlaufwerk)
hard disk type (Festplattentyp)
hard error (harter Fehler)
hard failure (Hardware-Ausfall)
hard hyphen (harter Bindestrich)
hard return (harter Zeilenvorschub)
hard-sectored disk (hartsektorierte Diskette)
hard space (hartes Leerzeichen)
hardware (Hardware)
hardware abstraction layer (Hardware Abstraction Layer)
hardware check (Hardware-Check)
hardware-dependent (hardwareabhängig)
hardware failure (Hardware-Ausfall)
hardware handshake (Hardware-Handshake)
hardware interrupt (Hardware-Interrupt)
hardware key (Hardware-Schloß)
hardware monitor (Hardware-Monitor)
hardware profile (Hardwareprofil)
hardware tree (Hardwarebaum)
hardwired (festverdrahtet)
Harvard architecture (Harvard-Architektur)
Harvard Mark I (Harvard Mark I)
hash (hash)
hash (hash)
hash coding (Hash-Codierung)
hash search (Hash-Suche)
hash total (Hash-Zahl)

Hayes-compatible (Hayes-kompatibel)
HDBMS (HDBMS)
HDF (HDF)
HDLC (HDLC)
HDSL (HDSL)
HDTV (HDTV)
head (Kopf)
head arm (Zugriffsarm)
head-cleaning device (Kopfreiniger)
head crash (Headcrash)
header (Kopf)
header (Kopfzeile)
header file (Header-Datei)
header label (Kopfmarken-Label)
header record (Kopfdatensatz)
heading (Kopfzeile)
head-per-track disk drive (Head-per-track-Laufwerk)
head positioning (Kopfpositionierung)
head slot (Schreib-Lese-Öffnung)
head switching (Kopfumschaltung)
heap (Heap)
heap sort (Heapsort)
heat pipe (Röhren-Kühlkörper)
heat sink (Kühlkörper)
hecto- (Hekto-)
hello, world (hello, world)
help (Hilfe)
Help (Hilfe)
help desk (Anwenderunterstützung)
help desk (Help Desk)
helper (Helper)
helper application (Hilfsanwendung)
helper program (Hilfsprogramm)
Help key (Hilfetaste)
help screen (Hilfebildschirm)
henry (Henry)
Hercules Graphics Card (Hercules Graphics Card)
hertz (Hertz)
hertz time (Taktgeschwindigkeit)
heterogeneous environment (heterogene Umgebung)
heuristic (heuristisch)
Hewlett-Packard Graphics Language (Hewlett-Packard Graphics Language)
Hewlett-Packard Printer Control Language (Hewlett-Packard Printer Control Language)
hex (Hex-)
hexadecimal (hexadezimal)

hexadecimal conversion (Hexadezimal-Umrechnung)
HFS (HFS)
HGA (HGA)
HGC (HGC)
HGC Plus (HGC Plus)
HHOK (HHOK)
hidden file (versteckte Datei)
hidden line (versteckte Linie)
hidden surface (versteckte Oberfläche)
hide (verstecken)
hierarchical (hierarchisch)
hierarchical computer network (hierarchisches Netzwerk)
hierarchical database (hierarchische Datenbank)
hierarchical database management system (hierarchisches Datenbank-Managementsystem)
Hierarchical Data Format (Hierarchical Data Format)
hierarchical file system (hierarchisches Dateisystem)
Hierarchical File System (Hierarchical File System)
hierarchical menu (hierarchisches Menü)
hierarchical model (hierarchisches Modell)
hierarchy (Hierarchie)
High-bit-rate Digital Subscriber Line (High-bit-rate Digital Subscriber Line)
high byte (höherwertiges Byte)
high-capacity CD-ROM (CD-ROM, mit hoher Kapazität)
High-data-rate Digital Subscriber Line (High-Data-Rate Digital Subscriber Line)
high-definition television (hochauflösendes Fernsehen)
high-density disk (Diskette mit hoher Dichte)
high DOS memory (High DOS Memory)
high-end (High-End)
High-level Data Link Control (High-level Data Link Control)
high-level language (höhere Programmiersprache)
highlight (hervorheben)
high memory (hoher Speicher)
high memory (oberer Speicher)
high memory area (hoher Speicher)
high-order (höchstwertig)
high-order language (höhere Programmiersprache)
highpass filter (Hochpaßfilter)

High Performance File System (High Performance File System)
High-Performance Parallel Interface (High-Performance Parallel Interface)
High Performance Serial Bus (1394) (High-Performance Serial Bus (1394))
high-persistence phosphor (Nachleuchtschicht)
high resolution (hohe Auflösung)
High Sierra specification (High-Sierra-Spezifikation)
high tech (High Tech)
HIPPI (HPPI)
hi-res (Hi-Res)
histogram (Balkendiagramm)
history (Befehlspuffer)
hit (Hit)
hit (Zugriff)
.hk (.hk)
HKEY (HKEY)
HLS (HLS)
HMA (HMA)
.hn (.hn)
Hollerith tabulating/recording machine (Hollerith-Maschine)
hologram (Hologramm)
holography (Holographie)
holy war (Heiliger Krieg)
home (Home)
homebrew (selbstgebraut)
home computer (Heimcomputer)
home directory (Home-Verzeichnis)
homegrown software (selbstgeschnitzte Software)
Home key (Pos1-Taste)
home office (Heimbüro)
home office (Stammsitz)
home page (Homepage)
home record (Kopfdatensatz)
homogeneous environment (homogene Umgebung)
homogeneous network (homogenes Netzwerk)
hook (Hook)
horizontal blanking interval (horizontale Austastlücke)
horizontal flyback (horizontales Zurücksetzen (des Elektronenstrahls))
horizontal market software (Standardsoftware)
horizontal retrace (horizontales Zurücksetzen (des Elektronenstrahls))
horizontal scrolling (horizontales Scrollen)

horizontal synchronization (Horizontalsynchronisation)
host (Host)
host adapter (Host-Adapter)
host language (Host-Sprache)
host name (Host-Name)
host not responding (host not responding)
host timed out (host timed out)
host unreachable (host unreachable)
hot (heiß)
hot carrier diode (hot carrier diode)
hot docking (Andocken im laufenden Betrieb)
hot insertion (Einbau im laufenden Betrieb)
HotJava (HotJava)
hot key (hot key)
hot key (Hotkey)
hot link (Hotlink)
hotlist (Hotlist)
hot plugging (Einbau im laufenden Betrieb)
hot spot (Hotspot)
hot swapping (Hot Swapping)
HotWired (HotWired)
housekeeping (Housekeeping)
HPC (HPC)
HPFS (HPFS)
HPGL (HPGL)
HPIB (HPIB)
HPPCL (HPPCL)
HP/UX (HP/UX)
.hqx (.hqx)
.hr (.hr)
HREF (HREF)
HSB (HSB)
HSV (HSV)
H-sync (H-sync)
.ht (.ht)
.htm (.htm)
.html (.html)
HTML+ (HTML+)
HTML (HTML)
HTML 2.0 (HTML 2.0)
HTML 3.0 (HTML 3.0)
HTML 3.2 (HTML 3.2)
HTML document (HTML-Dokument)
HTML editor (HTML-Editor)
HTML page (HTML-Seite)
HTML tag (HTML-Marke)
HTML tag (HTML-Tag)
HTML validation service (HTML-Validierungsservice)

HTTP (HTTP)
HTTPd (httpd)
HTTP Next Generation (HTTP Next Generation)
HTTP-NG (HTTP-NG)
HTTPS (HTTPS)
HTTP server (HTTP-Server)
HTTP status codes (HTTP-Statuscodes)
.hu (.hu)
hub (Hub)
hue (Farbton)
Huffman coding (Huffman-Codierung)
human engineering (Human Engineering)
human-machine interface (Mensch-Maschine-Schnittstelle)
hung (aufgehängt)
hybrid circuit (hybrider Schaltkreis)
hybrid computer (hybrider Computer)
hybrid microcircuit (Hybridchip)
HyperCard (HyperCard)
hyperlink (Hyperlink)
hypermedia (Hypermedia)
hyperspace (Hyperspace)
HyperTalk (HyperTalk)
hypertext (Hypertext)
hypertext link (Hypertext-Link)
Hypertext Markup Language (Hypertext Markup Language)
Hypertext Transfer Protocol (Hypertext Transfer Protocol)
Hypertext Transfer Protocol Daemon (HyperText Transfer Protocol Daemon)
Hypertext Transfer Protocol Next Generation (HyperText Transport Protocol Next Generation)
HyperWave (Hyper-Wave)
hyphen (Bindestrich)
hyphenation program (Silbentrennprogramm)
hysteresis (Hysterese)
HYTELNET (HYTELNET)
Hz (Hz)
I2O (I2O)
i486DX (i486DX)
i486DX2 (i486DX2)
i486SL (i486SL)
i486SX (i486SX)
IAB (IAB)
IAC (IAC)
IANA (IANA)
I-beam (I-Balken)
I-beam pointer (I-Balken-Mauszeiger)
IBG (IBG)

Fachwörterbuch englisch/deutsch

IBM AT (IBM AT)
IBM PC (IBM PC)
IBM PC-compatible (IBM-PC-kompatibel)
IC (IC)
I-CASE (I-CASE)
ICM (ICM)
ICMP (ICMP)
icon (Symbol)
iconic interface (symbolorientierte Oberfläche)
icon parade (Symbol-Parade)
.id (.id)
IDE (IDE)
identifier (Bezeichner)
idle (bereit)
idle character (Leerlaufzeichen)
idle interrupt (Leerlauf-Interrupt)
idle state (Bereitschaftszustand)
IDSL (IDSL)
.ie (.ie)
IE (IE)
IEEE (IEEE)
IEEE 488 (IEEE 488)
IEEE 696/S-100 (IEEE 696/S-100)
IEEE 802 standards (IEEE 802-Standards)
IEPG (IEPG)
IESG (IESG)
IETF (IETF)
.iff (.iff)
IFF (IFF)
IFIP (IFIP)
IFS (IFS)
IF statement (IF-Anweisung)
IGES (IGES)
IGMP (IGMP)
IGP (IGP)
IGRP (IGRP)
IIL (IIL)
IIS (IIS)
.il (.il)
illegal (illegal)
illuminance (Beleuchtungsstärke)
.il.us (.il.us)
.image (.image)
image (Abbild)
image (Grafik)
image color matching (Farbanpassung)
image compression (Bildkomprimierung)
image editing (Bildbearbeitung)
image editor (Bildbearbeitungsprogramm)
image enhancement (Bildbearbeitung)

image map (Imagemap)
image processing (Bildverarbeitung)
imagesetter (Belichter)
imaginary number (imaginäre Zahl)
imaging (Bildverarbeitung)
IMAP4 (IMAP4)
IMHO (IMHO)
Imitation Game (Imitationsspiel)
immediate access (unmittelbarer Zugriff)
immediate operand (direkter Operand)
immediate printing (Direktdruck)
IMO (IMO)
impact printer (Anschlagdrucker)
impedance (Impedanz)
import (importieren)
.in (.in)
inactive window (inaktives Fenster)
in-band signaling (Schmalbandübertragung)
in-betweening (in-betweening)
Inbox (Inbox)
Inbox (Posteingang)
incident light (Auflicht)
INCLUDE directive (INCLUDE-Direktive)
inclusive OR (inklusives ODER)
increment (Inkrement)
increment (inkrementieren)
indent (einrücken)
indent (Einrückung)
independent content provider (unabhängiger Content-Provider)
independent software vendor (unabhängiger Software-Entwickler)
index (Index)
index (indizieren)
indexed address (indizierte Adresse)
indexed search (Indexsuche)
indexed sequential access method (index-sequentieller Zugriff)
index hole (Indexloch)
index mark (Indexmarke)
indicator (Anzeige-Element)
indirect address (indirekte Adresse)
inductance (Induktivität)
induction (Induktion)
inductor (Induktor)
Industry Standard Architecture (Industry Standard Architecture)
INET (INET)
.inf (.inf)
infection (Infektion)

infer (folgern)
inference engine (Inferenzsystem)
inference programming (Inferenzprogrammierung)
infinite loop (Endlosschleife)
infix notation (Infix-Notation)
infobahn (Infobahn)
information (Information)
Information Analysis Center (Information Analysis Center)
information center (Information Center)
information engineering (Information Engineering)
information explosion (Informationszeitalter)
information explosion (Wissensexplosion)
information hiding (Kapselung)
Information Highway (Information Highway)
information kiosk (Information Kiosk)
information management (Informations-Management)
information packet (Datenpaket)
information processing (Informationsverarbeitung)
information resource management (Informationsquellen-Management)
information retrieval (Informationsrückgewinnung)
information revolution (Informationsrevolution)
information science (Informatik)
Information Services (Information Services)
Information Superhighway (Datenautobahn)
Information Superhighway (Information Superhighway)
Information Systems (Information Systems)
Information Technology (Information Technology)
information theory (Informationstheorie)
information warehouse (Information Warehouse)
information warfare (Sabotage)
infrared (infrarot)
Infrared Data Association (Infrared Data Association)
infrared port (Infrarot-Port)
inherent error (inhärenter Fehler)
inherit (erben)
inheritance (Vererbung)
inheritance code (vererbter Code)
inhibit (unterdrücken)
.ini (.ini)
INIT (INIT)

Initial Graphics Exchange Specification (Initial Graphics Exchange Specification)
initialization (Initialisierung)
initialization string (Initialisierungs-String)
initialize (initialisieren)
initializer (Initialisierer)
initial program load (Urladeprozeß)
initiator (Initiator)
ink cartridge (Tintenkassette)
ink-jet printer (Tintenstrahldrucker)
inline (inline)
inline code (Inline-Code)
inline graphics (Inline-Grafik)
inline image (Inline-Grafik)
inline processing (Inline-Verarbeitung)
inline subroutine (Inline-Unterprogramm)
inner join (Inner Join)
inoculate (impfen)
input (Eingabe)
input (eingeben)
input area (Eingabebereich)
input-bound (eingabeintensiv)
input buffer (Eingabebereich)
input channel (Eingabekanal)
input device (Eingabegerät)
input driver (Eingabetreiber)
input/output (Eingabe/Ausgabe)
input/output area (Eingabe-Ausgabe-Bereich)
input/output-bound (Eingabe-Ausgabe-intensiv)
input/output buffer (Eingabe-Ausgabe-Puffer)
input/output bus (Eingabe-Ausgabe-Bus)
input/output channel (Eingabe-Ausgabe-Kanal)
input/output controller (Eingabe-Ausgabe-Controller)
input/output device (Eingabe-Ausgabe-Gerät)
input/output interface (Eingabe-Ausgabe-Schnittstelle)
input/output port (Eingabe-Ausgabe-Port)
input/output processor (Eingabe-Ausgabe-Prozessor)
input/output statement (Eingabe-Ausgabe-Anweisung)
input port (Eingabeport)
input stream (Eingabestrom)
inquiry (Anfrage)
INS (INS)
insertion point (Einfügemarke)
insertion sort (einfügendes Sortieren)
Insert key (Einfügetaste)
insert mode (Einfügemodus)

Ins key (Einfg-Taste)
install (installieren)
installable device driver (installierbarer Gerätetreiber)
Installable File System Manager (Installable File System Manager)
installation program (Installationsprogramm)
Installer (Aktualisierer)
instance (Instanz)
instance variable (Instanzvariable)
instantiate (instantiieren)
instruction (Befehl)
instruction code (Befehlscode)
instruction counter (Befehlszähler)
instruction cycle (Befehlszyklus)
instruction mix (Befehlsmix)
instruction pointer (Befehlszähler)
instruction register (Befehlsregister)
instruction set (Befehlssatz)
instruction time (Befehlsausführungszeit)
instruction word (Befehlswort)
insulator (Isolator)
integer (Integer)
integral modem (integriertes Modem)
integral number (Integralzahl)
integrated circuit (integrierter Schaltkreis)
integrated development environment (integrierte Entwicklungsumgebung)
Integrated Device Electronics (Integrated Device Electronics)
integrated injection logic (integrierte Injektionslogik)
Integrated Services Digital Network (Integrated Services Digital Network)
integrated software (Integriertes Paket)
integration (Integration)
integrator (Integrator)
integrity (Integrität)
intelligence (Intelligenz)
intelligent (intelligent)
intelligent agent (intelligenter Agent)
intelligent cable (intelligentes Kabel)
intelligent database (intelligente Datenbank)
Intelligent Input/Output (intelligente Eingabe/Ausgabe)
intelligent terminal (intelligentes Terminal)
Intelligent Transportation Infrastructure (Intelligent Transportation Infrastructure)
Intensity Red Green Blue (Intensity Red Green Blue)

interactive (interaktiv)
interactive fiction (Abenteuerspiel)
interactive graphics (interaktive Grafikoberfläche)
interactive processing (interaktive Verarbeitung)
interactive program (interaktives Programm)
interactive session (interaktive Sitzung)
interactive television (interaktives Fernsehen)
interactive video (interaktives Video)
interapplication communication (applikationsübergreifende Kommunikation)
interblock gap (Blocklücke)
Interchange File Format (Interchange File Format)
Interchange Format (Dateiformat zum Datenaustausch)
interface (Benutzeroberfläche)
interface (Schnittstelle)
interface adapter (Schnittstellen-Adapter)
interface card (Schnittstellenkarte)
interference (Interferenz)
Interior Gateway Protocol (Interior Gateway Protocol)
Interior Gateway Routing Protocol (Interior Gateway Routing Protocol)
interlacing (Zeilensprungverfahren)
interleave (Sektorversatz)
interleaved memory (versetzter Speicherzugriff)
interlock (verriegeln)
intermediate language (Zwischensprache)
intermittent (intermittierend)
intermittent error (intermittierender Fehler)
internal clock (interne Uhr)
internal command (interner Befehl)
internal font (interne Schrift)
internal interrupt (interner Interrupt)
internal memory (interner Speicher)
internal modem (internes Modem)
internal schema (internes Schema)
internal sort (internes Sortieren)
International Federation of Information Processing (International Federation of Information Processing)
International Organization for Standardization (International Organization for Standardization)
International Telecommunications Union (International Telecommunications Union)
International Telegraph and Telephone Consultative Committee (International Telegraph and Telephone Consultative Committee)

Internaut (Internaut)
internet (Internet)
Internet (Internet)
Internet access (Internet-Zugriff)
Internet access device (Internet-Zugriffsgerät)
Internet access provider (Internet-Provider)
Internet account (Internet-Konto)
Internet address (Internet-Adresse)
Internet appliance (Internet-Einrichtung)
Internet Architecture Board (Internet Architecture Board)
Internet Assigned Numbers Authority (Internet Assigned Numbers Authority)
Internet backbone (Internet-Backbone)
Internet broadcasting (Internet-Broadcasting)
Internet Control Message Protocol (Internet Control Message Protocol)
Internet Draft (Internet Draft)
Internet Engineering and Planning Group (Internet Engineering and Planning Group)
Internet Engineering Steering Group (Internet Engineering Steering Group)
Internet Engineering Task Force (Internet Engineering Task Force)
Internet Explorer (Internet Explorer)
Internet gateway (Internet-Gateway)
Internet Group Membership Protocol (Internet Group Membership Protocol)
Internet Information Server (Internet Information Server)
Internet Naming Service (Internet Naming Service)
Internet Protocol (Internet Protocol)
Internet Protocol next generation (Internet Protocol next generation)
Internet Relay Chat (Internet Relay Chat)
Internet Research Steering Group (Internet Research Steering Group)
Internet Research Task Force (Internet Research Task Force)
Internet robot (Internet-Roboter)
Internet security (Internet-Sicherheit)
Internet Server Application Programming Interface (Internet Server Application Programming Interface)
Internet service provider (Internet Service-Provider)
Internet service provider (Internet-Dienstanbieter)
Internet Society (Internet Society)
Internet Software Consortium (Internet Software Consortium)
Internet Talk Radio (Internet Talk Radio)
Internet telephone (Internet-Telefonie)
Internet television (Internet-TV)
internetwork (internetwork)
Internetwork Packet Exchange (Internetwork Packet Exchange)
Internet Worm (Internet-Wurm)
InterNIC (InterNIC)
interoperability (übergreifende Funktionsfähigkeit)
interpolate (interpolieren)
interpret (interpretieren)
interpreted language (Interpretersprache)
interpreter (Interpreter)
interprocess communication (Interprozeß-Kommunikation)
inter-record gap (Satzzwischenraum)
interrogate (abfragen)
interrupt (Interrupt)
interrupt-driven processing (interruptgesteuerte Verarbeitung)
interrupt handler (Interrupt-Handler)
interrupt priority (Interrupt-Priorität)
interrupt request line (interrupt-Leitung)
interrupt vector (Interrupt-Vektor)
interrupt vector table (Interrupt-Vektortabelle)
intersect (Durchschnitt)
intranet (Intranet)
intraware (Intraware)
intrinsic font (eingebaute Schrift)
intruder (Eindringling)
.in.us (.in.us)
invalid (ungültig)
inverse video (invertiertes Video)
invert (invertieren)
inverted file (invertierte Datei)
inverted list (invertierte Liste)
inverted-list database (invertierte Datenbank)
inverted structure (invertierte Struktur)
inverter (Inverter)
invoke (aufrufen)
I/O (E/A)
I/O (I/O)
I/O-bound (Eingabe-Ausgabe-intensiv)
I/O controller (I/O-Controller)
I/O device (I/O-Gerät)
ion-deposition printer (Ionenbeschußdrucker)
I/O port (I/O-Port)

I/O processor (I/O-Prozessor)
IO.SYS (IO.SYS)
IP (IP)
IP address (IP-Adresse)
IPC (IPC)
IPL (IPL)
IP multicasting (IP Multicasting)
IPng (IPng)
IP spoofing (IP Spoofing)
IP switching (IP Switching)
IPv6 (IPv6)
IPX (IPX)
IPX/SPX (IPX/SPX)
.iq (.iq)
.ir (.ir)
IR (IR)
IRC (IRC)
IrDA (IRDA)
IRG (IRG)
IRGB (IRGB)
IRL (IRL)
IRQ (IRQ)
IRQ conflict (IRQ-Konflikt)
irrational number (irrationale Zahl)
IRSG (IRSG)
IRTF (IRTF)
.is (.is)
IS (IS)
ISA (ISA)
ISAM (ISAM)
ISAPI (ISAPI)
ISA slot (ISA-Steckplatz)
ISC (ISC)
ISDN (ISDN)
ISDN terminal adapter (ISDN Terminal-Adapter)
ISIS (ISIS)
ISO (ISO)
ISO 9660 (ISO 9660)
ISOC (ISOC)
isometric view (isometrische Ansicht)
ISO/OSI model (ISO/OSI-Schichtenmodell)
ISP (ISP)
ISV (ISV)
.it (.it)
italic (Kursivschrift)
iterate (iterieren)
iterative statement (iterative Anweisung)
ITI (ITI)
I-time (I-time)
ITR (ITR)

ITU (ITU)
IVUE (IVUE)
i-way (I-Way)
J (J)
jabber (Jabber)
jack (Buchse)
jacket (Diskettenhülle)
jack in (anmelden)
Jacquard loom (Jacquardscher Webstuhl)
jaggies (Treppeneffekt)
Janet (JAnet)
Java (Java)
Java applet (Java-Applet)
Java chip (Java-Chip)
Java-compliant browser (Java-konformer Browser)
Java Developer's Kit (Java Developer's Kit)
Java Management Application Programming Interface (Java Management Application Programming Interface)
JavaScript (JavaScript)
Java terminal (Java-Terminal)
JCL (JCL)
JDK (JDK)
jewel box (Jewel-Box)
.jfif (.jfif)
JIT (JIT)
jitter (Jitter)
.jm (.jm)
JMAPI (JMAPI)
.jo (.jo)
job (Job)
Job Control Language (Job Control Language)
job processing (Job-Verarbeitung)
job queue (Job-Schleife)
join (Verbindung)
Joint Photographic Experts Group (Joint Photographic Experts Group)
Joliet (Joliet)
Josephson junction (Josephson-Element)
journal (Journal)
joystick (Joystick)
.jp (.jp)
.jpeg (.jpeg)
JPEG (JPEG)
.jpg (.jpg)
Jughead (Jughead)
jukebox (Jukebox)
Julian calendar (Julianischer Kalender)
Julian date (Julianisches Kalenderdatum)

jumper (Jumper)
jump instruction (Sprungbefehl)
jump table (Sprungtabelle)
junction (Anschluß)
justify (ausrichten)
just-in-time (just-in-time)
K (K)
K (K)
.k12.us (.k12.us)
Kb (Kb)
KB (KB)
Kbit (Kbit)
Kbps (Kbps)
Kbyte (Kbyte)
kc (kc)
.ke (.ke)
Kerberos (Kerberos)
Kermit (Kermit)
kern (unterschneiden)
kernel (Kernel)
key (Schlüssel)
key (Taste)
keyboard (Tastatur)
keyboard buffer (Tastaturpuffer)
keyboard controller (Tastatur-Controller)
keyboard enhancer (Tastaturerweiterung)
keyboard layout (Tastaturlayout)
keyboard processor (Tastaturprozessor)
keyboard repeat (Tastenwiederholung)
keyboard shortcut (Tastenkombination)
keyboard template (Tastaturschablone)
keycap (Tastenkappe)
key code (Tastencode)
key escrow (Key Escrow)
key field (Schlüsselfeld)
key-frame (Keyframe)
key in (eintippen)
keypad (Ziffernblock)
keypunch (Lochstanzer)
key recovery (Key Recovery)
key sort (Key Sort)
keystroke (Tastenanschlag)
keyword (Schlüsselwort)
keyword (Stichwort)
keyword-in-context (Stichwortanalyse)
.kh (.kh)
Khornerstone (Khornerstone)
kHz (kHz)
.ki (.ki)
kill (killen)

killer app (Killeranwendung)
kill file (Kill-File)
kilo- (Kilo-)
kilobaud (Kilobaud)
kilobit (Kilobit)
kilobits per second (Kilobits pro Sekunde)
kilobyte (Kilobyte)
kilocycle (Kilozyklen)
kilohertz (Kilohertz)
Kinesis ergonomic keyboard (Kinesis-Tastatur)
kiosk (Kiosk)
kludge (Notkonstruktion)
kludge (schneller Hack)
knockout (Knockout)
knowbot (Knowbot)
knowledge acquisition (Wissenserwerb)
knowledge base (Wissensdatenbank)
knowledge-based system (wissensorientiertes System)
knowledge domain (Wissensdomäne)
knowledge engineer (Wissens-Ingenieur)
knowledge representation (Wissensdarstellung)
Korn shell (Korn-Shell)
.kp (.kp)
.kr (.kr)
K&R C (K&R-C)
KSR terminal (KSR-Terminal)
.kw (.kw)
KWIC (KWIC)
.ky (.ky)
.kz (.kz)
L1 cache (L1-Cache)
L2 cache (L2-Cache)
L8R (L8R)
.la (.la)
label (Label)
label prefix (Label-Präfix)
lag (Nachleuchten)
LAN (LAN)
landscape mode (Querformat)
landscape monitor (Querformat-Monitor)
language-description language (Sprachbeschreibungssprache)
language processor (Sprachprozessor)
language translation program (Transpiler)
LAN Manager (LAN-Manager)
laptop (Laptop)
large model (Large-Modell)
large-scale integration (Hohe Integrationsdichte)
laser (Laser)

laser engine (Laser-Engine)
laser printer (Laserdrucker)
laser storage (Laserspeicher)
LaserWriter 35 (LaserWriter 35)
last in, first out (Last In, First Out)
latch (Latch)
late binding (späte Bindung)
latency (Latenz)
LaTeX (LaTeX)
LaTeX (LaTeXen)
launch (starten)
Launcher (Launcher)
.la.us (.la.us)
layer (Schicht)
layered interface (geschichtete Schnittstelle)
layering (Schichtung)
layout (Layout)
lazy evaluation (Lazy Evaluation)
.lb (.lb)
.lc (.lc)
LCC (LCC)
lcd (lcd)
LCD (LCD)
LCD printer (LCD-Drucker)
LCD projector (LCD-Projektor)
LDAP (LDAP)
lead (Anschlußkontakt)
lead (Durchschuß)
lead (Durchschuß)
leader (Füllzeichen)
leadless chip carrier (pinlose Chipanbringung)
leading (Zeilenabstand)
leading edge (Vorderflanke)
leading zero (führende Null)
lead ion battery (Bleiakku)
leaf (Blatt (eines Logikbaums))
leapfrog test (Sprungtest)
leased line (Mietleitung)
least significant bit (niederwertigstes Bit)
least significant character (niederwertigstes Zeichen)
least significant digit (niederwertigste Stelle)
LED (LED)
LED printer (LED-Drucker)
left justification (linksbündige Ausrichtung)
left-justify (linksbündig ausrichten)
legacy (Legacy)
legacy (Vermächtnis)
legacy data (Altdaten)
legacy system (Altdaten-Konvertiersystem)

legend (Legende)
Lempel Ziv algorithm (Lempel-Ziv-Algorithmus)
length (Länge)
less than (kleiner als)
less than or equal to (kleiner gleich als)
letterbomb (Elektronische Briefbombe)
letter quality (Korrespondenzdruckqualität)
letter-quality printer (Korrespondenzdrucker)
level 1 cache (Level 1-Cache)
level 2 cache (Level 2-Cache)
lexicographic sort (lexikografische Sortierung)
lexicon (Lexikon)
LF (LF)
LHARC (LHARC)
.li (.li)
library (Bibliothek)
library routine (Bibliotheksroutine)
.lib.us (.lib.us)
license agreement (Lizenzvertrag)
licensing key (Lizenzschlüssel)
LIFO (LIFO)
light-emitting diode (Leuchtdiode)
light guide (Lichtleiter)
light pen (Lichtgriffel)
light source (Lichtquelle)
lightwave system (Lichtwellenleitersystem)
Lightweight Directory Access Protocol (Lightweight Directory Access Protocol)
Lightweight Internet Person Schema (Lightweight Internet Person Schema)
LIM EMS (LIM EMS)
limit check (Grenzprüfung)
limiting operation (Grenzoperation)
line (Leitung)
line (Zeile)
line adapter (Leitungsadapter)
line analyzer (Verbindungsanalysator)
linear (linear)
linear addressing architecture (lineare Adressierung)
linear inferences per second (lineare Inferenzen pro Sekunde)
linear list (lineare Liste)
linear memory (linearer Speicher)
linear programming (lineare Programmierung)
linear search (lineare Suche)
linear structure (lineare Struktur)
line-based browser (zeilenorientierter Browser)
line cap (Linienende)
line chart (Liniendiagramm)

line concentration (Leitungskonzentration)
line conditioning (Leitungssignalaufbereitung)
line drawing (Strichzeichnung)
line driver (Leitungsverstärker)
line editor (Zeileneditor)
linefeed (Zeilenvorschub)
line join (Linienverbindung)
line level (Signalstärke)
line load (Leitungsbelastung)
line noise (Leitungsrauschen)
line number (Leitungsnummer)
line number (Zeilennummer)
line printer (Zeilendrucker)
line regulator (Spannungsregulierer)
line segment (Liniensegment)
lines of code (Zeilenzahl)
line spacing (Zeilenabstand)
line speed (Verbindungsgeschwindigkeit)
lines per minute (Zeilen pro Minute)
line style (Linienstil)
line surge (Spannungsstoß)
line voltage (Netzspannung)
line width (Zeilenbreite)
linguistics (Linguistik)
link (linken)
link (verbinden)
linkage editor (Linker)
link edit (linken)
linked list (verkettete Liste)
linker (Linker)
link time (Linkzeit)
link-time binding (Link-time Binding)
Linotronic (Linotronic)
Linpack (Linpack)
Linux (Linux)
LIPS (LIPS)
liquid crystal display (Flüssigkristall-Display)
liquid crystal display printer (Liquid Crystal Display-Drucker)
liquid crystal shutter printer (Liquid Crystal Shutter-Drucker)
LISP (LISP)
list (Liste)
list box (Listenfeld)
listing (Listing)
list processing (Listenverarbeitung)
LISTSERV (LISTSERV)
literal (Literal)
lithium ion battery (Lithium-Akku)
little endian (Little-Endian)

live (echt)
live (editierbar)
live (live)
Live3D (Live3D)
liveware (Liveware)
.lk (.lk)
LLC (LLC)
load (laden)
load (Last)
load-and-go (Laden und Starten)
loaded line (belastete Verbindung)
loader (Lader)
loader routine (Laderoutine)
load module (Lademodul)
load point (Ladepunkt)
load sharing (Lastaufteilung)
local (lokal)
local area network (lokales Netzwerk)
local bus (Local Bus)
local bypass (lokaler Bypass)
local group (lokale Gruppe)
localhost (localhost)
localization (Lokalisierung)
local loop (Amtsleitung)
local memory (lokaler Speicher)
local newsgroups (lokale Newsgroups)
local reboot (lokales Neustarten)
LocalTalk (LocalTalk)
local variable (lokale Variable)
location (Ort (im Speicher))
lock (Schlüsselsperre)
lock (Schreibsperre)
locked file (gesperrte Datei)
locked volume (gesperrtes Volumen)
lockout (sperren)
lock up (gesperrter Modus)
log (Protokoll)
logarithm (Logarithmus)
logic (Logik)
logical (logisch)
logical decision (logische Entscheidung)
logical device (logisches Gerät)
logical drive (logisches Laufwerk)
logical error (logischer Fehler)
logical expression (logischer Ausdruck)
logical file (logische Datei)
logical link control (Logical Link Control)
logical operator (logischer Operator)
logical record (logischer Datensatz)
logical schema (logisches Schema)

logic analyzer (Logikanalysator)
logic array (Logik-Array)
logic board (Logik-Board)
logic bomb (logische Bombe)
logic chip (Logikchip)
logic circuit (logischer Schaltkreis)
logic diagram (Logikdiagramm)
logic error (Logikfehler)
logic gate (logisches Gatter)
logic operation (logische Operation)
logic programming (Logikprogrammierung)
logic-seeking printer (Drucker mit Druckwegoptimierung)
logic symbol (logisches Symbol)
logic tree (logischer Baum)
log in (Log-In)
login (Einloggen)
Logo (Logo)
logoff (Ausloggen)
log off (abmelden)
logon (anmelden)
log on (anmelden)
logout (Abmelden)
log out (ausloggen)
LOL (LOL)
long filenames (lange Dateinamen)
long-haul (langstreckengeeignet)
longitudinal redundancy check (Longitudinal Redundancy Check)
look and feel (Look and Feel)
lookup (Lookup)
loop (Schleife)
loop (Schleife durchlaufen)
loop check (Loop-Check)
loop configuration (Loop-Konfiguration)
loophole (Stolperstein)
loop invariant (Schleifeninvariante)
loop structure (Schleifenstruktur)
lo-res (lo-res)
loss balancing (Verlustausgleich)
lossless compression (verlustfreie Komprimierung)
lossy compression (verlustreiche Komprimierung)
lost cluster (verlorene Zuordnungseinheit)
lowercase (Kleinbuchstaben)
low frequency (Niederfrequenz)
low-level language (niedrige Sprache)
low memory (unterer Speicher)
low-order (niederwertig)
lowpass filter (Tiefpaßfilter)

low resolution (niedrige Auflösung)
LPM (LPM)
LPMUD (LPMUD)
LPT (LPT)
.lr (.lr)
LRC (LRC)
.ls (.ls)
ls (ls)
LS-120 (LS-120)
LSB (LSB)
LSC (LSC)
LSD (LSD)
LSI (LSI)
.lt (.lt)
.lu (.lu)
LU (LU)
luggable computer (Luggable-Computer)
luminance (Leuchtdichte)
luminance decay (Luminanzabfall)
lurk (lurken)
lurker (Lurker)
.lv (.lv)
.ly (.ly)
Lynx (Lynx)
.lzh (.lzh)
LZW compression (LZW-Komprimierung)
m (m)
M (M)
.ma (.ma)
MAC (MAC)
Mac (Mac)
Mac- (Mac-)
MacBinary (MacBinary)
Mac clone (Mac-Klon)
Mach (Mach)
machine address (Maschinenadresse)
machine code (Maschinencode)
machine cycle (Maschinenzyklus)
machine-dependent (maschinenabhängig)
machine error (Maschinenfehler)
machine identification (Maschinenkennzeichen)
machine-independent (maschinenunabhängig)
machine instruction (Maschinenbefehl)
machine language (Maschinensprache)
machine-readable (maschinenlesbar)
Macintosh (Macintosh)
Macintosh Application Environment (Macintosh Application Environment)
Macintosh File System (Macintosh File System)
Mac OS (Mac OS)

macro (Makro)
macro assembler (Makro-Assembler)
macro expansion (Makroerweiterung)
macro instruction (Makrobefehl)
macro language (Makrosprache)
macro processor (Makroprozessor)
macro program (Makroprogramm)
macro recorder (Makrorekorder)
macro substitution (Makro-Substitution)
macro virus (Makrovirus)
MacTCP (MacTCP)
MAE (MAE)
magnetic bubble (Magnetblasenspeicher)
magnetic disk (Magnetplatte)
magnetic domain (magnetische Domäne)
magnetic field (Magnetfeld)
magnetic head (Magnetkopf)
magnetic-ink character recognition (Magnetschrifterkennung)
magnetic oxide (magnetisches Oxid)
magnetic storage (magnetischer Speicher)
magnetic tape (Magnetband)
magneto-optical recording (magnetooptische Aufzeichnung)
magneto-optic disc (magnetooptische Disk)
magnitude (Absolutwert)
mailbomb (E-Mail-Bombe)
mailbomb (mailbomben)
mailbot (Mailbot)
mailbox (Mailbox)
mail digest (Mail Digest)
mailer-daemon (Mail-Dämon)
mail filter (Nachrichtenfilter)
mail header (Nachrichtenkopf)
mailing list (Verteilerliste)
mailing list manager (Mailing-Listmanager)
mail merge (Serienbrieffunktion)
mail reflector (Mail Reflector)
mailto (mailto)
mainboard (Hauptplatine)
main body (Hauptprogramm)
mainframe computer (Großrechner)
main function (Hauptfunktion)
main loop (Hauptschleife)
main memory (Hauptspeicher)
main segment (Hauptsegment)
maintenance (Wartung)
Majordomo (Majordomo)
major geographic domain (Länderkürzel)
major key (Hauptschlüssel)

male connector (Stiftbuchse)
MAN (MAN)
management information service (Management-Informationsabteilung)
Management Information Services (Management Information Services)
management information system (Management-Informationssystem)
Management Information Systems (Management Information Systems)
manager (Manager)
Manchester coding (Manchester-Code)
Mandelbrot set (Mandelbrotmenge)
man-machine interface (Mensch-Maschine-Schnittstelle)
man pages (Man Pages)
mantissa (Mantisse)
map (Map)
map (mappen)
MAPI (MAPI)
mapped drives (gemappte Laufwerke)
mapped drives (verbundene Laufwerke)
margin (Rand)
mark (Marke)
marker (Marke)
Mark I (Mark I)
markup language (Auszeichnungssprache)
marquee (Laufschrift)
mask (Maske)
maskable interrupt (maskierbarer Interrupt)
mask bit (Maskenbit)
masking (Maskierung)
mask off (maskieren)
massively parallel processing (massiv-parallele Verarbeitung)
massively parallel processor (massiv-parallele Verarbeitung)
mass storage (Massenspeicher)
master file (Stammdatei)
master key (Hauptschlüssel)
master record (Stammsatz)
master/slave arrangement (Master-Slave-System)
matching (Paarigkeitsvergleich)
math coprocessor (mathematischer Coprozessor)
mathematical expression (mathematischer Ausdruck)
mathematical function (mathematische Funktion)
mathematical model (mathematisches Modell)
matrix (Matrix)
matrix line printer (Matrixdrucker)

.ma.us (.ma.us)
maximize (maximieren)
Maximize button (Schaltfläche »Maximieren«)
Mb (Mb)
MB (MB)
.mb.ca (.mb.ca)
MBONE (MBONE)
Mbps (Mbps)
.mc (.mc)
MC (MC)
MC68000 (MC68000)
MC68020 (MC68020)
MC68030 (MC68030)
MC68040 (MC68040)
MC68881 (MC68881)
MCF (MCF)
MCGA (MCGA)
MCI (MCI)
.md (.md)
MDA (MDA)
MDI (MDI)
MDIS (MDIS)
.md.us (.md.us)
mean time between failures (Mean Time Between Failures)
mean time to repair (Mean Time to Repair)
mechanical mouse (mechanische Maus)
media (Medium)
media access control (Media Access Control)
Media Control Interface (Media Control Interface)
media eraser (Löschgerät)
media filter (Media Filter)
medium (durchschnittlich)
medium (Medium)
medium model (Medium-Modell)
medium-scale integration (mittlere Integrationsdichte)
meg (Meg)
mega- (Mega-)
megabit (Megabit)
megabyte (Megabyte)
megacycle (Megazyklen)
megaflops (Megaflops)
megahertz (Megahertz)
megapel display (Megapel-Display)
megapixel display (Megapixel-Display)
member (Element)
membrane keyboard (Folientastatur)
memo field (Memofeld)

memory (Speicher)
memory bank (Speicherbank)
memory cache (Speicher-Cache)
memory card (Speicherkarte)
memory cartridge (Speichermodul)
memory cell (Speicherzelle)
memory chip (Speicherchip)
memory management (Speicherverwaltung)
memory management program (Speicherverwaltungsprogramm)
memory management unit (Speicherverwaltungseinheit)
memory model (Speichermodell)
memory-resident (speicherresident)
memory size (Speicherkapazität)
memory typewriter (Speicherschreibmaschine)
menu (Menü)
menu bar (Menüleiste)
menu-driven (menügesteuert)
menu item (Menüeintrag)
merge (mischen)
merged transistor logic (Merged Transistor Logic)
merge sort (einfügendes Sortieren)
mesa (Mesa)
mesh network (Maschennetzwerk)
message (Meldung)
message (Nachricht)
message header (Nachrichtenkopf)
message of the day (Nachricht des Tages)
message queue (Nachrichtenwarteschlange)
message reflection (Message Reflection)
Message Security Protocol (Message Security Protocol)
message switching (Nachrichtenvermittlung)
messaging (Messaging)
messaging application (Mail-Applikation)
Messaging Application Programming Interface (Messaging Application Programming Interface)
messaging client (Mail-Client)
metacharacter (Metazeichen)
metacompiler (Meta-Compiler)
Meta-Content Format (Metaformat)
meta data (Metadaten)
Metadata Interchange Specification (Meta Data Interchange Specification)
metafile (Metadatei)
metalanguage (Metasprache)
metal-oxide semiconductor (Metal-Oxide Semiconductor)

metal-oxide semiconductor field-effect transistor (Metal-Oxide Semiconductor Field-Effect Transistor)
metaoperating system (Metabetriebssystem)
method (Methode)
Metropolitan Area Exchange (Metropolitan Area Exchange)
metropolitan area network (Metropolitan Area Network)
MFLOPS (MFLOPS)
MFM encoding (MFM-Codierung)
MFS (MFS)
.mg (.mg)
mget (mget)
.mh (.mh)
MHz (MHz)
MI (MI)
MICR (MICR)
micro- (Mikro-)
Micro Channel Architecture (Mikrokanal-Architektur)
microchip (Mikrochip)
microcircuit (Mikroschaltung)
microcode (Mikrocode)
microcomputer (Mikrocomputer)
microelectronics (Mikroelektronik)
microfiche (Microfiche)
microfilm (Microfilm)
microfloppy disk (Mikrodiskette)
microform (Mikrobildspeicher)
micrographics (Mikrofilmtechnik)
microimage (Mikrobild)
microinstruction (Mikrobefehl)
microjustification (Leerzeichenausgleich)
microkernel (Mikrokernel)
micrologic (Mikrologik)
microminiature (Mikrominiatur)
microphone (Microphone)
microphone (Mikrofon)
microprocessor (Mikroprozessor)
microprogramming (Mikroprogrammierung)
microsecond (Mikrosekunde)
Microsoft DOS (Microsoft DOS)
Microsoft Internet Explorer (Microsoft Internet Explorer)
Microsoft Network (Microsoft Network)
Microsoft Windows (Microsoft Windows)
Microsoft Windows 95 (Microsoft Windows 95)
microspace justification (Leerzeichenausgleich)
microspacing (Mikropositionierung)

microtransaction (Mikrotransaktion)
microwave relay (Mikrowellenverbindung)
middleware (Middleware)
MIDI (MIDI)
midrange computer (Midrange-Computer)
migration (Migration)
.mil (.mil)
Military Network (Military Network)
milli- (Milli-)
millicent technology (Millicent-Technologie)
millions of instructions per second (Millions of Instructions per Second)
millisecond (Millisekunde)
millivolt (Millivolt)
MILNET (MILNET)
MIMD (MIMD)
MIME (MIME)
miniaturization (Miniaturisierung)
minicomputer (Minicomputer)
mini-driver architecture (Minitreiber-Architektur)
minifloppy (Minifloppy)
minimize (minimieren)
Minimize button (Schaltfläche »Minimieren«)
miniport drivers (Mini-Port-Treiber)
minitower (Minitower)
minor key (Nebenschlüssel)
MIP mapping (MIP-Mapping)
MIPS (MIPS)
mirror image (Spiegelabbild)
mirroring (Spiegelung)
mirror site (gespiegelte Site)
MIS (MIS)
misc. newsgroups (misc.-Newsgroups)
.mi.us (.mi.us)
mixed cell reference (gemischter Zellbezug)
.mk (.mk)
.ml (.ml)
.mm (.mm)
MMU (MMU)
MMX (MMX)
.mn (.mn)
mnemonic (Mnemonik)
MNP10 (MNP10)
.mn.us (.mn.us)
.mo (.mo)
mobile computing (mobiler Computereinsatz)
mode (Modus)
modec (Modec)
model (Modell)

modeling (Modellierung)
modem (Modem)
modem bank (Modembank)
modem eliminator (Modem-Eliminator)
modem port (Modemport)
modem ready (modem ready)
moderated (moderiert)
moderated discussion (moderierte Diskussion)
moderator (Moderator)
modified frequency modulation encoding (Modified Frequency Modulation encoding)
modifier key (Umschalttaste)
modify structure (wahlfreie Restrukturierung)
MO disk (MO-Disc)
MO disk drive (MO-Laufwerk)
Modula-2 (Modula-2)
modular design (modulares Design)
modular jack (Telefonstecker)
modular programming (modulare Programmierung)
modulate (modulieren)
modulation (Modulation)
module (Modul)
modulo (Modulo)
moiré (Moiré)
molecular beam epitaxy (Molekularstrahl-Epitaxie)
monadic (monadisch)
monitor (Monitor)
monochrome (monochrom)
monochrome adapter (Monochrome-Adapter)
monochrome display (Monochrom-Bildschirm)
Monochrome Display Adapter (Monochrome Display Adapter)
monochrome graphics adapter (Monochrome Graphics Adapter)
monochrome monitor (Monochrombildschirm)
monographics adapter (Monografik-Adapter)
monospace font (dicktengleiche Schrift)
monospace font (nichtproportionale Schrift)
monospace font (Rationalschrift)
monospacing (dicktengleich (gleichbleibender Schaltschritt))
Monte Carlo method (Monte-Carlo-Methode)
.montreal.ca (.montreal.ca)
MOO (MOO)
.moov (.moov)
MooV (MooV)
morphing (Morphing)
MOS (MOS)

Mosaic (Mosaic)
MOSFET (MOSFET)
most significant bit (höchstwertiges Bit)
most significant character (höchstwertiges Zeichen)
most significant digit (höchstwertige Stelle)
MOTD (MOTD)
motherboard (Hauptplatine)
Motion JPEG (Motion JPEG)
mount (anmelden)
mouse (Maus)
MouseKeys (Tastaturmaus)
mouse pad (Mauspad)
mouse pointer (Mauszeiger)
mouse port (Mausport)
mouse scaling (Mausskalierung)
mouse sensitivity (Mausempfindlichkeit)
mouse tracking (Maus-Tracking)
mouse trails (Mausspur)
.mov (.mov)
move (verschieben)
.movie (.movie)
Moving Pictures Experts Group (Motion Pictures Experts Group)
Mozilla (Mozilla)
MPC (MPC)
.mpeg (.mpeg)
MPEG (MPEG)
MPEG-1 (MPEG-1)
MPEG-2 (MPEG-2)
MPEG-3 (MPEG-3)
MPEG-4 (MPEG-4)
.mpg (.mpg)
MP/M (MP/M)
MPOA (MPOA)
MPP (MPP)
MPPP (MPPP)
MPR II (MPR II)
mput (mput)
.mq (.mq)
.mr (.mr)
MR (MR)
.ms (.ms)
ms (ms)
MSB (MSB)
MSC (MSC)
MSD (MSD)
MS-DOS (MS-DOS)
MS-DOS mode (MS-DOS-Modus)
MS-DOS shell (MS-DOS-Eingabeaufforderung)

MSDOS.SYS (MSDOS.SYS)
msec (msec)
MSI (MSI)
MSN (MSN)
MSP (MSP)
.ms.us (.ms.us)
MS-Windows (MS-Windows)
.mt (.mt)
MTBF (MTBF)
MTTR (MTTR)
.mu (.mu)
MUD, Object-Oriented (MUD, Object-Oriented)
MUD (MUD)
Multibus (Multibus)
multicast backbone (Multicast Backbone)
multicasting (Multicasting)
Multi-Color Graphics Array (Multi-Color Graphics Array)
multielement (Multielement)
multifile sorting (Multidatei-Sortierung)
MultiFinder (MultiFinder)
multifunction board (Multifunktionskarte)
multilayer (Multilayer)
Multilink Point-to-Point Protocol (Multilink Point-to-Point Protocol)
multimedia (Multimedia)
Multimedia Extensions (Multimedia Extensions)
Multimedia PC (Multimedia-PC)
Multimedia Personal Computer (Multimedia Personal Computer)
multinode computer (Multinode-Computer)
multipart forms (Durchschlagspapier)
multipass sort (Mehrschrittsortierung)
multiple-document interface (Multiple-Document Interface)
multiple inheritance (Mehrfachvererbung)
multiple instruction, multiple data streams (Multiple Instruction, Multiple Data Streams)
multiple-pass printing (Mehrschrittdruck)
multiple recipients (Mehrfachempfänger)
multiple regression (multiple Regression)
multiple-user system (Mehrbenutzersystem)
multiplexer (Multiplexer)
multiplexer channel (Multiplexer-Kanal)
multiplexing (Multiplexing)
multiplicand (Multiplikand)
multiplier (Multiplikator)
multipoint configuration (Multipunkt-Konfiguration)
multiprocessing (Multiprocessing)

Multi-Protocol Over ATM (Multi-Protocol Over ATM)
Multipurpose Internet Mail Extensions (Multipurpose Internet Mail Extensions)
multiscan monitor (Multiscan-Monitor)
multisync monitor (Multisync-Monitor)
multisystem network (Multisystem-Netzwerk)
multitasking (Multitasking)
multithreaded application (Multithread-Anwendung)
multithreading (Multithreading)
multiuser (Mehrbenutzer)
multiuser dungeon (Multi-User Dungeon)
multiuser simulation environment (Multi-User Simulation Environment)
multiuser system (Mehrbenutzersystem)
multum in parvo mapping (Multum in Parvo-Zuordnung)
MUMPS (MUMPS)
MUSE (MUSE)
Musical Instrument Digital Interface (Musical Instrument Digital Interface)
mutual exclusion (gegenseitiger Ausschluß)
MUX (MUX)
.mv (.mv)
.mw (.mw)
.mx (.mx)
.my (.my)
My Briefcase (Aktenkoffer)
Mylar (Mylar)
Mylar ribbon (Mylarband)
MYOB (MYOB)
my two cents (my two cents)
.mz (.mz)
n (n)
.na (.na)
NAK (NAK)
Name Binding Protocol (Name Binding Protocol)
named anchor (benannter Anker)
named target (benanntes Ziel)
name server (Namens-Server)
name-value pair (assoziatives Wertepaar)
NAMPS (NAMPS)
nano- (Nano-)
nanosecond (Nanosekunde)
NAP (NAP)
narrowband (Schmalband)
Narrow SCSI (Narrow SCSI)
NAT (NAT)

National Attachment Point (National Attachment Point)
National Center for Supercomputing Applications (National Center for Supercomputing Applications)
National Information Infrastructure (National Information Infrastructure)
National Science Foundation (National Science Foundation)
National Television System Committee (National Television System Committee)
native (nativ)
native application (natives Programm)
native code (nativer Code)
native compiler (nativer Compiler)
native file format (natives Dateiformat)
native language (native Sprache)
natural language (natürliche Sprache)
natural-language processing (natürlichsprachliche Verarbeitung)
natural language query (natürlichsprachliche Abfrage)
natural-language recognition (natürlichsprachliche Erkennung)
natural language support (Natural Language Support)
natural number (natürliche Zahl)
navigation bar (Navigationsleiste)
navigation keys (Navigationstasten)
Navigator (Navigator)
.navy.mil (.navy.mil)
.nb.ca (.nb.ca)
NBP (NBP)
.nc (.nc)
NC (NC)
N-channel MOS (N-channel MOS)
NCR paper (NCR-Papier)
NCSA (NCSA)
NCSA Mosaic (NCSA Mosaic)
NCSA server (NCSA Server)
NCSA Telnet (NCSA Telnet)
.nc.us (.nc.us)
NDMP (NDMP)
NDR (NDR)
NDRO (NDRO)
.ne (.ne)
near-letter-quality (Near Letter Quality)
negation (Negation)
negative acknowledgment (Negative Acknowledgment)
negative entry (Negativwandlung)
nest (verschachteln)
nested transaction (verschachtelte Operation)
.net (.net)
net. (net.)
Net (Net)
net address (Netzadresse)
NetBEUI (NetBEUI)
NetBIOS (NetBIOS)
NetBIOS Enhanced User Interface (NetBIOS Enhanced User Interface)
NetBSD (NetBSD)
net.god (net.god)
nethead (Nethead)
netiquette (Netiquette)
netizen (Netizen)
netizen (Netzianer)
NetPC (NetPC)
net.personality (net.personality)
net.police (net.police)
Netscape Navigator (Netscape Navigator)
Netscape Server Application Programming Interface (Netscape Server Application Programming Interface)
Netspeak (Netspeak)
Net surfing (Surfen)
net-top box (Net-top Box)
Net TV (Net-TV)
NetWare (NetWare)
network (Netzwerk)
network adapter (Netzwerkadapter)
network address translation (Network Address Translation)
network administrator (Netzwerkadministrator)
network architecture (Netzwerkarchitektur)
network card (Netzwerkkarte)
network computer (Netzwerkcomputer)
network control program (Netzwerk-Kontrollprogramm)
network database (Netzwerk-Datenbank)
Network Data Management Protocol (Network Data Management Protocol)
network device driver (Netzwerk-Gerätetreiber)
network directory (Netzwerkverzeichnis)
network drive (Netzlaufwerk)
networked directory (Netzwerk-Verzeichnis)
networked drive (Netzlaufwerk)
Network File System (Network File System)
network information center (Network Information Center)

network interface card (Netzwerk-Schnittstellenkarte)
network latency (Netzwerklatenz)
network layer (Netzwerkschicht)
network meltdown (Netzwerk-Zusammenbruch)
network model (Netzwerkmodell)
network modem (Netzwerkmodem)
network news (Network News)
Network News Transfer Protocol (Network News Transfer Protocol)
network operating system (Netzwerk-Betriebssystem)
network operation center (Network Operation Center)
network OS (Netzwerk-OS)
network protocol (Netzwerkprotokoll)
network server (Netzwerk-Server)
network services (Netzwerkadministration)
network services (Netzwerkdienste)
network software (Netzwerk-Software)
network structure (Netzwerkstruktur)
Network Terminator 1 (Network Terminator 1)
Network Time Protocol (Network Time Protocol)
network topology (Netzwerktopologie)
neural network (neuronales Netzwerk)
.ne.us (.ne.us)
newbie (Newbie)
newline character (Zeilenschaltzeichen)
news.announce.newusers (news.announce.newusers)
news feed (News-Feed)
newsgroup (Newsgroup)
newsmaster (Newsmaster)
news. newsgroups (news.-Newsgroups)
.newsrc (.newsrc)
newsreader (Newsreader)
news server (News-Server)
Newton (Newton)
Newton OS (Newton OS)
NeXT (NeXT)
.nf (.nf)
.nf.ca (.nf.ca)
NFS (NFS)
.ng (.ng)
.nh.us (.nh.us)
.ni (.ni)
nibble (Nibble)
NIC (NIC)
NiCad battery (NiCad-Akku)

nickel cadmium battery (Nickel-Cadmium-Akkumulator)
nickel metal hydride battery (Nickel-Hydrid-Akku)
nickname (Nickname)
nickname (Spitzname)
NII (NII)
nil pointer (Nil-Zeiger)
NiMH battery (NiMH-Akku)
nine's complement (Neunerkomplement)
NIS (NIS)
nixpub (nixpub)
.nl (.nl)
NL (NL)
NLQ (NLQ)
NLS (NLS)
NMI (NMI)
NMOS (NMOS)
NNTP (NNTP)
.no (.no)
NOC (NOC)
node (Knoten)
noise (Rauschen)
nonbreaking space (geschütztes Leerzeichen)
nonconductor (Nichtleiter)
noncontiguous data structure (unterbrochene Datenstruktur)
nondestructive readout (zerstörungsfreies Lesen)
nonexecutable statement (nicht ausführbare Anweisung)
nonimpact printer (anschlagfreier Drucker)
noninterlaced (ohne Zeilensprung)
nonmaskable interrupt (nicht maskierbarer Interrupt)
nonprocedural language (nicht prozedurale Sprache)
nonreturn to zero (Nonreturn to Zero)
nontrivial (nichttrivial)
nonuniform memory architecture (Nonuniform-Speicher-Architektur)
nonvolatile memory (nichtflüchtiger Speicher)
NO-OP (NO-OP)
no-operation instruction (No-operation-Befehl)
NOP (NOP)
normal distribution (Normalverteilung)
normal form (Normalform)
normal hyphen (gewöhnlicher Bindestrich)
normalize (normalisieren)
NOS (NOS)
NOT (NOT)

notation (Notation)
notebook computer (Notebook-Computer)
Novell NetWare (Novell NetWare)
.np (.np)
NPN transistor (NPN-Transistor)
.nr (.nr)
NRZ (NRZ)
ns (ns)
NSAPI (NSAPI)
.ns.ca (.ns.ca)
NSF (NSF)
NSFnet (NSFnet)
NT (NT)
NT-1 (NT-1)
.nt.ca (.nt.ca)
NT file system (NT-Dateisystem)
NTFS (NTFS)
NTP (NTP)
NTSC (NTSC)
N-type semiconductor (n-leitender Halbleiter)
.nu (.nu)
NuBus (NuBus)
nuke (nuken)
nuke (töten)
NUL (NUL)
null character (Null-Zeichen)
null cycle (Nullzyklus)
null modem (Nullmodem)
null modem cable (Nullmodem-Kabel)
null pointer (Nullzeiger)
null string (Leerstring)
null-terminated string (Null-terminierter String)
NUMA (NUMA)
number cruncher (Zahlenfresser)
number crunching (Number Crunching)
numerical analysis (numerische Analyse)
numeric coprocessor (numerischer Coprozessor)
numeric keypad (numerischer Tastenblock)
Num Lock key (Num-Taste)
nybble (Nybble)
.nyc.ny.us (.nyc.ny.us)
.ny.us (.ny.us)
.nz (.nz)
object (Objekt)
object code (Objektcode)
object computer (Objektcomputer)
object database (Objektdatenbank)
Object Database Management Group (Object Database Management Group)
object file (Objektdatei)

Objective-C (Objective-C)
object linking and embedding (Object Linking and Embedding)
Object Management Architecture (Object Management Architecture)
Object Management Group (Object Management Group)
object model (Objektmodell)
object module (Objektmodul)
object-oriented (objektorientiert)
object-oriented analysis (objektorientierte Analyse)
object-oriented database (objektorientierte Datenbank)
object-oriented design (objektorientiertes Design)
object-oriented graphics (objektorientierte Grafik)
object-oriented interface (objektorientierte Schnittstelle)
object-oriented operating system (objektorientiertes Betriebssystem)
object-oriented programming (objektorientierte Programmierung)
object-relational server (objektrelationaler Server)
object request broker (Objektanforderungs-Broker)
object wrapper (Object Wrapper)
oblique (Schrägschrift)
OC3 (OC3)
OCR (OCR)
octal (oktal)
octet (Octet)
OCX (OCX)
ODBC (ODBC)
ODBMG (ODBMG)
odd parity (ungerade Parität)
OEM (OEM)
OFC (OFC)
office automation (Büroautomatisierung)
offline (offline)
offline navigator (Offline-Browser)
offline reader (Offline-Reader)
offline storage (Offline-Speicher)
offload (Offloading)
offset (Offset)
off-the-shelf (off-the-shelf)
ohm (Ohm)
.oh.us (.oh.us)
.ok.us (.ok.us)

OLAP (OLAP)
OLAP database (OLAP-Datenbank)
OLE (OLE)
OLTP (OLTP)
.om (.om)
OM-1 (OM-1)
OMA (OMA)
on-board computer (Onboard-Computer)
.on.ca (.on.ca)
on-chip cache (On-Chip-Cache)
one's complement (Einerkomplement)
one-off (Einzelherstellung)
one-pass compiler (Einschritt-Compiler)
online (online)
online analytical processing (Online Analytical Processing)
online community (Online-Gemeinde)
online help (Online-Hilfe)
online information service (Online-Dienst)
online service (Online-Service)
online state (Online-Status)
online transaction processing (Online Transaction Processing)
on the fly (on the fly)
OO (OO)
OOP (OOP)
opcode (Opcode)
open (geöffnet)
open (öffnen)
open architecture (offene Architektur)
OpenDoc (OpenDoc)
open file (geöffnete Datei)
Open Financial Connectivity (Open Financial Connectivity)
Open Group (Open Group)
OpenMPEG Consortium (OpenMPEG Consortium)
open shop (Open Shop)
Open Shortest Path First (Open Shortest Path First)
Open Software Foundation (Open Software Foundation)
open standard (offener Standard)
open system (offenes System)
Open Systems Interconnection model (Open Systems Interconnection model)
operand (Operand)
operating system (Betriebssystem)
operation (Operation)
operation code (Operation Code)
operations research (Operationsforschung)

operator (Operator)
operator associativity (Assoziativität)
operator overloading (Überladen von Operatoren)
operator precedence (Operator-Rangfolge)
optical character recognition (optische Zeichenerkennung)
optical communications (optische Kommunikation)
optical disc (optische Disc)
optical drive (optisches Laufwerk)
optical fiber (Glasfaser)
optical mouse (optische Maus)
optical reader (optischer Leser)
optical recognition (optische Erkennung)
optical scanner (optischer Scanner)
optimization (Optimierung)
optimizer (Optimizer)
optimizing compiler (optimierender Compiler)
optional hyphen (wahlweiser Bindestrich)
Option key (Optionstaste)
Options (Optionen)
optoelectronics (Optoelektronik)
optomechanical mouse (optomechanische Maus)
OR (OR)
Orange Book (Orange Book)
ORB (ORB)
order (ordnen)
order (Ordnung)
order (Reihenfolge)
order (Wertigkeit)
ordinal number (Ordinalzahl)
.org (.org)
orientation (Ausrichtung)
original equipment manufacturer (Original Equipment Manufacturer)
original Macintosh keyboard (originale Macintosh-Tastatur)
orphan (Schusterjunge)
orphan file (Waise)
.or.us (.or.us)
OS (OS)
OS/2 (OS/2)
oscillation (Schwingung)
oscillator (Oszillator)
oscilloscope (Oszilloskop)
OSF (OSF)
OSI (OSI)
OSPF (OSPF)
OTOH (OTOH)
Outbox (Outbox)

outdent (hängender Einzug)
outer join (Outer Join)
outline font (Konturschrift)
out-of-band signaling (Außenband-Übertragung)
output (Ausgabe)
output (ausgeben)
output area (Ausgabebereich)
output-bound (ausgabeintensiv)
output buffer (Ausgabepuffer)
output channel (Ausgabekanal)
output stream (Ausgabestrom)
outsourcing (Outsourcing)
OverDrive (OverDrive)
overflow (Überlauf)
overflow error (Überlauffehler)
overhead (Overhead)
overlaid windows (überlappende Fenster)
overlay (Overlay)
overlay (überlagern)
overprint (überdrucken)
override (außer Kraft setzen)
overrun (Überlauf)
overscan (Overscan)
overshoot (hinausschießen [über das Ziel])
overstrike (überdrucken)
overtype mode (Überschreibemodus)
overwrite mode (Überschreibemodus)
P (P)
P5 (P5)
.pa (.pa)
pack (packen)
package (Gehäuse)
package (Paket)
packaged software (Standardsoftware)
packed decimal (gepackte Dezimalzahl)
packet (Paket)
packet assembler/disassembler (Packet-Assembler/Disassembler)
packet filtering (Paketfilterung)
Packet Internet Groper (Packet Internet Groper)
packet switching (Paketvermittlung)
packing density (Packungsdichte)
PackIT (PackIT)
PAD (PAD)
pad character (Füllzeichen)
padding (füllen)
paddle (Paddle)
paddle switch (Kippschalter)
page (Seite)
page (Speicherseite)

page break (Seitenumbruch)
page break (Seitenwechsel)
paged address (Seitenadresse)
page-description language (Seitenbeschreibungssprache)
paged memory management unit (Paged Memory Management Unit)
Page Down key (Bild-ab-Taste)
page fault (Seitenfehler)
page frame (Seitenrahmen)
page-image buffer (Seitenspeicher)
page-image file (Druckdatei)
page layout (Seitenlayout)
page makeup (Seitenumbruch)
page mode RAM (Page Mode RAM)
page orientation (Seitenausrichtung)
page printer (Seitendrucker)
page reader (Seitenleser)
page setup (Seiteneinrichtung)
pages per minute (Seiten pro Minute)
Page Up key (Bild-auf-Taste)
pagination (Paginierung)
paging (Paging)
paint (füllen)
paint (Füllfarbe)
paintbrush (Pinsel)
paint program (Malprogramm)
palette (Palette)
palmtop (Palmtop)
PAM (PAM)
panning (Panning)
Pantone Matching System (Pantone-System)
PAP (PAP)
paper feed (Papiervorschub)
paperless office (papierloses Büro)
paper-white (papierweiß)
paper-white monitor (Paper-White-Monitor)
paradigm (Paradigma)
paragraph (Absatz)
paragraph (Paragraph)
parallel (parallel)
parallel access (paralleler Zugriff)
parallel adder (paralleler Addierer)
parallel algorithm (paralleler Algorithmus)
parallel circuit (Parallelschaltung)
parallel computer (Parallelcomputer)
parallel computing (Parallel-Computing)
parallel database (parallele Datenbank)
Parallel Data Structure (Parallel Data Structure)
parallel execution (parallele Ausführung)

parallel interface (parallele Schnittstelle)
parallel port (Parallelport)
parallel printer (Paralleldrucker)
parallel processing (parallele Verarbeitung)
parallel server (paralleler Server)
parallel transmission (parallele Übertragung)
parameter (Parameter)
parameter-driven (parametergesteuert)
parameter passing (Parametersubstitution)
parameter RAM (Parameter-RAM)
PARC (PARC)
parent/child (Parent/Child)
parity (Parität)
parity bit (Paritätsbit)
parity check (Paritätsprüfung)
parity error (Paritätsfehler)
park (parken)
parse (parsen)
partition (Partition)
Pascal (Pascal)
pass (Durchlauf)
pass (übergeben)
pass by address (Adreßübergabe)
pass by reference (Referenzübergabe)
pass by value (Wertübergabe)
passive matrix display (passive Matrix)
password (Kennwort)
Password Authentication Protocol (Password Authentication Protocol)
password protection (Kennwortschutz)
paste (einfügen)
patch (Patch)
patch (patchen)
path (Pfad)
path menu (Pfadmenü)
pathname (Pfadname)
pattern recognition (Mustererkennung)
Pause key (Pause-Taste)
PBX (PBX)
PC (PC)
PCB (PCB)
PC board (PC-Platine)
PC Card (PC Card)
PC Card slot (PC Card-Steckplatz)
PC-compatible (PC-kompatibel)
PC-DOS (PC-DOS)
P-channel MOS (P-channel MOS)
PCI (PCI)
PCI local bus (PCI Localbus)
PCL (PCL)

PCM (PCM)
PCMCIA (PCMCIA)
PCMCIA card (PCMCIA-Karte)
PCMCIA connector (PCMCIA-Buchse)
PCMCIA slot (PCMCIA-Steckplatz)
PC memory card (PC-Card-Speichererweiterung)
PC memory card (PC-Speicherkarte)
p-code (P-Code)
PCT (PCT)
.pcx (.pcx)
PC/XT (PC/XT)
PC/XT keyboard (PC/XT-Tastatur)
PDA (PDA)
PDC (PDC)
PD-CD drive (PD-CD-Laufwerk)
PDD (PDD)
.pdf (.pdf)
PDL (PDL)
PDM (PDM)
PDO (PDO)
PDS (PDS)
.pe (.pe)
.pe.ca (.pe.ca)
peek (peek)
peer (Peer)
peer-to-peer architecture (Peer-to-Peer-Architektur)
peer-to-peer communications (Peer-to-Peer-Kommunikation)
peer-to-peer network (Peer-to-Peer-Netzwerk)
pel (Pel)
PEM (PEM)
pen (Stift)
pen-based computing (pen-basiertes Computing)
pen computer (Pen-Computer)
pen plotter (Pen-Plotter)
Pentium (Pentium)
Pentium Pro (Pentium Pro)
Pentium upgradable (Pentium-geeignet)
perfboard (Steckkarte)
performance monitor (Systemmonitor)
period (Periode)
peripheral (Peripherie)
Peripheral Component Interconnect (Peripheral Component Interconnect)
peripheral device (Peripheriegerät)
peripheral power supply (unterbrechungsfreie Stromversorgung)
Perl (Perl)
permanent storage (Permanentspeicher)

permanent swap file (permanente Auslagerungsdatei)
permanent virtual circuit (permanent virtual circuit)
permission (Erlaubnis)
perpendicular recording (vertikale Aufzeichnung)
persistence (Nachleuchtdauer)
persistent data (Permanentdaten)
persistent link (Persistent Link)
persistent storage (Permanentspeicherung)
personal computer (Personal Computer)
Personal Computer (Personal Computer)
Personal Computer Memory Card International Association (Personal Computer Memory Card International Association)
personal digital assistant (Personal Digital Assistant)
personal finance manager (Finanzmanager)
personal information manager (Personal Information Manager)
perspective view (perspektivische Ansicht)
peta- (Peta-)
petabyte (Petabyte)
.pg (.pg)
PGA (PGA)
PgDn Key (Bild-ab-Taste)
PGP (PGP)
PgUp Key (PgUp Key)
.ph (.ph)
phase (Phase)
phase-change recording (Phasenänderungs-Aufzeichnungsverfahren)
phase encoding (Phasencodierung)
phase-locked (phasenstarr)
phase modulation (Phasenmodulation)
phase-shift keying (Phasenverschiebung)
Phoenix BIOS (Phoenix BIOS)
phone connector (Telefonstecker)
phoneme (Phonem)
phono connector (Klinkenstecker)
phosphor (Phosphor)
PhotoCD (PhotoCD)
photo cell (Fotozelle)
photocomposition (Fotosatz)
photoconductor (lichtempfindlicher Leiter)
photo editor (Bildbearbeitungsprogramm)
photoelectric device (fotoelektrisches Gerät)
photolithography (Fotolithografie)
photomask (Fotomaske)
photorealism (Fotorealismus)

photoresist (fotoresistives Material)
photosensor (Fotosensor)
phototypesetter (Fotosatzdrucker)
photovoltaic cell (Photoelement)
phreak (Phreak)
phreak (phreaken)
physical (physikalisch)
physical address (physikalische Adresse)
physical-image file (Brenndatei)
physical layer (physikalische Schicht)
physical memory (physikalischer Speicher)
physical storage (physikalischer Speicher)
PIC (PIC)
pica (Pica)
pico- (Piko-)
picoJava (picoJava)
picosecond (Pikosekunde)
PICS (PICS)
.pict (.pict)
PICT (PICT)
picture element (Picture Element)
pie chart (Kreisdiagramm)
pie chart (Tortengrafik)
piezoelectric (piezoelektrisch)
piggyback board (Huckepack-Karte)
PILOT (PILOT)
PIM (PIM)
pin (Pin)
PIN (PIN)
pinch roller (Andruckrolle)
pinch-roller plotter (Rollenplotter)
pin-compatible (pinkompatibel)
pine (pine)
pin feed (Stachelwalze)
ping (ping)
ping (pingen)
Ping of Death (Ping of Death)
ping pong (Pingpong)
ping-pong buffer (Pingpong-Puffer)
pin grid array (Pin-Gitter)
pinout (Pinbelegung)
pipe (Pipe)
pipe (senkrechter Balken)
pipeline processing (Pipeline-Verarbeitung)
pipelining (Pipelining)
piracy (Piraterie)
.pit (.pit)
pitch (Druckweite)
pixel (Pixel)
pixel image (Pixelgrafik)

pixel map (Pixelmap)
PJ/NF (PJ/NF)
.pk (.pk)
PKUNZIP (PKUNZIP)
PKZIP (PKZIP)
.pl (.pl)
PLA (PLA)
Plain Old Telephone Service (Plain Old Telephone Service)
plaintext (Klartext)
plaintext (unformatierter Text)
plain vanilla (Plain Vanilla)
.plan (.plan)
planar (planar)
planar transistor (Planartransistor)
plasma display (Plasmadisplay)
plastic leadless chip carrier (Plastic Leaderless Chip Carrier)
platen (Walze)
platform (Plattform)
Platform for Internet Content Selection (Platform for Internet Content Selection)
platter (Platte)
PL/C (PL/C)
PLCC (PLCC)
PLD (PLD)
PL/I (PL/I)
PL/M (PL/M)
plot (plotten)
plotter (Plotter)
Plug and Play (Plug and Play)
plugboard (Plugboard)
plug-compatible (steckerkompatibel)
plug-in (Plug-In)
.pm (.pm)
p-machine (P-machine)
PMMU (PMMU)
PMOS (PMOS)
PMS (PMS)
.pn (.pn)
PNG (PNG)
PNP (PNP)
PNP transistor (PNP-Transistor)
point (Punkt)
point (zeigen)
point-and-click (Zeigen und Klicken)
PointCast (PointCast)
point chart (Haufendiagramm)
point diagram (Punktediagramm)
pointer (Zeiger)
pointing device (Zeigegerät)
point listing (Verweissammlung)
point of presence (Point of Presence)
point of sale (Point of Sale)
point-to-point configuration (Punkt-zu-Punkt-Konfiguration)
Point-to-Point Protocol (Point-to-Point Protocol)
Point-to-Point Tunneling Protocol (Point-to-Point Tunneling Protocol)
Poisson distribution (Poisson-Verteilung)
poke (poke)
polar coordinates (Polarkoordinaten)
polarity (Polarität)
polarized component (gepoltes Bauteil)
polarizing filter (Polarisationsfilter)
Polish notation (Polnische Notation)
polling (Pollen)
polling cycle (Polling-Zyklus)
polygon (Polygon)
polyline (Polygon)
polymorphism (Polymorphie)
Pong (Pong)
pop (pop)
POP (POP)
POP3 (POP3)
populate (bestücken)
populate (populieren)
pop-up Help (Pop-up-Hilfe)
pop-up menu (Kontextmenü)
pop-up messages (Pop-up-Meldungen)
pop-up window (Pop-up-Fenster)
port (Port)
port (portieren)
portable (portabel)
portable computer (portabler Computer)
Portable Digital Document (Portable Digital Document)
Portable Distributed Objects (Portable Distributed Objects)
Portable Document Format (Portable Document Format)
portable language (portable Sprache)
Portable Network Graphics (Portable Network Graphics)
port enumerator (Port Enumerator)
port expander (Port Expander)
port number (Port-Nummer)
portrait mode (Hochformat)
portrait monitor (Hochformatmonitor)
POS (POS)

POSIT (POSIT)
positional notation (positionale Notation)
POSIX (POSIX)
post (posten)
POST (POST)
posterization (Posterization)
postfix notation (Postfix-Notation)
postmaster (Postmaster)
Post Office Protocol (Post Office Protocol)
postprocessor (Postprozessor)
PostScript (PostScript)
PostScript font (PostScript-Schrift)
pot (Poti)
potential (Potential)
potentiometer (Potentiometer)
POTS (POTS)
pour (pipen)
power (Leistungsfähigkeit)
power (Netzversorgung)
power (Potenz)
PowerBook (PowerBook)
power down (ausschalten)
power failure (Stromausfall)
Power Mac (Power Mac)
Power Macintosh (Power Macintosh)
Power-on key (Power-on-Taste)
power-on self test (Power-On-Selbsttest)
PowerPC (PowerPC)
PowerPC Platform (PowerPC-Plattform)
PowerPC Reference Platform (Power PC Reference Platform)
power supply (Netzteil)
power surge (Spannungsspitze)
power up (einschalten)
power user (Power-User)
PPCP (PPCP)
PPM (PPM)
PPP (PPP)
PPS (PPS)
PPTP (PPTP)
.pr (.pr)
PRAM (PRAM)
P-rating (P-Rating)
precedence (Rangfolge)
precision (Genauigkeit)
precompiler (Precompiler)
preemptive multitasking (preemptives Multitasking)
Preferences (Einstellungsmenü)
prefix notation (Präfix-Notation)

Prefs (Prefs)
PReP (PReP)
preprocessor (Präprozessor)
presentation graphics (Präsentationsgrafik)
presentation layer (Darstellungsschicht)
Presentation Manager (Presentation Manager)
pressure-sensitive (druckempfindlich)
Pretty Good Privacy (Pretty Good Privacy)
pretty print (Pretty Print)
preventive maintenance (vorbeugende Wartung)
preview (Seitenansicht)
primary channel (Primärkanal)
Primary Domain Controller (Primary Domain Controller)
primary key (Primärschlüssel)
primary storage (Primärspeicher)
primitive (Primitivum)
print (drucken)
print buffer (Druckpuffer)
printed circuit board (gedruckte Leiterplatte)
printer (Drucker)
Printer Access Protocol (Printer Access Protocol)
Printer Control Language (Printer Control Language)
printer controller (Drucker-Controller)
printer driver (Druckertreiber)
printer engine (Druckwerk)
printer file (Druckdatei)
printer font (Druckerschrift)
printer port (Druckerport)
print head (Druckkopf)
print job (Druckjob)
print mode (Druckmodus)
printout (Ausdruck)
print quality (Druckqualität)
print queue (Druckwarteschlange)
Print Screen key (Druck-Taste)
print server (Druck-Server)
print spooler (Drucker-Spooler)
print to file (Drucken in Datei)
print wheel (Druckrad)
priority (Priorität)
Priority Frame (Priority Frame)
privacy (Privatsphäre)
Privacy Enhanced Mail (Privacy Enhanced Mail)
Private Branch Exchange (Private Branch Exchange)
private channel (privater Kanal)
Private Communications Technology (Private Communications Technology)

private folders (private Ordner)
private key (privater Schlüssel)
private line (Private Line)
privatization (Privatisierung)
privileged instruction (privilegierter Befehl)
privileged mode (privilegierter Modus)
privileges (Privilegien)
PRN (PRN)
probability (Wahrscheinlichkeit)
problem solving (Problemlösung)
procedural language (prozedurale Sprache)
procedural rendering (prozedurales Rendern)
procedure (Prozedur)
procedure call (Prozeduraufruf)
process (Prozeß)
process (verarbeiten)
process-bound (verarbeitungsintensiv)
process color (Farbsynthese)
processing (Verarbeitung)
processor (Prozessor)
Processor Direct Slot (Processor Direct Slot)
Prodigy Information Service (Prodigy Information Service)
product (Produkt)
production system (Produktionssystem)
Professional Graphics Adapter (Professional Graphics Adapter)
Professional Graphics Display (Professional Graphics Display)
profile (Profil erstellen)
Profiles for Open Systems Internetworking Technology (Profiles for Open Systems Internetworking Technology)
program (Programm)
program card (Programmkarte)
program cartridge (Programm-Einsteckmodul)
program counter (Programmzähler)
program creation (Programmerstellung)
program file (Programmdatei)
program generator (Programmgenerator)
program listing (Programmlisting)
program logic (Programmlogik)
programmable (programmierbar)
programmable function key (programmierbare Funktionstaste)
programmable interrupt controller (programmierbarer Interrupt-Controller)
programmable logic array (programmierbares Logik-Array)

programmable logic device (programmierbares Logikgerät)
programmable read-only memory (programmable read-only memory)
program maintenance (Programmwartung)
programmatic interface (befehlsorientierte Benutzerschnittstelle)
programmatic interface (Programmierschnittstelle)
Programmed Inquiry, Learning or Teaching (Programmable Inquiry, Language Or Teaching)
programmer (Brenner)
programmer (Programmierer)
programmer's switch (Programmiertasten)
programming (Programmierung)
programming language (Programmiersprache)
Programming Language I (Programming Language I)
program specification (Programmspezifikation)
program state (Programmzustand)
program statement (Programmbefehl)
project (PROJECT-Operator)
Project Gutenberg (Project Gutenberg)
projection-join normal form (projektbezogene Normalform)
project life cycle (Projektzyklen)
project management (Projektmanagement)
Prolog (Prolog)
PROM (PROM)
PROM blaster (PROM-Brenner)
PROM blower (PROM-Schießer)
promiscuous-mode transfer (Mixmode-Übertragung)
PROM programmer (PROM-Brenner)
prompt (Eingabeaufforderung)
propagated error (fortgesetzter Fehler)
propagation (Verbreitung)
propagation delay (Signalverzögerung)
property (Eigenschaft)
property sheet (Eigenschaftenfenster)
proportional font (Proportionalschrift)
proportional spacing (proportionale Schrittschaltung)
proprietary (proprietär)
proprietary software (proprietäre Software)
protected mode (Protected Mode)
protocol (Protokoll)
protocol layer (Protokollschicht)
protocol stack (Protokollstapel)
protocol suite (Protokollstapel)

prototyping (Prototyping)
proxy (Proxy)
proxy server (Proxy-Server)
PrtSc key (Druck-Taste)
.ps (.ps)
PS/2 bus (PS/2-Bus)
psec (psec)
pseudocode (Pseudocode)
pseudo compiler (Pseudo-Compiler)
pseudocomputer (Pseudocomputer)
pseudolanguage (Pseudosprache)
pseudomachine (Pseudomaschine)
pseudo-operation (Pseudooperation)
PSK (PSK)
PSN (PSN)
p-system (P-System)
.pt (.pt)
P-type semiconductor (p-leitender Halbleiter)
/pub (/pub)
pub (pub)
public directory (öffentliches Verzeichnis)
public domain (Public Domain)
public-domain software (Public-Domain-Software)
public files (öffentliche Dateien)
public folders (öffentliche Ordner)
public key (öffentlicher Schlüssel)
public key cryptography (Public-key-Kryptographie)
public key encryption (Public-Key-Verschlüsselung)
public rights (öffentliche Rechte)
puck (Puck)
pull (abziehen)
pull-down menu (Pulldown-Menü)
pulse (Impuls)
pulse amplitude modulation (Pulsamplitudenmodulation)
pulse code modulation (Pulscode-Modulation)
pulse duration modulation (Pulsbreitenmodulation)
pulse length modulation (Pulsdauermodulation)
pulse position modulation (Pulsphasenmodulation)
pulse width modulation (Pulsbreitenmodulation)
punched card (Lochkarte)
punched-card reader (Lochkartenleser)
pure procedure (reine Prozedur)
purge (löschen)
push (push)
put (put)
PVC (PVC)
.pw (.pw)
pwd (pwd)
PWM (PWM)
.py (.py)
Python (Python)
.qa (.qa)
QAM (QAM)
QBE (QBE)
.qc.ca (.qc.ca)
.qt (.qt)
quadbit (Quadbit)
quadrature amplitude modulation (Quadraturamplitudenmodulation)
quadrature encoding (Quadratur-Codierung)
quality assurance (Qualitätssicherung)
quantity (Größe)
quantize (quantifizieren)
quantum (Quantum)
quartz crystal (Quarzkristall)
quasi-language (Quasi-Sprache)
query (Abfrage)
query by example (Abfrage durch Beispiel)
query language (Abfragesprache)
question mark (Fragezeichen)
queue (Warteschlange)
queued access method (Queued Access Method)
QuickDraw (QuickDraw)
QuickDraw 3-D (QuickDraw 3-D)
quicksort (Quicksort)
QuickTime (QuickTime)
Quick Viewers (Quick Viewers)
quit (beenden)
quit (beenden)
quit (quit)
QWERTY keyboard (QWERTY-Tastatur)
R&D (R&D)
race condition (überschnelle Schwingung)
race condition (wilde Schwingung)
rack-mounted (schrankmontiert)
RAD (RAD)
radian (Rad)
radio (Radio)
radio (Radiowellen)
radio button (Optionsfeld)
radio clock (Funkuhr)
radio frequency (Hochfrequenz)
radio frequency interference (Radio Frequency Interference)
RADIUS (RADIUS)

radix (Basis)
radix-minus-1 complement (Basis-minus-1-Komplement)
radix point (Dezimalkomma)
radix sort (Basissortierung)
radix sorting algorithm (Basis-Sortieralgorithmus)
rag (Flattersatz)
ragged left (linksbündiger Flattersatz)
ragged right (rechtsbündiger Flattersatz)
RAID (RAID)
RAID array (RAID-Array)
RAM (RAM)
RAM cache (RAM-Cache)
RAM card (RAM-Karte)
RAM cartridge (RAM-Steckmodul)
RAM chip (RAM-Chip)
RAM compression (RAM-Komprimierung)
RAMDAC (RAMDAC)
RAM disk (RAM-Disk)
RAM refresh (RAM-Refresh)
RAM resident (RAM-resident)
RAM-resident program (RAM-residentes Programm)
random access (wahlfreier Zugriff)
random access memory (Random Access Memory)
random noise (Zufallsrauschen)
random number generation (Zufallszahlen-Erzeugung)
range (Bereich)
range check (Bereichsüberprüfung)
RARP (RARP)
RAS (RAS)
raster (Raster)
raster display (Raster-Display)
raster graphics (Rastergrafik)
raster image (Rasterbild)
raster image processor (Raster-Prozessor)
rasterization (Rasterung)
raster-scan display (Raster-scan-Display)
raw data (Rohdaten)
raw mode (Rohmodus)
ray tracing (Raytracing)
RCA connector (Cinch-Stecker)
RDBMS (RDBMS)
RDO (RDO)
read (lesen)
read (lesen)
reader (Leser)

read error (Lesefehler)
README (README)
read notification (Empfangsbestätigung)
read-only (schreibgeschützt)
read-only attribute (Schreibschutzattribut)
read-only memory (Read-Only Memory)
read-only terminal (Read-Only Terminal)
read/write (lesen/schreiben)
read/write channel (Schreib-Lese-Kanal)
read/write head (Schreib-Lese-Kopf)
read/write memory (Schreib-Lese-Speicher)
real address (echte Adresse)
RealAudio (RealAudio)
reallocate (reallocate)
real mode (Real Mode)
real-mode mapper (Real-Mode-Mapper)
real number (Realzahl)
real number (reelle Zahl)
Real Soon Now (Real Soon Now)
real storage (wirklicher Speicher)
real-time (Echtzeit)
real-time animation (Echtzeitanimation)
real-time clock (Echtzeituhr)
real-time conferencing (Echtzeitkonferenz)
real-time operating system (Echtzeitbetriebssystem)
real-time system (Echtzeitsystem)
reboot (neu starten)
reboot (rebooten)
receipt notification (Empfangsbestätigung)
receive (empfangen)
Receive Data (Receive Data)
rec. newsgroups (rec.-Newsgroups)
recompile (rekompilieren)
record (aufzeichnen)
record (Datensatz)
record format (Datensatzformat)
record head (Schreibkopf)
record layout (Datensatzlayout)
record length (Datensatzlänge)
record locking (Datensatzsperre)
record number (Datensatznummer)
record structure (Datensatzstruktur)
recover (regenerieren)
recover (wiederherstellen)
recoverable error (korrigierbarer Fehler)
recovery (Wiederherstellung)
Recreational Software Advisory Council (Recreational Software Advisory Council)
rectifier (Gleichrichter)

recto (Recto)
recursion (Rekursion)
Recycle Bin (Papierkorb)
Red Book (Red Book)
red-green-blue (Rot Grün Blau)
redirection (Umleitung)
redlining (Überarbeiten-Modus)
redraw (Aktualisierung der Bildschirmanzeige)
reduce (verkleinern)
reduced instruction set computing (Reduced Instruction Set Computing)
redundancy check (Redundanzprüfung)
redundant code (redundanter Code)
reengineer (Reengineering)
reengineering (Reengineering)
reentrant code (reentranter Code)
reference (Referenz)
reference (referenzieren)
Reference.COM (Reference.COM)
reference parameter (Referenz-Parameter)
reflecting software (Reflecting Software)
reflective LCD (reflektierendes LCD)
reflective liquid-crystal display (reflektierendes Flüssigkristall-Display)
reflective routing (reflektierendes Routing)
reflector (Reflektor)
reformat (reformatieren)
refresh (Auffrischspeicher)
refresh (Bild aktualisieren)
refresh (Refresh)
refreshable (refreshable)
refresh cycle (Auffrisch-Zyklus)
refresh cycle (Refresh-Zyklus)
refresh rate (Bildwiederholfrequenz)
REGEDIT (REGEDIT)
regenerate (regenerieren)
regeneration buffer (Regenerationspuffer)
regenerator (Regenerator)
region (Region)
region fill (Bereichsfüllung)
register (Register)
registration (Passieren)
registration marks (Paßkreuze)
Registry (Registrierung)
registry editor (Registrierungseditor)
regression analysis (Regressionsanalyse)
regression testing (Regressionstest)
relation (Relation)
relational algebra (relationale Algebra)
relational calculus (Relationskalkül)

relational database (relationale Datenbank)
relational database management system (relationales Datenbanksystem)
relational expression (relationaler Ausdruck)
relational model (relationales Modell)
relational operator (relationaler Operator)
relational structure (relationale Struktur)
relative address (relative Adresse)
relative coordinates (relative Koordinaten)
relative movement (relative Bewegung)
relative path (relativer Pfad)
relative pointing device (relatives Zeigegerät)
relative URL (relativer URL)
relay (Relais)
release (freigeben)
release (Version)
reliability (Zuverlässigkeit)
reload (aktualisieren)
reload (nachladen)
relocatable address (relozierbare Adresse)
relocatable code (relozierbarer Code)
relocate (relozieren)
RELURL (RELURL)
remark (Kommentar)
remote (remote)
remote access (Fernzugriff)
remote access server (Server für Fernzugang)
Remote Access Service (Remote Access Service)
remote administration (Fern-Administration)
Remote Authentication Dial-In User Service (Remote Access Dial-In User Service)
remote communications (Datenfernübertragung)
remote computer system (Ferncomputersystem)
Remote Data Objects (Remote Data Objects)
remote login (Remote-Anmeldung)
remote procedure call (Remote-Prozeduraufruf)
remote system (Fernsystem)
remote terminal (Fern-Terminal)
removable disk (wechselbarer Datenträger)
REM statement (REM-Befehl)
rename (rename)
render (rendern)
rendering (Rendering)
repaginate (repaginieren)
Repeat (Wiederholen)
repeat counter (Schleifenzähler)
repeater (Repeater)
repeating Ethernet (repeating Ethernet)
repeat key (Wiederholtaste)
RepeatKeys (RepeatKeys)

repetitive strain injury (Ermüdungsverletzungen)
replace (ersetzen)
replication (Replikation)
report (Bericht)
report generator (Berichtsgenerator)
report writer (Berichtsgenerator)
repository (Repository)
reprogrammable PROM (reprogrammierbares PROM)
reprogrammable read-only memory (Reprogrammable Read-Only Memory)
Request for Comments (Request for Comments)
Request for Discussion (Request for Discussion)
Request to Send (Request To Send)
required hyphen (unbedingter Bindestrich)
Research Libraries Information Network (Research Libraries Information Network)
reserve (reservieren)
reserve accumulator (alternativer Akkumulator)
reserved character (reserviertes Zeichen)
reserved memory (reservierter Speicher)
reserved word (reserviertes Wort)
reset button (Reset-Schalter)
resident font (residente Schrift)
resident program (residentes Programm)
resistance (Widerstand)
resistor (Widerstand)
resize (skalieren)
resolution (Auflösung)
resolve (auflösen)
resource (Ressource)
resource allocation (Ressourcenzuordnung)
resource data (Ressourcedaten)
resource file (Ressourcedaten)
resource fork (Ressourcenzweig)
resource ID (Ressourcen-ID)
Resource Reservation Setup Protocol (Resource Reservation Protocol)
resource type (Ressourcentyp)
response time (Antwortzeit)
restart (neu starten)
restore (wiederherstellen)
restore (wiederherstellen)
restricted function (eingeschränkte Funktion)
Restructured Extended Executor (Restructured Extended Executor)
retrace (Strahlrücklauf)
retrieve (abrufen)
return (zurückgeben)
return (zurückspringen)

return code (Rückgabewert)
return from the dead (wieder auf der Bildfläche erscheinen)
Return key (Eingabetaste)
return to zero (Rückkehr-nach-Null-Verfahren)
reusability (Wiederverwendbarkeit)
Reverse Address Recognition Protocol (Reverse Address Recognition Protocol)
Reverse ARP (Reverse ARP)
reverse byte ordering (umgekehrte Byte-Sortierung)
reverse engineering (Reverse Engineering)
reverse path forwarding (umgekehrte Weiterleitung)
reverse Polish notation (umgekehrte Polnische Notation)
reverse video (invertiertes Video)
revert (umkehren)
Revisable-Form-Text DCA (Revisable-Form-Text DCA)
rewind (zurückspulen)
rewritable digital video disc (wiederbeschreibbare digitale Videodisc)
rewrite (wiederbeschreiben)
REXX (REXX)
RF (RF)
RFC (RFC)
RFD (RFD)
RFI (RFI)
RF shielding (Abschirmung)
RFTDCA (RFT)
RGB (RGB)
RGB display (RGB-Display)
RGB monitor (RGB-Monitor)
ribbon cable (Flachbandkabel)
ribbon cartridge (Farbbandkassette)
Rich Text Format (Rich-Text-Format)
right click (Rechtsklick)
right justification (rechtsbündige Ausrichtung)
right-justify (rechtsbündig ausrichten)
rigid disk (Festplatte)
ring network (Ring-Netzwerk)
RIP (RIP)
RISC (RISC)
Rivest-Shamir-Adleman encryption (Rivest-Shamir-Adleman-Verschlüsselung)
RJ-11 connector (RJ-11-Stecker)
RJ-11 jack (RJ-11-Stecker)
RLIN (RLIN)

RLL encoding (RLL-Codierung)
rlogin (rlogin)
rlogin (rlogin)
RLSD (RLSD)
RMM (RMM)
.ro (.ro)
robopost (roboposten)
robot (Roboter)
robotics (Robotik)
robust (robust)
ROFL (ROFL)
role-playing game (Rollenspiel)
rollback (Rollback)
ROM (ROM)
roman (Roman)
ROM Basic (ROM-BASIC)
ROM BIOS (ROM-BIOS)
ROM card (ROM-Karte)
ROM cartridge (ROM-Steckmodul)
ROM emulator (ROM-Emulator)
ROM simulator (ROM-Simulator)
root (Wurzel)
root account (Root-Account)
root directory (Hauptverzeichnis)
root name (Grunddateiname)
ROT13 encryption (ROT13-Verschlüsselung)
rotate (drehen)
rotate (rotieren)
rotational delay (Umdrehungswartezeit)
rotational latency (Zugriffsverzögerung durch Umdrehung)
RO terminal (RO-Terminal)
ROTFL (ROTFL)
round (runden)
round robin (Round Robin)
routable protocol (routfähiges Protokoll)
router (Router)
routine (Routine)
row (Zeile)
RPC (RPC)
RPF (RPF)
RPN (RPN)
RPROM (RPROM)
RRP (RRP)
RS-232-C standard (RS-232-C-Standard)
RS-422/423/449 (RS-422/423/449)
RSAC (RSAC)
RSA encryption (RSA-Verschlüsselung)
RSI (RSI)
RSN (RSN)

RSVP (RSVP)
RTF (RTF)
RTFM (RTFM)
RTM (RTM)
RTS (RTS)
.ru (.ru)
rubber banding (Gummiband)
rudder control (Ruder)
rule (Regel)
rule (Trennlinie)
rule-based system (regelbasiertes System)
ruler (Lineal)
run (starten)
run around (Formsatz)
run-length limited encoding (Run-Length Limited encoding)
running foot (lebender Kolumnentitel)
running head (lebender Kolumnentitel)
run time (Laufzeit)
run-time (Laufzeit)
run-time binding (Laufzeitbindung)
run-time error (Laufzeitfehler)
run-time library (Laufzeitbibliothek)
run-time version (Laufzeitversion)
run-time version (Run-Time-Version)
.rw (.rw)
R/W (R/W)
RXD (RXD)
RZ (RZ)
S-100 bus (S-100-Bus)
.sa (.sa)
SAA (SAA)
Sad Mac (Sad Mac)
safe mode (abgesicherter Modus)
sampling (Sampling)
sampling (Stichprobenentnahme)
sampling rate (Abtastrate)
sampling synthesizer (Sampling-Synthesizer)
sans serif (serifenlos)
SAP (SAP)
SAPI (SAPI)
satellite (Satellit)
satellite computer (Satellitencomputer)
saturated mode (gesättigter Modus)
saturation (Sättigung)
save (speichern)
.sb (.sb)
.sc (.sc)
scalable (skalierbar)
scalable font (skalierbare Schrift)

scalable parallel processing (skalierbarer Parallelprozessor)
scalar (Skalar)
scalar data type (skalarer Datentyp)
scalar processor (skalarer Prozessor)
Scalable Processor Architecture (Scalar Processor Architecture)
scalar variable (skalare Variable)
scale (Skala)
scale (skalieren)
scaling (Skalierung)
scan (abtasten)
scan (scannen)
scan code (Scancode)
scan head (Scanner-Kopf)
scan line (Bildzeile)
scanner (Scanner)
scan rate (Bildrate)
scatter diagram (Punktdiagramm)
schedule (vorprogrammieren)
scheduler (Scheduler)
scheduling algorithm (Scheduling-Algorithmus)
schema (Schema)
schematic (Schaltplan)
Schottky barrier diode (Schottky-Barrierendiode)
Schottky diode (Schottky-Diode)
scientific notation (wissenschaftliche Notation)
sci. newsgroups (sci.-Newsgroups)
scissoring (Scissoring)
scope (Geltungsbereich)
scope (Scope)
SCR (SCR)
scrambler (Scrambler)
scrap (Scrap)
scrapbook (Scrapbook)
scratch (Scratch)
scratch (scratchen)
scratch file (Scratch-Datei)
scratchpad (Scratchpad)
scratchpad memory (Scratchpad-Speicher)
scratchpad RAM (Scratchpad-RAM)
screen angle (Rasterwinkel)
screen buffer (Bildpuffer)
screen dump (Bildschirmauszug)
screen flicker (Bildschirmflimmern)
screen font (Bildschirmschrift)
screen frequency (Rasterfrequenz)
screen grabber (Bildschirm-Grabber)
screen name (Screen Name)
screen phone (Bildschirmtelefon)

screen pitch (Lochabstand)
screen saver (Bildschirmschoner)
screen shot (Screenshot)
script (Skript)
scripting language (Skriptsprache)
scroll (scrollen)
scroll arrow (Bildlaufpfeil)
scroll bar (Bildlaufleiste)
scroll box (Bildlaufleiste)
Scroll Lock key (Rollen-Taste)
SCSI (SCSI)
SCSI-1 (SCSI-1)
SCSI-2 (SCSI-2)
SCSI bus (SCSI-Bus)
SCSI chain (SCSI-Kette)
SCSI connector (SCSI-Stecker)
SCSI device (SCSI-Gerät)
SCSI ID (SCSI-ID)
SCSI network (SCSI-Netzwerk)
SCSI port (SCSI-Port)
scuzzy (skasi)
.sd (.sd)
SDK (SDK)
SDLC (SDLC)
SDM (SDM)
SDRAM (SDRAM)
SDSL (SDSL)
.se (.se)
.sea (.sea)
seamless integration (nahtlose Integration)
search (Suche)
search (suchen)
search algorithm (Suchalgorithmus)
search and replace (Suchen und Ersetzen)
search criteria (Suchkriterien)
search engine (Suchmaschine)
search key (Suchschlüssel)
search string (Suchbegriff)
seat (einsetzen)
seat (Seat)
secondary channel (Sekundärkanal)
secondary key (Sekundärschlüssel)
secondary service provider (sekundärer Service-Provider)
secondary storage (Sekundärspeicher)
second normal form (zweite Normalenform)
secret channel (Geheimkanal)
sector (Sektor)
sector interleave (Sektorversatz)
sector map (Sektor-Zuordnungstabelle)

secure channel (gesicherter Kanal)
Secure Electronics Transactions protocol (Secure Electronics Transactions protocol)
Secure Hash Algorithm (Secure Hash Algorithm)
Secure HTTP (Secure HTTP)
Secure Hypertext Transfer Protocol (Secure HyperText Transport Protocol)
Secure/Multipurpose Internet Mail Extensions (Secure Multipurpose Internet Mail Extensions)
secure site (gesicherte Site)
Secure Sockets Layer (Secure Socket Layer)
Secure Transaction Technology (Secure Transaction Technology)
secure wide area network (gesichertes Weitbereichsnetz)
security (Sicherheit)
security kernel (Sicherheit-Kernel)
security log (Sicherheitsprotokoll)
seed (Startwert)
seek (Suche)
seek time (Suchzeit)
segment (Segment)
segmentation (Segmentierung)
segmented addressing architecture (segmentierte Adressierungsarchitektur)
segmented address space (segmentierter Adreßraum)
segmented instruction addressing (segmentierte Befehlsadressierung)
segmented memory architecture (segmentierte Speicherarchitektur)
select (markieren)
select (wählen)
selected cell (selektierte Zelle)
selection (Markierung)
selection (Selektion)
selective calling (Selektivruf)
selector channel (Selektorkanal)
selector pen (Lichtgriffel)
self-adapting (selbstanpassend)
self-checking digit (Prüfziffer)
self-clocking (selbstsynchronisierend)
self-documenting code (selbstdokumentierender Code)
self-extracting archive (selbstentpackendes Archiv)
self-extracting file (selbstentpackende Datei)
self-modifying code (selbstmodifizierender Code)

self-monitoring analysis and reporting technology system (Self-Monitoring Analysis and Reporting Technology System)
self-organizing map (Self-Organizing Map)
self-test (Selbsttest)
self-validating code (selbstprüfender Code)
semantic error (semantischer Fehler)
semantics (Semantik)
semaphore (Semaphore)
semiconductor (Halbleiter)
send (senden)
send statement (Sende-Befehl)
sensor (Sensor)
sensor glove (Sensor-Handschuh)
SEPP (SEPP)
sequence (Folge)
sequence check (Sequenzprüfung)
Sequenced Packet Exchange (Sequenced Packet Exchange)
sequential access (sequentieller Zugriff)
sequential algorithm (sequentieller Algorithmus)
sequential execution (sequentielle Ausführung)
sequential logic element (sequentielles Logikelement)
sequential processing (sequentielle Verarbeitung)
sequential search (sequentielle Suche)
serial (seriell)
serial access (serieller Zugriff)
serial adder (serieller Addierer)
serial communication (serielle Kommunikation)
Serial Infrared (Serial Infrared)
serial interface (serielle Schnittstelle)
serialize (serialisieren)
SerialKeys (SerialKeys)
Serial Line Internet Protocol (Serial Line Internet Protocol)
serial mouse (serielle Maus)
serial port (serieller Port)
serial port adapter (serieller Port-Adapter)
serial printer (serieller Drucker)
serial processing (serielle Verarbeitung)
Serial Storage Architecture (Serial Storage Architecture)
serial transmission (serielle Übertragung)
series circuit (Reihenschaltung)
serif (Serife)
serif (serifenbetont)
server (Server)
server-based application (serverbasierte Anwendung)

server cluster (Server-Cluster)
server error (Server-Fehler)
server push-pull (Server Push-Pull)
server-side includes (Server-Side Include)
service (Service)
Service Advertising Protocol (Service Advertising Protocol)
service bureau (DTP-Service)
service bureau (EDV-Service)
service provider (Service-Provider)
servo (Servo)
servomechanism (Servomechanismus)
servomotor (Servomotor)
servo system (Servosystem)
session (Kommunikationssteuerschicht)
session (Sitzung)
session layer (Kommunikationssteuerschicht)
set (Satz)
set (setzen)
SET protocol (SET-Protokoll)
settling time (Kopfberuhigungszeit)
set-top box (Set-Top-Box)
setup (Konfiguration)
setup program (Setup-Programm)
setup string (Setup-String)
setup wizard (Setup-Assistent)
seven-segment display (Siebensegment-Anzeige)
sex changer (Invertieradapter)
.sf.ca.us (.sf.ca.us)
sfil (sfil)
.sg (.sg)
.sgm (.sgm)
.sgml (.sgml)
SGML (SGML)
.sh (.sh)
sh (sh)
SHA (SHA)
shade (Abdunkeln)
shade (schattieren)
shadow memory (Shadow Memory)
shadow print (schattierter Druck)
shadow RAM (Shadow RAM)
shadow ROM (Shadow ROM)
share (gemeinsam nutzen)
shared directory (gemeinsames Verzeichnis)
shared folder (gemeinsamer Ordner)
shared logic (geteilte Logik)
shared memory (gemeinsamer Speicher)
shared network directory (gemeinsames Netzverzeichnis)

shared printer (gemeinsamer Drucker)
shared resource (gemeinsame Ressource)
shareware (Shareware)
sharpness (Schärfe)
sheet-fed scanner (Einzugs-Scanner)
sheet feeder (Einzelblatteinzug)
shelfware (Shelfware)
shell (Shell)
shell (Shell)
shell account (Befehlszeilenzugriff)
shell archive (Shell-Archiv)
shell out (Shell öffnen)
shell script (Shell-Skript)
Shell sort (Shellsort)
shift (schieben)
Shift+click (Umschalt+klicken)
Shift key (Umschalttaste)
Shift-PrtSc (Umschalt+Druck)
shift register (Schieberegister)
Shockwave (Shockwave)
short card (kurze Karte)
short-circuit evaluation (Kurzschluß-Auswertung)
shortcut (Verknüpfung)
shortcut key (Zugriffstaste)
short-haul (kurzer Transportweg)
shout (schreien)
shovelware (Shovelware)
ShowSounds (ShowSounds)
shrink-wrapped (eingeschweißt)
SHTML (SHTML)
S-HTTP (S-HTTP)
shut down (herunterfahren)
.si (.si)
sibling (Geschwister)
sideband (Seitenband)
sidebar (Marginalie)
side effect (Seiteneffekt)
side head (Marginaltitel)
sieve of Eratosthenes (Sieb des Eratosthenes)
.sig (.sig)
SIG (SIG)
SIGGRAPH (SIGGRAPH)
sign (Vorzeichen)
signal (Signal)
signal converter (Signalkonverter)
signal-to-noise ratio (Rauschabstand)
signature (Signatur)
signature block (Signaturblock)
signature file (Signaturdatei)

sign bit (Vorzeichenbit)
sign extension (Vorzeichenerweiterung)
significant digits (signifikante Stellen)
sign off (sign off)
sign on (sign on)
sign propagation (sign propagation)
silica gel (Silikatgel)
silicon (Silizium)
silicon chip (Silizium-Chip)
silicon-controlled rectifier (steuerbarer Gleichrichter)
silicon dioxide (Siliziumdioxid)
silicone (Silikon)
silicon foundry (Siliziumgießerei)
silicon-on-sapphire (Silizium auf Saphir)
Silicon Valley (Silicon Valley)
SIM (SIM)
SIMD (SIMD)
SIMM (SIMM)
Simple Mail Transfer Protocol (Simple Mail Transfer Protocol)
Simple Network Management Protocol (Simple Network Management Protocol)
simplex transmission (Simplex-Übertragung)
simulation (Simulation)
simultaneous access (gleichzeitiger Zugriff)
simultaneous processing (simultane Verarbeitung)
sine wave (Sinusschwingung)
single-board (Einplatinen-Computer)
single-density (einfache Dichte)
single inline memory module (Single In-line Memory Module)
single inline package (Single In-line Package)
single inline pinned package (Single In-line Pinned Package)
single-instruction, multiple-data stream processing (Single Instruction, Multiple Data Stream Processing)
single-precision (einfache Genauigkeit)
single-sided (einseitig)
single step (Einzelschrittdurchgang)
single threading (Single Threading)
single-user computer (Einbenutzersystem)
sink (Datensenke)
SIP (SIP)
SIPP (SIPP)
SIR (SIR)
.sit (.sit)
site (Site)

site license (Site-Lizenz)
size box (Fenstergröße-Symbol)
.sj (.sj)
.sk (.sk)
skew (Versatz)
Skutch box (Skutch-Box)
.sl (.sl)
slave (Slave)
sleep (schlafen)
sleep (schlafen)
sleeve (Hülle)
slice (Zeitscheibe)
SLIP (SLIP)
SLIP emulator (SLIP-Emulator)
slot (Steckplatz)
slotted-ring network (Slotted-Ring-Netzwerk)
SlowKeys (SlowKeys)
SLSI (SLSI)
.sm (.sm)
small caps (Kapitälchen)
Small Computer System Interface (small computer system interface)
small model (Small-Modell)
small-scale integration (niedrige Integrationsdichte)
Smalltalk (Smalltalk)
smart (intelligent)
smart cable (intelligentes Kabel)
smart card (Smartcard)
smart linkage (intelligenter Linker)
smart quotes (typografische Anführungszeichen)
SMART system (SMART-System)
smart terminal (intelligentes Terminal)
SMDS (SMDS)
smiley (Smiley)
S/MIME (S/MIME)
SMIS (SMIS)
smoke test (Rauchtest)
smooth (glätten)
SMP (SMP)
SMP server (SMP-Server)
SMT (SMT)
SMTP (SMTP)
.sn (.sn)
SNA (SNA)
snail mail (Schneckenpost)
snap-in (Snap-In)
snapshot (Snapshot)
snapshot dump (Snapshot-Auszug)
snapshot program (Snapshot-Programm)

.snd (.snd)
sneakernet (Sneakernet)
SNMP (SNMP)
SNOBOL (SNOBOL)
snow (Schnee)
.so (.so)
Society for Information Management (Society for Information Management)
Society for Management Information Systems (Society for Management Information Systems)
socket (Sockel)
soc. newsgroups (soc.-Newsgroups)
soft (weich)
soft boot (Warmstart)
soft copy (Softcopy)
soft error (weicher Fehler)
soft font (Softfont)
soft hyphen (weicher Bindestrich)
soft link (Softlink)
softmodem (Softmodem)
soft patch (Softpatch)
soft return (weicher Zeilenvorschub)
soft-sectored disk (softsektorierter Datenträger)
software (Software)
software-based modem (softwarebasierendes Modem)
software-dependent (softwareabhängig)
software engineering (Software-Engineering)
software handshake (Software-Handshake)
software house (Softwarehaus)
software IC (Software-IC)
software integrated circuit (integriertes Softwaremodul)
software interrupt (Software-Interrupt)
software package (Softwarepaket)
software piracy (Software-Piraterie)
software portability (Software-Portabilität)
software program (Software-Programm)
software protection (Software-Kopierschutz)
software publisher (Software-Publisher)
software publishing (Software-Publishing)
software stack (Software-Stack)
software suite (Software-Suite)
software tools (Software-Tools)
solar cell (Solarzelle)
Solaris (Solaris)
solenoid (Magnetschalter)
solid ink (Trockentinte)
solid-ink printer (Trockentintendrucker)
solid model (Volumenmodell)
solid-state device (Festkörperbauelement)
solid-state disk drive (Halbleiterlaufwerk)
solid-state memory (Halbleiterspeicher)
solid-state relay (Halbleiterrelais)
SOM (SOM)
SONET (SONET)
sort (sortieren)
sort algorithm (Sortieralgorithmus)
sorter (Sortierer)
sort field (Sortierfeld)
sort key (Sortierschlüssel)
SOS (SOS)
sound board (Soundkarte)
sound buffer (Soundpuffer)
sound card (Soundkarte)
sound clip (Soundclip)
sound editor (Soundeditor)
sound generator (Soundgenerator)
sound hood (Schallschutzgehäuse)
SoundSentry (SoundSentry)
source (Quelle)
source code (Quellcode)
source computer (Quellcomputer)
source data (Quelldaten)
source data acquisition (Quelldatenerfassung)
source data capture (Quelldatenerfassung)
source directory (Quellverzeichnis)
source disk (Quelldatenträger)
source document (Quelldokument)
source drive (Quellaufwerk)
source file (Quelldatei)
source language (Quellsprache)
source program (Quelltext)
source statement (Quelltext-Anweisung)
Spacebar (Leertaste)
space character (Leerzeichen)
space-division multiplexing (Raummultiplex)
spaghetti code (Spaghetticode)
spam (Spam)
spambot (Spambot)
span (Spanne)
SPARC (SPARC)
sparse array (dünn besetztes Array)
spatial data management (räumliches Datensystem)
spatial digitizer (dreidimensionaler Scanner)
spec (Spec)
special character (Sonderzeichen)
special interest group (Special Interest Group)
special-purpose language (Spezialsprache)

specification (Spezifikation)
spectral color (Spektralfarbe)
spectral response (spektrale Empfindlichkeit)
spectrum (Spektrum)
Speech API (Speech API)
Speech Application Programming Interface (Speech Application Programming Interface)
speech recognition (Spracherkennung)
Speech Recognition API (Speech Recognition API)
Speech Recognition Application Programming Interface (Speech Recognition Application Programming Interface)
speech synthesis (Sprachsynthese)
spell checker (Rechtschreibprüfung)
spelling checker (Rechtschreibprüfung)
spew (spewen)
spider (Spinne)
spike (Spitze)
spindle (Spindel)
spline (Spline)
split screen (geteilter Bildschirm)
spoiler (Spoiler)
spoofing (Spoofing)
spool (spoolen)
spot (Rasterpunkt)
spot color (Rasterpunktfarbe)
spot function (Rasterpunktfunktion)
SPP (SPP)
spraycan (Sprühdose)
spreadsheet program (Tabellenkalkulationsprogramm)
spread spectrum (Streuspektrum)
sprite (Sprite)
sprocket feed (Stachelradvorschub)
SPX (SPX)
SQL (SQL)
square wave (Rechteckschwingung)
.sr (.sr)
SRAM (SRAM)
SRAPI (SRAPI)
SSA (SSA)
SSD (SSD)
SSI (SSI)
SSL (SSL)
.st (.st)
ST506 interface (ST506-Schnittstelle)
stack (Stack)
stack pointer (Stackzeiger)
stackware (Stackware)
stairstepping (Treppeneffekt)

stale link (toter Link)
stale pointer bug (Stale-Pointer-Bug)
stand-alone (eigenständig)
standard (Standard)
standard deviation (Standardabweichung)
standard disclaimer (Standard-Disclaimer)
standard function (Standardfunktion)
Standard Generalized Markup Language (Standard Generalized Markup Language)
star-dot-star (Stern Punkt Stern)
star network (Stern-Netzwerk)
start bit (Startbit)
Start button (Schaltfläche »Start«)
starting point (Starthilfe-Dokument)
start page (Startseite)
start/stop transmission (Start/Stop-Übertragung)
startup (startup)
startup application (Autostart-Anwendung)
STARTUP.CMD (STARTUP.CMD)
startup disk (Startdiskette)
startup ROM (Start-ROM)
startup screen (Eröffnungsbildschirm)
state (Status)
stateful (statusbetont)
stateless (statusarm)
statement (Anweisung)
state-of-the-art (auf dem Stand der Technik)
.state.us (.state.us)
static (Statik)
static (statisch)
static allocation (statische Belegung)
static binding (statische Bindung)
static electricity (statische Elektrizität)
static RAM (statisches RAM)
stationery (stationär)
stationery (stationäres Dokument)
statistical multiplexer (statistischer Multiplexer)
statistics (Statistik)
stat mux (stat mux)
status (Status)
status bar (Statusleiste)
status codes (Statuscodes)
step-frame (Step-Frame)
stepper motor (Schrittmotor)
step-rate time (Spurwechselzeit)
StickyKeys (StickyKeys)
stochastic (stochastisch)
stop bit (Stopbit)
storage (Speicher)
storage device (Speichergerät)

storage location (Speicherort)
storage media (Speichermedium)
storage tube (Speicherröhre)
store-and-forward (Speichern und Weiterleiten)
stored program concept (Speicherprogrammkonzept)
storefront (Ladenzeile)
STP (STP)
straight-line code (geradliniger Code)
stream cipher (Stream Cipher)
streaming (Streaming)
streaming tape (Streamer-Band)
stream-oriented file (streamorientierte Datei)
street price (Straßenpreis)
stress test (Belastungstest)
strikethrough (durchgestrichen)
string (String)
string variable (String-Variable)
strobe (Strobe)
stroke (Anschlag)
stroke (Strich)
stroke font (Vektorschrift)
stroke weight (Wichte)
stroke writer (Vektorbildschirm)
strong typing (strikte Typisierung)
structure (Struktur)
structured graphics (strukturierte Grafik)
structured programming (strukturierte Programmierung)
structured query language (strukturierte Abfragesprache)
structured walkthrough (strukturierte Konzeption)
structured walkthrough (strukturierte Untersuchung)
STT (STT)
stub (Dummy-Routine)
StuffIt (StuffIt)
style sheet (Formatvorlage)
style sheet (Style Sheet)
stylus (Griffel)
.su (.su)
subcommand (Sub-Befehl)
subdirectory (Unterverzeichnis)
subject drift (vom Thema abkommen)
subject tree (Themenbaum)
submarining (Untertauchen)
submenu (Untermenü)
subnet (Teilnetz)
subnet mask (Subnet Mask)

subnotebook computer (Subnotebook-Computer)
subportable (Subportable)
subprogram (Unterprogramm)
subroutine (Unterroutine)
subschema (Unterschema)
subscribe (abonnieren)
subscript (Subskript)
subscript (Tiefstellung)
substrate (Substrat)
substring (Teilstring)
subtransaction (Suboperation)
subtree (Unterbaum)
suitcase (Aktenkoffer)
suite (Office-Paket)
summarize (zusammenfassen)
SunOS (SunOS)
supercomputer (Supercomputer)
superconductor (Supraleiter)
SuperDrive (SuperDrive)
super-large-scale integration (sehr hohe Integrationsdichte)
superminicomputer (Superminicomputer)
superpipelining (Superpipelining)
superscalar (superskalar)
superscript (Hochstellung)
superserver (Superserver)
superuser (Superuser)
super VAR (Super-VAR)
super VGA (Super-VGA)
supervisor (Supervisor)
supervisor state (Supervisor-Status)
support (unterstützen)
support (Unterstützung)
surf (surfen)
surface modeling (Oberflächenmodellierung)
surface-mount technology (Oberflächenmontage)
surge (Überspannung)
surge protector (Überspannungsschutz)
surge suppressor (Überspannungsschutz)
suspend (pausieren)
Suspend command (Pausierbefehl)
sustained transfer rate (dauerhafte Übertragungsgeschwindigkeit)
.sv (.sv)
SVC (SVC)
SVGA (SVGA)
S-video connector (S-Video-Stecker)
S/WAN (S/WAN)
swap (auslagern)
swap (wechseln)

swap file (Auslagerungsdatei)
swim (Schwimmen)
switch (Schalter)
switch (Vermittlungseinrichtung)
switched Ethernet (Switched Ethernet)
switched line (Einwahlleitung)
Switched Multimegabit Data Services (Switched Multimegabit Data Services)
switched network (paketvermitteltes Netzwerk)
switched virtual circuit (switched virtual circuit)
Switcher (Switcher)
switching (Vermitteln)
switching hub (Switching Hub)
switching speed (Vermittlungsgeschwindigkeit)
.sy (.sy)
SYLK file (SYLK-Datei)
symbol (Symbol)
symbol font (Symbolschrift)
symbolic address (symbolische Adresse)
symbolic coding (symbolisches Codieren)
symbolic language (symbolische Sprache)
symbolic link (symbolischer Link)
symbolic logic (symbolische Logik)
symbol set (Symbolsatz)
symbol table (Symboltabelle)
symlink (Symlink)
symlink (symlink)
symmetric digital subscriber line (Symmetric Digital Subscriber Line)
symmetric multiprocessing (Symmetric Multiprocessing)
symmetric multiprocessing server (Symmetric Multiprocessing Server)
SYN (SYN)
sync character (Synchronisierungszeichen)
synchronization (Synchronisierung)
synchronization signal (Synchronisierungssignal)
synchronize (synchronisieren)
Synchronous Data Link Control (Synchronous Data Link Control)
synchronous DRAM (synchrones DRAM)
synchronous idle character (Synchronizing Character)
synchronous operation (synchrone Operation)
synchronous protocol (synchrones Protokoll)
synchronous transmission (synchrone Übertragung)
synchronous UART (synchrones UART)
sync signal (Sync-Signal)
synonym (Synonym)

syntax (Syntax)
syntax checker (Syntaxprüfung)
syntax error (Syntaxfehler)
synthesis (Synthese)
synthesizer (Synthesizer)
.sys (.sys)
sysadmin (Sysadmin)
sysgen (Sysgen)
sysop (Sysop)
Sys Req key (S-Abf-Taste)
system (System)
system administrator (Systemadministrator)
system board (Systemplatine)
system clock (Systemuhr)
system console (Systemkonsole)
system development (Systementwicklung)
system disk (Systemdatenträger)
system error (Systemfehler)
system failure (Systemausfall)
System file (Systemdatei)
System folder (Systemordner)
system font (Systemschrift)
system generation (Systemgenerierung)
system heap (System-Heap)
system life cycle (System-Lebensdauer)
System Object Model (System Object Model)
system operator (Systemoperator)
system prompt (Systemaufforderung)
system recovery (Systemwiederherstellung)
System Registry (System-Registry)
System Request key (System-Abfrage-Taste)
system resource (Systemressource)
systems analysis (Systemanalyse)
systems analyst (Systemanalytiker)
Systems Application Architecture (Systems Application Architecture)
systems integration (Systemintegration)
Systems Network Architecture (Systems Network Architecture)
system software (Systemsoftware)
systems programming (Systemprogrammierung)
system support (Systemunterstützung)
system timer (System-Timer)
system timer (System-Zeitgeber)
system unit (Systemeinheit)
System V (System V)
.sz (.sz)
T (T)
T1 (T1)
T.120 standard (T.120-Standard)

T2 (T2)
T3 (T3)
T4 (T4)
tab character (Tabulatorzeichen)
Tab key (Tabulatortaste)
table (Tabelle)
table lookup (tabellengestützte Suche)
tablet (Tablett)
tabulate (tabellieren)
tabulate (tabulieren)
TACACS (TACACS)
tag (Marke)
tag (Marke)
tag (Tag)
Tagged Image File Format (Tagged Image File Format)
tag sort (Tag Sort)
tag switching (Tag Switching)
talk (talk)
talk (talken)
talker (Talker)
talk. newsgroups (talk.-Newsgroups)
tandem processors (Tandem-Prozessoren)
TANSTAAFL (TANSTAAFL)
tap (Tap)
tape (Lochstreifen)
tape (Magnetband)
tape cartridge (Bandkassette)
tape drive (Bandlaufwerk)
tape dump (Magnetbandauszug)
tape tree (baumartige Bandverteilung)
TAPI (TAPI)
.tar (.tar)
tar (tar)
tar (tar)
target (Ziel)
target computer (Zielcomputer)
target disk (Zieldatenträger)
target language (Zielsprache)
task (Task)
taskbar (Task-Leiste)
task button (Task-Schaltfläche)
task management (Task-Verwaltung)
task swapping (Task Switching)
task switching (Task Switching)
TB (TB)
.tc (.tc)
T-carrier (T-Carrier)
Tcl/Tk (Tcl/Tk)
TCM (TCM)

TCP (TCP)
TCP/IP (TCP/IP)
TCP/IP stack (TCP/IP-Stack)
.td (.td)
TDM (TDM)
tear-off (positionierbar)
techie (Techie)
technical author (technischer Autor)
technology (Technologie)
technophile (Technophile)
tech writer (Tech Writer)
telco (Telco)
telecommunications (Telekommunikation)
telecommute (fernkommunizieren)
teleconferencing (Telekonferenz)
telecopy (Fernkopie)
telematics (Telematik)
telephony (Telefonie)
Telephony API (Telephony API)
telephony device (Telephongerät)
teleprocess (fernverarbeiten)
Telescript (Telescript)
teletext (Videotext)
Teletype (Teletype)
teletype mode (Fernschreibermodus)
teletypewriter (Teletypewriter)
telnet (telnet)
telnet (Telnet)
Telnet (Telnet)
temp file (Temp-Datei)
template (Dokumentvorlage)
template (Schablone)
template (Template)
template (Vorlage)
temporary file (temporäre Datei)
temporary storage (temporärer Speicher)
ten's complement (Zehnerkomplement)
tera- (Tera-)
terabyte (Terabyte)
teraflops (Teraflops)
terminal (Klemme)
terminal (Terminal)
Terminal Access Controller Access Control System (Terminal Access Controller Access Control System)
terminal emulation (Terminal-Emulation)
terminal server (Terminal-Server)
terminal session (Terminal-Sitzung)
terminal strip (Klemmenleiste)
terminate (beenden)

terminate (einstecken)
terminate-and-stay-resident program (Terminate-and-Stay-Resident Program)
terminator (Abschlußwiderstand)
terminator (Terminator)
terminator cap (Abschlußkappe)
ternary (ternär)
test (testen)
test automation software (Testautomatisierungs-Software)
test data (Testdaten)
test post (Testpost)
TeX (TeX)
Texas Instruments Graphics Architecture (Texas Instruments Graphics Architecture)
text (Text)
text box (Textfeld)
TextEdit (TextEdit)
text editor (Texteditor)
text entry (Texteingabe)
text file (Textdatei)
text mode (Textmodus)
text-only file (Nur-Text-Datei)
text-to-speech (Text in Sprache)
texture (Textur)
.tf (.tf)
TFLOPS (TFLOPS)
TFT (TFT)
TFT display (TFT-Display)
TFT LCD (TFT LCD)
.tg (.tg)
TGA (TGA)
.th (.th)
The Microsoft Network (The Microsoft Network)
thermal printer (Thermodrucker)
thermal transfer printer (Thermotransferdrucker)
thermal wax printer (Thermowachsdrucker)
thermal wax-transfer printer (Thermotransferdrucker)
thesaurus (Thesaurus)
The World-Public Access UNIX (The World-Public Access UNIX)
thick Ethernet (Thick Ethernet)
thick film (Dickfilm)
ThickNet (ThickNet)
ThickWire (ThickWire)
thimble (Typenkorb)
thimble printer (Typenkorbdrucker)
thin client (Thin Client)

thin Ethernet (Thin Ethernet)
thin film (Dünnfilm)
thin film transistor (Dünnfilmtransistor)
ThinNet (ThinNet)
thin server (Thin Server)
thin space (schmales Leerzeichen)
thin system (Thin System)
ThinWire (ThinWire)
third-generation computer (dritte Computergeneration)
third-generation language (Sprache der dritten Generation)
third normal form (dritte Normalenform)
third party (Fremdhersteller)
thrashing (Überlastung)
thread (Diskussionsfaden)
thread (Strang)
thread (Thread)
threaded discussion (Diskussion mit Threads)
threaded newsreader (Newsreader mit Threads)
threaded tree (Strangbaum)
threading (Threading)
three-dimensional array (dreidimensionales Array)
three-dimensional model (dreidimensionales Modell)
three-tier client/server (Drei-Schichten-Client-Server)
throttle control (Drosselsteuerung)
throughput (Durchsatz)
thumb (Schieberegler)
thumbnail (Miniaturansicht)
thumbwheel (Rändelrad)
TIA (TIA)
tick (Tick)
tiebreaker (Ausgleichsschaltkreis)
tie line (Festleitung)
.tif (.tif)
TIFF (TIFF)
TIGA (TIGA)
tightly coupled (fest gekoppelt)
tile (alle anordnen)
tile (kacheln)
time and date (Uhrzeit und Datum)
time-division multiplexing (Zeit-Multiplexing)
time out (Zeitüberschreitung)
timer (Timer)
time-sharing (Zeitscheibenverfahren)
time slice (Zeitscheibe)

time-slice multitasking (Zeitscheiben-Multi-tasking)
Time to Live (Time to Live)
timing signals (Taktsignale)
tiny model (Tiny-Modell)
Tiny MUD (Tiny MUD)
title bar (Titelzeile)
.tj (.tj)
.tk (.tk)
TLA (TLA)
.tm (.tm)
TMS34010 (TMS34010)
.tn (.tn)
.to (.to)
TOF (TOF)
toggle (Kippschalter)
toggle (umschalten)
ToggleKeys (Anschlagton)
token (Token)
token (Zeichenfolge)
token bus network (Token-Bus-Netzwerk)
token passing (Token Passing)
token ring network (Token-Ring-Netzwerk)
Token Ring network (Token-Ring-Netzwerk)
tone (Ton)
toner (Toner)
toner cartridge (Toner-Kassette)
toolbar (Symbolleiste)
toolbox (Toolbox)
Toolbox (Toolbox)
Tool Command Language/Tool Kit (Tool Command Language/Tool Kit)
toolkit (Toolkit)
top-down design (Top-down-Design)
top-down programming (Top-down-Programmierung)
topic drift (vom Thema abkommen)
topic group (Themen-Gruppe)
top-level domain (Top-Level-Domäne)
top-of-file (Dateianfang)
top-of-file (Dateianfangssymbol)
topology (Topologie)
.tor.ca (.tor.ca)
total bypass (kompletter Bypass)
touch pad (Touchpad)
touch screen (Touchscreen)
touch-sensitive display (berührungssensitives Display)
touch-sensitive tablet (berührungssensitives Tablett)

tower (Tower)
.tp (.tp)
TP (TP)
TPC (TPC)
TPC-D (TPC-D)
TP monitor (TP-Monitor)
.tr (.tr)
trace (verfolgen)
track (folgen)
track (Spur)
trackball (Trackball)
trackpad (Trackpad)
tracks per inch (Spuren pro Zoll)
tractor feed (Traktorvorschub)
trademark (Warenzeichen)
trade show (Produktveranstaltung)
traditional newsgroup hierarchy (traditionelle Newsgroup-Hierarchie)
traffic (Verkehr)
trailer (Endmarke)
trailer label (Endmarken-Label)
trailing edge (Rückflanke)
train (Folge)
train (schulen)
transaction (Transaktion)
transaction file (Transaktionsdatei)
transaction log (Transaktionsprotokoll)
transaction processing (transaktionale Verarbeitung)
Transaction Processing Council (Transaction Processing Council)
transaction processing monitor (transaction processing monitor)
transceiver (Transceiver)
transceiver cable (Transceiver-Kabel)
transducer (Transducer)
transfer (Transfer)
transfer rate (Transferrate)
transfer statement (Transferanweisung)
transfer time (Transferzeit)
transform (transformieren)
transformer (Transformator)
transient (flüchtig)
transient suppressor (Ausgleichsschaltung)
transistor (Transistor)
transistor-transistor logic (Transistor-Transistor-Logik)
translate (übersetzen)
translate (verschieben)
translated file (übersetzte Datei)

Fachwörterbuch englisch/deutsch

translator (Übersetzer)
transmission channel (Übertragungskanal)
Transmission Control Protocol/Internet Protocol (Transmission Control Protocol/Internet Protocol)
transmit (übertragen)
Transmit Data (Transmit Data)
transmitter (Transmitter)
transparent (transparent)
transponder (Transponder)
transportable computer (transportabler Computer)
transport layer (Transportschicht)
transpose (transponieren)
transpose (transponieren)
transputer (Transputer)
trap (fangen)
trap (Trap)
trapdoor (Hintertür)
trap handler (Trap Handler)
Trash (Papierkorb)
traverse (durchlaufen)
tree (Baum)
tree network (Baum-Netzwerk)
tree search (Baumsuche)
tree structure (Baumstruktur)
trellis-coded modulation (Trellis-Codierung)
trichromatic (trichromatisch)
trigger (Trigger)
trigonometry (Trigonometrie)
triple-pass scanner (Drei-Pass-Scanner)
tristimulus values (Tristimulus-Werte)
troff (troff)
Trojan horse (Trojanisches Pferd)
troll (trollen)
troubleshoot (Problembehandlung)
troubleshoot (Troubleshooting)
trouble ticket (Problembeschreibung)
True Basic (True BASIC)
true color (Echtfarbe)
true complement (echtes Komplement)
TrueType (TrueType)
truncate (abschneiden)
trunk (Hauptverbindungsleitung)
truth table (Wahrheitstabelle)
TSAPI (TSAPI)
TSR (TSR)
.tt (.tt)
TTFN (TTFN)
TTL (TTL)
TTY (TTY)

tunnel (tunneln)
tuple (Tupel)
Turing machine (Turing-Maschine)
Turing test (Turing-Test)
turnaround time (Umlaufzeit)
turnkey system (schlüsselfertiges System)
turnpike effect (Schlagbaum-Effekt)
turtle (Turtle)
turtle graphics (Turtle-Grafik)
tutorial (Tutorial)
.tv (.tv)
.tw (.tw)
TWAIN (TWAIN)
tweak (feinabstimmen)
tween (tween)
twinaxial (Twinax)
twisted-pair cable (Twisted-pair-Kabel)
two-dimensional (zweidimensional)
two-dimensional array (zweidimensionales Array)
two-dimensional model (zweidimensionales Modell)
two-out-of-five code (Zwei-aus-fünf-Code)
two's complement (Zweierkomplement)
two-tier client/server (Zwei-Schichten-Client-Server)
TXD (TXD)
.txt (.txt)
Tymnet (Tymnet)
type (eingeben)
type (Typ)
type (Type)
type-ahead buffer (Tastaturpuffer)
type-ahead capability (Tastaturpuffer-Funktion)
type ball (Kugelkopf)
type checking (Typprüfung)
type declaration (Typdeklaration)
typeface (Schriftart)
type font (Schrift)
typematic (Wiederholautomatik)
typeover mode (Überschreibemodus)
type size (Schriftgrad)
type style (Schriftstil)
typography (Typografie)
.tz (.tz)
u (u)
.ua (.ua)
UA (UA)
UART (UART)
UCSD p-System (UCSD p-System)

809

UDP (UDP)
UDT (UDT)
.ug (.ug)
UI (UI)
.uk (.uk)
UKnet (UKnet)
ULSI (ULSI)
Ultra DMA/33 (Ultra DMA/33)
ultrafiche (Ultrafiche)
ultra-large-scale integration (ultra-hohe Integrationsdichte)
ultralight computer (ultraleichter Computer)
UltraSCSI (UltraSCSI)
Ultra Wide SCSI (Ultra Wide SCSI)
UMA (UMA)
UMB (UMB)
unary (unär)
unary operator (unärer Operator)
unbuffered (ungepuffert)
unbundle (entbündeln)
unbundled (ungebündelt)
UNC (UNC)
uncompress (dekomprimieren)
unconditional branch (unbedingte Verzweigung)
undelete (wiederherstellen)
undelete (Wiederherstellung)
undeliverable (nicht zustellbar)
undercolor separation (Unterfarbseparation)
underflow (Unterlauf)
underline (unterstreichen)
Undernet (Undernet)
underscore (Unterstrich)
undo (rückgängig machen)
undock (abdocken)
unerase (wiederherstellen)
unfold (entfalten)
unhandled exception (nichtbehandelte Ausnahme)
Unibus (Unibus)
Unicode (Unicode)
Uniform Data Transfer (Uniform Data Transfer)
Uniform Naming Convention (Uniform Naming Convention)
Uniform Resource Citation (Uniform Resource Citation)
Uniform Resource Identifier (uniform resource identifier)
Uniform Resource Locator (Uniform Resource Locator)
Uniform Resource Name (Uniform Resource Name)
UniForum (UniForum)
uninstall (deinstallieren)
uninterruptible power supply (unterbrechungsfreie Stromversorgung)
union (Vereinigung)
union-compatible (vereinigungskompatibel)
unipolar (unipolar)
United States of America Standards Institute (United States of America Standards Institute)
unit position (Einerstelle)
UNIVAC I (UNIVAC I)
universal asynchronous receiver-transmitter (Universal Asynchronous Receiver-Transmitter)
Universal Product Code (Universal Product Code)
universal serial bus (universal serial bus)
Universal Server (Universal Server)
universal synchronous receiver-transmitter (Universal Synchronous Receiver-Transmitter)
Universal Time Coordinate (Universal Time Coordinate)
UNIX (UNIX)
UNIX shell account (UNIX-Shell-Account)
UNIX shell scripts (UNIX-Shell-Skripts)
UNIX-to-UNIX Copy (UNIX-to-UNIX Copy)
UNIX wizard (UNIX-Guru)
unknown host (unbekannter Host)
unknown recipients (unbekannter Empfänger)
unload (auswerfen)
unload (entfernen)
unmoderated (nicht moderiert)
unmount (auswerfen)
unpack (entpacken)
unpopulated board (unbestückte Platine)
unread (nicht gelesen)
unrecoverable error (nicht behebbarer Fehler)
unroll (aufrollen)
unset (zurücksetzen)
unshielded cable (ungeschirmtes Kabel)
unshielded twisted pair (Unshielded Twisted Pair)
unsubscribe (Abonnement kündigen)
untar (untar)
untar (untar)
unzip (unzip)
up (up)
UPC (UPC)
update (Update)
update (updaten)

upgrade (Upgrade)
upgrade (upgraden)
uplink (Uplink)
upload (Sendung)
upload (uploaden)
uppercase (groß geschrieben)
upper memory area (Upper Memory Area)
upper memory block (Upper Memory Block)
UPS (UPS)
uptime (Betriebszeit)
upward-compatible (aufwärtskompatibel)
urban legend (Großstadtlegende)
URC (URC)
URI (URI)
URL (URL)
URN (URN)
.us (.us)
usable (usable)
USB (USB)
U.S. Department of Defense (U.S. Department of Defense)
Usenet (Usenet)
Usenet User List (Usenet User List)
user account (Benutzerkonto)
user agent (Anwender-Agent)
User Datagram Protocol (User Datagram Protocol)
user-defined data type (benutzerdefinierter Datentyp)
user-defined function key (benutzerdefinierte Funktionstaste)
user-friendly (benutzungsfreundlich)
user group (Benutzergruppe)
user interface (Benutzeroberfläche)
User Interface Toolbox (Benutzeroberflächen-Toolbox)
user name (Benutzername)
username (Benutzername)
user profile (Benutzerprofil)
user state (Benutzerstatus)
USnail (USnail)
/usr (/usr)
USRT (USRT)
UTC (UTC)
utility (Utility)
utility program (Utility-Programm)
UTP (UTP)
.uu (.uu)
UUCP (UUCP)
.uud (.uud)

uudecode (uudecode)
uudecode (uudecoden)
.uue (.uue)
uuencode (uuencode)
uuencode (uuencoden)
uupc (uupc)
.uy (.uy)
.uz (.uz)
V.120 (V.120)
V20, V30 (V20, V30)
V.27ter (V.27ter)
V.29 (V.29)
V.2x, V.3x, V.4x, V.5x series (V.2x, V.3x, V.4x, V.5x series)
V.32terbo (V.32terbo)
V.54 (V.54)
V.56 bis (V.56 bis)
V86 mode (V86-Modus)
.va (.va)
VAB (VAB)
VAC (VAC)
vacuum tube (Vakuumröhre)
validation suite (Validierungssuite)
validity check (Validierung)
value (Wert)
value-added network (Mehrwert-Netzwerk)
value-added reseller (Value-Added Reseller)
value list (Werteliste)
valve (Ventil)
VAN (VAN)
.vancouver.ca (.vancouver.ca)
vaporware (Vaporware)
VAR (VAR)
variable (Variable)
variable expression (variabler Ausdruck)
variable-length field (Datenfeld, mit variabler Länge)
variable-length record (Datensatz mit variabler Länge)
.va.us (.va.us)
VAX (VAX)
VBA (VBA)
VBScript (VBScript)
VBX (VBX)
.vc (.vc)
VCACHE (VCACHE)
VCOMM (VCOMM)
VCPI (VCPI)
VCR-style mechanism (VCR-style mechanism)
VCR-style mechanism (Videoabspiel-Programm)

VDD (VDD)
VDL (VDL)
VDM (VDM)
VDT (VDT)
VDU (VDU)
.ve (.ve)
vector (Vektor)
vector display (Vektor-Display)
vector font (Vektorschrift)
vector graphics (Vektorgrafik)
vector table (Vektortabelle)
Venn diagram (Venn-Diagram)
verbose (ausführlich)
verify (verifizieren)
Veronica (Veronica)
version (Version)
version control (Versionskontrolle)
version number (Versionsnummer)
verso (Verso)
vertical application (Branchenanwendung)
vertical bandwidth (vertikale Bandbreite)
vertical blanking interval (Austastlücke)
vertical recording (vertikale Aufzeichnung)
vertical redundancy check (vertikale Redundanzprüfung)
vertical retrace (vertikaler Strahlrücklauf)
vertical scan rate (vertikale Wiederholungsrate)
vertical scrolling (vertikaler Bildlauf)
vertical sync (vertikale Synchronisation)
vertical sync signal (vertikales Synchronisationssignal)
very-high-level language (Very-High-Level-Sprache)
very-high-speed integrated circuit (Very-High-Speed Integrated Circuit)
Very Large Database (sehr große Datenbank)
Very Large Memory (sehr großer Speicher)
very-large-scale integration (sehr hohe Integrationsdichte)
Very Long Instruction Word (Very Long Instruction Word)
very-low-frequency electromagnetic radiation (Very-Low-Frequency Electromagnetic Radiation)
VESA (VESA)
VESA (VESA)
VESA DDC (VESA DDC)
VESA Display Data Channel (VESA Display Data Channel)
VESA Display Power Management Signaling (VESA Display Power Management Signaling)

VESA/EISA (VESA/EISA)
VESA/ISA (VESA/ISA)
VESA local bus (VESA Local Bus)
vesicular film (Vesikularfilm)
V.everything (V.everything)
V.Fast Class (V.Fast Class)
VFAT (VFAT)
V.FC (V.FC)
.vg (.vg)
VGA (VGA)
VHLL (VHLL)
VHSIC (VHSIC)
.vi (.vi)
vi (vi)
vi (vi)
.victoria.ca (.victoria.ca)
video (Video)
video accelerator (Videobeschleunigerkarte)
video adapter (Video-Adapter)
video adapter board (Video-Adapterkarte)
video board (Video-Board)
video buffer (Videopuffer)
video capture board (Video-Capture-Board)
video capture card (Video-Capture-Karte)
video capture device (Video-Capture-Gerät)
video card (Videokarte)
video clip (Videoclip)
video compression (Videokomprimierung)
video conferencing (Videokonferenz)
video controller (Video-Controller)
video digitizer (Video-Digitizer)
videodisc (Videodisc)
video display (Video-Display)
video display adapter (Video-Display-Adapter)
video display board (Videokarte)
video display card (Video-Display-Karte)
video display metafile (Video-Display-Metadatei)
video display page (Videoseite)
video display terminal (Video-Display-Terminal)
video display tube (Videoröhre)
video display unit (Video-Ausgabegerät)
video DRAM (Video-DRAM)
video driver (Videotreiber)
video editor (Video-Editor)
Video Electronics Standards Association (Video Electronics Standards Association)
video game (Videospiel)
Video Graphics Adapter (Video Graphics Array)
video graphics board (Video-Grafikkarte)
video look-up table (Video-look-up-Tabelle)

video memory (Videospeicher)
video mode (Videomodus)
videophone (Videophone)
video port (Videoport)
video RAM (Video-RAM)
video server (Video-Server)
video signal (Videosignal)
video terminal (Video-Terminal)
videotex (Videotex)
videotext (Videotext)
Vienna Definition Language (Vienna Definition Language)
view (Ansicht)
view (anzeigen)
viewer (Viewer)
viewport (Viewport)
vine (Vine)
virgule (Schrägstrich)
virtual (virtuell)
virtual 8086 mode (virtueller 8086-Modus)
virtual 86 mode (Virtueller 86-Modus)
virtual address (virtuelle Adresse)
virtual channel (virtueller Kanal)
virtual circuit (virtuelle Verbindung)
virtual community (virtuelle Gemeinde)
Virtual Control Program Interface (Virtual Control Program Interface)
virtual desktop (virtueller Desktop)
virtual device (virtuelles Gerät)
virtual device driver (virtueller Gerätetreiber)
virtual disk (virtueller Datenträger)
virtual display device driver (virtueller Display-Treiber)
Virtual File Allocation Table (Virtual File Allocation Table)
virtual image (virtuelles Bild)
virtual-image file (virtuelle Brenndatei)
virtual LAN (virtuelles LAN)
virtual machine (virtuelle Maschine)
virtual memory (virtueller Speicher)
virtual monitor (virtueller Monitor)
virtual name space (virtueller Namensbereich)
virtual network (virtuelles Netzwerk)
virtual path (virtueller Pfad)
virtual peripheral (virtuelles Peripheriegerät)
virtual printer (virtueller Drucker)
virtual printer device driver (virtueller Druckertreiber)
virtual private network (virtuelles Privatnetzwerk)

virtual reality (virtuelle Realität)
Virtual Reality Modeling Language (Virtual Reality Modeling Language)
virtual real mode (virtueller Real Mode)
virtual root (virtuelles Stammverzeichnis)
virtual route (virtuelle Route)
virtual screen (virtueller Bildschirm)
virtual server (virtueller Server)
virtual storefront (virtueller Laden)
virtual terminal (virtuelles Terminal)
virtual timer device driver (virtueller Timer-Treiber)
virtual V86 mode (virtueller V86-Modus)
virtual world (virtuelle Welt)
virus (Virus)
virus signature (Virussignatur)
visible page (sichtbare Seite)
Visual Basic (Visual Basic)
Visual Basic for Applications (Visual Basic for Applications)
Visual Basic Script (Visual Basic Script)
Visual Basic, Scripting Edition (Visual Basic Scripting Edition)
Visual C++ (Visual C++)
visual interface (visuelle Oberfläche)
visualization (Visualisierung)
Visual J++ (Visual J++)
visual programming (visuelle Programmierung)
VLAN (VLAN)
VLB (VLB)
VLB (VLB)
VL bus (VL-Bus)
VLF radiation (VLF-Strahlung)
VLIW (VLIW)
VL local bus (VL Local Bus)
VLSI (VLSI)
VM (VM)
.vn (.vn)
voice answer back (gesprochene Anworten)
voice-capable modem (sprachfähiges Modem)
voice coil (Linearmotor)
voice-grade channel (Sprachkanal)
voice input (Spracheingabe)
voice mail (Voice Mail)
voice messaging (Sprach-Nachrichtensystem)
voice modem (Voice-Modem)
voice navigation (Sprach-Navigation)
voice-net (Voice-Net)
voice output (Sprachausgabe)
voice recognition (Spracherkennung)

voice synthesis (Sprachsynthese)
volatile memory (flüchtiger Speicher)
volt (Volt)
voltage (Spannung)
voltage regulator (Spannungsregler)
volts alternating current (Wechselspannung)
volume (Volume)
volume (Volumen)
volume label (Datenträgername)
volume name (Volumenname)
volume reference number (Datenträgernummer)
volume serial number (Datenträger-Seriennummer)
VON (VON)
von Neumann architecture (Von-Neumann-Architektur)
von Neumann bottleneck (Von-Neumann-Flaschenhals)
VPD (VPD)
VPN (VPN)
VR (VR)
VRAM (VRAM)
VRC (VRC)
VRML (VRML)
v-root (v-root)
V series (V Series)
V-sync (V-sync)
VT-52, VT-100, VT-200 (VT-52, VT-100, VT-200)
VTD (VTD)
.vt.us (.vt.us)
.vu (.vu)
VxD (VxD)
w3 (w3)
W3 (W3)
W3C (W3C)
wafer (Wafer)
wafer-scale integration (Wafer-scale-Integration)
WAIS (WAIS)
WAIS database (WAIS-Datenbank)
waisindex (waisindex)
WAIS server (WAIS-Server)
wait state (Waitstate)
wallet PC (Wallet-PC)
wallpaper (Hintergrundbild)
WAN (WAN)
wand (Stab)
wanderer (Wanderer)
warm boot (Warmstart)
warm start (warm start)
watt (Watt)

.wav (.wav)
WAV (WAV)
wave (Welle)
waveform (Wellenform)
wavelength (Wellenlänge)
wavelet (Wavelet)
WBEM (WBEM)
WDEF (WDEF)
WDL (WDL)
weak typing (schwache Typisierung)
web (Web)
Web (Web)
Web address (Web-Adresse)
Web-Based Enterprise Management (Web Based Enterprise Management)
Web browser (Web-Browser)
WebCrawler (WebCrawler)
Web development (Web-Entwicklung)
Web directory (Web-Verzeichnis)
Web index (Web-Index)
Webmaster (Webmaster)
webmistress (Webmistress)
Web page (Web-Seite)
Web phone (Web-Telefon)
Web server (Web-Server)
Web site (Website)
Web terminal (Web-Terminal)
Web TV (Web-TV)
webweaver (Webweaver)
webzine (Webzine)
weighted code (gewichteter Code)
welcome page (Welcome-Seite)
WELL (WELL)
well-behaved (anständig)
well-mannered (anständig)
wetware (Wetware)
»what-if« evaluation (Was-wäre-wenn-Analyse)
whatis (whatis)
What You See Before You Get It (What You See Before You Get It)
What You See Is What You Get (what-you-see-is-what-you-get)
wheel printer (Typenraddrucker)
Whetstone (Whetstone)
WHIRLWIND (WHIRLWIND)
whiteboard (Whiteboard)
white noise (weißes Rauschen)
white pages (White Pages)
white paper (White Paper)
whois (whois)

whois client (Whois-Client)
whois server (Whois-Server)
Whole Earth 'Lectronic Link (Whole Earth 'Lectronic Link)
whole number (ganze Zahl)
Wide Area Information Server (Wide Area Information Server)
wide area network (Weitbereichsnetz)
wideband transmission (Breitbandübermittlung)
Wide SCSI (Wide SCSI)
widow (Absatzteile, alleinstehende)
widow (alleinstehende Absatzteile)
widow (Hurenkind)
wildcard character (Jokerzeichen)
Win32 (Win32)
Win32s (Win32s)
Winchester disk (Winchester)
window (Fenster)
window definition (Fensterdefinition)
windowing environment (Fensterumgebung)
window random access memory (Window Random Access Memory)
Windows (Windows)
Windows 95 (Windows 95)
Windows application (Windows-Anwendung)
Windows-based accelerator (Windows-Beschleuniger)
Windows-based accelerator card (Windows-basierte Beschleunigerkarte)
Windows CE (Windows CE)
Windows Driver Library (Windows Driver Library)
Windows Explorer (Windows Explorer)
Windows for Workgroups (Windows for Workgroups)
Windows Metafile Format (Windows-Metadateiformat)
Windows NT (Windows NT)
Windows NT Advanced Server (Windows NT Advanced Server)
Windows Open System Architecture (Windows Open System Architecture)
Windows sockets (Windows Sockets)
WinG (WinG)
WINS (WINS)
Winsock (Winsock)
Wintel (Wintel)
wired (verbunden)
wired (verdrahtet)
wired (wired)

wire-frame model (Drahtmodell)
wireless (drahtlos)
wireless LAN (drahtloses LAN)
wire-pin printer (Nadeldrucker)
wire-wrapped circuits (Wirewrap-Technik)
wizard (Assistent)
wizard (Guru)
wizzywig (wisiwig)
.wmf (.wmf)
WMF (WMF)
word (Wort)
word-addressable processor (wortadressierbarer Prozessor)
word processing (Textverarbeitung)
word processor (Textverarbeitungsprogramm)
wordwrap (Zeilenumbruch)
workaround (Workaround)
workbook (Arbeitsmappe)
workflow application (Arbeitsablaufsteuerung)
workgroup (Arbeitsgruppe)
workgroup computing (Workgroup Computing)
Workplace Shell (Workplace Shell)
worksheet (Arbeitsblatt)
worksheet (Tabellenblatt)
workstation (Arbeitsstation)
workstation (Workstation)
World Wide Web (World Wide Web)
World Wide Web Consortium (World Wide Web Consortium)
worm (Wurm)
WORM (WORM)
WOSA (WOSA)
.wp (.wp)
WP (WP)
WPS (WPS)
WRAM (WRAM)
wrap around (Wraparound)
.wri (.wri)
wrist rest (Handballenunterstützung)
wrist support (Handballenauflage)
write (Schreiben)
write (schreiben)
write access (Schreibrechte)
write-back cache (Write-back-Cache)
write-behind cache (Write-behind-Cache)
write cache (Schreib-Cache)
write error (Schreibfehler)
write mode (Schreibmodus)
write protect (schreibschützen)

write-protect notch (Schreibkerbe/Schreibschieber)
write-protect tab (Schreibkerbe)
.ws (.ws)
.wv.us (.wv.us)
WWW (WWW)
WYSBYGI (WYSBYGI)
WYSIWYG (WYSIWYG)
.wy.us (.wy.us)
X.21 (X.21)
X.25 (X.25)
X.32 (X.32)
X.400 (X.400)
X.445 (X.445)
X.500 (X.500)
X.75 (X.75)
x86 (x86)
x-axis (x-Achse)
Xbase (Xbase)
X button (X-Schaltfläche)
XCMD (XCMD)
X Consortium (X Consortium)
XENIX (XENIX)
xerography (Xerographie)
Xerox PARC (Xerox PARC)
XFCN (XFCN)
XGA (XGA)
x-height (x-Höhe)
Xmodem (Xmodem)
Xmodem 1K (Xmodem 1K)
Xmodem-CRC (Xmodem-CRC)
XMS (XMS)
XMT (XMT)
XON/XOFF (XON/XOFF)
XOR (XOR)
X series (X series)
X terminal (X-Terminal)
XT keyboard (XT-Tastatur)
X Windows (X Windows)
X Window System (X Window System)
X-Y display (x-y-Display)
x-y matrix (x-y-Matrix)
x-y plotter (x-y-Plotter)
x-y-z coordinate system (x-y-z-Koordinatensystem)
Yahoo! (Yahoo!)
Yanoff list (Yanoff-Liste)
y-axis (y-Achse)
.ye (.ye)
Yellow Pages (Yellow Pages)
YHBT (YHBT)
YHL (YHL)
.yk.ca (.yk.ca)
Ymodem (Ymodem)
yocto- (yokto)
yoke (Ablenkspule)
yotta- (yotta)
.yt (.yt)
.yu (.yu)
.z (.z)
.Z (.Z)
Z39.50 standard (Z39.50-Standard)
Z80 (Z80)
.za (.za)
zap (zap)
zap (zerschießen)
z-axis (z-Achse)
ZD Net (ZD Net)
zepto- (zepto)
zero (mit Null füllen)
zero (Null)
zero divide (Division durch Null)
zero flag (Zeroflag)
zero-insertion-force socket (Zero-Insertion-Force-Socket)
zero out (auf Null setzen)
zero suppression (führende Nullen unterdrücken)
zero wait state (ohne Waitstates)
zetta- (zetta)
z-fold paper (Leporellopapier)
ZiffNet (ZiffNet)
ZIF socket (ZIF-Sockel)
.zip (.zip)
Zip drive (Zip-Laufwerk)
.zm (.zm)
Zmodem (Zmodem)
zone (Zone)
zone header (Zone Header)
.zoo (.zoo)
zoo210 (zoo210)
zoom (zoomen)
zoom box (Zoom-Schaltfläche)
.zr (.zr)
Zulu time (Zulu Time)

Der ASCII-Zeichensatz

Dec	Hex	Char	Dec	Hex	Char	Dec	Hex	Char
0	00	NUL (Null)	34	22	"	68	44	D
1	01	SOH (Start of heading)	35	23	#	69	45	E
2	02	STX (Start of text)	36	24	$	70	46	F
3	03	ETX (End of text)	37	25	%	71	47	G
4	04	EOT (End of transmission)	38	26	&	72	48	H
5	05	ENQ (Enquiry)	39	27	'	73	49	I
6	06	ACK (Acknowledge)	40	28	(	74	4A	J
7	07	BEL (Bell)	41	29	)	75	4B	K
8	08	BS (Backspace)	42	2A	*	76	4C	L
9	09	HT (Horizontal tab)	43	2B	+	77	4D	M
10	0A	LF (Linefeed)	44	2C	,	78	4E	N
11	0B	VT (Vertical tab)	45	2D	-	79	4F	O
12	0C	FF (Formfeed)	46	2E	.	80	50	P
13	0D	CR (Carriage return)	47	2F	/	81	51	Q
14	0E	SO (Shift out)	48	30	0	82	52	R
15	0F	SI (Shift in)	49	31	1	83	53	S
16	10	DLE (Data link escape)	50	32	2	84	54	T
17	11	DC1 (Device control 1)	51	33	3	85	55	U
18	12	DC2 (Device control 2)	52	34	4	86	56	V
19	13	DC3 (Device control 3)	53	35	5	87	57	W
20	14	DC4 (Device control 4)	54	36	6	88	58	X
21	15	NAK (Negative acknowledge)	55	37	7	89	59	Y
22	16	SYN (Synchronous idle)	56	38	8	90	5A	Z
23	17	ETB (End transmission block)	57	39	9	91	5B	[
24	18	CAN (Cancel)	58	3A	:	92	5C	\
25	19	EM (End of medium)	59	3B	;	93	5D	]
26	1A	SUB (Substitute)	60	3C	<	94	5E	^
27	1B	ESC (Escape)	61	3D	=	95	5F	_
28	1C	FS (File separator)	62	3E	>	96	60	`
29	1D	GS (Group separator)	63	3F	?	97	61	a
30	1E	RS (Record separator)	64	40	@	98	62	b
31	1F	US (Unit separator)	65	41	A	99	63	c
32	20	<space>	66	42	B	100	64	d
33	21	!	67	43	C	101	65	e

Der ASCII-Zeichensatz

Dec	Hex	Char	Dec	Hex	Char	Dec	Hex	Char	Dec	Hex	Char
102	66	f	110	6E	n	118	76	v	126	7E	~
103	67	g	111	6F	o	119	77	w	127	7F	DEL (Delete)
104	68	h	112	70	p	120	78	x			
105	69	i	113	71	q	121	79	y			
106	6A	j	114	72	r	122	7A	z			
107	6B	k	115	73	s	123	7B	{			
108	6C	l	116	74	t	124	7C	:			
109	6D	m	117	75	u	125	7D	}			

Erweiterter IBM-Zeichensatz

Dec	Hex	Char	Dec	Hex	Char	Dec	Hex	Char	Dec	Hex	Char
128	80	Ç	156	9C	£	184	B8	╕	212	D4	╘
129	81	ü	157	9D	¥	185	B9	╣	213	D5	╒
130	82	é	158	9E	₧	186	BA	║	214	D6	╓
131	83	â	159	9F	ƒ	187	BB	╗	215	D7	╫
132	84	ä	160	A0	á	188	BC	╝	216	D8	╪
133	85	à	161	A1	í	189	BD	╜	217	D9	┘
134	86	å	162	A2	ó	190	BE	╛	218	DA	┌
135	87	ç	163	A3	ú	191	BF	┐	219	DB	█
136	88	ê	164	A4	ñ	192	C0	└	220	DC	▄
137	89	ë	165	A5	Ñ	193	C1	┴	221	DD	▌
138	8A	è	166	A6	ª	194	C2	┬	222	DE	▐
139	8B	ï	167	A7	º	195	C3	├	223	DF	▀
140	8C	î	168	A8	¿	196	C4	─	224	E0	α
141	8D	ì	169	A9	⌐	197	C5	┼	225	E1	β
142	8E	Ä	170	AA	¬	198	C6	╞	226	E2	Γ
143	8F	Å	171	AB	½	199	C7	╟	227	E3	π
144	90	É	172	AC	¼	200	C8	╚	228	E4	Σ
145	91	æ	173	AD	¡	201	C9	╔	229	E5	σ
146	92	Æ	174	AE	«	202	CA	╩	230	E6	μ
147	93	ô	175	AF	»	203	CB	╦	231	E7	τ
148	94	ö	176	B0	░	204	CC	╠	232	E8	Φ
149	95	ò	177	B1	▒	205	CD	═	233	E9	Θ
150	96	û	178	B2	▓	206	CE	╬	234	EA	Ω
151	97	ù	179	B3	│	207	CF	╧	235	EB	δ
152	98	ÿ	180	B4	┤	208	D0	╨	236	EC	∞
153	99	Ö	181	B5	╡	209	D1	╤	237	ED	φ
154	9A	Ü	182	B6	╢	210	D2	╥	238	EE	ε
155	9B	¢	183	B7	╖	211	D3	╙	239	EF	∩

Erweiterter IBM-Zeichensatz

Dec	Hex	Char	Dec	Hex	Char	Dec	Hex	Char	Dec	Hex	Ch
240	F0	≡	244	F4	∫	248	F8	°	252	FC	ⁿ
241	F1	±	245	F5	⌡	249	F9	•	253	FD	²
242	F2	≥	246	F6	÷	250	FA	·	254	FE	■
243	F3	≤	247	F7	≈	251	FB	√	255	FF	

Erweiterter Apple-Macintosh-Zeichensatz

ASCII	Hex	Times	New York	Courier	Zapf Dingbats	Symbol
128	80	Ä	Ä	Ä	❨	
129	81	Å	Å	Å	❩	
130	82	Ç	Ç	Ç	❪	
131	83	É	É	É	❫	
132	84	Ñ	Ñ	Ñ	❬	
133	85	Ö	Ö	Ö	❭	
134	86	Ü	Ü	Ü	❮	
135	87	á	á	á	❯	
136	88	à	à	à	❰	
137	89	â	â	â	❱	
138	8A	ä	ä	ä	❲	
139	8B	ã	ã	ã	❳	
140	8C	å	å	å	❴	
141	8D	ç	ç	ç	❵	
142	8E	é	é	é		
143	8F	è	è	è		
144	90	ê	ê	ê		
145	91	ë	ë	ë		
146	92	í	í	í		
147	93	ì	ì	ì		
148	94	î	î	î		
149	95	ï	ï	ï		
150	96	ñ	ñ	ñ		
151	97	ó	ó	ó		
152	98	ò	ò	ò		
153	99	ô	ô	ô		
154	9A	ö	ö	ö		
155	9B	õ	õ	õ		
156	9C	ú	ú	ú		
157	9D	ù	ù	ù		
158	9E	û	û	û		
159	9F	ü	ü	ü		
160	A0	†	†	†		

Erweiterter Apple-Macintosh-Zeichensatz

ASCII	Hex	Times	New York	Courier	Zapf Dingbats	Symbol
161	A1	°	°	°	✈	ϒ
162	A2	¢	¢	¢	✉	′
163	A3	£	£	£	✌	≤
164	A4	§	§	§	♥	⁄
165	A5	•	•	•	✦	∞
166	A6	¶	¶	¶	✧	ƒ
167	A7	ß	ß	ß	✩	♣
168	A8	®	®	®	♣	♦
169	A9	©	©	©	♦	♥
170	AA	™	™	™	♥	♠
171	AB	´	´	´	♠	↔
172	AC	¨	¨	¨	①	←
173	AD	≠	≠	≠	②	↑
174	AE	Æ	Æ	Æ	③	→
175	AF	Ø	Ø	Ø	④	↓
176	B0	∞	∞	∞	⑤	°
177	B1	±	±	±	⑥	±
178	B2	≤	≤	≤	⑦	″
179	B3	≥	≥	≥	⑧	≥
180	B4	¥	¥	¥	⑨	×
181	B5	µ	µ	µ	⑩	∝
182	B6	∂	∂	∂	❶	∂
183	B7	∑	∑	∑	❷	•
184	B8	∏	∏	∏	❸	÷
185	B9	π	π	π	❹	≠
186	BA	∫	∫	∫	❺	≡
187	BB	ª	ª	ª	❻	≈
188	BC	º	º	º	❼	…
189	BD	Ω	Ω	Ω	❽	|
190	BE	æ	æ	æ	❾	—
191	BF	ø	ø	ø	❿	↵
192	C0	¿	¿	¿	①	ℵ
193	C1	¡	¡	¡	②	ℑ
194	C2	¬	¬	¬	③	ℜ
195	C3	√	√	√	④	℘
196	C4	ƒ	ƒ	ƒ	⑤	⊗
197	C5	≈	≈	≈	⑥	⊕
198	C6	∆	∆	∆	⑦	∅
199	C7	«	«	«	⑧	∩
200	C8	»	»	»	⑨	∪
201	C9	…	…	…	⑩	⊃
202	CA	——NBSP (nonbreaking space)——			❶	⊇
203	CB	À	À	À	❷	⊄

Erweiterter Apple-Macintosh-Zeichensatz

ASCII	Hex	Times	New York	Courier	Zapf Dingbats	Symbol
204	CC	Ã	Ã	Ã	❸	⊂
205	CD	Õ	Õ	Õ	❹	⊆
206	CE	Œ	Œ	Œ	❺	∈
207	CF	œ	œ	œ	❻	∉
208	D0	-	-	-	❼	∠
209	D1	—	—	—	❽	∇
210	D2	"	"	"	❾	®
211	D3	"	"	"	❿	©
212	D4	'	'	'	→	™
213	D5	'	'	'	→	∏
214	D6	÷	÷	÷	↔	√
215	D7	◊	◊	◊	↕	·
216	D8	ÿ	ÿ	ÿ	↘	¬
217	D9	Ÿ	Ÿ	Ÿ	→	∧
218	DA	⁄	⁄	⁄	↗	∨
219	DB	¤	¤	¤	→	⇔
220	DC	‹	‹	‹	➔	⇐
221	DD	›	›	›	→	⇑
222	DE	fi	fi	fi	→	⇒
223	DF	fl	fl	fl	➞	⇓
224	E0	‡	‡	‡	➞	◊
225	E1	·	·	·	➔	〈
226	E2	‚	‚	‚	➢	®
227	E3	„	„	„	➢	©
228	E4	‰	‰	‰	►	™
229	E5	Â	Â	Â	➡	∑
230	E6	Ê	Ê	Ê	➡	⎛
231	E7	Á	Á	Á	➧	⎜
232	E8	Ë	Ë	Ë	➡	⎝
233	E9	È	È	È	⇨	⎡
234	EA	Í	Í	Í	⇨	⎢
235	EB	Î	Î	Î	⇦	⎣
236	EC	Ï	Ï	Ï	⇨	⎧
237	ED	Ì	Ì	Ì	⇨	⎨
238	EE	Ó	Ó	Ó	⇨	⎩
239	EF	Ô	Ô	Ô	⇨	⎪
240	F0			—— Not Used ——		
241	F1	Ò	Ò	Ò	⇨	〉
242	F2	Ú	Ú	Ú	⤴	∫
243	F3	Û	Û	Û	➥	⌠
244	F4	Ù	Ù	Ù	➤	⎮
245	F5	ı	ı	ı	➥	⌡
246	F6	ˆ	ˆ	ˆ	➤	⎞

Erweiterter Apple-Macintosh-Zeichensatz

ASCII	Hex	Times	New York	Courier	Zapf Dingbats	Symbol
247	F7	~	~	~	➘	|
248	F8	¯	¯	¯	➢	)
249	F9	˘	˘	˘	➹	]
250	FA	·	·	·	➙	]
251	FB	°	°	°	↔	]
252	FC	̧	̧	̧	➺	]
253	FD	˝	˝	˝	➻	}
254	FE	˛	˛	˛	⇒	]
255	FF	ˇ	ˇ	ˇ		

EBCDIC-Zeichensatz

Dec	Hex	Name	Character	Meaning
0	00	NUL		Null
1	01	SOH		Start of heading
2	02	STX		Start of text
3	03	ETX		End of text
4	04	SEL		Select
5	05	HT		Horizontal tab
6	06	RNL		Required new line
7	07	DEL		Delete
8	08	GE		Graphic escape
9	09	SPS		Superscript
10	0A	RPT		Repeat
11	0B	VT		Vertical tab
12	0C	FF		Form feed
13	0D	CR		Carriage return
14	0E	SO		Shift out
15	0F	DI		Shift in
16	10	DLE		Data length escape
17	11	DC1		Device control 1
18	12	DC2		Device control 2
19	13	DC3		Device control 3
20	14	RES/ENP		Restore/enable presentation
21	15	NL		New line
22	16	BS		Backspace
23	17	POC		Program-operator communication
24	18	CAN		Cancel
25	19	EM		End of medium
26	1A	UBS		Unit backspace
27	1B	CU1		Customer use 1
28	1C	IFS		Interchange file separator
29	1D	IGS		Interchange group separator
30	1E	IRS		Interchange record separator
31	1F	IUS/ITB		Interchange unit separator/ intermediate transmission block
32	20	DS		Digit select
33	21	SOS		Start of significance
34	22	FS		Field separator
35	23	WUS		Word underscore
36	24	BYP/INP		Bypass/inhibit presentation
37	25	LF		Line feed

EBCDIC-Zeichensatz

Dec	Hex	Name	Character	Meaning
38	26	ETB		End of transmission block
39	27	ESC		Escape
40	28	SA		Set attribute
41	29	SFE		Start field extended
42	2A	SM/SW		Set mode/switch
43	2B	CSP		Control sequence prefix
44	2C	MFA		Modify field attribute
45	2D	ENQ		Enquiry
46	2E	ACK		Acknowledge
47	2F	BEL		Bell
48	30			(not assigned)
49	31			(not assigned)
50	32	SYN		Synchronous idle
51	33	IR		Index return
52	34	PP		Presentation position
53	35	TRN		Transparent
54	36	NBS		Numeric backspace
55	37	EOT		End of transmission
56	38	SBS		Subscript
57	39	IT		Indent tab
58	3A	RFF		Required form feed
59	3B	CU3		Customer use 3
60	3C	DC4		Device control 4
61	3D	NAK		Negative acknowledge
62	3E			(not assigned)
63	3F	SUB		Substitute
64	40	SP		Space
65	41	RSP		Required space
66	42			(not assigned)
67	43			(not assigned)
68	44			(not assigned)
69	45			(not assigned)
70	46			(not assigned)
71	47			(not assigned)
72	48			(not assigned)
73	49			(not assigned
74	4A		¢	
75	4B		.	
76	4C		<	
77	4D		(	
78	4E		+	
79	4F		|	Logical OR
80	50		&	
81	51			(not assigned)
82	52			(not assigned)
83	53			(not assigned)
84	54			(not assigned)

EBCDIC-Zeichensatz

Dec	Hex	Name	Character	Meaning
85	55			(not assigned)
86	56			(not assigned)
87	57			(not assigned)
88	58			(not assigned)
89	59			(not assigned)
90	5A		!	
91	5B		$	
92	5C		*	
93	5D		)	
94	5E		;	
95	5F		¬	Logical NOT
96	60		-	
97	61		/	
98	62			(not assigned)
99	63			(not assigned)
100	64			(not assigned)
101	65			(not assigned)
102	66			(not assigned)
103	67			(not assigned)
104	68			(not assigned)
105	69			(not assigned)
106	6A		¦	Broken pipe
107	6B		,	
108	6C		%	
109	6D		_	
110	6E		>	
111	6F		?	
112	70			(not assigned)
113	71			(not assigned)
114	72			(not assigned)
115	73			(not assigned)
116	74			(not assigned)
117	75			(not assigned)
118	76			(not assigned)
119	77			(not assigned)
120	78			(not assigned)
121	79		`	Grave accent
122	7A		:	
123	7B		#	
124	7C		@	
125	7D		'	
126	7E		=	
127	7F		"	
128	80			(not assigned)
129	81		a	
130	82		b	
131	83		c	

EBCDIC-Zeichensatz

Dec	Hex	Name	Character	Meaning
132	84		d	
133	85		e	
134	86		f	
135	87		g	
136	88		h	
137	89		i	
138	8A			(not assigned)
139	8B			(not assigned)
140	8C			(not assigned)
141	8D			(not assigned)
142	8E			(not assigned)
143	8F			(not assigned)
144	90			(not assigned)
145	91		j	
146	92		k	
147	93		l	
148	94		m	
149	95		n	
150	96		o	
151	97		p	
152	98		q	
153	99		r	
154	9A			(not assigned)
155	9B			(not assigned)
156	9C			(not assigned)
157	9D			(not assigned)
158	9E			(not assigned)
159	9F			(not assigned)
160	A0			(not assigned)
161	A1		~	
162	A2		s	
163	A3		t	
164	A4		u	
165	A5		v	
166	A6		w	
167	A7		x	
168	A8		y	
169	A9		z	
170	AA			(not assigned)
171	AB			(not assigned)
172	AC			(not assigned)
173	AD			(not assigned)
174	AE			(not assigned)
175	AF			(not assigned)
176	B0			(not assigned)
177	B1			(not assigned)
178	B2			(not assigned)

EBCDIC-Zeichensatz

Dec	Hex	Name	Character	Meaning
179	B3			(not assigned)
180	B4			(not assigned)
181	B5			(not assigned)
182	B6			(not assigned)
183	B7			(not assigned)
184	B8			(not assigned)
185	B9			(not assigned)
186	BA			(not assigned)
187	BB			(not assigned)
188	BC			(not assigned)
189	BD			(not assigned)
190	BE			(not assigned)
191	BF			(not assigned)
192	C0		{	Opening brace
193	C1		A	
194	C2		B	
195	C3		C	
196	C4		D	
197	C5		E	
198	C6		F	
199	C7		G	
200	C8		H	
201	C9		I	
202	CA	SHY		Syllable hyphen
203	CB			(not assigned)
204	CC			(not assigned)
205	CD			(not assigned)
206	CE			(not assigned)
207	CF			(not assigned)
208	D0		}	Closing brace
209	D1		J	
210	D2		K	
211	D3		L	
212	D4		M	
213	D5		N	
214	D6		O	
215	D7		P	
216	D8		Q	
217	D9		R	
218	DA			(not assigned)
219	DB			(not assigned)
220	DC			(not assigned)
221	DD			(not assigned)
222	DE			(not assigned)
223	DF			(not assigned)
224	E0		\	Reverse slash
225	E1	NSP		Numeric space

EBCDIC-Zeichensatz

Dec	Hex	Name	Character	Meaning
226	E2		S	
227	E3		T	
228	E4		U	
229	E5		V	
230	E6		W	
231	E7		X	
232	E8		Y	
233	E9		Z	
234	EA			(not assigned)
235	EB			(not assigned)
236	EC			(not assigned)
237	ED			(not assigned)
238	EE			(not assigned)
239	EF			(not assigned)
240	F0		0	
241	F1		1	
242	F2		2	
243	F3		3	
244	F4		4	
245	F5		5	
246	F6		6	
247	F7		7	
248	F8		8	
249	F9		9	
250	FA			(not assigned)
251	FB			(not assigned)
252	FC			(not assigned)
253	FD			(not assigned)
254	FE			(not assigned)
255	FF	EO		Eight ones

Numerische Umrechnung

Decimal (Base 10)	Hexadecimal (Base 16)	Octal (Base 8)	Binary (Base 2)
1	01	01	00000001
2	02	02	00000010
3	03	03	00000011
4	04	04	00000100
5	05	05	00000101
6	06	06	00000110
7	07	07	00000111
8	08	10	00001000
9	09	11	00001001
10	0A	12	00001010
11	0B	13	00001011
12	0C	14	00001100
13	0D	15	00001101
14	0E	16	00001110
15	0F	17	00001111
16	10	20	00010000
17	11	21	00010001
18	12	22	00010010
19	13	23	00010011
20	14	24	00010100
21	15	25	00010101
22	16	26	00010110
23	17	27	00010111
24	18	30	00011000
25	19	31	00011001
26	1A	32	00011010
27	1B	33	00011011
28	1C	34	00011100
29	1D	35	00011101
30	1E	36	00011110
31	1F	37	00011111
32	20	40	00100000
33	21	41	00100001
34	22	42	00100010
35	23	43	00100011
36	24	44	00100100
37	25	45	00100101
38	26	46	00100110
39	27	47	00100111

Numerische Umrechnung

Decimal (Base 10)	Hexadecimal (Base 16)	Octal (Base 8)	Binary (Base 2)
40	28	50	00101000
41	29	51	00101001
42	2A	52	00101010
43	2B	53	00101011
44	2C	54	00101100
45	2D	55	00101101
46	2E	56	00101110
47	2F	57	00101111
48	30	60	00110000
49	31	61	00110001
50	32	62	00110010
51	33	63	00110011
52	34	64	00110100
53	35	65	00110101
54	36	66	00110110
55	37	67	00110111
56	38	70	00111000
57	39	71	00111001
58	3A	72	00111010
59	3B	73	00111011
60	3C	74	00111100
61	3D	75	00111101
62	3E	76	00111110
63	3F	77	00111111
64	40	100	01000000
65	41	101	01000001
66	42	102	01000010
67	43	103	01000011
68	44	104	01000100
69	45	105	01000101
70	46	106	01000110
71	47	107	01000111
72	48	110	01001000
73	49	111	01001001
74	4A	112	01001010
75	4B	113	01001011
76	4C	114	01001100
77	4D	115	01001101
78	4E	116	01001110
79	4F	117	01001111
80	50	120	01010000
81	51	121	01010001
82	52	122	01010010
83	53	123	01010011
84	54	124	01010100
85	55	125	01010101

Decimal (Base 10)	Hexadecimal (Base 16)	Octal (Base 8)	Binary (Base 2)
86	56	126	01010110
87	57	127	01010111
88	58	130	01011000
89	59	131	01011001
90	5A	132	01011010
91	5B	133	01011011
92	5C	134	01011100
93	5D	135	01011101
94	5E	136	01011110
95	5F	137	01011111
96	60	140	01100000
97	61	141	01100001
98	62	142	01100010
99	63	143	01100011
100	64	144	01100100
101	65	145	01100101
102	66	146	01100110
103	67	147	01100111
104	68	150	01101000
105	69	151	01101001
106	6A	152	01101010
107	6B	153	01101011
108	6C	154	01101100
109	6D	155	01101101
110	6E	156	01101110
111	6F	157	01101111
112	70	160	01110000
113	71	161	01110001
114	72	162	01110010
115	73	163	01110011
116	74	164	01110100
117	75	165	01110101
118	76	166	01110110
119	77	167	01110111
120	78	170	01111000
121	79	171	01111001
122	7A	172	01111010
123	7B	173	01111011
124	7C	174	01111100
125	7D	175	01111101
126	7E	176	01111110
127	7F	177	01111111
128	80	200	10000000
129	81	201	10000001
130	82	202	10000010
131	83	203	10000011

Numerische Umrechnung

Decimal (Base 10)	Hexadecimal (Base 16)	Octal (Base 8)	Binary (Base 2)
132	84	204	10000100
133	85	205	10000101
134	86	206	10000110
135	87	207	10000111
136	88	210	10001000
137	89	211	10001001
138	8A	212	10001010
139	8B	213	10001011
140	8C	214	10001100
141	8D	215	10001101
142	8E	216	10001110
143	8F	217	10001111
144	90	220	10010000
145	91	221	10010001
146	92	222	10010010
147	93	223	10010011
148	94	224	10010100
149	95	225	10010101
150	96	226	10010110
151	97	227	10010111
152	98	230	10011000
153	99	231	10011001
154	9A	232	10011010
155	9B	233	10011011
156	9C	234	10011100
157	9D	235	10011101
158	9E	236	10011110
159	9F	237	10011111
160	A0	240	10100000
161	A1	241	10100001
162	A2	242	10100010
163	A3	243	10100011
164	A4	244	10100100
165	A5	245	10100101
166	A6	246	10100110
167	A7	247	10100111
168	A8	250	10101000
169	A9	251	10101001
170	AA	252	10101010
171	AB	253	10101011
172	AC	254	10101100
173	AD	255	10101101
174	AE	256	10101110
175	AF	257	10101111
176	B0	260	10110000
177	B1	261	10110001

Decimal (Base 10)	Hexadecimal (Base 16)	Octal (Base 8)	Binary (Base 2)
178	B2	262	10110010
179	B3	263	10110011
180	B4	264	10110100
181	B5	265	10110101
182	B6	266	10110110
183	B7	267	10110111
184	B8	270	10111000
185	B9	271	10111001
186	BA	272	10111010
187	BB	273	10111011
188	BC	274	10111100
189	BD	275	10111101
190	BE	276	10111110
191	BF	277	10111111
192	C0	300	11000000
193	C1	301	11000001
194	C2	302	11000010
195	C3	303	11000011
196	C4	304	11000100
197	C5	305	11000101
198	C6	306	11000110
199	C7	307	11000111
200	C8	310	11001000
201	C9	311	11001001
202	CA	312	11001010
203	CB	313	11001011
204	CC	314	11001100
205	CD	315	11001101
206	CE	316	11001110
207	CF	317	11001111
208	D0	320	11010000
209	D1	321	11010001
210	D2	322	11010010
211	D3	323	11010011
212	D4	324	11010100
213	D5	325	11010101
214	D6	326	11010110
215	D7	327	11010111
216	D8	330	11011000
217	D9	331	11011001
218	DA	332	11011010
219	DB	333	11011011
220	DC	334	11011100
221	DD	335	11011101
222	DE	336	11011110
223	DF	337	11011111

Numerische Umrechnung

Decimal (Base 10)	Hexadecimal (Base 16)	Octal (Base 8)	Binary (Base 2)
224	E0	340	11100000
225	E1	341	11100001
226	E2	342	11100010
227	E3	343	11100011
228	E4	344	11100100
229	E5	345	11100101
230	E6	346	11100110
231	E7	347	11100111
232	E8	350	11101000
233	E9	351	11101001
234	EA	352	11101010
235	EB	353	11101011
236	EC	354	11101100
237	ED	355	11101101
238	EE	356	11101110
239	EF	357	11101111
240	F0	360	11110000
241	F1	361	11110001
242	F2	362	11110010
243	F3	363	11110011
244	F4	364	11110100
245	F5	365	11110101
246	F6	366	11110110
247	F7	367	11110111
248	F8	370	11111000
249	F9	371	11111001
250	FA	372	11111010
251	FB	373	11111011
252	FC	374	11111100
253	FD	375	11111101
254	FE	376	11111110
255	FF	377	11111111

Wissen aus erster Hand

Sabine Lambrich
Microsoft Press

Microsoft®
Word 97 *auf einen Blick*

Lösungen auf einen Blick:
nachschlagen, ansehen, einsetzen.

Lesen Sie:
- Dokumentverwaltung
- Textbearbeitung
- Textgestaltung
- (Serien-) Druck, Online-Publikation
- Tabellen, Formulare
- Grafiken, Textfelder
- Fußnoten, Verweise, Indizes
- Automatisierung
- Arbeitsgruppen

Das Buch für jeden Arbeitsplatz.

Autor	Sabine Lambrich
Umfang	200 Seiten
Reihe	auf einen Blick
Preis	DM 29,90
ISBN	3-86063-860-2

Microsoft Press-Titel erhalten Sie im
Buchhandel, PC-Fachhandel und in den
Fachabteilungen der Warenhäuser

***Microsoft* Press**

Wissen aus erster Hand

Michael Kolberg

Microsoft Press

Microsoft
Excel 97 *auf einen Blick*

Lösungen auf einen Blick:
nachschlagen, ansehen, einsetzen.

Lesen Sie:
- Dokumentverwaltung
- Dateneingabe
- Datenbearbeitung
- Listen
- Tabellengestaltung
- Diagramme
- Drucken, Versenden, Web-Seiten
- Makros und Hyperlinks
- Individuelle Anpassung

Das Buch für jeden Arbeitsplatz.

Autor	Michael Kolberg
Umfang	200 Seiten
Reihe	auf einen Blick
Preis	DM 29,90
ISBN	3-86063-861-0

Microsoft Press-Titel erhalten Sie im
Buchhandel, PC-Fachhandel und in den
Fachabteilungen der Warenhäuser

***Microsoft* Press**

Wissen aus erster Hand

HTML im Einsatz

Heiße Tips für coole Web-Sites

Bruce Morris

Internet-Series

Bruce Morris, der bekannte amerikanische Journalist für Web-Gestaltung, zeigt Ihnen in diesem Buch die Techniken und Tricks, mit denen Sie eine „coole" Internet-Präsenz aufbauen. Cool heißt: guter Inhalt, technisches Know-how und gutes Design. Und hier lernen Sie die verfügbaren Werkzeuge so zu nutzen, daß dabei coole Web-Seiten entstehen.

Das ist zunächst die HTML-Sprache samt Ihrer Erweiterungen, wobei Morris den Schwerpunkt auf die übersehenen, unterschätzten und komplexeren Befehle legt. Multimedia und Inline-Animation sowie Frames sind hier heiße Themen. Aber natürlich werden auch CGI-Scripts, PERL-Programme, Java sowie ActiveX und Visual Basic Script diskutiert.

Auf der CD finden Sie neben Beispiel-Code zahlreiche Zusatztools.

Autor	Bruce Morris
Umfang	280 Seiten, 1 CD-ROM
Reihe	Internet-Series
Preis	DM 59,00
ISBN	3-86063-368-6

Microsoft Press-Titel erhalten Sie im Buchhandel, PC-Fachhandel und in den Fachabteilungen der Warenhäuser

Microsoft Press

Wissen aus erster Hand

Marktplatz Internet

Jörg Resch

Das Internet als strategisches Instrument für Marketing und Werbung. Von der Konzeption bis zur Erfolgskontrolle.

Internet-Series

Wer sich heute mit Marketing beschäftigt, kommt am Marktplatz Internet nicht vorbei. Dieses Buch vermittelt Ihnen kompakt und kompetent das Know-how, das Sie brauchen, um nicht nur mitzureden, sondern Ihr Unternehmen erfolgreich im Internet zu präsentieren und die vielfältigen Möglichkeiten dieses neuen Mediums richtig zu nutzen.

Jörg Resch zeigt Ihnen, wie Sie das Internet zu einem Teil Ihrer Marketing-Strategie machen, wie Sie Synergien mit anderen Medien herstellen, und was Sie auf dem Internet besser nicht machen sollten.

Autor	Jörg Resch
Umfang	267 Seiten
Reihe	Internet-Series
Preis	DM 59,00
ISBN	3-86063-384-8

Microsoft Press-Titel erhalten Sie im Buchhandel, PC-Fachhandel und in den Fachabteilungen der Warenhäuser

Microsoft Press